한중일
영화
100년사

일러두기

▪ 소개하는 영화들은 저자가 극장 및 비디오나 한국영상자료원의 상영회를 통해 보았던 영화이다. 그 외 현존하지 않는 영화들은 자료를 참고하였다.

▪ 영화명은 한국 개봉명을 기준으로 하였으며, 원제목은 한국 개봉명 뒤에 표기하였다.

▪ 영화명은 〈 〉, 잡지, 신문명은 《 》, 서적명은 『 』, 글명과 논문명은 「 」로 표기하였다.

▪ '외화'란 외국 영화를 줄여 이르는 말이지만, 이 책에서는 홍콩, 중국, 일본영화를 제외한 나라의 영화를 외화라고 부른다.

한중일 영화 100년사

© 안태근, 2021

1판 1쇄 인쇄__2021년 11월 10일
1판 1쇄 발행__2021년 11월 20일

지은이__안태근
펴낸이__홍정표
펴낸곳__글로벌콘텐츠
     등록__제25100-2008-000024호

공급처__(주)글로벌콘텐츠출판그룹
     대표_홍정표 이사_김미미 편집_하선연 최한나 권군오 홍명지 문방희 기획·마케팅_김수경 이종훈
     주소__서울특별시 강동구 풍성로 87-6(성내동) 전화__02) 488-3280 팩스__02) 488-3281
     홈페이지__http://www.gcbook.co.kr 이메일__edit@gcbook.co.kr

값 48,000원
ISBN 979-11-5852-352-7 93680

한중일 영화 100년사

안태근 지음

글로벌콘텐츠

『한중일 영화 100년사』는 철저한 기록의 산물이다. 한 살 때부터 〈장화홍련전〉을 보았다지만 글쓰기로 기록한 것은 2006년부터이다. 이 책은 그동안 쉼 없이 보아오며 기록으로 남긴 영화 중에서 엄선하여 고른 천여 편을 중심으로 정리하였다. 그밖에 각국의 주요 영화인을 골라 수록하였다. 목차 정리를 하며 너무도 많은 글을 보면서 나 스스로도 놀랐다. 이 책은 영화에 대한 열정과 동북아 영화에 대한 내 개인적인 집념의 결과이다.

영화는 인류 문명의 소산이며 문화의 산물이다. 서로 영향을 주고받으며 서로 간의 차별성을 희석시키면서 발전해 왔다. 특히 한·중·일 삼국은 지리적인 근접성과 더 지대한 영향을 미쳤던 역사성으로 세계영화사에서 같은 권역권 내에 있다. 1895년 탄생한 영화가 한국에서는 1919년 연쇄극이라는 형태로 만들어져 2019년, 100주년을 맞는다. 동북아 삼국의 영화들이 어떠한 영향을 주고받았는지에 대한 연구서는 아직 없다. 이 책은 그에 대한 목마름으로 시작되었다. 제대로 된 연구서 없이 번역서로만 접한 각 나라 영화에 대한 미지의 세계를 알아가기 과정이다. 그런 생각으로 한 편 한 편 본 것이 이 책을 낼 욕심을 갖게 했고 『한국영화 100년사』 시리즈로 구체화되었다.

그동안 많은 한중일 영화를 보며 영화적 기법을 초월해 사고의 유사성, 문화의 동질성을 새삼 알게 되었다. 특히나 한국의 영화 역사는 일본에서 유입되며 일제

강점기라는 특수 상황으로 영향이 더 클 수밖에 없었다. 그래서 많이 닮아있다. 중국과의 미수교 기간에 홍콩영화는 중국영화의 창구였기 때문에 한국에 끼친 영향이 크다. 홍콩 무협영화가 일본 찬바라チャンバラ영화의 영향을 부인할 수 없고 한국에 끼친 영향 또한 부정할 수 없다. 문화의 뿌리 찾기는 그래서 흥미롭다.

1998년 일본영화가 한국시장에 개방되며 걱정했던 큰 변화는 없었다. 그것은 이미 한국영화도 충분한 내공으로 견제 능력이 있었고 서로에 대해 알고 있었기 때문이다. 우려했던 일본영화에 대한 영향력은 미미하였고, 오히려 한국영화가 시장을 압도하고 있다. 그뿐만 아니라 TV 드라마로 시작된 한류로 인해 한국영화는 세계시장으로 약진하고 있다.

이러한 한류 시대를 맞아 삼국의 영화는 더 많은 교류를 하고 있다. 공동 제작 형태나 리메이크를 통해 서로의 존재에 대해 윈윈win-win 전략으로 나아간다. 이 책이 나오기까지는 나의 학위논문인 「일제강점기 상해파 한국영화인 연구」와 「한국합작영화연구」, 지속적인 관심과 연구 그리고 끊임없는 영화 보기가 계기가 되었다. 그리고 연구의 결과물로 발간된 졸저 『한국영화 100년사』(북스토리, 2013), 『한국합작영화 100년사』(스토리하우스, 2017)에 이은 시리즈의 완결편이다. 한중일 삼국의 지난 역사는 미래를 향한 도약의 발판이 될 것이다. 이 책이 미래 한중일 영화 역사 연구의 시금석이 되기를 바란다.

『한중일 영화 100년사』 출간의 의의

청주대 명예교수 김수남

『한중일 영화 100년사』는 저자가 천여 편의 한중일 영화를 엄선하여 골라 삼국의 주요 영화인을 정리하고 소개하면서 연구한 특별한 저서이다. 본 저서는 한마디로 저자 안태근 교수의 동북아 영화에 대한 집념의 결과물이다.

안태근 교수는 영화사 연구자로서 뿐만 아니라 감독, 작가로서 이론과 현장 경험이 풍부한 한국영화학회의 보기 드문 영화연구가이다. 국내 영화연구자의 단점은 그동안 제작 경험이 거의 전무한 순수 영화학연구가들에 의한 자료 정리와 인문학적 지식에 의존한 서지가의 입장이 두드러진 영화사 연구가 그 주류를 이루어 왔다는 것이다. 이러한 경향도 2000년도 이후 한국영화사 연구에 관심을 갖기 시작한 영화학회 분위기로 이루어진 진지한 영화사 연구의 시작이었다. 그 이전에는 영화 초창기부터 남겨진 신문이나 잡지에 기록된 영화 관련 자료나 미진한 몇몇 영화사를 근거로 생존한 원로 영화인들의 구술을 정리한 동의 반복적인 한국영화사가 그 실체였다.

이와 달리 안태근 교수의 『한중일 영화 100년사』는 일반화되지 못한 새로운 시각의 본격적인 실증적 영화사 연구가 시작되었음을 세상에 알린다. 이 책은 서지가적인 입장의 영화사 정리가 아닌 영화사 자료의 실존적인 입장을 추구하면서 영화 제작의 풍부한 경험으로 독자적인 해석을 피력한 저자의 시도가 돋보인다. 그 결과, 영화사의 실증적 존재를 탐구하는 새로운 방식의 영화사가 등장한 것이다.

본 저서 이전에 발표된 안태근 교수의 학위 논문 「일제강점기 상해파 한국영화
인 연구」와 「한국합작영화 연구」는 발로 뛰어서 이룬 연구 성과로 실증적 영화사
연구의 모범적인 일례를 보여주었다. 안태근 교수는 100회 세미나 주최를 넘어서
지금도 지속적으로 진행하고 있다. 영화인들의 현장성 있는 세미나는 일반적인 학
문연구 방법의 차원을 벗어나 있다. 그는 생존 영화인들의 흔적을 찾아 그들과 더
불어 실존적 연구를 실천하고 있는 것이다.

『한중일 영화 100년사』는 한·중·일 영화의 각 개성적인 영화적 기법을 초월
해 영화인이 가진 사고의 유사성 그리고 문화의 동질성을 한눈에 확인할 수 있도
록 서술하였다. 오늘날 한류가 본격화되면서 삼국의 영화계가 실질적인 교류를 하
는 데에 큰 공헌을 할 것으로 기대된다.

한중일 영화의 거대사

출판인, 문화콘텐츠 박사 이건웅

『한중일 영화 100년사』는 한중일 영화 100년이라는 광대하고 거룩한 역사를 압축적이고 체계적으로 정리한 책으로, 국내에서 처음 시도된 작업이다. 이 책은 1919년 한국영화의 탄생을 기점으로 실타래처럼 얽힌 한중일 영화 100년을 마치 일기장에 기록하듯 낱낱이 기록하고 있다. 이 책은 한중일 영화의 거대사에 대한 개관, 주요 감독과 배우 그리고 스태프에 이르기까지 영화를 이루는 주요 구성원을 놓치지 않고 다루고 있다. 이는 매우 놀라운 작업이다.

이 책을 쓴 안태근 교수는 이미 이전에 『한국영화 100년사』와 『한국합작영화 100년사』를 집필한 바 있고, 이들 도서는 문화체육관광부 우수학술도서로 선정된 경력을 갖고 있다. 또한, 안태근 교수는 학자 이전에 오랜 경력을 쌓은 영화감독이며 영화인이다. 이러한 경력과 전초 작업을 총망라한 인생의 역작이 바로 『한중일 영화 100년사』이다.

이 책의 가치는 한·중·일 영화를 개척하고 반석 위에 올린 신상옥, 구로사와 아키라, 장철 감독처럼 기라성 같은 감독과 배우들의 면면과 그 날카로운 분석에 있다. 더불어 지금은 세월의 깊이에 묻혀 잊혀진 감독과 배우들을 발굴하고, 그들의 업적을 복원했다는 점에서 다른 책들과의 차별성을 가진다.

또한, 지난 10년간 한국영화100년사연구회를 통해 매월 쉬지 않고 영화인들을 만나 강연과 발표, 토론회를 연 지 이미 100회를 넘었다. 이렇게 해서 얻은 자

료와 인터뷰에서 채록한 자료를 모아 『한중일 영화 100년사』라는 거대사를 완성
할 수 있었다. 이 책의 가치와 효용성, 역사적 의미를 지면에 담는 데는 한계가 있
다. 하루라도 빨리 발간되어 독자들과 만나 장대한 영화의 바다에 빠져 보길 기원
한다.

목차

1장 한중일 영화의 유입과 교류

2장 연대별 영화계 현황

3장 한중일 영화 소개

4장 영화감독

5장 영화배우

와카야마 토미사부로		임달화	798	진패	812
	784	임대	798	진홍열	813
와카오 아야코	785	임봉교	799	채홍	814
왕우	786	임청하	799	초교	814
왕조현	786	장국영	800	최민규	815
왕평	787	장미희	800	최민수	815
원미경	787	장복건	801	최은희	816
원표	788	장중문	801	최지희	817
유가령	789	장청청	802	최진실	818
유덕화	789	적룡	802	패체	819
유량화	790	전도연	803	풍쉬범	820
요시나가 사유리	790	전준	804	필립 리	820
윤여정	791	정리	805	하리리	821
윤일봉	792	정영	805	하명중	822
이려화	792	정윤희	806	한용철	823
이려려	793	정패	807	한태일	824
이림림	793	정패패	807	홍금보	825
이보희	794	주걸륜	808	황정리	825
이수현	794	주성치	808	허관걸	826
이연걸	795	주윤발	809	허관문	826
이영애	796	증강	811	형혜	827
이청	796	진봉진	811	호연니	827
이해룡	797	진성	812	후지 준코	828

6장 영화 스태프

PRODUCTION___
DIRECTOR___
CAMERA___
DATE___ SC

1장

한중일 영화의 유입과 교류

한중일 영화

———

2019년, 한국영화는 역사적인 100주년을 맞는다. 1919년 김도산의 〈의리적 구토義理的仇討〉가 한국영화의 기점으로 인정되었다. 아직도 〈의리적 구토〉와 1923년 작 〈월하의 맹서月下의 盟誓〉의 한국영화 기점 논쟁이 팽배한데, 한국영화인협회는 이 연쇄극의 단성사 공연일인 10월 27일을 한국영화의 날로 정해 행사를 가져오고 있다. 영화는 1895년에 프랑스에서 뤼미에르 형제에 의해 발명되었는데, 세계 최초의 영화 상영은 뤼미에르 형제가 1895년 12월 28일 프랑스 파리의 그랑카페에서 〈열차의 도착〉 등의 단편 영화를 상영한 것이다. 영화의 기준은 극장에서 스크린을 통해 보아야 한다는 것이다. 토머스 에디슨Thomas Edison이 동영상을 볼 수 있는 키네토스코프(영사기)를 1889년에 발명했지만 영화로서 세계적인 인정을 받지 못하는 이유는 혼자서 관람하는 형태였기 때문이다.

그렇다면 한국과 일본, 중국에서의 영화 역사의 시작은 언제부터일까? 우선 영화라는 용어는 일본에서 전래된 말이다. 자동사진, 자동환등, 활동사진에서 유래되었는데, 1918년에 제창된 '순영화극純映畵劇운동' 이후 사용되었다.[1] 중국에서 쓰는 전영電影이라는 표현은 그림자극인 영희影戲와 차별화시킨 것인데 영화의 특성과 잘 어울린다.[2] 이들 삼국은 서로 이웃하며 문화적 차이점보다는 유사성이 많고 동시기를 서로 첨예하게 갈등하며 전쟁과 침략의 역사를 함께 공유하고 있다. 그렇기에 문화와 문명의 첨단에 있던 영화의 교류와 영향 역시 불가분의 관계이다.

한국에서는 1897년에 처음 영화가 상영되었다고 한다. 정확한 기록은 1903년 동대문 한성전기회사 기계창에서 영화를 상영한다는 신문광고가 남아있다. 영화 제작은 1919년 연쇄극 〈의리적 구토〉가 기점이 된다. 연쇄극은 연극 공연 중간에 야외 촬영 장면이 보이는 형태이다.

그 후 1923년 조선총독부 체신국에서 제작한 윤백남 각본·감독의 〈월하의 맹서〉가 순수한 형태의 영화 기점이다. 감독은 윤백남이지만 제작을 비롯한 기타 스

---

1   요모타 이누히코 지음, 박전열 옮김, 『일본영화의 이해』, 현암사, 2001, 67~68쪽.
2   이 논문에서 중국영화라 하면 화어권(華語圈) 영화를 포괄적으로 이른다.

태프들은 일본인들이었다. 따라서 일본인들에 의해 영화기술이 전수되었다. 중국에서는 1896년 8월 11일 상하이에서 최초의 영화 상영이 있었다. 신기한 놀이로서 온 세계 사람들의 관심을 끌었던 영화는 금방 중국으로도 수입되었다. 중국 최초의 영화 제작은 1905년에는 임경태任慶泰(런칭타이)가 〈정군산定軍山〉을 만들었다.

일본의 경우는 처음 영화가 수입된 것이 1896년 11월이다. 그 뒤 1898년에는 고니시 사진관의 아사노 시로浅野四郎가 〈둔갑한 지장보살〉, 〈죽은 자의 소생〉 등 단편영화를 제작하게 된다. 이렇게 삼국의 영화 역사가 시작되었고 이후 서로 간 영향을 미친다. 한국과 중국은 지리적으로 근접해 있기 때문에 지난 5천 년간 문화교류가 꾸준히 이어져 왔다. 대륙으로부터의 문화 전파가 이어져 왔고 때로는 침략을 받아 문화 종속화 현상이 가속화되었다.

일본과는 조선 시대에 통신사를 통해 문화 교류가 지속적으로 이루어졌고, 특히 일제강점기에 영화 문물이 전해지며 직접적인 영향을 받았다. 시나리오나 제작기법에 대한 기술 전수는 물론 조선총독부의 영화 검열로 일본식으로 구조화되었다. 이렇듯 삼국의 영화 교류는 지리적인 근접성과 아울러 역사적인 영향으로 서로 영향을 주고받으며 유사성을 지니게 된다. 중국의 경우 한국전쟁 후 1992년에 가서야 수교가 이루어지므로 긴 시간 단절이 있었지만, 일제강점기 상하이에서 활동했던 한국영화인들이 존재했다는 역사적인 기록이 남아있다. 이들 영화 중에서 〈양자강〉, 〈상해여 잘 있거라〉 등의 영화가 국내에도 수입되어 개봉되었다.

대만은 1895년에 일본의 지배를 받으며 선무공작의 일환으로 영화를 활용하였다. 일제는 1936년에 당시 만주국 신경(지금의 장춘)에 만주영화협회(약칭: 만영)를 세워 국책영화를 제작에 착수한다. 홍콩은 일제의 상하이 침공 후 중국영화인들이 모였고 싱가포르로 이주했던 영화인들이 재이주하며 영화의 도시로 성장한다. 대만과 더불어 홍콩은 중국문화를 알린 우방 국가였다. 영화 초창기에 직접적인 교류는 없었지만, 1992년 중국과의 수교 이전에는 홍콩과 대만과의 왕성한 교류를 통해 상호 영향을 받는다.

TV 드라마로 시작된 한류 현상은 영화와 가요로 확산되며 이들 나라들을 중심으로 확산되었다. 그것은 정서적인 공감이 타 지역에 비해 쉽기 때문이다. 외모는 물론 의·식·주 등의 문화가 유사하고 오랜 시간 문화 교류를 통해 대중문화와 영화를 함께 공유해 온 것과 무관하지 않다. 우리의 경우는 지정학적으로 중간에 위치해 문화의 징검다리로서 중국과 일본의 문화를 수용하며 받은 영향이 더 크다. 이들 나라의 영화 유입과 교류의 비교 연구는 흥미로운 주제이다.

〈표 1〉 각국의 영화 유입 비교

	영화의 유입	첫 영화 제작	작품명	형태
한국	1897년(?)	1919년	〈의리적 구토〉	연쇄극
중국	1896년	1905년	〈정군산〉	단편
일본	1896년	1898년	〈둔갑한 자장보살〉 〈죽은 자의 소생〉	단편
대만	1901년	1925년	〈누구의 허물〉	극영화

한국의 영화 유입과 교류

    한국에서 영화가 처음 상영된 것은 1897년에 경성의 '본정좌'라는 극장에서였다고 한다. 혹은 이듬해인 1898년 서대문 밖에서 회사를 경영하고 있던 영국인이 남대문 거리에 있던 어느 창고를 빌려 프랑스 파테회사의 단편영화를 상영하였다고도 한다. 그 외 고종의 관람 등 여러 설이 있는데, 신문광고로 확인할 수 있는 최초의 기록은 1903년이다. 《황성신문》에 최초의 영화 광고가 실렸는데 동대문 안에 있었던 한성전기회사 기계창이었다. 개봉 시기는 1903년 6월 24일에서 6월 29일까지로 아래는 광고 전문이다.

> 동문내東門內 전기회사기계창電氣會社機械廠에서 시술施術ㅎ는 활동사진活動寫眞
> 은 일요급음우日曜及陰雨를 제除흔 외外에는 매일每日 하오下午 십시十時신지 설행設行
> ㅎ는딕 대한급구미각국大韓及歐美各國의 생명도시生命都市 각종극장各種劇場의 절승絶
> 勝흔 광경光景이 구비具備ㅎ 외다 입요금許入料金 동화銅貨 십전十錢.3

    한국영화는 처음 일본영화인들에 의해 기술이 전파되어 시작되었다. 최초의 한국영화는 1919년에 만들어진 김도산의 〈의리적 구토〉이다. 〈의리적 구토〉는 연쇄극으로 야외 장면을 촬영하여 연극 사이에 상영한 것이다. 단성사 전속 성우였던 김덕경이 신파극단 신극좌新劇座를 이끌던 김도산에게 권유하여 시작되었다. 김도산은 각본을 썼고 단성사 사주인 박승필이 당시 5천 원을 투자하여 제작되었다. 연쇄극은 연극 공연 중 무대에서 보여줄 수 없는 장면을 영화로 보여주는데 야외 촬영을 하여 완성했다. 당시에 한국에는 영화를 촬영할 수 있는 기자재나 필름조차 없었다. 당연히 카메라 감독도 부재하기에 촬영은 미야카와 소노스케라는 일본 오사카 덴카쓰 기사를 고용했다. 촬영된 장소는 명월관, 청량리 홍릉, 장충단 공원, 한강 철교 등이라고 전해진다.

    〈의리적 구토〉는 부유한 집안의 아들인 송산이 우연히 매초를 만나 재산을 탐

3　《황성신문》, 1903. 6. 24.

낸 간계에 맞서 싸운다는 내용이다. 한국에서 처음 스크린에 한국인과 한국의 풍광이 나오니 비싼 입장료에도 불구하며 극장은 장사진을 이루었다고 한다. 단성사 사주인 박승필이 제작하고 신파극단 '신극좌新劇座'를 이끌던 김도산이 각본과 감독을 맡고 일본인 촬영기사를 초빙하여 촬영을 하였다. 다음 기사에 따르면 〈의리적 구토〉는 야외 장면을 촬영하여 연극 사이에 상영한 것이고, 촬영 장소와 입장료까지도 알 수 있다.

○10월來十月이십 7일七日부터

제1회第一回

신파 대 활비극新派大活悲劇 의리적 구토義理的仇討전팔막全八幕이십 팔장八場

이번에 한하야 매일 오후 ○시부터 꼭 개연하오니 지체치 마시고 일즉 왕림하시기 바라나이다

촬영장소撮影場所(박힌곳)

한강철교漢江鐵橋, 장충단奬忠

壇, 청량리淸凉里, ○미교○美橋, 남대문정차장南大門停車場, 독도纛島, 전○교전차箭○橋

電車, 기차汽車, 자동차自動車, 노량진鷺梁津, 공원公園, 기타其他

입장료入場料

특등特等 일원 오십 전一圓五十錢

일등一等 일원一圓

이등二等 육십 전六十錢

삼등三等 사십 전四十錢

단 군인 학생 반액

경성부 ○은동

활동사진상설

전활 회사특약 단성사

전화 구오구번[4]

4   《매일신보》, 1919. 10. 26.

다음은 당시 신문기사이다.

　　단성사의 초일 관객이 물밀 듯이 들어와 신파신극좌 김도산 일행의 경성에
서 촬영된 신파활동사진이 됴션에 처음으로 지나간 이십칠일부터 단성샤 무대
에 샹장된다 함에 쵸저녁부터 됴수가치 밀리난 관객 남녀는 삽시간에 아래위창
은 물론하고 빡빡히 챠셔 만원의 폐를 달고 표까지 팔지 못한 대성황이엇더라.
그런데 뎨일 번화한 것은 각 권반의 기생 온 것이 무려 이백여명이나 되야 더욱
이채를 내엿더라. 영사된 것이 시작하는 내위션실사로 남대문셔 경셩젼시의
모양을 비치아매 관객은 노상갈채에 박수가 야단이엇고 그뒤는 정말 신파사진
과 배우의 실연등이 잇셔셔 처음 보는 됴션활동사진이므로 모다 취한 것이 흥미
잇게 보아 젼에 업는 성황을 이루엇다더라.[5]

이 연쇄극은 한국인의 모습이 최초로 담긴 영화로, 성황을 이루며 흥행에 성공하
였다. 이때 한국 최초의 기록영화인 〈경성전시의 경京城全市의 景〉과 함께 상영되었다.
이 영화는 서울의 여러 곳을 촬영하여 만든 다큐멘터리이다. 순수한 극영화는 아직
도 여러 설이 분분한데, 이는 자료가 불충분하기 때문이다. 공식적으로는 1923년
영화 〈월하의 맹서〉가 첫 영화이다. 아래는 당시의 기사이다.

　　저축사진시영貯蓄寫眞試映
　　재작야 경성호텔에서 사진은 윤백남군 각색
　　톄신국遞信國에서는 저금 사상을 선전하기 위하야 저금활동 사진을 영상하든
중 재작일 밤에 톄신국에서는 시낸 경성『호텔』에서 각 신문 통신사 긔자와 밋
관계자 백여명을 초대하야 그『필림』의 시험영사를 하엿는바 각본은 윤백남尹白
南군이 만든 월하의 맹서月下의 盟誓라는 이천척의 긴 사진으로 내용이 매우 잘되야
크게 갈채를 받엇으며 그『필림』은 경성을 비롯하야 각 디방으로 가지고 다니며
저금을 선전할 터이라더라[6]

5　앞의 신문, 1919. 10. 29.
6　《동아일보》, 1923. 4. 11.

비록 일제의 기획과 자본으로 제작되었지만 한국인 윤백남 감독이 연출한 영화이다. 혹은 같은 해에 만들어진 〈국경國境〉이라는 설도 있다. 이 영화는 송죽키네마주식회사 제작으로 김도산 일파가 만들었다는 신문광고가 남아있다.

조선영화 대활극朝鮮映畵大活劇 국경國境 전십권全拾卷
조선초유의 대영화요朝鮮初有의大映畵요
사계최선의 대 복 음斯界最先의 大 福 音
경성부수은동城府授恩洞
송죽특약 단 성 사松竹特約 團 成 社
전화 (본) 959電話(本)九五九7

이 영화에 한국인 박순일이 출연했다는 기사가 있다.

연극과 활동演劇과 活動
우리한국안에활동사진活動寫眞샹셜관이만흐나 오늘까지 일으도록우리죠션의 사정을 표본으로 삼어가지고 우리한국사람들의 배우로써활동사진을 백이여 일반관람자에게보이게된 것은 업섯슴으로금번에 쳐음으로 오만원이란 큰돈을 들이여 두달동안을 허비하야이십여인의한국배우가활동하여서 국경國境이라는 활동사진을송죽화사에셔백이게 되앗다는데 이사진으로말하면 중국과한국간에 잇는 안동현에셔 생기인사실을 백인것이라하여 이중에중요배우로 활약을한 박순일朴順一군은셔양활동사진에서 력사로자칭하는「로로이상의강력자라하며 이사진은오날부터시내단성사에셔영사한다더라8

〈국경〉은 당시 하루만 개봉하고 사라진 의문의 영화이다. 1년 후의 기사를 보면 전후 사정을 추측할 수 있다.

---

7   앞의 신문, 1923. 1. 11.
8   《한국일보》, 1923. 1. 13.

활동活動필림「국경國境」으로

천여관중이 분개千餘觀衆이 憤慨

평양제일관平壤第一館에셔

됴선인을 모욕함이라하야

천여관중이 소동을이르켜 (...)[9]

결국 이 영화는 일본인의 시각에서 그려진 한국인 폄하 내용으로 논란이 빚어지자 상영을 중단한 영화이다. 제작사 역시 송죽영화사로 우리 영화일 수 없다는 것이 일반적인 견해이다. 당시 영화인 중 이구영[10]은 〈국경〉을 '본 적이 없는 영화'라며 부정했다. 이외 일본인들이 한국에서 다시 영화를 만든 것은 1924년 부산에 만들어진 영화사 '조선키네마'에서 이경손이 조감독으로 참여했던 〈해의 비곡海의 悲曲〉이었다. 제작·각본·감독을 맡은 일본인 다까사高佐 감독은 한국식 이름인 왕필렬로 활동하였다. 주인공 역시 일본인이었지만 주삼손이라는 한국식 이름으로 활동하였다. 우리 자본과 기술에 의한 최초의 영화는 1924년의 김영환 감독의 〈장화홍련전薔花紅蓮傳〉이다. 1926년에 만들어진 나운규의 〈아리랑〉은 기존의 고전적인 영화에서 탈피한 첫 영화로 평가된다. 이전에는 한국적 정서를 담기 위해 한국의 고전소설을 원작으로 한 〈운영전雲英傳〉, 〈심청전沈淸傳〉을 만들었는데, 그러한 틀을 벗어난 사실적인 소재의 첫 영화가 바로 나운규 감독의 〈아리랑〉이다.

　　나운규 선생은 일단 영상적으로도 충분히 전달할 수 있는 그런 기법을 처음 가진 사람이에요. 그 어리석은 시대에 그만큼 해냈다는 것은 역시 천재구나, 재능이 있구나, 이렇게 평가를 받죠. 그리고 또 작품의 주제 의식 이걸 정확히 파악할 줄 아는 감독입니다. 그 후에 작품도 몇 개 있습니다만 반일적이고, 때로는 왜놈한테 핍박 받으면서도, 오락영화도 많이 만들었습니다만... 그러나 그분은 문제성, 주제 의식, 이런데 투철하고 거의가 자기가 주연도 했습니다만 그런 역사적 영화미학의 선구자였다 이렇게 평가하는 거지요.[11]

9　《매일신보》, 1924. 3. 17.

10　이구영(李龜永, 1901~1974)은 영화감독과 시나리오작가·배우·평론가로 활동했다. 일본에서 영화를 공부하고 1923년 귀국하여 조선배우학교를 세우고 후진을 양성했다. 1925년 〈쌍옥루(雙玉淚)〉를 각색·감독했다.

이 영화는 감독이 일본인 쓰모리 히데이치津守秀一인지 나운규인지 논란이 있었는데, 결국 나운규가 감독한 것으로 밝혀졌다. 일본의 자본으로부터 독립하여 한국인이 세운 영화사에서 한국인이 직접 모든 과정에 참여한 영화가 〈장화홍련전〉이다. 그러나 일제강점기에 제작된 영화 대부분이 일본의 자본이나 기술진의 도움을 받은 영화이다. 이규환은 1936년에 자본과 기술의 문제를 해결하고자 일본 닛카쓰의 기술지원을 받아 〈무지개虹〉을 감독한다. 이듬해에는 일본의 신코新興키네마와 합작하여 〈나그네〉를 만들었다. 이 영화는 자신의 스승인 스즈키 주기치鈴木重吉와 공동 감독이었다.

일제강점기에 만들어진 영화는 1919년 〈의리적 구토〉를 시작으로 1945년 어용영화 〈감격의 일기〉까지 총 171편이 제작되었다.12 한국적인 특색을 가진 영화들이 만들어진 것은 1926년, 나운규 감독이 만든 〈아리랑〉부터로 볼 수 있다. 나운규의 영화도 일본 신파극의 경향을 벗어날 수는 없었지만, 민족적 정신을 갈구하며 우리 것을 추구하여 타 감독과 차별화된다. 이후 신상옥 감독은 방한준 감독의 〈한강漢江〉, 〈성황당城隍堂〉 등 몇 편을 높이 평가했다. 일제는 강점기 말에 자신들의 선전영화 〈그대와 나〉, 〈망루의 결사대〉, 〈젊은 모습〉, 〈사랑과 맹서〉에 한국영화인들을 강제로 동원한다. 최인규 감독은 이마이 다다시今井正와 함께 영화를 만들며 어용영화인으로 낙인 찍혔지만, 광복 후 1946년 〈자유만세自由萬歲〉 등의 영화를 만들며 한국적 액션영화를 만들었다.

최인규 감독의 제자인 정창화 감독은 스승에게서 받은 영향을 인터뷰에서 밝혔다. 최인규 감독의 조감독 중에 홍성기, 신상옥 감독도 있어 그들은 1950년대부터 한국영화계 새 역사를 만들어 갔다. 신상옥 감독은 특히 한국적인 소재를 찾아 영화를 만들며 자신의 경향을 만들어 갔다. 고전소설인 『춘향전』을 홍성기 감독과 같은 시기에 만들기도 했으며, 이광수 원작의 『꿈』을 비롯하여 한국 단편에서 많은 소재를 찾아 한국영화 중흥의 기수가 되었다.

일제강점기를 거치며 일본영화의 영향을 받을 수밖에 없었지만, 광복 이후 데뷔한 감독들에 의해 한국적인 영화는 개화하였다. 탈일본화의 기수라고 할 수 있다.

---

11 유현목 구술, EBS 프로그램 〈역사 속으로의 여행, 한국영화개척자 춘사 나운규〉, 1997. 2. 25.

12 전범성, 『한국영화총서』, 한국영화진흥조합, 1972.

그러나 그들이 홍콩영화를 위장 수입하는 편법인 위장 합작영화를 시도한 것은 아이러니한 일이다. 홍콩에서 활동 중 귀국하여 화풍영화사를 오픈한 정창화 감독 역시 같은 전철을 밟고 있다.

이것은 개인의 취향이 아닌 당시 열악한 영화산업 구조 때문이고 어차피 그들은 영화업자였기에 어쩔 수 없었다며 변명할 수도 있지만, 그래도 잘못된 것을 부정할 수는 없다. 더 좋은 한국영화를 만들기 위한 것인지는 모르겠지만 편법을 통해 위장 합작영화를 만들어 낸 것이 이제는 만천하에 공개되었다. 당시의 한국적인 영화 풍속도를 만들어 낸 장본인들이기에 이 같은 사실은 더욱 아쉽기만 하다.

중국의 영화 유입과 교류

———

　　중국영화의 역사는 세계영화 역사와 큰 차이가 나지 않는 1896년 청나라 말부터 시작된다. 1896년 8월 11일, 상하이의 서원 '우일촌ㄨ一邨'에서 "그림자극西洋影戱"이 상영되었다.[13] 영화 보급에 있어서 중국은 상당히 앞섰다. 그리고 1905년 〈정군산〉이라는 중국 최초의 영화 제작이 있었다. 베이징의 풍태豐泰 사진관의 주인 임경태와 직원들이 중국 최초의 단편 극영화를 만들었다.[14]

　　1895년, 대만은 청일전쟁으로 인해 일본의 지배를 받았다. 1901년 대북(타이베이)에서 다카마쓰 도요지로高松豊次郞가 최초로 영화를 상영하였다. 그는 총독부의 선무宣撫공작을 명령받고 대만 각지를 순회하였다. 일제는 대만의 일본화를 위해 문화적인 장치로 영화를 활용했다.

　　1921년에는 일본인 하기야萩屋가 〈곽란 예방법〉이라는 식품 위생 교육 계몽영화를 만들었다. 1925년 이송봉李松峰이 일본의 신파와 활극의 영향을 받은 〈누구의 허물〉을 만들었는데, 이 영화가 대만인이 제작한 최초의 영화이다.[15] 중국영화가 한국에 소개된 것은 1929년에 개봉한 〈삼국지〉가 최초이다. 당시 한국은 일본영화를 주로 상영하였다. 〈삼국지〉는 한국에서도 많이 알려진 고전소설이기에 선정되었을 것이다.

　　한국이 평균 5편의 영화를 제작하던 1930년대 초, 중국은 50여 편의 영화를 제작하는 영화 도시였다.[16] 1910년대에는 외국 자본으로 영화 제작이 이루어졌는데, 영화에 대한 중국인들의 반응은 다른 나라와 마찬가지로 열광적이었다. 1901년 홍콩과 타이완에 극장이 설립되었고, 1907년 베이징에도 극장이 설립되었다.

　　1926년경에는 중국 내에 106개의 극장이 설립되었다. 그리고 상하이의 많은 스튜디오에서 영화를 찍었는데 그야말로 영화는 거대산업이 되었다. 한국인 정기탁 감독이 한국을 떠나와 상하이에서 안중근 의사의 일대기인 〈애국혼〉을 만들었

13　『中國早期電影史』, 中國上海出版社, 2010, 9쪽.

14　『中國無聲電影史』, 中國電影出版社, 1996, 37~39쪽.

15　요모타.이누히코, 『일본영화의 이해』, 현암사, 123~124쪽.

16　안태근, 「일제강점기의 상해파 한국영화인 연구」, 한국외대 석사학위논문, 2001. 28쪽.

던 시기는 1928년이다. 당시 중국은 6대 메이저 영화사들로 통합되었다. 이 당시 활동하던 배우들은 우리에게도 익숙한 완령옥阮玲玉(란링위), 김염金焰(진옌) 등이 있다. 감독으로는 손유孫瑜(쑨위), 정정추鄭正秋(쩡쩡치오) 감독이 활동하였다.

중일전쟁으로 인해 상하이와 중경, 장춘 등 점령 지구에서는 당시 정치 현실을 외면하고 일본제국을 자극하지 않는 영화를 만들었다. 한국인은 처음 1928년, 상하이에서 안중근 의사의 일대기인 〈애국혼〉을 만든다. 정기탁 감독은 이 영화를 감독한 이후 같은 해에만 〈삼웅탈미三雄奪美〉, 〈화굴강도火窟鋼刀〉를 만들었으니 확실한 자리매김을 한 것이다. 그는 한국에서 나운규 영화에 출연하였으며 〈아리랑〉을 보고 본격적인 항일영화를 만들고자 상하이로 진출했다.

그 외 정일송鄭一松, 전창근全昌根, 이경손李慶孫, 한창섭韓昌燮 등의 영화인이 함께 활동하여 이들은 상해파 한국영화인으로 불린다. 그들이 만든 영화는 〈애국혼〉, 〈삼웅탈미〉, 〈화굴강도〉, 〈여해도女海盜〉, 〈진주관珍珠冠〉, 〈정욕보감情慾寶鑑〉, 〈대파구룡산大破九龍山〉, 〈화소구룡산火燒九龍山〉, 〈은막지화銀幕之花〉, 〈양자강楊子江〉, 〈광명지로光明之路〉, 〈재회파, 상해再會吧. 上海〉 등 13편이다. 그중에서 이경손 감독의 〈양자강〉, 정기탁 감독의 〈재회파, 상해〉는 한국에서도 상영되었다. 이 영화는 완령옥의 〈신여성〉 시리즈 중 한 편으로, 정기탁 감독이 상하이에서 만든 마지막 작품이며 그의 마지막 영화이다.[17] 정기탁 감독이 만든 〈광명지로〉[18]는 중국영화 역사에서도 빠지지 않고 거론되는 영화이다.[19] 아래는 당시 중국영화사에 기록된 상해파 한국영화인들의 영화들이다.

상해파 영화인들은 일제의 상하이 침공 전후로 각지로 흩어지는데, 한창섭은 1931년 〈양자강〉의 필름을 가지고 국내 및 만주까지 가서 흥행에 성공한다. 정기탁은 1934년 〈재회파, 상해〉의 필름을 가지고 귀국했고, 이 영화는 1936년에 우미관에서 개봉한다. 전창근은 1937년에 귀국하여 1941년에 〈복지만리〉를 감독한다. 이경손은 멀리 태국으로 망명한다. 당시 상하이에서 영화평론을 하던 김광주金光洲 작가가 귀국해 1935년 〈아름다운 희생〉을 감독한 것도 특기할 사항이다.

---

17 1997년 7월 '중국전영자료관(中國電影資料館, The China Film Archive)'에서 발굴, 총 11권 중 9권이 남아있다. 한국인이 감독한 현존하는 최고(最古)의 영화이다.

18 연화영업공사(聯華影業公司) 제작 영화로 처음 제목은 〈출로〉이다. 이 영화는 1930년대 중국 사회의 비참한 현실을 묘사한 작품으로 개작 조치를 받았다.

19 『중국무성전영극본(中國無聲電影劇本)』, 『중국전영발전사(中國電影發展史)』, 『중국영편대전(中國影片大典)』, 『중국무성전영발전사(中國無聲電影發展史)』등에 실려 있다.

〈표 2〉 상해파 영화인 관련 영화

No.	개봉명	각본	감독	주연	제작사	제작 연도
1	애국혼	정기탁	정기탁	정기탁, 정일송	대중화백합영편공사	1928
2	화굴강도	전창근	정기탁	정기탁, 정일송	대중화백합영편공사	1928
3	삼웅탈미	미상	정기탁	정기탁, 정일송	대중화백합영편공사	1928
4	여해도	정기탁	정기탁	정기탁, 정일송	대중화백합영편공사	1929
5	진주관	미상	주수국	정기탁, 완령옥	대중화백합영편공사	1929
6	정욕보감	주수국	이평천	정기탁, 완령옥	대중화백합영편공사	1929
7	대파구룡산	미상	주수국	정기탁, 완령옥	대중화백합영편공사	1929
8	화소구룡산	주수국	주수국	정기탁, 완령옥	대중화백합영편공사	1929
9	은막지화(이원염사)	주수국	정기탁	정기탁, 완령옥	대중화백합영편공사	1929
10	흑의기사	정기탁	정기탁	정기탁	대중화백합영편공사	1930
11	양자강	이경손	이경손	전창근, 육복요	고성영편공사	1930
12	광명지로	심부	정기탁	정군리, 담영	연화영업공사	1933
13	재회파, 상해	미상	정운파	완령옥, 장익	연화영업공사	1934

출처:『중국영편대전』156~254쪽,『중국무성전영극본』2531~2954쪽,
『중국전영발전사』제1권의 517~609쪽 내용 참조.

상해파 한국영화인들이 중국영화사에 끼친 영향은 필자의 학위논문으로 정리
되었다.[20] 다음은 〈출로〉, 즉 〈광명지로〉에 대한 『중국전영발전사中國電影發展史』의
기록이다.

출로出路

극본: 선푸

감독: 정운파

촬영: 페이이웨이裴逸葦

한 소자산 계급 지식인이 실업자가 된 후 차에 치어 몸을 다쳤는데, 아내 또한
과로로 인한 병으로 목숨을 잃는다. 어쩔 수 없이 아들을 다른 사람에게 주고 자
신은 인력거꾼이 되는데, 결국 절도 사건에 휘말려 감옥에 갇히고 만다.

비록 주인공이 인정 때문에 겪게 되는 갈등이 표출되고, 그를 도와준 강도에

20　안태근, 앞의 논문.

대한 은혜를 보답한다는 내용이지만 이 인물의 비극을 통하여 당시 사회의 암흑적 상황을 잘 표현하고 있다. 이는 당시 사회 현상을 반영하는 것이라 할 수 있는데, 영화의 마지막은 원래 주인공이 1·28 전쟁에 참가하여 이것으로 '출로'를 마련하는 것이다.

반동파의 검열을 거쳐 이 결말은 안동 당국의 호소로 서북 지역을 개간하러가는 것으로 바뀐다. 따라서 영화 제목도 '광명지로'로 바뀐다. '출로'는 1933년에 완성되었지만, 반동파의 검열로 지연되어 1934년 2월에야 공개, 상영된다.[21]

정기탁의 〈광명지로〉는 주연을 맡았던 정군리鄭君里(정쥔리), 심부沈浮(선푸)나 각본을 썼던 심부는 후에 감독으로 데뷔해 제2세대 감독이 됐다.[22]

정기탁의 다음 영화 〈재회파, 상해〉 역시 『중국전영발전사』에 호평이 실렸다.

이 영화는 재해를 많이 입은 한 시골 지식인 여성이 상하이로 와 출로를 찾던비참한 과정을 묘사했다. 제작자는 이 주인공이 상하이에 들어선 후 일자리를 찾는 과정을 통하여 자산계급의 사치한 생활과 상층사회를 폭로한다.

그리고 영화에서 주인공은 마지막에 할 수 없이 상하이를 떠나 고향으로 가는 것을 통해 어두운 사회에 대하여 무능하고 속수무책인 것을 표현했다.[23]

이 영화는 완령옥의 대표작이기도 한데, 이후 제작된 신여성 소재의 〈신녀神女〉나 〈신여성新女性〉의 모태이기도 하다.

다음은 상해파 한국영화인에 대한 베이징영화아카데미 천산陳山 교수의 증언이다.

대중화백합영화사 초기, 즉 오락영화를 찍기 이전의 시기의 영화들이 끼친 영향력이 컸다. 그 주제로는 전쟁반대, 빈부대립 등의 사회성을 내포하는 내용과 애국, 제국주의 반대에 관한 내용이 대부분이다. 〈애국혼〉, 〈양자강〉도 모두 이런

---

21 『中國電影發展史』, 中國電影出版社, 1981, pp. 270~271쪽(정창화 번역).

22 제1세대 감독은 중국영화의 첫 번째 황금기를 주도했던 손유(孫瑜), 오영강(吳永剛), 채초생(蔡楚生), 비목(費穆) 등을 꼽으며, 제2세대 감독으로는 정군리(鄭君里), 심부(沈浮), 주석린(朱石麟)을 꼽는다.

23 『中國電影發展史』, 中國電影出版社, 1981, pp. 346~347(정창화 번역).

내용들을 담고 있다. 그 당시 연화영화사에서 정기탁은 촉망받는 영화인이었다. 그가 찍은 <광명지로>, <재회파, 상해>는 이 영화사의 걸출한 작품들이며 또한 연화영화사 발전에 정기탁을 비롯한 많은 한국영화인들이 막대한 공헌을 했다.[24]

그의 증언처럼 상해파 영화인들의 활동은 간과되어서는 안될 만큼 크다. 한국과 중국의 영화학자들의 연구는 앞으로도 더욱 필요하다. 이런 영화 교류를 통해 한·중 간 영화는 교류를 시작했고, 전창근 감독은 귀국 후 1941년에 <복지만리>를 고려영화사와 만주영화협회 명의로 공동 제작한다. 국민당이 공산당과 혼전으로 난징에 정부를 수립할 때 좌파영화들이 대두되었다. 1931년에는 좌파영화운동이 본격적으로 추진되었고, 1940년대 이후 중국 공산당의 입지가 강화되며 중국영화계를 이끌어 간다.

상하이에서 천일영화사天一電影公司를 운영하던 런런쇼邵逸夫(소일부)의 형제들은 일제의 침공으로 인해 싱가포르로 이주하여 영화산업을 이어갔다. 전쟁이 끝난 후 그들은 홍콩으로 와 청수만 일대에 거대한 영화 스튜디오를 건립하고 홍콩을 중심으로 영화산업을 키워낸다. 홍콩영화는 1956년 <해당화>가 처음이다. 한홍 합작도 시도되었는데, 이는 바로 한국연예주식회사와 홍콩 쇼브라더스가 1957년에 합작한 <이국정원異國情鴛>이다. 이국적인 풍광을 담아낸 이 영화 이후 두 번째 합작영화는 1958년 <천지유정天地有情>이다. 중국과의 합작은 미수교 상태라 이루어지지 않았다.

이후 1964년 <비련의 왕비 달기妲己>부터 신필름과 쇼브라더스와의 합작이 있었다. 이 영화로 흥행의 돌파구를 연 신필름은 합작영화의 상업적인 필요성을 실감하고 본격적인 합작을 시도하게 된다. 신필름에서는 <대폭군觀世音>, <철면황제鐵頭皇帝>, <흑도적覆面大俠> 등의 합작영화가 연이어 제작되었다.

1960년대 들어 가속화된 합작영화 제작은 위장 합작영화로까지 이어진다. 한국에서 홍콩영화가 인기를 끌자 이후 <철수무정>, <13인의 무사>, <흑객>, <외팔이 권왕>, <여감방>, <혈육마방>, <생사결>, <노명검> 등 많은 영화가 한홍 합작이라는 이름으로 국내에 소개되었다. 이 영화들은 오리지널 홍콩영화이다.[25]

---

24 안태근 제작, EBS 다큐멘터리 <일제강점기의 영화>, 1997. 8. 15.
25 안태근, 「한국합작영화 연구: 위장합작영화를 중심으로」, 한국외대 박사학위논문, 2012.

이것은 당시 홍콩영화 수입이 1년에 4편으로 제한되므로 폭증하는 홍콩영화에 대한 수입 방편이 위장합작 형태였던 것이다. 그러다 보니 〈비련의 왕비 달기〉나 〈대폭군〉 같은 진정한 합작영화조차도 위장 합작영화가 되기 십상이다. 이는 한국에서 홍콩영화에 대한 선호도와 특이한 교류를 보여주는 세계 영화사상 보기 드문 예이다. 1967년에 수입된 홍콩영화 〈방랑의 결투大醉俠〉는 이러한 기류에 발화점이었다. 그리고 장철 감독에 의해 만들어진 〈외팔이獨臂刀〉 시리즈의 흥행 성공으로 한국에는 항류港流현상26이 시작된다.

한국감독들이 쇼브라더스에 초빙되어 간 것은 1960년대부터 본격화된다. 1962년에는 김수용 감독이 합작영화 〈서유기火焰山〉의 공동 감독으로 참여했고 정창화, 장일호, 김수용 감독이 쇼브라더스에서 활동했다. 이들 중 정창화 감독의 〈철인天下第一拳(죽음의 다섯 손가락)〉은 1973년 미국에 수출되어 주말 박스오피스 1위를 기록하기도 했다. 또 김수용 감독의 〈와와부인娃娃夫人〉은 1972년 제18회 아시아영화제에 출품되어 이청(리칭)이 인기여우상을 받기도 했다.

이소룡은 홍콩뿐 아니라 세계영화사에서 찾아보기 힘든 불세출의 스타이다. 그가 남긴 영화 다섯 편의 홍콩 흥행 기록이 그것을 입증한다.27 그는 자신의 출연작으로 홍콩영화 흥행 기록을 경신했고, 그 기록을 자신의 차기작으로 계속해 경신했다. 사망 후 그의 영향은 하나의 신드롬 현상을 일으켰다. 이른바 짝퉁(모방)영화들이 홍콩과 대만, 한국에서 만들어졌다. 이소룡의 후계자를 자처하는 한국배우들이 무척 많았는데, 이는 태권도의 종주국인 영향이 크다. 그리고 홍콩에 진출한 한국배우와 이소룡 주변에 한국인들이 많았기 때문이다.28 이소룡의 영향으로 한국에서는 미미하던 무술영화들이 갑자기 양산되었다. 당시 이두용, 박우상 감독은 오로지 태권도영화만을 만들었다. 세계적으로 이소룡 후폭풍의 영향은 지금도 유효한데 해마다 그의 출판물이나 관련된 영화들이 계속해 제작되고 행사가 개최되고 있다.

---

26 한국에서 1960년대부터 있었던 홍콩영화로 발생된 홍콩 문화 현상.

27 1971년 〈당산대형〉 319만 7천 홍콩달러, 1972년 〈정무문〉 443만 홍콩달러이다. 당시 100만 홍콩달러가 넘는 다른 영화로는 왕우가 일본의 가츠 신타로와 함께 출연한 〈독비도대전맹협(한국 개봉명: 외팔이와 맹협)〉뿐이었다. 종보현 지음, 윤영도·이승희 옮김, 『홍콩 영화 100년사』, 그린비, 399쪽.

28 당룡, 신일룡, 강대희, 거룡, 황정리, 왕호, 유병용, 바비 킴, 이준구, 지한재, 홍성중 등이다. 안태근, 『이소룡 평전』, 차이나하우스, 2014, 174~208쪽.

항류현상은 1974년 이소룡의 〈정무문〉, 1979년 성룡의 〈취권〉 등 무술영화의 흥행과 홍콩 누아르영화의 기점이 된 1986년 오우삼의 〈영웅본색〉으로 이어진다. 적어도 홍콩이 중국에 반환되는 1997년까지 항류현상은 계속되었고, 한국영화계에 항류현상은 홍콩과의 위장 합작영화를 양산하는 계기가 되었다.

한국의 위장 합작영화 사례는 1943년 이마이 타다시 감독의 〈망루의 결사대〉부터 시작하여 1990년 홍재균 감독의 〈용의 유혼〉까지 모두 103편이며, 위장합작 추정 영화는 1970년 임학·검룡 감독의 〈독룡마검〉을 시작하여 1993년 진석모·유국웅 공동 감독의 〈금병풍월〉까지 21편으로, 이를 모두 합치면 124편에 이른다.[29]

참고로 한국의 합작영화 총 편수는 1936년 이규환 감독의 〈무지개〉부터 1993년 진석모·유국웅 공동 감독의 〈금병풍월〉까지 모두 206편에 이른다.[30] 이들 합작영화의 주요 상대국은 일제강점기를 제외하면 대부분이 홍콩이며 그밖에는 대만과 미국, 필리핀 등이 있다.

이같이 홍콩영화는 한국과의 긴 교류를 통해 한국인들에게 친근감을 주고 있으며 아울러 홍콩영화의 흥행 장르와 영화 수입에 따라 한국영화의 장르도 함께 흥망성쇠를 해왔다. 한국영화와 홍콩영화는 이러한 역사적 맥락에서 불가분의 관계라 할 수 있다.

---

29 안태근, 『한국합작영화 100년사』 스토리하우스, 2017, 627~640쪽.
30 안태근, 앞의 책, 614~626쪽.

일본의 영화 유입과 교류

—

일본에서 최초로 영화가 소개된 것은 1896년이고 최초로 촬영한 것은 1898년의 일이다. 루미에르사의 카메라맨이 촬영한 일본 풍물 영화가 공개되었다.[31] 그것은 그랑카페에서 루미에르의 영화가 상영된 지 3년 만의 일이다.

같은 해에 동경에 있는 고니시 사진관의 아사노 시로浅野四郞가 〈둔갑한 지장보살〉과 〈죽은 자의 소생〉 등의 단편영화를 제작하였다. 1899년 신바시新橋의 요정에서 게이샤藝者 세 명의 춤을 촬영하였다. 당시 영화는 연극을 하는 가설 소극장에서 구경거리의 하나로 상영되었다. 신파극 무대에서는 활동사진이라고 불리는 영화가 연쇄극 형태로 소개되었다. 일본 최초의 극영화 〈권총강도 시미즈 사다키치〉(1899)는 이러한 분위기 속에서 고마다 고요驅田好洋가 신파 배우를 기용해서 만든 영화이다.[32]

일본영화는 연극과 영화 장르를 교류하며 신파라는 새로운 전위극을 확장시켰다. 초기 예술보다는 기술적인 면만 부각되었던 일본에서의 초기영화는 1904년 러일전쟁이 발발하며 다큐멘터리 촬영을 하며 선전영화로서의 역할을 수행하기 시작한다. 전쟁의 참상을 기록하는 것이 아니라 전쟁 승리국으로서의 위치를 보여준 것이다. 이후 영화는 새로운 문화 수단으로서의 위치를 공고히 했다. 1908년에는 교토의 옛 유적지에서 마키노 쇼조牧野省三 감독은 〈혼노지本能寺 전투〉를 촬영했고 1910년에는 80분짜리 장편영화 〈주신구라忠臣藏〉를 완성했다. 1912년에는 일본활동사진주식회사(약칭: 닛카쓰日活)가 발족한다. 본격적인 영화사가 등장한 것이다. 이는 할리우드의 대형영화사들의 설립과 같은 시기이다.

일본영화와 한국영화는 공통점이 많다. 초기 연쇄극으로 출발한 것도 그러하지만 변사 해설로 영화 감상을 하였다. 변사가 존재하는 나라는 전 세계에 일본과 한국뿐이다.[33] 초창기 신파를 영화화한 것도 유사하다. 동 시기 구파연극과 구별되

---

31 요모타 이누히코, 『일본영화의 이해』, 현암사, 51쪽.

32 요모타 이누히코, 앞의 책, 52~53쪽.

33 요모타 이누히코, 앞의 책, 10쪽.

는 신파연극의 영향을 받은 탓이다.

또한 일본제국에 강점당하며 자연스럽게 일본영화인에 의해 한국을 비롯하여 대만, 만주 등에서 자연스레 영화기술이 전수되었다. 한국 초창기 영화의 화제작인 1926년 나운규의 〈아리랑〉만 하더라도 제작자는 요도 도라조淀虎藏이며 촬영 또한 가토 교헤이加藤恭平라는 일본인이었고 촬영조수는 이창용이었다. 이런 상황에서 기술 전수는 일본어를 사용하며 그대로 전수되었다.

실제로 1980년대까지 한국영화계에서 사용되는 일본어는 엄청났다. 그것은 선배들의 작업을 돕고 배우며 자연스럽게 일본어가 사용되며 전수되었기 때문이다. 이런 상황에서 일제강점기의 한국감독에게 일본영화는 교과서 같은 역할을 했을 것이다. 1930년대 일본영화는 황금기를 거쳐 1939년에 생긴 영화법으로 정부의 검열을 받으며 끝이 난다. 태평양전쟁 시기 선전영화들이 만들어지고 미군 점령시기에는 계몽영화들이 제작되었다.

일본영화의 두 번째 황금기는 1950년대부터 1960년대인데 그것은 한국영화의 발전기인 1960년대보다 약 10여 년 빠르다. 이 시기 기존의 3대 메이저 영화사인 1895년에 설립된 쇼치쿠松竹를 비롯하여, 닛카쓰日活, 도호東寶 외에 다이에이大映, 신도호新東寶, 도에이東映 등 6대 메이저영화사가 자리한다. 1954년부터 개최된 아시아영화제는 서로의 교류를 통해 상대국 영화 경향과 장르를 확인하는 자리가 되었을 것이다.

한국은 일본과 수교가 안 되었고 일본영화를 볼 수 없었기 때문에 이런 교류의 기회를 통해 영화를 보고 연구하였다. 그리고 일본영화 연감을 통해 시나리오를 입수하여 표절작을 만들어 냈다. 당시 한국의 원로영화인에게 일본영화는 일종의 향수를 불러일으키는 존재였다. 그들은 일본영화를 보며 영화를 배웠던 세대이니 어쩔 수 없는 일이다. 그렇듯이 일제강점기를 살았던 세대들에게는 자연스러운 현상이다. 영화인들은 후배들에게 일제강점기에 보고 배운 영화를 전수했고 일본영화의 우수성을 전했다.

당시 일본영화 표절은 특별한 일이 아니고 일반화된 현상이었다. 그런 표절작들은 대체로 흥행 성적이 양호했으며 표절은 더욱 많아졌다. 〈맨발의 청춘〉, 〈외아들〉, 〈나는 왕이다〉, 〈명동에 밤이 오면〉 등 이루 셀 수 없을 정도이다. 실제로

1960년 한국영화 최고의 수작으로 칭송되는 김기영 감독의 〈하녀〉가 일본의 이치가와 곤 감독의 1959년 작 〈열쇠鍵〉와 너무도 닮아있다. 김기영 감독은 신문기사에서 소재를 찾았다고 한다. 하지만 당시 일본영화 시나리오 선집이 유통되었던 시절이니 많은 작가 및 감독들이 구독하며 소재를 구했다.

1962년 서울에서 개최된 제9회 아시아영화제 때 구로사와 아키라 감독의 〈츠바키 산주로椿三十郎〉, 고바야시 마사키 감독의 〈할복切腹〉 등 일본 찬바라영화34를 본 한국감독들은 희열을 느꼈을 것이다. 해외여행이 자유롭지 못했던 시절, 일본영화에 대한 갈증은 있을 수밖에 없었다. 이런 영화를 보며 광복 이후 중단되었던 검술영화의 제작이 갑자기 시작되었다. 1967년 호금전 감독의 〈방랑의 결투〉, 장철 감독의 〈외팔이〉 시리즈의 흥행 성공도 큰 자극이 되었다. 〈외팔이〉는 일본 시대극의 아버지로 불리우는 이토 다이스케伊藤大輔 감독의 1928년에 시작된 〈오오카 정담大岡政談〉이라는 시리즈 영화에서 모티브를 얻은 영화이다. 당게 사젱丹下左膳이라는 사무라이가 뒤죽박죽으로 날뛰는 황당무계한 영화였다.35

찬바라영화는 일본영화 역사 초기부터 제작되어 온 일본영화를 대표하는 장르로 볼 수 있는데 꾸준히 제작되며 한국과 홍콩에 자연스럽게 영향을 끼쳤다. 쇼브라더스는 호금전 감독의 〈방랑의 결투〉를 감독하며 일본의 무술감독 팀을 초빙해 액션 연출을 맡겼다. 장철 감독 영화 역시 일본 촬영기사 미야키 유키오宮木幸雄(중국명: 공막탁龔幕鐸)를 초빙해 〈철수무정〉, 〈보표〉, 〈사각〉, 〈소살성〉, 〈복수〉, 〈13인의 무사〉 등의 촬영을 맡긴다.

일본영화가 한국 및 홍콩에 미친 영향을 살펴보면 표절 시나리오 사례가 많다. 한국은 일본과 수교 이후에도 일본영화 개방이 늦어지므로 일본영화 시나리오를 표절하며 버젓이 한국영화로 제작한다. 대표적인 사례는 김기덕 감독의 1963년 작 〈맨발의 청춘〉이다. 1963년의 일본영화 〈진흙탕 속의 순정泥だらけの純情〉을 김기덕 감독과 조감독이었던 고영남 감독이 일본에서 관람하고 와서 숏까지 그대로 베껴서 만들었다.36 이외에도 김기영 감독의 〈고려장〉은 〈나라야마 부시코楢山節考〉를

---

34 ちゃんばら영화, 사무라이영화를 지칭함. 치고받는 의성어를 표현.

35 사토 다다오 지음, 유현목 옮김, 『일본영화이야기』, 다보문화, 1993, 88쪽. 정창화 감독은 이 영화의 존재를 내게 귀띔해 주며, 1960년대에 리메이크되었다고 말해 주었다.

36 시나리오작가 김시연의 증언, 2018. 1. 5. https://cafe.naver.com/atg2243#.

리메이크하다시피 했다. 유현목 감독의 〈아내는 고백한다〉의 경우는 예외적으로 일본 원작임을 밝히기도 했다.

표절은 한국영화에만 있었던 것은 아니다. 일본의 만화를 원작으로 한 1973년 후지타 도시야藤田敏八 감독의 〈수라설희修羅雪姬〉를 1977년 홍콩에서 〈파계破戒〉라는 제목으로 표절하고 그것이 한국에서 〈충렬도忠烈道〉라는 제목으로 개봉되었다.

일본 찬바라영화의 산업화에 미국의 서부극이 끼친 영향 역시 부정할 수 없다. 존 포드의 서부극을 일본 전국 시대로 시대 배경을 바꾼 것이 찬바라영화 흥행작들이다. 구로사와 아키라 감독의 영화 〈7인의 사무라이七人の侍〉는 다시 미국에서 〈황야의 7인The Magnificent Seven〉으로 리메이크된다. 영향을 주고받은 대표적인 사례이다. 또한 〈진흙탕 속의 순정〉으로 알려진 나카히라 코우中平康 감독은 홍콩 쇼 브라더스에서 양수희楊樹希라는 이름으로 활동하며 네 편을 감독했다. 한국에서도 신필름 초청으로 1974년에 〈여자정신대〉와 〈청춘 불시착〉 등 두 편을 만들었다. 그중 〈청춘 불시착〉은 1958년 일본에서 자신이 만든 영화 〈붉은 날개紅の翼〉를 리메이크한 것이다. 당시 한국에서는 일본인 감독의 활동이 안 되던 때라 이 두 영화는 김대희 감독의 이름으로 대명되었다.

한중일 영화 태동

■■ 중국영화 이야기

중국영화의 역사는 세계영화 역사와 큰 차이가 나지 않는 1896년 청나라 말부터 시작된다. 1895년 12월 28일 뤼미에르 형제에 의해 세계 최초의 영화가 상영된 후 그 다음해에 중국에서 스페인인 갈렌 보까에 의해 중국 최초의 영화 상영이 있었고, 1905년에 〈정군산〉이라는 중국 최초의 영화 제작이 있었다.

1910년대에는 외국 자본으로 영화 제작이 이루어지는데, 초기 중국인들의 영화에 대한 반응은 다른 나라와 마찬가지로 열광적이었다. 1901년 홍콩과 타이완에 극장이 설립되고 1907년 베이징에도 극장이 설립된다. 1926년경에는 중국 내에 106개의 극장이 설립되었다. 그리고 상하이에는 176개의 스튜디오에서 영화를 찍었는데 그야말로 영화는 거대산업이 되었다. 한국인인 정기탁 감독이 〈애국혼〉을 만들었던 1928년에는 6대 메이저사들로 통합되었다.

1930년대 초 당시 중국은 연간 50여 편 가량의 영화를 제작하였다. 그 중심이었던 상하이는 동양의 할리우드라는 별칭처럼 일제가 침공하기 전인 1930년대 초반기에 황금기를 구가했었다. 이 당시 활동하던 배우들은 우리에게도 익숙한 완령옥(란링위), 김염(진옌) 등이 있다. 감독으로는 손유(쑨위), 정정추(쩡쩡치오) 감독이 활동하였다. 국민당이 공산당과 혼전으로 난징에 정부를 수립할 때 좌파영화들이 대두되었다.

1931년에는 좌파영화운동이 본격적으로 추진되었고, 1940년대 이후 중국공산당의 입지가 강화되며 이들 영화는 중국영화계를 이끌어 간다. 중일전쟁으로 인해 상하이와 충칭(중경), 창춘(장춘) 등 점령 지구에서는 당시 정치 현실을 외면하고 일본제국을 자극하지 않는 영화를 만들었고, 홍콩 등지에서는 1941년 일본에 점령되기 전까지 애국영화를 제작했었다.

중국은 인민공화국 건국 이후 영화를 국민들의 교육용으로 도구화하였고, 백화 시대라고 하여 예술과 정치가 결합한 혁명적인 비전을 예술화했으며, 영화를 선전 도구화하여 왜곡과 과장된 날조극을 만들어 냈다.

1963년 마오쩌둥의 발언으로 시작되어 1966년부터 본격화된 문화대혁명 기간에는 마녀사냥식으로 교정운동이 벌어졌다. 이 시기 영화에 대한 비판이 강화되었고 영화 제작은 중단되기까지 했다. 1970년 이후 등소평 시대에 시장경제가 도입되며 영화산업은 다시 성장하였다.

1980년대에는 제5세대라고 일컬어지는 장예모(장이모우), 진개가(첸카이거) 등의 감독들이 사실주의적이며 진지한 영화를 추구하며 그들만의 영화를 만들어 낸다. 이때 만들어진 〈황토지〉, 〈홍고량〉, 〈홍등〉 등의 영화들은 중국의 전통적인 것에 대한 새로운 시각이었다. 그들은 원색적인 화면과 새로운 공간과 구성으로 그들만의 이미지를 형상화하는 한편, 민족문화를 바탕으로 자신들의 이야기를 풀어내 세계영화제에서 호평을 받았다.

1996년 방문한 베이징 영화 아카데미의 교실은 허술하기가 이루 말할 수 없을 정도였다. 낡은 흑판이 걸린 교실은 우리네 옛 초등학교의 교실 같았다. 그러나 그 교실에서 공부한 학생들이 현재 중국영화계를 이끌어 가는 감독들이 되었다. 영화란 기술력도 중요하지만 무엇을 만들어 낼 것인가에 대한 정신이 우선되어야 한다.

■■ 한국영화 역사의 태동기

영화가 도래 후 한국에서도 영화가 만들어지기 시작한다. 당시는 일제강점기였지만 우리나라이므로 한국으로 표기한다. 물론 대한제국이 일본제국에 강점당한 상태였으므로 한국이라 함은 대한민국의 약어이면서 대한제국의 약자일 수도 있다.

일제강점은 1910년부터이며 당시에는 영화라는 예술이 들어온 지 얼마 지나지 않아 영화 제작이 활성화되지 않았을 때이다. 1919년 〈의리적 구토義理的仇鬪〉라는 연쇄극이 만들어지고, 1923년에는 일본 유학을 다녀온 윤백남이 조선총독부의 저축 장려 선전영화 〈월하의 맹서〉를 만들게 된다.

그리고 부산에서 일본인이 세운 '조선키네마'라는 영화사가 생겼다. 1924년의 일인데 이 회사는 형식적으로 주식회사이고 일본에서 기술자들 데려와 영화를 준비했다. 한국시장을 의식했으므로 그들은 감독인 일본인에게 우리식의 이름으로 왕필렬이라는 이름을 지어 붙였다. 그의 첫 각본·감독 작품은 〈해의 비곡〉이다. 주인공 역시 주삼손이라는 한국 예명의 일본배우였는데, 예쁘장한 얼굴로 이후 〈장한몽〉 등의 영화에도 출연한다.

이 영화사에는 이경손이라는 문학청년이 조감독으로 활동 중이었는데, 그를 찾아 멀리 함경도 회령에서 우락부락한 스타일의 작달 만한 청년이 배우를 하겠노라고 찾아온다. 그가 바로 한국영화의 개척자로 불린 나운규이다. 나운규는 오디션을 보았고 심사위원 전원의 불합격 평가를 받았으나, 이경손을 졸라 〈운영전〉이라는 영화에서 가마꾼 역을 맡아 카메라 앞에 서게 되었고 꿈에 그리던 영화계에 데뷔하게 된다.

그리고 곧이어 제작된 〈심청전〉에서 심봉사 역을 맡아 당당히 조역으로 영화배우로 자리를 굳힌다. 이러한 배우로의 그의 신분 상승은 오로지 그의 노력과 영화에 대한 열정 때문에 가능한 일이었다. 그는 남달리 사물에 관심이 많았다. 어느 날 그는 이경손의 시 습작 노트를 빌려 고향으로 가서 한 편의 시나리오를 완성해 돌아왔는데, 그 시나리오가 바로 〈아리랑〉이다.

나운규는 일본인 사장을 설득해 이 영화의 감독까지 맡게 되는데 차마 감독, 주연 모두를 자신의 이름으로 할 수가 없어 감독의 이름만은 제작 부장이었던 쓰모리 히데이치津守秀—의 이름으로 발표한다. 이런 일화로 인해 후세의 영화사 간에 "〈아리랑〉의 감독이 나운규냐? 아니면 쓰모리 히데이치냐?"라며 공방이 벌어지기도 한다.

이 영화는 1926년 서울의 단성사극장에서 개봉되었다. 당대의 내로라하는 명사들은 이 영화를 기억하며 주저 없이 초창기 한국영화의 대표작으로 꼽았다. 이제 모두 돌아가셨지만 1990년대 말까지는 심심찮게 이런 이야기를 들을 수 있었다.

대표적인 분으로는 아동문학가 윤석중 선생이시다. 그는 오죽 감동을 받았으면 나운규 감독을 찾아가 두 편의 가사를 쓰게 된다. 또 한 분, 김동리 선생은 돌아가시기 전 잡지 《스크린》에 〈아리랑〉의 감상문을 투고하셨고 대단한 명편이었음을 기록으로 남겼다.

이 영화로 한국영화는 지루한 신파조 영화에서 탈피하며 민중들의 뜨거운 호응을 받았다. 그리고 10년간은 나운규의 독주 시대였다. 1937년 타계하기 전까지 그는 영화 흥행에서 뺄 수 없는 중요한 위치에 있었다. 그러나 방탕한 생활과 무분별한 출연으로 그 스스로 가치를 떨어뜨렸다. 〈사랑을 찾아서〉, 〈옥녀〉, 〈야서(들쥐)〉 등은 민중들의 이야기로 피압박 민족의 아픔을 그리고자 했다. 그러나 〈아리랑〉의 명성과는 거리가 먼 영화들이었다.

그리고 또 한 사람, 정기탁 감독이 있다. 이경손은 조감독 출신 감독으로, 〈개척자〉로 데뷔해 나운규가 승승장구 하는 동안 구경만 하고 있었는데 정기탁이 찾아왔다. 〈아리랑〉으로 힘을 얻은 나운규가 이경손에게 〈잘 있거라〉의 감독을 맡겼을 때이다. 정기탁은 "지금 나운규에게 당신이 필요하냐?"며 이경손을 꼬드겼고 자신이 세운 평양키네마사로 데려간다. 그렇게 해서 나온 영화가 〈봉황의 면류관〉, 〈춘희〉였다. 이렇게 한국영화사가 본격적으로 시작된다.

■ 한국영화 100년의 기점 〈의리적 구토〉

〈의리적 구토〉는 1919년 10월 29일 공연된 김도산 감독의 연쇄극이다. 그래서 한국영화 100년의 기점이 되는 이유인 것이다. 〈의리적 구토〉는 단성사 전속 성우였던 김덕경이 신극좌를 이끌던 김도산에게 권유하여 시작되었다. 김도산은 각본을 썼고 단성사 사주인 박승필이 당시 5천 원을 투자하여 제작되었다. 연쇄극은 연극 공연 중 무대에서 보여줄 수 없는 장면을 영화로 보여주는데 야외 촬영을 하여 완성했다.

당시에 한국에는 영화를 촬영할 수 있는 기자재나 필름조차 없었다. 당연히 카메라 감독도 부재하기에 촬영은 미야카와 소노스케라는 일본 오사카 덴카쓰 기사를 고용했다. 촬영된 장소는 명월관, 청량리 홍릉, 장충단 공원, 한강 철교 등이라고 전해진다. 이때 촬영된 다큐멘터리가 〈경성전시의 경〉이다. 쉽게 '서울 구경'이라는 뜻으로 관객들에서 서울의 명소 몇 군데를 골라 촬영하며 소개한 다큐멘터리였다. 연쇄극을 영화로 볼 것인가에 대한 논란이 있었지만 영화인협회의 원로들이 한국영화의 기점을 1919년으로 정하며 이를 기념하며 오늘에 이르렀다.

무대에서 연극과 함께 상영된 연쇄극은 김도산의 〈의리적 구토〉가 처음이지만, 순수한 영화는 아직도 여러 설이 분분하다. 이는 자료가 불충분하기 때문이다. 공식적으로는 1923년 영화 〈월하의 맹서〉가 첫 영화이다. 혹은 같은 해에 만들어진 〈국경〉이라는 설도 있다. 우리 자본과 기술에 의한 최초의 영화는 1924년의 〈장화홍련전〉이다. 1926년에 만들어진 나운규의 〈아리랑〉은 기존의 고전적인 영화에서 탈피한 첫 영화로 평가된다. 그 이전에 한국에서 영화가 상영된 것은 1909년으로 미국인 골브란Golbran이 담배 판매를 목적으로 동대문 근처의 전기회사 창고를 빌어 상영한 것이 시초이다.

이 영화는 온전한 형태의 영화가 아닌 연극에 사용된 연쇄극이다. 즉, 연극무대위에서 상영된 단막극인데 신극좌의 연쇄극으로 활동사진의 시초가 되었다. 주인공인 송산松山(마쓰야마)이 계모 일파의 유산을 둘러싼 흉계를 알고 친구들과 함께 물리치는 내용이다. 〈의리적 구토〉는 주로 야외 효과를 주기 위해 다리, 절벽, 야산 등지에서 촬영하여 연극 중간중간에 보여주었다. 이렇듯 극 중에서 일부 장면을 영화로 재현되는 연쇄극이다. 그런데 줄거리만 전해지고 대본은 전해지지 않고 있다. 〈의리적 구토〉는 부유한 집안의 아들인 송산이 우연히 만난 매초를 만나 재산을 탐낸 간계에 맞서 싸운다는 내용이다. 한국에서 처음 스크린에 한국인들과 한국의 풍광이 보이니 비싼 입장료에도 불구하며 극장은 장사진을 이루었다고 한다. 아직은 학자들 간에 〈의리적 구토〉와 1923년 작 〈월하의 맹서〉의 한국영화 기점 논쟁이 팽배한데, 한국영화인협회는 이 연쇄극의 단성사 공연일인 10월 27일을 한국영화의 날로 정해 행사를 가져오고 있다.

■ 광복 이후 최초로 개봉된 일본영화는?

〈할복〉을 비롯한 네 편이 아시아영화제의 한국영화인 초청 시사회에서 개봉되며 광복 이후 최초로 개봉된 일본영화가 되었다. 한국에서 광복 후 일본영화를 처음 볼 수 있었던 시기는 1962년 서울에서 처음으로 아시아영화제가 열렸을 때이다. 당시 시민회관과 국도극장에서 영화관계자들을 대상으로 초청 시사회를 가져 일본영화 출품작들을 시사했다고 한다. 김종원 동국대학원 교수를 영상자료원 심포지엄에서 만나, 지면 질의서를 드렸더니 답변을 주었다. 당시 일본영화 네 편을 선정해 특별 상영하여 심야시간까지 연속 상영했다고 한다. 구로사와 아키라 감독의 〈츠바키 산주로〉 외에 〈가족〉 등 네 편이다. 그러나 일반인들이 일본영화를 볼 수 있었던 것은 1972년에 홍콩영화로 수입된 가츠 신타로와 왕우 주연의 〈외팔이와 맹협〉이다.

결론

한국영화는 1919년 제작된 연쇄극 〈의리적 구토〉를 시원으로 하는데, 이는 타국의 경우에도 극영화 형태가 아닌 단편영화라도 영화의 시원일로 잡고 있기에 큰 무리는 없다. 한국은 중국이나 일본에 비해 영화의 유입이 늦은 편이고 일제강점기라는 특수 상황으로 일본의 영향이 클 수밖에 없었다.

초기에는 일본인들에 의해 영화기술과 자본이 유입되었는데, 1924년 부산에 만들어진 조선키네마에서 〈해의 비곡〉이 제작되었다. 우리 자본과 기술에 의한 최초의 영화는 같은 해에 제작된 김영환 감독의 〈장화홍련전〉이다. 1926년에 개봉된 나운규의 〈아리랑〉은 민족적인 내용으로 한국적인 영화의 시원이 된다. 일제강점기 말 한국영화인들은 일제의 선전영화 제작에 강제 동원되며 〈망루의 결사대〉, 〈젊은 모습〉 등의 위장 합작영화가 만들어진다.

한·중·일 삼국은 전쟁과 강점이라는 역사를 공유하며 신문물인 영화를 통해 서로 간 영향을 주고받으며 발전해 왔다. 중국과는 일제강점기에 정치적인 상황과 맞물려 한국영화인들이 상하이로 이주하여 중국영화를 만들었다. 또 1950년대 이후부터는 한홍 합작영화로 교류를 하였다. 이후 쇼브라더스에 초빙된 한국감독과 배우들은 홍콩영화사에 그들의 필모그래피를 남기며 뚜렷한 족적을 남겼다. 항류 현상은 206편이라는 한국 합작영화를 양산했고, 그중에서 124편이라는 많은 편수의 위장 합작영화가 만들어졌다.

중국은 제2차 세계대전 이후 죽의 장막 속에 외세의 영향에서 자유로웠지만 영화 초창기에는 서방세계의 영향 아래 있을 수밖에 없었다. 특히 할리우드영화의 영향은 전 세계가 공통이었는데 중국영화의 황금기인 1930년대 상하이 시절에도 영화잡지 기사의 90%는 할리우드영화 관련 기사였다. 일본이라고 다를 수 없었고 할리우드영화의 영향 아래 발전하고 영화산업은 성장하였다.

일본은 한국영화 발전사에 뺄 수 없는 국가로, 한국영화를 이식했던 나라이다. 하지만 침탈과 일제강점기 지배 구조로 어용영화를 합작하고 검열제도를 통해 한국영화를 위축시켰다. 광복 후 비수교 시절부터 일본영화의 표절은 한국영화의 큰 병폐였다. 한국영화는 자생력을 갖기 전에 일본영화의 영향을 받을 수밖에 없었다. 또, 아시아영화제를 통해 찬바라영화를 보면서 유사 장르의 영화가 한국에서도 제작되기 시작했다.

지정학적으로 근거리에 위치했기도 했지만 영화 초창기와 맞물려 신문물로 전파되며 그 영향력은 더욱 가속화되었고 타국에 비해 영향력은 클 수밖에 없다. 영화 선진국인 일본의 영향력은 홍콩에서도 마찬가지였다. 일본의 스태프가 초빙되어 일본영화의 노하우를 전수하며 홍콩영화의 기술적인 발전을 이끌었다. 이것은 한국도 마찬가지였다. 일본감독이 한국에서 타인의 명의로 영화를 제작하였다. 지리적 근접성과 문화의 공통성, 콘텐츠의 순환구조 속에 한·중·일 삼국의 영화는 서로 닮아 갈 수밖에 없었다. 한국·중국·일본의 영화 비교 연구는 아직 좀 더 필요하다.

PRODUCTION_____

DIRECTOR_____

CAMERA_____

DATE_____   SC

2장

연대별 영화계 현황

100년의 영화계 이야기

—

'100년의 영화계 이야기'는 한국영화의 기점이 되는 1919년부터 2020년까지를 소개한다. 이는 영화 역사를 돌아보기 위한 시작이고 소개될 영화가 나오기까지의 과정을 알아보기 위해 당시의 시대상 및 다른 나라에서 제작된 영화들을 소개하였다. 영화란 서로 영향을 주고받을 수밖에 없고 할리우드 영화의 영향은 클 수밖에 없다. 특히 한·중·일은 유기적인 관련을 갖고 있다. 이런 상황에서 글의 맥락을 읽다보면 자연스레 지난 100년의 영화 역사를 알게 될 것이다.

1889년, 에디슨은 '키네토스코프'라는 영사기를 발명했는데, 이는 공개된 장소에서 보는 형태가 아니었기 때문에 뤼미에르 형제가 그랑카페에서 단편 다큐멘터리들을 상영한 1895년 2월 28일을 영화 상영의 기점으로 본다. 그리고 한국의 풍물을 여행가인 버튼 홈즈가 내한하여 여러 풍광을 촬영한 시기가 1899년이다. 1903년에는 한성전기회사 창고에서 영화를 상영한다. 한국 최초의 영화관이 설립된 것은 1910년 2월 18일로 2층 목조양식 건물로 지어진 경성고등연예관이다.

근대식 종합공연장인 종로의 단성사가 건립된 것이 1907년, 우미관이 건립된 것은 1912년이다. 단성사는 1918년 활동사진 전용 상설관으로 바꾸어 재개장한다. 당시의 극장 시설은 지금과 비교할 수 없을 정도인데, 고 전숙희 작가에게 들은 바로는 외관은 그렇다 치더라도 극장 바닥에 가마니가 깔려 있어 거기에 앉아서 영화를 보았다고 한다.

그리고 1919년 10월 27일에 드디어 한국영화사상 첫 영화인 다큐멘터리 〈경성전시의 경〉이 상영되고 이어서 연쇄극 〈의리적 구토〉가 공연되며 한국영화 시작의 기점이 되었다. 연쇄극이란 연극 공연 중 그 일부 야외 장면을 촬영하여 영사막(스크린)을 내려 상영하는 형식이다. 이를 영화로 볼 것이냐에 대한 의견은 아직도 분분하다. 그러나 첫 다큐멘터리 〈경성전시의 경〉이 상영되었다는 것만으로도 한국영화의 기점이 되기에 부족함이 없다.

한국영화사는 일제강점기에 영화문물이 수입되며 태동기(1919~1925)를 거쳐, 성장기(1926~1934), 창조기(1935~1939), 암흑기(1940~1945), 쇠퇴기(1946~1953),

도약기(1954~1959), 모색기(1960~1964), 발전기(1965~1969), 침체기(1970~1975), 불황기(1976~1985), 회복기(1986~1992), 중흥기(1993~1998), 재도약기(1999~2003), 전성기(2004~2013), 황금기(2014~2019)를 거쳐 왔다. 이렇듯 부침을 거듭하면서도 끊임없이 발전해 온 한국영화의 역사이다. 2020년 최전성기를 앞두고 코로나 사태를 맞았으나 이대로 주저앉지는 않을 것이다.

　뒤에 나오는 각 시기별, 연도별로 소개되는 영화들은 각 시대상을 보여주는 영화로 정치·사회적 경향과 맞물려 가며 유사 장르에 편중되어 있음을 느끼게 된다. 그것은 당대의 흥행 경향이며 특히 1969년대 멜로영화, 1970년대 무예 액션영화의 범람은 그중 가장 대표적이다. 가장 대중적인 예술인 영화와 당대 영화계를 이해를 돕기 위한 당대의 이슈도 소개한다.

태동기

■ 1919년

1919년은 3·1운동이 있었던 해이다. 그리고 한국영화 100년으로 알려져 있다. 그래서 여러 행사가 조용히 치러졌다. 이때는 일제강점기로 한국영화는 제작된 바 없었다. 다만 일본영화인들이 한반도로 건너와서 한국인을 대상으로 흥행을 목적으로 몇 편의 영화를 배급하고 상영하였을 뿐이다.

이해에 단성사의 변사인 김덕경이 일본 세토나이카이극단의 연쇄극에서 영감을 얻어 김도산에게 연쇄극을 권유했다. 김도산은 연쇄극 〈의리적 구토〉를 공연하다. 김도산, 이경환, 윤혁이 출연한 연쇄극 공연 전 〈경성전시의 경〉이라는 서울 명소 소개 다큐멘터리가 상영되었다. 〈경성전시의 경〉은 한강철교, 장충단, 청량리, 영미교, 남대문 정차장, 독도(뚝섬), 전곳교(살곳이 다리), 전차, 기차, 자동차, 노량진, 공원, 기타 등지를 촬영하였다고 광고하였다.

"연쇄극을 영화로 볼 것인가?" 하는 분분한 의견이 있었지만 1966년, 영화계 원로들의 제안을 공보부가 받아들여 이것을 기점으로 1919년이 한국영화의 출발점으로 정하여진다. 이후부터 〈의리적 구토〉가 공연된 10월 27일을 영화의 날로 기념하고 있다.

한국영화의 초창기는 아직도 여러 설들이 분분하여 무엇 하나 명확한 것이 없다. 초창기 필름들이 현존하지 않고 모두가 신문 자료, 잡지 자료를 인용한 연구들뿐이다. 하다못해 한국영화를 조선영화로 호칭하고 있는 실정이다. 당시에 일본인들이 조선인, 조선어, 조선영화로 차별하여 불렀기에 아무 생각 없이 받아쓰기를 한 결과이다. 물론 조선총독부 등 고유명사는 어쩔 수 없지만 한국영화를 조선영화로 불러서는 안 되는 일이다. 국민학교를 초등학교로 바꿔 부르고 있지 않은가?

그래도 여러 연구자들에 의해 연구되며 사실이 밝혀지고 관련 책들이 올바르게 발간되고 있어 다행이다. 당시 독일에서는 표현주의 영화의 걸작으로 일컬어지는 〈칼리가리 박사의 밀실〉이 개봉되었다. 이해에 이예춘, 최남현 배우가 출생하였다.

■ 1920년

당시는 《조선일보》, 《동아일보》가 창간된 해이고 북간도에서 봉오동 전투가 있었던 시기이다. 또, 베트남을 배경으로 가난한 프랑스 소녀와 중국 갑부의 아들과의 이루어질 수 없는 사랑을 그린 홍콩영화 〈연인〉의 시대 배경이 되었던 해이다. 그런가 하면 자동차, 영화가 만들어져 새로운 문화를 향유하던 〈미드나잇 인 파리〉, 〈위대한 개츠비〉의 배경이 되었던 시기이다. 재즈로 대변되는 새로운 패션의 문화 시대가 만개하였다. 한국영화로는 〈암살〉, 〈항거〉 등의 시대 배경이 된 해이다. 12월 28일에는 이승만이 대한민국 임시정부 초대 대통령에 취임했다.

이 시기에는 연쇄극이 만들어졌다. 4월 5일에 박승필 제작, 김도산 감독, 미야카와 소우노스케 촬영·편집, 이기세, 이응수, 변기종, 안광호의 〈의적義賊〉이 공연되었다. 촬영과 편집을 맡은 미야카와 소우노스케는 일본에서 데려온 영화기술자였다. 이어 4월 24일에 이기세 제작·각본·감독, 이필우 촬영·편집, 안광익, 이응수, 윤혁, 변기종 출연의 〈지기知己〉, 4월 29일 이기세 제작·감독, 이기세, 이응수, 마호정 출연의 〈장한몽〉이 공연되었다. 모두 연쇄극이었는데 큰 성공을 거둔 〈장한몽〉은 오자키 고요의 〈금색야차〉를 원작으로 만들었으며, 이후 여섯 차례나 리메이크된 한국영화의 단골 소재이다.

외화로는 버스터 키튼 감독의 〈일주일One Week〉, 독일 표현주의 영화인 로베르트 비네 감독의 〈칼리가리 박사의 밀실〉이 제작되었다. 또 마틴 스코세이지가 감독한 〈휴고〉의 주인공인 마술사 겸 영화제작자, 감독인 조르주 멜리에스가 10분짜리 특수효과영화인 〈달세계 여행〉을 제작했던 해이다. 위대한 선구자가 아닐 수 없다. 당시 또 한 명의 위대한 감독으로 알리스 기블랑쉬 감독이 있는데, 그녀는 프랑스에서 미국으로 이주하여 1896년부터 1920년까지 무려 천여 편의 단편영화를 만들었다. 이해에 장동휘 배우가 출생하였다.

■ 1921년

연쇄극 〈의리적 구토〉가 공연된 지 2년 만인 1921년, 김도산 감독은 7월 26일 31세에 늑막염으로 별세하였다. 외화로는 찰리 채플린의 〈키드〉, 버스터 키튼의 〈보트〉, 조지 멜포드 감독, 루돌프 발렌티노, 아그네스 애이레스 주연의 〈족장〉,

이탈리아 영화로 안드레 데이드 감독, 가브리엘 모로우, 발렌타인 프라스카롤리 주연의 〈기계인간〉이 제작되었다.

데이비드 그리피스 감독이 만든 기시 자매의 스토리인 〈폭풍 속의 고아들〉(1921)이 상영되었다. 페이소스 있는 코미디영화가 만들어지며 찰리 채플린과 버스터 키튼의 라이벌 관계가 형성되었다. 이해에 동포 288명이 멕시코 애니깽 농장으로 이민을 갔다. 코미디언 양석천과 데보라 카, 찰스 브론슨이 출생하였다.

▬ 1922년

이해는 3·1운동 후 일제가 무단통치에서 문화통치로 방향을 전환하였다. 해군 대장 출신인 사이토 마코토를 3대 조선 총독으로 임명했다. 한글신문 발행이 허용되었고 방정환에 의해 세계 최초로 어린이날이 선포되었다. 그는 월간 잡지 《어린이》도 창간했다. 경주에서는 마지막 시베리아호랑이가 포획되었다.

외화로는 드라큘라를 소재로 한 무르나우 감독의 〈노스페라투〉, 다큐멘터리의 고전 〈북극의 나누크〉가 제작되었다. 이 시기에 최초의 상업용 3D영화가 만들어져 상영되었다. 영화의 발명 이후 새로움을 추구하며 발명되었겠지만 놀라운 일이다. 〈위대한 개츠비〉가 이 시기를 배경으로 2013년에 제작되었고, 2017년 넷플릭스에서 〈1922〉이라는 영화도 만들어졌다. 김진규 배우, 그 외 극진공수도의 최배달, 신격호 롯데그룹 총괄회장이 이해에 출생하였다.

▬ 1923년

이해 9월 1일 관동대지진이 발생하였다. 이후 발생된 소요사태가 한국인들의 소행이라는 악의적인 유언비어에 의해 한국인 6천 명이 살해당했다. 이해에 연쇄극이 아닌 완전한 형태의 영화가 제작되었다. 바로 윤백남 각본·감독, 이월화, 권일청, 문수일 주연의 〈월하의 맹서〉인데, 체신국에서 우편 저금의 장려 보급을 위해 만든 33분 길이의 홍보영화였다. 그 외 하야카와 코슈早川孤舟 감독이 실제 기생을 캐스팅해 만든 한명옥, 김조성 주연의 〈춘향전〉 그리고 〈국경〉이라는 원산만遠山滿(도오야마 미츠루) 감독의 미확인 영화가 제작되었다.

이 영화는 제작에 대해 아직도 여러 설이 분분한데 《조선일보》 1월 16일에 하루만 상영되었다고 기사가 실렸다. 지금은 〈국경〉이 제작된 것이 유력한 설로 굳혀졌다. 그런데 원산만이라는 일본인 감독의 영화라면 이 영화가 한국영화가 맞느냐는 의문도 제기되었다. 그러나 한국의 관객들을 대상으로 했다는 거주지 귀착설에 의해 〈국경〉은 한국영화사에 들어가야 할 것이다.

1923년은 〈박열〉, 〈밀정〉의 시대 배경이다. 외화로는 버스터 키튼이 감독하고 주연까지 맡은 〈우리의 환대〉, 〈세 가지 시대〉, 세실 B. 드밀 감독의 〈십계〉가 제작되었다. 그는 1956년 같은 제목으로 리메이크하였다. 프랑스에서는 장 엡스탱Jean Epstein 감독의 〈충실한 마음〉, 〈진심〉이 제작되었다. 일본에서는 미조구치 겐지 감독이 〈사랑의 부활The Resurrection of Love〉으로 데뷔하였다. 이해에 김희갑, 양훈 배우가 출생하였다.

▬ 1924년

중국에서는 제1차 국공합작이 있었다. 국민당과 공산당이 연합하여 국민혁명의 과업을 완수하고자 하였다. 1913년에 제작된 〈춘향전〉이 일본인에 의해 감독된 것에 반발해 김영환 감독이 〈장화홍련전〉을 각본·감독했다. 이는 순수한 한국인 자본과 스태프들에 의해 제작된 첫 영화로 기록된다. 그래서 이 영화를 한국영화의 기점으로 잡아야 한다는 주장도 제기되었다. 박승필 제작, 이필우 촬영·편집, 심연옥, 최병룡이 출연했다.

외화로는 버스터 키튼의 〈셜록 2세Sherlock, Jr〉, 소련연방의 야코프 프로타자노프 감독, 니콜라이 체레텔리, 베라 쿠인지 주연의 〈로봇들의 반란〉, 〈아엘리타〉, 〈아메리카〉, 〈그리드〉가 제작되었다. 이해 1월 10일에 컬럼비아 픽처스가 설립된다. 일본의 여배우이며 감독인 다나카 기누요가 〈겐로쿠 시대의 하녀〉로 데뷔한 해이다. 그녀는 1975년 〈산다칸 8번지〉로 베를린영화제 여우주연상을 받았다. 홍콩의 런런쇼는 중일전쟁을 피해 싱가포르로 이주하여 쇼브라더스를 설립했다. 이해에 홍성기 감독, 중국 무협소설의 대가 김용 작가, 말론 브란도 배우가 출생하였다.

▬ 1925년

한국은 물론이고 서울에서 가장 큰 홍수로 기록된 을축년 대홍수가 있었던 해이다. 이해에 윤백남 감독, 김우연, 안종화, 이채전이 출연한 〈운영전, 총희의 연〉, 조감독을 거친 최초의 한국감독인 이경손 감독의 〈심청전〉, 역시 이경손 감독, 김정숙, 주인규, 남궁운이 출연한 〈개척자〉가 개봉된다. 〈심청전〉에는 나운규가 심봉사로 출연하는데, 그는 이미 〈운영전, 총희의 연〉에서 가마꾼으로 출연한 바 있다. 독일의 성 베네딕도회 신부인, 노르베르트 베버 신부가 한국을 두 번째 방문하여 다큐멘터리 〈고요한 아침의 나라〉를 촬영, 제작한다.

외화로는 찰리 채플린의 〈황금광 시대〉, 크리스티 카반 감독, 라몬 노바로의 〈벤허〉, 소련의 세르게이 에이젠슈테인 감독의 〈전함 포템킨〉, 독일의 프리츠 랑 감독의 〈니벨룽겐의 노래〉, 〈50, 50〉, 〈오페라의 유령〉 등이 제작되었다. 이해에 황정순, 허장강, 구봉서 배우가 출생했고 알프레드 히치콕 감독이 〈쾌락의 정원〉으로 데뷔한다.

성장기

■ 1926년

1926년은 한국영화사에서 자주 거론되는 해이다. 순종황제 장례식이 있었고 다큐멘터리가 제작되었다. 이해 나운규의 〈아리랑〉이 개봉되었고 신상옥 감독, 최은희 배우가 태어났다. 〈아리랑〉은 나운규, 신일선, 주인규가 출연한 35mm 무성영화이다. 이 영화는 초창기 한국영화의 신기원을 열었던 영화로 평가된다. 고전의 내용을 빌려 한복을 입고 나와 연기했던 기존의 영화와 달리 민족적인 분노를 담아낸 감독의 숨은 메시지가 관객들의 심금을 울렸다. 그렇게 영화는 장안의 화제가 되며 수많은 관객을 불러 모았다.

이 영화는 알려진 것처럼 항일영화가 아니다. 항일영화를 만들 시기도 아니었고 미치광이 영진을 주인공으로 하여 그 모든 것에서 피해갔다. 그렇다고 항일영화 반열에 올릴 수 없는 것이 1943년 조선총독부 기관지인 《매일신보》에도 상영광고가 실린 것을 봐서도 알 수 있다. 현재 〈아리랑〉의 필름은 사라져 볼 수 없으며, 이후 수없이 리메이크되었다. 나운규는 이어서 만든 〈풍운아〉의 성공으로 자신의 아성을 구축한다. 이해에 이경손 감독, 김정숙, 주삼손, 심훈, 강홍식의 〈장한몽〉이 만들어졌다. 외화로는 버스터 키튼의 〈제너럴〉 등이 제작되었고, 이해에 마릴린 먼로가 태어났다.

■ 1927년

민족주의를 제창한 신간회가 창립되었고, 월남 이상재 선생의 사회장이 있었다. 최초의 방송국인 경성방송국이 개국했다. 〈아리랑〉으로 스타가 된 나운규는 이해에 만든 〈야서(들쥐)〉나 〈금붕어〉가 흥행에 실패하며 제작사인 조선키네마와 결별한다. 그리고 자신의 프로덕션을 만들어 다작을 시작한다. 한국영화사에서 처음으로 보이는 스타 감독으로서의 행보이다. 〈금붕어〉에는 나운규, 윤봉춘, 신일선이 출연했다.

외화로는 아벨 강스 감독, 알베르트 디에도네 주연의 〈나폴레옹〉, 프리츠 랑 감독이 만든 기계문명에 대한 경고 〈메트로폴리스〉, 당시 350만 달러의 흥행을 기록한 세계 최초의 유성영화인 〈재즈싱어〉가 제작되었다. 이해에 문정숙 배우, 〈전국노래자랑〉의 송해, 홍콩 골든하베스트 창립자인 레이몬드 초우가 출생하였다.

■ **1928년**

국민당의 등장으로 중국은 통일을 이루나 홍군이 등장한 해이다. 국민당과 공산당 간의 국공내전에 시작된다. 소련에서는 스탈린에 의해 산업체 국유화를 통한 경제개발정책이 실시된다. 이해에 나운규 감독·주연의 〈사랑을 찾아서〉, 〈옥녀〉, 이경손 감독, 이경손, 조경희, 김명순 주연의 〈숙영낭자전〉, 〈혈마〉 등이 상영되었다. 특기할 영화는 중국 상하이에서 만들어진 한국인 정기탁이 각본·감독·주연한 〈애국혼〉이란 영화이다. 한국인 영화인들이 이주하여 만든 이 영화는 상해파 한국 영화인들의 첫 작품이 되었다. 이들은 1934년까지 활동하며 10여 편의 영화를 만들었다.

외화로는 찰리 채플린 각본·감독·주연의 〈서커스〉, 칼 테오도르 드레이어 감독, 마리아 팔코네티 주연의 〈잔 다르크의 수난〉, 1929년 제1회 아카데미 시상식에서 최우수 각본상, 최우수 작품상을 받은 〈패트리어트〉, 월트 디즈니가 제작한 흑백 애니메이션 〈증기선 윌리〉가 제작되었다. 홍콩에서는 중국무협영화의 원조인 〈화소홍련사〉 시리즈 첫 편이 개봉하였다. 이해에 정창화 감독, 최무룡, 신영균 배우, 코미디언 서영춘이 출생하였다.

■ **1929년**

과잉생산으로 인한 미국의 경제 위기로 농업 위기, 금융 위기를 불러왔다. 주가가 폭락하며 이해부터 1932년까지 세계대공황이 발생해 4년간 지속되었다. 1929년은 〈분노의 포도〉의 시대 배경이 된 해이기도 하며, 광주에서는 11월 3일에 항일학생운동이 발생하였다.

이해에 나운규 감독·각색, 나운규, 유신방, 주삼손, 윤봉춘 출연의 〈벙어리 삼룡〉이 개봉되었다. 외화로는 롤랜드 웨스트 감독, 체스터 모리스, 해리 스툽스 주연의 〈알리바이〉, 알프레드 히치콕 감독, 애니 온두라, 존 롱든 주연의 〈협박〉, 스페인의 루이스 부뉴엘 감독이 만든 아방가르드 영화 〈안달루시아의 개〉가 제작되었고, 제1회 아카데미영화상이 시상되며 원년이 된다. 이해에 김수용 감독, 김석훈, 독고성, 조미령, 이민자 배우, 벨기에 출신인 오드리 헵번이 출생하였다. 존 웨인은 이해에 영화계에 데뷔했다.

▬ 1930년

연대가 바뀌었지만 경제적으로 특별할 것이 없었던 시대이다. 미국발 경제대공황의 여파로 약간은 침체되었던 시기이다. 서울(경성)에는 미쓰코시 백화점이 오픈했고 명왕성이 발견된 해이다. 대폭우로 사망 766명, 실종 933명, 가옥유실 13,000호 등의 큰 피해 발생했다. 그런가 하면 제1회 FIFA 월드컵이 우루과이에서 열렸다. 일제의 관할지로 통치를 받았던 중국 대련(다롄)의 법원에서는 신채호에게 징역 10년 선고했다. 전년에 있었던 광주학생운동으로 이해까지 연대 동맹 휴학이 계속되었다. 광주지법에서 광주학생운동에 관련된 독서회 김상환 외 25명에게 징역 3~4년을 선고했다.

이해에 나운규 제작·각본·감독·주연, 신일선, 주인규가 출연한 〈철인도〉 그리고 〈방아타령〉이 개봉하였다. 나운규와 조선프롤레타리아예술동맹의 카프KARF 영화인 사이의 논쟁이 뜨거웠던 한 해이다. 중국 상하이에서는 한국인 김염이 스타로 등극했던 해이다. 호쾌한 이미지의 그는 전영황제로 불렸다. 이해에 김기덕 감독, 합동영화사 대표 곽정환, 박노식, 도금봉, 장 뤽 고다르 감독, 클린트 이스트우드, 숀 코넬리, 스티브 맥퀸이 출생하였다.

▬ 1931년

이해 산해관을 침공하며 일본군의 중국 침략이 시작되었다. 이른바 만주사변이다. 미국에서는 착공 2년 만에 세계 최고층인 102층의 엠파이어 스테이트 빌딩이 건축되었다.

이해에 이구영 감독의 〈수일과 순애〉가 개봉되었다. 나운규는 이해에 발표작이 없었다. 외화로는 킹 비더 감독의 〈챔프〉, 프리츠 랑 감독의 〈M〉, 루이스 마일스톤 감독의 〈특종기사〉, 찰리 채플린 주연의 〈시티 라이트〉, 제임스 웨일 감독의

〈프랑켄슈타인〉, 〈드라큘라〉, 〈마타 하리〉 등이 제작되었다. 중국에서는 김염과 완령옥 주연의 〈사랑과 의무〉가 개봉하였다. 이해에 이만희 감독, 카가와 쿄코, 제임스 딘이 출생하였다.

■ 1932년

1931년에 만주사변이 발발하면서 일본군과 중국 군벌군, 한국 독립군 간의 전쟁이 가장 격화되었던 시기이다. 일본 해군 육전대는 이해 1월 29일 상하이 주둔 중국 제19로군十九路軍을 공격하고 상하이사변을 일으킨다. 이해에 세계지도가 달라지는데 3월 1일, 대만주국이 건국했다. 일제의 중국 침략 의도에 따라 이루어진 일로 일제의 도발로 인해 세계가 전쟁의 위기 상황으로 발 딛는 계기가 되었다.

1월 8일에 일왕을 향해 폭탄을 투척하여 미수에 그친 이봉창 의거가 있었고, 4월 29일에는 중국 상하이 홍커우공원虹口公園(현 루쉰공원)에서 윤봉길 의사가 일왕의 생일 경축식장에 일본군 수뇌부를 향해 폭탄을 투척하는 사건이 벌어진다. 이라크 왕국이 독립했다. 이해에 나운규는 일본인 제작자의 권유로 〈개화당 이문〉을 감독·주연한다. 그리고 이규환 감독의 데뷔작인 〈임자 없는 나룻배〉가 개봉하였다. 이해에 가수이자 배우 이애리수(이음전)의 〈황성옛터〉가 〈황성荒城의 적跡〉이라는 제목으로 빅터레코드에서 발매되었다.

외화로는 칼 테오도르 드레이어 제작·감독의 〈뱀파이어〉, 시드니 프랭클린 감독의 〈스밀린〉, 스루 토드 브라우닝 감독의 〈프릭스〉, 〈무기여 잘 있거라〉, 〈스카페이스〉 등이 제작되었다. 그런가 하면 월트디즈니사의 〈꽃과 나무〉라는 최초의 컬러영화가 제작되기도 했다. 이해에 문여송 감독, 엘리자베스 테일러 배우가 출생하였다.

■ 1933년

미국은 대공황 때로 실업률이 25%에 달했다. 영화 〈암살〉의 시대 배경이 되었던 해가 이 시기다. 실제로 일제에 아부하던 매국노들에 대한 응징이 벌어졌다. 일본영화로 자유사상과 반전, 좌익을 소재로 했던 구로사와 아키라 감독의 〈우리 청춘 후회 없다〉의 시대 배경이 된 해이다.

한국영화로는 대구영화촬영소에서 양철 제작·감독, 나운규, 김연실 주연의 〈종로〉가 만들어졌다. 외화로는 RKO사가 괴수영화의 원조인 〈킹콩〉을 첫 제작하여 200만 달러의 흥행을 기록했다. 영국에서는 알렉산더 코다 감독의 〈헨리 8세〉가 만들어졌고, 프랑스에서는 장 비고 감독의 〈품행 제로〉가 만들어졌다. 이해에 로만 폴란스키 감독, 마이클 케인, 장 폴벨몽도, 킴 노박이 출생하였다.

■ 1934년

일제의 수탈이 노골화되던 시기이다. 일제의 선전 다큐멘터리 〈북선의 양은 말한다〉에 일제의 수탈을 보여주는 '남면북양'의 현장이 영상으로 기록되었다. 이해 8월 7일 '활동사진영화취체규칙'으로 일제의 영화 통제가 본격적으로 착수됐는데, 그 시행세칙에 외국영화 상영을 제한하는 조항이 포함되었다. 그만큼 일본영화의 상영 비율이 높아졌다. 한국의 영화산업은 영세한 상황에서 아직 홀로서기를 못하는 모색기였다고 볼 수 있다.

이해에 현존하는 가장 오래된 영화인 안종화 감독의 데뷔작 〈청춘의 십자로〉가 개봉된다. 나운규는 〈칠번통 소사건〉을 감독·주연하였다. 미국의 영화산업은 정부의 지원으로 승승장구한다. 독일에서는 국민투표를 통해 히틀러가 총통에 오르고 레니 리펜슈탈 감독의 〈의지의 승리〉가 만들어진다. 일본에서는 나루세 미키오 감독의 〈끝이 없는 거리〉, 중국에서는 김염 주연의 〈대로〉가 개봉하였다. 이해에 나봉한 감독, 이순재, 남궁원, 윤일봉, 소피아 로렌, 브리짓 바르도가 출생하였다.

창조기
—

■ 1935년

일제가 신사참배를 강요하던 시대이다. 중국에서는 국민당군의 포위를 뚫고 홍군의 대장정이 시작되었다. 독일의 히틀러는 세계대전을 준비하며 군비를 강화하였다. 미국에서는 두 영화사가 합병하며 20세기 폭스사가 창립되었다.

첫 발성영화 〈춘향전〉이 만들어졌다. 우리나라 최초의 촬영기사인 이필우가 일본에서 기술을 배워와 녹음, 편집, 현상을 도맡았는데, 경성촬영소京城撮影所 제작, 이기세 원작, 이구영 각색, 이명우 감독·촬영, 문예봉과 한일송 주연이다. 나운규는 〈무화과〉에 출연하였다. 많은 신인 감독이 데뷔했는데, 이때 방한준 감독의 〈살수차〉, 박기채 감독의 데뷔작 〈춘풍〉이 만들어졌다. 그 외 〈아리랑 고개〉가 개봉하였다.

또한, 시문학사에서 『영랑시집』과 한성도서 출판사에서 김동인의 대표 단편집 『감자』를 출간했다. 이난영은 〈목포의 눈물〉을 발표했다. 외화는 알프레드 히치콕 감독의 〈39계단〉이 제작되었다. 이해에 조춘, 알랭 들롱, 엘비스 프레슬리, 홍콩배우 증강, 우디 알렌 감독이 출생하였다.

■ 1936년

베를린 올림픽이 나치 독일에서 개최되었던 해이다. 손기정이 마라톤 금메달리스트가 되었다. 4년간에 걸친 스페인 내전이 발발했다. 일본에서 하급 장교들의 2·26 반란사건이 일어난다. 일제의 중국 침략 상황은 고착화되었는데, 《조선일보》 1월 1일 자 "우리는 대일본 제국의 신민으로서 천황陛하께 충성을 다하겠습니다"라는 전면기사를 보면 알 수 있다. 이해에 홍개명 감독, 문수일, 문예봉, 지경순, 이종철 출연의 〈장화홍련전〉, 〈미몽〉이 개봉되었다. 또 대구 영남영화사 창립 제1회작인 〈무지개〉는 이규환이 각색·제작·감독·편집했다.

외화로는 제1차 세계대전 이후의 급박한 과학문명을 풍자한 찰리 채플린 주연의 〈모던타임스〉와 〈모히칸 족의 최후〉, 〈런던의 로이드〉, 〈드라큘라의 딸〉, 조지 큐커가 감독의 〈춘희〉, 프리츠 랑 감독의 〈분노〉, 프랭크 로이드 감독의 〈바운티호의 반란), 허버트 조지 웰스 감독의 〈다가올 세상〉이 제작되었다. 또한 스페인에서 내전이 있었을 당시 시대 상황을 배경으로 한『누구를 위하여 종은 울리나』가 있다. 마가렛 미첼의 소설『바람과 함께 사리지다』가 발표되어 하루 5만 부가 팔리는 선풍적인 인기를 끌었다. 김동리는 소설『무녀도』, 남인수는 가요 〈눈물의 해협〉을 발표했다. 임권택 감독, 엄앵란, 신구, 자니윤, 홍콩배우 사현이 출생하였다.

■ 1937년

이해에 중일전쟁이 발발하여 9년간 계속된다. 일제의 침략은 노구교 사건 이후 노골화되어 이해에 상하이를 침공한다. 남경대학살 후 중국에서의 전투가 계속되며 일제의 광기는 극에 달한다. 1938년까지 일본군은 승리를 거듭하지만 중국인들의 반격 또한 만만치 않았고 전투는 교착 상태에 빠진다. 이해에 스탈린은 어느 날 갑자기 포고령을 내려 소련 거주 한인들을 중앙아시아로 강제 이주시킨다. 강제 이주 후 정착하기까지 2만 5천 명의 한인들이 사망했다. 이해에 나운규가 폐결핵으로, 상해파 영화인 정기탁 감독이 대동강에서 뱃놀이 중 사망하였다.

이해에 안석영 감독, 석금성, 김소영, 김신재, 조석원 출연의 〈심청전〉, 나운규 감독의 유작 〈오몽녀〉, 일본과 합작영화로 이규환 감독의 〈나그네〉가 개봉하였다. 외화로는 알랜 드윈 감독의 〈하이디〉, 시드니 프랭클린 감독의 〈대지〉가 제작되었고 서부극 장르가 활성화되었다. 나치 독일과 일제의 합작영화 〈사무라이의 딸〉이 제작되었다. 중국에서는 심서령 감독의 〈십자가두〉가 제작되었다. 가수 채규엽은 〈희망가〉를 발표했다. 이해에 정진우 감독, 신성일, 송재호, 전계현, 이해룡, 안소니 홉킨스, 더스틴 호프만, 제인 폰다, 워렌 비티가 출생하였다.

■ 1938년

이해 4월 1일, 일제는 국가총동원법을 공표한다. 중일전쟁이 수렁 속으로 빠져들며 궁여지책으로 생각해 낸 것이다. 또한, 프랑스 월드컵이 개막되었다. 한국에서는 황금광 시대가 열리는데, 금광 개발이 왕성하여 너도나도 노다지 캐기에 달려들었다. 1941년 태평양전쟁이 발발하자 금이 있어도 환전이 안 되며 황금광 열풍은 사그라들었다.

《조선일보》에서는 첫 영화제를 개최하였다. 이해에 〈군용열차〉, 방한준 감독, 현순미, 이금룡, 윤봉춘 주연의 〈한강〉이 개봉하였다. 외화로는 노마 시어러, 조셉 쉴드크로트 주연의 〈마리 앙투아네트〉, 헨리 킹 감독, 타이론 파워 주연의 〈시카고〉, 영국 킹 비더 감독의 〈시타델〉, 〈로빈후드〉가 제작되었다. 〈역마차〉의 존 웨인이 스타로 등극했고, 게리 쿠퍼와 타이론 파워의 전성기였다. 박규채, 박병호, 정욱이 출생하였다.

■ 1939년

9월 1일 나치 독일이 이웃나라인 폴란드를 침공한 해이다. 제2차 세계대전의 서막으로 이후 6년간 전투가 계속되었다. 한국에서는 징용, 일본군 위안부을 비롯하여 일제의 농지 개척, 집단 농장 등 강제이주 정책에 따라 북만주 여러 곳으로 이주가 본격화되었다. 이때 나온 노래가 고복수, 황금심의 〈타향살이〉이다. 강제규 감독의 〈마이웨이〉의 모티브가 된 사진 한 장도 이 당시 즈음이다. 일본의 영토 확장은 계속되었는데 드넓은 중국 정복은 생각대로 되지 않았다. 이해에 이광수의 소설을 원작으로 한 박기채 감독의 〈무정〉, 최인규 감독의 〈수업료〉, 안철영 감독의 〈어화〉가 개봉하였다.

외화로는 최초의 컬러영화인 러닝타임 222분의 〈바람과 함께 사라지다〉가 제작되었다. 이 영화의 흥행 기록은 아직도 1위를 고수하고 있다. 그 외 존 포드 감독의 〈역마차〉, 프랭크 카프라 감독의 〈스미스씨 워싱턴에 가다〉, 윌리엄 와일러 감독의 〈폭풍의 언덕〉, 루이스 마일스톤 감독의 〈생쥐와 인간〉, 장 르누아르 감독의 〈게임의 규칙〉, 〈강가딘〉, 〈소공녀〉, 빅터 플레밍 감독의 〈오즈의 마법사〉, 영국에서 제작된 졸탄 코다 감독의 〈포 페더스〉가 만들어졌다. 이해에 송재호, 오지명, 남석훈(남궁훈), 양택조, 전원주가 출생하였다.

암흑기

▬ 1940년

연대가 바뀌며 전쟁의 소용돌이는 본격화되며 유럽에서는 제2차 세계대전이 발발한다. 방관하던 미국도 참전하며 유럽이 전쟁터로 변하는데 일본도 태평양전쟁을 일으켜 전 세계가 전쟁에 휘말린다. 1,500만 명의 사망자를 기록한 인류 역사 최대의 전쟁이었다. 한국에서는 2월 11일, 창씨개명이 시작되었고 1945년에 가서야 일본의 항복 선언으로 일제에서 해방되며 광복을 누린다.

이해 김유영 감독의 〈수선화〉, 최인규·방한준 공동 감독, 복혜숙, 전택이, 김신재 출연의 〈수업료〉가 개봉하였다. 학교에서는 일어를, 집에서는 한국어를 쓰던 시절이다. 외화로는 머빈 르로이 감독, 비비안 리, 로버트 테일러 주연의 〈애수〉, 윌리엄 와일러 감독, 베티 데이비스, 게일 손더그라드 주연의 〈편지〉, 찰리 채플린 각본·감독·주연의 최초 유성영화인 〈위대한 독재자〉, 알프레드 히치콕 감독의 처음이자 마지막 아카데미 수상작인 〈레베카〉가 제작되었다. 이해에 김지미, 사미자, 최불암, 김영인, 윤양하, 황인식, 이소룡, 알파치노, 클리프 리차드, 척노리스가 출생하였다.

▬ 1941년

〈도라! 도라! 도라!〉, 〈1941〉, 〈미드웨이〉, 〈진주만〉에서 보이는 것처럼 일본군이 하와이의 미 해군을 선제공격하며 태평양전쟁이 발발한다. 한국에서는 내선일체를 주창하며 전쟁물자인 쇠 모으기부터 시작된다. 미국에서는 〈슈퍼맨〉 이후 코믹스 만화 「원더우먼」이 발매되었다. 최인규 감독의 〈집 없는 천사〉, 전창근 감독의 〈복지만리〉, 당시 영화계의 실상을 다룬 이병일 감독의 〈반도의 봄〉, 안석영 감독, 이금룡, 문예봉, 김일해 출연의 〈지원병〉이 제작되었다.

외화로는 오슨 웰스 감독·주연의 〈시민 케인〉, 조지 와그너 감독, 클로드 레인스, 워렌 윌리엄 출연의 〈울프 맨〉, 알프레드 히치콕 감독, 캐리 그랜트와 조안 폰테인이 출연의 〈서스픽션〉, 존 휴스턴 감독, 험프리 보가트, 메리 애스터 출연의

〈말타의 매〉가 제작되었다. 강부자, 김혜자, 김혜정, 나문희, 한태일, 라이언 오닐, 프랑크 네로, 닉 놀테가 출생하였다.

■ 1942년

태평양전쟁이 치열해지며 6월 4일 미드웨이 해전에서 일본의 항공모함 가가호가 미 해군 항공기에 의해 격침됐다. 영화 〈미드웨이〉는 야마모토 이소로쿠 함장에 의해 묘사된 미드웨이 해전이다. 이 시기 벌어진 수많은 전투는 영화화하기에 좋은 소재들이다.

이광수는 《신시대》 6월호에 쓴 「징병과 여성」에서 "내후년부터 조선 사람의 아들들은 징병에 나서 병정이 되어서 나라를 돕자"며 친일 문학인으로 변절한다. 그의 진심 여부를 떠나 그는 친일파로 낙인찍힌다. 중국은 전쟁의 회오리 속에 대기근을 겪는다.

2007년에 개봉한 〈기담〉은 이해를 배경으로 제작된 공포영화이고, 2018년 개봉한 〈말모이〉는 우리 사전 편찬을 둘러싼 비화이다. 윤봉춘 감독, 이금룡, 문예봉 주연의 〈신개지〉는 일제강점기 한국인에 의해 제작된 마지막 영화이다. 이후 조선영화주식회사가 설립되며 일본인들이 주도하는 영화 제작뿐이었다. 일본에서는 여러 영화사가 통합되어 다이에이大映영화사가 설립된다. 외화로는 헨리 해서웨이 감독, 진 티어니, 조지 몽고메리 주연의 〈차이나 걸〉, 졸탄 코다 감독, 사부 주연의 〈정글북〉, 자크 투르뇌 감독, 시몬느 시몽, 켄트 스미스 주연의 〈캣 피플〉, 〈카사블랑카〉가 제작되었다. 이해에 이일웅, 정혜선, 전양자, 태현실, 해리슨 포드가 출생하였다.

■ 1943년

이해는 세계가 전쟁의 소용돌이에서 혼란을 거듭했고, 승승장구하던 독일군이나 일본군은 패전을 감지하던 시기이다. 일본은 월남과 태국을 점령하였고 버마로까지 진격한다. 같은 해 8월 1일, 일제는 내선일체와 황국신민화를 주창하며 조선인 징병제를 시행하고, 학도병제를 실시하며 미지원자에게는 징용령을 발동하여 전쟁에 동원한다. 김지운 감독, 공유, 송강호 주연의 〈밀정〉에서 보이듯 독립투사들의 끝없는 항쟁은 계속되었다. 영화가 만들어진 이후로 가장 많은 영화의 배경이 되었던 시기이다.

2016년 박홍식 감독, 한효주, 유연석, 천우희 주연의 〈해어화〉, 2015년 조정래 감독, 강하나, 최리 주연의 〈귀향〉의 시대 배경이 된 해이다. 또한 2016년 이준익 감독, 강하늘, 박정민 주연의 〈동주〉에서 윤동주가 동경 유학생 시절 후쿠오카 형무소에 수감된 해이다. 1957년에 개봉한 〈콰이강의 다리〉는 이 시기 일본군이 포로를 동원해 미얀마와 태국 사이에 415km 길이의 철도를 건설한 실화영화이다. 피에르 불의 동명 소설을 원작으로 하고 있다. 광기에 물든 시기라고 밖에 적절한 표현이 없다.

한국영화는 조선영화주식회사로 통합되어 선별된 영화인들을 모아 군국주의 영화만이 제작된다. 박기채 감독의 〈조선해협〉이 만들어진다. 일본인 감독 도요다 시로豊田四郞가 만든 〈젊은 자태若き姿〉는 일제가 홍보용으로 만든 영화로 문예봉, 황철, 이금룡, 김령, 박혜숙, 최운봉 등이 출연한다. 이 영화는 내선일체를 앞세워 강제 징병을 정당화하기 위해 제작하였고 이해에 개봉하였다.

외화로는 〈누구를 위하여 종은 울리나〉, 하워드 혹스 감독, 잭 부텔, 제인 러셀 주연의 〈무법자〉, 스웨덴영화 〈엘비라 마디간〉, 전쟁의 와중에 제작된 졸탄 코다 감독의 〈사하라 전차대〉가 제작되었는데, 한국에서는 1954년에 개봉되었고 1966년에 재개봉되었다. 일본에서는 구로사와 아키라 감독이 〈스가타 산시로〉로 데뷔한다. 이해에 이대근, 주현, 윤문식, 홍콩의 왕우, 로버트 드 니로가 출생하였다.

■ **1944년**

일본 패망의 전해로 한반도에서의 착취 행위는 극에 달했고 한국인들은 일제의 국민총동원법에 의해 전선에서, 징용지에서 죽음을 당했다. 유럽에서는 6월 6일 세계 최대 규모의 상륙부대가 프랑스 노르망디 연안에 상륙해 독일군에 대한 전면적인 반격을 시작했다. 파리는 전도시가 불타기 직전에 수복되고 전세는 확실히 역전된다. 이 시기를 배경으로 스티븐 스필버그 감독이 〈라이언 일병 구하기〉, 강제규 감독이 〈마이 웨이〉를 만들었다.

이해에 전쟁 참여를 촉구하는 방한준 감독, 이금룡, 전옥, 김일해 주연의 〈병정님兵隊さん〉이 개봉하였다. 외화로는 헨리 킹 감독의 〈윌슨〉, 오토 프레민저 감독의 〈로라〉, 조지 큐커 감독의 〈가스등〉, 〈사이판 전투(전장이여 영원히)〉이 제작되었다. 이해에 윤정희, 백일섭, 황정리, 이상용, 임동진, 제클린 비셋, 조지 루카스 감독이 출생하였다.

▬ 1945년

드디어 광복의 해이다. 전쟁의 양상은 연합국의 승리로 기울어지고 독일이 항복을 한다. 극동으로 눈 돌린 소련이 대일전을 선포하고 미군의 원폭을 맞은 일본은 결국 항복을 한다. 이해 10월 10일, 김일성은 조선공산당 북조선 분국을 창설한다. 남북 분단 역사가 시작되며 또 다른 불행을 잉태한다.

이 시기를 배경으로 한 영화는 너무도 많다. 윤제균 감독의 〈국제시장〉은 이 시대를 관통하는 영화이다. 신경균 감독은 〈혈血과 한汗〉, 〈우리들의 전쟁〉, 〈감격의 일기〉 등 세 편의 친일영화를 만들었다.

외화로는 데이비드 린 각본·감독의 〈밀회〉, 로베르토 로셀리니 감독의 〈무방비도시〉, 마르셀 카르네 감독의 〈천국의 아이들〉이 제작되었다. 이해 아카데미 시상식에서는 〈잃어버린 주말〉이 4관왕을 차지했다. 이해 오경아, 박인환, 최주봉, 조영남, 김을동, 선우용여, 이장호 감독이 출생하였다.

쇠퇴기

▄▄ 1946년

1946년, 많은 해외 이주 동포가 귀환한다. 중국과 일본에 나가 있던 동포들의 수는 어림잡아 250만 명이다. 생존 귀환자(생환자)는 그중 절반 정도였다. 남한에는 미군이 진주하며 급속히 미국문화가 전파된다. 미군정 하의 남한에서는 이범석 등 광복군이 환국하고 7월 17일, 38선 이북으로 통행이 금지된다. 이승만은 도미하여 남한 만의 독자 정부 수립의 필요성을 알린다.

연극 〈안중근사기〉가 공연되고 친일영화인 최인규 감독의 영화 〈자유만세〉가 만들어져 개봉하였다. 외화로는 프랭크 카프라 감독의 〈멋진 인생〉, 빌리 와일더 감독의 〈잃어버린 주말〉이 제작되었다. 이해에 고은아, 김흥기, 남진, 노주현이 출생하였다.

▄▄ 1947년

광복이라는 환희를 만끽하며 이념과 민족 갈등이라는 새로운 역사가 부각되는 해였다. 중화민국 타이완 섬에서는 2·28사태가 발생했고 제주도에서는 4·3항쟁이 있었다. 유사한 성격의 사건들인데 무고한 양민들이 대량 학살되었다. 이런 역사를 배경으로 한국에서는 〈지슬〉, 대만에서는 〈비정성시〉가 제작되었고, 김소동 감독의 데뷔작인 〈목단등기〉가 개봉하였다.

외화로는 로버트 로즌 감독의 〈육체와 영혼〉, 클로드 오탕 라라 감독의 〈육체의 악마〉, 〈34번가의 기적〉이 제작되었다. 이해에 신일룡, 김희라, 나훈아, 백윤식, 안병경, 하명중, 문희, 정영숙, 윤여정, 홍세미, 한지일, 강대위, 기타노 타케시, 아놀드 슈왈제네거, 엽덕한, 전준, 정소추 등이 출생하였다.

▄▄ 1948년

1948년 당시 우리나라의 인구는 2,019만 명이었다. 지금의 절반도 안 되는 인구다. 당시 국민소득이 47달러였으니 지금과는 비교조차 할 수 없는 시기이다. 가난하기가 세계에서도 최하위권이었다. 한 해에 22편의 영화가 제작되었고, 관람료는 10원이었다. 출판사가 급증하는 등 시대의 변화를 읽을 수 있는 시대였다.

최인규 감독의 〈독립전야〉, 윤봉춘 감독의 〈유관순〉, 이규환 감독, 조미령의 데뷔작인 〈해연(갈매기)〉, 안종화 감독, 김소영, 전택이, 이금룡 출연의 〈수우愁雨〉, 이진 감독, 김웅, 염석주, 김미라 출연의 〈대도시〉가 개봉되었다. 이해의 최고 흥행작은 윤대룡 감독의 16mm 무성영화 〈검사와 여선생〉이었다. 한국 최초의 뮤지컬영화인 유동인 감독의 〈푸른 언덕〉도 개봉하였다. 북한에서는 이동영화차로 순회 상영을 하였다. 모두가 신체제의 이념을 선전하는 영화들이었다.

외화로는 로렌스 올리비에 각본·감독·주연의 〈햄릿〉, 빅토리아 데시카 감독의 〈자전거 도둑〉, 알프레드 히치콕 감독, 제임스 스튜어트, 존 달, 팔리 그레인저, 세드릭 하드윅 출연의 〈로프〉, 윌리엄 케일리 감독, 마크 스티븐스, 리차드 위드마크 주연의 〈이중첩자〉, 존 포드 감독, 존 웨인, 헨리 폰다 주연의 〈아파치 요새〉, 빅터 플레밍 감독, 잉그리드 버그만 주연의 〈잔 다르크〉가 제작되었다. 이해에 경극 공연을 촬영한 〈생사한生死恨〉은 중국(본토) 최초의 컬러영화이다. 이 시기 한국인 출신 배우 김염은 중국의 톱스타였다. 이해에 박철수 감독, 김병기, 마흥식, 장르노, 양소룡, 이청, 허관걸이 출생하였다.

■ 1949년

한국전쟁 발발 1년 전이다. 미소군정시기 때로 이미 38선에서는 크고 작은 전투가 계속 발발하였다. 이미 전쟁은 시작되었고 전면전을 예고하였던 해이다. 영화로는 조국을 지키는 청년의 애국심을 그린 홍개명 감독, 장진, 전택이 주연의 〈전우〉, 한형모 감독, 이집길, 현인 주연의 〈성벽을 뚫고〉, 김성민 감독, 이향, 남해연 주연의 〈심판자〉, 동자승의 심리를 그린 윤용규 감독, 최은희 주연의 〈마음의 고향〉이 상영되었다.

외화로는 〈제3의 사나이〉가 칸영화제 황금종려상과 아카데미 촬영상을 받았다. 이해에 험프리 보가트, 오손 웰스 주연의 범죄 스릴러 영화가 인기를 끌었다. 그 외에 앙리 조르주 클루조 감독의 〈정부 마농〉, 커크 더글러스 주연의 〈챔피언〉이 제작되었다. 중국에서는 사회주의 리얼리즘 영화들이나 공산당과 정부의 선전

영화가 제작되었다. 이해에 김창숙, 박원숙, 우연정, 임채무, 정동환, 한진희, 홍콩 배우 반영자, 상관영봉, 양가인, 리차드 기어, 시고니 위버 등이 출생하였다.

▬ 1950년

한국전쟁이 발발한 해이다. 전쟁 전부터 38선 인근에서 소규모 전투가 있었지만, 6월 25일을 기해 기습남침으로 전면전을 감행하였다. 그리고 1953년 7월 27일까지 3년 정도에 걸친 참혹한 전쟁이 있었다. 〈태극기 휘날리며〉는 한국전쟁의 참혹상을 잘 보여주고 있다. 이해 9월 15일 인천상륙작전으로 전세는 역전되고 서울이 수복된다. 이것을 소재로 1965년과 2016년에 〈인천상륙작전〉이 만들어진다. 이런 시기에도 영화가 만들어졌는데 극영화는 14편이다.

한국전쟁을 소재로 한 영화는 무수히 많이 만들어졌으며, 윤제균 감독의 〈국제시장〉 등의 영화가 천만 관객을 동원했고 특히 〈태극기 휘날리며〉 등의 전쟁영화가 하나의 장르로 형성되었다. 이해에 강춘 감독, 이민, 염매리 주연의 〈화랑도〉가 개봉하였다. 외화로는 월트 디즈니사의 12번째 정규 극장판 영화인 〈신데렐라〉, 영국영화로 줄스 다신 감독, 리차드 위드마크 주연의 〈밤 그리고 도시〉가 개봉하였고, 프랑스에서는 '누벨바그' 운동이 시작된다. 일본에서는 도에이東映주식회사가 창립되었고 구로사와 아키라 감독, 미후네 도시로 주연의 〈나생문羅生門(라쇼몽)〉이 개봉되었다. 홍콩에서는 헨리 킹 감독, 윌리엄 홀든, 제니퍼 존스 주연의 〈모정〉이 촬영되었고(1955년 개봉), 아역배우 이소룡의 〈세로상〉이 개봉하였다. 이해에 김형자, 김애경, 주호성, 홍콩의 석천, 알란 탐, 원화, 서소강, 서극 감독, 일본의 코미디언 시무라 켄 등이 출생하였다.

▬ 1951년

한국전쟁 발발 다음 해로, 대표작으로는 강춘 감독, 이민, 염매리 주연의 〈화랑도〉가 있다. 그 외 이규동 감독의 〈귀향〉, 〈삼천만의 꽃다발〉, 〈낙동강〉이 제작되었다. 추상미 감독이 만든 다큐멘터리 〈폴란드로 간 아이들〉은 이 시기 북한으로 송환되어 폴란드로 보내진 전쟁고아들을 소재로 하고 있다. 외화로는 아나톨 리트박 감독, 리차드 베이스하트 주연의 〈반역〉, 크리스찬 니비 감독, 마가렛 쉐리던 케네스 토비 주연의 〈괴물〉, 엘리아 카잔 감독의 〈욕망이라는 전차〉, 〈젊은이의 양지〉, 〈이상한 나라의 앨리스〉, 〈쿼바디스〉가 제작되었다. 일본은 구로사와 아키라 감독의 〈라쇼몽〉이 1950년에 개봉하였고, 이해 베니스영화제에서 황금사자상을 받았다. 이해에 김수미, 김영애, 김자옥, 고두심, 윤미라, 한혜숙, 유인촌, 김진태가 출생하였다.

▬ 1952년

한국전쟁이 소모전으로 접어든 시기이다. 대규모의 점령지 확보가 아닌 백마고지 전투 등 국지적인 전투가 벌어지던 때이다. 전투는 교착 상태에 빠지며 온 국민들은 전쟁이 끝나기를 기다리며 참혹한 전시 생활을 견뎌냈다. 1991년에 만들어진 장길수 감독의 〈은마는 오지 않는다〉, 1998년 이광모 감독의 〈아름다운 시절〉, 2016년 〈오빠생각〉은 이 당시의 참상을 잘 보여주고 있다.

식생활은 원조 양곡에 의지하였을 때이니 극장 구경은 꿈도 꿀 수 없었다. 한국영화 제작도 전쟁 시기를 통틀어 13편이었고, 지금 남겨진 영화는 민경식 감독, 전택이 주연의 〈태양의 거리〉 외에는 없다. 이러 참혹한 생활 속에서도 영화는 유일한 서민들의 오락 수단이었다.

이해 3월 16일 부산 부민관에서 신상옥 감독의 데뷔작인 〈악야〉가 개봉되었다. 전쟁의 와중에서 영화를 찍는다는 것을 상상할 수 없을 때인데 정말 경이롭다고 할 수밖에 없다. 당시 〈태양의 거리〉 외에 전창근 감독, 이택균, 최지애 주연의 〈낙동강〉은 50분 품으로 전쟁 당시 3년간 부산에서 제작된 극영화 다섯 편 중 하나다.

외화로는 르네 클레망 감독의 〈금지된 장난〉, 찰리 채플린 감독·주연의 〈라임라이트〉가 제작되었고, 머빈 르로이 감독, 비비안 리, 로버트 테일러 주연의 1940년 작인 〈애수〉가 개봉하였다. 또한, 하워드 혹스 감독, 캐리 그랜트 주연의 〈몽키비지니스〉, 〈사랑은 비를 타고〉, 〈스카라무슈〉, 〈하이 눈〉과 이탈리아 영화 〈자전거 도둑〉, 〈무방비 도시〉가 개봉하였다. 일본영화는 구로사와 아키라 감독의 〈산다〉, 오즈 야스지로 감독의 〈오차즈케의 맛〉이 개봉하였다. 이해에 안성기, 유가휘가 출생하였다.

▬ 1953년

이해는 한국전쟁이 3여 년의 기나긴 전투를 마치고 휴전 협정을 했던 해이다. 피아간 소득 없는 전쟁임을 알고 전쟁을 끝내기로 합의하고도 지루한 전투가 계속되었으니 얼마나 소모적인 전쟁이었을까? 장훈 감독의 〈고지전〉은 이 시기를 배경으로 하고 있다. 일찍이 겪지 못한 동족상잔의 뼈아픈 전쟁이었다.

민간에서의 영화 제작을 꿈도 못 꿀 시기이지만 피난지에서의 촬영은 감행되었고 몇 편의 주옥같은 영화들이 선보였다. 정창화 감독의 〈바다의 정열(최후의 유혹)〉을 비롯하여 〈청춘〉, 〈고향의 등불〉, 〈북위 41도〉, 〈귀향〉, 〈탁류〉(이상 16mm)와 〈100만의 별〉(35mm) 등 7편에 불과한데 비해서, 수입된 외국영화는 미국영화를 주로 해서 총 69편이었다. 정창화 감독의 〈최후의 유혹〉은 이해 11월 15일 부산 부민관에서 상영되었으며, 서울에서는 1955년 5월 5일, 중앙극장에서 개봉하였다.

외화로는 조지 스티븐스 감독, 앨런 래드, 진 아서 주연의 〈셰인〉이 개봉되어 주인공 셰인을 통해 정의의 구현자로서 큰 감동을 주었다. 이 영화는 향후 유사 장르의 한국영화에 큰 영향을 주었다. 그리고 몽고메리 클리프트, 엘리자베스 테일러 주연의 〈젊은이의 양지〉, 역시 몽고메리 클리프트 주연의 〈종착역〉, 〈나는 고백한다〉, 〈지상에서 영원으로〉, 마릴린 먼로 주연의 〈신사는 금발을 좋아해〉, 윌리엄 와일러 감독, 오드리 헵번, 그레고리 펙 주연의 〈로마의 휴일〉이 제작되었다. 당시 할리우드 영화는 낭만주의 경향이 짙다. 이해에 스탠리 큐브릭 감독이 〈공포와 욕망〉으로 데뷔했다.

일본에서는 오즈 야스지로의 〈동경이야기〉, 칸영화제 황금종려상 수상작인 기누가사 데이노스케 감독의 〈지옥문〉, 미조구치 겐지 감독의 베니스영화제 은사자상 수상작인 〈우게쓰雨月이야기〉와 코구레 미치요 주연의 〈게이샤祇園囃子(기온바야시)〉이 제작되었다. 이때 일본영화가 세계적으로 알려진다.

소련은 스탈린이 사망 후 새로운 영화로의 변화가 시도되었다. 이 시기 중화인민공화국의 스타는 단연 한국계 배우인 김염이었다. 이해에 안인숙, 박정수 등이 출생하였다.

도약기

■ 1954년

한국전쟁으로 폐허가 된 이후 경제 및 국가 재건에 나선 첫 해이다. 가난과 전쟁으로 인한 국민들의 삶은 피폐해져 있던 시절이다. 그런 고통 속에 영화 구경은 그나마 유일한 낙이었을 것이다. 한국영화의 제작은 적었고 그 빈자리를 할리우드 영화가 차지했다.

이해에 우리나라 최초로 키스신이 나오는 한형모 감독, 이향, 이민자 주연의 〈운명의 손〉, 신상옥 감독, 최은희 김동원 주연의 〈코리아〉, 홍성기 감독의 〈출격 명령〉이 개봉하였다. 또한, 영화잡지 《영화계》가 이해 2월에 창간되었고, 마릴린 먼로가 인제를 방문해 미군들을 위문 공연했다. 북한에서는 문예봉 출연의 〈빨치산 처녀〉가 제작되었다.

외화로는 페데리코 펠리니 감독, 안소니 퀸, 줄리에타 마시나의 〈길〉, 알프레드 히치콕 감독, 제임스 스튜어트 주연의 〈이창〉, 로버트 알드리치 감독, 버트 랭카스터 주연의 〈아파치〉, 레나토 카스텔라니 감독의 〈로미오와 줄리엣〉, 〈해저 2만리〉, 〈워터프론트〉, 〈베라크루스〉, 〈돌아오지 않는 강〉이 제작되었다.

일본영화로는 구로사와 아키라 감독의 〈7인의 사무라이〉, 미조구치 겐지 감독, 타나카 기누요, 하나야기 요시아키, 카가와 쿄코 주연의 〈산쇼다유〉와 괴수영화 〈고지라〉의 첫 편이 개봉하였다. 1954년은 트로이카 스타 정윤희, 홍콩의 무술 배우 성룡이 출생한 해이다.

■ 1955년

한국에서는 전쟁 후 베이비 부머 세대가 태어난 첫 해이다. 이해에 이규환 감독의 〈춘향전〉, 김기영 감독, 김삼화 주연의 〈양산도〉, 홍성기 감독, 이집길, 염매리, 이금룡 주연의 〈열애〉, 김성민 감독의 〈막난이 비사〉가 제작되었다. 최초의 여성 감독인 박남옥 감독의 데뷔작이자 은퇴작이 된 〈과부의 눈물(미망인)〉이 개봉하였고, 임권택 감독도 이때 영화계에 입문하였다.

지금은 없어진 금룡상영화제가 이해에 신설되었다. 이 영화제는 일제강점기의 명배우 이금룡을 기리기 위해 제정된 영화제이다. 당시 《영화세계》라는 영화잡지가 발행되었다. 이해에 김혜숙, 기주봉 배우가 출생하였다.

외화로는 윌리엄 와일러 감독의 험프리 보가트의 〈필사의 도망자〉, 알프레드 히치콕 감독, 캐리 그랜트, 그레이스 켈리 주연의 〈나는 결백하다〉, 엘리어 카잔 감독, 제임스 딘 주연의 〈에덴의 동쪽〉, 니콜라스 레이 감독, 제임스 딘, 나탈리 우드 주연의 〈이유없는 반항〉, 마를린 먼로 주연의 〈7년만의 외출〉, 헨리 킹 감독, 제니퍼 존스, 윌리엄 홀든 주연의 〈모정〉, 윌리엄 와일러, 오드리 헵번, 그레고리 펙 주연의 〈로마의 휴일〉이 제작되었다.

영화 〈자이언트〉(1956년 개봉)를 촬영하던 중 배우 제임스 딘이 자동차 사고로 사망하였다. 이 영화는 그의 유작이 되었다. 이해의 아카데미 작품상 수상작은 〈워터프론트〉이며, 〈마티〉는 처음으로 칸영화제 황금종려상과 1956년 아카데미 작품상을 동시에 석권한 영화이다.

일본에서는 〈미야모도 무사시〉가 개봉하였다. 〈미야모도 무사시〉가 개봉했을 때는 국교 수립 전이었기 때문에 한국에서는 볼 수 없었다. 홍콩에서는 미조구치 겐지 감독의 〈양귀비〉가 제작되었는데, 이 영화는 일본의 대영영화사와 홍콩의 Shaw & Sons(쇼브라더스의 전신)가 공동 제작하였다. 하지만 런런쇼가 투자를 했을 뿐, 모든 출연진과 스태프는 일본인이었다.

■ 1956년

윤봉춘 감독의 〈논개〉, 김기영 감독의 〈봉선화〉, 이규환 감독의 〈심청전〉, 한형모 감독, 김정림 주연의 〈자유부인〉, 정창화 감독의 〈숙영낭자전〉, 이강천 감독의 〈격퇴〉, 〈백치 아다다〉가 상영되었고, 유현목 감독이 〈교차로〉로 데뷔하였다.

이해에 대한극장이 서울에서 가장 큰 단일관으로 개관했다. 70mm 전용관으로 1,900여 석을 갖추었으니 대형극장이다. 2011년 멀티플렉스극장으로 재개관하기까지 명화의 전당 역할을 톡톡히 했다. 개관기념작은 3D 입체영화인 〈위성내습〉이었다.

외화로는 존 포드 감독, 존 웨인 주연의 〈수색자〉, 조지 스티븐스 감독, 엘리자

베스 테일러와 록 허드슨, 제임스 딘 주연의 〈자이언트〉, 존 휴스턴 감독, 그레고리 펙 주연의 〈백경Moby Dick〉, 델버트 맨 감독의 〈마티〉, 오드리 헵번 주연의 〈사브리나〉, 폴 뉴먼 주연의 〈상처뿐인 영광〉, 세실 B. 데밀 감독, 찰톤 헤스톤 주연의 〈십계〉, 〈론 레인저〉가 개봉하였다. 이해에 엘비스 프레슬리는 〈러브 미 텐더〉로 배우 데뷔를 하였고, 트로이카 스타 유지인과 홍콩배우 장국영이 출생하였다.

■ 1957년

이해에 유현목 감독, 최무룡, 이경희 주연의 〈잃어버린 청춘〉, 한형모 감독의 이룡, 이민자 주연의 〈마인〉, 역시 한형모 감독, 이빈화, 성소민 주연의 〈순애보〉, 김소동 감독, 장도휘, 조미령 주연의 〈아리랑〉, 권영순 감독, 노능걸, 김유희 주연의 〈오해마세요〉, 조긍하 감독, 도금봉 주연의 〈황진이〉, 이강천 감독, 김진규, 김현주 주연의 〈사랑〉, 신경균 감독, 이경희, 김을백 주연의 〈찔레꽃〉, 마찬가지로 신경균 감독, 하연남, 허장강, 김을백 주연의 〈노들 강변〉, 조긍하 감독, 도금봉 주연의 〈황진이〉, 정창화 감독, 김미선, 성소민 주연의 〈풍운의 궁전〉, 〈잃어버린 청춘〉, 〈산적의 딸〉, 〈산유화〉, 〈봉이 김선달〉이 개봉하였다.

김지미 배우는 김기영 감독의 〈황혼열차〉로 안성기 배우와 함께 데뷔한다. 신성일 배우 역시 이해에 신필름 전속배우로 영화계에 입문한다. 이해《국제영화》선정 인기 배우 1위로 최무룡, 조미령이 뽑혔다. 외국배우로는 록 허드슨, 엘리자베스테일러가 뽑혔다. 이해 개최된 제4회 아시아영화제에서 〈시집가는 날〉이 희극상을 받았다.

외화로는 〈12인의 성난 사람들〉, 〈무기여 잘 있거라〉, 〈애정의 쌀〉, 〈로즈 마리〉, 〈천의 얼굴을 가진 사나이〉 등이 개봉하였다. 그 외 잉마르 베르히만 감독의 영화 〈제7의 봉인〉이 제작되었고, 일본영화로는 구로사와 아키라 감독의 〈거미집의 성蜘蛛巢城〉이 제작되었다. 김갑수, 김보연, 원표, 진추하가 출생하였다.

■ 1958년

신상옥 감독, 최은희, 김학 주연의 〈지옥화〉, 유현목 감독의 〈그대와 영원히〉, 〈인생차압〉, 박구 감독, 이민 주연의 〈낙엽〉, 이강천 감독, 문정숙 주연의 〈생명〉,

안종화 감독, 최현, 전옥 주연의 〈춘향전〉, 안현철 감독의 〈어머니의 길〉, 김소동 감독의 〈돈〉, 하한수 감독의 〈자장가〉, 〈목포의 눈물〉, 송국 감독의 〈첫사랑〉이 개봉하였다.

당시 한국영화계의 유력자 임화수는 세계 진출을 목적으로 홍콩과의 합작을 시도한다. 그렇게 첫 한홍 합작영화로 도광계·와카츠키 미츠오若杉光夫·전창근 공동 감독의 〈이국정원〉이 2월에 개봉하였고, 김화랑 감독의 〈천지유정〉, 정창화 감독의 〈망향〉도 제작되었다. 김혜정은 〈봄은 다시 오려나〉로 데뷔한다. 이해에 '반도극장'으로 개관한 '피카디리극장'이 대대적인 보수를 하고 재개관한다. 트로이카 여배우 장미희가 출생하였고 제1회 부일영화상이 개최되었다.

외화로는 알프레드 히치콕 감독의 〈환상(현기증)〉과 〈뜨거운 양철 지붕 위의 고양이〉, 〈덩케르크〉, 〈헤라클라스〉, 〈사랑할 때와 죽을 때〉, 〈수전지대〉, 〈익스펜더블 2〉, 〈하리케인〉, 〈애혼〉, 〈고원의 결투〉가 제작되었다. 미국에서는 호러영화 장르가 꾸준히 제작되며 전후로 더욱 다양해졌고, 데이빗 린 감독의 〈콰이강의 다리〉는 아카데미 작품상을 받았다.

일본에서는 마스모토 세이초의 원작 소설을 영화화한 〈점과 선〉, 기노시타 게이스케 감독의 〈나라야마 부시코楢山節考〉, 그 외 〈망령의 괴묘저택〉, 애니메이션 〈백사전〉이 개봉되었다. 홍콩에서는 왕인 감독, 임대, 엄준 주연의 〈행화촌연가〉가 제작되었고, 관지림 배우의 부친인 관산 배우는 〈아Q정전阿Q正傳〉으로 제11회 스위스 로카르노영화제에서 남우주연상을 받았다. 런런쇼는 싱가포르에서 홍콩으로 이주하여 이해에 쇼브라더스를 창립한다. 이해에 오미희, 이동준, 양가휘, 게리 올드만, 샤론 스톤, 미셸 파이퍼가 출생하였다.

▬ 1959년

가난에서 벗어나기 위해 바쁘게 살던 시절이다. 별다른 오락 수단이 없었던 때라 만화 「라이파이」가 어린이들의 벗이었다. 이해에 신경균 감독, 이민, 이민자 주연의 〈유정무정〉, 한형모 감독의 〈여사장〉, 신상옥 감독, 김진규, 최은희 주연의 〈동심초〉, 신상옥 감독, 엄앵란, 황정순 주연의 〈독립협회와 청년 이승만〉, 한형모 감독, 강효실, 김진규 주연의 〈오! 내고향〉, 김기영 감독의 〈죽엄의 상자〉, 최훈 감독의 최무룡, 조미령 주연의 〈장마루촌의 이발사〉, 유현목 감독의 〈구름은 흘러도〉, 이용민 감독, 최은희, 김지미 주연의 〈고개를 넘으면〉, 백호빈 감독의 〈꿈이여 다시 한번〉, 노필 감독, 최무룡, 문정숙 주연의 〈꿈은 사라지고〉, 홍성기 감독의 〈청춘극장〉, 김강윤 감독의 〈이름없는 별들〉 등 다양한 장르의 영화가 개봉하였다.

이해의 인기 스타는 단연 최무룡이다. 그 외 김진규, 김승호 등이 활동하였다. 여배우로는 최은희 독주에 조미령, 김지미가 활동하였다. 또한, 7살의 안성기는 김기영 감독의 〈10대의 반항〉에서 제4회 샌프란시스코 국제영화제에서 아역상을 받았다. 같은 해 1월 14일에 현대적인 시설을 갖춘 국립영화제작소가 출범되었는데, 이는 공보국 공보처 산하기관에 독립한 것이다.

외화로는 윌리엄 와일러 감독, 찰톤 헤스턴, 스티븐 보이드가 출연한 대작 〈벤허〉가 제작되었다. 그 외에 존 포드 감독의 〈기병대〉, 알프레드 히치콕 감독의 〈북북서로 진로를 돌려라〉, 폴 앤더슨 감독의 〈폼베이 최후의 날〉, 월트디즈니의 애니메이션 〈잠자는 숲속의 미녀〉 등이 제작되었다. 프랑스에서는 모던 시네마인 장 뤽 고다르 감독의 〈네 멋대로 해라〉, 프랑수와 트뤼포 감독의 〈400번의 구타〉, 알랭 레네 감독의 〈히로시마 내 사랑〉, 클로드 샤브롤 감독의 〈사촌들〉이 제작되었고, 홍콩에서는 이한상 감독의 〈강산미인〉이 만들어졌다. 이해에 〈애마부인〉의 박상원, 서미경, 안소영, 최동준, 홍콩배우 이자웅, 스티븐 스필버그 감독이 태어났다.

모색기
—

■ 1960년

한국전쟁으로 인한 격변기를 벗어나 안정을 되찾아가던 중 이승만 정권은 정 부통령 선거에서 부정 관권 선거를 감행하였다. 그리고 같은 해 4월 19일, 범국민 적인 독재 정권 타도 항쟁을 촉발시켰다.

이해에 김묵 감독의 〈피묻은 대결〉, 김기영 감독의 〈하녀〉, 〈슬픈 목가〉, 신상 옥 감독의 〈로맨스 빠빠〉, 권영순 감독의 〈흙〉, 박영환 감독의 〈황혼〉, 전응주 감 독의 〈무화과〉, 이규환 감독의 〈낙화암과 삼천궁녀〉가 개봉하였다. 또 해외 로케 첫 작품인 〈길은 멀어도〉가 개봉하였다. 이해에 신영균 배우가 조긍하 감독의 〈과 부〉로 데뷔했다.

1960년대는 TV 보급이 되지 않았던 시기라 영화관은 좋은 휴식 장소였다. 여 흥시간을 보내기에 갈 수 있는 곳이 극장밖에 없었지만 가난에 찌든 서민들로서 극장가기도 만만치 않았던 시기이다. 그래서 두 편을 동시에 보는 동네의 삼류 영 화관을 많이 갔다.

1960년대 이후 한국영화는 황금기로 접어든다고 말한다. 그러나 이건 제작 편 수가 많아졌기 때문이고 도약을 위한 모색기라고 볼 수 있다. 완성도 높은 영화를 기대하기란 하늘의 별 따기였는데, 그나마 신상옥 감독의 영화가 사람들에게 각인 되기 시작한다. 또 김기영 감독의 〈하녀〉도 호평을 받았는데, 단언할 수는 없지만 이치가와 곤 감독의 영화 〈열쇠〉에서 시나리오부터 세트, 화면 구도까지 많은 영 향을 받은 것으로 보인다.

외화로는 알프레드 히치콕 감독의 명작 〈싸이코Psycho〉, 리처드 브룩스 감독, 폴 뉴먼, 엘리자베스 테일러 주연의 〈뜨거운 양철 지붕 위의 고양이〉, 장 뤽 고다 르 감독, 장 폴 벨몽도 주연의 〈네 멋대로 해라〉, 르네 클레망 감독, 알랭 들롱 주연 의 〈태양은 가득히〉 등이 개봉하였다. 김형일, 이경영, 임예진, 원미경, 전광렬, 천 호진, 홍콩 스타 종초홍, 혜영홍이 출생하였다.

▬ 1961년

1961년, 5·16 군사 정변이 일어났다. 당시 사람들은 군이 정치에 개입하는 것이 쿠데타라고 생각했다. 사회악을 일소하며 영화윤리전국위원회는 해체되고 영화법의 시행으로 검열의 시대를 맞이하게 되었다.

유현목 감독의 〈오발탄〉, 신상옥 감독의 〈사랑방과 손님과 어머니〉, 강대진 감독의 〈마부〉, 하한수 감독의 〈백백교〉, 최훈 감독의 〈아버지〉, 이용민 감독의 〈악의 꽃〉, 정창화 감독의 〈장희빈〉, 이형표 감독의 〈서울의 지붕밑〉, 정창화 감독의 〈노다지〉, 강찬우 감독의 〈번지 없는 주막〉, 홍성기 감독의 〈격류〉, 〈에밀레종〉, 최영철 감독, 김승호, 김지미, 남궁원 주연의 〈나그네 밤거리〉, 엄심호 감독의 〈이별의 부산정거장〉, 홍성기 감독의 〈춘향전〉, 신상옥 감독의 〈성춘향〉이 개봉되었다. 두 편의 춘향 소재 영화는 신상옥 감독의 완승으로 끝이 났고, 신상옥의 신필름은 이후 탄탄대로 걷게 된다. 그중 〈마부〉는 한국영화 최초로 제9회 베를린영화제에서 은곰상을 받았다. 이해 김기덕 감독이 〈5인의 해병〉, 이만희 감독이 〈주마등〉으로 데뷔한다.

외화로는 폴 뉴먼 주연의 〈허슬러〉, 워렌 비티, 나탈리 우드 주연의 〈초원의 빛〉, 그레고리 펙 주연의 〈나바론〉이 개봉하였다. 일본에서는 구로사와 아키라 감독의 〈요짐보〉가 개봉하였다. 이해에 금보라, 김응수, 김정훈, 이승현, 정보석, 유덕화, 장학우, 황추생, 나스타샤 킨스키, 죠지 클루니가 출생하였다.

▬ 1962년

알제리가 천신만고 끝에 프랑스로부터 독립했다. 같은 해 1월 한국 최초의 TV 드라마 〈나도 인간이 되련다〉가 방송되었다. 이 드라마는 유치진 극본, 이기하 연출, 이순재 주인공으로 반공극이었다. 같은 해 3월에 윤보선 대통령이 사임하였다. 또한, 화폐 개혁이 단행되어 환이 원으로 바뀌었다.

신상옥 감독의 〈연산군(장한삼모편)〉, 강범구 감독, 황해, 김혜정 주연의 〈북극성〉, 최훈 감독, 최무룡 주연의 〈양귀비〉, 엄심호 감독의 〈한 많은 미아리 고개〉, 이형표 감독의 〈아름다운 수의〉, 이용민 감독의 〈맹진사댁 경사〉, 김지미 주연의 〈천하일색 양귀비〉, 김응천 감독의 〈밤나무골 공서방〉, 조긍하 감독의 〈아카시아 꽃잎

필 때〉 등이 개봉되었다. 임권택 감독은 〈두만강아 잘 있거라〉로 데뷔하였다.

제1회 대종상영화제에서 신필름의 〈연산군〉이 작품상을 받았고, 감독상은 〈사랑방 손님과 어머니〉의 신상옥 감독, 남우주연상은 〈연산군〉의 신영균이 받았다. 이해 제9회 아시아영화제가 서울에서 개최되었는데, 여기서 〈사랑방 손님과 어머니〉가 작품상을 받았다. 이 영화제를 통하여 일본영화를 다시 보게 된 영화인들은 유사 장르의 영화를 만들었다. 이해에 안종화 감독 겸 교수는 일제강점기 한국영화사를 밝힌 『한국영화측면비사』를 발간하였고, 같은 해 국립극장이 개관하였다.

외화는 이탈리아 나나 로이 감독의 〈조국은 누구의 것이냐〉, 존 포드·헨리 헤서웨이·조지 마샬 공동 감독의 〈서부 개척사〉, 필립 리콕 감독, 스티브 맥퀸 주연의 〈순간에서 영원으로〉, 에리아 카잔 감독의 〈초원의 빛〉, 〈솔로몬과 시바의 여왕〉이 개봉하였다.

일본에서는 미즈미 칸지 감독, 가츠 신타로 주연의 〈자토이치座頭市物語(좌두시물어)〉, 고바야시 마사키 감독, 나카다이 타츠야, 미쿠니 렌타로 주연의 〈할복〉, 오즈 야스지로 감독의 〈꽁치의 맛〉, 혼다 이시로 감독의 〈킹콩 대 고질라〉가 제작된다. 이 당시 일본영화계도 한국영화계와 차원이 다른 황금기를 구가하고 있어 완성도 높은 영화들이 양산되었다. 이해에 마릴린 먼로가 사망하였고 이혜숙, 이혜영, 최민식, 최수종, 관지림, 양자경, 양조위, 주성치, 톰 크루즈가 출생하였다.

▬ 1963년

1963년 11월에 케네디 대통령이 암살당한다. 신상옥 감독의 〈쌀〉, 이만희 감독의 〈돌아오지 않는 해병〉, 〈열두 냥짜리 인새〉, 김수용 감독의 〈혈맥〉, 김기영 감독의 〈고려장〉, 최훈 감독, 김진규 주연의 〈부부조약〉, 조긍하 감독, 김진규, 김혜정 주연의 〈애란〉, 김묵 감독, 신성일, 최지희 주연의 〈성난 능금〉, 이민자, 최남현 주연의 〈눈물 젖은 두만강〉, 강대진 감독의 〈울며 헤진 부산항〉, 최경섭 감독의 〈상해 리루〉, 엄심호 감독의 〈상해의 밤〉이 개봉하였다. 정진우 감독은 〈외아들〉로 데뷔하였다. 〈돌아오지 않는 해병〉은 실탄 사격을 하며 촬영한 역작으로 서울 관객 20여만 명을 기록했다. 이해에 제1회 청룡상영화제가 개최되었다. 당시 인기 스타로는 최은희, 엄앵란, 신영균, 김지미, 허장강 등이 있다.

외화로는 〈클레오파트라〉, 〈007 위기일발〉, 스티브 맥퀸 주연의 〈대탈주〉, 페데리코 펠리니 감독의 〈8과 1/2〉이 제작되었고, 〈물망초〉, 〈칼멘〉, 〈왕중왕〉이 국내 흥행에 성공했다. 일본에서 가와바타 야스나리 원작의 〈이즈의 무희伊豆の踊り子〉가 개봉하였다. 요시나가 사유리가 주연을 맡은 이 영화는 1933년부터 제작되어 무려 네 번이나 리메이크되었다.

■ 1964년

경제개발을 위해 일본의 보상금을 청구하기 위한 한일회담이 시작되었다. 1964년 3월 24일부터 비상계엄령이 내려지고, 같은 해 6월 3일에 한일회담 반대운동인 6·3 항쟁이 있었다. 한국영화로는 한국전쟁 휴전 이후 1954년부터의 도약기를 거쳐 중흥기를 마감하는 해이다. 신상옥 감독의 〈벙어리 삼룡〉, 김기덕 감독, 신성일 주연의 〈맨발의 청춘〉이 개봉하였고, 신성일, 엄앵란 배우가 결혼식을 올렸다.

1964년은 이만희 감독, 서정민 촬영감독의 걸작 전쟁영화 〈돌아오지 않는 해병〉, 〈마의 계단〉, 정진우 감독의 〈배신〉, 김을백 감독의 〈체포령〉, 강찬우 감독의 〈모녀 기타〉, 김화랑·김진섭 공동 감독의 〈연락선은 떠난다〉, 유현목 감독의 〈아내는 고백한다〉, 최경옥 감독의 〈이대로 죽을 수 없다〉, 조명호 감독의 〈갈매기 우는 항구〉 등이 만들어진 해이다.

외화로는 세르지오 레오네 감독, 엔리오 모리코네 음악, 클린트 이스트우드 주연의 〈황야의 무법자〉가 제작되었다. 이 영화는 1966년에 한국에서 개봉하여 관객 35만 명을 동원하여 흥행 1위를 차지했다. 이후 마카로니 웨스턴 붐은 수많은 아류작을 양산하였다.

스탠리 큐브릭 감독이 〈닥터 스트레인지러브〉, 자크 드미 감독의 뮤지컬영화 〈셸부르의 우산〉, 조지 시드니 감독, 엘비스 프레슬리 주연의 〈비바 라스베가스〉가 제작되었고, 1963년에 제작된 〈북경의 55일〉, 〈노란 롤스로이스〉, 〈비키니 대소동〉이 개봉하였다. 이해 곽순옥이 부른 김기덕 감독의 〈남과 북〉의 주제가 〈누가 이 사람을 모르시나요〉가 인기를 끌었다. 박준규, 정진영, 정호근, 최재성, 한석규, 장만옥이 출생하였다.

발전기

—

■ 1965년

1965년은 미래에 대한 희망으로 살았던 시기이다. 많은 사람이 '가난에 시달려도 내일은 좀 더 나은 한 해겠지'라는 소망을 갖고 살았다. 서민들은 극장가를 찾았고 영화산업은 호황을 누렸다. 당시에는 영화 상영 전에 〈대한뉴스〉를 보아야 했는데, 여기에는 〈월남소식〉이 고정적으로 소개되었다.

1965년, 광복 후 보상에 관한 한일협정이 체결되었다. 1951년에 시작된 한일회담이 14년 만에 끝난 것이다. 학생들의 데모가 있었지만 한일협정은 막을 수 없었다. 당장 경제개발을 위한 현금이 필요했던 시기였다. 가요는 왜색풍을 벗어나 서구풍으로 바뀌며 최희준의 〈하숙생〉 등이 인기를 끌었다.

이해에는 김기덕 감독의 〈남과 북〉, 이만희 감독, 문희의 데뷔작인 〈흑맥〉, 임원식 감독의 〈청일전쟁과 여걸 민비〉, 김수용 감독의 〈갯마을〉, 〈저 하늘에도 슬픔이〉, 유현목 감독의 〈춘몽〉, 조해원 감독의 〈불나비〉, 고영남 감독의 〈상해 55번지〉, 최무룡 감독, 신영균, 장동휘, 김지미 주연의 〈피어린 구월산〉, 강민호 감독의 〈압록강아 말하라〉, 조긍하 감독, 신영균, 김혜정의 〈인천상륙작전〉, 이신명 감독의 〈인정사정 볼 것 없다〉, 다큐멘터리 〈승리의 전선〉 등이 제작되었다.

당시는 신필름이 태동하며 충무로의 영화사들과 경쟁 구도를 이루었던 때이다. 안양의 거대 스튜디오는 신상옥 감독과 신필름의 자부심이었다. 대종상영화제에서 신상옥 감독의 〈벙어리 삼룡〉이 작품상을 받았다.

외화로는 〈사운드 오브 뮤직〉, 〈석양의 건맨〉이 만들어졌고, 홍콩에서는 서증굉 감독, 왕우 주연의 〈원앙검협〉이 만들어졌다. 김상중, 전인화, 한혜진, 곽부성, 공리, 유가령, 브룩 쉴즈가 출생하였다.

■ 1966년

우리가 기억하는 발전된 한국 이전의 모습을 갖고 있던 시기이다. 아직은 미국의 원조물품으로 생활하고 궁핍한 삶을 벗어나지 못했던 때이다.

1966년은 이만희 감독의 〈만추〉가 만들어진 해이다. 같은 해 개봉된 끌로드 를르슈 감독의 〈남과 여〉처럼 영상으로 이야기를 전달하려는 스타일이 외화를 모방했다는 악평도 있었지만, 그럼에도 이해 최고의 걸작으로 꼽힌다. 하지만 국내에 단 한 편의 프린트도 존재하지 않기 때문에 지금 이 영화를 다시 볼 방법은 없다. 신상옥 감독이 북한의 영화보관소 목록에서 봤다고 하니 통일되면 볼 수도 있을 것이다.

이해 이만희 감독은 〈물레방아〉, 〈군번 없는 용사〉도 만들어 전성기를 보여주었는데, 〈군번 없는 용사〉에서 북한군을 미화시켰다고 반공법 위반으로 남산 중정에 끌려가 곤욕을 치르고 억울한 옥살이를 한다. 영화인들의 탄원으로 풀려나긴 했지만 그의 억울함은 죽을 때까지 풀리지 않았을 것이다. 그는 술로 한을 풀다가 술이 원인이 되어 편집실에서 쓰러져 고인이 되었다.

〈만추〉의 주인공인 신성일 배우는 정진우 감독의 〈초우〉 등 이해에만 46편의 영화에 출연한다. 대단한 편수이지만 이 기록은 다음 해 51편 출연으로 깨진다. 한국영화는 〈오늘은 왕〉, 〈청춘교실〉, 〈전쟁과 여교사〉, 〈나운규의 일생〉, 〈민검사와 여선생〉, 임원직 감독, 남궁원, 김석훈 주연의 〈최후전선 백팔십리〉, 이한욱 감독, 남궁원, 엄앵란 주연의 〈대탈출〉 등이 개봉하였다. 이해에 관객 수는 1,970만여 명이었고 2차 영화법 개정을 계기로 구체적 진흥의 방향이 명시되는데, 이때 스크린쿼터제의 시행이 밝혀진다.

외화로는 끌로드 를르슈 감독의 프랑스 영화 〈남과 여〉가 개봉하여 영상시 같은 유려한 화면과 감미로운 주제음악이 관객들을 흘렸다. 유사한 느낌의 〈연인의 창문〉도 개봉하였다. 이 영화들이 한국영화에 끼친 영향은 부정할 수 없는데, 이는 대사로 스토리를 전개하는 한국영화의 고질적인 방식에서 벗어나 영상으로 스토리를 전달하는 연출이 이해에 시작된 것을 보아 알 수 있다. 당시 나온 영화는 이만희 감독의 〈만추〉, 정진우 감독의 〈초우〉 등이다.

또한, 클린트 이스트우드 주연의 〈황야의 무법자〉가 흥행에 성공하며 유사한 마카로니 웨스턴 영화가 범람한다. 이 영화들은 일본 찬바라영화의 영향을 받았는데, 구로사와 아키라 감독의 〈요짐보〉 역시 이 영향으로 서부극으로 변환시켰다. 찬바라영화나 마카로니 웨스턴 역시 홍콩 무협영화의 원조라고 보아도 무방하다.

전통 서부극에 염증을 느낀 관객들이 몰려들며 세르지오 레오네 감독을 '감독의 왕'으로 추켜세웠다. 그러나 그 역시 당시에는 '밥 로버트슨'이라는 미국식 이름을 사용했다. 〈(속)황야의 무법자〉는 셀지오 콜부치라는 이태리식의 다소 거친 이름의 감독으로 소개되었다. 영화란 서로 영향을 주고받을 수밖에 없는 예술이다. 관객이 몰리는 취향과 흥행이 맞아 들어가면서 유사 장르가 만들어지며 함께 발전하기 때문이다.

홍콩에서는 호금전 감독, 정패패, 악화 주연의 〈방랑의 결투(대취협)〉, 장철 감독, 왕우, 나열 주연의 〈3인의 협객(변성삼협)〉이 만들어진다. 홍콩 쇼브라더스는 사세가 확장되며 미 주간지 《라이프》에 대서특필된다.

■ 1967년

베트남전에서 해병대 11중대가 북베트남군 2개 연대와 1개 게릴라 대대의 공격을 물리친 짜빈동전투가 발발했다. 박정희와 윤보선의 대선은 별 이슈 없이 박정희가 당선되었다. 간첩 이수근은 판문점을 통해 위장 귀순하였다. 1969년 그의 수상쩍은 외유 행각으로 위장귀순임이 밝혀지고 사형 당했다. 홍콩에선 반영폭동이 일어났다.

가요계에서는 남진의 〈우수〉, 배호의 〈돌아가는 삼각지〉가 큰 인기를 얻었다. 이해에만 185편의 한국영화가 만들어졌고, 신상옥 감독, 오영일, 문희 주연의 〈이조잔영〉, 강대진 감독, 윤정희 주연의 〈청춘극장〉, 신경균 감독, 박노식, 태현실 주연의 〈일등공신〉, 김수용 감독의 〈안개〉, 〈만선〉, 〈애인〉, 권철휘 감독, 김희갑, 황정순, 서영춘 주연의 〈역전부자〉, 김기덕 감독의 〈대괴수 용가리〉, 〈후회〉, 유현목 감독의 〈한〉, 정진우 감독의 〈춘희〉, 임권택 감독의 〈망향천리〉, 이재명 기획, 최영철 감독의 〈악인가〉, 김동학 감독, 신영균 주연의 〈장렬 509 대전차대〉, 장일호 감독, 김지미, 윤정희, 남진 주연의 〈그리움은 가슴마다〉, 전조명 감독, 김진규, 고은아 주연의 〈소복〉, 전조명 감독, 문희, 오영일 주연의 〈잃어버린 사람들〉, 고영남 감독, 박노식, 남궁원 주연의 〈66번가의 혈연(66번가의 무법자)〉, 김기덕 감독, 오영일, 문희 주연의 〈원죄〉, 이만희 감독, 김석훈, 문정숙 주연의 〈얼룩 무늬의 사나이〉, 이용민 감독, 김진규, 박노식 주연의 〈일본천황과 폭탄의사(일본제국과 폭탄

의사〉), 최무룡 감독 최무룡, 문희 주연의 〈연화〉, 최무룡 감독, 김지미, 남궁원 주연의 〈애수〉, 장일호 감독, 김지미, 신영균 주연의 〈서울 아줌마〉, 정창화 감독, 신성일, 문희 주연의 〈위험은 가득히〉, 이규웅 감독, 김용연, 김지미 주연의 〈성난 송아지〉, 이규웅 감독, 김지미, 신성일 주연의 〈두견새 우는 사연〉, 이상언 감독, 김지미, 신성일 주연의 〈동심초〉, 김시현 감독, 신영균, 고은아 주연의 〈수라문의 혈투〉, 최인현 감독, 신영균, 박노식, 남궁원 주연의 〈풍운 삼국지〉, 정진우 감독, 김지미, 오영일 주연의 〈춘희〉, 김묵 감독, 장동휘, 황해 주연의 〈최후의 대결〉, 한국 최초의 애니메이션인 신동헌 감독의 〈홍길동전〉, 강태웅 감독의 애니메이션 〈홍부와 놀부〉가 개봉되었다.

신성일 배우는 이 한 해에만 51편의 영화에 출연했다. 1967년은 윤정희 배우가 데뷔한 해인데 그녀는 자신의 대표작 3편에 출연했다. 이로써 최은희, 김지미, 엄앵란, 김혜정, 태현실, 고은아 등 여배우들이 군웅할거群雄割據하던 1960년대 한국영화계에 문희, 남정임, 윤정희로 트로이카 배우 시대가 전개된다.

미국에서는 아메리칸 뉴시네마 운동이 시작되어 아서 펜 감독의 〈우리에게 내일은 없다〉, 앙리 베르네유 감독, 안소니 퀸, 비루나 리지 주연의 〈25시〉, 마이크 니콜스 감독의 〈졸업〉이 제작되었다. 〈졸업〉은 불륜 관계인 유부녀의 딸과 연애한다는 내용이 문제가 되어 한국에서는 4년 후에야 친척이라고 의역하여 개봉되었다.

홍콩영화로는 1966년 작인 〈방랑의 결투(대취협)〉가 개봉하여 관객들에게 홍콩 무협영화의 새로움을 보여주었다. 일본영화 스타일의 무협영화를 본 것인데 컬러영화라 더욱 볼 만했던 기억이 있다. 그 외에 하몽화 감독의 〈스잔나〉, 서증굉 감독의 〈금검은구〉, 장철 감독의 〈대협객(대자객)〉, 〈의리의 사나이 외팔이(독비도)〉가 제작되었다. 중국의 문화대혁명 및 반영폭동 등 사회상이 반영되며 무협영화에 비장미가 넘쳐나기 시작한다. 이해는 양띠 해로 김희애, 성동일, 송강호, 심혜진, 차인표, 왕조현, 정이건, 니콜 키드먼, 줄리아 로버츠가 태어났다.

■ 1968년

전 세계적으로 격렬한 시위와 저항이 일어난 해였다. 이는 알제리, 쿠바, 베트남 등의 민족 해방 운동에 프랑스, 미국 등의 강대국이 개입하여 전쟁이 벌어지자

"누구를 위한 전쟁인가?"의 반전운동에서 시작되었다. 한국에서는 같은 해 1월 21일 무장공비 침투 사건이 있었다.

이해의 흥행 1위작은 정소영 감독의 〈미워도 다시 한번〉이다. 37만 명을 동원했는데, 이는 보기 드문 기록이다. 그 외에 유현목 감독의 〈카인의 후예〉, 검열 문제로 뒤늦게 개봉한 〈잘 돼 갑니다〉, 홍성기 감독의 〈별아 내 가슴에〉, 전택이 감독의 〈홍도야 우지마라〉, 홍콩 여배우 이려화(리리화)를 초청해 제작한 최경옥 감독의 〈여마적〉, 강범구 감독, 남궁원 주연의 〈대검객〉, 임원식 감독, 신영균 주연의 〈풍랑객〉, 강찬우 감독의 〈금수강산〉, 김수용 감독, 신성일, 윤정희 주연의 〈동경 특파원〉 등이 개봉하였다. 당시는 신영균, 김진규, 신성일 배우의 전성기였다. 특히 신성일 배우는 이해에 제7회 대종상영화제에서 남우주연상을 받았으며 각종 영화제에서 수상했다.

스탠리 큐브릭 감독은 SF 걸작 〈2001년 스페이스 오디세이〉를 만들었다. 홍콩영화로는 나유 감독의 〈여걸 흑나비〉, 장철 감독의 〈심야의 결투(금연자)〉가 상영되어 큰 인기를 끌었다. 홍콩에서는 정강 감독의 〈호협전〉이 만들어졌다. 이해에 김윤석, 박상면, 박신양, 채시라, 최수지, 양리칭, 월 스미스, 휴 잭맨이 출생하였다.

■ 1969년

1969년에 아폴로 11호의 닐 암스트롱과 마이클 콜린스는 인류 최초로 달에 첫발을 내디뎠다. 1960년대는 세계대전 이후 시작된 경제 회복을 넘어 성장의 결과가 드러나기 시작했는데, 분배 저항도 만만치 않아 성장의 빛과 그림자가 어우러진 시기였다.

이해의 관객 수는 1961년 5,800만 명보다 세 배 가량 늘어난 1억 7,300만 명이었다. 그렇지만 한국영화계는 흥행 최악의 해로 기록된다. 신상옥 감독의 〈내시〉, 〈천년호〉, 박종호 감독의 〈벽 속의 여자〉, 〈(속)미워도 다시 한번〉, 〈이조 여인 잔혹사〉, 〈팔도 사나이〉, 〈나도 인간이 되련다〉, 유현목 감독의 〈수학여행〉, 임권택 감독의 〈상해 탈출〉, 최훈 감독의 〈물망초〉, 조긍하 감독, 정민, 신성일, 김지미 주연의 〈상해임시정부〉 등이 개봉되었다. 윤정희, 문희 배우의 전성기였다.

〈내시〉는 32만 명이 관람하며 이해 흥행 1위를 차지하였고, 감독과 여배우는 검찰에 불려가 음란물 제작혐의로 수사를 받았다. 이는 영화의 인기를 보여주는 사례인데, 신상옥 감독은 여세를 몰아 이해에 속편까지 제작한다. 이해 신상옥 감독은 〈이조 여인 잔혹사〉로 제15회 아시아영화제에서 감독상을 받았다. 이 시기가 신상옥 감독의 전성기였다. 외화로는 〈닥터 지바고〉, 〈사운드 오브 뮤직〉, 〈007 선더볼 작전〉, 〈독수리 요새〉, 홍콩영화는 〈여걸 흑나비〉, 〈금도괴객〉 등이 개봉하였다. 미국에서는 아메리칸 뉴시네마의 결정판인 〈내일을 향해 쏴라〉, 〈이지 라이더〉가 제작되었다.

홍콩에서는 〈비도수〉가 제작되었다. 이해에 봉준호 감독, 김승우, 신애라, 엄정화, 유호정, 윤유선, 하희라 배우가 출생하였다.

침체기

■ **1970년**

한국에서 1960년대에서 1970년대로 넘어간다는 것은 세기가 바뀔 정도의 시대 도약이다. 월남전이 한참 치열했던 때이고 미국의 지원과 파병된 군인들이 부쳐오는 송금으로 국부가 창출되었던 때이다. 그렇게 해서 빈곤국가에서 선진국의 발전을 모델로 변화를 시도한 것이다. 수출만이 살길이며 경제개발 5개년 계획에 맞추어 경제가 비약적으로 도약했던 시기이다.

산업화의 논리 속에서 강남이 개발되며 수많은 일화를 남겼다. 영화〈1970 강남〉은 그런 모티브에서 기획된 영화이다. 경부고속도로도 전 구간이 개통되었다. 영화계는 유일한 오락수단이던 영화관에서 차츰 보급되기 시작한 TV로 일부 관객을 빼앗기고 제작 편수가 줄어들었다.

지금은 없어진 민방 TV인 TBC의 드라마〈아씨〉는 사상 최고의 시청률을 올렸다. 1930년대를 배경으로 남편의 구박과 외도로 눈물겨운 삶을 사는 여주인공 김희준이 한 맺힌 한평생을 연기했다. 그녀와 몸종인 여운계 배우의 눈물겨운 연기가 안방 시청자들의 눈시울을 적셨다. 다분히 일본 드라마를 연상시키는데 당시 매일 드라마 최초로 253회가 방송되었다.

이해 서울대생이 뽑은 인기 남배우는 김진규, 신영균, 신성일, 여배우는 윤정희, 문희, 김지미 순이었다. 이해에 신상옥 감독은 신일룡을 발탁해〈이조 괴담〉을 만들었고, 권영순 감독은〈복수의 마검〉, 임권택 감독은〈애꾸눈 박〉,〈월하의 검〉, 이규웅 감독은〈꼬마 검객〉을 만들었다.

홍콩영화가 위장 합작영화로 재포장되어 버젓이 한국영화처럼 한국어 더빙하여 개봉했던 시기이다. 홍콩에서는 레이몬드 초우가 쇼브라더스를 나와 골든하베스트를 창립하며 새로운 영화를 기획·제작하였다. 그 섭외 대상 첫 인물이 바로 이소룡이었다. 이소룡은 스튜디오 제작을 탈피해 좋은 영화를 만들 수 있는 새로운 배우였던 것이다. 쇼브라더스의 장철 감독은 이해〈복수報仇(보구)〉를 만들어 제16회 아시아영화제에서 감독상을 받았고, 강대위는 남우주연상을 받았다. 이 영화는 추석 특선으로 개봉되어 흥행에 성공하였다.

또한, 한국과 이탈리아의 첫 합작영화 〈케이라스의 황금〉이 제작되었다. 황혜미 감독의 〈첫경험〉은 상큼한 뉴시네마로 기억된다. 이해 가을, 하길종 감독은 UCLA에서 MA(이론 학위)와 MFA(실기 학위)를 취득한 이후 귀국하여 이효석 원작의 〈화분〉을 감독작으로 준비한다.

외화로는 아서 힐러 감독, 라이언 오닐, 알리 맥그로우 주연의 〈러브스토리〉가 제작되었다. 프랜시스 알버트 라이 작곡의 주제가(앤디 윌리엄스 노래)는 선풍적인 인기를 끌었고 아카데미에서 음악상을 받았다. 이해에 감우성, 김수로, 김혜수, 고창석, 류승룡, 박상민, 오현경, 유해진, 윤제문, 이성재, 이병헌, 임원희, 정재영, 정준호, 황정민, 우마 서먼이 출생하였다.

▬ 1971년

1971년, 이디 아민이 쿠데타로 우간다의 정권을 장악했다. 이는 쿠데타의 시대가 끝나지 않았음을 보여주는 사건이었다. 한국에서는 비밀리에 훈련 중이던 북파특수부대원들이 청와대로 돌진하는 실미도 사건이 벌어졌고, 대선이 치러져 박정희 대통령이 당선되었다. 12월에는 서울 중구 충무로 대연각 호텔에서 화재가 나 21층 빌딩이 불탔다. 서울 지하철 공사가 시작된 것도 이해였다(1974년에 개통). TV 드라마로는 MBC의 〈수사반장〉이 방송되며 인기를 끌었다.

한국영화는 이성구 감독의 〈춘향전〉, 김기영 감독의 〈화녀〉, 신성일 감독의 〈연애교실〉, 정소영 감독의 〈미워도 다시 한번 대완결편〉이 개봉하였다. 그 외 신상옥 감독은 신영균, 윤정희 주연의 〈평양폭격대〉, 유현목 감독은 〈분례기〉를 만들었고, 변장호 감독은 〈명동 잔혹사〉, 〈상해의 불나비〉, 이만희 감독은 〈쇠사슬을 끊어라〉를 감독했다.

외화로는 검열에 부딪혀 개봉이 미루어진 〈졸업〉이 뒤늦게 개봉하였다. 〈졸업〉은 새로운 연출기법으로 촬영·편집되어 아카데미 감독상을 받았다. 아서 힐러 감독의 〈러브 스토리〉는 이해 최고의 흥행작이다. 그 외 더스틴 호프만의 〈작은 거인〉도 개봉하였다. 스티븐 스필버그는 이해에 〈대결〉을 감독했다.

홍콩에서는 흥행 신기록을 남긴 이소룡의 〈당산대형〉이 개봉하였다. 〈당산대형)은 홍콩뿐 아니라 동남아 화교들을 흥분시킨 영화로 한국에서도 개봉 예정이었으나, 한국인들에게 이소룡은 생소한 배우라서 장철 감독의 〈권격〉이 수입되었다. 장철은 이해 〈복수(보구)〉의 후속편 격인 〈대결투〉, 〈쌍협〉을 감독했다.

이해에는 다양한 홍콩영화가 개봉되었다. 나진 감독의 〈왕우의 혈투〉를 시작으로 장증택 감독의 〈노객과 도객〉, 서증굉 감독, 정패패 주연의 〈여걸 비호〉, 이문 감독, 이려화 주연의 〈해당화〉, 이노우에 우메츠구 감독, 이청 주연의 〈화월춘야〉, 오가양 감독, 이청 주연의 〈더 러브〉, 야마구치 테츠야·미치요시 도이 공동 감독, 진홍렬, 금비 주연의 〈속 봉신방梅山收七怪〉, 장철 감독의 〈권격〉 등이다.

■ 1972년

유난히 굵직한 사건들이 많은 해였다. 미국에서는 반전운동이 격화되고 미국의 마지막 지상 전투 부대가 남베트남에서 철군했다. 남베트남의 패망은 눈앞으로 다가왔다. 뮌헨에서는 검은 구월단에 의한 올림픽촌 습격 사건이 발생했다. 한국에서는 통일운동의 일환으로 제1차 남북적십자회담이 평양에서 열렸다. 10월 17일에는 10월 유신이 발표되었고 국민투표에 부쳐 투표율 91.9%, 찬성률 91.5%로 통과되었다. 1972년 12월 27일, 유신헌법이 공포되고 박정희 제8대 대통령이 취임했다. 영욕이 깃든 어두운 시절의 자화상이다.

이해에 홍콩에서 활동하던 정창화 감독의 〈철인〉이 미국에 수출되어 주말 박스오피스 1위를 기록했다. 이는 동양권영화의 최고 기록이고 한국인으로서는 최초였다. 비록 홍콩영화였지만 이는 대단한 기록이다. 이 영화는 이미 한국에서 〈철인〉이라는 제목으로 개봉하여 흥행에서 참패했던 영화인데 한국어 더빙을 한 위장 합작영화였기 때문이다. 맛이 다르다고 할까? 어색한 더빙은 곧 영화의 완성도를 뚝 떨어뜨렸다. 미국에서도 영어 더빙으로 개봉되었는데, 영화가 새로운 동양의 무술 세계를 보여주고 있어 미국인들은 어색한 더빙을 대수롭지 않게 생각한 듯하다. 미국에 가서 인터뷰하니 〈세상에서 가장 싸움을 잘하는 사나이〉로 기억을 해 그럴듯한 제목이라는 생각을 했었다.

이해 장철 감독은 한국 로케이션으로 〈사기사〉를 완성해 개봉했으나, 홍콩에서의 흥행은 신통치 않았다. 〈사기사〉는 한국에서는 개봉할 수 없을 만큼 한국전쟁을 이상하게 그린 영화였다. 이소룡은 〈정무문〉 개봉을 마치고 콩코드프로덕션을 설립한 후, 〈맹룡과강〉을 제작하여 또 한 번의 흥행 기록을 경신했다. 그는 이듬해에 바로 〈사망적유희〉의 제작에 착수한다. 이해 이한상 감독은 허관문 주연의 〈대군벌〉을 감독했다. 이 영화는 〈당산대형〉의 흥행 기록을 경신했다. 이 기록을 〈정무문〉이 다시 경신하니 홍콩영화계는 연일 흥분의 도가니였다고 볼 수 있다.

한국영화로는 변장호 감독이 〈홍살문〉을 감독했고, 이 영화로 이듬해 제19회 아시아영화제에서 감독상을 받았다. 이만희 감독이 〈1950년 4시〉, 임권택 감독이 변장호, 최인현 감독과 함께 옴니버스영화 〈명동 잔혹사〉를 만들었다. 외화로는 프란시스 포드 코폴라 감독의 〈대부〉가 개봉하였다. 이 영화는 '마피아'라는 성역을 다룬 최초의 영화이다. 이해에 고소영, 김주혁, 심은하, 이정재가 출생하였다.

▬ 1973년

정치적으로 불안한 한 해였다. 긴급조치 7호가 발동되어 대학가에 휴교령이 떨어지기도 했다. 파리에서는 월남전 종전을 위해 당사국 간 파리평화협정에 조인했다. 한국영화로는 신상옥 감독이 갑신정변을 소재로 〈3일 천하〉, 임권택 감독은 국책영화 〈증언〉과 자신의 과거 스타일 영화와의 이별을 고한 스타일의 영화 〈잡초〉를 감독했고, 이신명 감독이 〈동풍〉, 이성구 감독이 〈쥬리아와 도꾸가와 이에야스〉를 감독했다.

1973년 최고 화제의 인물은 이소룡이라고 해도 과언이 아니다. 그해 제작비 대비 가장 최고의 수익을 올린 영화 〈용쟁호투〉가 전 세계에 개봉되었는데 그는 이미 고인이었다. 한국에서는 이소룡의 사망일인 7월 20일, 일주일 후인 27일에 서울 피카디리극장에서 〈정무문〉이 개봉되며 관객들을 놀라게 했다. 입소문에 관객몰이가 되며 〈정무문〉은 그해 최고 흥행작 1위에 올랐다. 그보다 먼저 제작된 〈당산대형〉이 〈정무문〉에 이어서 개봉되었고 연말에는 〈용쟁호투〉가 2개의 극장에서 동시 개봉되며 이소룡 신드롬은 대한민국을 떠들썩하게 해놓았다.

이해에 황풍 감독, 이준구 주연의 〈흑권拍拳震九州〉가 제작되어 한홍 합작영화로 개봉되었다. 외국영화로는 크리스 미첨, 올리비아 핫세 주연의 〈섬머타임 킬러〉가 개봉되어 흥행 2위작이 되었다. 한편의 뮤직비디오 같은 액션영화로 〈정무문〉과는 불과 9천 명 차이로 2위가 되었다.

　미국에서는 윌리엄 프리드킨 감독, 린다 블레어, 엘렌 버스틴, 막스 폰 시도우, 리J.콥 출연의 〈엑소시스트〉가 개봉되어 관객들이 놀라 뛰쳐나오는 소동이 벌어졌다. 원작은 〈무당〉이었고 베스트셀러였다. 영화 역시도 선풍적인 인기를 끌었다. 우리나라에서는 1975년 국제극장과 허리우드극장에서 동시 개봉되었다. 이해에 KBS 드라마 〈여로〉가 최고 시청률을 올렸고, 미래 한국영화를 짊어질 전도연과 정우성이 태어났다.

■ 1974년

　이해에 한국의 1인당 GDP가 북한을 따라잡았다. 46만 명의 관객을 동원한 흥행 1위작은 신예 이장호 감독의 〈별들의 고향〉이다. 최인호의 연재소설을 원작으로 장석준 촬영감독, 이장희 작곡가가 참여했다. 안인숙, 신성일, 윤일봉 출연작으로 당시 인기는 말도 못할 정도였다.

　그 외 이소룡의 영화에서 영감을 받은 이두용 감독의 태권영화 〈용호대련〉을 시작으로 〈속 돌아온 외다리〉, 장일호 감독의 〈리칭의 흑야광주〉 등 많은 유사 영화가 개봉되었다. 그 외 임권택 감독의 〈증언〉이 1월 1일에 개봉하였고 신성일 감독의 〈그건 너〉, 김기영 감독의 〈파계〉, 이원세 감독의 〈빵간에 산다〉, 강범구·팽장귀 공동 감독의 〈일대영웅〉이 개봉하였다. 유지인 배우는 〈그대의 찬 손〉으로 데뷔한다.

　외화로는 프랜시스 포드 코폴라 감독의 〈지옥의 묵시록〉이 제작되었으나, 한국에서는 수입가를 정할 수 없는 초대작의 스케일과 반전적인 내용으로 수입조차 꿈꿀 수 없었다. 그저 소문으로만 듣고 상상만 할 뿐이었다. 그리고 〈나자리노〉, 〈벤지〉, 〈타워링〉 등이 개봉되었다.

　홍콩영화로는 〈사대천왕〉, 〈외팔이 드라곤〉, 〈홍콩서 온 불사신〉, 〈맹룡과강〉 등의 영화가 개봉되었고, 정창화 감독의 〈염굴신탐〉이 〈흑무사〉라는 제목으로 위장 합작되어 개봉하였다. 당시 홍콩 스타 순위 1위는 등광영이었다. 일본에서는 야마구치 모모에 주연의 여섯 번째 영화 〈이즈의 무희伊豆の踊り子〉가 개봉하였다. 이해에 김지호, 이종혁, 조재윤, 양채니, 종한량이 출생하였다.

■ 1975년

보컬그룹이 전 세계적으로 활동하던 때이다. 월남이 패망하고 4월 30일은 사이공 최후의 날이 되었다. 이해에 최고 화제작은 김호선 감독의 〈영자의 전성시대〉이다. 이 시기 데뷔한 유지인과 장미희, 정윤희는 나중에 2세대 여배우 트로이카로 등극한다. 하길종 감독은 〈바보들의 행진〉을 감독해 당시 시대의 반항을 상징하는 청바지 문화를 전파하였다. 이두용 감독은 〈무장해제〉, 김시현 감독은 〈흑거미〉, 이현진 감독은 〈감방〉을 감독했다.

김지미 배우는 김기영 감독의 〈육체의 약속〉에 출연하였고, 신상옥 감독은 쇼브라더스와 〈아이 러브 마마〉를 합작하였다. 이해에 단편영화제의 원조인 '한국청소년영화제'가 시작되었다. 외화로는 스티븐 스필버그 감독의 〈죠스〉가 개봉되어 화제를 일으켰다. 블록버스터영화의 원조로 일컬어지는 영화 문법을 제대로 활용한 재기 넘친 영화였다.

홍콩영화로는 이소룡의 죽음을 소재로 한 〈이소룡과 나〉, 장영 감독의 이소룡이 등장하는 애니메이션 〈봉신방〉이 제작되었다. 이소룡의 망령이 살아났다는 기사가 나올 정도로 이소룡 짝퉁영화가 범람했던 시기이다. 이해 〈소녀(콜걸)〉이 개봉되어 흥행에 성공하였다. 최인현·채양명 공동 감독, 진성 주연의 〈소림사의 결투〉, 나유 감독, 왕우 주연의 〈스카이 하이〉도 개봉되었다. 라미란, 이선균, 진국곤, 안젤리나 졸리가 출생하였다.

불황기

——

■ 1976년

1976년, 한국영화계는 최악의 불황을 겪었다. 서울 관객 8만 명을 동원한 문여송 감독의 〈진짜 진짜 잊지마〉, 박태원 감독의 〈간난이〉 등 저예산 하이틴영화가 붐을 이루었고, 바비 킴 주연의 〈왕룡〉 등 무예영화도 지속적으로 만들어졌다. 의무 제작 시절이니 제작사들은 눈치나 보며 손해 보지 않을 영화만을 제작했는데, 합작영화로 개봉된 〈사랑의 스잔나〉가 17만 명의 관객을 동원하면서 그해 한국영화 흥행 1위를 기록했다. 정창화 감독, 신일룡 주연의 홍콩영화 〈심판자(귀계쌍웅)〉도 합작영화로 개봉되었다.

이해의 이슈로는 신상옥 감독이 오수미와 홍콩에서 촬영했던 〈장미와 들개〉가 예고편에 검열삭제 화면이 들어가 상영되며 제작사의 허가가 취소된 것이다. 결국 한국을 대표하던 신필름 계열의 안양필름은 허가 취소되고 〈장미와 들개〉는 합동영화사 작품으로 개봉된다. 당시 제작자협회 회장으로서 정권에 맞서던 신상옥 감독이 자초한 일로 신 감독은 한국을 떠나 유랑객 신세가 된다. 참고로 신 감독의 62번째 연출작인 〈장미와 들개〉는 관객 수 14,446명을 기록했다. 이 영화로 인해 영화에 목숨을 걸었던 신상옥 감독은 한국영화계에서 사라지는 운명이 된 것이다.

영화진흥공사(1999년 5월 28일 영화진흥위원회로 명칭이 바뀌었다)는 국책영화라고 일컬어지는 임권택 감독의 〈낙동강은 흐르는가〉를 제작했다. 변장호 감독은 제22회 아시아태평양영화제에서 〈보통여자〉로 감독상을 받았다.

홍콩에서는 성룡이 인기 스타로 떠오르며, 성룡 주연의 〈정무문 2 - 신정무문新精武門〉, 〈유성검의 대결風雨雙流星〉, 〈소림목인방少林木人巷〉과 초원 감독, 악화 주연의 〈유성호접검〉 등이 개봉되었다. 외화로는 실베스터 스탤론 각본·주연의 〈록키〉가 만들어진 해이다. 클린트 이스트우드는 서부극에서 형사영화로 새로운 캐릭터를 보여주며 〈더티 해리〉 시리즈에 출연한다. 일본에서는 오시마 나기사 감독의 〈감각의 제국〉이 제작되었다. 권상우, 오지호, 장혁, 오다기리 죠, 장첸 등이 출생하였다.

■ 1977년

박우상 감독이 만든 〈무등산 타잔, 박흥숙〉의 실제 사건이 벌어진 해이다. 이는 인권은 간데없이 철거 인부를 살해했다고 체포되어 우리나라에서 마지막으로 사형이 집행된 사건이다. 〈겨울여자〉가 공개된 것은 1977년 9월 27일이다. 이 영화는 신인 장미희를 톱스타에 올리며 그해 흥행 1위작이 되었다. 석래명 감독의 〈고교 얄개〉 등 하이틴영화가 양산되었다. 트로이카 스타들은 TV로 영입되어 TBC의 〈청실홍실〉 등의 드라마에 출연한다.

이소룡 영화의 영향으로 한국을 비롯하여 홍콩과 대만 등에서 짝퉁영화가 많이 만들어졌다. 하중도 주연의 〈돌아온 이소룡〉이 개봉하였고, 진성, 나열, 황정리 주연의 〈대무사여소표객〉도 개봉하였다. 이두용 감독은 태권영화에 염증을 느껴 〈초분〉을 감독한다.

외화로는 실베스터 스탤론 각본·주연의 〈록키〉가 개봉하여 서울 관객 35만 명을 기록하였다. 프란시스 포드 코폴라 감독의 〈대부〉도 개봉하였고, 조지 루카스 감독의 〈스타워즈〉 시리즈 첫 편이 개봉하여 세계 흥행 기록을 새로이 썼다. 이 영화는 디지털 방식으로 제작되며 영화사적으로 획기적인 영화였다. 이 시기 할리우드는 누구도 넘보지 못할 꿈의 공장이었다. 그 아성에 이소룡이 노크했었던 것이다. 이해에 나유 감독이 성룡을 주연으로 기용해 신일룡이 출연한 〈신당산대형劍花煙雨江南〉을 제작하였고, 초원 감독, 적룡 주연의 〈초류향楚留香〉도 개봉하였다. 한국에서는 곽남굉 감독, 황가달 주연의 〈소림사 18동인 2〉가 개봉되었다. 박해일, 진선규, 황효명, 마츠 다카코가 출생하였다.

■ 1978년

경제가 좀 나아지니 대형 교회가 늘어나기 시작했다. 이해의 화제는 신상옥 감독 부부가 홍콩에서 납북된 것이었다. 그들의 월북, 타살 등 루머가 떠돌았는데 부부의 행방은 8년 후 탈북하여 소상히 밝혀졌다. 한국에서는 이소룡의 유작 〈사망유희〉가 개봉된 해이기도 하다. 한국영화계에서는 이소룡 짝퉁영화가 활발히 제작되었는데 이미 홍콩에서는 코믹쿵후 장르가 시작되었다. 한국에서는 〈불타는 소림사〉가 제작되었고, 홍콩에서는 〈소림사〉 시리즈로 〈소림36방〉이 개봉하였다. 외화 중 화제작은 〈007 나를 사랑한 스파이〉였다. 김인권, 박진희가 출생하였다.

▬ 1979년

1979년은 10·26사태가 있었던 해이다. 〈그때 그사람들〉(2005)이나 〈남산의 부장들〉(2020)이 당시를 잘 보여주고 있다. 그리고 신군부에 의해 12·12 군사반란이 일어났다. 이해에 베트남이 캄보디아를 침공해 1달 만에 점령한다. 당시 추석 특선으로 개봉되어 1980년까지 장기 상영된 〈취권〉이 성룡의 전성시대를 이끈 흥행작으로, 이듬해까지 상영되어 대략 90만 명이 관람한다. 1985년에 가서야 롤랑 조페 감독의 〈킬링 필드〉가 이 기록을 경신한다. 〈취권〉의 성공으로 그보다 먼저 만들어진 유사 영화 〈사형도수〉도 12월 21일에 개봉된다. 이 영화도 흥행에 성공하며 50만 명을 동원했다.

한국영화는 석래명 감독의 〈12인의 하숙생〉이라는 생경한 제목의 영화가 흥행 1위였는데 24만 명을 동원했다. 2위는 정소영 감독의 〈내가 버린 남자〉이다. 그런가 하면 임권택 감독, 하명중 주연의 〈족보〉, 유현목 감독, 황정순, 이대근 주연의 〈장마〉, 변장호 감독, 김지미 주연의 〈을화〉 등 문제작들이 제작되었다. 특기할 것은 정진우 감독의 〈심봤다〉가 대종상을 받으며 동시녹음영화가 관심을 끌었다.

그 외 남기남 감독의 〈폭풍을 잡은 사나이〉 등 의무 제작 영화들이 제작되었다. 외화로는 〈챔프〉, 〈깊은 밤 깊은 곳에〉, 〈페세이지〉, 〈디어 헌터〉, 〈리벤저〉, 〈루지탕〉 그리고 클린트 이스트우드 주연의 〈집행자〉가 개봉하였다. 서부극의 주인공이 형사로 배역을 바꾸었다. 당시 톱스타로는 유지인, 정윤희, 장미희, 김자옥, 이영옥, 신성일, 하명중, 윤일봉, 이대근 등이 있다. 이해에 김규리, 양동근, 장쯔이, 주걸륜, 탕웨이가 출생하였다.

▬ 1980년

1980년 5월 18일부터 광주에서 대학살이 벌어졌다. 이후 민주항쟁이 시작되었다. 극장가에서는 성룡 주연의 〈취권〉이 연속 상영되었고, 그의 〈사형도수〉도 수입되어 흥행을 이어나가 57만 5천여 명이 관람하였다. 〈사제출마〉도 뒤이어 개봉되어 한 차원 진화된 수려한 무술 화면을 보여주었다.

눈물샘을 자극한 프랭크 제피렐리 감독의 〈챔프〉는 55만 여명을 동원하였다. 멜로영화의 흥행이 돋보인 한 해인데, 외화로는 〈파비안느〉, 김응천 감독의 〈낯선 곳에서 하룻밤〉, 그 외 박호태 감독의 〈잊어야 할 그 사람〉 등 호스티스 소재(사회적 신분이 낮은 여성의 사랑 이야기)의 영화가 많았다. 1980년도에는 화제작이 많았는데, 임권택 감독의 〈만다라〉, 이두용 감독의 〈최후의 증인〉, 이장호 감독의 〈바람 불어 좋은 날〉이 개봉하였다. 한편 동시녹음 시대가 열리는데, 그 주역은 〈뻐꾸기도 밤에 우는가〉의 정진우 감독이었다. 김태희, 류승범, 이재은, 조승우, 조정석, 장백지가 출생하였다.

■ 1981년

전두환이 대한민국 제12대 대통령으로 취임했다. 민주화에 대한 요구는 지속적으로 있었지만 정국은 급랭 상태로 위협적이었다. 이해에 개봉한 김수용 감독의 〈도시로 간 처녀〉가 많은 견제와 검열을 받자 김수용 감독은 영화계 은퇴를 선언한다. 자연스럽게 영화 제작은 위축되었고 〈자유부인 '81〉 등이 리메이크 제작된다.

영화계는 혼돈 그 자체였고 불황의 늪에 빠지게 된다. 영화업계에서는 위장 합작영화가 극성을 부렸고, 이형표 감독의 〈아가씨 참으세요〉 등 저예산 무예영화들이 제작되었다. 이해의 화제작은 이두용 감독의 〈해결사〉였다. 그런가 하면 5공 정부의 영화 심의가 완화되며 극장에서의 심야 영업이 허용되며 성인영화를 표방한 영화들이 기획되었다. 그렇게 해서 제작된 〈애마부인〉 등의 영화가 이듬해에 개봉된다.

홍콩영화의 국내 장악력은 대단하여 많은 영화가 수입되는데, 성룡의 〈캐논볼〉을 비롯하여 홍금보의 〈귀타귀〉 그리고 허씨 형제의 〈미스터 부(귀마쌍성)〉 등이 개봉된다. 아놀드 슈왈제네거의 〈코난 더 바바리안〉도 흥미로운 영화로 스타 탄생이 예고되었다. 강동원, 김래원, 조여정, 판빙빙이 출생하였다.

■ 1982년

1982년은 제3공화국의 곳간을 연 5공 정권에 의해 일견 경제가 잘 돌아가 흥청망청 소비 심리가 살아났던 해이다. 시대의 사기범 장영자, 이철희 부부가 구속되었다. 〈피끓는 청춘〉(2014)은 이해를 배경으로 충청도를 뒤흔든 사건을 그린 농촌 로맨스영화이다. KBS에서는 TV 드라마 〈지금 평양에선〉이 1982년 11월 30일 1회가 방송되어 1985년 5월 14일 종영되기까지 199회 방송되었다. 〈지금 평양에선〉은 평양의 김정일(김병기)을 주인공으로 북한 정권의 내막을 다루어 인기리에 방송되었다.

영화계에는 불황의 그늘이 계속되었다. 5공 정부의 이른바 3S정책(통금 해제, 교복 자율화, 프로야구, 씨름 시작, 국풍81 등 관제 행사 실시로 한 우민화 정책)으로 심야극장이 생기고 완화된 검열에 힘입어 에로티시즘 영화가 선보이는 기점이 된 해이다. 정인엽 감독의 〈애마부인〉은 반년간 계속 상영되며 최고 흥행작이 되었다. 이미 외화 〈엠마뉴엘 부인〉을 불법 비디오로 본 관객들이 태반이었지만 한국영화로 보는 즐거움은 달랐다. 감독들은 여배우들 벗기기에 몰두하고 선정적인 영화들이 붐을 이루었다. 이른바 에로티시즘 영화 전성시대가 시작된 것이다.

성룡의 코믹영화 붐은 계속되었고 이연걸이 스타로 부상하였다. 허 씨 형제의 〈최가박당〉도 상영되었다. 미국영화로는 〈이티E.T.〉가 개봉되어 흥행하였다. 김수용 감독은 〈만추〉를 리메이크하였고, 〈만추〉의 주인공인 김혜자는 마닐라영화제에서 여우주연상을 받았다. 한편 단편영화 붐이 일어 서울대 얄라셩, 서울영화집단, 서울AMG 등이 창립된다. 김무열, 비, 주지훈이 출생하였다.

■ 1983년

나카소네 야스히로 총리가 일본 총리로서는 처음으로 한국을 공식 방문해 정상회담을 가졌다. 버마를 방문 중인 전두환을 겨냥하여 북한의 폭탄 테러 사건이 있었다. 이해 큰 이슈는 KBS의 〈이산가족을 찾습니다〉였다. 미처 예상치 못한 기획으로 상상치 못한 대성과를 보여주었다. 이를 소재로 임권택 감독의 〈길소뜸〉(1986)이 만들어졌다. TV 애니메이션으로 인기를 모은 〈아기공룡 둘리〉가 탄생하였다.

최인호 각본, 배창호 감독의 〈적도의 꽃〉, 임권택 감독의 〈불의 딸〉이 개봉하였다. 한국영화는 조용한 휴지기를 보낸 해이다. 외화로는 테일러 핵포드 감독의 〈사관과 신사〉가 1983년 1월 1일에 개봉하였다. 성룡의 인기는 정점에 올랐고,

홍금보 감독, 성룡 주연의 〈오복성〉이 개봉하였다. 류현경, 엄태구, 스티븐 연이
출생하였다.

▬ 1984년

조지 오웰의 전체주의적 사회에서 죽어가는 윈스턴이라는 사람을 그린 소설
『1984년』(1949)의 해이다. 이해에 LA하계올림픽이 열려 여자농구팀은 은메달
을 차지했다. 정치적으로 야당의 결집과 저항이 시작되었다. 영화계의 뜨거운 이
슈는 영화 〈비구니〉의 제작 중단이었다. 전국의 비구니들이 들고 일어나 비구니
를 모욕했다고 아우성쳤다. 말도 안 되는 일이 벌어진 것이다. 그러나 사회의 분
위기가 어수선했던 터라 안기부는 제작사에 중단을 종용했다.

하명중 감독의 〈땡볕〉이 시카고국제영화제에서 최우수촬영상을 받았다. 이장
호 감독의 〈무릎과 무릎사이〉, 배창호 감독의 〈고래사냥〉이 개봉된 것도 1984년
도이다. 새로운 형태의 영화잡지인 《스크린》이 창간된 해이고 《로드쇼》는 1989년
창간되었다. 외화로는 〈인디아나 존스 - 미궁의 사원〉, 〈스트리트 오브 파이어〉,
〈캐논볼 2〉, 〈킬링 필드〉, 홍콩영화는 성룡 주연의 〈쾌찬차〉가 개봉하였다. 유연
석, 윤은혜, 스칼렛 요한슨이 출생하였다.

▬ 1985년

1985년은 바야흐로 공안 정국으로 〈남영동1985〉의 배경이 되었던 시대이다.
사회는 살풍경하게 전개되었고 학원가에는 공안 요원들이 배치되고 최루탄이 터
져 인근 주택가의 주민들의 원성이 높았다. 그렇다고 어디 하소연할 데도 없었던
시대이다. 대학가에선 반정부 영화가 제작되고 작은 영화제가 봇물 터지듯 성행하
였다. 한국영화는 여전히 멜로드라마와 에로영화 제작이 계속되었다. 이장호 감독
의 〈어우동〉이 흥행에 성공하였고, 이두용 감독의 〈뽕〉이 흥행하였다.

이해는 성룡의 〈폴리스 스토리〉 시리즈가 시작된 해이다. 원래는 부성이 맡기
로 했으나 스케줄이 꼬여 빠지면서 결국 성룡의 출세작이 되었다. 이광수, 이동휘,
황정음이 출생하였다.

회복기

■ 1986년

이해에는 영화 제작 자유화가 시작되었지만 여전히 침체 상태였고, 대학가에서 영화운동이 시작되고 관련자 구속 등의 조치가 취해진다. 1978년에 홍콩에서 납북되었던 김상옥, 최은희 부부는 1986년 베를린영화제에 참석했다가 오스트리아 빈에서 탈출에 성공한다. 김수용 감독이 〈허튼소리〉, 이장호 감독의 〈이장호의 외인구단〉이 개봉되었다. 원작이 〈공포의 외인구단〉인데 '공포'라는 단어를 제목으로 쓸 수 없다고 해서 급조된 제목이다.

무술영화 붐으로 〈호소자〉 등 어린이 쿵후영화가 개봉되었다. 무엇보다도 오우삼 감독의 〈영웅본색〉이 개봉되며 홍콩 누아르영화 전성시대가 시작된다. 홍콩에서는 〈영웅본색〉 외에 〈부귀열차〉, 〈최가박당〉, 〈최가복성〉, 〈대나팔〉 등이 제작되며 흥행 기록이 한층 더 고무되었다. 바야흐로 홍콩영화의 최전성기를 맞이하게 된다. 류준열, 박유천이 출생하였다.

■ 1987년

이해에는 장준환 감독의 영화 〈1987〉(2017)에서 보이는 상황이 그대로이다. 학생들의 시위와 민주화의 요구가 시작되던 상황이다. 결국 민주화가 수용되었는데 선거 후 노태우 정권이 탄생하였다.

강수연 배우가 〈씨받이〉로 베니스영화제에서 여우주연상을 받았다. 이해 또한 편의 역작 임권택 감독의 〈연산일기〉가 완성되어 개봉하였다. 〈연산일기〉는 1987년 제26회 대종상영화제 작품상, 감독상, 미술상, 기획상을 받았고, 주연을 맡은 유인촌 배우는 인간 연산을 연기해 1988년 제8회 영화평론가상 남우주연상, 제24회 백상예술대상 인기상을 받았다. 그리고 제42회 칸영화제에 출품되었는데 수상은 하지 못했지만, 추후 〈취화선〉으로 감독상을 받게 되는 시금석을 놓았다고 할 수 있다.

홍콩영화의 흥행은 계속되었는데 성룡 주연의 〈용형호제〉, 〈감옥풍운〉, 〈프로젝트 A〉, 〈영웅본색 2〉, 〈천녀유혼〉 등이 극장가를 장악했다. 당시 성룡과 주윤발의 인기 경쟁은 팬들을 즐겁게 했고 왕조현, 장국영의 인기 또한 만만치 않았다. 김옥빈, 박정민, 장근석, 주원이 출생하였다.

▬ 1988년

1988년은 서울올림픽으로 모두가 분주했던 해이다. 영화인들은 일부 차출되어 올림픽 기록영화 제작에 동원되었다. 영화계는 신인들의 활동이 두드러졌다. 배창호를 비롯하여 장선우, 송영수, 곽지균, 박철수, 장길수, 박광수까지 승승장구했던 때이다. 송경식도 〈사방지〉로 데뷔하였다. 〈사방지〉는 필자의 극영화 시나리오 데뷔작이기도 하다.

이해의 수작으로는 임권택 감독의 〈아다다〉, 이두용 감독의 〈업〉, 변장호 감독의 〈감자〉 등이 있다. 그 외 〈성공시대〉, 〈칠수와 만수〉, 〈두 여자의 집〉 등 여러 영화가 흥행에 성공하고 평단의 주목을 받았다. 이해 흥행 1위작은 뜻밖에도 유진선 감독의 〈매춘〉이었다. 43만여 명이 보았는데 사회고발성 에로티시즘 영화 장르였다.

외화는 〈다이 하드〉가 강세여서 이듬해까지 연장 상영되었다. 이해 8월에는 〈영웅본색 2〉 개봉에 맞추어 장국영과 주윤발이 방한하였고, 같은 해 9월에는 〈위험한 정사〉를 기점으로 외화의 직배(외국의 영화 제작자가 국내 영화사를 거치지 않고 직접 배급하는 것)가 시작된다. 영화인들의 반대가 컸지만 대세를 바꿀 수는 없었다. 임시완, 정해인이 출생하였다.

▬ 1989년

이해에 배용균 감독의 〈달마가 동쪽으로 간 까닭은?〉은 스위스 로카르노영화제에서는 최우수작품상인 금표범상과 감독상, 촬영상, 청년비평가상 등을 수상했다. 1인 시스템으로 만들었지만 그 완성도가 높았기 때문이다. 이어 개봉된 중국 5세대 감독인 장예모의 〈붉은 수수밭〉 역시 마찬가지로 우열을 가리기 힘들었는데, 배용균 감독은 1인 시스템으로 만들었기에 〈달마가 동쪽으로 간 까닭은?〉이 좀 더 와닿았다.

홍콩영화는 외화를 넘어서는 인기를 끌었다. 7월에 개봉된 오우삼 감독의 〈첩혈쌍웅〉과 카지노를 배경으로 하는 〈지존무상〉 등의 도박영화 장르가 흥행에 성공했다. 이해부터 외국인들의 광고 출연이 허용되며 주윤발, 장국영, 왕조현 등이 한국 광고에 출연했다. 이해에 특기할 것은 재미교포 영화인인 필립 리 형제의 〈베스트 오브 더 베스트〉가 국내 개봉된 것이다. 한국 태권영화의 세계성과 성장 가능성을 보여준 영화이다. 이해에 강하늘, 김우빈이 출생하였다.

■ 1990년

1990년은 범죄와의 전쟁으로 사회가 흉흉했다. 이 시기를 배경으로 한 영화가 2011년 개봉한 윤종빈 감독의 〈범죄와의 전쟁: 나쁜놈들 전성시대〉이다. 이해의 이슈는 정지영 감독의 〈남부군〉과 이정국 감독의 〈부활의 노래〉, 임권택 감독의 〈장군의 아들〉 제작이었다. 〈남부군〉은 군의 협조 없이 어렵사리 촬영을 마쳐 개봉되었고 〈부활의 노래〉는 5월의 광주를 그린 첫 극영화였다. 태흥영화사는 홍성유의 소설 『인생극장』을 영화화하여 〈장군의 아들〉을 제작하였고, 흥행에 성공하였다. 김두한은 오래전부터 한국영화의 흥행 코드였다.

한국영화는 1980년대의 에로티시즘 시대의 막을 내리고 〈단지 그대가 여자라는 이유로〉, 〈물위를 걷는 여자〉, 〈젊은 날의 초상〉, 〈나의 사랑 나의 신부〉, 〈우묵배미의 사랑〉, 〈물의 나라〉 등 드라마 장르의 영화들이 제작되었다.

외화는 단연 〈사랑과 영혼〉이 흥행 선두를 기록했다. 홍콩영화는 〈지존무상 3〉, 〈주윤발의 행운의 별吉星拱照〉 등의 주윤발 영화와 〈경천 12시〉, 〈천장지구〉, 〈진용〉, 〈천녀유혼 2〉가 개봉됐다. 주윤발과 더불어 유덕화가 떠오르는 별이었다. 김태리, 고아라, 박보영, 박신혜, 윤아가 출생하였다.

■ 1991년

이해에는 큰 이슈 없이 〈베를린 리포트〉, 〈은마는 오지 않는다〉, 〈수잔 브링크의 아리랑〉, 〈그들도 우리처럼〉, 〈사의 찬미〉, 〈개벽〉, 〈코리아〉, 〈1991 신팔도사나이〉 등이 개봉되었다. 재도약을 위한 정중동의 시기였다고 볼 수 있다. 임권택 감독은 〈장군의 아들 2〉를 만들고 그 아니면 만들지 못할 〈개벽〉을 만들었다. 〈장군의 아들 2〉는 서울에서 35만 7천 명의 관객을 동원해 이해 흥행 1위작이 되었다.

외화 흥행 1위는 〈늑대와 춤을〉인데 서울에서 98만 명의 관객을 동원했다. 그
외 〈터미네이터 2〉와 〈나 홀로 집에〉, 〈양들의 침묵〉, 〈후크선장〉, 〈델마와 루이
스〉, 스티븐 시걸 주연의 〈죽음의 표적〉 등이 흥행에 성공하였다. 홍콩영화로는
〈도협 2 - 상해탄도성〉, 〈황비홍 - 천하무인〉, 〈종횡사해〉 등이 개봉되었다. 김고
은, 박소담이 출생하였다.

━ 1992년

LA에서 폭동이 벌어져 흑인들에 의해 교포들이 큰 피해를 당한 해이다. 이해
에 박종원 감독의 〈우리들의 일그러진 영웅〉, 장현수 감독의 〈걸어서 하늘까지〉,
이장호 감독의 〈명자 아끼꼬 쏘냐〉, 김영빈 감독의 〈김의 전쟁〉 등 신인 감독들의
영화가 개봉하였다. 또 기획영화의 원조인 김의석 감독의 〈결혼 이야기〉가 돌풍을
일으켰다.

정지영 감독은 〈하얀 전쟁〉을 제작해 흥행에서 선전했고, 외화로는 〈원초적 본
능〉이 서울에서만 97만 명의 관객을 모으며 흥행 1위를 차지했다. 성룡의 〈폴리스
스토리 3〉는 27만 5천 명을 기록했다. 서극 감독의 〈동방불패〉, 두기봉 감독, 주
성치 주연의 〈주성치의 심사관〉 등이 개봉된 해이기도 하다. 1992년은 홍콩영화
의 절정기이다. 고아성, 김지원이 출생하였다.

중흥기

─

■ 1993년

1993년 영화계는 격동의 시기였다. 4월 10일 개봉되어 한국영화 최초로 서울 단성사에서 100만 관객을 동원한 〈서편제〉의 기록은 한국영화에 대한 평가 자체를 높여준 쾌거였다. 이른바 예술 지향의 영화가 흥행 기록을 경신하며 한국영화에 희망을 보여주었다. 전국에서 350만 명이 관람을 하였다.

흥행 2위는 〈투캅스〉(86만 명), 3위는 〈그 여자 그 남자〉(21만 명), 4위는 〈그 섬에 가고 싶다〉 순이다. 외화 1위는 실베스터 스탤론 주연의 〈클리프행어〉가 서울에서 111만 명을 기록했다. 1993년은 스티븐 스필버그 감독의 〈쥬라기 공원〉이 제작된 해이기도 하며, 같은 해 중국영화 〈패왕별희覇王別姬〉도 개봉되었다. 박보검, 유승호가 출생하였다.

■ 1994년

1994년, 칸국제영화제는 당시 신인 감독이었던 쿠엔틴 타란티노의 〈펄프 픽션〉에 황금종려상을 안겼다. 알 수 없는 영화에 대한 보증수표 격이었고 이에 힘입어 흥행에 대성공하였다. 이해를 기점으로 한국영화의 극장 점유율이 반등되며 한국영화의 전성시대를 기대하게 했다. 이해에 반가운 소식은 엄종선 감독의 〈만무방〉이 마이애미 폴라델국제영화제에서 작품상을 받았다. 이 영화는 이외에도 대종상영화제, 청룡영화상, 춘사영화제에서 여러 부문의 상을 받았다. 임권택 감독은 〈태백산맥〉을 만들었고, 정지영 감독의 〈할리우드 키드의 생애〉, 장선우 감독의 〈너에게 나를 보낸다〉, 여균동 감독의 〈세상 밖으로〉, 장현수 감독의 〈게임의 법칙〉, 이정국 감독의 〈두 여자 이야기〉, 신상옥 감독의 〈증발〉 등이 개봉되었다.

홍콩영화로는 왕가위 감독의 〈중경삼림〉, 주성치 주연의 〈주성치의 파괴지왕〉, 장국영 주연의 〈야반가성〉과 〈금지옥엽〉, 이연걸 주연의 〈정무문〉, 임청하 주연의 〈육지금마〉가 제작되었고, 외화로는 뤽 베송 감독의 〈레옹〉이 제작되었다. 수지, 심은경, 혜리가 출생하였다.

▬ 1995년

1995년은 CJ그룹이 삼성에서 분리되어 미국 및 한국영화에 투자를 시작한 해이다. CJ그룹의 부회장 이미경은 미국의 드림웍스에 투자를 했다. 또한 삼성영상사업단이 출범하며 지각 변동이 예상되었다. 영화 및 비디오 산업이 확장되며 영상문화에 대한 관심이 고조된 해이다. 1995년 3월 1일에 케이블TV가 개국하여 54개 지역에서 방송을 시작하면서 영화 채널들이 선보였다. 벌써 그들 방송국은 개국 25주년을 맞았다.

이해에 주목받은 영화는 박광수 감독의 〈아름다운 청년 전태일〉이다. 모금 형식으로 제작되었고 베를린영화제에 출품되었다. 액션영화 〈테러리스트〉가 개봉되었고 〈해병묵시록〉이 모금을 통해 제작되었다. 무예영화로는 왕호 감독의 〈붉은 마피아〉가 개봉되었다.

1980년대 강수연, 황신혜, 최명길, 심혜진의 뒤를 이어 1990년대에는 김혜수, 전도연, 신은경이 정상에 오른다. 하지만 1995년 그녀들을 제치고 최진실, 고소영, 심은하가 신세대 트로이카 여배우로 자리를 굳혔다. 1994년에 드라마로 시작된 한류가 영화계에서도 본격화되었다.

홍콩영화는 〈성룡의 홍번구〉가 개봉되고 왕가위 감독 붐으로 〈중경삼림〉, 〈동사서독〉, 〈타락천사〉 세 편이 개봉되었다. 외화로는 〈다이 하드 3〉이 98만여 명, 〈레옹〉이 60만 6천여 명을 기록하였다. 남지현이 출생하였다.

▬ 1996년

1996년, 부산국제영화제가 출범하였다. 27개국에서 보내온 170여 편의 영화가 9일 동안 상영되었다(총 관객 수 18만 4,071명). 매표 수익은 기대했던 3억 원을 넘어 4억 5천만 원이었다. 시작도 대단했고 그 명맥을 유지하며 아시아의 거대영화제로 자리 잡았다. 영화인 및 관객들이 몰려들며 축제를 이루며 항도 부산의 이미지를 국제화시켰다. 이에 영향을 받아 홍콩, 상하이영화제도 생겨났다. 그런가 하면 전주, 부천, 광주, 서울 등 지자체마다 영화제를 개최하였다.

이때의 평균 영화 제작비는 얼마였을까? 한국영화는 순제작비 9억 원, 마케팅비 1억 원을 합쳐서 평균 10억 원이었다. 이해의 화제작은 장선우 감독의 〈꽃잎〉

이었다. 〈꽃잎〉은 광주항쟁을 소재로 하여 해외에 수출되었다. 〈투캅스 2〉가 전편에 힘입어 서울 관객 63만 6천여 명으로 흥행 1위작이었지만, 강제규 감독의 〈은행나무 침대〉도 세간의 화제를 모으며 서울에서만 45만 2천여 명이 관람하였다. 이 밖에 홍상수 감독의 〈돼지가 우물에 빠진 날〉과 〈코르셋〉이 개봉하였다. 한편, 대종상영화제에서는 급조한 대작 〈애니깽〉이 작품상, 감독상을 받으며 구설에 올랐다. 외화는 〈인디펜던스데이〉(92만 3천여 명), 〈더 록〉(90만 6천여 명), 〈미션 임파서블〉(62만 2천여 명) 등이 흥행에 성공했다. 홍콩에서는 이연걸 주연의 〈흑협〉, 〈황비홍 – 서역웅사〉, 장만옥 주연의 〈첨밀밀〉 등이 제작되었다.

▬ 1997년

이해 연말에 외환위기가 있었다. 국가 파산으로 이어지는 상황을 그린 2018년 작 〈국가부도의 날〉의 내용 그대로이다. 파장은 이듬해에 본격적으로 벌어진다. 영화계는 판 갈이(?)가 되고 구세대(당시 활동하던 영화인 대다수)들은 부도 사태에 몰려 연쇄적으로 물러나고 새로운 사람들에 의해 새판이 짜여졌다.

이해의 흥행작은 〈넘버 3〉와 〈접속〉이다. 그리고 이창동 감독의 〈초록 물고기〉, 김영빈 감독의 〈불새〉, 김성수 감독의 〈비트〉, 선우완 감독의 〈마리아 여인숙〉, 박철수 감독의 〈산부인과〉, 정지영 감독의 〈블랙 잭〉 등이 화제를 모았다. 이 시기 톱스타는 한석규로, 거명된 주요 영화에서 주인공으로 등장했다. 1960년대의 신성일 배우 못지않은 인기였다.

외화는 〈쥬라기 공원 2 – 잃어버린 세계〉가 서울 관객 100만 명을 동원하며 1위를 기록했다. 이해에 홍콩이 중국에 반환되었다. 이는 '일국양제'라는 특이한 제도로 반환된 것인데, 이 때문에 일부 홍콩영화인들은 외국으로 이민을 갔다. 이해에 만들어진 홍콩영화로는 〈해피 투게더春光乍洩〉가 있다.

▬ 1998년

한국영화는 외환위기로 인해 다시 시작해야 하는 상황이었다. 문화관광부는 한미투자협정 타결을 위해 연간 146일인 상영일수를 줄이자는 스크린쿼터를 축소하는 쪽으로 돌아선다. 신낙균 문광부 장관의 발표에 영화인들은 들불처럼 궐기하였다.

홍콩영화 역시 이해를 절정으로 침체의 길로 접어든다. 그것은 중국에 반환되는 운명을 보여주는 것으로 영화인들은 캐나다, 싱가포르, 호주 등으로 이민을 떠났다. 물론 성룡, 주성치 등 대다수의 영화인이 잔류했지만 한 번 기운 대세는 바로 세우기 힘들었다.

이해 개봉작은 역대 최하 수준으로 떨어졌다. 제작 중이던 영화들이 예산을 확보하지 못하며 제작자들이 중도 하차했기 때문이다. 어느 영화사도 투자를 계속할 만한 여력이 없었고 외화 수입도 중단되었다. 비싼 달러를 기약 없는 허튼(?) 데 쓸 수가 없기 때문이었다. 이미 지불한 계약금을 날리는 게 그나마 적자를 덜 볼 거라는 셈이었다. 실제로 수입을 강행했던 외화들은 아니나 다를까 흥행에서 실패했다. 이러니 누가 한국영화에 투자를 계속할 것인가? 이미 촬영에 돌입했지만 손 떼는 게 당시 상책이었던 분위기이다.

이해 흥행 1위작은 197만 명을 동원한 〈타이타닉〉이었다. 한국영화로는 이정국 감독의 〈약속〉이 70만 명을 동원했다. 〈여고괴담〉역시 분전하여 62만 명을 기록했다. 이광모 감독의 〈아름다운 시절〉은 해외영화제 최다 수상을 기록하였고, 허진호 감독의 〈8월의 크리스마스〉는 잔잔한 화제를 일으켰다. 1997년은 〈넘버 3〉로 데뷔한 송강호 배우가 주인공으로 자리 잡은 해인데, 그 후 보인 그의 관객 동원력은 대단했다. 또한, 이정재와 정우성주연의 영화 〈태양은 없다〉도 상영되었다.

1998년, 김기영 감독이 서울 종로구 자택에서 향년 79세에 화재로 숨겼다. 유영길 촬영감독 역시 〈8월의 크리스마스〉를 유작으로 남기고 우리 곁을 떠났다. 이해에 강변 CGV를 시작으로 멀티플렉스가 처음 생겼다. 또한, 우리 정부가 일본 대중문화 개방을 공식적으로 허용하며 광복 후 처음으로 일본영화가 수입된다. 외화로는 전 세계에 개봉한 애니메이션 〈뮬란〉이 당시 전 세계 3억 달러의 흥행 수익을 달성해 1990년대 디즈니 애니메이션의 전성기를 이끌었다. 홍콩에서는 견자단 감독의 〈신당산대형〉이 제작되었다.

재도약기

—

■ 1999년

1999년, 강제규 감독의 〈쉬리〉가 한국영화사상 최초로 전국 620만 명, 서울 250만 명을 동원하며 한국영화 중흥의 선봉에 선다. 당시 톱스타인 한석규, 최민식, 송강호, 김윤진이 출연하였다. 〈주유소 습격사건〉은 256만 명을 기록했다.

삼성영상사업단이 해체되고, 대우도 영상음반사업부를 없앴다. 대기업 철수가 시작되자 창투사에 대한 의존도는 더욱 커졌다. 이 공백을 일신창업투자, 미래에셋, 산은캐피탈, 국민기술금융 등이 채웠다.

극장 점유율은 1993년 15.9%, 1994년 20.5%, 1995년 20.9%, 1996년 23.1%, 1997년 25.5%, 이해에는 40% 대로 진입했다. 외화로는 〈미이라〉, 〈매트릭스〉, 〈식스 센스〉가 개봉되었고, 일본영화 〈러브레터〉가 한국에 개봉되어 서울에서 60만여 명의 관객을 모았다. 주성치는 〈희극지왕〉으로 전성기를 맞았다.

■ 2000년

2000년은 세기가 바뀌는 만큼 모두가 특별하게 생각했던 해이다. 세기가 바뀐다는 건 대변화와 대변혁의 시기이다. 한국영화는 풍성했고 외화는 괄목할만한 한 해였다. 홍상수 감독의 〈오! 수정〉을 비롯하여 이창동 감독의 〈박하사탕〉, 박찬욱 감독의 〈공동경비구역 JSA〉, 김기덕 감독의 〈섬〉 등이 제작되었다. 그리고 봉준호 감독의 데뷔작인 〈플란다스의 개〉도 개봉되었다. 〈공동경비구역 JSA〉가 583만 명으로 흥행 순위 1위를 차지했고, 〈비천무〉는 210만 명으로 2위, 〈반칙왕〉이 187만 명으로 3위를 차지했다. 부흥기로 접어든 한국의 영화산업은 탄력을 받고 성장세를 이어간다.

2000년도는 1991년에 데뷔한 한석규 배우의 전성시대였다. 그는 1998년 청룡영화제 최고인기배우상, 1999년 청룡영화제 최고인기배우상, 1999년 대종상 영화제 최고인기배우상을 받았다. 같은 해, 한석규의 뒤를 잇는 송강호 배우의 〈반칙왕〉이 개봉하였다.

2000년대 초에 인터넷이 대중화되며 영화잡지는 직격탄을 맞는다. 게다가 무가지(대금을 받지 않고 배포되는 신문)가 등장하며 영화잡지는 설 자리를 잃었다. 대중문화 잡지 전체가 위기였고 1995년에 창간된 《키노》는 2003년 7월호를 마지막으로 99호 만에 폐간되기에 이른다. 대기업의 진출은 영화잡지업계의 몰락을 가져왔는데 단일화 창구를 통해 취재할 수밖에 없는 현실이 되었다. 따라서 개별 취재가 불가능해지며 폐간 수순을 밟게 되었고 보도 자료에 의한 하향 평준화된 영화 기사를 싣는 인터넷 신문의 양산을 가져왔다. 외화로는 〈글래디에이터〉가 개봉하였고, 홍콩에서는 이안 감독의 〈와호장룡〉, 왕가위 감독의 〈화양연화〉가 개봉되었다.

■ 2001년

CJ, 오리온, 롯데 등 대기업이 영화계에 진입하며 한국영화의 제작 규모가 변했다. 영세했던 소기업 규모의 제작 시스템에서 제작 규모가 기업화되기 시작하면서, 블록버스터를 지향하고 멀티플렉스극장이 확장되고 영화 시장 규모의 변화가 뚜렷해졌다. 한국영화 시장의 규모가 1조 1천억 원이고 점유율은 50%대에 육박했다.

이해에는 곽경택 감독의 〈친구〉가 흥행하며 조폭영화 신드롬이 시작되었다. 〈친구〉 흥행 이후 비슷한 소재의 〈조폭 마누라〉, 〈달마야 놀자〉 등이 만들어졌다. 이런 기류에서 임순례 감독은 저예산 영화 〈와이키키 브라더스〉를 만들어 잔잔한 감동을 전했다. 곽재용 감독의 〈엽기적인 그녀〉는 뒤늦게 중국에서 획기적인 반향을 일으키며 한류영화의 원조가 된다. 전지현은 덩달아 한국여배우 최초로 한류스타로 등극한다. 한중 합작영화 〈무사〉도 개봉하였고 주성치 감독·주연의 〈소림축구〉가 개봉하였다. 미국 박스오피스에서는 〈해리 포터와 마법사의 돌〉이 1위를 차지했고, 〈반지의 제왕 – 반지 원정대〉이 2위를 차지했다.

■ 2002년

월드컵이 처음 서울에서 열렸던 해이다. 이해에 임권택 감독은 칸국제영화제에서 〈취화선〉으로 감독상을 받았다. 3대 영화제에서 본상 수상을 하여 영화인으로서 고무되었던 해이다. 그 외에 〈복수는 나의 것〉, 〈집으로〉, 〈해적, 디스코 왕되다〉, 〈폰〉, 〈오아시스〉 등이 개봉하였다. 무예영화도 대하사극으로 제작되는데

〈싸울아비〉, 〈청풍명월〉 등이 개봉하였다. 이는 김재형 PD의 〈용의 눈물〉 이후 TV 대하사극의 영향을 받은 것인데, 영화들은 빛을 보지 못했다. 외화로는 〈블랙 호크 다운〉, 〈오션스 일레븐〉이 개봉하였다. 홍콩영화는 〈영웅〉과 〈무간도〉 시리 즈의 1편이 개봉하였다.

▬ 2003년

2003년은 한국영화계에 다양한 영화들이 제작되며 풍성한 느낌이 들었던 한 해였다. 〈살인의 추억〉은 525만 명의 관객을 동원했고, 〈동갑내기 과외하기〉, 〈스 캔들〉, 〈올드보이〉 등이 개봉하였다. 그 외 〈클래식〉, 〈선생 김봉두〉, 〈장화홍련〉, 〈황산벌〉, 〈싱글즈〉, 〈바람난 가족〉, 〈지구를 지켜라〉 등이 개봉하였다. 여러 장르 가 공존하며 암중모색하던 화려한 시절이었다. 12월에는 한국영화사상 처음으로 천만 관객을 동원한 〈실미도〉가 개봉하였다. 봉준호 감독은 〈살인의 추억〉으로 토 리노영화제에서 각본상, 도쿄영화제에서 아시아영화상, 산세바스티안영화제 신 인감독상 등을 받으며 한국영화계의 기대주로 떠올랐다.

홍콩에서는 4월 1일, 장국영(1956~2003)이 거짓말처럼 투신자살하였다. 홍콩 만다린 오리엔탈 호텔 24층 방에서 투신한 장국영의 죽음은 사스SARS(중증급성호흡 기증후군)의 유행으로 암울했던 홍콩에 큰 파문을 던졌다. 해외 팬들 역시 그의 죽 음을 믿기 어려웠다. 향년 47세라지만 미소년 이미지가 강했기 때문이다. 당시 홍 콩에서는 사스에 1,750명이 감염되었고 299명이 사망하였다. 전 세계 사망자 774명 중 약 40%가 홍콩에서 나왔다. 당시 홍콩을 방문했던 필자도 공항에서부터 죽음의 짙은 그림자를 느꼈었다.

외화로는 〈반지의 제왕 3 - 왕의 귀환〉, 〈매트릭스 2〉, 〈매트릭스 3〉, 〈터미네 이터 3〉 등이 흥행 상위를 차지했고, 홍콩영화로는 〈영웅〉, 〈무간도 2 - 혼돈의 시 대〉가 선전했다. 2003년, 홍콩영화는 가라앉을 대로 가라앉았었다. 토니 자 주연 의 태국 무술영화 〈옹박〉도 같은 해 개봉하였다.

전성기

━ 2004년

2004년은 한류가 본격화된 때이다. 중국과 일본에서의 한류현상이 엄청나다는 것을 실감한 해이다. 일본에서는 서가의 한 코너가 한류콘텐츠로 채워졌고, 중국에서는 가는 곳마다 한국드라마를 시청하고 한국영화 신작이 불법 DVD로 가판에서 팔리고 있었다.

한국영화는 천만 관객의 시대를 열었다. 〈실미도〉와 〈태극기 휘날리며〉가 천만 관객 시대를 열었고 〈올드보이〉, 〈빈 집〉, 〈여자는 남자의 미래다〉 등이 세계 3대 영화제로 불리는 베니스영화제, 칸영화제, 베를린영화제 등에서 인정을 받았다. 또한 방학기의 동명 만화를 원작으로 한 양윤호 감독의 〈바람의 파이터〉가 개봉되었으며, 한국영화의 전성시대를 열었다. 이해의 평균 제작비는 순제작비 28억 원, 마케팅비 14억 원이었으며, 배우들은 높은 개런티에도 불구하고 흥행 수익 일정 비율 요구 등을 주장하기 시작하였다.

외화로는 〈트로이〉, 〈슈렉 2〉, 〈투모로우〉, 〈해리 포터와 아즈카반의 죄수〉, 〈스파이더맨 2〉, 홍콩영화는 〈연인〉, 왕가위 감독의 〈2046〉 등이 개봉하였다. 〈2046〉은 12만 3천여 명을 동원해 왕가위의 명성에도 금이 가기 시작했다. 이 시기 홍콩영화는 흥행 전성기를 넘겼지만, 저력은 사라지지 않았다.

이해에는 성룡의 〈뉴 폴리스 스토리〉와 주성치의 〈쿵푸 허슬〉(2015년 국내 개봉)이 제작되었다. 5인방 스타로는 성룡과 주성치 그리고 양조위의 삼파전 속에서 유덕화, 주윤발이 경쟁 구도를 유지하였다. 성룡이 온몸을 다 바쳐 영화를 찍는다면 힘들이지 않고 영화를 촬영하는 주성치의 재주는 놀랍다. 그 모든 것은 그의 창의력이 있기에 가능한 일이다. 그렇지만 성룡이 이소룡의 뒤를 잇는 글로벌 스타라는 건 세월이 지나도 흔들리지 않는 그의 아성으로 입증된다. 양조위와 유덕화는 가만있어도 감독들이 개성을 살려주는 편으로 행복한 배우이다. 그에 비해 주윤발은 상대적으로 폭발적인 인기를 끌던 전성기를 넘긴 느낌이다. 이해에 주윤발은 사회 기부를 시작하여 1억 5,100만 달러(현재 기준 1,700억 원)를 기부하였다. 그는 2018년 자신의 전 재산 56억 홍콩달러(약 8,100억 원)를 사회에 기부하겠다고 밝혔다.

▬ 2005년

이해에는 다양한 영화들이 선보여지며 흥행 성적 또한 양호했다. 〈말아톤〉, 〈웰컴 투 동막골〉, 〈너는 내 운명〉, 〈형사 Duelist〉, 〈달콤한 인생〉, 〈주먹이 운다〉, 〈공공의 적 2〉, 〈가문의 위기 - 가문의 영광 2〉 등 멜로, 코미디, 액션 그리고 속편 제작이 있었다. 이준익 감독의 천만 영화 〈왕의 남자〉도 12월에 개봉되어 흥행에 성공하였다.

허진호 감독, 한류원조 배용준의 출연작인 〈외출〉이 일본에 수출되어 흥행하였다. 〈4월의 눈〉이란 제목으로 개봉하여 300만 명(흥행수입 28억 엔)을 동원하며 한국영화사상 최대의 흥행 기록을 세웠다. 한류 전성기 시절의 이야기이다. 곽경택 감독의 〈태풍〉은 예상외로 흥행에 부진하였다.

외화는 〈해리 포터와 불의 잔〉, 〈쏘우〉, 홍콩영화는 〈쿵푸 허슬〉, 〈도신〉, 〈흑사회〉, 〈신화〉가 개봉하였다. 두기봉 감독, 양가휘, 임달화가 출연한 〈흑사회〉의 개봉 실적은 404명으로 너무 초라한 성적표이다. 이 영화는 칸영화제에 초청받았고 이듬해 속편이 제작되었는데, 한국에서 홍콩영화 붐이 사그라지며 희생양이 된 대표적인 예이다.

이해에 엽위신 감독의 명편 〈살파랑〉도 제작되었으나 한국에서는 개봉되지 못했다. 1989년 주윤발 주연의 〈흑사회〉와는 너무도 다른 양상을 보였다. 불과 16년 사이의 일로 유행을 탈 수밖에 없지만, 홍콩 누아르영화의 전성기에서 침체기로 바뀐 홍콩영화의 현실을 보여주었다. 이는 홍콩영화계뿐만이 아니라 흥행 산업의 한 단면으로, 지금 잘 나간다고 해도 관객들이 언제 등 돌릴지 모르는 상황은 여전히 우려된다. 흥행에 절대 강자와 공식은 없으며 흥행작이라고 해도 반복 재생되면 언제나 외면 받는다는 것은 엄연한 사실이다.

▬ 2006년

스크린쿼터 문제는 2006년에도 이슈였다. 정부에 반대하는 영화인들은 아직은 스크린쿼터를 통한 보호가 필요하다고 주장하였다. 이준익 감독의 〈왕의 남자〉

는 2005년 12월에 개봉하여 2016년 1,051만여 명의 관객을 모았으며 225억 원 이상의 순이익을 창출하였다. 〈왕의 남자〉는 부가판권 수입 67억 원(추산액)을 감안해도 390억 원의 순이익을 창출하였다. 각종 영화제에서 수상했음은 물론이다.

이해, 봉준호 감독의 〈괴물〉이 1,237만여 명의 관객을 동원하며 한국영화계는 전반적으로 흥행 호조를 보였다. 이해에 개봉된 영화는 백윤식 주연의 〈싸움의 기술〉, 김래원 주연의 〈해바라기〉, 김아중 주연의 〈미녀는 괴로워〉, 최동훈 감독의 〈타짜〉, 이준익 감독의 〈라디오 스타〉, 유하 감독의 〈비열한 거리〉, 김동원 감독의 〈투사부일체〉 등이 있다. 류승완 감독은 〈짝패〉, 〈사생결단〉 등을 만들었다.

외화로는 〈나니아 연대기 - 사자, 마녀 그리고 옷장〉, 〈미션 임파서블 3〉, 〈캐리비안의 해적 - 망자의 함〉 등이 개봉하였다. 홍콩영화로는 장예모의 〈황후화〉, 첸 카이거 감독, 장동건 주연의 〈무극〉이 개봉하였으며, 홍콩에서는 역대 최저 편수인 51편이 제작되어 이연걸의 〈곽원갑〉이 흥행 1위를 차지했다. 전지현, 정우성 출연, 유위강 감독의 합작영화 〈데이지〉가 국내 개봉되었지만, 별 호응을 얻지는 못했다. 또 거장 신상옥 감독이 저예산 영화 〈겨울이야기〉를 만들며 투병하던 중 별세하였다.

━ 2007년

2007년은 정해년丁亥年 황금돼지해로 알려져 출산율이 높았던 해이다. 한류가 주춤하며 매출액 감소로 이어졌다. 이해의 톱뉴스는 심형래 감독의 〈디 워〉이다. 개봉 첫날 40만 명을 기록한 데 이어 804만 명을 기록했고, 미국으로 수출되어 흥행 호조로 이어지며 주말박스오피스 5위에 올랐다. 그 외 200만 명 돌파 영화는 10편에 불과했다. 〈화려한 휴가〉는 730만 명, 〈미녀는 괴로워〉는 662만 명, 〈그놈 목소리〉는 324만 명이 관람했다. 이외 〈바람피기 좋은 날〉과 〈김관장 대 김관장 대 김관장〉이 개봉되었다. 그런가 하면 제60회 칸영화제에서 〈밀양〉의 전도연이 여우주연상을 받았다.

외화로는 〈300〉과 〈캐리비안의 해적 - 세상의 끝에서〉가 개봉하였다. 홍콩에서는 '아시안 필름 어워드'가 시작되었으며, 이동승爾冬陞 감독의 〈문도門徒〉(한국에서는 2010년 〈무간도 4〉로 개봉)가 제작되는데 마약 밀매 조직에 침투한 경찰 아리(오언조)의 이야기다. 유내해 감독의 〈천공의 눈跟蹤〉(한국 미개봉)도 제작되었다. 한국에서 개봉된 중국영화로는 가장가賈樟柯(지아장커) 감독의 〈스틸 라이프三峽好人〉가 있다. 극장에서는 디지털 영사 방식이 본격적으로 상용화되었다.

■ 2008년

김지운 감독의 〈놈놈놈〉이 개봉하였다. 〈놈놈놈〉은 관객 668만여 명을 기록하였고, 나홍진 감독의 데뷔작인 〈추격자〉는 504만여 명이 관람하였다. 모두 평범치 않은 인상적인 영화들이었다. 정병길 감독의 〈우린 액션배우다〉도 개봉하였다. 홍콩영화로는 주성치 감독·주연의 〈CJ7 - 장강7호〉, 견자단 주연의 〈엽문〉이 개봉하였다. 〈엽문〉의 항일운동 이야기는 영화적인 허구의 스토리로 영화는 영화일 뿐이다. 대만에서는 주걸륜의 히트작인 〈말할 수 없는 비밀〉이 제작되었고, 〈하이자오 7번지海角七號〉(한국 미개봉)가 엄청난 흥행을 기록하였다. 이해에 미국의 투자은행 리먼브라더스의 금융위기 뉴스가 있었고 이듬해 국제적인 금융위기를 겪게 된다.

■ 2009년

2009년 6월 23일, 5만 원권 지폐가 처음 발행되었다. 이해의 최고 흥행작은 윤제균 감독의 〈해운대〉로 1,139만 명이 관람하였다. 〈국가대표〉는 839만 명, 〈과속스캔들〉은 821만 명으로 만만치 않은 흥행을 기록하였다. 그 외 〈마더〉, 〈박쥐〉, 〈전우치〉, 〈내 사랑 내 곁에〉 등이 개봉하였다. 그런가 하면 다큐멘터리영화 〈워낭소리〉도 흥행에 성공하며 신기원을 이루었다.

한국영화는 2000년대부터 부흥기로 접어들며, 2006년 9,791만여 명을 정점으로 2007년 7,584만 명, 2008년 6,307만 명, 2009년 6,884만 명까지 내려갔다. 안성기 배우의 독주가 1980년대부터 이어져 2000년대를 관통하였다. 이는 그의 성실함이 낳은 결과일 것이다. 유현목 감독의 2009년 6월 28일 별세하였다. 이해에 "막장 드라마 가고 '착한 드라마' 온다"라는 기사가 떴다. 아마도 역대 최고의 막장 드라마 〈아내의 유혹〉의 영향일 듯하다.

외화로는 〈해리 포터와 혼혈 왕자〉, 이병헌의 할리우드 진출작인 〈지.아이.조

- 전쟁의 서막〉, 〈벤자민 버튼의 시간은 거꾸로 간다〉, 〈작은 영웅 데스페로〉, 〈작전명 발키리〉가 개봉하였고, 홍콩영화는 〈적벽대전 2 - 최후의 결전〉이 개봉하였다. 2005년 제작된 펑 샤오강 감독의 〈천하무적〉도 이해 개봉하였다. 〈천하무적〉은 흥행에 성공했던 중국과는 달리 한국에서의 흥행 실적은 부진하였다. 〈옹박: 더 레전드〉도 개봉하였다. 홍콩에서는 프랑스와의 합작영화 〈피의 복수Vengeance〉, 탕웨이 주연의 〈색, 계〉 등이 제작되었다. 부산 시네마테크에서는 '장철과 홍콩남아들'이라는 기획전을 가졌다.

▬ 2010년

2010년에는 〈아저씨〉가 622만 명을 동원해 최고 흥행작이 되었다. 〈전우치〉는 610만 명, 〈의형제〉는 546만 명, 〈이끼〉는 337만 명, 〈포화 속으로〉는 335만 명을 동원하였다. 팍팍한 현실에 극장가에서 '사랑'이 실종되었다고 기사화되던 해이다. 시대가 바뀐 현상일 수도 있는데, 영화는 SF 위주의 미래 과학문명을 소재로 한 대작들이 주류를 이뤘다. 2009년 12월에 개봉한 〈아바타〉가 흥행 기록을 경신하며 시대가 바뀌었음을 보여주었다. 3D영화는 전 세계에서 대세가 된다.

한국영화의 중국 수출도 꾸준하게 계속된다. 이해는 이소룡 탄생 70주년을 맞아 중국에서 여러 행사가 있었다. 특히 이소룡 부친의 고향인 광저우 순더에 대규모의 이소룡기념관을 오픈했다. 한국에서는 제1회 이소룡세미나가 열렸고, 이소룡기념사업회가 출범하였다.

▬ 2011년

2011년 한국영화 순위는 1위 〈최종병기 활〉(748만 명), 2위 〈써니〉(745만 명), 3위 〈완득이〉(530만 명), 4위 〈조선명탐정〉(478만 명), 5위 〈도가니〉(466만 명)이다. 화제를 모았던 강제규 감독의 기대작 〈마이 웨이〉는 214만 명으로 15위에 그쳤다. 〈태극기 휘날리며〉로 쌓은 노하우가 그야말로 허무하게 무너졌다. 한국영화사상 최초로 노르망디 상륙작전을 재연한 영화이건만 관객들은 외면하였다. 전작과 같은 영화라는 선입견이 크게 작용했을 듯하다.

2011년 12월 21일에 개봉한 〈퍼펙트 게임〉은 20위를 차지하며 150만 명을 기록하였다. 〈만추〉는 김태용 감독과 여주인공 탕웨이를 결혼시킨 영화인데, 26위를 기록하며 84만 명을 모았다. 이해에 임권택 감독의 101번째 영화 〈달빛 길어올리기〉가 개봉되었다.

외화는 1위 〈트랜스포머 3〉가 778만 명, 2위 〈미션 임파서블: 고스트 프로토콜〉이 757만 명, 3위 〈쿵푸 팬더 2〉가 506만 명을 기록했다. 펜캭 실랏이라는 무술을 보여주는 〈레이드 2〉도 개봉하였다. 홍콩영화로는 견자단, 탕웨이 주연의 〈무협〉, 유덕화, 성룡 주연의 〈샤오린: 최후의 결전新小林寺〉이 제작되었다. 이해에 돋보인 여배우는 단연 탕웨이인데, 그녀가 2014년 한국의 김태용 감독과 결혼할 것이라고는 아무도 생각지 못했다. 그녀는 2009년 〈색, 계〉 출연 이후 한동안 중국영화에 출연을 금지 당했고, 10년 후인 2019년 중국드라마 〈대명풍화〉로 복귀한다.

■ 2012년

2012년은 최동훈 감독의 〈도둑들〉이 1,300만 명을 기록하며 여름 흥행의 공식을 이어간 해이다. 2위 〈광해, 왕이 된 남자〉도 1,231만 명을 동원하여 쌍 천만 영화를 기록하였다. 〈도둑들〉은 오우삼 감독의 〈종횡사해〉에서 영감을 얻어 제작된, 홍콩에 대한 연민과 추억이 깃든 영화이다.

그 외 〈늑대 소년〉이 706만 명, 〈타워〉가 518만 명, 〈바람과 함께 사라지다〉가 491만 명, 〈범죄와의 전쟁: 나쁜 놈들 전성시대〉가 472만 명, 〈내 아내의 모든 것〉이 460만 명, 〈연가시〉가 451만 명을 기록하였다. 그밖에 〈건축학 개론〉, 〈댄싱 퀸〉, 〈부러진 화살〉, 〈26년〉, 〈후궁: 제왕의 첩〉도 흥행에 성공하였다. 한국 영화산업의 흥행 규모는 11억 불을 기록하며 세계 10권에 진입하였다. 영화배급사별 관객 추이를 보면 CJ그룹의 영향력이 점차 줄고 있지만 아직은 대세 1위이다.

외화는 〈어벤져스〉가 707만 명, 〈다크 나이트 라이즈〉가 639만 명, 〈레미제라블〉이 591만 명, 〈어메이징 스파이더맨〉이 485만 명을 동원하였다. 홍콩영화는 〈콜드 워〉, 〈나이트 폴大追捕〉 등이 개봉하였으나 흥행은 부진하였다.

■■ 2013년

한류 붐이 시들해져 가던 해이다. 2013년 한국영화 흥행 1위는 관객 수 1,281만 명의 〈7번방의 선물〉, 2위는 934만 명의 〈설국열차〉, 3위는 913만 명의 〈관상〉, 4위는 716만 명의 〈베를린〉, 5위는 696만 명의 〈은밀하게 위대하게〉가 차지하였다. 그리고 연말에 〈변호인〉이 개봉하였다. 외화 1위는 900만 명의 〈아이언맨 3〉, 2위는 523만 명의 〈월드워Z〉, 3위는 319만 명의 〈그래비티〉가 차지하였다.

홍콩영화는 〈서유기 모험의 시작〉, 〈일대종사〉, 〈격전〉, 〈천하칠검 양가장〉, 〈침묵의 목격자〉 등이 개봉하였는데, 20위권 안에는 한 편도 없었고 순위권 영화 대부분이 한국영화였다. 홍콩영화의 흥행 부진은 홍콩 반환 이후 자기 복제로 계속되어 온 홍콩영화에 대한 불신과 홍콩 정부의 검열 때문이다.

황금기

■ 2014년

2013년 12월에 개봉한 〈변호인〉이 1,137만 명을 기록하며 천만 관객 영화가 되었다. 그리고 〈명량〉이 한국영화 흥행 최고 기록을 경신하였다. 〈명량〉은 역대 최고 오프닝 스코어(68만 명), 역대 최다 일일 관객 동원(98만 명), 역대 최고 일일 스코어(125만 명) 등 각종 흥행 기록을 세우며 1,761만 명 관객 동원이라는 기록을 세웠다. 2위는 1,029만 명의 〈겨울왕국〉, 3위는 1,010만 명의 〈인터스텔라〉였다. 다큐멘터리영화 〈님아, 그 강을 건너지 마오〉도 384만 관객을 동원하였다. 그 외에도 〈해적: 바다로 간 산적〉, 〈수상한 그녀〉, 〈국제시장〉 등이 개봉하였다.

이해 천만 관객을 동원한 영화는 한국영화, 외화를 포함해 모두 세 편으로, 관객 수가 2013년도에 이어서 2년 연속 2억 명을 돌파하였다. 인구 대비 실관람객 수가 독보적 세계 1위이다. 한국의 영화 수출이나 기술 수출도 상승세를 이어갔다.

■ 2015년

2014년 12월 17일 개봉한 〈국제시장〉이 이해까지 1,426만 명의 관객을 동원하며 중년층을 대상으로 한 영화의 시대를 보여주었다. 2015년에는 류승완 감독의 〈베테랑〉이 1,341만 명, 최동훈 감독의 〈암살〉도 1,270만 명으로 전부 천만 고지에 올랐다. 우민호 감독의 〈내부자들〉은 잘 만들어진 유쾌한 도발 같은 영화로 650만 명의 관객을 동원하여 흥행 5위를 기록하였다. 이외에 〈사도〉가 624만 명을 기록하였다. 크라우드펀딩crowd funding으로 어렵사리 제작된 김학순 감독의 〈연평해전〉은 604만 명을 기록했는데, 이 영화의 흥행 성공은 모두가 축하할 일이었다. 이해 12월 16일 개봉한 〈히말라야〉는 2016년 흥행 1위를 기록하였다.

외화로는 〈스타워즈: 깨어난 포스〉, 〈러브 액츄얼리〉, 〈프리덤〉 등이 개봉하였다. 홍콩영화는 〈엽문 3: 최후의 대결〉이 41만 명을 기록하였고, 〈퇴마전: 마령검의 비밀〉이 개봉하였다.

■ 2016년

전년도에 개봉한 〈히말라야〉가 흥행을 이어갔고(776만 명, 역대 44위), 이해 여름에는 〈부산행〉 등의 천만 영화가 나오면서 폭염에도 불구하고 흥행을 기록하였다. 영화인들로서는 행복한 한 해였다. 여름 관객만 3,600만 명으로 한국영화가 본격적인 성장 산업으로 자리 잡은 해이다.

2016년 2월에 방송된 드라마 〈태양의 후예〉 이후, 영화계에서도 영화사 '뉴 NEW'의 선전이 눈에 띄었다. 영화계에서 뉴의 자리매김은 단연 화제였다. 그렇다고 뉴의 모든 영화가 흥행에 성공하는 것은 아니었다. 2015년 12월에 개봉한 박훈정 감독의 〈대호〉는 176만 명을 기록하였다. 2016년은 한국영화사상 최장 시리즈로 기록된 〈애마부인〉의 2016년판이 개봉된 해이기도 하다.

중국에서 1억 명 이상의 관객을 동원한 주성치 감독의 〈미인어〉가 한국에서 흥행은 불발이었다. 한중간의 정서 차이라고나 할까? 〈어벤져스〉로 영화 스크린 독과점 논란이 불거졌다.

■ 2017년

2017년 최고 흥행작은 〈택시운전사〉이다. 〈공조〉와 〈더 킹〉 또한 외화 강세 속에서도 흥행하였다. 전체적으로 음습하고 우울한 시국이라 밝은 영화는 없고 개봉된 영화 모두 비슷한 분위기를 냈다. 이상호 기자가 만든 세월호 다큐멘터리도 개봉하였다. 이처럼 뉴스거리 없는 싱거운 해도 없을 것이다. 검색을 해봐도 별다른 이슈 없이 지나간 한 해이다.

외화는 〈캐리비안의 해적: 죽은 자는 말이 없다〉가 흥행하였다. 2017년 말 기준 수도권은 전체 극장 매출액의 56.2%, 극장 수 46.7%, 스크린 수 49.0%, 좌석 수 50.4%를 차지하는 반면 수도권 외 지역 주민들은 인프라 부족으로 영화 향유 기회를 얻지 못하고 있다고 영화진흥위원회는 발표하였다.

곧 영화 인프라의 편중이 영화 소비의 편중으로 이어지기에 민주당의 김병욱 의원이 발의한 전국 어디서나 영화를 즐길 수 있게 하는 '작은 마을 공공 영화관 설립' 법안이 통과되었다.

▬ 2018년

2018년 영화계 최고 흥행작은 〈신과 함께 – 죄와 벌〉로 1,441만 명을 돌파하였다. 동시 촬영된 후속작 〈신과 함께 – 인과 연〉도 8월에 개봉하여 1,227만 명을 기록하였다. 이는 시리즈 영화 중 천만 흥행의 첫 사례이다.

〈마녀〉와 〈독전〉도 기대에 부응해 흥행에 성공하였다. 이 영화들을 뺀 〈안시성〉 등의 블록버스터는 망하고 저예산 영화는 흥했던 한 해이다. 한국의 영화산업 매출 추이는 이해가 최고조였고, 이후 조금씩 낮아지며 2020년 코로나로 인해 폭락을 기록한다. 이해 4월에는 최은희, 11월에는 신성일 배우가 별세하였다. 지난해부터 시작된 미투 운동이 영화계로 번져 김기덕 감독, 조재현 배우 등이 불명예 퇴진하였다.

▬ 2019년

2019년은 한국영화 100년을 맞는 해였다. 각종 행사가 있었지만, 기대치에는 못 미쳤고 각종 이슈에 묻힌 느낌이다. 이는 관련 부서의 발 빠르지 못한 기획과 집행 때문이었다.

연초에 〈극한 직업〉이 첫 천만 관객 영화로 등극하며, 1,626만 명을 기록하였다. 외화를 포함해 천만 이상 동원작은 다섯 편에 이른다. 2019년 영화계 최고 이슈는 봉준호 감독의 〈기생충〉이다. 〈기생충〉은 칸국제영화제에서 황금종려상을 받고, 2020년에 천만 관객 영화로 등극하였다.

이상근 감독의 〈엑시트〉의 흥행 성적도 942만 명으로 선전하였다. 그 외 〈봉오동 전투〉가 478만 명, 〈나쁜 녀석들: 더 무비〉가 457만 명, 〈82년생 김지영〉이 367만 명을 기록하였다. 외화는 〈어벤져스: 엔드게임〉이 1,393만 명, 〈알라딘〉이 1,255만 명, 〈겨울왕국 2〉가 1,081만 명을 기록하였다. 홍콩영화는 순위에서 볼 수가 없었다.

▬ 2020년

2020년 초, 〈기생충〉의 아카데미상 4관왕 수상 소식 때만 해도 한국영화 100년의 최대 경사라고 영화인들이나 국민들이나 들뜬 마음으로 한 해를 시작하였다.

그러나 이어진 코로나 사태로 상황은 반전되었다. 2020년 영화계는 한국영화 최악의 해로 기록될 것이다. 코로나의 발병과 사회적 거리두기로 극장은 휴업 상태였고 촬영도 모두 중단되었다. 대종상영화제 등 각종 행사도 '무관중' 시상으로 바뀌었고, 많은 세미나도 인터넷 중계 세미나로 전환되어 개최하였다.

　　이미 제작된 영화조차도 개봉을 늦추고 기획된 영화들은 제작하지 않으니 2000년대 이후 개봉 최저 편수를 기록하였다. 이런 일은 역사상 처음이라 시행착오를 겪지 않아야 할 터인데, 앞으로도 계속될 상황이라 영화계뿐만이 아니라 정부, 사회 각 분야의 모두가 만반의 준비를 해야 할 것이다.

3장

한중일 영화 소개

태동기의 영화

—

■ 〈인생의 구人生의 仇〉 1920

경성부 위생계 제작, 마호정 기획이며, 감독은 김소랑(본명 김현), 출연은 마호정, 취성좌 좌원들이다.

한국영화의 효시로 알려진 1919년 작 〈의리적 구토〉는 완벽한 영화의 형태가 아닌 연쇄극이다. 즉, 연극무대 위에서 상영된 단막극인데 주로 야외 효과를 주기 위해 다리, 절벽, 야산 등지에서 촬영하여 연극 중간중간에 보여주었다. 이보다 형식을 갖추어 본격적으로 필름만을 보여준 영화는 1923년 작 〈월하의 맹서〉다. 그러나 이보다 더 빠른 1920년에 〈인생의 구〉라는 3권 2,700피트의 영화가 황금관에서 개봉되었다. 이 영화는 당초에 〈호열자〉라는 영화와 동일시되었는데, 영화평론가 김종원은 다른 영화라고 주장한다.

영화 공연일이 1920년 7월 30일부터 8월 1일까지였는데, 이 영화가 완벽한 영화인지에 대해서는 아직 확증이 부족하여 연구가 필요하다. 김수남 교수의 「연쇄극의 영화사적 정리와 미학적 고찰」에 이 내용이 소개되었다.

■ 〈심청전〉 1925

한국 최초로 조감독을 거쳐 감독이 된 이경손 감독의 1925년 작이다. 한국에 영화가 유입된 것은 1919년으로, 연극 공연 중 보여줄 수 없는 야외 장면을 촬영해 영사하는 연쇄극이 시초이다.

이후 1923년 완전한 영화로 제작된 〈월하의 맹서〉가 개봉된다. 그리고 2년 후 이 영화가 만들어졌다. 이 영화에서 특기할 사항은 초창기 영화사에서 첫손으로 꼽히는 나운규 감독이 심봉사 역으로 데뷔하였다는 점이다. 이후 나 감독은 1926년 불후의 명작으로 알려진 〈아리랑〉을 감독한다. 〈아리랑〉은 시리즈 3편까지 나오며 초창기 영화사에 명편으로 남았다. 그러나 필름이 유실되어 영화의 평가는 전설로 남아있다. 〈심청전〉 역시 필름이 없다.

성장기의 영화

━ 〈오오카정담大岡政談〉 1928

장철 감독의 〈외팔이(독비도)〉 시리즈가 사실은 일본영화에 있다는 정창화 감독의 이야기를 들었다. 『일본영화 이야기』를 보다 보니 과연 〈외눈 외팔이 사무라이〉 시리즈가 있었다.

일본 시대극의 아버지로 불리는 이토 다이스케伊藤大輔 감독의 1928년에 시작된 〈오오카정담大岡政談〉이라는 시리즈 영화인데, 당게 사젱丹下左膳이라는 사무라이가 뒤죽박죽으로 날뛰는 황당무계한 영화라고 소개되어 있다(『일본영화 이야기』, 88쪽 참조). 이 영화는 1960년대에 리메이크되었다. 이토 다이스케 감독은 1898년 10월 12일 출생으로 1981년 7월 19일 별세하였다.

━ 〈화굴강도火窟鋼刀〉 1928

'화굴강도'는 '위기에 빠진 강철 칼'이라는 뜻이다. 정기탁 감독의 1928년 작으로 중국영화다. 1928년 중국 상하이에서 한국인 감독 정기탁이 '대중화백합영편공사'라는 영화사에서 이 영화를 감독했다. 중국영화 역사에서 한국인이 중국영화를 감독한 것은 정기탁 감독이 최초이다. 정기탁 감독이 감독·주연을 맡았고 정일송이 여주인공역을 맡았다.

정 감독은 1928년 한 해에만 〈애국혼〉을 포함한 세 편의 영화에서 감독·주연을 맡았다. 이 영화는 『중국무술영화사』에도 소개된다. 아래 내용은 그 책에 소개된 내용이다.

"신기하고 독특한 것으로 인기를 얻는 것이 아니고 직접적으로 현실 속의 인간 생활의 고통을 보여줌으로써 흉악한 불법 부동산 상인과 건축공인 지간의 투쟁을 보여주었다. 이 영화도 악질 토호가 호색하고 난폭하며 살인을 일삼고, 고아이며 원수의 집에서 숨은 강도鋼刀가 복수에 뜻을 두는 이야기다. 하지만 복수 주인공으로서 두 공인의 아들 이름을 보면 하나는 민생民生이고 하나는 민권民权인데, 영화로 하여금 민주혁명폭동의 색채를 띠게 한다."

당시 어려운 환경에서도 중국영화사에 기록될 영화를 만든 정기탁 감독을 기억해야 할 것이다.

▬ 〈양자강揚子江〉 1930

〈양자강〉은 일제강점기 한국의 영화인들이 상하이에서 만든 영화이다. 당시의 혼란한 사회상을 그리고 있다. 이경손 감독으로는 유일한 해외연출작이므로 열과 성을 다해 만들었을 것이다. 필름은 현존하지 않으며 스틸 몇 장만이 전해진다. 영화를 촬영했던 한창섭에 의해 영화 프린트가 국내에 반입되어 한국에서도 개봉되었으며, 이 영화를 본 강계식 배우는 전창근의 눈 연기가 볼만했다고 추억하였다. 고성영편공사孤星影片公司 제작으로 서신원, 전사앵, 전창근, 남국월이 출연하였다.

이 영화에 대한 정보는 이경손 감독이 《신동아》에 기고한 글에 나와 있다.

▬ 〈후지와라 요시에의 고향藤原義江のふるさと〉 1930

닛카쓰 제작으로 미조구치 겐지 감독의 77분짜리 흑백영화이다. 가난한 성악가 후지무라 요시오는 호텔 청소부 아야코와 행복하게 살고 있었는데, 어느 날 부잣집 딸이 그의 재능을 발견하곤 도움을 주며 그의 성공을 돕는다. 그의 성공을 바라보며 아야코는 감격의 눈물만 흘릴 뿐이다.

실제 테너 가수인 후지와라 요시에가 직접 출연하여 성악회 장면을 소화했다. 대규모로 운집한 관중과 공연 실황을 담고 있는데, 아야코의 감격 어린 표정이 담긴 버스트숏(인물의 가슴 위 상반신만 잡는 숏)은 지금이라면 당연해 보이지만 당시 화면 사이즈로는 다소 커 보이기도 한다. 이렇듯 영화는 발명과 동시에 지금의 형태로 급성장하였다는 것을 실감할 수 있다.

미조구치 겐지라는 대가의 영화이지만, 내용도 순정적이며 다소 어설픈 편집과 촬영이 1930년대 영화임을 보여주고 있다. 나운규의 〈아리랑〉이 1926년 작이고 정기탁 감독의 〈애국혼〉이 1928년 작이다. 당시 대중을 울리고 감동시킨 영화들이 남아있지 않는 요즈음, 〈후지와라 요시에의 고향〉을 통해 그 영화들이 어떤 영화였는지를 간접적으로 경험할 수 있다.

■■■ 〈태어나기는 했지만大人の見る繪本 生れてはみたけれど〉 1932

오즈 야스지로 감독의 1932년 작으로, 35mm 스탠더드(4:3 비율) 무성영화이며 러닝타임은 100분이다. 사이토 다츠오, 아오키 토미오, 요시카와 미츠코, 스가와라 히데오, 사카모토 타케시가 출연하였다. 〈태어나기는 했지만〉은 부제이고 〈어른이 보는 그림책〉이라는 제목의 영화다.

동경 교외로 새로 이사 온 국민학생(초등학생) 두 형제는 골목대장에게 맞는 게 두려워 결석을 하게 된다. 아버지에게 말도 못 하고 끙끙대던 두 형제는 배달 일을 하는 동네 형에게 대신 혼내 달라 하고 이윽고 골목대장이 된다. 두 형제는 먼저 골목대장이 그러했듯이 동네 꼬마들을 거느리며 잘 어울리게 된다.

그러던 중 세상 최고의 훌륭한 아버지인 줄 알았던 형제는 아버지가 친구의 아버지에게 굽실거리는 것을 보고 충격을 받는다. 전쟁 전 가난하게 살던 시절, 누구나 겪었을 법한 어린이들의 추억을 다루고 있다. 영화가 흔치 않던 시절 영화를 찍어 돌려본다는 게 1932년 작이라고 하기엔 시대를 앞서간 에피소드다. 그러나 아버지가 익살스러운 모습으로 찍힌 영화를 보며 놀라는 어린이의 설정은 오즈 야스지로 감독다운 발상이다. 당시 서민들의 삶을 잘 보여준 이 영화는 《키네마순보》가 뽑은 그해 최고의 영화다. 오즈 야스지로 감독은 한때 유성영화 연출을 마다했었는데, 이런 소재의 영화라면 굳이 유성영화로 제작할 필요성을 느끼지 못했을 법하다.

■■■ 〈상해여 잘 있거라再會吧上海〉 1934

〈상해여 잘 있거라〉는 일제강점기 상해파 한국영화인 정기탁 감독의 최후의 영화다. 당시 중국의 최고 톱스타인 완령옥이 출연한 이 영화는 30년대 신여성의 삶을 그린 영화이다. 정기탁 감독은 1905년에 태어나 젊어서부터 영화배우로 활동하였고 1928년 상하이로 가서 안중근 의사의 일대기인 〈애국혼〉을 만들고 영화감독겸 배우로 활동하였던 그이다.

그는 1920년대부터 30년대까지 상하이에서 〈애국혼愛國魂(아이궈훈)〉, 〈화굴강도火窟鋼刀(훠쥐깡따우)〉, 〈삼웅탈미三雄奪美(싼슝뚜어메이)〉, 〈여해도女海盜(뉘하이따오)〉, 〈진주관珍珠冠(쩐주관)〉, 〈정욕보감情欲宝鑒(칭위뽀우젠)〉, 〈대파구룡산大破九龍山(따푸어쥬우룽싼)〉, 〈화소구룡산火燒九龍山(훠쏘우쥬우룽싼)〉, 〈은막지화銀幕之花(인무즈화)〉, 〈흑의기사黑衣騎士(헤이치쓰)〉, 〈광명지로光明之路(꽝밍쯔루)〉, 〈재회파상해再會吧上海(짜이후이바, 상하이)〉 등 12편의 영화를 만들었다.

그가 만든 영화들 대부분이 현재 찾을 수가 없다. 〈상해여 잘 있거라再會吧上海〉를 빼곤 모두가 분실된 상태인데 1934년 작인 이 영화가 유일하게 중국전영자료관에 남아있었다. 1995년, EBS 다큐멘터리 〈일제강점기의 영화〉를 제작하던 중 중국에서 최초 발굴하여 찾아낸 이 영화는 그 후 영상자료원에서 수입하였다. 그 후 논문으로도 발표하여 정기탁 감독은 초창기 한국영화사에서 뺄 수 없는 감독이 되었다.

그러나 그의 귀국 후 활동은 아직도 미스터리다. 그동안은 서라벌예술대학의 안종화 교수가 쓴 『한국영화측면비사』에 "~라 카더라"식의 자살설만 기록으로 남아있었다. 그것은 동료 촬영기사 손용진의 투고 기사를 보고 인용한 글이었다. 손용진도 목격한 것이 아니라 들은 이야기를 쓴 것이지만, 그것이 정기탁 감독의 죽음에 관한 유일한 기록이었다. 나는 그의 죽음이 자살은 아닐 것이라고 추정만 하고 있었다. 상하이까지 가서 적극적인 영화 활동을 하였던 정기탁 감독이 자살한다는 것은 생각할 수도 없는 일이었다.

그렇듯 그의 국내 자료는 너무도 부족하여 후속 연구가 이루어지지 않고 있는데, 정기탁 감독의 조카가 나의 네이버 카페를 방문하여 사진과 댓글을 남겼다. 정기탁 감독은 대동강에서 친구들과의 뱃놀이 중에 그만 사고사했다고 한다. 정기탁 감독 관련 방송과 논문 발표 후 무려 십수 년 만에 알게 된 일이다.

■ 〈읍형화泣荊花〉 1934

소씨邵氏 형제에 의해 설립된 천일영편공사 제작의 〈읍형화泣荊花〉는 소씨 형제가 연출한 1934년도 영화이다. 실질적인 쇼브라더스의 필모그래피의 제1호작이다. 백구영, 호접영, 대구하, 두려화가 극 중 양옥당 일가로 출연하였다. 영어 제목은 〈*Mourning of the Chaste Tree Flower*〉로 '눈물짓는 꽃'이라는 뜻이다. 1959년에 리메이크되었다. 그때의 영어 제목은 〈*Story of the Wronged Wif*〉로 '학대받는 아내'의 뜻이다.

창조기의 영화

■ 〈세 자매乙女ごころ三人姉妹〉 1935

나루세 미키오 감독의 35mm, 러닝타임 75분인 영화다. 호소카와 치카코, 쓰스미 마사코, 우메조노 류코가 출연하였다. 이 영화는 찰리 채플린의 영화 스타일로, 관객에게 웃음을 주며 1935년 영화로 보이지 않을 정도로 정교한 연출과 스토리 설정, 영화 기술이 돋보인다.

나루세 감독의 첫 유성영화로, 힘든 시기 험난한 인생을 사는 세 자매를 통해 당시의 시대상을 보여주고 있다. 술집에 술꾼들을 대상으로 샤미센을 연주해 팁을 받아 생활하는 오소메, 클럽에서 댄서로 춤추며 살아가는 치에코, 건달을 애인으로 두고 그를 숨겨주며 어려운 상황에 빠진 오렌 등 세 자매는 각기 처한 상황이 암담할 뿐이다. 그래도 나루세 감독은 이들 세 자매의 이야기를 통해 슬기롭게 살아가는 방법을 보여준다. 어려운 시절 힘들게 살아가는 서민 관객들에게 힘을 주고자 나루세 감독은 일관된 스타일로 영화를 만들어 보여주고 있다.

바닷가 공원에서 만나 서로의 사정을 이야기하는 자매들의 모습이나 땅에 떨어진 떡을 주워 먹는 장면, 구멍 난 버선이나 끈이 빠진 게다(나무 신발), 그러한 장면을 카메라에 담는 사진작가 등의 모습에서 당시 상황의 궁핍함이 절절하게 전해진다. 그래도 웃음을 잃지 않고 희망을 주는 스타일은 나루세 감독이 일관되게 추구하는 스토리텔링이다.

■ 〈아내여 장미처럼妻よ薔薇のやうに〉 1935

나카노 미노루의 〈두 아내〉를 원작으로 한 나루세 미키오 감독의 1935년 작 35mm 스탠더드, 러닝타임 74분의 흑백영화다. 치바 사치코, 이토 토모코, 하나부사 유리코, 후지와라 카마타리, 마루야마 사다오가 출연하였다.

기미코는 홀어머니와 함께 사는 혼인적령기의 신여성이다. 그녀의 아버지는 사금을 찾아 먼 시골로 갔으나 그곳에서 게이샤 출신의 여성과 딴 살림을 차리고 집에는 매달 소액만을 보내주고 있다. 어느 날 도쿄로 돌아온 아버지는 집에도 들리지 않고 다시 시골로 갔다. 기미코는 그런 아버지를 찾아가 만나는데 아버지는 삶을 포기한 채 부인인 오유키에게 얹혀사는 처지였다. 매달 보내주는 생활비도 사실은 오유키가 보내준 것이었다. 그동안 자신을 희생하며 남편과 본부인 가족까지 보살펴준 오유키에게 깊은 감사를 느낀다.

태평양전쟁 전 일본인들의 생활 단면을 잘 보여준 이 영화는 나루세 미키오 감독 최초의 유성영화이기도 하며 1935년 《키네마순보》가 선정한 1위작이다. 오즈 야스지로와 유사한 연출 스타일로 쇼치쿠에서 나온 나루세 미키오 감독은 P.C.L (토호의 전신)로 이적하여 이 영화를 연출하였는데, 이 영화는 미국에까지 수출되어 상영되었다. 나루세 미키오 감독은 1937년 이 영화의 주연을 맡은 치바 사치코와 결혼하였다.

■■■ 〈독생자獨生子〉 1936

오즈 야스지로의 35mm 스탠더드, 러닝타임 87분의 흑백영화다. 이이다 초코, 히모리 신이치, 하야마 마사오가 출연하였다.

주인공 료스케는 시골에서 자란 가난한 과부의 외아들이다. 면직 공장에서 일하며 료스케만을 바라보며 키운 어머니는 어려운 형편에도 불구하고 외아들은 중학교에 입학시킨다. 결국 료스케는 성장 후 어머니의 기대에 부응해 도쿄에서 대학을 졸업하고 그곳에서 살게 되고 야학선생으로 일한다. 어머니는 그런 아들을 보러 도쿄를 방문하는데, 아직도 가난한 삶을 살고 있는 자신의 처지가 죄송할 뿐이다. 그런 남편의 사정을 아는지라 부인은 기모노를 팔아 여행 경비를 마련하는데 이웃집 소년의 사고로 그 돈마저 빌려주고 여행은 취소된다. 전쟁 전 시기의 어려운 소시민의 삶을 다룬 이 영화는 감독의 따스한 시선으로 그들의 삶을 관망한다.

1931년 일본 최초의 완전 발성영화 〈마담과 아내〉 개봉 이후 오즈 야스지로는 유성영화 연출을 거부하다가 다큐멘터리 〈거울사자〉, 〈동경은 좋은 곳〉 등을 유성영화로 제작하였고 첫 유성 극영화로 이 영화를 연출하게 되었다. 한국에서도 어촌을 배경으로 유사한 내용이 김지헌 작가에 의해 쓰였고, 정진우 감독은 자신의 이야기를 바탕으로 연출하여 1963년 〈외아들〉을 완성하였다.

━ 〈무지개虹〉 1936

영남영화사 제작, 이규환 감독, 문예봉, 김소영, 독은기, 변종근, 손전 출연작이다. 〈무지개〉는 한국영화사상 첫 합작영화이다. 이규환 감독작으로 영남영화제작소가 각본·감독·출연·스태프를 담당하여 인건비를 부담하였고, 일본 닛카쓰日活의 기술지원으로 제작되었다. 이규환 감독으로서는 재정난도 해결하고 일본의 기술력을 빌리고자 자신의 인맥을 활용한 것이다. 그러나 첫 합작영화였던 만큼 여러 시행착오가 있을 수밖에 없었으며 우여곡절 끝에 완성되었다.

이규환은 생전에 이영일 영화평론가와 대담으로 신코키네마 우즈마사太秦 발성영화주식회사와의 합작 과정에 대해 소상히 회고하였다. 내용은 어촌의 노인을 주인공으로 한 가족사이다. 이 영화는 1936년 6월 30일 우미관에서 상영되었고 영화의 자막에는 영남영화제작소 제작, 교토京都 PCC 제공이라고 소개되었다.

━ 〈미몽(죽음의 자장가)〉 1936

이 영화는 현존 최고最古 영화이자 등록문화재 342호이다. 양주남 감독, 문예봉, 유선옥, 임운학, 조택원, 김인규, 이금룡이 출연하였다.

영화는 새장 안에 갇힌 새를 보여주며 시작된다. 허영기 많은 정희 엄마 애순(문예봉)은 데파트(백화점)에서 쇼핑을 일삼는데, 남편의 잔소리에 이혼을 주장하고 가출을 한다. 당시로는 상상치도 못할 일인데 비싸고 고급만을 찾는 그녀를 유심히 본 남자가 뒤쫓으며 그녀의 지갑을 훔친다. 그리고 되돌려주며 그녀를 유혹하고 순실은 남자와 동거를 시작한다. 조택원 무용가의 공연장에서 사라진 남자는 알고 보니 신사 강도였다. 애순은 남자를 신고하고 서울역까지 택시를 타고 가다가 열차를 놓쳐 다시 용산역까지 간다. 급히 가던 차는 사람을 치는데 바로 정희이다. 병원으로 옮겨진 정희는 비몽사몽간에도 엄마만을 찾는데 애순은 청산가리를 꺼내어 죽음으로 속죄한다. 뒤늦게 남편이 총을 들고 왔을 때 그녀는 이미 죽은 상태이다. 정희는 꿈

속에서도 어머니만 찾으며 잠꼬대를 한다.

〈미몽〉은 상당히 극적인 구성을 하였는데, 시나리오가 산만하여 설명이 부족하다. 아니면 보이는 필름이 단축된 상태이기 때문일 수도 있다. 주인공 애순 역의 문예봉 배우를 보며 문뜩 김지미 배우가 연상되었다. 이 영화는 2006년 중국전영자료관에서 발굴하여 복원되었다.

■■■ 〈나그네旅路〉 1937

이규환 감독과 그의 영화 스승인 스즈키 주기치가 공동 감독한 영화로, 1937년 4월 24일부터 5월 5일까지 명치좌와 우미관에서 개봉되었다. 이 영화는 홍찬이 설립한 성봉영화원의 단독 제작이 어려워지자 이규환 감독이 일본의 지원을 받고자 스즈키 주기치를 끌어들였고 일본의 신흥키네마가 합작하게 되었다. 합작의 형태는 한국에서 촬영하고 우리 배우들이 출연하고 일본에서 후반작업 일체를 하는 기술지원 형태이다.

■■■ 〈군용열차軍用列車〉 1938

이규환 원작, 서광제 감독의 〈군용열차〉는 한국영화사에서 세 번째 합작영화로 기록된다. 1937년 〈나그네〉를 제작한 성봉영화원과 일본의 도호영화사가 합작한 국책영화이다. 친일영화의 효시이며 내선일체를 소재로 일본인도 출연하였다. 일본의 기술지원을 받아 완성되었고, 명치좌에서 1938년 6월 29일부터 7월 3일까지 상영되었다. 일본에서는 1939년 11월 30일 개봉되었다.

■■■ 〈어화漁火〉 1938

〈어화〉는 안철영安哲永이 설립한 극광영화제작소의 제1회 작품으로 안철영이 제작·감독한 발성영화이다. 그는 독일 유학 후 귀국하여 이 영화로 데뷔한다. 러닝타임 52분의 이 영화는 극광영화제작소의 첫 작품인데 일본 측이 감수, 편집, 녹음, 음악, 미술, 현상을 담당하였다. 이 영화는 어촌을 배경으로 아버지의 빚 대신 첩으로 가게 되자 서울로 가서 우여곡절 끝에 기생이 된다는 여인 수난사이지만 주인공을 통해 당시의 여성관을 계몽적으로 보여준다.

이 영화의 여주인공 박노경과 스크립터인 전숙희는 이화여전 출신으로 엘리트였다. 필자는 전숙희 작가를 찾아가 이 영화에 대해 증언을 들을 수 있었다. 당시 그녀는 교수님의 추천으로 영화계에 입문하였지만, 결혼으로 후반작업까지 계속하지는 못했다고 한다. 〈어화〉는 합작영화는 아니지만, 기술적인 문제를 해결하기 위해 일본 쇼치쿠松竹키네마의 후원을 받았고 황금좌에서 1938년 10월 7일부터 10월 14일까지 상영되었다.

이 영화의 일부가 러시아의 영상자료원인 고스필모폰드에 있음이 확인되어 1998년에 한 권 분량을 한국영상자료원이 입수하였다. 이후 2004년 중국전영자료관에서 영화 전체를 발굴하여 한국영상자료원이 입수하였다. 1938년 조선일보사가 주최한 최초 국내영화제인 조선일보영화제는 '무성영화 베스트 10'과 '발성영화 베스트 10'을 관객 투표로 뽑았다. 〈어화〉는 3,907표를 얻어 '발성영화 베스트 10' 중 4위로 선정되었다.

■■■ 〈쓰루하치 쓰루지로鶴八鶴次郎〉 1938

나루세 미키오 감독의 105분짜리 흑백영화이다. 하세가와 가즈오, 야마다 이스즈, 후지와라 가마타리가 출연하였다.

주인공 쓰루하치와 쓰루지로는 한 스승 밑에서 동문수학한 동문이다. 둘의 콤비 공연은 나무랄 것 없는데 둘은 연습을 하며 곧잘 다투고 또 쉽게 화해도 한다. 그들은 서로를 잘 알고 누구보다도 아끼는 사이이지만 쓰루지로의 비수 같은 말에 쓰루하치는 맘 상하기 일쑤이다.

그런 어느 날 쓰루하치가 후원자의 아들에게 청혼을 받는다. 이를 들은 쓰루지로는 그동안 못다 한 사랑의 말을 고백하며 극장을 인수해 함께 공연하며 일생을 부부로 살자고 청혼한다. 쓰루하치도 흔쾌히 청혼을 받아들이는데, 쓰루지로가 후원자의 빚을 몰래 얻었다는 데 격분하고 파혼을 선언한다. 쓰루하치로서는 이렇게까지 화낼 일이 아님에도 화만 내는 못된 성격의 쓰루지로와 결혼은 불가능하다고 생각해 파혼에 동의한다.

그리고 쓰루지로는 술로 세월을 보내는데, 2년 후 쓰루하치와의 공연을 제의받아 다시 연습을 시작한다. 두 사람의 공연은 다시 사람들의 주목을 받고 쓰루하치는 결혼생활을 청산하는 한이 있더라도 쓰루지로와 공연하며 살 것을 고백한다.

쓰루지로는 다시 트집을 잡아 쓰루하치와 싸워 둘은 영원히 이별을 한다. 이는 자신으로 인하여 파경을 맞는 것은 막으려는 쓰루하치를 향한 쓰루지로의 진정한 사랑의 표현이었다. 사랑하기에 헤어진다는 어느 말처럼 이들의 사랑은 그렇게 승화되어 표현되었다. 나루세 미키오 감독은 차분하면서도 간결하게 두 사람의 마음을 잘 표현해 보여준다.

━ 〈국기 아래서 나는 죽으리〉 1939

이 영화는 1998년 러시아 고스필모폰드 필름아카이브에서 발견되어 국내에 입수되었다. 현재 9분가량이 남아있는데 가뭄을 극복하자는 식의 이야기로 총독부 정책에 동참하자는 친일영화다.

이 영화의 제목은 여러 가지로 소개되고 있다. 우선 1939년 5월 12일 《동아일보》 기사에는 〈국기 밑에 나는 죽으리〉로 소개되고 있다. 그 후 이영일 선생은 〈국기 밑에서 나는 죽으리〉, 김종원 교수는 〈국기 아래서 나는 죽다〉, 〈국기 아래서 나는 죽는다〉 두 가지로 소개한다. 김수남 교수 역시 이 글을 인용하며 두 가지를 모두 소개하였다. 영화연구가 김종욱은 〈국기 아래 나는 죽는다〉로 소개하였다. 이런 현상은 국어 제목에 의거해 소개하지 않고 일본어 제목을 번역하며 생긴 일이다. 이 영화는 전형적인 친일영화로 이익 감독의 연출작이다.

━ 〈일하는 가족はたらく一家〉 1939

나루세 미키오 감독의 흑백영화로, 러닝타임은 65분이다. 도쿠가와 무세이, 혼마 노리코, 우부카타 아키라가 출연하였다.

인쇄소에서 일하는 초로의 아버지인 이시무라는 모두 11명의 가족이 있다. 당연히 삶은 궁핍하고 장성한 큰아들 기이치는 집을 떠나 독립할 생각뿐이다. 그런 상황에서 동생들은 미래의 꿈을 안고 힘들지만 참고 살아간다. 이시무라는 아버지에게 독립의 뜻을 비치지만, 이시무라는 아랑곳하지 않고 아들의 의지를 묵살해 버린다. 하지만 그 역시 고민되기는 마찬가지이다. 그는 이시무라의 선생과 이 문제를 의논한다.

비 내리는 어느 날, 기이치와 함께 모두 모여 이 문제를 이야기하는데 기이치는 장남으로서 부끄러운 자신의 모습에 그만 눈물을 흘리고 만다. 함께 나가 차라도 마시자고 제안하는 선생을 따라나선 기이치는 스스로 이 문제를 감당하고자 결심한다. 영화는 나루세 미키오 특유의 해피엔딩으로 마무리되며, 세 아들은 어쨌든 세상은 살 만한 것이라고 재주넘기를 하며 가족 간의 위로로 훈훈하게 끝이 난다. 나루세 감독은 비를 통해 가족의 어려움을 강조하고 비 갠 날의 따스함으로 가족애를 표현해 보여준다.

암흑기의 영화

■ 〈경성〉 1940

히로시 시미즈가 감독하고 조선총독부가 제작한 문화영화다. 철도국이 제작한 홍보 선전영화인데, 1940대의 서울의 모습이 흥미롭게 펼쳐진다. 명동성당은 일본인들이 살던 명치정에 세워진 성당이다.

영화는 서울시청, 지금의 신세계 백화점, 한국은행, 종로, 서울역 등의 장면을 보여준다. 그는 아무래도 선전영화 제작에는 익숙하지 않거나 아니면 자신의 고집으로 결코 선전영화답지 않은 내용으로 영화를 이끌어간다. 그저 담담히 옛 서울 경성을 보여줄 뿐이다. 영화는 24분에서 끊겼다. 불완전 버전이다. 일본인들의 시각에서 미지의 도시와 같은 조선인들이 살던 곳, 경성은 지금과 너무도 다른 환상과 연민의 감정을 전해주는 곳이었다.

■ 〈떠돌이 배우旅役者〉 1940

나루세 미키오 감독의 35mm 스탠더드, 러닝타임 71분의 영화이다. 후지와라 케이타, 야나기야 칸, 다카세 미노루가 출연하였다.

제국주의 전쟁 시기, 지방의 떠돌이 극단은 말 인형 공연으로 근근이 명맥을 잇고 있으나 흥행이 부진하다. 말 인형 공연은 두 명의 대역배우가 각각 앞다리 역, 뒷다리 역을 맡고 있다. 이 두 배우 역시 힘들게 생활하는데 어느 날 극단주 나카무라는 유명 배우를 초청해 새로운 공연을 시도한다. 그러나 예산이 없어 그는 마을의 떠버리 이발사를 꼬드겨 투자도 유치하고 홍보도 계획한다. 이발사는 이를 선선히 승낙하고 함께 술을 마시고 취해버린다. 공연장 소품 창고에서 취해 잠든 이발사는 말 인형을 망가뜨리는데, 이로 인해 공연 자체가 불가능하게 된다. 그는 망가진 말 머리를 수리하지만, 이미 말이 아닌 여우 모양이 되어 두 대역 배우는 난감해한다.

그래서 나카무라는 진짜 말을 빌려 무대에 세우는데, 이 공연이 성공하며 두 배우는 실업자 신세가 된다. 나카무라는 이들에게 말을 관리하라고 꼬드겨서 두 배우는 졸지에 말 관리사가 된다. 그런데 살아있는 말이 공연 중 사고를 치고 결국 극단은 난감한 상황에 빠진다. 동네 아낙네들이 찾아와 당신들의 말 연기를 보고 싶다고 하자, 그들은 자신들의 말 연기와 비교해 보라며 진짜 말을 풀어놓고 말 인형을 쓰고 말을 따라 뛰어간다. 다소 우스꽝스러운 엔딩이지만 어렵고 힘든 세월을 참고 살아보자는 해학적인 내용을 담고 있다.

▬ 〈수업료〉 1940

고려영화 남대문촬영소 이창용 제작, 최인규 감독의 영화로, 이명우 촬영, 양주남 녹음(아래의 촬영현장 사진을 보면 동시녹음임), 스스키다 겐지, 정찬조, 김종일, 복혜숙, 독은기, 김신재, 문예봉, 김일해, 전택이 출연작이다.

수원의 소학교 4학년생 우영달은 할머니와 함께 살고 있다. 부모가 집을 떠나 행상을 떠났기 때문이다. 집세는 밀리고 수업료마저 석 달 치가 밀려 학교에서 선생님에게 독촉을 받는다. 학교도 못 나가는 처지가 된 영달은 할머니로부터 평택에 사는 큰어머니 집에 다녀오라는 말을 듣고 집을 떠난다. 걸어서 60리 길을 가서 쌀과 돈을 얻어 돌아와 선생님에게 수업료 2원을 드린다.

가난을 극복하자는 선생의 말처럼 당시 극빈 가정을 통해 위기 상황을 극복하자는 메시지의 영화이다. 행상 나간 부모가 돌아오며 영화는 해피엔딩으로 끝난다. 결국 참고 살다 보면 좋은 날이 온다는 격인데 일제 치하에서의 삶의 방식을 전하고 있다. 중국에서 필름을 찾아내 복원한 영화이다.

▬ 〈지나의 밤支那の夜〉 1940

이향란(리샹란)이 주연한 친일 권장영화이다. 그녀는 일본인이나 만주에서 성장해 중국말이 자유로워 어용배우 역에 적격이다.

중국을 침공한 일본이 상하이를 점령하고 있을 1940년 시절, 전쟁 통에 고아 아닌 고아가 된 그녀를 일본인 해군이 돌봐준다. 결국 결혼에 이르고 두 사람은 떼려야 뗄 수 없는 사랑을 확인한다는 내용인데, 무슨 이야기인지는 극 중에서 남주인공의 대사로 직접 나온다. "중국인과 일본인이 얼마든지 잘 살 수 있다는 것을 보여주자!" 이쯤이면 이 영화가 왜 제작이 되었는지 극명하게 알 수 있다. 노래로도 히트한 이 영화의 주제가는 우리나라에도 많이 알려져 있다.

■ 〈그대와 나君と僕〉 1941

조선총독부 제작, 허영 감독, 문예봉, 이향란, 김신재, 서월영, 최운봉, 이금룡, 황정순, 석금성, 김정구 출연작이다. 한민족으로 살자는 내선일체를 메시지로 하는 전형적인 어용 선전영화이다. 2009년 4월, 일본의 내셔널필름센터에서 입수하였고 24분 분량만 남아있다. 이 필름은 이마지카현상소에서 복사하여 가져왔고, 이전에는 일본의 다큐멘터리 감독이 소장했었다.

■ 〈머리 장식핀簪〉 1941

히로시 시미즈 감독작으로, 다나카 키누요, 류 치슈, 카와사키 히로코가 출연하였다. 이 영화는 온천장을 배경으로 벌어지는 일본 소시민들의 일상을 담담히 그려내고 있다.

휴양 온 주인공 난무라는 온천욕을 하던 중 머리핀에 찔리는 사고를 당한다. 머리핀의 주인인 에미는 멀리 도쿄에서 사과하러 다시 찾아오고, 난무라의 상처를 돌보며 그곳에 기거한다. 난무라의 상처가 나아서 도코로 돌아가자 에미도 그곳을 떠나야 하지만 선뜻 떠나지 못하고 남는다. 다소 지루한 내용이지만 주변 인물들의 개성을 주어 잔재미를 주는 영화다.

저예산으로 만들었지만 전쟁의 상황에서 이러한 내용을 그려내며 관객들의 숨통을 틔워주었을 것이다. 군국주의나 선전영화의 반대편에서 사람들의 살아가는 이야기를 다룬 감독의 의도는 높이 살만하다. 대사에도 나오지만 "이런 시국에 반찬 타령을 하는 것은 그렇지만 주인께 건의해 보자"라는 말은 새삼스럽다. 그러나 곧 "월세도 제대로 내지 않고 사는 주제에 무슨 말을 할까?"라는 자조적인 말을 하는데 이는 감독의 변명처럼 들린다.

■ 〈반도의 봄〉 1941

명보영화사 제작, 이병일 각본·감독, 김일해, 김소영, 서월영 출연작이며 러닝타임은 84분이다. 일제강점기의 영화를 본다는 것은 내용은 그렇다 치고 당대의 풍물을 보는 즐거움이 있다. 이 영화가 흥미로운 것은 당시 영화계(판)를 소재로 하고 있다는 점이다. 여주인공 정희가 악단 반주로 노래하는 장면도 흥미롭지만 〈춘향전〉이라는 영화를 제작하면서 제작 예산이 없어 집주인에게 야단맞고 개런티 없이 촬영하던 여배우가 출연을 거부하고 제작이 중단될 뻔하는 등의 고초를 겪다가 결국 영화를 완성하고 동경으로 영화 시찰을 가는 가면서 영화는 끝난다. 지금도 마찬가지지만 당대 어려웠던 영화 제작의 상황이 절절히 와닿는다.

■■■ 〈복지만리〉 1941

〈복지만리〉는 고려영화협회와 만주영화협회가 합작했으며 전창근 감독의 데뷔작이다. 전창근 감독은 정기탁 감독과 함께 상해파 영화인으로 활동하였고, 1940년에 귀국하여 이창용과 함께 이 영화를 기획한다. 이는 그가 상하이에서 인성학교 교사로 근무하며 김구 주석의 임시정부와 관련된 활동에 대한 사면용일 수 있다. 이 영화는 만주로의 이민을 장려하는 영화로 고 신상옥 감독도 증언했듯이 어용영화이다.

내용을 보면 만주로 이주한 한국인들이 벌목작업을 하며 힘들게 살면서 벌어지는 작부들과의 갈등이다. 주인공은 같은 민족끼리 서로 도우며 살아가자며 작부와 결혼을 하고 작부들도 이민 사업에 적극적으로 동참하게 된다. 전창근 감독이 이 영화를 완성한 뒤 일경에 체포되었다는 것은 다른 일과 관련된 일로 왜곡된 것이다. 어용영화를 감독했는데 체포당했다는 것은 어불성설이다. 이 영화는 1941년 3월 22일 개봉하였고 "달실은 마차다 해실은 마차다"로 시작되는 〈복지만리〉의 주제가도 큰 인기를 얻었다.

■■■ 〈지원병志願兵〉 1941

동아영화제작소 최승일 제작, 안석영 감독, 이명우 촬영, 최운봉, 문예봉, 이금룡, 김일해 출연작이며, 러닝타임은 56분이다. 일제강점기 지원병 모집을 위한 선전영화로, 이때만 해도 한국어 발성이었다. 부분적으로는 일본어 대사도 있다. 내

용은 일본 군인이 되고 싶지만 불가능하여 농사를 짓던 춘호가 가족을 비롯하여 혼인을 앞둔 분옥과 갈등을 겪다가 일본군 입대가 허용되자 기꺼이 자원한다는 내용이다.

미나미 총독에게 이 한 편을 바친다는 자막으로 시작되는 영화답게 "이젠 조선인도 군인이 될 수 있소", "나라를 위해서 군인이 되세요" 등 일본인 입장에서의 멘트를 주인공을 통해 전하고 있어 보는 내내 불편하다. 분옥의 아버지는 춘호가 군대에 간 동안 그 집을 돌봐야겠다고 한다. 영화는 억지로 꿰어 맞춘 설정으로 내내 황당하다.

춘호는 "뒷일은 걱정 마세요"라는 분옥의 환송을 받으며 기차를 타고 전선으로 떠난다. 그의 앞에 펼쳐질 운명은 과연 무엇일까? 멀어져가는 기차를 바라보는 분옥의 얼굴은 담담하기만 하다. 삽입곡 〈지원병의 어머니〉 등이 불렸고 일본에서 먼저 개봉되었다. 안석영 감독은 이 영화를 감독하며 친일영화인에서 벗어날 수가 없게 되었다.

■■■ 〈하와이·말레이 해전ハワイ·マレ―沖海戦〉 1942

도호 제작, 야마모도 가지로 감독작으로, 일제 해군의 전쟁 승리를 선전하는 영화이다. 이 영화는 극영화이지만 다큐멘터리를 연상시키는 생생함이 있다. 당시 정교한 세트 촬영으로 만들어 낸 영화로 DVD가 출시되어 있다.

■ 〈꽃피는 항구花咲〈港〉〉 1943

기노시타 케이스케 각본·감독의 82분짜리 흑백영화다. 그는 구로사와 아키라 감독보다 두 살 아래인데, 1912년에 태어났고 구로사와 감독과 같은 해 〈스가타 산시로〉로 데뷔하였다. 둘은 훗날 라이벌 관계로 발전했는데, 1998년 같은 해에 타계하였다. 둘 다 일본적인 소재를 다루고 있지만 스케일과 개성의 차이 때문일까? 구로사와 감독과 비교했을 때 지명도에서도 그만큼 밀린다. 그러나 최고령 연출 감독으로 그만의 저력도 만만치는 않다.

〈꽃피는 항구〉는 태평양전쟁 시기 어느 섬마을에서 일어나는 평상적인 일상을 통해 군국주의를 선전하는 영화다. 당시에는 국가 이념이나 애국심을 다룬 것이겠지만 하와이의 적함 4척을 침몰시켰다고 만세를 외치는 장면에서는 실소를 금할 수 없다.

기노시타 케이스케 감독은 훗날 〈스물네 개의 눈동자〉 등의 영화를 통해 군국주의를 반대하는 영화를 만들게 된다. 당연한 이야기이지만 시대의 흐름 속 변화가 아닐까 싶다. 데뷔 후 20년간 40여 편의 다작을 연출하였고, 한동안 TV 드라마를 제작하였으며 1988년 〈아버지〉란 영화를 감독하였다.

■ 〈조선해협朝鮮海峽〉 1943

조선영화주식회사 제작·배급, 박기채 감독작으로, 당대의 톱스타들이 총출연했다. 부모의 반대로 결혼식을 올리지 못하고 지원병으로 전선에 나간 남자와 출산을 한 여자의 이야기를 줄거리로 일본제국을 위해 수훈을 세우자는 어용영화의 대표작이다. 전쟁으로 조선인들을 내몰기 위해 기획된 영화로, 참으로 안타까운 내용이다.

이러한 영화를 만들 수밖에 없었던 당시 영화인들의 심정은 어떠했을까? 당시를 살았던 강계식 배우는 일을 하나라도 더하려고 일본말만 쓰던 친일파 영화인들에 대해 개탄했다. 중국 전영자료관에서 발굴해 온 영화이며 원래는 장춘영화촬영소 창고에 있었던 필름이다.

■ 〈망루의 결사대望楼の決死隊〉 1943

1943년 4월 29일에 개봉한 〈망루의 결사대〉는 이마이 타다시 감독, 타카다 미노루, 하라 세츠코, 김신재, 전옥, 주인규, 전택이가 출연한 영화이다.

만주국경인 만포진에는 국경경비대가 주둔하고 있다. 그곳에서 독립군을 지칭하는 마적단과의 대립을 통한 국경수비대의 활동상을 보여준다. 그곳에서 벌어지는 전투는 마적단 소탕이라고 하지만 결국 우리 독립군들을 토벌하는 이야기이다.

이 영화는 일제강점기의 영화로 한국영화라고 등록되어 있지만, 일본영화 역사에서는 일본영화로 편입되어 소개되고 있다. 그러니 이 영화는 일본인들이 제작 주체로서 제작비를 투입해 감독, 스태프, 주요 배역 등을 일본인들로 구성한 후 일본으로 초빙하여 한국에서 촬영한 일본영화이다. 한국인들에게 보여줄 선전영화이기에 한국에서 촬영하고 한국인들을 동원했을 뿐이다.

참여한 한국인들은 강제 동원되었을 뿐이고, 한국인을 대상으로 제작되었기에 이용된 것뿐이다. 일본영화사 관련 책을 보며 새삼 왜곡된 한국영화사에 비애를 느낀다. 일본감독과 스태프에 의해 만들어진 일본영화가 그동안 한국영화로 위장되어 소개되었던 것이다.

■ 〈젊은 모습若き姿〉 1943

1943년 12월 1일에 개봉한 〈젊은 모습〉은 조선영화주식회사의 두 번째 제작 영화로, 일제가 한국인을 대상으로 제작했던 영화이기 때문에 한국인들을 동원하여 합작한 영화이다. 도요다 시로 감독 등 일본인들이 각본·감독 및 주요 스태프로 참여하였다. 모리가쿠코, 나가타 야스시, 마루야마 사다오, 복혜숙, 문예봉, 황철, 이금룡, 서월영, 남홍일 등이 출연하였다 일제의 전쟁에 동원된 지원병들의 활약을 그린 군사 영화이며, 태평양전쟁 당시 일제가 한국의 젊은 청년들을 전쟁터로 끌어내기 위해 제작된 어용영화이다.

▬ 〈초롱불 노래歌行燈〉 1943

나루세 미키오 감독의 35mm 스탠더드 93분 길이의 흑백영화이다. 하나야기 쇼타로, 야나기 에이지로, 오야 이치지로가 출연하였다.

일본의 가부키能 배우인 주인공 기타하치는 양아버지이자 스승인 겐자부로를 모시고 여행 도중 승객으로부터 유명 배우인 소잔에 대해 듣는다. 그는 소잔을 찾아가 소리로 승부를 겨루었는데, 소잔이 패하며 모욕감에 자결한다. 이 일로 기타하치는 겐자부로와 갈라져서 홀로 여행을 하며 노래를 부르는 거리의 가수가 된다. 그러던 어느 날 소잔의 딸이 게이샤로 팔려왔다는 소식을 듣고 그녀를 찾아와 만나게 된다. 기타하치로는 소잔에 대한 죄책감에서 벗어나기 위해 게이샤 교육을 하던 중, 음악에 소질이 없다는 그녀의 고백을 듣고 그녀에게 자신의 장기인 가부키 춤을 전수한다.

자신감을 갖게 된 그녀는 능숙한 가부키를 선보이며 게이샤로서 자리 잡게 되는데, 우연히 겐자부로 앞에서 춤을 선보이고 기타하치도 합석하여 함께 노래를 한다. 이를 통하여 모든 갈등은 풀리고 화해를 하게 된다. 나루세 감독은 전통문화 가부키를 소재로 한 영화를 만들며 인간과 기예를 섬세하게 보여준다. 다만 후시녹음으로 인해 북소리가 어긋난 점이 옥에 티다.

▬ 〈가장 아름답게-番美し〈〉 1944

구로사와 아키라 감독의 두 번째 연출작으로, 렌즈를 생산하는 공장 여공들의 눈물겨운 노동 생산 장려영화다. 전쟁의 군수물품 증산운동이 시작되어 남공들은 100%, 여공들은 50%의 증산 목표가 발표된다. 그러자 여공들이 반발하여 남공들과 같은 100% 증산대열에 합류하겠다고 하고, 그를 이루어 내기 위해 밤잠을 안자고 실천하는 여주인공의 전쟁 아닌 전쟁의 사투를 그려낸다. 시골에 계신 어머니가 돌아가셨어도 그녀는 공장에 남아 일하는 모습을 보여주는데, 이는 가미카제나 옥쇄의 또 다른 행태로 선전·선동극의 전형이다.

전쟁 말기라 이러한 선전영화가 필요하여 구로사와 감독 역시 감독 생활을 영위하고자 어쩔 수 없는 선택이라고 보이는데, 그가 극우파 감독이라는 것을 상기해 보면 크게 놀랄 일도 아니다. 북한 선전 선동영화의 규범으로 보였을 법한 영화다.

■■ 〈돌아온 남자還って来た男, Returned Man〉1944

가와시마 유조川島雄三 감독의 데뷔작으로 35mm, 러닝타임 67분의 흑백영화다. 사노 슈지, 다나카 기누요, 류 치슈가 출연하였다. 이 영화는 태평양전쟁 시기에 만들어진 영화로, 전쟁을 배경으로 제대한 군의관이 사회로 돌아와 여성을 만나고 겪는 일주일간의 에피소드를 그렸다. 남녀관계를 통해 다소 경직된 사회에 감독이 던지는 따스한 시각의 이 영화는 제대 군인인 주인공을 통해 담담히 밝은 분위기를 보여준다.

제대 군인이 결혼적령기 여성과 만나 예견되는 상투적인 스토리의 영화로, 이는 다분히 의도된 설정이다. 이는 남녀 간의 관계 형성을 통해 당시 사회상과 상관없이 인간 본연의 모습을 그려내며, 사회적인 일탈을 위한 스토리텔링을 보여준 것이다. 이러한 경향은 전쟁 중이라는 상황에서 흔히 볼 수 없는 내용으로, 반파쇼적인 가와시마 감독의 의중을 은근히 보여준 것이다.

가와시마 감독은 이 영화의 시나리오작가 오다 사쿠노스케와 함께 '일본경조파'를 결성한다. 경조파란 경조부박軽佻浮薄에서 나온 말로, 말하고 행동하는 것이 신중하지 못하고 가볍다는 뜻이다. 〈돌아온 남자〉는 가와시마 유조 감독의 경쾌한 영화 세계를 알린 첫 영화이다. 가와시마 유조 감독은 전쟁 중이라고 하더라도 인간 본연의 꿈과 영화의 기본 정신을 보여준 것이다.

그는 데뷔작의 영향으로 데뷔 초에는 코미디 감독으로 자리매김한다. 우리나라에서는 김수용 감독이 그러한 전철을 밟았고, 그 역시 〈돌아온 사나이〉란 영화를 감독하였다. 〈돌아온 사나이〉는 모파상의 소설 『귀향』을 각색한 영화로, 〈돌아온 남자〉와 내용은 다르다.

■■ 〈병정님兵隊さん〉1944

조선영화주식회사 제작, 조선군보도부 작품, 방한준 감독, 이금룡, 전옥, 김일해, 김한 출연이며, 원제는 〈헤이따이상兵隊さん〉으로 일본어 발성의 99분짜리 영화이다.

이 영화는 지원병을 모집하기 위해서 제작되었다. 강제 징병당한 청년들의 무운을 비는 부모들이 설정되어 일본군 육군에 입대하여 훈련받는 청년들의 모습을

긍정적으로 보여주고 있다. 긍정적이라 하면 자유롭게 외출도 하고 배불리 먹고 좋은 피복을 받고 인간적인 훈련을 받는 과정을 보여주기 때문이다.

그러나 당시 실제의 상황은 이와 달랐을 것인데 군 홍보 차원에서 만들어진 영화이기 때문에 모든 것이 다 좋게 그려져 있다. 촬영 지원은 당연한 것이고 그들의 입맛에 맞게 제작되어 그해 6월 성보극장에서 개봉되었다.

엔딩에서 주인공은 전선 배치를 원하지만 훈련소에 남아 후배들을 가르치기 위한 조교로 남게 된다. 그래서 중대장을 찾아가는데 일본을 위해 목숨 바치기를 원한다는 장면에서는 기가 막힐 뿐이다. 엔딩은 행군하여 전선으로 떠나는 장면이다. '과연 그들은 어떻게 되었을까?'라는 생각이 절로 드는데 당시라고 생각이 다를 리 없었을 것이다.

황국신민으로서의 자발적 참전이라니 이걸 보고 보통의 사람들이 감동받을 리가 없다. 결국 우민화 정책의 일환으로 제작된 선전영화이다. 방한준 감독은 당대 실력을 인정받아 이 영화에 감독으로 차출되었는데, 이로 인해 친일영화인이란 오명을 벗을 수 없게 된다.

■ 〈사랑과 맹서愛と誓ひ〉 1945

조선영화주식회사 작품으로 최인규가 감독했다. 영화는 일본의 도호영화사 로고로 시작되며 일본영화라는 것을 입증하는데, 일본해군성의 검열도 받았다. 도호영화사 응원이라고 하며 관객들에게 혼선을 준다. 이는 관객들을 의식해서 도호 응원이라는 표현을 쓴 것으로 추정된다. 일본 도호영화사와 합작은 아니나 응원이라는 의미는 합작과 다름없다는 것이다. 이는 한국영화 목록 중 불명예스러운 영화로 일제강점기 말기의 전형적인 어용영화다. 이 영화는 입본에서 발견하여 입수되었는데, 현재 합작영화에 포함되어 있다.

이 영화는 일본배우 일색이며 주요 스태프 역시 일본인들이다. 단역 혹은 엑스트라 동원을 위해 한국인들이 강제 동원된 영화다. 비교적 안정적인 연출력을 보여주고 있는데, 자료 화면이기는 하지만 태평양전쟁 장면이 나오고 공중의 가미카제神風 O전투기도 나오는 전쟁대작이다.

1945년경의 서울 풍광이 볼거리로 등장하는데, 일본인과 한국인이 주인과 머슴처럼 보이고 은연중 한국인을 교화하려는 대사와 연출이 눈에 거슬린다. 한국인을 대상으로 만든 영화이기 때문에 당대를 살았던 피지배인 한국인들의 삶이 어떠했는지 미루어 짐작할 수 있다.

영화는 무라이의 양자로 들어가 가미카제로 희생된 한국인 이야기를 중심으로 펼쳐져 나간다. 그를 이상적인 내선일체형 인물로 중시하며, 또 다른 양자 김 군에게도 이를 은연중 강요하며 영화는 한국인들을 교화하려는 목적을 서슴없이 드러낸다. 이런 영화가 한국영화 목록에 들어갈 수는 없다. 일본영화에 한국인들이 강제 동원된 명백한 위장 합작영화인 것이다.

〈사랑의 맹서〉는 〈가미카제의 아이들〉와 같은 영화인데 비슷한 내용으로 혼선을 빚은 〈태양의 아이들〉과 〈사랑과 맹서〉는 과연 같은 영화일까? 두 편 모두 비슷한 내용을 다룬 최인규 감독의 어용영화이지만, 개봉 날짜도 다르고 출연진도 다른 엄연히 다른 영화이다. 아마도 〈사랑과 맹서〉는 〈태양의 아이들〉 이후 일본제국 해군성의 적극적인 지원을 받아 제작한 영화일 듯싶다. 그러니 내용도 더욱 친일화되었고 과격해져 갔을 것이다.

■ 〈(속) 스가타 산시로續姿三四郎〉 1945

구로사와 아키라 감독이 35세에 만든 세 번째 영화로, 러닝타임은 82분이며 그의 데뷔작인 〈스가타 산시로〉의 속편이다.

영화의 배경은 메이지 20년인 1887년으로 전편의 5년 후 상황이다. 전편에서 스가타 산시로(후지타 스스무)에게 진 가라테의 고수 히가키 겐노스케의 동생들이 복수하러 도장으로 찾아온다. 스가타는 결국 대결하지 말라는 도장의 규율을 어기고 이들과 대결을 벌인다. 눈 내리는 산에서의 대결은 주인공의 승리로 끝나고 그들 형제를 보살펴주는 자애로운 스가타 산시로는 덕을 갖춘 무술인으로 거듭난다.

영화를 보며 왕우가 감독한 1970년 작 〈용호의 결투〉가 절로 떠올랐다. 비디오가 없던 시절이라 왕우가 이 영화를 보았는지는 모르겠으나, 적어도 각본을 쓴 작가는 이 영화에서 영감을 얻지 않았나 싶다. 두 영화 사이에 25년의 차이가 있지만 그만큼 거의 표절에 가까운 대본으로 주요 장면은 닮아있다. 주인공이 대결하는 설원의 풍경과 가라테의 고수들의 헤어스타일이며 액션이 닮아있고, 이런 설정은 후에 만들어진 정창화 감독의 〈철인(죽음의 다섯 손가락)〉에서도 보인다. 참으로 지대한 영향이다.

또 이 영화에서는 외국인들(모두 미국인이다)과의 대결이 보이는데 영화 속에서나마 일본인의 자존심을 살리고자 했던 극우파 감독 구로사와의 민족주의 색채를 보여준다. 이런 타 무술과의 대결 장면은 홍콩영화에서 그대로 재연되는데, 대표적인 것이 1970년 왕우 감독의 〈용호의 결투〉 외에도 1971년 장철 감독의 〈마영정〉이다. 〈스가타 산시로〉에서 유도와 권투의 대결이 〈마영정〉에서는 레슬러와 쿵후의 대결로 나온다.

가라테 액션이 다소 유치해 보인다는 흠에도 불구하고, 이 영화는 긴장감의 완급을 조율하며 유도인의 성장을 보여주는 액션영화의 모범작이다. 신인 감독이 무술이라는 색다른 소재로 실험적인 영화를 만들었고 더구나 이 영화가 지금으로부터 76년 전에 만들어졌다는 것이 놀랍기만 하다.

▬ 〈호랑이 꼬리를 밟은 사나이들虎の尾を踏む男達〉 1945

구로사와 아키라 감독의 초기작이며 첫 시대극으로 59분의 짧은 영화다. 태평양전쟁 말기 당시 물자 사정으로 인해 극영화도 시간이 단축되어 제작되었다고 한다.

내용은 12세기 말 가마쿠라 막부의 무장 미나모토 요시쓰네가 형의 추격을 피해 도피하면서 벌어지는 휘하 무사들의 주군을 지켜내는 무용담이다. 호위병 무사들은 승려로 변장하여 도망하며 검문을 피하는데, 결국 추격자들의 조사를 받게 되고 지혜롭게 그곳을 빠져나온다. 단순한 이야기에 재미를 주기 위해 당시 최고의 인기 코미디언인 에노모토 겐이치가 짐꾼으로 설정되어 흥미를 더한다.

이 영화의 원작은 일본의 전통예능극인 노 〈아타카〉와 가부키 〈권화장〉으로 신인 감독의 실험적인 연출이다. 신이 간결한데 도호영화사의 뒷산에서 찍은 저예산 영화다. 주군을 위해 희생한다는 신하된 도리는 언뜻 평범한 교훈으로 보이지만 패전 후 천황을 보위하여야 하는 일본인들의 주위를 환기시키기 위한 영화라는 느낌을 지울 수 없다. 즉, 제목인 '호랑이 꼬리를 밟은 사나이들'은 곧 일본인들을 지칭하는 말로 들린다. 이는 억측이 아니라 당시가 패전 직후의 일본이라는 것을 상기해 보면 답은 간단하다. 패전 후 국주수의자이며 천황이 보통 사람임을 선언한 직후라면, 구로사와 감독이 가졌던 생각이 어떠했는지를 미루어 짐작할 수 있다. 지난 시절의 이야기라 누구도 이런 생각을 하지 않겠지만, 분명 이 영화는 상당히 노골적인 영화다.

이 특별한 의미의 영화 촬영 현장을 관광객 자격으로 존 포드 감독이 와서 구경했다고 한다. 마냥 일본적인 영화로만 생각한 존 포드 감독은 이 영화의 촬영 현장을 낭만적으로만 생각했을 것이다. 당시 이를 갈며 복수의 심정으로 영화를 만들었던 구로사와 감독의 심정을 알지 못했을 것이다.

쇠퇴기의 영화

―

■ 〈우리 청춘 후회없다わが青春に悔なし〉 1946

구로사와 아키라 감독작으로, 110분 길이의 영화다. 학생들의 거센 시위 장면이나 농촌에서의 활기찬 모습은 구로사와 특유의 박진감 있는 연출로 실감 나게 묘사되고 있는데, 이는 실화를 바탕이며 미군정GHQ의 도움으로 제작되었다. 이 영화는 구로사와 감독이 노골적으로 정치 성향을 보인 반전영화다.

소화 8년(1933년) 전쟁의 암운이 드리운 그 시절 교토대학생인 야기하라 유키(하라 세츠코)는 교수인 아버지의 제자 중에서 노게 류키치(후지타 스스무)와 이토가와를 마음에 두고 있다. 이토가와가 모범적인 학생인 데 반해 노게는 이상을 중시하는 반전주의자로서 결국 학생운동으로 학교를 그만두고 사회에 나가서도 반전운동을 벌이다가 수감되어 5년 형을 살고 나온다.

몇 년 후 노게를 잊지 못하고 지내던 유키는 도쿄에서 노게를 다시 만나 운명적인 사랑임을 느끼고 동거를 시작한다. 그러던 어느 날 노게는 경찰에 끌려가 스파이로 몰려 옥중에서 죽고 만다. 현실과 이상 사이에서 두 사람은 이상을 택했지만 군국주의 현실은 두 사람을 놔두지 않았다. 거대한 역사의 흐름에 반하는 노게의 행동은 당시로써는 용서받지 못할 행동이었다.

유키는 유골을 안고 그의 고향으로 가서 그의 부모님에게 함께 살 결심을 밝힌다. 시부모들은 그녀의 그런 행동을 만류하지만 유키는 뜻을 굽히지 않는다. 시골 생활에 익숙하지 않은 그녀이지만 그녀는 시부모를 공양하며 새로운 삶을 시작하는데 마을 사람들은 그런 그녀를 따가운 시선으로 대한다. 스파이 집이라며 모내기를 마친 논을 망쳐놓는 박해에도 불구하고 그녀는 시부모를 도와 그곳에 정착해 살게 된다. 어느 날 이토가와가 찾아와 돌아갈 것을 권유하지만 그녀의 의지는 확고하다. 종전이 되고 스파이라는 오명도 벗게 된 노게 집안에 대해 마을 사람들의 오해도 풀리며 그녀는 농촌운동가로 거듭난다.

'후회하지 않는 인생'을 소재로 한 내용이야 판에 박힌 새마을 운동식의 영화이지만, 그녀의 굳은 의지로 새 삶을 개척해 나가는 모습은 감동적이지 않을 수 없다. 신상옥 감독의 〈쌀〉에 비견되는 이 영화가 제작된 것이 지금부터 75년 전인데 구로사와 감독은 시대를 초월하여 우리에게 감동을 선물하고 있다.

▬ 〈자유만세〉 1946

최인규 감독, 전창근 출연작으로, 러닝타임은 60분이며 문화재청에 문화재로 등록되어 있다.

내용은 1945년 8월 서울. 독립운동을 하다 일제의 앞잡이 남부(독은기)의 배반으로 체포되어 감옥에 있던 한중(전창근)은 탈출에 성공하여 대학병원 간호부 혜자(황려희)의 집으로 숨어든다. 한중의 지하조직은 예정대로 무장봉기를 일으키기 위해 준비를 한다. 박(김승호)이 다이너마이트를 가지고 오다가 일본 헌병에 잡히자 한중은 박을 구출하고 남부의 애인인 미향(유계선)의 아파트로 피신한다. 한중을 숨겨준 미향은 그에게 매료되어 한중의 지하조직이 있는 지하실로 찾아가 정보와 자금을 전달한다. 그 뒤를 밟은 남부와 헌병들에 의해 미향은 총에 맞아 죽고, 한중은 총상으로 대학병원으로 옮겨진다. 한중을 사모하던 혜자는 헌병이 잠든 틈을 타 그를 탈출시킨다.

▬ 〈멋진 일요일素晴らしき日曜日〉 1947

구로사와 아키라 감독의 러닝타임 108분짜리 스탠더드영화다. 이 영화는 전후 가난한 연인들의 이야기를 그린다.

일요일에 데이트를 하려 해도 돈이 없는 두 연인은 갖가지 상황을 겪으며 하루를 보내게 된다. 그들은 늦저녁 빈 콘서트 장에서 있지도 않은 오케스트라를 지휘하고 그 연주를 마음으로 느끼며 돈 없이도 행복을 느끼게 된다.

관객을 향해 격려의 박수를 유도하는 장면은 신선한 설정으로 관객들은 절로 박수를 치게 된다. 그 많은 영화에서도 보지 못한 이런 연출은 구로사와만의 재치

있는 솜씨이다. 전후의 경제사정의 어려움 속에서도 따뜻한 마음씨로 꿋꿋이 살아
가는 연인들의 희망을 담고 있다.

돈보다도 사랑이 가난한 두 사람을 보다 더 하나로 맺어준다는 이야기는 정진
우 감독의 〈초우〉나 이만희 감독의 〈휴일〉 등에서도 보이는 전후 연애 영화의 한
트렌드이다. 그것을 희망적으로 그렸는가 아니면 절망적으로 그렸는가의 차이일
뿐이다. 당연히 구로사와의 영화는 희망을 그리고 있다. 그의 품성 때문일 수도 있
고 전후 경제 재건을 위해 온 국민이 뛰던 일본의 사회분위기 때문일 수도 있다. 이
렇듯 돈이 없어 겪게 되는 애틋한 연인들의 사연들은 당시 관객들의 공감을 사기
에 충분하였을 것이다. 영화의 줄거리는 다소 지루하지만 구로사와 감독의 연출이
영화를 잘 살려주고 있다.

구로사와 영화의 또 하나의 특징은 흥행과는 거리가 먼 소재를 택하여 영화적
인 기법만을 생각하고 그것을 창의력 있게 만들어 낸다는 점이다. 신인 감독들이
라면 엄두도 못 낼 소재를 용기 있게 선택하고 그만의 색깔로 만들어 낸 것인데, 제
작자들로서도 구로사와니까 믿고 밀어주지 않았을까 하는 생각이 든다. 당대가 그
러했을 수도 있지만 구로사와는 영화 중흥기에 필름을 통해 자기만의 이야기를 풀
어낼 수 있었던 행복한 감독이었다. 그러나 누구나가 누린 행복은 아니다. 구로사
와니까 가능했던 성공담이다.

▰ 〈안조가의 무도회安城家の舞踏會〉 1947

쇼치쿠 제작, 요시무라 코사부로 감독, 하라 세츠코, 아이조메 유메코, 타키자
와 오사무 출연의 35mm 스탠더드, 러닝타임 89분의 흑백영화다.

태평양전쟁의 패전으로 몰락한 귀족 가문인 안조 가문은 오늘도 가족 간의 갈
등으로 하루를 시작한다. 망해가는 집구석이지만 마지막으로 무도회를 갖자는 것
으로 오누이간에 설전이 벌어진다. 오늘은 자신들의 집이지만 곧 남의 집이 될 이
저택에서 무슨 무도회이며 그게 무슨 고민거리일까? 안하면 그만인 무도회인데
이 집구석은 귀족타령에서 벗어나질 못한다. 결국 무도회는 열리고 집안의 문제가
만천하에 고스란히 불거진다. 대저택은 이집에서 일하던 운전기사에게 넘어가고
막내 딸(하라 세츠코)의 노력으로 가족들은 안정을 되찾는다.

낡은 관습에 항거하는 중세 셰익스피어 문학을 연상시킨다. 종전 후 시대의 변화를 반영하며 계급의식을 꼬집는 풍자영화인 것이다. 같은 시기인 1946년 한국에서는 최인규 감독이 광복의 기쁨을 영화화한 〈자유만세〉를 만들었다. 한국과 달리 패전국 일본은 시대의 흐름을 이런 식으로 만들었다. 다소 어색한 액션과 타이밍이 옛 영화임을 보여주는데 대사 역시도 옛 영화의 느낌일 것이다. 그런 옛 영화의 정서가 지금의 관객들에게 웃음을 자아내기도 한다.

■■■ 〈무궁화 동산〉 1948

안철영 감독이 감독한 러닝타임 32분의 한국영화 최초 16mm 컬러 다큐멘터리이다. 〈무궁화동산〉은 하와이 동포들이 모금한 제작비와 현지 스태프의 지원을 받아 만들어진 협작영화(양국의 스태프와 배우들이 협력하여 제작한 영화)이다. 이 영화는 하와이의 한민족 이주 40년을 다루며 원주민들의 삶과 하와이 동포 사회의 발전상을 기록했다. 서울영화주식회사의 도진호 총지휘로 1947년 10월 하순부터 촬영에 들어갔다. 영화는 하와이에 한국인들의 활동상과 세계 각국의 이민자들 행사인 알로하주간 축제 등을 보여준다.

당시 〈무궁화동산〉을 제작하기 위해서 하와이 현지 촬영과 후반작업에 참여하는 스태프의 고용 문제를 현지 노동자조합인 유니온과 협의해야 하는 등 어려움이 많았다. 또한, 합작영화는 아니지만 현지인들의 협력을 받아 현지에서 촬영 현상까지 하였고, 모든 과정에서 현지인들과 하와이대학의 부총장 리부릭 박사의 도움을 받아 완성한 후 서울 시공관에서 개봉하였다.

■■■ 〈주정뱅이 천사醉いどれ天使〉 1948

구로사와 아키라 감독의 98분짜리 스탠더드영화이며, 미후네 도시로의 데뷔작이다. 영화 전편에 걸쳐 폐결핵 걸린 깡패의 야성적인 성격을 잘 연기한 미후네는 이후 일본 최고의 배우로 성장한다. 구로사와 영화의 두 축인 미후네 도시로와 시무라 다카시의 열연이 볼만하다.

부패한 사회를 상징하는 시궁창 같은 개천 옆에 자리한 개인병원의 주정뱅이 의사 사나다(시무라 다카시)는 동네 깡패인 마쓰나가(미후네 도시로)를 치료하며 그가 결핵에 걸린 것을 알게 된다. 두 사람은 서로의 개성이 다른지라 티격태격하며 사사건건 부딪친다. 술이 귀하던 시절이라 사나다는 더 술에 집착을 하고, 마쓰나가는 그를 위해 술을 제공할 법도 하지만 두 사람은 견원지간처럼 맞설 뿐이다. 사나다가 그러는 데는 천성적인 성격 탓이고 마쓰나가 역시 누구에게도 굽히지 않는 자존심 때문이다.

마침 조직의 선배 오카다가 출소하며 지역을 관할하게 되는데, 각혈을 시작한 마쓰나가를 사나다가 헌신적으로 치료하며 서로를 이해하게 된다. 두 사람을 둘러싼 대립관계는 다소 풀어지지만 오카다는 마쓰나가를 제거하려 하고, 그것을 엿들은 마쓰나가는 복수하려 찾아왔다가 오히려 오카다에게 죽음을 당한다. 오카다의 불쌍한 죽음에 사나다는 관객들에게 말하는 듯한 열변으로 감정보다 이성이 중요함을 설교하며 영화는 끝난다.

다소 교육적인 주제인데 영상 표현은 처절함 그 자체다. 〈라쇼몽〉에서의 개싸움 같은 혈전이 이 영화에서도 보이는데, 페인트에 미끄러지며 칼부림하는 장면은 당시 새롭게 보였던 시도이고 빨래가 펄럭이는 옥상에서 죽어가는 미후네 도시로의 죽음 장면은 구로사와가 보여주는 폭력과 죽음의 미학이다.

따뜻한 인간애를 보여주는 교훈적인 주제는 액션을 연출하기 위해서는 다소 처지는 이야기지만, 구로사와 감독은 깡패들의 설정을 통해 긴장감을 조성하며 흥미롭게 전달하고 있다. 미후네의 죽음 신은 장철 감독의 〈복수〉에서 보이는 강대위의 죽음 장면에 영향을 주었음이 확실하다.

▬ 〈아가씨와 건배ぉ？さん乾杯〉 1949

기노시타 케이스케 감독의 러닝타임 90분, 스탠더드 흑백영화이다. 하라 세츠코, 사노 슈우지, 히가시야마 치에코가 출연하였다. 전후 보수적인 여성을 통해 변화하는 세태를 보여주는 명랑 연애담이며, 1949년 《키네마순보》 베스트 10에 선정될 정도로 흥행성과 작품성까지 갖춘 영화이다.

주인공 이케다 케이죠는 자동차 정비소를 운영 중인 유망 청년이다. 그의 단골 손님의 주선으로 명문가의 아가씨 이시즈 야스코와 맞선을 보고 그녀에게 홀딱 반한다. 케이죠는 그녀의 마음을 빼앗기 위해 온갖 노력을 다하지만 야스코의 마음은 왠지 닫혀만 있는 듯하다. 게다가 그녀의 집안은 경제적으로 몰락해 집은 저당 잡히고 아버지는 구속된 상태이다.

케이죠는 권투경기, 발레공연을 보며 친근해지려고 노력하지만 느껴지는 건 그녀와의 메꿀 수 없는 괴리감뿐이다. 그것은 자라 온 환경과 이상의 차이 때문이다. 더구나 옛 애인을 잊지 못하는 듯한 그녀의 심경에는 서운하기만 하다. 그래도 그는 결혼을 작정하고 그녀의 집을 방문한다. 그러나 할머니의 손녀를 돈에 팔려 보내는 듯한 안타까움을 듣고 그는 그녀와의 결혼은 무의미하다고 생각하고 결별의 편지를 보낸다. 야스코는 자신의 본심이 그러하지 않다는 것을 고백하기 위해 케이죠를 찾아가나 그는 이미 고향으로 가기 위해 역으로 출발했다. 그를 찾아온 그녀는 케이죠의 의동생 차를 타고 역으로 향한다.

━━ 〈야랑견野良犬〉 1949

일본에서는 형사를 주인공으로 하는 장르를 개척한 영화로 재미있으면서도 구로사와 아키라 영화의 진면목을 보여준다. 잃어버린 총이라는 사건을 통해 전후 일본의 사회상을 담아냈다. 자신을 총을 분실하고 그 총에 의해 여러 사람이 죽어가며 자책을 하게 되는 주인공 미후네 도시로는 반항적인 눈길이 알랭 들롱을 연상시킨다.

전후파 인생을 통해 사회를 그려낸 것인데 야랑견(들개)은 총을 훔쳐 살인을 하는 범인이 아니라 바로 그를 잡으려는 형사인 미후네 자신이다. 거리를 쏘다니며 끝내 범인을 잡아내는 그야말로 바로 들개다. 들개 같은 삶을 살아야 했던 것은 그뿐만이 아닌 당시 모든 이들의 삶이 그러하다는 것이다. 그것을 통해 감독이 하고 싶은 이야기는 인간성의 회복이다.

■ 〈청춘행로〉 1949

다른 제목으로 〈춘색시〉, 일명 〈며느리의 설움〉이다. 35mm, 48분 길이의 영화이다. 당시 필름이 부족해 짧게 만들었을 수도 있고 중간 부분이 사라졌을 수도 있는데, 내용을 봐서는 판단이 잘 안 된다. 또 이 영화는 무성영화라 할 수 있는데, 이는 사운드필름이 발견되지 않기도 했지만 중간 자막도 없고 크레딧에 녹음 등의 자막이 들어있기 때문이다.

줄거리는 결혼 후 시어머니와 시누이에게 시달림을 받는 며느리의 설움을 그린 것인데, 며느리는 자살을 기도하고 병원에 입원까지 한다. 시어머니가 손찌검을 하는 장면은 지금으로는 상상할 수도 없는 장면이다. 뒤늦게 남편이 (외국에서 아니면 지방에서) 돌아와 그녀는 행복을 되찾는다.

극히 단순한 내용인데 처음 시골에서 남편을 만나는 것으로 시작해 갑자기 초등학생 딸아이가 나오는 것으로 보아 중간 부분이 유실되었을 수도 있다. 이 영화는 라디오 연속극을 영화화한 것으로 〈검사와 여선생〉의 원작자인 김주성 원작이다. 개봉 당시에는 무성영화로 변사해설을 하여 상영되었고 연극으로도 계속 공연되었다고 한다.

이 영화는 황정순 배우의 데뷔작이라 앳된 그녀의 모습을 볼 수 있다. 여배우는 안 늙는 특권을 주었으면 하는 생각이 들면서 신상옥 감독 3주기 때 봤던 황 배우의 얼굴이 오버랩되었다. 그 외 남편 역에 강계식, 시아버지 역의 주선태, 시어머니 역의 복혜숙이 출연했다. 복혜숙 배우는 이 영화에서 못된 시어머니 역을 맡았고, 1970년 TBC(동양방송)의 인기 드라마 〈아씨〉에서도 못된 시어머니 역을 맡았다.

■ 〈라쇼몽羅生門〉 1950

구로사와 아키라 감독의 88분 길이 영화로, 1951년 베니스영화제 그랑프리인 황금사자상을 받았다. 그의 영화들을 다시 보면서 느끼는 것은 그가 매우 실험적인 감독이었다는 것이다. 늘 다른 사람이 시도하지 않은 이야기를 하며 그 이야기를 다른 방식으로 보여준다. 그가 고전을 해석하면 다른 작품이 되는 것이다. 영상 또한 누구도 시도하지 않은 그림들이다.

이 영화는 아쿠타가와 류노스케의 〈덤불 속〉을 영화화한 것이다. 같은 상황을

네 번이나 각기 다르지만 흡사한 스토리로
전개하며 반복해 보여주고 있다. 길을 가던
무사와 부인은 도둑을 만나 부인은 남편이
보는 앞에서 겁탈을 당한다. 그리고 남편은
도둑과 대결하다가 죽게 되고 도둑은 관청
에 끌려온다. 살아남은 이들의 각기 다른
진술과 무당을 통해 듣는 죽은 무사의 이야
기도 각기 다 다르다. 그리고 또 한사람의
구경꾼인 나무꾼의 이야기도 다 다른데 분
명한 사건의 진실도 각기 다른 입장에서 다
르게 진술되어 보인다. 결국 인간의 이기심
과 거짓말에 대한 고찰인 셈이다. 전후 일
본의 도덕적 해이에 대한 따끔한 일침일 수도 있다.

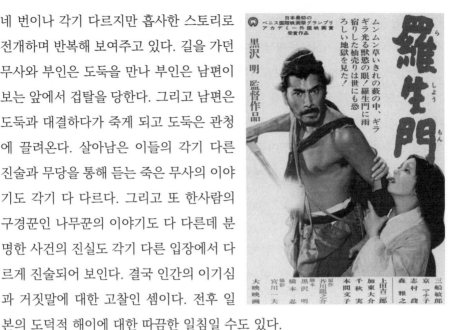

이런 영화가 당시에 관객들의 호평을 받을 리 없었다. 결국 영화는 시류를 못 읽
은 실패작으로 전락하였으나 이 영화가 베니스영화제에서 그랑프리를 받으면서 상
황은 역전되고 이 영화는 세계영화사에 길이 남을 명작으로 기록된다. 한국에서는
임권택 감독의 〈씨받이〉와 흡사한 상황이다. 영화는 좋은데 관객들의 외면을 받고
베니스영화제에서 강수연 배우가 여우주연상을 받으며 재개봉되는 상황이다.

내가 극장에서 전혀 기대치 않은 감동으로 임 감독에 대한 존경심을 느꼈던 상황
과 같다. 구로사와 감독의 베니스영화제 그랑프리 수상은 이후 일본영화를 달리 평
가하는 계기가 되었고 다른 수많은 감독의 영화도 세계영화제에서 수상하게 된다.

이 영화를 1982년에 비디오로 처음 보고 보물처럼 애지중지하였던 기억이 난
다. 번역이 안 된 복사본이기에 영상만으로 이해하며 보았지만, 거장의 연출에서
깊은 내공을 느꼈고 나로선 구로사와의 영화에 대해 관심을 갖는 계기가 되었다.

▬ 〈폭력의 거리暴力の街〉 1950

야마모토 사쓰오 감독의 111분 흑백영화다. 사이타마현 혼조시에서 폭력단
추방을 위해 투쟁한 실화를 바탕으로 다큐멘터리식으로 제작된 영화다. 실제상황

을 기록한 필름을 활용한 것인지 아니면 재연인지 분명치 않지만, 감독의 메시지가 충분히 담긴 용기 있는 문제작이다.

주인공인 신입기자 후쿠는 암거래로 부패한 경찰과 경찰청 등의 공직사회를 기사화하며 이 거대 권력조직과 맞서 기자로서의 본분을 다한다. 도시에는 반부패, 부정 척결의 기운이 감돌고, 급기야 마을 주민은 물론 인근의 사람들까지 모여 대규모 시위가 일어난다. 결국 이들은 자신들의 의지는 관철시키고자 궐기하는데, 부패 권력에 대한 민중의 응징은 예로부터 사필귀정이다.

■ 〈오유우님お遊さま〉 1951

일본의 명장 미조구치 겐지 감독의 작품이다. 대영영화사 제작으로 다니자키 준이치로의 『갈대밭 안의 한잔』이 원작이다. 영화의 내용은 두 여인을 둘러싼 남자의 애정행각과 여인들의 수난사이다. 흡사 자신보다 더 어렵게 살아가는 여인들에게 보여주기 위해 만들어진 듯한 영화인 것이다.

남주인공인 신노스케는 애가 있는 미망인 오유우를 좋아하지만 그녀의 동생인 시주와 결혼을 한다. 애정 없이 결혼한 시주와 신노스케 두 사람에게는 불행한 일일 뿐이다. 문을 사이에 두고 잠을 자야 하는 일은 시주에게는 너무 큰 괴로움이다. 그들의 기이한 동거가 계속되고 마을에서 이들을 둘러싼 험담이 돌자 오유우는 아쉬움을 뒤로 하고 그들의 곁을 떠나 재혼을 서두른다. 결말에서는 신노스케가 시주가 죽으며 낳은 아이를 오유우에게 전해주고 멀리 떠난다.

여성의 입장에서 여성의 아픔을 절절하게 보여주는 이 영화는 사랑해서는 안 될 사람을 사랑하는 이의 숙명적인 사랑을 보여준다. 무능하기만 한 남성들 때문에 아픔을 겪어야 하는 여성들을 위하여 만들어진 당시 멜로영화의 정수이다. "이 영화를 이 세상의 여인들에게 바칩니다"라는 자막이 어울리는 영화이다. 이는 미조구치 겐지 감독의 영화의 공통점이기도 하며 극 중 여인들의 수난사를 보며 관객들은 대리만족을 느낄 것이다. 여성들에게 삶의 희망을 전해주고자 하는 미조구치 감독의 철학을 잘 볼 수 있다.

1989년에 태어나 1924년에 데뷔한 미조구치 겐지 감독은 많은 한국감독에게 영향을 끼쳤다. 필자는 그의 영화를 보는 내내 신상옥 감독의 영화를 떠올렸다.

〈열녀문〉, 〈사랑방 손님과 어머니〉에서 보여주는 인내하며 살아가는 한국 여인들의 삶과 그의 영화 여주인공들의 삶이 닮아있다. 그것은 외형적인 스토리 구조뿐만이 아니라 여인을 바라보는 따뜻한 시각과 철학까지를 포함한다. 이렇듯 대중적이면서도 예술성을 겸비한 두 사람의 영화는 매우 유사하다.

미조구치 감독은 일본에서 존 포드 감독의 명성에 비견된다. 신상옥 감독이 존 포드 감독의 〈역마차〉를 회고하던 인터뷰가 생각난다. 이래서 명장들끼리는 통하는 것이 있다. 영화가 대중적인 예술이라는 점을 다시 한번 확인한 셈이다.

▬ 〈대도왕오욕혈섬구기大刀王五浴血殲仇記〉1951

1973년 장철 감독에 의해 리메이크된 〈대도왕오〉의 오리지널 영화이다. 젊어서 도둑이었다가 훗날엔 정의로운 무술 고수가 되어 '대도왕오'로 불린 청나라 시기 실존 인물인 왕정의王正誼의 일대기를 다루고 있다. 그는 베이징에 원순표국源順鏢局을 설치했고, 서양 8국 연합군과 전투 중에 독일군에게 살해당했다. 그의 정의로운 무협담은 영화의 좋은 소재이다. 중국 무협영화는 어느 날 갑자기 등장한 것이 아닌 오랜 전통을 가진 장르이다.

▬ 〈번개稲妻〉1952

나루세 미키오 감독이 도호영화사를 벗어나 만든 영화이다. 다이에이영화사가 제작하였고, 러닝타임 87분의 흑백 스탠더드이다. 다카미네 히데코, 무라타 치에코, 미우라 미쓰코가 출연하였다. 〈번개〉란 제목은 의역인데 원제인 〈도처稲妻〉는 처가 될 사람을 일컫는 뜻이다. 전후 가난한 시대를 배경으로 힘들게 살아가는 주인공을 통해 궁핍하지만 희망을 잃지 않는 인간상을 보여주고 있다.

혼기에 접어든 관광버스 안내원인 기요코는 4형제 중 막내인데, 그들은 한 엄마이지만 각기 다른 아버지에게서 태어난 형제들이다. 허구한 날 술 마시고 자신을 버리고 재혼한 처를 원망하는 큰 오빠나 행복하지 않은 결혼생활로 싸우기만 하는 언니들에게 질린 기요코는 집을 나와 하숙을 시작한다. 하숙집 옆에 사는 피아니스트 오누이는 그런 기요코에게 가족 간의 행복이 무엇인지를 보여준다. 기요코는 그들을 통해 삶의 행복을 느끼며 자신을 찾아와 신세타령을 늘어놓는 엄마와 내일의 희망을 꿈꾼다. 엔딩의 소리 없는 번개는 세상살이의 힘든 것을 표현하고자 하는 감독의 의도일 텐데 무성으로 처리되어 옥의 티이다.

워낙에 오래된(약 70년) 영화라 처지는 템포에 페이드아웃fade-out, 페이드인fade-in(점차 어두워지고 밝아지는 것)으로 전개되는 사건 역시도 잔잔하다 못해 지루하기만 하다. 당시에는 그러한 스토리텔링과 연출이 대중적인 호응을 얻었겠지만, 오래된 영화의 무상함은 어쩔 수 없다.

▬▬ 〈원폭의 아이原爆の子〉1952

신도 가네토 감독의 85분짜리 흑백영화다.

1945년 8월 7일, 원폭이 투하되며 20만 명의 사망자가 생기고 고아들이 생겼다. 히로시마 출신의 유치원 교사였던 주인공은 섬마을에서 교사로 일하다가 당시의 아이들을 만나기 위해 히로시마를 방문한다. 그녀는 원폭으로 인해 고아가 되거나 여러 피해를 입은 사람들을 목격하며 가슴 아파한다. 부모를 잃은 아이들이나 신체 부상, 심지어 불임여성까지 모두가 전쟁 때문에 생긴 피해자이다.

특히나 어린 손자와 살던 할아버지는 어린 손자를 위해 자살까지 하는데, 반전의 메시지로 1954년 카를로비바리영화제에서 평화상을 받았다. 전후 최초로 원폭을 다루었다는데, 다른 일본영화와 마찬가지로 원인 제공자로서의 일본에 대한 언급 없이 전쟁의 피해자로서의 일본인을 다루고 있는 게 아쉽다.

▬▬ 〈굴뚝이 보이는 곳煙突の見える場所〉1953

신도호新東寶 제작, 고쇼 헤이노스케감독, 우에하라 겐, 다나카 기누요, 다카미네 히데코 출연작이다. 당시 유행하던 4:3 비스타비전 화면의 영화로, TV 방영 비율에 맞추어 제작된 옛날 영화이다. 이 영화는 1953년 베를린영화제에서 국제평화상을 받았다.

패전 후 빈궁기, 도쿄의 어느 빈민가에서는 장미 때면 침수가 잦고 멀리 공장의 굴뚝이 보인다. 이곳에 세 들어 사는 직장인 오가타 류키치는 전쟁 후 히로코와 재혼을 했는데, 그녀는 남편 몰래 경륜장에서 표를 파는 알바를 한다. 그런 그녀를 전 남편이 보게 되었고 그는 다른 여인과 사이에서 낳은 아기를 그녀의 집에 몰래 두고 간다. 그리고 히로코의 집에서는 한바탕 사단이 벌어지고 함께 세 든 처녀, 총각까지 소동에 휩쓸린다. 결국 아기는 친모에게 돌려지고 사건은 마무리되는데, 전후 일본의 비참한 상황을 소재로 다소 도덕적인 경종을 울린다. 당시 상황은 우리나라 전후와 비교해도 다르지 않다. 참으로 흡사한 전후 모습이다.

▬ 〈동경이야기東京物語〉 1953

오즈 야스지로 감독의 135분짜리 흑백영화다. 류 치슈, 히가시야마 치에코, 하라 세츠코 출연으로 한국의 김희갑, 황정순 주연 영화 〈팔도강산〉의 원형 같은 이른바 홈드라마 영화다.

시골에서 올라온 노부부가 동경에 살고 있는 아들과 딸들을 방문하지만 마음이 편치만은 않다. 깍쟁이 딸은 술 취한 아버지를 구박하고 병원을 개업한 큰아들은 성공했다고 생각했지만, 실상은 작은 의원의 원장일 따름이다. 홀로 된 막내며느리를 보면 그 또한 가슴 아픈 일이다. 노부부에게 동경은 그저 척박한 현실을 실감하게 해주는 곳일 뿐이다.

이런저런 가슴 아픈 일을 겪으며 서둘러 귀향을 결정한 노부부는 시골행 기차를 타고 가던 중 갑작스러운 멀미로 중간에서 내려 요양을 한다. 노부모를 보낸 자식들은 홀가분하게 생각하는데 고향에서 막냇동생으로부터 전보를 받는다. 어머니가 귀향 후 위독하다는 내용이다. 급히 귀향한 자식들은 장례를 마치고 각자의 사정을 대고 서둘러 동경으로 돌아간다. 남은 막내며느리와 막내딸은 언니, 오빠를 원망도 해보지만 결국 삶이란 그런 것이라며 체념하고 홀로 남은 아버지는 그런 자식들을 걱정한다.

노부부의 자식 사랑과 현실의 막막함을 동경이라는 대도시를 배경으로 그려낸 이 영화는 벌써 70여 년 전 영화다. 일명 다다미숏이라고 앉은 사람의 눈높이에서 촬영한 그의 연출은 일본 노인들의 일상을 담담히 그려내고 있다. 한국의 박수동

PD가 그의 조연출을 하였는데 역시나 홈드라마의 대가가 되었다. 오래된 영화이지만 영화 예술이 가진 맛깔스러운 인간미를 보여주는 가작이다.

■ 〈부부夫婦〉 1953

나루세 미키오 감독의 35mm, 러닝타임 73분짜리 영화이다. 우에하라 겐, 스기 요코, 후지와라 가마타리가 출연하였다.

주인공 기쿠코와 남편 이사쿠는 이제 신혼에서 벗어난 부부이다. 아직 아이가 없는 그들은 발령 때문에 기쿠코의 고향 마을로 내려간다. 그들은 이사쿠의 직장 후배인 료타의 집에 잠시 거처를 정한다. 료타는 얼마 전 처를 잃은 터이라 이들과의 생활에서 활력을 얻는다. 특히 기쿠코의 고운 마음씨에 그녀에게 빠지게 되는데, 이를 눈치챈 이사쿠는 료타에게 친절하기만 한 아내가 못마땅하다. 료타 역시 이사쿠의 그런 감정을 알게 되며 티격태격 신경전을 벌이면서 부부간의 갈등이 깊어진다.

기쿠코는 적극적으로 접근하는 료타를 경계하는데 어느 날 출장을 다녀온 이사쿠는 이층에서 춤추는 그림자를 보고 아내와 료타의 관계를 의심한다. 그러나 그것은 기쿠코가 남편이 없는 동안 동생과 그의 친구를 불러 노는 그림자였다. 부부는 새로운 거처를 마련해 이사를 하며 그동안의 불화를 지우는데, 이번에는 기쿠코의 임신 문제로 갈등을 벌인다. 아직 형편상 아기는 시기상조라며 기쿠코를 산부인과로 데려가지만, 그녀는 그만 병원을 뛰쳐나온다. 이사쿠는 그런 아내를 위로하며 아기를 낳자고 그녀의 뜻을 받아준다.

〈부부〉는 이러한 갈등을 딛고 행복한 삶을 추구하는 것이 바로 인생이라는 메시지를 전하고 있다. 해피엔딩은 당시 영화들의 공통점이기도 하다. 만약이지만 당시에는 이들 부부가 이혼한다면 이런 영화는 만들 필요가 없다는 생각을 가졌을 것이다.

■ 〈오누이あにいもうと〉 1953

나루세 미키오 감독, 86분의 흑백영화다. 출연은 〈지옥문〉의 교 마치코로, 당시 그녀는 단연 톱스타였다. 우리나라로 치면 최은희 배우 전성시대 즈음이다.

영화의 주인공인 몽은 식모살이를 하다가 임신한 몸으로 돌아온다. 당연 식구들이 당황했는데 오빠는 그녀를 구박하여 내쫓는다. 그녀는 어쩔 수 없이 고향을 떠나 험한 인생을 살게 된다. 그 후, 몽을 찾아온 남자에게도 손찌검을 하며 혼을 내준 오빠는 명절을 맞아 찾아온 몽에게도 손찌검을 하며 구박을 한다. 그런 오빠에게 이제는 당당히 맞서 싸우는 몽은 과거의 몽이 아니다. 험한 세상살이가 그녀를 그렇게 만든 것이다. 그러나 가족에 대한 사랑은 어쩔 수 없다. 오빠가 자신을 그렇게 미워해도 보고 싶을 것이라며 다시 객지로 떠난다. 전후 일본의 어려운 실정을 담담하게 한 가족을 통해 사실적으로 담아낸 수작이다.

▬ 〈우게츠 이야기雨月物語〉 1953

다이에이 제작, 미조구치 겐지 감독, 모리 마사유키, 쿄 마치코, 다나카 기누요, 오자와 에이타로 출연의 스탠더드 흑백영화다.

전국 시대, 계속되는 전란은 사람을 바꾸어 놓았다. 겐주로는 미야기와 어린 아들 겐이치와 함께 단란히 살아가는 도공이다. 그의 매제 도베이는 사무라이가 되겠다는 헛된 꿈을 꾸는 바보 같은 사내다. 그들은 도기를 구워 시장에 내다 파는데, 쿠츠키 저택으로 배달해 달라는 주문을 받는다. 저택은 산과는 어울리지 않는 고택이다. 절세의 미녀인 여주인은 쿠츠키 사에몬의 딸이다. 겐주로는 얼떨결에 그녀와 혼인의 언약을 맺게 되고 혼례를 치르는데 귀신에 홀려 지낸 하루 밤이었다. 마을에서는 시마타의 군대가 쳐들어와 모두가 산으로 피난을 가고 미야기는 죽음을 당하는데, 귀가한 겐주로는 아내의 극진한 환영을 받으나 자고 나니 그 역시 귀신에 홀린 하룻밤이었다. 도베이 역시 사무라이가 되어 출세하였지만 그의 아내는 몸 파는 여자로 전락하여 유곽에서 만나게 된다.

이 영화는 현실과 환상을 오가는 내용이 인간의 도리를 일깨우는데, 신상옥 감독의 〈꿈〉을 연상시킨다. 미조구치의 이름을 세계에 알린 영화로 그해 베니스영화제 최우수작품상 수상작이다.

▬ 〈지옥문地獄門〉 1953

기누가사 데이노스케 감독작으로, 반도 코타로, 하세가와 카즈오, 이시구로 타츠야, 교 마치코가 출연하였다. 일본 최초의 이스트만 컬러영화로 러닝타임은 89분이다. 구로사와 아키라 감독이 〈라쇼몽〉으로 1951년 베니스영화제에서 그랑프리인 황금사자상을 받은 후, 기누가사 데이노스케 감독도 이 영화로 1954년에 칸영화제에서 그랑프리를 받는다.

제목의 '지옥문'은 에도성 입구의 통로문으로 반역자나 처형자들의 목을 높이 매달아 내걸었기에 붙여진 이름이다. 컬러영화답게 대규모의 전투 장면과 궁중 장면 등에서 색감을 계산한 미술과 의상, 촬영, 연출 등은 지금 보아도 수려하며 장면 모두가 한 폭의 일본화 같다.

12세기 에도성에서 반란이 일어나고 사무라이 모리토는 반란을 제압하는데 공을 세운다. 그 와중에 왕비를 대역한 카사를 구해주고 그녀의 미모에 반하게 되지만 그녀는 이미 결혼한 유부녀다. 주위의 만류에도 불구하고 사랑에 빠진 모리토는 그녀에게 끈질긴 구애를 하며 그녀의 남편마저 죽이려 한다. 결국 카사는 그의 청혼도 받아들이고 남편도 살리기 위해 자신을 희생하기로 결심한다. 그날 밤, 남편과 침소를 바꾸어 잠든 카소는 심야에 침입한 모리토의 칼에 죽음을 맞게 된다. 결국 모리토는 그녀의 남편에게 자신을 죽여줄 것을 부탁하지만 이루어지지 않자 종교에 귀의하기 위해 (살아서) 지옥문을 나선다.

▬ 〈최후의 유혹〉 혹은 〈바다의 정열〉 1953

이 두 제목의 영화는 정창화 감독의 같은 영화다. 전쟁 중 개봉되었는데 이 영화가 다른 제목으로 다시 개봉되었다. 〈바다의 정열〉이란 영화는 한국전쟁 통에 분실된 것으로 알려졌으나 누군가가 가져다 개봉하였다. 정창화 감독의 증언에 의하면 도난당하였다는데 〈바다의 정열〉이란 제목으로 개봉되었다. 제목이 바뀌어 개봉된 사실은 정 감독도 모르고 있었던 일이다.

■■ 〈탁한 강にごりえ〉 1953

이마이 타다시 감독, 미츠다 켄, 야츠코 타나미, 타무라 아키코 출연. 총 3화로 구성된 옴니버스 영화로 러닝타임 130분의 스탠더드 흑백영화다.

우선 이마이 타다시 감독은 일제강점기 선전영화 〈망루의 결사대〉를 만든 장본인이다. 그가 전후에 만든 영화로 당시 여성들의 수난사를 그리고 있다. 시집가서 남편의 구박으로 어린 아들을 두고 도망쳐온 여성이 과거 인연이 있었던 인력거꾼을 만나는 이야기, 하녀가 주인에게 구박받고 곤궁에 처한 이야기, 좋은 손님을 만난 게이샤가 전 애인에게 잔인하게 살해되는 이야기 등 당대의 여인수난사를 통해 여성관객들에게 삶의 용기를 주려고 기획한 영화이다. 당시 여성들의 너무도 힘든 생활을 엿보게 하는데, 진후 풍경이 볼거리로 일제하 선전영화를 만든 감독의 솜씨가 엿보인다.

■■ 〈히메유리의 탑ひめゆりの塔〉 1953

이마이 타다시 감독의 16mm 영화로, 러닝타임은 131분이다.

태평양전쟁이 막바지에 달한 1945년 3월, 미군의 일본 본토 공격이 시작되고 오키나와 전투가 벌어진다. 전쟁에 내몰린 이 섬의 여학생들은 군인들과 함께 참전하게 되는데, 미군의 공격에 그녀들은 속수무책으로 죽어갈 수밖에 없다. 투항을 권유하는 방송에 투항을 하고 싶어도 옥쇄를 결정한 군인들은 그녀들에게 총을 쏘아댄다. 나이 어린 그녀들은 그저 평범한 웃음 많은 여고생들일 뿐이다. 작은 일에도 감사하며 해맑던 그녀들은 그렇게 오키나와 전투에서 죽어갔다.

이 영화를 연출한 이마이 다다시 감독은 최인규 감독과 함께 〈망루의 결사대〉를 연출했었다. 독립군을 마적단으로 하여 망루를 지키자고 조선인들을 선동하는 영화를 만들었던 그가 종전 후에는 반전영화라 할 수 있는 이 영화를 연출한 것이다. 최인규 감독이 광복 후 독립운동가를 소재로 한 〈자유만세〉를 만들었던 것과 흡사한 변신이다. 영화적으로 볼 때 〈히메유리의 탑〉은 흠잡을 것 없는 수작이다.

도약기의 영화

■ 김기영 감독 단편선 1954~1955

〈수병의 일기〉, 〈사랑의 병실〉, 〈나는 트럭이다〉는 김기영 감독이 미공보원인 USIS-Korea(지부)의 리버티프로덕션에서 제작한 16mm 흑백 문화영화이다. 이 영화들 전부 1인칭 해설로 당시 문화영화의 경향을 보여주고 있다. 동시녹음 없이 음악과 음향, 해설만으로 손쉽게 제작할 수 있는 제작 형태이다. 훗날 다큐멘터리 제작에서 일반화된 인터뷰나 들고 찍기 같은 기법은 전혀 볼 수 없다.

〈사랑의 병실〉은 20분 길이로, 휴전 후 전쟁 시기에 늘어난 부상 아동을 돌보는 간호사의 수기를 영화화했다. 당시 서울역 앞에 자리한 세브란스 병원에서 근무하는 간호사 정복녀는 자신도 불우한 처지이지만 부상 아동을 돌봄에 여념이 없다. 그녀는 병원 203호실에 입원 중이던 엄마가 죽고 홀로 된 수길을 자신의 아들처럼 돌본다. 결국 수길은 그녀의 지극정성으로 의족을 하고 병원을 떠난다. 전쟁 고아들의 재활 과정을 통해 이들을 돌보는 간호사의 활동상과 희망을 잃지 않고 사는 한국인들의 의지를 보여준다.

〈나는 트럭이다〉는 러닝타임 18분의 1954년 개봉작으로, 전쟁 직후 고장 난 미군 트럭을 재활용하기 위해 분해하고 재조립하여 사용하기까지의 과정을 트럭의 1인칭 시점으로 해설하고 있다. 국가 재건에 앞장선 상이군인들과 한국인의 재건 의지를 잘 보여준다. 영화를 통해 한국 자동차 공업의 시작을 엿볼 수 있다. 의인화된 말하는 자동차 다큐멘터리는 〈어떤 지프차의 자기 고백〉처럼 이미 미국에서 제작된 차 다큐멘터리의 형식을 가져온 것이다.

〈수병일기〉는 36분으로 다소 긴 편이며, 미공보원 리버티프로덕션에서 제작하여 1955년 8월에 뉴욕으로 보내져 자유진영 각국에 소개되었다. 해군 지원자인 17세 주인공의 해설로 해군이 되기 위한 과정과 훈련소 생활이 소개된다. 그는 필기시험을 치르고 신체검사를 거쳐 합격 판정을 받아 힘든 훈련 과정을 거치는데 음악과 더불어 명랑한 분위기로 소개된다. 전쟁 시기에 제작된 미국의 모병 다큐멘터리의 형식을 빌려온 듯하다.

세 편 모두 초창기 한국 문화영화의 흐름과 역사를 보여주는 귀한 작품들이다. 김기영 감독은 1955년에 최무룡, 강효실, 노능걸, 최남현 배우를 출연시켜 일제강점기 후 최초의 동시녹음영화 〈죽엄의 상자〉로 극영화 감독으로 데뷔한다. 그리고 〈양산도〉를 만들며 이후 30여 편의 영화로 한국영화계에서 신상옥, 유현목 감독과 겨루는 대감독으로 자리한다. 이 세 명의 감독은 모두 단편영화인 문화영화를 통해 영화를 시작한 감독이다. 신상옥 감독은 전쟁기에 〈코리아〉를 제작했고 유현목 감독은 학생영화 〈해풍〉을 감독했다.

■ 〈고지라ゴジラ〉 1954

도호 제작으로 혼다 이시로 감독의 흑백영화이다. 다카라다 아키라, 고우치 모모코, 시무라 다켓이 출연하였다. '고지라'는 고래를 뜻하는 '구지라'와 '고릴라'의 합성어이며, 괴수영화로 일본에서 처음으로 만들어진 기념비적인 영화이다. 핵개발 실험을 통해 바다 속에서 탄생한 괴수 고지라를 통해 인류에게 핵 개발의 공포를 전하고 있다.

태평양의 한 섬에서 핵실험이 있었고 이때 탄생한 괴수 고지라가 일본에 상륙하여 도쿄 시내를 불바다로 만든다. 이 괴수는 어떤 공격으로도 물리칠 수 없는데 오직 세리자와 박사가 발명한 산소를 이용한 가공할 화학약품만이 고지라를 죽일 수 있다. 이 약품이 세상에 알려지면 가공한 화학무기가 되기에 세리자와 박사는 이 약품의 사용을 주저할 수밖에 없다. 결국 세리자와 박사는 제조과정 문서를 불사르고 이 약품으로 고지라를 처치한다. 그리고 제조의 비밀을 간직한 채 스스로 목숨을 끊는다.

한국영상자료원 상영 후 주인공인 다카라다 아키라(1934년생)와 GV(관객과의 만남) 행사가 있었다. 그는 20세에 〈고지라〉에 출연했는데 당시 8,800만 명의 일본인 중 11%인 961만 명이 이 영화를 보았다고 한다. 당시 할리우드에서도 괴수영화로 〈킹콩〉을 만들었지만 애니메이션 촬영기법으로 만들었고 〈고지라〉는 사람이 들어가 움직여 촬영하였다고 한다. 그래서 더 생동감이 있었다고 하는데, 1956년 미국 상영 시에 미국 측이 영화를 일부 재촬영하고 불편한 진실은 삭제하였다고 한다. 그만큼 첨예한 부분이 있었다고 하며 19년 전(1998년)에 오리지널을 재상영하기도 했다고 한다. 그리고 미국에서도 리메이크를 하여 두 편이 개봉되었다. 이 영화는 흥행에 성공하여 120억 엔(1,200억 원)을 기록했는데, 28편이 제작되었고 할리우드 스타의 거리에도 고지라 이름이 새겨있다고 한다.

스티븐 스필버그 감독도 어린 시절 이 영화를 보고 〈쥬라기 공원〉 시리즈를 제작하였다고 한다. 구로사와 아키라 감독이 만든 〈생존의 기록〉과 소중한 생명이 경시되는 시대에 대한 문제의식이 동일하다고 전한다.

▬ 〈도랑とぶ〉 1954

신도 가네토 감독의 112분짜리 스탠더드 흑백영화다. 〈도랑〉은 우리나라로 치면 청계천 복개 전 판자촌 같은 개천 옆 동네의 이야기이다.

도랑 옆 이곳에 정신 이상이 된 여인 쓰루가 흘러들어온다. 그녀는 조금 모자란 백치 여인이지만 사리분별은 명확하다. 그런 그녀가 성병으로 인해 정신질환까지 앓게 됐는데, 그것은 그녀가 살아온 시대와 무관하지 않다. 일제 때, 만주에서 이주하여 살다가 종전 후 귀국하여 방직공장에서 일하고 술집에 팔려간 쓰루는 도랑 옆 판자촌에서 마지막을 맞는다. 그녀는 이곳 사람들에게 삶의 교훈을 주고 세상을 떠나는데, 너무 무거운 이야기지만 가슴 뭉클한 감동의 메시지를 전한다.

줄거리만 보고는 전창근 감독이 만든 개척민 이야기 〈복지만리〉가 떠오르는데, 실제로 영화를 보면 광인이 주인공이었던 나운규 감독의 〈아리랑〉이 떠오른다. 그러나 영화를 다 보고 나면 페데리코 펠리니 감독의 1954년 작인 〈길〉이 떠오른다. 쟘파노를 따라 떠돌던 젤소미나의 모습이 투영되기 때문이다. 이처럼 공통분모를 갖고 있는 영화지만, 신도 가네토 감독은 자신만의 색다른 스타일로 힘겨운 삶 속에서도 삶에 대한 희망을 풀어내고 있다. 70여 년 전의 영화이지만 이 영화가 주는 강렬한 메시지는 무언가 새로운 느낌을 준다.

▬ 〈산쇼다유山椒太夫〉 1954

다이에이 제작, 미조구치 겐지 감독, 다나카 키누요, 하나야기 요시아키, 카가와 쿄코 출연작이다. 이 영화는 소재는 다르지만 신분이 뒤바뀌어 옛 애인을 찾는 〈춘향전〉의 구성과 흡사하다. 헤이안 시대 인신매매를 소재로 인권 문제를 다루어 당시로는 보기 드문 소재인데 베니스영화제에서 은사자상을 받았다.

헤이안(평안) 시대 말기, 아버지의 유배지를 찾아가던 중 인신매매범에게 잡혀 어머니와 헤어지게 된 남매 주시오厨子王와 안주安寿는 호족 산쇼 다유太夫(직위 명)에게 팔려 간다. 하루아침에 노예 신세로 전락한 남매는 어머니를 만나기 위해 그곳을 탈출할 생각뿐이다. 그렇게 십여 년의 세월이 흐르고 어느 날 자신들의 이름이 들어간 노래를 듣는데, 남매는 이를 퍼트린 이가 틀림없이 어머니일 것으로 생각해 탈출을 결심한다. 이 과정에서 동생 안주는 연못에 빠져 자살하여 오빠 주시오의 탈출을 돕고 주시오는 스님의 도움으로 살아남는다. 그는 관리가 되어 돌아와 노예제도를 금하고 노예를 해방시킨다. 그는 산쇼다유의 반발을 진압하고 노예들은 큰 잔치를 벌인다. 그리고 사도佐渡섬 포구에서 자신을 기다리던 어머니와 극적으로 재회한다.

■■■ 〈산의 소리山の音〉 1954

나루세 미키오 감독의 96분짜리 흑백 스탠더드 영화다. 노벨상 수상 작가인 가와바타 야스나리의 원작을 영화화했고, 하라 세츠코, 야마무라 소, 우에하라 겐이 출연했다.

주인공 신고는 아들 슈이치와 함께 작은 신용보증 회사를 운영하지만, 이제는 인생을 정리하고 시골에서 살 생각을 하고 있다. 그런데 아직도 그의 삶에는 풀어야 할 일이 연속이다. 아들은 첩을 만들어 외도 중이고 날마다 술에 취해 무의미하게 살고 있다. 며느리는 그런 남편의 외도에 괴로워하는데 신고의 시집간 딸이 아기와 함께 쉬러 온다. 며느리는 이 모든 것을 감당해 내기에 힘이 들어 모처럼의 임신에도 불구하고 중절 수술을 한다. 슈이치는 이 사실을 알고 있지만 아내를 위로하기는커녕 외면한다. 이를 안 신고는 며느리를 이해하고 위로하며 감싸주지만, 며느리는 마음을 추스르기 위해 친정으로 돌아간다. 얼마 후 마음의 정리를 하고 한적한 공원에서 만난 시아버지와 며느리는 서로의 삶을 토로하며 마음을 다잡고 다시 삶의 희망을 이야기한다.

1960년대 한국에서 방송된 TBC 드라마 〈아씨〉의 시아버지 버전 같은 영화이다. '산의 소리'라는 영화의 제목도 산 같은 시아버지의 마음을 담아낸 것이다. 시아버지의 인자한 인정담도 설득력 있지만, 남편 때문에 속 썩었을 당대 주부들의 공감을 불러일으킨 하라 세츠코의 연기가 관객들의 마음을 울렸을 것이다. 나루세 미키오 감독의 장기인 가족 간의 섬세한 심리 묘사가 돋보이는데, 한국영화에서라면 김승호, 김지미 콤비가 연상되는 눈물의 홈드라마이다.

■ 〈스물네 개의 눈동자二十四の瞳〉 1954

쇼치쿠 제작, 기노시타 케이스케 감독, 고코 히데키, 다카미네 히데코, 와타나베 유키오 출연작이며, 흑백 스탠더드영화로 러닝타임은 155분이다.

1928년, 낙도의 분교에 젊은 여선생이 부임한다. 양장을 하고 자전거로 통근하는 여선생은 선망의 대상이기도 하며 마을과 어울리지 않는 모습이었다. 신임교사 오이시는 12명의 1학년생들과 잘 어울리지만 아이들이 장난으로 판 땅구멍에 골절상을 입고 어쩔 수 없이 본교로 옮긴다. 5학년이 되어 본교로 통학하게 된 아이들의 커 가는 모습을 지켜보며 오이시의 걱정은 늘어만 간다. 가난에 찌든 아이들은 희망도 접고 학교를 그만두는 일까지 생기고 전쟁의 전운이 이곳에까지 드리워진다. 남학생들은 군대에 동원되어 유골로 돌아오고 오이시의 남편까지도 유골이 되어 돌아온다. 혼자 세 아이를 기르게 된 오이시에게 불행은 계속된다. 외동딸마저 굶주림에 감나무에 올라가 떨어져 죽고 오이시는 다시 분교로 출근하게 된다. 옛 제자들은 이미 학부형이 되었고 그 아이들을 가르치게 된 오이시 선생에게 제자들은 자전거를 선물한다.

극 중 어린이들은 1920년생으로 추측되는데, 1920년생은 군국주의 시대를 살며 배고픔과 군국주의 교육을 받은 세대이다. 그들을 가르친 오이시 선생은 그러한 고통을 줄여주고자 노력하지만, 그 시대가 그것을 용납지 않았다. 하지만 그녀는 결코 좌절하지 않았다. 주인공을 맡은 다카미네 히데코의 명연기가 와닿았고 그 슬픈 사연에 적어도 열 번 이상 눈물을 적시게 한다.

■ 〈아리랑〉 1954

백호프로덕션 제작, 조진구 각본, 이강천 감독, 허장강, 김재선, 변기종, 조진구 출연작이다. 나운규의 〈아리랑〉의 시대 상황을 한국전쟁으로 바꾸어 제작한 내용이다. 이 영화가 한국 최초의 한미 합작영화라는 《동아일보》 기사(1954년 3월 21

일 자 4면)가 있지만, 정식 합작형태가 아니라 합동영화의 개념으로 제작되었다. 합작영화라면 기획, 감독, 촬영, 기술 등에서도 외국인 스태프가 가담되어야 할 것이다. 미군이 출연함으로써 미국배우를 섭외하며 합동 제작의 형태를 갖추었을 듯하다. 하지만 주체가 한국이었으므로 합작으로 보기엔 무리가 있다. 이 영화는 전주에서 촬영되었다고 알려져 있다. 최초의 한미 합작은 전창근 감독, 이용민 촬영의 1952년 작 〈불멸의 등불〉이라고 알려졌는데, 영상 자료가 부재한 상태이며 신문 기사로만 존재한다.

▬ 〈유혹의 거리〉 1954

정창화 감독이 휴전 후 만든 밀수 근절 계몽영화이다. 정창화 감독은 전쟁 기간 중 부산에서 만든 〈최후의 유혹〉을 도난당하고, 국제영화주식회사의 이름으로 스스로 제작자가 되어 다시 한번 비슷한 내용의 영화를 감독하였다. 하지만 그의 다른 초기작과 마찬가지로 일체의 자료가 남아있지 않다.

▬ 〈지카마츠 이야기近松物語〉 1954

미조구치 겐지 감독의 이 영화는 감독의 전작처럼 여자 주인공을 내세운 시대물로 그녀들의 슬픈 운명을 다루고 있다.

주인공 오산은 인색하기 짝이 없고 나이 많은 남편 이슈운과 사랑 없는 결혼생활을 이어가고 있다. 남편 이슈운은 하녀 타마를 유혹하며 지방관리들의 비위를 맞추며 살아가는 속물의 전형이다. 오산이 친정 오라버니에게 돈을 빌려달라고 오며 사건은 시작된다. 집안에서 달력 만드는 일을 하는 머슴 모헤이는 오산을 돕기 위해 인감을 위조하고 이슈운에게 들키고 만다. 사건이 꼬이면서 오산과 모헤이는 통정한 것처럼 몰리며 결국 두 사람은 도망치기에 이른다. 오산은 모헤이에게 남편에게서 못 느낀 사랑의 감정을 느끼게 되고, 모헤이는 신분의 격차를 알면서도 그런 오산을 사랑하게 된다. 그러나 그들은 이슈운이 보낸 자들에 의해 붙잡히게 되고, 두 사람은 형장으로 잡혀가면서도 사랑을 확인하며 행복한 미소를 나눈다.

이 영화는 17세기 극작가 지카마츠 몬자에몬의 소설을 원작으로 만든 영화다. 비극적인 운명의 여주인공을 다룬 비슷한 영화로는 신상옥 감독의 옴니버스영화

〈이조 여인 잔혹사〉가 있다. 마님 최은희를 좋아하던 머슴 신영균이 씨내리가 되고, 결국 두 사람은 신분을 초월한 사랑으로 죽임을 당한다. 그런가 하면 주동진 감독의 1970년 작 〈마님〉도 하인 신성일과 마님 남정임 사이의 이루어질 수 없는 애정극이다. 다소 야한 분위기의 영화를 격조 높게 다루어 감독의 능력이 돋보인다.

〈지카마츠 이야기〉는 천박하지 않은 기품과 진지함이 있다. 미조구치 감독이 평생을 두고 집요하게 추구하는 여성관은 여성의 자유와 권리 회복이다. 우리나라 못지않게 희생적인 삶을 살았던 일본여성들의 비극적인 삶을 주로 다룬 미조구치 감독의 작품세계는 그의 가족사에서 기인됐다고 한다.

■ 〈7인의 사무라이七人の侍〉 1954

구로사와 아키라 감독의 207분짜리 스탠더드 영화이나. 상영시간이 3시간 27분이니 장편이 아닐 수 없다. 엘리자베스 테일러가 주인공을 맡은 〈클레오파트라〉가 중간 휴식시간이 있었는데, 이 영화도 두 시간 상영 후 휴식 시간이 있었다.

영화는 산간의 농부들이 산적들의 약탈에서 마을을 보호하기 위해 사무라이를 모집해 함께 산적들과 맞서 싸운다는 내용이다. 전반부의 한 시간은 마을 사람들이 사무라이를 찾아내는 이야기이다. 시마다 간베(시무라 다카시)와 그의 제자 가쓰시로(기무라 이사오) 그리고 다혈질의 천둥벌거숭이 같은 농군 출신의 기쿠치요(미후네 도시로) 등 7인의 무사가 구성되어 마을로 향한다.

중반의 한 시간은 함께 어울려 산적들의 습격에 대비해 준비하는 사무라이들과 마을 사람들의 이야기이다. 가쓰시로는 마을 처녀 시노와 사랑에 빠지는데 사무라이는 마을 사람들을 보호하는 수호자로서 부각된다. 사무라이가 진짜 그런 존재였을지는 의문이다.

휴식 후 후반부는 사무라이들과 마을 사람들이 함께 산적에 맞서 싸우고 마을을 지켜내는 과정을 보여준다. 영화는 전국 시대의 혼란기를 배경으로 하고 있지만, 흡사 전후 미군정을 겪으며 살아가는 일본인들의 의식을 고취시키기 위한 영화로도 보인다. 구로사와 감독의 국수주의 사상으로 보아 능히 계산된 연출일 수 있다. 영화를 통해 관객들에게 꿈과 용기를 주는 건 감독의 특권이다. 그래서 구로사와는 일본 관객들의 열렬한 지지와 존경을 받는지도 모른다. 하지만 필자는 웅

대한 스케일로 농부들을 위해 악당들과 싸우는 사무라이의 이야기가 군국주의 군인들을 미화하는 영화 같다는 느낌을 보는 내내 떨쳐버릴 수가 없었다.

〈7인의 사무라이〉는 도호영화사 촬영소 근처에 거대한 오픈 세트를 세우고 멀티(3대 이상) 카메라로 촬영한 초대형 사극이다. 2억 엔 이상의 제작비를 투자해 만들어 베니스국제영화제에서 은사자상을 받았고 초대형 사극 붐을 일으켰다. 또한, 이 영화는 존 포드 감독의 서부극 〈황야의 결투〉에서 많은 영향을 받았다고 알려져 있다. 이후 할리우드 서부극에 영향을 주었고, 홍콩에서도 장철 감독에 의해 〈13인의 무사〉가 만들어진다.

▬ 〈내면의 굴레自分の穴の中で〉 1955

우치다 도무 감독의 125분 흑백영화이고, 1956년에 개봉하였다. 새엄마와 딸 사이를 오가는 바람둥이 청년 의사와의 삼각관계를 소재로 하여 일본인들의 자유분방한 연애관을 보여준다.

1955년이라면 우리나라에서는 〈자유부인〉이 만들어질 즈음이다. 1955년, 소설가 정비석이 신문에 연재했던 이 영화의 원작 역시 당시 시대상과 연애관을 소재로 했다. 당시는 전후의 현상으로 생활수준이 자리 잡히며 자유연애를 꿈꾸는 사조가 풍미했던 시대다. 이 영화를 통해 과거 일본의 일상을 엿볼 수 있는데, 당시의 풍물과 에피소드가 관람 포인트라 할 수 있다. 영화란 시대를 반영한 가장 시대적인 예술인데, 이 영화는 당시 일본의 사회상을 보여주어 그에 걸맞다. 주인공인 미쿠니 렌타로의 연기는 예나 후대나 변함이 없지만, 35mm 스탠더드 화면에 다소 지루하게 사건이 전개되어 끝까지 보기는 힘들었다.

▬ 〈메오토 젠자이夫婦善哉〉 1955

도호 제작, 아다 사쿠노스케 원작, 도요다 시로 감독, 모리시게 히사야, 아와시마 치카게, 츠카사 요코 출연작이다. 이 영화는 전후 부흥기를 맞은 일본의 정서를 보여주는 홈드라마의 전형으로, 일제 선전영화를 감독했던 도요다 시로가 감독하였다. 희망을 잃지 말고 살자는 메시지는 당대의 분위기를 잘 보여준다.

시장의 거대 상점을 상속받을 주인공 장남 모리야마는 천성적으로 장사에는 관심이 없어 부친으로부터 절연 선고를 받고, 가난으로 게이샤가 된 쵸코를 만나 사랑에 빠져 가출한다. 쵸코는 게이샤를 포기하고 그와 함께 동거 생활에 들어간다. 부잣집 도련님으로 자란 모리야마는 경제적 능력이 없어 선술집을 하며 그녀에게 기대어 살아간다. 결국 부친이 죽자 누이동생의 남편이 상점을 상속받게 되고, 모리야마는 장남이지만 영정마저도 들지 못하며 밀려난다. 쵸코는 시아버지가 자신을 인정해 주기를 희망했으나 그것도 무산된다. 그녀는 상복까지 준비했으나 장례식의 참석이 불가능해지자 가스 자살을 시도한다. 회복한 쵸코는 단 한푼도 상속받지 못한 모리야마를 위해 헌신적인 삶을 살 수밖에 없다.

■ 〈부운浮雲〉 1955

나루세 미키오 감독의 35mm, 러닝타임 123분짜리 흑백영화다. 다카미네 히데코, 모리 마사유키, 오카다 마리코가 출연하였다. '부운浮雲'은 하늘에 떠다니는 구름으로 덧없는 세상일을 뜻한다. 전쟁은 많은 사람들을 불행하게 만든다. 이 영화는 전쟁 후의 불행한 여성의 삶을 소재로 하고 있다. 나루세 감독의 영화 중 보기 드문 언해피unhappy엔딩이다.

태평양전쟁 시기, 인도차이나에서 타이피스트로 근무하던 농림부 직원인 유키코는 그곳에서 함께 일했던 유부남 도미오카와 깊은 관계가 된다. 그녀는 전쟁이 끝나고 귀환선을 타고 귀국하여 도미오카를 찾아 도쿄로 오는데, 그는 아직도 아내와 함께 살고 있으며 결혼 약속과 달리 자신을 피하는 것을 알게 된다. 꿈은 깨지고 참담한 현실만 남아있는 상황이었다. 도미오카는 농림부도 그만두고 시작한 사업마저 신통치 못하고 아내와도 이혼할 수 없다고 말한다. 그런 우유부단한 모습에 유키코는 하는 수없이 홀로서기를 시도하지만, 전후 황폐한 도시에서 그녀가 할 수 있는 일은 미군을 상대하는 일뿐이었다.

그런 상황에서 유키코 역시 도미오카를 잊지 못하여 연락을 취하고 두 사람의 만남은 지속된다. 도미오카는 유키코에게 이도저도 아닌 행동으로 그녀를 혼란스럽게 한다. 그는 심지어 함께 온천 여행을 가서도 현지 여성을 꼬드겨 동거를 하기도 한다. 그럼에도 불구하고 그에 대한 유키코의 기대는 계속되고 그에게서 헤어나오질 못한다. 불법 종교단체에서 30만 엔을 훔쳐 도미오카를 온천으로 불러낸

유키코는 이제 배수진을 치고 그에게 자신과 살 것을 요구하지만, 그는 여전히 우유부단한 모습을 보인다. 도미오카는 농림부에 복직하며 남쪽의 외딴 섬으로 발령 받았다고 이야기하는데, 결국 그곳으로 함께 간 그곳에서 그녀는 폐병이 도져 의식을 잃으며 영화는 끝이 난다.

이 영화는 전쟁이라는 상황에서 가까워진 두 남녀의 빗나간 사랑과 그에 대한 부질없는 집착이 결국 여인을 죽음으로 몰아간 것을 보여준다. 나루세 감독조차도 구원의 여지가 없는 전쟁 후의 참상이다.

━ 〈사랑의 수하물愛のお荷物〉 1955

가와시마 유조 감독이 닛카쓰로 이적한 후 찍은 첫 번째 영화로, 35mm 흑백영화이며 러닝타임은 110분이다. 야마무라 소우, 미하시 타츠야, 기타하라 미에가 출연하였다. 〈사랑의 수하물〉은 1960년대 우리나라에 있었던 가족계획 캠페인처럼 전후 인구 억제 정책을 소재로 한 풍자영화다. 여기서 '사랑의 수화물'이란 아기를 상징적으로 말하는 것이다. 우리나라는 1955년부터 전후 베이비붐이 시작되는데, 일본에서도 패전 후 이러한 사회적인 문제를 소재로 하여 영화를 제작하였다.

후생성(우리나라로 치면 보사부) 장관 아라키가 국회 위원회에서 가족계획 법안의 필요성을 호소한다. 여러가지 묘책이 등장하지만 당연히 야당 여성의원의 반대에 직면하게 된다. 설성가상으로 귀가하니 48세의 아내가 임신을 했고, 아들과 자신의 비서도 몰래 사귀다 임신을 했다는 것이다. 결국 이를 둘러싸고 고민 아닌 고민을 하던 중에 딸과 하녀마저도 임신을 하여 아라키는 곤경에 처하게 된다. 그는 실각할 생각까지 하게 되는데, 개각 발표에서 국방부 장관에 임명되어 가족과 주변 인들의 임신으로부터 위기를 모면한다는 난센스 코미디다. 가와시마 유조는 이런 난센스 코미디를 차분하면서도 담담하게 그려내어 관객들의 공감을 유도한다.

━ 〈생존의 기록生きものの記録〉 1955

구로사와 아키라 감독의 113분짜리 스탠더드영화로, 비키니 섬에서 수소폭탄 실험이 있은 후 만들어진 영화다.

철공장 사장인 나카지마 기이치(미후네 도시로) 노인은 핵전쟁을 피해 브라질로 이민을 가자고 폭탄 선언하여 가족들과 대립하게 된다. 결국 한정치산자(가정법원으로부터 한정후견개시의 심판을 받은 사람)로 선고해 달라고 가정법원까지 가게 된 이들 가족은 자기 몫의 상속금을 둘러싸고 끊임없이 갈등하게 된다. 법원의 조정위원인 치과의사 하라다(시무라 다카시)는 나카지마의 주장을 이해하면서도 현실적으로 한정치산자 선고를 할 수밖에 없다. 자식들이 자신의 뜻을 따르지 않고 끝까지 공장을 지키려 하자 나카지마 기이치는 결국 공장에 불을 지른다. 그는 이미 이성을 잃었고 가족들의 반대와 핵공포로 인해 정신이상이 되어 정신병원에 수용된다.

엔딩 장면은 정신병원인데 하라다가 나카지마 기이치와를 만나러 찾아간다. 미친 나카지마는 하라다에게 "지구의 사람들이 아직도 있는가?"라고 묻는다. 당시나 지금이나 핵공포는 당연한 것이지만, 구로사와 감독은 이 영화를 통해 자신이 가지고 있는 핵에 대한 생각을 밝힌 셈이다.

우리로서는 약간은 이해하기 어려울 수 있지만, 일본인들에게 브라질 이민이나 핵에 대한 공포는 충분히 있을 수 있는 일이다. 구로사와 감독은 시대극 빼고는 항상 흥행이 불가능하다고 생각되는 소재를 선정하곤 하는데, 이 영화는 그중에서도 정말 엉뚱한 소재다. 그나마 미후네 도시로의 열연만 설득력을 갖는다. 일본에서도 흥행에 실패했고, 내가 생각하기에도 이 영화는 그의 많은 영화 중에서 〈8월의 광시곡〉과 함께 가장 이해할 수 없는 영화이다.

■■■ 〈신 헤이케 이야기新·平家物語〉 1955

미조구치 겐지 감독의 영화 중 드문 컬러영화다. 그의 영화는 대부분 흑백이고, 이 영화 다음으로 제작된 그의 마지막 영화, 〈적선지대(수치의 거리)〉(1956)도 흑백영화다.

헤이안 시대, 무사 타다모리와 아들 헤이타의 무사들은 해적들을 무찌르고 돌아오지만 무관들의 횡포로 아무런 포상도 받지 못한다. 당시는 왕을 둘러싼 무관계급과 악덕 승려들의 횡포로 무사들이 무시당하던 시대였기 때문에 그는 아무 말 없이 자신의 말을 팔아서 부하들을 위로해 준다.

아들 헤이타는 무관 도키노부의 딸 토키코를 만나 사랑에 빠진다. 그리고 우연히 자신의 타다모리의 친자식이 아니 것을 알게 되고 어머니 야스코에게 생부에 관한 진실을 알려달라고 한다. 그녀는 원래 황실에 있던 후궁으로 승려와의 염문으로 궁을 쫓겨나와 임신한 채로 타다모리에게 시집을 온 것이다. 야스코는 평탄하지 않은 결혼생활로 타다모리를 무시하면서 집을 나간다. 그 사이 헤이타는 악승들의 횡포에 그들과 대결을 하여 물리쳤으나 무관들의 모함 등으로 결국 타다모리는 자결한다. 타다모리는 죽기 전에 부채에 헤이타의 생부가 상황인 시리카와라고 진실을 밝힌 시를 남겼다. 헤이타는 이 모든 사실을 알게 되고 자신의 운명을 받아들인다.

풍운의 헤이안 시대를 배경으로 한 이 영화는 남자를 주인공으로 한 영화이다. 마조구치 감독이 다루는 인물이 여성에서 남성으로 바뀌었을 뿐이지 헤이타 역시 시대 속에 희생적인 삶을 살 수밖에 없는 인물로 묘사되었고, 그 역시 자신의 인생을 개척해 나가는 꿋꿋한 주인공이다. 그 시대에는 그런 인물상이 그려질 수밖에 없었는지도 모른다. 영화의 웅장한 스케일이나 고증에 의한 세트, 의상 등이 당시 일본영화의 수준을 대변하고 있다. 조금만 더 살았었더라면 마조구치 감독은 일본 영화계가 누렸을 영광을 몽땅 차지하였을 것이다.

▬ 〈양산도陽山道〉 1955

서라벌영화공사 제작, 김기영 감독의 두 번째 연출작이다. 변순제 기획, 박초월 창, 이경순 녹음, 신현호 촬영, 홍동혁 촬영보조이며, 김삼화, 조용수, 박암, 고선애, 고설봉, 이기홍, 고일연, 최룡이 출연하였다.

영화는 구성진 피리소리로 시작한다. 훤칠한 장부인 수동(조용수)은 피리를 불다가 토끼 사냥을 한다. 그는 옥란(김삼화)과 정혼한 사이로 두 사람은 사랑을 키워나간다. 한양에서 과거를 준비한다며 기방 출입을 하던 진사의 아들 물해(박암)는 천하의 망나니이다. 수동은 노루를 잡아다가 진사에게 바치는데 그 역시 양반가의 풍모로 활쏘기에 전념하는 마을의 세도가이다.

사건은 물해가 옥란에게 눈독을 들이며 시작된다. 옥란의 아버지인 막쇠(김승호)는 진사댁에서 보낸 비단을 불태워 버린다. 막쇠는 옥란과 수동을 냉수 놓고 결혼식을 올리게 한다. 두 사람은 도망을 쳐 열녀각에서 첫날밤을 보낸다. 그러나 결국 그들은 붙잡혀 온다. 옥란은 막쇠와 감옥에 갇히고 물해와 결혼하기로 결심한다. 그것이 아버지를 살리는 길이라고 생각했기 때문이다.

수동은 진사댁을 찾아와 억울함을 호소하고 죽임을 당한 수동을 찾아온 어미의 슬픈 마음을 창으로 표현한다. 돌아온 수동은 신분의 벽을 뛰어넘지 못한 한을 갖고 결국 목매어 자결을 한다. 옥란이 시집가는 날, 수동의 어미는 결혼식 행렬이 오는 길목에 수동의 묘를 만들어 놓고 기다리다가 옥란을 찔러 죽인다. 옥란은 수동의 묘 앞에서 죽음을 맞이한다는 언해피엔딩으로 끝이 난다.

〈춘향전〉의 반대 버전으로 비극 〈춘향전〉인 셈이다. 영화에는 사냥과 활쏘기, 실개울, 징검다리, 물긷기, 널뛰기, 달구경, 소타기, 소쟁기질, 사주단지, 열녀비, 가마꾼, 광대놀이, 날라리, 장고, 피리, 흥춤, 보쌈 등의 한국적인 장면이 다분하다. 흡사 일제강점기의 사극 한 편을 본 듯한 느낌이다.

'양산도'란 경기 민요 선소리의 하나로 삼박자의 흥겨운 노래이다. 영화의 주요 장면에 양산도 가락이 나오는데, 왜 제목으로까지 사용하였는지는 감독만이 알 일이다. 완성도를 떠나 당시의 생활과 풍습과 극적 구성을 엿볼 수 있는 귀한 영화임은 확실하다. 영화 자체가 왜 문화유산인지를 실감 나게 하는 영화이다.

━ 〈인생공중제비人生とんぼ返り〉 1955

일본영화의 아버지라고 일컬어지는 마키노 쇼조의 장남, 마키노 마사히로 감독의 영화이다. 그는 18세에 〈푸른 눈의 인형〉으로 데뷔하였다. 러닝타임 116분에 흑백 스탠더드영화로, 모리시게 히사야, 야마다 이스즈, 히다리 사치코, 가와즈 세이자부가 출연하였다. 이 영화는 하세가와 코엔의 희곡을 영화화한 것으로, 1950년에 연출한 〈무술감독 단페이〉를 리메이크했다. 그의 영화 중에 많은 리메이크작이 있는데, 그는 가부키를 비롯한 신극에 조예가 깊어 전통극을 소재로 많은 영화를 만들었다.

주인공 이치카와 단페이는 가난하지만 무대극에 희망을 걸고 살아가는 공중제비가 주특기인 배우이다. 그래서 무대극의 무술 장면을 연출하는 무술감독을 맡고 있는데, 이제는 나이가 들어 예전의 화려한 공중제비를 보여주지 못하고 실수도 많다. 실수가 많은 건 그뿐이 아니다. 가난 때문에 가정생활 역시 평탄치는 않다. 그럼에도 착한 아내 오하루와 양녀 오키쿠가 있기에 그는 오늘도 힘을 내 무대에 선다. 그런 그가 리얼리즘 검극을 모토로 하는 신극에 바치는 열정은 날로 심오해져 가는데 결국 술로 망가진 몸이 그것을 허락하지 않는다.

아내 오하루가 죽고 단페이는 중풍으로 쓰러져 하루하루를 의미 없이 연명한다. 그러던 중 중풍에 걸린 자신의 소재로 한 검극을 보고 리얼리즘의 정수를 보여줄 아이디어를 생각해 낸다. 그리고 극단에 빚을 청산하고자 30엔에 리얼리즘 검극을 제안한 그는 오키쿠에 내용을 전수하고자 실연을 보이다가 결국 죽음을 맞는다. 극단은 오키쿠의 도움을 받아 검극을 완성하여 무대화시킨다. 엔딩에서 단페이는 혼령이 되어 무대를 방문하며 영화는 끝이 난다.

다소 장황하고 말도 안 되는 설정의 엔딩이지만, 배우들은 진지한 열연으로 관객들에게 감동을 전한다. 이런 스타일이 당시에는 설득력을 가졌던 것 같다. 마키노 마사히로 감독은 빨리 찍기의 명수일 뿐 아니라 숏마다 영화에 대한 열정이 녹아있기에 관객들의 호응을 받았으며, 260여 편이라는 많은 영화를 감독하지 않았나 하는 생각이 든다.

■ 〈죽엄의 상자(주검의 상자)〉 1955

미공보원USIS 산하 영화제작소인 리버티프로덕션의 제1회작이다. 영화 크레딧에서의 제작은 이지의로 소개된다. 공제원 원작, 김창식 각본, 김기영 감독, 김형근 촬영, 유재원 편집이다. 최고의 기자재 시스템을 갖춘 미공보원에서 미첼 카메라로 동시녹음을 하였다. 동시녹음 촬영은 일제강점기에도 일부 시도되었는데, 이 영화가 광복 이후에는 최초의 기록이다. 이 영화 이후 1960년대 말에 신상옥 감독이 〈연산군〉으로 부분 동시녹음을 시도한다. 〈죽엄의 상자〉는 김기영 감독의 극영화 데뷔작인데, 사운드필름이 소실되어 정확한 내용을 알 수 없다. 그러나 신인 감독의 패기만은 전해져 왔다. 무성이라 정확한 내용은 알 수 없지만 자료 글을 보면 다음과 같은 줄거리이다.

빨치산 박치삼(노능걸)은 제대 군인으로 신분을 위장하고 지리산 어느 마을로 들어온다. 마침 오

빠의 전사 통보를 받은 김정희(강효실)에게 접근한 그는 노모(김명순)의 환심을 사 그 집에 기거하게 된다. 정희의 애인인 조순택(최무룡)은 그가 마땅치 않아 신경전을 벌인다. 치삼은 정체를 숨기고 민심 교란 공작 활동을 수행하며 때로는 산속의 빨치산 아지트를 찾아가 대장(최남현)에게 상황을 보고한다. 그러던 어느 날 아들의 유골함(바로 죽엄의 상자이다)을 군인이 가져오고 치삼은 정체가 탄로날 듯하자 군인을 공격해 기절시키고 순택을 끌고 아지트로 향한다. 치삼을 따라간 순택은 유골함과 바뀐 폭탄상자를 던져 아지트를 폭파시켜 모두 몰살시킨다.

이 영화는 실화를 바탕으로 제작했다는데, 이는 그 시절에는 있을 수도 있는 일이다. 오래된 영화를 보았다는 것만으로도 가치가 있으며 작품의 완성도는 논외 사항이다. 조명을 지나치게 의식해 등잔과 촛불로 조명을 연출하였으나 오히려 더 어색할 뿐이다. 주인공은 아니지만 극 중 정희의 애인으로 출연했던 고 최무룡 배우의 젊은 모습이 인상적이었고, 그는 같은 해에 사망한 제이스 딘과 너무도 닮은 연기를 선보였다. 이는 둘의 분위기가 닮아서 느끼는 감정일 수도 있다.

▬▬〈후지산의 혈창血槍富士〉1955

우치다 도무 감독의 94분 흑백영화다. 가타오카 치에조 주연으로, 우치다 도무 감독이 13년 만에 찬바라영화의 메가폰을 잡았다. 그는 전쟁 시기 만주영화협회에서 선전영화를 제작하였다. 영화는 사무라이 주인을 따라 여행을 하는 곤바치의 인정담을 소재로 하고 있다.

주인공 곤바치는 인정 많은 주인에게 충성을 다하는데, 주인이 괴한들과의 싸움으로 살해당하게 되자 주인의 복수를 결행해 모두를 살해한다. 그러나 관가에서 주인에 대한 정당한 복수를 인정받아 무죄로 풀려나 먼 길을 떠난다. 마지막 장면에서 그를 따라오는 꼬마에게 창잡이는 되지 말라는 충고를 한다.

영화 속 이야기지만 어쨌든 좋은 일은 아니라는 감독의 메시지일까? 일부러 이런 장면을 넣은 감독의 의도가 무엇인지 궁금하다. 그것은 도덕적인 해석으로도 볼 수 있고 단순히 멋 부린 엔딩일 수도 있다. 판단은 관객들의 몫이다. 가타오카 치에조의 서툰 창술과 피가 나오지 않는 검극이 지금 보면 어색할 수도 있지만, 이 영화가 지금으로부터 66년 전의 영화라는 것을 생각하면 놀라울 따름이다.

■ 〈숙영낭자전〉 1956

이 영화는 1928년에도 이경손 감독에 의해 만들어졌고 사극 붐으로 리바이벌되었다. 시집살이의 억울한 죽음을 소재로 했는데, 1956년의 영화는 협동영화사 제작, 이운방 각본, 신현호 감독이 촬영, 편집까지 맡았다. 안현철이 조감독을 맡았고 황정순, 최남현, 장일, 문정숙 출연했다.

결혼한 숙영낭자는 남편이 과거 보러 가며 집을 비운 사이에 힘든 시집살이로 자결을 하고, 그 후 남편이 귀가하여 부인의 억울한 죽음을 위로한다는 내용이다. 당시는 시집살이가 많았을 때이므로 이런 영화가 만들어져 호응을 받았을 것이다. 〈숙영낭자전〉은 정창화 감독에 의해 만들어진 〈장화홍련전〉과 같은 해에 공개되었다. 개봉은 1956년 12월 31일이다.

■ 〈미친 과실狂った果実〉 1956

닛카쓰 제작, 이시하라 신타로 원작, 나카히라 코우 감독작으로, 키타하라 미에, 이시하라 유지로, 츠가와 마사히코가 출연하였다. 성격이 정반대인 이복형제가 20살의 유부녀를 만나 결국 죽음으로 파국을 맞는다는 파격적인 내용을 다루고 있다.

우연히 역에서 만난 묘령의 여인 에리를 좋아하게 된 동생은 사랑을 키워가는데 무책임한 형은 그녀를 강제로 범해 자신의 애인으로 삼는다. 아무것도 모르던 동생은 그녀와의 짧은 여행을 계획하는데 그것을 질투한 형이 먼저 연인을 가로채 먼 바다로 나아간다. 그런 형을 쫓아간 동생은 두 남녀를 보트로 무참히 깔아죽인다. 흡사 카인과 아벨의 원죄를 연상시키는 결말이다.

기성세대의 도덕관을 거부하는 태양족 붐을 일으킨 전후의 문제 작가 이시하라 신타로의 원작을 나카히라 코우 감독이 새로운 영화로 만들어 냈다. 짧은 컷의 편집과 뭔가 불안한 듯한 숨 가쁜 연기가 어우러지며 방탕한 형과 순진무구한 동생의 비극을 암시하며 긴장감을 더한다.

〈미친 과실〉은 나카히라 코우의 데뷔작으로, 이 영화를 본 프랑수아 트뤼포 감독은 평론을 통해 그의 연출력을 인정했다. 이 영화는 이후 프랑스 누벨바그의 기수인 장 뤽 고다르, 클로드 샤브롤 감독에게도 영향을 미쳤지만, 정작 감독 자신은 기대에 미치지 못한 후속작을 만들며 안타까움을 주었다.

━ 〈시집가는 날〉 1956

동아영화주식회사 제작, 오영진 각본, 이병일 감독, 김승호, 조미령, 최현, 김유희 출연작이다. 맹진사는 판사댁 아들인 사윗감이 절름발이라는 소문을 듣고 딸 대신 몸종 이쁜이로 바꿔치기해 혼례를 치른다. 그런데 혼인식 당일에 본 사위는

소문과 달리 헌헌장부였다. 세속에 물 는 맹신사를 통해 교훈과 재미를 주는 내용이다. 한국영화사상 처음으로 국제영화제에서 수상한 영화가 바로 이 영화다. 이병일 감독의 연출작으로, 제4회 아시아영화제에서 특별희극상을 받았다.

━ 〈스자키 파라다이스洲崎パラダイス 赤信号〉 1956

닛카쓰 제작, 가와시마 유조 감독, 아라타마 미치요, 미하시 타츠야, 토도로키 유키코 출연이며, 스탠더드 흑백영화로 러닝타임은 81분이다. 이마무라 쇼헤이今村昌平가 조감독으로 참여했다.

스자키 파라다이스는 도쿄 근처의 유곽지구이다. 환락가의 유곽 네온이 불이 켜지면 여인들은 웃음을 팔고 남정네들은 이곳을 찾아온다. 전후 곤궁기를 겪은 한국이나 일본의 상황은 별반 다르지 않다. 부부인지 연인 관계인지 모를 두 남녀 요시이와 츠타에는 배고픔에 무작정 스자키 파라다이스 앞의 식당으로 들어가 취업을 부탁한다. 그들을 가여이 여긴 인정 많은 여주인 오토쿠의 호의로 그들은 취업을 한다. 그렇다고 이들에게 희망이 보이는 것은 아니다. 더욱 갈등거리가 만들어지고 두 남녀는 다른 길을 가게 된다. 두 사람이 원하는 것은 큰 욕심이 아닌 둘

이서 단란하게 사는 것뿐인데 사회는 그리 호락호락하지 않다. 영화는 스자키 파라다이스 주변부 인생과 더불어 두 부부가 겪게 될 수도 있는 여러 사연이 소개되며 전개된다. 결국 두 남녀는 영화의 도입부에서 보여준 부평초 같은 모습으로 다시 버스를 탄다.

이 영화를 보면 전후 곤궁기를 소재로 한 유현목 감독의 〈오발탄〉이 떠오르는데, 그 시대의 사람들이 살아가는 모습을 보면서 진한 공감을 느꼈다. 가와시마 유조 감독이 가장 좋아하는 자신의 영화라는 말도 그런 느낌의 연장이 아닐까? 남주인공의 모습에서 오랜 세월 시달린 루게릭병으로 사망한 가와시마 유조 감독의 모습이 어른거린다.

▬ 〈악마의 거리悪魔の街〉1956

스즈키 세이준 감독의 스탠더드 흑백영화로, 러닝타임은 81분이다. 가와즈 세이자부로, 스가이 이치로, 유미 아즈사이고가 출연하였다. 정창화 감독의 1961년 작 〈노다지〉라는 영화와 돈을 쫓는 이들의 내용이나 누아르적인 분위기가 흡사하다. 이는 세계적으로 알려진 프랑스 범죄 누아르영화의 영향일 수도 있으며, 그 시대가 그런 영화를 만들게 했을 수도 있다. 정창화 감독은 한국전쟁 시기에 〈유혹의 거리〉를 만들었는데, 필름이 전쟁 중 불타서 부산에서 〈최후의 유혹〉을 다시 만들었다. 'OO거리'라는 제목도 그 시대 영화의 공통점 중에 하나다.

감옥에 수감 중이던 은행 강도 살인범 오바 고조가 이송 도중 탈출하고 그를 체포했던 경찰 도가와는 오바를 체포하기 위해 나선다. 오바의 동료인 하야사키는 그를 무사히 홍콩으로 보내려 하지만 오바는 자신의 생각대로 할 뿐이다. 어차피 범죄조직 세계에서 믿을 건 자신뿐이다. 서로 속고 속이며 총격전이 거듭되고, 결국 정유공장에서의 총격전으로 사건이 마무리되며 영화는 끝이 난다.

다소 처지는 긴장감에 상투적 인물 구성이 식상한 느낌이지만, 이 영화가 지금부터 반세기 훨씬 이전의 영화라는 것을 감안한다면 당시에는 흥미로운 스릴러영화였을 것이다.

■ 〈여름의 폭풍우夏の嵐〉 1956

닛카쓰 제작, 나카히로 코우 감독의 스탠더드 흑백영화로, 러닝타임은 86분이다. 키타하라 미에, 미하시 타츠야, 코조노 요코가 출연하였는데, 여주인공 키타하라 미에는 커다란 눈망울 하며 우수에 젖은 이미지가 왠지 트로이카 스타 문희와 닮았다.

아사이 료코는 특수학교 교사인데 어머니와 언니 다에코의 불신이 심하다. 이는 양녀로 다른 집에서 성장하다가 다시 함께 살게 되며 갖게 된 애정 결핍 때문일 수도 있다. 게다가 입양된 막내아들 아키라는 재수생인데 항상 눈에 거슬린다. 그러던 중 아키모토라는 과학자가 언니의 남편감으로 방문하게 된다. 료코와 아키모토는 이미 구면이었으며 두 사람 사이에는 키스까지 했던 전력이 있다. 서로가 이성으로 끌렸기 때문이지만 언니의 남편이 되지 않았더라면 잊혀질 수도 있었는데, 이렇게 만나니 두 사람의 심경은 복잡해지고 이를 눈치챈 아키라는 료코에게 이성으로 다가선다. 영화는 태풍으로 밀려온 해일에 몸을 던지는 두 남녀의 새드엔딩으로 끝이 난다.

언니의 애인에게 집착하는 소재는 그의 데뷔작인 〈미친 과실〉에서 두 형제가 한 여자를 좋아하는 설정과 유사하다. 내 행복을 위해 타인을 괴롭히는 여자와 우유부단한 남자의 애정 없는 탈선행각이라는 특이한 설정에서 여성의 이상심리를 소재로 한 영화가 흥행될 리 만무하다. 그러나 나카히라 코우 감독은 이런 소재에 집착하고 자신의 영화로 만들어 냈다.

■ 〈우유배달부 프랑키牛乳屋フランキ〉 1956

닛카쓰 제작, 나카히로 코우 감독의 스탠더드 흑백영화로, 84분이다. 프랑키 사카이, 이치카와 토시유키, 오자와 쇼이치, 사와무라 쿠니타로가 출연하였다.

촌구석인 장주(쵸수)에서 청운의 꿈을 안고 동경으로 올라온 순진무구한 도쿠뻬키타는 삼촌뻘인 꼬마 겐이치의 집에서 우유 배달을 하게 된다. 선배가 밀린 임금으로 무단 사직하고 경쟁업체인 불독우유로 자리를 옮겨 도쿠 뻬키타는 첫날부터 혼자 배달을 다니며 적응해 나간다. 불독우유의 배달 훼방이며 동경에서의 생활은 녹록치만은 않았지만, 그래도 그는 "서비스 제일"을 외치고 이웃을 돌보며 밝은 내일을 꿈꾸며 힘차게 살아간다.

결코 좌절하지 않고 좌충우돌하면서 고군분투하는 주인공의 모습에서 밝고 건강한 삶의 에너지를 제공받는 영화로, 우유배달소와 골목을 스튜디오에 꾸며 촬영했다. 전후의 견디기 힘든 생활에 꿈과 웃음을 주기 위해 기획된 영화로 지금 보기엔 좀 어색하지만 코미디언 프랑크 사카이가 슬랩스틱 코미디를 선보여 밝고 희망찬 웃음을 선사한다. 인기 TV 드라마를 제작했던 일본의 모리나가사가 제작하였는데, 나카히로 감독은 이 영화로 코미디 장르에도 재능이 있음을 보여준다.

■■■ 〈장화홍련전〉 1956

정창화 감독, 이경희, 서영란, 추석양, 서금성 출연이며, 김성민과 〈숙영낭자전〉의 이운방 공동 각본이다. 〈장화홍련전〉은 고전소설을 영화화한 것인데 계모의 학대로 인하여 억울하게 죽은 장화, 홍련의 이야기를 그린다. 원귀의 사연을 들은 고을 사또가 계모의 자백을 받고 원한을 풀어준다는 전래 동화의 통속적인 정서가 흥행 불변이라는 것을 보여준다.

정창화 감독은 전쟁 후 일거리가 없을 시절인 1955년 〈제2의 출발〉을 감독한 후 연출 의뢰가 들어왔고, 그 영화가 예상외로 대박이 나 인기 감독이 되었다. 이 영화는 일제강점기인 1924년 이후 1936년, 1956년, 1962년, 1967년, 2003년 등 여러 차례 리메이크되었다. 그 외 유사 영화로는 1972년 〈낭자한〉, 〈요권괴권〉 등이 있다.

■■■ 〈적선지대赤線地帶〉 1956

〈수치의 거리〉라고도 하는 이 영화는 미조구치 겐지 감독의 영화이다. 전후라는 시대를 배경으로 그 시대의 딸이며 어머니인 그녀들의 삶에 바치는 영화이다. 이 영화는 다소 진부한 이야기지만 가혹한 운명 속의 여인을 주인공으로 하여 그녀들의 인생을 애정 어린 시각으로 풀어냈다.

'꿈의 동네'라는 가게에는 매춘부가 4~5명 있다. 그녀들은 각기 다른 사연을 가졌는데, 살기 위해 어쩔 수 없이 이곳에서 일하게 되었다. 영화는 현대물에 어울리지 않는 음산한 음악으로 시작되는데, 이는 이 영화의 결말을 암시하는 듯하다.

시대는 현대로 바뀌었지만 그녀들은 어쩔 수 없는 굴레에서 벗어나지 못하고 여인으로서의 질곡 진 삶을 되풀이한다. 매춘금지법으로 어수선한 때에 최후의 생존 수단으로 자신의 몸을 팔아야 하는 여성들은 나름의 꿈을 키우며 꿈의 동네에서 하루하루를 살아간다.

어떤 여인은 악착스레 돈을 벌어 독립할 생각에 남자들로부터 목돈을 빼내고, 또 한 여인은 분유 값이라도 벌겠다며 남편의 동의하에 가게로 출퇴근을 한다. 다른 한 여자는 이곳을 빠져나갔지만 결국 고향에서 정착하지 못하고 다시 이곳으로 돌아온다. 또 한 여인은 아들의 뒷바라지를 하겠다고 가게로 나왔지만, 이를 안 아들로부터 버림을 받고 미쳐버린다. 결국 한 여인만이 성공해 옷감가게를 내었는데 그날 새로운 신참 여성이 매춘을 위해 가게에 선다. 이 신참 여성 역시 똑같은 기구한 운명 속에서 자신의 삶을 어떻게 바꿀 것인지가 궁금해진다. 성공하여 이 가게를 빠져나갈 것인가? 아니면 나름의 수완으로 제2의 성공을 펼칠 수 있을 것인가? 감독은 페이드아웃으로 처리하였지만, 그녀를 바라보는 감독의 따뜻한 시선이 느껴진다.

이 영화는 훗날 홍콩에서 〈소녀(콜걸)〉라는 제목으로 리바이벌되기도 했다. 평생을 불우한 여성들의 삶과 인생을 관조했던 미조구치 감독은 이 영화를 만들고 유명을 달리한다. 만약 그가 계속 살았더라면 어떤 영화를 만들었을까? 아마도 여성의 인권에 대해 꾸준히 영화를 만들지 않았을까? 공장에서 미싱 일을 하던 여성들, 버스 차장, 때밀이 처녀 등은 김호선 감독의 〈영자의 전성시대〉를 떠오르게 한다.

▬ 〈조춘無春〉 1956

쇼치쿠 제작, 오즈 야스지로 감독, 아와시마 치카게, 후지노 타카코, 이케베 료, 키시 게이코, 미야케 쿠니코, 류 치슈 출연작이다. 144분 길이의 영화로, 수많은 출연진이 동원되었다.

전후 암담함에서 탈출한 1950년대 일본은 경제 부흥으로 활기찬 분위기이다. 회사가 밀집한 도쿄 중심가로 전철을 타고 출퇴근하는 샐러리맨 중 한 명인 스기야마 쇼지는 결혼한 지 8년이 되었는데 아내인 마사코와는 별 느낌 없이 살고 있다. 그러던 그에게 회사의 타이피스트인 가네코가 접근하게 되고, 둘은 불륜 관계로 선을 넘는다. 이를 눈치챈 마사코는 친정으로 가버리고 쇼지는 자신의 우유부단한 행동으로 곤경에 처한다. 때마침 회사에서는 먼 곳의 생산공장으로 그를 전근하도록 하는데, 쇼지는 이러한 부도덕한 일상을 정리하기 위해 그곳으로 전근을 간다. 얼마 후 마사코는 그곳으로 가 두 사람은 다시 새 출발을 다짐한다.

이 영화는 홈드라마의 전형으로 당시 멜로의 진수를 보여주는데, 오즈 감독은 이를 집요하게 그려내 가장 일본적인 영화를 만드는 감독으로 자리 잡게 된다. 그는 다다미숏으로 불리는 낮은 각도에서의 촬영을 50mm 표준렌즈로 집요하게 추구하며, 때로는 일본 발전의 상징인 기차를 수시로 보여주고 있다.

▬ 〈흐르다流れる〉 1956

나루세 미키오 감독의 35mm 스탠더드, 러닝타임 117분의 흑백영화이다. 전후 일본의 최고 배우 다나카 기누요가 게이샤(기생) 츠타 역으로 출연했고, 나루세 미키오 감독의 페르소나인 다카미네 히데코가 그녀의 딸로 출연했다.

츠타는 한물 간 게이샤로 아직도 기생집을 운영하고 있다. 직업소개소를 찾아 이곳으로 온 리카는 남편과 아들을 잃고 도시로 취업을 나온 단아한 중년 여성이다. 그녀는 이곳에서 식모로 일하면서 츠타가 지어준 이름인 '오하루'로 불린다. 츠타는 업소 운영이 힘들어지며 빚더미에 올라 빚쟁이들로부터 시달리는데, 역시 빚쟁이인 그녀의 언니로부터 여관으로 업종을 변경하라는 권유를 받는다. 게다가 일하던 게이샤들마저도 다른 곳으로 옮기며 업소는 위기를 맞는다. 그래도 츠타는 새로운 게이샤들을 교육시키며 딸과 함께 이곳을 지켜나간다.

특별한 사건 없이 흘러가는 소박한 일상의 이야기로 전후 게이샤들의 생활과 애환을 다룬 영화이다. 오프닝과 엔딩에서 검푸른 바다를 보여주고 있는데, 이는 인생이란 갖가지 일들을 겪는 파란만장한 것이지만 유구한 세월은 그렇게 흘러간다는 의미일 듯하다. 나루세 감독의 영화답게 희망을 잃지 않고 살아가는 해피엔딩으로 영화는 끝이 난다.

▬ 〈거미집의 성蜘蛛巢城〉 1957

구로사와 아키라 감독, 미후네 도시로, 야마다 이스즈, 시무라 다카시, 쿠보 아키라가 출연한 러닝타임 110분의 흑백영화이다. 셰익스피어의 『맥베스』를 각색한 것으로 권력욕의 허망함을 그리고 있다.

전투로 죽은 혼령이 잠든 거미숲에는 비가 내리면 왔던 길로 되돌아갈 만큼 길 찾기가 쉽지 않은데, 주인공인 와시즈 다케도리(미후네 도시로)와 미키 요시아키는 이 숲에서 원(혼)령을 만나 자신들의 미래에 대한 예언을 듣게 된다. 그 예언은 이루어질 수 없는 권력에 대한 것이었고 두 사람은 이 말에 반신반의한다. 그러나 자신들이 혼령들의 예언대로 성주로 임명이 되고, 다케도리의 아내인 아사지(야마다 이스즈)는 어쩌면 다케도리가 거미성의 주인까지도 될 수 있다는 생각을 하게 된다. 그녀는 남편을 부추겨 음모를 실행에 옮기도록 한다. 혼령의 예언대로 들어맞아 다케도리가 거미성의 주인이 되는데, 마지막 예언인 요시아키의 아들이 다음 주인이라는 말의 싹을 자르기 위해 음해를 하지만 오히려 다케도리는 부하들의 신임을 잃고 죽임을 당한다. 헛된 권력욕이 얼마나 무서운 결과를 초래하는지를 보여주는 결말이다.

구로사와 감독 영화의 특징 중 하나가 엔딩의 교훈성이다. 당시 영화의 풍조일 수 있지만 똑똑한 구로사와로서는 영화를 통해 하고 싶은 이야기들이 많았고 또 그 이야기가 당대를 살아가는 교훈 같은 것이어야 한다는 생각을 가졌을 것이다. 평범한 이야기도 지루하지 않게 하며 대중을 계도하려 했던 그는 그 시대에 나올 수밖에 없었던 감독이다.

혼령이 이 등장하는 장면과 음산한 거미성, 거미숲을 배경으로 하여 안개와 비가 극적효과를 더 하고 있다. 구로사와처럼 자연현상을 영화 속에서 재연하는 감독도 드물다. 존 포드 감독이 구로사와 감독을 만나 "영화 속에서 웬 비가 그리도 많이 내리는가?" 하고 질문을 하니 구로사와가 "내 영화를 많아도 보셨군요"라며 응수했다는 이야기가 전해질 정도이다.

비슷한 부류의 영화로는 유현목 감독의 〈전설 따라 삼천리〉가 있다. 전설에는 원혼을 가진 혼령이 자주 등장하는데, '잘못 살면 혼난다'라는 식의 음산한 이야기를 통한 교훈담을 담은 영화이다. 고전을 각색하여 당대의 대중들을 교화시키고 또 흥행감독까지 되었으니 감독으로서는 꿩 먹고 알 먹기이다.

영화의 마지막은 다케도리가 부하들의 활에 맞아 죽는 장면인데, 구로사와 감독은 명궁들을 동원해 주인공을 향해 실제로 활을 쏘게 했다. 그의 지독한 고집을 보여주는 일화다. 그래서 미후네 도시로가 산탄총을 들고 감독을 찾아갔다는데,

그 뒤로도 두 사람이 명콤비로 계속 명편을 남긴 것을 보면 결국 술 한 잔 먹고 화해를 했던 모양이다. 그것도 구로사와의 능력이다.

■ 〈대보살고개大菩薩峠 1, 2, 완결편〉 1957~1959

무려 5시간 반에 걸쳐 3부작을 보았다. 1957년 작 119분, 1958년 작 105분, 1959년 작 109분의 컬러영화다. 이 영화는 1966년 오카모토 기하치 감독에 의해 120분 흑백영화로 리메이크되었다. 나카다이 타츠야가 주인공을 맡은 리메이크작은 전작을 뛰어넘는 검귀의 광란을 보여주고 있다.

사무라이 류노스케는 최고의 검잡이를 자부하나 인격파탄자다. 시합의 판정에 불복하고 차차 허무주의 악마가 되어 간다. 그에 의해 젊은 무사는 시합 중 죽음을 당한다. 죽은 형의 복수를 위해 그를 쫓는 동생은 눈앞에서 그를 놓치고 긴 추격을 시작한다. 류노스케의 뛰어난 검술은 악당들의 주목을 받고 지방 관리에게서 살인 청부를 받는데 그는 악마의 화신인 양 갈 데까지 간다.

영화를 다 보고 이 영화가 반세기 훨씬 이전의 영화라는 데서 경탄하게 되었다. 자신이 죽인 유령들이 등장하는 장면과 류노스케의 내면의 갈등을 표현한 연출은 반세기 전의 영화가 보여주는 최고의 실험적인 연출이다. 이 시리즈는 비록 반세기 훨씬 전의 영화이지만 지금 보아도 손색없는 찬바라영화다.

■ 〈막말태양전幕末太陽傳〉 1957

가와시마 유조 감독의 35mm 흑백영화로 러닝타임은 111분이다. 프랑키 사카이, 히다리 사치코, 미나미다 요코가 출연하였다. 이 영화는 가와시마 유조 감독의 대표작으로 뛰어난 완성도를 보여주는 코미디영화이며, 일본의 유곽을 배경으로 막부 시대 말 난세를 뛰어난 기지와 계략으로 헤쳐 나가는 주인공 사헤이지의 이야기를 그린다.

밀려들어오는 외세에 전전긍긍하여 그들을 물리치고자 유곽의 방을 빌려 모인 의협남들, 또 기생을 둘러싸고 온갖 치정이 벌어지는 바람둥이들이 모인 유곽에는 하루도 편안할 날이 없다. 사헤이지는 결핵 때문인지 해소 때문인지 계속 기침을 해대며 이들 사이에서 문제를 해결해 주는 해결사로 자리 잡은 지략가이다. 그는 결코 미워할 수 없는 그야말로 유곽의 필수요원인데 그의 행각은 범상치가 않다. 사헤이지는 유곽을 순환시키는 존재일 뿐 아니라 그가 없는 유곽이란 상상할 수도 없을 정도로 그의 활약은 의협남이나 바람둥이들보다 한 수 위다. 사헤이지는 그들의 머리 위에서 문제를 해결하고 그들을 좌지우지하는 뛰어난 사내다.

그가 무언가 큰 일을 하는 사람이고 결말에선 그 정체가 드러날 법도 한데, 그는 어지러운 막말시대를 살아가는 평범한 사람일 뿐이다. 그래서 이 영화의 코미디가 완성되고 주제가 살아난다. 가와시마의 대표작일 뿐 아니라 《키네마순보》가 선정한 '올 타임 베스트 100 일본영화'에서 5위에 오르는 등 일본영화 걸작으로 손꼽히는 영화다.

■■■ 〈명랑소녀靑空娘〉 1957

마스무라 야스조 감독의 88분 컬러영화다. 와카오 아야코, 스가와라 겐지 출연작으로 1933년생인 와카오가 24살 때 출연했는데, 여고생으로부터 사회 진출한 초년병의 모습을 싱그럽게 연기했다.

어촌마을에서 외할머니와 함께 살던 여고 졸업생인 주인공은 할머니가 돌아가시자 유일한 연고자인 아버지를 찾아 도쿄로 간다. 그녀는 아버지와 여직원 사이에서 출생한 사생아였기 때문에 그녀를 반기는 가족은 없었다. 눈엣가시처럼 눈총을 받는 그녀를 도와주는 사람은 식모 한나뿐이지만, 그녀는 천생 '명랑소녀'라서 그 모든 수모를 참아낸다.

그녀는 첫사랑인 학교선생님에게 의지하려 하지만 그것 또한 쉽지 않고, 그녀에게 다가온 이복언니의 신랑감 후보인 회사원과 가까워진다. 이래저래 그녀는 아버지 집에서 버티지 못하고 다시 시골로 향한다. 그때 친엄마의 소재를 알게 된 선생님을 통해 모녀는 재회를 하게 되고 회사원과 미래를 약속한다.

이 영화는 라디오 드라마를 각색한 것으로, 마스무라 감독과 와카오 아야코의 첫 작품이다. 이 영화에서 건강미 넘치는 그녀의 발랄한 모습은 마스무라 감독은 물론이고 많은 팬을 매료시켰다. 이후 그녀는 이 영화에서의 캐릭터와 달리 웃지 않는 차가운 여인상으로 마스무라 감독의 페르소나가 되었다.

■ 〈밑바닥 どん底〉 1957

구로사와 아키라 감독이 밑바닥 세상을 사는 사람들의 인생(하류인생)을 다룬 영화로 러닝타임은 125분이다.

막심 고리키의 원작 희곡은 19세기 말 제정 러시아를 배경으로 쓰였는데, 이 영화는 19세기 중반의 에도(일본 도쿄의 옛 이름)를 배경으로 하고 있다. 사람이 사는 집이라고는 할 수 없는 쓰레기터의 다 쓰러져 가는 집이 무대이다. 2004년에 개봉한 주성치 감독작 〈쿵푸 허슬〉의 돼지촌은 비할 바가 아니다. 이 집에는 독사 같은 부인 오스키와 집주인 그리고 도둑인 스테키치, 땜장이, 병든 부인, 퇴물배우, 엿장수, 사기꾼, 전직 포졸, 매춘부 츠가루, 오스키의 동생인 오카요 등 갖가지 인간이 모여 산다. 하루하루를 악다구니 속에서 살아가는 그들은 삶의 끝자락에서 희망 없는 나날을 보내고 있다. 영화는 그들의 삶을 통해 우리네 인생사를 그리고 있다.

인간은 같은 일을 반복하며 살아간다. 이곳에 순례자인 영감이 들어오며 이야기는 본격화된다. 어느 날 집주인은 싸움이 벌어져 죽고 스테키치를 둘러싸고 자매는 서로 증오를 퍼붓는다. 이곳에 비가 퍼부으며 새로운 하루가 또 시작된다. 모두가 이곳을 떠나고 싶어 하지만 정작 떠나는 이는 없다. 남은 사람들은 희망을 갖고 살고자 하는데 이번에는 배우가 자살하여 판을 깬다. 영화는 비극적인 종말을 보여주고 있으나 역설적으로 인간은 모두 귀중한 존재라는 것을 보여준다.

무대극을 화면에 옮겨 놓았지만 지루하지 않게 보는 이들을 흡인하는 힘이 있다. 이 원작을 영화화하기를 희망한 감독은 배우들을 모아 연습을 거듭하여 단기간에 촬영을 완료하였다고 한다. 당시의 많은 한국영화가 일본영화의 시나리오를 표절했지만 이 영화만큼은 유사한 영화가 없었다. 아마 너무 참담한 현실을 그렸기 때문에 한국에서는 검열을 통과할 수 없었을 것이다.

■ 〈입맞춤 くちづけ〉 1957

마스무라 야스조 감독의 데뷔작으로 78분짜리 흑백영화다. 한국의 배우 고수를 빼다 박은 가와구치 히로시와 노조에 히토미가 출연하였다. 전후 일본에 태양족 열풍이 있기 전 오시마 나기사와 함께 청춘영화의 전성시대를 연 영화다.

교도소에 수감 중인 아버지를 만나러 갔던 대학생 긴이치는 누드모델 아르바이트를 하는 아키코를 만난다. 그녀 역시 수감 중인 자신의 아버지를 보러온 길이었다. 그들은 서로에게 호감을 느끼고 사랑의 감정을 키워 나간다. 그녀는 아버지의 석방을 위해 10만 엔이 필요했지만 두 사람 모두 돈이 없긴 피차일반이다. 결국 긴이치는 이혼하고 혼자 사는 엄마를 찾아가 십만 엔을 구해 그녀에게 준다. 결말에서 아버지를 석방시킨 그녀를 차에 태워주며 두 사람의 앞날을 암시하는 해피엔딩으로 끝이 난다.

당시 젊은이들의 일탈과 갈등 속에 꽃피운 풋사랑을 보여주는 성장영화인 셈인데, 제임스 딘이 출연한 〈에덴의 동쪽〉의 캐릭터와 자신을 버린 엄마를 찾아가는 설정에서 영향을 받은 듯도 하다.

■■■ 〈죽인 것은 누구인가殺したのは誰だ〉 1957

닛카쓰 제작, 신도 가네토 각본, 나카히로 코우 감독의 스탠더드 흑백, 91분이다. 스가이 이치로, 야마네 히사코, 도노야마 타이지가 출연하였다.

전후 생활이 궁핍하던 시절 중고차 세일이라고 비켜갈 수는 없다. 50대의 주인공은 사장에게 3만 엔의 빚을 지고 있고, 부진한 실적으로 반실업자나 진배없다. 게다가 집은 밀린 월세로 쫓겨나기 직전이다. 오늘도 한 건 하려 했으나 후배에게 당하고 잘잘못을 따지다가 오히려 폭행까지 당한다. 다음날 후배는 그에게 10만 엔을 줄 테니 보험사기를 하자는 솔깃한 제안을 한다. 그러나 차마 범죄자가 될 수 없다고 거절했는데 엉뚱하게 그의 아들이 꾐에 넘어가 음주한 상태에서 제안을 수락하고 현장인 로터리로 향한다. 이를 안 주인공이 현장으로 가 말리려다 오히려 아들의 차에 치어 죽는다.

이 사고 장면을 13일에 걸쳐 촬영하였다는데 당시로써는 처음 시도하는 장면이기에 그만큼 신경을 많이 썼다는 반증이다. 이 영화는 전후의 인간성을 상실할만큼 가난했던 삶을 조명한 가작이다. 그의 데뷔 초는 이렇듯 사실성에 치중한 사회 고발영화를 추구했다.

■ 〈풍운의 궁전〉 1957

정창화 감독의 초기작으로 삼한 시대인 마한의 태자비 간택을 둘러싼 궁중 음모극이다. 진평대감의 구슬아기와 보해태자가 우연히 만나 벌어지는 러브스토리가 주요 내용이다. 간택자리에 진평대감의 딸 구슬아기가 나와 천생연분이 맺어지는 듯하나, 화선아기의 아버지인 화피달은 둘 사이를 갈라놓기 위해 진평대감을 모함한다. 그러나 영화는 해피엔딩으로 끝난다.

전쟁 후 피폐한 시기에 이 같은 시대극을 기획했다는 건 특이한 일이다. 아마 전작인 〈장화홍련전〉의 성공으로 이 영화가 나왔을 것이다. 도봉산 일대에서 촬영하였다는데 현대화나 도시화가 안 되어있어 지금 보면 신기한 풍경이 많이 보인다. 고풍스러운 분위기로 필름이 이토록 완벽히 남아있는 게 의문스러울 정도로 화질도 양호하다.

출연자 모두 이젠 고인이 되었고 감독만 살아있는데, 두 주인공 이승화, 김미선과 고향미, 김승호, 변기종이 출연했다. 그 외에 허장강, 최성호 등이 데뷔 초로 신선한 마스크로 출연한다. 정창화 감독이 직접 편집을 맡았으며, 이 영화는 현존하는 정 감독의 가장 오래된 영화이다.

■ 〈결혼의 모든 것結婚のすべて〉 1958

오카모토 기하치 감독의 84분짜리 스탠더드영화로, 벌써 60여 년 전 영화인데 지금 봐도 전혀 어색하지 않고 오히려 시대를 앞서가는 듯한 화면 연출로 시선을 끈다.

활발한 현대 여성 가네코가 결혼을 앞두고 겪는 이야기로, 가네코의 언니는 대학교수에게 시집가서 현모양처로서의 삶을 산다. 자신은 그런 고리타분한 삶이 아닌 새로운 연애결혼을 꿈꾸지만 세상은 변해버려 이해할 수 없는 일들뿐이다. 언니 역시 주부 생활에서 일탈을 체험하나 아내로서의 본분을 지키고자 한다.

언니의 에피소드는 흡사 정비석 원작의 영화 〈자유부인〉을 연상시킨다. 1956년도 제작이므로 〈자유부인〉의 제작 연도가 앞서는데 동시대 두 나라 시나리오 속의 상황이지만 정서적으로 유사한 우연의 일치다.

영화 속에 잠시 미후네 도시로와 나카다이 타츠야가 등장한다. 연극연출가로 잠시 등장하는 미후네는 대배우로서의 풍모를 보여주는데, 그는 훗날 국제적인 배우로 성장했고 나카다이 역시 특유의 강렬한 눈빛 연기와 콧소리 섞인 대사가 인상적이다. 오카모토의 데뷔작에서부터 함께했던 두 배우는 평생을 같이 가는 사이가 된다. 연출이나 캐스팅을 보며 대감독은 데뷔작부터 다르구나를 실감했다.

▬ 〈권적운飋雲〉 1958

도호 제작으로 나루세 미키오 감독작으로, 출연은 아와시마 치카게, 기무라 이사오, 나카무라 간지로 등이다. '권적운'은 석양녘 붉게 물든 구름을 말한다. 나루세 미키오 감독의 첫 컬러 시네마스코프(가로세로 비율이 2.35: 1의 와이드스크린)영화로, 권적운을 비롯한 농촌의 여러 풍경이 컬러로 잘 표현되었다. 전후 농촌을 배경으로 전쟁과부가 된 주인공과 주변인물의 소소한 일상을 통해 농촌문제 및 세태를 잔잔히 그리고 있다.

주인공 야에는 어린 아들과 함께 시어머니를 모시고 농사를 지으며 살고 있다. 마을에는 그녀의 오빠 가족도 함께 살고 있다. 어느 날 신문기자인 오카와가 취재를 하다 그녀의 생활을 알게 된다. 그녀는 조카의 결혼을 위해 근처 마을을 오카와와 함께 방문하며 하룻밤을 지낸다. 그러나 그는 유부남이며 야에는 그의 가정을 깨면서까지 사귈 수는 없다는 것을 잘 알고 있다. 이런저런 갈등은 오빠네도 마찬가지이다. 결혼을 앞두고 목돈이 필요해 야에에게 돈을 빌리러 온다. 그녀는 오빠에게 농지를 팔 것을 권하지만 오빠로서는 받아들일 수 없는 제안이다. 그러나 어쩔 수 없이 그도 농지를 팔기로 하며 가족 소망을 받아드리기로 한다.

나루세 감독은 MBC 드라마 〈전원일기〉에서 다루어지던 농촌 에피소드를 잔잔하면서도 감동적으로 보여준다.

▬ 〈그림자 없는 소리影なき声〉 1958

마쓰모토 세이초의 원작 『목소리』를 영화화한 스즈키 세이준 감독의 92분짜리 흑백영화이다. 출연은 니타니 히데아키, 미나미다 요코, 시시도 조이다. 시시도

조는 이 영화에서 조연으로 출연하며 이후 스즈키 감독과 호흡을 맞추게 된다.

신문사의 전화 교환수였던 아사코는 우연히 전당포 살인사건의 범인 목소리를 듣게 되지만, 결혼과 궁핍한 생활로 인해 이를 잊고 살아간다. 3년 후 어느 날 아사코는 남편의 거래처 사람들과 함께 마작판을 벌이게 되고, 그중 한 명과 전화통화를 하며 그날의 목소리 기억을 떠올리게 된다. 그러던 어느 날 남편은 심하게 다투고 들어오는데, 그의 폐에서 석탄 가루가 발견되며 석탄야적장에서 싸운 것으로 추정해 살인범으로 지목된다. 그녀는 살인사건의 진범이 따로 있을 것을 확신하지만, 사건은 미궁으로 빠지고 남편은 꼼짝없이 누명을 쓴다. 그러다 아사코를 믿고 취재하던 기자가 현장을 둘러보고 석탄이 옮겨질 수도 있다는 것이 힌트가 되어 진실이 밝혀진다. 범인들은 서서히 죽어가는 순간 석탄가루에 부채질을 하여 흡입하게 하고 석탄 야적장에서의 살인사건처럼 위장한 것이다.

지금 보아선 살인사건을 풀어나간 초보 추리소설이지만, 당시로써는 알프레드 히치콕 영화 이상의 평을 받았을지도 모른다. 이 영화의 원작인 마쓰모토 세이초의 추리소설은 1970년대 후반 한국에서 『대물』이라는 제목으로 시리즈 10권이 발매되었다.

━ 〈끝없는 욕망果しなき欲望〉 1958

이마무라 쇼헤이 감독의 흑백영화로 러닝타임은 102분이며, 출연은 마츠오 카요, 나가토 히로유키다. 이 영화는 인간의 끝없는 욕망과 권선징악의 다소 뻔한 줄거리이지만, 이마무라 감독은 긴장감을 유지하며 관객들을 몰입시킨다.

전쟁 후 10년, 왕년의 전우 다섯 명이 군병원 자리에 숨겨진 헤로인을 찾기 위해 모인다. 그들은 서로를 불신하지만 돈에 눈이 어두워 함께하기로 한다. 그중에서도 제일 믿을 수 없는 사람은 이미 죽은 중위의 여동생이라는 정체불명의 여인이다. 헤로인이 숨겨진 장소는 현재 정육점 자리다. 인근에 빈집을 세 얻어 복덕방을 차린 그들은 땅굴을 파는데, 결국엔 하나둘 죽어가며 정체불명의 여인 혼자만 남는다. 폭풍우로 도쿄행 상행선은 끊겼지만 유일한 탈출로이므로 그녀는 죽기 살기로 역으로 간다. 그러나 결국 그녀마저도 경찰에 쫓기다가 강물에 휩쓸려 죽고 만다.

━ 〈나라야마 부시코檜山節考〉 1958

이 영화는 기노시타 게이스케 감독의 흑백영화로, 1983년 이마무라 쇼헤이 감독에 의해 리바이벌되어 우리에게 더 알려졌다. 첩첩산중에 사는 사람들이 식량난으로 노인을 나라야마 깊은 산 정상에다 산채로 버리는 풍습을 소재로 만든 영화로, 인간의 삶과 죽음, 효와 불효, 부모의 자식 사랑 등의 문제를 관객들에게 질문한다. 자식을 사랑하는 부모의 마음은 자식이 돌아가는 길을 잃지 않도록 표시해둔다는 우리네 이야기도 있지만, 〈나라야마 부시코〉는 효 의식을 반어법으로 전하는 내용이라 할 수 있다. 파괴되어 가는 효 의식에 대한 진지한 성찰을 던지는 내용으로, 한국에서는 김기영 감독에 의해 〈고려장〉이라는 제목으로 만들어졌다.

━ 〈사계의 애욕四季の愛欲〉 1958

닛카쓰 제작, 나카히로 코우 감독의 스탠더드 흑백영화로 러닝타임은 108분이다. 야마다 이스즈, 야스이 소지, 나카하라 사나에가 출연하였다.

아카츠키는 신예작가로 패션모델인 내연녀 긴코와 쇼윈도 부부로 살아간다. 그를 찾아오는 엄마는 어린 시절 자신을 버리고 다른 남자와 살았음에도 엄마 행세를 하며 돈을 요구하기 일쑤다. 이런 꼴을 볼 수 없던 긴코는 미스 유니버스 출전을 앞두고 스폰서를 구하며 아카츠키에게 헤어질 것을 요구한다.

영화는 성적 욕망과 출세욕을 앞세우며 막장드라마로 전개되는데, 각 출연진이 서로 물고 물리는 추태 행각을 벌인다. 1958년 작으로 보기엔 문란하기 그지없는데, 가족 관계가 파괴되는 과정에서 변해가는 인간의 모습을 그리려 했던 것 같다. 전통적 가족 관계를 부정하는 감독의 남녀관은 제목에서처럼 가히 애욕적이다. 당시로써는 파격적인 내용을 담고 있어 외면당했지만, 그의 여성관과 영화관을 상징적으로 보여주는 영화다. 그렇기에 이 영화는 2017년 한국영상자료원에서 있었던 그의 회고전 개막작으로 선정되었다.

━ 〈숨은 요새의 세 악인隠し砦の三悪人〉 1958

구로사와 아키라 감독의 대표작이 된 영화이다. 50여 년 후인 2007년에 리메이크되었다. 패망국의 유일한 혈통인 공주와 군자금을 안전하게 빼내기 위해 적군의 추격을 따돌리며 수많은 위험을 통과하는 내용이다. 주인공 세 악인은 결국 공주를 안전하게 모시고 적국을 탈출하는 데 성공한다. 영화는 118분 동안 흥미롭게 구성되어 긴박감을 늦추지 않고 풀어나간다. 또 후반에 들어 역전에 대반전이 돋보여 오히려 엔딩 장면이 너무 작위적이고 느슨하다고 느낄 정도이다.

그 당시 신예였던 히구치 신지 감독은 개막작 소감의 말을 아꼈는데, 정작 영화는 정말 볼만했다. 이 영화를 보며 1964년 서울에서 열린 아시아영화제 행사가 생각났다. 일본영화 수입이 금지되었던 시절, 국제영화제는 일본영화를 볼 수 있는 공식적인 기회였다. 이때 구로사와 아키라 감독의 〈츠바키 산주로椿三十郎〉가 상영되었고, 영화인들은 숨죽이며 영화를 보았다. 흑백 화면에 일본인 특유의 간결한 연출과 예리한 편집의 미학을 보여준 이 영화는 일본영화에 갈증을 다소 풀어주었다. 그리고 유사한 줄거리의 영화들이 만들어지며 갑자기 무협영화들이 붐을 일으켰다. 제목도 비슷한 김묵 감독의 〈송화강의 삼악당〉은 시대 배경을 일제강점기로 설정한 유사한 내용의 영화이다. 당시 관객이 5만 명 들었으니 제법 히트작이라고 할 수 있다.

구로사와 감독의 책까지 낸 이정국 감독도 이 영화를 보고 극찬했지만, 영화의 내용이나 극 중 인물은 군국주의 일본과 일본인들의 특성을 그대로 보여주고 있다. 주군을 위하여 백성들이 하나로 뭉쳐 목숨까지도 바치겠다는 메시지가 영화 중반 이후부터 군국주의의 정신으로 다가왔다. 영화는 예술로 포장되기는 하지만 강력한 선전매체이다. 군국주의를 노골적으로 강조한 영화는 아니지만 내겐 그런 메시지로 다가온다.

▬ 〈이국정원異國情鴛〉 1958

한국 최초의 합작영화이다. 한국연예사의 임화수가 기획하여 홍콩 쇼브라더스에 합작 제의를 하였고 김진규, 윤일봉 등이 홍콩에서 촬영하였다. 일본감독 와카츠키 미츠오가 대표 감독이고 전창근 감독은 한국 장면만 연출했다. 도광계 감독은 한국 촬영 때 촬영기사와 함께 방한해 당시 미수교국인 일본의 감독을 비밀에 부쳤다.

이 영화는 한국 개봉이 1958년 2월이었고 이후 동남아에서도 개봉되었다. 당시에 일본과 수교가 되지 않았기 때문에 일본영화인들의 참여가 비밀에 붙여졌지만, 아시아영화제를 통해 알게 된 영화제작자 런런쇼와 임화수, 나가다 마사이치의 의기투합으로 시작되었다. 목적은 신흥독립국들의 위상을 드높이고 자유진영 국가들의 문화교류를 위함이다.

쇼브라더스는 상하이에서 창립된 영화사로 싱가포르를 거쳐 홍콩으로 이주하며 국제화를 추진하였는데, 서로 목적이 맞아떨어지며 합작이 성사되었다. 홍콩 측 감독은 도광계가 참여했는데, 그는 상하이 출신 우파 감독으로 1930~1940년대 좌파영화를 리메이크했던 유명한 감독이다. 한국 측 출연자는 김진규, 최무룡, 윤일봉, 김삼화인데 주 무대인 홍콩에서의 촬영이 많았다. 한국에서 촬영된 장면은 경화루, 근정전, 명동성당, 비원 등으로 한국의 대표적인 명소를 소개하기 위한 듯싶었다. 윤일봉 배우의 말에 의하면 한국에서 빅히트작은 아니었고 화제작 정도였다고 한다. 현재 당시 기록이 전무하여 정확한 흥행 기록은 알 수 없다. 윤일봉 배우는 이 영화가 제작비 절감을 위한 위장합작이지만, 외화 쿼터를 받기 위해 만든 영화는 아니라고 덧붙였다.

영화는 친오누이가 홍콩에서 만나 오누이인 줄 모르고 사랑을 한다는 내용인데, 친남매가 아니라는 결말로 끝이 난다. 오리지널 시나리오의 내용은 잠시 헤어진 두 남매가 성인이 되어 만나 이룰 수 없는 사랑을 나눈다는 비극적인 결말이었으나 희극과 해피엔딩을 좋아하는 홍콩인들의 취향에 맞추어 해피엔딩으로 처리되

었다. 이 영화에서 한국영사관의 직원으로 출연한 윤일봉 배우는 와카츠키 미츠오 감독의 연출 사실은 폭로가 아닌 사실이라고 증언했다.

촬영 역시 일본인 촬영기사인 니시모토 타다시(중국명: 하란산)가 담당했다. 그는 칸느영화제 기술대상을 받은 홍콩과 일본의 합작영화인 〈양귀비〉의 촬영기사이기도 하다. 이 영화는 와카츠키 감독의 컬러영화로 최초의 성공작이라는 평가를 들었다.

당시 윌리엄 홀든 주연의 〈모정〉이 전 세계에 개봉되며 홍콩은 이국적인 도시로 한국에도

소개되었다. 한국의 임화수 제작자는 이에 착안하여 유두연, 김성민에게 시나리오를 의뢰했다. 홍콩배우 유민과 한국배우 김진규가 출연했는데, 모던한 이미지의 두 사람은 어울리는 한 쌍이었다. 당시 한국 출연진은 KNA 한국여객기를 타고 군악대의 환송곡을 들으며 출국했다. 그만큼 합작영화는 국위선양의 의미도 컸다. 이후 홍콩과의 합작으로 한양영화사의 〈손오공(화염산)〉과 신필름의 〈비련의 왕비 달기〉, 〈대폭군〉 등이 제작된다.

이 영화는 발견까지 55년이라는 긴 시간이 걸린 만큼 우여곡절도 많았다. 2009년 홍콩 필름아카이브의 영화인 녹취록에서 〈이국정원〉에 대한 영화인 녹취록을 읽고(이효인 한국영상자료원 원장 시절에 조복례 교수가 홍콩 필름아키브의 한국영화 관련 자료를 보낸 적도 있다) 쇼브라더스의 창고에 있는 걸 알게 된 한국영상자료원 자료수집팀이 당사자를 설득하여 2012년 네거필름negative Film(카메라에서 촬영되는 원본 필름)을 입수하였다. 사운드필름은 유실되어 없었고 네거필름을 일본의 이마지카현상소에 보내 복원하였지만, 원본 상태가 너무 손상되어 그저 어떤 내용이었는지만을 알 수 있는 정도였다.

▬ 〈종각〉 1958

팔월프로덕션 제작, 강로향 원작의 『종장』 각색, 양주남 감독, 문정숙, 허장강, 맹만식, 장민호 출연작이다. 일제강점기를 배경으로 종을 만들던 부자父子의 이야기이다. 이 영화는 한국영화사상 최초의 해외영화제 출품작이다. 1959년 베를린영화제에 출품했으나 수상하지는 못했다. 이후 강대진 감독의 〈마부〉가 은곰상을 받았다.

▬ 〈아내의 마음妻の心〉 1958

나루세 미키오 감독작으로, 러닝타임 101분의 35mm 영화이다. 다카미네 히데코, 고바야시 게이주, 미요시 에이코가 출연하였다.

기요코는 남편 신지와 시어머니를 모시고 살아가고 있다. 남편이 운영하는 약국 수입으로 생활하며 풍족하진 않지만 그런대로 살아간다. 그러던 중 부부는 집 옆에 작은 찻집이라도 운영해 보려고 기요코가 친정의 돈을 빌려 사업을 시작한다. 그러던 어느 날 신지의 형이 나타나 식품점을 하겠다며 사업 자금 30만 엔을 요구하는데, 이미 이전에도 그런 식으로 돈을 떼인지라 거절하려고 하지만 쉽지 않다. 더구나 시어머니는 도와주어야 한다며 재촉을 한다. 하는 수 없이 20만 엔을 전달했는데 그날로 형은 행방불명이 된다. 며칠 후 소식이 오는데 자신의 딸을 맡아달라는 전갈이다. 엎친 데 덮친다고 부부는 절망하지만 이 또한 그들이 넘어야 할 산이라고 생각해 또다시 힘을 내어 하루를 시작한다.

전후 어려운 서민들의 삶을 조명하는 이 영화는 열악한 환경에서도 꿋꿋이 살아가는 전후 여성과 사회상을 담고 있다. 나루세 감독 영화의 특징은 언제나 절망하지 않는 엔딩이라고 할 수 있는데, 이 영화는 그만큼 살기 힘든 세상에 전하는 그의 메시지이다.

━━ 〈안즈코杏っこ〉 1958

나루세 미키오 감독의 35mm 영화로, 러닝타임은 110분이다. 야마무라 소, 가가와 교코, 나쓰카와 시즈에가 출연하였다.

착하고 예쁜 교코는 혼기에 접어들며 유명 작가인 아버지의 주선으로 몇 차례 선을 본다. 그러나 결국 동네의 소심한 청년 료키치의 때늦은 청혼을 받아들여 그와 결혼한다. 료키치는 장인의 영향인지 직장을 그만두고 돌연 글을 쓰기 시작하지만, 재능이 없어 출판사로부터 거절당하기 일쑤다. 그럴수록 교코에게 화풀이를 하고, 착한 교코는 이를 숙명인 양 받아준다. 그러나 그 화풀이는 점점 도가 지나치고 생활비마저 조달이 안 되어 전당포 출입과 폭음으로 생활은 점점 피폐해져 간다. 교코는 아버지에게 이런 사정을 이야기해 남편과 함께 친정집으로 거처를 옮긴다. 료키치의 글은 누구도 거들떠보지 않지만 그는 글쓰기에 매달리며 술로 위안을 삼는다. 하지만 결국 장인에 대한 불만과 자포자기로 그 집마저 나온 두 사람은 다시 절망 속에 빠진다. 그러한 딸을 묵묵히 바라보며 판단을 맡기는 아버지의 심정도 답답하긴 마찬가지다.

나루세 감독은 그러함에도 다시 남편 곁으로 가는 교코로 끝을 맺는다. 판단을 교코에게 맡긴다는 결론인 것이다. 과연 교코는 어떤 판단을 할 것인가? 감독은 "전투에 임해 죽든지 이기든지 결정 내려야지"라는 대사로 이긴다는 것은 참고 인내하란 뜻이라는 걸 전한다. 그러나 그 목소리는 결단력 있는 것이 아니라 절망적인 목소리이다. 그것은 아버지로서 더 이상 도와줄 수 없는 절망의 소리이기도 하다. 그런데도 감독은 귀가하는 교코를 통해 아내의 모습을 교훈적으로 전하고 있다. 신혼부부의 생활을 통해 인생의 풍파를 함께 겪고 생각해 보는 다소 무겁고 안타까운 내용이지만, 한편으로는 공감이 가는 영화이다.

━━ 〈암흑가의 미녀暗黒街の美女〉 1958

스즈키 세이준 감독의 87분 흑백영화로, 미즈시마 미치타로, 시라기 마리, 아시다 신스케가 출연하였다. 스즈키 감독이 '스즈키 세이타로'라는 본명을 버리고 '스즈키 세이준'이라는 이름으로 처음 만든 영화다.

3년 만에 감옥에서 출소한 미야모토는 하수구 속으로 들어가 숨겨두었던 다이아몬드와 권총을 찾아 자신의 몸담았던 야쿠자 조직을 찾아간다. 하지만 두목은 그가 반갑지 않고 다이아몬드에만 관심이 있다. 미야모토는 다이아몬드의 임자가 따로 있다며 조직과 신경전을 벌이는데, 다이아몬드를 주려던 친구가 죽임을 당해 그의 여동생인 마리에게 전해주려 하지만 그녀의 애인인 조각가 수중에 들어가 그를 둘러싸고 다이아몬드 쟁탈전이 벌어진다. 다이아몬드는 조각모델상 안에 숨겨지고 미야모토는 마리의 몸값으로 다이아를 두목에게 건네지만 살육전은 피할 수 없다. 보일러실에 갇혀 꼼짝없이 쪄 죽을 상황에 처한 그들은 힘을 모아 그곳을 탈출한다. 다시 감옥에 가게 된 그에게는 그나마 마리가 있어 행복하다는 결말이다.

1950년대 일본영화계에는 미국 누아르영화의 영향을 받아 이런 부류의 액션영화가 만들어졌다. 1956년 작 〈악마의 거리〉 이후 이런 범죄영화를 전문으로 만들게 된 스즈키 세이준 감독의 향후 진로를 확정시켜 준 영화다.

━━ 〈인력거꾼(무법송의 일생無法松 の一生)〉 1958

도호 제작, 이나가키 히로시 감독, 미후네 도시로, 타카미네 히데코, 류 치슈 출연의 시네마스코프 컬러영화이고, 러닝타임은 103분이다. 이 영화는 〈사랑방 손님과 어머니〉와 설정이 비슷하다.

1895년 러일전쟁 직후, 동네에 소문난 마츠고로는 인력거꾼으로 타고난 싸움꾼이다. 그는 자신과 의견이 맞지 않으면 안 태워주는 고집불통이지만, 때로는 착한 마음씨로 인정을 베풀기도 한다. 어느 날 그는 와카마츠 경찰서의 검술사범에게 고집을 부리다가 혼쭐이 나 며칠 만에 깨어난다. 그러고는 우동 여섯 그릇을 해치우는 괴짜이다. 어느 날 마츠고로는 요시오카 대위의 어린 아들을 병원에 데려다주며 그 집과 인연을 맺게 된다. 요시오카 대위는 그를 집으로 초대해 접대하던 중 죽게 된다. 미망인 요시코는 마츠고로에게 유약한 아들을 잘 보살펴 달라고 요청한다. 마츠고로는 요시코의 부탁을 받아 아이를 성심성의껏 보살핀다. 그것은 요시코에 대한 사모의 마음도 작용했기 때문이다. 그러나 그는 자신의 마음을 표현할 줄 몰랐고 결국 나이만 들어갈 뿐이었다. 요시코 역시도 다른 곳으로의 재혼을 거부하며 오로지 아들만을 위한 삶을 살며 영화는 끝난다.

■ 〈지옥화〉 1958

신상옥 감독, 황남 기획, 이정선 각본, 강범구 촬영, 최은희, 김학, 조해, 강선희 출연이다.

미군부대 기지촌의 양공주인 소냐는 한국전쟁이 만들어 낸 시대의 희생양이다. 그녀의 애인 영식은 미군부대의 물품을 훔치며 살아가는데, 그의 동생 동식이 나타난다. 동식은 헤어진 형을 찾아 서울로 와서 곤욕을 치르다가 시장에서 우연히 형을 만나 쫓아온 것이다. 소냐는 때 묻지 않은 동식을 좋아하게 되고 영식이 그 사실을 알게 된다. 마지막으로 크게 한탕 하려던 영식은 미군의 추격으로 총에 맞고 트럭이 전복되며 큰 부상을 당하고 그를 쫓아온 소냐 역시 영식의 칼에 찔려 죽는다.

형을 잃은 동식이 고향으로 가려는데 어린 양공주 주리가 쫓아와 두 사람은 함께 고향으로 간다.

전후 허망한 청춘들의 우울함을 보여주는 이 영화의 엔딩은 희망적이다. 전후 혼란상을 보여주며 두 남자 사이를 오가는 전형적인 팜므파탈의 최후를 그려 제목도 〈지옥화〉이다. 미군부대의 모습과 황폐한 기지촌의 사실감을 더하며 이탈리아 리얼리즘 영화를 연상시킨다. 아울러 카레이서 장면이 탁월한데 젊고 패기 넘친 32살 신상옥의 패기가 빚어낸 역작이라고 할 수 있다.

■ 〈타오름炎上〉 1958

이치가와 곤 감독이 미시마 유키오의 『금각사』를 영화화했다. 주인공은 이치가와 라이조이며 나카다이 타츠야는 학교 선배인 장애인으로 출연했다. 이치가와 감독의 명성은 이 영화로 확인할 수 있는데, 그는 실제로 준각사를 불태우며 이 영화를 촬영했다.

절에서 기숙하며 대학을 다니던 주인공 미조구치는 말더듬이로 심각한 성격 장애를 갖고 있다. 그는 그가 관리하던 아름다운 준각사를 불 지르고 경찰에 붙잡힌다. 영화는 그의 회상으로 전개되는데, 결국 그는 달리는 기차에서 뛰어내려 죽음을 택한다.

■ 〈피안화彼岸花〉 1958

오즈 야스지로 감독의 35mm, 118분짜리 영화다. 사다 케이지, 아리마 이네코, 사부리 신, 키타 류지가 출연하였다. '피안화'는 강 건너 불 보듯이 무관심한 태도를 취한다는 뜻인데 우리말로는 달맞이꽃이다.

일본에서는 1951년 기노시타 케이스케 감독이 〈카르멘 고향에 가다〉로 최초의 컬러영화를 만들었는데, 오즈 감독은 7년 후 이 영화를 아그파필름으로 은은한 일본 색감의 컬러영화로 만들어 냈다. 그는 이듬해에도 흑백영화 〈태어나기는 했지만〉의 컬러 버전이라고 할 수 있는 〈안녕하세요〉를 만든다.

회사의 중역인 히라야마는 전형적인 보수 가장으로 아내와 딸을 자신의 의지대로만 하려 한다(MBC 드라마인 〈사랑이 뭐길래〉에서 이순재의 캐릭터와 비슷하다). 그는 혼사도 자신이 정한 남자와 해야 한다고 주장하지만 처와 딸에게는 설득력 없는 이야기다. 결국 딸은 히라야마의 의지와 상관없이 자신이 정한 남자와 결혼식을 하겠다고 선언한다. 놀란 히라야마는 결혼식에 불참하겠다며 반대하는데, 자식 이기는 부모 없다는 말처럼 결국 딸의 결혼을 인정하고 심지어 신혼여행지를 찾아가면서 영화는 끝이 난다. 오즈 감독의 결혼관을 보여준 영화로 홈드라마의 전형이라고 할 수 있다.

■ 〈하얀 거탑白い巨塔〉 1958

다이에이 제작, 야마자키 도요코 원작, 야마모토 사츠오 감독, 타미야 지로, 토우노 에이지로, 타무라 타카히로 출연의 시네마스코프 흑백영화로, 러닝타임은 150분이다. 영화는 사실이 아닌 가상의 이야기라는 자막으로 시작하는데, 너무 실감 나는 스토리라인이기 때문이다.

나니와대학의 젊은 조교수인 자이젠 고로財前五郎가 식도 외과 수술의 일인자로 떠오른다. 그는 홀어머니의 지극정성과 희생으로 의대를 졸업 후 지방병원 원장의 데릴사위가 되었다. 그리고 수순대로 그는 모교 대학병원에서 젊은 명의 반열에 올랐다. 아직은 조교수이나 곧 스승인 아즈마의 정년퇴임을 앞두고 신임 교수로 물망에 오른다. 그러나 아즈마는 그가 못마땅하여 다른 학교 출신의 후학을 추천하고, 결국 교수 임명은 추악한 돈 선거로 변질된다. 그것은 데릴사위를 교수로 만들어 보자는 장인의 집요함 때문이었다. 결국 16:14로 그가 교수에 임용되는데 때마침 의료 사고로 고소를 당한다. 그것은 고로의 자신만만함 때문에 빚어진 사고였다. 그러나 장인과 의료계의 지원으로 재판 역시 무죄로 판결나고 그는 병원의 확고한 실력자로 급부상한다.

60여 년 전의 영화이지만 공공연한 의료계의 비리와 교수 임용을 둘러싼 부정과 갈등을 소재로 실감 나는 영화를 만들어 냈다. 수술 장면은 지금 보아도 진짜 같아 흑백으로 촬영한 이유를 알 것 같다. 이 원작을 일본의 후지TV, 한국의 MBC, 중국의 TV공사 등이 여섯 번에 걸쳐 리메이크하였을 정도로 인기가 많았다. 의학 드라마의 원조라고 할 수 있다.

■ 〈강시복구殭屍復仇〉 1959

쇼브라더스 제작의 주시록 감독작이다. 지금 우리가 생각하는 강시가 아닌 시체를 뜻하는 강시이다. 시체의 복수담은 귀신의 복수이며 동서양을 막론하고 한을 품은 사자의 영혼에 대한 두려움을 영화 소재로 가져왔다. 1980년에 만들어진 홍금보 감독·주연의 〈귀타귀〉가 워낙 흥행에 성공하며 시리즈로 만들어져 현재 우리가 생각하는 강시 이미지로 굳혀졌다.

■ 〈고종황제와 의사 안중근〉 1959

태백영화사 제작, 전창근 감독·각본으로 만들어진 35mm 흑백영화이다. 1928년 상하이에서 만들어진 정기탁 감독의 영화, 〈애국혼〉의 리메이크작으로 보아도 무방할 것이다. 〈애국혼〉 제작 당시 전창근 감독이 참여하였기 때문이다.

이 영화는 광복 후 30여 년 만에 제작되어 흥행에도 성공하였다. 지금으로써야 느린 템포와 고증의 문제점이 보이지만, 당시로는 국책영화 규모로 제작하여 성공한 영화이다. 이후 북한에서는 엄길선 감독이 〈안중근, 이토를 쏘다〉를 만들었고, 한국에서도 주동진 감독이 〈의사 안중근〉을 만들었다.

■ 〈독립우연대独立愚連隊〉 1959

오카모토 기하치 각본·감독의 107분 흑백영화다. 오카모토 감독은 우리나라로 치면 정창화 감독 세대이다. 나이는 정창화 감독보다 네 살 많고 2005년 타계하였다. 〈독립우연대〉는 당시 만주 주둔 일본군의 상황을 상징한 스토리다. '우연대'라 하면 '바보부대' 정도로 번역된다. 동생의 죽음에 의문을 품은 형이 탈영을 하여 종군기자로 변신해 들어가 군내의 온갖 비리를 확인하는 내용의 영화이다.

일제의 육군 내에서 일어나는 상황은 그동안 많이 보아온 것인데 색다른 설정의 특색이 있다. 영화라지만 중국군 대부대가 일본군 소부대에 의해 전멸당하는 상황은 너무 과장되어 있다. 전체 내용은 다분히 존 포드 감독의 서부극 〈수색대〉를 연상하게 한다. 그리고 보니 정창화 감독도 〈수색대〉를 만들었다. 물론 배경은 한국전쟁이었다.

일본군 위안부로 등장하는 한복 입은 여인의 등장은 한국인 입장에서는 못내 거슬린다. 일본인 감독이기에 한국인의 개념이나 의식이 부족하기 때문인데 아무 생각 없이 넣은 한국인의 설정은 한국인으로서 보기 껄끄럽다. 그래서 일부 대사의 자막 내용을 바꾸었는지도 모르겠다. 불쾌하게 보일 수도 있는 내용을 일본 측(일본국제교류기금)이 미리 대비한 것이다.

■■ 〈밀회密会〉 1959

나카히라 코우 감독의 시네마스코프 흑백영화로, 러닝타임은 72분이며 가츠라기 요코, 이토 다카오, 미야구치 세이지가 출연하였다.

깊은 밤 숲속에서 밀회를 즐기던 두 남녀는 교수의 부인과 제자이다. 그들은 달콤함에 빠져 사랑을 속삭이다가 우연히 택시 강도의 살인사건을 목격하게 된다. 급하게 자리를 피한 두 남녀는 동의하에 사건을 잊기로 한다. 그러나 남자는 그일로 고민을 거듭하다가 찾아와 목격한 것을 증언하겠다고 선언을 한다. 여자는 자신을 파멸시키는 일이라며 남자를 말리지만 말릴 수는 없다. 결국 기차역까지 쫓아가 달려오는 기차에 남자를 밀어 넣는다.

자신의 안위를 지키고자 이기주의에 빠진 여자의 심리를 극명하게 보여주는 이 영화는 도입부에서 롱테이크로 밀회의 현장을 보여주며 관객의 시선을 잡아끈다. 나카히라 코우 감독의 저력을 보여주는 밀도 있는 연출이 돋보이는 영화이다.

■■ 〈부초浮草〉 1959

오즈 야스지로 감독의 119분 컬러영화다. 〈지옥문〉으로 알려진 쿄 마치코와 〈만지〉의 와카오 아야코가 주연을 맡았으며, 인간의 인생 유전을 관조하듯 담담히 그려낸 오즈 감독의 숨결이 느껴지는 영화다. 이 영화는 오즈 감독 본인이 1934년에 만든 〈부초이야기〉를 리메이크한 것이다.

영화는 유랑극단의 단원들이 외진 시골마을에 공연을 오는 것부터 시작된다. 그곳은 유랑극단 단장(나카무라 간지로)의 숨겨진 아내와 성장한 아들이 사는 곳이다. 이를 알게 된 단장의 연인인 후미코(쿄 마치코)와 단장은 결별을 선언하고 후미코의 사주를 받은 여배우 카요(와카오 아야코)는 그 아들을 유혹하다가 사랑에 빠진다. 공연을 올리지만 관람객은 형편없고 결국 극단은 해체되고 단원들은 각자의 갈 길을 찾아간다. 후미코와 단장은 기차역에서 재회하여 다시 재결합하게 된다.

■ 〈붉은 날개紅の翼〉 1959

닛카쓰 제작, 나카히로 코우 감독의 94분짜리 시네마스코프 컬러영화이다. 이시하라 유지로, 아시카와 이즈미, 나카하라 사나에가 출연하였다.

킬러에 의해 사장이 사살당하며 영화가 시작된다. 다음 장면은 항공기 조종사들의 일상인데 마침 파상풍으로 낙도 소년이 죽음에 임박해서 세스나기(경비행기)로 응급약을 운반해야 하는 상황이 된다. 그러나 자원자가 나서지 않아 주인공이 나서서 세스나기를 몰고 섬으로 향한다. 세스나기는 기체 결함으로 무인도에 불시착하고 함께 탄 남자는 살인범의 본색을 드러낸다. 여기자와 함께 그 위기를 탈출한 주인공은 무사히 낙도 소년의 응급약을 전달한다.

건전한 국가관과 사회관으로 뭉친 주인공의 활약상을 통해 전후 일본인들의 정신무장을 훈화하는 듯한 영화이다. 조금 더 발전하면 목적영화인데 나카히로 감독은 아슬아슬하게 비껴간다. 그는 1974년 이 영화를 한국에서 리메이크하는데, 리메이크작은 김대희 감독 이름으로 발표된 〈청춘불시착〉이다. 홍콩 쇼브라더스에서 활동하던 당시 만난 신상옥 감독의 권유로 한국에서 자신의 영화를 리메이크했는데, 예상외로 대중들의 호응을 받지는 못했다.

■ 〈사랑과 희망의 거리愛と希望の街〉 1959

오시마 나기사 감독의 데뷔작으로 그 당시 영화라고 해도 비교적 짧은 62분이며, 시네마스코프 흑백영화다. 영화는 집에서 기르는 비둘기를 거리에서 파는 중학생 소년과 이를 산 여고 2학년 학생 간의 연민과 우정을 다루고 있다.

패전 후 가난에 찌든 서민들의 삶은 거리 구두닦이나 공장에서 일을 해야만 끼니를 해결할 수 있었다. 소년의 아버지는 죽었고 (아마도 전쟁 때문에) 홀어머니는 병으로 앓아누웠다. 소년은 엄마를 대신해 거리로 나가 비둘기를 파는데, 비둘기는 귀소본능이 있어 집으로 다시 온다. 어느 날 소년은 여고생의 아버지가 운영하는 큰 공장에 취직 시험을 보지만 결국 불합격한다. 귀소본능이 있는 비둘기를 거리에서 팔았던 것이 알려져 정직하지 못한 사기라며 취직의 결격사유가 되었다. 생활고를 겪어보지 못한 부유층의 판단이다.

오시마 감독은 이 영화를 통해 빈부 간 격차를 보여주며 무엇이 진실인지를 말하고자 했던 것 같다. 이러한 이데올로기는 그의 영화 인생 내내 화두가 되었다. 참으로 고집스러운 괴짜감독의 서막을 알린 영화다.

━━ 〈셋방貸間あり〉 1959

가와시마 유조 감독의 35mm, 112분짜리 흑백영화이다. 프랑키 사카이, 아와시마 치카케, 오자와 쇼이치가 출연하였다. 오사카 외곽의 산동네에 살고 있는 여러 가구의 인간 군상을 통해 당시 사회상을 상징적으로 풍자하고 있는 블랙코미디 영화다. 가와시마 유조와 함께 시나리오를 쓴 후지모토 기이치는 이를 '중희극重喜劇'이라고 표현했는데, 인간들이 보여주는 코믹한 행위의 뒤편에는 눈물 없이 볼 수 없는 애환이 깃들어져 있기 때문이다.

이곳에 사는 사람들은 제각기 직업을 가지고 있지만 결코 풍족할 수 없고 나름의 사연과 아픔을 갖고 있다. 그들은 만나면 싸우지만 서로 흉금을 터놓고 이야기하다 보면 어느새 눈물을 보이는 평범한 인간이다. 그들에게 벌어지는 갈등이란 그저 아웅다웅하며 살아가는 우리네 소시민의 단면일 뿐이다. 결말에서 그곳을 떠나는 이들을 축하해 주는 자리에서 이들은 서로의 삶을 진정으로 이해하고 상처를 보듬어 준다.

주인공인 요다 고로 역을 맡은 프랑키 사카이는 우리나라 희극배우인 구봉서와 비슷한 분위기를 가졌다. 그는 가와시마 감독의 페르소나로서 이 영화에서도 삶에 찌든 이들에게 힘과 희망을 심어주는 캐릭터로 등장한다. 흡사 한국의 60년대 초 상황과도 비견이 되는데 이형표, 김수용 감독에 의해 그려진 서민영화의 전형이다. 특히 김수용 감독의 1963년 작 〈혈맥〉은 인물 구성이나 전개 등이 이 영화와 상당히 닮았다. 가와시마의 묘비명은 '작별만이 인생이다Only good-bye is life'라는데, 이 말은 극 중에서 소개되기도 한다. 어려운 시절 한일 양국의 영화는 닮은 꼴을 갖고 있다.

■ 〈안녕하세요ぉはょう〉 1959

오즈 야스지로 감독의 35mm 스탠더드, 러닝타임 94분의 컬러영화다. 사다 케이지, 쿠가 요시코, 류 치슈가 출연하였다. 〈태어나기는 했지만〉의 두 형제의 또 다른 버전으로 유성영화이며 컬러영화다.

초등학교에 다니는 두 형제는 당시 보급되기 시작한 TV를 보러 옆집으로 다닌다. 두 형제는 집으로 와 엄마에게 TV를 사달라고 조르다가 야단만 맞고 자신들의 뜻이 이루어질 때까지 절대 말을 하지 않기로 한다. 침묵 시위는 여러 가지 후유증을 야기하는데 끝까지 자신들의 뜻을 관철시키기 위해 두 형제의 고군분투는 안쓰러울 뿐이다. 결국 아버지가 옆집의 퇴직자로부터 TV를 구입하자 형제는 다시 말을 하기 시작한다. 천진난만한 형제들의 고군분투기는 어른들의 이야기를 뒤집어 본 것일 수도 있다.

오즈 감독의 전작 〈태어나기는 했지만〉에서도 동심의 세계가 잘 표현되었지만, 이 영화의 아역배우들은 절로 미소 짓게 하는 뛰어난 연기력을 보여준다. 아역배우들의 우수함일 수도 있지만 그건 오즈 야스지로의 공일 듯하다. 천생 어린이의 마음일 듯한 오즈의 뛰어난 감수성은 〈태어나기도 했지만〉 이후 같은 영화를 다시 만들게 하지 않았을까 생각해 본다. 당시 우리나라에는 이 같은 홈드라마가 없었다. 아직 어린이를 소재로 한 영화가 흥행하지 않아서 일 듯한데, 이후 1965년에 김수용 감독의 〈저 하늘에도 슬픔이〉가 제작되어 당시 흥행 성적 2위를 기록했다.

■ 〈암흑의 여권暗黑の旅券〉 1959

스즈키 세이준 감독의 89분 흑백영화이며 출연은 하야마 료지, 오카다 마스미이다. 게이바를 배경으로 마약범을 쫓는 미스터리 영화로 스즈키 세이준 영화의 특징인 바의 노래와 연주가 들어가며 헤로인 중독자들의 세계를 다루고 있다.

바의 연주자인 주인공은 신혼여행 중 열차에서 부인이 실종되는데, 부인은 얼마 후 그녀의 집에서 사체로 발견된다. 주인공은 알리바이가 없는 상태이고 무죄 입증을 위해 범인을 찾아 나서는데, 청부살인과 마약조직 그 배후엔 밀매상 프랑스인이 있었다. 그는 출국 전 애인인 게이에 의해 사살된다. 그리고 그 게이는 죽은 여인의 동생이었다.

다소 진부할 수도 있는 결말이지만 반세기 전의 영화라는 걸 감안한다면 약간 달리 봐줄 수도 있다. 스즈키 세이준 감독의 특색 있는 연출이 시나리오의 허점을 보완해 준 스릴러영화다.

■ 〈열쇠鍵〉 1959

이치가와 곤 감독의 107분 컬러영화다. 출연은 쿄 마치코, 나카무라 간지로, 카노 준코, 나카다이 타츠야이다. 선재아트센터에서 있었던 일본영화제에서 처음 보았을 당시에는 충격적으로 다가왔다. 이는 줄거리 때문이라기보다 동시기에 흡사한 내용의 영화가 만들어졌기 때문이다. 이 영화는 이듬해 한국에서 만들어진 김기영 감독의 〈하녀〉와 유사한 에피소드이며, 충격적인 엔딩 또한 닮았다.

〈열쇠〉는 60여 년 전 영화이지만 당시에 노화를 겪는 주인공을 통해 인간의 심리를 그려낸 수작으로 사회적으로 파장을 일으켰던 문제작이다. 이치가와 곤 감독은 막장 집안의 가족구성원 간 갈등과 애증을 통해 가족 해체의 과정을 다소 과장하여 극적으로 보여주고 있다. 또한, 나카다이 타츠야는 천연덕스러운 연기로 모녀 사이에서 사랑의 줄타기를 하는 의사 역을 재미있게 표현하였다. 이 영화는 아마도 김기영 감독의 〈하녀〉에 모티브를 제공했을 것이며, 지금 보아도 손색없는 수작이다.

■ 〈요쓰야 괴담四谷怪談〉 1959

미스미 겐지 감독의 84분 컬러영화다. 제작 연도는 한국영상자료원 전단지에 소개된 1959년인지 유현목 번역의 『일본영화이야기』에 소개된 1965년인지 알 수 없지만, 아마도 1959년이 맞을 듯하다. 이는 1950년대 영화와 1960년대 영화사이에는 사실적 연출(반 연극적인 연출)의 경계를 알 수 있기 때문에 가능한 추정이며, 이 영화에서 1950년대 영화의 형식이 엿보인다. 컬러도 다소 원색감이 진해 왜곡되어 보인다. 훗날 고바야시 마사키 감독은 1964년 작 〈괴담〉이라는 좀 더 세련된 영화를 만든다. 〈괴담〉 유의 영화는 한국에서도 만들어진다. 똑같은 제목을 차용하여 만든 영화로는 1968년 작 전조명 감독의 〈괴담〉, 1970년 작 신상옥 감독의 〈이조괴담〉이 있다.

〈요쓰야 괴담〉은 남편에게 접근하는 권력자의 딸에 의해 죽음을 맞은 부인이 귀신이 되어 관련 음모자들을 죽이고 남편마저 죽게 만든다는 내용이다. 다소 황당한 이야기를 영화화했지만 1950년대라면 충분히 가능하다. 오카모토 기하치 감독의 만주판 서부극 〈독립우연대〉와 같은 시기에 만들어졌으며, 당시는 각 장르에 걸쳐 상상력을 발휘해 자유롭게 영화를 만들던 시절이었다. 일본영화의 황금기는 이런 창의력을 바탕으로 풍요로운 제철 음식처럼 만들어졌다.

━ 〈이름 없는 별들〉 1959

김강윤 감독, 최금동 작가의 시나리오로 만들어진 영화이다. 최금동 작가는 민족주의적인 시나리오를 많이 집필하였고 독립운동에 대한 대표적인 몇 작품을 남겼다. 이 영화도 광주학생독립운동을 다룬 내용이다. 1929년에 있었던 독립운동이니 벌써 90여 년 전의 일이고 이 영화가 만들어진 것도 60여 년 전의 일이다. 영화 촬영 당시 광주 학생들이 동원되어 촬영을 도왔다.

독립운동을 하느라 몇 년 만에 집을 돌아온 주인공들의 아버지와 사사건건 부딪치는 일본인들과 한국인들을 보여주며 영화는 시작된다. 학생들의 독립운동 의지는 커질 수밖에 없다. 결국 통학열차 속에서 양국 학생들은 시비가 붙고 학생들의 독립운동은 전국으로 불같이 퍼져나간다. 일경에게 구속된 학생들을 위해 독립운동 단체인 신간회는 간부들을 파견하여 진상을 조사하고 이 독립운동은 3·1운동 10년 만에 전국적인 독립운동으로 번진다.

1930년대 초 한반도는 독서회 활동 등 항일독립 의지가 최고조에 이른다. 누구도 그 의지를 막을 수는 없었다. 일제의 탄압도 극에 달하며 언론이나 영화는 검열이 강화되고 시대 분위기는 급랭한다. 이 영화의 존재를 알고 있었지만 실제로 본 것은 몇 년 전 삼일절 〈EBS 한국영화특선〉을 통해서이다. 비록 낡은 필름이지만 당시의 독립 의지를 볼 수 있었고, 이 영화를 만든 이들의 의지 또한 생생히 전해졌다.

■■ 〈인간의 조건人間の條件〉 1959

고미카와 준페이의 동명 소설을 영화화한 고바야시 마사키 감독의 206분 전쟁영화다. 태평양전쟁을 소재로 했으며 주인공 역을 맡은 나카다이 타츠야가 26세 때 촬영했다. 노무관리자인 가지가 '노호령'이라는 중국동북부에 부임하여 탈제국주의 의식으로 군과 맞서며 광산노동자인 포로들을 관리하며 겪는 파란만장한 내용의 이야기이다. 젊은 예수의 고난기처럼 주인공을 그리고 있다. 영화는 잘 만들었으나 침략자인 일본군을 역사의식 없이 그려내 칭송할 수 없다. 나카다이 타츠야는 1958년 작 〈타오름〉에서 개성 있는 장애인 역할을 맡고 이 영화에서는 주인공 역을 맡았다.

모색기의 영화

■ 〈가을 햇살秋日和〉 1960

오즈 야스지로 감독의 127분짜리 흑백 스탠더드영화다. 출연은 하라 세츠코, 츠카사 요코이다. 돈 사토미의 소설을 원작으로 한 오즈 야스지로 감독의 장기인 홈드라마이다. 그의 1949년 작 〈만춘〉에서는 혼기를 앞둔 딸을 둔 아버지의 애환을 다루었는데, 이 영화는 〈만춘〉의 어머니 버전이라고 할 수 있다.

아버지를 여의고 홀로 된 엄마와 함께 사는 딸 아야코는 혼기를 맞은 참하고 예쁜 규수이다. 그러나 그녀는 홀로 된 엄마를 두고 시집간다는 것은 생각할 수도 없기 때문에 결혼은 안중에도 없었다. 기제사날 참석한 아버지의 절친 세 명은 모두 엄마를 좋아하던 사람들로 그들 중 한 명과 재혼 이야기가 나오자 아야코는 불결하다며 엄마를 경원시한다. 그러나 그것은 딸을 시집보내고자 하는 엄마의 아키코와 연기였다. 결국 아키코는 결혼을 결심하는데 엔딩에서 아야코는 그 사실을 알고 엄마의 사랑을 다시 한번 느끼게 된다. 다분히 일본적이면서도 관객들의 가슴에 다가오는 내용이라 가장 오즈 감독다운 영화이다.

■ 〈그 호송차를 노려라その護送車を狙え〉 1960

스즈키 세이준 감독의 83분짜리 흑백영화로, 〈암흑가의 미녀〉에 출연했던 미즈시마 미치타로와 와타나베 미사코가 주연을 맡았다. 원작은 『13호 대피선』이며 미궁에 빠진 살인사건을 해결하는 교도관의 하드보일드(1930년을 전후로 하여 미국문학에 등장한 사실주의 수법) 추리 액션영화로 일본 사회의 어두운 면을 생생히 다룬 사회파 추리영화다. 이 시대엔 이런 영화가 대중들의 기호에 맞았을 수도 있다. 고도 성장을 눈앞에 둔 일본 사회가 가진 치부를 소재로 불확실성 시대를 살아가는 불안감, 좌절과 도전, 응전의 내용을 감성적으로 담고 있다. 주인공 미즈시마는 홍콩 스타 왕우 배우와 분위기가 흡사하다.

내용을 보면 교도소 간수인 다몬은 죄수들을 호송하다가 저격조에게 습격을 당해 호송차의 죄수들이 사망한다. 다몬은 살아났지만 정직 후 이 사건을 해결하고자 직접 나선다. 아사쿠사의 무희로 일하는 사망자의 애인을 찾아가는 것으로 시작해 범인들을 모두 죽이며 영화는 끝이 난다. "조직의 일은 조직에서 해결한다"며 온갖 악행을 일삼은 조직원은 일개 교도소 간수에 의해 처단되는 것이 통쾌할 수도 있지만 추리소설 원작답다.

그 시대의 유행이었던 맘보바지, 고데 머리, 마후라, 고급 라이터와 고전적인 총까지 보이는데, 올드패션이지만 멋도 느껴진다. 당연히 여주인공들도 다소 통통한 미인들인데 우리나라에서도 당시에는 엄앵란 배우가 청춘스타로 군림하던 때이다. 그런가 하면 모던걸 스타일인 최지희 배우 같은 여배우들도 인기를 끌었다.

■ 〈뒈져라 불한당〈たばれ愚連隊〉 1960

스즈키 세이준 감독의 80분, 컬러영화다. 출연은 호소카와 치카코, 오자와 에이타로, 와다 코지다. 감독의 왕성한 실험 정신과 뜨거운 열정이 고스란히 담긴 영화다. 스즈키 세이준 감독의 첫 번째 컬러영화로 일부 장면은 4:3 표준사이즈로 촬영하여 후반 작업에서 아나모픽렌즈의 효과를 주는 등 참신한 영상 효과를 보여준다. 지금 한국영화가 보여주는 패기와 열정을 60여 년 전 이 영화에서 느낄 수 있다.

첫 장면에서 운전 중 키스를 하던 바람둥이 관광회사 사장이 교통사고를 내는 것을 부감숏(위에서 내려다보는 숏)으로 보여준다. 죽은 이는 페인트 가게 '레인보우 아트'의 사장으로 그의 가게의 점원 사다오는 합의금으로 3만 엔을 가져온 회사 사장을 찾아가 100만 엔을 내라며 그들과 맞서 싸운다. 그들은 섬 전체를 관광단지로 만들 계획으로 온갖 만행을 저지르려는데, 사다오는 젊음의 패기로 그들과 맞서 싸워나간다. 이 와중에 친어머니를 만난 그는 어머니를 거부하던 할머니를 설득하고 어머니를 설득하여 함께 살게 된다.

달리는 기차를 차로 가로막아 세우는 사다오의 행동은 무모하지만 어머니를 감동시키는 진정성을 보여주는데, 사다오라는 청년을 통해 진정한 용기를 보여주며 마지막 장면까지도 감독의 열정이 느껴진다. 같은 시기 이시하라 신타로의 소설 『젊음의 환희』에서 볼 수 있는 눈부신 청춘의 약동과 패기가 영화 전체를 통해 드러난다.

■■ 〈독립우연대 서쪽에独立愚連隊西へ〉1960

오카모토 기하치 감독의 흑백영화로, 러닝타임은 107분이다. 전작인 〈독립우연대〉의 성공으로 만들어진 속편이다. 일본인들이 말하는 호쿠시(북지)인 중국 동북부 전선을 무대로 전작의 배우들인 가야마 유조, 야마모토 히데요, 이하라 타츠요시 등이 출연한다. 이 영화는 존 포드 감독에 대한 오카모토 감독의 헌정작이라고 할 만큼 서부극의 구조며 앵글을 답습하고 있다. 심지어 대사에서도 인디언을 예로 들며 자신들의 상황을 설명하고 있는데, 이는 그만큼 서부극의 영향과 재미를 추구하고 있다는 반증이다.

사건은 부대원 전원이 몰살되며 시작된다. 사라진 군기를 찾기 위해 특공대를 투입하나 그 또한 수적인 열세로 실패한다. 때마침 이 부대를 찾아온 낙오병들이 다시 이 작전에 투입되어 우여곡절 끝에 군기를 입수해 복귀한다. 그러나 그들은 다시 토사구팽되어 부대를 떠난다. 영화 속 중국인들은 서부극에서의 인디언이 연상될 정도로 똑같은 상황이다. 영화가 오락의 수단이긴 하지만 중국인들이 본다면 어떤 느낌을 가질까?

■■ 〈등불歌行燈〉1960

기누가사 데이노스케 감독의 114분, 컬러영화다. 이즈미 쿄카의 소설을 영화화했다.

메이지 시대의 가면악극인 노가쿠 극단의 키타하치는 스승을 넘어선 기량을 가진 노가쿠의 명인을 찾아가 그에게 모욕을 주어 죽음으로 내몬다. 이 일로 키타하치는 스승으로부터 파문을 당하고 떠돌이 가객이 된다. 한편 부친의 죽음으로 기생으로 전락한 여인(야마모토 후지코)은 키타하치로부터 노가쿠의 기능을 전수받고 사랑을 나누게 된다.

이 영화는 다소 셰익스피어의 소설에서 영향을 받은 듯한 줄거리인데, 지금으로부터 60여 년 전 영화라는 것을 생각하면 기누가사 감독의 연출은 충분히 특별하다. 그는 1953년 작 〈지옥문〉으로 세계적인 거장이 되어 일본풍의 독특한 연출을 보여주는 감독이다. 그것은 구로사와 아키라 감독이 보여주는 일본 색과는 다른 그만의 색깔로 일본의 전통문화나 역사, 설화에서 소재를 찾아 보여주고 있다.

▬ 〈모두가 미쳤어すべてが狂ってる〉 1960

스즈키 세이준 감독의 71분, 흑백영화다. 출연자는 가와지 다미오, 아시다 신스케, 나라오카 도모코다.

태평양전쟁에서 전사한 아버지를 둔 주인공 스키타 지로는 홀어머니와 함께 어렵게 살아간다. 그런 엄마를 도와준 부유한 유부남 남바라를 지로는 좋아할 수 없다. 술집 아르바이트로는 대학 등록금도 못 내고 심지어 차를 훔쳐 팔아 살아가는 지로에게 더 이상의 도피처는 없다. 결국 그는 훔친 차를 타고 애인과 함께 미친 듯이 달리다가 트럭과 충돌하여 죽고 만다. 함께 탄 여자가 지로에게 "어디로 가고 있는 거야?"라고 묻는데, 이는 죽음을 향한 질주에 대한 질문이면서 전후 목표 없이 살아가는 젊은이들을 향한 질문이기도 하다.

이 영화는 만들어진 시기도 장 뤽 고다르 감독의 〈네 멋대로 해라〉와 비슷한 시기인데, 이론적으로도 답습한 영화같이 유사하다. 롱테이크와 점프컷 등 정형화된 연출을 탈피하여 자유롭게 연출한 장면도 그렇다. 또 전쟁을 겪으며 살아간 구세대도 불행하지만 전후의 어려운 삶을 살아야 하는 자신들도 불행하다고 생각한 젊은 세대를 대변하는 듯한 내용도 닮아있다. 심지어는 차를 훔쳐 타고 돌아다니는 엔딩을 죽음으로 처리한 것조차 똑같다.

〈모두가 미쳤어〉는 우리나라 영화 중 이만희 감독의 〈휴일〉과 닮았다. 가난하기에 낙태할 비용마저 없어 돈 구하러 한겨울 거리를 헤매는 〈휴일〉의 남주인공 상황과 이 영화의 임신한 여주인공이 돈을 구하러 여기저기를 떠돌다가 결국 계단을 굴러 낙태하게 되는 상황은 비슷하다. 모두가 어려운 시절이었기 때문에 어느 나라에서든 이런 영화가 제작되었나 보다.

▬ 〈밀항O라인密航0ライン〉 1960

스즈키 세이준 감독의 83분 흑백영화다. 출연은 나가토 히로유키, 오다카 유지, 시미즈 마유미다. 스즈키 세이준이 처음부터 야쿠자를 소재로 한 영화를 만든 것은 아니다. 이 영화처럼 신문기자를 통해 사회를 조명했는데 경찰을 내세운 영화보다 민완기자를 내세우는 것이 영화적으로 더 재미있을 것 같다는 생각을 했고 어떤 때에는 원작을 바탕으로 했기 때문이다. 이 영화 역시 원작 소설을 영화화했다.

신문기자인 가토리는 범죄자들과 알고 지내다가 단서만 잡히면 경찰에 신고를 하고 특종을 잡아낸다. '밀항O라인' 역시 신문에 시리즈로 발표한 특종기사 제목이다. 이러한 취재 방식에 반감을 갖고 있는 동료 기자 니시나는 가토리와 공을 다투는 갈등 상대다. 어느 날 가토리는 홍콩을 통한 마약 밀수 사건을 취재하다 범인들의 음모에 휘말려 위기에 처한다. 니시나 역시 홍콩행을 결심하고 니카타 항으로 가서 홍콩행 선박을 알아보고 술집 여자를 통해 화물선으로 밀항을 시도한다. 그러나 곧 정체가 발각되고 석탄창고에 갇히게 되는데, 그곳에는 이미 잠입하여 취재하다 붙잡힌 가토리가 있었다. 가토리는 무선교신으로 경찰에 신고를 하고 두 사람은 위기를 모면한다.

이 영화는 상반된 성격의 두 기자를 통해 내세워 밀수 사건을 취재하지만, 후반의 구성이 흔들리며 밀항선 타는 곁가지 이야기가 너무 늘어지고 이후 해결 국면이 어설퍼 아쉽다.

■■■ 〈벌거벗은 섬裸の島〉 1960

신도 가네토 감독의 16mm 흑백영화다. 모스크바영화제에서 대상을 받았다고 해서 일찌감치 알려진 영화인데 무려 반세기 만에 보게 되었다. 열악한 제작 환경도 수상감이지만 저예산에 동인제 형식으로 만든 것이라 동시녹음 상태도 아니다. 그저 치열한 작가 정신에 그를 도와 몸을 아끼지 않고 연기해 준 배우들의 혼신의 노력이 있어 완성했고, 그것이 영화제 수상으로까지 이어져 64개국에 수출까지 하게 되면서 신도 가네토 감독을 기적처럼 살려준 영화가 되었다.

영화는 물이 나오지 않는 섬에서 물을 길어다 생활은 물론 농사까지 지어야 하는 농부 일가족의 치열한 생존을 그렸다. 후시녹음을 의식해서인지 대사가 거의 없다. 성인 연기자 두 명이 주로 출연하며 아이까지 네 명으로 만들어지는데, 우는 소리만을 후시 녹음하여 넣은 정도이고 전편을 음악으로 처리했다.

신도 감독의 영화에 대한 집념과 열정을 함께 느낄 수 있는 영화로 다소 소강상태인 지금의 일본영화계에 모범이 될 만하다. 몸을 사리지 않고 연기한 오타와 노부코는 신도 가네토 감독에게는 조강지처 같은 배우다.

■■ 〈암흑가의 대결暗黒街の対決〉 1960

오카모토 기하치 감독의 95분, 컬러영화다. 지금으로부터 61년 전 영화이지만 지금 봐도 흠잡을 만한 데가 없고, 흠집 없는 보관 상태는 부러울 뿐이다. 청탁을 받고 지방으로 발령받은 형사가 폭력 조직에 의해 공포스러운 도시가 된 고잔시의 야쿠자 조직과 대결하여 조직을 와해시키는 무용담이다. 형사의 설정도 작위적이지만 그가 양대 야쿠자 조직 사이에서 활약하는 모습은 가히 영화 속에서나 볼 수 있는 장면으로 관객들로서는 굉장한 볼거리다.

야쿠자 영화의 또 다른 스타 쓰루타 고지가 야쿠자 조직을 탈퇴한 선량한 시민 역을 맡아 형사 역의 미후네 도시로와 경연한다. 그 역시 마스크며 연기력이 출중하지만 미후네가 워낙에 광기 어린 연기를 보여줘서 웬만한 배우들은 그와의 공연에서 돋보이기 힘들다. 당시 한국 액션영화에도 영향을 미쳤을 줄거리인데, 영화의 내용상 한국배우로는 박노식, 장동휘, 허장강, 황해 등이 출연했을 법하다. 오카모토 감독의 〈암흑가〉 시리즈 중 한 편으로 세키자와 신이치의 소설 『청춘을 걸어라』가 원작이다.

■■ 〈여자가 계단을 오를 때女が階段を上る時〉 1960

나루세 미키오 감독은 한국의 정기탁 감독과 동년배로 1930년 〈찬바람 부부〉로 감독 데뷔하였다. 이 영화는 1960년 작으로 러닝타임은 111분이다. 〈여자가 계단을 오를 때〉라는 제목은 주인공인 게이코가 그의 직장인 바 라일락의 이층을 오르며 출근하는 것에서 따왔다.

당시 한국에서 〈자유부인〉이 제작되었듯이 이 영화도 당시 일본의 문화를 엿볼 수 있는 시대 멜로영화다. 여주인공인 다케미네 히데코는 〈인간의 조건〉 6부에서 만주개척단 마을의 부녀자로 출연했던 배우다. 영화는 교통사고로 남편을 잃은 게이코가 긴자의 바에서 얼굴마담으로 일하면서 겪는 애환을 그린다.

전후의 경제 발전의 그늘에서 있을 수 있는 상황들로 인해 그녀의 가족들은 그녀만을 바라보고 있으며, 그녀의 주변에는 자연스럽게 남자들이 꼬이는데 한결같이 책임감 없는 남자들뿐이다. 그것을 알면서도 그녀는 그 유혹을 뿌리치지 못하고 결국 사랑에 빠진다. 그것을 알고 바의 지배인인 고마츠는 그녀를 질타하며 사랑을 토로하는데 결국 이루어질 수 없는 사랑이다. 그녀는 오늘도 하루하루를 개척하는 심정으로 이층 계단을 오른다. 그녀에게는 포기할 수 없는 자신의 인생이 있기 때문이다.

이런 도시의 이면사는 영화나 소설의 소재로 많이 쓰이는데, 이 영화는 희망적인 내일을 꿈꾸는 결말로 나루세 미키오 감독 노년의 메시지를 담아내고 있다.

━ 〈요시와라의 요녀이야기妖刀物語 花の吉原百人斬り〉 1960

우치다 도무 감독의 109분짜리 컬러영화로, 그의 명콤비인 카타오카 치에조가 출연했다. 이 영화는 우치다 도무 감독의 저력을 보여주는 가편이다.

얼굴의 반점 때문에 버려진 아기는 잘 성장하여 양부모의 큰 천 공장을 운영하게 된다. 그러나 그는 얼굴의 반점으로 미혼인데 여자들에게 늘 퇴짜를 맞는다. 그러던 어느 날 요시와라의 기녀 다마쓰루를 만나 사랑에 빠지는데 그녀가 노리는 것은 오직 돈뿐이다. 그는 결국 그녀 때문에 가산을 탕진하고 그녀를 향한 증오심에 유곽을 초토화시키고는 그녀와 죽음을 맞는다. 주색잡기로 패가망신한 주인공이 벌이는 마지막의 대살육전은 답답한 상황에서 영화를 본 관객들에게 새삼 시원스러움을 선사한다.

━ 〈짐승의 수면けものの眠り〉 1960

스즈키 세이준 감독의 87분 흑백영화로, '마음속의 괴물이 다시 잠들다'라는 뜻에서 지어진 제목이다. 출연은 요시유키 가즈코, 나가토 히로유키, 아시다 신스케이다. 이 영화는 스즈키 세이준 감독의 초기작 중에서 가장 탄탄한 시나리오이며, 관객들의 심금을 울린 영화로 기억된다.

정년을 맞은 우에키 준페는 홍콩 출장을 마치고 요코하마 항구를 통해 귀국한다. 그는 다음날 회사 환영회에서 실종되는데 우에키의 딸인 게이코와 그의 연인인 신문기자 카사이 쇼타로는 우에키의 족적을 추적한다. 우에키는 회사에서 퇴직금 300만 엔을 받은 상태였다. 쇼타로는 게이코와 함께 우에키의 뒤를 쫓다가 실종일 밤 술자리에서 우에키와 합석했던 사람을 찾아 나섰으나, 그는 그날 밤 술집 여종업원과 여관에서 수면제 과다복용으로 자살한다. 실종된 우에키 준페는 온천여행을 했다며 아무 일 없는 듯 귀가한다. 그러나 그의 귀가 후에도 연속으로 사건이 터지는데 그가 새로이 취업한 고에이 상회의 사토도 죽는다. 그리고 경찰에 구속된 중국 선원 오도 경찰서에서 자살하는데, 사건의 배후엔 태양교 교주의 사주에 의한 마약 밀매가 있었다.

이런 사실들은 카사이 쇼타로에 의해 취재되어 밝혀지는데, 그 사실들을 게이코도 알게 된다. 충격적인 사실에 게이코도 놀라 아버지에게 사실을 추궁하게 되는데 우에키는 선선히 사실을 털어놓는다. 그가 지금까지 바른생활 사나이로 살아왔지만, 조직에서 밀려나오게 되면서 밀수 운반책 역까지 맡게 된 것이다. 그러나 밀수한 마약을 도둑맞으면서 그가 받은 300만 엔으로는 해결이 되지 않아 밀수에 적극적으로 참여하게 된 것이다. 그는 결국 모종의 결심을 하고 교주와 그 일당이 있는 하코네로 가서 가스 폭발 사고로 그들과 함께 자살을 한다. 그는 "내 분수를 몰랐다"라고 쇼타로에게 털어놓으며 권총으로 자살한다. 쇼타로는 게이코에게 "아버지의 마음속에 괴물이 다시 잠들었다"라고 말하며 그녀를 위로한다.

■■ 〈태양의 묘지太陽の墓場〉 1960

오시마 나기사 감독의 세 번째 연출작이다. 제목의 '태양'은 일본을 상징한다. 종전 후 피폐한 일상을 살아가던 때를 배경으로 깡패 조직원이 된 주인공이 그곳을 빠져나오며 조직과의 갈등을 통해 전후 일본의 혼란상을 보여주고 있다. 매혈과 매춘을 하며 살아가는 당시 사람들의 억척스러운 삶과 그러한 환경 속에서도 인간성을 잃지 않으려는 청년을 통해 오시마 감독은 자신의 정치 성향을 보여준다.

오시마 감독은 종전이 자신들의 자초하여 겪는 사실임을 부정하고 그들은 소련과 미국의 군사적 도발에 재무장해야 한다고 극 중 출연자들의 대사를 통해 말하고 있다. 전쟁 놀음을 통해 반전사상을 보여줄 법도 한데, 감독은 엉뚱한 깡패 이야기로 90여 분을 지루하게 보여준다. 오시마 감독은 종래 군국주의 교육을 받았던 일본인이기에 어쩔 수 없는 일일 수도 있다. 그러나 오시마 나기사 감독을 포함한 극우파는 이해할 수도 없고 용서할 수도 없다.

━ 〈후에후키강笛吹川〉 1960

기노시타 게이스케 감독, 타무라 타카히로, 타카미네 히데코, 마츠모토 코시로, 이와시타 시마 출연작이다. 전국 시대를 배경으로 주군을 위해 무조건의 충성을 다 하는 한 빈농 가족이 처절하게 유린당하며 파멸되어 가는 이야기다. 몇 대에 걸친 충성심은 감독 스스로도 이해할 수 없는 시각으로 처절하게 그려진다.

패색이 짙어가는 전투에서도 주군을 위해 충성을 다하는 모습은 흡사 태평양전쟁을 일으킨 천황에 대한 무조건 충성 심리를 연상하게 한다. 자신뿐만이 아니라 가족 모두를 전투에 끌어들이는 그들이 내세우는 것은 바로 명분이다. 주군을 배신할 수 없다는 것인데 그러한 정신이 광기화된 것이 바로 태평양전쟁이다. 흑백필름에 일부 채색을 하여 색에 대한 갈망을 표현하였는데, 이는 흑백영화를 찍는 감독으로서는 필요성을 느꼈을 법하다.

━ 〈그 녀석과 나あいつと私〉 1961

닛카쓰 제작, 이시자카 요지로 원작, 나카히로 코우 감독의 컬러 시네마스코프 영화로, 러닝타임은 105분이다. 이시하라 유지로, 아시카와 이즈미, 나카하라 사나에가 출연하였다. 이 영화는 주인공들을 둘러싼 1960년대 대학생들의 낭만과 일본의 안보투쟁 시위가 교차되며 당시의 시대상을 그리고 있다. 한국의 청춘영화가 붐일 당시 비슷한 내용으로 만들어진 영화의 원형이라고 할 수 있다.

헤어 드레서의 외아들인 주인공은 부족할 것 없이 풍요를 누리는 대학생이다. 그의 같은 과 학생들은 그가 재수 없다며 풀장에 빠뜨린다. 그런데 그는 알고 보니 매력덩어리로 여대생들은 그에게 호감을 느끼기 시작한다. 그의 개방적인 사고방식은 그의 가정사에서 유래된 것인데, 실제로 존재하지 않을 특이 캐릭터를 배치하여 극적 흥미를 더한다. 방학을 맞아 벤츠를 끌고 친구들과 함께 떠난 여행에서 주인공 남녀는 사랑을 확인하며 해피엔딩을 맞는다.

━ 〈두 아들二人の息子〉 1961

도호영화사 제작으로 치바 야스키 감독작이며, 다카라다 아키라, 카야마 유조, 후지와라 가마타리가 출연하였다. 이 영화는 전후 일본의 경제 부흥기를 배경으로 한 가족의 이야기를 통해 시대상을 그리고 있다. 초등학교 교장으로 퇴임 후 계약직 서기로 10년간 일하다가 해촉된 아버지를 중심으로 그의 두 아들과 막내딸을 통해 궁핍한 삶의 모습을 보여준다.

큰아들은 술집 여성과 결혼하여 아파트에서 나름 행복하게 살고 있지만, 본가에 돈을 보태는 일은 엄두도 못 낸다. 둘째 아들은 자가용으로 불법 택시 영업을 하며 부모를 모시고 근근이 살아가지만 돈 들어갈 일은 늘어만 간다. 막내딸은 큰아들이 다니는 회사의 엘리베이터 걸로 일하다가 상무의 비서로 일하게 되며 상무의 둘째 부인으로 청혼을 받는다.

그러던 어느 날 둘째 아들은 사고로 목돈이 필요하게 되고 할 수 없이 부모는 큰아들을 찾아가지만 도움을 줄 수 없다는 말만 듣는다. 그런 아들과 며느리는 세태의 반영이다. 엎친 데 덮친다고 막내딸 역시 기차 건널목에서 사고로 죽는다. 문상 온 형을 내쫓는 동생은 형이 야속하기만 하다. 결국 이런 상황에 이르기까지 아내의 의견을 좇아 외면만 하고 살아온 큰아들은 아내를 설득해 20만 엔을 동생에게 전한다. 여동생이 참담히 죽은 건널목에서 만나 화해하는 형제의 모습에서 갈등이 해결되며 마무리된다.

한국영화 〈두 아들〉에서는 최무룡과 신성일이 출연하여 홀어머니 조미령의 속을 썩이는 두 아들의 삶을 조명했다. 똑같은 내용은 아니지만 나라마다 비슷한 상황은 있을 것이고 추후 제작될 소재의 영화이다.

━ 〈마부〉 1961

화성영화사 제작, 임희재 각본, 강대진 감독이며, 김승호, 신영균, 황정순, 조미령, 주선태가 출연한 97분 길이의 영화이다. 혼기가 지난 아들딸을 둔 마부 김 서방은 세상살이가 너무도 힘들기만 하다. 그래도 자식들의 행복을 위해 꿋꿋이 견디고 이웃의 도움으로 세파를 헤쳐 나간다는 내용이다. 이 영화는 한국 최초의 베를린영화제 특별상 수상작이다. 삼국을 소재로 한 영화로 가산점을 받았을 수 있으며, 전쟁 이후의 험난한 세파를 견디며 살아가는 마부 가족의 삶이 세계인을 감동시켰을 수도 있다. 흥행도 성공했는데 모두가 어려웠던 시절, 이런 영화를 보며 위로받았다.

▬ 〈불량소년不良少年〉 1961

신도호 제작, 하니 스스무 감독작이며, 유키오 야마다, 히로카즈 요시타케가 출연하였다. 35mm 흑백 스탠더드영화로 러닝타임은 89분이며, 1961년 《키네마 순보》 선정 1위작이다.

시골에서 자란 주인공 아시이는 가난 때문에 도회지로 나와 부랑아들과 어울려 범죄를 저지른다. 행인들의 돈을 갈취하며 지내다가 결국 소년원을 가게 된다. 영화는 육지와 떨어진 수용소 생활이 주를 이루는데, 그는 어느 곳에서나 쉽게 적응하지 못하고 사사건건 갈등을 불러일으키는 트러블 메이커이다. 그런 그도 세탁반에서 목공반으로 옮기고는 사이좋게 지내는 법을 배우게 된다. 어느덧 출소일이 되고 그도 새 삶을 찾게 된다.

이유 없는 반항기에 잘못으로 인생의 구렁텅이를 체험하는 부랑의 일상이 다큐멘터리처럼 실감 나게 묘사되어 있다. 하니 스스무 감독의 데뷔작인데, 사실감을 높이기 위해 신인배우를 기용하고 스튜디오 촬영 없이 올로케이션으로 거리감을 두고 촬영하였다.

▬ 〈보스의 죽음顔役暁に死す〉 1961

오카모토 기하치 감독의 96분, 컬러영화다. 〈암흑가〉 시리즈 중 한 편이며 시장이었던 아버지의 죽음에 의문을 품고 알래스카에서 돌아온 아들의 수사극이다.

주인공은 야쿠자와 관련이 있다는 확신으로 전 재산을 상속받은 새어머니인 전 비서의 주변인들을 조사해 나가며 경찰도 잡지 못한 범인의 실체에 접근한다. 이 살인극은 검은돈에 얽힌 범죄극으로 범인은 의외로 새로운 시장에 취임한 친척이었다. 드림랜드라는 놀이시설 건설의 야망을 품은 그가 돈이 궁해 시장을 살해하고 야망을 이루려 했던 것이고, 그 사건의 와중에서 그를 도와 살인극이 무마된 데에는 미인계와 야쿠자 조직, 경찰 간부가 있었다. 결국 도시를 장악한 두 야쿠자 조직은 서로 견제하다가 이 사건으로 드림랜드에서 사활을 건 대결을 벌인다. 난투극의 장소로서 놀이공원이라는 설정은 어디선가 본 듯한 설정이다.

다소 황당한 스토리인데 얼키설키 엮인 악당들이 모두 죽으며 해결된다. 라스트신에 범인들을 꼭 다 죽여야 하는지도 의문이지만, 멋없이 죽으며 "악당은 죽을 때가 중요하다…"라는 악당의 대사도 생경하다. 1960년 작 〈암흑가의 탄흔〉이 다소 싱겁게 만들어진 영화라면 이 영화는 그보단 조금 낫다. 오카모토 감독의 연출 능력은 완성도 떨어지는 각본으로 이처럼 영화를 만들어 냈다는 점에서 인정할 만하다.

■ 〈사랑방 손님과 어머니〉 1961

신필름 제작의 신상옥 감독작이며, 최은희, 김진규, 전영선(아역), 한은진, 도금봉, 신영균, 김희갑, 양훈, 허장강이 출연하였다. 주요섭 원작의 이 영화가 신상옥 감독의 대표작이 된 것은 원작과 달리 영화적인 표현이 가미되었기 때문이다. 영화는 보수적인 그 시대, 감정 표현을 제대로 할 수 없었던 미망인과 하숙생 사이의 말 못 하는 연정을 그려내고 있다.

영화는 미망인의 여섯 살 난 딸인 옥희의 내레이션으로 시작한다. 그것은 옥희의 시선으로 본 어른들의 세계를 표현하기 위함이다. 어른들의 감정을 알 리 없는 옥희는 두 사람 사이의 전령사가 되지만, 결국 두 사람은 사랑의 말 한마디도 나누지 못하고 애틋하게 헤어진다.

"엄마에겐 옥희 하나뿐이야"라는 자조 섞인 극 중 주인공의 대사에서 볼 수 있듯이 어른들의 사랑에는 넘어야 할 산이 너무도 많다. 신 감독은 이 영화에서 당시의 풍속을 통해 주인공들의 연애 감정을 더욱더 디테일하게 묘사하고 있다. 비록 사랑의 말 한 마디 나누지 못하고 옥희를 통해 연애편지를 주고받지만, 두 사람의 사랑은 몇 배나 큰 울림이 되어 전해진다. 서로의 감정을 숨긴 채 갈등을 거듭하던 두 사람은 한밤중에 우물가에서 서로의 애정을 확인하지만 미망인은 그 사랑을 받아들이지 못한다.

마지막 장면에서 미망인과 옥희는 언덕에서 멀어져 가는 손님이 탄 기차를 바라보는데, 기차가 떠나가고 두 사람은 서로 다른 마음으로 산에서 내려가며 영화는 끝난다. 이 영화에서 옥희 역을 맡은 어린 전영선의 뛰어난 연기는 물론이거니와 최은희 배우는 인내하며 어린 딸을 위해 헌신하는 고전적인 어머니상을 잘 보여주고 있다. 그녀의 공허한 심정을 빈 여백으로 보여준 신 감독의 연출은 마음으로 와닿는다.

신상옥 감독이 34살 때이며 신상옥 감독이나 최은희 배우 모두 인생의 절정기에 최고의 작품을 만들어 낸 것이다. 수많은 단편소설 중에서 이 소설을 영화화하기로 결정한 것은 큰 제작비를 들이지 않고 빠른 시간에 제작이 가능했기 때문이기도 하다. 처음 제작하고 러닝타임이 부족해 에피소드를 추가해 총 104분으로 극장 상영 시간을 맞출 수가 있었다고 한다. 그러한 열악한 제작 환경에서 만든 영화지만 이 영화는 로케이션과 세트 촬영을 통해 시네마스코프의 미학을 보여주고 있다. 자로 잰 듯한 정교한 연출은 당시 정점에 오른 신 감독의 작품세계를 보여준다.

이 영화는 신 감독의 여러 대표작 중에서도 가장 뛰어난 작품이다. 장르별로 워낙 다양한 그의 영화 중에서 한 편을 고르기는 쉽지 않으나, 이 영화는 신 감독의 대표작으로 가장 먼저 꼽히는 영화이다. 2006년, 신 감독 타계 후 영상자료원에서 있은 추모영화제에서도 상영되어 많은 관객을 숙연하게 했다.

▬ ⟨세계대전쟁世界大戰爭⟩ 1961

도호영화사 제작으로 마츠바야시 슈에이 감독작이다. 사카이 프랑키, 다카라다 아키라, 호시 유리코, 오타와 노부코가 출연하였다. 세계에서 유일한 핵 피해국인 일본이 만든 가상의 핵전쟁영화이다.

세계는 서로 동맹을 맺고 대치 중인데 잠깐의 실수로 핵전쟁이 발생할 수 있는 상황이다. 실제로 그러한 위기를 맞기도 하는데 슬기롭게 위기를 넘기기도 한다. 그러던 중 어느 날 38선에서 한국전쟁이 벌어지고 위기를 맞는다. 그러나 무사히 해결되자 또다시 극지에서 공중전이 벌어지고 세계는 3차대전의 위기를 맞아 각국이 소유한 핵미사일을 서로의 대도시로 발사한다. 주인공 사카이 프랑키의 가족은 이러한 지구 멸망의 상황을 맞아 평화의 소중함과 핵전쟁의 위기를 경고하고 있다.

⟨고지라⟩를 통해 특수촬영영화의 개척자가 된 츠부라야 에이지가 참여하여 수소폭탄의 위력과 전 세계 주요 도시들이 핵미사일에 의해 파괴되는 장면을 보여준다. 1961년 영화치고는 스케일 있는 규모로 만들었다. 영화를 보는 내내 일본이 세계평화를 걱정하는 평화주의를 지향하는 것처럼 일관하는데, 일본 각료의 모습에서 자신들의 지난 과오를 반성하는 한 장면이 아쉽다.

▬ 〈아내는 고백한다妻は告白する〉 1961

마스무라 야스조 감독의 91분, 흑백영화다. 정든 남편이 귀찮게 느껴질 때 권태기라고 한다. 권태기 부부에게 젊은 남자가 등장하며 부부 사이에 서서히 금이 간다. 더구나 남편은 거액의 생명보험에 들었다. 그들은 암벽 등산을 가서 사고를 당하고 로프에 매달리는데 부인(와카오 아야코)은 로프를 끊어 남편을 추락사시킨다.

그녀의 잠재의식 속에 남편에 대한 살인 계획이 있었는지도 모른다. 사고 후 그녀는 법정에 서게 되는데 의도적인 살인인지 아니면 생사의 갈림길에서 본능에 의한 정당행위인지에 대해 재판이 열리고 그들의 지난 사연들이 플래시백처럼 소개된다. 그녀는 결국 무죄선고를 받고 젊은 연인에게 속내를 털어놓는다. 자신도 모르게 털어놓은 사연은 젊은 애인을 놀라게 하기 충분하였다. 의도적인 살인임을 알게 된 그는 헤어짐을 통보하는데 여인은 죽음으로 사랑을 호소한다.

인간의 내면에 담긴 이중성을 소재로 적나라한 여성의 심리를 그려낸 이 영화는 1962년 아시아영화제에 출품되어 한국에서 제한 상영되었다. 이 영화를 보고 한국에서 1964년에 김혜정 주연으로 100분 길이의 리메이크작이 제작되는데 감독은 유현목이다. 당시는 표절영화가 성행할 때라 리메이크라는 것을 밝힌 것은 이례적인 일이다. 그러나 한국에서도 상영되었던 영화이기에 숨길 수도 없었을 것이다. 그러나 저작권료 지급에 대한 이야기는 듣지 못했다. 당시는 국교 정상화 이전이고 저작권 개념이 없을 때이기에 그냥 넘어갔을 가능성이 농후하다.

당시 육체파 여배우라고 불린 김혜정이 부인 역을 맡았는데, 완성도 면에서 원작 영화와 너무도 큰 차이를 보였다. 네거필름이 분실되었거나 사운드필름이 분실된 상태인 불완전 버전이라 제대로 감상할 수는 없었지만, 구태의연한 긴 설명조의 장면과 어색한 연기, 불필요한 페이드아웃이 오리지널 영화와 너무도 비교가 된다. 한일 양국의 수준차를 보여주는 적나라한 사례의 영화이면서 양국의 필름 보존 상태를 적나라하게 보여주는 영화이기도 하다.

▬ 〈암흑가의 탄흔暗黒街の弾痕〉 1961

오카모토 기하치 감독작으로, 러닝타임 73분의 컬러영화다. 전작인 〈암흑가의 대결〉 시리즈의 연작이며 가수 출신 배우인 가야마 유조와 사토 마코토가 출연하였다. 사토 마코토는 오카모토 감독의 전속배우처럼 이 영화에도 출연하였다. 가야마 유조도 이 영화 외에 〈시궁쥐 작전〉, 〈전국닌자〉, 〈대보살고개〉, 〈격동의 쇼와사 오키나와 결전〉 등에 출연한다. 이 영화는 〈암흑가의 대결〉의 세키자와 신이치가 각본을 맡았으나 엉성한 구성으로 전작에 비해 완성도가 떨어진다.

사건의 발단은 경자동차 엔진 개발을 마치고 성능 테스트 중 일어난 사고사다. 우연한 사고를 가장했지만, 국제 산업스파이들의 계략에 의한 억울한 죽음이었다. 그런 의문사를 당한 형의 죽음을 파헤치는 가야마 유조는 스파이가 개입된 이 사건을 통쾌하게 풀어낸다. 가히 일본 스타일로 범죄영화를 장르화시켰다.

오카모토 감독의 영화를 보면 억울한 죽임을 당한 형이나 동생 혹은 아버지의 사인을 밝히고자 하면서 시작되는 경우가 많다. 가족애를 배경으로 손쉬운 전개 때문인지는 몰라도 이는 너무 상투적이다. 사건도 〈암흑가〉 시리즈 전개의 연장선이다 보니 설득력은 떨어지고 재미는 반감되어 오카모토 감독의 다른 연출작에 비해 재미가 덜하다.

▬ 〈여자는 두 번 태어난다 女は二度生まれる〉 1961

가와시마 유조 감독의 99분짜리 16mm 컬러영화다. 와카오 아야코, 후지마키 준, 프랑키 사카이가 출연하였다.

게이샤는 일본 사회가 만들어 낸 최하층 여성 계급이다. 여러 남자를 만나 향응을 제공하고 잠자리도 함께하는 막부 시절의 잔재다. 영화의 주인공인 게이샤 코엔은 이런 생활에 찌들며 점점 무기력해지고 삶의 무상함을 느낀다. 그런 그녀에게 사카이는 삶의 희망이며 진정한 연인이다. 그렇지만 사카이는 아랑곳없이 그녀를 두고 떠난다. 이런 스토리라인은 가와시마 유조 감독 특유의 기법이기도 하지만 영화는 무릇 그렇게 끝난다고 할 수 있다. 이런 결말이 해피엔딩보다는 다시 한번 극장을 찾게 하는 힘이 있다.

와카오 아야코는 어느 감독이든지 주인공으로 탐낼 만한 여배우다. 그런 그녀를 '여자로 만들어 보이겠다' 하고 만든 영화이니 와카오 아야코의 매력이 물씬 느껴진다. 같은 시기 활동한 한국배우로 김지미가 있는데, 본인들은 부정할 수도 있겠지만 와카오 아야코와 김지미는 서로 똑 닮지는 않았지만 대사법이라든가 목소리, 도도한 이미지가 닮은꼴이다.

■ 〈연산군〉 1961

신상옥 감독, 신영균, 도금봉, 최은희, 김진규, 김동원, 신성일, 이예춘, 한은진, 황정순, 전옥, 이민자 출연의 133분 영화다. 한마디로 젊은 시절 신상옥 감독의 패기 넘치는 역작이라고 할 수 있다. 그가 1926년생이니 그의 나이 37세 때 만든 영화이다.

〈연산군〉은 박종화 소설 『금삼의 피』를 영화화한 것이다. 연산군이 자신의 친모인 윤씨가 인수대비와 성종에게 밉보여 폐위되고 친가로 가 사약을 받기까지의 과정을 알게 되는 이야기이다. 이런 유의 이야기는 영화 관객이나 TV 시청자들의 호응을 받을 수밖에 스토리이다. 억울한 누명을 쓰고 박해 받는 여인 수난사는 관객들의 손수건을 적시기에 충분하고 공감대를 형성하게 한다. 관객들이 극 중 여주인공과 자신의 처지를 동일시하는 것이다. 그러니 폭군이지만 연산군의 복수도 공감이 될 수 있을 것이다. 장녹수와 연산군의 이야기는 안방극장에서도 여러 차례 극화되었다.

장녹수 역을 맡은 도금봉 배우의 연기는 빼닮은 이미지로 호감이 가나 TV에서라면 좀 더 시간을 두고 흥미로우면서도 치밀한 연기를 볼 수 있었을 것이다. 짧은 시간으로 보여주기에 장녹수는 특별한 캐릭터이기에 아쉬움이 든다. 그만큼 이 이야기는 확실한 갈등 구조로 각 배역진이 최고의 연기력을 선보이고 있다. 특히 주인공인 신영균 배우의 연산군 연기는 호탕하며 광기 어려 빛이 난다. 그는 이 영화로 전성기를 예고하며 절정의 연기를 보여준다.

이 영화에는 당대의 스타들이 총출동하였다. 비록 작은 역이라 해도 신필름과의 관계로 우정출연한 것이다. 당시 신필름은 신흥 영화제국이었다. 같은 해 만들어진 〈성춘향〉으로 사세가 급성장한 것이다. 기름이 불만난 격이라고 할 정도로 이 시기를 전후로 우수작들이 양산되기 시작한다. 다음해 만들어진 〈사랑방 손님과 어머니〉가 대표적인 케이스이다.

신필름의 기세는 누구도 꺾을 수 없었고 한국영화는 신필름 영화와 비非 신필름 영화인 충무로 영화도 대별되었다. 신상옥 감독은 당시 안정된 숏을 탈피해 사각의 앵글로 연산군의 광기 어린 연기를 강조해 표현하였다. 이 영화는 흥행에 성공하며 작품성까지 인정받아 대종상을 휩쓸고 속편인 〈폭군 연산〉까지 제작되었다. 하지만 신상옥 감독은 이 영화의 무엇이 맘이 안 들었는지 북한 정치범 수용소에 있을 때 불살라 버렸으면 좋겠다고 생각했다고 한다. 내가 보기엔 〈사랑방 손님과 어머니〉 다음으로 손꼽을 만한 수작이다.

결국 신 감독은 탈북하여 영상자료원에서 이 영화의 네거필름을 빌려다가 무려 14분이나 삭제해 반납했다. 물론 담당자에게 아무 말 없었으니 대단한 감독이다. 잘려나간 네거필름은 행방은 알 수 없지만, 그의 소원대로 불살라졌을 것으로 추측된다. 〈연산군〉의 감독편집본 영화가 2009년 칸영화제에 초청되어 상영되었는데, 복원된 필름은 더 이상 좋을 수 없을 만치 깨끗했다.

━ 〈열녀문〉 1961

디지털 복원을 마친 신상옥 감독의 〈열녀문〉은 2007년 칸영화제에 초청되었고, 제1회 대종상영화제 우수작품상, 남우주연상(신영균), 각본상, 편집상을 받았고 베를린영화제에 출품되었다. 이 영화는 해외에 있는 한국영화 찾기 사업으로 대만영상자료원에서 발견해 내어 다시 볼 수 있게 되었다.

1961년도 작품인 이 영화는 열녀문으로 상징되는 유교의 굴레를 주제로 1920년대 한 여인의 한 맺힌 삶을 다루고 있다. 한 번의 외도로 평생을 고통의 굴레에서 살다가 자신이 버린 아들을 만나 그 고통의 굴레를 벗어나는 여인의 행로는 삶에 대한 깊은 통찰을 보여주고 있다. 주인공인 최은희 배우는 상영 전 인사말에서 "지금 보기에 좀 지루할 수도 있다."라고 하였지만 영화는 보는 내내 주인공의 겪어내기 벅찬 삶의 극복을 지켜보게 한다.

지금부터 60여 년 전의 영화임에도 관객들을 몰입시켜 설득해 나가는 전개는 명작의 힘을 보여준다. 8천여 만 원의 복원료를 들여 공을 들인 화면과 오디오는 16mm를 원본으로 했어도 명작의 영상이 갖는 영상미를 가감 없이 보여주고 있다. 지금은 보기 힘든 전통혼례식, 기우제, 성묘문화, 장례식 등의 우리 문화를 잘 보여주는데 이는 한국적 미학의 진수라고 할 수 있다.

━ 〈오발탄〉 1961

김성춘 제작, 이어령 각본, 유현목 감독, 김진규, 최무룡, 문정숙, 서애자. 윤일봉, 김혜정 출연작이다. 〈오발탄〉은 거의 40여 년간 한국영화 베스트 1위를 지켰다. 이 영화는 1961년 작인데 검열 문제가 있어 제작하고 몇 년 후에 개봉되어 그이후로 한국영화의 대표작이 되었다. 검열에 문제가 있었던 이유는 당시 한국의 상황을 잘 보여주었고 완성도 또한 높았기 때문이었다.

회계 사무소 서기인 철호(김진규)가 한국전쟁에서 실성하여 "(북으로) 가자! 가자!!"를 외치는 어머니를 모시고 만삭의 아내(문정숙)과 여동생 명숙(서애자), 실업자인 퇴역군인 동생 영호(최무룡)와 막냇동생 민호를 거느린 한 집안의 가장으로 사는 모습으로 당시 서민들의 인생 축소판을 보여준다.

그는 모든 것을 운명으로 받아들이고 살지만, 주변 사람들은 이런 힘든 삶을 부정한다. 그는 치과에 들러 앓던 이를 뽑지만 이 모든 것이 해결될 수 없는 상황이다. 그는 택시에 올라타 무기력하게 자신이 가야 할 여러 곳을 주문처럼 되뇌며 "가자"고 중얼거린다. 그 어느 곳도 그의 종착역일 수는 없다. 이는 당시 모든 이의 심정일 것이다. 그는 결국 동생이 갇혀 있는 중부경찰서에 내리는데, 그곳도 그의 안식처일 수는 없다. 당대 한국인들의 삶의 절망을 그려낸 유현목 감독의 저력과 그의 능력을 넘어선 이 영화에 경의를 바친다.

━ 〈지옥의 향연地獄の饗宴〉 1961

오카모토 기하치 감독의 95분 흑백영화다. 오카모토 감독은 활동 초기에는 구로사와 아키라 감독과 같은 급의 감독이었을 것이라 추측된다. 영화의 완성도가 비슷비슷하기 때문이다. 그러나 구로사와는 베니스영화제 그랑프리를 받으며 국제적인 감독으로 도약했고 오카모토는 영화는 잘 만들었지만 국내에서만 활동하는 감독이 되었다.

이 영화는 사건을 파헤치며 이야기가 전개되는 당시 일본 시나리오의 전형으로 잘 만든 웰메이드 오락영화다. 주연은 한국의 김석훈 배우 느낌인 미하시 다쓰야, 엄앵란 분위기의 단 레이코, 트위스트 김 분위기의 다자키 준이다. 영화는 주인공 세 명이 벌이는 유쾌한 악당의 돈 뜯어내기(갈취) 사기극인데, 소매치기며 매춘 알선자인 귀여운 악당이 주인공이므로 나름 정당성을 갖고 악당의 돈이니 갈취해도 된다는 당위성으로 전개된다. 그러나 악당이라고 만만한 것은 아니고 엎치락뒤치락하며 사건이 전개되면서 결말은 의외로 두 남녀가 죽는 것으로 끝난다. 나카무라 신이치로의『검은 종점』이 원작이다.

■ 〈화영花影〉 1961

가와시마 유조 감독의 35mm, 99분짜리 컬러영화이다. 출연에는 이케우치 준코, 사노 슈지, 이케베 료 등이다. 〈화영〉은 도쿄 긴자 바의 새끼 마담인 주인공이 겪는 남성 편력과 그들의 의해 무너져 가는 인간성을 적나라하게 보여준 멜로영화다.

영화는 그녀가 자살하겠다는 내레이션으로 시작된다. 그녀는 뭇 남성들의 표적이 되어 웃음을 팔고 몸까지 바치지만 항상 버림받고 혼자가 된다. 그런 그녀가 유일하게 믿고 의지하는 사람은 골동품을 연구하며 유유자적하는 골동품상이다. 그런 그마저 항상 돈에 곤궁해 사방에서 돈을 빌리고 준코에게마저 손을 벌린다. 그래도 그녀는 그를 존경하기에 항상 친절하다. 어쩌면 친절은 그녀가 갖고 있는 천성인지도 모른다. 많은 남자에게 돈을 뜯기고 헌신하면서 그녀는 피폐해질 대로 피폐해진 삶을 스스로 마치기로 한다. 그런 그녀에게 전 남자가 찾아와 함께 벚꽃놀이를 가서 아직도 사랑한다고 그녀와의 하룻밤을 구걸한다. 그와 하룻밤을 보낸 그녀는 돌아와 수면제를 한 움큼 먹고 한 많은 삶을 마감한다.

'여급'이라는 단어가 사라지고 '호스티스'라는 직업이 생겨난 시절 시대의 아픔을 온몸으로 겪는 한 많은 여자의 일생을 보여주는 영화다. 주인공 이케우치 준코의 연기도 훌륭했지만 와카오 아야코가 연기했다면 또 다른 분위기의 영화였겠다는 생각도 든다. 우리나라에서도 〈꽃순이를 아시나요〉, 〈26X365=0〉 등의 호스티스영화가 1970년대를 풍미했는데, 어쩌면 이 영화의 시나리오가 한국에서도 읽혔을 수도 있다. 영화를 보는 내내 이장호 감독의 1974년 작 〈별들의 고향〉이 교차되었는데, 〈별들의 고향〉이 최인호의 원작 소설이듯이 〈화영〉도 원작을 영화화한 작품이다.

■■ 〈해협, 피로 물들고海峽, 血に染めて〉 1961

다양한 액션 장르를 실험적으로 만들어 낸 스즈키 세이준 감독의 83분, 컬러영화다. 와다 코지, 하야마 료지 주연으로 경찰학교를 졸업하고 고향인 츠지마 섬의 해양경비대에 부임한 동생과 밀수꾼인 형의 갈등을 그린 해양 액션영화다. 각기 사랑하는 여인이 있고 그로 인한 갈등과 형제의 우정을 그렸는데, 당시 이사하라 신타로 작가의 『태양의 계절』로부터 영향을 받아 유사한 드라마를 보여준다.

우리로서는 흑백영화로 만족할 1961년인데, 일본은 컬러영화를 통해 해양 액션영화를 만들어 냈다. 당시 일본영화계는 전후 황금기로 접어들 때인데 지금 최전성기를 맞이한 한국영화인들의 영화 투혼과 열정을 이 영화에서도 느낄 수 있다.

스즈키 세이준 감독의 영화를 보면서 이두용 감독이 보여주는 폭력의 미학을 느끼는 것은 비단 나뿐만이 아닐 것이다. 유감스러운 것은 극 중 한복을 입은 한국 여인이 등장하는데, 밀수와 관련된 카바레 주인이고 극 중 〈도라지타령〉을 부르는 여종업원 역시 한국 여인이다. 그리고 밀항자도 한복을 입은 한국인으로 묘사되어 있다. 스즈키 세이준 감독이 어떤 생각으로 이런 상황을 만들었는지 궁금할 뿐이고 그 역시 다른 일본감독과 마찬가지로 한국인을 폄하하는 장면 연출에 매우 실망스럽다.

■■ 〈현해탄은 알고 있다〉 1961

김기영프로덕션 제작, 김기영 감독, 김영철 기획, 한운사 각본, 김기영 각색, 최호진 촬영, 김운하 조명, 박석인 미술, 한상기 작곡, 동양경제신문사 자료 제공이다. 김운하, 공미도리, 이상사의 데뷔작으로 김진규, 이예춘, 주증녀, 박암, 박노식, 김지미가 출연하였다.

첫 장면은 현해탄을 건너오는 귀국선이다. 그들은 살아돌아오기까지 온갖 역경을 겪어야 했다. 영화는 1944년 나고야 소재의 수송대를 보여준다. 그중 한국인 학도병 아로운(김운하)은 일본 상급자 모리 일등병(이예춘)에게 매일같이 모진 기합을 받는다. 그를 이해하고 도와주는 것은 상급자의 동생인 히데코(공미도리)로 그녀의 헌신적인 사랑이 아로운을 버티게 만든다. 그러나 대공습이 시작되고 아로운은 폭격을 맞아 죽은 것으로 위장해 히데코와 그곳을 탈출한다. 식량을 구하러 히데코가 자리를 비운 사이 폭격으로 아로운은 죽음을 면해 히데코와 재회한다.

KBS 라디오 드라마를 원작으로 하였으며 한일수교가 되지 않았던 시절 일본을 무대로 제작한 영화이다. 전후 일본영화의 한 경향인 전쟁영화를 연상시키는데, 저예산으로 자료 화면을 활용하며 내무반과 감옥, 히데코의 집 등 일부 세트를 활용하여 제작하였다.

주인공 아로운은 한국인 학도병으로 당시 재일한국인들의 상징적인 인물로 설정되어 내무반에서 온갖 고초를 겪는다. 이런 상황은 당시 관객들에게 호소력 있게 받아들여졌을 것이고 흥행에서도 성공하였다.

이 영화는 김기영 감독의 1960년 작 〈하녀〉 이후 〈현해탄은 알고 있다〉와 1963년 작 〈고려장〉까지 왜색 스타일의 시리즈 중 한 편이다. 주연 남녀 배우를 신인들로 캐스팅한 김 감독의 모험은 절반은 성공했다고 볼 수 있다. '절반의 성공'이라고 한 것은 이후 그 주연배우들에게 히트작이 나오지 않았기 때문이다.

■■■ 〈꽁치의 맛 秋刀魚の味〉 1962

오즈 야스지로 감독의 35mm, 러닝타임 112분짜리 영화다. 류 치슈, 이와시타 시마, 사다 케이지가 출연하였다. 영화의 내용이 빠르게 떠오르지 않는 건 그만큼 영화가 큰 사건 없이 잔잔하게 전개되기 때문이다. 주인공은 오즈 감독과 가장 닮은 배우로 당연히 그의 페르소나인 류 치슈가 맡았다.

주인공은 과년한 딸과 단둘이 살고 있지만 혼사를 서두르지는 않는다. 딸의 혼사에 여유를 가졌던 그는 친구들을 만나 이야기하며 자신의 생각이 잘못되어 있음을 실감한다. 과년한 딸과 마냥 함께 살며 시집을 보내지 않을 수는 없는 법. 그는 결국 서둘러 혼사를 치르고 홀로 남아 인생을 생각한다. 인생이란 꽁치의 맛일까? 뜬금없지만 오즈 감독다운 제목이다.

〈피안화〉 이후 오즈 감독의 결혼관을 보여주는 연작으로 그의 유작이며 인생을 달관한 만년의 철학을 담담히 담아낸 영화다. 60여 년 전의 영화이니 어쩔 수 없는 일이겠지만, 지금 보기엔 답답한 전개에 느린 템포가 느껴진다. 하지만 그것 또한 오즈 감독의 특징이기도 하다.

■■■ 〈기러기 절雁の寺〉 1962

가와시마 유조 감독의 이 영화는 16mm 흑백영화이고, 러닝타임은 98분이다. 출연에는 와카오 아야코, 기무라 이사오, 타카미 큐니이치가 있다.

전쟁으로 교련 수업이 있던 시절, 교토의 자리한 절로 온 학생 승려 지넨은 주지승에게 혹독한 수련을 받는다. 추운 겨울 온종일 주지승의 수발은 물론 절의 온갖 일을 도맡는다. 그것을 당연한 듯 생각하는 주지승과 끼니를 걱정해야 하는 상황에서 이곳으로 왔기에 순순히 받아들여야 하는 지넨, 이 모든 일은 전쟁의 광기로 보이며 갈등은 쌓여만 간다.

이 절에는 유난히 기러기들이 출몰하는데 먹잇감이 많기 때문일까? 고목에는 기러기들이 잡아다 놓은 먹잇감으로 가득하다. 그런 이 절의 안방을 장식한 기러기 그림은 동물 간에도 절절한 모자母子의 연을 상징한 그림이 있다.

늙은 주지승은 젊은 첩을 들여 섹스에 집착하는데 세상의 안목에도 아랑곳하지 않는다. 누군지도 모르는 부모에게 버림받고 양모에게서도 버림받아 결국 이곳까지 오게 된 지넨은 그들에게서 인간 말종을 본다. 그들을 보는 지넨은 자신의 과거가 더욱 처량해지기도 하지만 이곳에 온 것만도 다행이라 생각하며 애써 모른 척한다. 그러나 온갖 탐욕에 물든 그들은 세속적인 인간보다 더 추악할 뿐이다.

어느 날 주지승은 마실을 나갔다가 귀가하던 중 술에 취해 쓰러진다. 관객으로서는 지넨의 움직임과 사체의 처리에 궁금해진다. 마침 동네의 어르신이 죽어 절에서 장사를 진행하게 되는데 지넨은 동사한 주지승을 함께 관에 넣어 남 몰래 장사지낸다. 굳이 그렇게까지 하여 그를 이 세상에서 흔적조차 없이 보내는 것이 그가 할 수 있는 유일한 복수일 수도 있다. 그러나 그것은 어린 시절 어머니와 생이별을 해야 했던 어머니에 대한 정신적인 결별이며 자신의 처지에 대한 인간적인 치유였다.

기러기 절의 모자 기러기 그림은 그에 의해 찢겨져 사라진다. 영화는 어미 기러기를 잃은 기러기 그림을 통해 주인공의 심리를 잘 보여주고 있다. 미시마 유키오의 『금각사』도 최고 선(지선至善, 인간이 창조한 유물 등)을 파괴하는 동자승을 통해 이와 같은 이상심리를 다루고 있는데, 극한 상황에서 벌어지는 인간의 속성을 잘 표현하고 있다.

가와시마 감독의 영화가 보여주는 천재적인 상황 묘사가 이 영화에서 유난히 빛난다. 마지막 장면은 컬러로 소개되며 현재(1962년)를 보여주는데, 관광객들이 이곳을 찾아 이 절의 과거 이야기를 듣는다. 관광객들에게는 광기의 시대에 있었던 슬픈 이야기로만 들릴 것이다. 다소 냉소적인 결말이 아닐 수 없다. 가와시마 감독은 결국 이 영화를 통해 광기의 시대를 고발하고 있다. 이 영화는 미시마 유키오의 소설에도 영향이 있었지만, 〈감각의 제국〉을 만든 오시마 나기사 감독에게까지 영향을 주었다고 볼 수 있다.

━ 〈나는 두 살 私は二歳〉 1962

마츠다 미치오의 육아서를 각색하여 이치가와 곤이 감독했고 야마모토 후지코, 후나코시 에이지, 스즈키 히로가 출연했다. 러닝타임은 90분이다.

이치가와 곤 감독은 김기영 감독의 〈하녀〉와 닮은 영화인 〈열쇠〉의 감독이며 〈버마의 하프〉 등 수작을 만든 일본의 대표 감독이다. 그가 실험적으로 만든 이 영화는 두 살배기 아기의 독백 해설로 진행된다. 아기들의 심리를 잘 묘사하고 있는데, 1964년에 이런 실험적이며 비흥행적인 영화를 제작한 기획력이 돋보인다.

주인공 타로는 아빠, 엄마, 할머니의 사랑을 받으며 무럭무럭 성장해 가는 두 살배기 외아들이다. 여느 집 아기처럼 가족의 사랑을 듬뿍 받으며 성장하는데, 영화는 아기의 세계와 다른 어른들의 세계를 대비하며 진행되며, 이로 인해 주인공이 어른들의 세계를 차차 이해해 가는 과정을 보여준다.

━ 〈대심청전〉 1962

이형표 감독, 도금봉, 허장강, 한은진, 양훈 출연의 85분짜리 영화다. 대만영상자료원에서 발견한 16mm 필름을 복원한 영화라 화질이나 음질이 좋지 않다. 더구나 오디오는 중국어 버전이다. 비록 컬러가 아닌 흑백영화였지만 발굴 자체의 의미는 퇴색될 수 없다. 이 영화는 당시로 치면 대형사극인데 용궁 장면을 일본에 가서 특수촬영을 하여 큰 볼거리를 제공했다. 10년 뒤인 1972년에 만들어진 신상옥 감독의 〈효녀 심청〉은 독일의 스튜디오에서 촬영하였다.

1972년에 심청이란 소재는 단연 화제였다. 독일 뮌헨올림픽 개막 기념 오페라로 천재 작곡가 윤이상의 〈심청전〉이 올려졌다. 세계의 시선이 한국의 고전소설 〈심청전)에 모였고 큰 화제가 되었다. 그렇기 때문에 신상옥 감독이 심청을 기획한 것도 이와 무관하지는 않을 것이다. 두 영화를 비교하여 볼 때 완성도는 비교할 수 없을 만큼 두 영화 모두 높은 완성도를 보인다. 〈효녀 심청〉의 경우 왕이 바닷가에 나가서 연꽃을 발견하는 것으로 되었는데, 〈대심청전〉에서는 연꽃이 궁의 한곳에 나타나 자연스럽게 심청을 궁으로 끌어낸다. 엔딩에서 모든 맹인이 눈 뜨는 장면은 신상옥 감독의 〈효녀 심청〉이 비를 맞고 개안하는 것으로 설정해 더 설득력을 갖고 있다.

〈대심청전〉에서 심봉사의 허장강은 적역이었고, 도금봉 배우가 심청을 맡은 것은 다소 의외였다. 그녀는 순박하고 순진무구한 심청의 이미지와는 동떨어진 느낌이 있는데 훗날 형성된 농염한 요부의 이미지 때문이다. 그러나 1962년이라는 것을 생각한다면 이해되는 것이 당시의 도금봉 배우의 요부 이미지가 굳혀지기 전이다. 그녀는 연기자이기에 변신이 가능하다고 할 수 있지만 타고난 성향은 숨길 수 없다. 신필름의 1961년 작 〈사랑방 손님과 어머니〉에서도 김희갑 배우와 눈이 맞아 임신하는 식모 역이었고, 훗날 이용민 감독의 〈살인마〉에서는 결정적으로 요부 이미지가 굳혀진다. 도금봉 배우의 필모그래피에서 〈대심청〉은 가장 순진한 배역일 것이다.

〈효녀 심청〉에서는 김성원이 심봉사 역을 맡았고 윤정희 배우가 심청 역을 맡았다. 개인적으로 연기력과 캐스팅은 〈효녀 심청〉이 더 낫다고 할 수 있다. 두 영화를 비교해서 보는 것도 재미있는 감상 포인트이다.

■ 〈두만강아 잘 있거라〉 1962

임권택 감독의 데뷔작으로 한흥영화사 제작, 유한철 각본, 최호진이 촬영한 97분 길이의 흑백영화다. 이 영화와 유사 제목의 영화가 많은데, 그중에서도 내가 꼽는 세 편은 나운규의 1927년 작 〈잘 있거라〉와 정기탁 감독의 1932년 작 〈상해여 잘 있거라〉, 임권택 감독의 1962년 작 〈두만강아 잘 있거라〉이다. 임권택 감독의 이 영화는 4·19혁명이 끝나고 다소 어수선한 시대에 만들어졌다. 정창화 감독의 조감독을 거쳐 당시로는 스케일이 큰 대작을 데뷔작으로 만들었다. 임권택 감독으로서는 25살 때의 일인데 동료 정진우 감독이 조감독을 자청했다. 둘은 서로 조감독을 번갈아 해주기로 했었고 같은 해 정진우 감독도 〈외아들〉로 데뷔한다. 그러나 이미 감독 데뷔를 한 임권택 감독이 조감독을 할 수는 없었다.

〈두만강아 잘 있거라〉에는 한국영화사에 뺄 수 없는 배우들이 대거 출연했다. 주인공 김석훈, 그의 어머니 황정순, 그의 애인 엄앵란, 그 외 김동원, 허장강, 박노식, 장동휘, 장혁, 문정숙, 황해, 김혜정, 최남현, 이대엽, 이향, 최성, 최창호, 조항, 남석훈 배우도 단역으로 출연하고 있다. 이 정도 규모라면 당시로써는 호화 대작이다.

이 영화는 일본과 대항하는 독립군들의 활약상을 그린 것으로 스키부대가 나오는 등 볼거리를 넣은 액션영화다. 한국 액션영화계의 대부인 정창화 감독의 영향을 받은 영화고 정창화 감독의 고정 배우며 스태프가 참여하여 만들어졌다. 임권택 감독은 액션영화로 영화감독을 시작하였고, 이 영화는 그의 장대한 필모그래피의 출발점이 되었다.

당시 필름이 남아있는 것은 기적 같은 일이고, 이것을 한국영상자료원이 아홉 번째로 디지털 복원하여 상영하게 되었다. 복원 전 필름은 심한 훼손으로 오디오 상태가 불량했으나, 디지털 복원을 통해 잡음이 제거되어 제대로 감상할 수 있었다. 원판은 재개봉관을 거쳐 입수된 낡은 필름인 듯 낡았으나 디지털 복원으로 이렇게 바뀌어 볼 수 있었다. 그래도 필름 자체가 분실된 것은 달리 해결 방법이 없다. 함께 영화를 본 권병길 배우는 예전에 네댓 번은 보았다며 당시의 기억을 들려주었다. 당시 9만 명의 관객이 이 영화를 관람했는데, 이는 당시로써는 대단한 히트이다.

▬ 〈무정〉 1962

이광수 원작, 이강천 감독의 107분 영화다. 최은희, 김승호, 이예춘, 도금봉, 남궁원, 복혜숙이 출연하였다. 원래는 컬러영화였다고 하는데 대만영상자료원에서 발굴한 필름은 16mm 흑백영화로 발견되어 복원되었다.

평양의 어느 마을 학원(학교)장인 박 교장의 딸 박영채는 이형식과 사랑하는 사이다. 동네 부자인 최영감의 아들 최병학은 박영채를 자기 사람으로 만들기 위해 음모를 꾸민다. 박 교장은 최영감에게 학교 양도 문제를 의논하러 갔다가 영채와 병학의 혼담 거래를 듣고 다투고 나온다. 학원 운영으로 뜻하지 않게 범죄에 연루된 박 교장은 경찰서에 끌려가고 집안은 풍비박산 난다. 결국 경성으로 올라온 영채는 계월향이란 이름으로 빚 2천만 원을 안은 기생의 신세가 된다.

이형식은 경성 부호의 딸 선영(도금봉)과 약혼을 하고 미국 유학을 준비 중이다. 영채는 비록 기생이 되었지만 언젠가 이형식과 다시 만날 날만을 고대하고 있다. 이를 알게 된 신 기자(남궁원)의 도움으로 두 사람은 만나게 되나 영채는 기생의 신분이라는 것을 밝히지 못하고 결국 자포자기에 빠진다. 이를 전해 들은 형식이 찾아갔을 때는 영채는 이미 병학에게 몸을 더럽힌 상황이다. 영채는 병학을 죽이고 자살을 시도하나 형식이 그녀를 말려서 결국 살인죄로 옥에 갇힌다. 감옥으로 면회 온 형식은 약혼 서류를 내밀며 사랑을 확인하고 두 사람은 미래를 기약한다.

엔딩의 자막은 "여자는 사랑에 인생을 건다. 무정한 세대에…" (이하 줄임) 등 당시의 연애관과 여성관을 설파하고 있다. 이 영화의 원작은 일제강점기인 1917년 신문 연재소설로, 한국 최초의 현대 장편소설이다. 그러다 보니 당연히 신파조인데, 이강천의 연출은 이를 자연스럽게 그려내고 있다. 박기채 감독이 처음 영화화했고 이강천이 두 번째로 만들었는데, 당시 여성 관객들의 취향에 맞추어진 대중영화의 전형이다.

■ 〈손오공火焰山〉 1962

홍콩의 막강시 감독작으로, 김희갑, 최무룡, 김지미, 양훈이 출연하였다. 원제는 〈화염산火焰山〉이다. 이 영화를 한국영상자료원이 홍콩에서 찾아냈다. 홍콩전영자료관은 분실되거나 발굴할 우리 영화의 찾아낼 확률이 가장 높은 곳이다. 그만큼 교류가 많았고 예전 영화진흥공사는 수출 전진기지로 이곳에 홍콩지사를 운영했다. 그런 연유로 홍콩에 많은 한국영화 네거필름이 오게 됐는데, 이 지사는 설립 이후 부진한 실적으로 철수하게 되었고 이 상황에서 필름들이 유실되었다.

그 일부는 북한 당국자들이 입수해 평양으로 옮겼다고 한다. 실제로 신상옥 감독의 영화 및 신필름 제작 영화 그리고 한국영화사에 주요 영화들이 이렇게 사라진 것이다. 〈손오공〉은 한양대학교 재단이 설립한 한양영화사 창립 작품이라지만, 홍콩 영화사가 제작하는 영화에 주요 출연진이 참여하였고 그에 따라 김수용 감독이 가게 되었을 것으로 추정된다. 배우만 뺀다면 홍콩영화로 우리와 큰 관련이 없어 보이기 때문이다.

영화는 삼장법사와 서역에 들어가며 화염산을 넘기까지 마왕과 벌이는 유쾌한 소동을 그린다. 스튜디오 세트 4~5개를 만들어 적은 제작비로 촬영하였다. 화염산의 구현은 당시로써도 유치한 규모이다. 이 영화의 존재는 이효인 전 영상자료원장 때 파악되었는데, 복원 과정이 오래 걸렸다. 디지베타 형태로 복원된 이 영화는 95분짜리 광둥어 버전이다. 화질은 손상된 1롤만 빼고는 양호하다고 할 수 있지만, 큰 영화사의 작품이라면 온전할 수 있었는데 하는 아쉬움이 크다.

김수용 감독이 한국 측의 감독으로 갔지만 홍콩 감독 막강시가 만든 영화이다. 한국의 젊은 연기자들이 초빙되어 갔는데 삼장법사 역에 최무룡, 옥공주 역에 김지미, 손오공 역에 김희갑, 저팔계 역에 양훈이 출연한다. 나머지 배역은 홍콩배우이다. 한국배우들이 초청되어 간 케이스도 흔치 않은데, 손오공 역의 김희갑 배우는 정말 실감 나는 연기를 보여준다. 무술 장면은 스턴트맨이 대역을 했지만, 실감 나는 손오공 역이었다. 1962년이라면 김희갑 배우는 신상옥 감독의 〈사랑방 손님과 어머니〉에서 계란장수 홀아비 역을 맡았을 때이다.

▬ 〈셋푸쿠切腹〉 1962

고바야시 마사키 감독의 134분 흑백영화다. 할복은 '割腹(かっぷく·갓푸쿠)' 혹은 '切腹(せっぷく·셋푸쿠)'으로 표기되는데, 이 영화는 '割腹' 대신에 '切腹'을 제목으로 하고 있다. 이 영화는 칸영화제에서 심사위원 특별상을 받았고, 아시아영화제에서 한국영화인들을 위해 특별 상영되었다. 한국영화인들을 침묵하게 했다는 말로만 듣던 바로 그 영화이다. 두 시간이 넘는 이야기의 줄거리는 의외로 단순하다.

가난에 지쳐 억울하게 할복을 한 사위와 그로 인해 죽은 딸과 귀여운 손자의 한을 풀어주기 위해 가난한 사무라이 쓰구모 한시로는 지방 권력인 이이 가문의 저택에 들어간다. 그는 할복을 자청하고 사무라이들을 향해 당신도 겪을 수 있는 이야기라며 자신의 가족이 죽음에 이르게 된 이야기를 시작한다. 플래시백으로 과거의 일과 현재의 진술이 교차되며 사건의 전말이 밝혀지고, 그는 사무라이들과 대살육전을 벌이며 나름의 복수전을 펼친다.

특히 바람 부는 잡초 무성한 벌판에서의 대결 장면과 저택 내에서 벌어진 수십 대 일의 대결은 백미다. 영화를 보는 내내 느낄 수밖에 없는 긴장감과 마지막 결전의 박진감은 이 영화의 명성을 확인하게 한다. 〈할복〉은 일본영화 황금기를 알리는 명편으로 잘 짜인 하시모토 시노부의 각본과 자로 잰 듯한 고바야시의 연출 그리고 수십 명과의 대살육전을 벌이는 주인공 나카다이 타츠야의 액션은 파워풀하다. 촬영 중 진검을 사용했다는데, 진검승부 촬영에서 느끼는 살벌함이 화면에 그대로 살아있다.

이야기의 구조는 단순한데 그것을 끌고 가는 힘은 이 모두의 앙상블이다. 당시 일본영화에는 힘이 넘친다. 지금 다소 슬럼프에 빠진 일본영화계의 전설이 된 영화를 보며 관객들은 누구랄 것 없이 박수를 보냈다. 한국영상자료원에서의 상영 후 주인공 나카다이 타츠야를 초청하여 관객과의 대화를 가졌다. 당시 서른의 청년은 50년이 흘러 이제 뚱뚱한 할아버지가 되었다. 그는 연극배우 출신으로 고바야시에 의해 캐스팅되어 1958년부터 4년간 〈인간의 조건〉 6부작을 찍는다. "영화는 인생이다"라는 그의 말에서 대배우의 연륜을 느꼈다.

〈할복〉은 보는 내내 긴장을 하게 만드는 마력이 있는 영화로, 볼 때마다 울었다는 어느 여성 관객의 말이 이해가 된다. 주연배우인 나카다이 타츠야는 이 영화의 주제를 사랑이라고 표현했다. 죽은 가족을 너무도 사랑했기에 펼치는 복수전은 그래서 보는 이들을 감동시키는 것이다. 이 영화는 이소룡의 영화 〈정무문〉과 내용은 다르지만 주제는 상통한다. 우리는 '할복' 하면 하라키리라는 말이 연상되며, 그것은 일본 중세 무사들의 자살 방법으로 알려져 있다. 현대에 들어 할복 자결한 이로는 유명 작가 미시마 유키오가 있다. 때 아닌 이 해프닝은 전 세계에 알려져 일본 정신에 대해 새삼 화제가 되었다.

━ 〈츠바키 산주로椿三十郎〉 1962

구로사와 아키라 감독작으로 〈요짐보〉의 속편 격이다. 전작의 떠돌이 무사 캐릭터도 그대로이고 극 중에서 이름이 뭐냐고 묻자 그 집에 핀 동백꽃을 보고 '동백꽃 30', 즉 츠바키 산주로라고 자신을 소개한다. 〈요짐보〉에서 이름이 구와바타케 산주로인 것의 연장선이다. 내용은 숲속 사원에서 자다가 우연히 젊은 무사 아홉 명의 이야기를 듣게 된 산주로가 정의를 위해 젊은 패기를 보이는 그들을 도와 마을에서 일어난 참정관 납치 사건을 해결한다는 단순한 플롯이다. 물론 긴장감 넘치는 사건의 전개나 산주로의 의뭉한 활약은 단순함을 뛰어넘어 극적 재미를 보여준다.

1962년, 서울에서 제12회 아시아영화제가 열리며 이 영화가 상영되었고 많은 영화인이 이 영화를 보고 충격을 받았다. 간결하면서도 스릴 넘치는 찬바라영화의 진수를 보았기 때문이다. 당시는 DVD나 비디오가 없었던 시절이고 외국을 마음대로 나다닐 수도 없었다. 그저 영화잡지나 책의 사진 혹은 시나리오나 읽을 수 있었던 시절이니, 영화 자체를 직접 본 것은 상상 이상의 충격으로 와닿았을 것이다. 더구나 구로사와 영화이면 그 충격은 상상을 초월했을 것이다. 말로만 들었던 명교수의 강의를 직접 들었다고 비유할 수 있을 것이다.

일제강점기에 일본 찬바라영화를 보았어도 세월을 훌쩍 뛰어넘어 성숙할 대로 성숙해진 찬바라영화는 경악 그 자체였다고 선배 감독들의 감회를 들은 적이 있다. 당시는 칼싸움에서 피가 솟구치는 것까지는 연출되지 않았던 시절이다. 그저 목검으로 싸우듯이 피가 나오는 장면은 볼 수가 없었다. 그런데 이 영화의 마지막 장면인 무로토 한베이와 산주로의 대결에서 선혈이 솟구쳐 오르는 장면이 연출되었다. 처음 시도한다는 것은 중요한 일이다. 이후 검술영화에서 피의 향연은 당연한 것이 되었다. 이 영화는 〈7인의 사무라이〉나 〈요짐보〉를 찍으며 검과 사무라이의 대결에 달관한 구로사와 아키라 감독의 세련된 검술영화라고 할 수 있다.

▬ 〈시궁쥐 작전ど ぶ鼠作戦〉 1962

오카모토 기하치 각본·감독의 102분, 흑백영화다. 다소 난해한 제목이지만 그들이 말하는 대동아전쟁 시기 중국 북동부 호쿠시 전선의 특무대 작전을 다룬 영화다.

주인공 가야미 유조는 중국인으로 변장해 적진을 교란하고 정보를 빼내는 특수임무를 맡은 특무대장이다. 그는 네 명의 골칫거리 사병을 이끌고 사단장의 아들인 작전참모를 구하러 적진으로 투입된다. 그러나 그 과정이 순탄치 않은 것이 이들의 정체를 알고 있는 중국 특무조직이 있고 사방에 팔로군들이 산재되어 있기 때문이다. 이 영화는 60년 전의 〈라이언 일병 구하기〉 버전인데 그들은 우여곡절 끝에 작전참모를 구해내고 곧바로 제 갈 길을 떠난다. 흡사 김묵 감독의 1965년 작 〈송화강의 삼악당〉이라도 보는 느낌이다. 임무를 마치고 다시 떠나가는 결말의 분위기 때문이다.

오카야마 감독은 이런 중국 동북부 배경의 전쟁영화를 즐겨 다루었는데, 그가 참전한 이력 때문인지도 모르겠다. 학도병으로 참전한 이력의 그는 흡사한 배경의 〈독립우연대〉, 〈독립우연대 서쪽에〉, 〈피와 모래〉, 〈육탄〉 등의 전쟁영화를 감독했다. 특히나 이 영화나 〈독립우연대〉, 〈독립우연대 서쪽에〉는 존 포드 감독의 서부극에 많은 영향을 받아 제작된 영화다. 이는 말 타는 장면이나 기타 장면 연출에서도 알 수 있고, 이 영화의 대사에서는 인디언의 침투조 이야기를 하며 특무대를 소개하고 있다. 감독이 직접 시나리오를 썼으니 주인공의 대사를 통해 사랑 고백을 한 셈이다.

감독은 참혹한 전쟁의 기억을 인간들이 갖고 있는 전쟁 유희로 생각하며 낭만적으로 그려내고 싶었는지도 모른다. 그런 감독의 전쟁관은 〈일본의 가장 긴하루〉나 〈격동의 쇼와사 오키나와 결전〉에서는 지나친 제국주의와 국수주의로 표현되고 있다.

■ 〈양귀비〉 1962

김지미, 도금봉 주연의 두 편의 양귀비 영화가 1962년 동시에 제작되었다. 도금봉 주연의 〈천하일색 양귀비〉는 5만 명이 관람했는데, 김지미 주연의 〈양귀비〉는 흥행 기록이 없다. 1961년에는 최은희 주연의 〈성춘향〉과 김지미 주연의 〈춘향전〉이 동시에 개봉되어 최은희 주연의 〈성춘향〉이 압도적인 우세를 보였다. 1962년에 홍콩 쇼브라더스에서도 이한상 감독에 의해 동명의 영화가 제작되었다. 이려화와 엄준 콤비의 이 영화는 일본인 하란생 촬영으로 1963년 칸영화제에서 홍콩영화사상 최초로 촬영상을 받았다. 이려화와 엄준 감독 콤비는 한국으로 치면 신상옥, 최은희 콤비와 비견된다. 당시 홍콩영화계의 콤비로는 이한상 감독과 락체 배우도 있었다.

■ 〈운명의 아들斬る〉 1962

미스미 겐지 감독, 이치가와 라이조, 야마치 시게루 출연작이다. 이 영화의 제목 '斬る'는 의역으로 직역을 하면 '베인다'이다. 한때 일본 찬바라영화의 주인공으로 당대를 풍미했던 이치가와 라이조 주연의 영화로, 미스미 겐지 감독의 〈검〉 시리즈 3부작 중 첫 편이다. 이치가와 라이조는 1962년부터 1966년까지 만들어진 〈닌자〉 시리즈 6부작의 주인공이기도 하다.

이 영화에서 타고난 숙명 아들의 캐릭터 이미지를 이치가와 라이조를 통해 잘 살려낸 감독은 그를 당대의 스타로 만들었다. 당대에 미후네 도시로, 나카다이 타츠야, 가츠 신타로 등의 명연기자가 있었지만, 그는 이시하라 유지로와 함께 젊은 이들의 표상이었다. 그에게는 젊은이 특유의 고집스러운 의지와 거만함, 무뚝뚝함 등 일본인 특유의 캐릭터가 묻어있다. 요즘으로 치면 인기 드라마였던 〈각시탈〉의 경부 캐릭터와 맞아떨어진다.

〈운명의 아들〉은 생모를 잃고 생부와 떨어져 양부에 의해 성장한 사무라이가 생부를 만나 인생을 깨우치는 성장영화다. 할복 등의 장면을 탁월하게 표현해 낸 그는 찬바라의 영상미학을 추구한 감독이다. 그런 그는 훗날 〈자토이치〉 시리즈와 〈아들을 동반한 무사〉라는 명편을 처음으로 만들어 낸다. 돌아가며 시리즈를 연출하여 그만의 영화라고 할 수는 없지만, 그가 1975년 이후 계속 생존했다면 찬바라 영화사는 좀 더 화려해졌을 것이다.

━ 〈위험한 일은 돈이 된다危いことなら？になる〉 1962

닛카쓰 제작, 나카히로 코우 감독의 흑백 시네마스코프영화로, 러닝타임 82분이다. 시시도 조, 나가토 히로유키, 아사오카 루리코가 출연하였다.

화폐 용지를 강도당하며 위조지폐 전문가인 사카모토를 두고 4인의 악당과 갱단이 경합을 벌인다. 당시에 이런 누아르풍의 서구영화가 일본에서도 흥행에 성공했을 터인데 이를 일본식으로 코믹하게 풀어낸 코믹 액션영화이다.

섹스광인 위조지폐 전문가와 어설픈 갱, 유도와 합기도의 고단자인 여성까지 설정하여 흥미를 유도하지만, 지금의 시각에서는 어설프기만 하다. 당시에는 오락 액션영화로 손색이 없을 터이고 1964년 프랑스영화 〈판토마〉나 정창화 감독의 1969년 쇼브라더스 영화 〈천면마녀〉도 같은 계열의 영화로 볼 수 있다. 액션영화 발전사에서 언급될 영화로 나카히로의 다양한 실험과 시도를 엿볼 수 있는 영화로 가치를 갖는다.

━ 〈자토이치座頭市〉 1962

미스미 겐지 감독, 가츠 신타로勝新太郎 주연의 96분 흑백영화다. 맹인을 주인공으로 만든 장애인 주인공의 영화인데, 장애인 주인공 캐릭터로는 외눈박이 무사 야규 주베, 외팔이 검객 등이 있으며 전부 시리즈 영화로 만들어진다. 이 시리즈의 주제는 권선징악으로 악당과의 대결 구조다. 비장애인이 악을 물리치는 것보다 장애를 가졌음에도 악당에 맞서 싸우는 것이 관객들의 입장에선 훨씬 더 볼 만할 것이다.

가츠 신타로 주연의 이 시리즈는 세계적으로도 알려졌고 가장 많이 만들어진 시리즈 영화다. 바로 1편이 1962년에 만들어졌고, 이후 26편이 극장판으로 만들어졌고 나머지는 TV용이다. 이후 다른 배우들에 의해 지금까지 계속 만들어지고 있다. 이 시리즈 첫 편이 그를 스타덤에 올렸다. 이 시리즈에는 편마다 게스트들이 나온다. 홍콩 배우 왕우, 미후네 도시로 등도 이 시리즈에 출연하였다.

━ 〈정숙한 짐승 しとやかな獣〉 1962

가와시마 유조 감독의 1962년 작으로, 러닝타임 96분의 35mm 컬러영화다. 와카오 아야코, 후나코시 에이지, 하마다 유코, 타키마츠 히데오가 출연하였다.

현대화를 상징하는 신흥 아파트를 배경으로 이 집을 찾아오는 수많은 인간 군상은 모두 불평투성이지만 실은 그들의 불평이 가당치 않은 악당들이다. 음흉한 부부와 그들에게 조정당하는 아들과 딸이 벌이는 블랙코미디는 연극으로 만들어져도 성공할 원작이다. 이 가족을 둘러싸고 서로 물고 뜯는 설정의 경리 여직원, 사장, 세무소 직원, 가수, 유명 작가 등은 고도성장이 한창이던 당시 일본과 일본인을 상징하고 풍자하고 있다. 아들과 딸을 이용하여 부당한 돈벌이에 내몬 부모도 그렇지만 회사의 돈을 횡령하는 아들이나 유명 작가의 정부가 되어 돈을 뜯어내는 딸은 물질만능시대에 인간의 추악한 면을 그려낸 감독의 시니컬한 미소가 엿보인다.

가와시마 유조 감독은 아파트라는 한정된 공간을 세트로 만들어 지루하지 않은 실험적 연출로 이 영화를 만들었다. 이 영화를 보면 그는 한국의 이만희 감독처럼 천재 소리를 들을 만하다는 생각을 하게 된다. 그만큼 이 영화의 연출 및 완성도는 뛰어나다. 특히 자살하러 옥상으로 올라간 남자가 언제 떨어질 것인가에 대한 궁금증을 교묘한 앵글로 기대하게 하는 연출은 관객의 입장에선 극 중 상황에 포로가 된 듯하다. 경리 여직원 역으로 출연하여 뭇 남성들을 파멸의 구렁텅이에 빠뜨리는 요부의 전형인 와카오 아야코의 매력은 이 영화에서도 단연 돋보인다. 원제는 〈음전한 짐승〉의 뜻인데, 이 제목도 그녀의 역할에서 따왔다.

■ 〈추신구라忠臣蔵〉 1962

도호 제작, 이나가키 히로시 감독의 컬러 시네마스코프영화로 207분짜리 대작이다. 출연은 마쓰모토 고시로, 가야마 유조, 하라 세츠코이다. 〈추신구라〉는 도호 창립 30주년 기념 대작으로 일본인들에게 가장 알려진 역사 소재 충신장을 영화화한 것이다. 『47인의 사무라이』라는 제목으로 국내에도 번역 출간되어 있다.

내용은 자신들의 주군이 에도에서 온 왕의 사절단에게 뇌물 건으로 수모를 당해 하라키리(할복)로 자결을 하게 되자 그를 따르던 사무라이 47명이 스스로 원수를 갚고 할복하여 목숨을 바치는 사무라이의 충의를 다루고 있다. 가장 일본적인 내용이라 영화와 TV 드라마 등으로 자주 리메이크되는 소재이기도 하다. 1950~1960년대 일본을 대표하는 명배우 하라 세츠코의 은퇴작으로, 적은 분량이지만 부인 역으로 출연한다. 일본영화의 황금기로 일컬어지는 1960년대를 대표하는 큰 규모의 완성도 높은 영화이다.

■ 〈파계破戒〉 1962

이치카와 곤 감독의 118분, 흑백영화다. 출연은 이치가와 라이조, 미쿠니 렌타로가 있다. 어느 시골 산부락, 소에 받쳐 죽은 아버지의 장례식을 찾아온 초등학교 교사인 세가와는 이곳에서 자신의 삶을 반추해 본다. 이곳 출신임을 밝히지 않고 살아왔던 그는 자신이 천민으로 차별받던 이곳 출신임을 친구들에게 고백한다. 에도 시대에 천민인 에타의 거주지로 메이지 시대까지도 엄연히 존재하던 지역 차별을 타파하기 위한 노력이다.

이 영화는 당시 일본영화기자협회에서 그해 최고의 영화로 선정되었지만, 역시 이치가와 곤 영화는 그의 문제의식만큼이나 어렵다. 미야가와 카즈오 촬영감독은 마지막 장면의 설경을 촬영하기 위해 산골 마을에 몇 주간 칩거해 아름다운 영상미를 보여주었다. 영화의 제목을 1974년 김기영 감독이 불교를 소재로 영화화했고 정창화 감독이 액션영화 제목으로 사용하기도 했다.

■ 〈훔친 욕정鬭〉 1962

마스무라 야스조 감독의 러닝타임 88분, 흑백영화다.

주인공 미시코는 아사이의 첩으로 살아가는 여성이다. 본처에게서 아사이를 빼앗아 본처가 된 미시코의 조카가 이 집에 들어오며 아사이는 조카에게 빠져들며 미시코는 죗값의 대가를 받게 된다. 결국 미시코는 그 모든 것을 감내하며 받아들일 수밖에 없는데, 조카는 아사이와 마지막으로 정사를 갖고 결혼식을 올린다. 미시코로서는 이 모든 것을 알면서도 눈감아 줄 수밖에 없는 상황이다. 이것이 최상의 방법이기 때문이다.

마스무라 감독은 이런 흔하디흔한 불륜 드라마의 줄거리를 긴장감 있게 연출해 낸다. 장면 전환의 계산된 기법이 뛰어나고 박진감 넘치는 전개가 돋보인다. "나보다 어쩌라고 이러는 거야!"라며 항변하는 미시코의 항변이 이어지지만 바람둥이 아사이는 그때뿐이다. 그것은 젊은 여성의 유혹 때문이라지만 아시이는 속물 남성의 심리를 상징한 캐릭터이다. 동물적인 본능의 여성상을 연기한 와카오 아야코는 이 영화로 인해 대배우로 거듭났다고 한다. 과연 대단한 여배우다. 마스무라 감독의 화면의 반만 쓰기 연출은 몰입 효과로 화면에서 눈을 뗄 수 없는 집중력을 필요로 한다. 1962년 작이라면 지금으로부터 60여 년 전의 영화이지만 전혀 그런 시차를 느낄 수 없는 걸작이다.

■ 〈고려장〉 1963

김기영 감독작으로, 출연은 김진규, 주증녀, 박암, 독고성, 김보애, 전옥 등이다. 〈고려장〉은 일제강점기에 만들어진 말로 궁핍했던 시절 식량 부족으로 노인이 된 부모를 산꼭대기에 갖다 버린다는 내용의 영화다. 이마무라 쇼헤이 감독의 〈나라야마 부시코〉로 이미 우리에게 알려진 이 스토리는 한국에는 없는 일본의 전설이다. 한국의 효 문화에서는 있을 수 없는 설정이다. 그래도 김기영 감독의 대표작이기에 영화적인 설정이려니 하고 보았다. 시대는 불명인데 고려장이니 고려시대일까? 극 중 의상만으로는 시대를 알 수 없다.

어느 산마을에 구룡이라는 어린 아들을 동반한 과부(주증녀)가 시집온다. 그 집에는 이미 네 명의 전 부인 소생의 아들이 수두룩하다. 이 마을의 무당(전옥)은 구룡이가 장차 다른 형제들을 죽일 것이라는 점괘를 친다. 형제들의 괴롭힘에 구룡은 뱀에 물려 절름발이가 되고 결국 집을 나간다. 성인이 된 구룡(김진규)은 노모를 모시고 근근이 살아가는데 극심한 가뭄이 든다. 무당은 구룡의 어머니를 고려장하면 비가 올 것이라고 예언하고 구룡은 노모를 지게에 지고 산을 오른다. 노모와 안타까운 이별을 하고 하산한 구룡은 횡포를 일삼는 형제들을 모두 죽인다. 그리고 마을의 미신을 조장하는 무당을 없애기로 하여 고목을 베어버린 후 무당을 처치하고 마을의 평화를 기원한다.

1961년 작인 〈현해탄은 알고 있다〉의 일본 로케이션 중 1958년 작인 〈나라야마 부시코〉를 본 김기영은 2년간의 준비를 거쳐 세트 촬영으로 이 영화를 완성한다. 새로운 시도이긴 하지만 좀 더 그만의 오리지널 영화를 만들었으면 어땠을까 하는 아쉬움이 앞선다.

▬ 〈나 홀로 태평양太平洋ひとりぼっち〉 1963

이치가와 곤 감독의 97분 컬러영화로, 일본 닛카쓰에서 제작했고 이시하라 유지로가 주연을 맡았다. 이시하라 유지로는 그의 친형인 이시하라 신타로가 쓴 소설 원작의 〈태양의 계절〉에 출연하였고, 태양족 선풍을 일으킨 당대 스타 배우다. 그 외에 다나카 기누요, 모리 마사유키가 어머니와 여동생으로 출연했다. 이시하라 유지로는 살찐 최수종 혹은 홍콩배우 원표의 이미지다. 다소 장난끼가 엿보이며 덧니가 심하지만 일본의 톱스타가 되었다.

〈나 홀로 태평양〉은 1962년에 오사카항을 출발하여 3개월에 걸쳐 태평양을 횡단하여 샌프란시스코에 도착한 실화를 바탕으로 그린 해양영화다. 여권도 없이 가족과 선배의 만류에도 불구하고 무작정 태평양 횡단을 계획하고 실행에 옮긴 아마추어 요트선수 호리에는 도전정신 하나로 무장한 일본의 야심 찬 젊은이다. 철공소를 운영하는 아버지가 끝까지 반대하지만 도쿄로 출장 간 사이에 호리에는 태평양 횡단을 결행한다.

바람에 의해서만 갈 수 있는 요트인 '머메이드'호는 길이 5.8m, 폭 2m짜리인 소형요트다. 이 요트에 의지한 채 태평양을 횡단하겠다는 건 무모한 정도가 아니라 제정신으로는 할 수 없는 일이다. 북풍 따라 순항도 하지만 폭풍우와 뱃멀미,

상어 그리고 고독과 싸우며 곤로에 음식을 해먹어 가며 지내다 3개월 후 기어코 샌 프란시스코에 도착한다. 그런 도전정신과 패기가 있었기에 일본의 경제부흥도 가능했을 것이다. 밀려오는 파도와 거대한 태평양에 두둥실 떠가는 요트 한 척을 소재로 1960년대 당시의 시대상을 한 청년을 통해 보여준 가작이다.

맥주로 밥을 지으면 어떤 현상이 벌어질까? 답은 폭발이다. 이러한 것들이 요트 생활에서 벌어지는 여러 가지 에피소드로 소개되며, 엔딩에 주인공이 목욕 후 물을 빼자 욕조에 덕지덕지 낀 때는 기억에 남는 중 하나이다.

▬ 〈낙동강 칠백리〉 1963

곽일로 각본, 이강천 감독, 이병삼 촬영, 김지미, 최무룡, 김진규, 이예춘, 최남현, 최지희, 최성호 출연작이다. 오래된 영화로 너무 낡아 더 이상 볼 수 없을 정도로 훼손된 필름을 발굴하여 한국영상자료원이 디지털 복원을 하였다. 원래 지방 가설극장에서 상영되었던 16mm 필름을 기증받아 복원한 것이다. 영화는 보관이 중요한데 거의 방치되다시피 한 필름이어서 상태는 최악이다. 그나마 사운드가 덜 손상되어 눈을 감고 보다시피 하였다.

내용은 한국전쟁 시기에 부모를 잃은 방직공장 차남이 낙동강 뱃사공에 의해 길러져 그의 외동딸과 결혼을 앞두고 있다. 그때 서울에서 온 방직공장의 큰아들의 서울행을 권유받은 외동딸은 상경하여 결국 술집 여인으로 전락하고 만다. 아빠 없는 아기를 출산한 그녀는 낙향하는데, 서울 사람들은 아기를 찾아 그녀를 찾아오고 두 친형제 간의 삼각관계는 그녀의 자살로 파국을 맞는다.

한 여인을 둘러싼 형제 간의 갈등이 너무 작위적이라 어쩐지 일본적인 느낌이 들며, 언해피엔딩의 전형적인 신파드라마이다. 최무룡과 김진규, 김지미의 삼각관계가 당시 멜로드라마의 전형을 잘 보여주고 있다.

▬ 〈빛나는 바다光る海〉 1963

닛카쓰 제작, 이시자카 요지로 소설 원작, 나카히로 코우 감독의 126분짜리 컬러 시네마스코프영화다. 당대 아이돌 스타인 요시나가 사유리를 비롯하여 하마다 미츠오, 후타리노 긴자가 출연하였다.

대학 영문과 졸업식장엔 남학생은 7명뿐 여학생이 월등히 많았다. 그래서 7인의 사무라이로 불린다. 이들은 치맛바람에 기가 죽어 4년을 보냈지만 졸업식에서 서로에 대한 호감을 밝히기도 한다. 돈을 벌지 않아도 되는 학생 신분을 벗어나 이제 사회초년생이 된 그들은 평소와 달리 자유로운 신분이 되어 교제를 시작한다. 그들을 둘러싼 주변의 일들은 그들만큼이나 복잡하고 이해할 수 없는 일들로 가득하다.

친구의 결혼과 출산, 엄마의 재혼, 그것을 마냥 축하할 수만은 없는 속일 수 없는 속내 등 전후 세대와 젊은이들의 사고방식과 경향을 보여주며 스토리가 풍성하다. 그러다 보니 과유불급으로 지금 보기엔 대사 위주의 영화이다. 당시로는 이 정도여야 충분하다고 생각했었기에 이런 시나리오로 영화화되었으리라 생각해 보며 당시 홈드라마의 경향을 엿볼 수 있다. 종래 실험적인 연출의 나카히로 코우 감독 영화 특징을 찾아볼 수 없는데 빛나는 바다를 보여주며 해피엔딩으로 끝난다.

영화는 원작의 스토리를 따라가며 세 여성을 중심으로 그들의 결혼관, 남성관을 그리고 있다. 장편소설이므로 내용은 일일드라마만큼이나 다양하고 흡인력 있게 펼쳐지는데, 김수현 작가의 드라마 〈엄마의 바다〉가 떠오른다.

▬ 〈야수의 청춘野獸の青春〉 1963

스즈키 세이준 감독작으로 93분 컬러영화다. 시시도 조, 기지마 이치로, 와타나베 미사코 주연이다.

첫 장면은 정사한 듯한 두 남녀의 자살 현장에 경찰이 출동하며 시작된다. 사건은 의심쩍지만 술집 여인과 경찰관이 단순 정사한 것으로 처리된다. 강력계 형사 미즈노 조는 이들의 동반 자살에 의문을 품고 관련 야쿠자 조직을 찾아간다. 그는 특유의 강단과 고집으로 야쿠자 조직에 특채되는데, 한술 더 떠 라이벌 야쿠자 조직을 찾아가 스파이 노릇을 자처하며 두 배의 수당을 원한다. 그의 능력을 평가한 조직은 그를 채용하는데, 그는 두 조직을 오가며 사건 해결의 실마리를 풀다가 결국 정체가 발각된다. 조는 위기를 맞기도 하지만 죽은 경찰관의 미망인은 평범한 가정주부를 가장한 야쿠자 보스의 여섯 번째 첩이라는 것을 밝혀내고 드디어 사건의 실마리가 풀린다. 조는 두 조직을 서로 싸우게 하고 자신 또한 공격을 받지만, 결국 그들을 일망타진하고 사건을 해결한다.

1963년에 이러한 하드보일드 액션영화를 만든 스즈키 세이준 감독의 파격적인 스타일을 잘 보여준 가작이다. 주인공 시시도 조는 가츠 신타로 스타일의 풍모에 활기찬 액션과 성격파 배우로서의 면모를 유감없이 보여주고 있다.

■〈에부리만 씨의 우아한 생활江分利満氏の優雅な生活〉1963

오카모토 기하치 감독의 102분짜리 흑백영화다. 양주회사 홍보실의 광고맨에부리만이 자전적 소설을 쓰고 유명해지기까지의 실화를 바탕으로 한 영화다. 전후 서민들의 힘겨운 삶을 잘 보여주는 내용으로, 당시로는 실험적인 연출로 샐러리맨의 애환을 그려냈다. 갑자기 이명세 감독의 〈첫사랑〉이 문뜩 떠올랐다. 주인공도 다르고 이야기도 다르지만, 평범한 사람들에 대한 세밀한 묘사와 감독의 따뜻한 마음이 느껴지기 때문일 것이다.

1963년도 영화치고 애니메이션이나 정지 화면, 콤마 촬영을 하며 광고적인 효과를 살렸는데, 극영화를 이만큼 재기발랄하게 보여주는 것도 대단하다. 당시로써는 엄청 실험적으로 신기하게 보였을 것이다. 나로선 오카모토 기히치 감독의 영화는 처음인데 그 역시 전후 일본을 대표하는 감독 중 한 명이다.

■〈외아들〉1963

대원영화 원선 제작, 김지헌 각본, 최호진 촬영, 정진우 감독, 최무룡, 김지미, 황정순 출연작이다. 2015년에 새로이 발굴된 〈외아들〉은 스크래치로 인해 화질은 엉망이었지만, 당시 영화의 경향을 볼 수 있는 귀중한 영화이다.

외아들을 둔 어머니의 이야기인데, 어머니 역을 맡은 황정순은 34세에 인고하는 한국의 어머니상을 연기해 '국민엄마' 이미지를 갖게 되었다. 오즈 야스지로 감독의 동명 영화와 스토리에서 차별성을 두기 위해 촬영 중 3개월간의 각색 과정을 가졌다는데, 정진우 감독의 모친 생활을 많이 가미하여 만들었다고 한다. 이 영화는 5만 명이 관람하여 흥행에도 성공하여 다음 영화를 할 수 있는 계기가 되었다.

■ 〈이즈의 무희伊豆の踊り子/伊豆の踊子〉 1963

일본의 노벨상 수상 작가인 가와바타 야스나리의 원작 소설을 1963년과 1974년에 영화화했다. 가장 일본적인 소설을 쓴 가와바타 야스나리는 한국의 작가 황순원이나 김동리와 비견된다. 물론 가와바타 야스나리는 노벨문학상을 받았기 때문에 국제적인 위상은 훨씬 높다. 그는 탐미적인 소설로 주목받았는데 이 작품은 가장 그다운 대표작이라고 할 수 있다.

영화는 스무 살의 학생이 열네 살의 유랑극단 소녀 무희에게 갖는 순진무구한 동경심을 다룬 아련한 러브스토리이다. 우리나라에도 이런 유로 단편소설 『소나기』가 있지만 또 다른 분위기이다. 아련한 소년기의 향수를 느끼게 하는 남자들의 첫사랑 이야기가 일본적인 정서로 그려진다. 이와 유사한 영화는 일본영화의 한 축으로 자리하기도 했다. 그의 제자인 미시마 유키오 원작의 단편소설이나 가와시마 유조 감독의 영화에서도 이런 향수를 자극하는 내용이 보인다.

천진난만한 무희 역에 가장 맞는 이미지의 여배우들이 주인공을 맡았는데, 1963년에는 요시나가 사유리가 출연했고 1974년에는 야마구치 모모에가 출연하여 주제가까지 불러 호연하였다.

■ 〈일본곤충기にっぽん昆虫記〉 1963

쇼치쿠 제작, 이마무라 쇼헤이 감독, 하루카와 마스미, 히다리 사치코, 카와즈 세이자부로 출연의 123분짜리 흑백 스탠더드영화다. 1900년대 초부터 1960년대를 배경으로 밑바닥 인간 군상들의 삶을 사실적으로 처절하게 보여준다.

대정시대인 1900년대에 태어나 쇼와시대(소화시대)를 산 주인공 도메는 애 아빠가 누군지 모를 딸을 낳고 험한 세상을 몸 하나로 버티어 낸다. 도덕적 관념도 먹고 살아남은 다음의 이야기이다. 제목인 〈일본곤충기〉는 이러한 삶을 곤충에 비유한 것이다. 그녀는 시골을 벗어나 도회로 나와서도 포주로 생계를 유지하는데, 어느 날 경찰서로 끌려가 자신을 고자질한 매춘부를 폭행해 1년을 감옥에서 보낸다. 출옥해 보니 자신의 뒤를 봐준 영감이 자신의 딸까지 농락하고 있었다. 그래도 어쩔 수 없어 영감의 부탁을 받아 딸을 데리러 시골의 개척농장을 찾는 그녀다.

■ 〈진흙투성이의 순정泥だらけの純情〉1963

닛카쓰 제작, 이시자카 요지로 소설 원작, 나카히로 코우 감독의 컬러 시네마스 코프 91분 영화다. 요시나가 사유리, 하마다 미츠오, 히라타 미키조가 출연하였다.

야쿠자 조직원인 주인공 지로는 마약 거래차 나섰다가 골목길에서 불량 학생들에게 강도당하는 마미를 구해준다. 마미는 대사의 외동딸로 두 사람은 처지가 너무 달랐지만, 서로에게 호감을 느끼게 되고 권투 경기를 보러 간 이후 신분 차를 넘어 연인 관계로 발전한다. 조직에서는 두 사람의 관계가 마땅치 않으나 지로를 이용해 마약 사건을 진행하려 한다. 결국 강요에 의해 감옥에 가게 된 지로는 찾아온 마미와 도피 행각을 벌이고 설원에서 음독 자살을 한다.

전형적인 멜로영화인 〈진흙투성이의 순정〉은 나카히로 코우 감독에 의해 완벽

한 흥행 영화로 만들어졌다. 그리고 하마다 미츠오도 부각되었지만 요시나가 사유리는 특유의 청순미로 당대 스타로 자리매김하게 되었다. 당시 대본을 저작권에 상관없이 각색하여 김기덕 감독이 1964년 〈맨발의 청춘〉으로 발표한다. 신성일, 엄앵란 주연의 이 영화 역시 흥행에 성공하며 신성일, 엄앵란 콤비의 시대를 연다. 두 영화는 컷까지 너무 닮아 궁금증을 자아내는데, 김기덕 감독과 고영남 조감독이 일본에 가서 보고 왔다는 후문이다.

■ 〈천국과 지옥天国と地獄〉1963

구로사와 아키라 감독작으로, 미후네 도시로, 나카다이 타츠야, 가가와 교코가 출연했으며 러닝타임은 143분이다. 에드 맥베인 작가의 『왕의 인질』을 각색한 영화로, 유괴범과 수사관의 대결을 그린 작품이다. 전반은 유괴당한 측의 갈등이 집안을 벗어나지 않고 그려지고, 후반은 수사관의 추격과 유괴범의 갈등을 통해 범죄의 속성을 보여주며 인간 내면의 선과 악을 극명하게 조명하고 있다. 구로사와 감독의 모든 영화가 뛰어나지만 이 영화는 그중에서도 걸작이다.

구로사와 감독은 이야기를 즐기는 천생 이야
기꾼이다. 단순한 스토리텔링이 아니라 영상을 표
현할 줄 아는 뛰어난 이야기꾼이다. 영화는 유괴
라는 사건을 소재로 하였을 뿐이고 인간의 내면에
잠재한 본성을 끝없이 탐구하고 있다. 어떤 소재
를 사용했든 이는 구로사와 감독이 추구하는 영화
스타일이다. 라스트신의 강렬함도 그만의 특징이
기도 하다. 범인은 병원의 인턴으로 주인공이 사
는 언덕 위의 천국 같은 집을 바라보며 그를 괴롭
힐 생각으로 유괴범이 되었고, 결국 마약범에 살
인범까지 되어 사형선고를 받는다. 마지막 장면에서 유괴범과 사장의 인터뷰를 통
해 천국과 지옥론이 정리되며 영화는 끝난다.

하야시 가이조 감독은 강연을 통해 이 영화가 요코하마를 배경으로 인간과 지
옥을 잘 그려냈다고 평했다. 구성은 크게 세 가지로 나뉘는데, 첫 번째는 인간드라
마로 제한된 공간에서 서스펜스를 조성했고 두 번째는 발로 뛰는 수사관들의 추
격, 세 번째는 범인과 수사관의 대결이다.

촬영을 위해 집을 건축하고 촬영소 내에서도 밤 장면 촬영을 위해 세트를 세웠
다고 한다. 차가 움직이는 장면은 스튜디오에서 실제로 차를 움직여 촬영했다고
한다. 열차 내 17분간의 긴장감 넘치는 장면은 8대의 카메라를 동원하여 한 번에
촬영한 장면이다. 영화는 반 이상이 지나도록 범인을 보여주지 않는데, 2/3가 되
어서야 범인의 모습을 볼 수 있다. 일본영화에서 경찰과 범인을 이토록 실감 나게
보여준 영화는 일찍이 없었다고 한다.

다섯 명의 작가가 동원된 이 영화는 긴장감을 최우선으로 했다. 마지막 부분에
서 미후네가 범인과 대면하는 장면은 가히 명장면이라고 할 수 있다. 미후네는 범
인 때문에 지옥을 경험하지만 범행으로 인해 구원을 받게 된다. 면회실 유리 속에
겹쳐 보이는 장면은 실제와 다른 인간의 이중성을 표현하기 위해 의도적으로 만들
어진 세트에서 촬영된 것이다. 흑백영화에서 붉은 연기가 나오는 컬러 장면은 구
로사와가 처음 시도한 것이고, 〈춤추는 대수사선〉에서 이런 장면들이 오마주되었

다. 구로사와 감독의 전작인 〈나쁜 놈일수록 잘 잔다〉는 같은 배우의 배역으로 촬영된 것이지만 모두가 악당인 한계로 흥행에는 실패했고, 이 영화에서 구로사와는 연구를 하여 선과 악을 조명해 카타르시스를 제공했다고 한다.

구로사와 감독의 완벽주의는 유명한데, 열차 장면에서 창밖에 거슬리는 집을 허물도록 했고 촬영 후 다시 지어주었다는 일화가 있을 정도다. 몇 가지 일화가 더 있는데 가을 분위기를 내기 위해 푸른 잎에 노란 칠을 하고, 〈란〉에서는 성을 지어 계속해 비를 뿌려 고색창연한 성의 모습을 만들어 냈다고 한다. 후배들은 흉내 낼 일이 아니라고 조언한다. 또 미국에 유학 간 후배에게 구로사와 감독은 "여기서 무슨 공부냐며 귀국하라"고 했다는 일화도 소개했다. 구로사와 감독은 그야말로 일본영화의 자존심이라고 할 수 있다.

일본의 모든 감독은 구로사와 감독의 영화를 전부 다 본다고 한다. 그의 영화에는 다양한 시도가 많은데 상투, 가발 등의 분장 처리까지도 특이하다. 구로사와 감독은 긴 촬영 시간으로 유명한 미조구치 감독보다도 훨씬 길게 찍었는데, 5~6개월은 보통이고 〈7인의 사무라이〉는 1년간 촬영하였고 제작비도 현재 가치로 120억 엔이 들어갔다고 한다. 이러다 보니 관객들마저 구로사와 감독은 무서운 사람이라는 인식이 있어 관람 중 절대 웃지 않는다고 한다. 그러나 그것은 구로사와 감독의 인간적인 면을 몰라서 그런 것이지 구로사와 감독은 따뜻한 사람이었다고 한다. 영화 속에 나오는 클럽이나 마약촌은 실재했던 장소이고 도호영화사 세트장에 재현된 것이다. 단지 마약촌의 경우 지옥의 느낌을 내기 위해 과장되었다고 한다. 한국영화의 힘을 배우들의 눈빛이 살아있음에서 느낀다는데, 구로사와 감독의 영화와 닮았다고 한다.

■ 〈치사한 놈憎いあンちくしょう〉 1963

쿠라하라 코레요시 감독의 105분짜리 컬러 시네마스코프영화다. 이시하라 유지로, 아사오카 루리코, 아시카와 이즈미가 출연하였다.

광고 한 편으로 스타덤에 오른 인기 스타 다이사쿠와 그의 매니저인 노리코는 실은 연인 관계이다. 다이사쿠는 바쁜 스케줄로 정신이 없어 노리코에게 투정을 부리며 사랑을 호소하기도 하는데 노리코는 일이 우선이다. 어느 날 신문에 "휴머니즘을 이해할 수 있는 드라이버를 구함. 중고 지프를 규슈까지 배송해 줄 것. 단 무보수"라는 광고가 실리고 그는 그녀를 찾아가 방송에까지 출연시킨다. 다이사쿠는 생방송 중에 자신이 지프차를 갖다 주겠다고 약속을 하고 모든 일을 뒤로 한 채 규슈로 출발한다. 놀란 노리코도 그 뒤를 따르며 이들은 사랑의 줄다리기를 하는데 결국 지프를 전달하고 두 사람은 서로의 사랑을 확인한다.

"사랑은 말로 하는 게 아니라 진심이 통하는 것이다"라는 주제를 보여주고자 쿠라하라 코레요시 감독은 그 먼 길을 함께 달려가는 영화를 만들었다. 극 중 다이사쿠가 운전 중 음료수를 마시고 몸에 붓는 장면 등 이시하라의 매력이라 할까, 야성미를 보여주고 있다. 우리나라로 치면 신성일, 엄앵란 콤비의 청춘영화인 셈인데 이시하라 유지로와 아사오카 루리코 콤비의 인기를 실감 나게 해주는 이색적인 로드무비이다. 아사오카 루리코의 캐릭터는 남정임 배우를 많이 닮았다.

▬ 〈탐정사무소 23, 죽어라 악당들探偵事務所23〈たばれ悪党ども〉 1963

스즈키 세이준 감독의 89분, 컬러영화다. 〈야수의 청춘〉에도 출연했던 시시도 조, 사사모리 레이코, 고이케 노부오 등이 출연하며 당시 붐이 일었던 하드보일드 소설의 일인자 오오야부 하루히코의 소설을 원작으로 만든 007 유의 액션 스릴러 영화다. 1962년, 제1편 〈닥터 노Dr. No〉가 개봉되며, 일본식 '007영화'가 만들어진 것이다.

어느 겨울 새벽, 도로 위에서 트럭들과 승용차와의 사고 후 수상한 움직임이 있더니 곧 무장한 사내들의 총격전이 벌어지고 야쿠자 10여 명이 사망한다. 출동한 경찰은 사건 현장 주변에서 마나베를 용의자로 체포하지만, 수사는 미궁에 빠지고 결국 사립 탐정사무소 23의 소장인 다지마가 나선다. 다지마는 경찰에게서 총을 건네받고 사건을 해결하기 위해 야쿠자들과 반전의 대결을 거듭한다. 그는 야쿠자의 무기 거래 현장에서 그들끼리의 대결을 유도해 자멸하게 하고 경찰에 알려 체포하게 한다. 그리고 총을 반납하고 본업인 탐정 일로 돌아오는데, 미국영화 007식의 반전과 엔딩을 그대로 답습한 영화다.

이들 영화는 〈007〉 시리즈에 준하는 대형 액션영화는 아니고 일본에서도 B급으로 분류되는데, 한화 15억 원 내외의 저예산(?)으로 만든 새로울 것 없는 영화이기 때문이다. 그러나 스즈키 세이준은 이들 성격의 영화를 꾸준히 만들며 열혈 팬들을 확보하게 된다. 한국으로 치면 동 시기에 활동하던 이만희, 임권택, 고영남 감독 등과 비견될 것이다.

주연배우인 시시도 조는 반항심 가득한 장난꾸러기 같은 이미지인데, 이죽거리며 건들거리는 모습이 훗날 홍콩배우 왕우의 이미지와 흡사하다. 물론 외모는 전혀 다르고 연기 스타일과 분위기만 흡사한 건데 왕우 역시 1963년 장철 감독의 오디션을 거쳐 쇼브라더스에 전속되어 1964년 〈호협섬구〉로 데뷔한다. 이 영화로 왕우는 무협배우로 확실한 자리매김을 하고 이후 〈의리의 사나이 외팔이(독비도)〉, 〈돌아온 외팔이(독비도왕)〉, 〈왕우의 혈투(춘화)〉 등에서 뛰어난 기량을 선보이며 톱스타 반열에 오른다.

■ 〈YMS 504의 수병〉 1963

이만희 감독작으로, 출연에는 박노식, 김혜정, 장동휘, 이대엽, 방성자, 구봉서, 이해룡, 장혁, 송해가 있다. 같은 해에 만들어진 이만희 감독의 역작 〈돌아오지 않는 해병〉의 성공으로 해군 본부가 제작 지원을 하여 제작된 영화다.

한국전쟁 시기, 촉망받는 해군 장교 장지욱(박노식)은 YMS504호의 함장으로 부임한다. 이 함정은 사고뭉치들이 많아 지휘가 어렵다고 소문나 있었다. 장지욱은 부임하던 날 같은 배에서 묘령의 여인(김혜정)을 만나는데, 그녀는 바로 부함장 한중위(장동휘)의 하나뿐인 여동생이다. 오빠의 생각과 달리 가까워진 두 사람은 우여곡절을 겪으며 연인 관계로 발전한다. 그녀를 좋아하던 함정의 사병도 있어 삼각관계가 되어 사병이 장지욱을 공격하는 심상치 않은 사건도 벌어진다. 그러던 어느 날 YMS504호는 적진에 침투하라는 임무를 부여받는다. 전황은 아군에 불리하여 긴급타격대로서 지상전에 투입되어 적진의 다리 폭파 임무를 완수한다. 엔딩에서 적함과의 해전까지 치르며 부하들을 잃은 장지욱은 오열을 터뜨린다.

다소 느린 전개의 영화로, 다리 폭파나 적함 공격 등은 미니어처 촬영을 하였고, 당시 어려운 여건을 딛고 해군 본부의 지원이 있었기에 완성될 수 있었다. 주인공들을 둘러싼 삼각관계는 영화의 흥미적 요소로 극 전반을 이끌어가지만, 아무래도 반세기 지난 지금 보기에는 지루한 연애담일 뿐이다.

설태호 감독이 '설봉'으로 불리던 시절, 촬영 B팀의 감독으로 참여하여 공동 감독으로 올라가 있다. 촬영은 진해 앞바다에서 이루어졌는데, 이해룡 배우의 말에 의하면 배우들이 뱃멀미를 하는 등 고생이 심했다고 한다.

━ 〈기아 해협飢餓海峽〉 1964

우치다 도무 감독, 미쿠니 렌타로, 다카쿠라 켄, 카자미 아키코, 히다리 사치코, 카토 요시 출연의 183분짜리 흑백영화다.

3시간이 넘는 대작인데 전반부는 주인공 이누카이(미쿠니 렌타로)의 범죄 행각과 그를 사모해 온 매춘부 야에의 도쿄 생활 적응기다. 어느 날 그녀는 거액을 기부한 이누카이의 기사를 보게 되고 그를 찾아가는데, 정체를 숨긴 이누카이는 그녀와 자신의 비서까지 목 졸라 죽인다.

영화 후반부에서 유미사카 형사(다카쿠라 켄)의 수사로 과거 사건의 전말이 밝혀진다. 태풍이 몰아쳐 홋카이도에서 연락선이 침몰하고 어느 마을에서는 화재가 발생한다. 이 화재는 범죄를 은폐하기 위한 것으로, 거금을 둘러싼 범죄자들의 범죄 행각이 밝혀지고 현장 검증 차 홋카이도 연락선에 오르는데, 이누카이는 바다에 몸을 던져 자살한다. 다소 일본적인 상황을 추리적인 기법으로 그려낸 가작이다.

━ 〈괴담怪談〉 1964

고바야시 마사키 감독의 첫 번째 컬러영화다. 40분 정도인 네 편의 옴니버스영화로, 총 길이는 161분이다. 아내를 버리고 떠난 무사의 이야기 〈흑발〉, 눈보라 속에서 만난 설녀의 이야기 〈설녀〉, 귀신의 초청을 받은 비파 명연주가 스님의 이야기 〈귀 없는 호이치〉, 찻잔에 나타난 귀신과 무사와의 대결을 그린 〈찻잔 속〉 네 편이 지루하지 않게 이어진다.

당시로는 엄청난 제작비를 쏟아부은 영화로 흥행이 안 되어 제작사가 도산했을 정도로 거대한 세트에서 실험적으로 보여지는 영상은 지금 봐도 손색없는 볼거리다. 고바야시 마사키 감독은 기노시타 게이스케 감독의 조감독 출신으로, 선배에게서 정통적인 연출을 배워 자신의 실험적인 영상미를 보여주고 있다. 긴 상영시간이지만 한 장면도 놓칠 수 없는 기묘한 줄거리와 영상미로 영화가 전개된다.

이 영화는 칸영화제 특별상을 받았고 아카데미 외국어영화상에 노미네이트되었다. 이 영화의 동명 제목이 한국에서도 제작되어 옴니버스영화로 소개되었는데, 물론 내용은 다르다. 기억나는 1부는 가수 남진이 출연한 영화로 병원의 간호사를 소재로 한 공포영화다. 1968년 장일호 감독이 만든 〈전설따라 삼천리〉는 라디오 연속극을 영화화한 것이지만, 〈괴담〉과 흡사한 형식과 내용으로 만들어져 흥행에 성공하여 속편까지 만들어졌다.

■■■ 〈꽃과 성난 파도花と怒涛〉 1964

닛카쓰 제작, 스즈키 세이준 감독작으로 러닝타임 92분의 컬러영화다.

주인공 오가타는 빚 때문에 강제 결혼을 앞둔 애인과 도망쳐 공사장의 합숙소에 기거하며 막노동을 하게 된다. 그의 애인 오시게는 아사구사의 술집에서 일하며 두 사람은 애틋한 사랑을 나누는데, 아사쿠사의 게이샤가 오가타를 좋아하며 삼각관계에 빠진다. 한편 건설 현장에서는 공사 계약을 둘러싸고 각종 음모와 싸움이 그치질 않는데, 이 혼란 속에서 오가타는 음모자인 무라타 사장을 죽이게 되고 경찰과 킬러에게 쫓기게 된다. 그러나 오가타는 그곳을 무사히 탈출해 니이카다 항구에서 오시게와의 재회를 기약하지만 그것마저도 이루어지지 않는다.

건설 현장을 무대로 합숙소 인부들 간의 대결과 아시쿠사사 거리의 게이샤들의 이야기를 혼합한 이 영화는 미술을 맡은 기무라 다케오의 또 하나의 역작이다. 주 무대인 인부 숙소, 아사쿠사 거리 세트장을 무대로 스즈키 세이준 감독의 질펀한 인간의 이야기가 펼쳐진다. 일본영화의 소재는 무궁무진하다. 이 영화는 우리가 모르는 일본문화의 편린을 보여주는 또 하나의 장르인 의협영화다.

■■■ 〈남편은 보았다「女の小箱」より 夫が見た〉 1964

마스무라 야스조 감독의 92분짜리 컬러영화다. 출연에는 와카오 아야코, 다미야 지로, 가와사키 게조, 기시다 교코 등이 있고, 소설을 영화화한 작품이다.

나이트클럽과 술집을 경영하는 불량사업가 이시즈카는 어느 중견기업의 경영권을 탈취하려고 주식을 사 모은다. 그의 조력자는 술집 마담이다. 그의 회사 탈취를 막으라는 임무를 맡은 세이조 과장은 여직원을 스파이로 고용해 내연 관계를 갖는다. 주인공 나미코는 그런 남편의 불성실한 가정생활에 환멸을 느끼고 의도적으로 접근하는 이시즈카에게 마음을 주게 된다.

결국 회사는 운영권이 넘어가는 위기에 처하는데, 나미코가 세이조와 이혼을 결심하고 이시즈카와 결혼을 작정한다. 회사는 나미코의 결정으로 위기에서 반전되는데 가정의 해체는 정해진 수순이다. 그러나 이시즈카를 진정으로 사랑한 마담은 자신을 떠나려는 그를 칼로 찔러 중상을 입히고 자신의 곁에 두고자 한다. 현장을 찾아와 상황을 알게 된 나미코는 이시즈카의 진정한 사랑을 느끼고 죽어가는 그를 붙잡고 애통해한다. 그녀는 운명에 따라가면서도 자신의 의지를 굽히지 않는 연기로 강렬한 카리스마를 보여준다.

경제성장기의 일본을 배경으로 남녀의 사랑과 음모를 적나라하게 보여주는데, 마스무라 야스조의 연출은 정점을 찍었다고 할 만큼 완벽하다. 영화는 시종일관 관객들을 긴장하게 하고 극 중 상황에 이입시킨다. 이것 역시 와카오 아야코의 뛰어난 내면 연기에 의한 것이며, 그녀 아니면 할 수 없다고 느낄 정도이니 이만한 적역 캐스팅도 없다. 흡사 그녀를 위해 쓴 시나리오 같은 느낌인데 남편에게 배신당한 유부녀의 숨겨진 미묘한 심리를 그녀만의 개성으로 표현하고 있다. 엔딩 후 박수가 터져 나오는 것은 흔치 않은 일로, 당시 이 영화는 다이에이영화사 특집에서 최고작으로 손꼽을 만하다.

▬ 〈늑대와 돼지와 인간狼と豚と人間〉 1964

후카사쿠 긴지 감독의 95분 흑백영화다. 영화는 제목처럼 돼지와 늑대의 생활로 인간이기를 포기한 형제들의 갈등을 통해 1960년대 당시의 음울하고 어두운 사회의 이면을 그리고 있다.

돼지우리 같은 곳, 냄새가 진동하고 사람이 살 곳이 안되는 극빈자 마을에 살던 삼 형제는 각기 범죄의 길로 들어선다. 어머니의 장례 날, 둘째 아들은 감옥에서 출소한다. 그는 한탕을 해서 새로운 인생을 살고 싶어서 첫째가 소속된 조직의 거금을 탈취하려고 셋째와 그의 친구들을 끌어들인다. 그러나 셋째의 배신으로 둘째는 막다른 길에서 조직의 공격을 받는다. 결국 두 형제는 죽음을 맞고 첫째는 마을 사람들의 돌팔매를 맞으며 그곳을 떠난다.

이 영화는 우리가 그동안 보아온 임협任俠영화(야쿠자들의 의협을 다룬 영화 장르)의 스타일은 아니지만, 임협영화의 서두에 이 영화가 거론되고 있다. 이는 청춘영화나 암흑영화의 중간에 선 뒷골목 건달영화의 전형으로, 야쿠자 조직과 연관된 주인공들의 삶과 갈등, 죽음을 그렸기 때문일 것이다.

■ 〈비련의 왕비 달기妲己〉 1964

신필름과 쇼브라더스 합작으로 홍콩감독은 악풍, 한국감독은 최인현 감독이다. 주왕 역으로 신영균이 출연하고 임대, 김승호, 최은희, 이예춘, 남궁원 등이 출연했다. 은나라의 황후인 여걸 달기의 죽음을 다룬 대형 궁중사극으로, 쇼브라더스가 50만 불의 제작비를 들인 호화캐스팅의 대작이다.

신필름은 당시 황무지였던 잠실에서의 야외 몹신(대규모 인원이 동원된 장면) 촬영을 지원했다. 홍콩은 한국을 제외한 전체 판권을 소유했다. 합작계약은 당사자들만 아는 미공개 사항이다. 쇼브라더스의 런런쇼 사장은 대규모의 야외 장면을 촬영할 수 있는 곳을 물색하다가 한국을 선택하였고, 신상옥 감독의 신필름과 함께 잠실에서 야외 촬영 후 완성하였다.

당시 보기 드문 컬러영화로 국제극장에서 개봉하여 15만 명의 흥행을 기록해 장안의 화제가 되었다. 영화에서의 호연으로 신영균은 그해 대종상영화제에서 남우주연상을 받는다. 여주인공인 임대는 이 영화 촬영 후 3년 뒤인 1967년, 홍콩의 자택에서 가스 자살한다. 국내의 주간지들은 신영균과의 염문설을 유포했지만, 사실과는 다른 오보였다. 임대가 사망한 후 홍콩영화계는 이려화의 시대가 되었다. 이려화는 신필름 제작의 〈여마적〉의 출연을 위해 한국을 방문하여 신영균, 최불암 등의 한국배우와 촬영을 하였다. 이려화의 전성기는 계속되었고 한국과 많은 합작영화 출연작이 있다.

1964년 작 한홍 합작영화 〈달기〉의 제목이 아리송해서 자료를 검색해 보니, 1964년 개봉명은 〈비련의 왕비 달기〉인데 1969년 재개봉 때에는 〈비운의 황후 달기〉였다. 홍콩 제목은 〈달기妲己〉, 영어 제목은 〈*The Last Woman of Shang*〉이다.

■■■ 〈동굴 속의 애욕〉 1964

대한연합영화주식회사 최관두 제작, 주동운 각본, 강범구 감독, 김영효 조감독의 91분 시네마스코프 흑백영화다. 박노식, 김난영, 박병무, 문태선, 장민호, 이향, 최남현, 방수일, 전계현이 출연하였다. 내용은 동굴과 산속이라는 특수 공간에서 벌어지는 치정극이다.

한국전쟁 시기, 공산화된 어느 마을의 세포위원장 유동록은 유부녀인 이옥녀를 호시탐탐 노리다가 남편인 안태선을 인민군에 보내고 그녀를 취한다. 전쟁에서 살아 돌아온 태선은 국군을 피해 동록과 함께 산속으로 피신하고 옥녀 또한 그들을 찾아온다. 산속 동굴에서 벌어지는 3인의 삼각관계는 파국으로 치닫는다. 육욕에 눈이 먼 옥녀는 하산하자는 태선을 말을 거부하고 동록에게 몸을 준다. 동록은 태선을 죽이고 경찰에 체포되어 재판에 회부되고 옥녀는 잘못을 뉘우친다. 빨치산을 소재로 한 반공 이데올로기와 육욕이 빚어내는 치정드라마가 결합되어 만들어진 독특한 형태의 영화이다. 기록에 의하면 실화를 바탕으로 만들어졌다고 한다.

■■■ 〈만지卍〉 1964

마스무라 야스조 감독, 출연은 와카오 아야코와 기시다 교코다. 〈남편은 보았다〉의 두 여배우가 공연한 레즈비언영화로, 격조 높게 미스터리 스타일로 풀어냈다. 다니자키 준이치로의 소설이 원작인데, 누아르풍 멜로영화로 우리로서는 낯선 이야기일 수도 있지만 공감이 가는 수작이다.

일반인들이 다니는 미술학교에서 알게 된 소노코와 미츠코는 남모를 비밀을 갖게 된다. 소노코는 묘한 매력의 미인인 미츠코에게 호감을 느끼게 되며, 그녀를 집안으로 불러들여 그녀의 몸에 탐닉하게 된다. 그러다 마츠코를 집요하게 따라다니는 연인이 생기는데, 그는 소노코와 미츠코의 관계를 알게 된다. 그는 소노코에게 의남매를 맺자며 마츠코를 독차지할 계략을 세운다. 그러나 이 삼각관계에 소노코의 남편이 가세하여 결국 부부가 마츠코를 공유하게 되지만, 사실은 그들 부부가 마츠코의 사랑의 노예가 된 셈이다. 결국 그들은 미츠코의 명령대로 수면제를 복용해 자살을 시도한다. 살아남은 소노코는 두 사람의 애정관계가 부부관계보다 더 깊은 관계라는 것을 뒤늦게 알게 된다.

영화는 살아남은 소노코의 진술을 듣는 형식으로 진행되며, 동성애를 소재로 하여 지금 보아도 세련된 영화다. 일례로 레즈비언 관계를 묘사하였지만 두 여자가 나신으로 뒹구는 장면은 찾아볼 수가 없다. 그저 한 명만 벗은 상태를 보여주는데 검열 때문이 아닌 영화의 격조를 유지하기 위함일 것이다. 제목의 '만'은 가득찰 '만卍' 자로, 네 남녀의 애정 행각이 보여주는 아이러니가 이보다 더할 수 없다는 뜻이다.

■■■ 〈모래의 여자砂の女〉 1964

도호 제작, 아베 코보 원작, 테시가하라 히로시 감독, 에이지 오카다, 기시다 쿄코, 이토 히로코 출연의 흑백 스탠더드영화로, 러닝타임은 147분이다.

교사인 준페이는 오지의 바닷가로 곤충채집을 나온다. 그는 마지막 버스를 놓치고 마을 주민들이 안내해 준 외딴집에 머물게 된다. 그 집은 사막의 구덩이 속에 자리해 줄사다리를 타고 내려가야 했는데, 그곳에는 여인이 혼자 살고 있었다. 하룻밤을 지낸 그는 아침에 줄사다리가 없어 그 집을 나오지 못하고 계속 머물게 되는데, 이 모든 것이 마을 주민들이 꾸민 짓임을 알게 된다. 도리 없이 여인과 한집에서 이상한 동거를 하게 된 준페이는 이곳을 탈출할 생각만 한다. 그러나 기회는 좀처럼 오지 않고 결국 꾀를 내어 집을 빠져나오는데 성공하지만, 늪에 빠져 마을 주민의 구조로 겨우 살아난다.

결국 다시 그 집에 갇힌 준페이는 여인과의 동거를 인정하게 되는데, 어느 날 그녀는 임신을 하고 주민들에 의해 병원으로 간다. 틈을 타서 집을 탈출할 수도 있던 준페이는 모세관 현상에 의해 모래에서 물이 나오는 것을 확인한다. 그것은 마을 주민들도 미처 모르던 일로, 준페이는 이제 탈출이 급하지 않다고 생각하고 7년이 흘러 준페이가 실종 신고된 것으로 영화는 끝난다.

극한 환경에 처한 인간의 심리와 환경에 순응하는 과정을 보여주며 폐쇄 공간

속의 인간 심리를 극대화시켜 보여주고 있다. 사막지대를 찾아 촬영된 영상은 클로즈업과 롱숏을 적절히 구사하며 남다른 촬영기술을 통해 주인공의 심리를 잘 표현하고 있다. 테시가하라 히로시 감독은 이후 화가로서 다큐멘터리를 감독하고 교직에 종사했다. 한국으로 치면 〈달마가 동쪽으로 간 까닭은?〉의 배용균 감독이 떠오른다. 그는 1964년 칸국제영화제에서 심사위원 특별상을 받았다.

━ 〈무숙자無宿者〉 1964

미스미 겐지 감독의 89분, 컬러영화다. '무숙자'는 떠돌이라는 뜻이다. 묵을 곳이 없는 사람이니 그 사연이 분명히 있을 것이다. 일본영화가 먼저 나오긴 했지만이 영화는 신상옥 감독의 영화 제목이기도 하다. 우리가 흔하게 사용하는 말은 아닌데 전부 일본영화의 영향이다. 곽 모 작가는 일본영화를 적당히 바꿔서 시나리오를 썼고 우리나라 영화 수입업자들이 일본의 영화 제목을 차용해 쓰면서 같은 제목의 영화들이 생겼다. 테렌스 힐이 나온 〈테렌스 힐의 무숙자〉란 영화도 있었다.

이 영화는 아버지의 복수를 위해 떠돌이가 된 이뿐이라는 무사가 금광 마을의 비리를 알게 되는 과정을 그린다. 영화는 죽은 줄 알았던 아버지가 오히려 적의 괴수가 되어 부자간에 대결을 벌이는 것으로 마무리되는데 다소 황당한 설정이다. 아마 〈제3의 사나이〉에서 착상된 듯한데 부자 사이라는 설정은 다소 지나치다. 일본 무협영화의 한때를 풍미한 미스미 겐지의 찬바라영화로, 그 시대가 그러했듯이 할리우드 영화의 영향으로 다소 할리우드의 오락영화 느낌이다.

━ 〈빨간 마후라〉 1964

〈빨간 마후라〉는 신상옥 감독, 신영균, 최무룡, 최은희, 김희갑 출연의 당시로는 보기 드문 공군의 공중전을 소재로 한 영화다. 물론 이전에 홍성기 감독의 〈출격 명령〉 등이 제작되긴 했지만, 실질적인 최초의 공중전 소재 영화는 이 영화다. 일본에 수출되기도 하였는데, 당시라면 비행기가 스크린에 보인다는 것만으로도 화제가 된 시절이니 과연 신상옥다운 기획이었다. 영화는 공전의 히트를 기록하고 일본에 수출까지 되니 신상옥 감독의 전성기를 예고하는 영화라고 할 수 있다.

이후 이만희 감독도 공군영화 〈창공에 산다〉를 감독하고 임원직 감독이 1971

년 〈빨간 마후라의 사나이〉, 신상옥 감독도 같은 해 〈평양폭격대〉를 감독했다. 후에 공군 소재 영화는 사라졌지만, 2011년 〈R2B: 리턴 투 베이스〉가 만들어졌다.

■■ 〈상처투성이의 산하傷だらけの山河〉 1964

야마모토 사쓰오 감독의 152분, 흑백영화다. 마쓰모토 세이초 작가의 『대물』이 생각나는 요지경 같은 일본 재벌의 고발담이다.

일본은 패전 후 각 분야의 활발한 고도성장으로 경제부흥을 맞게 되는데, 이는 이웃 나라인 한국의 전쟁으로 탄력을 받았기 때문이다. 이것은 영화 속에 나오는 대사이기도 하다. 주인공인 아리마는 철도 그룹의 총수로 전철을 개설해 막대한 치부를 한 전형적인 재벌이다. 그는 목적 달성을 위해 수단과 방법을 가리지 않고 기차처럼 달려왔다. 철도가 놓일 주변 토지들을 매수하며 결국 타인의 희생을 딛고 치부를 했지만 아무런 죄의식 없이 도덕 불감증에 걸려있다.

그는 여성 문제에 관해서도 마찬가지였다. 첩을 여럿 두고 대학생이 된 첩실 자식이 여럿이다. 그런데도 회사의 직원이던 미쓰코(와카오 아야코)에게 반해 그녀의 남편을 돈으로 매수해 첩을 만든다. 그 첩이 큰아들과 연분이 나자 아리마는 자식과의 인연을 끊겠다며 막무가내로 고집을 부린다. 다른 첩실 자식마저도 그의 행태에 반발하여 소송을 걸기도 하지만, 아리마는 굳세게 자신의 철도 건설에 매진하고 결국 개통식에서 기차와 차량이 충돌하는 사고를 맞는다. 그러한 엔딩의 사고가 아리마의 의지를 꺾을지는 알 수 없다.

■■ 〈소용돌이おんなの渦と？と流れ〉 1964

닛카쓰 제작, 신바 에이지 원작, 나카히라 코우 감독, 이나노 카즈코, 나카야 노보루, 카타치 다미오 출연작이다.

일제의 만주대개발 시대인 1930년대 중국 대련, 신혼부부인 케이키치 교수와 스가코는 유리의 벽을 둔 미묘한 부부생활을 영위해 나간다. 1부 소용돌이편은 남편의 내레이션과 함께 믿지 못할 아내에 대한 불신의 시각으로 전개된다. 그녀의 바람기는 남편을 불안하게 한다. 2부 심연편은 아내의 시각에서 본 불륜의 고백으로 전개되며 배짱 없는 남편에 대한 불만을 가진 아내의 내레이션이 나온다. 스가코는 남편이 없는 사이에 남자를 유혹하고 케이키치는 그것을 몰래 지켜본다. 그들은 귀환하여 도쿄의 집에서 요정을 운영하고 스가코는 남자 손님들과 육체관계를 갖는다. 3부에서 구멍으로 엿보며 이를 용납할 수 없는 케이키치는 스가코를 다그치며 살해하려 하는데, 스가코는 과거 고모부와의 어쩔 수 없었던 성폭력 피해자로 믿지 못할 남성 혐오증에 시달리며 음독 자살을 한다.

김진규를 닮은 남주인공은 전후 우유부단한 남자들의 심리를 잘 보여주고 있다. 방은진을 닮은 여주인공의 연기 역시 전후의 불안함을 잘 보여주고 있다. 영화에서 자주 등장하는 끊어진 나무다리 앞 장면은 남녀관계에 대한 상징적인 이미지이다. 나카히라 코우 감독이 만든 남녀의 비정상적인 심리를 파헤친 가작으로, 주인공 부부의 심리를 조명하며 비가 내리는 장면이 유난히 많이 나온다.

■■■ 〈아아, 폭탄ぁぁ爆弾〉1964

오카모토 기하치 감독의 95분, 흑백영화다. 이토 유노스케, 다카하시 타다시, 코시지 후부키, 스나즈카 히데오가 출연하였다.

길지 않은 3년간의 감옥 생활을 마치고 출옥한 야쿠자 보스 이토 유노스케는 세상이 변한 것을 실감한다. 조직은 주식회사로 바뀌어 다른 보스가 차지하고 있고 부인과 첩 모두 변해 있다. 그런 세상의 무정함에 복수를 다짐하지만 세상은 결코 만만치 않다. 유일하게 그의 편이 되어 도와주는 감옥 동기생인 니카타니 이치로는 화약 제조의 명수다. 이토는 시의원 선거에 나선 새 보스를 살해하기로 작정하고 작전에 돌입하지만, 그 모든 일은 허점투성이고 계획대로 풀리지 않는다. 이런 점입가경의 블랙코미디적인 상황이 감독의 유머러스한 연출에 의해 흥미롭게 펼쳐진다.

영화는 재즈, 왈츠 등의 댄스뮤지컬 형식으로 연출되며 가부키의 대사로 해설된다. 이런 파격적인 연출이 반세기 전에 시도되었다는 것이 신기할 정도다. 2006년에 만들어진 전계수 감독의 〈삼거리 극장〉 분위기라고나 할까? 오카모토 감독의 창의력은 상상을 초월한다.

서스펜스의 대가인 코넬 울리치의 단편소설 『담배』를 원작으로 오카모토 감독이 직접 시나리오를 쓰고 영화화했다. 우울한 이야기지만 뮤지컬 스타일로 찌들은 인생을 다룬 것은 '현실은 피곤하지만 인생은 웃고 즐기며 살자'는 감독의 역설이다. 오카모토 감독의 나이 38세에 이런 실험적이면서도 한참 무르익은 연출로 다룬 그 같은 감독군를 둔 일본영화계는 풍요 그 자체다. 구로사와 아키라, 오즈 야스지로, 고바야시 마사키, 데라야마 슈지, 오시마 나기사, 스즈키 세이준 등 기라성 같은 감독들이 즐비했기에 일본영화계는 1960년대를 일본영화의 황금기라 자부한다.

▬ 〈오니바바鬼婆〉 1964

신도 가네토 감독의 100분짜리 흑백영화다. 오토와 노부코, 요시무라 지츠코가 출연하였다.

일본 남북조 시대, 전란의 소용돌이 속에서 백성들은 농사보다는 도둑질로 연명하는 어지러운 시대다. 전쟁에 끌려간 아들을 기다리며 사는 노파와 며느리 역시 살인으로 얻은 망자의 유품을 팔아 연명하고 있다. 갈대와 풀숲 속에 커다란 구멍이 있어 그들은 그곳에 사체를 떨어뜨린다. 어느 날 아들과 함께 전쟁터로 끌려갔던 하치가 살아 돌아오며 그녀들 사이에 긴장감이 돈다. 며느리와 하치는 눈이 맞아 정사를 나누게 되고 이를 눈치챈 노파는 귀신 놀음으로 며느리에게 도덕심을 일깨우려 하지만, 오히려 본인이 구멍에 떨어져 죽음을 맞는다.

이 영화는 바람에 나부끼는 갈대를 통해 인간의 본능을 적나라하게 표현하며 인간의 심리를 파고드는 연출력이 돋보이는 수작이다. 구멍이 상징하는 나락의 세계에 사람들을 끌어들였지만, 본인도 그 구멍 속에 빠져 죽는다는 기괴한 설정의 색다른 영화로 오래 기억될 것이다. 시어머니와 며느리를 연기한 오토와 노부코, 요시무라 지츠코의 육감적이면서도 동물적인 연기력이 인상적이다.

▬ 〈우리들의 피가 용서치 않는다俺たちの血が許さない〉 1964

스즈키 세이준 감독의 97분 길이 컬러영화다. 〈겡카 엘리지〉의 다카하시 히데키, 〈관동무숙〉, 〈꽃과 성난 파도〉 등에서 주연을 맡은 고바야시 아키라, 하세 유리가 출연하였다.

18년 전에 죽은 아사리파 야쿠자 두목의 두 아들은 장성하여 각기 다른 길을 걷고 있다. 큰아들 료타(고바야시 아키라)는 다른 야쿠자 조직에 몸담아 카바레 지배인이 되었고, 동생 겐지(다카하시 히데키)는 회사원으로 평범하게 살아간다. 그러나 겐지 역시 야쿠자의 피는 속일 수 없어 거리에서 야쿠자들과 소동으로 회사를 그만두고 하는 일 없이 무료하게 지내게 된다.

한편 료타는 여비서와 사랑에 빠지는데, 알고 보니 그녀는 보스의 애인이며 료타를 감시하기 위한 스파이였다. 결국 그녀는 교통사고를 위장한 죽임을 당하고 료타는 은행에서 조직의 돈을 찾아 그녀의 고향 집을 찾는다. 한편 겐지는 조직원들에게 이끌려 이곳을 찾아오고 료타는 조직원과 죽음의 총격전을 벌이고 장렬하게 숨을 거둔다. 집에서 그들을 기다리는 어머니는 두 아들이 행복하기를 기원하는데 겐지는 형의 시신을 찾으며 울부짖는다.

라스트신의 총격전에서도 죽지 않고 피범벅이 되어 구덩이에 쓰러진 료타의 모습은 이후 무협영화에서 보여주는 '죽음의 미학'의 오리지널 버전이다. 또 범죄 조직과 떼어 놓으려는 형의 노력이나 두 형제의 갈등 구조는 흡사 장철 감독의 〈복수〉나 〈대결투〉, 오우삼 감독의 〈영웅본색〉을 연상시키는데, 이 영화의 제작 연도가 훨씬 빠르니 그들에게 충분히 영향을 주었음을 알 수 있다. 이 영화는 액션영화의 계보를 이해하는 데 무조건적으로 필요한 영화다.

■■■ 〈의리의 인력거꾼車夫遊侠伝·喧嘩辰〉 1964

가토 다이 감독작으로, 99분 길이의 흑백영화다. 우치다 료헤, 가와라자키 초이치로, 후지 준코가 출연했다.

인력거꾼 다쓰고로는 두둑한 배짱의 사나이로 세상에 두려울 것이 없다. 그런 그가 오사카역 앞에서 자리를 잡으며 주변 인력거꾼 조직과 마찰을 빚는다. 야쿠자 두목 니시카와는 그런 그를 수하에 두려고 꼬드기려고 자신이 첩으로 삼으려던 게이샤 기미야코마저 그에게 양보한다. 그러나 결혼식까지 올리고 신혼여행지인 온천에 가서 그녀가 두목이 3년이나 공들인 여자라는 사실을 들은 그는 파혼을 선언하고 두목에게 그녀를 다시 돌려준다.

두목은 그를 달래려고 강가에서 다이너마이트를 터뜨려 물고기를 잡아 연희를 베푸는데, 결국 이 일로 니시카와는 감옥에 가게 된다. 이 일은 야쿠자 조직을 장악하려는 유술(유도) 고수인 가지마의 획책으로, 그는 니시카와가 자리를 비운 사이 본격적으로 신흥 야쿠자 조직의 세를 확장해 나간다. 그러던 중 다쓰고로가 아끼는 인력거꾼 후배가 그들 조직에 의해 죽임을 당하자 혈혈단신으로 대결에 나선다. 그리고 가지마를 검으로 물리치는데 모든 상황은 아이러니의 연속이다.

야쿠자 조직을 상대로 제 배짱대로 하는 주인공의 성격이 막무가내형으로 설정되어 거의 황당한 코미디 영화 수준이지만, 위태로운 상황으로 긴장감을 조성하며 재미를 주어 야쿠자 영화로서의 틀을 잡아 전개된다. 사실감과 달리 영화적 재미를 추구하고자 가토 다이 감독이 직접 쓴 시나리오다. 이 영화의 주인공과 비슷한 성격의 사나이가 벌이는 흡사한 내용으로는 새롭게 구성한 1996년 작 〈샤브 야쿠자〉가 있다. 초창기 임협영화는 이렇듯 야쿠자가 주인공이 아니라 그 주변부 인물을 주인공으로 설정해 야쿠자를 상대로 한 서민의 활약을 그리고 있는데, 영화에서 주인공의 활약은 인정극에 가깝다. 그래서 '의리와 인정'이라는 테마가 야쿠자를 주인공으로 하며 야쿠자의 실상과 달리 왜곡되기 시삭했다.

이 영화는 가토 다이를 야쿠자 영화감독으로 만들며 소위 임협영화라는 장르를 대중화시킨다. 그리고 1963년 〈팔주유협전 남자의 컵〉으로 갓 데뷔한 후지 준코가 앳된 모습의 게이샤로 출연하는데, 같은 시기 활동했던 한국의 엄앵란처럼 귀여운 이미지를 가졌다. 임협영화의 대중화에 기여한 이 영화는 임협영화사에서 뺄 수 없는 의미를 가진 영화다.

■■■〈월요일의 유카月曜日のユカ〉 1964

닛카쓰 제작, 나카히로 코우 감독의 흑백 시네마스코프영화로, 러닝타임은 94분이다. 카가 마리코, 가토 다케시, 나카오 아키라가 출연하였다.

요코하마는 수많은 외항선으로 인해 자유분방한 도시이다. 엄마의 지도하에 직업여성으로 자유분방한 삶을 사는 18세 유카는 클럽 내 인기 최고의 여급이다. 그녀는 파파라고 부르는 남자의 정부이며 또한 마술사 청년을 좋아한다. 그녀는 잠자리는 함께해도 키스만은 절대로 허용하지 않는다. 진정한 사랑이 아니기 때문이다. 어느 날 우연히 그녀는 번화가를 나갔다가 파파가 자신의 딸에게 인형을 선물하며 진정으로 즐거워하는 것을 목격한다. 그러한 행복을 더 느끼게 해주고 싶어 파파에게 인형을 사러 가자고 하지만, 파파는 행복은커녕 귀찮아한다.

다른 사람을 기쁘게 하는 것이 그녀의 일이지만, 그녀는 그러한 생활에 차츰 삶의 의욕을 잃는다. 어느 날 파파는 유카에게 자신의 사업을 위해 외항선 선장과의 하룻밤을 제안한다. 그 또한 파파를 즐겁게 하는 일이라며 10만 엔을 요구하고 외항선 선장과 잠자리를 하는데, 그가 키스를 해오자 그곳을 뛰쳐나온다. 그리고 자신을 기다리던 파파에게 춤출 것을 권유하고 그를 바다에 빠뜨려 익사시킨다. 그리고 텅 빈 부둣가에서 혼자 춤을 추고 아무 일도 없었다는 듯이 그곳을 떠난다.

이 영화는 도발적인 유카의 복수를 그렸는데, 이는 당시 비도덕적인 전후 세대의 단면을 통해 무너진 사회 윤리를 고발하는 것이다. 나카히로 코우 감독은 의식의 흐름을 쫓는 몽타주를 연출하며 자신만의 실험적인 연출 기법을 선보인다. 여주인공 역을 맡은 카가 마리코는 왠지 모르게 로제 바딤 감독작 〈바바렐라〉에서의 제인 폰다를 연상시킨다. 물론 〈월요일의 유카〉가 〈바바렐라〉보다 4년 먼저 만들어졌다. 이 영화를 보며 완성도에서 차이가 있긴 하지만, 이만희 감독, 문숙 주연의 1974년 작 〈태양 닮은 소녀〉가 문득 떠올랐다.

■■■ 〈일본협객전日本俠客伝〉 1964

마키노 마사히로 감독의 98분 컬러영화로, 다카쿠라 켄, 마쓰카타 히로키, 나카무라 류노스케, 쓰가와 마사히코, 후지 준코가 출연했다. 이 영화는 임협영화 장르의 초창기 영화이다.

주인공은 군에서 돌아와 기바마사 조직의 두목을 대신하여 목재소 운반 용역 일을 해나간다. 그러나 이권 다툼으로 인해 두목이 죽고 조직이 상대 조직으로부터 공격을 받아 와해에 이른다. 또 살인이 벌어지고 위협을 가하던 상대 조직을 찾아간 또 다른 의협남마저 죽임을 당하자 '사나이는 일생에 한 번 목숨을 걸고 싸운다'는 두목의 신념대로 그들을 찾아가 목숨 건 대결을 벌인다. 그리고 마을은 다시 평화를 되찾는다.

정의의 사나이들이 마을의 평화를 위해 목숨을 건 대결을 한다는 서부극의 구조를 차용해 남자들의 의협담을 보여주고 있다. 그러나 이후 야쿠자로 표현되는 정의남들의 활약에 과연 그러했는지는 의문이다. 이 영화의 성공으로 주인공 역을 맡은 다카쿠라 켄은 일본을 대표하는 임협영화의 주인공으로 자리 잡는다.

■■■ 〈자토이치혈소려座頭市血笑旅〉 1964

〈자토이치〉 시리즈 8탄으로, 미스미 겐지 감독의 87분 컬러영화다. 1962년, 1편이 나온 이래 2년 만에 시리즈 8편이 만들어졌다는 것은 기록적인 일이다. 미스미 감독이 〈자토이치〉 시리즈의 전편을 다 만들지는 않았지만, 그가 이 시리즈의 대표 감독임을 부정할 수 없는 이유는 그에 의해 이 시리즈가 탄생했기 때문이다.

영화는 자신 때문에 죽음을 맞는 여인의 아기를 그녀의 남편에게 돌려주러 가는 여정을 그린다. 그 과정에서 벌어지는 추격자와의 대결은 끝이 없다. 결국 아이의 아버지를 만나게 되지만, 결국 그도 자토이치에 의해 죽임을 당한다. 이후 이 영화는 미스미 겐지 감독에게 영감을 주어 아이와 더불어 방랑의 길을 떠난 〈아들을 동반한 무사〉라는 새로운 시리즈 영화를 탄생하게 한다(이 새로운 시리즈는 원작 만화가 있다). 제작자는 가츠 신타로이고 주인공 역은 그의 형 와카야마 토미사부로가 맡았다.

영화의 첫 장면은 맹인들의 등장인데 마지막 장면도 맹인들의 행렬로 끝난다. 맹인들의 삶은 고달프지만 웃음을 잃지 않으려는 것이 우리네 삶을 이야기하고 있는지도 모른다. 감독이 전하는 이러한 메시지가 이 시리즈가 가진 미덕이다. 그래서 이 시리즈가 단순한 오락영화에서 머물지 않고 일본인들의 사랑을 받는 대표 연작영화가 되었을 것이다.

■■■ 〈진향련秦香蓮〉 1964

홍콩의 국태 제작, 엄준·진일신 공동 감독으로 이려화, 엄준, 양군이 출연하였다. 당시 쇼브라더스와 함께 전성기를 누리던 국태의 영화로, 권선징악을 다룬 희극을 영화화했다. 영화는 청렴한 관리 진숙미(진세미)와 부인 진향련(친시앙리엔)을 버리고 배은망덕한 관리가 되자 포청천이 혼내준다는 이 이야기는 시대 고증에 상관없이 연극으로 전래된 고대 민담이다. 우리나라의 〈춘향전〉처럼 여러 차례 리메이크되었다. 〈양귀비〉 이후 엄준 감독과 이려화 배우의 콤비 영화로 어린 성룡이 출연했다.

■■■ 〈청춘잔혹이야기青春残酷物語〉 1964

오시마 나기사 각본·감독의 96분 영화로, 카와즈 유스케, 쿠와노 미유키가 출연하였다. 필자는 이 영화를 시나리오로 먼저 접했다. 국내에서 발행된 시나리오

선집에서 읽었는데, 영화도 훌륭하지만 시나리오도 그에 못지않다. 주인공 남녀의 설정은 전후 일본의 일그러진 청춘상을 통해 기성세대에 대한 젊은이들의 분노와 좌절을 보여주고자 함이다. 이러한 내용으로 전후 일본 사회에 대한 도전적인 의식을 보여준 젊은 신인 감독의 항변 같은 내용이다.

워낙에 시나리오가 마음에 들어 각색해 보았던 내겐 교과서작인 시나리오였다. 영화는 비디오로 먼저 보았는데 생각했던 대로 연출은 신선했다. 내 생각과 벗어나지 않은 유려한 리듬으로 이야기를 그려냈다. 신인 감독의 패기와 수려한 영상미, 연기자의 호연이 빚어낸 오시마 나기사 영화의 백미다.

▬ 〈향화香華〉 1964

기노시타 게이스케 감독, 오카다 마리코, 오토와 노부코 출연의 흑백영화로 러닝타임이 무려 203분이나 되어서 2부작이 연속 상영되었다.

도모코는 열 살 때 유곽에 팔려와 게이샤 교육을 받는다. 그런데 그 집에 자신의 생모인 이쿠요가 유녀(매춘부)로 들어온다. 모녀가 유곽에 있게 되는데, 그녀들의 이야기는 1924년부터 1964년까지 40여 년의 기나긴 애증관계를 보여준다.

아리요시 사와코의 원작 소설을 감독이 직접 각색하여 영화화했는데, 이쿠요가 세 번 이혼했듯이 도모코도 비록 결혼하지는 않았지만 세 남자와 이별을 거듭한다. 특히 스무 살 시절 사랑했던 육군 소위 에자키와 8년간의 긴 사랑을 나눴지만, 결국 유녀였던 이쿠요의 행적 때문에 그들의 사랑은 깨지고 만다. 너무도 슬픈 설정이지만 영화는 억지 눈물을 자아내는 것이 아니라 담담히 두 모녀의 일상을 좇아가는데 그것은 감독의 역량이다. 2011년, 한국영상자료원에서 있었던 '3K일본영화거장전'에 소개된 기노시타 감독의 최고작으로 꼽힐 만하다.

딸 역의 오카다 마리코와 엄마 역의 오토와 노부코는 전쟁 전후의 질곡진 삶을 잘 연기하고 있다. 70세의 분장이 문제가 되기도 했지만, 전반적으로 긴 상영시간임에도 불구하고 영화는 흥미롭게 전개된다. 기노시타 감독은 이 영화 이후로 TV에서 활동했다. 아마도 이 영화가 우리나라의 TV 드라마 〈아씨〉에 영감을 주지 않았을까 싶다.

■ 〈흐트러지다亂れる〉 1964

　　나루세 미키오 감독의 98분 길이 흑백 시네마스코프영화다. 출연은 다카미네 히데코, 가야마 유조, 구사부에 미쓰코 등이다. 이 영화는 전후 여성 수난사 시리즈 중 한 편이다.

　　전쟁 중 남편을 잃고 시어머니, 시동생과 함께 사는 레이코는 행상부터 시작하여 조그마한 식품 가게를 운영하며 굳세게 살아간다. 그렇게 인고의 세월을 보낸 지 20여 년, 7살 시동생은 어느덧 25살이 되었다. 그는 대학을 졸업하고 회사에 취직했지만 반년 만에 그만두고 백수 생활을 하며 가게 일은 도울 생각을 안 하고 있다. 게다가 시집간 두 오누이는 레이코를 위하는 척하면서 그녀를 이 집에서 빼내기 위해 이런저런 권유를 하는데, 레이코는 아랑곳하지 않고 이 집에 뼈를 묻으려 한다.

　　그러던 어느 날, 동네에 대형 슈퍼가 들어와 폭탄세일로 다른 가게들의 운영을 위협하면서 이를 비관하는 자살 사건까지 발생한다. 더 큰 문제는 시동생인 고지이다. 그는 형수를 향한 연모의 정이 도를 넘어 노골적으로 사랑을 고백한다. 이는 레이코로서는 받아들일 수 없는 일로 그녀는 흔들리는 마음을 다잡고자 이 집을 떠날 것을 선언한다. 아직도 그녀의 이러한 마음을 외면한 두 시누이는 수습 대신 이를 외면하고, 고지는 레이코를 배웅한다며 기차에 동승한다. 긴 열차 여행에서 레이코는 잠든 고지를 보고 인근에서 내리자고 권유해 둘은 은산온천에 묵게 된다. 그러나 막상 방에 들어서서 고지의 적극 공세에 흔들리는 마음을 고쳐먹은 레이코는 그의 청혼을 거부한다. 실망한 고지는 방을 나가 술집에서 마지막 전화를 하고 절벽에서 투신자살을 한다. 다음 날 아침, 레이코는 죽은 이가 고지임을 알고 아연해한다.

　　영화는 관객의 상상에 맡기며 끝이 나지만, 그녀가 택할 길은 고지를 따라가는 길뿐일 것이다. 감독의 엔딩은 그것을 보여줄 수 없어서 더 단호하다. 엔딩 장면은 아연해하는 레이코의 클로즈업이다. 극 중 등장하는 장소인 시마네현의 은산온천은 은광터에 만든 온천으로, 세계문화유산에도 등재된 명소이다. 가와바타 야스나리는 이곳에서 묵으며 이 절경의 온천에서 투신자살을 소재로 원작 소설을 썼다.

발전기의 영화

━━ 〈강호기협江湖奇俠〉 1965

장철 각본, 서증굉 감독, 왕우, 진평, 풍보
보, 능파, 전풍, 곡봉, 나열 출연의 영화다. 서
증굉은 1963년 장철이 감독했던 쇼브라더스
작 〈호접배〉의 촬영기사이기도 하다. 왕우의
실제 데뷔작은 1964년 작 〈호협섬구〉이지만,
이 영화는 1966년에 가서야 개봉되어 〈강호기
협〉이 왕우의 데뷔작이 되었다. 이 영화는 3부
작으로 기획되어 이후 〈원앙검협鴛鴦劍俠〉, 〈금검
은구琴劍恩仇〉가 제작되었고, 황매조영화(홍콩 고
전 뮤지컬) 시대에 무협영화의 신호탄이 되었다.

━━ 〈메이지협객전 – 3대 두목明治侠客伝·三代目襲名〉 1965

가토 다이 감독의 90분 길이 컬러영화로, 출연은 쓰루타 고지, 쓰가와 마사히
코, 후지 준코다.

1907년 메이지 시대 오사카, 축제 기간에 조직의 두목이 습격을 당해 중태에
빠진다. 범인은 상대 조직에 매수된 사나이였는데, 이로 인해 조직은 혼란에 빠진
다. 두목의 아들인 하루오는 아직은 철없는 아이이기 때문에 3대 두목에 아사지로
가 지명된다. 그러나 그가 바지 사장을 고집하자 하루오가 실제 사장에 오른다.

아사지로가 공사를 맡아 타지로 떠나자 상대 조직에서 하루오를 공격해 중태
에 빠지게 되고, 아사지로가 돌아와 혈혈단신으로 적진으로 뛰어들어 조직의 복수
를 한다. 그리고 경찰에 끌려가는 아사지로를 그의 옛 연인인 게이샤 후지 준코가
배웅한다. 그녀는 아사지로를 위해 다른 야쿠자에게 팔려 간 상태였다. 그래서 그
순간부터 그녀는 그를 잊기로 했지만, 그를 잊지 못했다. 아사지로는 흐느끼는 준
코를 두고 경찰과 함께 떠나간다.

라스트신은 달려오는 기차에서의 정지 화면이다. 다분히 1960년대의 정서로 수많은 관객을 울렸을 것이다. 후지 준코는 순정의 여인 역을 잘 소화해 내고 있지만, 그녀는 역시 강인함을 보여주는 여장부 역할에서 더욱 빛난다. 그 당시 여장부 캐릭터는 정형화되지 않았었지만, 이 영화 이후 가토 다이 감독의 〈붉은 모란〉 시리즈에서 그녀의 매력은 빛을 발한다.

■ 〈붉은 수염赤ひげ〉 1965

구로사와 아키라 감독의 185분짜리 시네마스코프영화다. 〈붉은 수염〉은 〈츠바키 산주로〉의 원작 소설을 집필한 소설가 야마모토 슈고로의 원작을 각색한 영화다.

나가사키의 독일의료원에서 3년간 공부한 젊은 의학도인 야스모토 노보루(가야마 유조)는 본인의 의지와 상관없이 에도에 있는 요양원에 오게 된다. 이곳은 하층민들이 집단으로 입원해 있는 열악한 시골 병원이다. 그는 왕립의료원에서 근무하려던 중에 부모의 권유로 이곳에 오게 된 것이어서 어떻게 하든 이곳을 떠나려고 한다. 그러나 하루 이틀 이곳에서 지내며 순박한 동료들과 보모들, 특히 '붉은 수염'으로 불리는 이곳의 책임자 니이데 교조(미후네 도시로)를 통해 진정한 명의란 무엇인지에 대해 생각하게 된다.

영화는 이곳의 환자 사례를 통해 야스모토 노보루가 점점 진정한 의학도로서 성장해 가는 모습을 보여준다. 물론 그 뒤에는 붉은 수염이라는 스승이 있다. 어느 날 붉은 수염은 사창가에서 포주에게 온갖 곤욕을 치르는 나이 어린 오나카라는 소녀를 데려와 치료해 준다. 오나카는 이들의 따뜻한 보살핌 속에서 정상적인 생활을 되찾게 되고, 노보루는 그런 일들을 겪으며 부친과 붉은 수염의 권유에도 불구하고 이 작은 요양소에 남아 병들고 불쌍한 이들과 함께하기로 결심한다.

구로사와 감독의 영화는 항시 삶에 대한 진지한 성찰을 하는데, 특히나 이 영화는 노스승으로부터 인생을 배우는 후배의 성장통영화로 진한 감동을 전한다. 영화는 두 시간 상영 후 〈7인의 사무라이〉처럼 휴식 시간을 갖는다.

붉은 수염 역으로 출연한 미후네 도시로는 타고난 연기자다. 그는 이 영화로 모스크바국제영화제와 베니스국제영화제에서 남우주연상을 받았다. 그를 보며 당시의 한국배우들을 생각해 보았다. 외모는 젊은 시절 신성일 같기도 하지만, 나이

들어서는 김진규 같은 분위기이다. 그러나 성격파 배우로서 갖는 힘은 다르다. 외국배우 중에는 프랑스의 알랭 들롱 분위기를 가졌지만, 알랭 드롱은 분위기로만 연기하는 배우이기에 전혀 다른 느낌이다. 결국 전 세계를 통틀어 미후네 도시로는 독보적인 배우라는 게 결론이다. 그만큼 개성 강한 대배우라고 할 수 있다.

━ 〈비무장지대〉 1965

박상호 감독, 주민아, 이영관 출연의 영화다. 지금은 없어진 서울 신당동 중앙시장 내의 성동극장에서 아버지 따라 이 영화를 처음 보았는데, 어렸기도 했지만 신기한 영화였다. 내용은 1953년 휴전 시기에 비무장지대에서 만난 두 어린이의 시각으로 분단 조국의 현실을 표현한 다큐멘터리풍의 극영화다. 주인공들이 당시 내 또래였는데 순진무구한 어린이들이 전쟁의 폐허 속에 지뢰와 각종 야생동물로 험악한 환경에서 엄마를 찾아 비무장지대를 넘는다는 설정이 낯설기도 하지만, 공감이 되기도 했다. 아마 어린이의 시각으로 분단 현실을 다루었기에 더욱 와닿았을 것 같다.

이런 설정은 신문기사로 소개된 실제 사건이 있었고 원작 소설도 있었으나, 박상호 감독이 미군과 국군의 적극적인 협조하에 촬영한 집념 어린 영화다. 비무장지대를 촬영한다는 것을 누구도 상상하지 못할 때였다. 비록 군사경계선 남쪽 지역인 철원 등에서 촬영하였지만, 지뢰 탐지를 해가며 진행해야 하는 극한 상황에서 촬영이 감행되었다. 당시 녹슨 기차, 탱크, 자주포, 노동당 청사를 본다는 것만도 일반인들에겐 구경거리였다. 박 감독은 신문기사를 보고 이 영화를 착상했다는데, 촬영 허가를 받으러 사방으로 뛰어다녔다고 한다.

이 영화는 원본이 90분이고 다큐멘터리 버전의 60분으로 재편집하여 아시아영화제에서 비非극영화 부문 최우수상을 받았다. 엄밀히 말하면 비非극영화, 즉 다큐멘터리는 아니지만, 외국인이 보기에 한국에서만 기획과 촬영이 가능하고 특별한 상황이니 비극영화 부문으로 수상할 만도 하다. 이 영화는 60분 버전으로 남아 있는데, 이는 국립영화제작소의 후신인 KTV가 보관했던 버전이다. 90분 버전의 영화는 신상옥 감독이 신필름 홍콩지사에 보관하다가 신 감독의 실종 이후로 행방이 묘연하다.

박 감독은 2005년 무렵, 그의 영화 인생 다큐멘터리 제작팀이 찾아낸 이 영화를 40여 년 만에 다시 보게 되었다. 다큐멘터리 속에서 넋이 나가 바라보던 박 감독의 표정이 아직도 눈에 선하다. 그도 그럴 것이 집 나간 자식이 살아 돌아온 기분이 아니었을까? 외국이라면 있을 수도 없는 우리나라만의 풍경이다. 이렇게나마 자신의 영화를 다시 본 박 감독은 그래도 행복한 편이다. 지금도 볼 수 없는 한국영화의 편수가 기천 편에 이른다는 게 현실이기 때문이다.

■ 〈사르빈 강에 노을이 진다〉 1965

정창화 감독, 신영균, 김혜정, 남궁원, 윤일봉, 최지희, 이대엽 출연의 전쟁 대작이다. 일제의 태평양전쟁 시기 버마에 주둔하는 부대에 배속된 주인공이 겪는 민족 갈등의 이야기다. 김기팔 작가의 라디오 드라마를 원작으로 곽일로 작가가 각색했다. 원작은 방대한 대하드라마이기 때문에 120분으로 압축하였다.

편지를 읽다가 현지 주민에 의해 죽는 라스트신이 〈사랑할 때와 죽을 때〉를 닮았고 전체적으로는 김기영 감독의 〈현해탄은 알고 있다〉와 흡사하다는 평도 있다. 또한, 1959년부터 만들어진 고바야시 마사키 감독의 6부작 〈인간의 조건〉도 전선에서 겪는 인간의 갈등을 그리고 있다. 태평양전쟁의 상흔이 아직 남아있던 시절이니 이런저런 비슷한 이야기들이 대중의 관심을 끌었을 것이다.

정창화 감독은 미얀마 로케이션을 포기한 대신 야자수를 촬영 현장에 옮겨 심어 이 영화를 완성하였다. 광릉과 인천의 월미도 근처 무인도에서 남방 분위기를 살려 이 영화를 촬영하였는데, '좋은 영화 만들기'의 집념 없이는 불가능한 촬영이다. 이 영화는 '좋은 영화 만들기'의 상징적인 에피소드인데, 그러한 열악한 상황에서도 완벽을 추구한 감독의 노력은 후배들에게 귀감이 될 만하다. 정 감독의 뚝심을 보여주는 좋은 사례의 영화다. 이러한 도전정신은 그가 액션영화에서 왜 세계적인 감독으로 추앙받는지를 잘 보여준다.

■ 〈세이사쿠의 아내清作の妻〉 1965

마스무라 야스조 감독의 93분, 흑백영화다. 요시다 겐지로의 원작을 영화화하였고, 와카오 아야코, 타무라 타카히로, 하야카와 유조, 나리타 미키오가 출연하였다. 주인공 오카네(와카오 아야코)는 17세에 부자 노인의 첩으로 들어가 3년째 살고 있지만, 가출을 꿈꾼다. 그러나 친정에 도움을 주는 그를 거역할 수는 없다. 그러던 중 노인이 죽자 그녀는 고향으로 돌아온다. 고향에서는 그녀를 반가워할 리가 없다. 더럽혀진 여자로 소문이 나고 마침 러일전쟁에 참전했다가 돌아온 모범군인 세이사쿠만이 그녀에게 관심을 두게 된다. 두 사람은 주변의 시선에도 아랑곳없이 부부가 된다. 그러나 세이사쿠는 다시 징집되어 여순의 208고지전투에 참여하게 되고 돌격대에 자원해 전투 중 부상을 입고 휴가차 잠시 귀향하게 된다. 반년 동안 헤어져 있던 오카네는 또다시 위험한 전쟁터로 남편을 보낼 수 없어 남편의 눈을 찔러 장님으로 만들고 옥살이를 한다. 세이사쿠는 모범 군인에서 위장부 상병으로 오해를 받으면서도 와카오의 집에서 그녀를 기다린다. 2년 후, 출옥한 아내와 만난 세이사쿠는 그녀를 용서해 주고 마을 사람들의 편견에 맞서 고향 땅에서 살기로 결심한다.

군인인 남편을 장님으로 만들어서라도 살리려고 하는 처를 연기한 와카오 아야코의 절절한 연기력은 관객들의 감동시키기에 충분했다. 그녀는 작심한 듯 매 맞는 연기에 몰입하여 보는 이들의 감정선을 자극하는데, 정말 절정의 연기력을 보여준다.

━ 〈열풍〉 1965

합동영화사 제작, 김강윤, 최관두 각본, 이신명 감독, 김석훈, 엄앵란, 이예춘, 이상사, 방성자, 허장강, 서영춘 주연작이다. 일제강점기, 불행한 연인들의 애절한 사랑을 다루는 영화이다.

학도병으로 일본군에 끌려온 창훈의 내무반 생활을 보여주며 영화는 시작된다. 온갖 멸시를 당하는 내무반 생활이 묘사되고 창훈은 그곳을 탈출하여 광복군으로 활동한다. 그리고 주란을 만나 죽음을 넘나드는 사랑을 한다. 광복을 맞아 귀국한 그는 그토록 보고 싶던 주란을 찾는다. 그러나 그녀는 이미 창훈을 학도병으로 보냈던 헌병 모리를 죽이고 자결을 한 후이다. 창훈은 그녀를 양지바른 곳에 묻어준다.

이신명 감독은 이 영화로 데뷔했는데, 이 슬픈 이야기를 가슴 절절하게 그려냈다. 당시에 아로운을 주인공으로 한 김기영 감독의 1961년 작 〈현해탄은 알고 있다〉 등 일제강점기 학도병의 애환을 소재로 한 영화가 여러 편 있었다. 이러한 영화를 통해 1960년대의 멜로영화의 정서와 경향을 볼 수 있다. 일본에서 전후영화의 한 장르로 자리한 반전영화 소재와도 닮았다.

영화는 네거필름이 대만으로 수출되어 한국에 현존하지 않는다. 이 영화의 주제곡인 〈울어라 열풍아〉는 극 중 주란이 일하던 바에서 불렸던 노래로, "못 견디게 괴로워도 울지 못하고 가는 임을 웃음으로 보내는 마음"으로 시작한다. 한산도 작사, 백영호 작곡으로 이미자 가수에 의해 불려 공전의 히트곡이 되었다.

▬ 〈위안부 이야기春婦伝〉 1965

스즈키 세이준 감독의 96분 길이 흑백영화다. 이 영화는 『춘부전春婦傳』이라는 다무라 다이지로의 원작으로, 이미 1950년에 〈새벽의 탈주〉라는 제목으로 영화화되었으며 두 번째로 리바이벌되었다. 감독의 참전 경험이 녹아있어서인지 아니면 감독의 연출력인지 모르겠지만, 영화는 광기 어린 전쟁과 인간의 성욕이 적나라하게 표현되어 있다.

1938년 만주에 도착한 위안부 하루미는 반항적인 여자가 되어 부관에게 맞서다가 혼쭐이 나고 성적인 학대를 당한다. 그런 그녀가 부관의 당번병인 미카미에게 관심을 갖게 되고 일방적인 하루미의 집착에 미카미는 자신도 모르게 마음이 끌린다. 그들은 부관의 눈길을 피해 만남을 갖고 결국 사랑에 빠진다. 부대는 장개석 군대(팔로군)의 공격을 받아 미카미는 부상을 당하고 하루미 또한 그를 찾아 나섰다가 팔로군의 포로가 된다. 치료 후 부대로 귀환한 두 사람은 궁지에 몰려 결국 동반 자살을 택한다.

〈위안부 이야기〉는 전쟁터에 핀 사랑 이야기인데, 영화 〈인간의 조건〉을 보며 떠올랐던 MBC 드라마 〈여명의 눈동자〉가 다시금 떠오른다. 〈인간의 조건〉과 〈위안부 이야기〉, 이 두 영화의 스토리를 합치면 그것이 곧 〈여명의 눈동자〉다. 이 같은 소재는 우리나라에서도 〈에미 이름은 조센삐였다〉라는 영화가 제작된 바 있다. 내용은 거의 흡사하지만, 피지배 민족으로서 겪는 이야기는 〈위안부 이야기〉가 더 가슴 아프게 표현되었다. 몇몇 한국감독들이 이 소재에 집착하여 유사한 영화로 나봉한 감독의 〈종군위안부〉가 있었고, 액션영화 감독인 김효천 감독도 이 이야기의 시나리오를 썼다. 그만큼 센세이션한 소재이기 때문일 것이다.

이 영화는 일본인에 의해 만들어져 일본인들끼리의 이야기로 그려졌지만, 영화의 위안부 중 한 명은 한복을 입고 출연한다. 그러면서도 피해 여성으로서의 대

사는 일본인이 하는 식의 대사일 뿐 조선 여성으로서의 항변은 없다. 결국 역사의
식은 없는 영화로, 흥행 영화의 한계를 넘지는 못하고 있다. 1974년에 만들어진
〈산다칸 8번 창관〉은 구마이 게이 감독의 영화로 싱가포르에 주둔하던 일본군 부
대에 배속된 위안부 이야기다. 두 편 모두 기무라 다케오 미술감독의 작품인데,
〈위안부 이야기〉의 경우 중국 로케이션을 하지 않고서도 중국의 성이며 건물 세트
를 훌륭히 재현하였다.

▬ 〈저 하늘에도 슬픔이〉 1965

이 영화는 김수용 감독이 『저 하늘에도 슬픔이』라는 이윤복 소년의 일기를 영화
화한 것이다. 당시 대구의 5학년이던 이윤복은 수박 농사와 돼지를 길러 자립하는 전
형적인 소년 가장이다. 이 영화는 국제극장에서 개봉해 서울에서 관객 28만 5,000
명을 동원하였는데, 신상옥 감독의 〈성춘향〉에 이어 당시 흥행 2위를 기록했다.

이 영화는 술꾼 아버지 대신 동생들을 보살피며 굳센 의지로 살아가는 소년 이
윤복 군의 사연이 극장을 눈물바다로 만들며 관객을 끌어모았고, 원작 또한 큰 화
제가 되어 판매되었다. 담임선생으로 출연한 신영균과 아역배우들의 눈물겨운 열
연과 눈물 없이 볼 수 없는 스토리는 개봉 전부터 흥행을 예고했다. 또한, 이 영화
는 북한에 들어가 남한의 인민들은 저렇게 헐벗고 살며 아이들이 굶주리고 있다는
선전용 영화로 활용되었다는데, 대만전영자료관에 〈추상촌초심秋霜寸草心〉으로 보관
된 것을 찾아냈다. 이 영화는 이후 여러 차례 리메이크되기도 했다.

▬ 〈피와 모래血と砂〉 1965

오카모토 기하치 감독의 흑백영화, 132분짜리 대작으로 도호영화사와 미후네
프로덕션 공동 제작이다. 당시 일본영화의 다양성은 할리우드 영화에 버금간다.
그만큼 영화적 상상력을 동원해 여러 극적인 상황을 영화화했다. 이 영화는 1945
년 이제 막 중국 동북부 전선에 배치된 군악대원을 소재로 한 전쟁영화다.

총이라고는 잡아보지도 않은 음악대학 출신의 신병들은 막강한 적의 요새 탈
환 공격에 차출된다. 이번 임무의 책임자는 고스키 하사관(부사관)이다. 그는 동생
이 죽은 이유를 확인하기 위해 부대로 왔다. 이 점은 서부극 〈수색대〉 내지는 오카

모토 감독의 전작인 〈독립우연대〉와 흡사한 설정이다. 불가능한 이 작전을 맡게 된 고스키는 몇 명의 사병을 추가했으나 이들은 전투 경험이 전혀 없는 오합지졸이다. 그들을 인솔한 고스키는 기습작전으로 팔로군의 야키바 요새를 결국 탈환한다. 사체 처리와 요새 공방을 둘러싼 여러 상황에서 이들 군악대원의 합주는 재미를 넘어 장렬하기까지 하다. 다시 침공한 팔로군의 공격으로 이들은 마지막 투혼으로 악기를 연주하며 모두 전사하고 만다. 오카모토 감독은 전쟁영화의 새로운 장면을 보여주고자 시도했지만, 한국인인 내가 보기에는 일본 혼을 보여주기 위한 군국주의 시선의 영화일 뿐이다.

━ 〈정동대감〉 1965

이규웅 감독, 심우섭 촬영, 김진규, 김혜정 출연작이며, 러닝타임은 133분이다. 이 영화는 사극 드라마로 〈조선왕조 오백년〉에서 소개되었고, KBS에서도 〈조광조〉라는 제목으로 방송되었다. 이후로도 꽤 여러 편이 이 소재와 관련된 이야기를 다루었다. 조광조趙光祖(1482~1519)는 중종 때 인물로 이상 정치를 구현하려고 다양한 개혁을 시도하였다. 그가 꿈꾸었던 이상 사회는 이후에야 후학들에 의해 구현되었다.

━ 〈청춘일기전, 악한 별 아래서도悪太郎伝 悪い星の下でも〉 1965

스즈키 세이준 감독의 98분 흑백영화다. 출연은 야마우치 겐, 이즈미 마사코, 노가와 유미코이다.

일제강점기, 목장에 취직해 우유 배달을 하는 주키치는 중학을 졸업하고 명문학교에 진학하는 것이 꿈이다. 그러나 그의 집은 가난하고 아버지는 도박 중독이다. 그에게 꿈과 희망을 주는 목장 주인과 인근 절의 스님은 그에게 상급 학교 진학을 권한다. 그는 학교에서도 정의파로 소문나 있는데, 그런 성격 때문에 강압적인 선도부와 마찰을 빚는다. 급우 미시마가 사촌여동생과 함께 밤길을 걷다가 선도부원에게 들켜 몰매를 맞았는데, 알고 보니 그 여학생을 사모하던 선도부원의 모함 때문이었다. 주키치는 이를 알고 상급생인 선도부원을 혼내주고 전당포집 외동딸과 교제를 시작한다. 그녀는 주키치의 마음을 뺏으려고 육탄 공세를 하며 주키치를 미시마의 여동생과 떨어뜨려 놓는다. 여관을 들락거리던 주키치의 소문을 들은 미시마는 결별을 선언하나 주키치는 그녀를 포기하지 못한다.

어느 날, 아버지의 도박으로 벌어진 폭력 사건에 복수하러 간 주키치는 야쿠자를 혼내주고 그들로부터 쫓기다가 야쿠자를 칼로 찌르게 된다. 이쯤 되면 이 영화는 너무도 많은 것을 섞어서 보여주며 장르를 알 수 없는 지경이 된다. 하이틴영화로 출발해 청춘 멜로영화를 거쳐 야쿠자 액션영화로까지 범위가 확대된 것이다. 유치장에 수감된 주키치를 스님이 신원 보증하여 석방되는데, 주키치는 내일의 희망을 꿈꾼다. 그것은 선원이 되어 넓은 세계로 나가는 것이다. 당시 일본이 해외 진출을 우선으로 하던 시대이기 때문에 그것은 청년의 당연한 꿈이다. 영화 전편에 흐르는 군가풍의 노래는 당시를 풍미하던 노래일 것이다.

결론적으로는 이 영화는 강압적이고 폭력적인 시대를 살았던 스즈키 세이준 감독이 학교생활을 사회상에 빗대어 만든 하이틴영화다. 활기찬 액션으로 코미디, 멜로 등 다양한 장르를 섞어 만든 비빔 액션영화는 지금 봐도 재미있다. 스즈키 세이준은 이미 〈겡카엘레지〉나 〈하이틴 야쿠자〉 등의 하이틴영화를 만든 바 있다. 문득 순정 일변도의 하이틴영화를 만들었던 문여송 감독이 만든 이덕화, 임예진 주연의 하이틴영화들이 떠오른다.

■■■ 〈겡카 엘레지けんかえれじい〉 1966

스즈키 세이준 감독의 86분 흑백영화로, 다카하시 히데키, 아사노 준코, 가와즈 유스케가 출연했다. '겡카'는 '싸움'의 일본말이고 '엘레지'는 시가의 형태로 보통 누군가의 죽음에 격식을 갖추어 애도하는 말로서, 비가悲歌, 애가哀歌, 만가輓歌 등의 의미를 지니고 있다. 즉, 이 영화는 싸움꾼의 탄생에 대한 자기 고백적인 내용으로 1959년 작 〈어른이 된다는 것〉이나 1962년 작 〈하이틴 야쿠자〉, 1963년 작 〈청춘일기〉 등과 함께 청소년을 주인공으로 한 싸움에 대한 영화다.

1935년, 고교생 기로쿠는 하숙집의 딸 미치코를 사모하게 되는데 사내다움에 대한 콤플렉스를 극복하기 위해 싸움을 시작한다. 정신무장을 위해 인근 학교의 학생들과 싸움을 하면서 겪는 성장영화다. 1935년은 태평양전쟁 직전의 상황으로, 이를 풍자하고자 한 스즈키 세이준 감독의 의도가 충분히 전달된다. 간간히 코믹스러운 상황으로 보는 재미를 연출하지만 지금 보기에는 다소 따분할 수 있다.

━ 〈국제금괴사건〉 1966

연방영화사 제작, 김동현 각본, 유일수 각색, 장일호 감독, 이대엽, 남궁원, 왕령, 김진규 출연작이다. 한중 합작영화라고 하지만 합작의 진정성을 알 수 없는 영화다. 아마도 홍콩 로케이션을 하며 제작 지원을 받고 홍콩 측에 판권을 양도한 영화가 아닐까 추정해 본다. 장일호 감독은 이후 1967년 작 〈남남서로 직행하라(가녀백난화)〉를 홍콩에서 촬영하며 홍콩 쇼브라더스에 초빙되어 간다. 그는 정창화 감독보다 홍콩 진출이 앞서며, 홍콩에서 〈검은 야광주〉, 〈흑발〉, 〈생사투〉 등 여러 편을 감독하였다.

━ 〈김서방〉 1966

제일영화사 제작, 김순식 감독, 김승호, 이대엽, 김운하 출연작이다. 원제는 〈살아있는 가로수〉다. 이미자의 노래로도 알려진 제목이며, 동시에 김순식 감독의 데뷔작이기도 하다. 김순식 감독은 이만희 감독의 조감독으로 활동하다가 이 영화로 데뷔한다. 영화는 친아들과 의붓아들을 둔 마부의 자식 사랑 이야기이다.

━ 〈대보살고개大菩薩峠〉 1966

오카모토 기하치 감독의 120분짜리 시네마스코프 흑백영화다. 나카자토 가이잔의 시대소설을 원작으로, 살인귀인 사무라이 쓰쿠에 료스케의 방황을 다룬 찬바라영화다.

주인공 쓰쿠에 료스케는 요검 '오토나시노 가마에'를 무차별로 휘둘러 대보살고개를 넘는 노인을 아무렇지도 않게 살해한다. 도장의 사범으로 있으면서도 찾아온 여인을 겁탈하고 살인을 즐기는 천하의 인격 파탄자이다. 그는 결국 이런저런 이유로 수많은 사람을 베어버리고 악령에게 홀려 미쳐 수백 대 일의 살육전을 벌인다. 마지막 10여 분은 광란의 난투극으로 그는 살인귀가 되어 상대 사무라이들을 베는 대살육전을 보여주는데, 결국 그가 죽어야 끝이 난다. 쓰쿠에는 마지막까지도 처절한 악귀의 모습으로 남으며 화면이 정지된다. 이만한 대살육전은 보기 드문 장면인데 주인공은 역시나 나카다이 타츠야다. 이 영화는 그의 검귀영화 대표작이라고 할 정도로 찬바라영화 출연작 중 연기력이나 볼거리에서 압도적이다.

━━ 〈대폭군觀世音〉 1966

한국의 신필름과 홍콩 쇼브라더스가 합작으로 만든 영화이다. 신상옥·임원식 공동 연출의 최은희, 김승호, 김진규, 최성호, 아역배우 안인숙이 출연하였다. 과거에는 한국에 필름이 남아있지 않고 홍콩에서 출시된 이려화 주연의 〈관세음〉이라는 DVD를 통해 볼 수 있다. 이 영화는 홍콩의 이려화와 한국의 최은희 배우가 자기 나라 상영용에만 주연으로 출연하는 두 가지 버전으로 찍었다. 〈달기〉 이후 로케이션을 한국에서 맡고 스튜디오 부분은 홍콩에서 맡아 하는 방식이었다.

당시만 해도 잠실은 건물이 없는 공지 상태여서 시대물 로케이션을 하기에 적격지였다. 각국을 돌며 촬영하였는데 먼저 최은희가 연기하고 이려화가 똑같이 연기하는 식으로 진행되었다. 그러나 홍콩 측 영화가 DVD로 출시된 것에 비해 최은희 배우가 출연한 필름은 현재 남아있지 않아 볼 수가 없었다.

2018년 5월 13일, 영상자료원은 이 영화를 홍콩에서 입수하여 4K 화질로 복원하여 상영했다. 일부 소리가 나오지 않는 부분이 있었지만 예상외로 화질은 좋았다. 최은희 및 김승호, 최성호, 김진규 배우의 절정기 출연작을 다시 볼 수 있다는 것만 해도 의미가 있는 일이다.

보도 자료와 달리 한국판은 신상옥 감독과 임원식 감독이 공동 연출하였다고 크레딧에 소개된다. 엔딩 자막도 "다시 뵙겠습니다"로 독특하다. 당시 〈달기〉의 성공과 신상옥 감독의 인기를 업고 합작이 이루어졌는데, 엄청난 제작비를 투입한 대작이었다. 〈대폭군〉은 지금 보아도 흠 없는 수준작이다.

이런 합작 형태는 후로 갈수록 한국배우가 홍콩으로 가서 영화를 찍는 스타일로 변형되다가 결국 진정한 합작 형태는 끊기고 위장합작 형태로 발전한다. 쇼브라더스 측도 별 재미를 보지 못했기에 발을 뺀 것이고 합작 형태는 퇴보 절차를 밟았다. 그리고 쇼브라더스는 한국감독들을 초빙하는 형식으로 한국의 노하우를 엿본다. 이때 계약되어 간 감독들이 정창화 감독을 비롯하여 장일호, 김수용 감독이다.

━━ 〈동경방랑자東京流れ者〉 1966

닛카쓰 제작, 스즈키 세이준 감독의 83분, 시네마스코프 컬러영화다. 신성일 배우나 신일룡 배우와 분위기가 흡사한 와타리 데쓰야渡哲也 주연의 청춘 액션영화다. 주제가인 동명의 히트곡을 주인공인 와타리 데쓰야가 직접 불렀다. 잘 부른 노래는 아니지만 독특한 목소리와 휘파람으로 극 중에서 부르고 있다.

내용은 야쿠자 조직을 떠난 주인공을 제거하기 위한 조직 간의 대결을 그리고 있다. 야쿠자 조직 간의 음모와 술수, 대결은 1960년대 야쿠자영화(임협영화)에서 뺄 수 없는 이야깃거리다. 라이벌 조직은 끝없이 주인공을 추격하는데, 주인공은 일본 전역을 떠돌다가 결국 동경에서 최후의 일전을 갖는다.

이 영화의 미술을 맡은 기무라 다케오는 결전 장소인 사세보 항구의 나이트클럽 '아를'을 멋지게 디자인하였고, 이 세트를 배경으로 미군과 야쿠자 간의 유쾌한 격투 장면이 연출된다. 세트야 보잘것없어 출연진 액션에 따라 허물어지고 마는데, 저예산 세트는 보기에도 불안하다. 이런 장면은 우리나라 영화에서도 많이 보인다.

스즈키 세이준 감독의 연출은 특히 이두용 감독의 영화와 많이 닮았다. 전반적으로 1960년대 청춘영화의 침울한 분위기와 이야기를 주제가로 유쾌하게 풀어낸다. 우리나라에서 히트한 가요 중 "밤거리의 뒷골목을 누비고 다녀도 사랑에는 목숨을 걸었다"로 시작하는 〈맨발의 청춘〉이 문뜩 생각난다.

■ 〈나는 왕이다〉 1966

세기상사 제작, 강근식·김지헌 공동 각본, 장석준 촬영, 김석진 조명, 임권택 감독, 신성일, 김승호, 이민자, 주증녀, 태현실, 박암, 최삼, 황해남 출연작이다. 2018년 1월 2일, 한국영상자료원에서 이 영화를 처음 보았다. 장석준이라는 불세출의 촬영이라 기대가 컸다. 영화는 일본 시나리오의 표절작이라 그런지 한국적인 정서라기보다는 일본 색채가 진한 줄거리로 내용이 전개된다.

술집 마담(이민자)과 관계를 가진 유망한 권투선수 최영철(신성일)이 찾아온다. 그는 곧 새로운 선수를 찾던 체육관 관장 맹두호(김승호)의 눈에 띄는데, 관장은 제자를 위해 마담과 위장된 삼각관계를 만든다. 이를 알게 된 영철은 포기 직전에 경기를 출전하여 좌절과 분노의 경기를 치르고 우여곡절 끝에 동양 챔피언에 오르는데 지병으로 입원한 두호는 숨진다는 결말로 끝이 난다.

관장으로 출연한 김승호의 캐스팅은 의외였으며 극 중 회상 장면의 권투 경기는 무리수였는데 당시의 평은 어땠을까? 아버지뻘이기도 하지만 신상옥 감독의

1960년 작 〈로맨스 빠빠〉에서는 인자한 아버지로 출연했던 김승호의 이미지와 전 권투 챔피언의 연결은 쉽지 않다. 가정이지만 오리지널 시나리오였다면 관장과의 삼각관계보다는 더 현실적인 갈등으로 설정되었을 듯하다. 조금은 설득력이 떨어지고 이미 권투영화의 진면목은 〈레이징 불〉이나 〈록키〉를 통해 만끽한 터라, 영화의 완성도가 더욱더 떨어지는 느낌이다.

이 영화의 제작 이전에 한국 최초의 세계 챔피언인 김기수 선수가 이탈리아의 니노 벤베누티를 판정승하여 세계 정상에 오르는 극적인 일이 있었다. 아마도 그에 따라 이런 영화의 기획이 필요했을 것이다. 반세기 전에 이런 영화를 기획했다는 건 새로운 장르에 대한 도전이기에 제작 자체에 의미를 둔다.

참고로 김승호 배우는 1965년 한 해에만 무려 35편, 1966년에 27편, 1967년 17편의 영화에 출연한다. 이 영화 출연 후 김승호는 영화제작자로 변신하여 1967년 정창화 감독의 〈돌무지〉를 제작하고 주연까지 맡는다. 당시 김승호의 영화 의욕을 엿볼 수 있는데 그즈음의 영화이니 체육관 관장 역인들 마다할 일은 아니었을 것이다.

▬ 〈문신刺靑〉 1966

마스무라 야스조 감독, 신도 가네토 각본으로 다니자키 준이치로의 원작을 영화화했다.

에도 시대, 전당포집 딸인 오츠야(와카오 아야코)는 하인인 신스케를 꼬드겨 가출을 시도한다. 그러나 세상은 험난하고 악당은 도처에 깔려있다. 악당에게 쫓기던 둘은 주막으로 도피한 후 꿈같은 정사에 몰두하는데, 주막집 주인은 신스케를 밖으로 불러내고 오츠야를 납치한다. 그녀는 마취 상태에서 문신사 세이키치에 의해 하얀 등에 살인거미를 문신하게 된다. 악마의 얼굴을 한 보기에도 흉측스러운 그 거미는 남성을 잡아먹는 거대한 살인거미였다. 그리고 그녀는 기생집에 팔려 간다.

생각지도 않게 기생이 된 그녀는 자신을 이렇게 만든 이들에게 복수를 시작하는데, 먼저 주막 주인을 유혹하여 공모자인 부인을 죽이게 한다. 그 또한 신스케로 하여금 죽이게 하며 자신을 이렇게 만든 자들을 하나씩 전부 죽여 나간다. 그러나 악행의 말로는 언제나 그러하듯이 파멸이다. 신스케는 그녀의 난잡한 애정 행각을 질투하며 그만둘 것을 경고하는데 그녀는 아랑곳하지 않는다. 결국 다툼이 일어나고 칼을 든 신스케가 오히려 죽임을 당하게 되고, 그녀 역시 거미 문신을 해준 세이키치에 의해 죽임을 당한다.

이 영화는 니시오카 요시노부가 미술을 담당했고 미야가와 카즈오가 촬영하였는데, 일본화의 아름다우면서도 강렬한 이미지를 보여주고 있다. 납치되어 문신당하는 첫 장면은 극 전개에 궁금증을 자아내는데, 마스무라의 연출력과 와카오 아야코의 연기력이 조화를 이루며 관객들을 몰입시킨다. 살인사건이 전개되며 결말이 예견되는 단순한 복수극의 플롯이지만, 마스무라 야스조 감독은 이를 자신의 최고 걸작으로 빚어냈다.

▬ 〈붉은 천사赤い天使〉 1966

마스무라 야스조 감독의 흑백영화다. 이미 컬러영화를 찍은 마스무라 감독이지만, 이 영화는 흑백으로 찍을 수밖에 없을 정도로 피가 나오는 장면이 너무도 많다. 이 때문에 제목도 〈붉은 천사〉이며, 간호사의 종군기를 그리고 있다.

제2차 세계대전 당시 중국을 침공한 일본군은 팔로군의 공격에 속수무책으로 패한다. 자연히 야전병원에는 부상병이 넘치게 되어 외과의사인 군의관과 그를 돕는 간호사 사쿠라는 연일 수술로 정신이 없다. 사쿠라는 여린 마음에 부상병들에게 연민의 정을 느껴 고민을 하기도 하며, 부상병에게 연민의 정을 느껴 그의 섹스 요구에 응하기도 한다. 연민으로 했던 행동이었지만 그 부상병은 죄책감으로 자살을 한다. 그녀는 의무관에게 연정을 갖게 되고 자신의 몸을 허락하였으나 전쟁의 상황에서 피치 못하게 벌어진 일들이다. 최전방으로 차출된 의무관을 따라 자원해 간 사쿠라는 모두가 전멸하는 상황에서 구사일생으로 살아남는다.

전쟁은 사쿠라에게 여러 가지 절망을 안겨주는데, 전쟁의 광기는 인간을 그만큼 강인하게 만든다. 사쿠라 역을 맡은 배우는 와카오 아야코로 이 영화에서 그녀의 또 다른 매력을 느낄 수 있다. 일본영화는 1960년대가 가장 황금기였는데 우리나라 영화도 당시가 황금기였다. 그러나 황금의 순도는 일본영화가 훨씬 높다는 것을 이 영화가 실감하게 한다.

■ 〈백주의 살인마白畫の通り魔〉 1966

오시마 나기사 감독의 99분, 흑백영화다.

성도착증 범인은 자신이 강간했던 여자를 찾아와 다시 강간하려다가 결국 주인 여자까지 죽이고 경찰의 추적을 받는다. 범인을 알고 있는 가정부는 수사에 참여하여 그가 자신의 고향에서 살았던 떠돌이인 것을 알고 그의 부인인 여교사를 찾아간다. 여교사가 그와 결혼한 것도 역시 강간당하여 결혼에까지 이르게 된 것이었다. 그는 여인을 혼절시키거나 죽은 상태에서 강간하는 성도착증세로 교사인 부인도 얻었고 동네의 여자인 가정부도 강간했던 것이다.

여교사를 찾아온 가정부는 범인 검거를 위해 과거의 일들을 회상하며 변태성욕에 대해 회상한다. 수학여행까지 따라나선 가정부는 여교사와 범인 검거를 의논하는데, 결국 여교사는 수학여행 열차에 동승한 형사를 찾아가 남편의 사진을 건네주고, 결국 그는 동경에서 체포되었다.

실제 사건에서 착안하였다지만 1960년대 중반을 넘기며 오시마 나기사는 성性에 대해 집요한 집착을 보이는데, 그 모든 이야기에는 전후 일본이라는 국가에 대한 정치적인 내용을 상징하거나 담고 있다. 그러나 그 모든 것은 포장일 뿐 그 자신이 영화 속 주인공 같은 사람이 아닐까 하는 생각이 들 정도이다. 이미 고인이 된 오시마 나기사 감독에 대한 폄하 의도는 없지만, 그의 초창기 영화를 보며 흠모했던 관객들로서는 배신감까지 들게 하는 범작이다.

■ 〈3인의 협객邊城三俠〉 1966

장철 감독의 무협영화다. 일본 로케이션으로 제작하였으며 왕우, 나열, 정뢰가 출연했다. 이 영화는 지배 권력과 맞서는 사무라이의 이야기를 다룬 고샤 히데오 감독의 〈3인의 사무라이〉를 리메이크한 것이다. 장철 감독에게는 왕우와 함께 검술영화를 만들던 초기작이다.

■ 〈사무라이侍〉 1966

오카모토 기하치 감독의 122분 길이 흑백영화다. 도호영화사와 미후네프로덕션 공동 제작이다. 미후네 도시로가 주연을 맡았는데 우리나라 『홍길동전』 같은 내용이다. 1890년 일본에서는 어떤 일들이 있었을까? 당시 일본은 에도 시대 말기로 비문명국에서 문명국으로 외래 문명이 들어오며 체제가 바뀌려는 상황이었다. 물론 천황의 존재가 바뀔 수는 없다. 천황을 둘러싼 조직의 붕괴가 예상될 뿐이다.

영화는 반란을 획책하는 무리에 가담한 니이시로 쓰루치요의 과거가 하나씩 파헤쳐지며 전개된다. 출생의 비밀을 모른 체 온갖 역경을 헤치며 살아온 니이시로에게 세상사는 불만족스럽고 고통을 감수하게 한다. 더구나 그의 앞에 나타난 요정의 여주인은 그가 그토록 사랑하던 여인과 똑 닮았다. 그녀는 그의 시종이었던 노상인으로부터 그의 출생의 비밀을 알게 되면서 연민의 감정으로 그를 사랑하게 되는데, 그는 천황의 시종무관인 다이로 이이 나오스케의 적자였다.

드디어 역모의 시각은 정해지고 니이시로는 선봉에 서서 다이로 이이 나오스케 암살에 성공하여 그의 목을 벤다. 그리고 자신의 아버지인 줄도 모르는 니이시로는 눈보라 속으로 멀어져 가지만 역사에는 기록되지 않는다. 그는 이미 역모전에 자신의 출생의 비밀을 알게 된 역모의 우두머리에 의해 죽을 것이라 예상되어 명단에서 빠져있었다.

주인공 니이시로의 과거가 하나씩 밝혀져 가며 전개되는 시나리오는 하시모토 시노부橋本忍의 탁월한 솜씨이다. 오카모토 감독은 시대극 연출에 각별한 애정을 가진 감독임이 틀림없다. 그의 스토리텔링은 가상의 이야기지만 관객들의 가슴에 와 닿는다. 그것은 시나리오와 어우러진 그의 탁월한 연출에 기인한다.

━ 〈서유기〉 1966

광복 후 한국에서의 위장합작은 바로 이 영화로부터 시작된다. 1964년 〈비련의 왕비 달기〉 이후 정상적인 합작 제작에서 주인공만 교체 편집하여 물의를 일으킨 〈서유기〉 사건을 통해 향후 위장 합작영화 범람의 단초를 제공하였다.

신상옥 감독은 한국배우 박노식을 홍콩 쇼브라더스 스튜디오로 불러 2~3일간 촬영하였다. 이미 완성된 홍콩영화에서의 주인공인 악화 출연 분 중 버스트

숏을 한국배우 박노식이 편집하여 합작영화가 된 것이다. 같은 영화에서 풀숏과 버스트숏의 배우가 다른 이상한 영화가 되었지만 신 감독은 아랑곳하지 않았다.

당시 세관에서 "이 영화가 어째서 합작영화냐?"라고 하며 통관시키지 않았지만, 어찌 된 일인지 얼마 후 통관이 허용되었고 이후로 다른 영화사 사장들에게 "아, 이렇게 해도 합작영화가 되는구나"라는 힌트를 주게 되었다. 그리고 1990년대 초까지 125편의 위장 합작영화가 양산된다. 같은 외화 수입금을 지불하고 한국영화 의무 제작 네 편 시절 한 편을 공짜로 얻게 되는 일거양득이었다. 수출했던 외국회사들은 한국에서의 상영본을 어떻게 편집하든 상관하지 않던 시절이기에 가능했다.

▬ 〈순간은 영원히艶諜神龍〉 1966

이지룡의 아세아영화사가 홍콩과 합작한 정창화 감독의 컬러영화로, 러닝타임은 110분이다. 홍콩 측 제작자는 황복린이며 홍콩에서의 제목은 〈염첩신룡艶諜神龍〉이다. 출연은 남궁원, 장중문, 김혜정, 왕호, 허장강, 최성호, 윤일봉, 소사보가 하였다. 〈순간은 영원히〉는 홍콩과 한국에서 벌어지는 첩보 액션영화로, 당시 유행하던 해외 로케이션을 시도했던 영화다. 이만희 감독은 〈방콕의 하리마오〉에서 태국 로케이션을 시도하였고 신영균 배우가 주인공이었는데, 당시에는 〈007〉 시리즈의 영향으로 한국에서도 첩보영화가 많이 만들어졌다.

내용은 홍콩에서 암약하는 북한의 간첩단을 소탕하는 한국의 정보부원의 활약상을 그리는데, 계속 이어지는 액션 장면이 조금은 지루하다. 그러나 이 영화가 벌써 55년 전의 영화라는 걸 감안한다면 박수를 보낼 만하다.

정창화 감독은 배성학 촬영기사와 함께 홍콩과 동경, 한국, 대만의 곳곳을 찾아 액션 장면을 연출하였는데, 쇼브라더스의 런런쇼가 이 영화를 보고 정창화 감독의 스카우트했다고 알려졌다. 정 감독은 쇼브라더스에 스카우트되어 첫 영화 〈천면마녀〉로 호평을 받는데, 이 영화가 그 시금석적인 성격의 영화다.

감독의 연출을 따라가기 급한 카메라와 조금은 어색한 편집, 오버스러운 연기도 보이지만 영화사적으로 자주 소개되었기에 궁금하던 영화였다. 이 영화를 포함한 총 14편의 영화가 이즈음 홍콩전영자료관을 통해 입수되었는데, 홍콩영화 데이터베이스HKMDB에 신성일, 김진규, 남정임, 문희가 출연했다고 되어있는 건 오류이다.

▬ 〈양산백과 축영대梁山伯與祝英臺〉 1966

국태 제작의 이 영화는 엄준 감독작으로 이려화, 우민 출연작이다. 쇼브라더스도 이한상이 감독이 같은 제목으로 곧바로 제작에 착수하여 먼저 개봉하였다. 한국으로 치면 신상옥 감독과 홍성기 감독이 최은희, 김지미 두 배우를 주인공으로 하여 고전 『춘향전』을 간발의 차이로 개봉한 일과 유사한데, 신상옥 감독과 홍성기 감독의 대결에서는 신상옥 감독이 승리하였고, 이 영화에서는 엄준 감독이 승리하였다. 그러나 대만에서의 결과는 반대였는데, 이는 사용 언어 때문이었다. 이 영화의 언어는 광둥어이고 쇼브라더스가 제작한 이한상 감독의 영화는 베이징어였다.

▬ 〈우국憂國〉 1966

미시마 유키오三島由紀夫가 각색·제작·감독·주연한 28분 50초의 단편영화이다. 1960년에 집필한 자신의 단편이 원작이다.

1936년에 있었던 군 소장파 장교들의 쿠데타인 2·28사건을 소재로 하였다. 영화의 주인공인 다케야마 신지 중위의 할복 자결을 일본의 전통극 노의 형식을 빌려 영상화하였다. 영화에는 소개되지 않지만 반군 장교들은 다케야마를 신혼이라며 반군에서 제외하였고 결국 그가 진압군이 되어 그들과 싸우게 된다. 그러자 다케야마는 스스로 자결할 것을 결심한다.

영화는 귀가한 이후 상황부터 전개되는데, 그는 아내인 레에코에게 자신의 생각을 전하고 장엄한 의식 같은 정사를 나눈다. 다케야마는 "황군 만세"라는 유서를 작성한 후 차분히 할복을 결행한다. 창자가 배 밖으로 튀어나오는 장면은 너무 리얼하다. 레이코는 그의 죽음의 후견인이 되어 그의 죽음을 지켜보고는 화장을 고치고 입맞춤 후 칼로 목을 찔러 자결을 한다.

영화는 그의 소설 문체만큼이나 탐미적이고 아름다운 죽음의 미학을 영상화하였다. 특히 앞부분의 회상 장면에서 보이는 더블 익스포즈(이중노출 화면 처리)의 비전(상상) 숏은 영화사상 보기 드문 명장면으로 기억될 만하다. 이런 장면의 연출은 그다운 영상 표현이었다는 생각이 든다. 또한 대사는 있었지만 무성으로 처리하며 음악만으로 표현했다. 할복 전 아내 레에코와의 정사 장면은 처절하면서도 아름답다. 소설에서 그려지는 모습과 같은 맥락이다. 미시마로서는 〈우국〉의 영화화를 통해 1970년 11월 25일에 있을 자신의 우국 행동을 예고했다고 할 수 있다. 이후 필름은 2005년 그의 집 지하실에서 발견되었다.

▬ 〈종점〉 1966

김기덕 감독, 신성일, 고은아, 강문, 이순재 출연의 영화다. 당시 선생님도 추천했던 영화인데, 지금 생각해 보면 청소년용 영화라기보다는 청소년 관람불가 영화에 가깝다. 지금은 필름도 없어 다시 볼 수 없는 영화이다.

영화는 감옥으로 간 선배의 돈을 탕진한 청년의 말로를 그린다. 그의 여동생과 연인 관계이지만, 출옥한 선배의 추격으로 그는 더 이상 갈 곳이 없다. 그야말로 맡아달라고 한 돈을 다 써버린 청년의 잔혹사이다.

이 영화의 주인공에게 순진무구한 청춘이란 없다. 갈 데까지 가본 그 인생의 끝은 대개 죽음으로 끝난다. 이 영화도 제목처럼 인생의 종점인 죽음으로 끝이 난다. 라스트신에 죽은 그를 껴안고 우는 그녀의 모습이 선하다. 신성일은 당대 톱스타이다. 서양에 알랭 들롱이 있었다면 한국엔 그가 있었다. 청춘은 반항기이고 불량하며 시행착오를 거듭하는 시기인가? 신성일 같은 미남자가 그러니 관객들로서는 안타깝기 그지없다.

최희준이 부른 〈종점〉은 이 영화의 주제가이다. "사랑을 받았을 땐 한 없이 즐거웠고 버림을 받았을 땐 한없이 서러웠다. 지나온 세월 속에 미련도 많다마는 너무도 짧았던 인생의 종점에서 싸늘하게 싸늘하게 식어만 가네…" 김기덕 감독은 청춘영화 붐을 일으킨 장본인으로 모 영화사 사장에게 당시 인기 배우였던 엄앵란과 결혼하라는 이야기를 들을 정도로 인기 감독이었다. 김기덕 감독하면 〈맨발의 청춘〉이 우선 떠오르는데, 그 영화는 일본영화의 표절로 알려져 있다.

▬ 〈하숙생〉 1966

정진우 감독작으로 신성일, 김지미, 최남현, 김희갑이 출연하였다. 김석야의 라디오 드라마를 신봉승 각본, 백결 각색으로 영화화하였다. 최희준이 부른 주제가는 당시 크게 인기를 끌었다. 영화는 사랑의 배신자에 대한 남자의 복수극을 그린다.

자신을 배신하고 부잣집의 후처로 간 옛 애인(김지미)의 옆집에 하숙하게 된 아코디언 연주자(신성일)는 매일같이 주제가인 〈하숙생〉을 연주하며 그녀를 향해 복수의 멜로디를 들려준다. 그 연주는 두 사람이 사랑을 나누던 시절 들었던 연주로, 그를 배신하고 다른 이에게로 시집간 상황에서는 몸서리쳐지는 일이 아닐 수 없다. 그 하숙집에는 남편을 죽인 범인을 쫓는 유부녀가 살고 있었으며 아코디언 연주자와 애증의 갈등 관계가 벌어지는데, 당시 우리 영화의 정서인 신파, 눈물의 사연이 과장된 연기로 보인다. 이런 장르를 통속 멜로영화라고 하는데, 결국 여주인공은 정신병원에 입원하게 되고 복수를 끝낸 남자는 하숙집을 떠난다.

지금 보면 고색창연한 내용이지만 당시에는 여주인공의 가슴 아픈 사연이 여성 관객들의 공감을 불러일으켰으며, 주제가의 히트로 함께 흥행했던 영화다. 당시에는 이런 정서의 라디오 드라마들이 성공을 거두어 많은 라디오 드라마가 영화화되었다. 〈종점〉이나 〈빨간 마후라〉, 〈남과 북〉도 같은 케이스이다. 전부 이루어질 수 없는 사랑과 그 사이에서 갈등하는 연인들의 이야기이다. 시대 배경은 달라도 공통적으로 이루어질 수 없는 사랑에 대한 슬픔의 정서를 다루고 있다. 모두가 힘들게 살던 때라 더욱 슬픈 이야기를 통해 위안을 받았기 때문에 이런 정서의 영화가 계속해서 만들어졌을 것이다.

■■ 〈하얀 거탑白い巨塔〉 1966

1958년에 영화화되었고 1966년에 야마모토 샤쓰오가 감독한 150분짜리 흑백영화다. 〈하얀 거탑〉은 한국에서도 2007년에 드라마로 만들어져 알려진 내용이다. 야마자키 도요코의 동명 소설을 각색한 영화로, 나니와대학의 외과 부장 임명을 둘러싼 치열한 선거전과 의료 사고를 둘러싼 의학계의 흑막을 다룬 영화다.

외과의사의 야망과 몰락, 그 속에서 희생되어 가는 용기 있는 의사의 좌절을 동시에 다루며 봉건적인 병원 조직을 '하얀 거탑'으로 묘사하고 있다. 일본 의료계의 부조리를 정면에서 다룬 이 영화의 현실 또한 우리와 그리 다르지 않기에 TV 드라마도 성공했을 것이다. 야마모토 감독은 '하얀 거탑'으로 상징되는 대학병원의 부조리에 맞선 의사를 통해 독선과 위선으로 가득 찬 병원 조직의 탈을 벗긴다. 그는 현실의 부조리, 특히 부패한 조직의 문제를 용기 있게 그려냈다.

■ 〈SOS 홍콩(국제여간첩)〉 1966

최경옥 감독, 강근식 각본, 김종래 촬영으로 당시 합작영화의 주요 출연자인 정영(딩링)과 박노식, 성소민, 이향, 최삼이 출연하였다. 이 영화는 홍콩과의 합작영화로 대만에 수출되었다. 홍콩에서는 황탁한 제작으로 소개되었고, 신상옥 감독의 유명세 때문에 감독은 신상옥으로 되어있다. 줄거리는 다소 뻔한 내용이다. 남한 형사가 북한 스파이와 벌이는 액션과 삼각관계를 다루는데, 최경옥 감독의 전작인 〈여간첩 에리샤〉의 연장선에 있는 첩보영화라고 할 수 있다.

한국의 첩보원인 백민이 북한의 기밀문서 마이크로필름을 입수하기 위해 홍콩에 파견되어 천신만고 끝에 임무를 완수하는 내용이다. 수사를 하며 여자첩보원(딩링)과 함께 북한공작원을 소탕한다는 007식 영화로 총격전을 벌이는 활극이 당시 대중들의 호응을 받았다고 볼 수 있다. 야외 촬영만 한국에서 했다. 홍콩에서는 〈국제여간첩〉을 소개되었고 〈국제여간첩〉은 〈여간첩 엘리사〉라는 영화와 혼동되었으나 기록을 대조해 본 결과, 최경옥 감독의 〈S.O.S 홍콩〉이 맞다. 1967년 서울 국제극장에서 개봉해 약 10만 관객을 동원한 히트작이다.

■ 〈흑도적幪面大俠〉 1966

〈흑도적〉은 한국에서 촬영을 맡았는데 홍콩에서는 〈몽면대협〉으로 개봉하였고 엄준 감독작이다. 한국에서는 최경옥 감독작으로 소개되었고, 곽일로 각본, 박옥상 각색, 최경옥·김종래 공동 촬영이다. 김진규, 박노식, 최은희, 최성호, 방영方盈, 장연張燕, 장광초蔣光超가 출연하였다.

중국 야사를 한국식으로 만든 내용으로 한국에서 야외 촬영을 하였다. 조카의 반정으로 왕위에서 쫓겨난 낳지만, 충신인 김신이 흑두건을 쓰고 활약하며 간신배들을 물리치고 다시 왕위에 복귀한다는 내용의 영화다. 당시 한국에서 제작된 영화들이 보존되어 있다손 치더라도 스크래치 때문에 필름 상태가 엉망인데, 홍콩

DVD는 유리알처럼 선명하다. 보여주면 제일 좋아할 사람이 박노식 배우일 텐데 별세하여 아쉬울 뿐이다. 이 영화 역시 홍콩 쇼브라더스 스튜디오에서 촬영되었고, 홍콩 촬영팀이 한국에 와서 야외 촬영을 하여 완성하였다.

■ 〈꿈〉 1967

신필름 제작, 신상옥 감독, 김혜정, 신영균, 양훈 출연작이다. 이광수 원작의 동명 소설을 영화화했는데, 김혜정이 태수의 딸 역을 맡아 승려 조신(신영균)을 파계시키는 역할로 나온다. 이 영화는 신상옥 감독에 의해 두 번, 배창호 감독에 의해 한 번 만들어진다. 엉문 제목인 〈Violator〉는 위반자, 위배자라는 뜻인데, 이 영화에 적합하지 않다.

주인공 조신은 결국 그녀를 꼬드겨 깊은 산 속으로 도망쳐 아들딸을 낳고 잘 살게 되는데, 그들을 추격해 온 태수의 부하들에게 붙잡혀 조신은 생사의 기로에 선다. 조신은 결국 인간으로서 최고의 행복을 누리다가 결국 죽음을 맞게 된다. 목이 떨어지는 순간 조신은 꿈에서 깨어난다. 환희의 순간과 죽음의 순간 모두 일장춘몽이었던 것이다. 다시 부처님 앞에 불공을 드리는 조신은 한낱 부질없는 인간사에서 허무함을 되새긴다.

〈꿈〉은 개인적으로 내게 큰 영향을 끼친 영화이다. 이 영화를 초등학교 6학년 때 보고 '죽을 때 죽더라도 저런 미인이라면 그럴 수도 있겠다'라는 생각도 해보았다. 라스트신에서 꿈에서 깨어나는 조신의 부감숏을 보고 '영화란 이런 것이로구나!' 하고 느꼈다.

■ 〈귀로〉 1967

이만희 감독, 문정숙, 김진규, 김정철, 전계현 출연작이다. 이 영화는 〈만추〉를 만들고 최전성기를 보내던 이 감독의 대표작으로, 2015년 그의 타계 40주기를 맞아 개최된 그의 전작전 개막작으로 선정되었다.

국군 17연대 장교로 한국전쟁에서 부상을 당해 하반신 마비로 성불구가 된 최동우(김진규)는 자신의 이야기를 모티브로 신문에 소설을 연재하며 살아간다. 부인(문정숙)은 그런 그와 14년째 말만 부부인 채 살아간다. 어느 날 그녀는 원고를 전달하러 서울의 신문사를 갔다가 신입기자 강욱(김정철)을 만나 가벼운 만남을 갖게 된다. 그러나 이들의 밀회 아닌 밀회를 시누이가 보게 되고, 이를 오빠에게 알리며 이들의 관계는 왜곡되어 부풀려진다. 집까지 찾아오는 강욱을 거부할 수 없는 부인은 어쩔 수 없이 그를 받아들이게 된다. 며칠 뒤 두 남녀의 하룻밤 일탈은 걷잡을 수 없는 국면에 접어들며 결국 술 취해 잠든 남편을 두고 부인은 자살로 생을 마감한다.

눈물을 앞세운 신파 연기에 익숙했던 시절, 이만희 감독은 모든 것을 영상으로 처리하고자 했고 문정숙의 연기 역시 담백하여 이 영화는 시대를 앞서간 영화가 되었다. 영화의 흥행 실패로 이만희 감독은 왕십리 집까지 넘어갔다고 하는데, 당시 조감독이었던 양택조 배우가 김정철의 빚보증 이야기를 들려주었다.

■■ 〈남남서로 직행하라歌女白蘭花〉 1967

장일호 감독, 강문, 남궁원, 이대엽 배우가 출연하였으며, 홍콩에서는 〈가녀백난화〉로 개봉되었다. 장일호 감독의 전성기인 1967년에 〈그리움은 가슴마다〉, 〈황혼의 부르스〉 등을 연출하자 홍콩 로케이션으로 이 영화가 만들어졌다. 장일호 감독의 홍콩 진출작이다.

■■ 〈내 몫까지 살아주〉 1967

연방영화사 제작, 이성재 시나리오, 정소영 감독의 영화다. 신영균, 문희, 고은아가 출연하였다. MBC 라디오 연속방송극 원작으로, 박춘석이 작곡하고 문주란 가수가 부른 동명 주제곡이 있다. 정소영 감독은 〈미워도 다시 한번〉으로 알려진 멜로감독이다. 그가 데뷔 초기에 만든 이 영화는 한국전쟁 직후의 상황에서 최루성 멜로영화를 만들었다.

중학생 영란은 어느 날 말로만 듣던 이모 선아(문희)가 바이올린 연주회로 귀국했다는 소식을 듣게 되고, 이모인 줄 알았던 사람이 바로 자신의 친엄마임을 알게 된다. 그들의 애달픈 사연은 한국전쟁 때문이었다. 전쟁 중 죽은 줄 알았던 본부인 강 씨(고은아)가 살아있음을 알게 된 민창현(신영균)은 이미 전우의 약혼녀 선아와 결혼을 하고 그녀의 재정적 도움으로 목재소를 운영 중이었다. 여인들은 각기 아들과 딸을 하나씩 두었는데, 창현으로서는 그 누구도 선택할 수 없는 상황이다.

어느 날 드디어 두 여인은 만나 서로를 확인하고 선아는 딸 영란을 맡기고 서독으로 음악 유학을 떠난다. 처음엔 강 씨에게 영란을 맡기고 갔지만 세월이 흐르고 성장한 딸을 보고는 마음이 바뀐 것이다. "낳았다고 엄마일 수 없다"라고 생각하는 그녀도 결국 영란을 위해 함께 서독으로 가기로 한다. 그런데 이번에는 강 씨가 기른 정에 영란을 못 보낸다고 눈물로 호소한다. 결국 선아는 가족의 행복을 빌며 홀로 비행기를 탄다.

"당신의 행복을 빌며 내 몫까지 살아 달라"는 메시지는 두 집 살림이 공공연했던 당대의 시대 분위기를 담아 여성들의 손수건을 적시기에 충분한 내용이다. 이 영화는 이듬해에 만들어진 정소영 감독, 문희, 신영균 주연의 〈미워도 다시 한번〉의 원작과 다름없다. 상황만 조금 바꾼 〈미워도 다시 한번〉은 국내 흥행 기록을 경신한 영화로 이후 시리즈로 제작되었다.

〈내 몫까지 살아주〉는 국내에는 필름이 남아있지 않아 그동안 볼 수가 없던 영화였다. 그런데 영상자료원이 홍콩에 수출되어 더빙된 중국어 버전을 발굴하여 2018년 5월에 공개하였다. 이 영화의 중국어 버전에서는 중국어 주제가까지 작곡해 넣어 흥행을 노렸는데, 한국판 최루 멜로영화가 현지에서 어떤 반응이었을지 궁금하다. 프린트는 디지털로 복원하였는데, 스크래치 및 색상이 바랜 상태이며 무엇보다도 중국어 버전이기에 우리의 감성을 제대로 느끼기에는 역부족이다. 이 영화는 제6회 대종상영화제 특별장려상, 제4회 한국연극영화예술상 신인상(오영일) 수상작이다.

■■ 〈냉과 열〉 1967

대한연합영화사 홍의선 제작, 전옥숙 기획, 서윤성 각색, 이만희 감독의 영화이며, 신영균, 문정숙, 김혜정, 허장강이 출연하였다. 이 영화의 제작자는 홍상수 감독의 부친인 홍의선이고 기획자는 모친인 전옥숙이다. 영화는 베트남 전쟁에 파병된 청룡부대원들이 여자 베트콩을 생포해 적진에 침투하고 탈출하다가 장렬히 전사하는 내용이다. 해외 로케이션작으로 김순식 감독은 자신이 이만희 감독과 공동 감독했다고 주장한다.

■ 〈눈물의 강淚川〉 1967

이 영화는 미스미 겐지 감독의 1967년 작이다. 그의 나이 48세에 만든 영화로 영화의 완성도는 물론 시대를 이끌어가는 힘이 있다. 〈눈물의 강淚川(나미다가와)〉, '나미다'는 '눈물'이라는 뜻으로 영화계에서 오랜 기간 써오던 일본말이다. 그만큼 영화에서 눈물은 중요하고 많이 등장한다. 흔히 멜로영화의 극적 구성은 감동과 설득을 위해 눈물의 요소를 중요 장치로 설정한다. 줄거리는 두 자매가 홀아버지를 모시고 살아가며 겪는 인정담이다. 결혼 적령기를 맞아 동생의 혼사를 앞두고 집안의 걱정거리인 못된 오빠와의 문제를 슬기롭게 해결하는 언니의 희생담은 관객들의 눈물샘을 자극한다.

한국의 신상옥 감독이 〈성춘향〉을 만들고 향토색과 국적성을 살려 고전 원작을 영화화했는데, 미스미 겐지 감독 또한 흡사하다. 이 영화가 오리지널 시나리오인지 고전 원작이 있는지는 알 수 없으나, 고전적인 권선징악의 줄거리를 갖고 있으며 시나리오는 눈물을 강조하기 위한 아기자기한 구성을 하고 있다. 그러나 결코 눈물을 강요하지 않는 거리감과 자연스러움으로 영화적인 품격을 갖추었으니 반세기가 흘렀어도 공감이 될 수밖에 없다. 새삼 일본영화의 저력을 느낄 수 있었던 영화다.

■ 〈단장의 검斷腸劍〉 1967

쇼브라더스 제작, 장철 감독, 왕우, 진홍렬, 초교(차오차오), 서하, 유가량, 우마 출연작이다. 무술감독인 유가량과 당가가 직접 출연하였다. 원제는 〈단장검斷腸劍〉으로 초기 왕우 주연의 무협영화이다. 누명을 쓰고 수배를 받아 무림계를 떠나 초야에 묻혀 사는 주인공이 무림계를 초토화하려는 악당들에 맞서 싸운다는 전형적인 무협영화이다.

악당들의 본거지인 섬을 급습하여 적을 몰살시키는데, 푸른 바다를 배경으로

수중전을 선보이며 이색적인 풍광을 보여준다. 〈돌아온 외팔이(독비도왕)〉의 해양
버전으로 보인다. 왕우는 수영선수 출신이라 이러한 설정에 어울려 차별화된 한
편의 무협영화를 만들어 냈다.

〈단장의 검〉에는 쇼브라더스 전속의 여러 배우가 등장하는데, 특히 진홍렬의
악역 연기가 돋보인다. 이 무렵 왕우의 출연작이 큰 인기를 끄는데, 왕우는 〈대협
객(대자객)〉, 〈심야의 결투(금연자)〉, 〈왕우의 혈투(춘화)〉, 〈용호의 결투(용호투)〉 등
에 출연 이후 1971년 일본의 가츠 신타로의 〈자토이치〉 시리즈인 〈외팔이와 맹협
獨臂刀大戰盲俠(독비도대전맹협)〉에 출연하게 된다.

■ 〈대협객大刺客〉 1967

쇼브라더스 제작, 장철 감독, 왕우 주연작이다. 원제는 〈대자객大刺客〉인데, 한
국에선 '자객'이라는 단어의 사용이 불가하여 〈대협객〉으로 1969년에 개봉되었
다. 중국 자객 '섭정'의 우국과 의리를 다루고 있다. 장철 감독작 중 최초로 100만
불의 홍콩 흥행 기록을 돌파하여 화제가 되었다. 무협영화의 제목에 '자객'이라는
단어를 쓰지 못하게 했던 상황만으로도 당시의 시대 분위기를 알 수 있다. 1967년
5월 홍콩에서는 반영폭동이 일어나는 등 세상은 시끄러웠다.

때는 진나라가 중국을 통일하기 전 전국 시대이다. 중국 고서『사기』중「자객
열전」에 나온 '섭정고사'의 영웅담인데, 위나라 사람인 섭정(왕우)이 한나라의 재
상 한괴를 암살하는 실화를 바탕으로 만들었다. 섭정은 일찍이 무예에 능통한 대
장부로서 충, 효, 예를 갖추었다. 관리들에 의해 스승을 잃고 동문수학하던 친구도
잃은 그는 의형을 맺은 현사 엄중자(전풍)와의 의리를 지켜 사랑하는 여인(초교)을
두고 한괴를 암살하고 의로운 죽음을 맞는다.

장철 감독이 각본까지 썼는데 아무래도 줄거리 전개가 다소 장황하고 느린 템
포로 전개된다. 자객이 되기까지의 상황이 하나하나 소개되고 있는데, 과하게 친
절하다고 느껴진다. 이는 실화를 각색하였기 때문일 수도 있고 아니면 그 시대의
템포일 수도 있다. 그러나 핸드헬드 카메라와 달리촬영(레일 위에 카메라를 놓고 움직
이며 하는 촬영)으로 이를 상쇄하고 있다. 라스트신에 암살자가 되어 피바다의 살육
전을 벌이는 왕우의 매력이 그즈음 개봉된 〈3인의 협객(변성삼협)〉이나 〈단장의 검

〈단장검〉)을 압도한다.

왕우가 연기한 극 중 섭정은 대의를 위해 목숨을 거는데, 권력에 굴하지 않고 저항하는 비극적인 주인공이다. 이것은 장철 감독 본인이 회고했듯이 당시 혼미한 홍콩정세를 반영한 것이라 할 수 있다. 이 영화는 이런 시대 분위기를 타고 그해 11월 홍콩에서 개봉되어 선풍적인 인기를 끈다.

이 영화 이후 장철은 〈복수報仇(보구)〉에서 복수극으로만 영화를 만들어 냈는데, 확실히 짜임새가 있다. 사실 〈대자객〉은 〈복수〉의 오리지널 버전이라고 해도 과언이 아니다. 자객이 될 수밖에 없는 상황으로 형(적룡)의 죽음이 처절하게 드러나 동생(강대위)의 복수극이 더욱 잔인해지고 복수의 대상자가 늘어난 것이 다를 뿐, 사랑하는 여인을 뒤로 하고 적진으로 뛰어드는 주인공의 비장한 활약은 똑같다. 〈대자객〉에서 연인은 〈독비도〉에서 왕우를 도와주던 여인인 초교이다.

장철 감독 작품 중에서는 초기 연출작에 속해 연출이 다소 매끄럽지는 않으나, 당시의 관객들에게는 비장미로 어필되었다. 장철 감독은 이 영화로 인해 복수극으로 정평을 얻어 이후로도 많이 만들어 낸다.

━ 〈방랑의 결투大醉俠〉 1967

일본 기술 스태프들의 참여로 만들어진 호금전(후진취엔) 감독의 시대검극이다. 1965년 〈자토이치〉 시리즈가 개봉되며 흥행에 성공하자 유사 무협영화가 기획되었다. 런런쇼는 홍콩영화의 기술적 한계를 극복하기 위해 일본 기술진의 도움을 받기로 하고 그들을 초빙하여 이 영화를 만들었다. 유려한 촬영과 컬러의 화려함이 인상적인데, 호금전 감독의 깔끔한 연출과 편집이 영화의 격을 높였다. 당시 일본의 명배우 나카다이 타츠야를 연상시키는 악화(웨이화)의 연기는 팬들의 환호를 받았고 이후 시리즈 영화의 전형이 된다.

━ 〈마적〉 1967

신상옥 감독, 곽일로 각본, 최승우 촬영, 정우택 미술, 오성환 편집, 신영균, 박노식, 황해, 최성호, 최은희, 이향, 김기주, 왕협, 우천 출연작이다. 세르지오 레오네 감독의 마카로니 웨스턴이 흥행하던 시절, 동양적 마카로니 웨스턴을 추구하며 만든 만주 배경의 웨스턴영화다. 이 시기에 나온 영화로는 〈무숙자〉, 〈영(影)〉, 〈3인의 검은 표범〉, 〈쇠사슬을 풀어라〉, 〈송화강의 심악당〉, 〈황야의 나이프 장〉 등이 있다.

그리고 1974년 작 〈용호대련〉 등의 태권 액션영화는 총격전을 태권도로 바꾼 것이다. 2008년 작 〈좋은 놈, 나쁜 놈, 이상한 놈〉도 이런 연장선에서 만들어졌다. '마적'이란 만주 지역에서 출몰하는 일제에 항거하는 독립군을 지칭하는 것이다. 다소 낭만적인 소재로 만들어졌지만, 이는 일제 시각에서의 호칭이었고 그 실상은 독립군들이었다. 이 영화는 이런 것을 아무 여과 없이 흥행용 소재로 사용하였고, 쇼브라더스 배급으로 홍콩과 동남아에 수출되었다.

■ 〈미워도 다시 한번〉 1967

이성재 작가와 정소영 감독은 대양영화 제작의 〈내 몫까지 살아주〉와 유사한 영화 한 편을 만들었다. 그런데 뜻밖에도 이 영화가 37만 명을 동원하며 한국영화의 흥행 기록을 경신하는 쾌거를 이루었다. 영화는 유부남인 줄 모르고 신호(신영균)와 관계를 갖고 영신(김정훈)을 낳은 혜영(문희)의 이야기이다. 전작 〈내 몫까지 살아주〉가 한국전쟁으로 인한 어쩔 수 없는 두 집 살림을 소재로 했다면, 이 영화는 좀더 노골적으로 남자의 바람기에 희생되는 여인상을 그리고 있다. 결국 본처(전계현)

에게 맡겨진 영신은 친모를 찾게 되며 여성 관객들의 눈물샘을 자극한다.

이 영화는 1968년에 대만과 일본에 수출되기도 했는데, 1969년에 2편이 제작되었고 1970년에 3편이 제작되어 연속으로 히트하였다. 그 후 1971년에 대완결편까지 만들었는데 워낙에 알려진 제목이라 이후에도 여러 감독이 리메이크하였고 급기야 2009년에는 TV 드라마로도 방송되었다. 1편을 제작한 정소영 감독도 자신의 은퇴작으로 2000년에 〈미워도 다시 한번 2000〉을 만들었으나 흥행에는 실패하였다.

■ 〈방콕의 하리마오〉 1967

대한연합영화사 제작, 김동현 각본, 이만희 감독, 서정민 촬영, 신영균, 김혜정, 허장강 출연작이다. 당시 유행하던 해외 로케이션 첩보영화다. 김동현 작가의 시나리오인데, 당시 중앙정보부 출신 작가로 이 영화도 정보부의 후원으로 만들어졌다. 반공방첩을 구호로 했던 시대의 이야기이다.

'방콕의 하리마오'는 한국 정보원의 별명인데, 과학자를 북송하려는 북한 간첩을 일망타진하고 과학자를 구한다는 무용담을 그린다. 현재는 필름이 남아있지 않다. 이 영화를 어린 시절 보았지만 아직도 기억에 남아있다. 그만큼 강렬했다는 반증이다. 지금은 필름도 없어 볼 수 없는 영화이지만 태국 로케이션으로 〈콰이강의 다리〉 촬영지에서도 촬영했다.

■ 〈비련烽火情天〉 1967

정창화 감독, 신봉승 시나리오, 곽일로 각색의 한홍 합작영화다. 출연은 남궁원, 고은아, 윤일봉, 왕천려이다. 이 영화의 필름은 한국에 없고 제목만 남아있었는데, 2014년에 홍콩전영자료관을 통해 16mm 상태로 입수되었다. 정창화 감독이 홍콩과 대만에서 촬영한 영화로 알려져 궁금증을 더했다. 아세아영화사 제작인 것으로 보아 〈순간은 영원히〉 촬영 후 바로 촬영되었을 듯하다.

내용은 홍콩 주재 한국 기자(남궁원)가 그곳에서 만난 여인(왕천려)과의 사랑을 다루고 있다. 기자는 한국전쟁 때문에 귀국하였는데, 다시 만났을 때에는 서로에게는 사랑하는 사람이 생겨 가슴 아픈 이별을 한다는 이야기이다. 이 영화의 줄거리는 당시 합작영화가 취했던 상투성이나 식상함을 담고 있다.

■ 〈사무라이 반란 上意討ち 拝領妻始末〉 1967

고바야시 감독과 미후네 도시로 주연의 영화로, 러닝타임 121분의 흑백영화다. 〈할복〉의 원작자인 다키구치 야스히코의 『배령처(주군에게 하사받은 아내) 시말』이라는 원작을 바탕으로 만들어진 이 영화는 봉건 시대 잘못된 인습에 항거하는 사무라이의 인생을 내용으로 다루고 있다.

전국 시대, 주군의 경호무사인 사사하라 이사부로는 주군의 첩실을 며느리로 맞으라는 명을 받는다. 그리고 그렇게 맞아들인 며느리가 귀여운 손녀를 낳자 다시 성으로 돌려보내라는 압력을 받게 된다. 처음에야 그렇다 치더라도 자신의 며느리를 내놓으라는 것은 아무리 주군의 명이라도 받아들일 수 없는 명이다. 아들, 며느리의 결연한 의지를 지지하는 그는 끝까지 자신의 신념을 꺾지 않고 항명의 의지를 밝힌다. 가문의 존폐가 달린 주군의 명이라도 잘못된 명을 따를 수는 없다는 것이다. 그래서 그는 아들과 함께 목숨을 건 반역을 꾀하게 되고 아들, 며느리를 잃고 손녀와 함께 국경을 넘다가 국경수비대와의 대결전 후 결국 죽음을 맞는다.

손녀를 안고 국경을 넘기 위해 가는 장면은 1970년대 나온 〈아들을 동반한 무사〉의 모티브를 제공하는 듯한 영상이다. 주인공인 미후네 도시로는 도호영화사 내에 자신의 프로덕션을 설립한 첫 작품으로 이 영화를 찍었고 고바야시 감독의 영원한 페르소나인 나카다이 타츠야가 그 상대역 호위무사 역을 맡아 목숨 건 대결을 보여준다.

■ 〈살인광 시대殺人狂時代〉 1967

오카모토 기하치 감독, 나카다이 타츠야 주연작이다. '대일본 인구조절 심의위원회'라는 가공단체를 운영하는 킬러 집단과 악당 뿌리 뽑기 역을 자임한 대학 강사가 벌이는 액션영화다. 나카다이 타츠야의 연기력 덕분에 이미 절반은 먹고 들어간다. 연기의 귀재인 그가 보여주는 다소 코믹한 캐릭터는 그만이 보여줄 수 있는 연기력인 것 같다. 그만큼 이 역을 잘 소화할 수 있는 배우도 전 세계를 통틀어 없을 것이다. 외모만 믿고 연기에 도전하는 신인배우들이라면 필견의 영화다.

그가 정의의 수호를 위해 발 벗고 나서는 설정은 극히 비현실적이라 보는 재미가 충만하다. 창의력으로 다져진 여러 시퀀스 모두 참신하며 극적인 재미를 제공하고 있고 어떤 면에서는 오락영화의 극치를 느낄 수 있다. 그동안 문화 단절로 볼 수 없었던 일본영화로 이종 영화 간의 재미를 느끼게 한다. '재미'는 '재산'과 '미모'를 겸비한 것이라는 극 중 대사가 떠오른다. 그만큼 볼만한 영화지만, 한편으로는 감동을 느끼기에 부족한 오락영화인 것도 분명하다.

━ 〈살인의 낙인殺しの烙印〉 1967

스즈키 세이준 감독의 91분짜리 흑백영화다. 1963년 〈야수의 청춘〉에 주인공 형사로 출연한 시시도 조가 주인공 킬러 하나다 역으로 출연했다. 스즈키 세이준 감독의 영화가 원래 그렇지만 야쿠자, 형사, 킬러의 내용으로 이 분야에 관한 온갖 이야기를 만들어 내다 보니, 이 영화는 그도 다소 경황없이 만든 듯하다. 큰 줄거리 없이 쫓고 쫓기는 내용의 살육전은 다소 난해하고 정돈되어 있지 않아 복잡하다. 스즈키 세이준 감독의 대표작이라고 추앙되지만, 상영을 결국 중단시킨 닛카쓰 사장의 심정이 이해가 된다.

주인공 하나다는 귀국하여 보디가드의 일을 의뢰받는다. 일을 성공리에 마친 후 미사코와 지내게 되는데, 색정광인 그는 섹스 중독으로 정상적인 생활을 하지 못하고 결국 다른 킬러에 의해 죽임을 당한다.

스즈키 세이준 감독은 이 영화로 결국 닛카쓰에서 해고되었다. 블랙리스트에 오른 그는 10년 후인 1977년에서야 〈비수 이야기〉로 복직할 수 있었다. 이는 스즈키 세이준 감독에게만 한정된 일이 아니라 경제 활동의 산물인 영화 산업에서 대중과 호흡하지 못한 영화를 만들면 어떻게 되는지를 극명하게 보여준 사례라 할 수 있다. 감독의 독선에 제작자가 노한 케이스며 감독을 믿고 따른 배우나 스태프들로서는 다소 황당한 일이었을 것이다.

━ 〈스잔나〉 1967

〈스잔나〉는 하몽화何夢華 감독의 영화로 벌써 반세기 전의 영화이다. 재혼 가정 두 자매의 애증을 통해 젊은 날의 갈등과 사랑을 그리고 있다.

상반된 성격의 자매가 동급생인 남학생을 사이에 두고 신경전을 벌이던 중 동생이 언니의 애인을 유혹해 빼앗는다. 그런 어느 날 동생은 거리에서 쓰러지고 뇌종양으로 6개월 시한부 삶을 선고받는다. 그녀는 결국 언니에게 사과하는 등 남은 삶을 정리하며 죽음을 맞이한다.

이 영화는 당시 청소년들의 열광적인 호응으로 무려 30만 관객을 동원하기도 했는데, 이는 가히 폭발적인 현상이었다. 죽음을 앞둔 못된 동생의 아픔이 당시에는 와닿았나 보다. 그 당시 스무 살이었던 이청이 연기한 시한부 삶을 사는 소녀의 애절한 감정은 관객들에게 그대로 전해졌는데, 특히 여학생 관객들로 가득 찬 객석은 온통 눈물바다였다고 한다. 나는 감독에게 꼭 죽여야 속이 시원하겠냐고 따지고도 싶었다. 이렇듯 만인의 심금을 울린 영화였다. 1976년에는 이 영화의 후광을 업고 합작영화로 한국배우 이승룡과 홍콩배우 진추아가 주연한 〈사랑의 스잔나〉가 개봉되어 17만 명을 동원하기도 하였다. 이처럼 〈스잔나〉는 한 세대를 넘어 팬을 확보하고 있다.

홍콩 쇼브라더스가 제작한 하몽화 감독의 이 영화는 제14회 아시아영화제에서 최우수작품상을 받았다. 이청은 이 영화로 여우주연상까지 받았고, 1970년 8월 28일 곽정환 사장의 합동영화사가 수입하여 개봉되었다. 기존 쇼브라더스 영화들은 전부 무협영화였는데, 이 영화는 현대물로서도 흥행할 수 있다는 것을 보여준 첫 영화이다. 무려 30만 명을 동원했는데 아무도 예상하지 못한 결과일 것이다. 이후로 홍콩영화 수입가가 급등했다는 후문이다.

쇼브라더스는 당시가 인기 절정이었다. 이전에 1967년 3월 4일에 개봉한 〈방랑의 결투〉부터 〈수은의 검〉, 〈심야의 결투〉, 〈여걸 흑나비〉, 〈의리의 사나이 외팔이〉, 〈돌아온 외팔이〉, 〈단장의 검〉, 〈대협객〉이 연속으로 흥행에 성공하며 한국시장이 장사가 꽤 되는 큰 시장이라는 것이 증명하였다. 이후에 〈용호의 결투〉, 〈애가〉, 〈천면마녀〉, 〈위험한 렛슨〉, 〈왕우의 혈투〉, 〈여걸 비호〉, 〈화월춘야〉, 〈더 러브〉 등도 수입되었다.

■■■ 〈용문객잔龍門客棧〉 1967

대만영화로 호금전 감독이 쇼브라더스에서의 마지막 감독작인 〈방랑의 결투(대취협)〉 이후 대만으로 건너가 이 영화를 감독하였다. 〈방랑의 결투〉가 한국에서 흥행에 대성공하며 연속으로 개봉되어 호금전 감독의 이름을 알렸다. 대만배우 상관영봉 역시 서풍과 함께 이름을 알렸다.

내용을 보면 명나라 시기, 궁중의 환관 세력들이 충신 우겸을 처형하고 그의 후손들을 용문 밖으로 추방한다. 그리고 후손들을 암살하기 위해 자객을 보내는데, 우겸을 따르는 협객들이 후손들을 지키기 위해 용문의 객잔에서 최후의 결전을 벌인다. 이 영화는 대만의 삭막한 산악 지형과 답답한 객잔을 무대로 숨 막히는 대결전을 연출한 호금전 감독의 위대한 걸작으로 손꼽힌다. 서극 감독이 1992년에 이 영화를 사막의 객잔으로 설정하여 양가휘, 장만옥, 임청하를 출연시켜 〈신용문객잔〉이라는 제목으로 리메이크하였다.

■ 〈일본의 가장 긴 하루日本のいちばん長い日〉 1967

오카모토 기하치 감독의 흑백영화로 러닝타임 157분의 대작이다.

일제는 원자폭탄 투하와 소련 참전으로 포츠담 선언을 수락한다. 패전 즉, 그들로서는 종전인 8월 15일, 일왕은 항복 선언 방송을 한다. 그리고 극우파 장교들은 사단장을 죽이고 반란을 꾀한다. 항복 선언 전날인 14일에 동부군의 협조를 얻지 못하면 혁명은 수포로 돌아간다. 젊은 장교들은 2·26사건의 혁명 군인들인 양 나라 걱정과 일왕의 항복 선언 방송을 막기 위해 자신의 목숨을 건 것이다. 그러나 결국 그들의 노력은 수포로 돌아가게 되고 모두 자결한다. 일왕의 항복 선언 방송이 무사히 나가고 영화는 끝난다.

이 영화는 시리즈로 만들어진 정신교육용 영화다. 가히 제국주의의 망령을 보는 듯한 느낌이었고 일제강점기로 돌아간 느낌이었다. 영화 상영 후 걱정했던 우려가 현실로 드러났는데, 객석 여기저기서 주인공들의 행동에 긍정하고 수긍하는 소리가 들렸다. 영화가 위력을 발휘하는 순간인 동시에, 영화가 무서운 선전도구라는 사실을 실감하는 순간이었다.

■ 〈일본춘가고日本春歌考〉 1967

오시마 나기사 감독, 아라키 이치로, 코야마 아키코, 타지마 카즈코, 이타미 쥬조 출연작이다. 제목의 '춘가'는 '성姓'을 소재로 한 노래를 뜻한다. 성을 소재로 한 노래들은 성에 대한 서민들의 희망가다. 성에 대한 책을 읽은 오시마 나기사 감독은 완성 대본도 없이 이 영화를 찍었다고 한다. 그래서인지 내용은 난해하고 완성도는 낮아 끝까지 보기가 힘들다.

스승이 죽고 그의 제자들의 편협된 여성관을 보여주는 변태적인 행태로 상상을 펼쳐 가는데, 강의실 시험장에서 여학생을 강간하는 걸 상상하고 스승의 미망인과 관계를 갖는 등 적어도 외형으로 보이는 영상은 알 수 없는 변태 학생들의 장난뿐이다. 그 안에 어떤 심오한 철학을 담고 있는지는 오시마 감독만 알 수 있을 것 같다. 취약한 스토리와 저예산이 빚어낸 오시마 나기사 감독 최악의 영화다.

━ 〈위험은 가득히〉 1967

정창화 감독, 신성일과 신예 문희, 황정순, 전창근 감독의 딸 전향이, 트위스트 김 그리고 앳된 강부자가 출연했다. 당시 주요 장르였던 멜로영화인데, 정창화 감독으로서는 활극에서 벗어나 새로운 장르에 도전한 것이다.

줄거리는 신파조의 출생 비밀을 둘러싼 러브스토리이다. 당시로써는 이런 부류의 영화가 흥행하던 시절이므로 지방 관객을 대상으로 기획되었을 것이다. 연출의 비중이 높지 않았으므로 정창화 감독작인지 구별이 안 된다. 조감독을 맡은 신위균과 스크립터인 홍성배는 결국 정창화 감독과 함께 홍콩으로 간다. 홍콩 진출 전 검객영화를 만들었던 정창화 감독은 이지룡 제작자의 권유로 또 한 편의 필모그래피를 남겼다.

━ 〈의리의 사나이 외팔이獨臂刀〉 1967

쇼브라더스 제작, 장철·예광 공동 각본, 장철 감독, 왕우, 초교, 반영자, 전풍, 유지양, 유가량 출연작이다. 홍콩에서 100만 불의 흥행수입을 올리며 장철 감독이나 주인공 왕우를 스타덤에 올린 화제작이며, 김용 원작의 『신조협려』에서 착안하여 외팔이 무사의 캐릭터를 주인공으로 장철 감독과 예광 작가가 함께 시나리오를 썼다.

내용은 사부의 딸에게 팔을 잘리고 낙향하여 은둔하던 방강이 사부의 죽음을 전해듣고 분연히 복수에 나선다는 정의담이다. 독비도법을 익혀 무공을 갖추고 의리를 저버리지 않았다는 것은 인생사의 주요한 덕목인 신의를 강조한 것이다. 전통적인 유교의 사상을 바탕으로 중국의 전통을 보여준 영화이기에 흥행 요소가 많았고 공감대가 컸다.

영화는 흥행에 성공하며 속편 〈독비도왕獨臂刀王〉과 강대위 주연의 〈신독비도新獨臂刀〉가 제작되었다. 당시에 일본영화 〈자토이치〉 시리즈가 성공하였기에 또 하나의 장애인 시리즈가 예견되었던 상황이다. 홍콩에서 활동했던 정창화 감독은 외팔이 영화가 이전에도 있었다고 하는데, 뛰어난 무공으로 적을 제압하는 캐릭터는 이 영화가 처음이다. 이러한 신체 훼손의 영화는 외눈박이, 외다리, 심지어는 하체 불구 등 여러 캐릭터를 양산해 낸다.

왕우는 쇼브라더스와의 갈등을 알면서도 1971년 일본영화 〈독비도대전맹협獨臂刀大戰盲俠〉에 가츠 신타로와 함께 출연했다. 왕우는 이 캐릭터를 살려 자신이 시나리오를 쓴 〈독비권왕〉 시리즈에 계속해 출연한다.

━━ 〈하나오카 세이슈의 아내華岡靑洲の妻〉 1967

마스무라 야스조 감독의 100분, 흑백영화이며, 와카오 아야코, 이치카와 라이조가 출연하였다. 수술 장면이 많이 나와 어쩔 수 없이 흑백으로 촬영했다. 아리요시 사와코의 소설을 영화화한 작품으로, 와카오 아야코의 또 하나의 〈처〉 시리즈다.

19세기 초, 의사 집안으로 시집온 와카오 아야코는 헌신적인 일본 여성의 전형이다. 도시에서 의학을 공부하고 돌아온 남편 하나오카 세이슈는 전신마취 수술을 연구하기 위해 동물실험을 계속한다. 그의 어머니는 아들의 마취약 개발 성공을 위해 자신을 실험 대상으로 제안한다. 세이슈는 목숨을 담보로 한 이런 제안을 받아들일 수 없지만 아내도 자신을 실험 대상으로 제안한다. 마취약 개발을 위하여 시어머니와 며느리가 경쟁적으로 실험 대상이 되었고, 결국 마취약이 개발되는데 이 과정에서 어머니는 생명을 잃고 아내는 실명을 하게 된다. 그러한 희생으로 1806년 유방암 환자를 대상으로 일본 최초의 전신마취의 수술이 시술된다.

와카오 아야코의 연기력에 대해 언급하지 않을 수 없는 것이 그녀는 어떤 역을 맡든 자신의 연기력을 바탕으로 자신만의 성격을 창조해 내는 연기의 신이다. 이런 여배우가 있다는 것은 관객들에게는 행운이다. 일본영화는 그녀로 인해 황금기를 맞았다고 해도 과언이 아니다. 이런 연기력은 과연 어디서 나오는 것일까? 그녀의 타고난 연기 몰입은 관객들을 압도하는 괴력을 가졌다고 밖에 할 수 없다.

━━ 〈폭군황제鐵面皇帝/鐵頭皇帝〉 1967

쇼브라더스와 안양영화사 합작영화이다. 신영균, 이청, 이려려, 김승호가 출연하였다. DVD로 〈폭군황제〉를 시사해 보니 〈철면황제鐵面皇帝〉다. 이 영화는 하몽화 감독의 오리지널 홍콩영화로, 원제는 〈철두황제〉다. 영화 중 한국배우 신영균과 김승호가 나오긴 하지만 쇼브라더스 영화임이 틀림없다. 한 영화가 세 가지 제목으로 혼선을 주고 있다.

장면 중 수원성과 잠실(?)에서 수많은 엑스트라를 동원한 몹신이 나오는데, 그 외에도 군데군데 한국에서 촬영한 장면이 나온다. 아마도 홍콩에서 촬영할 수 없는 장면이라 한국에서 촬영하였을 것이다. '왜 한국인가?' 하는 의문에 대한 답을 하자면, 한국에 신필름이라는 영화사가 있었고 성城의 구조가 가장 중국스러웠기 때문일 것이다. 일본이나 대만의 성은 형태가 중국과는 너무도 다르다.

영화는 〈왕자와 거지〉의 중국판으로, 왕과 쌍둥이인 형이 포악한 왕을 대신해 정권을 잡기까지의 이야기를 그린다. 홍콩배우 이청, 이려려가 출연하였고 대부분의 장면이 홍콩 쇼스튜디오인 궁궐과 감옥 등에서 촬영되었다. 한국에서도 1967년 5월 14일에 개봉되었지만 〈달기〉처럼 흥행에 성공하지는 못했다. 당시 한국어 버전의 필름은 한국에는 없고 홍콩 버전만이 남아 DVD로 출시되었다. 한국의 최경옥 감독이 공동 감독이라고 하긴 하지만, 이 영화는 명백한 홍콩영화다.

■■ 〈홍길동〉 1967

이 영화는 41년 만에 발굴된 영화이다. 국내에는 사운드필름만 존재하다가 일본에서 16mm 필름이 발견되어 새로이 프린트 작업을 거쳐 2008년 한국영화박물관 개관영화제에서 공개하게 된 것이다.

〈홍길동〉은 우리나라 최초의 장편 만화영화로, 신동우 화백의 원작·각본·작화에 그의 형인 신동헌 화백이 감독을 맡았다. 1967년 1월에 대한극장에서 개봉하여 그해 흥행 5위에 올랐다. 당시 1위작이 개봉관 20만 명의 관객 정도였는데, 이 영화는 13만 명을 동원했다. 하루 5,000명이 들고 있었는데 2번관으로 밀려났다고 한다. 계속 상영했다면 흥행 결과도 달라졌을 것이다.

처음 보는 우리나라 만화영화에 당시 관객들은 호기심 반 기대 반의 심정으로 이 영화를 보았을 것이다. 그전까지 볼 수 있었던 만화영화로는 미국영화와 일본영화뿐이었다. 그 당시 TV에서는 일본 만화영화 〈요괴인간〉이 인기였다. 벰, 베라, 베로라는 세 요괴가 주인공이었는데, 전부 착한 캐릭터이다. 그들이 가상의 도시에서 벌이는 나쁜 요괴와의 대결은 아이들의 만화영화에 대한 갈증을 채워주기

부족함이 없었다.

당시 만화영화라 함은 비싼 제작비로 만들어지는 것이며 우리나라에서는 만들 수 없다는 인식이 지배적이었다. 그런 시절 이 영화가 나왔으니 관객들의 쏠림 현상은 당연한 것이었다. 1967년 당시 흥행작은 정진우 감독의 〈춘희〉와 이만희 감독의 〈만추〉 등이 있었는데, 〈만추〉도 흥행 7위였다. 그리고 그해에 같은 스태프들이 만든 〈호피와 차돌바위〉라는 두 번째 만화영화가 개봉되었다. 이는 〈홍길동〉의 성공을 보고 합동영화사의 곽정환 사장이 급 제작한 것이었다.

〈홍길동〉은 언제부터인가 국내에서 사라졌다. 애니메이션학과도 생기고 여러 곳에서 수소문하였지만 〈홍길동〉은 찾을 수 없었다. 그러다 일본에서 소재가 밝혀졌다. 예전에 수출된 영화의 16mm 필름이 발견된 것이다. 그동안 볼 수 없던 〈홍길동〉을 볼 수 있으니 반갑지 않을 수 없다.

━━ 〈흐트러진 구름亂れ雲〉 1967

나루세 미키오 감독의 유작이며 35mm 컬러 시네마스코프영화로, 러닝타임은 108분이다. 가야마 유조, 쓰카사 요코, 구사부에 미쓰코가 출연하였다.

주인공 유미코는 부러울 것이 없는 신혼부부로, 유미의 남편은 산업통상부에서 촉망받는 관리이다. 그는 워싱턴 근무를 명받아 부부는 미국으로 떠날 일로 분주한데, 남편이 출장길에 교통사고로 사망하게 된다. 가장 행복한 순간에 닥쳐온 불행 앞에서 그녀는 망연자실하는데, 남편을 죽인 과실 운전자인 미시마가 문상을 온다. 미시마는 성실한 회사원으로 법원에서 불가피한 사고임을 판정받아 무죄 판정을 받았지만, 유미코를 찾아와 인간적으로 속죄한다며 월급의 10%를 그녀에게 매달 지불하기로 한다. 그런 돈을 받을 수 없다는 유미코지만 당장 돈이 아쉬운 상황이기에 거절하지 못한다.

그녀는 임신 3개월로 중절 수술을 하는데, 그 일로 결국 시아버지에게서 파문을 당해 고향 아오모리로 돌아가 언니가 운영하는 료칸(여관)에서 일하게 된다. 미시마는 유미코보다 먼저 이곳으로 발령받아 근무하다가 찾아온 유미코에게서 위자료를 돌려받는다. 그것은 과거를 잊고 살자는 유미코의 배려였지만 미시마로서는 선의의 마음을 받아주지 않아 원망이 앞선다. 이후 두 사람은 가까워질 수 없는 상황임에도 서로에게 이끌리며 복잡한 감정에 휩싸이는데, 결국 서로의 감정을 속일 수 없어 미래를 함께하기로 결정한다. 그러나 둘만의 여행길에서 교통사고를 목격한 유미코가 미시마를 받아들일 수 없다고 다시 제 갈 길을 간다. 마지막 장면은 미시마에게서 연락오기를 기다리는 듯 그가 떠나간 바다를 바라보는 유미코의 롱숏으로 끝이 난다. 두 사람의 앞날은 관객들의 상상의 몫으로 남겨주는 감독의 배려이다.

시리즈 속편은 무의미하겠지만 관객들로선 다음 편이 있었으면 하는 생각도 가질 수 있다. 그만큼 흡인력 있는 연출이었다. 이루어질 수 없는 두 남녀가 보여주는 사랑과 증오의 마음을 나루세 감독은 관객의 심리를 꿰뚫고 한 치 앞에서 끌어가며 보여주고 있다. 이 영화는 전작인 〈흐트러지다〉의 속편 격으로, 미시마 역의 가야마 유조가 이루어질 수 없는 사랑을 추구하는 남자로 다시 출연하고 있다. 거장의 유작이기도 하였지만 예측불허의 스토리와 인간의 심리를 완벽히 보여주는 연출력이 돋보이는 걸작이다.

■■ 〈4월이 가면〉 1967

영상파 감독인 정진우 감독의 1967년 작이다. 문희 배우의 대표작이며 홍콩으로 진출한 성훈 배우의 데뷔작이기도 한데, 반세기 전의 서울이 옛 모습을 덤으로 볼 수 있는 영화였다. 영화는 파리에서 온 여인을 만나 사랑을 느끼는 청년의 갈등을 그리고 있다. 옛 서울 시청이나 김포공항, 덕수궁 등이 나오며 당시 최신 유행이었던 가면무도회 등의 장면, 벚꽃 날리는 고궁의 모습이 수려한 영상으로 나타난다. 반세기 전의 영화라고 보기엔 근사한 영화가 아닐 수 없다. 이 영화는 홍콩 쇼브라더스로 진출한 무협배우 성훈의 데뷔작으로 젊은 그의 상큼하면서도 풋풋한 모습을 만날 수 있다.

■■ 〈가요 반세기〉 1968

고복수 등 초창기 가수들과 이미자, 남진, 패티김 등 당시 활동하던 가수들이 출연한 영화다. 한국영화의 특이한 장르 중 하나가 가요영화다. 극장쇼가 유행하던 시절, 관객들은 인기 가수들을 직접 보지는 못하지만 스크린을 통해서나마 만나는 것이다. 가요 방송이 흔치 않던 시절, 극장에서 볼 수 있는 가요무대식의 다큐멘터리영화로 당시 인기 가수들이 출연한다. 가히 극장쇼 시대의 산물인데 지금 우리가 아는 뮤직비디오가 그 원조 격이다. 2014년에 발굴되어 상영되었는데, 이 영화에서 당대 인기 가수들의 모습을 볼 수 있다.

━ 〈감자〉 1968

김승옥 감독, 윤정희 출연작이다. 소설가와 각본가로 활동하던 주목받은 신예 김승옥의 데뷔작이지만, 2만여 명의 흥행 기록으로 그쳤다. 이 기록도 나쁘다고 할 수는 없지만 그 당시 윤정희 배우 출연작은 5만 명 이상이어야 흥행작에 들었다.

주인공 캐릭터는 윤정희의 이미지와는 맞았지만, 의외로 정사 장면이 검열에서 삭제되고 흥행도 타격을 받았을 듯하다. 윤정희 배우의 또 다른 역량을 살렸더라면 이런 결과는 피했을 터인데, 그마저도 안 되어 김승옥 감독은 이후 더 이상의 연출작이 없고 영화계 일도 줄어들었다. 문필 활동마저 1980년 신군부 세력의 검열을 당하자 절필 선언을 하기도 하였다.

훗날 변장호 감독이 강수연, 이대근을 주인공으로 하여 리메이크하였다. 이두용 감독의 〈뽕〉도 같은 시기의 여인수난사인데, 전혀 다른 여인상을 그려 호평을 받았다. 이는 참혹한 이야기일수록 다른 시각으로 풀어야 극적 흥미도도 높이고 관객의 호응을 받을 수 있다는 반증이다.

━ 〈교사형絞死刑〉 1968

오시마 나기사 감독, 우에노 다카시, 와타나베 후미오, 토우라 마츠히로 출연의 119분 영화다. 일본의 사형 제도인 교사형을 통해 전후 일본이 가지고 있었던 문제들을 고발하는 내용의 영화다.

극 중 R로 불리는 주인공은 강간, 살인 혐의로 교수대에 오른다. 그러나 교수형 후에도 그는 죽지 않고 살아난다. 이후 기억을 상실한 그의 범죄 사실을 입증하기 위하여 사형장의 참관인들이 R 주변 인물들의 배역을 맡아 R이 지은 죄를 입증하고자 노력한다. 이 우스꽝스러운 지적 판타지는 결국 일본이라는 국가의 허위를 입증하고자 하는 오시마 감독의 논리극이다. 과연 오시마의 시선이 올바른지의 판단은 관객들의 몫이다.

오시마 감독은 엔딩에서 수고 많았다며 배역들에게 감사를 표하며 관객들에게도 묻는 형식으로 이 주제에 대한 공감대를 확장시키려 했지만, 난해한 내용 때문에 선뜻 대답하기 어렵다. 다만 그의 창의력만큼은 높이 살만한 영화다.

■■ 〈돌아온 술주정뱅이帰って来たヨッパライ〉 1968

만드는 영화마다 논란을 불러일으켰던 오시마 나기사 감독의 72분짜리 저예산 영화로 아다치 마사오, 가토 카즈히코가 출연했다. 오시마 감독은 특히 한국인을 소재로 한 영화들을 많이 만들었는데, 좋은 이미지가 아니기에 그와 한국인들의 거친 설전은 지금도 회자되고 있다.

젊은 패기로 만든 영화들은 그의 사상적인 면들을 잘 보여주고 있다. 이 영화 역시 난해하기가 극으로 치달아 편하게 볼 수 있는 영화는 아니다. 내용은 대학생 세 명이 해변에 놀러가서 벌어지는 블랙코미디다. 옷을 잃어버리고 목욕탕에서 다른 사람의 옷을 훔쳐 입어 해변으로 밀입국한 한국인으로 의심받으며 그렇지 않은 상황이 반복적으로 보인다. 혹시 영사실에서 실수로 이미 상영한 필름을 다시 보여주나 싶은 반복 영상은 너무 길어서 참고 보던 관객들이 자리를 박차고 나갈 정도였다. 더 이상의 영상 고문을 견딜 수가 없었을 것이다. 오시마 나기사 감독의 배짱이 아니면 그 누구도 시도하지 못할 실험이다.

그렇게 만들어진 영화를 보고 영화사 사장도 참고 견뎌낼 수 없었을 것이다. 쇼치쿠영화사를 나온 그는 스스로 소죠사創造社라는 영화사를 설립하고 주로 ATGArt Theater Guild의 도움을 받아 계속 영화를 만든다. 1960년대가 영화 실험의 도가니였다 하더라도 자신이 만들고 싶은 대로 영화를 만들어 낸 오시마 나기사 감독은 정말이지 연구 대상이다.

■■ 〈모란등롱牡丹燈籠〉 1968

야마모토 샤쓰오 감독, 혼고 코이지로, 아카자 미요코, 오가와 마유미, 니시무라 코우 출연의 89분 컬러영화다. 중국의 소설집 『전등신화』에 소개된 고대소설을 영화화했다.

마을 서당의 훈장인 하기와라는 죽은 이들의 제사 행사인 등불을 강물에 띄우는 행사날 밤에 오츠유를 만난다. 그녀는 하기와라를 찾아온 혼령이었다. 그녀의 끈질긴 구애에 하기와라는 그녀와 하룻밤을 지내게 되는데, 이후 그녀가 산 사람이 아님을 알면서도 그녀의 구애에 점점 그녀에게 빠져든다. 이를 알게 된 마을 사람들은 그를 보호하기 위해 부적으로 그의 집에 혼귀의 접근을 차단하는데, 앞집 부부가 혼령에게 100냥을 받고는 문에 붙은 부적을 떼어준다. 결국 하기와라는 오츠유와 저세상으로 가고 부부는 욕심으로 인해 죽음을 맞는다.

비슷한 내용의 영화로 신상옥 감독의 〈이조괴담〉이 있고, 정소동 감독의 〈천녀유혼〉이 있다. 세 영화 모두 당시로는 훌륭한 괴기영화다.

▬ 〈붉은 모란緋牡丹博徒〉 1968

이 영화는 후지 준코의 〈여협〉 시리즈로, 기모노 속에 감추어진 그녀의 문신이 바로 '붉은 모란'이다. 아버지를 위한 복수의 여정에서 그녀는 피가 낭자한 살육전을 벌이는데 무기는 사시미 칼이다.

1968년부터 시작하여 총 일곱 편으로 후지 준코가 결혼하면서 은퇴하여 시리즈도 막을 내렸다. 첫 편은 〈여자 야쿠자〉로 시작하여 〈인협의 길〉, 〈원한 도박사〉, 〈화투 승부〉, 〈돌아온 오류〉, 〈먼저 갑니다〉까지 시리즈가 만들어졌다. 일본영화 시리즈는 〈붉은 모란〉 이외에도 가츠 신타로의 〈맹협〉 시리즈, 그 외에 〈미야모도 무사시〉 등이 있다.

이 영화가 일본영화사에 끼친 영향은 지대하다. 눈물로 신세타령을 하던 전통적인 여인상을 바꿔버린 것이다. 그렇게 연약한 여성이 보여주는 칼부림이 관객들의 호기심을 충족시켜 주었고, 후지 준코는 일약 액션여배우가 되었다. 우리나라의 김지미 배우를 연상시키는 강인함을 그녀도 갖고 있다. 두 배우는 활동 시기도 같다.

그리고 홍콩영화도 단검의 시대를 맞는다. 장검으로 싸우던 시대극에서 진일보하여 장철 감독은 〈복수〉로 단검 승부 시대를 열었다. 그러나 단검 시대는 그리 길지 않았다. 이소룡의 등장으로 육체가 곧 무기인 권격영화 시대를 맞게 되었다. 역시 단검은 야쿠자들의 무기였고 그들은 수많은 임협任俠영화에서 단검 승부를 보여주었다. 제15회 부천국제영화제에서 〈붉은 모란〉 시리즈가 한국에서 처음으로 상영되었다. "붉은 모란, 인협의 길 혹은 더렵혀진 살갗", 너무도 자극적이며 보고 싶게 만드는 카피다.

■■ 〈섹스 체크セックス·チェック(제2의 성第二の性)〉 1968

마스무라 야스조 감독, 오오쿠스 미치요, 오가타 켄, 오가와 마유미 출연의 89분, 컬러영화다.

단거리 유망주였던 미야기는 태평양전쟁으로 올림픽 출전이 좌절된 후, 전쟁에 참여하여 온갖 악행을 일삼고 전쟁 후에도 술과 여자에 빠져 방탕한 생활을 한다. 그러던 중 실업팀의 육상팀 코치직을 맡게 되는데, 단거리 유망주 히로코를 만나 그녀의 재능을 알아보고 새 출발을 다짐한다. 그러나 그녀는 남성과 여성의 특징을 모두 갖고 있는 양성애자였다. 신체검사에서 이 사실을 알게 된 미야기는 그녀와 섹스 관계를 가져 여성화시킨다.

의학적으로 그럴 수는 없는 일이지만 영화적 상상력이라 치더라도 엉뚱한 전개이다. 더구나 선수 시절 라이벌이었던 의사의 부인을 강제로 범해 정신병자로 만들어 흐름을 끊는 것도 어색한 설정이다. 히로코는 여성으로 다시 태어나지만 육상대회에 나가 저조한 성적으로 예선 탈락을 한다. 여성으로는 다시 태어났지만 선수로서의 생명력은 잃은 것이다. 마스무라 감독의 영화치고는 완성도가 떨어지는 영화다.

■■ 〈신주쿠 도둑일기新宿泥棒日記〉 1968

오시마 나기사 감독, 요코오 타다노리, 요코야마 리에 출연의 영화로, 러닝타임은 95분이다. 책방의 책 도둑인 두 남녀의 기행과 거리 즉흥극을 통해 절도, 약물, 섹스 등 사회적 금기에 대해 경고한다. 괴짜감독인 오시마 나기사 감독은 초저예산을 극복하고자 파격적인 실험영화 스타일로 연출했는데, 관객들에게는 난해하고 고문 받는 듯하여 거부감이 심했다. 실험도 관객의 이해가 우선되어야 하는데 극장을 벗어나고 싶은 생각이 드는 설득력 없는 영상 표현과 시나리오의 난해함으로 영화의 완성도는 형편없다. 오시마 나기사의 괴짜스러움을 보여주는 그다운 영화이다.

■■■ 〈심야의 결투金燕子〉 1968

장철 감독, 왕우, 정패패, 나열 출연의 영화로 러닝타임은 104분이다. 장철 감독은 〈3인의 협객〉, 〈단장의 검〉, 〈외팔이〉, 〈대자객〉 등을 만들며 자신의 일본영화 취향을 잘 보여주었는데, 이 영화도 일본 로케이션까지 하며 그의 무협영화 세계를 보여준다.

천하제일이 되고자 하는 검객 은붕은 금연자라는 연상의 연인을 사모하며 스스로 파멸의 길을 걷는다. 정의를 위한다 하지만 죽음을 담보로 한 무모한 대결의 연속이다. 그래서 얻은 것이라고는 마음의 연인인 금연자가 찾아온다는 것뿐이다. 숙적 한다오와의 대결에서 부상을 당하고서도 금연자를 보내고 결국 죽음을 맞는 주인공은 자신의 죽음조차도 금연자에게 보이지를 않는다. 영화는 그것이 진정 대장부의 길인 것처럼 보여주지만, 어차피 죽기로 작정한 사나이의 처절한 죽음의 미학일 뿐이다.

대부분의 화면은 손으로 들고 찍는 핸드헬드 카메라로 촬영하여 출렁이면서 화면 속 액션을 잘 보여주고 있다. 그래서 왕우의 액션은 빛이 나며 장철의 무협 세계는 만개한다. 정교하면서 공들인 액션 연출은 빛이 난다. 대본은 말도 안 되는 삼류이지만 풀어나가는 솜씨는 일류인 것이다. 국내에서는 왜 〈심야의 결투〉로 번역되었는지 모르겠지만 석양녘 지나 결투가 시작된다. 그러나 낮 촬영을 하여 밤 장면으로 바꾼 어색한 장면일 뿐이다. 그러저런 결함에도 불구하고 이 영화는 장철 감독의 대표작으로 영화제에서 소개된다.

이 영화는 〈방랑의 결투〉로 한국에 소개된 호금전 감독의 1966년 작 〈대취협〉의 속편이다. 쇼브라더스는 전편의 인기로 속편을 기획했으나, 호금전 감독은 이미 쇼브라더스를 떠난 상태였다. 결국 장철 감독에게 의뢰된 이 영화는 여주인공 정패패의 기대와 달리 왕우를 위한 영화로 만들어졌고, 정패패는 아무것도 모른 채 출연했다가 장철 감독을 두고두고 원망했다고 한다.

장철 감독은 스타일이 다른 감독이었다. 장철 감독은 남성영화 작가이자 영화 속 주인공을 어떻게 죽일 것인가를 끊임없이 탐구한다. 액션과 죽음의 미학을 추구하는 감독인 것이다. 장철 영화에서의 여주인공은 버림받은 비련의 여주인공일 뿐이다. 이 영화에서도 그렇지만 그의 다른 연출작을 훑어보더라도 마찬가지이다.

남자를 기다리거나 흠모하지만 남자의 머릿속에는 딴 생각으로 가득하다. 그런 것이 장철 영화의 영웅상인지도 모르겠다. 그의 영화를 통해 많은 남성 스타가 탄생하였다. 멋진 죽음을 통해 스타로 거듭났다고 해도 과언이 아니다.

2006년 부천국제판타스틱영화제에서 이 영화를 보고 그와 만났다. 40여 년이 흘렀지만 그는 여전히 협객이고 우리 시대의 우상 그대로였다. 그래서 그런 영화들이 만들어졌을 것이다.

▬ 〈여자의 일생〉 1968

신상옥 감독의 이 영화는 최은희 배우를 위한 헌정작이다. 신 감독의 영화로는 드문 여성용 최루성 멜로영화로, 당시 13만 4천 명을 동원한 흥행작이다. TBC에서 방영된 〈아씨〉의 영화 버전 같은 내용으로, 바람둥이 남편을 만나 고생하고 아들마저 개망나니로 속을 썩었던 우리 시대 어머니들의 자화상을 그린다. 너무 판에 박힌 고생담이지만, 당시 관객들에게는 어필될 수밖에 없는 내용이어서 격세지감을 느끼게 한다. 이 영화는 신 감독이 〈사랑방 손님과 어머니〉 이후 수원에서 로케이션하여 완성해 50여 년 전 수원의 풍광을 볼 수 있다.

▬ 〈육탄肉弾〉 1968

오카모토 기하치 감독, 테라다 미노리, 오타니 나오코, 이토 유노스케 출연의 스탠더드 흑백영화로 러닝타임은 116분이다. '육탄'이란 특공대원을 뜻하는 말로 스탠더드 규격을 통해 옛 영화의 풍치로 전쟁 말기의 기담을 풍자와 유머로 그려내고 있다. 전쟁을 고발하는 반전영화로 군국주의의 병폐를 고발했다.

주인공인 학도병 아이쓰는 어뢰에 드럼통을 묶어 특공대원이 되어 적함을 찾아 나선다. 그러나 전쟁은 이미 일본의 무조건적인 항복으로 끝이 났다. 영화는 아이쓰가 훈병 시절 배가 고파서 겪었던 일, 헌책방의 팔 잃은 주인에게 성경을 얻고, 유곽에서 첫 동정을 바치던 일, 유곽 주인인 여학생과의 정사, 바다가 보이는 전선에서 광란에 찬 주민들의 모습 등을 보고 겪으며 전쟁 속에 인간성을 상실하고 광란을 보이는 인간 군상을 그의 회상으로 보여주어 광기의 전쟁 말기 증세를 조롱한다.

엔딩은 1968년 휴양지로 변한 그 바닷가이다. 전쟁 후 23년이나 지났지만 아이쓰는 백골이 되어 아직도 드럼 속에 갇혀 바다를 떠돌고 있다. 이는 그야말로 육탄으로 산화한 것이며, 전쟁에 지치고 휘둘린 사람들의 심정을 시니컬하게 보여주는 장면이라고 볼 수 있다. 가히 형이상학적인 인간에 대한 탐구이며 잔혹한 전쟁 고발이다. 감독으로서는 군국주의 시대를 살며 느낀 자서전적인 내용일 것이며, 또 군국주의 영화를 만들며 느낀 참회의 기록을 담았다고 할 수 있다. 참으로 험난한 시대를 살았던 감독이 담아낸 지난한 역사의 기록이다. 1968년, 오카모토 감독은 이 영화로 마이니치영화콩쿠르 감독상을 받았다.

■ 〈인생극장人生劇場 飛車角と吉良常〉 1968

우치다 도무 감독, 츠루타 코지, 다카쿠라 켄, 후지 스미코 출연의 컬러 임협영화로, 러닝타임은 109분이다.

이 영화의 두 남주인공 히샤카쿠와 미야카와는 선후배 야쿠자다. 히샤카쿠는 여자를 빼돌려 상대 조직인 오요코타파로부터 추격을 받다가 결국 조직원을 죽이고 감옥에 간다. 그의 애인 후지 준코는 멀리 도망가 매춘부가 되었는데 미야카와와 사귀게 되어 삼각관계가 된다. 결국 그녀는 두 사람을 포기하고 멀리 도망가 게이샤가 된다. 시간이 흘러 히샤카쿠가 출소하고 두 사람은 해변의 여관에서 손님과 게이샤로 우연히 만나 회포를 푸는데, 오요코타파는 살인 계략을 꾸며 그들을 추격한다. 결국 미야카와가 홀로 그들의 소굴을 찾아가 선제공격을 하다가 장렬히 죽고 히샤카쿠가 그들을 척살해 복수를 한다. 그리고 여인에게 장례를 부탁하고 길을 떠난다.

임협영화라는 장르는 야쿠자들의 의리와 전쟁을 소재로 한 영화이다. 전쟁 전 사무라이 액션영화들이 전후 임협영화로 변신하였다. 장검도 들고 싸우지만 단도를 사용하는 임협영화 속의 주인공들은 나름 정의를 추구하는 의협의 사나이다. 그러나 그것은 겉모습일 뿐, 조직 간의 전쟁을 소재로 하며 그들의 악행은 미화되고 상대 조직을 처벌하는 식이다.

이런 영화들은 일본영화에서 상업적인 소재로 활용되어 많은 임협영화 전성시대를 맞았다. 그 영화들의 주인공은 쓰루타 고지, 다카쿠라 켄 그리고 여주인공 후지 준코이다. 이 모두를 캐스팅한 영화가 바로 〈인생극장〉이다. 임협영화로는 처음으로 《키네마순보》 베스트 10에 오른 영화로 당대 액션영화의 사조를 엿볼 수 있다. 한국에서도 김효천 감독이 박노식, 장동휘 주연으로 하여 깡패를 소재로 〈명동〉 시리즈를 만들었다. 그리고 이런 액션영화는 당대의 유행 장르로 고영남, 임권택, 변장호 감독 등 많은 감독이 수많은 액션영화를 만들었다.

이런 영화의 줄거리는 하나같이 남자는 의리를 중시하고 사랑은 대의를 위해 포기해야 한다는 식으로 전개된다. 〈인생극장〉은 나름 사랑도 포기하고 조직과 후배를 위한 복수전을 벌이는 정의로운 야쿠자의 모습을 부각시키는데, 이는 영화적인 설정일 뿐이며 현실감은 없다. 그러나 이런 영화들이 사무라이 액션영화의 연장선에서 관객들의 환호를 받으며 한 시대를 풍미했다.

■ 〈장군의 수염〉 1968

김태수 제작, 김갑의 기획, 이성구 감독의 영화이며, 원작은 이어령, 각색은 김승옥이다. 신성일, 윤정희, 김신재, 김승호, 김성옥, 정애란, 여운계, 백일섭, 문오장, 김동원, 곽규석, 한은진이 출연하였다. 온갖 모순으로 가득 찬 세상에 보내는 가슴 따뜻한 이야기이지만, 한편으로는 냉소적 시각에서 바라본 차가운 영화이다.

첫 장면은 남자의 시체부터 시작한다. 그리고 이를 수사하는 두 형사의 시각에서 사건의 내용이 내레이션으로 소개되며 영화가 전개된다. 한국전쟁 후, 이상적인 인생관을 가진 남자와 그런 순수함을 사랑한 댄스 걸의 이야기가 수사를 통해 밝혀진다. 중병을 앓고 있는 여자의 부친을 대신 간병해 준 인연으로 두 남녀는 사랑하게 되고 동거에 들어가는데, 영화는 내내 사회의 모순을 말하며 이 모든 것은 인간들의 양면성에서 기인된 것이라고 말한다. 남자는 『장군의 수염』이라는 소설을 쓰기로 작정하나 쓰이지는 않고 두 남녀는 고해와 질투 때문에 갈등이 고조되어 결국 여자가 집을 떠난다.

다소 철학적인 내용의 영화는 마지막 희망을 이루지 못한 남자가 결국 자살을 택한 것으로 끝이 난다. 다소 난해한 내용의 영화인데, 이런 영화가 당시 관객들에게 어떻게 전달되었을지도 궁금하다. 영화 초반부 '장군의 수염' 부분을 애니메이션으로 처리한 것이 매우 특이한데, 당시 유행하던 애니메이션을 적절히 사용한 것으로 보인다. 이 영화에서 윤정희는 다소 불안정한 댄스 걸을 연기했는데, 당시 영화배우 중에서 인기를 끈 카뜨린느 드뇌브의 연기가 떠오르기도 한다.

▬ 〈천면마녀千面魔女〉 1968

이 영화는 쇼브라더스에 초빙되어 간 정창화 감독이 만든 첫 작품으로, 러닝타임은 83분이다. 정 감독의 팬인 나로서는 국내 개봉 광고를 보자마자 을지로 입구 파라마운트극장에 찾아갔지만, 미성년자 관람불가로 개봉관에서는 보지 못했다. 결국 동네 극장에서 보았는데 어린 나는 007풍의 여형사영화, 더 정확히 말하면 여성 액션영화를 처음 보고 놀랐던 기억뿐이다. 그리고 이 영화를 43년 만에 극장에서 다시 보았다. 역시 기억만큼 대단한 영화로 당시 유행하던 오락영화의 흥미 요소를 총망라한 퓨전 액션영화였다.

〈천면마녀〉가 만들어질 당시는 〈007〉 시리즈 같은 첩보영화가 성행하던 때이다. 그래서 〈판토마〉 시리즈, 〈0011 나폴레옹 솔로〉 시리즈, 〈전격 후린트 고고작전〉 시리즈, TV 드라마로는 〈그린호넷〉 시리즈 등이 인기를 끌었는데, 모두 남성 액션영화였고 여성 액션영화는 이 영화가 처음이었다. 런런쇼에게는 당연히 환호할 일이었고 이 영화는 쇼브라더스 감독들은 물론 전 스태프들의 필수 관람 영화가 되었다.

정 감독에 의하면 이 영화는 영국으로 수출된 쇼브라더스의 첫 번째 영화라고 한다. 이 영화의 동굴 세트 장면을 보니 〈용쟁호투〉가 떠오른다. 동굴 밖의 풍광은 더더욱 그렇다. 누구나 이 영화에서 또 다른 영화를 생각했을 법하다. 〈천면마녀 2〉가 안 나온 것도 의아하다. 함께 본 이동삼 촬영감독은 "지금 개봉해도 되겠다"라는 말로 이 영화의 뛰어남을 말했다.

▬ 〈킬!斬る〉 1968

오카모토 기하치 감독의 114분 흑백영화다. '베어라!'라는 뜻의 제목인데, 서부극의 원형을 빌어 막부말로 시대 배경을 바꾸어 만든 찬바라영화다. 영화는 영주의 사무라이로 입신하려는 사나이와 사무라이에 환멸을 느끼고 정의를 위해 암약하려는 두 사나이에 초점을 맞추어 번(지방권력)의 개혁에 가담한 검객(야쿠자 혹은 사무라이)들의 이야기다.

이 영화를 보면서 느낀 점은 쇼브라더스 〈방랑의 결투(대취협)〉의 악화 연기가 나카다이 타츠야와 상당히 닮았다는 점이다. 분장하며 연기, 상황 설정 모든 것이 닮아 연상될 수밖에 없었다. 그러나 〈방랑의 결투〉의 제작 연도가 앞선다. 이를 어떻게 해석해야 할까? 이는 우연의 일치일 수도 있지만 나카다이 타츠야가 오랜 기간 보여준 그런 연기 패턴을 해왔다는 것이라고 답할 수 있다. 당시의 홍콩영화는 일본영화의 영향을 부정할 수가 없다. 악화는 당대 홍콩의 톱스타였다. 그러함에도 불구하고 나카다이 타츠야의 연기는 탁월하기에 다른 배우들에게 영향을 줄 수밖에 없었던 것이다. 홍콩영화에 영향을 끼친 일본 찬바라영화, 무심코 넘길 수 없는 이유가 바로 이것이다.

■■ 〈화월춘야花月良宵〉 1968

쇼브라더스 제작, 이청, 하리리 출연의 이노우에 우메츠구 각본·감독작으로, 러닝타임은 122분이다. 런런쇼는 일본감독을 초빙해 선진 장르를 보여주려고 했다. 이런 유사 장르 영화가 한때 유행했고, 〈스잔나〉의 흥행 성공 이후 신필름이 수입하여 1971년 개봉하였다.

■■ 〈휴일〉 1968

이만희 감독, 신성일, 전지연 주연의 흑백영화로, 러닝타임은 73분이다. 이 영화는 1960년대의 암울한 시대를 배경으로 한 청춘영화다. 신성일과 지윤성(전지연)이 출연했는데 바람 부는 남산에서 찍은 첫 장면은 지금도 눈에 선하다. 그만큼 강렬했던 장면인데 내용은 낙태할 돈을 구하러 다니는 가난뱅이 청년의 하루다.

제작 당시 개봉은 하지 못했는데 마지막 장면을 수정하라는 검열관의 권고를 거절했기 때문이다. 수정의 이유는 주인공의 처절한 하루가 너무 심했다며 결말을 주인공이 군대 가는 것으로 하라는 주문이었다. 거액의 제작비를 투자했음에도 이를 받아들일 수 없는 건 감독이나 제작자나 마찬가지였다.

그 제작자는 홍상수 감독의 모친인 전옥숙 여사다. 결국 이 영화는 창고에 잠들어 있다가 2005년에야 발견되어 시사회를 가졌다. 보는 이들은 이 황당한 상영 불가 스토리에 경악보다는 실소를 보냈고, 이 영화의 각본을 쓴 백결 작가는 "당시 이런 사람들은 트럭으로 몇 차나 되었다"라고 당시를 회상했다.

■ 〈여걸 흑나비女俠黑蝴蝶〉 1968

나유 각본·감독, 초교, 악화, 전풍, 양지경, 곡봉, 나유, 진홍렬 출연이며, 나유 감독의 1960년 작 〈흑나비〉의 리메이크작이다. 일본영화 〈닌자〉 시리즈의 아류 작인데, 한국에서도 개봉되어 흥행에 성공하였다. 호금전 감독작 〈방랑의 결투〉의 흥행 성공 이후 쇼브라더스 영화가 붐을 이루던 초기작이다.

■ 〈남자와 기생〉 1969

신필름 제작, 김문엽 각본, 김종래 촬영, 마용천 조명, 정우택 미술, 오성환 편집, 정민섭 음악의 심우섭 감독작이다. 구봉서, 허장강, 이빈화, 도금봉, 양훈, 김청자가 출연하였다. 영화는 평소 여자 같은 성품으로 회사에서 마저 쫓겨난 미스터 구가 생활고를 견디다 못해 요정이라는 생활전선에 나서며 벌어지는 에피소드를 보여준다. 당시 흥행하던 〈남자〉 시리즈 중 한 편인데, 이 시리즈에는 1968년 심우섭 감독의 〈남자 미용사〉, 〈남자 식모〉 등이 있다. 이 영화가 흥행하자 이듬해에는 〈남자 식모〉의 속편도 제작된다.

1963년 임권택 감독, 구봉서 주연의 〈남자는 안 팔려〉부터 시작해 여장남자들의 코믹영화가 인기를 끄는데, 1965년 김기풍 감독, 서영춘 주연의 〈여자가 더 좋아〉, 1971년 변장호 감독의 〈명동사나이 따로 있더냐?〉 등으로 이어진다. 코미디언 서영춘은 여성적인 캐릭터가 있어서 여성 역할이 어울리는데, 뚱뚱한 구봉서는 비여성적이라 여장남자 코미디에 더 어울린다. 심우섭 감독은 한국 코미디영화를 이끌어 온 감독으로, 1983년 〈여자가 더 좋아〉까지 여장남자들의 행각기를 리메이크한다. 〈남자와 기생〉은 그의 절정기 작품이다.

■ 〈눈먼 짐승盲獸〉 1969

마스무라 야스조 감독, 후나코시 에이지, 미도리 마코, 센고쿠 노리코 출연의 84분 컬러영화다. 〈번개〉, 〈오누이〉 등의 영화를 통해 전후 일본 사회의 문제점을 들추어 영화화하였던 마스무라 감독은 시각장애인이 처녀를 납치해 조각 작품의 모델로 삼는다는 에도가와 란포 작가의 추리소설『금단의 도착애』를 영화화하였다. 에도가와 란포는 애드가 앨런 포우 작가의 이름을 차용한 일본의 고전 추리소설가다. 그의 소설에는 이상한 마력이 있어 그의 소설을 읽으면 바로 팬이 될 수밖에 없다. 이는 그 작가가 갖고 있는 마력이다. 이 영화도 납치된 여자가 밀폐된 작업실이라는 공간에서 정신적으로 피폐되어 가며 영혼마저 상처받아 마조히스트가 되어 죽어가는 과정을 적나라하게 보여주고 있다.

주인공인 시각장애인 조각가는 손끝의 촉각만으로 여인의 아름다움을 조각품으로 표현해 내는데, 처음에는 달아날 궁리만 하던 여인도 결국 그를 사랑하게 된다. 두 사람은 육체관계를 갖게 되면서 촉각의 쾌감 속에 결코 이룰 수 없는 쾌락의 절정에 심취하게 된다.

조각가와 사랑을 하게 되며 차차 눈이 멀어 촉각의 노예가 된다는 설정은 무리가 있는 이야기지만, 그것을 영화적으로 표현해 가는 마스무라 감독은 관객들의 생각에는 아랑곳하지 않고 급기야 여인의 팔다리를 토막 낸다. 참으로 일본적인 원작 소설에 충실하여 일본적인 영화를 만들어 냈다. 여기서 '일본적'이라는 것은 엽기의 극치를 말한다. 그것에 익숙하지 않은 관객들로서는 끝까지 보기 힘들 수 있다.

참으로 극과 극을 오가는 영화지만, 얼마든지 음란하게 보일 수 있는 내용을 그렇지 않게 그리려는 마스무라 야스조 감독의 연출력은 이 영화가 갖고 있는 포르노적인 오해를 풀어준다.

▬ 〈대도가왕大盜歌王〉 1969

쇼브라더스 제작, 장철 감독, 당가·유가량 무술감독, 임충, 하리, 나열, 임가 출연이다. 장철 감독은 무협영화의 거장으로 알려져 있다. 그렇다고 그가 현대 배경의 영화를 만들지 않은 것은 아니다. 바로 이 영화가 그의 첫 현대물 액션영화다. 그는 1968년 〈심야의 결투〉와 〈독비도왕〉을 만들고 이 영화를 연출하였다.

영화의 시작은 어느 사교클럽의 무대다. 1960년대 말의 분위기치고는 고급스러운데 노래하는 가수는 반(판)이다. 주인공 역을 맡은 임충林冲은 실제 당시 대만의 인기 가수이다. 한국으로 치면 신일룡 배우의 느낌도 있고 경쾌한 분위기는 같은 시기에 활동하던 남진의 분위기와 비슷하다.

그는 왕년에 날리던 보석털이범인데 항시 범행 후에는 카네이션을 놔두었던 전설적인 대도다. 그는 8년 만에 출소 후 클럽의 가수로 새 출발을 한다. 그러던 어느 날 자신의 수법을 그대로 본뜬 보석털이 사건이 연이어 벌어지고, 그는 형사들로부터 의심을 사고 쫓기는 신세가 된다. 반은 절친인 국제(궈지, 나열)를 찾아가 위기를 모면하고 그런 그를 사교계의 여왕이며 보석 수집가인 묘령의 여인(하리리)이 도와준다.

반은 그녀의 도움으로 형사들을 따돌리지만 이 위기를 어떻게 모면할 것인가 고민하던 중 자신이 직접 범인을 잡는 수밖에 없다는 생각을 한다. 반의 파티장에서 범인은 국제의 애인인 것으로 밝혀지고, 반은 국제를 추적하여 일당과 끝판 대결을 벌인다. 결국 악당들은 소탕되고 국제는 권총 자살을 한다.

다소 어설픈 엔딩이지만 이 영화가 지금으로부터 반세기 전의 영화라는 것을 생각하면 그리 나쁜 엔딩도 아니다. 이 영화는 당시 〈007〉 시리즈나 정창화 감독의 〈천면마녀〉 등 현대물 액션영화가 만들어질 시기라 제작되었고 분위기 또한 흡사하다. 주인공이 하리리를 만나 온갖 난관을 뚫고 사랑의 결실을 맺는다는 내용은 상투적이지만, 장철 감독답게 온갖 액션을 넣어 그만의 액션 멜로영화를 만들어 냈다. 구성은 알프레드 히치콕 감독의 영향을 받은 듯하고, 1970년 작 〈연애도적〉도 이 영화와 내용이 흡사하다.

▬ 〈돌아온 외팔이獨臂刀王〉 1969

장철 감독작 〈의리의 사나이 외팔이〉의 후속편이다. 전작의 흥행에 힘입어 속편이 제작되었고, 기대에 부응하며 흥행 성공작이 되었다. 1편이 자신을 파문시킨 사부를 도와 무림으로 돌아온 내용이라면, 속편은 주인공이 다시금 무림계의 악의 무리와 벌이는 혈투로 새로운 무기의 경연장이었다. 주인공 외팔이 검객은 신무기로 무장한 악의 무리들과 한바탕 대결을 벌인다. 속편에서의 신무기 설정은 다분히 당시 유행하던 스파이 액션영화 〈007〉 시리즈의 영향이다.

영화는 여기서 끝이 아니다. 외팔이 배우 왕우를 떠나보낸 장철 감독은 강대위를 주인공으로 〈신외팔이〉를 연출한다. 그런가 하면 장철 감독과 결별한 왕우는 일본영화 〈외팔이와 맹협〉에 출연한다. 그리고 다시 한 편 더 만들어진다. 외팔이 대 외팔이의 대결을 그린 왕우와 강대위가 주인공을 맡은 〈외팔이 대 외팔이〉도 있다. 그리고 이소룡 사후에 만들어진 〈외팔이 권왕(외팔이 그래곤)〉은 권격 버전이다. 이처럼 장애인을 내세운 영화로는 애꾸눈, 외다리, 맹인, 심지어는 아예 다리가 없는 무사까지 있다.

1960년대부터 1970년대까지는 장애인 무협영화의 전성시대였다. 하지만 그런 시대는 다시 돌아오지 않았다. 이는 이소룡과 같은 실전 무술의 절대강자가 등장하며 만화 같은 설정의 영화가 자리하기 힘들어졌기 때문이다. 이 영화에서 단역 무사로 출연한 강대위는 왕우의 쇼브라더스 탈퇴로 이듬해 〈복수(보구)〉에서 주인공을 맡아 1년 만에 스타로 등극한다.

▬ 〈뢰검(번개칼)〉 1969

극동흥업 제작, 임권택 감독, 구문석 촬영, 이억만 조명이며 안길원, 이훈, 김청자, 오경아, 정민, 조춘, 김기범, 이예성이 출연하였다. '뢰검'이라는 보검을 둘러싸고 주인공이 적들과 대결 후 연인과 함께 떠나는 내용을 그린 영화다. 임권택 감독작이지만 당시 무예영화의 수준을 보여주는 완성도에 실망스럽다. 하지만 그러한 여건에서도 시나리오의 내용을 실험적으로 이미지화했던 임권택 감독의 노력을 높이 산다.

▬ 〈미녀 홍낭자〉 1969

새한필름 황의식 제작, 김기영 감독, 김용진 각본, 김재영 촬영, 조기남 조명, 박석인 미술, 이순재, 문희, 여수진, 김정훈, 김희갑, 사미자, 박암, 여운계, 정민 출연작이다. 중국 명나라 때의 괴담서 『전등야화』와 우리 고전 『허생전』의 이야기를 결합시켜 만든 영화로, 그해 광복절에 개봉되었다. 국내에 필름이 현존하지 않으며 황당한 소재로 김기영 감독의 취향을 보여주는 영화이다.

포스터 속 문구를 보면 과거, 현실, 의식의 3차원을 과학적으로 그린 20세기의 괴담이라고 광고한다. 또한 "과연! 어떤 영화냐? 〈섹스〉영화냐? 괴기영화냐? 문예영화냐?"라는 문구로 아리송한 장르임을 자인하고 있다. 결론적으로 말하면 〈미녀 홍낭자〉는 영화사 창고에 있던 김기덕 감독의 〈대괴수 용가리〉 모형을 활용하여 만든 괴기영화다. 문희라는 톱스타의 출연작이기도 한데 당시에도 혹평을 받아 기록은 남아있지 않다. 의외로 태국에 수출되어 태국 포스터가 남아있다.

▬ 〈보표(保鏢)〉 1969

쇼브라더스 제작, 예광 각본의 장철 감독작으로, 강대위와 이청 주연을 맡았다. 〈보표〉는 장철 감독과 강대위 주연 영화의 초기작으로, 당시 스턴트맨이었던 그의 장기를 살려 날렵한 경공술이 잘 표현된 무협영화다.

이 영화는 강대위를 주인공으로 만든 첫 영화로 이후 그를 서너 편의 영화에 출연시키며 캐릭터를 다듬어 낸 장 감독은 이 영화에서 서부영화의 건맨 또는 일본 찬바라영화에 없는 새로운 캐릭터인 무표정한 검객 강대위를 창조해 첫선을 보였다. 자유분방하면서도 철학적인 표정으로 무정 검객의 전형을 캐릭터로 만든 영화다.

장철 감독은 왕우와 결별하며 강대위라는 새로운 캐릭터의 낭만자객을 만나 새로운 청춘 무협영화를 만들게 되었다. 그러나 이 영화는 시작일 뿐 이후 〈복수〉, 〈대결투〉, 〈13인의 무사〉, 〈자마〉, 〈반역〉 등 장철 감독 황금기의 영화들이 만들어진다. 이 영화는 이소룡 주연의 〈사망유희〉에 암시를 주었는데, 탑을 올라가며 대결하는 설정은 〈사망유희〉의 설정과 닮았다.

은자 20만 냥을 이송하는 무적장과 이를 탈취하려는 도적들과의 대결 사이에 우연히 사건에 휘말린 주인공의 사투를 그린 이 영화는 강대위의 경쾌한 액션을 보여주는 경공법과 장철 감독의 정성 어린 예리한 연출력이 돋보이는 영화이다.

▬ 〈붉은 모란 – 화투 승부緋牡丹博徒·花札勝負〉 1969

가토 다이 감독의 98분 컬러영화로, 후지 준코, 아라시 간주로, 와카야마 토미사부로, 다카쿠라 켄이 출연했다. 자막에는 다카쿠라 켄을 특별 출연으로 하였는데, 후지 준코 주연의 시리즈이기에 배려한 듯하다. 가토 다이 감독의 시리즈 첫편으로 완성도는 떨어지는데, 그것은 아마 시나리오 탓일 수도 있다.

가토 감독의 1970년 작인 〈붉은 모란 – 돌아온 오류緋牡丹博徒·お竜参上〉도 비슷한 줄거리로 만들어진다. 다른 시리즈와 마찬가지로 여도박사 오류는 도입부에서 눈

먼 소녀 야네코를 기찻길에서 구해주며, 인정미 넘치는 선량한 성격을 보여주고 있다. 영화는 그런 그녀가 나고야의 도박모금회 두목인 니시노마루의 조직에 들어가 상대 조직인 긴바라 일당들과 벌이는 한판의 대결이다.

야쿠자 조직 중에서도 더욱 악질인 긴바라 휘하의 야쿠자들은 신궁에 바칠 모금액마저 강도질하고 살인까지 한다. 더구나 니시노마루의 6대 두목마저 자객 하라오카와의 대결에서 부상을 입고 죽임을 당하자 오류는 분기탱천하여 적진으로 쳐들어간다. 미녀 도박사의 상대는 남자 악당들이지만 그녀를 도와주는 주변엔 역시 남자가 있다.

시리즈 내내 와카야마 토미사부로(〈아들을 동반한 무사〉의 주인공)가 뜬금없이 결정적인 순간에 나타나 도와주는데, 마지막 장면은 의협남인 후지마쓰와 힘을 합쳐 상대 조직을 박살낸다. 영화의 중요 장면에서는 항시 그러하듯이 임협가요任俠歌謠 주제가가 나오며 이 당찬 여성의 의협을 살려주는데, 1970년대의 고풍스러운 풍취를 느낄 수 있다. 당시에는 주제가가 영화를 뒷받침해 주는 중요한 요소였다. 이 시리즈는 연약하며 인정 많은 여성의 무자비한 폭력을 보여주는데, 이런 영화의 재미로 시리즈는 8편까지 만들어졌다.

■ 〈비연금도飛燕金刀〉 1969

쇼브라더스 제작, 하몽화 감독, 진평, 악화, 당청 출연의 영화다. 호금전의 〈방랑의 결투(대취협)〉 성공 이후 여성 검객의 활약을 다룬 영화들이 만들어졌다. 주인공의 상대역으로 〈방랑의 결투〉에 출연한 악화가 출연한다. 여협은 흔히 제비로 비유되며 〈비연금도〉라는 제목이 붙여졌다. 이후 쇼브라더스에서는 1970년에는 〈설봉검녀〉, 1971년에는 〈빙천협녀〉 등의 여협 복수담이 만들어진다.

■ 〈소년少年〉 1969

창조사 제작, 오시마 나기사 감독, 와타나베 후미오, 고야마 아키코, 아베 테츠오 출연의 시네마스코프 컬러영화로, 러닝타임은 105분이다. 1966년에 실제로 있었던 사건을 영화화하였는데, 오시마 감독의 영화적 성향을 잘 보여주고 있다. 소년과 새 아내를 시켜 자동차 접촉 사고를 일으켜 합의금을 받아내는 사기꾼 가족의 이야기를 통해 당시의 사회상과 사회구조적 모순을 고발하려 했다.

주인공 소년의 부모는 여행을 떠나 차량 사고를 위장해 돈을 갈취하는 자해 공갈단이다. 처음엔 새엄마가 그 역할을 맡았으나 어느 날부터 열 살의 소년이 그 역을 맡는다. 소년의 자신의 의지와 상관없이 부모의 강압적인 태도에 어쩔 수 없는 상황에서 차츰 이 일이 익숙해진다.

2년간에 걸쳐 30여 회 반복된 이 범죄 행각은 결국 발각되는데, 이는 현장 검증에서의 사진 때문이었다. 소년은 이 모든 것을 부정하지만 결국 자백을 한다. 동심을 멍들게 한 부모에 대한 통렬한 비판과 일본 사회의 모순을 보여주며 이 영화를 《키네마순보》 베스트 10에 올렸다. 북해도에서의 설경 속 소년과 어린 동생의 촬영은 감독의 충만한 의욕을 보여준다.

━ 〈양자강풍운揚子江風雲〉 1969

이한상 감독이 쇼브라더스에서 탈퇴 후 대만에서 제작한 영화이다. 이려화, 양군, 가준웅, 갈향정 출연작이다. 이려화는 이 영화로 1969년 대만 금마장 최우수 여자주연상을 받았다. 하지만 한국에서의 개봉 실적은 부진했다.

━ 〈오인의 검객(오마귀)〉 1969

신필름 제작, 최경옥 감독, 김종래 촬영, 남진, 남정임 출연, 편집은 이경자 기사가 맡았다. 아버지의 역모를 알게 된 딸이 연인인 진랑과 원나라의 5인조 검객인 오마귀를 물리친다는 무용담이다. 당시 인기 절정의 가수 남진이 출연했다. 호금전 감독의 〈방랑의 결투(대취협)〉 이후 누구나 무협영화를 꿈꾸었던 시대이다. 홍콩에서는 〈오마귀〉로 개봉되었으며 홍콩에 필름이 있다. 홍콩영화 데이터베이스 HKMDB를 보면 주인공 남진의 예명이 임봉林峯으로 소개된다.

━ 〈이 강산 낙화유수〉 1969

조길현 감독의 98분 컬러영화다. 김진규, 문정숙, 최성호, 박암 등이 출연했다. 내용은 역사의 사실을 그리고 있지만 전개상 연결이 어설프다. 사실을 토대로 그리다 보니 드라마가 약해서 픽션이 가미되며 극대화되었다. 그러나 남인수, 이난영 등 초창기 가요인들의 실명이 거론되니 문제다. 관객들로선 사실로 받아들일 수 있다. '두 사람의 사랑이야기인데 수많은 히트곡을 가지고 있는 남인수가 술꾼에 줏대 없는 사람으로 묘사되었는데 사실일까? 또 그런 사람이 한국전쟁 전후로 인기 가수가 될 수 있었을까?' 하는 의문이 든다.

이난영 하면 〈목포의 눈물〉로 알려진 명가수다. 김시스터즈의 어머니이기도 한데 흥미로운 부분이 많았다. 우리에게는 생소한 김해송 가수 겸 작곡가, 악단장, 쇼단장이 어렴풋이 소개되는데 뭔지 모를 내용이었다. 김해송은 한국전쟁 때 납치되어 사망하신 분이라 친북인사라고 취급되어 여태껏 역사 속에서 빠져있었고 영화 또한 그를 애매하게 그리고 있다. 그가 친북인사가 아닌 것은 정창화 감독의 증언으로도 들을 수 있었는데, 이는 그의 딸 김시스터즈가 미국으로 건너가 활동한 것만 보더라도 알 수 있는 사실이다.

영화 상영 후 이준희 음악평론가의 강의가 이어졌는데, 설명을 들으니 오해가 풀리고 이해되는 영화였다. 이러한 오류가 역사극 제작할 때의 한계이며 연출에서의 함정이다.

■ 〈이조 여인 잔혹사〉 1969

신상옥 감독의 옴니버스 4부작으로 최은희, 김지미, 윤정희, 남정임 등 당대 여배우 톱스타를 캐스팅했다. 윤정희 배우가 출연한 〈출가외인〉은 분실되어 현재 남아있지 않다.

당시 사극은 신상옥 감독의 트레이드마크였다. 〈전설따라 삼천리〉식의 내용이지만 신 감독은 주제 의식을 부각시켜 완성도 높은 영화로 만들어 냈다. 당시 극장 안에 정적과 스크린이 주는 무게감이 관객을 압도했던 기억이 아직도 남아있다. 동시녹음은 아니나 심야의 발걸음 소리나 활시위, 날아가는 화살음 등이 강렬했다.

이 영화의 압권은 활 맞아 죽는 남정임, 최은희를 연모하는 벙어리 머슴 신영균, 심야의 궁중을 빠져나가는 상침나인 김지미 장면 등이다. 분실된 〈출가외인〉은 너무 어린 나이에 보아서인지 기억에 없다. 다시 보고 싶은 영화, 추천해 주고 싶은 영화 1순위다. 훗날 이두용 감독은 〈여인 잔혹사 물레야 물레야〉로 리메이크했다. 물론 내용은 다르다.

▬ 〈적모赤毛〉 1969

오카모토 기하치 감독의 116분 컬러영화다. 컬러영화가 자리 잡으며 컬러로 찍어야 할 소재를 찾다가 이 영화를 기획한 듯하다. 전년 작인 〈킬!〉도 흑백영화였다. 미후네 도시로가 공동 제작으로 참여했고 주인공을 맡았다. 오카모토 감독의 영화는 구로사와 아키라 감독의 박력만큼이나 특별한 힘을 가지고 있다. 그러한 것을 영상으로 표현해 내는 그는 프로파간다 영화의 귀재라고 할 수 있다.

1868년을 배경으로 민중의 편에서 서서 세금을 줄여주고 민중을 위한 세상을 만들고자 궐기한 적보대는 백보대와 대립한다. 적보대의 하급무사인 주인공 겐미쓰는 적모를 얻어 쓰고 고향으로 돌아와 마을의 수령인 대관과 대립하며 민중의 리더가 된다. 그러나 조금은 모자라고 믿음이 가지 않는 그를 마을 사람들은 반신반의하며 따르는데, 결국 백보대가 쳐들어와 그는 죽임을 당한다. 개벽된 세상을 만들고자 했던 그의 호기는 덧없이 무너지는 듯했으나, 마을 사람들은 그야말로 진정한 신이라며 춤을 추면서 백보대를 몰아낸다.

▬ 〈지하실의 7인〉 1969

이성구 감독, 허장강, 김혜정, 박근형, 김석훈이 출연했다. 한국전쟁을 배경으로 인민군과 국군 사이에 선 성당의 신부를 통해 인간의 심리를 그려낸 희곡을 영상화하였다. 긴장된 상황에서 밀도 있는 연출로 등장인물의 심리를 극대화시켰다.

▬ 〈철수무정鐵手無情〉 1969

홍콩 쇼브라더스 제작, 장철 감독, 나열, 강대위, 이청, 방면 출연작이다. 한국에서는 1971년에 개봉되었으며 한국어 더빙을 하여 합작영화로 소개된 전형적인 위장 합작영화다. 무척이나 공들여 촬영한 영화로 스모그를 피우며 안개 장면의 결투 장면을 촬영하였다. 나열은 이 영화 이후 정창화 감독의 〈철인〉에 출연하며 세계적인 쿵후 스타로 등극한다.

이 영화는 제작 중에 태창영화사로부터 선금을 받고 한국에서만 나오는 장면을 촬영하기도 하였으나, 위장합작이라는 소문이 파다해 기사화되기도 했다. 오리지널 홍콩 버전과 다른 한국어 장면은 대련 장면과 도주하려다 스승에게 발각되어 죽는 장면이다.

쇼브라더스의 스튜디오에서 촬영하였으며 이 장면은 오리지널 버전에는 소개되지 않는데 나름 전체 구성에 무리가 없다. 오경아 배우의 증언에 따르면 장철 감독이 직접 촬영하지는 않았다고 한다. 아마도 조감독인 우마가 촬영했을 것이다.

▬ 〈팔 없는 검객〉 1969

이 영화는 신필름에서 임원식 감독에 의해 만들어졌다. '팔 없는 검객'이란 과연 가능한 이야기일까? 현실에선 있을 수 없지만 영화로는 가능하다. 그렇게 해서 아무도 생각지 못한 이 불가능한 영화가 만들어졌다. 처음부터 양팔이 없는 것은 아니었다. 억울한 사연이 있어 양팔이 잘렸고 복수의 일념으로 새로운 필살기를 개발한다는 내용이다.

출연진은 당시 일본의 시대극 톱스타 나카무라 류토스케를 닮은 오영일, 훗날 쇼브라더스 영화에 출연하는 김지수, 오우삼 감독의 〈여자태권군영회〉에 출연하는 김창숙이다. 특이한 것은 최은희 배우의 동생인 최경옥 감독이 출연하고 있다는 것이다.

이 영화는 아마도 그즈음 극장가를 강타한 쇼브라더스 장철 감독의 〈의리의 사나이 외팔이〉나 〈돌아온 외팔이〉의 엄청난 흥행력에 힘입어 기획되었을 것이다. 〈외팔이〉 시리즈는 〈외팔이 권왕〉으로까지 이어진다. 이 영화의 개봉관 관람 인원이 5만여 명에 이르는 것을 보면, 당시 장애인 영화가 얼마나 흥행했는지를 가늠하게 한다.

이 영화는 현재 한국에 필름이 남아있지 않다. 그러나 중국어 버전의 비디오가 우리 주변을 유령처럼 떠돌고 있다. 좀 스산한 표현이지만 비디오의 저질 화면이 흡사 불구처럼 느껴지기에 드는 생각이다. 당시 오리지널 네거필름을 수출하여 한국에는 필름이 없는 상태가 되었다. 대만 등지에서 프린트가 떠돌아다니다가 어느 날 중국어 더빙을 하고 중국어 자막이 들어간 비디오로 출시가 되어 그것이 지금 우리 곁에 남아있다.

침체기의 영화

■■ 〈결혼교실〉 1970

정인엽 감독의 윤정희, 문희, 남정임 출연작이다. 당시는 이 세 명의 트로이카 여배우 전성시대였다. 따라서 이들을 합동 출연시키려는 영화가 여러 편 기획되었는데, 두 배우까지는 가능했지만 다른 한 명이 캐스팅이 안 되는 등의 문제가 있어서 결국 이 영화가 세 여배우를 모으는 첫 영화가 되었다.

내용은 매력이 넘치는 세 명의 독신주의 여성이 겉 다르고 속 다르게 미남 성일(신성일)을 둘러싸고 벌이는 연애담이다. 서로 자신이 성일을 차지했다고 생각하나 결말에 가서는 숨겨진 미스엄(엄앵란)이 나타나며 세 명의 독신 여성은 닭 쫓던 개 지붕 쳐다보는 격이 된다. 당시 무스탕 스포츠카를 새로이 구입한 신성일은 이 차를 타고 등장하는 매력남으로 등장한다. 한국영화의 전성기를 넘기며 침체 국면에 들어설 즈음 이 영화가 등장했고, 트로이카 배우의 캐스팅으로 흥행에서 성공했다.

■■ 〈꼬마검객〉 1970

극동흥업에서 제작한 이 영화는 이규웅 감독에 안일력 무술감독, 홍성욱 촬영이다. 김정훈, 문희, 허장강, 주증녀, 김순철, 장혁, 문오장, 박병호가 출연했으며 〈꼬마검객〉은 김정훈을 위한 영화이다. 당시 그의 〈꼬마〉 시리즈가 인기를 끌어 〈꼬마신랑〉은 3편까지 나왔고 〈쌍둥이 꼬마신랑〉까지 나왔다. 이 영화가 제작된 1970년 무렵, 홍콩 무협영화가 인기를 끌자 그를 위해 〈꼬마검객〉이라는 영화가 제작되기에 이른다. 어린 꼬마가 어디 어른을 상대로 대결이 될 법이나 한 이야기인가? 영화니까 가능한 이야기지만, 어색하나마 전개되어 나간다.

무술을 가르쳐 준 스님 곁을 떠나 길을 떠나는 12세 꼬마검객이 탐관오리와 백두건의 악당들과 맞서 싸우는 내용이다. 출연 남배우들의 면면을 보면 모두 한 성격하는 분들인데, 이들과 겨루는 꼬마검객의 솜씨가 기대된다. 특히 정도술의 창시자 안일력이 무술감독을 맡아 실전 무술인 정도술의 묘기를 선보인다. 이런저런 흠이 많이 보이는 무협이지만, 그것도 그 시대의 문화였으니 지금 우리에겐 소중

할 뿐이다. 딘적으로는 어색한 와이어 액션이 당시 한국 무협영화의 수준을 말해준다. 한국에서 사라진 이 영화가 외국에서 중국어 자막에 중국어 더빙으로 〈소검객〉이란 제목으로 출시되어 있다.

━ 〈도데스카덴どてすかでん〉 1970

구로사와 아키라 감독의 첫 컬러영화로, 러닝타임은 140분이다. '도데스카덴'은 항상 전차 운전사를 흉내 내는 소년이 내는 의성어이다. 당시는 시네마스코프 화면이 통상적이었는데, 구로사와 감독은 계속 스탠더드 화면을 고수하고 있었다. 아마도 스탠더드 규격 세대이기 때문일까? 예술 미학적으로는 새로움을 추구하지만 기술적으로 자신이 즐겨 사용한 테크놀로지에 대한 변화를 주기는 힘들다. 구로사와라고 예외는 아니었던 것 같다.

이 영화는 〈츠바키 산주로〉나 〈붉은 수염〉의 원작자인 야마모토 슈고로의 원작 『계절 없는 거리』를 각색한 영화로, 구로사와 감독의 전편인 〈밑바닥〉의 1970년대 버전일 수도 있다. 도쿄 근처의 매립지인 달동네에 모여 사는 여러 인간 군상을 통해 인간사의 천태만상을 보여준다. 그러나 〈밑바닥〉이 가지고 있는 절절한 사실감은 없고 완성도 또한 떨어진다. 특별한 주제 의식 없이 인간 군상들을 통한 에피소드식 나열은 별다른 감흥 없이 지루하기만 할 뿐이다. 감독의 의도가 컬러에 묻혀버린 느낌인데, 흑백영화만을 고수하다가 컬러영화를 시도하며 여러 시행착오를 겪은 듯하다. 물론 시나리오가 갖고 있는 허술함도 큰 문제이다. 구로사와 감독은 이후로 만든 컬러영화에서는 다시 그의 주제 의식을 담아낸다.

이 영화는 구로사와 아키라 감독을 포함하여 고바야시 마사키, 기노시타 게이스키, 이치가와 곤 감독 등이 창립한 '욘키노가이'(네 명의 기사라는 뜻으로 장철 감독의 영화 〈사기사〉와 같은 의미이다)의 창립 작품이자 마지막 영화이기도 하다.

━ 〈복수報仇(보구)〉 1970

쇼브라더스 제작, 장철 감독, 강대위, 적룡, 왕평, 곡봉 출연작이다. 장검의 대결에서 권격영화로 가는 중간 즈음 단계인 단검을 활용한 근거리 액션영화로, 더욱 잔인한 복수극을 보여준다.

이 영화는 형을 죽인 자들을 찾아 나선 동생의 복수담이다. 잔인한 복수 후 죽음으로서 마감되는데 여러 새로운 연출이 가미되어 화제에 올랐다. 그리고 장철 감독 자신에 의해 자기 복제되는데 〈마영정〉, 〈구련환〉, 〈쾌활림〉 등의 영화에 많은 영향을 끼쳤다. 〈마영정〉의 라스트신은 거의 똑같다. 진관태가 연기한 마영정마저 〈복수〉에서처럼 죽는다. 배우들이 바뀌기는 했지만 얼마나 자기도취에 빠졌으면 이렇게 똑같을까 싶다. 하지만 이 영화가 1970년대 한국 활극에 끼친 영향 또한 부인할 수 없는 사실이다. 심지어 일본영화 〈수라설희(슈라유키히메)〉는 〈복수〉의 여성 버전이라고 할 수 있다.

1980년대 홍콩영화계의 총아 오우삼이 이 영화의 마지막 장면을 장황한 총격전으로 재연했다. 바로 〈첩혈쌍웅〉이다. 장철 감독의 조감독이었던 그가 꼽는 장철 감독의 최고 작품이 바로 〈복수〉이다. 비둘기 날리는 성당 한쪽에 피범벅이 되어 총격전 벌이는 흰옷 입은 주윤발의 모습은 십여 년 전 적들에게 둘러싸여 수없이 칼을 휘두르던 강대위의 모습이다. 스승에게 드리는 헌정 장면이라 할 수 있다. 오우삼의 재기작이었던 〈영웅본색〉에 적룡이 형으로 나오는 것은 그 시절에 대한 경배이다. 〈복수〉의 원조가 왕우 주연의 〈심야의 결투〉, 〈대자객〉임은 자명하다.

▬ 〈붉은 모란 - 돌아온 오류緋牡丹博徒·お竜参上〉 1970

가토 다이 감독의 〈붉은 목단〉 시리즈로 99분짜리 컬러영화이며, 후지 준코, 스가와라 분타 주연의 임협영화 전형이다.

타고난 미모의 여장부 오류는 무술을 겸비한 큰 배짱으로 도박판에 선다. 그런 그녀에게 반한 남자는 오류에게 자신의 돈을 주고 승부를 권하고 그 돈을 한 방에 날린다. 그러나 그 돈은 유곽에 팔려간 동생을 구하기 위한 돈이었다. 오류는 신세를 진 셈이 되는데 소매치기를 하던 소녀를 구해 동경극단을 운영하는 오야붕의 수양딸로 입적시킨다.

그러나 그녀의 애인은 라이벌 조직의 부하로 두 사람은 로미오와 줄리엣 관계처럼 앙숙 조직 간의 희생물이 된다. 결국 오류가 나서서 정의의 심판을 내리는데, 남자가 돌아와 대결전에서 목숨을 바쳐 오류를 지켜낸다. 오류는 남을 위해 나선 결전에서 또다시 그 남자의 도움으로 대결전에서 악을 소탕하게 된다. '붉은 목단'으로 불리는 그녀는 한 손엔 단도, 다른 한 손에는 권총을 들고 여장부로서 임협의 세계를 보여준다.

이 영화는 가토 다이 감독의 시리즈 첫 편인 〈붉은 모란 – 화투 승부〉와 흡사한 줄거리이다. 마지막 대결에서 머리를 풀어헤치고 단검을 휘두르는 후지 준코는 연약한 듯하지만 한없이 강인함과 비장미를 보여주는 양성 교배된 액션영화의 명장면을 보여준다. 이런 모든 설정이 다분히 일본적이며 1970년 영화들의 처절함, 잔인함, 의리 이 모든 것을 담아낸 시리즈 영화다.

━ 〈비나리는 선창가〉 1970

임권택 감독, 윤정희, 장동휘, 김희라 출연작이다. '한 여인을 사랑하는 부자'라는 파격적인 막장드라마 시나리오를 검열을 피해 닮은 여인으로 처리해 제작하였다. 윤정희는 장동휘, 김희라 부자 사이에서 갈등하는 술집 여인으로 출연하였다.

윤정희는 야누스적인 양면의 이미지를 지니고 있어 복잡 미묘한 내면을 연기하기에 누구도 따라올 수 없다. 부자 사이에서 곤란에 처한 여인의 심리적인 표현은 그녀 말고는 누구도 떠올릴 수 없다. 이 영화는 당시 붐을 이룬 한국형 액션영화의 전형이다. 필름이 분실되어 지금은 볼 수 없어서 시나리오로 내용만 알 수 있다.

━ 〈비운의 왕비〉 1970

한일 최초의 합작영화라고 소개된 〈비운의 왕비〉는 장일호 감독작이다. 합작은 아닌데 홍보용으로 올린 듯하다. 당시 일본영화의 인기를 빌리고자 했던 듯한데, 이는 정말 상식 이하의 발상이다. 윤정희는 방자여사 역을 맡아 그녀와 인터뷰를 하였다. 당시 트로이카 배우 중 왕비 역은 윤 배우가 가장 어울린다. 한국영화데이터베이스KMDb에는 이 영화 제목이 황풍·최인현 공동 감독작인 〈비운의 왕비 달기〉와 혼재되어 이미지가 함께 소개되어 있다.

▬ 〈엑스포 70 동경전선〉 1970

이 영화는 당시 유행하던 해외 소재 첩보영화이다. 최인현 감독작으로, 박노식, 오지명이 한국 수사관으로 나오고 허장강, 문오장이 조총련 간부로 나온다. 그 외에 북에서 온 어머니 역에 문정숙, 딸 역에 윤미라, 조총련 간부 역에 안인숙 등이 비극의 여인으로 나온다. 내용은 한국의 수사관이 엑스포 현장에 파견되어 한국인 납치 음모를 분쇄한다는 것이다.

박노식 배우가 출연한 여느 영화처럼 박노식이 휘두르는 주먹에 허장강 배우가 녹초가 된다. 당시 〈007〉 시리즈가 흥행하면서 〈방콕의 하리마오〉, 〈황금70 홍콩작전〉, 〈쟈크를 채워라〉 등과 같이 해외를 무대로 펼쳐지는 액션영화이다. 이 영화는 그러한 액션에 멜로, 반공의식 고취까지 다양한 이야기가 섞이며 종잡을 수 없는 영화가 되어 버렸다. 한 가지만 이야기해도 관객들의 시선을 잡기가 쉽지 않은데, 이런저런 이야기가 뒤섞이니 때로는 남성 관객을 위한, 때로는 여성 관객을 위한 영화가 되었고 결론은 남한의 체제 선전영화가 되어버렸다.

그 당시는 해외여행이 쉽지 않아 이렇게 해서라도 해외를 보여주고 엑스포 소개도 하며 관객을 모으려는 기획 의도였던 듯한데, 당시 관객들에게 이런 영화가 어떻게 보였는지는 의문이다. 아이들이야 신기한 해외 풍물에 호기심을 가질 수도 있겠지만, 일반 관객들에게는 지루할 수밖에 없는 내용이다. 그래도 이런 영화가 흥행이 되니까 만들어졌을 것이다. 해외가 무대라지만 주요 출연자만 해외에 가서 촬영해 일부 장면만 해외이고 나머지 장면은 국내에서 촬영했다.

지금 보니 의아한 것이 여성 학대 장면들이다. 여성을 구타하는 장면이 여과 없이 사실적으로 그려지고 있는데, 당시에는 어땠을지 몰라도 지금으로써는 꽤나 생경한 장면들이다.

▬ 〈여조장女組長〉 1970

마키노 마사히로 감독의 83분 컬러영화로, 에나미 쿄코, 히라이즈미 세이, 야마다 이스즈, 쓰가와 하루히코, 프랭키 사카이가 출연하였다. 마키노 감독은 50년간

260편의 영화를 감독하였는데, 이는 세계 기록이다. 1986년 〈낭인가〉로 인정받았고 이 영화는 1939년, 1951년, 1957년 세 번이나 본인이 직접 리메이크하였다.

〈여조장〉은 메이지 시대 말의 도쿄를 배경으로 죽은 아버지의 복수에 나서는 게이샤의 이야기이다. 1960년대 들어 야쿠자를 소재로 한 임협영화 〈일본협객전〉 등이 만들어지면서 여성을 주인공으로 설정한 영화가 생겨났다. 동 시기에 후지 준코를 주인공으로 제작된 〈붉은 모란〉 시리즈 등도 제작되었다.

야마다 이스즈가 맡은 두목의 딸은 겉으로 연약해 보이지만 굳은 의지를 가진 보스의 딸이다. 그러한 그녀의 주변엔 복수를 지원하는 조력자들이 즐비하다. 결국 복수는 성공하고 그녀는 사랑까지 찾게 된다. 영화는 스튜디오에서 주로 제작되어 세트의 오밀조밀함을 배경으로 인간의 심리를 디테일하게 묘사하고 있다. 이 영화는 마사키 감독이 보여주는 여성 복수극 설정의 특이한 매력보다는 극을 이끌어내는 오랜 경륜을 보여주는 영화이다.

■■ 〈열화烈火〉 1970

대만의 연방영업유한공사 제작, 양세경 감독작이며, 상관영봉, 백응, 석준이 출연하였다. 여협의 대명사인 상관영봉의 활약을 보이는 복수담으로, '열화'란 뜨거운 불길이라는 뜻이며 격렬한 액션을 비유적으로 이르는 말이다. 우리나라에서는 정선새丁善璽(딩샨히) 감독의 〈열화문〉이 개봉되며 이 영화와 혼동을 주지만, 둘은 전혀 다른 영화이다.

■■ 〈용호의 결투龍虎門〉 1970

왕우 각본·감독·주연의 영화로, 홍콩영화 최초로 무기를 버리고 맨손으로 대결하는 영화다. 영문 제목은 〈Chinese Box〉로, 이 영화는 아마도 검술 대결을 탈피한 홍콩 최초의 본격적인 권격 액션영화이며 후에 나온 권격영화에 영감을 주었다.

제목부터 이야기하면 존 포드 감독의 1946년 작 서부극 〈황야의 결투My Darling Clementine〉가 있었다. 또 1967년 개봉된 호금전 감독의 〈대취협〉이 〈방랑의 결투〉로 개봉되어 흥행에 성공한 터였다. 그리고 장철 감독의 〈금연자〉가 〈심야의 결투〉로 개봉되어 왕우 하면 결투자의 이미지가 강했던 때이다. 물론 당시 영화 제목은 일본에서의 개봉명을 그대로 따와 붙이던 시대였다. 이 영화의 제목이 〈용호투〉에서 〈용호의 결투〉가 된 것은 당연한 일이었다.

검호 왕우가 또 어떤 것을 보여주려고 할까? 기대와 함께 궁금증을 더했는데 한국에서는 처음 보는 일본 무술과의 대결이 볼만했다. 공포의 공수도, 유도, 검도 등이 등장하는데 특히 공수도가 처음 소개된 홍콩영화다. 1972년 정창화 감독의 영화 〈철인〉에서 주인공으로 나온 나열이 일본 공수도의 고수로 출연하여 용호상박의 대결투를 벌인다.

이 영화 이후 권격 액션영화는 봇물 터지듯 개봉하게 된다. 이소룡 역시 LA 차이나타운의 극장에서 이 영화를 보고 영감을 받았고, 좀 더 그럴듯한 무술영화를 만들게 되었다. 이 영화는 왕우의 데뷔작이지만, 스승인 장철 감독의 영화에 출연하며 영화 연출 수업이라도 받은 듯이 잘 만든 무술영화의 전형이다. 어떻게 보면 1943년 구로사와 아키라 감독의 데뷔작 〈스가타 산시로〉의 영향을 받은 듯 무술인의 고뇌에서 동질감을 느낀다.

제작자인 룬메쇼는 아낌없는 지원을 하였는데, 새로운 세트도 만들고 설경 촬영을 위해 한국 로케이션을 감행했다. 남한산성 성문 앞에 나무를 옮겨 심고 수많은 나무를 부러뜨리며 대결투를 벌이는데, 만화적이긴 하지만 누구도 흉내 내지 않은 그만의 독창성을 보여주는 명장면이다.

한 가지 아쉬운 점이 있다면 이전의 권격 무술영화가 없을 터라 그러했겠지만, 말만 공수도이지 공수도의 품세나 자세는 모두 쿵후에서 보이는 자세이다. 무술감독을 맡은 당가(탕지아)의 한계이며, 타 무술을 접하지 않은 까닭일 수도 있다. 단지 경공법, 철사장 등의 수련으로 공수도를 압도할 수 있다는 설정은 그나마 무술영화로서의 품격을 살려주는 설정이다.

각 나라의 무술에 대해 연구했던 이소룡이 봤을 때는 당연히 문제투성이의 영화였을 것이고, 자신이 만든다면 이 영화보다는 진짜 무술영화를 만들고 싶었을 것이다. 그래서 나온 영화가 〈당산대형〉, 〈정무문〉인데, 느낌상 〈용호투〉의 연장선에 있는 영화들이다. 〈맹룡과강〉의 고양이 설정도 〈용호투〉에서 이미 선보였다.

함께 출연한 나열이나 진성, 왕종 모두 젊지만 왕우 역시도 스물일곱이란 나이에 감독 데뷔작을 찍게 되어 온갖 아이디어를 넣어 당시로써는 새로운 영화를 선보였다. 오리지널 예고편이 기억나는데 새로운 무협영화를 선보인다는 데 포인트를 두어 과거 영화들과의 차별성을 강조하였다. 훗날 권격영화의 명감독이 된 오사원이 제2조감독으로 참여했다.

장철 감독도 종래 검술영화에서 탈피한 단검 액션영화 〈복수〉를 만들어 아시아 영화제 감독상을 거머쥔다. 이후 등장한 이소룡은 이전의 영화 기록과 역사를 모두 바꿔버렸다. 그래서 홍콩 무술영화는 크게 보아 이소룡 등장 전후로 나뉘게 된다.

━━ 〈이조괴담〉 1970

신상옥 감독의 81분 컬러영화다. 출연은 최지숙, 최인숙, 윤소라, 조수현이며 조수현은 신일룡 배우의 본명으로 이 영화는 그의 데뷔작이다. 〈이조괴담〉은 연산군을 소재로 장록수를 등장시킨 특이한 괴기영화다. 고양이를 통해 원귀의 한을 풀어낸 이야기인데, 영화적 표현으로 봐주기에도 억지스럽다. 연산군이 여자를 밝힌다는 것에서 착안하였는지는 몰라도 억지 괴담은 관객의 상상력을 넘어서질 못한다. 개연성은 그렇다 쳐도 모든 것에 설득력이 없다. 아무리 괴기영화라고 해도 당대 다른 영화와 비교가 된다. 3만 2천여 명이라면 적은 관객 수는 아닌데, 당시 이런 영화에 관객들이 왜 호응했는지 궁금하다.

━━ 〈자토이치와 요짐보座頭市と用心棒〉 1970

오카모토 키하치 감독의 116분 컬러영화다. 당시 〈자토이치〉 시리즈는 가츠 신타로의 인기에 힘입어 일본 찬바라영화 중 최고의 인기 시리즈였으며 최장 시리즈 영화였다. 1971년에도 홍콩 스타 왕우를 초빙해 〈외팔이와 맹협〉이라는 제목의 시리즈 영화를 발표했다. 이 영화 역시 구로사와 아키라 감독의 '요짐보'라는 인기 캐릭터를 초빙해 자토이치와 대결하게 한다. 그러나 워낙 자존심이 걸린 캐릭터들의 대결이라 시합은 하되 승부는 가리지 않았다. 극 중 대사에 의하면 요짐보가 사랑하는 여주인공의 부탁이기 때문이다.

주인공 자토이치가 좀 쉬고자 고향인 고슈 지방을 찾아가지만, 그곳에서는 숨겨진 황금을 찾기 위해 야쿠자와 막부의 관리 간에 치열한 쟁탈전이 벌어지고 있었다. 미후네 도시로가 분한 요짐보도 주막을 운영하는 사랑하는 여인을 차지하기 위해 돈이 필요하던 차에 자토이치의 출현으로 상금 200량을 노리고 자토이치와의 대결에 나선다. 결국 황금은 돌부처의 머릿속에 사금으로 보관되어 있었고, 이 황금주머니를 앞에 두고 모든 악당이 칼부림을 벌여 자토이치와 요짐보 두 사람만이 살아남는다. 그러나 두 사람의 승부는 여주인공으로 인해 무승부로 끝난다.

두 간판스타를 염두에 쓰고 쓴 시나리오이기에 대결은 이루어질 듯 말 듯한 상황으로 전개되며, 구구절절한 대사로 여인을 둘러싼 애처로운 사연만 전개된다. 그러니 자연히 극적 긴장감은 이완되어 화려한 대결을 기대하고 극장을 찾은 관객들 입장에서는 지루할 뿐이다. 그래도 이 영화의 광고 문구에 의하면 〈자토이치〉 시리즈 중 최고의 히트작이라고 한다. 아마도 두 간판스타의 대결이 흥미를 끌었을 것이다. 당시 간판스타의 대결 구조 영화로는 〈미야모도 무사시〉부터 알랭 들롱과 미후네 도시로가 공연한 〈레드 선〉 등 다양하다.

■■ 〈추락하는 청춘裸の十九才〉 1970

신도 가네토 감독의 120분 흑백영화로, 원제는 〈벌거벗은 19세裸の十九才〉이며 1971년 모스크바영화제 그랑프리 수상작이다.

중학교를 마친 미치오는 가정을 돌보지 않는 아버지와 생선 행상을 하는 어머니의 막내아들이다. 미치오는 중학교를 졸업하고 도쿄로 집단 취업되어 사회에 진출하지만, 그가 할 수 있는 일은 자신이 생각하던 사회생활이 아니었다. 결국 그는 총을 입수해 푼돈벌이로 죄의식 없이 혹은 홧김에 살인을 저지르게 되는데 연쇄살인도 얼마 후 꼬리를 잡혀 체포된다. "살고 싶다…. 스무 살까지…"라는 그의 소망을 담은 독백이 가슴 아프다. 과거와 현재가 교차 편집되어 그의 긴박한 상황에서 벌어지는 우발적인 상황이 점층법으로 상승되며 관객들의 마음을 무겁게 만든다. 미치오보다도 더 열악한 상황에서 살아가는 인간 군상들이 그의 주변에 즐비하기 때문이다.

일본의 경제부흥기인 1950년대 일본의 오지를 배경으로 척박한 삶을 살아가는 사람들의 삶이 우리의 모습으로 대비되는 것은 어쩔 수 없고, 이런 영화를 남기지 못한 우리는 그만큼 검열의 벽이 높았기 때문이다. 〈저 하늘에도 슬픔이〉라는 이윤복 소년의 수기가 영화화되어 그 영화가 북한으로 넘어가 선전용 영화가 되었다는데, 당시 우리나라에서는 이런 수위의 영화가 제작될 수 없었다. 신도 가네토 영화의 영원한 여주인공 오타와 노부코의 어머니 역 열연이 인상적이다.

■■ 〈13인의 무사+三太保〉 1970

장철 감독의 영화이며 출연진은 전한, 염가문, 라위, 남석훈, 위강, 종원, 황배기, 왕광유, 진전, 유가영, 적룡, 왕종, 강대위다. 장철 감독으로서는 처음으로 대작 연출을 맡아 부담감도 있었을 텐데, 짜임새 있는 영화로 만들어 냈다. 그러나 시대 배경만 그러하지 사실 영화를 보면 엄청난 대작은 아니다. 적당히 영화적으로 표현된 역사 소재의 스펙터클한 내용이다. 주인공인 무사들은 정왕(곡봉)의 양자이며 의형제들인데, 장안을 지키는 명장들이다. 그들의 막내 무사인 이존효(강대위)를 시기하여 그를 죽이는 넷째(남석훈)와 열두째(왕종) 무사들의 갈등을 그리는 내용이다.

시기는 당나라 때이고, 황소의 난이 일어나 수도인 장안성이 함락되고 인근의 정왕의 군대가 황제의 명을 받아 출동한다. 당의 절도사인 주온(진성)은 정왕의 성을 방문하여 연희가 베풀어진다. 그러나 그는 정왕을 시기하는 간신배이다. 이런 복선 속에 정왕 휘하의 13 무사들 사이에도 시기와 암투가 벌어진다. 넷째 이존신과 열두째 군리는 열셋째 이존효에게 앙심을 품고 정왕을 위기에 빠뜨린다. 결국 주온의 변량성으로 초대되어 가 열두째인 경사(적룡)는 용맹스럽게 싸우며 죽음으로 정왕을 지켜낸다. 위기에 처한 이존신과 군리는 결국 흉계를 꾸며 이존효를 암살한다. 뒤늦게 이 사실을 안 다른 형제들은 그들을 추격해 복수를 한다.

아이러니하게 이 영화는 한홍 합작영화로 소개되며 서울 허리우드극장에서 개봉되었다. 신필름이 위장 합작한 것인데 한국배우 남석훈, 진봉진이 출연하여 〈13인의 검객〉이라는 제목으로 제작 신고를 했다. 이런 사실이 공공연한데도 이 영화는 한홍 합작으로 승인되었고, 이 영화 이후로 위장 합작영화가 봇물 터지듯이 개봉되었다.

■■ 〈권격拳擊〉 1971

장철 감독, 강대위, 적룡, 곡봉, 진성, 정리 출연이다. 권격영화 장르라는 말을 유행시킨 화제작이다. 당시 쇼브라더스에서 나온 레이몬드 초우는 화교 자본을 바탕으로 골든하베스트를 설립한다. 그리고 미국에 있던 이소룡을 픽업하여 방콕 로케이션으로 〈당산대형〉을 촬영한다. 이 두 영화는 제작 시기와 로케이션지의 공통점을 갖고 있는데, 결과는 〈당산대형〉의 앞섰다. 〈권격〉도 그해 흥행 5위였지만, 〈당산대형〉이 홍콩영화 흥행 기록을 경신했기 때문이다.

당시 이소룡의 〈당산대형〉을 수입하려던 안양영화사는 계획을 바꿔 이 영화를 수입했다. 그것은 장철 감독과 주인공 강대위의 지명도 때문이었다. 한국에서의 현대 무협의 시작은 장철 감독의 이 영화다. 당시 영화 신문광고에서도 보이지만 '현실 생활'이라는 말은 고전무협에서 탈바꿈한 현대 배경의 무협영화를 광고한 것이다.

이 영화로 인해 한국에 태국의 킥복싱이 소개되었고 그 가공할 위력을 실감한다. 왕우 감독·주연작 〈용호투〉가 한국에 공수도를 알린 것과 같은 맥락이다. '권격영화'라는 말은 1974년 이두용 감독의 '태권영화'라는 말과 더불어 한동안 사용되었고, 지금도 정식 용어는 아니지만 쓰이고 있다.

▬ 〈귀노천鬼怒川〉 1971

홍콩 골든하베스트의 창립작이다. 황풍이 감독·제작·각본을 맡았고 베이징어 더빙을 하여 완성하였다. 모영, 백응, 한영걸, 홍금보, 임정영, 성룡 등 훗날 이소룡 영화에 등장하는 배우들이 주·조연을 맡았다. 무림을 장악하려는 태음교파가 독표창으로 강호의 뭇사람들을 공격하며 벌어지는 검술 액션영화이다. 제목인 '귀노천'은 아버지를 구할 약초인 흑영지를 찾기 위해 여주인공이 꼭 건너야 하는 강의 이름이다. 모영은 여주인공 남봉 역을 맡아 귀노천을 건너고 귀초곡에서 악당들과 목숨 건 대결을 벌인다.

모영은 〈심야의 결투(금연자)〉에서 정패패가 보여주었듯이 고전 검협 연기를 하는데, 수많은 역경을 헤쳐 나가고 위기에 빠지는 무협영화의 전형을 보여준다. 그러나 귀곡천에서 화염이 일고 괴물 용가리가 등장하는 등의 황당한 설정은 억지스러우며 한없이 예스럽다. 이러한 시기에 이소룡의 리얼 액션영화가 나왔으니 관객들이 열광할 만했을 것이다. 홍금보는 산적으로 나오고 성룡은 찾아보기 어려운 단역이며 임정영 역시 마찬가지이다. 그들이 훗날 홍콩영화의 주역이 되리라곤 아무도 예상치 못한 일이다.

쇼브라더스를 나온 레이몬드 초우는 어쩔 수 없이 야외 로케이션 위주로 촬영했는데, 오히려 이것이 신선한 느낌을 주었고, 곧 이소룡과 계약하여 만든 〈당산대형〉과 〈정무문〉이 흥행 기록을 경신하며 골든하베스트는 유명 영화사로서 자리 잡게 된다.

■ 〈기상천외〉와 〈묘상천개妙想天開〉 1971

한진흥업 제작, 당모화, 강조원 각본, 당모화 감독, 당위, 최성 출연의 영화다. 이 두 영화는 같은 영화인데, 위장 합작되며 다른 제목이 붙었다. 대만에서 제작되어 완성된 영화가 수입되어 세탁 과정을 거쳐 한국 한진흥업과의 합작영화로 둔갑했다. 한국 실정과 맞지 않는 스토리 때문에 의아해서 보았던 영화이다. 한국 측 촬영감독으로 소개된 구중모 감독은 이를 전혀 모르고 이름이 도용되었다며 분개했다. 이 영화는 주인공들의 소개 없이 단역인 진혜미는 전혜미로 소개되었고, 당위, 최성 배우만이 출연자로 소개되고 있다. 이 모든 상황이 기상천외하다.

■ 〈나를 더 이상 괴롭히지 마라〉 1971

보한산업 제작, 황혜미 각본, 임권택 감독, 김희라, 김창숙 출연의 영화다. 내 기억에 처음으로 각인된 임권택 감독의 영화이다. 많은 영화가 있지만 천호극장에서 이 영화를 보고 '도대체 감독이 누구일까?' 궁금하여 포스터를 유심히 보고 임권택 감독 이름 석 자가 각인되었다. 제목이 인상적인 임권택 감독의 영화로는 〈원한의 거리에 눈이 나린다〉가 있지만 이 영화 역시 만만치 않다.

소년원을 배경으로 했으며 제목이 특이한 만큼 인상적인 영화였는데, 자세한 내용은 기억나지 않는다. 하지만 필자에게는 임권택 감독이라는 존재를 확인시켜 준 영화로 기억에 남아있다.

한국에서는 흔치 않았던 여성 감독 황혜미의 각본에 보한산업이 제작하였다. 당시 한참 주가를 올린 김희라의 출연작이며 김창숙 배우가 공연하였는데, 재미도 있었지만 완성도가 높았던 기억이 남아있다. 이 영화는 그리 오래된 영화도 아니건만 포스터며 스틸 사진 하나가 남아있지 않다.

▬ 〈내 목숨을 걸고いのちぼうにふろう〉 1971

고바야시 마사키 감독의 121분 흑백영화다. 에도 시대, 다리로 연결된 섬 안에 '안락정'이라는 비밀스러운 주점이 있다. 이곳은 들어오기도 어렵지만 들어오면 비명횡사하는 곳이다. 이곳에 들어온 전당포 점원 도미지로를 위해 일곱 명의 무뢰배들이 벌이는 관원들과의 대립과 결투가 주된 내용이다.

언뜻 뒤집어 보면 장철 감독의 〈철수무정〉의 한국 버전과 흡사한 설정인데, 악당의 두목과 딸, 그의 제자인 두 남녀의 스토리가 일견 흡사하다. 어차피 영화란 아주 새로울 것 없는 장르인 게 인간사가 비슷할 수밖에 없고 상상력도 유사할 수 있다. 참고로 이 영화보다 장철 감독의 〈철수무정〉이 1969년 작으로 2년 빨리 제작되었다.

컬러영화로 찍어도 될 내용을 흑백으로 빚어낸 고바야시 마사키 감독의 선택은 탁월하며, 섬뜩하면서도 예리한 연출은 그가 일본영화계의 대표급 감독이라는 것을 실감하게 해준다. 또한 고바야시 감독의 간판스타인 나카다이 타츠야가 악인으로 설정되어 그의 색다른 매력을 보여주고 있다. 그는 어떤 역을 맡더라도 매력적이다. 그 외 술주정뱅이로 나오는 가츠 신타로의 연기도 일품이며 이미 스타로서의 면모를 읽을 수 있다.

이 영화는 고바야시 감독이 어떤 내용을 만들어도 흥행작으로 만드는 재주가 있는 감독임을 보여주고 있다. 1960년대 일본에서는 찬바라영화를 포함한 시대극이 개봉작의 절반을 차지할 정도였다. 이 영화는 고바야시 마사키 감독으로서는 이전보다 더 공들여 찍었지만, 시대물의 쇠퇴로 이후 찬바라영화는 제작이 줄었다. 〈내 목숨을 걸고〉는 찬바라영화의 매력을 한껏 보여준다.

▬ 〈당산대형唐山大兄〉 1971

골든하베스트 제작, 나유 감독, 이소룡, 전준, 의의 출연작이며, 이소룡의 홍콩영화계 컴백작이다. 이 영화는 이소룡 영화다운 멋을 보이며 홍콩영화의 흥행 기록을 경신한다. 이소룡으로서는 의도하지 않은 출연이었지만, 결과적으로 이소룡이 출연했기에 길이 남을 명편이 된 영화라고 할 수 있다.

사숙인 삼숙과 함께 태국으로 온 정조안은 거리에서 차를 파는 아가씨(묘가수)에게 따뜻한 맥주를 찾으며 행패를 부리는 불량배들과 마주친다. 그러나 싸우지

말라는 어머니의 유언을 새기며 울분을 참는다. 그는 불의를 못 참는 허겸(전준)이 묵는 화교의 집에 머물게 되는데 미소가 귀여운 아가씨 교매(의의)가 있다. 삼숙은 조안을 걱정해 5~6년 일해 돈 벌면 당산으로 돌아가 장사를 하라며 조언하고 돌아간다. 얼음공장에 취직된 조안은 일을 시작하는데, 공장은 그동안 있었던 직원들의 행방불명 사건으로 시끄럽다. 게다가 함께 살던 직원인 진우와 아건 마저 헤로인 불법 거래를 알게 되어 공장장 일당에게 살해된다.

일련의 사건에 공장장은 시침을 떼고 허겸이 나서 조사를 시작하다가 그마저 죽임을 당한다. 공장은 파업으로 시끄러워지고 사장이 보낸 깡패들이 찾아와 패싸움이 벌어지는데, 참다못한 조안이 나서 사태를 무마시킨다. 뛰어난 무술 실력을 보유한 조안은 곧 감독으로 승격되는데 그가 직접 사장을 찾아가 조사를 하게 된다. 공장장은 조안을 꼬드겨 회유하려 하지만 조안은 사장집의 하녀였던 윤락녀의 말을 듣고 진실을 알게 된다. 그날 밤, 조안은 직접 나서 공장을 돌며 조사하던 중 얼음덩어리에서 사체와 마약을 찾아내고 불법 마약 거래를 확인하게 된다. 때맞추어 나타난 사장의 아들 소춘(유영) 패거리를 만나자 조안은 참아왔던 분노가 폭발한다. 그들을 통쾌하게 해치운 그는 이곳을 몰래 떠날까 고민도 하지만 억울하게 죽은 이들을 생각하며 사장을 찾아가 정의의 응징을 하고 경찰에 체포된다.

다소 오버스러운 이소룡의 리얼 액션이 그의 야성미와 함께 선보이고 절권도와 태권도의 발차기가 빛나는데, 개봉 당시 화교들의 환호성이 환청처럼 들릴 정도다. 이제 그가 보여준 날것의 액션에 환호성을 지르는 관객은 없다. 이 영화 개봉 후 50년이 훨씬 지나 절권도를 포함한 그의 액션은 이제 익숙한 장면이 되었다. 그의 영향력이 얼마나 컸는지를 알 수 있다. 이렇듯 그의 액션은 힘차고 박력 있으며 영화적이고 멋지다. 조연으로 나오는 엑스트라들의 어설픈 액션조차 이젠 옛 추억거리다.

▬ 〈대결투大決鬥〉 1971

쇼브라더스 제작, 장철 감독, 적룡, 강대위 출연작이다. 주인공보다 조연인 강대위의 캐릭터가 매력적인 영화다. 내용은 적룡을 부각시키기 위해 쓴 듯하지만, 더욱 흥미로운 것은 폐질환자로 등장하는 강대위다. 여하튼 두 당대 명배우들의 공연과 라스트신의 대결투는 내리는 빗속의 분위기만큼이나 섹슈얼하다.

도입부에서 폭력단인 선단홍은 묘심방을 공격하고 결국 묘심방은 죽는다. 이 책임을 떠안고 당연진(적룡)은 남방으로 잠시 피한다. 그러나 연진은 그 모든 것이 계략임을 알게 되고 1년 후 다시 돌아오지만, 그가 떠난 사이 조직원들은 배신을 하고 적과 손을 잡았다. 이제 연진은 두 조직 모두에게 표적이 되었다. 다시 돌아온 연진이 만난 처(왕평)는 매음굴에 팔려갔고 그녀를 구해내려 살육전이 벌어지자 그녀는 자결을 하고 만다. 연진은 아내를 위해 또 가문의 명예를 걸고 적과 대결투를 시작한다. 연진은 결국 다시 붙잡혀 모진 린치 끝에 생매장 되려는 순간 그와 적대 관계가 된 덩굴장미 장난(강대위)이 구해준다. 연진은 회복 후 복수를 시작하는데 장난은 그와 함께 장렬히 싸우다 죽음을 맞는다.

빗속으로 걸어 나와 적들과 대결투를 벌이는 장면이 이 영화의 압권이다. 두 사람 모두 힘을 다해 싸우지만 총격을 맞고 대나무에 복부가 관통되어 흙탕물 속에서 서로의 죽음을 안타까워하며 몸부림치며 영화는 끝이 난다. 장철 감독은 왜 이렇게 잔인한 영화를 만들었을까? 이 영화가 만들어진 1971년은 문화대혁명 기간 중이다. 홍콩에서도 반정부 시위가 한창이고 암울한 시대였다.

이 영화는 1972년 즈음 명보극장에서 다음 개봉작으로 걸렸지만 개봉되지는 않았다. 그리고 얼마 후 고 장일호 감독, 능운 주연의 1972년 작 〈낙엽비도〉가 이 영화의 제목을 달고 개봉되어 지금도 우리나라에서 〈대결투〉 하면 장일호 감독의 〈낙엽비도〉가 떠오른다. 장일호 감독은 〈성웅 이순신〉 등의 영화를 연출한 당시 한국의 원로감독이었는데, 자신의 영화가 〈대결투〉로 제목이 바뀌고 연출자의 이름마저도 장철로 바뀐 것을 알고 있었을까? 알았어도 차마 말을 못했을 것이다. 당시의 분위기가 그러했다. 아마 영화 수입사 사장의 눈 밖에 나는 걸 원치 않았을 것이다. 〈대결투〉의 홍콩 개봉일은 1971년 4월이고, 〈낙엽비도〉의 홍콩 개봉일은 1972년 6월 29일이다.

▬ 〈외팔이와 맹협新座頭市 破れ! 唐人劍〉 1971

홍콩과 일본의 합작영화라지만 사실상 도호영화사 제작의 일본영화이다. 〈자토이치〉 시리즈 중 한 편인 야스다 키미요시 감독의 연출작으로, 홍콩에서는 〈독비도대전맹협獨臂刀大戰盲俠〉으로 개봉되었다. 당시 홍콩 톱스타인 〈외팔이〉의 왕우를 초청하여 외팔이와 자토이지의 대결을 그렸는데, 쇼브라더스는 공동 제작사인 홍콩의 신생 골든하베스트가 저작권을 침해하였다고 고소하였다. 결국 이 영화는 골든하베스트 공동 제작 영화로 홍콩에서 상영되었다. 이후 왕우는 쇼브라더스를 탈퇴하여 다른 영화사에서 자유로이 출연하게 된다.

시대 배경상 100년 이상의 차이가 나지만 영화는 두 인물을 활동 시기를 같은 시기로 설정하여 시나리오를 썼다. 일본으로 온 외팔이 왕강(〈의리의 사나이 외팔이(독비도)〉 시리즈에서의 이름은 방강이다)이 자토이치를 만나 서로의 검술을 겨뤄보고 대결을 벌인다는 내용이다. 극 중 떡을 던져 베어 먹는 장면 등이 인상적인데, 한국에서는 광복 이후 처음 공개되는 찬바라영화이어서 처음 보는 새로운 연출과 실감 나는 무술 장면으로 당시 장내 관객들이 숨죽이며 볼 정도로 조용하였다.

각기 자국의 자존심을 건 캐릭터 간의 대결인데 일본에서는 시리즈이므로 주인공인 자토이치가 죽을 수는 없고 일본 버전에서는 왕우가 죽는 결말이다. 그러나 동남아 버전에서는 자토이치가 죽는 버전으로 따로 제작되었다. 동남아 버전을 서증굉이 연출하였다지만 확인할 수 없는 일이다. 한국에서는 1972년 홍콩영화로 수입되어 동남아 버전이 상영되었고, 서울 단성사에서만 18만여 명을 동원하여 흥행에 성공하였다.

■ 〈둘째 어머니〉 1971

임권택 감독, 김지미, 최무룡 커플의 영화다. 최무룡은 영화 도입부에서 사망하여 전체적으로 나오는 장면은 짧다.

부잣집 장손 흥열(최무룡)과 재혼한 남옥(김지미)에게는 남매가 있었고 흥열에게도 남매가 있었다. 두 사람의 재혼은 아이들 문제로 삐걱거리고 흥열은 그 아들과 화해를 하려고 사냥을 하러 갔다가 실족사한다. 아이들의 양육에 책임감을 느낀 남옥은 더욱 자녀 교육에 힘을 쏟는데, 내용은 생각지 못한 최악의 상황으로 전개되어 간다. 집을 나간 아들(김희라)은 깡패가 되고 딸(안인숙)은 대학도 못 다닌다. 그런데 흥열의 아들 형태(박기택), 딸 형자(김민정)는 대학도 다니고 유학까지 간다. 형자는 동생의 연인 동오(신성일)를 유혹해 결혼을 파탄 낸다.

어처구니없는 상황 설정도 그러하지만 지금 관점에선 답답해서 못 볼 내용이다. 최무룡의 대사는 조선 시대 왕의 대사처럼 근엄하고 내과의사의 대사는 흡사 대학 총장의 대사처럼 엄숙하다. 옛 영화를 보며 느끼는 당혹감이 든다. 1970년대 초 제3공화국의 엄숙주의 시대에 관념적인 연기를 보니 격세지감을 더욱 느낀다.

그나마 김지미 배우의 열연이 그녀의 연기력을 실감하게 한다. 당시에는 이런 영화들이 어머니 관객들의 스트레스를 풀어주는 청량제와 같은 역할을 하였을 것이다. 신성일, 안인숙 커플은 〈별들의 고향〉 이전에 벌써 연인으로 나왔다.

■ 〈래여풍來如風〉 1971

쇼브라더스 제작, 정창화 감독의 81분 길이 영화로, 〈7인의 자객〉 후속작이다. 〈아랑곡의 혈투〉 이후 완숙해진 검술 연출이 인상적이며 무협지에 나오는 스토리로 흥미를 주며 전개된다. 검객이 위험에 처한 공주와 왕자를 구해주는 내용인데, 나열의 연기 또한 전작들의 연장선에서의 캐릭터다. 그는 정창화 감독의 영화에서 꾸준하게 주인공을 맡았는데, 결국 정 감독의 후속작 〈철인(죽음의 다섯 손가락)〉으로 세계 영화계에 알려지게 된다.

이 영화는 특히 DVD로 보았을 때와는 전혀 느낌이 달랐다. 각 캐릭터도 분명하고 진한, 나열의 명연기도 인상적이다. 〈아랑곡〉, 〈육자객〉 후 런런쇼도 "정 감독의 무협영화가 발전되었다"라고 평한 영화다. 그러나 홍콩감독들의 영화와 크게 대별되지는 않는데, 이후 후속작 〈철인(죽음의 다섯 손가락)〉에서 정 감독만의 색깔을 확실히 하여 보여준다.

■ 〈박도외인부대博徒外人部隊〉 1971

후카사쿠 킨지 감독, 츠루타 코지, 와타세 츠네히코, 와카야마 토미사부로, 이마이 켄지 출연의 영화이다. 주인공 역을 맡은 츠루다 코지는 1963년 〈인생극장〉 시리즈의 〈인생극장 비차각〉에서 다카쿠라 켄과 공연한다. 다카쿠라 켄이 냉혹한 의 이미지라면 그는 덕을 갖춘 이미지이다. 후카사쿠 킨지 감독은 도에이 도쿄 촬영소에서 야쿠자 영화를 만들었는데, 1963년 〈갱 동맹〉, 1964년 〈이리와 돼지와 인간〉, 1967년 〈해산식〉, 1973년 〈의리 없는 전쟁〉을 만들며 폭력 행위를 합리화하고 신성시하여 그려낸다. 이 영화는 그런 특징과 함께 박력 있는 연출과 사실적인 묘사로 야쿠자의 세계를 담아낸 그의 대표작이다. '박도'란 투전꾼을 일컫는 말이고 '야쿠자'란 폭력단을 일컫는다. 야쿠자는 조직화된 폭력단인데 영화 소재로 이야깃거리가 많고 자연히 일본영화의 한 장르로 자리 잡았다.

첫 장면은 10년 만에 출소하는 주인공 츠루다 코지로부터 시작된다. 찬바람이 몰아치고 앞으로 펼쳐질 일진광풍을 예고하는데 두 명의 부하가 마중을 나오고 복수를 다짐한다. 극의 구성은 그들의 두목을 위한 복수극이나 의도된 복수라기보다는 자연스럽게 오키나와를 무대로 삼아 풀어낸다. 도쿄파에 의해 요코하마에서 축출된 그들이 오키나와의 나하를 거점으로 세력을 재건하려 하는데, 다시 도쿄파에 의해 그들 간의 전쟁이 벌어지며 대살육전이 펼쳐진다. 의리를 앞세운 임협이 무엇인지를 보여주는 주제인데 일본에서는 이렇듯 야쿠자가 미화되었다.

야쿠자들에게는 명령만이 존재할진데 과연 죽음으로까지 승화된 이런 의리가 과연 있을까 싶다. 물론 영화니까 그럴 것이다. 이런 영화들이 히트하며 일본에서는 이런 영화를 임협영화라 하며 시리즈로 양산한다. 임협영화에서 주인공 야쿠자는 정의파로 설정되어 불의에 항거해 끝내 그들을 물리친다는 공통된 스토리 구조를 띤다. 잠시나마 관객들은 그들이 무법자라는 사실을 잊고 영화에 빠져들게 된다.

영화는 관객이 들면 만드는 것이지만, 이런 이야기의 정서를 일본인들이 좋아하기 때문에 지속적으로 만들어진 듯하다. 임협영화는 1920년대부터 만들기 시작하였으니 1929년 작 〈구쓰가케 도키지로〉가 효시이다. 이후 1930년대에는 〈인생극장 잔협편〉이 만들어졌고 〈3대의 술잔〉 등이 만들어졌다. 1960년대 중반에는 으레 임협영화라면 기모노를 입은 야쿠자들이 단도를 휘둘러 피범벅을 하며 대미를 장식했는데, 이런 경향이 홍콩영화에도 영향을 끼쳐 장검을 버리고 단검으로 싸우는 장철의 영화가 나오지 않았나 싶다.

1960년대 일본영화에서 임협영화는 최고의 인기 장르였다. 이 영화가 제작된 1971년도는 미군이 오키나와를 일본으로 반환한 해라서 기획된 영화이다. 당시 우리나라에서도 이 시절에 〈명동〉 시리즈를 비롯하여 1970년대 중후반에는 〈실록 김두한〉 시리즈 등의 영화가 제작되었다. 의리를 숭상하고 피로서 복수를 마감하는 스토리는 어느 나라건 당시를 풍미했던 정서이다. 중국 무협영화에서 즐겨 다루던 이런 소재들이 만개하던 시절의 영화이다.

■ 〈불장난遊び〉 1971

마스무라 야스조 감독의 90분 컬러영화다. 세키네 게이코, 우치다 아사코가 출연하였다.

공장에서 근무하던 17세 여주인공은 술주정뱅이 아버지가 죽자 돈타령만 하는 엄마를 떠나 술집에 취직이라도 하려고 주점가를 찾는다. 이곳에서 만난 불량배는 그녀를 유혹해 술집에 팔아넘기려는 야쿠자 하수인이다. 그는 처음에는 무심코 그녀에게 접근했지만 순진한 그녀가 그를 믿고 마음을 열자 두 사람은 진정으로 가까워진다. 천진난만한 그녀는 그의 정체도 모른 채 불장난처럼 그에게 이끌려 연정을 품게 된다.

그러한 그녀를 보며 그도 사랑을 느끼게 되는데 야쿠자들에게 돈까지 받아 넘기려던 그는 야쿠자에게 희생될 그녀의 미래를 생각해 보고는 마음을 바꿔 그녀와 사랑의 도피를 한다. 그들은 바닷가 일류 호텔에서 호화스러운 하룻밤을 보내고 앞으로의 일을 걱정하며 밑 빠진 배에 의지해 먼 바다로 흘러간다. 마치 그들의 위험하기 짝이 없는 미래와도 같다.

다소 파격적인 플래시백으로 폭행 장면을 연출한 마스무라 감독은 기존 영화와는 다른 파격적인 연출을 선보이는데, 기존의 연출과는 다소 동떨어진 로만포르노식의 연출이다. 이 영화가 도에이에서의 마지막 영화다. 남주인공은 시종일관 술주정뱅이로 오버하며 연기하는데, 당시 홍콩의 톱스타 강대위와 외관상 무척 닮았다.

■ 〈신독비도新獨臂刀〉 1971

장철 감독의 〈외팔이〉 시리즈 마지막 편이다. 〈돌아온 외팔이〉에서 단역으로 출연했던 강대위가 왕우 대신에 외팔이로 캐스팅되었다. 그 외 이청, 적룡, 진성, 곡봉이 출연하였다. 시리즈 세 번째 편이다 보니 장애를 딛고 복수를 위해 혈혈단신 적진으로 뛰어드는 주인공의 모습도 다소 식상해 보인다. 찍고 싶은 영화를 마음대로 최고의 스타들과 함께 할 수 있었던 장철 최전성기 시절의 영화이다. 〈외팔이〉 1, 2편이 보여준 왕우의 투박스러움이 빠지고 가냘픈 외팔이의 모습이 더욱 애잔했던 영화이다.

■ 〈야오귀〉 1971

양지영화 제작, 안면희 촬영, 이두용 감독으로 기록되었으나, 원제는 〈귀살수〉
로 무민웅 감독의 장익, 장붕, 전풍, 이영 출연작이다. 촬영지는 한국이지만 이두
용 감독이나 한국영화와는 무관한 홍콩영화이다. 이두용 감독은 1970년 〈잃어버
린 면사포〉로 데뷔 후, 1971년 〈댁의 아빠도 이렇습니까?〉의 연출 사이 이 영화에
대명된 듯하다. 자세한 내막은 알 수 없지만 미루어 추측건대 대명한 영화이다. 국
내에 이 영화는 전무하나 홍콩 오리지널 필름은 파일로 볼 수 있다.

■ 〈여죄수 사소리 – 701호 여죄수 사소리女囚701號 さそり〉 1971

다이에이 제작, 시노하라 토오루 원작, 마츠다 히로와 코나미 후미오 각본, 이
토 순야 감독, 나카자와 한지로 촬영, 카지 메이코梶芽衣子, 요코야마 리에, 나츠야기
이사오, 와타나베 후미오, 미하라 요코 출연의 영화다. 이토 순야 감독의 데뷔작이
며 〈여감방〉 시리즈의 원조로 일본 오리지널 버전이다. 데뷔작답게 패기 가득한
연출과 실험적인 카메라 워킹을 선보인다. 시리즈 네 편 중 첫 번째 영화이며 이 영
화를 보고 쇼브라더스는 계치홍 감독이 1973년 일제강점기 상황으로 〈여감방〉을
만들었고, 한국에서는 신상옥 감독이 1976년에 홍콩배우 진홍열을 출연시켜 〈여
수 407호〉 시리즈를 만들었다. 같은 해 장일호 감독도 홍콩배우 장패산張佩山을 출
연시켜 〈옥중녀〉라는 영화를 만들었다.

내용이야 여자 죄수 감옥에서 벌어지는 인간 말세의 이야기인데, 여주인공의
억울한 사연이 영화의 중심 줄거리를 이어간다. 결국 그녀는 감옥을 탈출해 자신
을 죄수로 만든 전 애인을 죽이며 복수극을 마친다. 주인공 역을 맡은 카지 메이코
는 이 영화 이후 〈수라설희〉 시리즈 등으로 일본여배우 가운데서도 킬러 이미지를
확고히 한다.

이 영화의 시리즈는 1편이 1972년 작 〈여죄수 사소리女囚701号 さそり〉, 2편이 〈여
죄수 사소리 제41호 감방女囚さそり 第41雑居房〉, 3편이 1973년 작 〈여죄수 사소리 짐
승의 방女囚さそり けもの部屋〉, 4편이 1973년 하세베 야스하루長谷部安春 감독의 〈여죄수
사소리 701호 원한의 노래女囚さそり 701号怨み節〉, 5편이 1976년 코히라 유타카小平裕 감
독의 〈신 여죄수 사소리 701호新女囚さそり 701号〉인데, 여기서 주인공이 타키가와 유

미多岐川裕美로 바뀐다. 6편은 1977년 코히라 유타카 감독의 〈신 여죄수 사소리 특수 감방 X新女囚さそり 特殊房X〉으로, 주인공이 나츠키 요코夏樹陽子로 또 바뀌었다. 이 영화가 극장판 시리즈의 마지막 편이었다.

■ 〈요검〉 1971

임권택 각본·감독, 채령, 안길원, 안일력 출연작이다. 당시는 장철 감독의 무협영화와 왕우 주연의 무협영화가 국내에서 흥행이 되었던 시기이다. 이 영화는 이러한 시대 분위기에 맞춘 듯한 검술영화이다. 그 당시 누구나 무협영화에 대한 관심을 가질 수밖에 없었고 그것이 장르영화로 자리를 잡아가던 과정이니, 임권택 감독도 이런 무협영화를 직접 각본까지 집필하고 감독까지 맡을 법하다.

줄거리를 보니 흔한 소재의 무협영화이기도 하며 서부극의 재현이기도 하다. 흥행 성적을 보아 재미있었던 영화일 듯한데, 필름이 현존하지 않는 영화이기에 이젠 볼 수 없는 영화이다. 임 감독으로서는 완성도 높은 〈전장과 여교사〉도 보지 않았으면 좋을 영화라고 하는 상황이니, 이 영화는 영원히 미지의 영화로 남아있는 것도 좋을 듯하다.

■ 〈인생유학생〉 1971

박호태 감독, 신성일 주연의 액션극이다. 당시는 액션영화 전성시대였다. 재벌의 아들이 어머니의 복수를 위해 폭력배가 되어 재기하기까지의 줄거리를 영화로 그렸다. 김효천 감독은 〈명동〉 시리즈를 만들어 히트하였고, 임권택 감독, 변장호 감독, 박노식 감독의 야심찬 액션영화 〈인간 사표를 써라〉, 〈나〉, 〈집행유예〉가 발표된다. 당시 모두가 액션영화를 만들었을 정도로 인기였으나, 액션영화가 너무 양산되면서 차차 관객들의 외면을 받았다. 이후 김효천 감독의 〈김두한〉 시리즈가 흥행의 바통을 이어받았고 곧 이두용 감독의 태권 액션영화가 나온다.

■ 〈쌍협雙俠〉 1971

쇼브라더스 제작, 장철 감독, 강대위, 적룡, 진성 출연작이다. 이 영화는 절정기를 맞은 장철 감독의 비교적 짧은 78분 길이의 영화인데, 한 해에 5~6편씩 만들려니 팀이 짜여 있다 하더라도 쉽지 않은 제작 여건이었을 것이다. 그러다 보니 이 영화부터 들쭉날쭉하게 완성도에서 차이가 나기 시작한다. 그렇다고 이 영화가 졸작이라는 것은 아니지만 완성도 측면에서는 아쉬움을 준다. 이 영화는 장철 영화에서 볼 수 없었던 수중 촬영도 있고 쉼 없는 무사들의 액션을 보여주고 있다.

시대는 북송 시대며 금나라와 대립하던 때 포로로 잡힌 정왕을 구출해 내는 협사들의 활약상이다. 내용은 포청천(적룡)과 소복자(강대위)의 정왕을 구출하기까지의 무협담인데, 죽음으로 정왕을 구해내는 소복자는 경공법을 잘한다는 설정 하나로 이 싸움에 목숨을 걸고 결국 죽음을 맞는다. 부상에도 불구하고 마지막까지 정왕의 구출을 완수하기 위해 사력을 다해 싸우는 소복자의 모습은 〈13인의 무사〉의 적룡을 연상시킨다. 그러나 얼마나 식상한가? 1년 전 본 장면을 다시 베낀다는 것은 스스로 물 타기를 하는 셈이다. 〈복수〉의 마지막 장면을 〈마영정〉에서 그대로 답습한 것도 비슷한 사례이다.

1970년은 장철 감독으로서는 최고의 해였다. 〈복수〉로 아시아영화제 감독상을 받았고, 〈13인의 무사〉 등의 영화로 흥행에서도 성공했기 때문이다. 이 영화가 만들어진 1971년에만도 〈응왕〉, 〈신독비도〉, 〈대결투〉, 〈무명영웅〉, 〈권격〉, 〈쌍협〉 등 1972년 작 〈마영정〉을 만들기 전까지 무려 다섯 편이 개봉된다. 이해에 장철 회고록을 보면 강대위, 왕평 주연의 〈수선〉이란 영화도 있다.

1970년대 최고의 해를 보내며 장철 감독은 본격적인 양산 체제를 갖추었다. 감독으로서 이보다 행복한 일이 없을 것 같지만, 스스로 무덤을 파는 형국이 되었다. 다작을 하며 예전처럼 심혈을 기울인 완성도 있는 영화를 만들 수는 없었을 것이다. 한 편 한 편 살얼음판을 걷는 긴장감 없이 감독상 수상의 축배로 만취 연출을 하는 것이 느껴진다. 하나만 잘 건지면 된다는 안일함이 몰락의 길을 재촉하였고, 이 영화는 그 시발점이 되었다. 그러나 이후 〈수호전〉 시리즈 중 무송의 활약을 다룬 1972년 작 〈쾌활림〉 같은 양질의 영화도 만들어졌다. 쇼브라더스의 그 어떤 감독보다 많은 특혜를 누렸던 장철 감독이었지만, 그도 흥행으로부터 자유로울 수 없었고 결국 1974년에 대만으로 떠나게 된다.

■━ 〈옥중도血濺天牢〉 1971

신강 감독의 쇼브라더스 영화다. 나열 주연으로 시사, 한국배우 김지수, 진봉진, 김기주가 출연했다. 위장 합작영화 〈옥중도〉의 원제라는 〈혈주천뢰血酒天牢〉는 오류이고 〈혈쇄천뢰血灑天牢〉가 맞다. 이 영화는 홍콩 쇼브라더스 영화가 명백한데 위장 합작영화로 수입되어 6만 여명의 흥행을 기록했다. 이 영화가 한국에서는 우여곡절의 세탁을 통해 1972년 11월 12일 〈옥중도〉라는 타이틀로 검열을 통과해 고교생 이상가로 검열에 합격한다.

이 영화는 하몽화 감독의 〈흑령관〉으로 합작영화 신고가 되었는데, 〈일전도〉라고 제목 변경되었고 주연배우인 당청의 급작스러운 질병으로 인해 완성이 연기되며 결국 〈옥중도〉로 제목이 바뀌었다. 그러나 이 영화는 애초에 기획했던 영화와 다른 영화인 것이 조연배우는 물론이고 주연배우까지도 모두 바뀌었기 때문이다. 당청도 출연하긴 하지만 이 영화의 주연은 나열이다. 이 영화를 보면 홍콩 쇼브라더스의 영화인 것이 뚜렷하다. 1969년에 기획하여 1972년 말에 완성한다는 것은 당시 있을 수 없는 제작 기간이다(안태근 박사논문「한국합작영화연구」참고).

당시 문공부 직원들이 국외 사정에 어두운 현실을 이용하여 문서상으로 처리하며 당청이 출연한 전혀 다른 영화를 합작영화로 수입하며 생긴 일이다. 합작영화 문서철의 한홍 합작영화 〈일전도〉의 제작 허가 서류를 보면, 참고란에 〈일전도〉는 1969.3.20일자 "검술 합작영화제작 불허 방침에 따른 경과조치 결과 구제하기로 결정된 작품임"이라고 명시되었다.

■━ 〈우중화雨中花〉 1972

홍콩 쇼브라더스의 멜로영화다. 한국의 김수용 감독이 초빙되어 연출했다. 김수용 감독은 〈서유기〉라는 한홍 합작영화를 연출한 것이 인연이 되어 쇼브라더스에 갔다. 1970년대는 김수용 감독이 〈안개〉 등을 만들어 이름을 날리던 때다.

그러나 시나리오도 없었던 상태라 자작 시나리오로 〈와와부인〉 한 편을 찍고서야 〈우중화〉의 대본이 나왔다는데, 그야말로 '만만디'의 전형이었다. 그는 촬영 중에도 카메라맨이 일본인이고 자신은 한국 사람인지라 배우들이 중국말로 흉을 보고 해서 배우들에 대해 썩 좋은 인상은 아니라고 자신의 저서『나의 사랑 나의 씨네마』에서 밝힌다.

한국의 이영옥을 빼 닮은 하리리와 무협영화 전문 배우인 능운이 주인공을 맡은 이 영화는 이루어질 수 없는 사랑의 이야기이다. 부잣집 딸 옥청이 가난한 가수인 원평과 사랑을 나누고 태국으로 사랑의 도피를 하는데, 방값도 못 낼 지경이 된다. 원평은 상금을 타려고 오토바이 경기에 나갔다가 불구가 되고 옥청은 하는 수 없이 나이트클럽의 댄서가 되는데 이쯤이면 〈상해여 잘 있거라〉 복사판처럼 흘러간다. 이런 두 남녀에게 더 큰 시련이 닥치는데, 옥청이 야총회왕경리(총지배인)인 남석훈에게 정조를 유린당하자 원평이 총경리를 죽이고 불행한 두 남녀는 서로 묶은 채 조각배를 타고 망망대해로 나간다는 줄거리이다.

영상파로 불리는 김수용 감독이 왜 이런 구차한 1920년대식 스토리텔링의 영화를 만들었을까 하는 의문도 들지만, 말 안 통하는 외국에서의 연출이란 한계가 있다고 자신의 책에서 토로하였다.

■ 〈음양도太陰指〉 1971

쇼브라더스가 제작한 영화이며 한국에는 하몽화가 감독했다고 소개되지만, 실제 감독은 서증굉이다. 당시 하몽화 감독이 〈스잔나〉를 연출한 명감독이기에 이름을 도용한 것 같다. 당시에서나 있을 수 있는 일이 버젓이 벌어졌다. 출연은 능파, 김한, 홍성중, 진봉진, 박지현 등이다. 능운 주연의 영화가 같은 제목이 있어서 헷갈린다. 이는 오리지널 영화의 제목을 〈태음지〉가 한국에 개봉하면서 도용했기 때문이다. 〈태음지〉는 뜻도 어렵고 발음도 쉽지 않아서 그랬던 것일 텐데 있을 수 없는 일들이 당시에는 성행했다. 비슷한 사례로 장일호 감독, 능운 주연의 〈낙엽비도〉를 장철 감독의 대표작 〈대결투〉의 제목으로 차용한 케이스가 있다.

전부 위장 합작영화인데 1960년대부터 1990년대 초까지 충무로가 혼란스러웠던 시절에 있었던 대국민 사기극이었다. 〈음양도(태음지)〉에는 오경아 배우가 출연했다고 당시 홍콩잡지에 보도되어 있다. 하지만 이 영화의 홍콩 버전(오리지널 버전)에 오경아 배우는 보이지 않는다. 이는 그녀가 한국 버전에만 출연하기 때문인데, 당시 이런 일들이 벌어진 건 위장 합작영화 시대였기 때문이다.

■ 〈의식儀式〉 1971

오시마 나기사 감독작으로 러닝타임은 123분이다. 한 가족의 결혼식, 생일, 장례 등의 의식을 소재로 해서 만든 영화다. 당시 전위적인 영화가 보여준 의식의 흐름 속에 오시마 감독이 데뷔작 이래로 구사해 온 플래시백을 통해 초현실적인 세계를 그리고 있다. 이 영화는 그해 《키네마순보》 최고영화상을 받았다.

■ 〈인간사표를 써라〉 1971

우진필름 제작, 박노식 감독·주연작이다. 신봉승 각본, 변인집 촬영, 고해진 조명, 형동춘 편집, 전정근 음악, 조감독으로 이상구, 이현구, 방순덕, 이성민이 참여했다. 당시로는 일류 스태프들이었고 캐스팅 역시 일급으로 포진되었는데, 황해, 허장강, 김지미, 독고성, 최성호, 장혁, 박암, 김희라, 김칠성, 김청자, 이해룡, 남미리, 주선태, 김영인, 박동룡, 임해림이 출연하였다.

일본의 가츠 신타로를 연상시키는 연기 집념이 박노식 배우를 연기의 화신으로 만들었다. 다른 감독들의 연출이 그를 충족시킬 수 없었을 것이다. 배우로만 만족할 수 없었던 그가 메가폰을 잡았다. 모든 게 여의치 않아 벌어진 일인데, 그의 과욕이 빚어낸 보기 드문 액션영화이다. 그가 혼신을 다해 촬영한 이 영화는 액션 충만한 에너지 넘치는 영화로 만들어졌으며, 배우 박노식을 말할 때 손꼽히는 영화이다.

일제강점기 황금을 둘러싸고 벌어진 싸움에서 의동생 정수(김희라)가 죽자 주인공인 철호(박노식)는 정수의 눈먼 아내 정숙(김지미)에게 찾아가 정수라며 각막 이식을 결심한다. 그는 원수 달규(허장강)를 찾아가 복수를 마치고 각막 이식 동의서를 쥐고 죽어간다. 박노식은 가장 처절한 이야기를 만들고자 설정된 극한 상황에 걸맞은 광인의 연기력을 보여준다.

당시 흥행 기록은 7만 8천여 명, 당시로는 양호한 기록인데 대중들이 그런 영화를 찾았던 것은 박노식의 연기 열정과 영화적 완성도를 인정했다는 반증이다. 박노식 감독의 아들인 박준규 군이 아역으로 출연했다.

■ 〈철낭자鳳飛飛〉 1971

쇼브라더스 제작, 고보수 감독, 출연은 하리리, 남석훈, 왕협, 박지현, 이해룡,

진봉진 등이며 무술감독은 한영걸이다. 십리고개에서 죽임을 당한 언니의 복수를 하는 여협 봉비비의 이야기이다.

언니를 죽인 범인을 찾고 보니 어린 시절 맺어진 자신의 약혼남인 연백이었는데, 표창의 고수가 개입되며 사건은 꼬여간다. 결국 연백은 봉비비에 의해 죽고 악당들도 모두 죽으며 영화는 끝난다. 중국 무협에서 흔하게 보이는 복수극이지만 여협을 주인공으로 하여 설정한 여류 감독의 무협영화로, 조카로 나오는 아이와 여협들이 다수 등장하여 남성 감독이 만든 무협영화와 차별화시켰다.

연백 역을 맡은 남석훈 배우는 장철 감독의 〈13인의 무사〉에서 악역을 맡아 홍콩에서 데뷔한 이래 이 영화로 악역의 이미지를 굳히며 결국 악역 전문 배우로 자리매김하였다. 악역은 연기력을 보여주기에 좋지만 캐릭터가 고정화되며 출연 편수가 한계가 있게 된다. 결국 남석훈은 수입이 줄어 부업을 할 수밖에 없는 상황이 되어 한국 관광객을 대상으로 한 쇼핑센터를 오픈하였다. 그리고 주인공 역이나 정의로운 역은 귀국하여서야 맡을 수 있었다고 그의 자서전『바다건너 36년』에서 밝히고 있다. 그는 귀국 후 감독으로 데뷔하여 신인감독상을 받기도 했다.

봉비비의 아버지 역으로 이해룡 배우가 출연했고, 이모 역에 박지현, 연백의 부하로 진봉진이 출연했다. 이 영화는 한국에서 한홍 합작영화로 신고되어 〈철낭자〉라는 제목으로 개봉되었는데, 사실은 위장 합작영화로 쇼브라더스가 100% 제작한 오리지널 홍콩영화이다. 다만 한국배우가 다수 출연하는 걸로 보아 사전에 한국배우 기요 주문과 쇼브라더스의 런런쇼 사장의 맞장구가 있었을 것으로 추정된다.

■■■〈최고로 멋진 남자〉 1971

김응천 감독의 코미디영화다. 다분히 스타 시스템의 흥행을 기대한 영화로, 폭소까지는 아니지만 유쾌한 내용의 영화로 기획되었다. 영화는 얌전하면서 새침떼기인 경희(윤정희)와 동생 경숙이 '최고로 멋진 남자' 동일(신성일)을 두고 벌이는 사랑의 쟁탈전이다. 아쉽게도 필름이 현존하지 않아 시나리오로 내용을 유추해 본다. 윤정희 배우의 전성기 영화로, 빛나는 외모에서 타고난 배우임을 알 수 있고 제목처럼 최고로 멋진 남자 역으로 신성일이 출연했다. 흥행 기록은 기대에 못 미쳐 1만 3천여 명이다.

■ 〈쾌활림快活林〉 1971

장철·포학례 공동 감독으로 중국의 고전 『수호지』의 「무송전」을 영화화하였다. 장 감독은 다음 해 본격적으로 대작 〈수호전〉을 촬영하는데, 이 영화는 그 시리즈의 예고편이나 다름없다. 〈아랑곡의 혈투〉의 조감독이었던 장경파, 무술감독은 당가, 유가량, 유가영, 진전이고, 예광과 장철 공동 각본이다. 내용은 무송(적룡)이 자신의 형인 무대를 죽인 서문경을 찾아가 복수하고 귀양길을 떠나 겪는 무용담이다.

주인공 무송은 인육반점에서 여주인의 미인계에 빠지지만, 위기를 모면하고 오히려 주인과 의형제를 맺는다. 다시 귀양길을 떠난 그는 그의 무용담을 들은 관리의 청으로 그곳의 악당 장문신 일당을 처단하기 위해 쾌활림으로 간다. 쾌활림은 장문신이 도박장을 벌인 곳으로, 일당과 사투를 벌이고 그들을 모두 죽인다. 혈투 후 담장에 "살인자 호타무송야(살인자는 호랑이를 죽인 무송이다)"라고 쓴 그는 겨우 인육반점을 찾아가 부상을 치료한다. 무송은 인육반점에서 살해당한 어느 승려의 옷을 차려입고 먼 길을 떠난다.

영화는 시종일관 무송의 무용담을 보여주고 있는데, 마지막 장면에서 장문신 일당과의 혈투는 피비린내 그 자체이다. 꽃미남 적룡을 위한 영화인데, 그와 잘 어울리는 배역이 아닐 수 없다. 한쪽 팔에 부상을 입은 그는 다양한 액션 끝에 외팔이 권법을 선보이기도 하는데, 오리지널 외팔이 배우 왕우에 못지않은 액션의 미학을 보여주고 있다.

■ 〈평양폭격대〉 1971

신상옥 감독, 곽일로 각본, 최승우 촬영이다. 출연진은 황해, 윤정희, 신영균, 김지미, 김석훈, 변기종, 최성호, 신일룡, 백일섭, 이치우 등 초호화 캐스팅이다. 이 영화는 국내에 필름이 없고 영어 버전의 비디오 영상이 시중에 나돈다. 원본 필름이 어느 곳엔가 있다는 것인데, 북한이 이 영화를 갖고 있다는 게 신상옥 감독에 의해 확인된 바 있다. 북한이 영화의 비디오 버전을 제작할 리는 없고 다른 어느 곳에도 필름이 존재했다는 반증이다.

영화는 〈빨간 마후라〉의 성공에 힘입어 기획된 것으로, 한국전쟁 시기 공군 파일럿의 활동을 극화한 것이다. 그렇다고 평양 시가지를 폭격하는 장면이 있는 건 아니다. 사실 제목과 동떨어진 내용으로 완성도도 전작 〈빨간 마후라〉에 비해 많이 떨어진다. 장렬한 공군 조종사의 죽음을 보여주는 전투 장면이 약해 빛이 바랬지만, 당시로는 역작이었을 것이다. 1972년, 제11회 대종상영화제 반공영화작품상 및 감독상, 남우주연상(황해) 수상작이다.

▬ 〈7인의 협객六刺客〉 1971

쇼브라더스 제작, 정창화 감독의 〈육자객〉으로 〈7인의 협객〉이라는 한홍 합작 영화로 국내에 소개되었다. 아마도 구로사와 아키라 감독의 〈7인의 사무라이〉를 염두에 둔 제목일 것이다. 윤일봉 배우가 악당 두목으로 출연하고 링윈과 홍콩배우 외에 남석훈, 이려려, 진봉진, 홍성중이 출연하였다. 조감독은 장경파, 신위균, 팽장귀 등인데 그중 장경파는 직접 출연까지 하였다. 오리지널 영화에는 정창화 감독이 직접 시나리오를 썼다고 소개되지만, 국내에서는 강일문이라는 작가의 시나리오로 소개된다.

첫 장면은 변방의 제후(윤일봉)가 무고한 농민의 식량을 강탈하고 무참히 죽이며 시작되고, 이를 막는 인근의 제후(진봉진)를 죽이며 강호가 시끄러워진다. 이에 강호의 무사들이 비밀리에 나서 형제 결의를 하고 복수에 나선다. 이 영화는 당시 검술영화의 붐을 타고 만든 영화로 윤일봉의 악역 연기가 인상적이다.

▬ 〈구련환仇連環〉 1972

장철·포학례 공동 감독에 오우삼이 조감독을 맡았다. 홍콩 개봉일은 1972년 10월 12일이다. 이 영화는 전작인 〈마영정〉의 속편으로, 한국에서는 〈수련환〉이라는 제목의 비디오로 출시되었다.

〈구련환〉은 전작 〈마영정〉과 흡사한 분위기이고 라스트신의 상황도 똑같다. 당시는 골든하베스트에서 이소룡의 〈당산대형〉을 비롯하여 〈정무문〉이 제작되었던 때라, 장철 감독은 휘하에 무술을 할 줄 아는 단역배우인 진관태를 과감히 주인공으로 캐스팅해서 이 영화를 만들었다. 그러나 어디까지나 아류작으로서 범주를 벗어날 수는 없었다. 자기복제는 외면 받을 수밖에 없다.

■■■ 〈금선풍金旋風〉 1972

나유 감독이 〈정무문〉 이후 이소룡과의 불화로 따로 제작한 무협영화이다. 〈정무문〉 개봉 후 대만 로케이션으로 제작했다. 그로서는 이소룡과 함께할 수 없는 상황이라서 사현, 김천, 묘가수, 석견, 진관태 등과 함께 이 영화를 제작한다. 〈금선풍〉은 강호 제일의 협객인 금선풍과 밀지를 둘러싼 무협영화이다.

고관의 밀지를 전달하려 한다는 소문이 돌고 있는 주인공 금선풍(사현)은 객잔에서 자봉(묘가수)을 만나 오해로 인해 결투가 벌어진다. 양천명(김천)은 그를 도와 소문을 유포한 범인을 찾아내는데, 악당 원냉(석견)이 죽고 진짜 범인이 신원 내사부로 밝혀져 함께 처치하며 모함에서 벗어난다.

나유 감독은 절권도란 새로운 영화 무술을 선보이며 〈당산대형〉과 〈정무문〉을 감독하고서도 더 이상 이소룡과 영화를 할 수 없자 과거로 회귀한 셈인데, 새로울 것 없는 평이한 무협영화를 만들었다. 한국에서는 극장 개봉 없이 비디오로만 출시되었다.

■■■ 〈길상도방吉祥賭坊〉 1972

쇼브라더스 제작, 장증택 감독, 하리리, 악화, 석견, 번매생, 우마, 김봉 출연의 영화로, 러닝타임은 77분이다. 〈길상도방〉은 대만에서 활동하던 장증택 감독이 〈노객과 도객〉의 흥행 성공 후 홍콩 쇼브라더스로 이적해 만든 도박장 소재의 영화다. 각본을 쓴 예광은 장철 감독의 수많은 영화 시나리오를 쓴 작가이며, 대표작으로는 1970년 〈복수〉가 있다. 그래서인지 이 영화는 〈복수〉와 같은 시대를 배경으로 경극장을 슬쩍 도박장으로 바꾸어 쓴 듯 많이 닮았다.

내용은 사기도박을 하며 잘나가던 쿠오(하리리)의 도박장에 의협 청년이 찾아와 벌어지는 정의 구현, 사랑 쟁취, 복수담을 그리는데, 기승전결의 구조가 〈복수〉 스타일이다. 당대 최고 여배우 하리리와 악화의 공연도 기대되었지만, 장증택 감독은 이동차만 열심히 움직였을 뿐이지 사람들의 진정성을 담아내는 데에는 실패했다. 하리리와 악화의 장렬한 죽음으로 영화를 끝맺는데, 영화는 스토리를 따라가며 전개되었을 뿐 공감은 안 되는 범작이 되었다.

같은 시기 이소룡의 〈당산대형〉 이후 〈정무문〉, 〈맹룡과강〉이 개봉되던 시절이니 이 영화의 흥행 결과는 예견될 일이었다. 관객들은 이미 이소룡을 통해 진짜 무술을 접한 후라서 다른 배우들의 무술 연기는 단조롭고 싱거울 수밖에 없었다. 그럼에도 쇼브라더스는 이 영화를 서울에서 열린 제18회 아시아영화제에 출품했으나 역시나 수상은 하지 못했다. 〈도박장〉이라는 제목으로 영화제를 찾은 소수 관객에게 선보였지만 장증택, 하리리, 악화 모두에게 소득이 없었던 영화다. 한국 미개봉작으로 홍콩 세레스티얼에서 DVD가 출시되어 있다.

▬ 〈대결투落葉飛刀〉 1972

쇼브라더스 제작, 장일호 감독, 능운, 정리, 이려려, 김기주, 홍성중 등이 출연한 영화다. 한국에서는 합작영화로 소개되며 장철·장일호 공동 감독의 〈대결투〉라는 제목으로 개봉되어 당혹스러웠는데, 장철 감독의 오리지널 〈대결투〉는 홍콩에서도 알려진 유명 영화이기 때문이다. 그런데 공동 감독작으로 그 영화의 타이틀을 빌려 개봉되었으니 누구나 놀랄 만했다.

위장합작이 만연하며 당시에는 이런 일들이 비일비재하여 무사히 넘어갔다. 그러나 인터넷을 통해 세계 각국의 영화가 국경을 넘나들며 소개되는 세상이 되었고, 이 영화가 EBS 〈한국영화특선〉에서 방영되며 시청자들로부터 항의를 받았다. 그러나 한국영상자료원의 한국영화 데이터베이스KMDb에는 여전히 이 영화가 장철 공동 감독으로 소개되고 있다. 단지 홍콩 포스터에 장일호 감독작이라고만 소개하고 있으니 왜곡된 역사를 바로잡기가 이렇게 어렵다.

▬ 〈마영정馬永貞〉 1972

쇼브라더스 제작, 장철·포학례 공동 감독, 하지강, 오우삼 조감독, 진관태, 강대위, 정리, 곡봉 출연이며, 무술감독은 유가량, 당가 외에 진전, 유가영 등 무려 네 명이 동원됐다. 그만큼 심혈을 기울였다는 반증이다. 홍콩 개봉일은 1972년 2월 11일이며, 러닝타임은 125분이다.

이소룡이 실존 인물 곽원갑을 소재로 하여 〈정무문〉이라는 영화를 만들자 쇼브라더스도 이러한 분위기로 실존 인물인 〈마영정〉을 만들었다. 즉, 〈마영정〉은 쇼브라더스판 〈정무문〉이다. 이 영화가 제작된 때는 무술영화의 전성기라 볼 수 있다. 이 영화의 홍콩 개봉일은 나유 감독의 〈정무문〉보다 한 달가량 빨랐다.

내용은 상하이를 주름잡던 마영정의 전기적 영화다. 1920년대 상해탄에 올라온 촌뜨기 마영정은 밑바닥 인생을 거치며 암흑가에서 자리 잡기에 성공하는데, 그는 결국 세력 다툼에서 죽음을 맞고 만다. 이런 평범한 내용으로 장철 감독은 역시나 피비린내 나는 살육전을 보여주고 있다.

━━ 〈맹룡과강猛龍過江〉 1972

골든하베스트 제작, 이소룡 감독, 이소룡, 척 노리스, 황인식 출연하였다. 한국에서는 1974년 10월 11일에 피카디리극장에서 개봉하여 42일간 18만 2천여 명을 동원했다. 이소룡의 영화로 우리나라에서는 세 번째 개봉작이다. 그해 가을은 이 영화 덕분에 극장 안이 열기로 가득했다. 이소룡이 보여주는 가공할 액션은 관객들의 상상력을 초월했다. 실제로 이 영화는 영화인 후배들이 꼽는 이소룡의 최고작이다.

내용은 이소룡이 로마로 가서 펼치는 무용담인데 스튜디오 장면이 많지만, 로마 콜로세움의 장관이 펼쳐지며 또다시 홍콩에서 흥행 기록을 경신한다. 특히 제대로 된 무술배우들이 동원되었는데, 한국 합기도 대부인 황인식을 비롯하여 한국에서 태권도를 배운 척 노리스 등이 출연했다. 내용이야 〈당산대형〉의 로마 버전이라고 할 수 있는데, 무술의 수준은 그의 출연작 중 최고였다.

이 영화 이후로 근육미를 뽐내는 실베스터 스탤론의 영화나 아놀드 슈왈제네거의 육체미영화가 양산된다. 장철 감독도 주인공들을 벗기기 좋아했지만, 노골적으로 남성들의 육체미를 선보이진 않았다. 그의 영화 〈13인의 무사〉를 보면 언뜻언뜻 옷을 벗은 장면이 나오지만 아름다움을 선보인 것은 아니다.

이소룡은 영화사상 처음으로 웃통을 벗어 남성미를 트렌드로 한 최초의 배우이다. 남성미를 과시하는 육체미는 단연코 이소룡이 처음이다. 그 뒤에 찰스 브론슨이 남성 화장품을 광고하는 남성미의 상체 알몸을 보여주었다. 장철 감독도 〈마영정〉이나 〈대해도〉 등의 영화에서 남성들의 벗은 몸을 통해 유혈극의 잔혹함을 표현했다. 〈맹룡과강〉은 한국에서 그해 5위의 흥행 성적을 거뒀다. 이소룡의 인기는 갈수록 높아졌지만, 관객 동원 수에까지 비례하지는 않았다.

▰ 〈무적의 박치기왕〉 1972

이 영화는 다큐멘터리로 김윤모 감독, 이광재 해설, 김일 출연작이다. 주로 일본에서 활동한 프로레슬러 김일 선수의 1972년 세 경기를 묶어 한 편의 영화로 만들었다. 김일 선수는 늘 관중을 위한 팬서비스를 다하는 선수인데 일부러 맞아도 주며 한 판을 내어주고 결정적인 순간에 박치기로 상대를 제압하며 연거푸 두 판을 이기는 걸로 유명하다. 처음부터 박치기로 승부를 낸다면 시시하기 때문에 나름의 시나리오로 팬들을 위해 상대와 어울려 서비스를 다하는 것이다.

그는 흡사 링 위의 영화감독이다. 관객을 조마조마하게 만들어 놓고 결정적인 순간에 반전의 박치기로 결말을 내기 때문이다. 영화 외에 다른 대중적인 오락수단이 드물었던 당시 김일 선수는 관객들의 심리를 읽어가며 재미를 추구했던 고도의 엔터테이너라고 할 수 있다.

이 영화는 괌에서 전지훈련 후 일본으로 돌아와 경기를 갖는 1972년 김일의 모습을 담아냈다. 기획이라야 전작 〈극동의 왕자 김일〉과 다를 것 없이 TV를 통해 본 김일의 경기 모습을 대형화면으로 보여주고자 함이다. 카메라 두 대를 핸드핼드로 촬영하여 생동감 넘치는 화면으로 경기 상황을 리얼하게 보여주고 있다. 지금 보면 완성도가 떨어지지만 당시로써는 경기장을 찾지 않은 관객들에게 현장의 분위기를 생생하게 전달하며 사실감을 전달하였을 것이다.

▰ 〈분례기〉 1972

〈분례기〉는 유현목 감독, 윤정희 주연작이다. 이 필름을 홍콩필름아카이브에서 발굴했다. 홍콩에서 상영된 버전으로 중국어 버전이다. 그런 연유로 16mm 축소판을 35mm로 복원하여 영상이 흐리고 오디오 상태도 불량하다. 정상적인 보관이 안 되어 색이 변하여 거의 모노톤이다. 하단에는 다른 중국영화처럼 중국어 자막과 영어 자막이 들어가 있다. 그래도 어렵게 발굴해 낸 영화이니 감회가 새롭다. 이 영화는 제10회 대종상감독상, 여우주연상 수상작이다.

'분례'란 똥간에서 낳았다는 뜻의 천한 이름이다. 그 이름처럼 분례는 좀 덜 떨어져 천방지축이다. 영화는 분례라는 순박한 시골 처녀가 노름꾼에게 시집가 겪는 척박한 인생을 담아내고 있다. 새로울 것 없는 이런 이야기들이 당시 영화들의 주요 주제였다. 〈백치 아다다〉나 〈벙어리 삼룡〉의 마님 같은 이야기이다. 그 시대가 그러했겠지만 순종하며 인내하는 전통적인 여인상이다.

해외에서 상영될라 치면 외국의 평론가들에게 "왜 한국여성들의 삶은 저런 것인가?" 하는 질문을 많이 받았다고 한다. 나로서는 주인공의 삶은 그럴 수 있다손 치더라도 그것을 풀어내는 작가와 감독의 설득력이 부족하지 않았나 하는 생각이 든다. 자의식 없이 타인에 의해 좌지우지되는 피동적인 삶을 사는 모습만으로는 부족하다. 그것을 극복해 나가는 주체적인 자의식 없이 미쳐버리는 것으로 끝내기에는 작품의 메시지가 약하다는 말이다.

그래도 당시에는 호평을 받았던 영화이다. 더구나 윤정희 배우의 열연은 주연상 감이라는 생각이 들지만, 어설픈 각본으로 그녀의 연기조차도 많이 퇴색해 버렸다. 이 영화를 만들 즈음에는 여배우 트로이카 경쟁이 심했을 때이다. 문희, 남정임, 윤정희 트로이카 여배우는 치열한 인기 경쟁을 하였는데, 윤정희는 과감히 연기력으로 정면 승부하였고, 이 영화는 그에 따른 결과물이다. 〈을화〉와 〈무녀도〉를 놓고는 김지미 배우와 배역 다툼까지 벌였는데, 연기자로서 놓칠 수 없는 배역이었을 것이다. 윤정희 배우로서는 연극 〈로미오와 줄리엣〉 하랴 〈분례기〉 하랴 연기자로 우뚝 서고자 동분서주하던 때이다.

━━ 〈사기사四騎士〉 1972

쇼브라더스 제작, 장철 감독작으로, 적룡, 강대위, 진관태, 왕종 출연작이다. 당시 한국 로케이션을 결정하고 육군본부의 지원 요청을 하여 촬영하게 되었다. 그러나 이 영화는 한국전쟁을 소재로 했지만 사실성이라든가 현장감 등에서 심각한 문제가 있어 아무도 수입하지 않아 한국에서는 상영되지 않았다.

시대 배경은 한국전쟁 후 휴전 시기다. 한국 로케이션은 최소화되었는데 홍콩에 세워진 오픈 세트에서 모든 촬영이 마무리되었다. 그러나 오픈 세트라 할 것도 없는 게 천막을 쳐놓고 '육군본부 인사과'라는 푯말이 세우는 식이다. 당연히 건물 등에 '공사장', 술집 내부의 벽에는 '위스키', '브랜디' 등이 서툰 한글로 쓰여 있다. 첫 장면은 외국 참전병인 적룡이 제대하는 장면인데, 군대에 대한 선입견을 깨는 전혀 비상식적인 설정이다. 그는 상사를 구타하고 지프차를 타고 그곳을 유유히 빠져나와 그 차를 차정비소에 20불 받고 팔아넘긴다. 흡사 제삼세계 전투에 참전하고 유유히 부대를 빠져나가는 용병 상황 그대로이다.

서툰 한국어 대사(더빙)도 생경한데 일부를 한국 로케이션 후 쇼 스튜디오에서 촬영하여 마무리하였다. 당시 국방부는 장철 감독의 명성에 힘입어 그가 한국전쟁 홍보영화라도 만들어 줄 것으로 기대하였을 것이다. 이 영화는 육군본부의 전격적인 후원을 받아 서울 근교에서 촬영되었다. 수원과 그 외 서울역, 장충체육관 등이 소개된다. 그러나 인서트 장면 및 최소화된 야외 촬영 정도만이 촬영되었다. 장철 감독은 어떤 상황에서든 영화를 만들어 냈고, 그래서 백여 편 가까운 그의 필모그래피가 있었다는 것을 다시 한번 실감하게 된 것이다.

━ 〈석화촌〉 1972

정진우 감독이 홍도 올 로케이션으로 제작, 감독한 이 영화는 나한봉, 나연숙 오누이 작가의 오리지널 시나리오이다. 정진우 감독은 미신에 희생되어 가는 섬사람들의 삶을 통해 여인 잔혹사를 그려내고 있다. 미리 섬에 내려가 장소를 물색하고 여배우가 도착하자 촬영이 시작되었다. 섬은 아름답지만 바다에서의 촬영은 험난하였다. 그들은 힘든 촬영을 감행하며 청룡영화제에서 작품상, 여우주연상, 남우조연상, 촬영상을 받았다.

━ 〈수호전水滸傳〉 1972

장철 감독의 〈쾌활림〉, 〈탕구지〉, 〈수호전〉 등 3부작 시리즈이다. 원작이 워낙 알려진 대작인데 이 영화를 기획한 것은 런런쇼의 배짱이었다. 그는 추문회의 골든하베스트가 이소룡을 주인공으로 한 무술영화로 홍콩 흥행 기록을 경신하자 이런 대작을 기획했을 것이다. 이 영화 촬영할 시기는 쇼브라더스와 장철 감독의 최전성기였다. 당연히 강대위, 적룡도 전성기를 구가하던 시절이다. 일본배우 탐파 테츠로(단파철랑)까지 캐스팅하여 초호화 배역이었지만, 흥행 성적은 별로였다. 영화는 스케일만 갖고 되는 것은 아니라는 것을 보여주는 사례이다. 그래도 이 같은 영화를 감독할 수 있었던 장철은 행복한 감독이었다. 강력한 라이벌은 때로는 무모한 기획으로 승부한다는 실례를 보여준다.

■ 〈아들을 동반한 무사子連れ狼〉 1972

코이케 카즈오 글, 코지마 고세키 그림의 만화 원작을 영화화했다. 가츠 신타로 제작, 고이케 카즈오 각본, 미스미 겐지 감독작이다. 출연은 다카야마 도마사부로, 토미가와 아키히로(아역), 마야마 토모코, 와타나메 후미오이다. 이 영화는 영화화와 드라마 제작 후 게임으로도 발매되었고 홍콩에서도 리메이크되었다. 한국에는 개봉되지 않았지만 불법 비디오를 통해 볼 사람들은 보았고 시리즈의 팬이 되었다.

도쿠가와 막부 시절, 쇼군의 최고 호위무사이며 막부의 암살단인 이토 오가미는 야규 가문의 음모로 부인 아자미가 자객들에게 살해당하고 쇼군의 명령으로 추방을 명받는다. 음모임을 눈치챈 이토는 지옥의 길에 들어선다고 선언하고 관원들을 해치우고 어린 아들 다이고로를 데리고 방랑의 길을 떠난다.

그는 뛰어난 실력으로 암살 청부를 맡는데, 그는 살인 청부의 사유를 듣고 500냥에 살인을 행한다. 그를 쫓는 자들의 끝없는 추적을 물리치며 대결은 계속된다. 그가 가는 곳마다 위기의 순간이 찾아오지만 어떠한 환경에서도 그는 승리한다. 승부의 끝은 뛰어난 무공을 보여주는 단칼 승부이다. 그것은 다이고로의 아버지이기에 더욱 설득력을 갖는다. 이 정도의 설정이라면 시리즈 만들기는 가뿐하다.

이 시리즈는 주인공의 생생한 검술과 창술이 현란한 촬영과 편집 기법으로 생생히 펼쳐지며 찬바라영화의 정수를 선보인다. 살인의 순간을 예술적으로 승화시켜 보여준다고 할 수 있다. 1편보다 2편 〈복수의 칼〉이 더욱 생생하다. 이 시리즈는 아들로 출연한 아역배우의 성장에 따라 1974년까지 단 기간 내에 여섯 편이 만들어졌다.

이 시리즈의 제작자는 〈자토이치〉 시리즈의 맹협으로 출연한 가츠 신타로인데, 맹협으로서의 부족했던 볼거리를 이 시리즈로 보여주었다. 주인공 다카야마 도마사부로는 가츠 신타로의 친형이다. 시리즈의 인기를 업고 TV 드라마도 26부가 만들어졌다. 1970년대 이소룡의 실전 무술영화가 홍콩영화사의 기록을 바꾸었다면, 일본에서는 이 영화가 찬바라영화의 역사를 다시 썼다.

■ 〈애노愛奴〉 1972

홍콩 쇼브라더스 제작, 초원 감독, 하리리, 패체, 악화 등이 주인공으로 출연하였다. 하리리의 대표작으로, 납치된 여성의 복수극을 다루고 있다. 이 영화에서 하리리는 패체와 함께 동성애 장면을 보여준다. 지금 기준으로는 파격적인 것은 아니지만 이 영화가 반세기 전에 만들어졌다는 걸 생각하면 당시로써는 파격이 아닐 수 없다. 한국에서 이러한 레즈비언 영상은 양성애자의 파국적인 사랑을 다룬 〈사방지〉가 최초인데, 이 영화는 그보다 무려 16년이나 앞서 제작되었다.

지금 보아도 손색없는 웰메이드 영화이고 당시 선풍적인 인기로 흥행에 성공하였다. 이 영화는 신상옥 감독의 〈내시〉에서 영감을 받은 영화로 알려져 있다. 초원 감독은 무협영화의 거장으로, 이 영화 연출하던 해에도 스펙터클한 무협영화인 〈14인의 여걸〉을 연출한다.

■ 〈열화문秋瑾〉 1972

원제는 〈대도秋瑾〉이며 한국에서는 〈열화문〉으로 개봉되었다. 또 다른 제목 〈추근〉 혹은 〈조켄의 분노〉로도 알려져 있다. 정선새 감독의 액션영화로 왕우와 곽소장이 출연하였다. 1875년생인 주인공 추근은 청나라 시기의 여성혁명가로, 무력을 이용해 반청혁명을 기한다. 그녀는 무장봉기를 계획하였는데 1907년 정보가 누설되며 죽임을 당한다는 내용이다. 이 영화는 실화를 바탕으로 만든 여성 액션영화로, 다소 이색적인 내용이라 흥행에 성공하였다.

■ 〈와와부인娃娃夫人〉 1972

〈와와부인〉은 김수용 감독이 쇼브라더스에서 만든 멜로영화이다. 이청, 능운, 능영, 장패산, 구양사비, 진연연이 출연하였다. 이 영화는 우리의 정서와 맞지 않아 한국에 개봉되지는 못했다. 여주인공 역을 맡은 이청은 극 중 진진으로 나오는데, 진진은 할머니의 귀여움을 독차지하던 명랑 처녀이다. 갓 결혼한 그녀의 남편은 린민(링윈)으로 두 사람이 결혼하면서 벌어지는 코미디이다.

남녀 주인공은 톱스타였지만 김수용 감독은 낯선 환경에서 자신의 연출 스타일을 놓쳐 평범한 연출로 일관한다. 타국에서 영화 연출하기가 얼마나 어려운지 새삼 일깨워주는 영화이다. 그래도 여주인공인 이청은 이 영화로 1972년 서울에서 개최된 제18회 아시아영화제에서 여우주연상을 받았다.

━ 〈외팔이 드라곤獨臂拳王〉 1972

왕우의 감독·주연작이다. 국내에서는 〈외팔이 드라곤〉이라는 제목으로 이소룡 사후인 1974년 8월 17일에 개봉되었고, 쇼브라더스를 나온 왕우는 여러 영화사에서 자유롭게 출연하다가 골든하베스트에서 이 영화를 감독하고 주연까지 맡았다. 이소룡과 같은 시기, 같은 영화사에서 라이벌 경쟁을 하며 흥행 기록을 위해 노력했던 영화이다.

그가 쇼브라더스 시절 출연했던 장철 감독의 〈외팔이(독비도)〉 시리즈는 그로선 양보할 수 없는 자신만의 캐릭터였다. 그가 쇼브라더스를 탈퇴하고 장철 감독은 강대위를 기용하여 〈신독비도〉를 만들었는데, 왕우는 라이벌 회사인 골든하베스트에서 본인의 창의성으로 외팔이 권격영화를 만들었다.

기존의 〈외팔이〉 시리즈의 캐릭터를 차용하여 보다 창의적인 외주먹으로 설정하여 마약상 악당과 맞선다. 대결에서 패한 악당은 외국인 용병들을 모아 외팔이 권왕에게 보낸다. 그렇게 각국의 무술 고수들과의 대결을 벌이게 되며 재미를 추구하였다. 너무 앞서간 상황 설정으로 만화 같은 영화로 만들어졌으나, 그래도 왕우의 자유분방한 창의력은 높이 살만하다.

이 영화는 일본에서도 흥행하였고 속편인 〈독비권왕 대 파혈적자〉가 제작되고, 급기야 시리즈로 만들어지며 왕우는 이소룡 사후 그의 인기를 물려받았다. 시리즈 중 한 편인 〈외팔이권왕獨臂拳王勇戰楚門九子(독비권왕용전초문구자)〉가 한홍 합작영화로 소개되기도 했다. 물론 위장합작이다.

━ 〈의사 안중근〉 1972

주동진 감독, 김진규, 문정숙, 박노식, 하명중 출연작이다. 북한이 1971년에 엄길선 감독의 〈안중근 이토를 쏘다〉를 제작하자 큰 스케일의 이 영화를 경쟁적으로 제작했다. 대작이니만큼 하얼빈 역 장면에 치중을 두어 연출하였고, 안중근 의사의 숭고함을 김진규 배우가 잘 표현하였다. 그는 성웅 이순신부터 한국 영웅들의 단골 배우이다. 이토 역은 박노식 배우가 출연하였고 하명중이 의거 동지 유동하 역으로 출연하였다. 이는 당시 최고의 캐스팅이었다.

국도극장에서의 흥행 결과도 3만 명으로 좋았고 대종상영화제에서 최우수작품상을 받았다. 이 영화 이후로 안중근 영화는 제작되지 않았는데, 서세원 감독이 유호성 주연으로 〈도마 안중근〉을 만든 게 2004년의 일이다. 그만큼 대작이라 누구도 쉽게 만들 수 없다는 반증이기도 하다. 지금도 윤제균 감독의 〈영웅〉이 개봉 준비 중이고 그 외 몇 편이 더 제작될 예정이라는 소문이다. 1928년 중국 상하이에서 〈애국혼〉이란 제목으로 안중근 첫 영화가 만들어진 이래로 한국 영웅으로는 가장 많이 영화로 제작되는 안중근 의사이다.

■■■ 〈인왕산 호랑이〉 1972

우진필림 제작, 장일호 감독, 이대엽, 신일룡, 윤일봉, 황해, 허장강, 우연정, 나오미, 진봉진, 김기주 출연의 영화다. 장 감독은 이 영화 촬영 이전에 홍콩 쇼브라더스의 초청을 받아 쇼브라더스에서 〈낙엽비도〉, 〈검은 야광주〉 등의 영화를 연출한다.

귀국 후 그는 한국에서 본격 태권 액션영화를 만들었는데, 이두용 감독의 태권 액션영화 〈용호대련〉이 만들어지기 2년 전이고 이소룡의 〈정무문〉이 한국에 개봉되기 1년 전의 일이다. 홍콩에서 쿵후 액션영화를 만들고 한국의 태권도를 소재로 한 이 영화 연출은 장 감독으로서는 당연한 일일 것이다. 영화는 완성도를 논하기 이전에 본격 태권소재의 영화라는 점에서 의미가 있다.

시나리오는 일제강점기 '무예도보지'를 둘러싸고 벌어지는 한국인과 일본 무도인들의 대결을 그린다. 일본의 무도인들이 한국의 전통 무도인 택견을 없애기 위해 택견 도장을 습격하여 수련생들을 죽이고 택견의 고수인 인왕산 호랑이라 불리는 청운을 찾아 나선다.

그러나 인왕산 호랑이는 맹인 안마사로 위장하여 일본인 앞잡이인 나왕재의 소굴로 잠입한다. 이유는 나왕재가 무예도보지를 갖고 있기 때문이다. 한편 동생을 찾아온 일룡은 동생을 범한 일본인 고수와의 대결에서 눈 부상을 입고 맹인이 된다. 동생의 극진한 간호로 부상을 극복한 그는 인왕산 호랑이와 함께 무예도보지를 놓고 일본인들과 목숨 건 한판 대결을 벌여 무예도보지를 지켜낸다.

단순한 줄거리이지만 다소 산만한 구성은 한국식 액션영화이기 때문일 수도 있는데, 당시 정서로는 이런 스타일의 구성이 흔했다. 주요 인물 설정은 정의를 지키려는 주인공, 그를 둘러싼 청순가련형의 여인들, 악당 고수의 설정이다. 훗날 만들어지는 태권 액션영화의 설정 또한 이 범주를 크게 벗어나지 않는다.

그래도 당시 정서가 이런 영화를 만든 것이니 세월이 옛날 영화를 만든 것이고 관객들의 웃음을 탓할 일도 아니다. 멜로드라마의 요소가 다분히 극적 긴장감을 떨어뜨리는 아쉬움이 있고 연출 역시 다소 헐겁다. 대결 장면에 상대의 눈을 찌르는 공수도의 비기는 〈용호의 결투〉에서 왕우나 〈철인〉에서 정창화 감독이 묘사한 대결 장면을 그대로 따온 것이다. 공수도가 그만큼 악랄한 무술이라는 것을 그대로 차용하고 있다.

이 영화는 테크니스코프(필름의 한 프레임에 두 화면을 찍은 촬영 기법)로 제작하여 그동안 다시 볼 수가 없었는데, 2013년 디지털 복원을 거쳐 상영되었다. 참고로 이 영화 이전에도 태권을 소재로 한 1967년 작 〈태권도 최후의 일격〉이 있어 이 영화가 태권도 소재의 첫 영화는 아니다.

▬ 〈쟈크를 채워라〉 1972

이 영화는 박노식 감독·주연작이다. 그가 1971년 〈인생사표를 써라〉로 감독 데뷔를 하고 〈나〉 등을 감독 후에 만든 영화이다. 이 영화는 박노식 감독이 즐겨 다루는 액션극의 전형적인 틀을 벗어나지 못한 아쉬움이 많다. 주인공을 좋아하는 여자가 있고 의리를 앞세우는 동생과 악의 화신이 있으니 이 영화의 내용은 다른 영화와 대동소이하다. 시나리오는 신봉승 작가가 썼다고 하는데 심의에 걸릴 정도로 표현이 거칠다. 그의 이전 시나리오는 지나치다고 할 정도로 교훈적이고 올곧았기 때문에 아무래도 대명하였을 듯싶다. 아니면 감독이 수정하였을 수도 있다.

이 영화의 특이한 내용은 박동근(박노식)과 형제인지를 모르는 아우 박동신(신성일)과의 갈등이다. 그것을 알고 있는 짱(독고성)이 뜬금없이 등장하여 이들의 행로를 재촉한다. 그러나 이 모든 것이 전체적인 균형감을 흔들고 있다. 결정적인 흠은 수많은 등장인물이 스테레오 타입으로 설정되어 전혀 흥미롭지 못하다는 것이다.

영화 후반부 갯벌에서의 격투신은 이유 없이 늘어져 지루하기만 하다.

박노식 감독의 영화에서 공통적으로 볼 수 있는 것은 액션에 대한 무리한 집착과 열정이다. 그가 만든 영화의 공통적인 면은 사회에 대한 불만이다. 처절한 저항으로 표현되는 주제가 반공이라니, 이 영화는 그 시대가 만들어 낸 전형적인 반공액션영화라 할 수 있다. 시나리오의 제목은 〈쟈크〉인데 개봉명의 특이한 제목과 극렬한 액션 때문일까? 이 영화에 단역으로 출연했던 박동룡 배우는 이 영화를 액션영화 걸작으로 손꼽았다. 당시 을지극장에서 개봉되어 5만 3천여 명을 동원했다.

━ 〈정도〉 1972

한국어 버전에서 진홍열의 이름은 크레딧에 없지만 포스터에서 보이듯이 이 영화는 그의 주연작이다. 한국 버전 크레딧에 빠진 이유는 위장 합작영화이기 때문이다. 이 영화의 원제는 〈당수태권도〉로 도광계 감독의 1972년 작이다. 물론 한국어 버전에서는 그의 이름이 빠져있고 강유신이라는 정체불명의 이름이 등장한다. 대명인 셈이다.

━ 〈정무문精武門〉 1972

이소룡의 영화 중 우리나라에서 처음 공개된 영화이다. 즉, 이소룡이 관객에게 첫선을 보인 영화인데, 1973년 7월 27일 피카디리극장에서 개봉되었다. 피카디리극장에 가니 종로2가 방향으로 긴 줄이 늘어서 있었다. 무슨 줄인가 물어보니 표 사는 줄이라고 했다. 물론 극장 측에서 세운 줄이다. 그전에도 이런 일이 없지는 않았지만 흔치는 않은 일이다.

결국 〈정무문〉은 56일간 상영하여 31만 5천여 명을 동원해 그해 최고 관객 동원을 한 영화가 되었다. 참고로 1973년 당시 서울 인구는 약 650만 명 안팎이었을 것이다. 2위는 크리스 미첨이 출연한 〈써머타임 킬러〉로 서울 허리우드극장에서 7월 11일 개봉하여 71일간 상영하여 30만 6천여 명을 동원하였다. 당시에는 홍콩영화가 대세여서 10위권 내에 흥행작은 대부분이 홍콩영화였다.

〈정무문〉에서 보여준 이소룡의 무술은 종래 우리가 보았던 와이어 액션이 아닌 실전 무술이었다. 사부 엽문이 죽은 이유를 알게 된 진진(이소룡)은 혈혈단신으로 일본인들의 도장을 찾아가 중국인이 살아있음을 보여준다. 그리고 죽음도 불사하며 악과의 대결을 벌인다. 정의를 위해 분연히 일어선 주인공 진진의 모습은 우리가 가져야 할 덕목인 불의에 굴하지 않는 정의로움의 부활이다. 영화에서 보여주는 항일抗日은 비단 중국인으로서만이 아니라 정의를 구현하기 위한 것으로 보인다. 그래서 영문 제목도 〈Fist Of Fury〉, 즉 〈분노의 주먹〉이다.

〈정무문〉의 흥행 성공 이유는 새로웠다는 말로 정리된다. 배우들이 보여주는 무술이 아닌 진짜 무술가가 보여주는 장면은 다를 수밖에 없었다. 그는 한국 관객들에게 처음으로 진기명기를 선보였다. 그가 사회적으로 끼친 영향은 이루 말할 수 없고 그의 후폭풍으로 유사한 영화가 제작되었으나 대부분이 기대 이하였다.

■■■ 〈철인天下第一拳〉 1972

이 영화는 정창화 감독의 1972년 작으로 홍콩 쇼브라더스 영화다. 많은 제목을 가진 이 영화의 한국 개봉명은 〈철인〉이다. 신상옥 감독이 위장합작을 하며 붙인 제목이다. 그러나 정창화 감독은 서울에서 자신의 회고전을 할 때 이 제목이 너무 유치하다고 해서 티켓에도 〈죽음의 다섯 손가락〉이라 했다. 그리고 한국에 한국어 버전 필름이 있음에도 불구하고 오리지널 버전을 홍콩 세레스티얼에서 디지베타본을 대여해 와서 상영했다. 많은 제목 가운데 미국 공개 제목인 〈죽음의 다섯 손가락〉이라는 이 제목이 더 나을 것이라는 생각도 든다.

이 영화가 제작된 시기에 쇼브라더스는 런던, 밴쿠버, 샌프란시스코, 하와이에 극장을 지었다. 이밖에 뉴욕, 시카고, 보스턴, 워싱턴 등지에서도 쇼브라더스의 영화가 상영되었다. 그 가운데 1973년 〈철인〉이 가장 히트를 하여 1973년 상반기 전 세계 10대 흥행 영화 가운데 7위를 차지했다(『홍콩영화 100년사』 416쪽 참고).

영화는 주인공 지호(나열)가 무공을 갈고닦아 사부와 도장의 명예를 위해 복수한다는 내용이다. 다소 내용상 에피소드가 많은데 짜임새가 있다는 느낌이다. 연출은 많은 공을 들였는데 세세한 부분까지 신경을 써서 촬영했고 특히 조연, 엑스트라까지도 열심히 연기한다. 당시 악역을 망라해 활동하던 스타들이 대거 출연했는데, 정 감독으로서는 대표작으로 손꼽을 만하다.

이 영화가 미국 주말박스오피스 1위를 기록한 것은 한국인 감독 사상 처음이자 마지막 기록이다. 벌써 50여 년 전의 일인데 이 기록을 깨지 못한다는 것도 문제가 있다. 그만큼 이 영화는 비록 한국영화는 아니지만 한국감독이 만들어서 한국영화사에서도 거론될 가치가 있는 영화다.

처음 한국에서 〈철인〉이라는 제목으로 스카라극장에서 개봉되었을 때에는 관객이 적었다. 그러나 《뉴스위크지》에 대서특필되며 미국에서 흥행 기록을 세우자 같은 영화인 줄 모르던 사람들이 놀라기도 했다. 한국어로 나오는 영화와 중국어 버전의 차이일까? 이 영화의 흥행은 이소룡 영화의 흥행에 앞서 흥행에 디딤돌이 되었다.

주인공 역을 맡은 나열은 세계 영화계에 이소룡보다 앞서 스타로 소개되었지만, 별다른 무술 장기가 없는 상태여서 크게 알려지지 않았다. 그래도 이소룡 사후에 대타가 될 법했지만 별다른 후속작이 없었고 그의 한계일 수도 있다. 〈서부 총잡이와 무림 고수〉란 영화에서 리반 클립과 공연하기도 했다.

■■ 〈청춘교사〉 1972

김기덕 감독작으로 신일룡, 이현 가수가 출연한 영화다. 새로 부임한 여교사가 문제 학생들을 선도하고 갈등을 풀어나가는 과정을 그린 감동적인 영화로, 당대의 꽃미남 스타인 이현 가수의 출연작이다. 당시 하이틴영화가 유행하기 전이라 선생님이 주인공으로 설정되었고 여교사를 둘러싼 여러 에피소드로 구성되었다. 이후 〈여고시절〉 등의 영화로 하이틴영화가 만들어졌고, 일본에서 귀국한 문여송 감독에 의해 〈진짜 진짜〉 시리즈가 탄생하였다. 하이틴영화는 〈얄개〉 시리즈를 비롯하여 김응천 감독에 의해 만개한다.

■■■ 〈풍사만의 노도烈日狂風〉 1972

임원직·무민웅 공동 감독, 신창흥업이 합작 파트너로 참여했다. 촬영을 담당했던 서정민 촬영감독이 합작영화라고 증언했다. 한국의 김남일과 홍콩의 장익, 백능이 출연했다. 영화는 풍사만 객잔을 배경으로 악당을 소탕하는 장익과 백능의 무용담이다. 풍사만 객잔에서 살던 가족들이 악당들에게 죽임을 당하자 그들을 추격하여 그들과 벌이는 액션영화로, 장철 감독의 〈복수〉 분위기와 유사하다.

당시 합작영화 붐을 타고 무민웅 감독은 배우들과 함께 한국에 와서 이 영화를 촬영하였다. 한국에는 필름이 없고 〈열일광풍〉이라는 제목으로 홍콩에서 DVD가 출시되었다.

━ 〈효녀 심청〉 1972

신상옥 감독, 윤정희, 김성원, 신성일, 최은희, 도금봉 출연작이다. 이 영화는 당시 뮌헨의 스튜디오에서 수궁 장면을 특수 촬영했다. 지금에야 새로울 것 없지만, 당시 수준으로는 확실한 볼거리였다. 상상 속 장면을 어떻게 해서든 구현해 낸 신 감독은 정말 대단하다.

이 영화가 흑백영화 아니었나 하고 생각했었는데, 이는 당시 신문광고가 흑백이었기 때문이다. 당시는 흑백과 컬러영화가 혼재되어 컬러영화는 신문광고도 컬러로 하였다. 청이 역으로 출연한 윤정희 배우는 신 감독 영화에서 유독 빛이 난다. 〈내시〉에서 그랬고 속편 〈궁녀〉에서도 그랬다. 프로필의 섬세한 선을 신 감독은 잘 보여주고 있다. 다른 배우들이라고 평범하진 않지만 어쨌든 윤 배우는 빛난다. 이 영화 〈효녀 심청〉은 그녀를 위한 영화이다. 그녀는 선이 고운 연기로 청이의 애틋함을 잘 표현하였다.

윤정희 배우를 부산국제영화제에서 만나 〈내시〉 촬영 때 신 감독 때문에 울었던 사연을 질문하니 그녀는 그렇지 않다며 신 감독 편을 들었다. 그러한 배우와 같이 일할 수 있었던 신 감독은 정말 부러운 사람이다. 당시 TBC 드라마 〈봉이 김선달〉에서 주인공을 맡은 김성원 배우가 심학규로 출연하였다.

━ 〈흑객惡客〉 1972

장철 감독, 강대위, 적룡, 방인자, 정리, 진성, 구라다 야스아키, 홍성중, 김기주 출연작이다. 원제는 〈악객惡客〉인데 위장 합작되며 제목이 바뀌었다. 영화가 시작되면 제작사인 쇼브라더스 로고 대신에 자막으로 안양영화주식회사, 홍콩 쇼브라더스 공동 제작이라는 자막이 뜨는데, 물론 위장합작이다. 신상옥 감독이 운영하던 신필름이 이름을 바꾼 것이 안양영화사이다. 이 회사는 한정된 홍콩영화 수입의 한 방편으로 위장으로 합작 신고를 한 것이다. 당시 모든 영화사는 이런 편법으로 홍콩영화를 수입하며 위장합작 신고를 했던 것이다. 위장합작을 염두에 둔 듯 한국배우 몇 명이 나오는데, 여주인공 격인 여자 야쿠자 역에 방인자와 야쿠자 일당으로 김기주, 홍성중 배우가 출연하고 있다.

〈흑객〉은 118분 길이로 엄연한 홍콩 쇼브라더스의 영화이다. 전작인 1971년 작 〈권격〉의 속편으로, 스토리는 〈권격〉에서 그대로 이어져 악당 킥복서 강인이 탈옥을 하며 홍콩과 도쿄를 오가며 활극을 보여준다. 일본배우 구라타 야스아키의 데뷔작이기도 한데, 그를 통해 일본 가라테 무술을 소개한다. 이소룡의 실전 무술 화제작 〈당산대형〉을 다분히 의식한 것이다. 장철 감독의 액션 연출은 갈수록 빛을 잃는데, 이 영화에서는 직접 출연까지 해 악당 보스 역을 인상적으로 보여준다.

━ 〈흑수도黑靈官〉 1972

홍콩쇼브라더스 제작으로 하몽화 감독, 당청, 방인자, 전풍, 왕평, 진평 출연작이다. 합작영화로 신고되어 한국배우 방인자를 비롯하여 최성호가 출연하였다. 주요 배역은 아니며 합작 과정에서 수많은 변경이 있었고 그런 과정을 거쳐 제작이 완료되었다.

이러한 변경은 합작 과정에서 보이는 일반적인 형태가 아니다. 합작 과정에서 영화 자체가 바뀐다는 것

은 위장합작임을 보여주는 사례로 볼 수밖에 없다. 영화를 정해 수입을 하려고 위장합작 신고를 하였는데, 사정이 생겨 작품이 바뀌며 생긴 일이다. 합작 대상 영화도 바뀌고 그에 따라 허가받은 감독과 출연진도 바뀌는 코미디 같은 일이 생겨났다.

〈흑령관〉의 허가 신청은 처음에는 〈옥중도〉로부터 시작되었고 결국 〈흑수도〉란 영화로 개봉하였다(안태근 박사논문 「한국합작영화연구」 참고).

▬ 〈경찰警察〉 1973

장철 감독이 〈분노청년〉의 왕종, 이려려 커플을 그대로 하여 한 편 더 만든 영화다. 부성 배우의 데뷔작이며 훗날 만들어지는 경찰영화 장르의 기점이 되는 영화이다. 성룡으로 대표되는 경찰영화 장르는 홍콩 누아르 이후 다양한 영화가 제작되었다. 단역으로 머물던 왕종으로서는 주인공으로 자리 잡을 수 있는 절호의 찬스를 잡은 것이다. 노력 여하에 따라 주인공으로 발탁될 수 있다는 것을 보여준 사례이다.

▬ 〈냉혈호冷面虎〉 1973

이소룡이 타계하며 나유 감독이 왕우를 기용하여 만든 영화이다. 이소룡과 동시기 분위기를 엿볼 수 있는 영화이다. 나유 감독의 1973년 작으로 왕우, 전준, 한영걸, 의의, 전풍 외 오카다 카와 등 일본배우가 다수 출연하였다. 1972년 작인 장철 감독의 〈악객(흑객)〉을 보고 착안한 듯하며, 동경으로 온 왕우가 보여주는 평범한 액션영화이다. 나유 감독도 도박판에 잠입한 미야모토 형사(큐슈 40호)로 출연하고 있다.

골든하베스트가 이소룡이 살아있을 때부터 기획했으나 이소룡의 사망으로 인해 왕우가 출연했다. 내용은 부친의 복수를 위해 일본으로 온 친푸(왕우)가 야쿠자 조직에 들어가 도박판을 평정하고 부친의 복수를 한다는 단순한 내용이다. 이소룡이 출연했다면 또 다른 액션이었을 수도 있지만, 내용 자체가 이소룡과 어울리지 않을 뿐더러 기대 밖의 내용이다. 라스트신에 도끼로 등과 다리의 부상을 입고도 적을 물리치며 유혈 장면에서 왕우 영화답다는 생각이 든다.

▬ 〈대해도大海盜〉 1973

장철·포학례·우마 공동 감독작이다. 촬영 범위가 커서 3인이 공동 감독을 하였을 것으로 추정된다. 청나라 말 실제 해적으로 알려진 장보자(적룡)를 소재로 했으며 강대위가 그를 잡으려는 관리로 출연한다. 장철 감독에게는 이해가 그의 영화 인생에서 정점인데, 이후 대만의 장궁영화사에서 〈소림사〉 시리즈를 감독하며 이전의 액션 연출과 다르게 롱테이크로 처리해 다소 템포감이 처진다.

■ 〈동풍〉 1973

한진흥업 제작, 윤삼육 각본, 이신명 감독, 정광석 촬영, 신일룡, 오지명, 이대엽, 윤소라, 제임스 쿡 출연작이다. 이소룡 영화의 흥행 소문이 나자 한국에서 기획, 제작되었다. 주인공은 이소룡에 대항마로 신일룡이 캐스팅되었다. 그는 이미 장일호 감독의 1972년 작 〈인왕산 호랑이〉로 검증된 바 있는 액션스타였다. 나이지리아 출신의 제임스 쿡까지 초빙해 당시 흥행 기록은 1만 4천 명 정도였고, 세 사람의 고아원 출신 남자들이 성인이 되어 범죄자와 형사가 되어 겪는 갈등을 그린다. 이신명 감독은 아마 한국형 이소룡 액션영화를 꿈꾸었을 것이다.

■ 〈반역叛逆〉 1973

장철 감독, 강대위, 진미령, 적룡, 석천 출연의 영화다. 강대위는 이 영화로 다시 한번 아시아영화제에서 성격배우상(남우주연상)을 받는다. 적룡과는 형제에서 친구로 바뀌었을 뿐이고 강대위는 문제 청년을 연기한다. 같은 해 만들어진 적룡의 감독 데뷔작 〈후생〉의 캐릭터에서 힌트를 얻었을까? 분위기는 다르지만 강대위의 연기력을 보여준 가작이다.

■ 〈수라설희修羅雪姫(슈라유키히메)〉 1973

후지타 도시야 감독, 가지 메이코 출연작이다. 쿠엔틴 타란티노 감독의 〈킬 빌〉에 많은 영향을 준 영화이다. 잔혹한 여인의 무용담이 닮았고 기모노 차림으로 눈 내리는 정원에서의 대결은 오마주가 확실하다.

시대는 메이지 7년(1874년), 감옥에서 여죄수 사요가 딸을 낳고 숨을 거둔다. 그녀는 영문도 모른 채 남편이 눈앞에서 네 명의 악당에 의해 처참히 살해당한다. 그 아이는 자라며 복수를 위한 검술을 훈련받고 성장하여 부모의 복수에 나서는데, 여주인공 카지 메이코가 벌이는 처절한 한풀이는 한없이 서글프다. 너무도 연약해 보이는 여인이기에 더 그렇다. 영화는 짙은 코닥크롬의 암울한 분위기로 피의 살육전을 처절하면서 엽기적이고 잔인하게 보여주는데 분명 일본영화답다.

감옥에서 간수에게 성적으로 유린당하는 장면이나 어린 히메가 나신으로 검술을 익히는 장면 등은 엽기적일 수밖에 없는 장면들이다. 영화의 장면은 계속 자극적으로 전개된다. 가학과 수난의 끊임없는 상황은 이 영화가 추구하는 것이 무엇인지 잘 보여주고 있다. 때로는 서정적인 장면과 격정적인 장면이 적절히 조화를 이루기도 한다. 그러나 끊임없는 폭력 장면은 이 영화가 추구하는 것이 잔학성임을 단도직입적으로 계속해서 보여주고 있다. 일본영화가 태생적으로 즐겨 다루는 검의 미학이며 변형이다. 여자 닌자나 여인 야쿠자의 변형일 수도 있다.

보고난 느낌은 "일본의 액션영화란 이런 거구나!" 싶기도 하고 결말 부분의 복수극은 장철 감독이 1970년에 만든 〈복수〉의 느낌을 지울 수 없다. 홀연히 담에서 뛰어 내리는 장면이나 죽이고 죽는 상황의 연출 그리고 라스트신의 처절한 복수극을 마치고 죽음으로 평온을 찾은 널브러진 주인공의 처절한 주검 등이 많이 닮았다.

이 영화는 흥행에 성공하여 속편이 만들어진다. 그리고 홍콩의 시나리오작가에 의해 그대로 복사되어 골든하베스트의 정창화 감독에 의해 〈파계〉란 제목으로 만들어진다. 한국에서도 〈충렬도〉란 제목으로 상영되었는데, 정 감독도 그런 사실을 모르고 이 영화를 만들었다고 한다. 당시 홍콩영화계에선 비일비재했던 일이었고 1960년대 일본영화가 수입 금지되었던 시절, 한국에서도 일본영화의 시나리오를 베껴 영화가 만들어졌다. 청춘영화가 한참 붐일 때의 현상이다.

▬ 〈앙케의 영웅들〉 1973

연방영화사 제작, 유동훈 극본, 김묵 감독, 전조명 촬영, 김진규, 이대엽, 윤양하, 오수미 출연작이다. 남베트남이 패망할 무렵, 고립된 한국군 중대병력의 월맹군 사단 규모를 저지하며 무사히 아군이 철수할 수 있도록 했던 영웅적인 전투를 그리고 있다. 국내에 필름이 없는데 홍콩 수출 기록이 있으므로 언젠가 꼭 회수해야 할 영화이다.

▬ 〈흑무사艶窟神探〉 1973

홍콩 골든하베스트 제작, 정창화 감독, 유병룡, 모영, 염니, 황가달, 황인식, 홍금보, 강남, 조뢰, 왕걸 출연이다. 영문 제목은 〈*The Association*〉이고 홍콩 제목은 〈염굴신탐〉이다. '염굴'이란 사창가, 매음굴을 뜻하고, '신탐'이란 귀신같은 수사관을 뜻한다. 내용은 지방군벌 시대에 범죄의 온상인 염굴에서 벌어지는 사건을 다룬 염정 폭력영화이다.

이 영화의 촬영은 한국의 유재형, 신명의가 했고, 조감독은 신위균, 홍성배이다. 그 외 홍금보, 황인식이 출연하며 무술감독을 맡았다. 유병룡 배우는 전미 태권도 대회 우승자로 골든하베스트에 초청되어 와 이 영화를 찍고 미국으로 돌아가 그의 데뷔작이며 은퇴작이 되었다.

정창화 감독의 이 영화는 그동안 만들어 온 영화들과는 약간은 다른 특별한 내용인데, 당시 골든하베스트 스튜디오를 빌려 촬영한 테라야마 슈지 감독의 〈상하이 이인창관〉에서 모티브를 얻었을 수도 있다. 〈상하이 이인창관〉은 고급 매음굴에 오게 된 푸른 눈의 여자를 통해 본 매음굴의 실상인데, 이 스토리에 액션을 가미한 내용의 시나리오이기 때문이다.

한국에서는 〈흑무사〉라는 제목으로 1974년 11월에 개봉되었고 홍콩 개봉은 1975년 12월 6일이다. 한국에는 필름 없이 비디오만 존재한다. 이런 내용은 홍콩에서 당시 유행하던 장르로 후에 〈여신탐〉 등의 본격 여성 액션영화가 나오게 된다. 정창화 감독은 다음해 〈파계〉라는 여성 액션영화를 만든다.

▬ 〈영웅본색英雄本色〉 1973

황탁한 제작, 정선새 각본·감독작으로 왕우, 창전보소, 용비, 산모, 고웅, 갈소보가 출연하였다. 일제강점기 대만에서 자결한 아버지의 복수를 위해 세 아들이 무술을 연마해 대만으로 복수하러 온다는 황당한 설정을 넘어 엽기적인 영화이다. 왕우가 택시 기사로 출연하여 이들과 대결을 벌인다. 1986년, 오우삼 감독의 동명 영화와는 연관이 없는 영화이다.

▬ 〈용쟁호투龍爭虎鬥〉 1973

이소룡의 이름을 전 세계에 알린 영화다. 85만 달러의 제작비로 그 100배 정도인 9천만 달러의 흥행 수익을 올렸다. 이소룡은 〈용쟁호투〉의 홍콩 개봉 일주일 전 타계하였다. 한국에서 1974년 1월 1일에 개봉한 〈용쟁호투〉는 아세아극장에서 22일간 9만 5천여 명, 국제극장에서 31일간 13만 3천여 명을 동원했다.

첫 개봉 때에는 국제극장에서 보았고 몇 년 후 재개봉할 때 서울 허리우드극장에서 보았던 기억이 난다. 〈용쟁호투〉는 그의 출연작 중에서 전 세계에 공개되어 가장 많은 관객을 동원한 영화이다. 그의 타계 후 개봉되어 그만큼 많은 화제가 되었고 흥행에 성공했다.

이 영화는 '007'식 구조로 기획되었다. 워너브라더스가 TV 드라마 〈쿵후〉로 동양 무술에 대한 관심이 일자 기획한 영화였다. 주인공으로 미국 TV에 〈그린호넷〉으로 이름을 알린 브루스 리가 떠오른 건 당연한 일이었다.

한의 배역을 맡은 석견 배우는 당시 60세 가까운 나이의 고령이지만, 이소룡의 상대역이 되었다. 그는 관덕흥 주연의 〈황비홍〉 시리즈의 악역 전문 배우였다. 그가 이소룡의 상대역을 맡아서 〈용쟁호투〉는 홍콩영화사의 일부가 될 수도 있는 상황이 된다. 이소룡은 이 영화의 후반 작업을 마치고 극도로 쇠약해진 상태에서 32세의 짧은 일생을 마친다. 워너브라더스로서는 〈용쟁호투〉 시리즈를 기획할 생각도 했겠지만 이소룡이 빠진 시리즈는 상상할 수도 없는 일이었다.

▬ 〈의리 없는 전쟁仁義なき戰い〉 1973

후카사쿠 긴지 감독, 출연은 스가와라 분타, 마츠카타 히로키, 우메미야 다쓰오이며, 러닝타임은 99분이다. 전후 히로시마를 터전으로 각종 이권을 둘러싼 야쿠자들 간의 전쟁을 다큐멘터리적으로 다루고 있다. 야쿠자를 주인공으로 한 임협영화의 대부로 추앙받는 후카사쿠 긴지 감독의 〈의리 없는 전쟁〉 시리즈의 첫 편이며, 후카사쿠 긴지 감독은 이를 시작으로 일곱 편의 시리즈를 만들었다.

이 영화는 지역 이권을 다투며 벌어지는 살인사건을 통해 야쿠자들의 의리란 허구이며 이권을 위해서는 목숨 걸고 싸우는 조직의 실상을 적나라하게 보여준다. 전후 허약한 야쿠자 조직의 위계질서가 얼마나 엉망진창이었는지를 알 수 있다. 따라서 각종 살인극이 적나라하게 드러난다.

같은 조직원으로 출발해 조직의 보스를 밀어내고 자리를 차지하나 새 보스는 결국 죽음을 맞는다. 그의 장례식장을 찾아가 총질을 해대는 스가와라는 가히 야량견 그 자체이다. 처절한 그들의 전쟁을 통해 살아남은 스가와라 분타는 다음 편을 예고한다. 스톱모션에 자막으로 연대를 보여주며 전개되는 장면은 다큐멘터리 같은 느낌으로 현실감을 더한다.

스가와라 분타는 조직의 수많은 인물 중에서도 특히 무자비하고 냉정한 주인공을 맡아, 이 시리즈 이후 결국 임협영화의 주인공으로 각인되며 스타로 자리 잡는다. 2002년에는 사카모토 준지에 의해 〈신 의리 없는 전쟁〉으로 리메이크되기도 했다.

▬ 〈이별〉 1973

신상옥 감독, 곽일로 각본, 오수미, 김지미, 신성일 출연작으로, 러닝타임은 92분이다. 이미 패티김의 노래로 빅히트하여 알려진 곡을 영화화하였다. 작가는 이 가사에 멋진 뮤직비디오의 시나리오를 쓴 셈이다.

베를린영화제에서 수상 후 파리에 들른 영옥(김지미)은 찾는 사람이 있었다. 바로 4년 전 이혼 후 파리로 온 전 남편 호일(신성일)이다. 파리에 온 첫날 길을 잃은 영옥은 대사관에 전화를 걸어 알바생인 카트리느(오수미)를 만나 도움을 받는 인연을 맺게 된다. 그런데 카트리느가 사귀는 남자가 바로 호일이다. 이런저런 사연을 알 수 없는 영옥과 카트리느는 즐거운 날을 보내는데, 카트리느의 집에 초청받은 영옥은 그곳에서 호일을 만난다. 결국 영옥과 호일은 재결합하기로 하고 함께 귀국하려고 했으나, 카트리느의 교통사고 소식을 듣고 호일이 약속한 시각에 공항으로 돌아오지 않자 영옥은 홀로 귀국길에 오른다.

전화가 없던 시절, 우연의 연속으로 풀려져 나가는 시나리오가 개연성은 없지만, 노래 가사에 충실한 영화를 보다 보면 1970년대 관객들은 영화에 흠뻑 빠져들었을 것이다. 그래서 이 영화는 그해 최고 관객을 동원한다. 신상옥 감독이 직접 촬영하면서 박력 있게 화면을 구성하는데, 그 당시는 외국여행이 쉽지 않았을 시절이라 파리의 풍광을 소개하며 흥행에 성공한 영화다.

▬ 〈자마刺馬〉 1973

장철 감독이 1972년에 촬영하여 1973년도에 개봉된 영화로, 강대위, 적룡 외에 진관태가 투입되어 새로운 트리오를 구성했다.

〈자마〉는 잡혀온 죄인 강대위의 회상으로부터 시작된다. 의형제였던 세 사람은 결국 서로를 죽이고 마는데, 만주족 의형제의 의리와 삼각관계에 얽힌 치정영화다. 치정이라는 단순하지 않은 내용을 바탕으로 만든 건 장철 감독 영화 중에서는 이례적이다. 그만큼 애정관계 장면이 많은데, 장철 감독의 연출임이 확실한 건 폭력과 죽음의 미학은 그대로이기 때문이다. 만주족을 주인공으로 삼아 장철 감독의 영화 모험은 끝이 없음을 볼 수 있다.

적룡은 인간의 양면성을 연기했는데 이중적인 모습을 보이기에 그의 마스크는 해맑기만 하다. 그래도 이 영화로 금마장 남우주연상을 받았다. 후에 진가신 감독의 〈명장〉으로 리메이크되었지만, 감독이 바뀌면서 〈자마〉가 원작인지 알 수가 없다. 그만큼 이 영화는 남성들의 양면성을 다룬 다양한 특별함이 존재한다.

■■ 〈집행유예〉 1973

박노식 감독·주연, 우연정, 김진규, 김기주, 황정순, 성소민, 최성호, 도금봉, 독고성, 황백, 김기범 출연의 영화다.

박노식 배우의 연기는 지금의 정서로서는 웃음을 자아내지만, 그는 독특한 개성으로 한국영화사를 풍요롭게 만든 명배우며 감독이었다. 그의 광기 어린 대사며 연기는 당시로는 웃어넘기기에 너무도 진지하고 관객을 전율하게 하는 매력이 있었다. 그렇기에 그가 출연한 영화에는 언제나 팬들이 모여들었다. 그의 광적인 연기는 춘사 나운규 이후 최고일 것이다. 치기 어린 대사며 설정이 그다웠다.

〈집행유예〉는 그가 감독한 14편의 영화 중 최고작으로, 아마도 이두용 감독의 〈무장해제〉가 나오기 이전 한국 액션영화 중에서도 최고로 꼽아도 좋을 걸작이라고 할만하다. 특히 라스트신의 경시청 카체이스 액션신은 일본 스턴트팀의 연출로 당시 외화에서도 보지 못한 최고의 카액션을 보여주었다. 이 영화로 그의 명성은 절정에 올랐으나, 이후 계속된 부진으로 그는 미국 이민 길에 오른다. 귀국 후 1980년에 〈돌아온 용팔이〉를 연출하지만 이미 그의 시대는 아니었다.

■■ 〈캐서린의 탈출〉 1973

데이빗 리치와 장일호 공동 감독의 〈캐서린의 탈출〉은 〈서울의 정사〉라는 제목으로 제작이 시작된 한미 합작영화다. 제작은 곽장환의 합동영화사와 미국 MCR프로덕션이고 폴로스가 시나리오를 썼으며, 출연은 신영균, 최지희, 존 아일랜드, 아니타 에드버그, 빅타 보오노 등이다.

1971년 1월에 제작이 시작되어 1974년 4월 4일 개봉하였으니 제작 기간이 오래 걸린 영화다. 그만큼 합작의 어려움을 보여주는 실례이다. 내용은 국보급 보검을 둘러싸고 벌어지는 액션영화인데, 당시는 〈007〉 시리즈가 인기를 끌던 때로 꽤 흥미를 끌만한 내용이었다.

이 영화의 시나리오 표지를 보면 최초의 한미 합작영화라고 광고하고 있다. 이전에 수많은 합작 논의가 있었지만, 광고대로라면 완성된 최초의 한미 합작영화였다. 그러나 1971년 P.G. 카라멜로와 강조원 공동 감독의 〈케이라스의 황금〉이 먼저 완성되어 최초라는 말은 무색해졌다.

개봉 당시 〈서울의 정사〉라는 제목이 서울의 건전성과 위배된다고 해서 〈캐서린의 탈출〉로 최종 수정된 듯하다. 영어 원제명은 〈*The Seoul Affair*〉인데, 당시에도 흥미로운 제목이었겠지만 지금 만들어도 흥행작이 될 수 있다는 예감이 든다.

■ 〈흑권跆拳震九州〉 1973

황풍 감독, 이준구, 모영, 황가달 출연의 영화로, 이소룡의 태권도 사부였던 이준구 그랜마스터의 데뷔작이기도 하다. 이소룡의 추천으로 이준구가 홍콩에서 배우로 데뷔한 것이다.

원제는 〈태권진구주跆拳震九州〉로 '태권도로 세계를 흔들다'라는 뜻이다. 당시 이소룡의 한국 첫 개봉작인 〈정무문〉의 대흥행으로 광고에도 〈정무문〉의 가화전영(골든하베스트)으로 소개되었다. 〈정무문〉이 피카디리극장에서 개봉되어 31만 5천여 명이라는 홍콩영화 초유의 대흥행 기록을 수립하던 때이다. 수입사인 세경영화사는 부도 위기에서 벗어난 것은 물론이고, 엄청난 예산의 영화를 기획하게 된다. 다른 영화사들도 너도나도 홍콩으로 향했고 이소룡의 다른 출연작 수입에 나섰다. 뒤이어 개봉된 〈당산대형〉은 20만 9천여 명으로 흥행 4위를 기록했다.

〈흑권〉은 〈정무문〉의 흥행 성적에 힘입어 1973년 9월 9일 명보극장에서 개봉하여 10만 7천여 명을 동원하여 1973년 한국영화 흥행 3위를 기록했다. 당시는 멜로영화가 강세일 때라 신상옥 감독의 〈이별〉, 변장호 감독의 〈눈물의 웨딩드레스〉 등이 흥행 1, 2위를 기록했는데, 액션영화 중에서도 생소한 장르인 무술영화가 흥행 3위를 기록한 것은 대이변이 아닐 수 없었다.

1972년에도 장일호 감독이 홍콩에서 강세인 무술영화에 착안하여 우리의 택견을 소재로 신일룡, 이대엽을 기용하여 〈인왕산 호랑이〉를 감독했지만, 1만 6천여 명을 동원하는 데 그쳤었다. 〈흑권〉이 10만여 명을 동원한 것은 순전히 〈정무문〉의 성공에 힘입은 바가 크다. 이 영화 이후 한국의 모든 영화사가 권격 액션영화를 기획하게 되었고, 처음으로 합동영화사가 1974년에 이두용 감독작의 〈용호대련〉을 개봉시켰다. 이후는 아류작들이 넘쳐나는 실로 태권영화 전성시대를 기록한다.

■■■ 〈72가방객七十二家房客〉 1973

쇼브라더스 제작의 초원 감독작으로, 호금, 전청, 악화, 정리, 곡봉, 하리리, 엽령지, 이수현, 시사, 진관태, 왕광유 등 이루 열거할 수 없는 수많은 쇼브라더스의 스타들과 초원, 정강 감독이 출연한 대작이다. 1963년에 처음 만들어졌고 10년 만에 초원 감독에 의해 리메이크된 이 영화는 홍콩영화 흥행 기록을 경신했다.

72번가 세입주자들이 집주인 부부의 양딸 인신매매를 둘러싼 횡포에 맞서는 블랙코미디이다. 이소룡 영화가 돌풍을 일으키던 시절 그 돌풍을 잠재운 영화인데 한국인으로서는 광둥 사람들의 삶의 정서에 공감하고 웃음을 이해하기 쉽지 않다. 이는 문화의 차이 때문인데 그것을 이해하려고 본다면 왜 이 영화가 흥행 기록을 경신했는지 알게 된다. 우리나라로 치면 1980년대 초 TV 드라마 〈야 곰례야〉나 〈달동네〉를 연상시킨다.

이소룡도 〈맹룡과강〉에서 이러한 홍콩인들의 코믹 정서를 보여주려 했었다. 주성치가 훗날 만든 〈쿵후 허슬功夫, Kung Fu Hustle〉의 돼지촌에서 벌어지는 에피소드는 이 영화를 연상시킨다.

■■■ 〈악명〉 1974

남석훈이 1974년에 감독·주연한 이 영화는 그의 다재다능함을 보여주는 액션영화이다. 그는 한국배우 최초로 홍콩에서 주연급으로 활동한 최초의 배우이다. 1974년이라면 이소룡 사후 그의 열풍이 당대를 휩쓸던 때인데, 이소룡 액션과는 색다른 액션을 보여주는 영화이다. 일종의 갱스터 액션영화인데, 첩보영화를 방불케 한다. 이 영화가 제작되던 시기에는 이소룡 영화에 영향을 받은 태권 액션영화들이 양산되었다.

남석훈은 홍콩에서 활동하며 유명감독의 영화에 출연했지만, 그의 재능을 살려준 감독은 없었다. 그저 악역을 맡아 자신의 역을 소화했을 뿐이다. 그는 이 영화에서 일찍이 수련한 태권도를 통해 이소룡 못지않은 무술 실력을 보여준다.

그가 홍콩에서 익힌 액션영화 기법과 더불어 동료 배우 김기주를 출연시켜 한진흥업에서 만들었다. 이 영화는 국내에 필름이 있긴 하지만 외국에서 영어 버전으로 비디오가 발매되어 다시 볼 수 있다. 이 영화로 그는 한국일보사가 주최한 백상영화제 신인감독상을 받았다. 당시 활동하던 박동룡, 김왕국 등 액션배우들이 총출동하여 젊은 그들을 볼 수 있는 재미 또한 보너스이다.

■ 〈방년 18세〉 1973

우진필름 제작, 이원세 감독, 서미경, 이현, 남궁원, 반효정, 최봉 출연작이다. 하이틴 소재로 폭력배를 사랑하는 소녀의 이루어지지 못하는 사랑 이야기이다. 그녀는 고작 18세에 사랑을 위해 목숨을 건다. 제목은 18세이지만 주인공 역의 배우는 14세였다. 그녀가 눈에 띄는 재목이었기에 가능한 일이었을 것이다.

■ 〈소녀應召女郞〉 1973

배우 겸 시나리오작가로 활동했던 용강 각본·감독작이다. 이소룡 사후 그의 연인으로 알려진 정패(베티 팅페이)의 출연작으로 많은 관객을 모았다.

영화는 홍콩의 어두운 구석, 매춘부들의 세계를 다루고 있다. 폐병 걸린 남편을 두어 가정을 꾸려나가기 위해 매춘을 하는 유부녀, 많은 남자와 만나기 위해 매춘하는 바람둥이 여성, 유명인으로 일하며 시간을 내어 거액에 매춘을 하는 패션모델, 어쩌다 콜걸이 된 철부지 아가씨 등등 갖가지 사연을 가진 다섯 명의 매춘부들의 말 못 할 사정을 소재로 하고 있다. 특히 패션모델의 에피소드가 인상적인데 청년 기업가와 사랑을 하여 결혼을 앞두고 시아버지 될 사람이 고객 중 한 명임을 알게 되어 결국 두 사람은 파탄을 맞는다. 그녀는 돈으로 자신을 사기 위해 호텔로 찾아온 애인에게 "언젠가 매춘은 필요하다고 하지 않았냐?"라고 말하며 쓸쓸히 돌아선다.

감독은 사회에 필요악이지만 자신의 연인은 콜걸이어서는 안 된다는 남자들의 이기심을 꼬집는다. 어쩔 수 없이 발들인 그녀들의 입장에서 매매춘이 갖는 공감을 이끌어 내고 있다. 그러나 매매춘이 정당화될 수 없다는 것으로 영화 엔딩에서 그녀들의 삶은 모두 하나같이 파국으로 끝이 난다.

이 영화는 스카라극장에서 절찬리 상영 중 갑자기 상영 금지가 된다. 이유는 검열에서 삭제된 장면이 30초 정도 들어갔기 때문인데, 삭제 후 다시 상영되며 더욱 관객이 몰렸다. 노이즈마케팅이 주효한 것이었다. 영화는 재개봉관에서도 관객이 몰렸는데, 홍콩에서도 베스트 100편에 들어간다. 에로티시즘을 선전하였지만 사회파 영화로 분류될 만큼 홍콩 사회의 어두운 면을 고발하였다. 1988년에 홍콩에서 장만옥 등 주연으로 리메이크되었다.

■■■ 〈여감방女集中營〉 1973

계치홍 감독, 나열, 왕협, 이혜숙, 진봉진 출연작이다. 홍콩에서 에로티시즘 영화가 활성화되며 이런 시리즈 영화가 만들어졌다. 만주의 노호령 여감방에서 벌어지는 색정적인 사건을 영화화했다. 다분히 흥행을 의식해 만든 영화로, 한국에서는 위장 합작영화 형태로 수입되었다. 전량 홍콩에서 촬영하였고 한국에서 한국어로 더빙되었다.

이런 영화 장르의 후속작인 〈여수 407호〉 시리즈의 제작으로 신상옥 감독은 아까운 시간을 낭비했다. 한국영화사를 연구하다 보면 정체를 가름하기가 쉽지 않은 영화들이 종종 눈에 띈다. 이 영화가 그러한데 일견 보면 한국영화 같기도 하지만 출연한 진봉진 배우는 주인공인 나열의 출연 자체를 모르고 있다. 출연 장면이 달라서 그럴 수 있다고 해도 보통은 있을 수 없는 일이다. 이는 위장 합작영화이기 때문이다. 홍콩에서 오리지널 영화를 수입하여 부분 수정을 하다 보면 주인공 출연 장면이 아닌 부분을 촬영하게 되고, 그러다 보니 주인공을 만나지 못한 채 촬영이 끝난다. 이런 제작 형태가 1970년대에는 제법 많았다. 홍콩 기록과 한국 기록을 비교해 보면 진실을 알 수 있다.

■ 〈괴인괴사怪人怪事〉 1974

강대위 감독·주연작이다. 이 영화는 강대위가 1973년 〈흡독자〉에 이어 만든 두 번째 연출작으로, 옴니버스식 코미디영화이며 그의 부인 이립림도 출연했다. 흥행을 의식한 듯 홍콩의 성변태자들의 에피소드를 다루었다. 강대위의 연출력이 발전되며 그는 10편이 넘는 감독작을 만들었다.

■ 〈돌아온 외다리獨脚客歸来〉 1974

합동영화사 제작, 유동훈 각본, 최종걸 촬영, 김동포 조명, 현동춘 편집, 이두용 감독작으로, 한용철, 권영문, 정애정(정소녀)가 출연하였다. 〈돌아온 외다리〉는 이두용 감독이 〈용호대련〉을 시작으로 만든 태권도영화 시리즈이다. 내용은 1930년대 만주를 배경으로 '호랑이'라는 청년을 둘러싼 일본인 보스와의 갈등을 그린다. 영화 의상하며 여러 설정이 부자연스럽게 보일 수 있는데(고풍스럽지만은 않다), 1970년대의 정서와 의상을 볼 수 있다. 일제강점기라면 의상이 당연히 달라야 함에도 불구하고 (신상옥 감독의 〈소금〉을 보면 알 수 있듯이) 이 영화는 그런 모든 것으로부터 자유롭다. 그래서 무국적 영화는 아니지만 그런 부류의 영화로 평가 절하되기도 한다.

〈돌아온 외다리〉라는 제목은 지방흥행업자와 합동영화사 사장 사이에 구두로 정해진 제목인데, 감독도 왜 이런 제목이 붙여졌는지 잘 모른다고 말한다. 아마도 장철 감독의 〈돌아온 외팔이(독비도)〉의 영향일 것이다. 외팔이 검객도 파격이지만 외다리 권객은 기상천외하다. 하긴 영화란 창의적이기에 더욱 기발한 아이디어를 내야 한다. 그러나 당위성이 없고 설득력이 떨어지거나 제목과 동떨어진 스토리라면 관객들의 야유를 받기 마련이다. 이 영화는 그래서 조금은 실망스럽다. 그래도 관객들이 몰리는 건 그만큼 기발한 착상 때문이라고 생각한다.

〈돌아온 외다리〉는 1970년대 필름의 부족을 타개하기 위해 테크니스코프로 찍었다. 이두용 감독은 〈홍의장군〉 때부터 이런 제작 형태가 시작되었다고 말한다. 아마 손재주 많은 한국에서 개발된 특이한 사례일 것이다. 그래서 화면의 입자는 다소 거칠고 아웃포커스 된 화면이 많다. 아웃포커스가 꼭 테크니스코프 제작 때문에 벌어진 것은 아닐 것이고, 필름이 부족했던 그 시절 오케이컷이 부족했기에 그냥 편집이 되어서 일 것이다. 1970년대는 참으로 지난했던 시절이다. 모든 상황이 다 어려웠지만 특히 영화계는 열악한 제작 환경에 지독한 검열로 의식 있는 영화인들이라면 진저리를 칠 시절이다. 하길종 감독은 질식사했다고 해도 과언이 아닌 시절이다. 검열을 피해 그릴 수 있는 것은 만주 벌판밖에 없었다는 감독의 추억담이 와닿는 말이다.

━ 〈들국화는 피었는데〉 1974

이만희 감독, 신성일, 김정훈, 안인숙, 최남현, 이대엽, 우연정, 박근형, 오유경, 이경희 출연작으로, 러닝타임은 102분이다. 영화진흥공사가 국책영화로 만든 영화 중 한 편이다. 당시 임권택 감독은 1973년 〈증언〉, 김시현 감독은 1975년 〈잔류첩자〉를 감독했고, 임권택 감독은 1976년에 또 한 편의 국책영화 〈낙동강은 흐르는가〉를 감독했다. 이 영화 〈들국화는 피었는데〉는 그중에서도 뛰어난 완성도를 보여주는데, 한국전쟁 발발 전후를 내용으로 기습 남침에 밀린 국군의 악전고투를 소년의 시각에서 조명한 전쟁영화의 압권이다.

원작자인 선우휘는 전쟁문학의 백미인 『열세 살 소년』, 『싸릿골의 신화』, 『단독강화』 등을 썼는데, 이 영화 역시 그의 원작이며 유동훈 작가가 각색을 맡았다. 6·25전쟁의 실상을 보여주는 한국전쟁영화사에서 으뜸으로 손꼽을 만한 명작으로 영화진흥공사가 기획하였는데, 전방 지역인 강원도 인제에서 제17연대와 탱크 부대의 대규모 물량 지원과 인원 동원으로 완성된 영화이다. 당시 군민들이 고생이 화면에 보이는 역작이다.

특히 소년 주인공을 맡았던 김정훈은 같은 해 6월에 개봉했던 신상옥 감독의 〈13세 소년〉 이후 연기 천재다운 열연을 보여주었다. 이만희 감독으로서는 한민족이라는 동포애와 엔딩에 보이는 인민군 병사와의 소년의 화해 과정을 통해 순수한 휴머니즘을 그리고자 하였으나, 검열에서 요주의 감독의 꼽히던 그이기에 쓸데없는 오해를 받았을 법하다.

또한 당시 윤주영 문공부 장관이 욕심을 부려 재촬영을 요구하였으나, 이만희 감독은 대본을 내던지고 나왔다고 한다. 괘씸죄로 몰린 이 감독은 영화 제작에서 빠지고 후속 대책을 논의하여 신상옥 감독에게 맡기기로 하고 신 감독이 시사를 하였으나, "고칠 데 없구만…" 하며 빠지고 (사실이 그러니까) 편집을 맡은 영화진흥공사 김창순 편집실장이 알아서 편집하여 지금 버전으로 완성되었다. 따라서 이만희 감독이 그리고자 했던 동족상잔의 아픔은 약화되고 '빨갱이는 나쁜 놈이다'라는 식의 홍보영화로 전락하였다. 하지만 그래도 이 영화는 지금도 제작이 불가능할 정도의 지원을 받아 명품 전쟁영화로 남아있다. 특히 최근 상영본은 리마스터링을 거친 최고의 화질로 당시의 영화로 보이지 않을 정도이다.

▬ 〈리칭의 흑야광주〉 1974

신프로덕션 제작, 장일호 감독, 최승우 촬영, 이승룡, 이청, 김무영, 진봉진 출연작이다. 장일호 감독이 이청을 섭외하여 쇼브라더스와 상관없이 독자적으로 촬영한 영화이다. 완성도는 홍콩영화들에 비해 형편없이 떨어진다. 출연자들의 부상과 저예산의 압박 속에 겨우 완성했다는 출연자들의 후문이다. 이 영화 촬영 후 한국인들은 뿔뿔이 흩어지고 결국 홍콩에서의 활동자는 남석훈 배우 혼자 남는다. 이미 이소룡의 등장으로 무술영화에 큰 변화가 왔고 신프로덕션이 와해된 상태에서 더 이상 한국영화인들의 활동은 의미가 퇴색되었기 때문이다.

이승룡 배우의 증언에 의하면 촬영 중 부상으로 귀국하였고, 진봉진 배우의 증언에 의하면 주인공도 없이 대충 마무리하였다고 한다. 러닝타임 80분으로 완성되었으니 완성도는 미루어 짐작할 만하다.

▬ 〈방세옥과 홍희관方世玉與洪熙官〉 1974

장철·예광 공동 각본이며 장철·우마 공동 감독, 무술감독은 사흥, 진신일이 맡았다. 출연은 부성, 척관군, 시사, 양가인, 왕룡위, 강생, 녹봉 등이다.

방세옥과 호혜건은 청나라 말 유명한 무술인으로 지금까지 세인에게 회자되고 있다. 첫 장면은 무당파와 백미도인을 만나 대결로 시작된다. 그러면서 그들이 왜 이 끝없는 대결을 벌이는가를 과거 회상 형식으로 보여준다. 방세옥은 소림사 비전의 무공인 동피철골공을 익혀 칼과 창에 몸이 상하지 않는다. 그러나 약점은 있기 마련이고 그도 죽음을 피할 수는 없다. 엔딩에서 호혜건은 날아오는 화살을 맞아 당시 유행하던 스틸모션으로 최후를 맞는다.

부성은 1972년 장철 감독의 영화 〈경찰〉로 데뷔하여 여러 영화에 출연 후, 이 영화에서 주인공을 맡았다. 장철 감독의 장궁영화사와 쇼브라더스 무협영화에서 주인공으로 42편에 출연하며 강대위, 적룡 커플 이후 진관태, 척관군과 함께 새로운 커플로 인기를 구가하였다.

〈방세옥과 호혜건〉은 장철 감독이 〈방세옥과 홍희관〉 이후 그를 주인공인 방세옥에 캐스팅하여 촬영한 영화로 그의 출세작 시리즈가 되었다. 그는 이 영화에서 척관군과 공동 주연인데, 그들 커플은 강대위, 적룡 커플 이상의 호흡을 맞추지는 못했지만, 새롭게 조합한 배우로 1974년 작 〈소림오조〉 등에서 강대위, 적룡과 함께 출연했다.

━ 〈별들의 고향〉 1974

화천영화사 제작, 이장호 감독, 장석준 촬영, 신성일, 안인숙, 윤일봉, 백일섭 출연작이다. 최인호 원작의 이 영화는 《조선일보》에 연재되어 상하권으로 출간되어 그해 베스트셀러가 되었다.

원작은 사회초년병이었던 주인공 경아가 후처로 시집가서 중절수술을 했었다는 이유만으로 쫓겨나고, 급기야 호스티스로 전락하여 여러 남자를 거치며 남주인공 문오를 만나며 시작된다. 결국 경아는 못된 놈들을 계속 만나게 되며 악독한 동혁을 만나 알코올중독자가 되었고, 눈 덮인 광야에서 수면제를 먹고 쓸쓸한 죽음을 맞는다. 이런 삼류 소설 같은 이야기는 판에 박힌 내용이지만, 영화는 영상적으로 멋지게 포장되어 관객에게 어필하였다. 원작의 대중성과 이장호 감독의 감각적인 연출이 47만 명이라는 당시로는 초유의 관객들을 국도극장으로 불러 모았다. 여성의 비극을 극대화시키며 설득력을 감동적으로 이끌어낸 결과이다.

다소 쓸쓸하면서 허무한 내용이지만 신선한 연출이 경아라는 여주인공을 사랑스러운 우리 시대의 여성으로 급부상시키며 영화에 몰입시켰다. 이런 멜로영화는 급기야 정인엽 감독의 1978년 작 〈꽃순이를 아시나요?〉, 변장호 감독의 1978년 작 〈O양의 아파트〉, 노세한 감독의 1979년 작 〈26x365=0〉 등의 영화로 1970년대 영화를 규정하는 가장 큰 장르영화로 자리 잡게 된다. 이들 1970년대 호스티스영화의 붐은 정윤희, 유지인 그리고 〈겨울여자〉의 장미희를 신트로이카 배우로 만들었다. 이들과 함께 김자옥 역시 호스티스영화의 히로인으로 자리 잡게 된다.

〈별들의 고향〉은 신상옥 감독이 읽고 탐내했었던 시나리오였다. 그러나 이장호는 다른 영화사를 찾아가 결국 이 영화로 데뷔하게 된다. 여주인공인 경아 역을 맡았던 안인숙은 다음 영화를 마치고 미련 없이 재벌가로 시집을 갔다.

■ 〈산다칸 8번 창관 망향サンダカン八番娼館 望鄕〉 1974

도호 제작, 쿠마이 케이 감독, 쿠리하라 코마키, 타카하시 요코, 다나카 키누요, 다나카 겐, 하마다 미츠오, 기시 테루코 출연작이다. 1973년 아태영화제 그랑프리, 1975년 제25회 베를린영화제 여우주연상(다나카 키누요)을 비롯하여 수많은 영화제에서 격찬을 받은 영화이다.

보르네오의 항구도시인 말레이시아 산다칸시 8번지에 위치한 위안소는 무역상과 일본군들을 대상으로 한 유명한 위안소였다. 이곳에서 벌어진 과거를 취재하러 여성 학자가 과거 이곳에서 상처를 입은 주인공을 찾아가 전쟁의 피해 여성과 그녀들의 아픔을 고발한 반전영화이다.

13세의 주인공 오사키는 이곳 창관에 팔려와 일본군들에게 유린당하며 씻고 또 씻으며 자신에게 가해진 성적 학대를 잊으려 한다. 그녀는 고무농장의 일꾼인 히데오를 만나 사랑을 느끼나 결국 배신당한다. 종전 후 귀국한 그녀는 오빠와 만나게 되지만, 결혼식을 앞둔 올케는 그녀를 그곳에서 떠나게 한다. 결국 갈 데 없는 그녀는 중국을 거쳐 다시 산다칸을 찾아와 움집에서 일생을 보내게 된 것이다. 내용은 다르지만 김성종 원작 소설 『여명의 눈동자』가 떠오른다.

수많은 일본영화가 한국영상자료원을 통해 상영되었지만, 이 영화는 아직도 미상영작이다. 워낙 영화가 많다고 변명할 수도 있지만, 이러한 완성도 높은 영화를 뺀 이유는 무엇일까? 만약 정치적 이슈화를 우려한 일본 담당자의 사전 검열이라면 그 또한 문제이다. 이 영화는 구로사와 아키라 감독이 선정한 100편의 영화에도 들어가 있다.

■ 〈삼각의 함정〉 1974

〈삼각의 함정〉은 윤삼육 각본, 이만희 감독의 영화이며, 이만희 감독이 1962년 본인의 영화 〈다이얼 112를 돌려라〉를 리메이크한 영화이다. 그만큼 시나리오는 탄탄하고 스릴러로서 긴장감과 집중력이 있다. 테크니스코프 복원 HD영화로 러닝타임은 85분이다.

1974년이면 이장호 감독의 〈별들의 고향〉 최고 흥행을 했을 때이며, 이두용 감독의 〈돌아온 외다리〉가 만들어졌을 때이기도 하다. 긴급조치로 정국과 사회에 긴장감이 돌 때이다. 극장을 찾아 잠시의 긴장을 풀러온 관객들에게 어떤 느낌을 주었을지 궁금하다.

내용은 거액의 유산을 상속받게 된 지숙을 둘러싸고 벌어지는 세 남자 상국, 영일, 춘호의 갈등이다. 우연히 만났던 미남자 영일도 알고 보면 그들과 한 패거리이다. 영화는 시종일관 여주인공을 둘러싼 남자들의 악행으로 일관한다. 가혹한 새디즘의 영화인데 혹시나 감독의 취향이 반영된 것이 아닐까 싶을 정도로 리얼하다. 연출은 프랑스 누아르영화의 영향을 받아 장 피에르 멜빌 감독의 영화와 분위기가 흡사하다.

결국 지숙은 자신이 죽인 줄 알았던 상국이 살아 돌아오고 극은 결말로 치달으며 세 명의 남자들은 서로를 죽인다. 라스트신은 지숙이 죽은 이들을 위해 강물에 꽃을 던지며 끝이 난다. 다소 시니컬한 결말인데 그즈음 이 감독이 만든 영화 중 높은 완성도를 보이고 짜임새 있는 극적 구조를 갖추고 있다.

각기 개성이 다른 오지명, 유장현, 백일섭 그리고 감독의 마지막 페르소나인 문숙이 출연했다. 이 감독은 2년 후인 1976년에 문숙과 이 영화에서 춘호로 출연했던 백일섭, 김진규가 출연한 〈삼포가는 길〉을 마지막으로 타계한다. 이 영화는 페데리코 펠리니 감독의 〈길〉과도 닮았다. 윤삼육 작가는 이 작품의 또 다른 버전일 수도 있는 〈참새와 허수아비〉를 감독한다.

━━ 〈수라설희 2修羅雪姫 怨み戀歌〉 1974

〈수라설희(슈라유키히메)〉를 만든 후지타 토시야藤田敏八 Toshiya Fujita 감독의 1974년 작으로, 전작의 여주인공인 카지 메이코 출연 외에 하라다 요시오, 요시유키 카즈코, 키시다 모리, 훗날 흥행감독으로 알려진 이타미 주조 등이 출연했다. 러닝타임은 89분이다.

이 영화는 화제를 모은 전편과는 연결이 다른 에피소드의 속편이다. 시기는 러일전쟁 직후인 1907년, 전편의 라스트신에서 죽을 줄 알았던 여주인공 카시마 유키는 37명을 살인한 죄로 교수형을 선고받고 형장으로 가던 중 괴무리들에 의해 납치된다. 그들은 키쿠이가 이끄는 비밀경찰로, 테라우치 장관과 더불어 무정부주의자들을 뿌리 뽑을 계획을 가지고 있다. 납치범이 원하는 건 무정부주의자들의 우두머리 란수이 토쿠나가를 감시하고 제재하는 일이다. 이 상황에서 그녀는 비밀경찰의 온갖 악행을 보고 오히려 사회 약자인 반정부주의자들을 도와 납치범들과 한판 대결을 벌인다. 1907년 메이지 시대가 그렇게 끝난다는 멘트로 영화는 끝나는데, 온갖 악을 청소한 그녀가 살아남아 3편을 기대하게 한다.

팬들에 의해 수준 이하라는 혹평을 받기도 했지만 전편이 워낙 뛰어났기 때문일 수도 있다. 또 이 영화가 벌써 반세기 전에 제작된 영화를 감안해야 한다. 지금의 기준으로 보면 모든 게 어설프지만, 당시에는 세련된 기법의 영화였다. 더구나 창의력 측면에서 보면 요즘 액션영화의 기원이라고도 말할 수 있다. 〈킬 빌〉에 영감을 준 시리즈이며 어쩌면 동 시기 활동했던 이두용 감독 영화의 원형 같기도 하다.

▬ 〈소림오조少林五祖〉 1974

대만에 설립된 장철 감독의 장궁영화사 제작 영화다. 다소 곱상한 다섯 사내들이 무공의 세계를 보여주는데 강대위, 적룡, 부성, 척관군, 맹비와 악역으로 마극안, 강도, 채홍이 출연했다.

소림사가 청나라의 군사들에 의해 불타고 그들의 사주를 받은 무술가들에 의해 박해를 받자 속가제자 다섯이 청에 대해 복수하는 내용이다. 무공이 약한 그들은 추격자를 피해 각지로 흩어져 온갖 위험 속에서 무공을 쌓고 그들과 맞서 싸운다. 영화는 소림사 오대제자 중 두 명의 장렬한 죽음으로 영화는 끝난다.

이쯤이면 이 영화가 보여주는 처절한 사투는 기본 골격을 갖추었다. 그러나 아쉬운 건 아직도 이소룡 영화 이전의 스타일로 약속된 합에 의한 대결 장면들이다. 기합 소리, 신음과 비명, 살벌한 음악, 처절한 음향 효과 등이 계속 이어지지만, 이소룡이 보여준 리얼 액션을 넘어설 수가 없다. 새로이 기용한 부성마저도 아직은 어설픈 작은 용일뿐이다. 한계에 봉착한 장철의 정신적 몸부림이 절로 연상된다.

그러나 이 영화는 궁즉통窮則通이라고 소림사 영화 장르를 개척한 영화로 손꼽아야 할 듯하다. 이 영화 개봉 이후 〈소림사〉 시리즈는 물론이고 홍희관, 방세옥 등 관련 시리즈가 장철 감독 또는 다른 감독들에 의해 봇물터지듯 제작된다. 이소룡 영화 이후 쿵후 붐과 그 돌파구로 무술의 본산지인 소림사에 대한 관심이 증폭되었기 때문이다. 이렇게 시작된 〈소림사〉 시리즈 중 1980년대에 이연걸의 출세작인 〈소림사〉가 개봉된다. 이연걸은 1994년 〈소림오조〉의 리메이크영화에도 출연하였다.

■ 〈용호대련〉 1974

합동영화 곽정환 제작, 이두용 각본·감독, 권영문 무술감독, 최종걸 촬영, 김동포 조명, 현동춘 편집, 김희갑 음악이며, 특이하게 촬영감독으로 이성춘 감독의 이름이 소개되는데 내가 알기로는 한국 최초이다. 그가 이 영화 촬영에 어떤 역할을 하였는지 궁금하다. 최종걸 촬영으로 되어있기 때문이다. 두 대의 카메라가 동원되었을 수도 있다. 출연은 한용철, 배수천, 김문주, 우연정, 김홍지, 최재호, 장일식, 박동룡, 태일 외 이두용 사단의 멤버가 총출동하였다. 일제강점기 시대에 하얼빈을 배경으로 벌어지는 95분 길이의 활극이며, 이소룡의 〈정무문〉이 흥행에 대성공하고 바로 기획된 태권도 소재의 무예영화다. 1974년 3월 15일에 개봉하였다.

돈에 집착하는 주인공 용은 일본인 사사키와 중국인 왕 가 사이를 오가며 흥정 끝에 몸값을 올린다. 결국 그들은 금괴를 부당하게 탈취하고 다시 서로 가지고자 하는 무리이다. 그것의 원 임자는 따로 있으니 독립군 군자금으로 쓰일 황금이었던 것이다. 우여곡절 끝에 독립군의 일원인 주인공은 황금 궤를 갖고 그곳을 떠난다.

이 영화는 창의력 우선으로 시대 불문, 의상 불문, 고증 불문으로 만들어져 자유롭기 그지없다. 마지막 대사가 완전 신파인데 관객들은 그 신파 대사에 넋을 잃었다. "이름만이라도 알려주세요", "그저 조선의 아들이라고 알아 두십시오" 등은 자신이 독립군임을 알려주는 대사이기도 하다.

이 영화는 마카로니 웨스턴의 구조를 본따서 만들었지만 만주 웨스턴의 맥을 잇고 있다. 주인공의 데뷔작인데 그는 누구를 생각하며 연기했을까? 그건 바로 두말할 것도 없이 이소룡이다. 이 영화의 성공으로 이두용, 한용철 콤비의 영화가 〈죽엄의 다리〉, 〈돌아온 외다리〉, 〈분노의 왼발〉, 〈(속) 돌아온 외다리〉, 〈배신자〉까지 1974년에만 총 여섯 편이 만들어졌다. 이후 한용철은 최영철, 전우열, 김시현, 박우상, 이혁수 감독의 영화에 출연한다.

■ 〈죽엄의 다리〉 1974

합동영화사 제작, 김하림 각본, 이두용 감독, 최종걸 촬영, 김동포 조명, 이상운 제작부장, 한용철, 우연정, 장일식(장망), 배수천, 김홍지, 최재호, 김왕국, 태일, 권일수, 김영란이 출연했고 김영란의 영화 데뷔작이기도 하다. 이두용 감독의 첫 태권영화 〈용호대련〉 이후 제작된 이 영화는 이두용 감독이 자신감을 갖고 만든 두 번째 태권영화로, 4만 5천여 명을 동원해 자신이 만든 태권영화 중에서 최고의 흥행 성적을 거둔다.

당시 태권영화가 흥행에 성공하자 김하림 작가는 바쁘게 시나리오를 집필하고 계속 이런 유의 시나리오를 집필하여 이듬해 〈무장해제〉까지 집필한다. 전부 일제강점기 상황에서 벌어지는 일본인들과의 극한 대결을 그렸다. 이 영화 역시 일본인 역을 탁월하게 연기한 배수천의 역작이다. 무술배우가 아닌 배수천은 타고난 연기력으로 발군의 악역 연기를 보여준다. 그의 광기 어린 악역 연기는 한국영화사에서 손꼽히기도 한다. 제작진은 사례를 어음 대신 현찰로 받아 두 편을 동시에 촬영했다. 과연 대단한 이두용 사단이다.

■ 〈특별수사본부 김수임의 일생〉 1974

한진흥업 제작, 강대수 기획, 오재호 각본, 이원세 감독, 정광석 촬영, 김연 조명, 유재원 편집의 102분짜리 영화로, 윤소라, 신일룡, 문오장, 이순재, 김영인, 이강조, 최무웅 출연작이다. 한국전쟁 이전인 1948년, 미국 정보국 소속의 고급 장교인 페이드 대령의 첩으로 살면서 북의 애인 이강국의 지령으로 고급 기밀을 빼내어 온 한국판 마타하리 김수임의 일생을 다루고 있다.

주인공 김수임은 이화여전에 재학 중 사촌오빠의 꾐에 넘어가 촌부의 처로 살다가 탈출하여 학교를 마친다. 이때 멋진 청년 이강국을 만나 사랑을 나누게 되고, 박헌영의 지시로 월북한 이강국의 지령에 따라 여간첩이 된 것이다. 영화는 당대 최고의 반공검사 오재도 검사에게 붙잡힌 김수임의 회상으로 전개된다. 사랑이라는 이름으로 여간첩이 되어야 했던 운명의 여인이 겪은 반공 체제의 전형적인 생생한 드라마이다.

원래 오재호 작가의 라디오 반공드라마를 영화화한 것으로, 〈특별수사본부〉 시리즈의 한 편이다. 1974년, 제10회 백상예술대상에서 영화 부문 작품상을 받았던 〈특별수사본부 배태옥 사건〉 이후 제작되었다. 이 영화는 소재 자체가 가진 매력으로 전옥숙 작가가 별세 전에 소설화하기도 했다.

━ 〈파계〉 1974

동아수출공사 제작, 고은 원작, 이형우 각색, 김기영 감독, 정일성 촬영의 112분 영화다. 조해성, 임예진, 최불암, 박병호, 정한헌, 이화시가 출연하였다. 1970년대 초에 〈화녀〉, 〈충녀〉를 만들어 화제를 낳았던 김기영 감독이 3년 만에 이 영화를 완성했다.

영화는 묘승과 선승에 의문을 갖고 서산사에 입산한 대학생 침애 수좌의 해설로 시작된다. 시기는 한국전쟁 시기로 모두 먹고 살 길이 최우선 문제이다. 조실 스님인 무불당은 선문답으로 스님들을 가르치며 "갈!"한다. 선방에서는 끝없이 화두를 갖고 명상으로 풀어내고자 하지만 그들에게 화두의 문제는 도저히 풀기 어려운 문제들이다. 동자승들은 배고픔을 못 이겨 공방 간에 숨어들고 도심 행자는 쌀도둑을 하여 절에서 쫓겨나기도 한다. 그런 도심은 대처로 나가 일을 하여 밀가루를 구해 복귀한다.

절은 밀가루로 만두를 빚어 먹고 활기를 되찾는데, 침애 수좌는 조실 스님의 여체 화두를 풀기 위해 비구니 절인 소원암을 찾는다. 묘진은 그를 시험의 문에 들게 하는데, 그는 결국 똥치는 막대기의 뜻을 풀지 못한다. 어느 날 조실 스님은 각혈을 하면서 화두 풀기로 자신의 법통을 이을 후계자를 선발한다. 이 과정에서 법통을 이을 자는 가려지지 못하고 무불당은 열반에 든다. 빈그릇,

배고픔 등 끝없는 화두는 화두를 낳고 누구도 법통을 이을 수는 없다. 끝없는 선문답 속에 화두는 풀길이 없고 침애 수좌는 하산한다.

이 영화는 국도극장에서 개봉되어 끝없는 선문답을 관객들에게 던진 난해한 영화로 기억된다. 50여 년이 지난 지금 다시 보아도 난해하기는 마찬가지다. 그만큼 어려운 소재를 반세기 전에 모험적으로 다루었다. 김기영 감독이 아니면 불가능했던 이야기이고 정일성의 촬영은 화두 풀기처럼 예리하고 젊은 패기로 실험적이다. 훗날 배용균 감독이 〈달마가 동쪽으로 간 까닭은?〉으로 화두를 쉽게 해설했고, 김기덕 감독이 〈봄 여름 가을 겨울 그리고 봄〉으로 영상적으로 풀어냈다. 이런 한국 불교영화의 계보의 효시가 바로 〈파계〉이다. 한국영화계에서 이러한 문제를 화두로 영화를 만든 건 김기영 감독이 최초이다. 임예진, 이화시 배우의 데뷔작이기도 하다.

▬ 〈팔국연군八國聯軍〉 1974

장궁영화사 제작, 장철 감독, 부성, 척관군, 양가인, 이려화, 맹비 출연작이다. 또 다른 제목인 〈팔국연군〉으로 알려졌다. 이려화는 한홍 합작영화 〈달기〉, 〈관세음〉, 〈여마적〉에 출연했던 원로배우인데, 이 영화에서 긴 공백 끝에 서태후로 출연했다. 부성의 아내인 견니도 출연한다. 외세의 침략에 항거한 의화단원들의 활약을 그리고 있다. 홍콩 개봉은 1976년 1월 29일이며, 대만 개봉은 1975년 2월 2일이다. 장 감독으로서는 대만의 제작 지원을 받아 심혈을 기울여 만든 영화다.

▬ 〈흑발攝青鬼(섭청귀)〉 1974

〈섭청귀〉는 한국에서 〈흑발〉로 소개된 영화로, 장일호 감독이 쇼브라더스에서 만든 영화이다. 신상옥 감독과 공동 감독으로 올려졌으며 최승민 촬영이다. 한국 개봉일은 1974년 5월 18일이며 홍콩 개봉일은 1975년 3월 15일로 홍콩 개봉명은 〈섭청귀〉이다.

두 버전의 배우 소개는 약간 다르며 남석훈, 홍성중, 진봉진, 이무영 등이 출연했다. 당시 괴기영화 붐에 편승하여 만든 영화로 완성도는 보통 수준을 유지한다. 위장 합작영화로 한국에 개봉되었다. 신상옥, 정창화, 김수용 감독 등이 쇼브라더스에서 활동하였는데, 그중 장일호 감독이 가장 많은 영화를 만들었다.

■ 〈7금시七金屍〉 1974

쇼브라더스와 공포영화 전문 제작사인 영국 해머필름Hammer Film이 합작한 쿵후 호러영화이다. 강대위와 〈드라큘라〉로 유명한 피터 커싱이 출연하였다. 호러영화에 드래곤 액션을 결합시킨 영화로 강시영화의 장르로 기록될 만하다. 강시영화의 효시라면 하몽화 감독의 1971년 작 〈음양도(태음지)〉가 아닐까? 강시들과의 대결을 그린 형제의 무용담은 강시 소재 영화로는 〈음양도〉가 최초였다. 이 영화가 의외로 흥행에 성공하였는데 서울 허리우드극장에서 10만 여명을 기록한다. 쇼브라더스에게 〈7금시〉는 외국과의 합작을 통해 세계화의 돌파구를 뚫으려는 시도의 일환이었다. 그러나 당시로써는 생소한 호러액션의 결합이라 흥행에는 실패하였다. 이는 대중적이지 못한 소재의 영화를 스타 유명세만 믿고 기획했기 때문이다.

■ 〈극락조〉 1975

윤정희와 특별한 영화를 가장 많이 한 감독이 김수용 감독일 것이다. 이 영화는 두 콤비의 호흡과 경륜이 조화된 수작으로, 조모와 증손자와의 사랑을 주제로 한 극히 몽환적인 영화다. 경주를 배경으로 하여 윤회 사상을 주제로 사랑을 그려냈는데, 아마도 신성일과 윤정희 커플을 염두에 두고 만든 기획영화일 것이다.

1975년이면 이장호 감독의 〈별들의 고향〉이 나온 다음해인데, 영화계는 신인들의 경연장이 되어 김수용, 윤정희 콤비는 주관심사에서 멀어진 듯 흥행의 결과는 신통치 않았다. 이해의 최고 흥행작은 김호선 감독의 〈영자의 전성시대〉다.

이미 시대는 안인숙, 염복순, 유지인, 장미희 등 윤 배우 입장에서 보면 새파란 아이들의 전성시대가 도래한 것이다. 여배우로서 10년 권좌는 이래저래 쉽지 않은 일이다. 윤정희 배우는 그와 상관없이 2010년 출연작인 〈시〉에서도 여우주연상을 받았으니 한국에서는 최장수 배우이다.

■ 〈금환식金環蝕〉 1975

야마모토 샤쓰오 감독의 155분, 컬러 스탠더드영화다. '금환식'은 일식을 의미하는데, 달에 의해 태양이 가려지는 현상이다. 이는 흑막에 가려진 권력형 비리를 통한 정계의 부패를 의미하는 제목이다.

영화는 댐 건설을 둘러싼 로비와 총리와 장관을 비롯한 정부 관리들의 부패상을 정면에서 다룬 정치영화다. 17억 엔을 쓰고 총리에 당선 후 5억 엔을 회수하려고 하는 정치권력의 흑막으로 총리 부인이 명함에 써준 메시지가 신문기자에게까지 흘러가 벌어지는 사건을 그린다.

사채금융업을 하는 이시하라는 부패의 냄새를 맡고 정치 신문기자 후루가키를 통해 이를 폭로하는데, 결국 여러 명이 타살되고 자신도 탈세 혐의로 체포된다. 결국 명함을 전달하였던 비서관도 타살되고 총리는 죽음을 맞으며 훌륭하신 분으로 장례식을 치르게 된다. 대국적인 견지에서 정치계의 흑막은 어둠에 묻혀버리는데 '금환식'이라는 제목은 이를 상징하고 있다.

영화를 보며 흡사 박연차 게이트가 떠오른다. 대통령의 자살이라는 전대미문의 사건으로 종결된 사건이 우리나라에서도 있었지만, 우리나라에서는 정치영화가 드문데 일본은 1969년의 이 사건을 영화화하였다. 용기 있는 영화로 두 시간 반이 짧게 느껴지는 것은 그만큼 재미있다는 반증이다.

▬ 〈나는 고양이로소이다吾輩は猫である〉 1975

이치가와 곤 감독의 116분, 컬러영화다. 고양이를 키우는 중학교 영어교사 구샤메는 가족의 반대에도 고양이를 키우는 조금은 외골수의 중년이다. 그를 심장병 걸리게 하는 일은 사방에서 일상적으로 벌어진다. 학교에서는 물론이고 이웃과도 갈등인데다가 담장을 마주한 중학교 학생들은 번번이 야구공을 그의 거실을 향해 날린다.

도둑까지 들어서 어수선해진 그에게 고양이는 유일한 벗인데 영화 후반부터 고양이의 시선으로 해설이 시작된다. 잡담으로 소일하며 되는 일도 없이 살아가는 인간들에 대한 직설적인 비판인 것이다. 구샤메는 큰 희망 없이 살다가 지쳐 가출을 시도하였으나 하루 만에 귀가한다. 어른이 되었지만 여전히 사춘기 소년처럼 방황하지만 가출 또한 생각일 뿐이다.

그러던 어느 날 손님들이 마시다 남긴 맥주를 훔쳐 마신 고양이는 물에 빠져 죽는다. 죽으며 남긴 교훈은 "주인어른, 나처럼 살지 마세요"이다. 고양이의 일상을 통해 관객에게 들려주는 우화인데, 귀신영화에 소재로 나오던 고양이를 재발견한 영화이다.

■ 〈낙동강은 흐르는가?〉 1976

영화진흥공사 제작, 정진우 기획, 임권택 감독의 영화이다. 영화는 삼팔선을 넘는 북한군의 탱크 장면으로 시작되어 한반도를 붉게 물들이는 2D그래픽화면이 낙동강에 와서 멈춘다. 낙동강과 유학산을 두고 대치한 두 군대는 8월이 되어 소강상태를 맞고 있었다.

김일성은 8월 15일까지 부산을 점령하라고 지시한 터인데 연합군의 참전과 배수진을 친 국군의 저항으로 낙동강을 건너지 못하고 있었다. 인민군은 전투의 책임자들을 불순분자로 몰아 숙청을 하며 독려했지만 전투는 소강 상태였다. 인민군은 탱크를 앞세워 낙동강 전선을 돌파하기로 하고 아군은 특공대를 선발해 이에 맞서기로 한다. 자원자로 선발한 특공대는 낙동강 다리에서 적 탱크를 육탄으로 막기로 한다.

김동현 연대장, 박암 중대장의 명령에 따라 유영국 소대장, 장혁 분대장, 그 외에 이해룡, 박종설, 이석구 소대원, 여기에 소년병 진유영이 벌이는 치열한 육탄전이다. 교량을 사이에 두고 피아간 치열한 전투가 벌어지는데, 결국 적 탱크 다섯 대는 괴멸된다. 그리고 특공대 역시 모두 전사하였다. 소년병 진유영의 내레이션으로 호국의 메시지가 다시 한번 강조된다.

이 영화는 정진우 제작자의 전쟁 5부작 중 한 편으로 영화진흥공사 시절 제작한 이만희 감독의 〈들국화는 피었는데〉, 임권택 감독의 〈낙동강은 흐르는가?〉와 우진필름 시절 제작한 〈아벤고 공수군단〉, 고영남 감독이 만든 〈내가 마지막 본 흥남〉이다. 이 영화는 대규모의 물량을 쏟아부어 제작한 전쟁영화인데, 고생한 흔적이 화면에 역력하다.

■ 〈무장해제〉 1975

이 영화는 이두용 감독의 액션영화 중 가장 처절한 영화로 기록될 것이다. 데뷔작이면서 주인공인 강대희 배우는 이 영화에서 홍콩에서 돌아온 남석훈 배우와 공연을 하며 비로소 액션배우로서의 진면목을 보여주고 있다. 영화의 배경은 구한말, 군인들이 무장해제를 당하던 시절이다. 정말 암울했던 시절이 배경이니 자연히 주인공의 액션은 탄력을 받을 수밖에 없다.

일본군 총사령관 역을 맡은 배수천 배우와의 대결은 영화가 끝날 때까지 끝없이 이어진다. 피비린내가 질펀할 정도로 잔인하면서도 극 중 주인공을 도와줄 수 없는 관객들을 긴장하게 한 영화였다. 극 중 일본군 사령관으로 나온 배수천의 금붕어 먹는 장면이나 겐토로 출연한 조춘의 광적인 연기 몰입은 인상적이다. 그 외 이두용 사단으로 불린 김문주, 한태일, 권일수, 현길수, 황태수(황정리), 김왕국 등이 출연하였다. 강대희는 이 영화에서 그가 타고난 무술배우라는 것을 유감없이 보여주고 있다. 그것은 무술 지도에 의한 액션이 아닌 실제 무술이었다.

결국 주인공인 그는 일본군의 계략에 의해 사살당하고 마는데, 해외에서 발견된 DVD 버전에서는 그 주인공이 고향으로 무사히 귀향하는 것으로 끝맺는다. 살아서 그리도 고생했으니 결말이라도 해피엔딩이었으면 하는 서양인들의 바람일 수도 있다. 이 영화는 구한말이라는 참담한 시대 배경과 영화가 갖는 진정성이 관객들에게 강한 공감을 준다. 엔딩의 대결 전 배수천에게 개목걸이로 쓴 훈장을 개와 함께 돌려주는 이두용 감독의 풍자가 유쾌하다.

━ 〈삼포가는 길〉 1975

황석영 원작, 이만희 감독작이다. 이 영화 촬영 후 이만희 감독은 편집실에서 각혈하며 쓰러졌고 결국 감독의 유작이 되었다. 전작인 〈휴일〉에서 보여주었던 저항의식이 엔딩에서 유야무야 끝나버렸고, 그래서 엔딩신도 감독의 의도와 달리 검열과 타협한 형태로 편집된 것으로 알려져 있다. 그것은 이만희 감독의 세상을 보는 시각이 당시 여느 감독에 비해 남달랐기 때문이다.

출옥한 정씨(김진규)는 중후한 이미지로 세상살이의 달관한 이다. 혹시 감독 스스로의 모습은 반영한 것이 아닌가 싶기도 하다. 그는 자신의 고향 집을 찾아가는 길에 만난 영달(백일섭)과 옥화(문숙)는 흡사 한 식구처럼 서로를 이해하고 때로는 다투며 함께 겨울 길을 간다. 그들이 가는 길은 구체적이지 않고 때로는 절망적이고 춥고 배고픈 끝없는 여정이다. 그러나 그들이 그리는 세상은 따뜻한 가족이 있는 곳이다.

이만희 감독이 주는 풍진 세상에 대한 메시지는 바로 정씨의 모습일 수도 있다. 그래서 감독은 세상이 살만한 곳이라는 희망의 메시지를 전하고 있다. 이 영화는 로드무비로 훗날 윤삼육 감독의 〈참새와 허수아비〉, 배창호 감독의 〈고래사냥〉에 영감을 준 영화다.

■■■ 〈어제, 오늘 그리고 내일〉 1975

우진필름 제작, 정일몽 각본, 서정민 촬영, 임권택 감독의 1975년 작이다. 문오장, 최정훈, 박지훈, 이인옥, 채령, 한은진, 장정국이 출연하였다.

베트남이 패망되던 1975년, 한국인들은 공산 침략에 한층 긴장한다. 도입부에서 불발탄을 가지고 놀던 아이들의 위태로운 모습에서 베트남 패망 소식이 전해지고 사람들은 불길한 예감에 빠진다.

한국전쟁의 쓰라린 기억을 갖고 있던 강문길 가족의 회상과 그러한 과거를 딛고 일어선 현재의 모습 그리고 내일을 위해 우리가 가져야 할 반공 의식을 극화한 전형적인 목적영화이다. 과거 장면이 흑백으로 처리되며 컬러와 비교되는데, 꼭 과거가 아니더라도 전쟁의 참혹상을 강조하기 위한 모노크롬 기법(흑색 또는 그 밖의 한 색만 사용해서 표현하는 단색화나 일러스트레이션)이 사용된다.

■■■ 〈용호문少林門〉 1975

골든하베스트 제작, 오우삼 감독, 담도량, 전준, 주청, 양위, 고강, 김기주, 진봉진 그리고 진원룡이라는 이름을 썼던 성룡, 홍금보 출연작이다. 그 외 조춘, 장정국, 신찬일 등 한국배우가 여럿 출연한다. 종묘나 남한산성 등 한국 현지 올로케이션으로 촬영하였는데, 양영길 촬영, 박창호 조명, 김정용 조감독, 현동춘 편집이다. 한국에서는 김정용 공동 감독작으로 소개되었다.

1974년 홍콩에서 장철 감독의 〈소림오조〉, 〈소림자제〉 등의 〈소림사〉 시리즈가 제작되던 시기에 장철 감독의 조감독이었던 오우삼 감독에 의해 한국에서 또 한 편의 〈소림사〉 시리즈가 촬영되었다. 한국에서는 1975년 〈용호문〉으로 개봉되었고, 홍콩에서는 1976년에 〈소림문〉으로 개봉되었는데, 골든하베스트 제작으로 소개되었다.

■ 〈영자의 전성시대〉 1975

영화계의 세대교체를 확실히 보여준 영화다. 그해 흥행 1위를 기록했다. 1974년 최고 흥행작인 〈별들의 고향〉 역시 이장호라는 신예 감독의 데뷔작이었다. 이즈음 영화의 성공은 청년 정신으로 무장된 신예감독의 야심찬 결과물들이다. 당시 시대상이 어둡고 음울하니 시대의 거울로 이런 영화를 통해 시대정신을 보여주었다.

〈영자의 전성시대〉의 주인공 영자는 시골에서 올라와 식모살이로 순결을 잃고 버스 차장이 되어 한 팔을 잃는 사고를 당한다. 그리고 할 수 있는 일은 겨우 몸 파는 일이다. 영자가 겪는 일들은 당시의 음울한 시대상이고 그 밑바닥 인생길에서 목욕탕 때밀이 청년 창수를 만나 구원을 받는다는 것은 시대의 희망을 주려는 내용이다. 어둡지만 사회에 대해 외치는 젊은 감독의 패기를 담았기에 이 영화가 성공했다. 이 영화의 성공으로 김승옥 작가, 김호선 감독 콤비는 몇 년간 승승장구하는 부러운 콤비가 되었다.

■ 〈의리의 무덤仁義の墓場〉 1975

후카사쿠 긴지 감독의 94분, 컬러영화로 와타리 테츠야, 우메미야 타츠오 출연작이다. 후카사쿠 감독의 〈실록 액션〉 시리즈로 일제가 태평양전쟁에서 패전하고 혼란스러웠던 시기에 실재했던 야쿠자 이시카와의 이야기이다.

불우한 어린 시절을 보내고 나쁜 짓을 하던 아이는 결국 소망대로 야쿠자가 된다. 그는 신입 조직원 시절부터 두목을 비롯하여 누구의 말도 듣지 않는 조직의 망나니다. 그러나 그의 성깔 때문에 누구도 그를 건드리지 않는다. 그의 사고치기는 점점 심해지고 그는 조직에서 쫓겨난다. 그는 결국 동경을 떠나 애인과 더불어 오사카로 가게 된다.

그러나 그곳에서 마약을 하고 폐결핵으로 고생하며 1년을 보내고 다시 동경으로 돌아와 점점 대담하게 사고를 치는데, 친구고 조직이고 그라면 모두가 피하게 된다. 사랑하던 애인마저 자살하고 그의 삶은 더욱 피폐해진다. 그는 삶을 포기한 듯 대담하게 두목을 협박하고 마약을 탈취하는 등 행패는 도를 넘어서 결국 그는 조직원에게 피습을 당하고 다시 수감된다. 6년 후 그는 감옥 옥상에서 뛰어내려 막장인생을 마감한다. 이승에서 삶이 더 이상 부질없었는지 혹은 마약의 후유증인지 그는 감옥 옥상에서 미련 없이 훌쩍 뛰어내려 생을 마감한 것이다.

가히 독종 야쿠자의 전형인데 악마에 다름 아닌 자의 일생이다. 그래도 묘비명에 인의仁義라는 거룩한 두 글자를 새겼으니 '어질 인, 옳을 의'의 인의란 도대체 무엇인가? 그토록 악마 같은 막장 인생도 인의를 추구했다니 알 수 없는 일이다. 인의가 삶의 목표였다면 그는 정반대의 삶을 산 것이다. 모든 출연자가 진짜 조폭 같은 실감 나는 연기력을 보여주었고, 특히 〈타짜〉의 김윤식이 연상되는 와타리 테츠야의 강렬한 연기는 매우 인상적이다.

■■ 〈장미와 들개玫瑰戀(매괴련)〉 1975

신상옥 감독, 오수미, 등광영, 김비 출연작이다. 신필름의 후신인 안양영화사의 허가가 취소되며 신필름 제국의 아성을 무너뜨린 문제의 영화이다. 홍콩영화 데이터베이스HKMDB에 검색해 보니 〈매괴련〉이라는 홍콩영화로 나와 있다. 한국영화 제목으로는 특이하다고 생각했는데 영어 의역이었다. 영화의 완성도가 수준 이상이긴 하지만, 결국 이 영화 하나로 신필름 제국이 문을 닫았다는 사실은 아이러니하다.

신 감독 작품 계열에서는 이색적인 영화인데 당시 청춘 액션영화 붐으로 만들어진 영화이다. 대본이 한국 작가의 것으로 보이진 않는다. 자료를 보면 출연자인 수코타이가 원작자이고 각색이 신상옥으로 되어있다. 각색자가 신상옥이라는 것으로 봐서 오리지널 시나리오작가는 따로 있다고 보아야 할 것이다. 더 조사해 봐야겠지만 홍콩의 작가가 쓴 각본으로 신 감독이 연출했을 것이다.

여주인공은 행자 역은 오수미이고, 남주인공 준 역은 홍콩 스타 등광영이다. 등광영은 홍콩의 재력가로서 그의 직업이 배우만은 아니다. 오수미는 신상옥 감독과 파리에서 〈이별〉을 찍고 홍콩에서 신 감독과 다시 이 한 편을 촬영했다.

1976년, 스카라극장에서 이 영화를 보았다. 홍콩의 바닷가를 배경으로 한껏 멋을 낸 이 영화는 그 후로는 아쉽게도 볼 수가 없었다. 더구나 이 영화 예고편에 심의를 받지 않았던 장면이 불법적으로 들어가 신필름의 영화사 허가가 취소되었다.

당시 신 감독은 한국영화제작가협회장의 자격으로 청와대가 듣기 거북한 쓴소리를 하여 괘씸죄에 걸렸던 것이다. 화가 난 박정희 전 대통령은 "신상옥이가 그럴 수가 있어?"라고 하며 역정을 냈고 아래 사람들이 알아서 처리한 케이스였다. 결국 최은희 여사가 납북되고 신 감독마저도 납치되는 스토리로 현실은 전개되었다. 참으로 불운한 일의 단초가 되었고 말도 많고 탈도 많은 〈장미와 들개〉이다. 결국 신필름의 영화사 허가는 취소되어 이 영화는 합동영화사 명의로 개봉되었다.

그리고 34년 만에 이 영화의 필름이 대만에서 발견되었다. 이 영화의 제작자가 누구인지 또 저작권이 누구에게 있는지 확실하지는 않다. 당시 신 감독의 명성으로 대만 제작자가 투자를 하지 않았을까도 싶다. 주인공 오수미의 매력을 한껏 부각시킨 이 영화는 한 마디로 멋쟁이 감독이 만들어 낸 멋진 청춘 액션영화이다.

━━ 〈홍해아紅孩兒〉 1975

장철 감독작으로, 호금, 정화룡, 채홍 등이 출연하였다. 〈서유기〉에서 우마왕과 나찰녀 사이에서 태어난 아들인 악동 홍해아를 주인공으로 만든 영화다. 그는 화운동을 거점으로 영생을 얻기 위해 삼장법사를 시식하려 하는데, 삼장법사의 제자들과 피할 수 없는 한판이 기다리고 있다. 홍해아는 손오공의 무공에 비할 바 아니지만 불꽃 도술로 손오공과 일전을 벌인다.

불황기의 영화

■〈국제경찰〉 1976

윤삼육 각본, 고영남 감독, 바비 킴, 김지혜, 김기주, 진봉진, 방수일, 이해룡 출연작이다. 태창흥업은 이 영화와 〈왕룡〉 두 편을 홍콩 스타 나열과 계약하고 바비 킴과 공연시켰다. 실제로 동경과 홍콩 로케이션을 하였고 두 편을 동시에 촬영하였다. 영어 버전에는 나열 감독으로 소개되지만 고영남 감독 작품이다.

〈왕룡〉은 〈국제경찰〉과 동시에 촬영되었는데 당시 무술영화는 이런 식으로 제작하는 경향이 종종 있었다. 이런 식의 제작은 한 편 제작비로 두 편을 제작하는 고효율의 제작 방법으로, 심하면 한 편 개런티로 두 편을 찍는 사태까지 벌어졌다. 이럴 때에는 어음 대신에 현찰을 지급하였다고 한다. 이 영화에서 나열은 이미 전성기를 보낸 퇴물 배우 같은 인상인데, 어설픈 무술 연기로 스스로 격을 떨어뜨리고 있다.

■〈비밀객南拳北腿〉 1976

〈사망탑〉을 제작한 오사원이 제작·감독하고 장기가 촬영한 영화다. 한국에 와서 촬영을 했으니 보조출연자들이나 단역들은 한국인이다. 유충량, 왕도, 남석훈, 황태수(황정리), 여수진 등이 주인공인데, 한국의 민속촌과 고궁, 조선 왕릉에서 촬영했다.

주요 내용은 무사들의 대결인데, 황당한 것은 자막으로 한국, 코리아라고 소개해 놓고 보조출연자와 몇몇 조연출연자들 외엔 모두가 중국식 복장을 하고 있다는 것이다. 무늬만 한국이지 말도 안 되는 설정으로 풀어나간다. 여수진은 한복을 입고 출연하는데 왕도를 주인공으로 하며 한국이 중국 변경의 속국 느낌이다.

■〈반금련〉 1976

동아수출공사 제작, 김기영 감독, 이화시, 신성일, 박정자, 염복순 출연작이다. '반금련'은 중국의 4대 기서 중 하나인『금병매金瓶梅』에 나오는 요부 악녀이다.『금병매』는 명나라 시대의 부패한 사회상을 배경으로 인간들의 어둡고 추악한 작태를 다룬 소설이다. 금병매란 제목은 주인공 서문경의 첩인 반금련潘金蓮과 이병아李甁兒 그리고 반금련의 시녀 방춘매春梅에서 한 글자씩 땄다.

〈수호전〉에서 소개되는 반금련의 내용은 추악한 불륜과 복수담이다. 주막 매파의 소개로 알게 된 서문경과 눈이 맞은 반금련이 남편인 떡장수 무대를 죽이고 서문경과 놀아난다. 어느 날 멀리서 찾아온 동생 무송은 형의 죽게 된 내막을 알고 서문경과 반금련을 처단한다. 인과응보의 교훈담인데, 이런 상황은 장철 감독의 〈복수〉 오프닝에서 그대로 차용된다.

중국영화사를 보면 오촌 감독이 〈무송과 반금련武松和潘金蓮〉을 제작하였다고 소개되는데, 반금련의 이야기는 이미 1930년대부터 영화화되었다. 한국에서는 김기영 감독이 〈금병매〉의 내용에 충실하게 영화화하였다. 그러나 이 영화는 1982년에 늦게 개봉되었는데, 이는 바로 검열 때문이었다. 내용은 명대 중국이지만 저예산으로 촬영을 마치었고 신성일이 서문경 역을 맡았고 김기영 감독의 페르소나 이화시가 반금련 역을 맡았다. 당시 특이한 붉은 세트에서 벌어지는 특색 있는 영화로 기억된다.

이 소재는 홍콩에서도 즐겨 다루어 리바이벌되었다. 장철 감독이 시나리오작가 시절인 1964년에 각본을 쓰고 주시록 감독이 연출한 영화가 쇼브라더스에서 발표되었다. 장철 감독은 1972년 〈수호전〉에서는 무송이 서문경을 죽이고 난 이후의 활약을 그렸다. 또한 에로티즘 영화를 표방한 이한상 감독도 〈무송Tiger Killer〉이란 제목으로 영화를 만들었다. 1982년의 이 영화에서는 왕평이 반금련 역을 맡아 요염한 자태를 연기했는데, 그녀는 그 영화로 제19회 대만 금마장에서 여우주연상을 받았다.

또 왕조현이 주연을 맡은 1989년 작 〈반금련지전세금생潘金蓮之前世今生〉이 한국에서는 1991년에 개봉되었다. 한국에서도 반금련은 이래저래 악녀의 대명사로 회자되었는데, 고우영의 만화 「수호지」가 연재되던 시절에는 《일간스포츠》가 판매부수를 늘리고 있었고 영화에서도 반금련은 특이한 소재라 흥행에 성공하였다.

1991년에는 엄종선 감독이 강리나 주연의 〈변금련뎐〉과 1992년 〈변금련 2〉가 만들었다. 두 영화 모두 당시 6만 명의 관객을 동원하였는데, 이는 최소 6만 명의 고정 관객은 있다는 말이 된다.

■ 〈사대문파四大門派〉 1976

골든하베스트 제작, 황풍 감독작으로 소림사를 찾은 주인공이 악당과 대결하는 전형적인 무술영화의 줄거리이다. 국내와 시기를 맞추느라 시대 배경을 고려 시대로 설정했다. 전준이 주인공 역을 맡았고, 상대역에 진성, 홍금보가 출연했다. 한국에서는 왕호가 김용호란 본명으로 출연했고, 그 외 권영문이 거의 비중 없이 출연했다. 왕호는 데뷔 초라 본명으로 출연했는데, 이 영화에서는 삭발하고 소림사 승려로 출연했다. 황 감독의 배려로 주지스님 옆에 서서 촬영했다. 권영문 역시 소림사 승려로 삭발하고 잠시 등장한다.

왕호는 이 영화 출연 이후 홍콩으로 진출하고 권영문은 남미 콜롬비아로 이주해 태권도 전파에 나선다. 한국영화에 미련이 없었을 것이다. 한국영화는 이소룡 사후 유사 짝퉁영화와 그래도 국적성을 갖는 태권도영화가 만들어졌던 때지만, 이후 1977년경에는 홍콩이나 한국이나 무술영화는 사양길로 접어든다. 이 영화는 그 무렵에 제작된 영화이다.

당시 한국에서 촬영 시 주는 각종 혜택으로 호금전 감독도 한국 촬영을 하였던 때라 황풍 감독도 홍콩 스튜디오에서 메인 촬영 후 국내에 와서 한국민속촌, 종묘, 해인사 등에서 액션신을 촬영했다.

이 영화가 황풍 감독과 김정용 감독의 공동 감독이라는 것은 한국 촬영 시 도움을 준 국제영화흥업사가 한국 판권을 가졌기 때문에 빚어진 일로, 실제는 홍콩 오리지널 영화이다. 왕사상 각본으로 등록했지만 자신은 번역을 했다고 증언했고, 왕호 배우도 황풍 감독작이라고 증언했다.

이 영화는 1976년 개봉작임에도 국내에는 포스터는 물론 일체의 이미지 자료가 없다. 사용 후 자료를 남기지 않고 폐기했다는 것은 그만큼 문제가 있다는 반증이다. 1993년 홍콩 스타TV가 오리지널 홍콩 버전의 DVD를 발매했다.

■ 〈3인의 밀객〉 1976

대영흥행 제작, 윤석훈·김하림 공동 각본, 이혁수 감독, 정일만 촬영, 최입춘 조명, 현동춘 편집의 90분 영화로, 정준, 임은주, 배수천, 최병철, 김청자, 이강조, 김영인, 조용수가 출연하였다. 〈아메리카 방문객〉 이후 정준의 출연작이지만, 캐리정이라는 예명으로 소개되어 그의 필모그래피에서 빠져있다. 일제강점기 독립자금을 둘러싼 소재로 1974년 이후 계속되어 온 태권영화 스타일이다. 정준 배우의 회고에 의하면 멋모르고 저 개런티에 출연했는데 반년 동안 고생만 해서 한국영화는 출연 안 한다고 결심할 정도로 제작 난이도가 높았다고 한다. 완성도가 따라주지 않았기에 나온 말이다.

■■■ 〈소림목인방少林木人巷〉 1976

나유 제작, 진지화 감독, 성룡, 금용, 용군아, 묘천, 노평, 육일룡, 원표 출연작이다. 원제는 〈소림목인항少林木人巷〉으로 '목인항'은 '목인골목'이라는 뜻이다.

벙어리 야바는 소림 쿵후 기초 훈련으로 소림사에서 2년 동안 매일 물통에 물 채우기와 장작 패기만 하고 있다. 그는 과거에 아강에게 부친이 살해되는 것을 보고 무술을 익히러 소림사에 왔다. 그는 어느 날 암굴에 갇힌 괴인 파유를 만나 그에게서 권법을 익힌다. 파유는 소림사 승려였지만 파계되어 이곳에 갇힌 무술의 고수로, '사자의 포효'를 익혀 이곳을 탈출할 계획을 갖고 있던 중 야바를 만나 무술의 비기를 전수한다. 야바는 또 다른 비구니 기승에게서 기름 위의 권법을 익혀 하산하게 된다.

마을의 객잔에서 시비가 붙어 청룡 집단의 악당들과 대결하는데, 그들은 바로 파유의 부하들이었다. 암굴을 탈출한 파유는 마을로 내려와 복수를 시작하고 이런 일들이 소림사에 알려져 대결이 불가피해졌다. 야바는 소림사의 비기 '천정복마경'을 익혀 파유를 물리친다. 라스트신은 소림사에서 수계를 받고 삭발하는 야바의 모습으로 끝이 난다.

전형적인 무협영화의 정석적인 내용을 나유가 기용한 진지화가 연출하였는데, 지루한 권법 장면이 반복되며 흥행에 실패하였다. 그 당시 알려지지 않은 성룡이라는 신인이 진원룡이라는 이름을 썼던 시절이니 당연한 결과였다. 한국과 일본에서는 〈취권〉의 성공 이후 개봉되어 흥행에 성공하였다.

이 영화의 초반부에 술 취한 스님이 취권의 원형을 보여준다. 3년 후 출연한 〈취권〉이 성룡의 성공작인데, 이 영화에서 비롯된 것을 알 수 있다. 성룡의 성형 전 얼굴로 출연하였는데 순박한 이미지의 진원룡이다.

■ 〈소림사少林寺〉 1976

장철 감독이 쇼브라더스의 소림사 오픈세트를 만들어 촬영한 대작이다. 이 영화에서는 실존 인물들을 중심으로 소림사를 통해 호국의지를 보여주고 있다. 장철 감독은 1974년 대만에 장궁영화사를 세워 만든 진관태, 부성 주연의 〈방세옥여홍희관〉, 부성 주연의 〈소림제자〉, 강대위, 적룡, 부성 주연의 〈소림오조〉를 만들었다. 이런 영화들은 액션의 배경으로 소림사라는 무술의 본고장을 설정했다. 우국충정을 그린 새로운 형태이다. 적어도 형제 간의 복수극에서는 탈피했다.

이후 소림사 영화 붐이 시작되어 〈소림36방〉, 〈돌아온 소림36방〉, 〈소림사 18 동인〉 등의 영화가 양산되었다. 우리나라 영화로는 〈소림사 용팔이〉, 〈소림사 주방장〉, 〈영구와 땡칠이 소림사 가다〉, 그 외 〈소림사의 결투〉, 〈불타는 소림사〉, 〈소림사 십대장문〉이 있다. 소림사의 열풍은 〈소림사 십대제자〉, 〈남북소림〉을 거쳐 주성치에 의해 〈소림축구〉까지 이어져 왔고, 양리칭이나 원규의 〈소림사〉도 있다.

이 영화의 시대는 청조 때이며 소림사 무술을 민간으로 전파하는 것을 금지하던 시기이다. 내용은 방세옥(부성), 호혜건, 홍희관 등이 어렵게 입문하여 소림사에서 무술을 연마하고 청군에 의해 초토화 되는 소림사를 위해 결전을 벌이는 이야기이다. 한족 군인인 호덕제(강대위), 이무개(악화), 이덕충(적룡) 등이 소림제자로 설정되었고, 마복의(왕룡위)와 방장스님이 청군과 내통하는 악역으로 설정되었다. 주인공 외에 곽추가 경공의 달인으로 출연하고 왕종, 유영도 소림제자로 등장한다.

영화는 소림사에서의 무술 수련이 쉽지 않음을 보여주는데, 후반부에 이르러 청군의 공격으로 수많은 소림제자가 죽고 소림사는 잿더미가 된다. 그리고 살아남은 소림제자들은 고향으로 돌아가 소림 무술을 전파하며 반정을 도모한다.

1974년부터 소림사를 영화 속에서 본격적으로 다루려니 새로운 세트가 필요했고 쇼브라더스는 엄청난 규모로 소림사를 재현했다. 그러나 실제 소림사와는 많은 차이가 있다. 이때만 해도 중국 본토 촬영은 엄두도 못 낼 때였다. 1981년에 장흠염(우리나라에선 장신염으로 잘못 소개되어 있다) 감독이 실제 소림사를 배경으로 하여 이연걸 주연으로 〈소림사〉를 만들었고(우리나라의 개봉은 1992년이다), 그 뒤 1983년 〈소림소자〉, 1993년 〈소림호협전〉 등을 만들었다.

■■■ 〈신정무문新精武門〉 1976

〈정무문〉의 속편으로 살아남은 정무문 가족들이 대만으로 가서 벌이는 항일 무술투쟁극이다. 감독인 나유가 이소룡의 〈정무문〉 복장으로 첫 장면에 등장하며 속편의 이미지를 연결시킨다. 대만에서 정무체육회를 다시 시작하며 쿵후를 익힌 아룡(성룡)이 일제의 무술인들과 벌이는 활약을 그리고 있다.

엔딩에서 일본의 대화문파와 한판 대결을 벌인 아룡은 일본군 총에 숨을 거둔다. 나유 감독으로서는 이소룡의 〈정무문〉 기억을 더듬어 만들었으나 과연 같은 감독인지 의아한 내용으로 아쉽기만 한 영화이다.

■■■ 〈심판자鬼計雙雄〉 1976

홍콩의 골든하베스트와 한국의 화천공사 합작으로 신고된 이 영화는 〈귀계쌍웅〉이라는 홍콩 오리지널 영화다.

기자인 장양민(신일룡)은 아버지의 사망 소식을 듣고 선배인 윤 형사(홍성중)의 충고도 뿌리치고 사실 파악을 위해 회사에 사직서를 내고 직접 홍콩으로 가서 사건을 추적한다. 그러나 친구 백준과 악당인 왕 사장의 첩인 낸시마저 천수만에서 죽임을 당하고 주표(진혜민)의 추격을 당한다. 인도네시아 발리로 간 양민은 악당의 소굴로 직접 찾아가 봉변을 당한 순간 진성이 나타나 구해준다. 영화는 점입가경인데 악당과 휴전을 하고 그들에게 사기를 치는 설정이다. 급조된 시나리오 탓인지 인도네시아를 가기 위한 설정인지 모르겠지만, 갑작스러운 석유 시추 설정으로 사건은 총격전 영화로 바뀐다.

그들은 석유 시추 공사를 하던 인부들을 통해 악당들에게 10년간 석유 채굴권을 넘기는데, 이는 사실 사기극이다. 그들에게 300만 불을 갈취한 양민은 그들과 목숨 건 마지막 대결을 벌이는데 마지막 10분은 오토바이 추격신 등 액션이 가득하다. 결국 양민은 주표의 칼부림으로 죽음 직전에 처하나 인터폴의 도움으로 구사일생하고 무사귀국하게 된다. 한국영상자료원에 소개된 줄거리에 등장하는 한국 여인은 없다.

이런 유의 시나리오 구성은 흔하디흔한 것이다. 〈권격〉의 강대위가 아버지의 유언에 따라 이복형을 찾아 태국으로 가서 우여곡절 끝에 무사 귀국하는 것과 전체 설정을 같으나 기승전결, 개연성에서 비교되는 줄거리다. 정 감독은 쇼브라더스 탈퇴 후 골든하베스트로 가서 〈흑야괴객〉 등 현대물 액션으로 바뀌면서 시나리오의 부실로 완성도에 전반적인 문제가 된다.

게다가 이 영화는 정창화 감독이 홍콩에서 감독한 영화이지만, 국내의 화천공사가 합작영화 기준에 맞추어 짜깁기된 형태로 재구성한 위장합작으로 수입된다. 그러다 보니 한국어 더빙조차 낯설다. 당시에는 재미있게 보았지만 다시 보니 위장합작이라는 세탁 과정을 통해 문제가 많은 작품이 되었다.

━ 〈아리비아의 열풍〉 1976

연방영화사 제작, 김강윤 각본, 김수용 감독, 신일룡, 윤소라, 신영균, 김진규, 김진, 김옥진 출연작이다. 김수용 감독이 만든 이 영화는 장르가 계몽영화로 되어 있듯이 중동에 진출하여 선박 공사를 하는 근로자들의 활동을 통해 그들의 활동에 대한 자부심과 동시에 근로 의욕을 고취하려는 내용을 그린다.

시골집에 미혼의 형(신영균)을 두고 멀리 중동에 와서 일하는 윤 과장(신일룡)은 회사 일과 미지의 땅 중동에서 일한다는 사명감으로 2년 더 연장 근무를 하고 있는 열혈 근로자다. 마침 그곳을 취재 온 지사장 김진규의 외동딸인 윤소라 기자와 만나 사랑을 하는 내용이 중동의 여러 풍물과 함께 보인다.

영화는 다소 장황하게 전개되는데 중동에서의 여러 어려운 생활상과 아울러 윤과장 주변의 탈선한 인간 군상들도 윤 과장에 의해 선도되고 근로자로 동참하게 된다. 영화는 절친인 동료가 근로 의지를 잃고 한탕주의로 돈만을 벌려고 하자 신일룡이 혼을 내주며 끝이 난다. 김진규 배우의 실제 아들인 김진이 절친 역으로 등장하여 사막에서 신일룡에게 혼나는 역을 맡았다.

홍보영화는 목적의식이 드러나면 실패하는데, 과잉된 전개가 옛 영화스러움을 보여주고 있다. 어려운 상황에서도 중동에 진출하여 국위선양과 달러벌이에 힘쓴 당시 근로자들의 상황을 생각해 보면 이 영화가 왜 제작되었는지 알 수 있다. 미흡한 완성도 및 지나친 주제 의식으로 우수영화로 선정되지는 못했지만, 신일룡은 그해에 열린 제15회 대종상영화제에서 남우주연상을 받았다.

━ 〈아메리카 방문객〉 1976

〈아메리카 방문객〉의 처음 제목은 〈방문객〉이었다. 이두용 감독은 당시에 미국 로케이션을 가서 두 편을 찍었는데, 이 영화는 그중 한 편이다.

미국에서 태권도장을 하던 정준(케리 정)이라는 태권도 관장을 캐스팅했는데 아주 깔끔한 영화였다. 이두용 감독의 태권영화 주인공이었던 한용철, 강대희의 뒤를 이어 정준이 캐스팅되었는데, 다소 왜소하지만 폭발력 있는 발차기가 일품인 배우이다. 당찬 소년을 연상시키는데 발차기에 승부를 건 이두용 감독의 럭키가 이 중 한 명이다.

총 백인과 맨손 대결을 하는데 이두용 감독으로서는 1970년대 태권영화의 총결산작일 수도 있다. 라스트신에서 김문주와의 대결 후 악역 전문 배우 배수천이 형사로 특별 출연했다. 케리 정은 〈3인호객〉, 〈오사카의 외로운 별〉 그리고 박우상 감독의 〈차이나타운〉 등 몇 편의 영화에 더 출연하였다.

이 영화는 국내에 네거필름 및 프린트가 없고 외국에서는 DVD로 출시되었는데 제목은 〈BRUCE LEE Fights Back From the Grave〉이다. 번역하면 〈무덤에서 나온 이소룡〉쯤 된다. 이 DVD의 첫 장면은 이소룡의 묘비가 소개되며 (물론 가짜다) 번개 치는 밤 이소룡이 무덤을 뛰쳐나오는 것으로 되어있다. 물론 외국인이 추가 촬영하여 편집한 내용이다. 다음 장면은 이 영화의 오리지널 장면인 항공기가 LA 공항에 도착하는 장면이다. 비록 개작으로 인해 훼손된 상태이긴 하지만, 영원히 볼 수 없었던 〈아메리카 방문객〉을 만날 수 있어 반갑기는 하다. 물론 감독으로서는 황당한 일일 것이다.

이 영화는 액션연출이 뛰어나 외국인들도 좋아할 만하다. 정준은 그 뒤로도 여러 편의 영화에 출연한 것으로 보아 성공적인 데뷔였다. 단지 이두용 감독과의 태권영화 후속작이 지속적으로 이루어지지 않았고, 10년이 훨씬 지난 1988년 〈침묵의 암살자〉에 출연한다.

〈아메리카 방문객〉은 케럴 리드 감독의 1949년 작 〈제3의 사나이〉를 참조한 듯 구성이 비슷한데, 시나리오를 쓴 홍지운 작가는 2017년 7월 20일에 열린 제52회 한국영화100년사 세미나에서 〈제3의 사나이〉를 참고했다는 사실을 시인하였다.

▬ 〈여수 407호〉 1976

합동영화사 제작, 이상현 각본, 신상옥 감독, 엽령지, 서미경, 허진, 진홍열, 진봉진, 모사성 출연작이다. 포학례 감독의 〈여감방〉이 흥행에 성공하자 신상옥 감독은 〈여수 407호〉를 기획했다. 그리고 홍콩 스타 엽령지와 진홍열을 초청하여 이 영화를 제작한다.

고바야시 마사키 감독의 〈인간의 조건〉에 등장하는 지역인 노호령의 여감방을 설정하여 그곳에서 벌어지는 여죄수와 한국계 일본인 간의 못 이룬 사랑의 갈등과 탈옥 후 결혼식장을 찾아가 복수하는 내용을 그리고 있다. 신상옥 감독은 홀린 듯이 영화의 시리즈를 촬영하였다. 그러던 중 정진우 감독으로부터 〈장미와 들개〉 예고편 문제로 영화사 취소 이야기를 들었지만, 아랑곳 않고 촬영만 하더라는 정진우 감독의 증언이다. 홍콩에서 초빙한 배우들의 스케줄 때문이었을 것이다.

결국 이 영화의 제작사이던 신필름의 후신인 신프로덕션의 허가가 취소되었다. 이런 상황은 한국영화사상 처음 있는 일이었고 결국은 합동영화사로 판권을 넘겨 개봉된다.

▬ 〈여수 407호(속)〉 1976

신상옥 감독, 이상현 각본, 최길선 촬영의 영화이며, 출연은 홍콩 스타 엽령지와 허진, 진홍렬, 황해, 진봉진 등이다. 〈여수407호〉의 속편으로 중국의 악명 높은 노호령 여감옥의 여죄수 탈옥극이다.

가토 다다시 소장은 탈옥하였다고 잡혀온 여수 407, 408호를 온갖 계략으로 괴롭힌다. 이를 용케 버텨내는 두 사람은 가토를 번번이 골탕 먹이는데, 어느 날 감옥에서 화재가 발생하고 많은 여죄수가 죽는다. 조사단이 파견되었지만 사건이 무마되는 듯하자 여수 407호는 탈옥하여 무죄 선고를 받고 법정을 나서는 가토를 처단하여 복수한다.

시나리오는 그럴 듯하지만 이미 홍콩에서는 〈여감방〉이 나온 후라 아류작이다. 게다가 〈장미와 들개〉 예고편 문제로 신프로덕션은 영화사 폐업 위기 속에 몰렸던 상황이었는데, 왜 신상옥 감독이 이 영화에 집착하여 속편까지 만들었는지 궁금하다. 엽령지(호픽유), 진홍렬 등 홍콩 스타 세 명을 초청하여 제작했는데, 결국 신프로덕션은 폐업되고 이 영화는 합동영화사 제작으로 개봉된다. 개봉 성적은 1만 7천여 명으로 초라하다.

■ 〈여수대탈옥(옥녀집중영)〉 1976년

태창영화사 제작의 장일호 감독, 이성춘 촬영, 이대근, 윤미라, 모사성, 도금봉, 남성훈 출연작이다. 한국으로 홍콩배우들을 초청해 촬영한 영화로 장일호 감독의 홍콩 관련 마지막 영화이다.

한국영화 데이터베이스KMDb에는 "잃어버린 나라를 구하겠다는 애국심으로 충만한 장치국, 장일국 형제는 앞잡이 봉구의 등살에 참을 수가 없다. 봉구는 일국을 사모하는 영림에 눈독을 들이고 있으나 실패하여 영림과 장의 어머니를 수감시킨다. 영림은 끝내 장에 대한 정절을 지킨다. 두 여인은 탈옥할 기회를 노린다. 교도소장이 되어 더욱 포악한 봉구를 죽이고 여자들은 탈옥에 성공한다."라고 소개되어 있다.

같은 시기에 나온 장일호 감독의 〈옥중녀〉와는 완전히 다른 내용이다. 즉, 두 영화는 같은 세트를 활용해 촬영한 다른 영화라고 볼 수 있다. 당시 두 편을 같은 장소에서 함께 촬영한 사례는 여럿 있다. 장 감독은 이후 대작인 1977년 〈난중일기〉, 1978년 〈호국 팔만대장경〉을 연출하며 홍콩과의 인연은 끊어진다.

■ 〈옥중녀(자문刺紋)〉 1976년

장일호 감독의 〈여수대탈옥〉과는 다른 영화이다. 홍콩에서는 장일호·장패산 공동 감독의 〈자문刺紋〉으로 개봉되었으며, 출연진도 〈여수대탈옥〉과 일부 다르다. 서류상으로는 장일호·로키 공동 감독인데, 로키가 누군지는 알 수 없다. 출연은 한문정, 장패산, 윤미라, 모사성이다. 동 시기에 만들어진 〈여수대탈옥(옥녀집중영)〉과 헷갈릴 수 있지만, 이 영화에는 홍콩배우들이 더 출연하였다.

한국영화 데이터베이스KMDb에는 "2차대전 말엽, 독립군 소대장이던 허영은 여포로가 되어 수용소에 감금된다. 그곳에는 안정이라는 한국인 사나이가 그녀를 신문하게 되어있다. 이경으로부터 수용소 기간병의 만행을 듣고 허영은 탈출 계획을 세운다. 허영이 탈출 계획을 세워 기도할 때마다 미지의 사람이 이들을 돕는다. 일제는 감옥과 여수들을 모두 폭파하고 후퇴하라는 명령을 내리나, 허영은 미지의 사나이로부터 이 사실을 전해 듣는다. 그 사나이는 안정이었다. 일본군의 집요한 추격을 받으며 도주한 끝에 일본의 항복이 전해지고 두 사람은 해방의 기쁨을 누린다."라고 소개되어 있다.

추측건대 제작사인 태창흥업은 신프로덕션이 〈여수 407호〉 시리즈를 만들자 유사한 소재의 이 영화를 기획한 듯하다. 그리고 한 편의 영화를 추가해 흡사한 두 편으로 만들어 개봉시킨 것으로 보인다.

■ 〈여신탐女神探〉 1976

쇼브라더스 제작, 포학례 감독, 에벌린 크래프트, 연남희, 소음음, 유영, 김정란 출연작이며, 김정란의 홍콩 진출작이기도 하다. 싱가포르에서 여인 피사체가 발견되어 싱가포르, 홍콩, 한국의 여형사들이 투입되어 사건을 해결한다는 여성 액션영화다. 한국에서는 합작영화로 신고하여 1977년 4월 21일 피카디리극장에서 개봉, 3만 5천여 명을 동원한 준수한 흥행 성적을 기록하였다.

당시에는 이소룡 유의 액션영화가 워낙에 많이 만들어져 차별화시켜 만들었는데, 관객들에게는 별미식으로 받아들여졌다. 이런 유의 현대여성 액션영화는 1960년대에도 간간이 만들어졌고, 정창화 감독의 1968년 작 〈천면마녀〉도 흥행에 성공한 바 있다. 사극여성 액션영화로는 정강 감독의 〈14인의 여걸〉이 있다.

■ 〈왕십리〉 1976

이 영화는 조해일 작가의 원작을 바탕으로 한양대 부근의 하왕십리에서 촬영한 임권택 감독의 영화다. 1976년이라면 이만희 감독의 1975년 작인 〈삼포가는 길〉이란 명작이 나온 다음 해이다. 왕십리는 낙후한 곳, 발전이 없는 곳, 온갖 인간군상이 사는 곳이란 이미지의 지명이다. 한국전쟁 이후 피난민들이 몰려 살며 그런 인상을 갖게 되었다.

영화는 당시 시대상을 그린 내용이다. 준태(신성일)가 고향인 왕십리에 돌아오니 옛 친구 충근(백일섭)과 애인 정희(김영애)가 동거를 하며 준태에게 사기극을 펼친다. 악다구니 치며 살아가는 인간 군상이다. 그런 배경지인 왕십리에서 자신을 극진히 사랑하던 윤애(전영선)도 떠난다. 하지만 준태는 왕십리에 남아 고향을 일구며 산다는 새마을 영화풍의 라스트신이다. 이만희 감독의 〈삼포가는 길〉도 그러했지만 다분히 검열을 의식한 결말이다. "영배도 열심히 잘 살고…" 최불암의 독백이 관객들을 웃게 하는 격세지감을 느끼게 하는 영화다.

▬ 〈이누가미 일족犬神家の一族〉 1976

이치가와 곤 감독의 126분짜리 영화로, 원작은 『팔묘촌』, 『옥문도』를 쓴 요코미조 세이시의 동명 소설이다. 내용은 태평양전쟁 후 막대한 유산을 남기고 죽은 이누가미 가문의 유족들이 유산상속을 둘러싸고 벌어지는 연쇄 살인을 다룬 미스터리 영화이다.

사설탐정 긴다이치 코스케가 사건 의뢰를 받고 현지에 도착하면서 의뢰인을 비롯한 가문의 상속자가 계속 죽는 살인사건이 발생된다. 언제나 그러하듯이 범인은 의외의 인물로 그마저도 죽어 다섯 명 전부 유산 상속을 둘러싸고 죽임을 당하거나 자살한다. 태평양전쟁을 배경으로 치부하게 된 이누가미 가문의 비극은 이렇듯 물욕으로 빚어진 사건이다.

이 영화는 가도가와영화사 제1회작으로 그해 최고의 흥행작이 되었고, 2006년에 감독 스스로 리메이크하기도 했다. 영화를 보면 한국영화 〈최후의 증인〉이 떠오른다. 살인사건을 수사하던 오병호 형사가 살인범을 찾다 보니 한국전쟁을 배경으로 한 지리산 빨치산까지 등장되며 역사의 아픈 상처를 겪는 내용인데, 〈이누가미 일족〉도 상황과 줄거리가 다르지만 흡사한 느낌을 갖기에 충분하다.

다만 다른 점이 있다면 〈최후의 증인〉에서는 오병호 형사가 사건을 해결했음에도 불구하고 너무나 많은 사람을 죽였다며 자살을 하는 비극으로 끝난다면, 〈이누가미 일족〉은 탐정의 활약으로 사건이 풀리며 유쾌하게 현장을 떠난다는 것이다. 〈최후의 증인〉이 비극적으로 끝나는 것은 주인공을 너무 영웅화시킨 것이기 때문이 아닐까 하는 생각도 든다. 수사상 정당방위로 정상 참작이 충분한 데도 불구하고 굳이 주인공을 죽일 필요가 있을까 하는 생각이 드는 것이다.

〈이누가미 일족〉은 감독을 포함하여 세 명이 참여한 시나리오라서 탄탄하다. 사설탐정 긴다이치 코스케가 주인공인 영화와 TV 드라마는 이후 계속 제작이 되고 『소년 탐정 김전일』까지 나오게 된다.

■〈이소룡과 나李小龍與我〉 1976

쇼브라더스 제작, 라마 감독, 이수현, 정패, 왕사 출연작이다. 이 영화는 이소룡의 죽음에 대해 제일 잘 알고 있는 정패(베티 팅페이)가 직접 각본을 쓰고 출연하였다. 이소룡의 사인에 대해 이러쿵저러쿵 이야기가 많자 정패가 직접 나선 것인데, 결과적으로 그녀는 탕녀로서의 이미지만 각인되었을 뿐이다.

이소룡 대역에는 쇼브라더스 내에서 이소룡의 분위기가 가장 흡사하다 하여 이수현이 출연한다. 그는 실제 성격이 이소룡과 흡사하기도 하지만 호남형의 분위기가 이소룡을 닮아 캐스팅되었고 이 영화의 격을 높였다.

영화는 이소룡의 죽음을 안타까워한 광팬들이 정패를 습격하는 장면으로 시작되고 그렇게 끝난다. 정패의 목욕탕을 습격한 외국인 설정은 이소룡의 액션을 보여주기 위한 것이지만 대개의 장면은 사실을 근거로 하고 있다. 정패로서는 자신의 밝히고 싶지 않은 과거까지도 용기 있게 밝혔지만, 내용은 믿거나 말거나로 보여지며 판단은 관객들의 몫이었다. 안타까운 이소룡의 죽음, 그에 관한 가장 적나라한 사실이 담긴 영화로 팬들의 궁금증을 어느 정도는 풀어줄 것이다.

이소룡 사후 폭풍같이 몰아닥친 시련 속에 정패는 이 영화를 통해 자신의 입장을 분명히 밝힌다. 타고난 미모로 깡패들의 타깃이 되고 영화계에 입문하여 겪었던 수치스러운 일들, 남자들에게 농락당하는 감추고 싶은 이야기들과 이소룡이 그녀를 위기에서 구해주며 만난 사연, 이후 필연적인 만남 등이 낱낱이 소개된다.

1975년도 제작된 영화로 온몸으로 연기한 정패와 누구보다 실감 나게 이소룡을 연기한 이수현, 이소룡의 패션, 회상 장면에 등장한 청소년 이소룡, 사망 직전 골든 하베스트에서의 여러 상황, 또 지금은 볼 수 없는 당시 홍콩 거리, 세트장, 촬영 현장 등 볼거리가 풍부하다. 극 중 〈정무문〉의 재연은 다소 우스꽝스러운데 그마저도 설정이라는 생각이 들 정도로 이 영화는 이소룡 팬들이라면 좋아하지 않을 수 없다.

정패는 이소룡이 타계 두 해 전에 만났지만, 이소룡에게는 꿈과도 같은 아름다운 사랑을 전해 준 요정 같은 여인이었다. 이소룡의 급작스러운 죽음으로 인해 그녀는 탕녀 취급을 받았지만, 이소룡의 불같은 사랑을 받은 그녀는 분명 이소룡의 연인이었다. 린다도 받지 못할 사랑을 그녀는 받았다. 그녀 스스로 선택한 것이고 자처한 것이겠지만 이소룡은 피해갈 수 없는 남자였을 것이다.

이소룡의 죽음 때문에 지나치게 왜곡된 그녀의 실제 모습과 그 후의 삶을 보면 그녀도 분명 피해자이다. 실제로는 이소룡에게 말하지 못했을 회한의 장면 등은 그녀의 입장에서 풀어나간 이야기이지만 영화를 본 후의 아쉬움, 안타까움은 더해만 간다. 정패는 마치 극 중 이소룡으로 분한 이수현을 이소룡으로 착각하고 촬영한 것처럼 뜨거운 열연을 보여준다. 오래전 영화지만 지금 보아도 손색이 없는 영화이다.

■ 〈일대영웅北少林〉 1976

동아수출공사 제작, 정병삼鄭炳森, 팽장귀彭長貴 각본, 팽장귀 감독, 하란생賀蘭生 촬영, 박종구, 이이, 장일식, 방수일 출연작이다. 한국에서는 장천호 각본, 강범구·팽장귀 공동 감독, 강원명 촬영의 합작영화로 기록되어 있는 의문의 영화이다. 한국 로케이션을 한 것은 맞다. 홍콩영화 데이터베이스HKMDB에는 팽장귀 감독의 영화로 기록되어 있으며, 합작에 관한 내용을 볼 수 없는 순수 홍콩영화이다.

■ 〈흑룡강〉 1976

동아수출공사 제작, 김선경 감독, 왕호, 황태수, 장순자, 조춘, 홍성중 출연작이다. 이 영화는 〈밀명객〉과 동시에 촬영되었다. 태권도영화가 융성할 때 제작된 영화로, 황정리, 왕호 배우의 앳된 모습을 볼 수 있다. 일제의 압제를 피해 만주로 이주한 무술인들이 흑룡강을 무대로 펼치는 액션극인데, 우국이라는 대의명분과 사나이들의 우정과 의리 그리고 지고지순한 여인의 사랑이 담겨있다. 이 당시 태권 액션영화가 다 그러하듯 만주를 배경으로 만들어진 전형적인 내용이다.

보통 1960년대에 정창화 감독이 만든 〈지평선〉이나 김묵 감독의 〈송화강의 삼악당〉, 신상옥 감독이 만든 〈여마적〉, 〈마적〉, 〈무숙자〉 등이 만주를 배경으로 한 액션영화였다. 조국을 잃은 사나이들이 만주를 유랑하며 온갖 악행을 일삼는 일제의 하수인들을 혼내주는 내용인데, 당시 관객들에게는 이런 유형의 영화가 먹혀들었다. 큰 스케일의 미국영화는 아니지만 우리 역사를 접목시킨 우리 배우들의 우리식 액션이 친근감 있게 다가왔을 것이다. 이것이 1970년대 들어 이소룡 영화의 영향으로 총이나 칼 대신 태권도 액션영화로 탈바꿈한 것이다. 내용이야 특별히 다를 것 없지만, 태권영화는 더욱 스피드 있는 액션으로 만들어졌다.

그러나 태권도 시범 위주의 영상을 추구하다 보니 영화의 스케일이라든가 형식미는 찾아보기 힘들고, 제작 예산이나 기일에 맞추다 보니 화면 구성도 어설프기 짝이 없다. 그것도 제목만 다를 뿐이지 내용은 별다르지 않다. 악당 같은 주인공이 있지만 그는 사실 중요한 임무를 가진 독립군이다. 그런 그를 둘러싼 갖가지 사연과 액션이 벌어지는데, 결국 그는 우여곡절 끝에 임무를 완수한다. 이런 시나리오는 현대문명이 보이지 않는 산속이나 강가에서 찍혀지기 마련인데, 보통 10여 명의 엑스트라와 주·조연 배우 서 너 명으로 영화를 만들다 보니 빈티가 완연하다. 게다기 연기 훈련이 되지 않은 무술인들이다 보니 연기가 뒷받침되지 않아 성격 창조도 약하다. 그나마 이두용 감독의 영화가 태권도 영화의 진면목을 보여주며 지금도 회자되고 있을 정도이다.

예전에 장동휘, 허장강, 황해, 박노식 등의 배우들이 출연했던 액션영화에는 진부하지만 사나이들의 멋을 살려주는 시나리오와 배우들의 연기력에 의한 재미가 있었다. 그것이 태권도 액션영화로 만들어지면서부터 태권 기술 외에는 특별히 관객들에게 어필되는 영화적 요소가 결여되다 보니 차차 외면을 받게 된 것이다. 그런 가운데에서도 〈무장해제〉 등의 액션영화는 한국 태권도영화의 해외 진출을 시도한 영화라는 점에서 지금도 주목된다. 태권 액션영화의 해외 진출은 모색기를 거쳤을 뿐, 본격화되지 않은 점이 지금도 아쉽기만 하다.

━ 〈대적수〉 1977

태창영화사 제작, 김인기 기획, 박우상 감독, 양영길 촬영, 차정남 조명, 바비 킴의 출연작이다. 바비 킴은 이 영화에서 날렵한 발차기와 과묵한 성격의 이미지로 관객들의 주목을 받는다. 권영문이 앉은뱅이 친구로 출연하고 김지혜가 아내 역을 맡았다. 그 외 김기주, 권일수, 조상구, 최재호 등 당대의 액션배우들이 출연했다.

때는 일제강점기, 인삼 재배를 하는 두메산골에 주인공 마천수가 돌아온다. 황량하지만 정든 고향으로 돌아온 그는 일본인 악당들에 의해 폐허가 된 마을을 목격하는데, 부모님은 돌아가시고 친구는 악당들과 싸우다 앉은뱅이가 되었고 그의 아내 금수는 악당에 의해 감금되어 구원의 손길을 기다리고 있었다. 온갖 악행을 일삼는 악당들을 물리치기 위해 마천수는 그들의 소굴을 찾아가 정의의 발을 든다. 그런데 금수는 이미 죽어있고 마을 사람들은 일본인들이 불을 질러 고향 땅을 떠난다.

남은 마을 사람들은 일본인들을 화나게 하지 말고 어서 고향을 떠나라며 마천수를 원망하고 그를 피한다. 마천수는 결국 아들을 박 서방에게 맡기고 그를 찾아온 5인의 악당과 한판 대격투를 벌이고 그들의 두목마저 처단한다. 참으려 해도 참을 수 없는 주인공의 분노와 악당과의 필연적인 대결을 점층법으로 보여주는 액션극이다.

이 영화는 강원도 영월에서 촬영하였다. 바비 킴은 (주)남아진흥에서 출연 교섭이 있었으나, 제작자인 김태수 사장은 다섯 편 출연 계약을 이유로 불허하였고 〈대적수〉와 〈귀문의 왼발잽이〉를 동시에 영월에서 촬영하였다. 전속계약 아닌 전속계약으로 묶여 어쩔 수 없이 출연하게 된 케이스이다.

▬ 〈귀문의 왼발잽이〉 1977

박우상 감독, 바비 킴, 권영문 출연이다. 박우상 감독은 한국의 셀지오 레오네를 꿈꾸었을 것이다. 이 영화는 황량한 탄광지대에서 흙먼지를 뒤집어쓰고 말 대신 오토바이를 몰며 처절한 액션을 선보인다. 적당히 서부극의 느낌도 주고 무술영화의 면모도 보여주며 영화는 클라이맥스를 향해 치닫는다.

바비 킴은 예의 화려한 발차기로 일본인 악당 역을 맡은 김기주와 그 일당을 때려눕힌다. 질릴 법도 하건만 박우상 감독의 바비 킴을 주인공으로 계속해 태권 액션영화를 만들었고 이 영화는 그 후기작에 속한다. 라스트신에서 악당의 하수인인 권영문은 바비 킴의 뒤돌려 차기 한 방에 나동그라지고 영화는 끝난다. 바비 킴의 능글맞은 이미지는 액션과 어우러져 최고의 전성시대였다. 권영문은 이 영화를 찍으며 바비 킴의 오토바이에 올라탔다가 튕겨나가 큰 부상을 입기도 했다. 극 중 현지혜와의 스키 장면은 볼거리 설정이지만, 일제강점기를 배경으로 한 무술영화로서는 이색적인 설정이었다. 이 영화 이후 바비 킴은 〈사대독자〉를 촬영하고 홍콩을 거쳐 인도네시아로 가서 〈날으는 호랑이〉에 출연한다.

▬ 〈금호문〉 1977

삼영필름 제작, 김선경 감독, 왕호, 현길수, 최민규, 김정란, 김영일이 출연했다. 또 다른 제목은 〈금룡문〉이며 벤지언스Vengeance비디오에서는 〈음양십팔번陰陽十八翻〉으로 출시하였다. '날으는 80음양', 꽤나 어려운 제목이다. 소림사를 배경으로 한 무협영화인데 당시 코믹쿵후가 서서히 대두되며 제작된 영화로, 왕호가 벙어리 사제로 출연하고 있다.

주인공은 몽고군의 탄압에도 불구하고 무술 비법을 익혔고 금불상을 지키기 위해 그들과 대결한다. 금호문은 그들이 소림사를 폐하고 세운 소굴의 이름이다. 결국 소림사를 지키기 위해 싸우는 사제의 무용담이다. 왕호의 발차기를 보여주기 만든 영화같이 후반 내내 의젓한 사나이로 변신한 왕호의 발차기 퍼레이드를 보여준다.

정읍의 선운사에서 촬영 중 김정란 배우는 머리에 칼 부상을 당하여 목숨이 위태로운 지경에 이른 적도 있다고 증언한다. 열악한 작업 환경에서 촬영하며 빚어진 일이다. 음악은 저작권 생각을 안 하고 기성곡을 무단히 사용하고 있는데 비디오 역시 수정 없이 출시했다. 5만 명이 들었으니 흥행에 성공했던 무협영화이다.

이 영화는 한홍 합작영화로 소개되어 홍콩에서는 〈음양십팔번陰陽十八翻〉으로 개봉되었다. 〈음양십팔번〉의 감독은 하지강으로 소개되는데, 하지강은 장철 감독의 조감독이었다. 이렇듯 위장감독으로 그의 이름이 자주 등장한다.

━━ 〈남권북퇴투금호南拳北腿鬥金狐〉 1977

오사원 제작·연출로 〈남권북퇴〉의 속편이다. 왕도가 빠지고 유충량과 왕장이 금호 황정리와 벌이는 지루한 결투를 그린 영화다. 남권과 북퇴의 대결이지만 계속해 발차기만 나오는 대결이다. 특별한 연출 없이 배우들의 발차기 대결을 카메라 세 대로 길고 지루하게 보여준다. 이런 영화에 스토리텔링은 필요 없다는 듯 액션신만 이어진다. 거의 황정리의 명성을 빌어 기획, 제작되었다.

이 시리즈로 황정리는 은빛 여우의 이미지로 부각되었다. '금호'란 '황금여우'라는 뜻인데, 극 중에서는 은호, 즉 은빛 여우로 소개되며 두 사나이가 협공을 하여 겨우 물리친다는 내용이다. 중국권의 어느 지역(아마도 대만일 듯)을 배경으로 졸속 촬영하였다.

━━ 〈내사랑 에레나片片楓葉片片情〉 1977

연방영화사 제작, 나소원 각본, 김수용 감독, 태현실, 천동식 출연작이다. 이 영화는 양만이 제작의 대만영화일 확률이 높다. 한국에서 촬영하였고 한국에서는 김수용 감독의 합작영화로 소개되었다. 한국배우 태현실이 주인공 관산의 처로 출연하고 아역배우들을 제외한 나머지 배우들은 대만배우들이다. 당시 합작영화의 호조건을 활용하기 위한 한국통 대만 제작자 양만이의 기획영화인 듯하다. 한국영화 데이터베이스KMDb에도 스태프들은 상세 크레딧에조차 올라가 있지 않다. 우리에게는 낯선 내용의 전개로 한국 흥행 성적은 5천여 명을 기록하였다.

▬ 〈비밀객(속)〉 1977

합동영화사 제작, 이두용 감독, 안태섭, 현길수, 신우철, 조춘 출연작이다. 일제강점기 만주, 이귀라는 일본 사무라이의 후에가 거리를 장악하고 있다. 이 무법의 거리에 비밀스러운 사나이들이 나타나 각기의 무공을 보여주고 있다. 결말은 심야의 거리에서 각기 무공을 자랑하는 사인의 악당들이 결투를 벌인다. 킬링타임용으로 제작된 무술영화라고 해도 과언이 아닐 것이다.

전작인 〈비밀객〉은 이 영화와 무관하다. 원제가 〈남권북퇴〉인 〈비밀객〉은 위장합작으로 수입되어 개봉되었고 흥행에 성공한다. 단지 4만여 명의 관람객이 들어 이 영화가 기획되었고, 같은 합동영화사에서 이두용 감독에 의해 만들어졌다. 당시 7만 명 이상이 관람하였다.

▬ 〈쌍웅鷹爪鐵布衫〉 1977

원제는 〈응조철포삼鷹爪鐵布衫〉으로, 오사원 감독, 유충량, 왕장, 황정리가 출연하였으며 〈남권북퇴〉, 〈남권북퇴투금호〉에 이어 만든 홍콩영화이다. 이 오리지널 홍콩영화를 합동영화사가 재촬영, 재편집, 한국어 더빙으로 개작하여 이두용 감독과 공동 감독이라며 위장합작으로 개봉되었다. 이두용 감독의 증언에 의하면 조감독이 대신 나가 촬영하였다는데, 이는 명백한 대명으로 이두용 감독의 이름을 빌린 영화이다. 제작자의 강요로 어쩔 수 없는 선택이었을 것이다.

▬ 〈소림소자少林小子〉 1977

곽남굉 감독의 대만영화로 상관영봉, 전붕, 황가달 주연작이다. 이 영화는 이연걸 주연의 〈소림사 2〉로 흔히 알려져 있지만, 엄연히 다른 영화이다. 중국의 해외영화제 출품작으로 병장기 소림 무예를 선보이지만, 우리가 생각하는 권법은 전혀 등장하지 않는 무협영화이다. 호금전 감독의 〈협녀〉 같은 느낌이며 〈일대충랑〉이 원제인데 DVD는 홍콩에서의 제목인 〈소림소자〉로 출시되었다. 명나라 시기 60명의 소림제자들과 금의위錦衣衛군과의 대결을 그리고 있는데, 주인공 역의 상관 영봉의 무공담 위주이다.

■ 〈신당산대형劍花煙雨江南〉 1977

나유 감독, 서풍, 성룡, 신일룡, 옥령룡 출연작이다. 원제인 〈검화연우강남劍花煙雨江南〉은 '검과 꽃, 안개비 내리는 강남'이라는 뜻으로, 〈유성호접검〉의 고룡 원작·각본의 영화이다. 무협영화 팬들 사이에서 이 영화의 원작은 황당한 전개로 혹평을 받았다.

한국 제목은 〈신당산대형〉이며 한국에서 일부 장면을 촬영하였다. 한국의 삼영영화사와 나유영업유한공사와의 합작영화로 기록되어 있다. 합작이라고 하지만 홍콩영화이고 한국에서는 신일룡, 정희가 출연한다. 한국배우 정희는 〈유성호접검〉 출연이 인연이 되어 이 영화에 출연했지만, 옥령룡玉靈龍이라는 이름으로 예명이 바뀌었다. 그래서인지 홍콩영화 데이터베이스HKMDB를 보면 정희라는 이름은 보이지 않는다. 아마도 중국식 이름이 필요했기에 바뀐 듯하다. 정희는 여주인공인 서풍에 가려져 조연으로 출연했다.

성룡이 무명 시절에 출연한 무협영화로, 경계가 아리송한 합작영화이다. 〈당산대형〉의 제목을 빌려왔지만 내용은 전혀 무관하다. 아마도 극 중 청해진에서 당나라로 가 벌이는 무술영화라서 그런 것 같지만, 그래도 전혀 이 영화에는 맞지 않는 제목이다. 몇 안 되는 성룡의 시대 무협영화 출연작 중 한 편이다.

■ 〈스가타 산시로姿三四郎〉 1977

오카모토 기하치 감독의 143분 컬러영화다. 이 영화는 무술영화의 고전인 구로사와 아키라 감독의 데뷔작인 1943년 작 〈스가타 산시로〉와 1945년 작 〈(속) 스가타 산시로〉를 합쳐 리메이크했다. 서양 문물을 받아들이기 시작한 메이지 15년부터 5년간이 배경이며 등장인물도 같다. 그러나 컬러로 담아내는 스가타의 이야기는 더욱더 현실성 있게 다뤄지고 내면의 갈등도 잘 살아나 그만큼 더 볼만하다. 주인공을 맡은 미우라 도모카주는 당대의 청춘스타로 부드러운 이미지의 건강한 젊은이다.

주인공인 스가타는 스무 살의 혈기 넘치는 청년으로 고향을 떠나 유술을 배우러 도시로 나온다. 그는 인력거를 끌며 결국 제대로 만난 고도깡의 사부에게서 유도 및 인간적으로 성숙하게 된다. 그의 사부 역은 오카모토 감독의 영원한 주인공인 니카다이 다쓰야가 맡아 부드러우면서도 인생의 경륜을 보여주는 사부를 연기한다. 스가타는 가는 곳마다 그를 좋아하는 여인들이 있고 승승장구하며 경시청 주최의 유도대회에서 우승한다. 그러나 그의 라이벌 히가키의 도전을 받아 비밀 결투를 하게 되고 비록 이기기는 하지만 그의 동생들이 가라테로 공격해 온다. 결국 부드러움이 강한 것을 이겨내듯 따뜻한 마음씨를 가진 스가타는 그들을 도전을 덕을 쌓은 성숙한 모습으로 이겨낸다. 그리고 그곳까지 찾아온 약혼녀와 해후한다.

이 영화는 이소룡 사후 무술영화의 붐을 타고 다시 제작되었는데, 인격적으로 성숙해 가는 주인공의 모습을 통해 무도인의 성장을 차분하게 보여주고 있다. 이소룡 영화가 현란한 무술의 세계를 그리고 있다면, 이 영화는 무도인의 삶을 조명한 영화다.

■ 〈야행〉 1977

태창흥업 제작, 김수용 감독, 윤정희, 신성일, 주증녀, 최길호, 이일웅, 최회영 출연작이다. 제작된 지 40여 년이 지났지만 지금 보아도 손색없는 좋은 영화이다. 개봉 때에도 창고에서 묵혀 있다가 늦게 개봉되었는데, 오히려 높은 완성도로 관객들이 몰렸다. 은행에 근무하며 혼전 동거하던 여주인공의 일탈을 영상적으로 그려냈다. 특히 윤정희 배우의 연기력이 뛰어나 인상적이어서 이 영화를 그녀의 대표작으로 손꼽을 만하다.

김수용 감독은 여성의 심리를 다룬 〈안개〉 등의 영화에서 그의 연출력을 보여주었는데, 〈야행〉은 그 연장선에 있는 영화이다. 많은 여배우 중에서도 윤 배우와 수많은 영화를 함께한 것은 김 감독의 연출력과 윤 배우의 연기력이 잘 어울렸기 때문일 수도 있다. 이 영화는 윤정희 배우가 단순히 예쁘기 때문에 캐스팅된 것이 아니라는 것을 보여주고 있다.

▬ 〈이어도〉 1977

김기영 감독, 최윤석, 이화시, 박정자, 김정철, 박암 출연작이며, 희곡을 원작을 하고 있다.

관광회사의 기획부장인 주인공 선우현은 이어도에 관광호텔을 건설한다는 캠페인을 벌이기 위해 이어도 탐색선을 출항시킨다. 그런데 이 탐색선에 동행한 제주일보 기자 천남석과 술판을 벌이다가 바다로 빠지게 된다. 선우현은 죄책감으로 천 기자의 집이 있는 작은 섬 파랑도를 찾아가는데, 그곳에서 만난 무녀, 작부, 할멈 등 정체를 알 수 없는 사람들과 혼란스러운 사건에 휘말린다.

영화는 이후 구성에서부터 무리하게 끌고 가는데, 왜 이어도를 끌어들였는지 알 수가 없다. 사건 전개를 위해 설득력 없는 설정을 하는데 마을 아낙들의 돈을 끌어다 굴 양식을 하고 미궁에 빠지는 살인사건이 벌어진다. 그러고는 느닷없이 공해를 운운하며 환경보호 이야기가 나오고 절정은 할멈을 가장한 작부의 음모가 있다는 식이다.

김기영 감독은 1971년 이후 〈화녀〉, 〈충녀〉, 〈파계〉로 실험을 계속해 오며 주목을 이끌었다. 그러나 1977년 〈이어도〉 이후에는 〈느미〉, 〈반금련〉, 〈화녀82〉 〈자유처녀〉, 〈바보사냥〉, 〈육식동물〉 등 그 어느 것 하나 완성도를 논하기에는 무리가 있다.

▬ 〈제3부두 고슴도치〉 1977

화천공사 제작, 유동훈 각본, 이혁수 감독 작품으로, 아세아극장에서 11만 명을 동원한 히트작이다. 수사요원인 고슴도치가 북한 스파이 조직에 들어가 일당을 일망타진하는 무용담이다. 왕호가 출연했다지만 눈에 잘 띄지 않는 역을 맡았다. 당시 이대근과 액션영화에서 같이 출연했던 여배우 박원숙이 출연했다.

이대근과 신성일의 대결인데 이대근의 주가가 올라갔던 시절이라 고슴도치 역을 이대근이 맡았다. 이대근은 1975년 김효천 감독의 〈협객 김두한〉에서 주인공을 맡아 박노식, 장동휘 배우의 뒤를 잇는 한국 액션영화의 주인공으로 떠올랐는데, 그 영화는 능글맞고 걸쭉한 말투에 주먹을 날리는 액션이 일품인 그의 전성기 영화이다.

■■■ 〈정무문(속)〉 1977

남석훈 감독, 남석훈, 배수천, 이여룡, 진성, 김정란, 양사(블로 영), 강도, 이병홍 출연작이다. 당시 왕우의 인기를 함께한 진성을 불러들여 한국에서 올 로케이션한 무술영화다. 김정란 배우가 출연하고 남기남, 석도원 조감독이 참여했다. 남석훈 감독은 이미 1974년 〈악명〉으로 백상예술대상에서 신인감독상을 받았고, 홍콩의 무술영화 기법을 국내에 전수하였다. 그는 당시 홍콩 무술감독을 초빙해 한국에서는 처음으로 와이어 액션을 시도하였는데, 당시 조감독이었던 석도원에 따르면 김정란 배우의 화려한 발차기가 인상적이었다고 한다.

남기남 감독은 1972년 작 〈내딸아 울지마라〉로 데뷔했는데, 1973년 한미 합작영화 〈캐서린의 탈출〉, 1976년 작 〈어머니〉와 이 영화에서 다시 조감독을 맡았다. 이 영화 조감독 후 남기남 감독은 이여룡과 함께 〈정무문(신)〉(1978), 〈불타는 정무문〉(1977) 등 두 편의 영화를 감독한다. 바야흐로 〈정무문〉 전성시대로 타계한 이소룡의 인기를 실감할 수 있다.

■■■ 〈최후의 정무문〉 1977

김시현 감독, 거룡, 독고성, 김왕국, 한태일 출연작이다. 현재 한국에 필름이 남아있지 않고, 외국에서 제작된 영어 더빙의 DVD가 출시되어 있다. 악독한 일본인들로부터 정무문 도장을 지키고자 하는 정무문의 제자 거룡의 무용담이다. 배경은 한옥인데 의상은 중국풍 혹은 태권도복이다. 상황을 중국으로 가져가려니 벌어진 일일까? 이 영화는 당시 바비 킴, 한용철 이후 새로운 스타인 거룡의 데뷔작이기도 하다.

■■■ 〈치쿠잔의 여행竹山ひとり旅〉 1977

신도 가네토의 각본·감독작으로, 123분 길이의 스탠더드 컬러영화이다. 다카하시 치쿠잔이 출연하였다. 신도 가네토의 끈질긴 생존의 메시지를 전해주는 수작으로, 삶이란 얼마나 고귀한가를 아오모리현의 설경을 배경으로 보여준다. 임권택 감독의 〈서편제〉가 내내 떠올랐다.

영화는 샤미센 명인 치쿠잔高橋竹山이 무대에서의 독백으로부터 시작된다. 그는 일본 민요의 명인인 나리타 운치쿠의 반주자가 되어 치쿠잔이라는 호를 얻게 되었다. 그가 샤미센 명인이 되기까지는 눈물겨운 생존기가 있었다.

1910년대 아오모리의 열악한 환경에서 눈이 먼 사다조는 샤미센 연주를 배워 떠돌이 악사가 된다. 그런 아들을 지켜보는 어머니는 가슴이 미어진다. 유랑 악사는 거지와 다름없는 생활인데 남의 집 문밖에서 연주를 하고 밥 한 끼 얻어먹는 신세이다. 그렇게 성장을 하고 그를 찾아온 엄마는 장가가기를 권하여 그는 역시 눈 먼 아내를 맞는다. 그러나 그의 몸에 밴 유랑 습성은 그를 떠나게 하고 둘 사이에는 위기가 찾아온다.

그런 아들을 찾아 며느리와 길을 나선 엄마는 아오모리 해변에서 동사 직전의 아들을 찾아내고 아들에게 샤미센을 쥐어주며 열창을 한다. "아들아 샤미센이 있으니 세상은 살만하지 않니?" 바다를 향해 울부짖듯 부르는 엄마의 열창에 맞추어 사다조는 다시 힘찬 샤미센 연주를 한다.

▬ 〈충렬도破戒〉 1977

정창화 감독작으로 홍콩 원제는 〈파계破戒〉이다. 홍콩에서의 마지막 작품이며 동시에 감독 은퇴작이다. 이후로 감독 기회가 없지는 않았겠지만, 이 영화가 결국 은퇴작이 되었다. 이 영화는 일본영화 〈수라설희〉의 리메이크작이다. 일본만화 원작이며 이미 일본에서 영화화되었는데 정작 감독은 이 사실을 모른 채 만들었다.

▬ 〈하코다 산八甲田山〉 1977

모리타니 시로 감독, 다카쿠라 켄, 기타오지 긴야, 미쿠니 렌타로 등 당대 일본의 남배우들이 총출연하였다. 러닝타임은 169분이다.

하코다 산은 홋카이도(북해도) 아래인 규슈 북쪽 아오모리현에 자리한 고산이다. 겨울엔 폭설로 인간의 접근을 허락하지 않는 산인데, 이 산에서 벌어진 실화인 '하코다 산 설중 행군 조난사건'을 소재로 했다. 원작을 바탕으로 한 이 영화는 극한 자연에서 인간이 얼마나 무기력한 존재인지를 보여준다.

시대 배경은 러일전쟁 전인 1902년, 동절기 전투에 대비해 일본군의 모한 훈련 필요성으로 두 부대가 하코다 산에서 혹한기 훈련을 하게 된다. 도쿠시마 대위가 이끄는 히로사키 부대와 간다 대위가 이끄는 아오모리 부대는 폭설 속에 훈련에 돌입하는데, 두 부대는 각기 하코다 산에서 다른 상황의 조난을 겪게 된다.

도쿠시마 대위의 부대원들이 전원 생존한 것에 비해 간다 대위의 부대원들은 지휘 체계가 무너지며 폭설을 만나 조난당하여 210명 중 199명이 동사한다. 재난 상황에서 인간의 연약함과 위기 상황에서 리더의 역할에 대해 생각하게 한다.

영화 개봉 후 유행어가 되었다는 "하늘은 우리를 버렸다"라는 대사는 극 중 인물들에 의해 던져지는 여러 대사를 통해 감독이 전하고자 하는 메시지로, 자연 앞에 왜소하며 나약한 인간의 모습을 뜻한다. 영화는 다소 일본 군인들의 장렬함을 극대화시키는데, 엔딩에서 생존자 11명이 1904년 러일전쟁 때 불굴의 의지로 전투에서 승리하고 전원 사망했다며 끝낸다.

영화는 겨울 산악지대에서 폭설을 재현하여 열심히 촬영하였음을 누구라도 느낄 수 있다. 다소 긴 러닝타임에도 불구하고 극한의 상황에 처한 인간들이 보여주는 모습들로 흥미를 더한다.

■ 〈행복의 노란 손수건幸福の黃色いハンカチ〉 1977

야마다 요지 감독, 출연에는 다카쿠라 켄, 바이쇼 치에코, 다케다 데쓰야, 모모이 가오리 등이 있고 러닝타임은 108분이다. 1971년 《뉴욕포스트》에 실렸던 피트 헤밀의 『고잉 홈』을 각색한 영화로, 이만희 감독의 1975년 〈삼포가는 길〉의 또 다른 버전이다. 이제 막 출소한 정씨와 막노동꾼 노영달, 술집을 도망 나온 백화, 세 사람이 눈길을 걸어가며 벌어지는 로드무비인 〈삼포가는 길〉은 황석영의 1973년 소설을 영화한 것이다. 우연의 일치겠지만 소설 『삼포가는 길』은 『고잉 홈』보다 2년 뒤에 발표되어 모방작이라는 의문도 들 수 있다.

이 영화 역시 이제 막 출소한 시마 유사쿠와 우연히 만난 공장 노동자 긴야와 순박한 아가씨 아케미가 함께 시마의 고향인 유바리로 가는 로드무비이다. 두 영화는 상당히 닮았는데, 긴 여정에서 벌어지는 에피소드는 크게 다르지 않다. 그러나 이것 또한 창작자로서 우연의 일치일 수도 있다.

야마다 요지 감독은 〈남자는 괴로워〉 시리즈로 알려진 휴머니즘을 추구하는 감독이다. 일본의 끝 동네인 홋카이도를 무대로 세 남녀가 동행하며 시마의 회상으로 숨겨진 사연들이 소개된다. 시마는 재혼한 아내를 깊이 이해하지 못하고 홧

김에 살인범이 되어 복역하게 된다. 그리고 아내에게 마음에 없는 이혼을 통보한다. 그러나 시마는 아내에 대한 애정을 새삼 느끼게 되고 아내에 대한 그리움은 더욱 절절해지고 된다. 그리고 아직도 자신을 기다리고 있다면 집 장대에 노란 손수건을 걸어 달라며 출소 전 엽서를 보낸다.

머나먼 길을 달려왔지만 시마는 과연 아내가 기다려주고 있을지 내내 불안하다. 그러나 그것은 기우였고 아내는 장대에 수많은 노란손수건을 걸어놓고 남편을 기다리고 있었다. 장대에 가득 노란 손수건이 나부낌 속에 두 사람은 애틋하면서도 뜨거운 재회를 한다.

이미 많이 알려진 이야기의 결말이지만 영화는 야마다 요지 감독의 연출력으로 뭉클한 감동을 전한다. 물론 담담하면서도 내면의 슬픔을 절절히 표현한 다카쿠라 켄의 연기 때문일 것이다.

━ 〈달마신공〉 1978

이 영화는 이혁수 감독작으로, 장일도, 최봉, 조춘, 권일수, 임은주, 이강조, 김왕국 그리고 금강 배우가 초청되어 출연하였다. 장일도 배우가 28세 때이다. 모든 것이 중국식으로 설정되어 만들어졌는데, 의무 제작 시대의 전형적인 영화다. 이런 영화 때문에 무국적영화라는 말이 생겨났다. 그래도 최선을 다해 만든 제작진과 연기자들의 노고에 연민의 감정이 앞서는 것은 분명한 한국영화사의 한 편이기 때문이다.

머리에서 김나는 장면을 찍기 위해 드라이아이스 대신에 락스를 부려 촬영하여 그렇게 머리털 빠져가며 만든 영화다. 배우가 무슨 죄로 이 같은 영화를 찍었겠는가? 관객들로선 웃으며 볼지 모르겠지만 온몸으로 만들어 낸 역작이 아닐 수 없다. 이소룡 영화의 유행으로 중국식으로 만들어야 관객이 볼 것이라는 제작자의 생각이 1970년대 이 같은 영화를 양산해 냈다. 장일도 배우는 초창기 출연하며 카메라에 익숙해지기까지 황인식 배우에게서 영화 무술의 기법을 배웠다고 한다.

━ 〈대사부大武士與小票客〉 1978

대만영화로 영문 제목은 〈HERO OF THE WILD〉이며 장기(윌리엄 장) 감독이 촬영까지 겸하였다. 한국 합작이 아닌 것이 대만의 스튜디오 세트에서 촬영하였다.

출연진 역시 한국배우로는 황정리 외에는 없다. 주요 출연진은 용군아, 진성, 나열, 황정리, 극 중 원표의 모습도 보인다. 아버지를 죽인 원수인 진성을 추적하는 용군아의 무용담이다.

■ 〈블루 크리스마스ブルークリスマス〉 1978

오카모토 기하치 감독, 133분이다. 오카모토 감독으로는 보기 드문 스탠더드 규격인데, 당시 비디오 판매를 염두에 둔 불가피한 선택이었을 것이다. 당시 외계인과 UFO 관련 소재로 스티븐 스필버그 감독의 1977년 작인 〈외계인과의 조우〉 등의 SF영화의 영향을 받아 제작되었다.

UFO의 출몰로 자위대 항공대가 출동하고 이를 시작으로 외계인과 조우하여 파란 피를 가진 사람들이 생겨난다. 이들은 UFO를 보았다는 것만으로 피가 바뀌었다는 것인데, 전반은 이를 취재하는 JBC 기자의 취재담이고 후반은 국방성 작전팀의 오키가 자신의 애인인 사에코를 사살하고 죽기까지의 내용이다.

줄거리는 파란 피의 인간들이 외계인들의 지시에 따라 봉기할 것인지를 염려해 박해를 가하는 것이다. 결국 UN을 중심으로 각국에서는 그들을 해부하고 죽이는 데 그치지 않고 한곳으로 수용하고 지구 곳곳에 남아있는 그들을 학살하기에 이른다. 인권유린을 넘어선 인명 살상에 항거하는 오키도 결국 토벌대에 의해 사살당한다. 이 영화는 너무도 섬뜩하다. 신의 존재는 물론이거니와 인간이기를 부정하는 인간들을 고발하는 영화이기 때문이다.

■ 〈살인나비를 쫓는 여자〉1978

우진필름 제작, 이문웅 각본, 김기영 감독, 이성춘 촬영, 김자옥, 김정철, 남궁원, 김만, 박암 등이 출연했고, 이화시가 특별 출연하였다. 동반 자살에서 실패 후 죽음에 대한 강박관념을 갖고 사는 대학생 석용빈이 고고학자 장일두의 집에 입주해 그의 딸 혜원과 벌이는 판타지 영화이다. 그는 그녀와 함께 죽음에 대한 여러 생각을 통해 죽음을 해부한다.

엔딩은 "사나이는 의지다"라며 살아야 한다는 메시지를 전한다. 이화시는 2천년 전에 죽은 여인으로 설정해 등장하는데, 가히 판타스틱한 배역이다. 김기영 감독의 1969년 작 〈미녀 홍낭자〉의 재연인데 과거, 현실, 의식의 3차원을 과학적으로 해석한다는 상상력을 보여준다. 용빈의 환상 속에 보이는 책장수 노인의 환생이나 2천 년 전의 여성 환생 설정은 김기영 감독의 취향에는 맞는지 몰라도 관객의 입장에서는 보다가 나갈 수준이다. 김기영 감독의 창의력만큼은 높이 산다.

■ 〈사조영웅전射雕英雄傳〉 1978

장철 감독의 4부작 영화로, 1978년 〈사조영웅전속집〉, 1981년 〈사조영웅전삼집〉, 1982년에 개봉된 〈신조협려〉가 마지막 편이다. 원작자인 김용과 이 시나리오의 작가인 예광은 친구 사이이며, 이 원작은 홍콩 및 중국에서 영화나 TV를 통해 지속적으로 영화화된다. 주인공 역을 맡았던 부성이 죽지 않았더라면 시리즈가 계속될 수도 있었을 것이다.

■ 〈사망유희死亡遊戲〉 1978

골든하베스트 제작, 로버트 클로우즈Robert Clouse 감독, 이소룡, 당룡, 지한재, 댄 이노산토, 카림 압둘 자바, 왕호 출연작이다. 〈사망유희〉는 한동안 제작되지 못하고 난항을 겪다가 로버트 클로우즈 감독에 의해 겨우 완성되었다. 개봉 당시 정창화 감독이 8천만 원 개런티를 받고 완성한다는 신문기사도 있었지만, 정창화 감독은 애초부터 누군가 찍다가 중단된 영화에는 관심이 없다고 한다.

이 영화에서 주목할 것은 당룡이라고 불리는 한국배우 김태정이다. 죽은 이소룡의 대역을 누군가 맡아야 하는데, 적임자를 찾지 못해 한국의 김태정으로 낙찰되었다. 그의 인터뷰를 보면 그는 이소룡 역을 맡기 위해 그야말로 여러 난관을 돌파했다고 한다. 그는 자기야 말로 '제2의 브루스 리'일 수밖에 없다고 자부한다. 영화를 보면 닮기는 했지만 이소룡일 수는 없었다. 마지막 10분 동안 진짜 이소룡이 등장하는데, 관객들은 이소룡이 살아 돌아온 것처럼 열광한다. 당룡에게는 김새는 일이 아닐 수 없다. 그래도 자신이 제2의 브루스 리라며 자위를 한다. 그 많은 이소룡 대역 희망자 중에서 한국인으로서 발탁되었으니 가질 만한 자부심이다.

이 영화의 원제는 〈사망적유희〉로 이소룡이 한국의 법주사 팔상전을 보며 착안한 내용이다. 각 층에는 최고의 무술가들이 보물을 지키고 있다. 이소룡은 그들을 모두 물리치고 보물을 차지한다는 내용이 구체화되지 않은 채 시나리오 없이 촬영에 들어갔다. 결국 이소룡의 머릿속에서 완성되지 못한 시나리오는 전혀 엉뚱한 내용으로 쓰여 완성됐다.

이 영화의 줄거리를 논하는 것은 정말 부질없다. 말도 안 되는 내용으로 쓰일 수밖에 없는 상황이기 때문에 얼기설기 엮어진 내용이 후반 10분을 위해 쓰였다. 로버트 클로우즈 감독은 이 영화를 〈007〉 시리즈와 〈용쟁호투〉의 연장선에서 보았지만, 이도저도 아닌 얼치기영화가 되었다. 〈007〉 시리즈가 되기엔 스토리라인이 약했고, 〈용쟁호투〉가 되기엔 캐릭터를 살리는 게 불가능했다. 무엇보다도 동양적인 스토리라인을 사양적인 시각에서 풀어내려 한 것이 잘못되었다. 우리로서야 한국인 김태정이 나오니 참고 보았지만 다른 나라 관객들에게는 지루하기 짝이 없는 영화로 인식되었다.

그러나 후반 10분은 정말 멋진 장면이다. 때로는 태양광을 무서워한다는 말도 안 되는 압둘 자바의 설정도 있지만, 액션신만큼은 이소룡의 무술 인생이 모두 담겨있다고 해도 과언이 아니다. 한국의 지한재며 이소룡의 친구인 대니 이노산토스를 동원하여 촬영한 액션신에는 이소룡의 멋이 잘 담겨져 있다. 쿠엔틴 타란티노 감독의 〈킬 빌〉 등의 영화에서 그의 노란 유니폼이 차용되며 오마주되고 있다. 이소룡의 출연 장면을 끼워서 만든 〈사망탑〉이라는 영화가 있기는 하지만, 이 영화야 말로 이소룡의 진정한 유작이다.

■ **〈사학비권蛇鶴八步〉 1978**

홍콩 골든하베스트 제작, 나유 감독 연출작으로 한국에서는 삼영필름과 나유프로덕션 공동 제작으로 신고되었다. 이 영화는 1978년 나유와 김진태 공동 감독으로 〈사학비권〉이라는 제목으로 개봉되었다. 성룡, 묘가수, 이영국, 김정란, 조춘이 출연하였다. 도입부는 한국의 종묘와 한탄강 등에서 촬영되었다. 성룡의 초기작인데 한국배우들이 출연했다. 성룡 주연 코믹액션의 원조 격이다. 김정란은 홍콩의 골든하베스트 스튜디오에서 출연하였는데 홍콩 버전에서는 묘가수가 출연한다.

■ 〈사형도수蛇形刁手〉 1978

홍콩의 사원영업공사가 제작, 원화평 감독이 무술감독을 겸했고 성룡, 황정리, 원소전, 왕장, 석천 등이 출연하였다. 우리나라에서는 〈취권〉보다 늦게 개봉되었지만 이 영화가 앞서 제작되었으며 〈취권〉의 원형을 보여주고 있다. 결국 이 영화는 코믹 쿵후영화의 본격적인 흥행을 예고한 영화라고 할 수 있다.

응조문과 사형문은 무협의 양대 산맥인데 응조문이 사형문의 멸족을 시도한다. 걸인 행세를 하는 백장천은 사실은 사형권의 최고수이다. 백장천은 무림을 떠났지만 응조문의 고수인 상관일운(황정리)과 조제지의 추격을 받고 있다. 사형문 도장에서 연습 상대로 동네북 신세인 간복은 걸인도사 백장천을 만나 허허실실의 방어법을 수련한다.

비틀고 피하고 구르는 사형권의 기본을 익힌 그는 홍 관장을 대신해 악당을 물리치는 경지에 오르는데, 간복의 사형권을 본 상관일운과 대련을 해보나 상대가 되질 않는다. 간복은 뱀과 고양이의 대결을 눈여겨보고 사형권에 고양이 발톱 공격을 응용한 표조권법을 익힌다. 상관일운과의 대결에서 초죽음이 된 백장문을 도우며 간복이 승리를 거두자 백장문은 간복이 만든 무술을 사형도수라 명명한다.

이소룡의 절권도와는 전혀 다른 코믹 무술로 진화된 이 영화는 원화평 감독의 공이 큰데, 성룡이라는 코믹 캐릭터를 만나 비로소 완성된다. 기상천외한 발상의 시작인데 때려서 이기는 무술에서 맞으며 이기는 무술이 정착된 것이다.

원화평은 갑자기 등장한 감독이 아니고 당가와 유가량 밑에서 정통 영화 무술을 익히고 자신만의 코믹쿵후를 창조해 낸 감독이다. 이 과정도 혼자만의 창의력은 아니고 같은 시기 활동하던 여러 배우가 선보인 무술을 집대성한 것이라고 할 수 있다. 특히 같은 시기 활동하던 스타 부성 배우의 캐릭터와 성룡은 상당히 닮았다. 부성은 오토바이 사고로 사망했는데 그가 살아있었더라면 성룡의 인기도 장담할 수 없다. 아니면 오히려 라이벌로 윈윈할 수도 있었을 것이다.

이 영화의 또 하나의 장점은 생활도구 소품을 이용한 액션이다. 주변의 모든 것을 활용하여 뺏고 빼앗기며 관객에게 재미를 주는 코믹액션은 훗날 성룡 영화에서 보여준 장기 중 하나가 된다.

이 영화는 성룡의 영화 인생의 이정표가 된 영화이다. 영화 내내 볼 수 있는 사형도수를 얼마나 연습하여 이 영화를 촬영했는지 스물네 살이었던 그 시절 성룡의 노력이 가상하기만 하다. 그가 이소룡의 인기를 뛰어넘을 수 있는 가능성을 보여주었기에 대견하고 무엇보다도 원화평 감독과 상대역을 멋지게 소화해 낸 황정리 배우는 그의 영화 인생에서의 은인이다.

■ 〈소림사 목련도사功夫傳人之龍拳小子〉 1978

태창흥업 제작, 김정용 각본, 이혁수 감독, 권영문, 김민정, 최봉 출연(출연자 일부를 빼면 이 모두 실제 스태프가 아닌 가짜 크레딧이다)작이다. 합작영화는 위장합작의 단계를 초월하여 아예 국적을 바꾸어 한국영화로 신고되어 개봉되었다. 이 영화는 우리나라 시나리오가 아님에도 불구하고 대담하게 한국영화로 등록되었다. 당시 관련 공무원 및 심의 관련자들이 이 영화를 보기나 했는지 의심스럽다. 위장 합작 영화가 도를 넘어서더니 더 이상 복잡하게 합작영화 신고할 필요도 없이 외화를 수입하여 한국어 수정을 거쳐 한국영화로 만들어 버렸다. 이 영화 외에 강시영화 부류가 그 대표적인 영화이다.

■ 〈소림36방少林三十六房〉 1978

쇼브라더스 제작으로 유가량 감독, 유가휘, 왕우, 나열, 유가영, 서소강 출연작이다. 이소룡의 타계 이후 무술영화의 주도권을 잡으려는 쇼브라더스의 성공작으로 영국의 영화잡지《토털필름》선정 세계무술영화(위대한 쿵후영화) 1위에 선정되었다. 유가량은 장철 감독의 무술감독으로 일하다가 독립하여 새로움을 추구했다. 소림사에서 모진 훈련을 받고 무예인으로 태어나는 승려의 극기담이다.

유가량 감독은 이 영화 데뷔 이전에 장철 감독의 무술감독을 맡아 오랜 기간 활동하며 이 영화로 감독 데뷔를 하게 된 것이다. 그는 이 영화에서 그동안 무술감독으로서의 갖가지 아이디어를 낸 내공을 보여주었다. 소림사 무술을 개발하고 1973년 장철 감독의 〈자마〉에서 보여준 삼절곤 등을 활용하며 그야말로 새로움을 추구한 것인데, 흥행의 성공과 더불어 평론가들의 호평을 받았고 이후 감독으로서 승승장구한다. 주인공을 맡았던 유가휘 역시 주인공으로 확고부동한 지위를 얻었다. 이 영화는 시리즈로 제작되었으며 무술영화 역사에 길이 남는 영화가 되었다.

■ 〈오독五毒〉 1978

영국의 영화잡지에 의해 장철 감독의 대표작으로 기록된다. 이 영화가 《토털필름》 선정 세계무술영화 5위에 선정된 바 있다. 〈오독〉은 '베놈스'라는 장철 감독의 마지막 스타들이 확실하게 자리매김하는 영화로, 다섯 명의 주인공이 각기 동물의 특징에서 따온 무술을 소개한다. 악역을 맡은 왕룡위도 뺄 수 없는 배우로 기억되어야 하며 장철 감독으로서는 만들다 보니 여기까지 발전했는데 이것이 서양인의 눈에는 특이하게 보였을 것이다. 이 영화와 더불어 〈잔결〉을 그의 최고작으로 꼽는 팬들도 적지 않다.

■ 〈오빠가 있다〉 1978

이두용 감독, 안태섭, 신우철, 현길수, 태일, 최재호 출연작이다. 신파 액션 장르라고 불러도 좋을 듯하다. 신파라면 일제에 의해 유입되어 한민족의 정서와 역사로 인해 우리와 친근해진 장르로 연극, 노래, 영화가 있다. 이것에 액션을 결합시킨 것인데 액션영화를 만들던 이두용 감독으로서는 대본 조달에 한계가 있었을 것이다. 그래서 〈홍도야 우지마라〉를 차용해 액션영화를 만들었다.

줄거리를 보면 오빠(안태섭)와 행복하게 살던 유지인은 가문이 몰락하며 기생이 되었는데, 죽은 줄 알았던 오빠가 살아 돌아와 만나게 된다. 그러나 이미 신세를 망친 지인은 아버지의 무덤에서 자결을 하고 오빠는 복수에 나선다. 이 영화에 등장하는 오누이는 한민족을 상징한 것이나 다름없다. 그들이 아버지와 함께 사는 집은 덕수궁이다. 덕수궁이라면 당시 황실의 거처였다. 처음부터 이런 계산하에 덕수궁을 섭외하고 그곳에서 촬영을 감행하였을 것이다.

그들이 맞서 싸우는 것은 일제의 일본군이며 친일파들이다. 아버지는 일본에 맞서는 아들을 격려하고 결국 일본군에 의해 죽임을 당한다. 남겨진 두 사람은 천애 고아가 되어 형극의 길을 걷게 되는데, 태섭은 분연히 일어나 폭탄을 들고 일본군의 본거지로 찾아가 폭탄을 투척한다. 이렇듯 그들은 피해 민족으로서 갖은 고생을 다 겪게 되는데, 지인은 결국 기생으로 몰락하여 낙도의 술집 작부로까지 타락한다. 그리고 결국 스스로 목숨을 끊고 마는 것이다. 아마 감독은 〈무장해제〉의 또 다른 버전을 만들고자 했을 것이다.

한민족의 아픔을 신파 줄거리에 녹여냈고 또 그것에 액션을 가미시켰다. 이 감독은 데뷔 직후 멜로영화 및 액션영화를 주로 만들었지만, 향토영화, 시대극, 에로티시즘 영화, 노인 소재 영화, 나아가 국제 공동 제작 영화 등 다양한 영화를 제작하였다.

"어떻게 이렇게 다양한 장르와 형태의 영화를 만들었는가?"에 대한 이두용 감독의 대답은 '쟁이'로서 주문 제작에 의한 것 때문이라고 한다. 이는 지나치게 겸손한 답인데 그는 적어도 그가 만들고 싶은 영화를 만들었던 것이다. 본의 아니게 만든 영화들도 있지만 그의 의식 속에 항일 정신과 민족의식으로 만들고자 했던 의지가 있었기에 이런 영화마저 나왔을 것이다.

▬ 〈율곡과 신사임당〉 1978

이은성 각본의 정진우 감독 영화이며, 김흥기, 고은아, 박근형, 최남현, 도금봉, 한은진, 이일웅이 출연했다. 율곡 이이의 파란만장한 삶과 어머니 신사임당을 조명하고 있다. 이 영화는 광복 후 한국영화 사상 첫 동시녹음영화로 기념비적인 영화이다. 정진우 감독이 국제영화제 수상이란 벽을 넘기 위해 동시녹음의 절실함을 느끼고 영국 시네하우스에서 구입한 동시녹음 카메라로 완성한 영화이다. 동시녹음을 위해 탤런트 위주로 캐스팅하였다.

▬ 〈잔결殘缺〉 1978

쇼브라더스 제작, 장철 감독, 진관태, 녹봉, 손건, 강생, 정삼 출연의 101분 길이 영화다. 장철 감독처럼 복수를 즐겨 그린 감독도 없을 것이다. 중국인들에게 복수는 하나의 전통이라고 하지만, 몇 편을 제외하곤 하나같이 복수극이다. 뭐 영화니까 그럴 수도 있겠지만 장철 감독처럼 주관이 뚜렷한 감독도 드물다. 장철 감독의 베놈스 배우 출연작들은 전부 텀블링과 아크로바틱의 묘기로 액션신을 만들어 낸다. 일부 피아노선에 의한 액션 연출도 하지만 각자 개인기가 뛰어난 배우들임에 틀림없다.

이소룡이 나오고 액션영화가 현대극으로 바뀌어도 〈권격〉, 〈흑객〉, 〈반역〉 등 몇 편을 빼곤 모두가 시대극이다. 세상의 변화에 상관없이 자신의 스타일을 추구하는 것이다. 영화같이 관객들의 반응에 민감한 예술 장르도 없건만, 그래도 줄곧 자기 소신껏 영화 만들기는 쉽지 않다. 그런 점에서 장철 감독의 배짱은 대단하다.

이 영화는 악당에게 불구가 된 자들이 모여 무술 수련을 하고 복수하는 영화다. 흑호파의 두목(진관태)은 아들 상(녹봉)이 팔이 잘리자 철비(무쇠팔)를 달아 천하무적의 권격인을 만든다. 이는 〈외팔이〉에서 착안한 것임에 틀림없다. 1978년 영화이니 〈로보캅〉이 이 영화의 영향을 받았을 수 있다.

이 마을에 진순(곽추)이 천민 나그네 상인으로 객잔에 등장하며 사건이 본격화된다. 그는 말 한마디 잘못했다가 아들 상에 의해 눈을 잃고 맹인이 된다. 흑호파는 두목에게 욕을 했다고 대장장이인 위타철(라망)에게 약을 강제로 먹여 벙어리이자 귀머거리가 된다. 호아귀(손건)도 말 한마디 잘못하고 다리가 절단이 된다. 왕익(강생)은 칼 사러 온 외지인인데 불의를 참지 못하고 도장을 찾아갔다가 머리에 충격을 받고 바보가 된다. 자식이 불구라고 눈에 거슬리는 모든 사람을 불구로 만든다는 설정이다.

그들은 함께 모여 사는데 왕익의 품에서 스승 이정응(정삼)에게 보내는 편지를 통해 스승의 존재를 알고 그곳을 찾아간다. 그들은 제자가 되기를 간청하여 제자가 되는데 손건은 철각(무쇠다리)을 만들어 신고 훈련을 시작한다. 그리고 3년 후 각자에게 적합한 무술 수련을 하여 그들은 장애를 딛고 무술의 고수가 된다. 이 정도면 만화의 대본과 다를 바 없다. 만화 대본을 비하하는 말이 아니라 그만큼 상상력이 뛰어나다는 뜻이다.

수련을 마친 그들은 악의 소굴인 천도장天道莊을 찾아가 그들과 한판 대결을 벌여 그들을 물리친다. 이 영화에서 객잔은 중요 대결 장소이고 라스트신의 대결 장소는 악당들의 소굴인 천도장이다. 각종 암기(정당하지 않은 비기)로 사람을 죽이던 그들은 맹인과 벙어리 그리고 감춰진 비기인 호아귀의 철각의 공격을 받아 결국 모두 죽고 마을은 평화를 되찾게 된다.

▬ 〈흙〉 1978

동아수출공사 제작, 이광수 원작, 김용진 각본, 김기영 감독, 구중모 촬영, 서병수 조명, 김응수 실내 장치, 이화시, 김정철, 염복순, 김추련, 박암, 권미혜, 박정자, 홍성중, 남성훈 출연작이다. 이광수가 동아일보사의 편집국장이던 1932년에 연재한 소설을 원작으로 영화화했다.

3·1운동의 33인 중 한 명인 허태석은 어린 아들 허숭을 두고 먼저 죽는다. 그의 친구 한목사는 허숭을 수원에서 서울로 데리고 와 공부시킨다. 그는 대학생이 되어 윤 참판댁의 문간방에서 기거하며 공부를 한다. 그는 변호사가 되어 그집의 딸인 고집장이 정선을 부인으로 맞는다. 그러나 정선은 남편을 촌놈이라며 무시하여 불화가 심해져 남편의 친구인 김갑진과 불륜을 저지른다. 그녀는 철도 사고로 다리를 잃고도 계속해 이혼을 요구한다. 허숭은 그런 불화를 일축하고 농촌 계몽운동에 투신하고자 정선과 고향으로 내려온다.

마을에는 소작농들이 왜경 앞잡이인 유영근의 농간으로 힘든 나날을 보내고 있었다. 급기야 소작농 딸인 순희는 자살을 하고 남편 한갑은 유영근을 죽인다. 이를 빙자로 마사키 검사장은 허숭을 농민반란 주모자로 몰아 잡아간다. 3년 이상 복역후 출소하여 고향으로 돌아온 허숭은 상하이로 독립운동을 하러 간다고 한 목사를 찾아가 인사를 한다. 한 목사는 집에 부인과 딸이 아직도 살고 있다고 전해준다. 그는 집으로 가서 정선을 만나 그간의 일들을 사과하며 진정으로 화해를 한다.

비교적 탄탄한 시나리오로 김기영 감독의 컬러영화 중에서는 높은 완성도를 보인다. 구중모의 촬영도 다양한 카메라 워킹을 선보이며 감독의 연출력을 잘 표현하고 있다. 배우 역시 자신의 역량을 극대화시켜 보여준다.

일제강점기를 배경으로 한 농촌계몽운동을 주제로 한 원작 소설을 압축하며 다소 난삽한 전개를 보이기도 하나, 당시로써는 진일보한 김기영의 역작이다. 신상옥 감독이 『상록수』를 영화화하여 성공하였기에 시대감각이 떨어진 이 원작도 영화화될 수 있었다. 원작은 톨스토이가 쓴 『안나 카레리나』에 영향을 받아 집필되었는데, 당대의 젊은이들의 사상과 시대상을 보여준다. 당시 의무 제작이기도 하지만 우수영화상을 노리고 제작된 목적영화였기 때문에 흥행성을 포기하고 제작할 수 있었다.

■ 〈취권醉拳〉 1978

사원영업공사 제작, 원화평 감독, 성룡, 원소전, 황정리, 석천, 원신의 출연작이다. 〈사형도수〉로 신유형의 코믹액션을 선보인 원화평 감독은 실제 무술인 팔선취권에 착안하여 청년 황비홍과 알코올 중독인 노사부 소화자 그리고 살인 청부업자인 번개다리 염철심을 설정해 더욱 강도 높은 새로운 무술 액션을 보여준다.

장난꾸러기로 설정된 황비홍은 장터에서 낭자를 골리기도 하지만 의로운 청년이다. 수련을 빙자한 강도 높은 신체 학대는 갈수록 진화하였고, 이는 훗날 성룡 영화가 지향하는 고통 불사, 액션 성취의 메시지로 이어진다.

성룡뿐만이 아니고 주변부 인물 전부 다 비정상적인 캐릭터이다. 분장도 그러하지만 액션 또한 바보스럽다. 관객들에게 재미를 주기 위함인데, 찰리 채플린의 연기와 일맥상통한다. 우리나라로 치면 서영춘, 구봉서의 코미디인데 무술을 통해 드러나기 때문에 새로움이 더한다. 게다가 이른바 '먹방(먹는 방송)' 연기까지 선보인다. 배를 맞으면 먹은 이런 과장과 풍자는 이소룡 영화에서는 볼 수 없었던 코드이다.

여러 설정의 액션 연출을 하는 원화평 감독의 재능은 취권 수련 과정에서 빛을 발한다. 거꾸로 매달려 물 길어 오르기, 호두알 맨손으로 까기 등의 기발한 발상은 이후 설용과 원화평 콤비의 후속작이 끊겨 아쉬울 뿐이다.

한국의 국도극장에서 개봉하여 롱런하며 그해 흥행 기록 1위를 기록하자 스크린 쿼터제 때문에 수입하지 못한 동아수출공사공사 이우석 사장은 속앓이 꽤나 했을 터이다. 일본에서도 흥행에 성공하며 성룡 시대를 연다. 이후 유사 영화로 1979년에 〈남북취권〉, 1981년에 한국영화 〈팔대취권〉, 1994년에 〈취권 2〉가 제작된다.

■■ 〈체험〉 1978

연방영화사 제작, 김인수 감독작으로, 진봉진, 안옥희가 출연했다. 당시 반공 영화상이나 우수영화상을 받기 위해 제작된 목적영화이다. 그러나 양분법적인 인물 구성이나 저예산과 후시녹음의 한계를 극복하지 못한 미흡한 완성도로 수상하지는 못했다.

한국전쟁 시기 북한군 김한욱 소좌는 수녀원에서 데레샤 수녀를 겁탈한다. 그녀는 그를 용서하고 고귀한 사랑의 본질을 깨우쳐 주고자 그를 찾아 나선다. 다소 설득력이 떨어지는 억지 설정이다. 이 부분이 잘 살지 않으면 이 영화는 시작부터 설득력이 떨어지기 마련이다.

김 소좌는 마르크스 레닌 최고 훈장을 받은 북한군 인텔리였으나, 시종일관 무지막지하기 이를 데 없다. 신부의 사형 집행을 데레샤에게 명령하는데, 아무런 갈등 없이 극악무도하다. 즉, 인간이 제대로 그려지지 못하므로 그는 향한 데레샤의 사랑도 허망하기만 하다.

마지막 장면에서 야전병원에서 만난 두 사람은 끝내 이념의 벽을 넘지 못한 이루어질 수 없는 사랑을 확인한다. 영화의 완성도와 상관없이 안옥희의 절제된 당찬 연기와 종교적 구원을 거부하는 도전적인 진봉진의 연기가 대비되며 옛 영화의 향수를 자극한다.

▬ 〈남북취권南北醉拳〉 1979

〈취권〉의 성공으로 인해 유사 제목의 이 영화가 제작되었다. 오사원 제작, 원화평 감독으로 성룡은 빠진 채 나머지 출연진은 〈취권〉 때와 동일하다. 한국에서는 성룡이 출연하지도 않는데 〈취권〉의 흥행 성적을 기대해 출연진에 성룡의 이름을 넣었다.

이 영화의 한국 판권을 가진 황정리의 증언에 의하면 〈취권〉 때 영화를 놓쳤던 시행착오를 겪은 김효천 동협상사 대표가 12만 불에 영화 계약을 하고는 수입을 차일피일 보류했다고 한다. 당시는 쿼터제이기 때문에 한 번에 여러 편을 수입할 수 없었고, 할리우드 영화를 80만 불에 계약하고 수입 순위가 바뀌었기 때문이다. 결국 오사원 사장의 독촉을 받은 황 배우는 합동영화사와 계약을 추진했는데, 일이 꼬이려니까 이미 원화평 감독이 임의로 합동영화사와 계약을 했다는 것을 알게 된다. 오사원 사장에게 이를 따져 묻자 오 사장은 원화평 감독이 모르고 계약했다고 발뺌했다. 여러 사연은 〈취권〉의 흥행을 기대하며 벌어진 일인데 이 영화의 한국 흥행은 잘 되지 않았다.

▬ 〈내가 버린 남자〉 1979

정소영 감독의 1977년 작인 〈내가 버린 여자〉의 속편이다. 연결되는 내용은 아니고 전작인 〈내가 버린 여자〉가 흥행하자 속편 격으로 만들어 명보극장에서 개봉했다. 내용은 거리의 부랑녀를 데려다가 자신의 여자로 만들어 가는 영화이다. 결론은 물론 언해피엔딩이다. 정소영 감독은 김수현과 콤비가 되어 많은 영화를 만들었으나 한결같이 비극의 여주인공을 주인공으로 한 멜로영화였다. 제목도

〈내가 버린 남자〉이니 여성이 주인공이다. 〈내가 버린 여자〉의 주인공도 사실 여자인 이영옥이다. 남자의 관점이지만 여성이 주인공인 영화인 것이다.

유지인이 열연한 〈내가 버린 남자〉는 윤일봉의 가슴을 찌르는 눈물 연기가 인상적이다. 홍콩에서 정창화 감독의 〈칠인의 협객(육자객)〉 등에서 악역 전문 배우로 활동하다 귀국하여 멋쟁이 신사 역으로 연기 변신을 하였다. 귀국 후 맡은 역할은 한결같이 품격 높은 신사로, 〈별들의 고향〉에서는 이영옥의 두 번째 연인인 부잣집 아저씨로 나온다. 〈내가 버린 여자〉에서도 이루어지지 않는 사랑을 연기하며 가슴 아파 하는 역을 맡았다. 〈내가 버린 남자〉 역시 마찬가지인데 말괄량이 처녀 유지인을 진정 사랑하면서도 길들이지 못하고 떠나보내는 연상남의 아픈 사랑을 연기했다. 나이 차가 좀 많이 나서 아버지와 딸의 사랑 같은 부정을 느끼게도 했다.

그런데 이 영화의 에피소드 중 일부는 오시마 나기사 감독의 일본영화 〈청춘잔혹이야기〉를 표절한 것이다. 여자가 남자와 함께 돈 많은 이를 등치는 상황과 설정이 똑같다. 시대 차가 느껴지지 않는 상황이므로 유사한 상황이 베껴져 〈내가 버린 남자〉에 사용되었다. 당시는 그런 일들이 비일비재했던 시절이다. 시나리오가 좋으면 눈치 볼 것 없이 무조건 차용한 것이다.

명보극장에 모인 관객들의 눈물을 흘리게 했던 이 영화에서 유지인의 연기는 괄목상대였고, 이후 정진우 감독의 동시녹음영화 〈심봤다〉로 그녀는 한국을 대표하는 연기자가 되었다.

▬ 〈무림대협〉 1979

합작영화는 아니고 중국식 제목을 붙인 한국영화이다. 동아흥행 제작, 홍종원 각본, 김선경 감독, 구중모 촬영, 왕룡, 서영란, 장개, 안소영, 권성영 출연작이다. 한국무술영화방송연기자협회의 회장인 권성영의 복귀작으로 그는 군 전역 후 출연했다. 왕룡도 이 영화가 데뷔작이며 1960년생으로 권성영보다 여섯 살 어리지만 주인공 역을 맡았다. 5만 7천여 명의 흥행 기록은 경이적인데, 왕룡에게는 행운인 셈이다. 또한, 이 영화는 세계 79개국에 수출되었다.

■■■ 〈물도리동〉 1979

이두용 감독의 초기 토속영화에 속한다. 1977년 〈초분〉 이후 그는 이 장르에 관심을 가져왔다. 마침 대한민국 연극제에서 대통령상을 받은 〈물도리동〉이 토속적인 소재를 무대에 올려 성공하였다. 이른바 가장 한국적인 것이 가장 세계적이라는 당시의 모토를 따라 오태석의 〈태〉, 자유극단의 〈어디서 무엇이 되어 만나랴〉, 국립극단 창작극 등에서 한국적 소재의 공연이 주류로 떠올랐을 때의 이야기이다. 연극은 무대 위에서 인간의 심리와 각종 볼거리를 보여주며, 당시 고전극과 다른 무대를 선보이며 대통령상을 받은 수작이다. 이를 각색한 한소룡, 김영란 주연의 영화 역시도 하회마을을 배경으로 인간의 원초적인 욕망과 갈등을 그렸다.

양반집에 시집와서 영혼결혼식을 올린 부용은 첫날밤 탈을 쓴 사공에게 겁탈을 당하고 자결을 결심한다. 그때 자신의 생명을 구해준 머저리 청년 허도령에게 부용은 한없는 애정을 느낀다. 두 사람의 사랑은 깊어만 가는데 마을에 괴질이 돌고 사람들은 마을 떠나는데 그녀는 괴질에 아랑곳없이 그를 찾아 괴질을 치료해주고 살려낸다. 마을의 불행을 막고자 탈을 만들기 위해 탈막으로 들어간 허도령을 찾아온 부용은 그의 작업이 완성될 때까지 기다리다가 숨을 거두는데, 사람들은 그들의 사랑과 부용의 한을 탈춤으로 승화시켰고 하회탈춤은 오늘에까지 이어지고 있다.

이 영화는 연극과 달리 한 많은 일생을 마친 여인의 한평생을 위주로 다루고 있는데, 이두용 감독의 〈여인잔혹사〉 시리즈의 시작이다. 그러나 연극을 원작으로 하여 영상화에 분명한 한계가 있다. 이 영화의 주요 모티브인 무속, 전통문화, 영혼결혼식, 복수를 모티브로 한 영화로 〈피막〉이나 〈여인 잔혹사 물레야 물레야〉가 있다. 주요 에피소드를 차용하여 리메이크된 영화들인데, 제작의 계기가 되었고 완성도 또한 높았다.

영화의 엔딩에 〈한오백년〉 창이 나오는데 연출자는 이 영화 한 편에서 한민족의 한을 압축해 보여주려는 듯하다. 과욕이기는 하지만 이두용 감독으로서는 이 영화를 통해 한민족의 토속적인 영화 세계에 개안했을 듯하다. 그 후 이두용 감독의 걸작인 1980년 〈최후의 증인〉 후 같은 해에 만들어진 〈피막〉에서 완성도 높은 연출력을 보여주며 이두용 감독의 토속영화에 대한 팬들이 믿음이 굳어진다.

1983년 〈여인 잔혹사 물레야 물레야〉나 1985년 〈뽕〉, 1986년 〈내시〉, 1988년 〈업〉까지 이두용 감독의 필모그래피에서 토속 장르는 주요 대표작들이다. 액션 영화에 대한 일종의 대안이었지만, 그가 이 분야에 그만의 노하우로 숨은 능력을 보여주었다고 할 수 있다.

■■ 〈산중전기山中傳奇〉 1979

호금전 감독, 석준, 서풍, 장애가, 전풍, 오명재, 진혜루, 문미봉 출연작이다. 한국에는 박윤교 공동 감독으로 소개되었지만, 위장합작이 분명하다. 오리지널은 192분의 대작이고 한국 버전은 90분으로 재편집되었다. 물론 호금전 감독은 모르는 일일 수도 있다. 내용을 보면 〈천녀유혼〉 같은 고사故事에서 유래한 전설을 줄거리로 하고 있다.

유생인 하 선생이 겪는 귀신 이야기인데, 호금전 감독의 열정은 보이지만 전체적으로 가독성이 떨어지는 범작에 머물렀다. 호금전 감독도 타국에서 장기간 촬영을 하며 총기를 잃은 듯하다. 이 영화에는 호금전 감독의 패밀리가 총출연하였고, 한국인은 문미봉 배우 외에는 확인되지 않는다. 나왔다고 하더라도 무명배우일 텐데 그만큼 알려진 얼굴이 없다는 것이다. 총 출연자 자체도 많지가 않은 것으로 보아 그만큼 저예산의 영화이다.

영화는 한국에서 전체가 촬영되었는데, 촬영 장소는 해인사, 불국사, 설악산, 수원성, 종묘, 태종대, 온양민속마을 등이다. 한국 버전을 보면 전반적으로 이야기 전달이 되지 않고 서둘러 끝나는데, 갑자기 등장하는 엔딩의 태종대 장면에서는 끝까지 참고 본 인내심이 안타까움으로 변한다. 오리지널 버전을 보아야 하는데 거장의 영화를 난도질하니 완성도가 떨어질 수밖에 없다.

호금전 감독은 한국에서의 촬영 당시 제작 지원을 받을 수 있다는 조건 때문에 로케이션을 왔고, 결국 한국 합작영화로 둔갑하며 이 같은 결과를 초래했다. 오리지널 버전을 보면 한국인은 단 한 명도 소개되지 않고 있다. 한국 버전에 소개되는 한국 스태프들은 오리지널 필름에 한국어 더빙을 하며 동원된 영화인들이거나 대명된 이름들이다. 참고로 박윤교 감독은 괴기영화 연출로 알려진 감독이다. 그래서 대명되었을 수도 있다.

■ 〈소권괴초笑拳怪招〉 1979

성룡의 감독 데뷔작이다. 이미 〈사형도수〉, 〈취권〉으로 스타 등극하였지만 나유 감독과의 노예 계약으로 그의 손아귀에서 있던 성룡은 과감히 감독 데뷔를 제기했고, 결국 이 영화로 감독 데뷔하며 그의 시대를 스스로 확장시켰다. 언제까지 판에 박힌 스타일의 영화에 안주할 수만은 없다는 위기의식으로 돌파구를 뚫은 것이지만, 그렇다고 이 영화가 새로운 것은 아니었다. 단지 그의 코믹 캐릭터를 완성해 가는 과정이라고 볼 수 있다.

이 영화는 진지화 감독의 〈사학팔보〉나 〈오룡대협〉, 원화평 감독의 〈사형도수〉, 〈취권〉에서 보여준 코믹 캐릭터를 이어갔지만, 그 영화의 구조를 벗어나진 못했다. 하지만 성룡의 몸을 혹사하며 보여주는 헌신적인 노력으로 영화는 흥행에 성공하였고, 한국과 일본에서도 흥행에 성공하였다. 속편 격인 〈소권괴초 2 - 용등호약〉도 혹평을 받았지만 흥행에 성공하였고, 이미 성룡 시대가 도래하며 그의 출연작은 모두 흥행에 성공하는 기염을 토한다.

이미 성룡의 인기와 창의성이 곁들여진 영화들은 관객들을 매료시키기에 충분하였고, 그는 할리우드로 진출하기에 이른다. 처음부터 성공하지는 못했지만 〈홍번구〉, 〈러시 아워〉 등으로 부상하며 〈러시 아워〉 시리즈는 3편까지 만들어져 8억 불 이상의 흥행 수익을 기록한다. 〈러시 아워〉 시리즈가 북미에서 올린 총 수입은 5억 달러, 전 세계적으로는 8억 3,500만 달러이다. 성룡의 이런 기록은 아시아 배우로는 최초이며 현재까지 그가 유일하다.

■ 〈소림영웅방少林英雄榜〉 1979

쇼브라더스 제작, 하몽화 감독, 출연은 강대위, 나열, 이려려, 강도, 서소강, 양지경, 고관충 등이다.

주인공인 지선대사(강대위)는 소림사 방장의 명을 받들어 아미파의 무천대사에게서 무공을 익히고 돌아왔으나, 이미 소림사는 청군의 습격에 의해 초토화되어 있다. 지선대사는 소림사의 재건을 위해 시주를 받기 위해 강호로 나와 백미도인 등 악인들을 만나 우여곡절 끝에 그들을 물리치고 소림사 재건의 기초를 이룬다.

당시 성룡의 코믹쿵후인 〈사형도수〉, 〈취권〉에 맞서 쇼브라더스는 유가량 감독을 중심으로 소림사 소재의 영화를 만든다. 그러나 관객들의 선택은 성룡에게 몰렸다. 이 영화는 1978년 유가량 감독, 유가휘 주연의 시리즈 첫 편인 〈소림36방〉에 못지않은 여러 소림사 액션을 보여주고 있지만, 후속작으로서의 전작을 뛰어넘지 못하는 아쉬운 범작에 머물렀다.

━ 〈수녀水女〉 1979

김기영 원작, 김용진 각본, 김기영 감독, 김덕진 촬영, 서병수 조명. 김자옥, 김정철, 이일웅, 이화시, 박암, 이영호, 유순철 출연작이다. 〈수녀〉는 언뜻 보기엔 영화와 전혀 맞지도 않고 어울리지도 않는 제목이다. 그러나 순옥이 죽부인을 만드는 일을 유추해 생각해 보면, 우후죽순이라는 말이 있듯이 대나무를 키우기 위해 물을 준다는 의미의 수녀라는 해석이 가능하다. 어쨌든 심오한 제목이 아닐 수 없다.

월남전 참전 용사 진석은 말더듬이 처녀 순옥과 결혼한다. 부족한 것은 있지만 마을의 토산품인 죽부인을 만드는 사업을 하며 그런대로 산다. 그런 둘 사이에 트럭 운전수와 작부인 추월이가 끼어들며 둘 사이는 회복할 수 없는 지경에 이른다. 불륜의 관계를 갖게 된 것은 트럭 운전사의 계략이었는데, 의외로 결말은 해피엔딩이다.

엔딩에 어린이 헌장을 외우는 순옥의 아들 장면은 그야말로 생뚱맞다. 어린이해 기념작이라고는 하지만 무슨 생각을 하며 이러한 영화들을 자신의 필모그래피에 한 편으로 만들었을까? 답은 하나다. 의무 제작이었기에 어쨌거나 1년에 네 편의 영화를 만들었다. 그래야 외화 쿼터 한 편을 받기 때문이다. 시절이 대감독을 삼류 감독으로 만들었다.

━ 〈전우가 남긴 한 마디〉 1979

이원세 감독의 1970년대 호국영화들과 궤를 달리해 전쟁 속 인간을 그려낸 영화다. 히트한 동명의 주제가를 원작으로 제작되었다. 1970년대라면 영화진흥공사가 창립되고 이만희 감독의 〈들국화는 피었는가?〉, 임권택 감독의 〈증언〉, 김시현 감독의 〈잔류첩자〉 등이 영화진흥공사 제작으로 군부대의 협조를 받아 제작되었다. 신상옥 감독이 〈13세 소년〉을 만든 것도 이즈음이다. 이 영화는 해외영화제에 초청되었으나 문공부가 반전성 등을 이유로 출품을 막았고, 지금은 영화조차 찾을 길 없다.

■ 〈조수괴초ㅋ手怪招〉1979

〈정무문〉의 나유 감독 부인 류량화가 대만에서 제작한 영화로, 금흠 감독, 성룡, 원소전, 석천, 권영문 출연작이다. 17세의 성룡 출연작이라고 광고하지만, 1979년에 한국의 권영문 배우를 초빙해 재촬영하여 재제작한 이상한 케이스의 영화이다. 이유는 간단하다. 성룡이 〈취권〉으로 스타덤에 오르자 골든하베스트사의 양해도 없이 유량화가 성룡의 옛 출연작을 찾아내 재촬영하여 새로이 만들었다.

거지 캐릭터의 사부 원소전에 의해 무술 훈련을 받은 청소년 성룡이 악당을 무찌른다는 전형적인 코믹 쿵후영화이다. 청소년 시절의 성룡이 코믹쿵후의 가능성을 보여준 영화로, 〈취권〉의 원형이라고 할 수 있다.

권영문 배우의 증언에 의하면, 재촬영 부분은 성룡이 출연하지 않고 성룡과 닮은 짝퉁 배우를 섭외해 재촬영하였고 짝퉁 배우는 제법 운동을 했던 친구라 권영문은 별 어려움 없이 촬영을 마쳤다고 한다. 무공을 보여주며 영화 도입부에 출연하는 권영문은 후반 눈을 가린 채 짝퉁 성룡과 대결을 벌이고 어색하게 죽음을 맞는다.

■ 〈추적자〉1979

재미교포인 헨리 박 제작, 김선경·조지 비에이라 공동 감독, 구중모·잭 베켓 공동 촬영, 캐더린 쇼어Catherine Shorr·리처드 쇼어Richard Shorr 공동 각색, 조기남 조명, 김희수 편집, 정민섭 음악으로 크리스 미첨, 카렌 영, 윤일봉, 조춘, 김왕국, 권부길, 윌리엄 제카 등이 출연하였다. 삼영필름이 제작한 한국영화라고 하지만 재미교포인 헨리 박이 제작한 영화이다. 따라서 해외 판권 및 비디오 등에는 삼영필름이나 김선경 감독의 이름은 보이지 않는다.

내용은 북한의 방해공작에도 불구하고 소련을 탈출하여 자유 세계로 오는 남궁신 박사의 탈출을 돕는 CIA 요원들의 활약담이다. 당시 크리스 미첨은 〈섬머타임 킬러〉로 세계적인 스타였다. 1973년에 개봉된 〈섬머타임 킬러〉는 〈정무문〉에 이어 흥행 2위를 기록했었다. 킬러의 이미지인 그의 트레이드마크는 오토바이, 요트, 저격용 총이다. 이런 요소들을 두루 갖추어 시리즈 성격의 액션영화를 합작으로 제작하고자 기획하였고 미국의 촬영팀이 내한하였다. 그러나 이들은 몇 차례 촬영을 마치고 한국과 합작은 불가능하다며 귀국한다. 당시는 동시녹음이 부재하던 시절이라 촬영 시스템이 다르고 제작 환경이 너무 열악하였기 때문이다.

그러나 이대로 영화를 접을 수 없었던 구중모 촬영감독은 크리스 미첨을 설득하여 후시녹음 시스템으로 이 영화의 촬영을 겨우 마친다. 당시 유행하던 이소룡 액션과 더불어 한국적 액션영화 스타일로 완성된 영화는 미완성에 가까운 졸작이 되어버렸지만 개봉한다는 데 의의를 두어야 할 듯하다. 크리스 미첨이 보여주는 발차기는 당시 이소룡의 열풍이 어느 정도인지를 실감할 수 있다. 이 영화는 크리스 미첨의 이름값으로 5만여 명의 흥행을 기록하였다.

■■ 〈천하제일권贊先生與找錢華〉1979

홍금보 감독·주연·무술감독작이다. 왕호, 양가인, 유가영, 원표, 석천 등이 출연했다. 이미 정창화 감독의 동명 영화가 있지만 국내 제목으로 차용하였다. 홍금보는 성룡이 〈취권〉으로 급부상하자 나름 정통 무술영화로 제작하였다. 실전 무술이 가능한 당대 무술배우들을 동원하여 공들여 만든 웰메이드 무술영화이다. 이소룡 이후 가짜 무술을 연기하는 기존 무술영화와 달리, 고수들이 보여주는 각종 병장기를 사용한 실전 무술이 화려하다.

타이틀 소개 후 도입부에서 이 영화의 유일한 한국 촬영 장면인 경복궁이 나오는데, 중국 어느 장터로 설정되어 황당하다. 한국 촬영 시 혜택을 받고 합작영화의 기준을 맞추기 위해 억지로 설정하여 촬영한 듯하다. 한국 측에서 왕호, 양성오, 최무웅 등이 출연했다. 최동준과 홍금보 공동 감독의 합작영화로 기록되어 있지만, 명백한 위장 합작영화이다.

■■ 〈혈육마방血肉磨坊〉1979

포학례 감독, 강대위, 담도량, 왕종, 장일도, 진혜민, 번매생, 왕청, 김봉, 김정란이 출연했다. 우진필름 공동 제작, 김영효 감독으로 위장합작으로 수입되었는데 더빙만 한국어로 하였을 뿐이고, 영화의 완성도는 비교적 높다.

당시 새로운 액션 영상을 추구한 포학례 감독의 대표작 중 하나로 장일도, 김정란 등의 한국배우들이 출연한다. 내용은 보물을 찾아 강호 영웅들이 마방을 찾아가는 과정과 마방에서 악당들과의 대결을 그린다. 보물은 허무하게 사라져 버린다는 결말은 흔히 영화에서 보이는 교훈적인 결말이다. 김정란은 시작 후 30분 만에 등장하는데, 윤강도 일행을 만나는 과객으로 변장한 소두목 역이다. 고 장일도 배우는 부두목으로 출연하였고, 악당 두목으로 출연한 진혜민에게는 이 영화가 한국 최초의 개봉작이다.

▬ 〈26X365=0〉 1979

이 영화는 임권택 감독의 조감독으로 오랜 기간 활동한 노세한 감독의 데뷔작이다. 18만여 명을 동원한 히트작이며, 그 공로로 노 감독은 영화진흥공사의 미국 연수까지 다녀왔다. 그리고 속편이 1982년에 제작되었으나 흥행에서 실패하였으며, 1970년대 〈꽃순이를 아시나요〉로 시작된 호스티스영화 시대의 말미를 장식한 영화가 되었다.

영화는 실존 인물인 최수희의 일기를 토대로 그녀의 애처로운 삶의 일대기를 통해 호스티스로서 살아갈 수밖에 없었던 여성 수난사를 적나라하게 보여준다. 당시 이런 영화가 히트할 수밖에 없었던 것은 새로이 생겨나기 시작한 룸살롱에 대한 호기심과 기존의 기생, 작부, 바걸과 또 다른 신종 직업군인 호스티스가 영화적 흥행 요소로 작용했기 때문이다.

▬ 〈사제출마師第出馬〉 1980

골든하베스트 10주년 영화로, 성룡이 첫 감독을 맡았던 〈소권괴초〉 이후 두 번째로 감독·주연을 맡았다. 그만큼 진일보한 연출력을 보여주며 짜임새를 갖추었다. 성룡은 최전성기를 맞아 이소룡의 아성을 넘어설 자신감을 갖게 된다. 상대역도 다변화하여 마음에 드는 상대역을 골라 초청하여 마음껏 만들게 되었다. 이 영화에는 〈용소야〉에 이어 황인식 배우가 캐스팅되었다.

〈사제출마〉에서 성룡이 맡은 주인공의 이름은 아룡이고, '개구쟁이野孩子'라고 불린다. 나유 감독의 〈신정무문〉의 주인공과 같은 이름이고 캐릭터지만, 완성도는 완전히 다르다. 캐릭터는 종래와 같지만 '나유'식의 코믹쿵후와는 다른 '성룡'식 영화로, 호쾌한 액션과 사자춤 등 볼거리가 영화의 완성도를 높였다.

특히 라스트신에서의 황인식 배우와의 처절한 액션은 이 영화의 흥행에 결정적으로 기여한 장면이다. 아무리 맞아도 절대 굴하지 않는 그 모습에서 관객들은 세상사의 풍파도 맞서 싸울 용기와 힘을 받는다. 불의에 맞서 정의를 구현하는 이소룡 영화와는 또 다른 방식인데 자신의 캐릭터 구축을 완성하였다고 할 수 있다.

〈사제출마〉는 남녀노소가 볼 수 있는 가족영화로 관객들은 개구쟁이 아룡의 매력에 흠뻑 빠진다. 1980년대 홍콩영화는 코믹 무협영화가 전성기를 맞으며 흥행 기록을 경신하고 일본 시장에도 진출하게 되었다.

■■■〈귀타귀鬼打鬼〉1980

골든하베스트 제작, 홍금보 감독, 주연. 종발, 임정영, 진룡, 태보, 우마 출연작이다. 인간과 귀신과의 쿵후 대결을 처음 보여주었고 강시의 스타일을 처음으로 영상화한 강시 효시작이다. 누구나 생각할 수 있는 아이디어이지만, 처음으로 만들어 낸 이의 창의력은 인정받아야 한다. 그것은 흥행 성적으로 입증된다. 1981년 4월, 한국 개봉 당시 거대 스케일의 스티븐 스필버그 감독의 〈레이더스〉에 맞선 유일한 오리엔탈영화로 관객들의 환호를 받았다. 내용은 사람들의 귀신 장난에 귀신이 찾아온다는 이야기이다.

바람둥이 부인을 둔 가마꾼 장대담은 마가산장에서 하룻밤을 지내라는 내기 제안을 받는다. 그것은 장대담의 부인을 탐낸 담 노인의 계략이다. 담 노인의 제안에 주술사 전 진인은 대담을 죽이기로 하고 마가산장의 강시를 주술로 깨운다. 장대담은 장의사 서 진인의 조언에 따라 하룻밤을 견뎌내지만, 다시 처 살인범으로 몰려 감옥에 갇히게 되는데 사형을 앞두고 탈옥한다. 그가 피한 곳은 장의사 관 속이다. 우여곡절 끝에 살아나지만 담 노인과 전 진인의 끈질긴 주술에 맞서 서 진인은 장대담의 전신에 부적을 쓰고 주술 의식을 치른다. 장수여관으로 찾아간 서 진인과 전 진인의 접신 싸움에 장대담은 모두를 물리치고 불륜녀 부인을 처단한다.

이 영화는 시리즈로 계속되며 자신뿐만 아니라 임정영을 강시 스타로 만들어 낸다. 이런 창의력을 보여줄 수 있는 홍금보의 연기와 독창성이 기발할 뿐이다.

■ 〈대판(오사카)의 외로운 별〉 1980

김효천 각본·감독·제작 영화이며, 이경실, 김희라, 박근형, 한소룡, 정준이 출연했다. 그 외 박원숙, 김영인, 조춘, 배수천, 길도태랑, 신찬일, 최재호, 최준 등 그의 액션배우 군단이 총출동하였는데, 완성도 및 흥행 성적도 양호한 편이다. 이 영화는 히로시마 감옥을 출옥한 김희라가 오사카를 무대로 벌이는 복수극으로, 임협영화스럽게 만들었다. 배경으로 나오는 주제가는 이 영화를 더욱 일본스럽게 한다.

정준은 〈아메리카 방문객〉 이후 오랜만의 출연하였는데, 김희라를 찾아와 한소룡을 돕다가 죽은 의협남 역할을 맡았다. 배수천은 이 영화에서도 악역을 맡아 유감없는 악역 연기를 선보인다. 김효천 감독은 최고만을 추구하던 액션영화의 대표적인 감독으로, 이 영화는 그 정점에 오른 시기에 만든 영화이다. 그는 이 영화 이후 〈사약〉을 제작·감독하고 미국으로 떠난다.

■ 〈바다로 간 목마〉 1980

정진우 감독, 장미희, 김영철 출연작으로, 〈겨울여자〉에서처럼 구습에 연연하지 않고 집안의 반대를 무릅쓰고 자신의 주관대로 사랑을 쟁취하는 여성의 이야기이다. 장미희는 외유내강의 이미지를 살려 주관이 뚜렷한 여주인공의 역을 맡았다. 중앙대 연극영화학과 강의실인 서라벌홀 2404호에서 촬영하여 구경했던 영화이다. 전두환 정권에 의해 강의실이 대못질되기 직전이다. 영화는 2만 여 명의 관객을 동원한 평년작이다.

■ 〈뻐꾸기도 밤에 우는가〉 1980

정비석의 『성황당』을 원작으로 한 이 영화는 정진우 감독이 1979년 〈심봤다〉 이후 동시녹음에 자신감을 갖고 정윤희 배우를 기용해 정열적으로 만들었는데, 그의 최고작으로 보아도 손색이 없는 영화를 만들어 냈다. 그해 대종상영화제의 작품상, 여우주연상 등 주요 부문상을 휩쓸기도 했는데, 톳드AO(미국산 동시녹음 카메라)카메라로 찍은 유려한 영상은 보는 이들의 눈을 시원하게 해주었다. 스카라극장에서 이 영화를 처음 보았을 때의 느낌이 그랬다.

깊고 깊은 산 속에 사는 두 남녀의 원색적인 삶을 그린 이 영화의 주 무대는 오대산 기슭으로 정해졌다. 숯막을 지어놓고 원 없이 찍었는데 정 감독이 기획 및 제작을 하였기에 가능한 일이었다. 정 감독의 카리스마에 주인공인 정윤희와 이대근의 실감 나게 보여준 명연기는 당시에 화제가 되었다. 이대근 배우의 우직하면서도 해학적인 연기도 〈심봤다〉 이후 더욱 완숙해졌다. 김승호, 신영균 등의 이미지가 섞인 듯한 이미지의 창조였다.

정윤희는 계곡 신에서 전라에 가까운 몸매를 보여주었다. 그렇다고 이 영화가 정윤희의 섹시미를 다룬 영화는 아니다. 정 감독은 한국적인 토속미를 바탕으로 한국인의 정서를 담아내고자 했다. 그것은 〈심봤다〉 이후 〈자녀목〉까지 이어온 일련의 정 감독 영화가 보여주는 흐름이다. 이 영화의 후속편이 〈앵무새 몸으로 울었다〉이다. 정윤희를 비롯한 스태프들과 의기투합하여 만든 이 영화도 대종상영화제의 주요 부문에서 수상했다. 정윤희 배우는 연속해 대종상영화제 여우주연상을 받았다. 이때가 정 감독의 전성시대였다.

■ 〈사망탑死亡塔〉 1980

오사원 제작·감독작으로, 한국배우가 주요 배역으로 출연하는데, 당룡(김태정), 황정리, 타이거 양 등이 출연하고 있다. 이 영화는 〈취권〉의 원화평이 감독을 맡아 제작한 홍콩영화이다. 일명 〈사망탑의 결전〉이며 외국에서는 〈사망유희〉 2편으로 소개된다.

내용은 사고뭉치 동생을 둔 로우는 사고로 죽고 동생이 형의 죽음의 진실을 알고자 일본을 방문하여 벌어지는 무용담이다. 〈제3의 사나이〉를 차용한 스릴러 무술영화로, 한국영화로는 이두용 감독의 〈아메리카 방문객〉이 그러하다. 창의력이 고갈되면 패러디하는 건 영화에서는 다반사이다. 액션영화로 보여주기에 흥미로운 스토리텔링이기에 자주 활용된다.

〈사망유희〉나 〈용쟁호투〉의 분위기도 이어받았고 이소룡의 몇 장면을 편집하여 넣어 이소룡 출연작으로 개봉하였다. 이소룡의 명성을 빌려 돈벌이를 하고자 했던 것이 너무 눈에 거슬린다. 그렇게 만들어 이소룡의 여섯 번째 영화로 소개했다. 〈사망유희〉는 촬영하다가 중단된 장면을 넣었으므로 이소룡 출연작일 수 있지만, 이를 이소룡 출연작으로 보기에는 민망하다. 이소룡 팬들을 위해서라기보다 그렇게 해서라도 돈을 벌고자 한 것인데 상도의에 벗어난 영화이다. 더구나 이 영화는 한국과 홍콩의 합작영화로 소개하는데 이 역시 거짓이다.

▬ 〈짝코〉 1980

삼영필름 제작, 송길한 각본, 임권택 감독, 구중모 촬영, 조기남 조명, 김희수 편집, 김영동 음악, 김희라, 최윤석, 방희, 김정란, 이해룡 출연작이다. 이 영화는 1983년 피카디리극장에서 개봉하였다. 이 영화의 주인공들이 소위 부랑인이다. 송길한 작가다운 고집스러운 설정이다. 그는 임 감독과 콤비로 오랜 기간 같이 활동하며 〈만다라〉, 〈안개마을〉, 〈비구니〉의 시나리오를 썼다.

부랑인을 소재로 한 영화는 한국영화뿐만이 아니라 전 세계 극영화 사상 이 영화가 처음이다. 이전에 본 기억이 없다. 이미 이 영화는 관객과 만나기를 포기한 영화였다. 단지 우수영화로 선정되면 그만이고 그 책임을 다하는 운명의 영화였다. 거지가 주인공인 영화가 흥행할 리 없고 그것을 알면서 제작할 제작자가 있겠는가? 이 영화는 제작자에게 그해 우수반공영화상을 안겨주었으니 결국 목적대로 풀린 운명이었다.

이 영화는 일찍 완성되었지만 한 해를 영화사 창고에 있다가 늦게 관객들과 만났다. 아니나 다를까 내가 관람했던 날도 10여 명의 관람객을 모았다. 영화는 침묵 속에 상영되었고 마지막 짝코가 탄 기차가 멀어져가고 영화가 끝나자 10여 명의 관객은 누가 시키지도 않았건만 일어나 박수를 쳤다. 흔치 않은 광경이었다. 그렇게 단 며칠간 관객에게 선보인 후 이 영화는 그 뒤 TV에서 한 차례 방영되었고, 그 뒤로는 일반 관객과 만날 기회가 없었다. 필자는 어느 해 6월 영상자료원 상영회에서 한 번 더 보았고 그때도 가슴 벅찼던 기억이 있다.

〈짝코〉는 임권택 감독의 걸작 중 한 편이다. 수많은 명편이 임 감독에 의해 만들어졌지만 〈짝코〉는 뺄 수 없는 걸작이다. 내용은 빨치산 출신 짝코와 그를 일생에 걸쳐 추적한 전직 경찰관 송기열의 이야기이다. 동족상잔의 비극을 상징화한 인물 설정이다. 인생의 막바지에 부랑인 수용소에서 두 사람은 만나고 그들은 끊임없이 갈등하고 심지어 피터지게 싸워댄다. 평생을 두고 쫓고 쫓은 두 사람이니 그도 그럴 수밖에 없다.

짝코로 분한 김희라의 연기나 전직 경찰 최윤석의 혼신을 다한 연기와 그 두 사람의 이야기를 차분히 풀어놓는 임 감독의 연출은 관객들을 놓아주질 않는다. 그가 거장으로 인정받기 전의 영화이다. 3년 후 임 감독은 〈씨받이〉를 감독해 강수연에게 베니스영화제 여우주연상을 안겨주었다.

▬▬▬ 〈철기문鐵旗門〉 1980

쇼브라더스 제작, 장철 감독, 곽추, 강생, 녹봉 출연작이다. 장철 감독은 왕우의 1인 영웅시대를 거쳐 강대위, 적룡 콤비의 2인 영웅 이야기를 만들었다. 그리고 1971년 작 〈수호전〉을 거쳐 1974년 작 〈소림오조〉가 흥행에 성공한 후 영웅 그룹의 이야기를 즐겨 만들었다. 이 영화 역시 여러 영웅의 이야기이다.

내용은 철기문파의 방주가 암살당하고 제자들 간의 암투와 대결을 그린 것으로, 어찌 보면 그의 영화 〈대결투〉와 닮은 듯도 하다. 같은 작가 예광이 쓰고 같은 감독 장철이 만들었으니 그럴 만도 하다. 이 영화에서는 여러 신무기가 나오는데 그중 깃발창이 눈에 띈다. 경극에서 사용되는 무기인데 깃발을 휘날리며 시각 효과도 있고 (상대방이나 관객 모두의) 시야를 가리는 특이한 무기이다.

1978년 〈잔결〉 이후의 영화에서부터 장철 감독의 후기작 단골 배우인 베놈스의 멤버들이 주인공을 맡아 출연했는데, 〈철기문〉에서도 장철 감독 특유의 잔인함과 처절함이 잘 드러난다. 상체가 창에 관통되는 장면 등은 역시나 출연자들의 죽음에 관한 연구가인 장철 감독의 영화답다.

장철의 특유한 힘이 녹아져 있는 후기 대표작으로 예리함은 떨어지지만 장철 감독의 연출력을 느낄 수 있다. 이 시기, 장철은 이미 대중에게서 멀어져 갔다. 장철 감독의 처절한 액션과 죽음의 미학은 이미 고루해졌고 그가 보기에 애송이였던 원화평이 성룡과 함께 〈취권〉과 같은 코믹 액션영화를 만들어 대중의 인기를 끌던 때이다. 무릇 시대의 변화를 읽어야 살아남는 것이 대중문화 종사자들이다. 그중에서도 영화감독이란 직업은 유독 그렇다.

국내에서는 2009년 허리우드극장에서 처음 상영되었고, 2010년 부산아시아필름아카이브의 협조로 한국영상자료원의 장철 감독 영화제에서 상영되었다.

■■■ ⟨최후의 증인⟩ 1980

세경영화사 제작, 이두용 감독, 정일성 촬영, 차정남 조명, 이경자 편집, 김희갑 음악, 하명중, 정윤희, 이대근, 최불암, 현길수, 한혜숙 외 한태일 등 이두용 사단의 전속 배우들이 총출연했다.

1979년 촬영을 시작하여 이듬해 3월에 설경 촬영을 하고 5·18민주화운동 직전에 촬영을 마쳤다. 이 감독의 표현대로 이 영화는 한국 최초의 로드무비라고 할 정도로 다양한 로케이션에 의해 만들어졌다. 당시로는 유례없는 무려 2시간 38분의 대작으로 완성되어 영화진흥공사에서 기술시사회를 했고, 필자는 그때 처음 이 영화를 접했다. 그동안 극장이나 비디오 등을 통하여 10여 차례 보았고 30여 년이 지난 후 영화를 다시 봐도 생경한 풍광은 오히려 보기 드문 장면으로 보이며 기술적인 단점마저도 상쇄시켜 주었다.

한국전쟁을 배경으로 전쟁 속 인간들의 원초적 욕망과 그로 인해 벌어지는 물욕과 배신, 복수를 담아낸 김성종의 원작을 윤삼육 작가가 각색하여 처절한 인간 군상의 여러 삶의 모습을 적나라하게 보여준다. 이런 상황에서 수사를 맡은 주인공 오병호 형사는 어쩔 수 없는 상황에서 여러 사람을 죽이게 되고 결국 스스로 목숨을 끊는다. 그가 자살하는 강변 갈대숲에서의 마지막 장면을 보고 한동안 자리를 뜰 수 없었다. 그만큼 예상치 못한 결말이었고 여운이 강렬했던 영화다.

이 영화는 대종상영화제에서 우수작품상(반공영화 부문)을 받으며 부상으로 외화 쿼터를 받았다. 그렇지만 감독은 검찰에 불려가 곤욕을 치른다. 장면 중에 검사를 모독하는 장면과 아울러 그 시대를 풍자하는 여러 장면 때문이다. 당시 공무원에게 주는 뇌물이나 사회를 비판적으로 그렸다는 이유인데, 창작자의 권리마저 묵살되는 상황에서 감독으로서는 황당하기 그지없는 일이었다.

이두용 감독은 메가폰마저도 놓을까 고심하였다고 한다. 절치부심하며 같은 제작사에서 ⟨피막⟩을 만들어 베니스영화제에서 특별상을 받았다. 이후 이두용 감독의 연출력이 돋보인 영화가 만들어져 1983년에 드디어 그의 영화의 정점인 ⟨여인 잔혹사 물레야 물레야⟩가 만들어진다.

⟨최후의 증인⟩은 장편소설인 원작을 축약하느라 상황이 점프하고 전개상 디테일에서 생략되는 아쉬움이 있다. 그리고 정윤희의 연기력과 분장이 눈에 거슬리는

아쉬움은 있지만, 이 영화는 한국전쟁을 소재로 한 영화 중 백미로 꼽혀야 할 영화다. 오병호 형사로 분한 하명중과 황달수 역의 이대근, 황바우 역을 맡은 최불암의 명연기는 길이 회자될 것이다.

━━ 〈카게무샤影武者〉 1980

구로사와 아키라 감독, 나카다이 타츠야 출연작으로, 러닝타임은 180분이다. 40여 년 전 영화이지만 지금 누구도 쉽게 보여줄 수 없는 역작이다. 이 영화는 CG가 없었던 시절에 14억 엔을 투자해 만든 초대작이다.

칸국제영화제의 그랑프리 수상작으로 화제를 모았지만, 우리나라에서는 나중에 상영시간을 단축하여 개봉되었고 필자는 비디오를 통해 먼저 보았다. 당시 불법 비디오로 수입되어 자막이 없어 스펙터클을 느낄 수 없어 지루했던 느낌이었으나, 스크린을 통해 다시 보니 역시 구로사와 감독의 대표작임을 느낄 수 있었다.

내용은 1573년부터 1575년까지의 전국 시대를 배경으로 전국 통일을 목전에 둔 신겐이 불의의 총격으로 죽고 그를 대신해 신겐으로 살아야 했던 가짜 신겐과 그를 둘러싼 가신들의 이야기이다. 전반의 내용은 그림자 인생인 영무자로서 삶을 살게 된 좀도둑의 갈등을 그렸고, 후반에서는 그가 신겐을 대신해 사는 임무를 수행하며 겪는 갈등을 그린다. 가짜 인생을 살며 겪는 갈등보다는 거대한 전쟁의 한가운데서 그가 처한 상황을 잘 보여주고 있어 전투의 웅장한 느낌이 강렬하다.

이 영화 이후로 〈천과 지(하늘과 땅)〉이란 초대작이 제작되며 초대작영화 붐이 일었다. 말과 엑스트라를 캐나다 초원으로 공수해 촬영한 〈천과 지〉를 비디오로 보며 그 스케일에 놀랐는데 이 영화가 그 원조이다.

━━ 〈피막〉 1980

세경영화사 제작, 윤삼육 각본, 손현채 촬영, 이경자 편집, 이두용 감독의 1980년 작으로 유지인, 남궁원, 황정순, 최성호, 김윤경, 태일이 출연했다. 이두용 감독의 최전성기를 예고하며 〈최후의 증인〉 이후 같은 영화사인 세경흥업에서 만들어졌다. 이 영화는 피막지기였던 아버지의 복수를 위해 무당을 가장하고 강진사 댁의 굿판에 들어온 가짜 무당의 복수극이다. '피막'은 이승과 저승 사이에 존재하는 곳으로 죽음이 임박한 사람들을 데려다 놓는 곳이다.

그녀의 아버지는 죽음 직전 피막으로 실려 온 이 집안의 며느리의 목숨을 살려냈으나 양반들의 흉계에 의해 목숨을 잃는다. 그리고 그 어린 딸이 성장하여 벌이는 미스터리영화이다. 특별할 것 없는 내용을 미스터리 장르로 써낸 윤삼육의 각본과 영상으로 무속을 표현해 낸 이두용의 연출은 이 영화를 한국영화 100선에 올렸다.

이 영화는 당시 베니스영화에 출품되어 ISDAP 특별상을 받았고, 태권 액션영화에 주력하던 이두용 감독의 작가주의적 가능성을 보여주었다. 결말부의 어색한 마무리가 흠이지만, 2017년 리마스터링된 디렉터스컷Director's Cut에서는 삭제되었을 것이라 생각된다.

이두용, 윤삼육 콤비의 영화로는 이 영화 외에도 〈업〉, 〈뽕〉, 〈내시〉 등이 있다. 무녀로 등장한 유지인은 현대 도시적 분위기를 탈피하여 그녀만의 시대극 이미지를 창출하였다.

▬ 〈만추〉 1981

동아수출공사 제작, 정일성 촬영, 김수용 감독, 김혜자, 정동환 출연작이다. 오리지널 〈만추〉는 1966년 이만희 감독에 의해 만들어졌고, 1975년 김기영 감독이 〈육체의 약속〉이라는 제목으로 리메이크했다. 그리고 1981년 김수용 감독에 의해 다시 리메이크되었다. 이만희 감독의 〈만추〉는 현재 필름이 분실되어 볼 수가 없다. 2010년, 김태용 감독이 현빈과 탕웨이를 주연으로 다시 리메이크하였다.

출감을 2년 앞둔 모범수 여인이 특별 휴가를 나와 우연히 만난 청년과의 애달픈 사랑을 다룬 이 영화는 스토리텔링도 멋지지만 영상 표현으로 극을 이끌어 나간다. 엔딩에서 2년 후 만나기로 약속했던 남자를 기다리는 여인의 쓸쓸한 모습은 만추의 낙엽과 어울리는 명장면이다. 서정적인 영상미가 뛰어난 이 영화는 누가 만들어도 우수한 영화다. 그만큼 시나리오가 뛰어난 영화라고 할 수 있다. 김혜자, 정동환 커플은 우수 어린 연인의 모습을 잘 연기했고, 김혜자는 이 영화로 마닐라 국제영화제 여우주연상을 받았다.

■〈상하이 이인창관上海異人娼館/Fruits of Passion〉1981

테라야마 슈지 연출, 타츠오 스즈키 촬영이며, 세트는 홍콩 골든하베스트에서 하고 내부는 일본의 쇼치쿠 오후나 스튜디오에서 했다. 영화의 후반은 프랑스 에 크레르에서 작업했으며, 감독의 몽환적이면서도 난해한 편집을 보고 편집권을 가진 프랑스의 제작자가 헨리 콜피를 시켜 알기 쉽게 다시 작업했다고 한다. 타츠오 스즈키의 촬영은 지금 같은 우수한 장비가 없던 시절에 지금 봐도 최고의 명장면을 만들어 냈다. 필자는 〈올가미〉의 이동삼 촬영감독과 함께 봤는데, 그도 이 영화의 고품위 미장센을 인정했다.

내용은 폴린 레아주 작가의 〈속 O양의 이야기〉를 빌려와 각색한 것이다. 백의의 금발 신사, 스테판 유(클라우스 킨스키)는 제국주의자 이면서도 자유주의자이다. 그가 홍콩의 외인유곽인 '춘모루'로 자신의 금발 애인(알리엘 돔바슬)을 데려오며 영화는 시작된다. 그녀의 이름은 O, 애인과 합의 후 지극한 사랑을 완성하기 위해 상호 합의하에 결정한 일인데, 영화는 이해할 수 없는 하드코어로 나아간다. 유곽에는 이미 내로라하는 매춘부들이 즐비하고 마담부터가 범상치 않은데, 그녀의 몸을 가꾸어 주며 "너의 몸은 손님의 것이다. 이제부터는 너의 마음대로 할 수가 없다"라며 경고한다.

세계열강들의 조차지가 있었던 1920년대 말의 홍콩을 이야기기하면서 정치적인 상황이 빠질 수 없다. 이런 상황은 오시마 나기사의 〈감각의 제국〉과 전체설정이 흡사함을 알 수 있다. 영화는 1920년대 말 상하이와 홍콩에서는 주민들의 폭동이 심해졌다며 시작된다. 제목의 상하이는 이러한 중국을 상징하는 듯하다. 중국은 마약에 중독되고 도박에 빠져 힘 빠진 호랑이 같은 모습이지만, 민중들은 자주를 외치고 있었고 경찰 주둔소가 습격당하는 등 테러가 곳곳에서 벌어진다.

스테판의 애인은 섹시한 여자로 성숙해지며 이 모든 것을 이해하게 된다. 그녀는 테러단의 하부조직원인 식당의 청년과 드디어 사랑에 눈 뜨는데, 스테판은 이제 그녀와의 이상한 사랑 행각의 종말을 예감한다. 스테판은 테러단을 지원해 주었음에도 그들과의 갈등으로 파국에 빠진다. 유곽에서도 배우를 꿈꾸던 매춘부가 발작적으로 자살을 하고 스테판도 결국 테러단의 아지트에서 죽는다. 그의 죽음은 가히 테라야마 감독다운데, 테라야마 감독은 그의 죽음을 총을 쏘고 문을 여니 넘실대는 바다로 표현했다.

순간 스테판이 죽었는지 알 수 없는 상황에서 매춘부들의 무도회로 장면이 넘어간다. 살기 좋은 세상이라도 왔는지 축제 분위기인데, 이때 마담의 대사가 들린다. "이제 가고 싶은 대로 가도 좋아. 원한다면 있어도 좋고…." 이제 그녀는 자유의 몸이 된 것이다. 그러나 자유는 자유를 원하는 자만의 권리이다. 자유는 찾았지만 사랑을 잃은 그녀는 결코 행복할 수 없었다. 다소 난해한 엔딩인데 엔딩크레딧 그림은 폐쇄되어 퇴락된 유곽이다. 결국 빗나간 사랑의 불행한 종말을 보여주는데, 스토리라인보다는 충격적인 영상으로 보여주는 영화이다.

이 영화는 〈감각의 제국〉을 제작했던 아나톨 도망 감독이 테라야마의 영화를 보고 제의해 시작됐는데, 개봉 당시 너무 앞서간 영화로 대중적인 관심을 끌지는 못했다고 한다. 에로틱하면서도 섹슈얼리티한 이 영화는 당시 정서로는 이해되기 힘든 하드코어로 포르노 취급을 받지 않았을까 싶다. 테라야마 감독은 세계 어느 나라에서도 환영받기 힘든 장르의 영화를 만든 것인데, 제작을 의뢰했던 아나톨 도망이 하드코어 영화로서 히트시키고자 했던 계산은 결국 빗나간 셈이다. 이 영화는 결국 저주받은 걸작의 전형으로, 컬트영화로서 영화사의 한 페이지를 장식하고 있다.

테라야마 슈지 감독은 1935년 아오모리현에서 출생하여 와세다대학을 중퇴하고 기존의 개념과 관습에 도전하는 소설, 평론, 연극, 실험영화 활동 등을 거쳐 1971년에 〈책을 버리고 거리로 나가자〉로 극영화 데뷔를 한다. 1974년부터 1981년까지 그가 만든 영화들은 끝없는 실험의 연작이다. 카메라를 향해 소변을 보고 여체가 끝없이 출렁이는가 하면 그림자 영상 실험은 끝없이 고뇌하는 젊은 예술가의 초상이었다. 지금 보기에도 이해하기 어려운 영상이 당시에는 어떻게 받아들여졌을까? 아무래도 그의 작품 세계는 난해하면서 시대를 한참 앞질러 간 듯하다. 그의 예술 세계를 이해하기는 지금도 힘들다.

그는 1974년 일본 열도를 뒤흔든 화제작 〈전원에 죽다〉, 1982년 난해하면서도 지루하지만 영상시인의 최후의 서사시라는 〈안녕 하코부네〉 등을 연출하고 1983년 타계했다. 그는 일본 문화예술계에 카리스마적인 존재로 한 시대를 풍미했고 지금도 뛰어난 예술가로 평가받고 있다.

■■ 〈쌍배雙輩〉 1981

자료를 보면 김원두 제작에 최동준 감독, 촬영 김안홍, 조명 장기종, 편집 현동춘, 음악 한진국으로 되어있다. 주인공을 맡은 당룡(김태정)의 증언에 의하면 모두 가짜 스태프라고 한다. 전형적인 위장 합작영화인 것이다.

시작은 〈정무문〉을 본떠 곽원갑이 죽자 찾아오는 제자로 출연한다. 바로 이소룡이 맡았던 진진 역이다. 그러나 다음 이야기는 시작과 상관없는 전개이다. 전혀 다른 이야기가 엉뚱하게 이어진다. 그렇다고 당룡의 활약이 두드러지는 것도 아니다. 결론은 엉성한 대본을 가지고 한국에 촬영하며 당룡을 수소문하여 끼어 맞춘 영화이다. 대만 제작진은 이 영화를 현진영화사에 팔아 한국에서는 합작영화로 개봉된다. 한국에서 촬영하며 한국배우도 제법 나오기 때문이다.

■■ 〈오, 인천!〉 1981

통일교의 문선명이 일본인 기업가 사카구치 마츠사부로와 공동 제작한 영화이다. 1975년경에 크랭크인crank in(영화에서 촬영 개시를 뜻하는 말)하여 1982년에 완성하였다. 제작 시기가 불명확한데 이승만 대통령으로 출연한 양광남 교수가 대학 은사라 1975년경에 시작된 것으로 기억한다.

초호화 스태프로 구성되었는데 감독은 〈007〉 시리즈의 테렌스 영, 각본은 〈프렌치 커넥션〉의 로빈 무어, 음악은 〈빠삐용〉의 제리 골드스미스, 촬영은 〈더티 해리〉의 브루스 서티스가 맡았고 한국 측 조감독은 이성구였다. 출연진은 더욱 막강하다. 로렌스 올리비에, 재클린 비셋, 데이비드 젠슨, 오마 샤리프, 벤 가잘라, 미후네 도시로, 남궁원, 이낙훈, 양광남 등의 초호화 캐스팅이다. 로렌스 올리비에는 돈 때문에 출연하여 촬영이 지연되자 끝없이 추가 출연료를 요구했고, 인도군으로 출연한 오마 샤리프는 촬영 중 귀국할 정도로 괴작이었다.

그리고 5년의 제작 기간과 제작비 4,410만 달러를 들여 만든 초대작이었으나, 흥행수입은 고작 190만 달러이다. 수십 대의 탱크와 비행기가 출동하였고 한강인도교를 금강에 새로 만들어 폭파하였다. 카메라는 아홉 대가 동원되었는데, 마지막 카메라를 한국의 구중모 촬영감독이 맡았다. 그렇게 제작비와 들인 공에 비해 영화는 혹평을 받았고 한국에서는 개봉조차 하지 못했다.

맥아더가 신의 계시를 받아 인천상륙작전을 계획했고 한국전쟁에서 승리했다는 내용이다. 그렇게 해서라도 신을 찬양하고자 했던 문선명 교주의 노력이 이 영화의 완성과 더불어 물거품이 되어버렸다. 영화는 전문가들을 믿고 맡겨야 한다는 교훈을 주는 영화이다.

━ 〈앵무새 몸으로 울었다〉 1981

정진우 감독이 심혈을 기울여 만든 새(조류) 제목의 연작으로 두 번째 편이다. 제목이 암시하는 그런 에로틱한 영화는 아니다. 토속적인 풍광 속에 인간의 원초적인 삶을 잘 담아 낸 이 영화들은 한국영화사에 남는 가작들이다. 그래도 연소자는 관람 불가인 영화였는데, 지금 기준으로 본다면 전혀 문제가 없다.

정 감독은 원래 촬영부도 거쳤고 정창화 감독의 조연출 때에도 직접 세컨 카메라를 잡았던 경력이 있었다. 데뷔 후 1960년대부터 〈초우〉, 〈초연〉, 〈동춘〉 등에서 수려한 영상 연출로 그는 영상파로 불리었는데, 그런 그가 동시녹음을 시도하며 한국영화를 한 차원 높게 발전시킨 것은 주지의 사실이다.

정 감독은 이후 정비석 원작의 〈성황당〉을 각색한 〈뻐꾸기도 밤에 우는가?〉로 동시녹음 시대를 만개시켰다. 그 전작인 〈심봤다〉로 이미 동시녹음 시대를 열었지만 〈뻐꾸기도 밤에 우는가?〉는 그 완성편이고 깊은 산골에 사는 숯 굽는 부부의 삶을 통해 한국적인 영상미를 톳드AO 카메라로 잘 담아냈다.

그 연작이 〈앵무새 몸으로 울었다〉였는데, 〈빠꾸기도 밤에 우는가?〉로 인해 해낼 수 있다는 자신감이 한껏 고양된 스태프들이 다시 뭉쳐 만들어 낸 영화이다. 여기서 앵무새는 전작의 뻐꾸기처럼 처절한 상황 속에 처한 여성을 상징화한 제목이다. 왜 굳이 새로 여성을 상징화했는지는 감독의 마음인데 이후로 나온 〈백구야, 훨훨 날지를 마라〉도 그 연작 시리즈이다.

이 모든 영화에 나온 여주인공은 남성들에 의해 핍박을 받으면서 희생되어 가는 여성들이다. 그런 여성들의 끈질긴 삶을 통해 감독이 표현하고자 했던 것은 사랑이라는 메시지이다. 어려운 삶 속에서도 감독이 바라본 시각은 "그들에게 희망을 주었던 것을 사랑이었다"라는 것이다.

이 시리즈를 연출할 즈음이 정진우 감독은 연출의 정점에 섰다고 해도 과언이 아니다. 주인공들의 면면을 보면 〈심봤다〉의 이대근과 유지인, 〈뻐꾸기도 밤에 우는가〉의 이대근과 정윤희, 〈앵무새 몸으로 울었다〉의 최윤석과 정윤희, 〈가을을 남기고 간 사랑〉의 신일룡과 이미숙, 〈백구야 훨훨 날지를 마라〉의 하재영과 나영희 등 당대를 풍미했던 배우들이다. 배우뿐만이 아니라 제작진들도 촬영에 손현채, 조명에 이민부, 동시녹음에 양후보 등 당대 쟁쟁한 장인들이 모인 드림팀이었다.

　1980년대는 〈애마부인〉이 기폭제가 되어 에로티시즘이 양산되던 때이다. 온 나라가 빨간 영화에 붉게 물들 때 이 새 시리즈는 품격 있는 한국적 에로티시즘을 보여준 정 감독의 장인 정신이 빚어낸 가작들이었다.

■ 〈역驛〉 1981

　후루하타 야스오 감독, 출연은 다카쿠라 켄, 바이쇼 치에코, 이시다 아유미, 가라스마 세쓰코이고, 러닝타임은 131분이다. 후루하타 감독은 〈철도원〉, 〈당신에게〉 등으로 다카쿠라 켄과 콤비로 명편을 만들어 냈는데, 이 영화는 홋카이도의 겨울 로케이션으로 설경과 더불어 대규모 해일 등 장관의 자연 속에서 소소한 인간사를 보여주고 있다. 이 영화는 일본 개봉 당시 흥행작이며 제27회 아시아영화제에서 최우수감독상, 최우수남우주연상, 최우수촬영상, 최우수녹음상 등을 받았다.

　주인공 미카미는 국가대표 사격 선수였으며 현직 경찰관이다. 올림픽을 앞두고 코치직을 앞둔 오늘도 출동 명령이 떨어진다. 그는 현장에 투입되어 또다시 사회정의를 위해 저격수가 되어 살인귀가 되어야 한다. 그는 이런 생활로 인해 이혼을 하게 되었지만 독신자가 되어 주어진 임무를 행하며 자신의 삶에 최선을 다한다. 그러나 이러한 20년 생활에 진력이 나 사표를 내기로 결심하고 고향에서 평범한 삶을 꿈꾼다. 그러다가 만난 술집 여인에게서 잔잔한 연정을 품게 되는데 결국 살인범인 그녀의 정부를 사살하게 된다. 어쩔 수 없이 반복되는 일을 통해 그는 자신의 희망인 평범한 삶마저 포기하고 다시 경찰로서 살아가게 된다.

　이루어지지 않을 사랑에 대한 연민을 보며 이만희 감독의 〈만추〉가 연상되기도 하는데, 과연 이 영화를 한국배우가 한다면 누가 좋을까 생각하니 신성일 배우와 그의 영원한 파트너 윤정희가 떠오른다. 그러나 다카쿠라 켄, 바이쇼 치에코 콤비의 절절한 연기는 워낙에 탁월하다. 반복되는 엔카(일본의 대중 음악 장르의 하나로,

일본인 특유의 감각이나 정서에 기초한 장르)마저도 영화의 일부분으로 영화적인 감흥을 불러일으킨다.

■ 〈용호의 사촌들〉 1981

이혁수 감독, 한용철, 황정리 콤비의 마지막 태권영화이다. 대련의 보물지도를 둘러싸고 벌어지는 무술영화로, 성룡의 코믹 쿵후영화의 출현으로 이미 한물간 스타일의 태권영화 기획이었다. 그래도 전성기의 카리스마를 잃지 않은 두 배우의 열연은 팬들의 마음을 움직였다. 흥행 결과는 1만 3천여 명으로 신통치는 않았지만, 비디오로 많이 대여되었을 것이다. 다시 보지 못할 두 콤비를 기억하는 이들에게는 당연히 추억의 명편이다. 이 영화 이후 한용철은 미국으로 돌아갔고, 황정리는 홍콩에서 활동하다가 이두용 감독의 영화에 출연한 〈해결사〉가 3개월 후에 개봉된다.

■ 〈인무가인〉 1981

황정리와 대양필름 제작, 박윤교 감독, 황정리, 번매생, 두시원 출연작이다. 경주에서 촬영하였지만 홍콩에서 비행기 두 대로 소품 및 장비를 실어오고 홍콩배우를 기용해 만들었다.

처음에 시나리오도 없는 상태에서 스태프가 머리를 맞대 작업을 하여 시나리오를 완성했다고 한다. 그런데 박정희 대통령 시해 사건 이후 서울의 봄 시위가 심해져 촬영이 어려워지자, 경주로 장소를 옮겨 추운 겨울까지 거의 반년에 걸쳐 촬영하며 대작이 되었다. 지금 가치로 50억 원이 투입되었다는데 정작 홍콩에서 거래가 무산되고 필름을 불살라버려 현재는 한국 버전만 남아있다. 한국 흥행 기록은 3만여 명으로 나쁘지 않은 성적이었지만, 50여억 원을 회수하기에는 턱없이 부족한 기록이다.

■ 〈차수叉手〉 1981

이 영화는 1981년 작으로 러닝타임은 87분이다. 출연진은 베놈스의 곽추, 강생, 녹봉이 출연한다. 곽추는 다른 영화에서처럼 주인공 역이며 뛰어난 곡예적인 무술 연기를 보여준다. 그가 언제나처럼 무술감독을 겸하고 있다. 녹봉은 〈철기문〉에서와 마찬가지로 시침을 뚝 떼고 자신의 정체를 숨기는 악당의 두목 일차두 역을 맡았다. 이들 베놈스의 역할 구분은 정형적이어서 아예 처음부터 이들을 주 인공으로 설정해 시나리오를 썼던 것 같다. 강생은 악을 처단하고자 찾아온 검객 역이며 조감독으로도 참여하고 있다.

필자가 이 영화를 처음 본 건 1983년 즈음이다. 삼성전자에서 출시된 비디오 로 보았는데, 화질 때문이기도 하지만 4:3 비율로 잘려진 화면을 보니 내용 전달이 전혀 되지 않았다. 원색의 조명과 얄궂은 구도로 장철 감독 이름이 무색했다. 그리 고 2.35:1의 대형화면으로 영화를 다시 보니 무슨 이야기를 하는 것인지는 전달이 되었다. 하지만 장철 전성기의 영화와는 비교할 수 없다. 그래도 컬트영화 반열에 오른 영화인지 그 시대에 같이 태어난 젊은 관객들이 몰려와 보았다.

'차수叉手'란 가면을 쓰고 삼지창을 무기로 쓰는 악당들의 조직이다. 그들은 무 고한 사람들을 해치는 공공의 적이다. 그들을 물리치고자 찾아온 강생 일행은 정 체 모를 차수 일당에 의해 하나씩 죽어나가고, 그들이 죽어가며 차수의 정체를 한 마디씩 남기며 사건이 전개된다. 결국 일차두와 삼차두는 그 마을의 권력자들임을 알게 되는데, 사건을 흥미롭게 만드는 것은 이차두였던 곽추의 차수 조직에 대한 배신과 복수이다. 물론 배신에는 당위성이 있다. 온갖 약탈로도 모자라 부녀자 농 락까지 하는 차수 조직에 대한 환멸 때문이다. 결론은 장철 영화가 그러하듯이 모 두가 죽고 끝이 난다.

영화는 전 장면을 스튜디오에서 모두 촬영했다. 예산 절약 차원에서였겠지만 요즘 볼 수 없는 방식이라 특화된 영화가 되었다. 조명 역시 단순하여 오로지 잔혹 한 액션으로 승부하고자 했다. 공장에서 복제되듯 양산되는 상품과는 다르다.

장철 감독이 플롯을 이야기하면 예광 작가가 받아 적어 시나리오를 만들어 냈 다. 그래서 두 사람의 공동 각본이다. 그가 1974년 대만으로 건너가 쇼브라더스의 자회사인 장궁영화사를 설립하고 저예산 영화를 만들며 익숙해진 영화 기법이다. 위기에 빠진 주인공과 정체불명의 악당과의 대결 그리고 폭력의 극한 상황으로 이 끌어 가며 영화를 만들어 가는 두 사람의 재주는 탁월하다. 그러나 이러한 제작 형 식도 체력이 뒷받침되어야 한다. 이 영화 이후의 중국 본토에서 촬영한 1988년 〈대상해1937〉이나 같은 해 개봉된 〈과강〉을 보면 1980년대 초반작들에서는 장철 감독 나름의 힘이 느껴진다.

장철 감독은 1923년생이니 〈차수〉를 만든 것은 그의 나이 58세 때이고 1948년에 〈아리산풍운〉으로 데뷔하여 감독 생활 33년째 되던 해이다. 그의 이런 다작 활동이 이어질 수 있었던 것은 1977년 홍콩으로 돌아와 1978년 베놈스를 기용하면서부터 시작되었다. 〈오독〉, 〈잔결〉 등은 저예산 영화로 비싼 개런티의 배우들이 아니더라도 그들을 주인공 삼아 얼마든지 영화를 찍을 수 있게 된 것이다.

장철 감독은 총 93편의 영화를 연출한 것으로 알려졌다. 2002년 그의 타계 소식은 수많은 무협영화 팬에게 안타까운 소식이었다. 80세의 나이라면 너무도 아쉬운 나이로 그의 제작 편수가 조금 더 줄었다면 그의 생명도 조금 더 늘어나지 않았을까 하는 생각이 든다. 누구도 도와줄 수 없는 촬영 현장에서 밀려오는 졸음과 싸우며 촬영한 그의 말년작들은 그래서 나에게 더욱더 안타깝게 다가온다. 〈차수〉에서도 끊임없는 보여주는 폭력과 죽음의 미학을 보며 거장의 뜨거운 열정에 박수를 보낸다.

■ 〈해결사〉 1981

화천공사 제작, 윤삼육 각본, 이두용 감독, 신우철, 김석훈, 민복기, 황정리 출연작이다. 황정리 배우가 홍콩에서 잘 나가던 시절 귀국하여 출연한 영화다. 이두용 감독도 더 이상 액션영화를 안 찍겠다고 하면서 마지막으로 한 편 찍은 영화이기도 하다. 이 감독으로서는 당시 '으악새 감독'이란 말은 정말 듣고 싶지 않은 시절이기도 했다.

실제 영화 속의 주인공은 신우철 배우다. 이 감독 영화의 단골이기는 했지만 항상 조연배우였지만 이 영화에서 그는 주인공 소원을 풀었다. 그는 〈최후의 증인〉에서 오병호 형사의 친구인 신문기자로 출연했던 배우다. 이 영화에서 그는 오병호 형사처럼 캐릭터를 정하고 이미지도 〈최후의 증인〉의 하명중 배우 같은 바바리 차림의 모습을 하고 출연했다. 개봉한 단성사극장은 초봄이라 다소 추웠다. 첫 장면은 블랙이다. 전화벨이 울리고 잠결에 전화를 받는 장면으로 영화는 시작된다.

영화는 이두용표 액션영화 그 자체다. 물론 잘 만들었다는 표현이다. 특히나 〈취권〉에서 성룡의 상대역인 황정리 배우의 발차기 액션은 화려했다. 이두용 감독

특유의 스피디한 액션 연출과 고 이경자 편집기사의 스피디한 액션 편집은 나무랄 데가 없었다. 주인공 신우철 배우보다 황정리 배우를 전단지 전면에 배치한 것은 당시 황정리 배우의 인기를 가늠하게 한다.

이 영화는 불행히도 우리나라에 원판 네거필름이나 프린트가 없다. 그리 오래 된 작품이 아닌 데도 불구하고 관련된 것이 아무것도 남아있지 않다. 이는 원판 채 수출이 됐기 때문인데 그래도 프린트 한 벌조차 남아있지 않다는 것은 정말 이해 되지 않는 일이다.

이 영화가 어느 날 〈홍콩커넥션〉이라는 DVD로 우리 앞에 나타났다. 그러나 재편집되어 엉망진창이 된 상태였다. 그래도 그게 어딘가. 비록 불구가 되어 돌아 왔지만 이두용 감독에게는 죽은 자식이 살아 돌아온 것에 다름없었다. 이두용 감 독의 감격한 모습이 아직도 눈에 선하다.

DVD에는 토마스 탕이 프로듀서고 그의 프로덕션 제작으로 나온다. DVD를 제작한 것까지는 이해되겠지만, 자신이 감독했다는 것은 말도 안 된다. 그는 이 영 화의 도입부와 두 장면에 액션신을 추가 촬영해 넣었다. 이 장면은 홍콩 외곽 도로 에서 촬영하였는데 권일수 배우가 출연하였다. 이 영화에는 김석훈을 비롯하여 박 동룡, 진봉진, 조춘, 주상호, 박용팔 등 당대의 액션배우들이 총출동하였다. 47분 대에 가서야 본격적인 액션신이 나오는데, 60분대의 사우나 휴게실 액션신, 77분 대의 적 아지트와 벽돌공장 액션신이 볼만하다.

■■■〈기류인 마사코의 인생鬼龍院雅子の生涯〉1982

고샤 히데오 감독, 나오키상 수상 작가인 미야오 도미코의 소설을 영화화했다. 나카다이 타츠야가 53세에 출연한 그의 후기 대표작으로, 관록의 연기를 보여준 다. 146분 길이의 영화로 시대 배경은 1910년대부터 1930년대까지다.

'기류인'은 '鬼龍院'의 일본 발음으로 주인공은 고치현의 야쿠자 두목인 마사 고로다. 그의 양딸인 마쓰에의 해설로 영화는 전개된다. 마사고로는 조증을 앓고 있으며 자신을 협객으로 자부하며 살고 있다. 그러나 사실은 여색을 즐기고 집에 는 부인외에 두 명의 첩을 두고 있다. 그러나 또 첩을 들이고 심지어 자신이 양녀로 들인 마쓰에도 범하려는 작자다. 그러나 친딸만큼은 끔찍이 아낀다. 그런 딸을 납치한 조직은 투견장에서의 갈등으로 평생의 원수가 된 스에나가 조직이다.

마사고로는 늘그막에 그 조직과 대혈투를 벌이고 경찰에 자수하여 2년 후 옥사하였다는 해설로 영화는 끝난다. 정상이라고 볼 수 없어 조증환자가 아닌가 생각되는 마사고로는 조직의 보스로서 허세가 대단하고 협객을 자처하며 정의를 구현한다는 신념 아래 목숨을 건 사나이다. 마사고로의 이런 캐릭터는 나카다이 타츠야가 아니면 생각지 못할 정도로 열띤 명연기이다.

이런 영화는 일본에서 1980년대 히트하였던 〈오싱〉 시리즈의 연장선상에 있는 여자의 일생을 다룬 시대극에서 착안된 것이며, 이 영화는 '남자의 일생' 시대극이라고 볼 수 있다. 극 중 마쓰에가 상대 조직의 보스에게 토해 냈던 대사 "(나는 마사고로의 딸이야) 얕보면 안 되지!"는 당시 유행어가 되었다고 한다. 이 대사는 극 중에서 마사고로의 정실이 양딸 앞에서 이미 사용하여 마쓰에 또한 자연스럽게 쓰게 되었다.

━ 〈경의선〉 1982

국방부 제작, 철도청 후원, 최하원 감독, 이역춘(이부춘) 각본, 김강윤 각색, 신일룡, 장미희, 유영국, 김진해, 이영옥, 강태기, 이일웅 출연작이다.

한국전쟁 후 벌어진 중공군 개입으로 자유를 찾아 나선 피난민들이 경의선을 이용하는 민족의 설움을 담아내고 있다. 부상을 입은 신 대위는 소대장인 김 상사와 함께 후퇴하며 경의선 열차를 이용하여 군장비 후송 작전을 벌이지만, 대규모 피난민들로 인하여 곤경에 처한다. 결국 신 대위는 무기 대신 피난민들을 싣고 가기로 결정하는데, 운행 도중 빨치산들의 공격으로 기관사들도 죽고 냉각장치도 고장 나며 기차는 서버린다.

그러나 멈춰 선 기차를 피난민들이 밀어 이동시키며 끝까지 북한 탈출을 멈추지 않는데 그것은 기차가 자신들의 생존과 더불어 이상을 실현시켜 줄 수 있는 유일한 도구이기 때문이다. 신 대위와 피난민들은 포기하지 않고 끝까지 기차를 움직여 탈출에 성공한다. 기차에는 아군에게 꼭 필요한 레이다 장비가 실려있다는 게 밝혀지고 빨치산들이 이것 때문에 필사적으로 기차를 공격한 것이다. 아군은 적과의 필사적인 교전을 벌여 그곳을 무사히 빠져나오고 수많은 인명 피해도 있었지만 그들은 결국 자유의 땅에 도착한다.

엔딩의 신 대위의 설교적인 대사 역시 사족이고 회상 후 퇴역군인이 된 신 대위의 에필로그 역시 상투적이다. 신 대위의 대사로 "철마의 한, 통일을 갈망하는 젊은이들의 의지가 있는 한…"은 대사가 아니라 관객들의 느낌으로 와닿아야 할 내용이다.

영화의 내용은 흥남철수작전을 연상시키는데 프로레타리아 혁명의 부당함을 주인공들을 통해 지루하게 전개시켜 흥행성을 포기한다. 얼마든지 대사가 아닌 상황 묘사로 차원 높게 승화시킬 수 있는 방법이 있음에도 불구하고 관객들의 이해도를 과소평가하고 믿지 못한 결과이다. 감독은 끝까지 이 방법을 찾아야 하고 올바른 방법을 추구했어야 한다. 결국 보기 드문 대작이지만 선전영화로 전락하는데, 당시 국방부 제작이라 상부의 고루한 시각이 반영된 결과일 것이다. 결론적으로 많은 부분에서 설득력이 떨어지므로 대사로 처리한 종래 한국영화의 상투성을 확인시킨 영화이다.

〈경의선〉의 아이디어는 영화적으로 훌륭하지만 고답적인 드라마트루기Dramaturgy, 드라마터지(연극이론의 하나로서 특히 희곡을 쓰는 방법)와 흑백 이데올로기의 틀에 갇힌 범작으로 끝나 아쉬움을 준다.

▬ 〈꼬방동네 사람들〉 1982

현진영화사 제작, 배창호 감독의 데뷔작이다. 이장호 감독의 기획으로 이동철 작가의 자전적인 원작을 영화화했으며, 러닝타임은 108분이다.

당시 KBS에서는 김재형 PD의 〈달동네〉라는 드라마가 서민의 애환을 다루었는데, 영화에서는 처음으로 이 영화가 꼬방동네라는 달동네를 배경으로 서민들의 애환과 끈질긴 생명력을 보여주고 있다. 당시 영화심의 위원들은 이 영화 시나리오의 수많은 부분을 수정 권고하였고 겨우 검열을 통과하였다. 영화의 첫 장면이 블랙에 이동철의 육성으로 영화 소개를 하는데, 아마도 검열의 탓으로 꼬방동네 전경이 삭제된 듯하다.

이 영화는 수출 금지라는 단서로 허가되었는데, 푸른극장에서 개봉하여 10만 명을 동원했다. 내용은 흔한 멜로드라마의 정석대로 삼각관계이며 〈미워도 다시한번〉 같은 고루한 줄거리다. 그러나 실제 상황처럼 느낄 정도로 생생함을 보여주었고 신인답지 않은 중량감 있는 연출과 신예감독의 열정이 느껴진다.

특히 안성기, 김보연의 연기는 영화의 완성도를 높여주었다. 또한 정광석의 촬영은 초라할 수 있는 로케이션에서 사실적 영상미로 격을 높여주었고, 이후 배 감독과 콤비가 되어 〈그 해 겨울은 따뜻했네〉, 〈고래사냥〉, 〈깊고 푸른 밤〉 등 많은 영화에서 함께 작업한다. 성공적인 데뷔를 한 배창호 감독은 이후 한국영화계의 기린아가 되었다.

■■■ 〈생사결生死決〉 1982

〈생사결〉을 왕십리 광무극장에서 우연히 보았다. 나른한 봄이었는데 늘어진 몸에 바짝 긴장됐다. 정소동, 처음 듣는 이름인데 데뷔작이라니? 그는 쇼브라더스 정강 감독의 아들로, 쇼브라더스 촬영 현장을 누비던 꼬마였는데 벌써 커서 감독 데뷔를 한 것이다.

〈14인의 여걸〉 등을 만든 아버지의 영향이 컸다는데 아버지 영화의 무술감독으로 일하며 현장에서 매 맞아가며 배웠다는 얘기를 들었었다. 화면 곳곳에서 보이는 젊은 감독의 패기는 신예의 실험적인 영상이었다. 또 무술감독 출신다운 화려한 액션은 화려하다는 표현 외에는 달리 표현할 길이 없다. 힘 있는 동작들이 보여주는 아름다운 동작을 무어라 표현할 것인가.

이야기는 중국의 검객(유송인)과 일본의 사무라이(서소강)가 벌이는 한판 승부이다. 그 단순한 이야기를 현란하면서도 눈부시게 연출해 낸 것이다. 예사롭지 않아 기억된 그의 이름을 〈천녀유혼〉에서 다시 보았다. 정소동 감독은 홍콩영화 절정기에 중심에 서 있으며 가장 발전가능성을 보였다. 1990년대를 바쁘게 보낸 그가 연출자가 아닌 무술감독으로 지낸다니 의아하기만 하다.

■■■ 〈아벤고 공수군단〉 1982

임권택 감독의 전쟁영화로 그가 만든 전쟁영화 중 최고작이라 할 수 있다. 그의 마지막 전쟁영화이기도 한데, 이 영화를 기점으로 반공을 이데올로기로 한 전쟁영화는 제작이 되질 않았다. 임 감독은 이미 데뷔작인 〈두만강아 잘 있거라〉부터 〈전쟁과 노인〉, 〈낙동강은 흐르는가?〉 등의 영화로 전쟁영화 연출의 노하우를 갖고 있었다. 이 영화는 우진필름에서 제작을 하였는데 손현채 기사가 촬영을 담당했다.

당시 국방부 홍보 관리소에서도 해마다 대작 전쟁영화를 제작했었는데, 이후에는 전쟁 신을 담은 영화의 제작은 중단된다. 그것은 제작비 부담도 있지만 사회적으로 냉전분위기가 개선되었기 때문이다. 이만희 감독의 〈돌아오자 않는 해병〉, 김기영 감독의 〈병사는 죽어서 말한다〉, 김기덕 감독의 〈5인의 해병〉 등의 전쟁영화가 한 시대를 풍미했었는데 시대가 바뀐 것이다. 그 이후에도 고영남 감독의 〈내가 마지막 본 흥남〉 등의 전쟁을 소재로 한 영화가 개봉되었지만, 대규모 전쟁 신은 빠져있다. 전쟁의 아픔을 휴면적인 내용으로 다루고 있을 뿐이다.

〈아벤고 공수군단〉의 내용은 흔하디흔한 특수부대원들의 게릴라 전투를 다루었지만, 임권택 감독의 전투 신 연출은 압권이다. 〈아벤고 공수군단〉이란 제목은 다소 과장된 제목인데 미국인 지휘관의 이름인 '알렉산더'와 '벤더플', 한국인 고중령의 성을 따서 붙인 부대명이다.

부대원들은 특수임무를 가지고 북파되는데, 오일규(신일룡)과 장필규(김희라), 백상수(윤양하), 한지룡(유영국), 무전사(최병근) 등 특공대원들은 초인간적인 활약으로 무사히 임무를 완수한다. 하지만 부대원들은 오일규를 제외하고는 모두 전사하였고 오일규도 또 다른 임무를 부여받아 귀대할 수가 없다. 그에게는 두고 온 애인 배수나(정윤희)도 있다. 그녀는 그의 자식을 잉태한 상태이다. 그리고 그는 어이없게도 북한 소년병의 총탄을 맞고 죽임을 당하며 전쟁의 허무와 아픔을 보여준다.

이 영화는 그렇게 태어난 유복자 오승지(이영하)에게 고 중령이 들려주는 전쟁 이야기이다. 이제는 장군이 된 고 장군의 회고 속에 우리의 아버지 세대들이 이 전쟁에서 어떻게 희생되어 갔는지를 반전주의적인 분위기로 보여주고 있다. 특수부대원들의 무용담이야 특별한 내용이라고 할 수 없지만, 임 감독이 그려낸 전투 장면은 실감 나게 전개된다. 1960년대의 전투영화에서 실탄을 쏘아가며 촬영했던 것에 비하면 이 영화의 특수효과는 엄청난 발전을 보여준다. 쏟아지는 총탄 세례에 장렬히 전사하는 특공대원들의 활약은 가슴 벅찬 감동으로 다가온다.

이 영화는 50회 촬영을 하였는데도 불구하고 촬영이 끝나질 않았다. 완성이 쉽지 않아 모두가 전쟁영화에 대한 어려움을 실감했다. 그만큼 전쟁영화의 성공 기준치가 높아진 것이다. 총이나 쏘고 탱크가 나오면 되던 시대는 벌써 옛날 말이 되었다. 이 영화는 예산을 초과하며 겨우 완성되었고 대한극장에서 개봉되었다. 학생들이 관람을 하며 영화는 흥행에 성공하였고, 전쟁영화로는 보기 드문 완성도를 보여주었다.

■ 〈안개는 여자처럼 속삭인다〉 1982

정지영 감독의 데뷔작이다. 당시는 에로티시즘 영화인 〈우편배달부는 벨을 두 번 울린다〉나 〈보디 히트〉 등의 미스터리 영화가 인기를 끌었다. 이 영화는 그런 시대적 분위기를 반영하고 있다. 또 1980년대 초 정인엽 감독의 〈애마부인〉이 장기 상영되었고, 시리즈가 제작되던 직후로 〈애마부인〉 시리즈 2편에 출연하였던 신일룡과 더불어 오수미, 윤영실 자매가 출연했다.

안개가 연상시키는 분위기의 두 여인을 둘러싼 치정 미스터리로 프랑스 작품가 유사하다. 기획 영화적 성격을 가졌고 어느 정도 흥행이 점쳐지기도 했던 영화다. 박승배 촬영감독의 세련된 영상은 당시 화제였고 7만여 명 이상을 동원하여 정지영 감독으로서는 당시 데뷔한 감독들 가운데 눈에 띄는 성공작이었다.

이후 윤영실 배우는 실종되어 이 영화가 데뷔작이자 은퇴작이 되었고, 오수미 배우마저 하와이에서 교통사고로 사망하였다. 이 영화는 결국 자매의 유일한 공연작이 되었다. 신일룡 배우는 이후 승승장구하며 한국영화계의 독보적인 스타로 군림하였다.

■ 〈애마부인〉 1982

정인엽 감독, 이석기 촬영, 안소영, 하명중, 임동진 출연작이다. 〈애마부인〉에서 여주인공 애마 역의 안소영은 에로틱하다기보다는 차라리 플라토닉러브를 하는 당시 여성의 모습이 강하다. 그런 영화인데 에로티시즘만을 추구하는 것처럼 알려져 있다. 그것은 훗날 만들어진 〈애마부인〉 시리즈 때문일 수도 있다. 1편이 갖는 메시지는 중년 여성의 방황과 자아 찾기다.

〈애마부인〉은 보수적인 시대성을 다루며 도덕적 가치를 거론한 것이며, 1980년대 5공 시절의 억눌림이 폭발된 것으로 대중의 억제된 욕망의 표출로 해석했다. 안소영 배우는 한 컷도 나신 출연이 없었다. 더구나 그녀는 자청해 노 개런티였다.

정인엽 감독은 "한국영화는 시대에 의해 만들어진다"라며 "항상 외화에 밀려 불황이었고 검열과 삭제가 심했다"라고 회고했다. 이 영화의 흥행 성적으로 인해 이 영화는 한국영화 사상 최다 시리즈로 제작되었다.

▬ 〈욕망의 늪〉 1982

이두용 감독의 영화다. 〈최후의 증인〉을 만든 게 1980년이고 〈해결사〉를 만든 게 1981년이니 한 템포 쉬어가는 시기였을까? 감독으로서 어느 한 편 만만치 않으니 쉬어 간다는 건 생각할 수 없는 일인데, 이 영화는 그의 필모그래피 중 좀 처지는 편에 속한다.

놀라운 건 각본이 김수현이라는 점이다. 이 영화의 제작사가 한림영화사인데 정소영 감독의 회사(정웅기가 대표이다)이고 김수현 작가가 정소영 감독과 콤비였던 것을 생각하면 그리 놀랄 만한 일도 아니다. 아마도 정소영 감독과의 친분으로 시나리오를 주었고 그것을 이두용 감독이 만든 것인데, 이 감독의 취향과는 전혀 맞지 않는 영화로 범작에 머무르고 말았다.

내용은 두 명의 전남편을 객사시킨 팔자가 기구한 여인 옥녀(장미희)가 탄광촌에 살며 겪는 세 번째 결혼생활 이야기이다. 옥녀는 아이가 딸린 과부이고 세 번째 남편(윤일봉)은 겁탈, 노름, 음주를 일삼는 인간 말종으로 눈물 없이 볼 수 없는 사연들로 이어진다. 그야말로 초창기 김수현 시나리오의 결정판이다.

이 영화에서 장미희는 바보스러울 정도로 지고지순한 캐릭터인데, 어쩌면 좀 모자란 바보일 수도 있겠다는 생각이 들었다. 왜냐하면 별 저항 없이 겁탈당하고 그를 죽어라 쫓아다녀 결국 결혼생활을 하게 되는데 현실성도 없는 상황극이다. 결국 모진 구박 끝에 어린 아들이 의붓아버지를 죽이고서야 그녀는 그곳을 떠난다.

정말 그녀는 기구한 팔자의 여인이다. 영화는 기구한 운명을 작위적으로 보여주다 보니 살인사건이 계속 이어진다. 그래도 그것을 수사하는 경찰도 없고 영화는 저 혼자 흘러간다. 1980년대는 이러한 영화가 주류를 이루었다. 여주인공은 으레 수난을 겪어야 관객들의 동정을 받게 되고 관객이 모인다고 생각했던 것 같다. 무엇보다도 이 시기는 의무 제작으로 이런 영화들이 양산되었다. 지금 생각해 보니 참으로 기구한 1980년대다.

■ 〈인피등롱人皮燈籠〉 1982

홍콩 쇼브라더스 제작, 손중 감독작으로, 념니, 유영, 진관태, 나열, 임수근, 초상운이 출연하였다. '등롱燈籠'은 들고 다닐 수 있게 만든 등이다. 바람이 불어도 꺼지지 않게 겉을 창호지 등으로 씌어 만드는 고급 등불이다. 그것을 인피(사람 가죽)로 만들었다니 호기심이 가는 제목이다.

용사(유영)에게 패배하여 무림계를 떠난 조춘방(나열)은 인피로 등롱을 만드는 일을 한다. 그가 떠난 강호에서 용사의 처 김랑(념니)과 협객 담부(진관태)의 누이(임수군) 그리고 명기(초상운)가 갑자기 실종된다. 그녀들은 모두 여성을 납치해 인피로 아름다운 등롱을 만드는 조춘방에게 잡혀간 것이다. 이를 안 용사와 담부는 조춘방을 찾아가 사력을 다해 그를 처단한다. 그러나 이미 그녀들은 등롱으로 만들어져 죽고 없다. 여러 등롱을 쳐다보는 용사의 눈에 보이는 등롱은 이제 예전같을 수 없다.

쇼브라더스의 예광 작가가 손중 감독과 함께 쓴 공포 시나리오로, 인육만두 소재의 아이디어에서 착안했을 듯한 내용이다. 유영은 〈당산대형〉에서 보스의 아들로 출연한 배우로 주인공 역을 맡아 출연하였고, 념니는 타고난 미모로 남편의 마음을 아프게 하는 미모의 부인 김랑 역으로 출연하였다. 미녀를 납치하여 등롱을 만든다는 소재는 당시로써는 파격적이며 실로 엽기적인 내용이 아닐 수 없다.

■ 〈협객행俠客行〉 1982

장철 감독, 곽추, 강생, 손건 등 베놈스 중 일부 멤버만 출연했다. 장철 감독의 나이 59세에 만든 영화로, 쇼브라더스와의 결별작이다. 젊은 시절 시나리오작가로 입사하여 감독으로 80여 편의 영화를 만들었던 장철 감독은 이 영화를 마지막으로 꿈의 공장을 나오게 된다. 김용의 원작이며 방대한 내용 때문에 협객 위주로 재구성하여 만든 영화다.

■ 〈나비품에서 울었다〉 1983

임권택 감독 연출작으로 〈안개마을〉 직전에 마감 시간(?)에 쫓기며 만든 영화다. 이 영화의 극 중 강원도 모처는 단양 백봉령에서 촬영되었다. 촬영은 손현채, 조명 이민부, 정시근이다. 기록을 보면 알겠지만 909명이라는 형편없는 흥행 기록으로 관객들에게 철저히 외면을 받은 영화다. 영화 제목을 보면 흥행을 염두에 둔 영화이지만, 관객들의 호응을 받기에는 삼류스럽고 캐릭터 설정 같은 게 뒤떨어진 영화다. 그럼 왜 이런 영화를 만들게 되었을까?

이는 의무 제작이라는 당시의 영화 정책에서 기인한다. 일 년에 두 편씩을 의무 제작해야 했으니 회사는 외화 쿼터 한 편을 배당받기 위해 의무적으로 영화를 만들었어야 했다. 그러다 보니 무난한 영화 한 편을 만들면 되었고 임 감독은 자신의 생계를 위해서 또 한 편의 필모그래피를 갖게 된 것이다.

내용은 미국에서 첫사랑 애인을 찾아 귀국한 귀부인 오현주(나영희)가 그를 찾아 나서면서 시작된다. 그가 있다는 곳은 강원도 어느 오지의 암자다. 그가 승려가 되었다는 이야기를 듣고 찾아 나선 것이다. 택시도 가기를 거부하는 곳인데 남주인공 최순호(이영하)가 그녀를 공항에서 이곳에 태워다 주었다는 이유로 그녀를 싣고 암자를 향해 달린다. 천신만고 끝에 그곳에 도착하였으나 그는 다른 곳으로 갔고 또다시 그를 찾아가는데 도중에 만난 인간 군상들은 이 시대의 도덕적 해이와 시대상을 상징하는 인물들이다.

그런 우여곡절 끝에 옛 애인을 먼발치에서 보게 되지만, 그는 기대와는 달리 삶에 지친 생활을 하고 있는 평범한 인물이 되었다. 누구나의 삶이 그러하듯이 그도 세월의 흔적이 비껴갈 수는 없었다. 실망만을 안고 돌아가는 그녀는 최순호를 택해 불같은 정사를 나눈다. 격렬한 정사 후 현주는 집에서 일하던 가정부의 전화를 받고 잠이 든 최순호를 뒤로 두고 서울로 향한다. 결국 미국에서 귀국했다는 것은 처음부터 거짓말이었고 그녀의 남편이 귀국한다는 말에 집으로 간 어느 주부의 일탈을 그린 것이다.

다분히 흥행을 염두에 두고 만든 이 영화가 왜 관객들의 외면을 받았는데, 뻔한 내용에 뻔한 결말이 예상되는 그야말로 뻔한 영화였기 때문이다. 1980년에 만든 〈복부인〉이라는 영화가 그렇다. 당시 시대상이었던 복부인들의 생태를 그린 이런 부류의 영화들에 관객이 들 수가 없었다. 만홧가게에서 나도는 삼류 소설 나부랭이에 관객들이 관심을 가질 리가 없는 것이다. 그나마 〈복부인〉은 1만 5천여 명의 관객을 동원했다. 철저히 실패가 예견되는 영화나 임권택 감독이라는 장인의 손길에 의해 그나마 구원받은 영화들이다. 흡사 이만희 감독의 대사 없는 영상시 〈만추)를 연상시키며 후반이 그려져 안타까움을 더 한다.

이 각본을 쓴 송길한 작가는 당시에 시작된 '묻지마 관광'을 풍자한 것이라고 말한다. "오까네(돈) 있으면 외식도 할 수 있는 것 아니냐?"며 경제성장기 주부들의 일탈을 변명했다. 군정 시대 우민화 정책에 의해 검열도 통과되었고 난잡하고 부도덕한 장면들이 감독에 의해 그나마 절제되었다고 감독을 옹호했다. 이 영화의 여주인공을 정윤희가 했으면 좋았을 것이고 차라리 안개마을에서 나영희가 했으면 어울렸을 것이라고 회상했다. 작가는 마지막에 "개쌍년!"이라는 대사로 끝내고 싶었는데, 제작자인 정진우 감독이 주인공에 대한 예의가 아니라고 해서 삭제되었다고 한다.

코리아(구 명동)극장에서 2주간 상영하였다는데 909명의 기록은 임권택 감독 영화 중 최악의 관객 동원 기록이다. 물론 〈짝코〉같이 그 이하의 흥행 기록도 있기는 하다. 그 경우도 외화 쿼터를 받기 위해 제작되었고 신문광고 없이 상영된 케이스이다. 그러나 극장에 있던 십여 명의 관객들이 기립 박수를 쳤던 기억이 있다.

동시녹음 전문회사인 우진필름이 저예산으로 만든 B급영화에 그는 그 시대의 고민을 담아냈는데, 임권택 감독은 페데리코 펠리니 감독의 〈길〉을 염두에 두고 만들었다고 한다. 두 사람은 이미 〈짝코〉와 〈우상의 눈물〉을 함께 만들었고 이후 〈안개마을〉과 〈길소뜸〉 등을 만든다. 〈길〉은 그 시대 활동하던 영화인 사이에서 많이 회자되던 영화다. 필자도 그 영화의 영향을 받았고, 이미 이만희 감독의 〈삼포가는 길〉이나 윤삼육 감독의 〈참새와 허수아비〉 등이 헌정영화라고 할 수 있다.

▬ 〈동귀喜神保仇〉 1983

장철 감독이 그의 나이 60세에 '홍콩장하영업유한공사香港長河影業有限公司'라는 영화사를 만들고 제작·감독한 영화다. 정천사, 서중비, 이중일, 이검생, 강생, 녹봉이 출연하였다. 대만 상영은 되지 않았고 홍콩에서만 1983년 10월 1일에 개봉되었는데, 이는 쇼브라더스 제작의 〈신통술여소패왕〉이 1983년 5월에 늦개봉된 지 5개월 만이다. 1975년 이후 줄기차게 세 편에서 다섯 편씩 만들어 오던 장 감독은 처음으로 이해에 이 영화 단 한 편만을 만들었다. 성룡의 영화가 인기를 끌었던 시절인데 나유, 오사원 감독의 전성기며 홍콩영화의 전성기였다. 사랑하는 애제자부성마저 타계하여 그의 곁을 떠나 더욱 쓸쓸했을 해이다. 흥행감독 장철은 새삼 영화 제작의 어려움을 실감했을 것이다.

■ 〈낮과 밤〉 1984

이두용 감독이 1983년에 〈여인 잔혹사 물레야 물레야〉를 완성한 후 해외 로케이션으로 만든 영화이다. 배석인 감독의 〈팔도강산〉의 글로벌 버전이다. 흥행에는 실패했지만 장민호, 문정숙, 신일룡, 원미경 등 우수 연기자들이 총출연하였다. 해외 로케이션이 쉽지 않았던 시절, 완성도까지 높이기에는 한계가 있었던 것 같다.

■ 〈비구니〉 1984

제작 중단된 〈비구니〉가 발굴, 복원되어 2017년 전주국제영화제에서 보았다. 이제 편집되어 38분 30초만 남아있는 김지미 출연의 이 영화는 그야말로 안타깝기 그지없다. 필자는 당시 영화진흥공사의 추천으로 임권택 감독의 연출부로 일하며 군홍보영화 〈이명수 특공대〉 제작 이후 이 영화에 투입되었다. 당시 상황은 어제 일처럼 생생하게 기억이 난다. 그만큼 내게도 가슴 아픈 일이기 때문이다.

그해 3월 9일 시나리오가 탈고되었고, 3월 31일 제작사는 조계종에 시나리오를 제출하여 자문을 구했다. 그리고 같은 해 4월 6일 크랭크인을 하여 설악산, 수안보 일대에서 순조롭게 촬영했다. 설경 신을 놓칠까 봐 설악산에서 눈 내리기를 기다리며 대기하다가 서울로 왔다가 눈이 내린다는 소식을 듣고 다시 설악산으로 가기도 했었다. 당시 오스트리아 빈에서 미 대사관으로 탈북한 신상옥 감독의 뉴스를 촬영버스 안에서 듣고 모든 사람이 환호했던 기억도 난다.

이 영화는 전체 분량의 반 정도가 촬영되었을 무렵, 동국대학교 비구니들의 데모로 발단되어 언론에 보도되기 시작했다. 6월 10일, 조계종에서는 제작 중단 요구 성명을 발표하였다. 그리고 시국이 시끄러워지는 것을 우려한 군부 정권은 이 영화의 제작 중단을 종용하였다. 결국 제작사인 태흥영화사는 같은 해 6월 12일 제작 포기를 공식 발표하였다.

이는 분명 제작사의 의지가 아닌 외압에 의한 것이었다. 이태원 제작자는 이 영화를 대만에 가서라도 마저 촬영하여 완성하려는 의지가 있었다. 그러나 그렇게 끝이 나버렸다. 제작팀은 해산되고 임권택 감독은 긴 슬럼프에 빠진다. 감독뿐만이 아니었다. 이 영화의 시나리오를 쓴 송길한 작가와 삭발하며 연기 투혼을 불사른 김지미 배우에게도 정신적으로 심한 충격을 주었다.

물론 이 세 명만이 그러한 것은 아니었다. 관여된 모든 이에게 트라우마를 안겼을 것이다. 이태원 제작자는 수억 원의 빚을 지고 집에 빨간딱지가 붙을 정도였다니 더 말할 필요도 없이 정신적, 물질적 피해를 보았던 것이다. 임권택, 김지미는 전주국제영화제에서 공개 시사 후 이 영화를 완성하지 못하여 여러분들에게 피해를 입혔다며 죄송하다는 말을 남겼는데 이게 어찌 그들의 잘못일까?

그들은 〈비구니〉를 머리에서 지워버리고자 모여 여행을 했다고 한다. 그리고 강원도 속초의 다방에서 본 티켓 소재에 착안하여 영화 〈티켓〉으로 다시 한번 호흡을 맞추어 또 다른 걸작을 탄생시켰다.

이 영화의 제작을 위해 김지미 배우는 지미필름을 설립했다. 김지미 배우는 지미필름을 통해 여덟 편의 영화를 제작하며, 영화로 번 돈 영화에 다 썼다고 말한다. 그의 첫 수입작 베르나르도 베르톨루치 감독의 〈마지막 황제〉가 대박이 나서 번 돈을 이장호 감독의 〈명자 아키코 쏘냐〉에 다 쏟아부었다. 〈명자 아키코 쏘냐〉의 흥행은 참담했다. 김지미 배우는 남들이 겪지 않은 영화 인생을 통해 정말 많은 것을 달관한 배우이다.

전주국제영화제에서 다시 본 〈비구니〉는 정말 걸작이었다. 전체적으로 불충분한 장면이 많았고 더구나 사운드필름 소실로 무성無聲이지만, 신기하게도 전체 메시지 이해에는 모자람이 없다. 그 정도가 아니라 열정과 투혼이 고스란히 전달되며 높은 완성도를 보여준다. 어떻게 촬영 중단된 영화가 이런 완성도를 보여주는지 의아할 뿐이다. 이건 내가 이 영화의 스태프로 참여해서 하는 이야기가 아니라 영화인의 한 사람으로 느낀 소감이다.

▬ 〈세설細雪〉 1983

〈세설〉은 다니자키 준이치로의 소설을 원작으로 한 이치가와 곤 감독의 영화이다. 오사카에 사는 마키오카 가문의 네 자매의 일상을 TV 드라마 스타일로 그려낸 가족 이야기이다. 네 자매와 가족 구성원 간의 일상 속에 그녀들의 사랑과 삶을 잔잔히 그리고 있다. 140분간 각기 다른 상황의 네 자매를 통해 가족 간의 갈등과 자신의 삶을 개척해 나가는 내용을 일본영화답게 아기자기하게 그려내고 있다.

이치가와 곤 감독은 여러 장르를 넘나들며 영화를 만들었다. 그는 구로사와 아키라 감독처럼 가장 일본적인 소재를 주제로 하며 개성을 살리지 않았고 오즈 야스지로처럼 일본인들의 애환과 정서를 자신만의 개성으로 하지 않았다. 하지만 아무런 구애 없이 사극과 드라마, 스릴러 장르를 넘나들며 장르를 구분하지 않고 만들고 싶은 영화를 자유롭게 만들었다. 그러다 보니 차별화되지 않고 다소 거장들의 순위에서 밀리는 듯한 느낌이다. 그렇지만 그야말로 일본인들의 속성을 날카롭게 보여주며 일본인다운 대중영화를 추구한 일본영화계에 거장임에 틀림없다.

애니메이터(만화영화기술자)로 영화계에 입문해 1956년 〈버마의 하프〉로 국제적인 명성을 얻었고, 2008년 2월 13일에 타계하기 전까지 꾸준한 활동을 해왔다. 국내에서 일본통으로 알려진 고영남 감독이 〈미리, 마리, 두리, 우리〉라는 영화를 만들었는데, 이 영화 〈세설〉에서 힌트를 얻은 것이 아닐까 싶다. 고영남 감독의 영화는 최민희, 유지인, 강수연, 하희라 등이 출연해 네 자매의 갈등을 잘 보여주었다.

고영남 감독 역시 여러 장르를 넘나들며 영화를 제작한 감독이라 두 감독이 닮은 점이 많다는 생각이 든다. 이건 나의 생각일 뿐이지만 고 감독은 그려내고자 했던 주제를 『설국』, 『빙점』 등의 일본문학에서 많이 찾았고, 이치가와 곤 감독도 문예영화 감독답게 일본문학을 각색해 많은 영화를 만들었다.

━ 〈안개마을〉 1983

화천공사 제작, 송길한 각본, 정일성 촬영, 임권택 감독, 정윤희, 안성기, 진봉진 출연작이다. 이문열 원작의 『익명의 섬』을 송길한이 각색하였다. 1982년 봄부터 겨울 사이에 17회차로 촬영을 마쳤지만 완성도는 높다.

어느 시골 씨족 마을로 전근을 간 여교사 수옥은 마을의 괴청년 깨철을 만난다. 깨철은 일종의 탈출구로 필요악 같은 존재였다. 수옥은 처음에 깨철의 존재에 대해 의문을 갖지만, 여러 일을 목격하며 차츰 깨철의 존재에 대해 알게 된다. 그러던 중 약혼자의 방문 약속이 깨지던 날 방앗간에서 깨철에게 강간을 당하지만, 그녀 또한 마을 아낙처럼 그의 필요성을 알게 된다. 인간 사회의 익명성과 원시적 성

본능을 보여주고 있다.

선선히 받아들일 수 없는 메시지를 주는 영화지만, 영화는 판단을 관객에게 맡긴다. 〈만다라〉 이후 임권택 감독과 호흡을 맞춘 정일성 촬영의 영상미가 뛰어나다.

■ 〈여인 잔혹사 물레야 물레야〉 1983

한림영화사 제작, 임충 각본, 이두용 감독, 이성춘 촬영, 차정남 조명, 이경자 편집, 정윤주 음악, 원미경, 신일룡, 최성관, 문정숙, 현길수, 태일 출연작이다.

이 영화를 보고 난 후의 적막감을 잊을 수 없다. 이두용 감독의 절정의 연출과 이경자 편집의 예리함이 나의 온 신경을 자극했다. 같은 해 이경자 편집감독과 함께 나의 단편영화 〈맥〉을 편집하며 죽은 필름에 생동감이 넘치는 활기를 일찍이 경험했기에 더욱 이경자표 편집이 강렬하게 와닿았다. 물론 편집이란 감독의 연출한 필름이 있기에 가능한 일이다. 그만큼 감독의 연출이 뛰어나고 원미경, 신일룡이 보여주는 연기 역시 백미다.

시나리오를 쓴 임충 작가는 충무로에서 조감독 활동 후 신봉승 작가에 의해 방송국으로 자리를 옮겨 작가로 대성했다. 그런 그가 이 시나리오를 쓰고 대종상을 목표로 한 한림영화사에 의해 영화화된 것인데, 당연히 각본상 감인 것은 부정할 수 없다.

도입부에 길례가 팔려가는 흑백 장면이 길례의 회상으로 펼쳐지는데, 도입부부터 이 영화가 심상치 않음을 보여준다. 영화의 백미는 씨내리를 통해 그토록 바라던 아기를 출산하고 남편으로부터 선물을 받는 장면이다. 가부장적이고 완고한 양반 가문의 관례는 잔인하기 이루 말할 수 없다. 남편의 선물 은장도를 거부하고 스스로 목을 매는 장면은 조선 여인의 마지막 항거이다. 여인의 맺힌 한을 보여주는 엔딩의 칼부림 비전도 영화가 보여주고자 하는 비정함으로 영화가 끝나고도 쉽게 일어설 수 없게 만든다. 당연히 칸느가 주목할 만한 영화이다.

■ 〈인간시장〉 1983

〈인간시장〉은 소설로 인기리에 판매되었고 영화로는 김효천 감독이 2편까지 제작하였다. 그리고 주인공을 맡은 진유영이 뉴버드프로덕션을 설립해 두 편을 더 만들었다. 소설의 판매량에 미치지는 못했지만 영화로 4편까지 제작되었다는 것으로 보아 원작의 인기를 실감할 수 있다. 장총찬이 사회의 불의에 과감히 맞서 싸우는 활극담은 독자들의 대리 만족감을 충족시켜 주기에 충분한 소재이다.

영화에서 진유영이 주인공을 맡아 관객을 대신해 사회악에 맞서 시원한 이미지의 연기를 선보였다. 각 시리즈는 사회의 어두운 면인 보육원, 제비족, 유괴범 등을 소재로 해결사 장총찬이 나서 사회악을 제거하는 사회파영화로 만들었다.

이 시리즈는 지금도 영화화가 가능하며 오히려 요즘 시대에 더욱 필요한 영화일 것이다. 1980년대는 에로티시즘 영화가 만개했던 시기이기도 하지만, 이러한 사회파 영화가 많이 만들어졌다. 당시는 5공 시기로 각종 해금으로 인한 자유 만끽과 지존파 등 사회악이 만연하여 그만큼 어두운 시대였다.

시리즈 1편은 〈인간시장, 작은 악마 스물 두 살의 자서전〉이며 2편 〈인간시장 2, 불타는 욕망〉이 1985에 만들어졌다. 3편은 1989년에 〈89 인간시장 오! 하나님〉, 4편은 1991년에 〈인간시장 3〉라는 제목으로 만들어졌다.

■■■ 〈오랑팔괘곤五郎八卦棍〉 1983

쇼브라더스 제작, 유가량 감독, 예광 각본, 유가휘, 부성, 유가량, 유가영, 혜영홍, 이려려, 왕룡위, 고비 출연작이다. 송나라 시절, 양오랑의 스토리에서 따온 영화로 부성이 촬영 중 사망하며 유가휘의 단독 주연으로 내용이 바뀌었다.

도입부에서 나라의 충신인 양예의 7형제가 반역도인 타타르족 판메이와 싸워 둘만 살아남는다. 부친의 처참한 죽음을 목격한 6랑 부성은 미쳐버리고 5랑 유가휘는 구사일생으로 살아남아 오대산 사찰에서 승려가 된다. 그가 승려들의 도움을 받아 판메이에게 복수를 하는 내용으로, 창이라고 생긴 무기를 총동원하여 봉술을 가장 잘 보여주는 영화다.

〈소림36방〉 이후 방장 스님 역으로 고비가 출연하고 유가휘 감독이 타타르족으로 직접 출연하여 무술 솜씨를 보여준다. 유 감독은 출연뿐만이 아니라 원화평 감독의 코믹쿵후와 다른 면을 부각시키기 위해 정교한 연출을 시도하는데, 방장 스님과 태극 무늬에서의 대결, 대나무 더미를 이용한 액션신, 관 설정의 액션 연출 등 특이한 설정을 많이 시도하였다. 그만이 보여줄 수 있는 독창적인 연출이다. 그것은 그가 무술감독 출신이기 때문에 보여줄 수 있는 장면들이다. 그래서 영화는 전체적으로 활기차고 생동감이 넘친다. 엔딩에서 복수를 마친 5랑은 여동생(혜영홍)의 귀가 권유를 뿌리치고 출세(세상으로 나아감)를 한다.

조연으로 출연한 부성은 1954년생으로 29세에 이 영화에 출연하였다. 그는 이소룡이 살던 집을 인수하여 살았는데 스타이기 이전에 이소룡의 팬으로서 이소룡의 거택을 인수하였을 것이다. 그런 그가 그 집에서 생을 달리한다. 평소 타던 오토바이를 타고 나가 벌어진 사고였는데 그만 29세에 불귀의 객이 되고 말았다.

부성은 불운의 스타이다. 원화평 감독의 코믹쿵후 〈사형도수〉도 그가 주인공으로 내정되어 있었는데 성룡에게 빼앗겼다. 이전에 이미 그가 보여준 영화들은 코믹쿵후의 원조였다. 그가 죽고 난 뒤 성룡의 인기는 탄탄대로였다. 성룡의 〈취권〉은 한국에서도 그러했지만 홍콩에서도 대성공하여 세계 무술배우 판도를 완전히 바꾸어 놓았으니 지하의 부성은 어떠했을까?

━ 〈이자카야 쵸지居酒屋兆治〉 1983

후루하타 야스오 감독, 출연은 다카쿠라 켄, 가토 도키코, 오하라 구니에, 이타미 주조이며, 러닝타임은 125분이다. 〈역〉 발표 이후 다시금 홋카이도를 배경으로 한 후루하타 야스오, 다카쿠라 켄 콤비의 영화다. 이자카야는 서민들의 즐겨 찾는 작은 술집이다. 주인공은 조선소에서 실직 후 선택의 여지없이 이자카야를 차리게 된 쵸지이다.

쵸지는 평범한 소시민으로 꿋꿋이 가게 운영의 어려움을 견디어 내는데, 그의 첫사랑 여인이 그를 잊지 못하고 그리워한다. 그를 향한 끝없는 사랑은 정신병 수준인데, 결국 그녀는 가정마저 포기하고 술집에 취직하며 자신을 학대한다. 결국 여인은 과음으로 인한 급성 질환으로 죽음을 맞게 된다. 쵸지는 이마저도 자신이 극복해야 할 일로 생각하고 스스로 각오를 다진다. 다소 어색한 설정이지만 다카쿠라 켄의 진정성 있는 연기는 이러한 어색한 설정마저도 뛰어넘는다. 하지만 그렇다고 영화의 완성도가 살아나는 것은 아니다.

다쿠카라 겐은 강직하면서도 극기하는 일본 남성의 전형이다. 다소 지루한 드라마를 보는 느낌을 지울 수 없지만, 대배우의 저력으로 끝까지 영화를 지탱해 주는 힘을 가졌다. 후루하타 야스오 감독의 엔카 사랑은 이 영화에서도 보이는데, 수많은 엔카가 소개된다.

━ 〈차이나타운〉 시리즈 1984

이 시리즈는 박우상 감독 작품으로 미국 올로케이션으로 촬영한 영화이다. 정준, 필립 리 주연작으로 국내 흥행에는 실패하였어도 미국에서는 화제가 되었던 시리즈이다.

박우상 감독은 국내에서 바비 킴, 권영문 주연의 무술영화를 감독 후 미국으로 건너가 태권도장을 운영하던 중 미국영화계에 데뷔하게 된다. 첫 편은 강대희 주연의 스페인영화였고 이어 이 시리즈 첫 편을 감독하게 된다. 이 영화 촬영 후 국내에서 김영일, 이준구 주연으로 〈돌아온 용쟁호투〉를 감독하였지만, 흥행은 신통치 않았다. 다시 미국으로 건너가 만든 이 시리즈는 저예산 독립영화 스타일이었고 한국시장에 선보일 수 있었다. 그 후 박우상 감독은 이승준 주연으로 〈제이슨 리〉를 필리핀 로케이션으로 촬영하였는데, 스케일이 큰 이 영화는 촬영 중간에 무산되어 아쉬운 영화로 남아있다.

이 영화에 출연하였던 필립 리는 지금도 이 영화를 떠올리며 아쉬워한다. 박우상 감독은 국내보다는 해외에서의 활동으로 국내 평론가들에게는 전혀 언급된 바 없다. 그는 재조명받아야 할 감독이며 이 시리즈는 그의 대표작이라 해도 손색이 없다. 박우상 감독은 액션영화로 데뷔 후 바비 킴, 권영문, 이관영, 이준구, 김영일, 정준, 필립 리, 유승준, 신현준 등 수많은 (액션)배우와 함께했다. 한국에 많은 액션영화 감독이 있었지만 그만큼 많은 배우와 함께한 이도 드물다.

━ 〈쾌찬차快餐車〉 1984

하관창 기획, 레이몬드 초우 제작, 성룡, 홍금보, 원표, 로라 포머, 우마, 엽덕한, 케이스 비탈리 출연작으로, 1985년 1월 1일에 개봉했고 2015년 5월 14일에 재개봉했다. '쾌찬차'는 '빠른 음식을 파는 푸드트럭'이라는 뜻이다. 요즘은 흔해졌지만 예전 우리나라에서는 생소한 말이다. 이 영화는 스페인의 중국인들이 운영하던 쾌찬차의 두 젊은이와 한 사립탐정 퐁보의 모험담이다.

토마스(성룡)와 데이빗(원표), 두 젊은이는 한 집에 살며 쾌찬차를 운영하는데, 어느 날 실비아(로라 포머)를 만난다. 그녀는 절도가 익숙한 미모의 여인으로 절도는 그녀의 생활 방편이자 남자 퇴짜 놓기의 방편이다. 그녀의 엄마가 요양원에 들어가며 열네 살 때부터 혼자 살아가며 터득한 방법이다. 한편 매트 탐정사무소에서 일하던 모비(홍금보)는 실비아를 찾아달라는 의뢰를 받고 그녀를 찾아 나서는데, 토마스와 데이빗을 만나 그녀를 추적한다. 그녀가 백작의 딸로 백작의 동생 몬데일의 모략으로 납치된 것을 알고 그들은 로바스 백작의 성에 잠입하여 악당들을 물리치고 실비아를 구해낸다.

마드리드의 중심가 광장, 거지촌, 가우디 성당, 로바스 백작의 성 등에서의 멀티 코믹 액션신으로 재미를 주며 황금 트리오의 활약을 보여준다. 그러나 인기는 나누어 줄 수 없는 것으로 이후 트리오는 〈하일복성〉, 〈복성고조〉 등의 영화에 함께 출연하지만, 성룡은 파트너를 알란탐, 유덕화, 왕우, 양조위로 바꾸며 신작 출연을 하고 해외 진출하며 각자의 길을 걷는다. 후원사인 미쓰비시의 광고를 노골적으로 보여주어 눈엣가시이다.

■ 〈펑꾸이에서 온 소년風櫃來的人〉 1983

후효현侯孝賢(허우 샤오시엔) 감독의 제6회 낭트 3대륙영화제 그랑프리 수상작이다. 주천문 각본, 건호천 촬영, 유승택, 차오 펑추에, 장세, 탁종화 출연작이다. '펑꾸이'는 대만의 어느 시골 섬마을이고 '소년'은 이곳에 사는 아청을 가리키는데, 정확히 말하면 청소년이다. 이는 영어 제목인 〈The Boys from Fengkuei〉를 직역하다 보니 생긴 오류이다.

주인공 아청의 아버지는 야구공에 맞아 백치가 되어 먼바다만 쳐다보며 먹여주는 밥만 먹으며 함께 살고 있다. 아청은 사춘기를 벗어났지만 아직은 매일같이 불만이 쌓여 사고를 치고 엄마의 눈 밖에 났다. 그의 친구들이라고 별다르지 않은데 모두 학교에 다니다 중퇴하고 군 입대를 앞두고 있다. 자신들의 처지에 대한 불만과 미래에 대한 불안감이라는 공통분모의 네 청년은 취직할 요량으로 고향보다 번화한 카오슝으로 무작정 간다. 하지만 그곳이라고 만만치는 않다. 마땅치 않아하는 누나에게 취직을 부탁해 공장에 취직하지만, 차라리 장사하는 게 낫다며 친구 둘은 거리로 나선다. 사기꾼에게 당하고 이웃 젊은 부부의 이별을 지켜보며 아청은 고향으로 돌아갈 것을 결심한다.

이 영화는 임순례 감독의 〈세 친구〉를 연상시키는 대만 청년들의 유쾌한 성장통영화다. 물론 이 영화가 〈세 친구〉보다 훨씬 전에 만들어졌고 감독의 자전적 색채가 담긴 영화라고 한다. 영상자료원에서의 상영본은 마틴 스코세이지 감독이 설립한 '필름 파운데이션'이 월드 시네마 프로젝트의 일환으로 벨기에국립시네마테크와 후효현 감독이 함께 참여해 복원한 4K 디지털 리마스터링 버전이다.

━ 〈프로젝트 A_{A計劃}〉 1983

등경생·성룡 공동 각본에 성룡 감독·주연작이다. 원표, 홍금보, 적위, 태보, 우마, 권영문이 출연하였다. 골든하베스트는 큰 규모의 이 영화를 기획하고 유사 영화 제작을 우려해 비밀리에 'A프로젝트'라고 하며 제작을 비밀리에 진행해 결국 이 영화의 제목이 된다.

홍콩 개항 초에 해적 소탕에 라삼포 섬으로 아룡(성룡)이 속한 해경이 출동한다. 그러나 실적은 없고 해경과 육경 간에 싸움이 벌어져 해경은 해산되어 특별기동대로 재편된다. 아룡은 장삼의 체포를 위해 귀인 클럽으로 출동하나 적과 내통 중인 척 대장이 훼방을 놓자 사직 의사를 밝히고 장삼을 체포한다. 이후 아룡은 해적에게 총을 파는 척 대장을 혼내주고 가짜 주영령 행세를 하여 라삼포로 잠입해 해적들의 본부를 초토화하고 해적을 소탕한다.

성룡, 원표, 홍금보 골든트리오의 영화로 골목길 자전거 묘기나 시계탑에서의 추락 장면 등 대중적인 호평으로 흥행에 성공하며 1987년에 〈프로젝트 A 2: A계획 속집〉이 만들어진다. 동화 같은 유쾌한 액션 모험극이다. 한국배우 권영문이 해적 소두목으로 단역 출연한다.

━ 〈영웅무루_{英雄無淚}〉 1984

초원 감독, 부성 배우가 출연한 무협영화이다. 그리고 이 영화 제목을 오우삼 감독이 1983년에 다시 사용하면서 캄보디아 국경지대의 마약단을 소재로 만들었다. 그러나 엔딩이 미제작되어 개봉이 연기되다가 1984년 완성되어 개봉되었다.

그런데 이 영화는 한국에서는 신위균·오우삼 공동 감독작의 〈구사일생〉이라는 합작영화로 개봉되었다. 이는 물론 위장합작이다. 오우삼 감독이 〈영웅본색〉을 만들기 이전에 만들어 그의 누아르영화를 예고했던 영화로 추정될 뿐이다. 그런데 한국 버전에 한국배우들이 출연한 것으로 되어있는데, 오리지널 필름에는 없을 장면들이다. 어떻게 이런 일이 있을 수 있는지 영화를 보고 싶어도 현재는 필름도 없고 확인이 불가능하다. 한국영상자료원에는 포스터 및 스틸, 시나리오 등이 남아있다.

■■ 〈흐르는 강물을 어찌 막으랴〉 1984

우진필름 제작한 임권택 감독 영화로 시네마스코프, 114분이다. 갑작스럽게 우수영화 쿼터가 필요해 두 계절 만에 만들어진 영화이다. 결국 쿼터를 받기 위해 제작된 영화라 할 수 있다. 오히려 흥행 생각을 하지 않고 이런 영화를 찍을 수 있다는 건 역설적으로 행운이다. 태흥영화사에서 1983년 〈비구니〉의 촬영이 중단된 후 1984년, 우진필름에서 여름부터 가을까지 촬영하였고 그해 겨울에 개봉되었다. 내용은 이미 TV 드라마로 만들어진 고전소설 『윤지경전』이다.

조선왕조의 연산군 이후 중종 시절 윤지경은 연화를 사모하여 그녀와 혼례식을 올리던 중 왕명에 의해 연성옹주와 혼인을 하게 된다. 지경은 끝내 이 혼인을 거부하고 연화를 찾지만, 그녀는 호수에 빠져 죽는다. 그의 아버지 최 참판마저 죽고 지경은 최 참판의 묘를 찾았다가 죽었다던 연화를 다시 만난다. 그녀는 지경과의 관계를 끝내기 위해 거짓 죽음을 소문내었던 것이다. 지경은 연화와 깊은 산속으로 도망하여 꿈같은 시간을 보내나 결국 함께 자결하며 사랑을 끝맺는다.

누군가의 말처럼 지금으로써는 정말 옛날 영화의 스토리지만, 임권택 감독의 특유의 영상미를 보이며 일본 평론가를 놀라게 했다고 한다. 호의적으로 보면 놀랄 일이지만 다소 처지는 스토리와 설득력 없는 전개일 뿐이다. 조용원이 연화 역을 맡았고, 〈여인 잔혹사 물레야 물레야〉의 임충이 각본을 맡았다.

■■ 〈강시선생殭屍先生〉 1985

골든하베스트 출품, 홍금보 제작, 유관위 감독. 임정영, 허관영, 누남광, 항하, 원화 출연작이다. 〈귀타귀〉 이후 강시영화가 봇물 터지듯 제작되는데, 성인용 강시영화 시리즈의 기점이 되는 영화이다.

마을의 유지인 임씨의 부친은 풍수지리사의 원한으로 묏자리를 잘못 써서 부친이 강시로 변한다. 다분히 중국의 장례 문화를 영화적으로 가공한 내용인데, 장의사인 구숙은 마을에 나타난 강시와 귀신을 상대로 물리치는 무용담이다. 허무맹랑하지만 적당한 창의력으로 포장되어 한여름을 즐기기에는 괜찮은 영화이다.

이 영화는 소재가 강시일 뿐 강시와 무협이 퓨전화(혼합)된 무예영화의 한 경향으로 구분할 수 있다. 이후 강시영화 장르는 아동용 강시영화인 〈헬로 강시〉 등의 영화로 분화된다. 한국에서의 흥행 성적도 좋아 이런 영화들은 합작영화 형태로 개봉되었다.

━━ 〈A.K.: 구로사와 아키라의 초상A.K., ドキュメント黒澤明〉 1985

프랑스 크리스 마르케 감독의 71분짜리 영화로, 〈란〉의 제작 과정을 담은 다큐멘터리이다. 메이킹필름인 이 다큐멘터리는 이 영화의 몇 가지 키워드인 속도, 인내, 말, 비, 불, 안개 등으로 단락을 나누어 영화의 제작 과정을 소개하고 있다.

구로사와 아키라 감독은 알려져 있다시피 신과도 같은 감독이다. 그것은 그가 가진 카리스마 때문이기도 하지만 그가 추구하는 완벽성 때문이기도 하다. 어떤 감독이든 구로사와가 되고 싶어 하지만 누구도 구로사와일 수는 없다. 더구나 1943년 〈스가타 산시로〉로 데뷔해 40년을 넘게 연출해 온 감독이니 어떤 장면이든 쉽게 찍을 리가 없다.

그러니 배우는 물론 함께하는 제작진들이 힘들지 않을 수 없다. 아는 것 많고 경험 많은 구로사와의 주문은 까다로울 수밖에 없어 배우들은 항상 초긴장 상태였다. 엑스트라들에게도 직접 이것저것 주문을 해댄다고 한다. 물론 현장은 전쟁터를 방불케 하고 감독은 무표정한 얼굴로 자신의 감정을 선글라스로 가리며 이것저것을 지시한다. 전쟁의 사령관에 불과하다. 많은 감독이 그러하겠지만 그의 현장에선 더욱더 그렇다. 시대극이며 대작이기 때문만은 아니다. 바로 실험적이면서도 완벽을 추구하는 그의 영화관 때문이다. 게다가 촬영지인 후지산의 날씨는 변덕스럽기 짝이 없고 수시로 끼는 안개는 촬영을 중단시키기 일쑤이다. 미국에서 공수해 온 말들이 용케 버텨주는 것이 천만다행일 정도다. 말들도 촬영 현장인 것을 아는 것일까?

촬영은 8개월을 끌며 겨울철로 접어드는데 설경이 되어서는 안 되는 상황이므로 촬영진을 초읽기에 들어간다. 이 영화는 그 누가 맡아도 쉽지 않았을 건데, 구로사와 감독이 연출하니 지지부진의 속도였을 것이다. 그러나 그이기에 이 영화를 마쳤다는 것이 올바른 표현일 것이다. 그와 함께 영화 현장을 누볐던 경험 많은 전속 제작진이 참여해도 이럴진대 영화 촬영의 어려움이 고스란히 담겨있다. 하지만 그에게도 불가능이 없지는 않았다. 영화 제작이 안 되었던 시절 그는 자살을 시도하기도 했다. 불같은 그의 그런 성격을 아는지라 온 제작진들은 최선을 다하고 있다. 그로서는 이 영화를 그의 분신과도 같은 영화라고 생각했고 그의 대표작으로 만들기로 작심했었을 것이다.

극 중에서 황금 달빛에 빛나는 갈대를 찍기 위해 갈대를 꺾어와 황금 칠을 하는 장면이 소개되는데, 본편에는 이 장면이 편집되어 빠졌다. 그야말로 광기에 가까운 집념이다. 그것을 누가 말릴 것이며 욕할 것인가? 구로사와이기 때문에 가능한 것이고 편집에서 빠질 수 있는 것이다. 〈란〉이 그의 대표작임을 부정하는 이는 많지 않을 것이다. 말년의 연출작이지만 그의 영상 실험은 끝이 없다.

▬ 〈돌아이〉 1985

이두용 감독이 〈해결사〉 이후 다시 액션영화를 만들었는데, 당시 〈스트리트 오브 파이어〉라는 영화가 국도극장에서 개봉되고 얼마 후에 기획되었을 것 같다는 생각이 든다. 그 정도로 두 영화는 어딘지 모르게 분위기가 비슷하다. 음악을 배경으로 하고 여가수(걸 그룹)가 등장하는 부분이 비슷하다는 이유 때문만은 아니고, 〈스트리트 오브 파이어〉의 남주인공인 마이클 파레가 겪는 상황이 전영록이 겪는 스토리라인과 유사하기 때문이다.

〈스트리트 오브 파이어〉에서 마이클 파레는 여가수 다이언 레인의 전 애인으로서 그녀를 악당들로부터 구해내는 설정이고, 〈돌아이〉에서 전영록은 걸 그룹의 매니저로서 그녀들의 보호자로 바뀌었다. 전영록의 캐릭터 때문이기도 하겠지만 이소룡 분위기를 흉내 내면서도 성룡의 영화처럼 코믹한 이미지의 액션영화로 만들어졌다.

1985년은 실베스터 스텔론의 전성시대다. 〈람보〉 시리즈 및 〈록키〉 시리즈의 성공으로 그는 세계적으로 대표 액션배우가 되었다. 〈돌아이 2〉에서는 실제로 〈람보〉 시리즈의 화면이 소개되고 그를 패러디한 장면이 여과 없이 연출된다. 아시아권에서는 성룡 주연의 코믹 액션영화가 계속 흥행에 성공하며, 신예 이연걸이 인기를 끌기 시작했다. 아직은 〈영웅본색〉 등의 홍콩 누아르영화가 소개되기 전이고 코믹 액션영화가 전성기였다.

〈돌아이〉는 이런 배경에서 전영록을 주인공으로 기획된 영화다. 그야말로 이소룡을 패러디한 성룡 유의 코믹 액션영화를 연기할 적격자였던 것이다. 그러나 황정리 등의 악역 전문 배우가 뒷받쳐 주지 못한 것이 아쉬운데, 황정리 배우는 귀국 후 자신이 주인공인 영화를 직접 감독하였기 때문이다. 〈돌아이〉는 전영록이 자신의 개성을 살리면서도 성룡 분위기를 선보여 속편이 기획되었다. 지금 보아도 무리 없는 영화로 2편보다는 훨씬 잘 만들어진 영화다.

■■ 〈란亂〉 1985

구로사와 아키라 감독이 〈카게무샤〉 이후 다시 한번 시대극 대작을 연출하였고 그의 마지막 시대극이 되었다. 러닝타임은 162분이다. 권력에 집착하는 인간 군상을 통해 전달하는 허무함이라는 주제를 뚜렷한 색조감으로 표현한 감독의 노작이다. 역시나 이 영화는 스크린을 통하여 보니 이전에 작은 화면으로 보았던 비디오로는 느낄 수 없는 감동이 있었다. 내용은 셰익스피어의 『리어왕』을 각색한 것으로, 전국 시대 군주인 이치몬지 히데토라(니카다이 다쓰야)가 성주의 자리를 장남에게 상속하며 벌어지는 가족 간의 대분란을 그리고 있다.

장남은 아버지에게서 완전한 권력을 획득하길 원했고 아내 가에데(하라다 미에코)의 사주에 따라 히데토라에게 권력의 이양을 최후통첩하고, 차남마저도 히데토리를 배신하는 동시에 형마저도 죽이며 권력욕의 화신으로 변한다. 이 와중에 히데토라는 미쳐서 광야를 헤맨다. 가에데는 새로운 권력자인 시동생을 자신의 손아귀에 넣어 파멸의 길을 유도하고 히데토라는 결국 막내아들에 의해 발견되지만, 두 사람마저 적군에 의해 죽임을 당하고 만다.

이 모든 계략은 가에데의 각본에 의한 것이고 그녀에게는 억울한 죽임을 당한 자신의 아버지를 대신한 복수극이었다. 결국 히데토라 가문은 그녀의 의지대로 파멸하고 만다. 권력이란 참으로 무상하다는 것을 보여주며 권력을 둘러싼 이전투구를 실감 나게 보여주는데, 극 중에서처럼 세 아들을 둔 김정일이 이 영화를 보고 후계자 지명을 섣불리 하지 않는다는 후문도 있다.

권력자의 막내아들이 후계자가 되는 상황이 많은데 장남은 언제나 견제 대상이기 때문이다. 인간사에 대한 감독의 깊은 통찰력으로 〈거미성의 집〉 이후 흡사한 주제로 권력과 집권욕에 대한 냉철한 시각을 보여주고 있다.

〈란〉은 보기 드문 완성도를 가진 대작으로, 헤럴드에이스와 그리니치필름프로덕션의 공동 제작으로 프랑스의 자본이 투자되었다. 영화는 8개월에 걸쳐 후지산 기슭에서 촬영되었는데, 노장의 유감없는 창작욕을 보여주고 있다. 미국 아카데미영화제에 4개 부문 후보로 올랐지만 의상상만을 받았다. 아카데미 위원회가 보수적인 감독에게 보수적인 결정을 한 셈이다. 수많은 미국 팬을 위시하여 프랜시스포드 코폴라, 조지 루카스, 스티븐 스필버그 등 유수의 감독들도 아카데미의 결정에 큰 힘이 안 되었던 모양이다.

1989년, 그가 80세가 되어서 아카데미영화제는 그에게 평생공로상을 주었다. 그는 수상 소감에서 "아직도 영화가 뭔지 모르겠다"라고 말하며 소회를 밝혔다. 이 영화는 감독의 생애를 통해 성찰한 모든 것을 쏟아부어 그의 사상과 영상미학을 고집스럽게 추구하며 담아낸 그의 최고작임이 분명하다.

▬ 〈벽력십걸霹靂+傑〉 1985

쇼브라더스 제작, 유가량 감독, 유가휘, 백표, 이려려, 손건 출연작이다. 장철 감독의 휘하에서 독립한 유가량 감독은 〈소림36방〉으로 자신의 위치를 확고히 하고 유가위를 주인공으로 하여 〈소림사〉 시리즈를 연작으로 만들어 낸다. 흥행 기록도 나쁘지 않으니 가능했던 일이다. 장철 감독의 쇠퇴기와 맞물려 아이러니하다. 홍콩 박스오피스 기록은 1,595만 홍콩달러이다.

▬ 〈뽕〉 1985

태흥영화사 제작, 윤삼육 각본, 이두용 감독, 이경자 편집, 이미숙, 이대근, 이무정, 태일 출연작이다. 이두용 감독의 〈뽕〉은 영화가 보여줄 수 있는 상상 이상의 재미를 전하고 있다. 한국영상자료원에 따르면 〈뽕〉은 외국인이 가장 좋아하는 한국영화라고 한다. 〈뽕〉이 갖고 있는 이러한 매력은 무엇일까? 나도향 원작의 단편소설을 윤삼육 작가가 시나리오로 각색했으며, 액션영화에서 장르를 바꾼 이두용 감독이 꾸준히 한국적인 소재를 추구하며 만든 걸작이다.

원작에서 소재와 인물만을 따와 새로이 해석한 시나리오도 출중하거니와 한국적인 정서를 영상으로 담아낸 이두용 감독만의 연출은 매력이 있다. 인물에 독특한 캐릭터를 부여한 연출과 그것을 창출한 연기자들의 앙상블은 우울한 소재를 격조 높은 코미디로 승화시켰다.

비록 몸은 팔지언정 집 안 구석구석을 깨끗이 청소하고 나 싫은 머슴 놈한테만은 절대로 몸을 허락하지 않는 주인공 안협네의 캐릭터는 일제강점기라는 특수한 시대 상황을 배경으로 설득력을 갖는다. 일제강점기란 가난의 시대를 살아야 하는 안협네의 설정은 당시의 한반도의를 상징한다.

한참 만에 모습을 보인 독립군 연락책인지 하는 남편과의 불화도 사실은 애정의 표현이다. 멀리서 이들을 살피는 일경의 모습은 주인공이 처한 상황을 잘 보여준다. 몸을 팔며 살지만 안협네를 이해할 수밖에 없는 이유는 여기에 있다. 마을 사람들의 모진 핍박에도 끈질긴 삶을 영위하는 안협네를 외국인들은 어떻게 이해하고 이 영화를 보고 있는 것일까?

그녀의 뼈저린 삶을 잘 연기한 이미숙과 철없는 머슴 이대근의 연기는 두고두고 회자되는데, 그들의 명연기가 이 영화를 한국적 해학의 명편으로 만들었다.

━ 〈소금〉 1985

북한 신필름 제작, 강경애 원작, 신상옥 감독, 최은희, 정의겸, 오영환 출연작이다. 이 영화를 공식 공개 전 비디오로 먼저 본 후 2001년 부산국제영화제 신상옥 감독 회고전에서 대형화면으로 보았을 때의 당혹감을 잊지 못한다. 혁명 시기의 민족수난사를 통해 그 시대의 어머니가 혁명 대오에 서기까지의 과정을 너무도 적나라하게 그려냈기 때문이다.

물론 혁명영화답게 라스트신은 공산군에 합류해 항일투쟁의 선봉에 서는 어머니의 장렬한 모습이다. 프세볼로트 푸도프킨 감독의 〈어머니〉가 자연스레 교차한다. 영화는 전체적으로 여인수난사를 그려내고 있다. 남편의 죽음, 아들의 가출, 원치 않은 임신과 출산, 어린 딸들의 죽음 등 인간이 겪을 수 있는 최악의 상황들을 그려내고 있다. 살기 위해 식모로 유모로 전전하면서도 그녀의 목표는 하나이다. 집을 떠난 아들의 소식을 아는 것이다. 그 아들은 공산혁명에 참여하여 혁명일꾼이 되어있다고 누군가 알려준다. 그녀는 자연스레 아들을 찾아간다. 그리고 주체 있는 여성으로서 살아갈 것을 다짐한다. 이제까지의 삶은 헛된 삶이었다. 지금부터라도 다른 이들을 위해 소금 같은 인생을 살자하는 것이다.

그래서 이상향인 공산당을 찾아가자는 것이 메시지이다. 이쯤이면 신 감독이 왜 이 영화를 만들었는지 확실해진다. 그가 대한민국에서 만들었던 영화들과는 전혀 다른 영화인 것이다. 영화를 선전 도구화하는 당의 결심에 따른 것이다. 당이 결심하면 해내야 하는 것이 공산당이고 북한 아닌가?

신 감독의 탈북 결심은 이즈음 이미 있었을 것이다. 영화의 본질을 외면하고 목적성만을 추구하는 북한의 체제에서 더 이상 다른 방법이 없었을 것이다. 이 영화는 그러한 목적성을 완수하기 위해 최악의 상황을 점층적으로 보여주고 있다. 감옥의 주방에서 낙태를 위해 비누를 먹는 장면이나 홀로 출산을 하는 장면 그리고 갓난아기가 쓰레기통을 뒤져 먹을거리를 찾는 장면은 섬뜩함 그자체이다. 그런 장면들이 여과 없이 촬영되었다. 인민들의 처절한 삶보다 더 심한 삶을 그린 영화로 인민들은 위안받을까? 어떻게 저런 일들이 있을까 싶은데 실제로는 그보다 더 심했던 상황일 수도 있다. 만주에 강제 이주하여 살며 겪었던 이주민들의 고통이 그대로 전해진다.

신상옥 감독 3주기 추모영화제에서 다시금 보아도 그때의 느낌 그대로이다. 함께 영화를 본 모든 이는 계속 한숨만 내쉬었다. 신 감독은 너무도 절절하게 여인의 수난사를 찍어냈고 최은희 배우가 온몸으로 연기하고 있기 때문이다. 중년 이후의 나이임에도 불구하고 일제강점기의 어머니를 열연한 최은희의 연기 투혼은 놀라울 뿐이다. 최은희는 이 영화로 한국인 최초로 모스크바영화제 여우주연상을 받았다. 그리고 5년 후 강수연이 〈아제아제 바라아제〉로 모스크바영화제에서 두 번째로 여우주연상을 받았다.

▬ 〈어미〉 1985

황기성 사단 제작, 김수현 각본, 박철수 감독, 정일성 촬영, 강광희 조명, 김현 편집, 이종구 음악, 윤여정, 전혜성, 신성일, 김인태, 홍성민, 송옥숙, 국정환, 전인택, 남포동, 양택조 출연작이다. 비디오 대여를 생각하여 정일성 촬영감독으로서는 드물게 스탠더드로 촬영하였고, 제작 예산 때문인지 후시 녹음하여 아쉬움을 준다.

수험생 딸 나미와 함께 사는 방송인 홍 여사는 여느 엄마와 같은 딸 과잉보호주의자이다. 그런 과잉보호는 지극한 딸 사랑에서 나온 것인데 어느 날 딸이 실종된다. 나미는 인신매매단에 의해 사창가로 팔려 가고 홍 여사는 나미를 찾아 나선다. 경찰의 미온적 수사에 비해 그녀의 추적은 절실할 수밖에 없는데 결국 딸을 찾아 구출한다. 그러나 나미는 정상적인 생활을 할 수 없고 결국 자살로 삶을 마감한다. 홍 여사는 관련된 범죄자들을 찾아 직접 응징하며 죽은 나미에 대한 복수를 결행한다.

이 영화는 외화 〈내 무덤에 침을 뱉어라〉의 엄마 버전으로, 김수현은 남성 혐오의 극치를 보여준다. 황기성 사단은 이 시나리오를 창립작으로 결정하고 방송 PD로 활동하던 박철수 감독에게 연출을 맡긴다. 이 영화의 파장은 클 수밖에 없었고 당시 범람하던 인신매매에 대한 경각심을 일깨우며 극장 흥행보다는 비디오 대여로 성공하였던 화제작이다.

▬ 〈타이페이 스토리青梅竹馬〉 1985

대만의 양덕창楊德昌(에드워드 양) 감독, 후효현侯孝賢, 채금, 가일정, 양려음, 진숙방 출연작이다. 양덕창 감독의 1986년 〈공포분자〉, 1991년 〈고령가 소년 살인사건〉은 〈타이페이〉 3부작의 첫 편이다.

미국에서 귀국한 전 야구선수이며 원단 장사를 하는 아룽과 다니던 회사가 매각되며 실업자가 된 수첸은 연인 사이지만 특별히 서로를 구속하지는 않는다. 그저 헤어지고 만나기를 반복하며 끈끈한 의리로 맺어진 관계라고 할 수 있다. 그들의 소소한 이상 속에 미국행을 앞두고 벌어지는 두 남녀의 소소한 일상은 평화롭지만 지루하기만 하다.

아룽은 한때 잘나가던 야구선수였으나 지금은 답답한 삶을 영위하는 의욕 없는 청년이다. 그런 점은 그들이 사는 타이페이와도 닮았고 타이페이가 갖고 있는 답답함 그 자체이다. 그러다 아룽은 칼에 찔려 중상을 입고 결국 죽음으로 수첸과의 이별을 맞는다.

■■ 〈폴리스 스토리警察故事〉 1985

하관창 제작, 성룡 감독·주연작이다. 장만옥, 임청하, 동표, 탕진업, 태보, 유진영, 초원이 출연하였다.

판자촌의 마약밀거래 현장에 출동한 진가구 경관은 총격전과 차량 추격전 끝에 주범 주도를 체포한다. 그러나 결정적인 증인인 주도의 비서 미스 방(임청하)을 보호 중 놓쳐 재판에서 패소한다. 다시 미스 방을 찾아내 설득하여 법정에서 진실을 밝히려 하나 그녀도 주도에게 납치된다. 결국 진 경관은 시골경찰서로 발령 나게 되었는데, 함정에 빠져 문 경관의 살해범으로 누명을 쓴다. 진 경관은 주도와의 대결에서 끝장을 보고자 결국 백화점을 쑥대밭으로 만들고 직접 징벌을 가한다.

이른바 보디액션의 선구자로 아무리 맞아도 굴하지 않는 성룡 영화의 진수를 보여주는 이 영화는 할리우드 액션영화에 맞설 수 있다는 가능성을 보여주고 있다. 일본의 영화잡지 《스크린》에서 성룡 영화 5위로 선정되었다. 폭력성이 과다하여 한국에서는 1988년에 개봉되었고, 홍콩에서는 이해에 2편이 개봉되었다. 홍콩에서 2,662만 홍콩달러의 흥행 수익을 기록했다.

■■ 〈흑삼귀黑三鬼〉 1985

대영영화사 김인동 제작, 남기남 감독으로 신고해 개봉했으나 대만배우 장춘산, 양웅주, 진성 출연의 대만영화이다. 주연배우라는 권영문 배우는 앞, 뒤 장면에만 출연하고, 김유행 배우는 중간에 잠깐 출연하며 한국배우 출연작이라는 알리바이를 제공한다. 이는 〈귀타귀〉 이후 인기를 끈 중국 귀신 이야기로 위장합작이 명백하다.

회복기의 영화

■■ 〈돌아이 2〉 1986

이두용 감독의 영화로 〈돌아이〉 시리즈는 〈아가씨 참으세요〉 이후 한국식 코믹 액션영화의 연장선에 있다. 전편 〈돌아이〉의 흥행 성공으로 속편이 기획되었다. 화려한 액션은 아니지만 전영록 배우의 개성을 충분히 살린 역작인데, 완성도에 있어서는 아쉬움을 남기고 있다. 〈돌아이〉 시리즈의 3편은 이혁수 감독이 연출하였고, 4편인 〈돌아이 4 - 둔버기〉는 제작자인 방규식이 직접 메가폰을 잡았다.

전영록이 보여주는 액션은 다양하긴 하지만, 〈람보〉의 패러디처럼 한계를 가지고 있다. 하지만 이는 당시 제작 여건이 갖는 한계일 수도 있다. 흥행작이기 때문에 시리즈는 되었지만, 이두용 감독도 이 시리즈를 더 이상 만들지는 않았다. 제작 지원의 한계였을 것이다. 남산 일대에서 자동차 추격신 등을 촬영했고 케이블카 액션이 이 영화의 볼거리다. 그러나 제한된 제작비로 이 화려한 액션신을 촬영해야 했으니 당시로도 아쉬울 수밖에 없었다. 그러니 1981년에 제작된 〈해결사〉보다 더 나아진 게 없다.

이두용 감독은 각종 영화제 수상작인 〈피막〉, 〈여인 잔혹사 물레야 물레야〉 등의 향토영화를 연출하면서 액션영화에 대한 갈증과 애정으로 이 영화를 만들었지만, 결국 미국에서 만든 〈침묵의 암살자〉 외에 더 이상 이런 부류의 액션영화를 만들지 않았다.

■■ 〈씨받이〉 1986

신한영화 제작, 송길한 각본, 임권택 감독, 구중모 촬영, 강광호 조명, 박순덕 편집, 신병하 음악, 강수연, 이구순, 김형자, 한은진, 윤양하, 방희 출연작이다. 〈씨받이〉는 한국영화에 대한 인식을 바꾸어 준 영화이다. 이 영화로 임권택 감독은 국제영화제에서 처음으로 인정받았다. 그 이전에 이두용 감독의 〈여인 잔혹사 물레야 물레야〉나 하명중 감독의 〈땡볕〉, 아주 훨씬 전에 강대진 감독의 〈마부〉 등이 국제영화제에서 수상하기는 했다. 〈씨받이〉는 베니스영화제 여우주연상 수상작이다. 덕분에 강수연은 세계적인 여배우로 인정받았다.

이 영화는 조선조의 씨받이 풍습을 다루고 있지만, 주제는 당시 세계적으로 이슈화된 대리모를 다루고 있다. 물론 의도된 것은 아니었다. 그러나 임 감독 같은 명장이 다루면 주제는 배가되고 영화는 품격을 갖추게 된다. 씨받이 처녀 역을 연기한 강수연도 명연기를 선보였지만 임 감독의 연출과 각본이 더 탁월했다. 원래 시나리오가 있었다는데 임 감독이 쪽대본을 써서 촬영을 마쳤다. 그래서인지 영화는 대사보다는 영상으로 줄거리를 이어가고 있다. 구중모의 카메라가 보여주는 영상미는 최고인데, 아마 누가 촬영하던 임 감독의 영상미는 구현되는 듯하다.

영화는 신한영화사 명의로 되어있지만, 사실은 그의 오랜 동료인 김진문 프로듀서에 의해서 제작되었다. 태흥영화사 시절부터 함께해 온 두 사람이다. 영화의 완성도는 뛰어났고 벌써 끝났나 싶게 짧게 느껴졌다. 모노크롬 기법으로 보여준 목매단 씨받이 순녀의 마지막 장면이 너무나 강렬해 관객들은 자리에서 일어나지 못했다. 김영동의 음악은 장중하면서도 탁월했다.

이렇듯 무엇 하나 흠잡을 데 없는 영화 〈씨받이〉는 명보극장 개봉에서 참패했다. 불과 1,700여 명이 보았을 뿐이다. 영화감독 임권택의 자존심은 여지없이 무너졌지만, 베니스영화제에서 수상하며 중앙극장에서 재개봉된다. 재개봉이라고 관객이 몰리진 않았지만 이 영화가 준 파급 효과는 엄청났다. 한국영화의 위상은 한 단계 격상되었고, 이후 세계영화제에서 임 감독의 영화는 물론이고 한국영화에 대한 인식이 엄청나게 달라졌다.

▬ 〈오사까대부〉 1986

김효천 제작, 이혁수 감독, 이대근, 이수진 주연작이다. 이대근 배우 전성기에 김두한, 시라소니 캐릭터에 이어 일본 야쿠자 캐릭터로 영역을 확대한 영화이다. 당시 이대근은 1980년 정진우 감독의 역작인 〈뻐꾸기도 밤에 우는가?〉 등의 완성도 높은 문예영화의 주인공으로 각종 연기상을 받았다. 그는 톱스타로 여러 영화에 출연하였지만, 이 같은 호쾌한 액션영화의 히어로로 각인되었다. 장동휘, 박노식 배우의 영화에 출연하며 그 뒤를 잇는 액션영화의 히어로가 된 것이다. 이 영화의 흥행 기록은 1만 3천여 명이지만, 비디오로 불티나게 대여된 영화이다.

■ 〈용재강호龍在江湖〉 1986

이소룡의 아들 이국호(브랜든 리)가 성인으로 성장하여 데뷔한 바로 그 영화이다. 우인태 감독의 고지삼 각본, 맹해 무술감독, 이국호, 왕민덕, 진혜민, 맹해, 곡봉, 양사 출연작이다. 이국호는 아버지의 대를 이어 액션배우가 되었는데, 1986년 작이라 지금 보면 그저 평범한 영화이겠지만 이소룡 팬들에게는 이소룡 2대가 출연한 것만으로도 반가웠고 재미있었던 영화이다.

내용은 홍콩 누아르의 전형이다. 홍콩에서 자란 국호가 친구인 마이클 황의 계략으로 마약 담당 형사인 사피구를 사살하고 8년 형을 받는다. 그리고 연인이었던 아미는 마이클의 추행을 피해 멀리 브라질로 시집간다. 국호는 탈옥을 시도하지만, 교도관 우 경사의 배려로 8년 형을 무사히 마치고 출감한다. 출감 후 감옥에서 만난 친구와 건실히 살아가던 그는 아들과 함께 홍콩을 찾아온 아미가 마이클에게 살해당하자 결국 참지 못해 친구와 함께 처절한 복수를 한다.
이 영화가 제작된 1986년은 오우삼 감독의 〈영웅본색〉이 만들어진 해로서 홍콩 누아르 장르가 시작되던 해이다. 이 영화도 같은 맥락의 연장선에 있는 비슷한 장르의 영화로 볼 수 있다. 폭력 조직과의 대결로 정의를 구현하는 주인공들의 활동을 총격전을 위주의 카레이서 액션으로 보여주고 있다.

영화는 이국호의 무술 장면을 곁들여 당시 무술영화에서 누아르영화로의 변천과정을 보여주고 있다. 따라서 무술보다는 총격전에 치중된 누아르영화 장르로 구분된다. 그러나 엔딩신은 이소룡의 아들답게 권격 액션으로 악을 뿌리 뽑는다. 시대의 유행이 변함에 따라 어쩔 수 없지 않았나 생각해 본다. 이국호는 이후 〈크로우〉 촬영 중 사망하여 많은 이가 안타까워했다.

■ 〈전료정전癲佬正傳〉 1986

이동승 각본·감독작으로 88분 길이의 영화이며, 풍쉬범馮淬帆, 엽덕한, 진패, 진국신, 주윤발, 양조위, 잠건훈, 소조아가 출연하였다. '전료정전'은 '미친 사람의 이야기'라는 뜻이다. 민감한 문제인 정신병자, 행려병자 등 사회에서 소외당한 이들을 소재로 한 사회고발영화로 이동승 감독의 데뷔작이다.

구자(양조위)라는 정신병자의 살인 소동을 본 사회복지사 서 선생(풍쉬범)은 그를 위해 도움을 준다. 그것을 본 기자 티나(엽덕한)는 이를 취재하고 사회적 약자를 기사화하는데, 결국 구자는 기자의 사진 플래시에 착란을 일으켜 서 선생을 죽이고 티나는 자신의 잘못을 깨닫는다.

사회적 약자들에 대한 배려는 개인은 물론 정부 당국도 해결하지 못하는 어두운 단면이다. 이 영화는 정상인들이 그들을 어떻게 소외하고 방치하는지에 대한 통렬한 비판이다. 이는 비단 홍콩만의 문제가 아니기 때문에 영화는 현대 사회가 안고 있는 문제를 고발하는 것이다. 그러다 보니 당국의 상영 금지를 받았지만, 결국 개봉되어 많은 영화제에서 수상하고 흥행 기록까지 경신하였다. 당시 천만 불 흥행 기록 경신작이다.

한국에서는 홍콩 누아르 선풍 이후에 수입되어 비디오로 발매되어 주윤발 주인공 영화로 착각하게끔 하는데 그는 노숙자로 짧은 시간 출연했다. 24세의 양조위를 만날 수 있는 영화이다. 1988년 삼원비디오에서 출시되었고, 일부 매체에서는 〈정노정전〉이라고 잘못 소개하고 있다.

■■ 〈티켓〉 1986

지미필름 제작, 송길한 각본, 임권택 감독, 구중모 촬영, 최의정 조명, 박순덕 편집, 신병하 음악, 김지미, 안소영, 명희, 이혜영, 전세영, 박근형, 최동준, 윤양하 출연작이다. 이 영화는 작품성을 인정받아 여러 영화제에서 수상하고 2006년과 2014년 한국영화 100선에 올랐다.

속초에서 뱃사람들을 대상으로 다방을 운영하는 민 마담은 오늘도 직업소개소를 찾아 새로운 레지를 뽑아서 데려온다. 그녀의 다방에는 산전수전 다 겪은 인생 막장의 레지들이 모이는데 항상 새로운 얼굴이 필요하다. 다방의 큰 수입은 바로 티켓 장사이다. 그녀들은 이곳저곳을 떠돌며 빚더미에 티켓을 팔아 다방에 입금하는 성노예 처지이다.

새로 온 세영은 대학생 민수(최동준)를 애인으로 두고 뒷바라지를 하고 있다. 매춘을 거부하던 그녀도 어쩔 수 없이 티켓 장사에 나서는데, 민수가 이 사실을 알고 그녀를 힐난하며 배신을 한다. 이 사실을 알게 된 민 마담은 직접 나서 그를 응징하며 바닷가에서 익사시킨다.

정신병원에 입원한 그녀를 명희가 찾아가는데, 민 마담에게는 남모를 사연이 있었다. 남편의 옥바라지를 위해 이 길로 들어선 그녀는 출옥한 남편 앞에 나설 수 없었다. 민 마담에게는 세영이 자신의 처지와 다를 바 없었던 것이다.

1984년 〈비구니〉의 제작 중단과 좌절로 속초 지역을 여행 중 아이디어를 얻은 송길한 작가가 시나리오를 썼다. 그리고 같은 배를 탄 격인 임권택 감독이 연출을 맡았고 김지미 배우가 직접 제작에 나섰다. 민 마담이 다방 문을 닫고 레지들과 술판을 벌이는 장면은 롱테이크의 명장면인데, 온종일 리허설을 하고 촬영했다는 구중모 감독의 후일담이 있다.

▬ 〈해방의 그 날까지 – 재일조선인의 발자취〉 1986

신기수 감독의 다큐멘터리이다. 고 신기수 감독은 일본에 거주하는 다큐멘터리 감독이다. 신 감독이 만든 이 영화는 광복 직후 자료 화면과 그가 일본에서 촬영한 인터뷰로 만든 3시간짜리 대작 다큐멘터리다. 영화는 일제강점기 일본에 강제동원된 한국인 노동자들이 어떠한 과정에서 어떻게 혹사당했는지, 또 그간의 경위와 정황, 실상 등을 자세하게 담아내고 있다.

〈해방의 그 날까지 – 재일조선인의 발자취〉는 1960년대 촬영하여 완성된 영화이고 나 또한 같은 내용을 2004년에 취재하여 다큐멘터리를 제작했는데, 만날 수 없는 분들의 증언이 기록되어 있다. 필자가 만든 다큐멘터리 〈돌아오지 못하는 사람들〉은 일본뿐만 아니라 중국, 대만, 러시아 사할린, 블라디보스토크, 싱가포르, 인도네시아, 하와이 등지를 두루 돌아 만든 종합편으로, 일제강점기 250만 명의 귀환자, 250만 명의 미귀환자 등 총 500여 만 명에 이르는 강제 동원자들을 다루고 있다. 500만 명은 정말 엄청난 숫자인데 이만큼의 한국인이 일본인에 이끌려 전쟁터로 또는 징용자로 혹은 개척단이라는 미명 아래 고향 떠나 타국으로 나간 것이다.

이 영화는 한국인 강제 동원자들이 일본 노동운동에 기여한 이야기를 주축으로 다루고 있다. 아이러니하게도 이들이 일본 노동운동에 자극제가 되었다는 내용이다. 강제 동원을 당하고서도 강압적인 폭력에 굴하지 않고 노동운동을 통해 자신들을 스스로 보호했다는 새로운 내용이다. 이 영화는 개인이 아니라 국가가 할 일을 대신해 만든 느낌의 대작 다큐멘터리다. 필자도 이 같은 내용의 다큐를 만들었기에 발품 팔아 어렵게 만든 다큐멘터리라는 것을 느낄 수 있다.

▬ 〈고속도로〉 1987

두성영화사를 창립한 이두용 감독이 〈내시〉를 제작 후 두 번째로 만들었다. 고속 도로변에서 몸을 파는 여자의 애련한 순애보와 그녀를 찾아 헤매는 그녀의 남편에 관한 이야기다. 결혼식장에서 과거 몸을 팔았던 남성을 만나 결혼식장을 도망쳐 나간 신부를 찾아 헤매는 신랑의 사연은 당연히 애절할 수밖에 없다.

이두용 감독은 이만희 감독의 〈만추〉 같은 명편을 만들고자 했을 것이다. 고속 도로에서 커피를 팔고 몸을 파는 여자들을 소재로 한 영화로, 당시의 시대상을 그렸다는 점과 절묘하게 숏을 잡아낸 감독과 이경자 편집기사의 깔끔한 솜씨를 보여 준다. 최재성과 조용원의 온몸을 던진 열연이 감상 포인트다.

조감독이었던 민병관을 통해 들은 영화 이야기를 확인하며 새삼 당시 어려운 여건에서 영화 한 편을 제대로 만들어 보고자 했던 한국영화인들의 노력을 엿볼 수 있었다.

▬ 〈기쁜 우리 젊은 날〉 1987

태흥영화사 제작, 배창호 감독, 유영길 촬영, 출연은 안성기, 황신혜, 최불암, 전무송 등이다. 배창호 감독의 전형적인 홈드라마로 순정남의 순수한 사랑을 그리며 당시 젊은이들에게 호응을 받았다.

배창호, 이명세 공동 시나리오인데 첫사랑, 짝사랑, 이루지 못할 사랑에 대한 집념과 사랑의 쟁취, 행복하지 않은 결혼생활 등 정해진 인생살이를 잔잔한 시각으로 다루고 있다. 임신중독이라는 병명도 그렇지만 출산 후 산모가 죽는다는 설정은 정말 예스러운 스토리텔링이지만, 영화적 장치로 이해하게 된다. 관객들의 입장에서 유추하며 보게 되고 결말이 예상되지만 극적 유희를 충족시켜 주는 것이 멜로드라마이다.

너무 애조 띤 분위기라 향수도 불러일으키지만 조금 더 밝고 재미있게 그렸다면, 하길종 감독의 1974년 작 〈바보들의 행진〉 같은 반향도 있었지 않을까 생각된다. 그러나 당시 시대 분위기가 민주화를 추구하던 격정적인 시대상이었기에 이렇게 어두운 톤으로 만들어졌을 수도 있겠다고 생각해 본다.

안성기 배우는 특유의 꺼벙한 캐릭터로 짝사랑의 아픔을 표현하며 베르테르의 슬픔을 보여주었다. 황신혜는 극 중 여대생 때보다 이혼녀로 등장하며 자신만의 분위기를 확실히 보여준다.

다소 작위적이고 과장된 순정남의 스토리이지만 당대 관객들에게는 충분히 공감을 주는 영화였다. 스토리도 고전적이지만 1980년대의 유행 상품과 대학가, 사무실, 주점가, 의상 등 당시의 생활상을 보는 재미도 남다르다. 그만큼 생활과 밀접한 장면들로 구성되어 있다. 이게 옛 영화를 보는 재미 중 하나일 것이다. 배창호 감독이 전작 〈황진이〉의 실패를 딛고 유영길 촬영감독과 다시 만나 만든 재기작으로 흥행 기록은 19만여 명이다.

■ 〈영웅본색英雄本色〉 1987

오우삼 감독작으로, 출연은 적룡, 주윤발, 장국영이다. 〈영웅본색〉은 처음부터 유명하진 않았다. 나 역시 이 영화를 보러 극장에 간 것은 아니고 우연히 간 극장에서 이 영화를 보게 되었다. 영화는 감미로운 음악에 곁들여 몽환적인 느낌까지 든다. 피비린내 나는 총격전이 나오지만 처음부터 피비린내 나는 것은 아니다. 남자들의 우정과 형제애를 바탕으로 차츰 강도를 더해가며 흑사회의 비정을 적나라하게 보여준다.

영화는 주윤발(소마 역)이 주인공처럼 되었지만 그보다는 장국영(송아걸 역)을 동생으로 둔 적룡(송자호 역)이 영화의 전반을 이끌어 간다. 그는 조직원의 배신으로 대만에서 형기를 마치고 돌아와 사회에 적응해 착하게 살려고 하지만, 배신자는 조직의 보스가 되어있고 조직은 그를 내버려 두지 않았다. 더구나 그들은 형사가 된 동생까지 위험하게 만들고 결국 자호는 의동생인 소마와 함께 목숨을 바쳐 조직에 정면 항거한다. 영화는 보는 내내 비장미를 더하는데 정의 구현에 앞장서는 구 조직원의 아픔으로 사연이 절절하다.

오우삼의 이 영화는 변두리 개봉관에서는 한산하였으나 재개봉관으로 가며 폭발적이라고 할 정도로 회자되기 시작하며 홍콩 누아르영화의 기폭제가 된다. 그 이전에 홍콩 누아르라는 장르는 존재하지 않았으나 이 영화 이후 1997년 홍콩 반환 시기까지 엄청난 양이 만들어졌고, 그 대부분이 극장 상영용이나 비디오로 한국에 수입되어 그야말로 한 시대를 풍미했다.

〈영웅본색〉은 고루한 소재의 영화이긴 해도 한국에서 선풍적인 인기를 끌만했다는 생각이 든다. 〈영웅본색〉에서 나이 든 적룡이 주윤발보다 더 멋지게 나왔는데, 영화를 보면 당시 여고생들이 왜 그를 좋아했는지 알 수 있다. 그러나 최대 수혜자는 역시 주윤발이다. 그는 최전성기를 누리며 홍콩 누아르의 실질적인 주인공이 되었다.

■ 〈후난에서 온 여인湘女蕭蕭〉 1987

장시안 각본, 사비謝飛(시에페이)·우란 공동 감독작으로 임청, 나인화, 등소광등이 출연하였다. 후난은 장가계가 자리한 곳으로 명승지이기도 하면서 중국 고유화가 잘 남아있는 곳이기도 하다. 1900년대 산골을 배경으로 엄격한 성차별 문화를 실감 나게 하는 영화다. 우리나라의 신상옥 감독이 즐겨 그린 여인 잔혹사 이야기인데, 이두용 감독의 〈여인 잔혹사 물레야 물레야〉나 임권택 감독의 〈씨받이〉 영화에서도 보이는 시대적 숙명 속에 희생된 부조리한 여인의 희생을 그리고 있다.

여주인공 샤오샤오는 열두 살에 두 살 난 아기 편에게 시집을 온다. 그녀는 비슷한 또래 소녀들하고는 다른 삶을 살게 되는데, 그녀의 삶은 결코 순탄치 않다. 결국 그녀를 쫓아다니던 소작농 화고우의 아기를 임신하게 된다. 그녀는 죽음을 당할 것을 알고는 그곳을 탈출하지만 그녀의 삶은 거기까지다.

원작자의 고향에서 촬영된 영상은 힘이 있고 중국영화 4세대 감독 사비의 저력이 느껴진다. 같은 시기에 만들어진 장예모 감독의 〈붉은 수수밭〉과 비견되는 영화로, 중국 여인의 숙명적 삶이 잘 표현된 수작이다. 1987년 칸국제영화제 '주목할 만한 시선' 초청작이며, 1988년에 제26회 산세바스티안 돈키호테상, 제4회 프랑스 몽펠리에국제영화제 황금판다상을 받았다.

■ 〈대상해大上海 1937〉 1988

장철 감독, 서소건, 두옥명, 동지화 출연작이다. 1987년 제작이 없는 상태에서 〈벽력정〉 후 장하, 은도, 삼양 3개 회사가 협동제작(합작)했다. 홍콩에서 그의 영화는 〈동귀〉 이후 5년 만에 개봉되었다. 이 영화를 중국 본토에서 촬영하였는데, 후에 〈과강〉, 〈서안살륙〉, 〈신통〉, 〈강호기병〉 등도 본토에서 촬영한 영화들이다.

■ 〈매춘〉 1988

춘우영화사 제작, 김진문 기획, 이희우 각본, 유진선 감독, 김남진 촬영, 나영희, 김문희, 마흥식 출연작이다. 산업화 과정에서 양산된 매춘부들과 한 순간의 잘못된 판단으로 어두운 매춘생활을 하게 여성들의 이야기이다. 영화는 그런 매매꾼 조직에 흘러들어 그들의 감시로 빠져나오지 못하며 살아가는 여성들의 비참한 삶을 조명하고 있다. 영화가 어두운 세계를 조명하며 흥행을 생각하지 못했지만, 의외로 그해 최고의 흥행작이 되었다.

일본인 현지처로 살고 있는 나영은 어린 시절 친구인 문희를 매춘 조직에서 빼내 함께 살게 된다. 문희는 고시생 영민의 뒷바라지를 하였으나, 고시에서 수석 합격한 영민은 문희를 배신하고 다른 여성과 결혼하려 한다. 이를 알게 된 문희가 스스로 목숨을 끊자 나영은 문희를 화장하여 영민의 결혼식장을 찾아간다.

사랑의 상처를 입은 여성들의 애환과 매춘으로 멍든 사회의 일면을 고발하며 관객들의 호응을 받았다. 처음에는 〈씨받이〉의 구중모 촬영감독과 강수연을 캐스팅하려 했으나 불발되었고 나영희가 대타로 출연하며 열연하여 제목이 갖는 한계를 뛰어 넘었다.

이 영화의 성공으로 나영희는 이장호 감독의 1981년 작 〈어둠의 자식들〉 이후 에로배우로 각인되어 윤락녀 이미지를 탈피하는 데 수십 년이 걸렸다. 중앙극장에서 개봉하여 43만여 명을 동원한 이 영화의 흥행 기록은 영화가 시대를 그려야 한다는 것을 입증했다.

■ 〈사방지〉 1988

안태근 각본, 송경식 감독, 이혜영, 방희, 박암, 이동신, 곽정희, 조주미 출연작이다. '사방지'는 조선조 세종대왕 때 이순지 대감댁에 있던 하녀로 양성애자이다. 조선조 발명왕 장영실이 기거했던 댁이기도 한데 그 집에 하녀로 있던 이가 바로 사방지이다. 장영실과 무슨 연관이 있을 것이라고 생각을 할 수도 있지만, 사건은 이순지 대감의 딸인 이소사가 소박맞고 친정으로 돌아오는 것부터 시작된다.

절에서 기거하던 사방지는 똑똑하고 아름답고 일 잘하여 그녀의 눈에 든다. 그렇게 집에 들인 사방지와 같이 지내게 되는데 어느 날 밤, 적적함을 못이긴 이소사가 사방지를 자신의 이불 속으로 불러들였고 그만 상상하지도 못한 일을 겪게 된다. 그리고 두 여인의 삶은 파국을 향해 달리고 양반들의 시대에 희생양이 되고 만다. 이 사건은 조선조 최대의 성 스캔들로, 사대부 여인과 몸종과의 불미스러운 일이 온 조정을 떠들썩하게 해 『조선왕조실록』에까지 실린다.

■ 〈사쿠라부대 지다さくら隊散る〉 1988

신도 가네토 감독의 히로시마 원폭 투하로 죽은 극단 '사쿠라부대'에 관한 회고영화다. 러닝타임은 110분이다. 매년 8월 6일이면 도쿄 메구로 어느 사찰에서는 그들을 위한 추도식이 열린다. 1945년 8월 당시 공연차 히로시마를 찾은 극단원은 원폭으로 아홉 명 중 일곱 명이 사망했거나 피폭 후유증으로 사망했다.

1952년 작 〈원폭의 아이들〉을 통해 핵 공포와 반전 의식을 보여준 신도 가네토 감독이 사쿠라 부대원들에 대한 추모의 정을 담아 만들었다. 극 중 당시 재연 장면이 나와 사실감을 더했는데, 신도 감독은 다큐멘터리 터치의 리얼한 극영화 기법에 익숙하다. 지금 보면 다큐멘터리도 아니면서 재연이라는 설명자막도 없이 극영화를 만들어 때로는 관계자 인터뷰를 넣어 보여주는 극영화가 어색할 수도 있는데, 신도 감독으로서는 〈벌거벗은 섬〉 때의 다큐멘터리 터치 영화에 익숙한 기법을 다시 보여주는 것이다. 신도 감독의 페르소나인 오토와 노부코가 해설하고 있다.

■ 〈성공시대〉 1988

황기성사단 제작, 장선우 각본·감독작. 성공지향주의, 배금주의, 자본주의의 병폐를 풍자한 장선우의 두 번째 영화이다. 〈MBC 베스트셀러극장〉을 통해 사회 풍자 드라마 각본을 발표해 온 그가 첫 영화 〈서울황제〉 후 이 영화를 발표했다.

다소 과장된 풍자 내용에 걸맞은 안성기의 과장된 연기력이 맞아떨어져 관객들의 호응을 받았다. 이 영화에서 돋보이는 배우는 이혜영이다. 도시 여성의 퇴폐적인 배역을 당시 이혜영 배우보다 더 잘 연기할 배우가 없었을 것이라는 생각이 든다. 장선우 감독은 이후 최명길 주연의 〈우묵배미의 사랑〉을 발표하며 감독으로서 입지를 다진다.

▬ 〈영웅본색 2英雄本色Ⅱ〉 1988

오우삼 감독, 적룡, 주윤발, 석천, 장국영 출연작이다. 전편이 엄청난 영향력을 갖자 제작자 서극은 오우삼에게 속편의 제작을 의뢰했고 오우삼은 전 편에서 못다한 이야기가 아닌 새로운 이야기로 속편을 만든다. 그러나 내용은 실망스럽고 억지스럽다. 〈영웅본색〉을 통하여 스타로 자리를 굳힌 주윤발의 출연은 절대적으로 필요하였다. 그래서 전 편에서 죽은 마크(주윤발)를 등장시키기 위해 쌍둥이 형제라고 하여 켄을 등장시킨다.

조선소 사장인 전 위폐 조직에서 은퇴하고 건실히 살아가는 용 사장을 등장시켜 사건을 만들어 전개하는데, 이는 자걸(장국영)과 자호(적룡)를 등장시키기 위한 설정이다. 용 사장은 조선소를 불법적으로 인수하려는 악당 고영배의 음모와 최측근의 배신으로 뉴욕으로 도피하고 그곳에서 켄을 만나게 된다. 켄은 죽은 마크와 똑같은 캐릭터로 불의를 보면 참지 못하는 성격이다. 당연히 악당과 충돌이 빚어지고 자호도 찾아와 뉴욕의 악당들을 소탕한다.

그들은 다시 홍콩으로 돌아와 마지막 30분간 고영배와 배신자 일당을 소탕하고 장렬한 죽음을 맞는다. 엔딩신은 켄과 자호, 용 사장이 죽어가는 모습으로 경찰을 맞는데, '이제 더 이상의 시리즈는 만들 수 없겠구나' 하는 생각이 든다. 팬들에게 이 엔딩 장면은 상당히 각인되어 있다.

홍콩 누아르는 이렇게 자기 표절을 하며 홍콩 반환 이후 몰락의 길을 걷게 되는데, 이 영화가 그 시발점이 되었다. 그렇지만 〈영웅본색〉의 명성은 또 다른 내용으로 시리즈 3편까지 제작하게 한다.

▬ 〈침묵의 암살자〉 1988

이두용 감독작으로 미국 로케이션으로 촬영한 영화이다. 샘 존스, 린다 블레어, 준 청, 필립 리가 출연하였다. 영화는 미국을 배경으로 과학자가 납치되고 함께 납치된 소녀의 삼촌이 수사관과 함께 맹활약하여 악당을 소탕해 낸다는 내용을 그린다.

관객들이 생각하던 이두용 감독의 전매특허인 태권 액션영화는 아니고 총격전 및 바주카포까지 동원된 총격 액션영화다. 그러다 보니 관객들의 기대감은 아쉬움으로 남는다. 주인공인 정준은 〈아메리카 방문객〉에 출연했던 태권스타다. 또 한 명 〈베스트 오브 베스트〉의 주인공인 필립 리가 태권 액션을 선보인다.

■■ 〈폴리스 스토리 2 – 구룡의 눈警察故事續集〉1988

골든하베스트 배급, 골든웨이 제작의 성룡 각본·감독·주연작이다. 장만옥, 장오랑, 주문건, 임국웅, 초원, 여준, 동표, 우마, 조사리가 출연하였다.

1편의 하이라이트부터 시작하여 교통경찰로 3개월간 근무를 명받은 성룡은 출감하는 주도와 만난다. 주도는 무혐의로 나왔고 예전처럼 진 경관과 애인 아미를 괴롭힌다. 한편 쇼핑센터에 폭발물 신고가 들어오고 진 경관이 고객들을 대피 시켜 인명 피해를 피한다. 악당들이 봉 총재에게 천만 불을 요구하자 수사에 투입된 진 경관은 수사팀을 진두지휘한다. 결국 지하철에서의 추격전, 신발(산팔)로에서의 격투, 폭죽공장에서의 마지막 대결 등 온갖 고난 속에 악당들은 일망타진된다.

성룡은 할리우드 시스템 이상 가는 촬영팀과 성가반이라는 든든한 액션군단이 있어 미친 듯이 액션을 즐긴다. 새로운 병명이겠지만 액션중독증이라고나 할까? 성룡이라면 뭐든 해낼 수 있다는 자신감으로 충만한 때이다. 시리즈는 당연히 계속된다. 홍콩에서 3,415만 홍콩달러의 흥행 수익을 올렸다.

■■ 〈들병이〉1989

우진필름 제작, 방학기의《스포츠서울》연재만화인 「청산별곡」을 본인이 각색하고 유진선이 감독했다. 각색 김승남, 촬영 김남진, 조명 정덕규, 편집 현동춘, 음악 신병하이며, 강정아, 마흥식, 이대로, 김인문, 곽은경, 주호성이 출연하였다.

머슴 봉필은 새 첩으로 들어온 묘화가 양반 주인 신유학에게 시달림을 당하는 것을 보고 그녀와 그 집에서 도망 나온다. 봉필이 장터에서 도둑으로 몰려 매를 맞아 절름발이가 되자 묘화는 들병이 신세가 된다. 기둥서방으로 전락한 봉필은 어느 홀아비 머슴의 새경까지 챙겨 노름판에서 잃고 아편쟁이가 되어 묘화를 어렵게 한다. 그러던 봉필은 급기야 다른 들병이와 정분까지 난다. 그래도 참고 사는 묘화를 못 잊어 신유학이 찾아와 봉필은 궁형(성기를 잘리는 형)을 받고 죽는다. 다시 새 삶을 시작하자는 신유학의 간청을 마다하고 다시 들병이 노릇을 하는 묘화 곁에는 이제 봉필대신 새 기둥서방 신유학이 있다. 여자 때문에 신세 버린다는 교훈일까?

아무리 재미있는 원작 만화라도 영상화가 제대로 되지 않는다면 흥행은 신통 치 않아진다. 재미있게 만화를 읽은 독자들의 기대는 산산이 부서지고 시간만 낭 비했다는 생각이 들 것이다. 만화와 영화의 차이를 극명하게 보여준 영화이다.

━ 〈달마가 동쪽으로 간 까닭은?〉 1989

배용균프로덕션 제작, 배용균 각본·감독, 이판용, 신원섭, 황해진, 고수명 출 연의 러닝타임 175분짜리 영화다. 그해 가장 중량감 있는 신인 감독의 출현이라는 평을 받았던 배용균 감독의 데뷔작이다. 촬영을 1인 시스템으로 하여 모두가 이 영화의 제작 과정을 몰랐고 후반작업에서 이 영화를 본 스태프들을 놀라게 하고 입소문이 났다.

나 역시 이 영화를 보고 깜짝 놀랐던 기억이 있다. 보기 드문 한국영화였기 때 문인데 상상 밖의 영화였다. 이는 이 영화가 로카르노영화제에서 수상했기 때문만 은 아니었다. 2시간 50분여(필름이 정상 상태가 아니었다)의 긴 영화를 보고 한동안 이 영화를 만든 배 감독만을 생각했다. 수려한 영상미와 현학적인 대사, 단출한 인물 로 인생과 죽음에 대한 집요한 구성은 이 영화가 보통 영화들과 다른 점이다. 더구 나 이 영화를 감독 혼자서 각본, 촬영, 조명, 편집까지 겸하여 제작했다는 점은 놀 라울 뿐이다. 마음에 들 때까지 반복하여 보충 촬영했다고 한다.

"영화 〈달마가 동쪽으로 간 까닭은?〉 제목의 뜻이 무엇일까?" 하고 궁금해하는 사람들이 많은데, 감독은 "우리(대중)에게 오기 위해 갔다"라는 극 중 큰스님의 대 사로 답한다. 이 영화에 소개되는 선문답을 해외영화제 출품 시 어떻게 번역했을 지 새삼 궁금했다.

이 영화는 같은 시기에 개봉된 장예모의 〈붉은 수수밭〉과 견주어 밀리지 않는 완성도와 주제로 한국영화의 가능성을 선도했다. 이후 배 감독은 계명대 교수와 화가로 활동하며 〈검으나 땅에 희나 백성〉이라는 후속작을 냈지만, 더 이상의 연 출 활동이 없어 아쉬울 뿐이다.

━ 〈아제아제 바라아제〉 1989

이 영화는 임권택 감독의 1989년 영화로 〈불의 딸〉을 쓴 한승원 작가의 원작, 각본이다. 강수연, 유인촌, 안병경, 한지일이 출연하였다. 영화는 1980년대라는 한국 현대사의 특수 상황을 배경으로 순녀라는 기구한 여인의 삶을 그리고 있다.

비구니가 되어 스스로의 새로운 삶을 펼치려던 순녀는 남성들에 의해 자신의 꿈을 접는다. 세 남자와의 사별 후 다시 암자를 찾은 그녀를 구원해 줄 사람은 자신뿐이라는 것을 깨닫는다. 불교의 구원이라는 화두를 한 여인을 통해 조명한 영화로 임 감독이 미완성했던 〈비구니〉의 연장선이다. 그러나 〈비구니〉가 다루려고 했던 내용은 아니고 불교라는 소재와 비구니가 주인공이라는 점만 같다. 결국 〈비구니〉는 〈길소뜸〉과 〈아제아제 바라아제〉 두 편으로 재해석되었다고 할 수 있다. 극중 도바리 대학생으로 나와 진영미에게 접근했던 이야기도 임 감독이 만들려다 포기한 〈도바리〉의 내용이다.

강수연은 절정의 연기력으로 모스크바영화제 여우주연상을 받았다. 당시 23세였던 그녀가 롱테이크 정사신을 저토록 모질게 해낸다는 것은 그녀가 연기 신동이라고밖에 설명이 안 된다. 이 영화는 제작 중 중단 사태를 빚은 〈비구니〉의 여파로 조심스럽게 진행됐는데, 〈비구니〉를 〈우담바라〉라는 제목으로 재촬영하려다 무산된 적이 있기 때문이다. 그 뒤 다른 감독의 〈산산이 부서진 이름이여〉 등의 비구니 소재 영화가 만들어져 큰 문제없이 촬영되었고, 이후 모스크바영화제에서 수상하는 쾌거를 이루었다.

이 영화는 풍광 좋은 전라도 일대를 돌며 촬영했는데 극 중 사찰은 선암사이다. 벌써 30년 훨씬 전 영화로 당시의 촬영 느낌이 새삼 전해진다. 이 영화는 121분, 비스타비전으로 촬영되었는데 당시에는 비디오 출시를 염두에 두어 시네마스코프 화면은 사양모델이 되었다. 이것은 임 감독의 영화뿐만이 아니라 당시 모든 영화의 경향이다.

━ 〈열혈남아旺角卡門〉 1989

등광영 제작, 왕가위 감독, 유위강 촬영, 유덕화, 장만옥, 장학우 출연작으로, B급 액션영화이지만 왕가위 스태프와 배우 사단이 형성된 문제작이다. 원제는 〈몽콕하문旺角卡門)으로, 홍콩의 뒷골목인 몽콕에 사는 두 사고뭉치 깡패가 벌이는 의리와 복수의 새로운 액션영화다. 자신만의 기법을 선보인 왕가위 감독은 이후 〈아비정전〉을 만들며 유행처럼 새로운 기법의 영화를 만들어 그의 전성기를 맞는다.

주인공 하따우(유덕화)는 매춘부인 엄마가 자살하고 동료들에 의해 키워진 삐뚤어진 삶을 살 수밖에 없었던 청년이다. 그가 사는 집에 양거(장만옥)가 병원 치료차 동거하게 된다. 하따우에게는 더 못 말리는 의동생 파리가 있는데, 그들은 조직의 중간 보스(만자량)와 사사건건 부딪치며 끊임없는 갈등을 빚는다. 결국 죽을 고비를 넘기고 만신창이가 되어 양거를 찾아가 사랑을 고백하고 그들은 미래를 꿈꾸며 잠시나마 행복을 느끼지만, 파리가 중간 보스에게 복수를 하고 검찰의 주요 증인으로 출석하는 배신자의 암살범이 된다. 이를 알고 달려온 하따우는 파리를 도와 암살을 돕고 둘은 경찰에게 사살된다.

■■ 〈영웅본색 3英雄本色Ⅲ-夕陽之歌〉 1989

〈영웅본색〉 시리즈의 최종편으로 오우삼 감독이 빠지고 제작자 서극이 감독으로 나섰다. 러닝타임은 119분이며 출연은 주윤발, 매염방, 양가휘, 석견 등이다. 무대는 1974년 베트남으로, 패망 직전 사이공 공항에 아호(마크)가 도착하는 것으로 시작한다. 과거 회상인 프리퀄 방식을 택해 이 영화를 제작했는데, 고육지책일 수도 있고 그동안 시리즈의 주요 인물이면서도 정체불명의 과거를 지닌 아호를 주인공으로 하기 위한 시나리오일 수도 있다.

아호는 감옥에 간 형을 출소시키기 위해 거액을 챙겨 사이공에 왔다. 그는 공항에서 영향력 있는 의문의 여인 주영걸을 만나 세관 수색에서부터 도움을 받는다. 영걸이 아호에게 호감을 가져 도와준 것이다. 알고 보니 그녀는 아호의 형인 지민이 좋아하는 여인이었고 그렇게 삼각관계가 형성된다. 월남 화교인 부친(석견)은 사이공에서 한약방을 운영하고 있었고, 두 아들은 혼란스러운 정국을 피해 그곳을 탈출하자고 설득한다. 부친은 할 수 없이 베트남 생활을 청산하고 홍콩으로 가기로 한다. 그러나 공항에서 거액을 공안들에게 빼앗기는 위기를 맞고 또다시 주영걸이 도와주며 무사히 비행기에 오른다.

그리고 그들은 홍콩에서 자동차정비업소를 운영하며 건실히 살아가는데, 주영걸이 이들 형제 앞에 나타난다. 그녀는 이곳 암흑가에 큰손이었고 하장청이라는 일본계 보스의 조직이었다. 하장청은 주영걸을 사랑하는 처지로 이들 형제와의 관계를 알고 있었다. 그들은 두 형제를 납치해 이곳을 떠나라고 협박한다. 그리고 하장청과 주영걸과 함께 혼란스러운 베트남에 숨겨놓은 달러를 찾으러 가고 두 형제도 그녀를 구하러 사이공으로 간다.

하장청은 주영걸과 함께 부패한 월남군 장교와 결탁하여 돈을 찾으려 하지만 금고 앞에서 치열한 전투가 벌어진다. 돈을 놓고는 생각이 달라져 양보할 수 없는 격전이 벌어진 것이다. 이미 조직 간의 전쟁이 아닌 군인들과의 전투가 되었다. 결국 아호, 지민 형제까지 전투에 말려들어 우여곡절 끝에 하장청을 처단하고 탱크까지 동원한 월남군과의 전투에서 살아남는다. 그리고 부상을 입은 주영걸과 마지막 헬기를 타고 그곳을 탈출한다.

주인공 아호의 과거가 격정적인 삶을 살았다는 설정은 시리즈의 대단원에 걸맞은 이야기로 이렇게 시리즈를 끝낸다. 감독을 맡은 서극은 베트남 출신의 화교로 자신의 경험담일 수 있는 내용을 스펙터클하게 그려내었다. 오우삼 감독도 월남 패망 시기를 소재로 한 비슷한 설정의 〈첩혈가두〉를 1990년에 발표하였다. 〈영웅본색 3〉은 억지로 만든 2편에 비해 완성도가 높다.

▬ 〈의담군영義膽群英〉 1989

장철 감독이 제작한 영화이다. 감독은 그의 조감독 출신인 오우삼과 우마가 맡았다. 장철 감독의 애제자인 강대위가 출연했고 오우삼의 권유로 이수현, 성규안 등이 출연하였는데, 특별히 신인배우였던 주성치가 주요 조역으로 출연한다. 내용은 조직의 후계자 선정을 둘러싼 〈영웅본색〉 느낌의 영화로 장철 감독이 각본을 썼다. 한국에서는 극장 개봉 없이 〈흑전사〉라는 제목의 비디오로 출시되었다.

▬ 〈첩혈쌍웅喋血雙雄〉 1989

금공주공작실 서극 제작, 오우삼 각본·감독작, 주윤발, 이수현, 엽천문, 성규안 출연작이다.

비 오는 날 공사 중인 성당에서 살인 청부를 받는 아장(주윤발)은 청부살인 중 여가수 제니(엽천문)의 눈을 다치게 한다. 시력을 잃은 여가수의 노래를 들으러 밤마다 업소에 들리던 그가 그녀를 돕기 시작하며 연민의 감정이 사랑으로 승화된다. 그것은 엄밀히 말해 일종의 죄의식 때문이다. 그녀의 집에 걸려있는 피 묻은 머플러는 자신의 것이며 그녀는 그에게 범인의 것이라고 말한다. 또 한 사람, 그를 쫓는 형사 이응(이수현)은 신분을 감춘 채 권총밀거래 현장에서 범인들을 사살하는 열혈형사이다. 냉정한 경찰관인 그가 감정에 치우친 경관이 되는 것은 아장을 만나고부터이다.

아장의 극 중 두 번째 살인 청부 대상은 왕동원 사장이다. 바다가 행사장에서 그를 사살 후 벌어진 총격전으로 소녀가 다치고 아장은 아이를 구하기 위해 인근의 성심병원에서 가서 이응과 마주친다. 킬러가 이런 동정심을 갖고 있다는 것에 새삼 놀라는 이응은 아장을 놓치고 범인의 몽타주를 만들며 점차 호감을 갖게 된다. 신분 노출을 우려한 새 두목 왕해는 아장의 사살을 명령하고 이응은 아장의 집을 찾아온다. 아무도 없는 빈 집에서 이응은 카세트에서 제니의 노래를 들으며 킬러 아장의 감정에 이입되는데 귀가한 그와 다시 조우한다. 이응은 이미 형사라는 신분을 잊고 그에게서 친구 같은 감정을 느낀다.

제니는 이응의 수사 협조에 응해 아장을 공항으로 불러낸다. 갈 곳 없는 아장은 이곳을 떠나기로 작정하고 레니와 공항에서 만나는데, 경찰의 포위망을 이미 알고 있었다. 제니는 자신의 잘못을 알고 아장과 경찰의 포위망을 뚫고 탈출하고 결국 이응은 이 일로 좌천된다. 왕해의 추격은 계속되어 외곽 길에서 차 추격전이 벌어지고 이응은 단독 수사에 나서며 아장을 돕게 된다. 라스트신은 비둘기가 날아다니는 외진 성당이다. 함께 총격전에 나서 영화에서 중 가장 치열하면서도 아름다운 총격전이 벌어지고 아정과 레니는 처절히 상대를 부르며 죽어간다. 이 모든 사건의 발단인 왕해는 출동한 경찰에게 살려달라고 애원하는데 이응은 결국 왕해를 직접 처단한다.

이 영화의 미덕은 이루어 질 수 없는 관계와 모순에 대한 연민이다. 범인과 형사의 우정, 가해자와 피해자의 사랑 그리고 남자들의 철학인 도리, 의리, 우정, 신뢰, 신의를 말하며 비장미를 보여주고 있다. 그것은 장철 감독의 영화 세계에서 보이는 폭력과 예술의 미학이다. 무협의 칼부림이 현대의 총격전으로 다시 보여주고 있는 것이다. 오우삼 감독이 장철 감독의 조감독 출신이었다는 것을 상기해 보면,

1970년 장철 감독의 〈복수〉의 연장선에서 만들어진 영화일 수도 있다.

■ 〈남부군〉 1990

남프로덕션 제작, 이태 원작, 장선우 각본, 정지영 감독, 안성기, 최민수, 이혜영, 독고영재, 최진실, 임창정 출연작이다. 지리산의 빨치산 출신인 이태의 원작을 영화화한 정지영 감독의 역작이다. 촬영 당시 군부대 지원이 일체 없는 최악의 조건에서 영화인 2세들이 모두 참가하는 등 고군분투하여 제작되었다.

당시 빨갱이를 미화한다 하여 제작이 절대 불가능하다는 상황을 딛고 정지영 감독이 제작까지 맡아 완성해 낸 화제작이다. 모든 이의 이 같은 걱정을 뒤로하고 출연 배우들의 몸 사리지 않은 연기 투혼이 이 영화를 살렸다. 이 영화는 대종상을 받지는 못했지만, 청룡상이나 춘사영화제에서 수상하며 그 공로를 평가받았다.

■ 〈마유미〉 1990

신상옥 감독, 신봉승 각본, 구중모 촬영이다. 출연은 김서라, 이학재, 신성일, 진봉진, 윤일봉, 윤양하, 최종원, 최윤석, 주용만, 김보연, 장희진, 송미남, 최남현, 장정국, 심우창 외 신필름 배우들이 총출동하였다. 특이하게도 진유영 배우가 조감독을 맡았다. 내용은 이제는 진실이 밝혀진 KAL기 폭파범 하치야 마유미와 하치야 신이치의 이야기이다.

신 감독이 탈북하여 미국에서 〈3닌자〉 시리즈를 만들고 귀국해 만든 첫 편이다. 그래서 북한 관련의 이 소재를 택했을 수 있다. 일본 후지TV가 100만 불을 투자해 제작되었고 일본 판권을 가져갔다. 사실 이 영화를 누구도 만들 생각을 못했는데, 일본의 투자로 신 감독이 만들게 된 것이다.

촬영 역시 다국적인데 마유미의 동선을 따라 미국, 일본, 독일, 스페인, 프랑스, 유고, 헝가리, 사우디아라비아 등 12개국에서 촬영되었다. KAL기 희생자 중 한 명을 화물차 운전사로 설정하여 독일을 거점으로 열흘간 인근 나라를 다니며 촬영하였다고 한다. 유고는 공산주의 국가로 촬영 때 구중모 감독만 들어가 촬영하였다.

KAL기 격추 장면은 미국에서 특수 촬영하였다. 구중모 감독을 섭외하여 국내에서 두 달간 촬영하였는데, 규모에 비해 길지 않았다. 최은희 배우가 현장에서 배우들의 연기를 지도하였고, 신 감독도 최선을 다해 연출하였을 것이다. 욕심이 앞서 직접 촬영하기도 했으며 구중모 촬영감독과의 마찰도 많았다고 한다.

김현희 폭파범이 가짜라는 설이 있었을 때라 자료 화면이 많이 쓰이며 사건의 진위를 지루하게 설명하고 있다. 또 BL3 동시녹음 카메라를 사용하였으면서도 동시녹음으로 완성하지 못해 80% 이상 후시녹음을 하여 완성하였다. 이 점이 완성도를 크게 떨어트려 아쉽다. 110분의 러닝타임으로 피카디리극장에서의 흥행 성적은 5만여 명이었다.

■ 〈무장도시|Street Soldiers〉 1990

리 해리 감독의 태권도를 소재로 한 저예산 독립영화이다. 한국에서는 박종구 제작으로 소개되었고, 제작사는 액션브라더스프로덕션이다. 미국 버전의 자막을 보면 정준 제작·주연, 제이슨 황(황정리), 제프 렉터, 캐서린 암스트롱, 프랭크 노박, 제이 리차드슨, 루이사 아베르나티, 주드 제라드, 조나단 고만, 다렐 게일보 출연이다. 정준은 태권도장 관장으로 나오며 황정리가 제이슨 황이라는 이름으로 악당 보스의 보디가드 역으로 악역을 맡아 출연한다.

내용은 밤거리의 악당들과 태권도를 익힌 아이들이 겨루는 선악 구도이다. 미국의 어느 도시, 악의 무리인 JP는 온갖 악행을 서슴없이 저지르고 밤거리를 장악한다. 이곳의 구역 싸움은 조직의 보스가 출옥하며 더욱 살벌해진다. 이런 곳에서 가라테 도장(도장 내부에는 태극기가 걸려있는 태권도장)을 하고 있는 한 사범은 무도 철학을 가르치며 제자들에게 당당하게 맞설 것을 가르친다.

JP 조직은 한 사범의 조카이며 양자인 찰스의 연인인 줄리를 강간하고 납치한다. 그리고 찰스와의 일전에 대비하여 JP 조직원들은 집단 합숙 훈련을 하며 킬러 본능을 익히고 실전 싸움을 연습한다. 그리고 그들의 타깃이 된 한 사범을 찾아가 협박을 하나 한 사범이 굴하지 않자 그가 자리를 비운 틈을 타 찰스를 무참히 살해한다. 찰스의 장례식 날 찰스와 동문수학한 제자들은 복수의 결의를 다진다. 한 사범은 그들을 확실하게 지옥 훈련을 시키며 킬러 본능을 일깨운다.

러닝타임 90분이 지나고 한 사범 역의 정준과 악당의 일원인 황정리의 대결이 펼쳐진다. 세기의 대결은 아니라도 그럴듯한 액션을 기대하게 하는 이 장면은 정준의 일방적인 공격으로 싱겁게 끝이 난다.

결국 승리의 주인공이 된 한 사범 일행의 분투 끝에 악당들은 모조리 죽고 영화는 끝난다. 다소 식상한 구성의 액션영화이지만 정준이 만들고 싶은 내용으로 자신의 무도 철학을 설파하며 그나마 볼만한 영화가 되었다. 정준의 제자이며 콤비인 필립 리가 출연하지 않아 의아한데, 필립 리가 〈베스트 오브 베스트〉로 명성을 얻자 정준이 독자적으로 연기자들을 모아 무술감독까지 하며 만든 역작인 셈이다.

▬ 〈소오강호笑傲江湖〉 1990

김용 원작으로 호금전·정소동·서극·허안화·이예민·김양화 공동 감독이다. 무공비급 '규화보전'을 둘러싼 강호 무협들의 대결로 허관걸, 장학우, 엽동, 장민 출연했다. 제작자인 서극 감독이 추앙하던 호금전 감독에 의해 크랭크인되었지만, 느린 촬영 진행과 제작자와의 이견을 좁히지 못해 호금전 감독은 하차하고 몇 명의 감독진이 투입되어 영화를 완성시켰다. 그만큼 제작 과정에 위기가 많았으나, 흥행에 성공하였고 완성도도 높아 서극 감독에게는 전화위복이 된 영화이다.

이 영화는 이어 제작된 속편 〈동방불패〉와 함께 신무협을 보여준 명편으로 평가된다. 특히 한국에서는 극장에서는 물론 비디오를 통해 모든 연령에 걸쳐 다 보았을 정도로 흥행에 성공하였다. 특수 촬영을 포함한 신무협 액션을 보여주었는데, 호금전 감독의 원대한 무협의 세계를 서극 감독의 연출로 마무리하였다. 특히 〈소오강호〉의 주제곡은 무협영화를 대표하는 곡으로, '강호의 속박을 웃어 버린다'는 의미로 긴 여운을 남긴다.

▬ 〈아비정전阿飛正傳〉 1990

왕가위 각본·감독, 장국영, 유덕화, 장만옥, 유가령, 장학우, 양조위 출연작이다. 홍콩 하면 떠오르는 음습한 이 영화는 장국영의 매력을 한껏 사린 왕가위 전성기의 영화이다. 인물은 단출한 여섯 명으로 별 스토리가 없지만 긴장감을 불러일으키며 빠져든다. 그것은 배우들의 매력과 왕가위의 연출력 때문이다.

아비는 양어머니에게서 생활비를 받아 쓰는 청년이다. 친어머니를 수소문하며 하루하루를 소일하는 그에게 무슨 매력이 있는지 미녀들이 끊이질 않는다. 최근에 만난 댄서 미미는 그가 좋아 죽고 못 산다. 그럴수록 아비의 관심은 멀어져가고 역시 버림받은 여인 수리진은 그를 잊지 못하고 그의 주변을 맴돈다. 그런 수리진이 안쓰러운 동네 경찰관도 은근히 그녀에게 끌리는데, 어느 날 아비는 친엄마를 찾아 필리핀으로 떠난다. 엔딩에 5분간 양조위가 출연하는데 2부를 예고하는 듯하다.

세기말적 홍콩의 분위기를 잘 담아내 홍콩 최고 권위의 시상식인 홍콩금장상 영화제에서 작품상과 감독상을 비롯해 5개 부문에서 수상하였다. 한국에서는 10년을 주기로 두 차례 더 수입되어 개봉되었다.

■■■ 〈천장지구天若有情〉 1990

두기봉 감독이 제작한 진목승(베니 찬) 감독작으로, 유덕화와 오천련이 출연하였다. 원제는 〈천약유정天若有情〉이며 〈천장지구〉는 우리나라에서 붙인 제목으로, 변치 않는 사랑을 맹세할 때 하늘과 땅이 오래도록 변變하지 않는다는 뜻으로 쓰는 관용구이다. 1987년 오우삼 감독의 〈영웅본색〉이 개봉하며 홍콩 누아르영화가 한국에서 선풍적인 인기를 끌었다. 이 영화는 〈영웅〉 시리즈와는 달린 액션 로맨스를 추구하며 홍콩 흑사회의 비리와 비정을 담아냈다.

홍콩 누아르영화는 주윤발이 출연하는 킬러나 형사 주인공의 영화와 유덕화가 출연한 사회파 영화로 나뉠 수 있는데, 이 영화는 후자의 대표작이다. 약간은 1960년대 일본 청춘영화의 새로운 버전이기도 하다. 한국으로 치면 신성일, 엄앵란 주연의 청춘영화 느낌인데 더욱 잔혹하게 버전업되었다. 고아로 자란 아화(유덕화)가 부잣집 여학생인 17세의 죠죠(오천련)를 만나 이루어 질 수 없는 사랑을 나누며 비참한 최후를 맞는 내용의 영화이다.

주인공 아화는 매춘부인 어머니가 자살하자 이웃집의 매춘부들에 의해 성장하고 자연스럽게 흑사회의 조직원이 되었다. 그는 어느 날 범죄의 제의를 받아 금은방을 털게 되고, 이때 사고 현장에서 인질이 된 여고생 죠죠를 알게 된다. 그는 감히 넘볼 수 없는 신분의 차 때문에 그녀를 멀리 하려 하지만, 죠죠는 그럴수록 아화에게 끌린다. 결국 서로 사랑하게 된 두 사람은 조직의 보스 자리다툼 와중에 파국으로 치닫게 되고 아화는 죠죠를 뒤로 하고 죽음을 각오하고 복수의 칼을 잡는다.

첫 장면의 자동차 경주 장면은 제임스 딘이 출연한 〈이유 없는 반항〉을 연상시키지만, 라스트신은 복수 후 죽은 아화와 웨딩드레스를 입은 죠죠가 뛰어오는 장면이 교차 편집되며 장철 감독의 〈복수〉를 연상시킨다. 어쨌거나 이런 신분을 뛰어넘은 로맨스는 문학이나 영화, 연극의 주요 소재로 평범한 이야기일 수 있다. 그러나 그것을 어떻게 연출해 내느냐에 따라 콘텐츠가 주는 감동과 재미의 폭은 많이 달라진다.

주인공을 맡은 유덕화는 홍콩영화계의 보석과도 같은 존재임을 이 영화를 통해 다시 한번 보여주었는데, 왕가위 감독의 〈열혈남아〉와 함께 유덕화가 주연한 초기 걸작으로 꼽힌다. 진목승 감독은 1969년생으로 이 영화로 데뷔하여 〈성룡의 CIA〉, 〈뉴 폴리스스토리〉, 〈BB프로젝트〉 등의 성룡 영화를 감독했다.

■■■ 〈첩혈가두喋血街頭〉 1990

오우삼 감독의 이 영화는 50만 자(보통 영화의 상영 필름은 만 자 내외이다)의 필름을 쓰고 베트남 로케이션을 하며 전쟁 장면을 찍어 당시 최고 제작비를 투입한 영화가 되었다.

1990년은 오우삼 감독이 한국에서 최고의 인기를 구가하던 시절이다. 그러나 주윤발이 출연하지 않는 영화로 한국에는 처음 선보이는 배우들인 양조위, 장학우 그리고 〈영웅본색〉 시리즈의 악역 이자웅, 또 임달화까지 출연한다. 이들의 캐스팅은 주윤발이 빠진 자리를 메꾸기 위한 차선책이었지만, 오우삼 감독의 안목을 보여주는 절묘한 캐스팅이다. 각기 성격이 다른 배역을 이 배우들이 잘 살려주었기 때문이다. 이들은 이미 정상에 접근한 스타였지만, 이 영화 이후 더욱더 확실하게 자리매김을 한다.

내용은 월남 패망을 소재로 한 〈영웅본색〉 시리즈 3편의 연장선에 있는데, 불확실한 홍콩에서의 생활의 도피구 혹은 탈출구로서 월남으로 향한 세 청년의 이야기이다. 이미 비슷한 내용의 할리우드영화 및 홍콩영화가 있었지만, 오우삼표 영화는 또 다른 메시지와 액션을 보여주었다.

이 영화의 배경은 1967년 홍콩에서 반영 시위가 극심할 때이다. 중국에서 넘어와 빈민가에서 자리 잡고 힘들게 살던 세 친구 중 고아인 아비가 먼저 결혼식을 올리게 된다. 성격 좋은 아휘는 그를 위해 결혼 피로연 비용을 마련하고자 집문서를 맡기고 돈을 구하는데, 악당인 강 가와 만나 돈을 빼앗기는 상황이 된다. 그러나 그 돈은 친구를 위해 빼앗길 수 없는 돈이다. 부상을 당하면서까지 돈을 가져다주는데 이 사실을 알게 된 아비가 강 가를 찾아가 복수를 하다가 그만 그를 죽이고 만다.

두 사람은 친구 세영을 찾아와 월남으로 가자고 결의하고 밀수품을 갖고 월남에 도착한다. 월남은 홍콩과는 비교할 수 없을 정도로 혼란스러운 패망 직전의 상황이었고 그들은 그곳에서 권총 강도가 된다. 이후의 상황은 홍콩의 인기 가수를 납치하여 매춘을 시키는 악당 조직과 황금을 둘러싼 죽고 죽이는 전쟁액션극이다. 세 사람은 CIA의 정보원(임달화)과 함께 월남군과 싸우고 베트콩의 포로가 되어 탈출하는 등 헬기와 포탄, 수류탄이 난무하는 정쟁터에서 대활약을 보인다. 〈첩혈가두〉는 오우삼 영화이지만 홍콩 누아르와는 또 다른 연장선의 영화로, 큰 규모의 전투 신과 남자들의 진한 우정을 너무 지루하고 장황하게 보여준다.

결국 황금에 집착하며 우정도 저버린 세영은 아휘마저 죽이고 홍콩으로 돌아와 거부로 출세한다. 그러나 이런 사실을 알고 있는 아비는 아휘의 두개골을 갖고 세영을 찾아와 아휘의 복수를 한다. 철저한 응징은 홍콩영화의 정해진 법칙이다. 마지막 장면은 차 추격전의 처절한 복수와 과거 홍콩에서 단란한 우정을 보여준 자전거 달리기 장면이 교차되면서 끝난다.

러닝타임도 길지만 이 영화는 분명 오우삼의 과도한 욕심이 빚어낸 아쉬움 많은 영화다. '이러한 과도한 연출은 어디서 비롯된 것일까?' 하는 의문이 들기도 하는데, 이는 감독의 과욕이라고밖에 설명이 안 된다. 홍콩과 월남에서의 반정부 시위장면 그리고 너무 많은 총격전과 세 남자의 우정과 배신을 대서사극으로 보여주고자 했던 자신만만한 과욕이 빚어낸 야심작일 뿐이다. 누군가 조언자가 있었다면 적당한 충고가 필요했던 영화로, 오우삼 감독에게는 자신이 만들고 싶은 대로 욕심껏 만든 영화로 추억될 영화다.

〈첩혈가두〉는 국내 상영 때 많은 시위 장면이 삭제되어 상영되었다. 그래서 다소 복잡한 메시지가 편집되어 간결하게 보여주어 오락영화로서 보기에 무리 없었다. 결국 감독은 너무 많은 설명으로 오락영화의 경계를 넘어서며 과도한 배경 설명을 한 것이다.

내가 본 영화는 오리지널 무삭제 버전인데, 단점도 있지만 전반적으로 장점도 많은 영화다. 그러나 진정한 오우삼의 팬이라면 그의 진면목을 알기 위해서라도 꼭 봐두어야 할 영화이기도 하다. 영화는 비평가들에 의해서만 평가되는 것이 아니고 관객의 몫도 있기 때문이다.

■■■ 〈대유괴大誘拐〉 1991

오카모토 기하치 감독, 키타바야시 타니에, 카자마 토오루, 우치다 카츠야스, 니시카와 히로시 출연작으로, 러닝타임은 120분이다.

출옥한 두 명을 포섭하여 세 명의 청년이 의기투합하여 대부호인 할머니를 납치하기로 계획한다. 그들은 치밀하게 작전을 세우고 마나님을 납치하기에 이르는데 할머니 역시 만만치는 않다. 오히려 유괴 이후의 상황이 반전되며 할머니의 조정에 의해 사건은 범인들의 의지와 상관없이 흥미롭게 전개된다.

100억 엔 사건으로 언론에 공개 수사되며 사건은 경찰의 의도대로 진행되는 듯하지만, 할머니는 그보다 고단수로 범인들을 지휘하며 결국 5천만 엔 요구로 시작된 납치극은 100억 엔이라는 거금으로 몸값이 올라가며 TV를 통해 생중계되며 점차 전 국민의 주목을 받게 된다.

할머니의 지략으로 자손들은 부동산을 처분하여 범인들이 요구하는 금액을 만들어 전달한다. 이 과정에서 경찰은 따돌림당하며 완전범죄에 성공하는데, 수사본부장은 마나님을 찾아가 사건의 전말을 듣게 된다.

본부장 역시 이 사건에 연루된 다른 이들과 마찬가지로 할머니의 은공을 입은 사람이다. 그러니 할머니의 의중대로 납치극은 성공할 수 있었고, 이런 상황을 대충 알고 있던 본부장도 허탈해한다. 이 사건은 누구하나 피해자가 없으면서도 할머니의 뜻대로 종료된 미결의 납치 사건으로 남게 되었다.

감독이 전하고자 했던 것은 할머니의 납치극을 통해 인간 사회에서 중요한 것은 돈이 아니며 따뜻한 인간관계라는 것이다. 이 영화는 다소 황당하면서 개연성이 부족하지만 관객들의 감성을 울리는 설득력을 갖고 있다. 이 영화는 희한한 시나리오를 가슴 뭉클하게 감동적으로 그려낸 오카모토 말년의 수작으로, 1992년 일본아카데미 감독상 수상작이다. 노년의 감독이 바라본 세계관, 인간관이 녹아있기 때문에 감독상의 영예를 안았을 것이다.

■ 〈전국구〉 1991

문종금 제작, 최동준 기획, 권일수 각본·감독, 함남섭 촬영, 무술지도 이제규, 이경자 편집, 오준영 음악, 거룡, 현길수, 이신영, 장동휘, 심상천, 원영애 출연작이다. 1970년대 액션영화의 상징적 배우인 장동휘를 특별 출연시키고 그 맥을 이은 영화이다. 당시 조폭영화로는 드물게 180만 명을 동원한 흥행작이다.

조직 갈등으로 저격을 받은 장삼봉에 의해 새로운 후계자로 지명된 강백천은 보스의 십계명에 따라 마약, 도박, 싸움, 여자 문제 등 범죄에서 손을 뗄 것을 엄명한다. 그러나 장현태는 일본의 야마구치파를 끌어들이고 백천이 감옥에 간 사이 조직을 인수한다. 그는 백천의 연인인 성희마저 죽인 장본인인데 백천은 심복인 오복마저 죽자 그를 찾아가 처단하고 조직을 재건한다.

■ 〈완령옥阮玲玉〉 1991

관금붕 감독, 장만옥 출연의 154분짜리 영화다. '완령옥'은 1930년대 중국영화계의 톱스타인데, 장만옥이 완령옥 역을 맡아 그녀의 인생과 죽음을 보여준다. 완령옥은 1910년생으로 1935년 25세의 나이에 자살하여 중국영화계의 전설이된다. 1930년대 상하이 하면 상해파 한국영화인 정기탁 감독이 활동하던 시기이다. 실제로 완령옥은 정기탁의 영화 속 히로인이기도 하며, 〈대파구룡산〉, 〈은막지화〉, 〈상해여 잘 있거라〉 등의 영화에서 그와 함께 연기를 했다.

그녀의 주변에는 남자들이 너무도 많았다. 유망한 영화인들 하며 헤어져 줄 테니 돈을 달라는 치사한 전 애인, 손찌검을 예사로 해대는 현재의 애인, 자신을 좋아하지만 아무것도 할 수 없는 연약한 영화감독 등 수많은 남자가 있었지만, 그녀가 진정으로 기댈 수 있는 남자는 없었다.

영화는 약간은 지루할 수도 있지만 한 시간이 경과되며 완령옥의 이야기가 아닌 최진실의 이야기로 느껴지며 재미를 더해간다. 남의 나라 스타 이야기가 아닌 배우의 이야기에 빠져들며 영화가 공감이 가는 것이다. 이 영화는 독특한 구성인데 완령옥의 일생을 찍는 여주인공 장만옥의 인터뷰와 주변 남배우들의 인터뷰가 혼재되며 완령옥의 삶을 반추한다. 영화 속의 영화 구성 방식을 빌려와 다큐멘터리처럼 자유분방하게 찍어낸 것이다. 완령옥 역을 맡아 연기했던 장만옥이 생각하는 완령옥은 관객의 생각과 별 차이 없다.

애인과의 결별과 유부남과의 애정 행각 등으로 불안정한 그녀의 삶은 스타로서 겪는 수난이지만, 그녀는 그 모든 것과 죽음으로 결별한다. 왜 자살했는지에 대한 대답은 없다. 갈등의 연속을 보여주며 관객 스스로 유추하게끔 할 뿐이다. 장만옥은 도회지 여자의 자유분방한 성격을 잘 보여주고 있는데, 이 영화로 베를린영화제에서 여우주연상을 받았다. 〈화양연화〉의 쓸쓸하면서도 고혹미를 잃지 않는 이미지가 여기서도 그대로 묻어난다.

■■■ 〈종횡사해縱橫四海〉 1991

금공주 제작, 오우삼 각본·감독작. 주윤발, 장국영, 종초홍, 주강 출연작이다. 케이퍼Caper무비 장르로는 1965년 작 〈황금의 7인〉, 1969년 작 〈이탈리안 잡〉 등이 유명했다. 〈황금의 7인〉은 은행의 황금을 탈취하는 도둑들의 이야기인데 오우삼도 이 영화를 봤을 터이고, 이 영화는 누아르영화에서 탈피해 보고자 프랑스를 무대로 제작되었다. 〈종횡사해〉라는 제목은 '종횡무진, 사방 어느 곳에서나 자유자재이다'라는 뜻으로 극 중 세 사람의 마음을 표현한 것이다.

파리의 미술박물관에서 유명 그림을 감쪽같이 털어오는 아애와 홍두, 제임스는 청부 도둑이다. 기상천외한 방법으로 미술품을 탈취해 사부에게 전하면 그는 그것을 프랑스 갱단 두목에게 전한다. 그들은 이 생활을 청산하기로 작정하지만 새로이 들어오는 의뢰는 점점 보수가 올라간다. 결국 다시 한번 더 미술품 탈취를 모의하는데 이번에는 목숨을 걸어야 할 만큼 삼엄한 경비를 뚫어야 한다. 이 모든 것이 그들의 운명을 갈랐다. 휠체어 신세를 지게 된 아애는 복수를 다짐하고 셋은 다시 한번 의기투합하여 갱단을 처치한다.

오우삼 감독은 좀 더 버라이어티하게 만들어 보고 싶다는 생각에서 코미디를 접목하여 유쾌한 케이퍼무비를 만들었다. 그러나 비장미를 앞세운 전작들에 비해 큰 호응을 받지는 못했다. 그러나 감독은 이 영화 이후 〈첩혈가두〉를 만들고 할리우드로 진출한다. 이 영화는 2012년 작 〈도둑들〉에 모티브가 되었다. 여러 장면과 이야기가 많이 유사하다.

■■ 〈철판을 수놓은 어머니〉 1991

안태근 각본·감독, 이승언 촬영, 안옥희, 양영준, 정종준, 차기환 출연작으로, 금관상영화제 우수작품상 수상작이다. 거제도 대우조선소를 배경으로 한 가족의 삶을 희망적으로 그려낸 50분 길이의 중편영화이다. 거제도의 풍광을 35mm로 이승언 촬영감독이 아름답게 담아냈고 박순덕이 편집하였다. 어머니 역을 맡은 안옥희 배우의 유작이기도 하다.

■■ 〈결혼 이야기〉 1992

익영영화사 창립 작품으로 김의석 감독, 박헌수 각본, 구중모 촬영, 최민수, 심혜진이 출연하였다. 한국 최초의 기획영화로 불리며 흥행에 성공한 사례로 꼽히는 신세대 영화이다.

방송국에서 근무하는 태규와 지혜는 남들이 주변 모두가 말리는 결혼에 골인한다. 신혼을 보내며 성에 대한 호기심이 풀리고 서로의 단점이 보이며 두 사람은 심각한 갈등을 겪는다. 드디어 이혼을 결심하지만 서로의 잘못을 잘 알고 있다. 두 사람의 화해는 서로를 이해하는 일부터이다. 지혜는 지방근무를 신청하고 라디오 방송에 자신의 솔직한 마음을 전한 태규의 진정성을 느끼고 자신을 반성하며 그를 찾아간다.

아웅다웅하는 신혼부부를 통해 결혼이라는 대명제를 다시 생각하게 하는 영화이다. 지금 보아도 손색이 없는 시대성을 초월한 영화로, 미국식 홈드라마 구성이며 1990년대 로맨틱코미디영화의 붐을 일으킨다. 당시 여권신장론이 대두되며 시대의 흐름을 읽은 영화이다. 오정완의 기획에 따라 스토리라인을 완성하고 촬영한 이 영화는 깔끔한 영상 구성과 이야기가 갖는 힘으로 당시 피카디리극장에서 개봉하여 3개월간 롱런하며 최고 흥행을 기록하였다.

■■ 〈동방불패東方不敗〉 1992

서극 제작, 정소동·당계례 공동 감독의 1992년 작으로, 러닝타임은 107분이며 〈소오강호〉의 속편이다. 출연은 이연걸, 임청하, 관지림이다. 〈소오강호〉는 홍콩영화의 또 다른 실험이며 유행을 창조했다. 〈촉산〉을 감독했던 서극 감독은 연장선에서 SF 무협영화를 기획하였다. 그리고 〈생사결〉로 새로운 무협영화의 가능성을 보여준 정소동에게 의뢰하였고, 〈소오강호〉는 홍콩영화의 새로운 경향을 보여준 가작으로 기록된다. 내용은 김용의 원작을 바탕으로 강호영웅들의 무협담이다.

동방불패(임청하)라는 인물은 최고수가 되기 위해 남성을 거세하여 여성화된 캐릭터이다. 굵은 남성의 목소리를 갖고 있지만 그녀는 절세미인이다. 그를 사랑하게 된 강호의 영웅인 영호충(이연걸)은 사제들과 유랑 길에서 일원신교의 무협 임영영과 만나 동방불패에 대해 알게 된다. 그리고 동방불패를 만난 영호충은 그의 정체를 모른 채 한눈에 반해 사랑에 빠지게 되는데, 한밤중 동방불패의 의도대로 다른 여인을 동방불패로 착각하고 동침을 한다. 영호충은 동방불패에게 이 사실을 듣게 되고 동반불패의 정체를 알고 있는 임영영의 심복 남봉황과 함께 동방불패의 부하들과 한바탕 대결을 벌인다.

시대 상황을 임진왜란 직후로 설정하여 왜구와 닌자로 극의 흥미를 높였다. 정소동 감독의 닌자 사랑은 이미 〈생사결〉부터 시작되었는데, 이 영화는 무협소설의 전형적인 구성으로 흥행에 성공하였다. 주제가 〈소오강호〉는 한때 우리나라를 비롯하여 아시아권에서 크게 인기를 끌었다.

▬ 〈명자 아키코 쏘냐〉 1992

지미필름 제작, 송길한 각본, 이장호 감독, 구중모 촬영의 138분 초대작이다. 김지미, 김명곤, 이영하, 이혜영, 이반 니콜라이, 이반 세스비자가 출연하였다.

1986년 작 〈길소뜸〉 이후 김지미 사장은 회사의 사운을 걸고 이 영화 제작에 나선다. 평균 제작비가 3억 원이던 시절 18억 원이 투입되었다. 사할린에 전세기를 띄우고 당시로는 드문 해외 로케이션 제작으로 영화의 사실감을 더하고 완성도를 높이기 위해 거액의 제작비가 투입되었다. 당시 러시아 쿠데타가 우려되던 시기이라 여러 사람이 만류하였으나, 김지미 사장은 촬영을 강행하였다. 그만큼 이 시나리오가 마음에 들었던 까닭이다. 촬영팀은 일본을 거쳐 하바로브스크로 들어가 사할린에서 촬영을 개시하였다.

일제강점기 세 이름을 갖고 살았던 상징적 여인의 일대기이다. 주인공 명자가 아니더라도 누구나 겪었을 법한 이야기인데, 사할린으로 징용 간 남편을 찾아감으로 인해 쏘냐라는 이름까지 갖고 살게 되니 기구한 운명의 일대기가 관객들의 가슴을 울린다. 조국이 분단이 되어 가지 못하고 국적이 북한이라 한국에 못 갔던 실화이다.

혼신을 다해 기구한 여인의 한평생을 연기한 김지미의 연기는 단연코 이 영화 완성도의 견인차 역할을 다했고, 극 중 일본 여인 가즈코로 출연한 이혜영의 연기 역시 괄목할 만하다. 일본 수출이 예정되어 있었으나 수출가 협상이 안 맞아 고스란히 적자로 남았다.

■■ 〈목동기담瀛東綺譚〉 1992

신도 가네토 감독작으로, 러닝타임은 120분이다. 이 영화는 전쟁의 긴장감과 창부와의 정사 그리고 허무주의의 주인공 심리 등이 교차되며 묘한 나른함을 전해준다.

주인공인 부르주아 소설가 가후는 화류계 여성들에 대한 소설로 알려진 작가다. 혼자 살며 화류계 여성들과 만나 삶의 허무를 즐기는 그가 오유키를 만나 때늦은 진지한 사랑에 대해 고민을 하지만 결국 그는 그녀의 제안을 회피한다. 그는 삶에 충실하기에 너무도 우유부단한 성격이다. 예술가의 삶이 꼭 그러하지는 않겠지만 그는 쉽사리 이해할 수 있는 캐릭터가 아니다. 물론 그래서 영화의 소재가 되었을 것이다.

■■ 〈봉성부인竹夫人(죽부인)〉 1992

이한상 각본·감독, 단입문 주연작이다. 거의 시리즈라고 보아도 좋을 정도로 이 두 사람은 비슷한 시기에 내용만 달리해 영화를 함께한다. 이 영화는 한국에서 합작영화 〈봉성부인〉으로 소개된 홍콩의 오리지널 영화이다. 〈금병풍월〉과 함께 수입된 위장 합작영화이다.

제작 김경식, 조명 박창호, 미용 이영자 등 〈금병풍월〉의 멤버가 그대로 참여하고 있다. 출연진을 보면 이선애, 고소정 외에 〈금병풍월〉에도 출연한 조학자, 유명순, 장은주 등이 함께 조연으로 출연한다. 한국영화 데이터베이스KMDb를 보면 이선애, 장은주 배우는 당시 이런 부류의 영화에서 활동하던 배우들이다.

■ 〈애마부인 7〉 1992

석도원 감독작으로, 주인공 강승미는 이 영화로 데뷔하고 총 세 편의 영화에 출연 후 교통사고로 사망하였다. 〈애마부인〉은 시리즈마다 여주인공을 달리했다. 첫 편의 여주인공은 안소영이었고 오수비, 염해리, 주리혜, 소비아, 다희아, 루미나, 진주희, 오노아, 이다연 등 신인들의 경연장이며 에로 스타로의 등용문이었다.

정인엽 감독이 3편까지 연출하고 물러나자 석도원 감독이 4편부터 감독을 맡아 신인 여배우를 데뷔시켰다. 그중 7대 애마 강승미는 특출난 끼를 갖춘 여배우였다. 그러나 갑작스러운 그녀의 죽음으로 인해 그녀와의 인연은 이 영화와 〈캉캉69〉라는 영화 두 편으로 끝났다. 석도원 감독은 그 안타까움을 추모 헌시로 남겼다.

■ 〈애사당 홍도〉 1992

장성환 감독작으로, 임미애, 강인덕 등의 무명배우를 주인공으로 캐스팅했다. 남사당패를 소재로 하여 애사당을 주인공으로 한 조선 여인 수난사이다. 문상훈의 각본을 정진우 감독의 조감독이었던 장성환 감독이 제작과 연출을 맡았다. 방학기 원작의 만화가 있었고 에로티시즘을 추구한 영화였으나, 참담한 흥행 결과이다. 당시 유행 장르이던 에로 붐에 편승한 기획이었지만, 차별화되지 않은 에로영화가 식상했을 수 있다. 신성일 배우가 배진사로 등장하고 〈사방지〉의 방희 배우가 마님으로 출연한다. '국제영화제 출품 예정작'은 당시 영화들이 한결같이 써먹던 광고 문구 중 하나이다.

■ 〈폴리스 스토리 3 - 초급경찰警察故事Ⅲ-超級警察〉 1992

당계례 감독, 성룡, 양자경, 장만옥, 원화, 나열 출연작이다.

마약왕 시패를 수사하기 위해 중국 인민경찰 양 과장과 진 경관의 공조수사를 벌이는 시리즈이다. 임복생으로 신분을 위장하고 마약범 표강(원화)을 도와 탈옥을 한 후 가짜 고향인 불산으로 가는데 가짜 가족이 마중을 나온다. 이 모든 것이 마약왕을 체포하기 위한 설정인데 영화적으로도 재미있는 설정이다.

신분을 위장한 채 우여곡절의 탈주극으로 골든트라이앵글에서 마약재배 군인들과 전쟁을 방불케 하는 밀거래 현장, 경찰인 게 탄로 난 말레이시아 도심 추격전, 헬기 사다리 액션 등 다분히 〈007〉 시리즈 같은 말레이시아 도심 액션극으로 영화는 끝이 난다.

■ 〈하얀 전쟁〉 1992

대일필름 제작, 정지영 감독, 유영길 촬영이며, 출연진은 안성기, 이경영, 독고영재, 허준호, 허석, 심혜진이다. 이 영화는 대한극장 극장주인 국정환 사장이 설립한 대일필름이 30억 원을 들인 대작 중에 대작이다. 당시 평균 제작비는 편당 1억 5천만 원이었는데, 30억 원을 들였으니 이 영화의 제작 규모를 알 수 있다. 출판사 랜덤하우스를 통해 안정효에게 전달된 원작료만 1억 원이었다.

프란시스 코폴라의 베트남전 영화 〈전쟁묵시록〉의 규모를 뛰어넘지는 못했지만 한국영화로는 초대작이다. 당시 안동규 프로듀서의 말에 따르면 6개월 촬영을 하였고 그중 반 이상을 베트남에서 로케이션했다고 한다.

이 영화는 전쟁고발영화로서 1980년 10월 26일 박정희 대통령 시해 후 시대상황과 베트남전을 통해 전쟁의 참혹함과 1980년대 시대 상황 속에 상처 입은 인간 군상을 그려내고 있다. 주인공 안성기의 연기는 물론 이경영의 연기력이 돋보이며 대종상영화제에서 남우조연상, 백상예술대상에서 남우연기상을 받았다. 음악은 러시아 팀이 맡았는데 우수하였고 다소 산만한 구성에도 불구하고 촬영이나 연출, 출연진 모두 열정적으로 완성도 높은 영화를 만들어 냈다.

호암아트홀에서 개봉하여 당시 17만 명이 관람했다. 도쿄영화제 그랑프리 수상작이다. 당시에도 그렇지만 30년의 시간이 흘렀음에도 우수한 영화임을 보여주고 있다.

중흥기의 영화
—

■ 〈금병풍월金甁風月〉 1993

이한상 각본·감독·출연작이며 홍콩 금고윤전영(국제)유한공사金高潤電影(國際)有限公司가 제작하였다. 이완숙, 조학자, 유명순, 장은주 등 조연으로 출연 외 조명 박창호, 제작담당인 김경식, 헤어 담당 이영자만 한국인이다. 김경식은 〈봉성부인〉에서도 제작 담당으로 참여하였다. 내용은 금병매의 서문경의 소재로 다섯 번째 부인인 반금련을 들인 이후 옆집 사는 이병아와 통정하는 스토리이다. 첫 장면에서 서문경이 10형제 결의하는 장면을 한국 사찰에서 촬영하였다.

이 영화는 마지막 위장합작영화로 추정되는 홍콩영화다. 한국 합동영화사와 홍콩의 합작이라고 하지만, 그 어디를 보더라도 합작일 수 없는 영화다. 단적인 예로 스틸 사진 한 장이 남아있지 않다. 이완숙은 1976년 〈소녀의 기도〉에 출연한 여배우와 동명이인으로, 1993년 작인 이 영화의 여주인공일 수 없다. 극 초반부에 내시 역의 김기범을 비롯하여 몇 명의 한국 여배우들이 단역으로 출연하고 있다. 지난 반세기 한국의 205편 합작영화 중에서 124번째 위장합작영화로 기억될 영화다.

■ 〈마다다요まあだだよ〉 1993

구로사와 아키라 감독이 83세에 만든 유작으로 러닝타임은 134분이다. 출연은 마츠무라 타츠오, 가가와 교코, 토코로 죠지 등이다. '마다다요'는 '아직은 아니다'라는 뜻으로, 주인공을 통해 감독이 생각하는 인생에 대한 성찰을 보여주는 제목이다.

내용을 보면 평생을 교직에 있던 주인공 우치다는 작가로의 2막 인생을 살기 위해 제자들의 아쉬움을 뒤로 하고 교직을 떠난다. 우치다는 1899년부터 1871년까지 생존한 실존 인물이다. 그가 살던 시대는 태평양전쟁으로 모든 것이 궁핍했던 시절이다. 그러함에도 제자들은 회갑에 잔치를 벌여주는데, 그는 큰 잔의 맥주를 원샷하면서 끄떡없다며 '마다다요'를 연발한다. 마다다요는 영화 내내 거듭되며 주인공인 작가가 연발하고 엔딩신의 아이들 놀이에서도 반복되며 사용되는데,

결국 구로사와 아키라 감독 자신의 이야기 같다.

"난 아직 멀쩡하다고!"라고 말하며 다가오는 죽음에 굴하지 않는 필사적인 노력을 보여주는 주인공의 삶은 감독의 생각이며 자서전적인 이야기라고 할 수 있다. 사건은 기르던 고양이의 가출 사건으로 전개되는데, 노인의 아집처럼 보이지만 끊질기게 추구하는 자신의 고집을 상징적으로 보여주고 있다. 주인공은 제자들에게 "보물을 찾으라!"라고 일갈한다. 그래야 보물을 갖게 된다는 평범한 진리이기도 하다.

그런데 이러한 의도가 너무 지루하게 반복되며 구로사와 감독의 청년기 영화와 비교된다. 먼저 본 〈천국과 지옥〉이 숨 쉴 틈 없는 긴장감으로 일관하는 데 비해 이 영화는 느슨하기 짝이 없다. 역시 나이 들며 나타나는 생각의 무거움과 영화의 흐름은 비례하는 것 같다.

83세의 노장이 마지막으로 선물한 이 영화를 보며 신상옥 감독의 〈겨울이야기〉를 생각해 보았다. 저예산의 영화이건만 그 예산조차 확보하지 못해 겨우겨우 촬영하여 완성한 〈겨울이야기〉는 궁핍하기 짝이 없는 영화이지만, 감독의 정신은 날이 바짝 서 있음을 보여준 영화이다. 그러나 〈마다다요〉는 거장의 마지막 영화라 최대의 지원을 아끼지 않은 듯하지만 느슨하고 지루하다. 두 거장의 마지막 영화는 이처럼 비교되는 영화다.

━ 〈만무방〉 1994

대종필림 제작, 엄종선 감독, 윤정희, 장동휘, 김형일 출연작이다. 엄종선 감독이 은퇴작이라는 각오로 찍은 이 영화가 떡하니 미국의 마이애미 폴라델국제영화제에서 최우수작품상을 받았다. 엄 감독은 〈변강쇠〉, 〈사노〉 등 에로티시즘의 영화를 연출했던 감독이다. 그런 그가 이 영화로 국제영화제에서 최우수작품상을 받았다는 건 하나의 사건이며 후배 영화인들에게 큰 자극이 되었을 것이다.

'만무방'은 예의나 염치가 없는 뻔뻔한 사람을 이르는 말이다. 이 영화는 1994년 작으로, 1960년 《현대문학》의 수상작인 오유권의 『이역의 산장』을 영화화한 것이다. 영화의 내용은 국군과 인민군 사이에 공방전이 그치지 않는 어떤 산골에서 벌어진 일을 소재로 한다. 영화 속 외딴 집에 혼자 살고 있는 40대의 여인(윤정희)의 초가에 노인(장동휘)이 찾아온다. 여인은 전쟁으로 남편과 아들을 잃고 혼자

살고 있었다. 두 사람은 전쟁의 소용돌이 속에 쉽게 한 몸이 되는데, 곧이어 찾아온 청년은 노인을 몰아내고 안방을 차지하고 안주인까지 빼앗는다. 여기서 이 영화가 보여주는 상징성은 바로 남북한의 현실이다.

영화의 반전은 이 집에 젊은 아낙이 찾아오면서부터다. 청년은 이 아낙에게 눈독을 들이고 결국 노인에게서 빼앗기를 시도하다가 두 사람 모두를 죽이고 만다. 이런 기가 막힌 상황을 목도한 안주인은 불이 난 집에서 실성하여 청년을 죽이고 태극기와 인공기 2개를 모두 들고 실성하여 잿더미의 집을 나선다. 이쯤이면 이 영화가 보여주는 반전성의 메시지는 극명하다. 처절한 생존 본능이 전쟁이라는 절박한 상황을 배경으로 절절이 전해져 온다.

이 영화는 제32회 대종상영화제에서 6개 부문을 수상한다. 이 영화도 사실은 영화제 수상 쿼터를 생각하고 만든 영화다. 그러나 엄 감독에 의해 이 영화는 우수영화 차원을 넘어선 희한한 영화로 만들어졌다. 이 영화 이전에는 스크린에 북한의 국기인 인공기가 제대로 나온 영화가 없다. 이 영화의 라스트신에 윤정희가 실성하여 태극기와 인공기를 들고 관객을 향해 걸어온다. 일체의 전쟁 신은 효과음으로만 들릴 뿐이고, 오로지 각기 상징성을 갖는 네 명의 연기자에 의해 이야기가 전개된다. 가히 파격적인 시나리오와 연출로 지금 다시 보아도 손색없는 수작이다.

━━ 〈소나티네ソナチネ〉 1993

기타노 다케시가 감독과 주연을 맡은 씁쓸한 여운의 가작이다. 〈소나티네〉는 18세 관람가 판정을 받고 2000년에 개봉되었다. 2007년에 일본 동경에서 야쿠자 간의 세력권 다툼으로 총격전을 벌여 서로가 서로를 죽인다는 소식을 듣고 문득 이 영화가 떠올랐다. 94분의 오리지널 버전이 국내 개봉에서는 18세 관람가로 되며 1분이 삭제되었다.

'소나티네'는 짧은 악장의 '소나타' 곡을 이른다. 이런 제목을 차용한 기타노 다케시 감독의 영화는 허무하기 짝이 없는데, 그의 영화가 보여주는 허무함은 폭력의 고발에서 기인한다. 이 영화의 주제를 표현하는 도구는 총이다. 아무렇지도 않게 사용되는 총을 통해 폭력을 고발하는 것인데, 인간이 만들어 낸 총이라는 도구를 통해 인간이 얼마나 무력한지를 반증해 보이고 있다.

영화는 인간사의 모든 것을 통달한 듯한 냉혹한 야쿠자 중간 보스인 무라카와가 조직의 지시로 오키나와로 가면서 시작된다. 그곳에서 부하들과 무료한 시간을 보내던 중 위장한 킬러가 찾아와 부하를 죽인다. 돌아가는 상황이 이상함을 느끼고 있던 그는 비로소 조직으로부터 배신당했음을 알게 된다.

조직의 비정함에 그는 드디어 보스에 맞서는데, 복수를 마치고 꿈의 한 장면처럼 총으로 인생을 마감한다. 제목으로 쓴 소나티네를 배경음악으로 깔아 총으로 무너져 가는 인간의 심리를 극명하게 보여주고 있는데, 기타노 다케시가 연출한 표정 없는 얼굴은 허무함의 극치이다.

채무자를 기중기에 매달아 물에 빠트려 죽이고 아무렇지도 않게 러시안룰렛을 해대며 부하들을 조롱하던 그이다. 총으로 일어선 자 총으로 망한다는 구절이 문득 떠오르기도 하는데, 총을 아무렇지도 않게 휘둘러 대는 사람들을 통해 총질이 얼마나 허망한 것인지를 보여주고 있다.

용기 없는 사람들이 총을 쏜다는 대사처럼 총을 통해 보여주는 폭력성은 그처럼 허망한 놀음이다. 일본영화의 담백함으로 남국의 평화로움을 간직한 오키나와에서 담아냈는데, 평화로운 해변을 배경으로 벌어지는 살인극은 연민의 정을 불러일으킨다.

▬ 〈신통神通〉 1993

장철 각본·감독작으로 기나긴 그의 영화 인생 마지막 영화이다. 총 감독작 94편의 마지막을 〈신통〉으로 한 것은 본인의 뜻도 아니고 신의 뜻도 아니다. 그저 건강과 제작 여건이 끝났을 뿐이다. 2002년 타계하기 전까지 그는 자신의 차기작을 꿈꾸었을 것이다. '신통'은 불교에서 수행을 통해 얻은 불가사의한 능력을 뜻한다. 그의 다른 무협영화와 다른 점은 닌자들의 무술이 많이 보여주어 닌자 비술의 신비를 느끼게 한다.

▬ 〈금지옥엽金枝玉葉〉 1994

진가신 감독의 로맨스 코미디영화로, 러닝타임은 107분이고 장국영, 유가령, 원영의, 증지위가 출연하였다. 이 영화는 1982년에 개봉된 더스틴 호프만의 〈투시Tootsie〉의 영향일 수도 있고, 더 거슬러 올라가면 〈양산백과 축영대〉에서의 남장 여자 러브스토리일 수도 있다. 이후 한국 TV 드라마에서도 유사 내용으로 〈커피 프린스 1호점〉이나 〈성균관 스캔들〉이 만들어졌다.

주인공 샘은 유능한 작곡가이자 가수를 발굴하는 매니저다. 톱 가수 로즈와 매니저 샘은 공개 연애 중인데, 로즈의 열혈 팬인 자영은 남장을 하고 신인가수 선발대회에 나가게 된다. 선발이 되어 샘과 함께 생활하게 된 자영은 아슬아슬하게 지내며 위기를 겪게 된다.

결말은 자연스럽게 여인임을 밝혀지며 해피엔딩으로 끝난다. 1998년에 남장 가수의 좌충우돌 버전인 속편이 만들어진다. 장국영 전성기에 만들어진 그를 위한 영화라고 볼 수 있다.

■■■ 〈중경삼림重慶森林〉 1994

왕가위 감독, 금성무, 임청하, 양조위, 왕정문 출연작이다. 영화를 보는 내내 어수선한 느낌을 지울 수 없지만 나름대로 새로움을 추구한 영화이다. 연출인지 실수인지 모르겠지만, 들고 찍고 흘려 찍기로 시작되는 영화는 홍콩의 어수선함을 효과적으로 보여준다.

마약 밀매상인 노랑머리(임청하)는 마약 운반책들이 공항에서 사라지자 끊임없이 불안해하더니 급기야 그들을 찾아 총을 난사한다. 그런 저런 상황을 모르는 경찰223(금성무)은 좋아하는 여인에게서 버림받은 상황이다.

이야기는 연결 구조에 상관없이 전개되어 경찰 663(양조위)은 매일같이 찾는 패스트푸드점의 여점원인 페이(왕정문)의 관심을 끈다. 결국 페이는 663에게 전해 달라는 편지 속의 열쇠를 가지고 그의 아파트를 찾아와 청소며 분위기를 조금씩 바꾸어 놓는다. 그걸 눈치채지 못한 663은 계속 떠나간 스튜어디스 애인만을 떠올린다. 페이가 주겠다는 편지를 거부하는 663의 태도는 왜일까? 일부러 안받고 열쇠를 들고 페이가 찾아오게끔 하는 건 분명 아닌데 그에 대한 설명은 없다. 관객으로서는 그저 감독이 정한 스토리라인을 따라가야 한다.

마지막 장면에서 대단한 결말이 있는 건 아니다. 페이가 스튜어디스가 되어 패스트푸드점을 인수한 663을 만난다. 그들의 사이가 어떻게 진행될지의 판단은 관객의 몫이다. 이상한 스토리텔링이라 '홍콩 반환을 앞둔 홍콩인들의 심리를 보여준 것일까?' 하는 생각도 해보았다.

영화가 갖는 스토리라인보다는 파격적인 스타일이 새로워 많은 관객이 몰렸고 한국의 감독에게도 영향을 미쳤다. 촬영을 맡은 크리스토퍼 도일은 한국에 초빙되어 박기용 감독의 1997년 작 〈모텔 선인장〉을 촬영하기도 했다.

▬ 〈태백산맥〉 1994

태흥영화사 제작, 임권택 감독, 조정래 원작, 송능한 각색, 정일성 촬영, 이민부 조명, 김수철 음악, 박순덕 편집, 안성기, 김갑수, 김명곤, 오정해, 신현준, 방은진, 정경순, 최동준, 이호재 출연작이다.

1948년, 무상 몰수와 토지 분배를 놓고 좌익과 우익으로 나뉜 벌교가 무대이다. 무고한 양민 학살과 폭력을 지켜보는 지주의 아들 김범우의 시각으로 대하소설을 압축하여 한 편으로 만든 서사극이다. 금서 조치까지 받았던 원작 소설은 한국문학에서 가장 극명하게 여수·순천반란사건을 조명하고 있다. 그것은 좌우에 편중되지 않고 가장 객관적으로 당시 이념의 대립을 묘사했기에 가능하다. 빨치산 군당 위원장 염상진과 우익 감찰 부장인 염상구는 형제이지만 사상적으로 대립하는 한민족을 상징하는 인물들이다. 그들을 중심으로 순진무구한 마을 사람들은 한국전쟁이 끝나기까지 고스란히 이념의 고통을 겪으며 죽음으로 내몰린다.

엔딩에서 빨치산들은 퇴각하며 통제 불능 상태에서 보복 살인이 벌어지고, 염상진은 마르크스 사상이 잘못된 것을 깨닫는다. 사람 사는 세상을 만들고자 했던 이들의 허황된 꿈의 대가는 혹독했다. "할 수만 있다면 처음부터 다시 시작하고 싶다"라는 김범우의 독백은 이 역사의 한 장면이 얼마나 잘못된 것인가를 보여준다. 종전 후 해방 공간에 벌어진 토지를 둘러싼 지주와 피지배 계급 간의 갈등과 사상도 모른 채 파생된 좌우 이념 대립, 군인 242만 명, 민간인 286만 명이 사망한 한국전쟁은 아직도 진행 중이기에 이런 소설이나 영화는 꼭 필요하다. 역사의 민낯을 그리는 것은 지난 과거에 대한 반성과 자각의 의미가 있다.

낮에는 국군에게, 또 밤에는 빨치산들에게 심판받는 무고한 사람들, 토벌대의 무고한 양민 학살과 폭력의 순간은 엄연한 역사의 한 장면이다. 임권택 감독은 한국전쟁으로 마감되기까지 마을 사람들의 고통을 담담히 그러나 냉정하게 그리며 지루하지 않게 만들어 냈다. 〈태백산맥〉은 1993년 〈서편제〉의 흥행 성공 덕분에 제작이 가능했던 영화로, 임권택 감독의 집념이 만들어 낸 그의 영화 사상 최고의 대작이다. 하지만 이념의 갈등이라는 과거의 역사를 소재로 하여 소설은 성공했지만, 초대작으로 만들어진 영화는 흥행에 실패하였다.

1983년 《현대문학》에 연재를 시작하여 1989년에 완성된 10권의 대하소설은 엄청난 부수가 팔렸지만 5년 후 영화화되었을 때의 이런 결과는 아이러니하다. 전년도 최고 흥행작의 감독으로서는 뼈아픈 일이 아닐 수 없다. 이것은 당연하지만 원작의 독자가 꼭 영화 관객이 될 수 없다는 반증이며, 이미 그 시대가 원하는 소재는 아니었다는 반증이기도 하다. 제작자 이태원의 제작도 높이 살만하며 냉정하고 밀도 있게 한 장면 한 장면을 만들어 낸 임권택 감독의 노고는 길이 두고 회자될 만하다.

▬ 〈홍번구紅番區〉 1994

미국 뉴라인시네마와 홍콩 골든하베스트의 합작영화로, 등경생·마미평 공동 각본, 당계례 감독, 성룡, 엽방화(애니타 뮤이), 매염방 출연작이다. 1998년 작 〈러시 아워〉가 만들어진 계기가 된 영화이다. 홍콩에서 경찰 생활을 하는 경이 친척의 결혼식에 참석하러 뉴욕에 와서 벌이는 무용담이다.

미국 특히 뉴욕에서는 남 간섭은 절대 금물이라는 친척의 조언에도 불구하고 주인공 경은 그럴 수가 없다. 경은 친척의 슈퍼마켓을 산 의령(매염방)을 도와주려다 동네 깡패들에게 혼쭐이 난다. 어느 날 장물범 조직 백호파의 밀거래 현장에서 습득한 700만 불 어치의 다이아를 두고 동네 깡패를 쓸어버리는 백호파와의 싸움에 휘말려 경은 방문객 신분을 망각하고 그들과 대혈투를 벌인다. 뉴욕 뒷골목, 수륙양용차 수상스키 장면이 압권이다. 두말 할 필요 없는 성룡 전성기의 대표작이다. 성룡과 당계례가 공동 무술감독을 맡았다.

▬ 〈금옥만당金玉滿堂〉 1995

서극 감독의 로맨틱코미디영화로, 장국영, 원령의, 종진도, 조문탁, 웅흔흔이 출연하였다. '금옥만당金玉滿堂'은 어진 신하가 조정에 가득함을 비유하여 이르는 한 자성어이다. 2003년 같은 제목의 다른 내용인 TVB 드라마가 방송되었고, 2017년에는 장국영 14주기를 맞아 대표작 중 한 편으로 앙코르 상영되기도 했다.

고리대금 조직에서 이인자인 조항생은 다소 황당한 캐릭터이다. 그는 캐나다로의 이민을 꿈꾸는데, 이는 그의 애인이 캐나다로 이민을 갔기 때문이다. 그는 그녀가 이민 간 캐나다로 갈 결심을 굳힌다. 이런 말도 안 되는 설정은 홍콩식 코미디의 전형이다.

그리고 어느 날 용곤보 셰프가 접근하여 라이벌 구조풍이 운영하는 만한루 식당을 추천해 주어 그곳에서 일하게 된다. 용곤보는 일부러 그에게 만한루를 추천한 것이고 그는 그곳에서 온갖 구박을 받아가며 요리를 배운다. 그러던 중 그는 사장 딸인 구조풍과 함께 만한루를 가로채려는 악당과 맞선다.

장국영은 코미디 장르에서 나름 성공적인 변신을 보여준다. 각종 중국요리를 소개하기 위해 설정한 상황들이 다소 황당하지만, 적어도 '요리천국' 홍콩의 관객들을 위한 서비스 설정이다.

▬ 〈오후의 유언장午後の遺言状〉 1995

신도 가네토 감독이 83세에 연출한 112분짜리 컬러영화다. 이 영화는 일본의 주요 영화상의 작품상, 감독상, 각본상을 받은 기록을 갖고 있다.

주인공인 노령의 여배우 요코는 시골 별장으로 여름휴가를 떠난다. 마침 그녀를 만나러 이곳까지 찾아온 과거의 배우 동료 부부와 즐거운 과거를 회상한다. 행복한 추억도 잠시 이 별장에 탈옥수가 등장하는데, 그들은 용감히 맞서 싸우고 범인을 제압해 경찰로부터 표창까지 받는다. 그러나 알고 보니 그 부부는 자살 여행을 온 것이었고 별장을 떠난 며칠 후 바닷가 마을에서 자살을 한다.

소식을 접한 요코는 인생의 허무를 느끼는데 별장을 관리해 주던 오토와로부터 뜻밖의 고백을 듣게 되는데, 오토와의 딸이 바로 남편과의 불륜으로 태어난 것이라는 내용이었다. 요코는 화가 치밀지만 그것마저도 담담히 받아들일 수 있는 나이가 되었다. 남편의 딸이기에 그들의 행복을 빌며 여러 가지 일을 겪는 여름휴가를 마치고 집으로 향한다. 이 영화의 결론은 인생에 대한 감독의 담담한 생각이다. 화려한 옛 명성이나 바빴던 일상 속에 놓치며 산 모든 것에 대한 자전적 고백담일 수도 있다.

■ 〈첨밀밀甛蜜蜜〉 1995

진가신 감독, 여명, 장만옥, 증지위 출연작이다. 홍콩이라는 도시는 옛 애인이나 친구가 살던 동네를 떠올리면 느낄 수 있는 그런 아련함을 지닌 도시다. 그래서 언제나 문득 가고 싶은 곳이다. 〈첨밀밀〉은 그런 홍콩의 이미지를 잘 보여주고 있다. 그런 감정을 영상으로 보여주는 것이다. 물론 영화의 노래는 등려군의 노래에서 모티브를 가져왔다. 등려군이라 하면 1995년, 43세에 돌연히 사망하여 팬들에게 더 각인된 대만 최고의 가수이다. 1953년생이니 너무도 한창인 나이의 죽음이 아닌가. 그녀가 부른 노래 테이프는 불티나게 팔려나갔다.

이 영화에서 장만옥과 여명은 대륙을 떠나 홍콩으로 온 이민자들이다. 1980년대, 그들은 등려군의 테이프를 노점에서 팔며 사랑하는 사이가 된다. 그리고 10년이 지난 후 여러 우여곡절 끝에 헤어져 있다가 지구 반대편 뉴욕에서 등려군의 사망 소식을 들으며 우연히 다시 만난다. 그리고 홍콩으로 다시 돌아와 각자의 길을 간다. 〈첨밀밀〉 노래처럼 우리 인생은 알 수 없는 길이고 인생이란 스스로의 행복을 찾아가는 여정이다.

"달콤하게 웃는 당신 봄바람 타고 꽃이 핀 것 같아 어디에서 본 것 같은 당신. 그 웃는 모습이 너무 익숙해서 갑자기 생각나지 않아서 아~ 꿈에서 본 당신 너무 달콤한 당신 맞아 맞아 꿈에서 본 당신 어디에서 어디서 당신을 보았나. 당신 웃는 모습이 너무 익숙해서 갑자기 생각이 나지 않아서 아~ 꿈에서 본 당신"

이 영화는 제16회 홍콩 금상장영화제에서 최우수상을 비롯하여 9개 부문에서 상을 받았다. 섬세하면서도 아름다운 이야기와 주옥 같은 음악이 어우러져 자연스러운 감정이입으로 절로 웃음이 진다. 단조로운 일상으로 삶이 무료해질 때 보면 좋을 영화 1순위이다.

■ 〈돼지가 우물에 빠진 날〉 1996

동아수출공사 제작, 구희서 원작, 홍상수·정대성 공동 각본, 홍상수 감독, 조동관 촬영, 박곡지 편집, 김의성, 박진성, 조은숙, 이응경, 손민석, 방은희, 송강호 출연작이다. 이 영화는 제목이 상징하는 것처럼 매사가 안 풀리는 현대인들의 삶을 묘사하고 있다. 무명 소설가 김효섭이 겪는 재수 없는 하루의 일상 속에서 그를 둘러싼 찌질한 인간 군상의 모습을 통해 현대인들의 폐부를 냉소적인 시각으로 바라본다.

EBS에서 외주제작사 시네텔 서울을 통해 〈문학기행〉을 연출하던 홍상수 감독은 여러 습작(?)을 통해 그만의 연출 스타일을 만들고 이를 영화 스타일로 특화시킨다. 저예산 제작으로 드라마타이즈Dramatise하며 문학을 영상화하던 스타일은 영화계에 그만의 스타일로 새롭게 자리 잡았다.

이 영화는 후반부에서 다소 정제되지 못한 상황적 점프를 보여주지만, 그런 것들이 오히려 새로운 실험처럼 보이며 영화적 매력으로 와닿는다. 엔딩의 신문을 깔고 베란다로 나가는 불륜녀가 보여준 이상 행동의 판단은 관객의 몫이다.

〈돼지가 우물에 빠진 날〉은 홍상수 감독의 출세작으로, 일본에도 수출도 되고 국내의 영화상과 1997년 제26회 로테르담영화제에서 타이거상도 받는다. 이후 이 영화에서 보여준 불륜 테마는 그의 영화 세계의 주요 테마가 되고 음주, 흡연, 여관은 단골 장소로 등장하게 된다. 홍상수 마력의 시작이다.

■ 〈샤부 야쿠자シャブ極道〉 1996

호소노 다쓰오키 감독, 야쿠쇼 고지, 사오토메 아이 출연작이다. 164분이라는 긴 러닝타임보다 놀라운 것은 같은 해 개봉된 영화 〈쉘 위 댄스〉로 알려진 일본의 국민배우 야쿠쇼 고지가 야쿠자 주인공으로 출연한다는 것이다. 전혀 다른 두 영화를 동시에 촬영했을 터인데 놀라운 변신이 아닐 수 없다. 제목의 '샤브'는 필로폰을 뜻하는 야쿠자들의 은어다. 영화는 제목처럼 마약을 팔아 수입을 올리는 야쿠자 조직과 그것을 견제하는 큰 조직 간의 암투를 그리고 있다.

영화의 시작은 1973년으로 주인공인 망나니 야쿠자 마카베는 도박장에서 본 여도박사 스즈코에게 한눈에 반해 그녀를 납치한다. 그런데 그녀는 유수의 야쿠자 조직의 보스인 간자키의 정부였다. 이런 것을 알고도 대담하게 일을 저지른 마카베는 조직으로부터 혼쭐이 나지만 그는 면죄를 받는다. 두목은 그가 이용 가치가 충분한 녀석이라는 이유로 용서를 해준 것이다. 더욱 놀라운 건 스즈코가 스스로 간자키를 설득해 마카베를 찾아오고 그와 결혼식까지 올린다.

아무리 영화라고 해도 내용이 너무도 비약인데, 이런 일들이 그냥 자연스럽게 관객들에게 보여진다. 영화는 프란시스 코폴라 감독의 〈대부〉 시리즈처럼 긴 시간에 걸쳐 가족사와 조직사를 보여주는데, 마카베는 결국 스즈코의 내조에 힘입어 8대 두목에 오르며 승승장구한다.

영화는 고베 지진이 있었던 1990년대까지를 다루며 마카베와 간자키의 긴 세월에 걸친 대립과 갈등 그리고 살인의 과정을 보여주며 전개된다. 그것은 오로지 돈과 매춘을 추구하는 악귀의 추악한 광분이다. 심지어 마카베의 부하들조차도 두목을 은퇴시켜야 한다면서 스즈코를 설득한다. 스즈코 역시도 마카베가 차라리 감옥을 가야 목숨을 연명할 것이라며 그를 어떤 명분으로든 감옥에 보낼 것을 지시한다. 이러한 시도가 있을 때 고베 지진이 일어난다.

그 와중에 마카베는 부하인 시모무라의 원수를 갚는다고 간자키를 저격하고 경찰에 쫓기는 신세가 된다. 스즈코는 사고치는 남편이 너무도 미워 치고 박고 싸우고 심지어는 권총도 들이대지만, 결코 미워할 수 없는 끈질긴 부부의 연으로 이미 맺어져 있음을 확인한다.

감독은 두 사람은 그 모든 역경을 통해 죽음조차도 초월한 부부임을 보여준다. 그래서 두 사람이 함께 도망을 치는 것으로 처리하며 결론을 관객의 몫으로 넘긴다. 왜곡 없는 현실 속에 야쿠자들을 보여주며 때로는 너무 오버하는 느낌이지만, 이제 일본영화에서 더 이상 우상으로서의 야쿠자는 없을 것이다.

▬ 〈축제〉 1996

태흥영화사 제작, 이청준 원작, 육상효 각색, 임권택 감독, 안성기, 오정해, 한은진, 안병경 출연작으로, 러닝타임은 106분이다. 전통 장례를 다큐멘터리적으로 풀어낸 이 영화는 할머니를 통해 가족 간의 화해와 이해를 다루고 있다. 여러 인간 군상이 설정되어 영화가 전개되는데, 할머니 임종 직전의 여러 모습에서 임 감독의 독창적인 창의력이 엿보인다. 임종 직전 몸이 쪼그라든 할머니는 아이의 행태를 보이는데 아이로 태어나기 위해 준비한다는 대목의 연출은 역시 대가는 끊임없는 자기 창작 속에서 그 면모를 이어나갈 수 있다는 것을 보여준다.

아마 남자아이가 대역을 했을 것인데 발을 조몰락거리는 장면은 문득 임 감독이 보아온 어머니의 모습을 재연한 것이 아닌가 생각이 든다. 이 영화 연출 즈음해서 임 감독의 모친상이 있었다는 기사가 생각이 난다. 안병경이 부르는 상여 소리도 구성지고 배다른 손녀 오정해의 설정도 그럴싸하며 주인공인 소설가 준섭 역의 안성기도 적역이다.

영화는 다소 어색한 화해의 장면을 끝으로 하는데, 안병경 배우의 "아, 초상났어!" 하는 말에 모두가 환하게 웃는 정지 화면으로 마무리한다. 이런 배우들과 함께 영화를 만들 수 있는 임 감독은 분명 행복한 사람이다. 더구나 흥행이 보장되지 않는 이러한 영화를 제작해 준 이태원 사장이 있다는 것은 임 감독에게는 행운이 아닐 수 없다.

이즈음의 임 감독 영화를 보면 그의 연출 인생 최고 전성기이다. 1980년에 〈짝코〉가 만들어졌고, 1981년 〈만다라〉, 1985년 〈길소뜸〉부터 1986년 〈씨받이〉, 이후 〈아제아제 바라아제〉, 〈개벽〉, 〈서편제〉 등의 영화가 계속 제작되었다. 이후에 〈취화선〉도 만들어졌으니 임 감독에게는 꿈같은 일들이 현실로 드러나는 시기다.

그와 같은 시기에 활동하던 감독 중 누가 이런 성취감을 맛보았을까? 이만희, 고영남, 신상옥 감독도 이 세상 분이 아니었고 살아있는 감독들도 모두 일선에서 떠났다. 그만이 홀로 고군분투하고 있다. 그가 현장에서 지팡이를 짚고 연출한다는 이야기를 들었다. 그러나 그게 무슨 큰 상관인가? 그와 일하던 촬영감독들이 모두 생존해 있고 함께 일하기를 원한다. 그리고 신예 촬영감독들도 즐비하다. 투자가 안 될 수는 있겠지만 신인 감독의 마음이라면 무엇이 안되겠는가?

▬ 〈카리스마〉 1996

김두영 각본·감독. 한국일, 이승신, 이동준 출연작이다. 홍콩 누아르가 인기를 얻고 곧 다가올 IMF를 모른 채 향락문화가 풍미하던 때다. 영화가 보여주는 허무와 비극의 여운은 그 시대 상황을 담아내고 있다.

주인공인 한국일은 어린 동생과 함께 살며 과거를 잊고 살아가는 무술의 고수다. 그와 범죄 조직 간의 대결은 상투적인 구성이기는 하지만, 영화를 살려주는 여러 액션 시퀀스와 특히 도심을 질주하는 버스 액션은 당시 아무도 시도하지 않은 기발한 착상이다. 결국 영화의 마지막은 처절한 결말이다. 이런 액션영화는 만들기도 쉽지 않았을 터인데 대중의 주목을 받지는 못했다.

■■■〈성룡의 폴리스 스토리 4警察故事4 簡單任務〉 1996

당계례 감독작으로 뉴라인 시네마가 배급을 맡고 홍콩 골든하베스트와 합작한 영화이다. 성룡, 오진군, 누학현이 출연하였다.

간단한 임무라 진 경관이 임무를 맡았는데 시리즈 최고의 버라이어티한 내용이다. 스파이로 추정되는 우크라이나 여성 나타샤를 미행하는데, 핵무기 밀매와 관련해 마크와 츄이를 만나 액션이 시작되고 겨울 호수에 빠져 죽을 고비를 넘긴다. FBS(KGB 후신) 대령을 따라 모스크바로 간 진 경관은 츄이가 자신의 동생 애니가 있는 호주로 갔다고 잠수함을 타고 이동한다. 애니(오진군)는 수족관에서 일하는 설정인데 다양한 수중 액션이 벌어지고 엔딩에서는 물 폭탄을 맞는다. 잠수함에서 러시아 군인에게 범인을 인도하고 영화는 끝나는데, 완전히 〈007〉식 액션영화가 되었다. 이렇게 시리즈가 변색되어 간다.

그래도 홍콩에서는 5,751만 홍콩달러를 기록하는 대성공을 거두었다. 이 기록은 당시 성룡 영화 사상 최고의 홍콩 흥행 기록이다. 이 영화는 1997년 1월 10일에 북미의 1,344개 상영관에서 개봉되었는데, 북미 흥행 총수입은 1,531만 달러였다. 제16회 홍콩 금상장영화제에서 당계례는 무술감독상을 받았다.

■■■〈더 게임〉 1997

〈더 게임〉은 니타 타츠오 원작으로 미국 유학을 다녀온 윤인호 감독의 네 번째 영화이다. 기발한 아이디어의 이 영화는 연기자들로서도 한번 욕심부려 볼만한 설정이다. 내용은 거액을 내건 내기에서 져 몸이 바뀐 가난한 젊은 화가 민희도(신하균)과 금융계의 큰손인 늙은이 강노식(변희봉)의 이야기이다. 신하균의 변희봉 따라잡기나 변희봉의 짝퉁 신하균 연기는 보는 이들의 폭소를 자아내기에 부족함이 없다. 물론 심예진과 박진희의 몸이 뒤바뀐 설정의 〈돌아와요 순애씨〉라는 TV 드라마도 있었다.

〈더 게임〉은 한순간의 내기로 시작되는 시작만큼이나 억지 설정으로 풀려나간다. 워낙 특이한 설정의 흥미로운 이 이야기는 민희도(신하균)의 애인 주은아(이은성)에 의해 오해가 풀리고 강노식(변희봉)의 연인 이혜린(이혜영)에 의해 복수극의 형태를 갖추는데, 정말이지 만화 같은 내용이다. 미스터리 장르로 구분되어야 할 것 같은데 미스터리라고 하기에는 약한 것이 황당한 설정 때문이다.

사실 골수 이식은 타인 간에 몇만 분의 일 확률이고 영화 속의 이런 상황은 몇만 분의 일 확률로 가능하다는 설명이 마지막에 집도의 대사로 소개된다. 관객들이 가질 의문을 두 사람은 혈연관계였다고 결론 내린 것도 시나리오상의 고충을 고백한 것과 다름없다.

이미 지영호 감독이 만든 박봉성 만화 원작의 〈신의 아들〉도 이러한 설정인데, 사고사한 권투선수의 눈을 이식받은 권투선수의 활약을 그린 영화다. 이런 상황은 기획자의 눈에 띨만한 기발함을 갖고 있다. 오우삼 감독의 흥행작 〈페이스 오프〉보다도 한 발 더 나간 이 영화의 소재가 기발한 것만큼 시나리오도 설득력이 있다면 영화는 세계시장 감이다.

━━ 〈메이드 인 홍콩香港製造〉 1997

제작 유덕화, 진과陳果(프루트 첸Fruit Chan) 감독, 이찬삼, 엄상자, 이동천 출연작이다. 이 영화는 홍콩 반환 즈음 불안한 변화상을 불량 청소년들을 주인공으로 하여 그들의 상황을 통해 보여주고 있다. 가히 세기말적인 체제 변화에 홍콩인들이 느꼈을 충격은 타국인들은 결코 실감하지 못할 것이다. 이 영화는 주인공 청소년들의 처한 상황과 심리 변화를 통해 당시의 상황을 실감 나게 보여준다.

우연히 여학생의 자살로 인해 악몽을 거듭하는 차우(이찬삼)는 편모슬하에서 자라며 비행 청소년으로 성장한다. 그런 그는 핑(엄상자)에게 우정이상의 감정을 느끼는데, 그녀가 불치병으로 먼저 죽고 스스로 부조리한 사회와 조직의 패악에 총을 잡게 된다. 결국 본인도 핑의 묘 앞에서 스스로 생을 마감하는데, 이토록 암울한 영화가 나올 수밖에 없었던 시대상을 적나라하게 보여주고 있다. 당시 홍콩 반환에 대한 홍콩인들의 느낌을 이토록 실감 나는 영화로 만들어 냈다. 영화란 실로 위대한 웅변이 아닐 수 없다.

이 영화는 제2회 부산국제영화제에 소개된 영화로 신인배우를 기용하고 자투리 필름을 사용하는 등 저예산으로 만들었다. 걸작까지는 아니지만 당시의 시대상을 담아낸 가작이다.

▬ 〈접속〉 1997

명필름 제작, 조명주·장윤현·김은정 공동 각본, 장윤현 감독, 김성복 촬영, 전도연, 한석규, 추상미, 김태우 출연작이다. 운동권 영화 〈파업전야〉를 공동 감독하며 1987년을 보낸 장윤현 감독은 헝가리 유학을 마치고 귀국하며 이 영화로 정식 데뷔한다.

PC통신이라는 신문명의 산물을 통해 교감을 나누고 사랑을 키우는 두 남녀의 러브스토리이다. 하지만 그들의 사랑은 열린 결말로 끝나며 관객의 몫으로 남겨두고 있다. 두 남녀의 직업은 라디오 음악PD와 홈쇼핑 채널 가이드라는 신직업군이며, 그들의 복잡 미묘한 사랑 역시 그 당시의 신문명을 매개체로 하는 신세대적인 사랑이다.

당시 천리안 등의 PC통신이 젊은이들의 소통 수단이 되며 시대 분위기에 맞춘 이 영화는 관객들의 입소문으로 67만여 명의 흥행을 기록했다. 흥행 성적 대비 제작비도 저예산이며 실내 세트와 피카디리극장 인근에서 촬영되었다. 서울 도심 극장가의 모습을 볼 수 있는 것도 이 영화의 특징이다. 전도연이라는 여배우를 탄생시킨 이 영화는 전도연 스스로도 손꼽는 자신의 대표작이다. 제35회 대종상영화제에서 최우수작품상 등 6개 부문 수상작이다.

▬ 〈해피 투게더春光乍洩〉 1997

왕가위 감독, 양조위, 장국영, 장첸 출연작이다. 원제인 〈춘광사설春光乍洩〉이라는 제목은 '갑자기 비추는 봄 햇살'이라는 의미인데, 탐미적인 영상파인 미켈란젤로 안토니오니의 1966년 영화 〈욕망Blow Up〉의 홍콩 제목이기도 하다.

홍콩에서는 지구 반대편에 자리한 아르헨티나의 부에노스 아이레스. 두 남자의 질펀한 동성애 장면으로 영화는 시작되어 정처 없이 떠돌고 고향으로 갈 여비조차 없어 바닥의 삶을 영위하는 두 남자의 스토리이다. 그러한 극한 상황의 남자들 모습은 곧 홍콩 반환을 앞둔 홍콩인들의 정서와 감정이라고 할 수 있다. 영화가 시대상을 그려내고 있지만 이런 비극적인 상황의 영화 제목이 〈해피 투게더〉여서 더욱 처량하다.

아휘(양조위)는 보영(장국영)의 끝없는 변덕에 만나고 헤어짐을 반복하는데, 어김없이 찾아오는 보영을 받아들일 수밖에 없다. 그리곤 다시 떠나는 그를 보내줄 수밖에 없는 처지이다. 이는 시사하는 바가 큰데 홍콩을 중국에 반환할 수밖에 없는 그 상황을 빗댄 것이다. 당시 관객들에게 이 영화가 주는 공감은 컸을 것이다. 적응할 수 없는 부에노스아이레스라는 도시도 못마땅하지만 사랑하는 연인 보영을 떠나보내고 홀로 홍콩으로 돌아가는 아휘의 심정을 누가 모르겠는가? 반환되는 홍콩이나 반환받는 중국이나 '해피 투게더'를 소원하는 불안한 소망을 담아낸 이 영화는 그래서 의미심장하다.

이 영화는 칸국제영화제에서도 감독상을 받고 칭찬받은 왕가위의 도전적인 영화로, 그의 파트너 크리스토퍼 도일이 금마장에서 촬영상을 받았다. 양조위도 홍콩 금상장영화제에서 남우주연상을 받았으며, 장국영의 연기가 오랫동안 기억되는 영화다.

■■■ 〈살고 싶어〉 1998

70세 중반의 신도 가네토 감독의 원작, 각본으로 노년의 삶에 대한 무한한 경외감을 전해준다. 러닝타임은 119분이다. 이마무라 쇼헤이 감독의 〈나라야마 부시코〉에서 이미 보여준 일본의 고대 장례 의식을 소재로 생명에 대한 노인의 본능적인 집착을 보여준다.

김기영 감독은 〈고려장〉이라는 영화를 만들었지만 한국에는 없는 장례 풍습을 일본인들이 고려장이라는 이름을 붙여놓았다. 『노파』라는 원작 소설을 쓰고 시나리오까지 쓴 신도 가네터의 집념은 정말 놀랍다. 그러나 더욱 놀라운 건 그가 이 영화 이후에도 100세가 되어 영화를 만들었다는 점이다.

노인의 입장을 설득력 있게 잘 보여준 것은 그가 노년의 삶을 살고 있기 때문일 수도 있지만, 그가 정말 타고 난 통찰력 있는 감독이기 때문이다. 영화를 보며 신상옥 감독의 유작 〈겨울이야기〉가 떠올랐다. 저예산으로 고생한 신 감독에 비해 완성도 높은 영화를 만들어 낸 신도 가네토 감독이 부럽다.

▬ 〈암화暗花〉 1998

〈암화〉는 유달지 감독의 홍콩영화이다.

마카오의 도박장을 관리하는 두 조직 간에 8개월에 걸친 전쟁이 벌어지고 이를 보다 못한 총 보스는 계략을 세운다. 이에 맞서기 위해 두 조직의 보스들은 극적인 화해를 했지만, 그들 간의 암투는 계속된다. 샘(양조위)은 경찰의 신분이지만 이런 암투의 한가운데 서 있는 조직의 비밀 경호원이기도 하다. 곧이어 킬러(유청운)가 등장하며 샘은 곤궁에 빠지고, 조직적인 음모에 그도 희생양이 되어 결국 죽음을 맞는다. 영화가 꿈의 공장이라고 한다면 이 영화는 악몽이다.

끝없이 이어지는 피비린내 나는 살육전은 뚜렷한 대의 없이 인간성을 말살하고 있을 뿐이다. 악인과 악인들의 대결이기에 관객은 누구의 편이 될 수 없이 그저 방관자로 구경만 할 뿐이다. 이런 대결을 통해 보여주고자 하는 것은 무엇일까?

그들의 선배 감독인 장철 감독도 피비린내 나는 액션신을 연출했지만, 그의 영화에는 대명제인 의리, 우국, 보은, 충성심, 형제애가 있었다. 그러한 대의명분이 있었기에 그들의 대결은 설득력을 가질 수 있었다. 그리고 주인공들은 멋있었고 그들의 죽음은 의로웠다. 관객들로서는 흠모의 정을 느낄 수 있었던 것이다. 그러나 〈암화〉에서 보여주고자 하는 것은 온통 절망이다.

사지에서 죽음을 넘어 돌아온 샘(양조위)을 기다리는 것은 결국 죽음뿐이다. 관객들로서는 이 지겨운 영화가 제발 좀 끝나고 안도의 숨을 내쉬고자 했지만, 감독은 여지없이 그를 죽여 버린다. 인명 살상은 식은 죽 먹기라는 홍콩영화의 말로를 주저 없이 보여주고 있는 것이다. 희망 없는 시대의 절망을 그대로 보여주는 것이다. 이 영화가 만들어진 1998년은 홍콩이 중국에 반환된 직후이다.

1997년 7월 1일 홍콩이 중국에 반환되며 홍콩의 부호들과 영화인들은 영연방 국가로 이민 길에 오르고 홍콩영화는 나락의 길로 접어든다. 성룡이 고군분투한다고 지켜질 수 있는 것은 아니다. 물론 주성치도 있었지만 홍콩영화의 정신은 빠져버렸다. 정신이 빠져나간 육체에서 무엇을 기대할 것인가. 그저 암울하고 절망을 보여준 이 영화는 당시 홍콩인들의 심리적 공황 상태를 잘 보여주고 있다.

재도약기의 영화

━━

■━ 〈기쿠지로의 여름菊次郎の夏〉 1999

헤롤드영화사 제작, 기타노 다케시 각본·감독·편집의 시네마스코프영화로, 러닝타임은 212분이며 기카노 다케시, 세키구치 유스케가 출연하였다.

주인공 기쿠지로는 야쿠자 조직에서 퇴출당하여 할 일 없이 여자에게 얹혀사는 처지이다. 같은 동네에 사는 아홉 살 소년 마사오(세키구치 유스케)는 어머니가 돈 벌러 타지로 가서 할머니랑 함께 살고 있다. 여름방학을 맞은 친구들은 부모와 함께 여행을 떠나는데, 마사오는 불현듯 타지에 가 있는 엄마 생각이 나 무작정 출발한다. 그러나 동네의 나쁜 형들에게 붙잡혀 돈을 다 털리는데 기쿠지로가 나타난 위기를 벗어난다.

그리고 마지못해 마사오를 엄마에게 데려다주기로 하고 동행을 한다. 그러나 기쿠지로는 철없는 어른으로 경륜장, 호텔 등 가는 곳마다 사고만 친다. 겨우 찾아간 주소에서 본 엄마는 이미 자기의 엄마가 아닌 다른 아이의 엄마가 되어있었다. 마사오는 모든 것을 눈치채고 힘없이 돌아선다. 어린 나이지만 마사오도 어른들의 입장을 알게 된 것이다. 영화의 후반부는 멍든 동심을 달래주고자 기쿠지로가 마사오와 함께 놀아주며 소년의 웃음을 되찾아 주는 내용이다. 감독이 전하고자 하는 메시지는 가족보다도 앞서는 소중한 휴머니즘일 것이다.

흡사 동화처럼 장마다 소제목을 붙여 마사오의 시각에서 기쿠지로와의 동행기를 보여주고 있다. 기타노 감독의 어린이를 위한 영화이며 가족영화라고 할 수 있다. 극 중 귀신, 어른들의 허상 등의 판타지 장면이 설정되어 아이들의 시각에서 본 영화임을 알 수 있다. 그러나 바꾸어 말하면 어른들을 위한 동화라고도 할 수 있다.

■━ 〈원더풀 라이프ワンダフルライフ〉 1999

고레에다 히로카즈 감독작으로 러닝타임은 118분이다. 출연은 가가와 교코, 아베 사다오이다. 사후세계After Life란 존재하는 것일까? 존재한다면 그곳은 엄청 큰 세상이거나 복잡한 곳일 것이다. 수많은 역사의 인물이 계속해 존재할 테니 상상 불가다.

매주 죽은 영혼들이 찾아오는 림보라는 곳은 이승과 저승의 정거장 같은 곳으로, 이곳에 도착한 사람들은 자신의 일생 가운데 가장 인상적인 추억의 한 장면을 골라보라는 숙제를 받는다. 그 기억과 함께 영원의 세계로 간다는 것인데 행복한 순간을 선택하지 못하는 와타나베에게 이곳의 면접관 모치즈키는 와타나베의 일생이 기록된 비디오테이프를 주며 선택하도록 한다. 그리고 테이프를 보며 사랑하던 연인을 보게 되는데, '과연 그들의 사랑은 어떤 의미일까?'라는 질문을 반추해 본다. 사랑은 그리움을 넘어 아련한 아픔으로 남아있다.

매주 월요일, 오늘도 죽은 영혼들은 옛 학교 같은 림보를 찾아오고 그들의 행복했던 시절을 떠올리며 삶을 반추해 보게 된다. 영화의 착상은 재미있으나 전개는 한없이 지루하고 관념적이다. 그래도 새로운 무언가를 추구하는 기획은 좋다. 하지만 더욱 설득력 있는 구성이었다면 좋았을 것이다.

━ 〈무사〉 2000

〈무사〉는 CJ엔터테인먼트와 ㈜사이더스 제작이며 중국 측의 협력 제작으로 만들어진 김성수 각본·감독작이다. 출연은 안성기, 정우성, 주진모, 장쯔이 등이다. 원나라 사신으로 간 고려 사절단이 우연히 명나라 공주를 호위하게 되며 벌어지는 무협영화이다. 영화는 전쟁터에서 펼쳐지는 여러 인간 군상에 대한 조명과 함께 다소 지루할 정도의 추격과 전투 장면으로 전개된다. 그러나 황폐한 자연을 배경으로 전쟁 속에 펼쳐지는 인간의 심리를 집요하게 보여주며 나름의 설득력과 완성도를 갖고 있다.

중국의 사막지대와 해안에 세워진 성 세트에서 벌어지는 갖가지 상황은 제작진의 노고를 보여주는데, 155분이라는 긴 러닝타임은 다소 지루한 느낌이다. 중국 제작진의 협력 제작은 처음 시도되는 것으로 이러한 시도가 결코 무의미하지는 않다. 한국 흥행 기록도 87만여 명이고 세계 시장에 수출되었다. 이후 제작에 참여한 최재원은 이 같은 시스템으로 김지운 감독의 2008년 작 〈좋은 놈, 나쁜 놈, 이상한 놈〉을 제작한다.

■ 〈순류역류順流逆流〉 2000

서극 감독, 오백, 사정봉, 서자기, 황추생, 노교음, 이요명 출연작이다. 주연을 맡은 사정봉은 1967년 작 〈영웅본색〉과 주성치의 〈소림축구〉에도 출연한 사현의 아들로 가수 활동을 겸하고 있다.

만취 상태에서 잠자리를 같이한 바텐더 타일러(사정봉)와 경찰인 조(서자기)는 아기를 갖게 된다. 타일러가 보디가드로 일하며 전직 킬러인 잭(오백)을 만나고 잭의 옛 동료 파블로가 나타나며 서로 연관되며 잭과 파블로는 피할 수 없는 총격전을 벌이고 타일러는 잭의 아내와 아이를 구하려 한다.

거스를 수 없는 인간관계를 멋진 총격전으로 묘사했으나 사건이 복잡하며 쉽게 전달되지 않는 내용이 옥에 티다. 영화의 몇 장면은 분명 한국영화에도 영향을 끼쳐 리메이크된 것이 분명하다. 어차피 영화란 서로 영향을 주고받는 것이다.

〈영웅본색〉, 〈소오강호〉, 〈동방불패〉 등의 네 글자 제목들이 강세였던 시절이 있었다. 사나운 바람 속에서도 낭만을 찾는다는 〈낭만풍폭浪漫風暴〉이라는 영화도 있어 한문 제목의 풍취를 전해주는데, 〈순류역류〉는 역류를 넘어서는 순류라는 뜻으로 인간관계를 상징하는 멋진 제목이다. 한국영화 중 〈취화선〉도 멋진 제목 중 하나다.

■ 〈화양연화花樣年華〉 2000

〈화양연화〉는 왕가위 감독의 영화로, 양조위와 장만옥이 출연하였다. 이전 크리스토퍼 도일 촬영감독의 유려한 영상미학과 비교되는 좁은 공간 내에서의 영상미학을 추구하고 있다. '화양연화'는 '인생에서 가장 아름다웠던 때'라는 뜻이다. 왕가위 감독이 생각하는 가장 아름다웠던 때가 중년의 불륜 시기는 아닐 테지만, 영화는 그럴듯하게 아름다움을 펼쳐내고 있다.

내용은 각기 아내와 남편이 있는 두 남녀의 아슬아슬한 사랑의 줄타기이다. 시대 배경은 1962년 홍콩이다. 두 사람은 우연히도 같은 날, 같은 집으로 이사를 온다. 매일 밤늦게 혹은 장기 출장으로 집을 비우는 두 주인공의 배우자들은 영화에서 소개되지 않고 두 사람의 이야기를 통해서만 소개된다.

두 사람은 서로에 대해 깊은 관심을 두게 되지만, 서로 내색치 않고 있다가 어느 우연을 핑계로 대화를 나누고 식사를 하며 남녀 관계로 발전한다. 그들의 자신의 아내나 남편이 갖고 있는 핸드백이나 넥타이를 가지고 있다는 점에 흥미를 갖게 되고 배우자들에 대해 의심을 갖게 된다. "그 두 사람은 어떻게 알게 되었을까?" 서로가 궁금해하지만 실은 그 둘도 우연한 만남으로 알게 된 것이다. 배우자들의 화제로 두 사람은 만나게 되었고 사랑의 감정까지 싹튼 것이다. 그러나 어디까지나 서로의 대화를 통해서만이다. 두 사람의 상실감은 서로를 더 안타깝게 하는데 사랑의 아련한 감정은 결혼에 의해 깨진다는 말을 증명이라도 하듯 두 사람의 관계는 더 이상 발전하지 않고 그 상태에서 맴돈다.

그러던 어느 날 두 사람은 주변의 소문에 신경이 쓰이게 되고 남자는 집을 나와 사무실을 빌려 무협지를 쓰게 되고 여자는 그곳을 찾아가게 된다. 그렇게 자연스럽게 사랑의 감정을 갖게 되지만, 두 사람은 불륜에 빠져들지 못하고 자연스러운 이별 연습을 하게 된다. 싱가포르로 간 남자를 찾아 싱가포르로 온 여자는 끝내 남자를 만나지 못하고 돌아오고 다시 홍콩으로 돌아온 남자는 여인의 흔적을 찾는다. 두 사람은 결국 만나지 못하고 그렇게 영화는 끝이 난다.

양조위와 장만옥은 중년 남녀의 애틋한 로맨스를 고급스럽게 연기하였고, 왕가위 감독은 〈TV문학관〉 같은 멜로드라마를 품위 있게 그려냈다. 라스트신에서 자신의 신청곡 〈화양연화〉를 듣는 장만옥의 모습에서 자신의 인생에서 화양연화를 꿈꾸는 여인의 모습이 인간적으로 그려진다. 허진호 감독은 이 영화에서 모티브를 빌려 2005년에 〈외출〉이라는 영화를 만들었다.

■ 〈BRUCE LEE in G.O.D死亡的遊戲〉 2000

이소룡의 유작 〈사망적유희〉는 로버트 클로우즈가 감독한 〈사망유희〉와는 다른 영화이다. '사망의 유희'란 뜻으로 1972년에 이소룡이 찍던 영화의 제목이었고 그의 사후에 로버트 클로우즈에 의해 완성된 영화에서는 〈사망유희〉란 제목으로 개봉된다.

이 영화는 2000년에 일본·홍콩·미국 합작으로 다시 만든 영화로, '영원의 카리스마'라고 불리는 부르스 리를 다시 만날 수 있다. 일본에서는 2001년에 전국적으로 공개되었는데 자료에 의하면 이례적인 대히트를 기록했다고 한다. 영화는 이소룡이 촬영한 〈사망적유희〉의 장면을 그대로 보여주고 있는데, 로버트 클로우즈가 완성한 〈사망유희〉에서 편집된 장면을 전부 보여주고 있다. 그야말로 이소룡 최후의 영화라고 할 수 있다.

〈사망유희〉에서는 법주사 팔상전에서 착안한 원작 시나리오를 바탕으로 재구성해 완성했는데 전준 배우 등의 출연 장면이 모두 빠져 있다. 〈사망적유희〉는 90분 길이인데 이소룡이 촬영한 120분 촬영 전량의 공개, 미공개 필름을 최대한 활용해 만들었다. 대략 1시간 정도 이소룡의 모습을 볼 수 있다.

감독은 도시카주 오쿠시, 아마도 이소룡의 열혈 팬이 아니었을까? 영화의 전반부는 이 영화를 만들기까지의 상황을 재현하였는데, 대역은 데이빗 리라는 신예배우가 맡았다. 닮지는 않았고 분위기로 부르스 리의 흉내를 내어주는 정도이다. 사실 부르스 리를 재현해 낼 배우는 없을 것이다. 그나마 무술을 하는 지원자 중에서 캐스팅할 수밖에 없었을 것이다.

〈사망적유희〉는 〈맹룡과강〉을 마치고 바로 착수된 영화이지만, 출연한 지한재와의 갈등 등으로 잠시 촬영이 중단되었다. 마침 할리우드에서 출연 제의한 〈용쟁호투〉의 출연으로 〈사망적유희〉의 촬영은 뒤로 연기되었다. 〈용쟁호투〉는 촬영, 녹음 중 이소룡의 발병 징후로 크고 작은 사고가 있었고 우여곡절 끝에 겨우 완성되었다.

이 영화에서 이소룡이 새끼손가락을 굽히지 않고 싸우는 장면이 보인다. 필자는 그 장면이 이소룡의 연출이라고만 생각하고 보았는데, 사실은 다른 이유에서다. 같은 시절 함께 골든하베스트에 전속되어 있었던 정창화 감독의 증언에 의하면, 이소룡은 촬영 중 사고를 당하여 손가락이 접히지 않았다고 한다. 액션배우로서는 거의 사망에 버금가는 사고를 당한 셈이었다. 이런저런 고민으로 이소룡은 장창화 감독을 찾아와 〈죽음의 다섯 손가락〉 같은 영화를 같이 만들어 보자고 면담까지 했다고 한다. 정 감독도 그의 상황을 이해하며 같이 영화를 하기로 동의하고 작품 선정에 착수했다고 한다.

그리고 그는 열흘 후 사망한다. 여러 가지 사망 원인설이 있는데, 공식적인 사인은 약물 복용과 뇌부종으로 인한 돌연사로 알려져 있다. 그의 사망 3주 후 〈용쟁호투〉는 전 세계에 개봉되어 공전의 히트를 한다. 우리나라 신문에도 〈Enter the

Dragon〉을 직역한 "〈용 들어가다〉 전 세계를 강타하다"라는 기사가 해외 단신으로 신문에 소개되었고, 곧 우리나라 극장에 먼저 수입되었던 〈정무문〉이 개봉되었다. 그로부터 지금까지 이소룡의 신화는 이어지고 있다.

〈BRUCE LEE in G.O.D〉의 줄인 제목 〈G.O.D〉로 알려진 이 영화는 어쩐 일인지 우리나라에서는 개봉되지 않았다. 지금이라도 개봉하면 흥행할 수 있을까?

▬ 〈건달의 법칙〉 2001

권성영 배우가 주연과 무술감독을 맡아 열연한 영화다. 2001년 정진수 감독의 영화인데 극 중 대사로 소개되는 '건달의 법칙'은 의를 중히 여기고 배신은 금물이라는 것이다. 그리고 호랑이는 결코 풀을 뜯지 않는다는 것인데 주인공이 천신만고 끝에 조직의 보스를 살해한 배신자를 처단하며 해피엔딩으로 끝난다.

IMF가 끝나갈 무렵인 2001년에 단관 시절 단성사극장의 마지막 프로로 개봉되었다. 제작 중간에 자금 위기로 제작 중단이 될 뻔했던 위기를 맞기도 했으나, 비디오사에서 개봉관까지 잡아 우여곡절 끝에 완성되어 단성사극장에서 개봉까지 하게 된 영화다.

주인공인 권성영 배우가 40세 중반 이후에 출연하여 자신의 무술팀을 동원해 만들었으나 결국 사례도 받지 못하였다. 그러나 비디오 시장에서 인기를 끌었다고 한다. 이소룡 영화에서 성룡 영화로 흥행이 이어지고 그 후 인기를 끌었던 홍콩 누아르의 인기가 주춤한 상태에서 한국적 액션영화를 만들어 보고자 했던 시절의 영화다.

▬ 〈고양이를 부탁해〉 2001

정재은 각본·감독, 배두나, 이요원, 옥지영 출연작이다. 실업계 출신 학생들의 성장통을 다룬 영화다. 절친한 여학생들의 졸업 후의 우정을 그리고 있는데, 사회 진출이 쉽지 않은 실업계 출신 여학생들이 각자의 삶에서 느끼는 고민과 갈등의 고통을 잘 보여주고 있다.

굳이 여상 졸업생이 아니더라도 이 사회의 극빈층이 겪는 일들은 모두 같을 것이다. 고등학교를 졸업하고 대학에 진학하지 않은 학생들이 겪는 일들은 남자들이라면 군대가 있겠지만, 그렇지 않은 여학생들에게는 더욱 극한 상황이다. 갈 데가 없으니 감호소 생활을 하겠다는 극 중 대사는 가슴 아픔의 정도를 넘어서서 진짜 허구의 이야기였으면 하는 생각이 들 정도다. 사회에 대한 꿈과 희망은 다 어디론가 사라지고 그녀들이 겪는 생활은 현실의 드높은 장벽이다.

배역 캐릭터 중 가장 무난한 배두나마저도 돈을 훔쳐 국외로 떠나는 엔딩은 치열한 그네들이 추구하는 삶의 가치에 대해 생각하게 한다. 2011년 〈파수꾼〉이 남학생들의 왕따를 소재로 한 성장영화라면 훨씬 이전에 나온 이 영화는 여성감독이 진지하게 그려낸 우리 시대의 자화상이다.

■ 〈무간도無間道/Infernal Affairs〉 2002

맥조휘 각본, 유위강·맥조휘 공동 감독의 범죄 누아르영화로, 러닝타임은 100분이며, 유덕화, 양조위, 황추생, 증지위, 진관희, 여문락이 출연하였다. 조직원에서 경찰의 스파이가 되고 조직의 스파이가 된 두 남자의 이야기이다. 충분히 상상할 수 있는 영화인데 어느 날 갑자기 만들어진 것은 아니고 수많은 홍콩 누아르영화가 만들어지며 이 영화까지 제작이 됐다. 감독의 역량 때문이겠지만 영화는 평단의 갈채를 받으며 수많은 영화제에서 수상했고 3부작 시리즈로 이어졌다.

물론 유덕화와 양조위의 연기력은 탁월했는데 두 사람 모두 남우주연상 후보에 올랐으나 배역의 비장미로 양조위가 수상했다. 영화를 이토록 화제에 오르게 한 건 두 남자의 아이러니한 상황과 반전의 엔딩 때문이다. 뜨거운 태양광 아래 총을 먼저 겨눈 건 양조위이지만 그가 먼저 죽고 그를 쏜 건 또 다른 조직의 스파이였다. 엘리베이터 속에서 총성이 들리고 살아남은 건 유덕화뿐이다. 그리고 그는 양조위의 장례식에서 그에게 경례를 한다. 도무지 알 수 없는 결말의 비정함이 이 영화를 시리즈화시켰을 것이다. 1965년생으로 1994년 〈애정색향미〉로 데뷔한 맥조휘 감독의 진면목을 보여준 영화이다.

■ 〈복수助太刀屋助六〉 2002

오카모토 기하치 감독이 2005년에 사망하므로 이 영화는 그의 유작이 되었다. 영화는 당시의 분위기처럼 재기발랄한 시대극이다. 오카모토의 전작과 연장선인 듯하지만 왜인지 모르게 2002년의 분위기다. 영화가 시대의 산물이니 어쩔 수 없다. 그렇다고 감독의 연출이나 세계관이 바뀐 정도는 아니다. 주인공 사무라이 스케로쿠 역은 당대의 액션스타 사나다 히로유키가 맡았고 당대의 톱스타인 나카다이 타츠야가 공연한다.

내용은 떠돌이 사무라이 이야기인데 그는 타인의 부탁을 받아 복수해 주는 것을 업으로 삼아 살고 있다. 이는 떠돌이 낭인이 따로 할 만한 일이 없기 때문이다. 때로는 생각하지 않은 횡재도 있어 비단옷을 입고 고향을 찾는데, 오랜만에 어릴 적 친구를 만난다. 고향 마을도 역시 사건으로 복잡한데 의뢰된 복수의 대상자가 바로 그의 어린 시절 헤어진 아버지였다.

사건이 해결되는 순간 악당의 총격을 받아 쓰러진 스케로쿠, 그러나 영화의 반전은 그가 죽지 않고 살아난다는 것이고 사랑하는 여인과 고향을 떠난다. 다소 뜬금없지만 웃고 볼 수 있는 2002년의 사무라이 영화다.

■■ 〈피도 눈물도 없이〉 2002

좋은영화 제작, 정진완 각본, 류승완 감독, 최영환 촬영, 김성관 조명, 김상범 편집, 한제권 음악, 전도연, 이혜영, 정재영, 신구, 정두홍, 백일섭, 김영인, 류승범 출연작이다. 류승완 감독의 두 번째 장편영화인데, 그의 야수성이 배우들마저 야수로 만들어 보기 드문 혈전을 보여준다. 당시에는 지금의 류승완을 예측할 수 없었지만, 그가 될성부른 나무의 떡잎임을 보여준 영화이다. 이런 생동감이 한국영화 발전의 원동력이었다고 일본영화인들은 부러워한다.

영화에서 악당들이야 빠질 수 없는 존재인데 이 영화의 악당들은 다소 센 놈들이다. 투견장을 오가며 온갖 불법을 저지르며 살고 있는 독불이와 그의 노리개 수진, 택시 기사로 변신한 전 범법녀 경선, 그 외 KGB, 칠성이, 백골, 불곰, 침묵맨 등 온갖 악당들이 설정되어 돈을 놓고 쫓고 쫓기는 추격전을 벌이고 엔딩에서 남자들은 다 죽고 두 여자만 살아남는다. 오뎅집을 차리고 착하게 살자던 그녀들의 소박한 꿈을 이룰 수 있을까? 감독은 희망의 비전을 전한다.

이 영화를 보는 내내 쿠엔틴 타란티노 감독의 〈펄프 픽션〉이 많이 연상된다. 특히 전도연의 분장이나 캐릭터, 이미지가 그러하다. 이혜영은 한국배우 중에서 이 영화에서의 캐릭터를 보여줄 수 있는 유일한 여배우가 아닐까 생각되는 열연을 보인다. 수상 기록은 없지만 그녀는 엄청난 열연을 선보였다. 극의 후반부로 갈수록 치열해지는 액션 속에 다소 지친 듯한 모습이 보이지만, 그 또한 설정으로 보아도 무방할 것이다. 2017년, 제21회 부천국제판타스틱영화제 전도연 특별전의 선정작이다.

▄ 〈취화선〉 2002

태흥영화사 제작, 임권택 감독, 최민식, 안성기, 유호정 출연작이다.

19세기 청일전쟁 직전 동학란이 일어나던 시기, 민중 화가 장승업은 천재성을 보이는데 한 번 듣고 곡을 암기해 내는 음악 천재처럼 중국 그림을 한 번 보고 완벽히 재연해 내는 재주꾼이다. 그의 이름은 사방에 알려지고 그는 궁중 화가로까지 진출한다. 그러나 그는 자유로운 영혼의 화가로 더 이상 붙잡혀 정형화된 궁중화에 만족할 수 없다. 그는 궁을 빠져나와 사방을 떠돌며 자신의 천재성을 보이는데, 어느덧 사람들은 그의 그림 한 점을 얻으려고 혈안이 된다.

그럴수록 그는 자신의 재주를 팔며 술로 인생을 허비하는데 그의 그림은 술의 힘으로 그려지는 것과 다를 바 없다. 만년의 그는 수전증으로 더 이상 붓을 잡지 못했을 것이다. 그래서 영화의 제목도 〈취화선〉이다. 가마터에서 냉대를 받으며 사라져 간 엔딩은 묵직한 울림으로 다가오는데, 해외 버전과 한국 버전의 엔딩은 편집이 다소 다르다.

이 영화는 재주꾼의 재능 허비를 통해 천재의 허무한 인생을 보여주며 감동을 전하는데, 임권택 감독과 정일성 촬영감독 그리고 이태원 제작자는 그들의 영화 인생에서 최고의 명편을 빚어냈다. 이를 칸국제영화제는 감독상으로 보상했다.

▄ 〈선생 김봉두〉 2003

장규성 감독, 차승원, 성지루, 변희봉 출연작이다. 교육을 소재로 한 117분 길이의 코미디영화이다. 교육적인 드라마로는 약하고 차승원의 개인기를 보여주는 코미디 영화의 소재로 시골 분교를 택한 영화이다.

촌지 사건과 밀린 외상값 때문에 서울에서 시골 분교로 온 김 선생은 아이들의 교육에는 관심이 없고 오로지 이곳을 빠져나갈 궁리만 한다. 이런저런 시골 사람들과의 우여곡절을 겪으며 결국 그는 아이들의 순수한 마음에 눈을 떠간다. 지금 시대에는 생각하지도 못할 아이의 종아리 때리는 장면이 기억에 남는다.

■■■ 〈신 의리 없는 전쟁 - 음모新·仁義なき戦い謀殺〉 2003

하시모토 하지메 감독작으로, 다카하시 야스노리, 와타나베 겐 두 사람이 주인공 야쿠자로 출연한다. 야쿠자 조직의 음모와 배신, 암투 등 범죄 집단의 적나라한 갈등을 보여준 임협영화의 전형이다.

주인공인 후지마키와 야하기 두 사람은 어린 시절부터 형제처럼 믿고 의지하며 자라 같은 조직에서 차기 두목의 물망에 오르는 이인자가 되었다. 동생인 야하기는 조직의 지략가로 재무를 담당하고 있는데, 폭력적인 성향의 카리스마 넘치는 후지마키가 두목에 올라야 한다고 극구 양보한다. 노회한 두목은 비열한 술수로 두 사람을 이간질시켜 자신의 의도대로 제삼자를 차기 후계자로 지명한다. 결국 야하기는 후지마키에게 타살되고 뒤늦게 잘못을 안 후지마키는 두목을 찾아가 조직과의 결별을 선언한다.

결국 야쿠자의 세계는 의리란 찾아볼 수 없는 범죄 집단으로 자신들의 이익만을 추구하며 이익에 반할 때는 살인마저 불사하는 비열한 세계임을 보여준다. 홍콩에 경찰과 범죄 조직을 소재로 한 〈무간도〉 시리즈가 있다면, 일본에는 〈의리 없는 전쟁〉 시리즈가 있다고 할만하다.

■■■ 〈올빼미ふくろう〉 2003

신도 가네토 감독, 오다케 시노부, 이토 아유미, 키바 카츠미, 에모토 아키라 출연작이다.

동북 지방 험한 산속의 오두막집, 이 집의 두 모녀는 굶주림으로 인해 모종의 계획을 실행하는데, 그것은 바로 찾아오는 남자들과 매춘을 하고 독이 든 소주를 먹여 살해 후 돈을 훔치는 것이다. 그녀들은 아홉 명을 죽인 후 집을 떠난다. 1년 후 멧돼지에 의해 매장한 시체가 발견되며 사건이 알려지는데, 이는 일본 사회에 대한 통렬한 비판이다. 저예산으로 제작되어 연극으로 만들어도 좋을 듯한 내용이다.

이 영화는 김지운 감독의 1998년 〈조용한 가족〉을 떠오르게 하는데, 찾아오는 손님을 살해한다는 설정만 비슷할 뿐 우연의 일치일 것이다. 주인공인 오다케 시노부는 모스크바영화제 최우수여우주연상을 받았고 신도 가네토 감독도 특별상을 받았는데, 그는 모스크바영화제 최다 수상 감독으로 기록된다.

▬ 〈PTU〉 2003

두기봉 감독의 범죄 스릴러영화로, 러닝타임은 88분이다. 임달화, 임설, 황탁령, 소미기, 고웅이 출연하였다.

'PTU'는 침사초이 일대의 야간 순찰을 임무로 하는 수사대이다. 침사초이에서 벌어지는 몇 가지 사건으로 조용할 날이 없는데, 오늘도 흑사회 중간 보스 꽁지머리의 살인사건과 사고뭉치 똥보 형사의 총기 분실로 인해 비상 상황이다. 수사 조장(임달화)은 똥보의 상황을 보아가며 초긴장 상태에서 수사를 진행해 나간다. 결국 중국 밀항 조직을 사살하는 공을 세운 그는 똥보와 표창을 받으며 해피엔딩으로 끝난다.

사건 전개가 일관성을 유지하지만 예측을 불허하는 전개로 긴장감을 조성하는 데 설득력은 그만큼 떨어진다. 그러나 밤무대의 여러 에피소드는 영화적으로 흡인력 있다. 다음 장면이 기대되며 극장 안은 숨소리조차 들리지 않는다. 그만한 능력도 감독의 내공인데 빨리 찍기로 유명한 두기봉 감독이 2년에 걸쳐 찍었다고 한다.

전성기의 영화

___

■■ 〈뉴 폴리스 스토리新警察故事〉 2004

진목승 감독, 성룡, 양채니, 오언조 출연작이다. 홍콩 아시아은행의 은행원을 납치해 대담하게 현금을 탈취한 조직과 진국영 경관의 대결을 그리고 있다. 성룡은 이전과는 달리 젊고 발랄한 역을 맡지 않았고, 대원들을 잃고 혼자 살아남아 알코올중독에 빠진 나약한 경찰의 모습으로 변신하였다.

악당들은 경찰에 도전장을 내고 컴퓨터 게임하듯 사건을 일으키고 범죄를 즐긴다. 진 경관에게는 1년 휴직이 주어졌지만, 새로운 임무가 주어지고 그는 다시 재기하며 결국 사건을 해결한다.

심각하고 나약한 성룡은 확실히 어색하다. 그런 모습을 보여준 적이 없기 때문인데 성룡으로서는 시도해 보고 싶을 수밖에 없었을 것이다. 그만큼 젊고 발랄한 캐릭터보다 박력이나 매력이 떨어지는 건 어쩔 수 없는 현상이다. 성룡은 2014년작 〈폴리스 스토리 2014〉에서도 똑같은 캐릭터로 등장하는데, 역시 세월의 변화임을 추측하게 한다.

■■ 〈살파랑殺破浪〉 2004

〈용호문〉, 〈도화선〉, 〈엽문〉을 감독한 엽위신 감독작이다. 국내에 미개봉된 이 영화의 중국어 제목은 〈무죄석방〉으로, 세레스티얼사 판권의 2005년 판을 충무로국제영화제에서 공개했다. '살파랑'이란 칠살七殺, 파군破軍, 탐랑貪狼에서 나온 말로 파괴, 전쟁, 탐욕을 물리치는 영웅의 운명을 지닌 자라는 뜻이다.

신임 수사반장인 마군(견자단)이 새로 부임한 수사팀에서는 이해하지 못할 수사가 진행되고 있었다. 현재 반장인 진국총(임달화)을 주축으로 팀원들이 악당 보스 왕포(홍금보)를 구속시키기 위해서 수단과 방법을 가리지 않고 수사를 하고 있었다. 심지어는 비디오 증거자료를 조작하며 그를 구속시키려 한다. 그도 그럴 것이 그는 법망을 교묘히 빠져나가는 악질 중의 악질이며 엄청난 조직원들을 거느린 암흑가 최대의 보스였다.

경찰도 눈 아래로 보는 그에게는 수사팀이 눈엣가시이니 결국 그는 수하의 킬러를 동원하여 모두 죽여 나간다. 신임 마군도 그들의 비원칙적인 수사 방식에 냉담하였지만, 그도 왕포의 악행에 더 이상 방관자일 수만은 없었다. 그는 왕의소굴로 들어가 그와 죽음을 건 마지막 일전을 벌인다. 결국 그는 왕에 의해 죽고 만다. 주인공이 두 명인 이 영화는 진국총의 시점으로 전개되는데, 이러한 최악의 수사 과정에서도 살아남은 그는 사랑하는 딸을 두고 뇌종양으로 죽는다. 그야말로 허무의 극치이다.

2004년 작이지만 극 중 배경은 10년 전인 1994년이다. 홍콩 반환을 앞둔 불안한 사회 정서를 다시금 담아냈는데, 당시에 보았다면 흔하디흔한 홍콩 누아르영화로 평가되었을 것이다. 이 영화에서 견자단은 25년 만에 주인공을 맡아 출연했다. 홍콩영화의 저력을 느낄 수 있는 영화로 액션에 관한 한 그들의 솜씨는 분명한 수준을 유지하고 있다. 그것이 우리가 생각하지 못하고 뛰어넘지 못할 수준은 아니겠지만, 굳건한 기본을 갖추지 않으면 보여줄 수 없기에 그들의 저력이라는 생각을 하게 된다.

■■■ 〈아무도 모른다誰も知らない〉 2004

고레에다 히로카즈 감독, 야기라 유야, 키타우라 아유, 키무라 히에이 출연작이다. 장남 아키라 역을 맡은 야기라 유야(1990년생)는 이 영화로 2004년 제57회 칸국제영화제에서 남우주연상을 받았다. 특별한 케이스이기는 했지만 수상감임에 모두 동의할 연기를 선보였다.

가족이라는 주제를 집요하게 추적한 일련의 시리즈를 만든 고레에다 히로카즈 감독은 어린 자식들을 두고 떠난 엄마를 설정해 '가족이란 과연 무엇인가'를 보여주고 있다. 도쿄에서 일어난 아동 방치 사건, 일명 '스가모 아동 방치 사건'의 실화를 바탕으로 등장 아동들의 감정만을 픽션으로 만들어 낸 이 영화는 140분이라는 긴 시간 동안 관객들을 고문한다.

열두 살의 장남 아키라는 아버지가 다른 둘째 교코, 셋째 시게루 막내인 유키를 엄마 대신 돌보며 생활한다. 엄마는 돌아올 기미가 없고 전기, 가스, 수도까지 끊기면서 보여주는 생존기이다. 영화는 '가족이란 무엇인가?'라는 근원적인 질문을 벗어나 무관심 속에 방치된 현대사회의 타인에 대한 무관심에 경종을 울린다. 막내 유키가 사고로 죽자 어린 동생을 매장한 아키라에게 법은 어떤 판결을 내렸을까? 먹먹해져 오는 결말이다.

▬ 〈역도산〉 2004

CJ 제공, (주)싸이더스픽처스와 (주)도레미픽처스 공동 제작, 송해성 각본·감독, 김형구 촬영, 이강산 조명, 박곡지 편집, 이재진 음악이며, 설경구, 나카타니 미키(아야 역), 후지 타츠야, 하기와라 마사토, 스즈키 사와, 야마모토 타로, 푸나키 마사카추, 노준호가 출연하였다. 총 137분으로 조금은 긴 느낌이며 흥행작은 아니지만 송해성 감독의 대표작으로, 일본에서 두 달, 한국에서 한 달을 강행군하며 완성도를 추구한 대작이다.

'김신락'이라는 본명 대신에 '역도산'이라는 이름으로 일본 레슬링의 대부가 된 그의 링의 세계를 그리고 있다. 역도산이라는 유명 인물을 영화화하는 데 한계는 있었겠지만, 송해성 감독은 그의 디테일한 면모를 잘 보여주며 인간으로서의 감정을 굵게 그려냈다.

전후 일본인들의 희망이 된 그가 걸어온 삶의 궤적은 일제강점기 이방인으로서 복잡할 수밖에 없다. 둘도 없는 친구가 이제 조선인이라는 것을 밝히라고 하자 "조선이 내게 해준 게 뭔데?"라고 되묻는 이 장면은 짧지만 그의 삶의 기행의 이유를 압축하고 있다. 역도산이 강인해질 수밖에 없었던 것은 모진 핍박과 그것을 견뎌내었던 인내심 때문일 것이다. 피지배 국민으로서 그가 겪어야 했을 한과 인내야말로 그를 전후 일본인들의 희망이 된 원동력이었다. 그러한 그의 성공과 실패는 그가 갖고 있었던 한계의 도전이며 정해진 결말이었는지도 모른다.

설경구 배우는 체중을 20kg이나 늘리고 레슬링의 기술을 익히고 일본어로 연기를 하였으니 생애 최고의 노력을 기울였다. 아울러 일본영화보다 더 당시의 거리를 사실적으로 재연하고 경기장을 생생히 보여준 CG팀의 노고가 절로 느껴진다. 이 영화는 2005년 대종상영화제 감독상과 촬영상 수상작이다.

■ 〈클레멘타인〉 2004

김두영 감독, 이동준, 스티븐 시걸, 김혜리, 은서우, 기주봉, 임호 출연작이다. 딸을 위해 링에 오른 남자의 이야기이다. 제작자인 이동준이 사력을 다해 연기했지만 아쉽기 그지없다. 2005년 속편이 만들어졌다고 예고편을 올렸지만 티저 광고였다는 해프닝이 있었다. 이 영화의 흥행 기록은 3,562명으로, 지금도 망한 작품의 대표작으로 거론되고 있다.

■ 〈동몽기연童夢奇緣〉 2005

진덕삼 감독, 유덕화, 막문위, 응채아 출연작이다. 아버지보다 더 늙어버린 아들이 나오는 영화로, 현실에서 볼 수 없는 일이지만 영화적으로는 얼마든지 가능하다. 홍콩영화의 또 다른 특징인 이런 독창적인 내용의 영화는 주성치의 희극에서 자주 볼 수 있는데, 전체 관람가로 감동을 전해준다. 진 감독은 창의력과 상상력을 통해 이런 가상의 현실을 통해 아이들과 어른의 이야기를 창의적으로 풀어냈다.

열두 살 소년 광자는 집을 가출하기 일쑤다. 친엄마가 죽고 새엄마가 들어오자 화풀이를 부모에게 하는 것인데, 어느 날 공원에서 떠돌이 박사를 만나 묘약을 먹고 급성장하여 어른이 된다. 결국 준비되지 않은 어른이 되어 어른들의 힘든 삶을 살고 겪으며 부모를 이해하고 어른들이 겪는 여러 일을 보며 어른들의 아픔에 공감한다. 어른들에 대한 몰이해가 결국 어른들에게 아픔을 주었다는 평범한 사실도 알게 된다. 광자는 자신에게만 빨리 지나가는 시간을 겪고 3일 만에 노인이 되어 아빠 앞에 모습을 드러내게 되고 엄마와도 화해하며 용서를 구한다.

다소 황당한 설정이나 아이들뿐만이 아니라 어른들을 위한 동화로 나이 들어 부모의 마음을 깨닫는 평범한 진리와 교훈을 전하고 있다. 유덕화는 분장만으로 아이의 모습을 한 청년과 노인의 감정을 잘 표현하고 있다.

■ 〈마을 사진첩村の写真集〉 2005

미하라 미츠히로 감독, 후지 타츠야, 카이토 켄, 미야지 마오 출연작이다. 〈마을 사진첩〉이라는 제목은 댐 건설로 수몰되어 가는 시골 마을의 모습을 담기 위해 마을 사람들의 모습을 사진에 담는 것이다. 이 영화는 그 기록 과정을 보여준다.

마을 사무소의 직원은 이 작업을 마을에서 사진관을 경영하는 다카하시 켄이치에게 의뢰하고 다카하시는 도쿄에 나가 있는 그의 아들을 불러와 그 작업을 같이한다. 말이 사진 찍기이지 먼 산길을 오르내리는 험한 일이다. 그래서 도회지의 사진작가들은 이 일을 맡지 않는데, 켄이치는 기꺼이 그 일을 계속해 맡아온 것이다. 노약하지만 자기 길을 묵묵히 걸어가는 촌부인 주인공이야말로 사진쟁이가 아닌 작가라고 불러야 할 듯하다. 인간의 모습을 진솔히 담아내는 그의 모습은 외골수이지만 흡사 도인 같고 신세대인 그의 아들로서는 이해 안 되는 아버지일 뿐이다.

사진 찍고 난 후 마을 어르신이 노래 한 곡을 시작하는데 휴대폰이 울려 시끄럽게 떠드는 데서 둘 사이의 갈등이 폭발한다. 두 사람은 주먹다짐까지 하는데 아들은 병원에서 아버지의 숨겨진 병을 알게 된다.

이 일을 계기로 아들은 아버지를 미워하면서도 차츰 고향에 대해 다시 한번 생각하게 되고, 결국 아들은 자신의 삶을 반추해 보며 진정으로 아버지를 이해하게 된다. 부자간의 갈등을 통해 신구 세대 간의 대립과 충돌을 따뜻한 시각으로 보여주는 영화이다. 좋은 영화는 역시 몇 번을 보아도 좋다.

■ 〈변신変身〉 2005

추리소설 작가인 히가시노 게이고의 원작을 사노 토모키가 연출했다.

영화는 부동산 사무실에서 있은 강도 현장에서 소녀를 구하려다가 총상으로 뇌를 다친 준이치가 뇌수술로 회생하면서 시작된다. 뇌 이식을 받은 그는 자신이 누군지도 모른 채 이상한 증상을 보인다. 잠재의식 속에는 그 말고 또 다른 사람이 존재하고 있으니 바로 뇌 공여자의 의식이 자신의 의식을 잠식하는 것이다.

지영호 감독의 1986년 작 〈신의 아들〉에서 죽은 권투선수의 눈을 이식받은 최민수가 사자의 혼에게 자의식을 빼앗기는 설정과 흡사하다. 영화는 한 시간가량 관객들에게 궁금증을 던지며 전개되지만, 중반을 넘어서며 실소를 자아내는 코미디로 전락한다.

108분은 그야말로 긴 시간이었다. 주인공의 애인으로 출연한 〈훌라 걸스〉의 아오이 유우가 펼치는 열연도 빛이 바랬다. 영화 보는 내내 관객들의 푸념을 들으며 영화라는 것을 다시 한번 생각해 본다. 제아무리 훌륭한 원작이라 하더라도 각색이 어떻게 되느냐에 따라 격이 달라진다.

또 허술한 각본에 명장의 숨결이 불어넣어진들 명품이 나올 수는 없는 것이다. 극장 문을 나서다가 관계자의 설명을 들을 수 있었다. 신인 감독의 첫 작품이라는 말에 의문이 풀렸다. 이것은 편집을 다시 한다고 해서 풀릴 수 없는 원초적인 문제인 각본과 연출의 문제이다. 아무리 기가 막힌 소재이고 치밀한 구성의 베스트셀러 원작이면 뭐하겠는가? 사노 토모키 감독이 두 번째 영화를 어떻게 만들어 낼지 궁금하다.

한국시장에서 일본영화의 위기이다. 〈태양의 노래〉, 〈훌라 걸스〉가 계속해 저조한 성적으로 막을 내렸는데, 항류(홍콩류), 한류에 한풍(중류)까지 대두되는 상황에서 일본영화의 설 자리는 점점 좁아지고 있는 현실이다.

■ 〈지금 만나러 갑니다いま、会いにゆきます〉 2005

이치가와 타쿠지 원작, 도이 노부히로 감독, 다케우치 유코, 나카무라 시도, 타케이 아카시 출연작이다.

초등학교 1학년생 아들과 아빠 노릇이 어리숙한 남편 타쿠미를 두고 29살의 젊은 엄마 미오는 먼저 세상을 떠난다. 1년 후 비의 계절에 돌아온다는 약속을 남겼는데 거짓말처럼 다음 해 장마가 시작되고 숲에서 산보를 하던 타쿠미와 아이 앞에 죽은 미오가 나타난다. 이처럼 극적인 상황이 어디 있을까? 어린 아들과 타쿠미는 이 일이 거짓말만 같은데 그녀는 아무것도 기억하지 못하는 상태였다. 그녀는 남겨진 자신의 일기장을 통해 과거를 유추하게 된다. 타쿠미와의 운명적인 만남과 뜨거운 사랑을 알게 된 미오는 더욱더 가족을 사랑하게 된다.

이윽고 6주간의 장마가 끝나가며 그녀는 떠날 준비를 하고 남겨질 두 사람은 그런 미오를 떠나보낼 수밖에 없어 안타까워한다. 반전은 20살의 미오가 교통사고를 당하고 의식을 잃은 사이에 29살의 타쿠미를 만난 것으로 설정되며 해피엔딩으로 끝이 난다. 비록 29살에 죽을지언정 그런 남편과 아들을 택하겠다는 미호의 의지는 결연하다. 미호는 타쿠미를 찾아 해바라기밭으로 간다. 원작이 있지만 안타까운 엔딩에 대한 영화적 구성으로 반전의 미학을 제대로 보여준다.

이 영화는 〈사랑과 영혼〉의 수준을 웃도는 설득력으로 감동을 준다. 현실에서는 있을 수 없지만 상상의 세계를 영화적으로 잘 보여주고 있다. 다케우치 유코는 전작인 〈환생〉 이후 가장 연인스러운 여배우로 꼽혀 캐스팅되었다.

도이 노부히로 감독은 1964년생으로 1997년 〈파랑새〉로 데뷔 후 2002년 한일 합작드라마 〈프렌즈〉를 감독한 바 있다. 한국에서도 이 영화가 12년 만에 리메이크되는데, 손예진과 소지섭이 출연하여 2017년 개봉하였다.

■ 〈다만, 널 사랑하고 있어 ただ、君を愛してる〉 2006

신조 타케히코 감독의 〈다만, 널 사랑하고 있어〉는 〈연애사전 또 하나의 이야기〉를 원작으로 했다는데, 2004년 작 〈연애사진〉의 변형으로 원작에서 주인공의 이름과 설정만 따왔다는 감독의 말이 있다. 내용은 〈연애사진〉과 동일한데 대학에 입학한 두 주인공의 가슴 저린 사랑이야기이다.

사진 촬영이 취미인 영어과 학생 마코토는 앳된 불어과 학생 시즈루와의 첫 만남 이후 병약한 그녀에게 끌리게 되고 시즈루 역시 그에 대한 호감으로 사진 찍기를 배우게 된다. 그들은 그렇게 마음으로 사랑을 소중히 키워나가고 결국 동거까지 하게 되는데, 사진 촬영을 빙자한 첫 키스를 나누고 그날 시즈루는 아무 말 없이 종적을 감춘다. 3년 뒤 마코토는 미국 소인이 찍힌 시즈루의 편지를 받고 서둘러 뉴욕으로 그녀를 찾아가지만, 그녀는 이미 유전병으로 고인이 되었다. 그간 혼자 미국으로 와 사진작가가 되어 개인전까지 열게 되었지만, 마코토와 사랑을 키우며 유전병도 악화되어 결국 고인이 된 것이다. 그녀는 성장함에 따라 병도 커가기에 그렇게 남모를 비밀이 많았던 것이다.

사랑하는 사람 곁에 있으면서 죽음을 맞이하는 러브스토리를 한 번 더 반전시킨 것인데, 전시회를 본 마코토는 그녀와의 추억을 가슴에 안고 돌아온다. 다소 뻔한 전개이지만 신조 타케히코 감독의 따뜻하면서도 섬세한 연출로 두 사람의 애틋한 사랑은 포근히 와닿는다. 이와이 수운지의 〈러브레터〉 계열의 영화이며 다마키 히로시와 미야자키 아오이의 자연스러운 연기로 〈연애사진〉 이후 기대작이 되었다.

■ 〈루트 225 ルート 225〉 2006

〈루트 225〉를 만든 나카무라 요시히로 감독은 최양일 감독의 〈형무소 안〉, 〈퀼〉의 각본가이며, 이 영화는 아쿠다가와상 수상 작가인 후지노 치야의 장편소설을 영화화한 것이다.

이 영화는 신선한 소재의 판타지영화로 15살을 맞는 소녀의 또 다른 세계로의 성장을 이색적으로 풀어나간 가작이다. 두 남매가 겪는 이상한 세계의 이야기인데 자신들이 살던 곳 같지만, 그곳은 공간만 같고 시간은 다른 낯선 세계였다. 데자뷔 현상을 다룬 영화 같기도 하지만, 전혀 다른 이런 판타지는 누구도 생각지 못한 착상이다.

영화는 무료한 일상의 사춘기 소녀 에리코가 늦도록 오지 않는 남동생 다이고를 찾아 나서는 데부터 시작된다. 놀이터에서 만난 동생은 이지메를 당하곤 그곳에 의기소침해서 있었다. 인간의 본성을 드러내며 아웅다웅 다투던 남매는 집으로 돌아오던 중 길을 잃고 만다. 자신들이 살던 동네가 이상하게 바닷가 근처가 되었고 게다가 죽은 다이고의 초등학교 동창생을 만나는데 그녀는 성장하여 살아있는 것이다. 결국 두 사람은 엄마와 통화를 시도해 보지만 내내 집 찾기는 오리무중이다. 같은 길이지만 낯선 다른 길을 헤매는 두 남매는 밤늦게야 어렵사리 집을 찾아왔지만 이번엔 부모가 보이지 않는다.

이튿날 학교에 간 에리코는 모든 게 이상하게 변해버린 것을 느끼는데, 다투고 화해하지 못했던 친구와는 어느새 화해를 했고 하루 사이에 자신이 알 수 없는 세계로 들어와 있는 것이다. 그곳은 원래 자기가 살던 세계와 같으면서도 시간상으로 미묘하게 어긋나 있는 세계였다. 두 남매는 원래 자신들이 살던 세계로의 귀환을 시도하지만 불가항력이고 결국 그 세계에서 적응해 살아가기로 한다.

이 모든 것이 에리코가 15살을 맞이하며 생기는 일인데, 제목이 뜻하는 '루트 225'는 두 남매가 길을 잃은 곳의 주소이면서 에리코의 나이 15살도 의미한다. 마지막에서 그 이상 현상에 대한 비밀을 암시해 주는데, 에리코가 찍은 사진을 통해 부모는 눈에는 보이지 않았지만 그 집에 있었다는 것을 보여준다. 난해하지만 멋진 은유인 결말은 관객들이 해석할 몫이다.

한국영화 중에 이원세 감독의 〈엄마 없는 하늘 아래〉라는 영화가 있다. 엄마를 잃고 사는 아이들의 슬픔을 그린 것인데, 이 영화가 같은 상황을 아이들의 시선으로 절절히 보여주기도 한다. 감독이 전하고자 메시지와 더불어 주인공인 다베 미카코는 부모 잃은 아이들의 아픔을 잘 연기하고 있다.

━ 〈무등산 타잔 박흥숙〉 2006

박우상 감독이 실존 인물 박흥숙의 일대기를 다루고 있다. 영화는 1980년대 광주를 무대로 하고 있다.

불의를 보면 참지 못하는 고시생 박흥숙은 고시 공부를 하며 다리 밑에서 사는 고아들을 보살피는 모범 청년이기도 하다. 한편 광주를 무대로 폭력을 일삼던 OK주먹사관학교에 들어간 친구 두수는 조직의 일인자가 된다. 그렇게 사계절이 지나고 흥숙은 고시에 합격한다. 그러나 연좌제에 걸려 합격이 취소되는데, 무등산 불법 가옥 철거반이 마을에 들이닥치고 흥숙은 이들을 막아선다. 그때 동원된 것이 OK주먹사관학교의 두수이다.

무등산 덕삼골을 찾은 두수 일당은 흥숙의 집에 불을 지르고 흥숙은 이들을 저지하는 과정에서 폭력 행위로 도망자가 된다. 그러나 자수를 하는데 네 명이 죽은 불법 가옥 철거 가정의 주범이 되어 사형 선고를 받는다. 흥숙은 내란음모죄로 들어온 상호 일행에게서 5·18민주화운동 직후의 상황을 듣게 되고, 사형 집행을 예견한다. 1980년, 박흥숙은 눈 내리는 크리스마스 이브에 사형이 집행된다.

실존 인물로 광주 무등산 일대의 무허가 건물 철거 시 네 명이 죽어 그 죄를 뒤집어쓰고 24살의 젊은 나이에 형장의 이슬로 사라진 그는 당시 광주 서민들의 영웅으로 칭송되고 있다. 마지막에 그의 실제 사진이 보이고 그로 인해 철거민 보상법이 국회에서 제정되었다는 자막이 뜬다. 이 영화는 극장 상영이 되지 않았고 파일만이 떠돈다.

━ 〈비열한 거리〉 2006

이 영화는 마틴 스코세이지 감독의 1973년 작 〈비열한 거리〉와 제목이 같다.

조폭 조직의 이인자인 병두(조인성)는 조직에서 부하 5~6명을 거느리고 떼인 돈 받아내기를 하는 인생이다. 그에게는 철거 직전의 판잣집에서 사는 병든 어머니와 두 동생이 딸려있다.

그는 어렵사리 오락실을 개업하지만 그에게 세상은 만만치 않다. 세력권 다툼이 벌어지고 부하가 감방에 갈 처지가 된다. 이때 조직의 뒤를 봐주는 황 회장(천호진)이 미래를 보장할 테니 인생의 걸림돌인 부장 검사를 처리해 달라는 부탁을 한다. 병두는 고심 끝에 보장된 미래를 꿈꾸며 기꺼이 그 일을 처리한다. 병두는 이 모든 것을 영화감독이 되어 찾아온 동창 민호에게 털어놓게 되는데, 민호는 들은 얘기를 토대로 멋진 영화 한 편을 만들어 낸다. 이름하여 〈남부조직 항쟁사〉이다. 영화는 대히트하며 병두는 사면초가가 되어 결국 조직의 생리처럼 자신의 부하에게 죽임을 당한다. 그야말로 비열한 조직의 놀음에 희생양이 된 것이다.

유하 감독은 전작 〈말죽거리 잔혹사〉에서 학원로망 액션을 선보였었는데, 이 영화 역시 학창시절을 매개로 하며 각기 다른 삶을 살아가는 인간 군상을 통해 주인공의 지옥행 열차 타기 과정을 디테일한 구성과 에피소드로 보여주고 있다. 이런 이야기는 흡사 시중에 알려진 〈친구〉를 만든 곽경택 감독의 이야기가 아닌가 싶다.

조인성은 〈땡벌〉 부르는 장면과 마지막에 자신의 부하들에게 칼침을 맞는 장면 등의 호연으로 연기상을 받았는데, 보다 보니 질펀한 액션이 장철 영화를 연상시켰다. 실제로 조인성은 적룡의 분위기를 보여주고 있다. 이 영화가 보여주는 인생사는 배신과 음모, 응징 등은 비열한 힘의 논리인데, 인물을 영화감독을 설정한 것은 새롭지만 전체적인 느낌은 그동안 보여준 조폭영화의 결산판으로만 보인다.

━ 〈사가현의 대단한 할머니佐賀のがばいばあちゃん〉 2006

한국영화 〈집으로...〉와 같은 설정인 이 영화는 할머니와 함께 살게 된 소년의 이야기이다. 이 영화는 일본에서 최근 몇 년간 불고 있는 1950년대부터 1960년대까지를 그리워하며 회고하는 '쇼와 붐' 속에서 제작되었다. 이 시기는 우리의 전후와 마찬가지로 물질적으로는 궁핍하지만 잘 살 수 있다는 희망으로 모든 것을 인내하며 살던 시대이다. 현재는 괴롭지만 미래에 대한 희망이 있기에 괴로워도 참아내며 모든 사람이 한마음으로 서로 돕고 격려하며 살던 시대인 것이다.

힘들고 배고픈 시절인 이 시기 모두가 어려웠지만 혼자서 자식 7명을 키우고도 모자라 손주까지 키워야 했던 할머니의 삶은 더 힘들었다. 가난으로 엄마와 헤어져 할머니와 함께 살게 된 초등학생 아키히로의 시선으로 그려진 이 영화는 다큐멘터리 이상의 힘을 가지고 관객들을 설득하고 있다. 가난한 삶 속에서도 할머니에게서 세상 사는 법을 배우게 되는 소년의 생활은 모든 것이 최악이지만 소년은 꿋꿋이 이겨낸다.

때로는 '이래도 안 울래'식의 극적 구조임을 알면서도 어쩌겠는가? 흐르는 눈물을 막을 수가 없었다. 그러나 눈물의 끝은 카타르시스이다. 마음이 절로 맑아지는 것을 느낄 수 있다. 그것은 공감대의 형성 탓이다. 가난의 실상은 일본이나 우리나라나 같지만 어머니는 위대하다. 자식을 꿋꿋이 자라도록 힘을 넣어주신 것이다. "쪼잔하게 살지 말고 가난해도 당당해라"라는 가르침은 당시 가난에 좌절하면 안 된다고 어머니가 할 수 있는 절절한 대사이기에 웃으며 들어도 찡하게 와닿는 말이었다.

영화의 마지막에서 애써 키운 손주가 중학교를 졸업하고 엄마에게 간다며 인사하자 "어서 가라"며 외면하던 할머니가 정작 손주가 가자 "어딜 가냐"며 우는 장면은 관객을 다시 한번 울렸다. 극장을 나서며 이 영화가 이야기한 자식을 위한 '지혜와 희생'이라는 미덕을 다시금 생각했다. 원작은 만담가인 시마다 요시치의 자전적 소설로 그가 각본에까지 참여했고 감독은 구라우치 히토시이다.

━━ 〈스틸 라이프三峽好人〉 2006

가장가賈樟柯(지아장커) 감독작이다. 중국 돈 10위안에 그려진 샨시를 배경을 한 영화인데, 이 지역은 2009년 삼협댐 건설로 곧 수몰될 지역이다.

16년 전 헤어진 아내와 딸을 찾아 이곳까지 온 광부 산밍은 이곳 사람들의 냉대 속에 의사소통을 시도하고 결국 건물 철거 잡부로 일하게 된다. 또 한 사람, 남편을 찾아 여기까지 온 셴훙은 남편을 만나 이혼해 달라고 요구하는데, 남편은 선선히 응해준다. 사랑을 확인하기 위해 여기까지 온 셴훙에게는 청천벽력 같은 반응이다.

또 공사장 잡부로 일하며 산밍은 아내를 만나는데 그녀의 현 소유자인 뱃주인 노인은 데려가려면 3만 위안을 내라고 한다. 산밍은 광산 노동으로 하루 200위안을 버는 광부일 뿐이다. 그에게 그런 큰돈이 있을 수 없다. 1년만 기다려 달라고 다시 돈 벌러 광산으로 향하는 그의 눈길을 잡아끄는 것은 외줄을 건너는 어떤 이의 모습이다. 위태위태한 외줄 타기는 그의 앞길을 상징적으로 보여준다.

심한 허무담인 이 영화를 보고 오히려 삶의 희망을 보았다면 역설적일까? 그러나 가장가 감독이 전하는 메시지는 분명 '희망'이었다. 절망 속에서도 우리를 삶속에 끝까지 잡아매는 것은 우리에게 희망이 있기 때문이다.

이 영화에는 중국인에게 삶의 행복을 주는 네 가지 물질인 담배, 술, 차, 사탕이 연이어 소개된다. 절망적인 상황에서도 이 네 가지가 있어 그래도 삶은 희망을 가질 수 있다는 것이다. 그래서 삶은 계속된다는 〈스틸 라이프〉이다. 이 영화는 제63회 베니스영화제 황금사자상 수상작이다.

━ 〈중국식 흑마술降頭〉 2007

홍콩의 중견 감독인 구예도邱禮濤 감독의 하드코어 호러영화이다. 일찍이 계치홍 감독이 만든 〈요〉나 념니 주연의 〈인피등롱〉, 홍금보의 〈귀타귀〉, 임정영의 〈인혁인〉, 〈벽력대나팔〉 등의 괴기영화의 맥을 잇는 영화로 볼 수 있다.

자신에 의해 원한을 갖은 범인과 전 애인의 남자친구 등이 한패가 되어 주인공 형사에게 복수를 한다. 그 직접적인 대상은 형사의 부인과 어린아이다. 복수의 방법은 중국식 주술인데 황당하기 그지없고 한국 정서로는 이해가 안 되는 설정이다. 그러나 중국에서는 가능한 소재일 뿐 아니라 꾸준히 만들어져 오는 중국식 호러영화의 전형이라 할 수 있다. 촬영, 연출 모두 독특한데 감독이 촬영감독 출신이라 그런 것일까? 80여 편을 만들었다는데 촬영작까지 포함했다고 하더라도 나이에 비해 다작이 아닐 수 없다.

97분의 시간이 짧게 느껴지는 것을 보면 이해할 수 없는 다른 나라의 문화이지만 분명 재미있는 영화이기는 하다. 영화가 끝난 후 관객과의 대화에서 감독으로서 자신은 소리 지르지 않으니 괜찮은 성격의 감독이라고 유머를 섞어 가며 대화를 풀어나갔다. 홍콩에서 영화 만들기는 투자자에게 맞는 내용을 패키징하여 선보이는 것이 중요하고 예술적 성향의 영화도 충분히 가능하다고 한다.

영화는 문화의 표현으로 고급문화도 대중적으로 인식되면 관객은 찾게 되어있다고 한다. 영화는 그 시대의 캐릭터이며 고급문화를 향유한다며 지루해도 관객과 가까워질 수 있다고 했다. 사람의 내장을 들어내는 장면 등 다소 잔인한 장면이 많지만, 홍콩에서는 삭제 장면 없이 개봉되었고 18세 이상이 볼 수 있는 3등급을 받았다고 한다.

■ 〈중천〉 2006

〈중천〉은 김성수 감독과 나비픽쳐스 제작, 조동오 감독, 정우성과 이태희가 출연한 로맨스판타지 무협영화이다. 중국에서 촬영하여 해외시장에 배급된다면 중국영화로 오인받기 딱 알맞다. 시대 배경은 통일 신라 시대 말이다.

'중천'은 죽은 이들이 승천하기 전 49일 동안 지내는 불교에서 말하는 중간 세계이다. 무사 이곽(정우성)은 약물에 취해 이곳으로 들어가는데, 거기서 이승에서의 기억을 잃어버린 애인 소화(김태희)를 만난다. 그녀는 그곳에서 어찌 된 일인지 중천을 지키는 천인이 되어있었다. 그런데 중천 역시 이승처럼 아비규환의 난세이다. 반란을 일으킨 원귀들이 소화를 둘러싸고 피비린내 나는 싸움을 하고 있어 이곽은 당연히 소화를 도와 이들과 한판 대결을 벌이고 사랑을 확인한다는 내용이다.

죽은 이를 못 잊어 중천까지 따라간 설정은 그렇다고 해도 무협의 세계는 정말 무진장하다는 생각부터 들었다. 주인공들은 시종일관 사랑을 얘기하고 있는데, 다음 장면은 CG로 만든 참혹한 살육전이니 사랑 타령은 자연히 공허해진다. 이런 진부한 이야기보다 죽음을 초월하는 이색적인 주제가 메인으로 다뤄졌으면 어땠을까 싶다. 애틋한 사랑을 음미할 겨를도 없이 액션으로 승부하려는 조급증으로 영화는 보고 나도 별 느낌이 없다. 이미 개봉된 〈야연〉에 비하면 단순한 내용이고 앞으로 개봉될 〈묵공〉보다 뭐가 나을까?

해외시장 개척을 위해 현지에서 제작하는 형태 같으나 비싼 제작비를 중국에서 굳이 쓸 일이 있을까? 중국의 스태프가 미술, 의상팀으로 참여하니 자연히 우리 색깔이 없다. 〈연인〉, 〈영웅〉의 의상을 담당했던 에미 와다가 이 영화의 의상도 맡았는데, 영화를 보면 재활용 의상들이다.

중국시장을 바라보고 현지 제작을 했다고 해도 누구를 위한 100억대의 제작비인지 궁금해진다. 우리 것이 아닌 아류작은 이미 패인을 안고 있는 셈이다. 어디서 본 듯한 '그래도 우리도 만들 수 있다'식의 기획은 관객들에게 외면 받을 소지가 크다.

■ 〈태양의 노래タイヨウのうた〉 2006

〈태양의 노래〉는 불치병에 걸린 소녀의 사랑을 소재로 한 영화인데, 2006년 6월에 일본에서 개봉하여 80만 명의 관객을 동원해 10억 엔의 수입을 올렸다. 참고로 일본의 극장 요금은 우리나라 돈으로 18,000원 정도다. 이 영화는 원작 소설이 히트하여 극영화와 드라마가 동시에 기획되어 제작되었는데, TBS에서 2006년 7월부터 10부작으로 방송되었다. 드라마 주제가인 〈스테이 위즈 미〉가 2006년 여자 가수 음반 판매율 1위를 기록했다.

드라마의 주인공인 사와지리 에리카는 그 당시 일본에서 제일 잘 나가는 여배우였다. 비전문 가수인 에리카가 판매 기록 1위를 했다니 그녀는 과연 재능 있는 여배우이다. 영화에서의 주인공은 가수 출신인 유이가 맡았는데, 그녀는 16세 때부터 작사, 작곡, 노래, 연주를 하였고 2005년 메이저 음악계에 데뷔해 '천사의 목소리'라는 평가를 들었으며 이 영화로 일본 아카데미 신인여배우상을 받았다.

이 영화는 그만큼 여주인공을 위한 내용이라 할 수 있는데, 극 중의 여주인공인 아마네 카오루는 태양광선을 쬐면 죽는 병에 걸려 밤에만 나와 노래를 하다가 같은 학교 학생을 만나 사랑을 나누게 되는 16세의 소녀이다. 영화 기획을 하고 이 역을 소화할 여배우를 물색했지만 노래할 수 있는 마땅한 배우가 없어 3~4년을 보내다가 가수 유이를 캐스팅해 촬영하였다.

이 영화의 장점은 담백한 러브스토리를 단순한 구성으로 힘 있게 끌고 가며 잔잔한 감동을 전해주는 것이다. 새로운 것만을 추구하며 사는 현대인들에게 순수한 사랑의 진정성을 전해주는데 다소 지루할 수 있는 줄거리를 잘 끌어가고 있다.

일본영화 현대물 장르의 특징을 한마디로 요약한다면 인생의 훈훈함인데 이 영화 역시도 인생의 의미를 생각하게 한다. 코이즈미 노리히로 감독은 이 영화로 장편 데뷔를 한 단편영화 출신 감독으로 신예이지만 안정된 연출로 잔잔히 감동을 전하고 있다. 남주인공 학생 역은 26세의 츠카모토 타카시다. 그는 TBS 탤런트 출신으로 강렬한 눈매와 달리 심성 고운 배역을 잘 소화하고 있다. 〈태양의 노래〉는 각박하고 퇴색되어 가는 당시의 풍토에 영혼이 담긴 메시지를 전해주는 로맨틱한 영화이다.

■■■ 〈황후화滿城盡帶黃金甲〉 2006

〈황후화〉는 〈야연〉과 비슷한 내용의 궁중 음모극으로, 〈아연〉의 속편 격이다. 450억 원의 제작비가 투입되었다.

줄거리를 보면 중국 당나라 말기, 중양절을 앞두고 황제(주윤발)는 국경을 수비하기 위해 떠났던 둘째 아들 원걸 왕자(주걸륜)를 부르고 황후(공리)의 음모가 싹튼다. 황후는 원걸 왕자와 중양절 밤에 거대한 반란을 계획한다. 드디어 시작된 축제의 밤에 국화로 수놓은 황금 갑옷을 입은 10만 명의 병사들이 황제를 향해 반기를 들고 공격하지만, 일찍이 음모를 간파한 황제에 의해 모두 죽임을 당한다. 적을 제거하기 위한 밤의 피의 향연이 〈야연〉과 같은 것이다.

두 영화가 비슷한 것은 우선 당나라 시대를 배경으로 한 것이나 궁중의 음모나 술수, 배신 등의 설정이 흡사하다. 왕위를 찬탈한 자나 주윤발이 연기한 모든 음모를 꿰고 있는 황제나 큰 차이가 없는 성격 설정이다. 또 왕자들이 궁으로 불려 들어와 사건이 전개된다는 것도 같다. 그 왕자와 황후를 비롯한 궁중의 여인과의 로맨스도 닮은꼴이다. 마지막에 음모가 드러나고 파멸하는 인간 군상의 모습 또한 같다. 이 두 영화 사이에 어떤 차별성이 있는 것일까? 동 시기에 기획되어 서로 비껴가기에 골몰하였을 두 영화이다.

〈야연〉이 풍소강馮小剛이라는 흥행 감독을 통해 스펙터클하면서도『햄릿』을 차용한 드라마성에 치중해 극적 갈등을 보여주었다면, 〈황후화〉는 보다 스펙터클하면서도 장예모의 연출답게 컬러풀한 화면 구성을 더해 박진감 있게 풀어나가고 있다. 가히 제작비로 견주어지는 두 영화인데, 서로 '내가 최고다'라며 화면을 뽐내고 있다.

그것이 대단하긴 하지만 보고난 후 머리에 남는 것이 없다는 것이 문제이다. 감독인 장예모도 느꼈을 공허함인데 도금한 갑옷으로 일찍이 구로사와 아키라 감독이 〈란〉에서 보여준 색의 미학을 진화시켜 보여주고 정소동의 무술 지도로 고급 액션을 보여주고 공리가 도도한 황후의 카리스마를 보여주고 있지만, 결국 남는 건 돈 잔치의 느낌뿐이다.

모처럼 만나는 주윤발도 관록 있는 연기를 보이지만, 세종대왕 같은 이미지로 이중적인 성격의 군주와는 거리감이 있다. 너무 폄하된 시각일 수도 있지만 영화의 삼박자 중 주제가 실종된 배우들의 빛바랜 열연과 화면 구성이다. 장예모가 과거에 보여주었던 독립영화적인 주제 의식은 실종된 영화로 이는 그에게도 안타까운 일이다.

━ 〈로스트 인 베이징迷失北京〉 2007

리위 감독, 판빙빙, 양가휘 출연작이다.

발전하는 베이징, 시골에서 올라온 이들은 달리 살아갈 방법이 없이 뒷골목에서 최소한의 먹거리로 삶을 영위한다. 어느 날 마사지 업소에 근무하는 핑궈(판빙빙)는 사장(양가휘)과 예기치 못한 관계를 갖고 남편에게 발각된다. 핑궈는 임신을 하게 되고 아이의 아빠가 누구인지 모르는 상태에서 사장의 부인까지 관련되며 네 사람의 관계는 막장으로 치닫는다.

결국 사장은 아이가 자신의 아들이 아님을 알게 되는데, 핑궈는 끝까지 자신의 아들임을 주장하며 사욕의 끈을 놓지 않는다. 영화는 극한 상황까지 가며 핑궈는 아이와 함께 사장의 집을 나선다. 다소 거친 연출은 영화의 내용과 걸맞아 극적 상황을 잘 표현하고 있다.

━ 〈무간도 4 - 문도門徒〉 2007

이동승 각본·감독의 스릴러 누아르영화이다. 오언조, 유덕화, 장정초, 고천락, 원영이 출연하였다. 이 영화는 〈무간도〉의 명성이 시리즈로 이어지면서 전혀 다른 상황의 영화가 〈무간도〉 4편이라는 제목을 차용해 개봉되었다. '문도門徒: Protege'란 이름난 학자 밑에서 배우는 제자라는 의미로, 뒤를 봐주는 사람이 있는 후계자를 의미한다.

마약 조직을 일망타진하기 위해 투입된 경찰 아리(오언조)가 보스인 린쿤(유덕화)의 신임을 얻고 조직의 이인자 자리에 오른다. 하지만 그가 목격하는 건 마약으로 인해 피폐화되어 가는 마약중독자들의 삶이다. 이웃의 아이 엄마인 아펀(장정초)은 남편에 의해 마약에 중독되어 삶 자체가 무너져 그녀를 보호하게 된다. 그녀의 삶에 깊이 개입되며 사회악인 마약범들의 목숨을 걸고 전력을 다한다. 이 설정이 영화의 중심을 잡아주며 아리의 심적 갈등은 강화된다.

그는 린쿤에게 더욱 완벽한 신뢰를 심어주며 결국 조직원 모두를 체포한다. 그러나 린쿤이 30년 이상의 극형을 받게 되자 아리는 그의 자살을 묵인해 주는 인간적인 갈등을 보여준다. 정의의 구현자로서 경찰관의 신분임을 자각하기까지의 과정 속에 여러 상황은 극적 흥미를 더하며 마약범들의 모습 속에 마약이 주는 경각

심을 일깨운다. 이동승 감독은 극적 구성으로 영화의 완성도를 높였고 수사반장
역으로 직접 출연까지 하였다.

━ 〈밀양〉 2007

이창동 각본·감독작으로, 전도연, 송강호, 조영진, 김영재, 선정엽, 소이림, 김
미향이 출연하였다.

고인이 된 남편의 고향으로 이주한 주인공 신애가 겪는 인간 구원과 종교의 허
구를 고발한 영화이다. 신에게서 이미 구원을 받았다고 하는 아들 살해범을 그녀
는 용서할 수가 없다. 이런 모순에 종교인들이 보여주는 행태는 한낱 지푸라기 같
은 것이었지만, 그 지푸라기라도 붙잡고 싶었던 신애는 한없이 절망하며 깊은 수
렁으로 빠져든다.

가증스러운 살인범을 연기한 조영진의 캐릭터도 인상적이지만, 전도연은 혼신
의 연기로 칸국제영화제에서의 여우주연상을 받았다. 살인자의 종교를 빙자한 위선
과 잘못된 이기심에 대한 분노는 영화를 본 후에도 두고두고 곱씹게 하는 힘이 있다.

━ 〈수壽〉 2007

트리쯔클럽 작품인 〈수〉는 재일동포 최양일 감독의 영화이다. 태수(지진희)는
피도 눈물도 없는 살인 청부업자다. 그가 오프닝에서 보여주는 악덕 청부업자에게
계약서 사인을 받는 장면은 하드보일드의 전형이다. 그야말로 영화적 상상력의 극
대화이다. 그에게는 어릴 적 배를 곯으며 생사고락을 함께한 쌍둥이 동생이 있다.
경찰이 된 동생을 어렵게 찾아내 19년 만에 만나는 날 그가 보는 앞에서 동생은 저
격당해 죽는다. 동생의 시신을 욕조에 뉘이고 얼음물로 채우며 동생을 떠나보내지
않으려는 형의 마음도 부질없이 태수는 결국 동생을 제 손으로 묻는다.

그는 복수의 일념으로 동생과 똑같이 얼굴에 흉터까지 만들어 강력반 형사가
되어 동생의 삶을 대신 산다. 그것은 동생을 죽인 자들에 대한 복수의 일념 때문이
다. 그런 태수에게 태진의 애인인 여형사(강성연)가 있다. 태수의 정체를 알아내고
그녀의 증오가 사랑으로 바뀔 무렵 그는 동생을 죽인 킬러(오만석)를 통해 동생의 살
해자인 마약 조직의 보스 구양원(문성근)을 알아낸다. 복수의 칼을 거머쥔 태수는 놈

의 소굴을 찾아가 피의 살육전을 벌이고 마지막 힘으로 그의 복부에 칼을 꽂는다.

홍콩영화 〈복수報仇(보구)〉의 줄거리지만, 일본의 임협영화라고 하는 야쿠자영화에서처럼 복수극의 이야기는 흔하디흔하다. 복수극의 줄거리가 거기서 거기이겠지만 그 이야기를 어떠한 철학과 액션으로 덧칠하느냐 하는 것은 감독의 능력이다. 〈수〉는 분명 흥미롭지만 새로운 이야기나 새로운 연출은 아니다. 새로운 그 무엇이 없는 한 걸작의 반열에 오를 수는 없다.

■■■ 〈신탐神探〉 2007

이 영화는 2007년 홍콩의 두기봉·위가휘 공동 감독작이다. '신탐'은 탐정, 형사를 일컫는 말이다.

주인공 번 형사(유청운)는 광기의 수사력과 뛰어나지만 설명이 안 되는 통찰력으로 이름을 남기며 형사 생활을 마감한다. 그의 광기는 선임자의 퇴임식에서 자신의 귀를 자르는 등 도저히 이해할 수 없는 행동으로 일관했었다. 그렇게 퇴임한 그에게 후배 하가안 형사가 찾아와 자문하게 되고 주인공은 사건 수사를 시작하는데 그는 이중성격장애 환자이다. 그는 후배 형사의 다른 인격체와 아울러 자신의 부인마저도 알아보지 못하며 오로지 범인 색출에만 골몰한다.

두기봉 감독은 종래 그의 장기인 액션에 정신장애라는 성격까지 부여하며 영화를 끌어가고 있지만, 관객들에게는 별 설득력 없이 전개되어 간다. 이 영화는 홍콩 버전이 아닌 해외 세일즈 버전이라는데, 범인의 심리를 보여주는 일부 장면이 삭제되었기 때문일까? 생매장하는 장면이나 다중인격으로 인한 섬뜩한 설정도 많지만, 영화는 관객에게 와닿지 못하고 내내 겉돌고 있다.

영화의 생명은 관객들의 주목이다. 쓸데없는 상황으로 관객들의 주의를 흐려 놓는다면, 그것은 관객들을 지루하게 하는 요소일 뿐이다.

■■■ 〈동경심판東京審判〉 2007

고군서 감독의 이 영화는 일본 동경에서 있었던 극동군사법정을 소재로 한 홍콩영화이다. 이 재판의 결과로 28명의 A급 전범들이 기소되어 사형이 선고된다. 이 실화를 중국인 판사의 회상으로 보여준다.

이 전범들은 법정에서 자신들의 무죄를 주장하는데, 1938년부터 1941년까지 난징에서 있었던 30만 명의 대학살 등의 증거가 제시되며 결국 극악한 범죄자인 전범들에 대한 사형이 결정된다. 범죄에 대한 정당한 대가를 주장하는 중국인 메이 판사의 노력으로 판사들 사이에서도 팽팽하던 의견 대립 속에 6:5로 사형이 결정된 것이다. 홍콩에서 제작된 이 영화는 일본 패망 60주년 즉, 광복 60주년에 맞추어 제작된 듯한데, 2년여에 걸쳐 자료 조사를 하며 촬영되어 완성되었다.

주인공 메이 판사 역은 유송인이 맡았는데 그러면 정소동 감독의 데뷔작 〈생사결〉의 주인공 아닌가? 너무 늙어버린 그 모습에서 동명이인 아닌가 하는 생각이 든다. 귀향한 일본군인 역으로 증지위도 출연하고 있다. 감독 고군서(까오천수)는 TV 드라마 〈정복〉 등을 연출하다가 이 영화로 데뷔했다 .

마침 같이 관람한 중국 영화잡지 기자가 어떻게 보았냐는 질문에 감동을 주는 영화라고 짧게 답변했는데, 사실은 감동보다도 부럽다는 게 솔직한 심정이었다. 우리나라에서는 광복절 특집에서나 다루어지는 다큐멘터리 같은 소재가 중국에서는 영화로 만들어지고 있지 않는가? 당시 뉴스에도 보도되었지만 중국영화의 르네상스 시대가 도래했다. 장르를 가리지 않고 제작되는 영화들이 하나같이 관객들의 뜨거운 사랑을 받고 세계시장에서도 환영받는다니 세계는 중국영화 붐이다.

▰▰▰ 〈집결호集結號〉 2007

풍소강 감독작이다. '집결호'란 집결 나팔 소리다. 더 정확히는 퇴각 나팔 소리다. 나팔 소리가 있어야 퇴각할 수 있는 것이다. 집결 나팔 소리가 없는 한 퇴각이란 있을 수 없다. 그러나 끝내 집결호는 없었다.

그들은 단지 주 병력의 후퇴 시간을 벌어주는 소모품일 뿐이다. 이런 상황은 전쟁의 참혹함을 보여주는 단면이다. 주인공인 중대장 구지디는 중대원 47명을 죽였다는 죄책감으로 죽은 부하들의 무모한 죽음을 규명하려 한다. 구지디는 부하들의 유골을 찾아 참혹한 전쟁을 벌였던 광산을 파헤친다. 결국 그는 전사한 부하들의 명예를 회복시키고 인민 훈장을 받게 된다. 그들 모두 오늘의 중국이 있게 한 전쟁영웅이다. 하지만 이 영화는 이런 영웅담을 이야기하고자 하는 것이 아닌 전쟁 속 휴머니즘을 보여주고자 하는 것이다.

그러나 보고 나서 느껴지는 것은 어쩔 수 없이 전쟁영웅들의 부각이다. 이러한 정신이 중국인들을 하나로 결집시키는 것이다. 아직도 남북으로 나뉘어 있는 우리로서는 하나로 뭉칠 수 있는 그들이 부러울 뿐이다. 이런 영화가 냉전 시대의 산물로 냉대 받을 수는 없다.

풍소강 감독은 이전부터 주목받아 온 흥행 감독으로, 이 영화를 솜씨 있게 만들어 냈다. 중국에 가면 흔하게 볼 수 있는 드라마 장르가 전쟁과 무협이다. 때로는 멜로드라마도 있지만 중국에서 전쟁드라마는 주요 장르이다.

한국 〈태극기 휘날리며〉의 그래픽팀이 참여했다고 하지만, 그들은 이미 전쟁영화 강국이며 전쟁 신 연출에 일가견이 있었다. 그들이 그래픽팀이 없어서 우리나라 팀과 작업을 한 것은 분명 아닐 것이다. 그러한 글로벌한 상업 정신이 결국 이 영화를 부산국제영화제 개막작으로 만들어 냈다. 우리가 등한시하는 전쟁영화 장르를 중국인들은 화려하게 꽃피우고 있다.

■ 〈화려한 휴가〉 2007

김지훈 감독, 안성기, 감성경, 이요원 출연작으로, 러닝타임은 125분이다. 〈목포는 항구다〉 이후 두 번째 극영화를 연출한 신예감독의 연출이라고는 믿기지 않는 차분한 연출이 관객들을 향해 나직이 웅변하고 있다.

〈화려한 휴가〉는 1980년 5월 18일 광주 민주항쟁을 다룬 영화이다. 평범한 택시 기사 민우(김상경)를 둘러싼 주변인들을 통해 광주 참상을 처절히 그러나 객관적으로 담담하게 보여준다. 가장 인상적이면서도 상징적인 장면은 애국가를 합창하는 광주 시민들을 향해 무차별 사격하는 계엄군들의 모습이다.

누가 민족의 반역자인지를 웅변하는 이 한 장면은 가장 뼈아픈 장면이다. 이 영화의 시나리오가 원작을 바탕으로 했는지 알 수 없으나, 너무도 사실적으로 현장을 묘사하고 있어 거의 완벽한 고증처럼 보였다. 물론 그날의 현장은 영화보다도 더 처참했을 것이다. 이 영화가 다큐멘터리 같이 느껴지는 것은 그만큼 연출이 뛰어나다는 것이다. 대규모의 몹신을 이처럼 그려낼 수 있다는 것도 감독의 역량이다.

▬ 〈훌라걸스ㄱ ッㄱ ㅡㄲ〉 2007

〈훌라걸스〉는 재일동포 이상일 감독의 작품이다. 대학을 졸업하고 일본 영화학교에 다닌 이상일 감독은 1999년 졸업 작품 〈청〉으로 데뷔하고 다섯 번째 영화로 웃음과 함께 진한 감동을 전해주며 일본영화 사상 최다 수상의 영예를 동시에 누리고 있다.

영화는 1965년 폐광 직전의 탄광촌을 무대로 눈물겨운 살아남기를 보여준다. 온천장으로의 변신을 시도하며 훌라춤을 추는 무희들을 모집하는 광고를 보는 소녀로부터 시작된다. 부모님의 걱정과 꾸중을 들으면서도 초짜 무용 지망생들의 집념은 말릴 수 없는데, 동경에서 초빙된 선생님과 사이에 있을 수 있는 갈등을 모두 겪고 결국 프로무용수가 되기까지의 눈물겨운 성공기이다.

자신들의 꿈을 어떻게 실현해야 하는지를 보여주는 다소 뻔한 내용이지만, 이상일 감독은 차근차근 이야기를 풀어나간다. 그의 영화는 인간들의 갈등의 끝을 향해 치달으며 인생이란 어떻게 사는 것인지를 차분히 전달하고 있다. 이런 영화를 만들어 내려면 감성보다도 노력이 있으면 가능할 것 같은데, 우리 주변에도 얼마든지 산재한 소재가 아닐까 싶다. 천편일률적인 장르로 소재 고갈을 겪는 우리에게 좋은 본보기이다. 이 영화는 소재 개발이란 얼마든지 어디서든지 가능하다는 것을 보여주고 있다.

이 영화는 2007년 일본아카데미영화상 11개 부문 수상작이며 다른 영화상에서도 여우주연상과 조연상을 독식하였다. 주인공인 아오이 유우를 비롯한 모든 출연자가 귀엽게 추는 훌라춤과 음악은 관객들을 신나게 한다. 아오이 유우는 2001년 부산국제영화제에서 소개된 〈릴리슈수의 모든 것〉과 2005년 〈거북이는 의외로 빨리 헤엄친다〉, 2007년 〈허니와 클로버〉 그리고 2021년 〈바람의 검심 최종장: 더 파이널〉까지 활발히 출연하고 있다.

▬ 〈좋은 놈, 나쁜 놈, 이상한 놈〉 2008

김지운 감독, 이병헌, 송강호, 정우성 출연작이다. 1961년 정창화 감독이 〈지평선〉을 만들며 '만주물'이라고 불리는 영화가 만들어지기 시작했다. '○○물'이라는 호칭은 일본영화계에서 쓰이는 말로 이후 장르라는 말로 고쳐 쓴다. 우이동에 거대한 오픈 세트를 지어 만든 〈지평선〉은 당시 국제극장에서 10만 관객을 동원하며 만주 장르의 시대를 열었다. 그 뒤 〈대지의 지배자〉, 김묵 감독의 〈송화강의 삼악당〉, 신상옥 감독의 〈마적〉, 최경옥 감독의 〈여마적〉 등이 쏟아져 나오며 한국 액션영화의 한 장르를 차지했다.

만주를 배경으로 한 영화이기에 중국인, 일본인 배역이 등장하고 당시 내로라하는 남궁원, 장동휘, 박노식, 허장강, 황해, 독고성 등의 액션배우들이 주인공을 맡았다. 조국을 잃어버린 젊은이들의 타국에서의 영웅담을 그린 이 영화들은 당시 관객들에게 아련한 향수를 자극하며 일본군들을 무찌르는 쾌감을 선물했다.

1970년대 초반을 넘기며 TV의 영향으로 불황을 맞아 만들기 손쉬운 멜로영화가 전성시대를 맞았고, 홍콩영화의 선풍 속에 만주 장르는 자취를 감추게 된다. 그리고 세기의 스타 이소룡에 의해 한국에서 만주 장르 영화가 부활한 것은 아이러니한 일이다. 이두용 감독에 의해 총 대신에 태권도 발차기로 무장한 태권영화가 등장한다. 태권도 영화는 총 대신 발차기로 더 스피디한 액션과 현란한 액션으로 인기를 끌었다. 이렇게 해서 김시현, 박우상 감독들의 액션영화가 연이어 나오게 된 것이다. 그리고 1970년대 말 성룡의 등장으로 만주 장르 영화도 자취를 감추었다.

이것이 〈좋은 놈, 나쁜 놈, 이상한 놈〉 이전의 한국에서 만주 장르 영화사이다. 〈좋은 놈, 나쁜 놈, 이상한 놈〉은 이러한 뿌리 속에서 탄생한 영화이다. 제목과 주요 내용을 셀지오 레오네 감독의 동명 영화에서 가져왔으면서 정작 김지운 감독은 이 영화가 이만희 감독의 〈쇠사슬을 끊어라〉에 가깝다고 말한다. 그럴 수 있다고 생각하는 것이 이 영화가 만주 장르 영화에 뿌리를 두고 있기 때문이다.

▬ 〈라듸오 데이즈〉 2008

하기호 감독, 류승범, 이종혁, 김사랑, 김뢰하 출연작이다. 초창기 경성방송국의 라디오 드라마 〈사랑의 불꽃〉 제작을 둘러싼 독립운동가와 제작진의 코믹 드라마다. 김해송 작곡의 〈청춘계급〉 등 당시 음악이 들려지고 고증에 신경을 쓴 만큼 흥미로운 내용이지만, 사실적이지 못한 파격적인 연출이 동떨어지는 느낌을 주어 흥미마저 반감시킨다. 영화의 내용과 연출이 맞아떨어지면 대중의 공감을 얻고 흥행에 성공하는 것은 당연한 이치일 것이다.

■■■ 〈매란방梅蘭芳〉 2008

진개가陳凱歌(첸카이거) 감독, 여명, 장쯔이, 순흥레이, 첸흥 출연작이다. 〈패왕별희〉에서 경극을 소재로 대중의 관심을 모았고 10년 만에 그의 경극 완결편을 내놓았다. 이 영화는 당대 최고의 배우라는 매란방(여명)을 주인공으로 하여 그의 일생을 재조명한다. 그는 아름다운 목소리와 출중한 외모로 여성 역을 도맡아 한 경극 가문의 스타이다.

한국에도 그의 이름을 딴 중요무형문화재 27호 승무 기능보유자로 지정된 이매방 명인이 있다. 그는 목포 기방에서 춤을 배워 승무와 살풀이춤의 일가를 이루었다. 잘은 몰라도 매란방의 명성이 워낙에 유명하여 '매방'을 따온 것이 아닐까 싶다. 당시에 매란방의 인기를 생각한다면 예명이니 그럴 확률이 높다. 이 이름은 여성적인 이미지의 이름이다.

매란방은 여성 역을 연기하는 경극배우로, 남성 역 전문의 여배우 맹소동(장쯔이)을 만나 한 무대에 서며 나눈 교감이 사랑으로 발전한다. 본처인 지방의 묵인하에 두 사람은 사랑을 나누지만 평탄할 수 없는 관계이다. 매란방은 1930년 미국무대에서 경극을 소개하여 열광적인 기립박수를 받는다. 그러나 중일전쟁으로 베이징이 일본군의 침략을 받고 그는 은퇴 선언을 한다. 중국인들은 매란방에게서 중국의 정서를 보았고, 그로부터 정서의 보편성을 배웠다. 그런 그가 일본군에 협조한다는 것은 있을 수 없는 일이었다.

일본군으로서는 중국의 문화를 통해 중국인들을 통치하고 했고 매란방은 그들에게 절대 필요한 사람이었다. 배우들은 그를 흉내 내기 시작했으나, 매란방이 될 수는 없었다. 1945년 항전 승리 후 매란방은 다시 무대에 섰다. 그가 존경받는 배우이기는 하지만 과연 그 정도인지는 모르겠다. '너무 우상화한 것은 아닐까?' 하는 생각이 들 정도이다. 또 여성 역 전문 배우로서 그의 무대 밖 생활이 너무 평범하다.

특징이 없는 사생활이니 주인공으로서도 매력이 덜하다. 타계한 장국영이 이 역할을 맡았다고 생각하면 훨씬 매란방다운 연기를 보여주지 않았을까? 적어도 여성 역 전문 배우라면 극 중의 여명처럼 그토록 의젓하며 말이 없고 감정을 절제하는 무뚝뚝한 이미지는 아닐 것이다. 매란방다운 맛과 멋이 전혀 느껴지지 않는다. 미스캐스팅의 전형이다. 연출자의 또 다른 의도가 있을지는 모르지만 그것도 보이지 않는다. 예술가를 다룬 영화로서의 인간적인 공감대가 없이 그저 애국지사의 일대기를 보는 것처럼 무덤덤할 뿐이다. 매란방의 삶에서 어디에 초점을 맞출 것인가를 놓쳤기 때문이다.

〈패왕별희〉라는 경극영화를 처음 선보였던 진개가 감독은 그 뒤로도 많은 명작을 만들었다. 그러나 근래에 들어 그의 작품을 만나기가 쉽지 않았는데, 이 작품은 종래의 날카로운 예봉의 맛은 덜하다. 물론 시나리오가 실존 인물을 재조명하다 보니 그럴 수도 있겠지만 인간적인 고뇌가 덜 느껴지는 것은 확실하다.

나약하고 섬세하면서도 강인할 것 같은 매란방의 성격이 너무 무덤덤하게 묘사된 것은 아닌가 싶다. 진개가도 나이가 듦에 따라 감각이 무뎌진 것일까? 아니면 인생을 관조하는 대가의 경지에 녹아든 것일 수도 있다.

■■ 〈명장投名狀〉 2008

이 영화는 청나라 말 태평천국의 난을 배경으로 한 역사 소재의 영화이다. 방청운, 조이호, 강오양 등 3인의 의형제가 피로 맹세한 결의가 어떻게 변해 가는지를 실감 나게 그려내고 있다. 무협영화를 전혀 만들지 않았던 진가신 감독의 영화인데, 시스템이 이런 영화 연출까지 가능하게 하는 중국이다. 영화가 시작되며 14년간 이어진 태평천국의 난 사망자가 7천만 명에 이른다는 자막 설명도 믿기 어려운 숫자이다.

이연걸의 악역이 선뜻 와닿지 않고 영화는 세 의형제의 성격과 연생이라는 이호의 부인이 벌이는 로맨스도 역시 와닿지 않는다. 그동안 정의로운 역만을 연기했던 이연걸의 한계일 수 있다.

굶주린 백성들이 반란을 일으킨 태평천국의 난 때 청군의 장군인 방청운은 전투에서 패하고 조이호, 강오양을 만나 셋은 의형제를 맺고 다시 전쟁터로 나가게 된다. 그들이 이끄는 '산'군은 9개월의 싸움 끝에 소주성과 남경성에 입성하며 드디어 14년에 걸친 전쟁이 끝난다. 청나라의 마지막 여제인 서태후는 방청운을 남경성 총독으로 임명하는데, 방청운과 연생의 밀회를 목격하게 된 강오양은 죽은 조이호의 시신을 확인하고 복수의 칼을 방청운의 가슴에 꽂는다. 결국 피로 맺은 의형제 결의는 피로 끝을 맺는다.

〈영웅〉 이후 중국의 대형 무협영화들이 별다른 흥밋거리를 주지 못하고 있다. 또 〈황후화〉, 〈야연〉 등의 영화도 비슷비슷한 이야기 구조로 그 스케일에 못 미치는 관객을 동원하였다. 그러나 이 영화는 전쟁터라는 극한 상황을 무대로 인간의 생존 본능과 욕망의 문제를 다루고 있어 드라마가 강렬하다. 소주성 전투에서 항복한 4천여 명의 군인을 참살하는 장면이나 형제간의 살육전을 보면 갑자기 〈화려한 휴가〉가 떠오른다. 역사는 돌고 도는 것이고 권력에 집착하는 인간들의 이야기는 공통분모를 가지고 있다.

■■■〈싸이보그 그녀僕の彼女はサイボーグ〉 2008

곽재용 각본·감독, 아야세 하루카, 코이데 케이스케 출연작이다. 주요 스태프 모두가 일본인이다. 말도 통하지 않는 타국에서 이러한 대작을 만들었다는 것은 곽 감독의 능력이다. 그의 전작 〈엽기적인 그녀〉나 〈무림여대생〉 모두 훌륭하지만, 이 영화는 더 환상적이다. 그간의 여주인공들이 범상치 않은데 이번 편에서는 한술 더 뜬 사이보그이다.

사이보그와의 사랑도 그렇지만 타임머신을 타고 찾아오는 설정과 판타지한 설정은 그의 장기로 자리 잡았다. 이 영화를 내용을 가지고 접근하는 것은 무의미하다. 내용은 황당하고 오로지 인간 남자와 사이보그 그녀와의 사랑 교감을 위한 상황 설정과 음악의 도배이다.

근사하면 되고 미국형 블록버스터로 사랑 교감을 전하면 그뿐이다. 이것이 지금의 관객들에게 공감을 주니 곽 감독은 관객들의 변화에 민감하다는 이야기이다. 그렇다고 이런 스타일이 모두 성공하는 것은 아니다. 그의 시나리오를 오위강이 연출했던 〈데이지〉는 관객들의 외면을 받았다. 황당하고 겉멋만으로 겨룰 때 결과가 어떠하리라는 것은 알 수 있는 일이다.

무릇 신인 감독은 재능이 있다면 다섯 편까지는 관객들과 소통할 수 있다. 그가 갖고 있는 개성 때문이다. 그러나 이후 개성이 변화되지 않는다면 지속적인 흥행은 담보할 수 없다. 곽 감독의 시나리오 능력이나 연출 능력 모두 탁월하지만, 이쯤이면 새로운 돌파구를 위한 변신도 고려해 볼 때가 아닌가 싶다.

━ ⟨삼국지 – 용의 부활三國志見龍卸甲⟩ 2008

이인항 각본·감독작이다. ⟨삼국지 – 용의 부활⟩은 『삼국지』 중 조자룡의 이야기이다. 『삼국지』를 영화화한다면 어쩔 수 없이 어느 한 토막을 영화화할 수밖에 없는데, 이 영화는 용맹했던 영웅의 이야기를 선택한 것이다.

이인항 감독은 이 영화를 10여 년간 기획해 만들었다. 이 내용을 책을 써서 제작자를 찾은 것인데 홍콩의 스잔나 창과 부산국제영화제에서 정태원 제작자를 만나 소원을 풀었다. 배우는 그의 영화에 출연했던 배우들을 다시 캐스팅하여 미국 배우 매기큐, 유덕화, 홍금보 등과 왕년의 스타 적룡, 악화 등이 찬조 출연한다.

내용은 한 번도 전투에서 패한 적이 없는 조자룡의 단 한 번의 패전을 다루었는데, 감독은 '인간사의 삶'이라는 큰 주제에 대한 질문을 던지고 있다. 이 영화는 조자룡이 생각하는 죽음과 삶에 대한 고찰이다. 그리고 왜 죽음이 두렵지 않겠는가? 그러나 그가 받아들이는 죽음은 남다르다.

조자룡이라는 걸출한 장수가 있다고 천하가 통일되는 것도 아니고 나라가 없어지는 것도 아니건만 조자룡은 혼자서 국운을 어깨에 짊어진 장수이다. 그러한 그이기에 전투에서 질 수도 물러설 수도 없는 일이다. 그러나 그의 운도 끝이 있기 마련이고 조선의 명장 이순신처럼 마지막을 맞는다. 처절한 그의 죽음이 아닌 명장다운 죽음, 즉 죽음을 알면서도 적진으로 돌진하는 명장의 죽음이다.

하지만 관객들이 주목하는 것은 이러한 영웅의 죽음이 아닌 대규모의 전투 신이다. 한국의 CG팀이 참가했다는데 장면 장면이 보여주는 스펙터클은 볼만하다. 3개월간 둔황 지역에서 촬영하였다는데 몇천 명이 동원된 촬영은 CG 효과로 수만 명의 전투 신으로 바꾸어 보여주고 있다.

물경 200억 원의 제작비는 이전에 제작된 ⟨황후화⟩ 등의 제작비에 비하면 많은 제작비는 아닌데 화면 효과는 더 엄청나다. 오우삼 감독이 제작한 또 다른 삼국지 ⟨적벽대전⟩도 이후 개봉되었다. 이인항 감독은 1996년에 ⟨흑협⟩으로 데뷔해 몇 년에 한 편씩 총 다섯 편을 연출한 중견 감독이다.

■ 〈스나이퍼神鎗手〉 2008

임초현(단테 람) 감독, 황효명, 진관희, 임보이, 요계지, 유호룡 출연작이며, '저격수로서 겪을 수 있는 애환과 처절한 복수'를 다루고 있다.

주인공 에디슨 첸은 촉망받는 저격수이고 그의 사수인 리치 첸은 매사에 원칙을 고수하는 상사이다. 리치와 함께 근무했던 샤오밍은 모든 이의 질투를 받을 정도로 명저격수였지만, 명령 불복종으로 인질을 쏘아 감옥에 가게 된다. 몇 년의 복역 후 출옥을 한 그는 악당의 탈옥을 도와준다. 범인을 눈앞에서 놓친 리치는 뛰어난 사격술로 탈옥을 도운 스나이퍼로서 떠오르는 범인이 있다. 그것은 바로 며칠 전 출옥을 한 샤오밍이다.

샤오밍은 자신의 무죄를 위해 거짓 증언을 원했으며 그렇게 해주지 않은 리치에 대한 복수심으로 탈옥을 도와준 것이다. 에디슨은 샤오밍을 이해할 것도 같았다. 자신도 저격수로서 그런 상황에 부닥치지 말란 법도 없다. 그러나 그럴 수는 없는 노릇인 게 샤오밍의 행동은 전직 경찰이라고 할 수 없는 행동이었다.

그 이유는 샤오밍이 자신의 투옥 때문에 자살한 애인의 망령에서 벗어나지 못하고 있는 정신병 환자이기 때문이다. 그가 리치에 대한 복수심으로 악당의 편에 섰지만 그것이 해결책일 수 없고 그는 더욱더 깊은 수렁에 빠진 것이다. 전설의 저격수와 그의 숙적 그리고 신예 저격수 간의 피할 수 없는 격돌이 벌어지고 결국 샤오밍은 리치와 에디슨에 의해 사살된다.

이 영화는 애인과의 섹스 사진으로 물의를 일으킨 진관희(에디슨 첸)의 현재까지 마지막 홍콩영화 출연작이다. 영화만 보아서는 홍콩영화의 권토중래를 보여주는 가작이다.

■ 〈CJ7 - 장강7호長江七號〉 2008

주성치 감독·주연작이다. 코미디의 제왕으로 불리는 주성치는 1987년 오우삼 감독의 〈흑전사〉에 출연한 이후로 50여 편의 출연작을 가지고 있다. 그의 영화는 일단 한 편을 보게 되면 다른 출연작을 찾게 하는 마력을 가지고 있다. 그건 그만이 가지고 있는 웃음을 유발하는 개성 덕분인데, 처음부터 그러한 개성을 보여준 것은 아니다. 장철 감독의 제자들이 모여 만든 오우삼 감독의 〈흑전사〉에 출연할 때만 하더라도 그의 연기는 평범했었다.

그런 그가 1990년 〈도성〉 이후 날개를 단 듯 그의 이름표를 단 영화들은 홍콩 영화계의 화제작이 되며 홍콩영화계의 거성으로 자리했다. 그의 후속작인 〈도학위룡〉, 〈서유기〉, 〈식신〉, 〈희극지왕〉, 〈파괴지왕〉 이후 그의 영화들은 마니아 팬을 양산해 왔다. 지금은 적어도 홍콩에서는 감독으로 배우로서 최고의 자리에 우뚝 선 그이다.

〈CJ7 - 장강 7호〉에서 주성치는 공사장에서 일하는 잡부이면서 어린 아들을 사립학교에 보내는 특별한 아버지로 나온다. 본인이 무학자라서 아들만큼은 자신과 다른 사람으로 키우고 싶어서였다. 그러나 그는 가난하다는 것뿐이지 못난 아버지는 아니다. 아들이 필요하다면 쓰레기장을 다 뒤져서라도 구해오는 아버지이다. 이 아들 역시 아버지 못지않게 철든 소년이다. 그러나 어린 소년이기에 떼를 쓰는 건 어쩔 수 없다. 백화점에서 장난감을 사달라고 조르다가 아버지에게 맞기까지 한다.

어느 날, 그런 그들 앞에 우주에서 온 꼬마인형(?)이 등장한다. 무엇인지도 모르고 친해진 후 우주에서 온 외계인임을 알게 되고 스토리는 스필버그 감독의 〈E.T〉처럼 된다. 소년과 CJ7과의 우정은 먼 우주로까지 전해지는데, 조금은 유치한 듯하지만 주성치표 영화다움으로 재미를 증폭시킨다. 감동을 느끼는지는 관객들의 몫이지만, 영화는 주성치표 블록버스터로 그만의 재기를 표현해 냈다. 스필버그식의 블록버스터로 이 이야기를 재현했다면 영화를 보는 재미는 반감되었을 것이니 그 또한 주성치만의 재치이다.

주성치는 〈소림축구〉, 〈쿵푸 허슬〉 이후 3년 만에 컴백이다. 물론 중간에 일본영화 〈소림소녀〉의 기획자로서도 활동했지만 조금은 긴 공백기였다. 영화 중간에 〈소림축구〉와 〈쿵푸 허슬〉의 패러디 장면도 서비스처럼 나온다. 주성치표 영화의 마크를 찍어놓은 것이다. 그런 그만의 영화가 안 나오니 쿵후와 농구를 결합한 주연평 감독, 주걸륜 주연의 〈쿵푸 덩크〉 같은 영화도 나왔었다.

▬ 〈포비든 킹덤功夫之王〉 2008

미국, 홍콩 공동 제작, 롭 민코프 감독, 마이클 안가라노, 성룡, 이연걸 출연작이다. 루얀전당포에서 손오공의 여의봉을 입수한 쿵후키드의 활약담이다. 오프닝은 홍콩 무협영화에 바치는 연가다. 〈서유기〉를 보다 잠든 주인공의 방은 온통 홍콩 무협영화 사진들로 채워져 있는데, 이소룡을 비롯하여 〈서유기〉, 〈방랑의 결투〉, 〈독비도〉, 〈대결투〉, 〈소림36방〉 등의 장면이 타이틀 백 화면에 계속 나온다. 서양인 주인공이 그러니까 홍콩 무협영화들이 더 와닿는다. 서양인이 겪는 홍콩 무협영화 세계의 체험담이다.

■■■ 〈천수위의 낮과 밤天水圍的日與夜〉 2008

허안화 감독, 여소화 각본, 임지견 촬영, 포기정, 진려운, 양진룡, 진옥련, 고지삼 출연작이다.

천수위는 중국을 탈출해 홍콩에 모여든 사람들이 집단 거주하는 빈민가 지역이다. 이곳으로 이주한 중국인이 30여만 명에 이르고 심심찮게 사고가 빈발하는 곳이다. 주인공 정 여인은 슈퍼마켓에서 일하며 고등학교에 다니는 아들 가온과 함께 힘겨운 삶을 살아가지만, 불평보다는 희망을 품고 산다. 이웃에 대한 따뜻한 배려심을 잃지 않고 가족의 대소사에 참석하며 가족 간의 유대 관계를 이어가는 주인공의 삶은 결코 부정적이지 않다.

가온 역시 착한 본성으로 엄마의 잔심부름을 도맡아 하고 있다. 주인공 가족들의 삶을 통해 바닥 친 인간 군상들의 모습을 보여주고 있지만, 자신보다 못한 삶을 배려하는 주인공에게 더 이상의 나쁜 일은 생길 수 없다.

허안화 감독은 어려운 삶을 통해 희망을 이야기하는 자신의 스타일을 천수위를 통해 보여주고 있다. 인간의 삶은 아무리 어렵더라도 희망을 가져야 하며 이웃들의 배려 속에서 보다 나은 삶을 영위할 수 있다는 것은 불변의 진리이다. 영화는 이러한 거룩한 주제를 평가받아 저예산 영화의 한계인 완성도와 상관없이 홍콩 금상장영화제에서 감독상과 연기상 등의 주요 부문의 상을 받았다.

처음 영화의 어두운 면을 우려한 제작자 왕정이 제작 계획을 포기하자 감독 및 스태프가 저예산인 100만 홍콩달러로 만들었다. 한국영화 중에도 과거에는 이 같은 소재를 다룬 영화가 없지는 않았을 텐데 요즘은 찾아보기 힘들다. 드라마로는 1980년대 〈달동네〉나 〈야! 곰례야〉가 떠오르는데, 이런 장르의 영화를 제작하는 홍콩영화계가 부럽다.

━━ 〈기동부대 – 동포機動部隊-同袍〉 2009

이 영화는 나영창羅永昌, Law Wing-Cheong 감독의 홍콩 경찰의 안티 영웅 이야기이다. 수많은 영웅이 선보이고 이제 반反영웅들이 주인공이 됐다. 영화의 내용은 두 팀이 서로 경쟁하고 있는 어느 기동부대의 이야기이다.

기동부대원들은 공복으로서의 책임감보다는 반목과 질시를 일삼고 진급만을 위해 서로를 견제하는 시정잡배와 다름없다. 어느 날 그들은 한조가 되어 불법 이민자 강도들을 뒤쫓는다. 장소는 중국과의 국경지대, 험하기 이루 말할 수 없고 범인 찾기는 오리무중이다. 여성 신임조장의 지휘체계는 무너지고 서로가 오합지졸로 뿔뿔이 흩어진 기동부대는 산속에서 지리멸렬해 간다. 한 편의 연극무대처럼 그들은 제각기 흩어져 산속을 헤맨다.

그러다가 결국 범인과 조우한 그들은 다시 일심동체가 되어 범인과 한판 대결을 벌여 그들을 검거한다. 작전 초기에 보여주었던 최악의 상황이 범인들의 체포를 앞두고 의기투합한 것일까? 자신을 원수같이 생각하던 기동부대원들은 이제 누구 못지않은 최강의 기동부대원이 되었다. 마지막에는 하나가 되어 합창하는 모습으로 끝난다.

저예산으로 큰 반전 없이 산속에서 쫓고 쫓기는 추격전으로 긴장감을 주는 경찰영화를 만들었다. 연극무대를 옮겨온 것 같은 영화다. 홍콩영화에는 경찰영화가 많다. 그 옛날 검객영화의 조연으로 관원들이 나왔고 〈포청천〉 같은 영화를 거쳐 이제는 경찰관이 주인공이 되었다. 그들은 기동부대나 스나이퍼가 되어 우리를 극장으로 초대한다. 경찰영화는 사회의 축소판으로 무궁무진한 이야기를 제공한다.

문득 홍콩의 현실이 정말 저렇지 않을까 하는 생각이 들어 영화란 것이 정말 황당한 상상력을 제공하는 것임을 다시 한번 느꼈다. 서울의 1.8배 크기의 홍콩에서 그동안 나온 경찰과 범인이 얼마나 많은가. 영화란 착각을 통해 현실과 상상의 세계 사이를 오가게 만든다.

━━ 〈박쥐〉 2009

박찬욱 감독, 칸국제영화제 심사위원 특별상 수상작이다. 영화는 종교적 고뇌를 배경으로 흡혈귀가 된 사나이의 갈등을 그리고 있다.

아프리카 바이러스 연구소에서 실험용 인간이 되길 자처하고 수혈로 인해 흡혈귀가 된 신부 상현은 기적적으로 살아 돌아온다. 그는 자신이 흡혈귀가 된 것에 놀라지만 결국 흡혈귀로 살아가게 된다. 그러나 더 이상 인간 세상은 그가 살기에 불편한 곳이고 그는 종교인으로서 극복했던 여러 상황이 새롭게 다가오는데 친구의 아내 태주 또한 그에게 관심을 갖게 된다. 마지막 장면은 호주다. 사막 분위기의 절벽에서 흡혈귀가 된 상현과 태주는 태양광선에 재가 되어 녹아 없어진다. 상현에게는 바라던 죽음을 맞게 되는 결말이다.

이런 상황은 박 감독으로 하여금 여러 실험적 연출을 가능하게 하는 시나리오다. 학생들의 단편영화처럼 창의적인 연출이 가능해지며 박 감독은 여러 상상의 나래를 펴며 영화를 연출해 나가는데, 간간이 충격적인 장면도 나오고 흡혈귀의 인간 세상 부적응이 약간은 지루하게 펼쳐진다. 송강호가 아니면 보여주기 힘든 장면도 있고 김옥빈의 정사신은 고통스러울 만큼 많다. 현대인의 섹스에 대한 갈망을 흡혈귀를 통해 보여주는 상상력의 결과다.

흡혈귀의 피에 대한 갈망이나 섹스에 대한 초인적인 이미지가 박찬욱 감독의 상상력에 불을 지른 듯하다. 인간의 속성을 마작과 초창기 가요들을 배경음악으로 소개하고 있다. 이 음악의 작곡가가 김해송으로 미국에서 활동했던 김시스터즈의 부친이다. 이 영화는 칸영화제 수상이라는 결과로 끝났지만 여간해선 다루기 힘든 소재의 영화다.

■■ 〈소피의 연애매뉴얼非常完美〉 2009

한중 합작영화로 에바 진(김의맹) 감독, 소지섭, 장쯔이, 하윤동, 판빙빙 출연작이다. 〈소피의 연애매뉴얼〉은 할리우드식 로맨틱코미디이다.

장쯔이가 연기한 소피는 자신을 배신한 옛 애인을 되찾기 위한 작전에 돌입한다. 언뜻 드는 느낌은 MBC 드라마 〈내 이름은 김삼순〉 같기도 하고 장쯔이의 이미지는 김삼순 역의 김선아와 흡사하다. 그녀는 조력자의 도움으로 엎치락뒤치락 슬랩스틱 코미디를 보이다가 결국 해피엔딩으로 끝을 맺는다. 여기서 배신자 애인 역을 한국배우 소지섭이 맡았다.

CJ엔터테인먼트가 공동 제작자로 나서 중국과 합작을 했다는데, 영화 내내 합작이라는 것을 볼 수 없으며 마지막 크레딧에 가서야 공동 투자로 소개된다. 공동 투자와 합작은 엄연히 다른데 굳이 합작이라고 보도한 국내의 언론은 무슨 근거로 합작이라고 표현했는지 의문이다. 그것은 CJ엔터테인먼트가 돌린 보도 자료에 근거했을 것이다. 그러나 잘 보이지 않는 공동 투자 자막만 뺀다면 누구도 한중 합작이란 것을 알 수 없는데, 과연 투자만으로도 합작이라고 할 수 있을까? 우리가 생각하는 영화 합작은 공동 각본에 공동 연출 혹은 단독 연출, 주요 출연자의 참여다. 적어도 주요 스태프, 연기자나 참여도에 있어서 설득력이 있어야 할 것이다.

그래서 이 영화는 한중 합작이라는 것을 굳이 강조하지 않는다. 할 수가 없는 것이다. 보도 자료를 보고서야 CJ엔터테인먼트가 공동 투자로 참여한 합작이란 것을 알 수 있다. 요즘의 영화 합작은 투자만으로도 가능한 것인지 모르겠지만, 이런 합작이 무슨 도움이 될까 싶다. 그야말로 영화 사업이란 예나 지금이나 돈벌이 수단인 비지니스일 뿐일까? 들러리 출연자인 소지섭은 그동안 보여준 이미지는 온 데 간 데 없고, 그저 줏대 없는 조연자로의 모습을 보여준다. 이 영화는 국내 최대의 투자배급사인 CJ엔터테인먼트가 글로벌 원년을 선포 후 투자한 첫 번째 영화인데 첫 편치고는 아쉬울 뿐이다.

■ 〈성룡의 신주쿠 살인사건新宿事件〉 2009

성룡의 출연작이며 이동승 감독이 처음 감독을 맡았다. 쇼브라더스의 연기자에서 흥행 감독으로 성장한 이동승은 주목할 만한 감독이 되어 결국 성룡 영화의 감독이 되었다. 내용은 1990년대 중국 이민자들이 일본으로 불법 입국하여 온갖 고생을 참아가며 가장 밑바닥에서 살아가는 이야기이다.

다시 중국으로 돌아갈 수 없는 이민자들은 어떤 수모를 당하더라도 개처럼 참고 사는 수밖에 없다. 불법체류자인 철두(성룡)는 도쿄의 번화가 신주쿠에서 온갖 고생을 참고 살았지만 결국 갱단과의 갈등으로 하수구에서 정말 개처럼 죽음을 맞는다. 이런저런 사연으로 야쿠자와의 대결은 피할 수 없는 운명이고 그가 어떻게든 거부한다고 피해지는 것도 아니었다. 약자인 그는 끝내 정의를 지키기 위해 죽음을 맞는다.

항상 유쾌한 영화를 선물하는 성룡의 기존 이미지와는 많이 다른데, 이제 성룡도 나이를 먹었기 때문일까? 중국에서는 상영이 거부되었다는데 중국의 자존심을 건드리는 내용일 수도 있다. 중국인들의 강인성은 세계에 알려져 있는데 이 영화를 보니 정말 그렇겠다는 생각이 든다.

■ 〈엽문葉問〉 2009

쿵후 마스터인 엽문의 전기영화로, 엽위신 감독, 견자단, 스캇 애드킨스, 진국곤, 오월 출연작이다. 이 영화는 견자단의 리얼한 무술 연기로 엽문의 중일전쟁 시기의 영웅적인 활약을 그리고 있다. 중국에는 전설적인 사부들이 있어 그들을 주인공으로 많은 영화가 만들어졌다. 황비홍, 곽원갑이 주인공인데, 엽문도 그들과 같은 성격의 인물로 그려지고 있다.

엽문은 이소룡의 사부로만 알려져 있었는데, 중화사상과 항일투쟁가로서 새로이 부각되고 있다. 이들 영화의 공통점은 그들이 중국인들의 우상이면서 세계인들의 우상인으로 드러난다는 것이다. 이는 바로 영화를 통한 중화사상의 투영이다.

2009년, SBS를 통해 방송된 〈이소룡 전기〉 역시 중국의 국영방송인 CCTV가 베이징 올림픽을 앞두고 그런 목적으로 제작한 이소룡의 일대기이다. 올림픽을 앞두고 세계인들에게 중국인의 힘을 보여주어야 할 인물로 이소룡만 한 인물이 없었을 것이다. 그렇게 해서 50부작이라는 엄청난 드라마가 만들어져 전 세계인들이 볼 수 있었다.

중국은 긴 역사만큼이나 영웅호걸이 많다. 굳이 창작이 아니더라도 그들을 그려내 중국인들을 우상화시키는 것은 영화 흥행만큼이나 중요한 일이다. 할리우드 영화가 영화로 세계시장을 석권하며 그들의 우상인 〈람보〉며 〈록키〉를 만들어 소개하는 것과 다르지 않다.

중화 영웅들의 영화 속에서 일본은 중국이 넘어서야 할 영원히 맞수이다. 우리도 그렇지만 중국도 역사로부터 기인한 것이다. 일본인 무술가와의 대결은 엽문에게 죽음을 각오한 일전이지만 결코 질 수 없는 대결이다. 〈이소룡 전기〉에서 가라데 사부도 이소룡이 뛰어넘어야 할 상대이다. 아마도 현대적 인물들을 다루는 한 일본인들은 영원한 악역일 수밖에 없을 것이다. 천하제일을 그려내는 설정이지만 과도한 중화사상이 너무도 부담스러운 작품들이다.

■ 〈워낭소리〉 2009

이충렬 감독작으로, 40년을 산 늙은 소와 주인인 할아버지와의 교감을 다룬 영화이다. 원래는 TV 다큐멘터리로 제작되었다가 시청률에 힘입어 영화로 재제작되었다. 2009년 1월 15일에 개봉했으며 개봉 37일째, 독립 영화로는 처음으로 관객 100만 명을 넘어섰다. 이는 다양성영화 사상 최다 관객을 기록한 것이다. 통합전산망 총 관객 집계는 295만 3천여 명이다.

〈워낭소리〉는 순제작비가 8,500만 원이었으며 극장에서만 190억 7천만 원 정도의 매출을 올렸다. 마케팅 비용을 포함해도 2억 원이라 수익률은 95배이다. 그 후 2014년에 독립 영화 〈님아, 그 강을 건너지 마오〉가 300만 관객을 돌파하면서 〈워낭소리〉의 흥행 기록을 경신했다.

■ 〈적벽대전 2 – 최후의 결전赤壁2: 決战天下〉 2009

오우삼 감독, 양조위, 가네시로 다케시, 장풍의, 장첸 출연작이다. 141분 길이의 〈적벽대전 2 – 최후의 결전〉은 서기 208년에 있었던 주유와 조조 간의 적벽전쟁을 소재로 전편이 여름에 개봉되고 후편이 2009년에 개봉되었다. 무려 18년의 기획 기간에 걸맞는 오우삼 감독의 대표작으로 손색이 없다. 향후 더 이상의 스펙터클을 보여줄 영화는 없을 것이다. 그만큼 공을 들인 전쟁영화이다. 전편이 육상에서의 결전이었다면 이번 편은 해상에서의 대전으로 화공전이 스크린 전체를 붉게 물들인다.

다른 전쟁영화와 다른 점은 이 영화에서 비중 있게 다뤄지는 것은 '전략'이라는 점이다. 바람의 방향을 점치고, 화공법, 심리전, 화살 10만 개를 얻어내는 지략전술, 심지어 미인계까지가 설득력 있게 다뤄진다. 상당히 병법을 연구하고 액션신 연출에 공을 들인 결과로, 이 영화는 그 어느 영화보다도 심도 있는 전략과 전술을 보여주고 있다. 한국인 투자자가 꽤 소개되는데 중국 블록버스터의 성공작으로 오우삼의 이름에 걸맞은 영화이다.

양조위가 주유 역으로 출연했고, 그 외 조조 역에 장풍의, 제갈공명 역에 금성무 등이 출연했다. 이 영화는 설날 흥행 44만 명을 기록하여, 31만 명의 〈작전명 발키리〉를 앞섰다. 또한, 아시아 전 지역에서 흥행에 성공했다.

■ 〈해운대〉 2009

윤제균 감독. 설경구, 하지원, 박중훈, 엄정화 출연작이다. 영화지만 실제 상황 같은 〈해운대〉는 부산 사람이 아니더라도 매우 끔찍한 일이다. 상상력의 결과물이 겠지만 이런 일들이 실제로 일어나지 말란 법도 없기 때문에 더욱더 몰입하게 된다. 〈해운대〉는 블록버스터에 어울리는 영화다. 2004년 동남아를 덮친 쓰나미를 도입 부에 소개하며 한반도에서도 있을 수 있는 가상의 상황을 영화화했다. 이런저런 인 간 군상을 등장시켜 때로는 웃음을 자아내고 때로는 멜로를 보여주며 전개된다.

하지원과 설경구 커플은 박중훈, 엄정화 커플과 함께 극을 이끌어 나가는데, 해운대를 무대로 살아가는 사람들의 애환과 갈등을 잘 보여주고 있다. 영화는 쓰 나미의 위험을 경고하며 재난을 경시하는 사람들의 모습을 보여준다. 그 누구도 예상하지 못한 쓰나미의 위력 앞에 사람들은 속수무책이다. 100m가 넘는 해일은 그래서 더욱 공포스럽다.

이 영화는 3D 특수 효과의 개가이다. 영화 내내 물 구경을 원 없이 하는데, 대 재앙 이후의 재난 후까지를 결말 부분으로 친절하게 보여주며 마무리한다. 무려 두 시간을 보고 난 후 한국 영화기술의 비약적인 발전을 실감했다. 윤제균 감독은 시사회 전 너무 기대하지 말라고 했지만, 기대하고 보아도 괜찮은 영화다. 세계 수 출도 기대해 볼 만하고 700만 관객 정도를 예견해 보았다. 그런데 실제는 1,132 만여 명이 관람했다.

■ 〈김복남 살인사건의 전말〉 2010

장철수 감독, 최관영 각본으로 러닝타임은 115분이다. 서영희, 황금희, 황화 순, 박정학, 배성우가 출연하였다.

서울에서 비정규직 은행원으로 근무하던 해원은 대낮에 벌어진 폭행 사건의 증인으로 경찰서로 호출된다. 그러나 자신과 무관한 사건에 휘말리고 싶지 않아 증언을 거부한다. 그녀는 직장 내에서 벌어지는 여러 일상의 따분함을 벗어나고자 자신의 고향인 남도 끝자락의 어느 섬으로 여행을 떠난다.

그곳에는 그녀의 어린 시절 친구인 김복남이라는 여인이 살고 있었고, 그 섬에 서는 있을 수 없는 사건이 벌어지고 있었다. 복남은 남편과 시동생에게 성적 학대를 당하고 있었고, 마을 사람들에게는 심한 구박을 받고 있었다. 결국 섬을 탈출하다가 붙잡힌 복남은 자신의 딸까지 죽자 미쳐버려 마을 사람 전부를 죽인다.

여수 앞바다 어느 섬에서 벌어진 말도 안 되는 사건을 통해 해원은 현실 회피에서 적극적인 마인드로 폭행 사건의 증언자가 된다. 다소 황당한 이야기이긴 하지만, 뚜렷한 메시지 전달을 위한 수단이기도 하며 흥행을 염두에 둔 설정일 것이다. 광고 없는 상영으로 흥행은 되지 못했지만, 서영희는 청룡영화상에서 여우주연상을 받았다. 영화가 궁금하던 차에 보니 역시 여우주연상 받을 만한 배역이었다.

〈김복남 살인사건의 전말〉은 이 시나리오로 영화진흥위원회에서 6억 원의 제작비 지원을 받아 만들어졌는데, 마스무라 야스조 감독의 여성 복수극인 〈문신〉이 떠오른다. 이 영화는 성적 학대에 항거해 피비린내 나는 처절한 복수극을 벌인다는 점에서 〈문신〉과 닮았으며, 〈문신〉의 미국 버전이 〈내 무덤에 침을 뱉어라〉라면 이 영화는 한국 버전이라는 생각도 들었다.

■■ 〈담배연기 속에 피는 사랑志明與春嬌〉 2010

팡호청彭浩翔(평하오샹) 감독작으로 여문락, 양천화가 출연하였다.

홍콩도 흡연 구역이 점차 줄어들어 흡연 인구의 증가를 억제하고 있다. 두 주인공은 흡연 구역에서 만나 서로를 알아가며 사랑의 감정이 시작된다. 그러나 적령기를 넘긴 사람들의 애정 관계는 생각처럼 순조롭지만은 않다. 더구나 흡연 시에 나누는 객적은 이야기 속에 속내를 보이기란 쉽지 않은 일이다. "담배 한 대 피울래?" 하며 만나지만 결국은 담배 연기처럼 허망한 일들이다.

영화 소재치곤 사소한 일상 속에 벌어지는 그야말로 담배 한 개비 같은 이야기이지만 제목은 호기심을 자극한다. 극 중 담뱃값 인상으로 늦은 밤까지 담배를 사러 다니는 장면이나 이별을 연습하는 두 주인공의 심리는 공허한 현대인의 심리를 보는 듯하다.

첫 장면은 영화의 내용과 상관없는 스릴러 공포 장르인데 극 중에서도 한 번 더 소개되며 실소를 머금게 한다. 젊은 감독의 치기라기보다는 재치로 보인다. 두 주인공은 흡연자 중에서 캐스팅했을 터이지만, 촬영이 고역이었을 것으로 추측될 정도로 흡연 장면이 과도하다. 그래도 이 같은 영화를 기획하고 만들 수 있는 홍콩이다.

■■ 〈두라라 승진기杜拉拉升職記〉 2010

서정뢰 감독·주연작으로, 막문위, 황립행도 출연하였다. 배우 겸 감독 서정뢰徐靜蕾(쉬징레이)는 1997년 〈홀연장부〉로 데뷔해 20여 편의 영화에 출연했다. 서정뢰는 1974년 4월 16일생으로 38세 때이다. 그러나 그녀의 나이를 짐작하기란 쉽지 않다.

이 영화의 원제는 〈杜拉拉, Go Lala Go!〉, 한국 제목은 〈두랍랍〉으로 로맨틱코미디 장르이며 신입 여직원이 회사의 간부로 성장해 가며 사랑의 아픔을 겪고 그 사랑마저도 쟁취한다는 신데렐라 이야기다. 〈세상끝에서 사랑을 노래하다〉풍의 영화지만 경제성장을 통해 빠르게 발전하는 중국의 모습과 함께 회사 내에서 커리어우먼들의 삶을 잘 보여주고 있다.

당시 중국영화의 한 경향이 로맨틱코미디 장르다. 한국에서의 흥행 기록은 저조했지만, 2009년 작 〈소피의 연애매뉴얼〉은 할리우드식 로맨틱코미디로 한국배우 소지섭과 장쯔이가 출연했다. 해피엔딩의 러브스토리로 엎치락뒤치락하며 재미를 주는 이런 장르가 중국에서 성행하였다. 그래서 2009년 작 허진호 감독의 〈호우시절〉, 2010년 작 펑샤오강 감독의 〈쉬즈 더 원 2〉 등의 로맨틱코미디가 계속 만들어졌다. 〈쉬즈 더 원 2〉의 흥행 기록은 〈아바타〉의 기록을 경신했다고 한다. 로맨틱코미디영화의 성공은 바야흐로 중국의 경제성장을 보여주는 사례다.

이 영화는 단순한 러브스토리이지만 여류감독의 섬세한 손길로 번전에 반전을 거듭하며 재기발랄한 감동과 여운을 선물한다. 감독을 하며 연기까지 한다는 것은 쉽지 않은 일인데, 이미 2004년 〈미지의 연인에게서 온 편지〉로 산세바스찬영화제에서 감독상을 받은 재원이다. 베이징 영화아카데미 출신이라고는 하지만, 연기 전공자로서 영화감독으로의 성공 사례는 드문 일이다.

이 영화는 할리우드 로맨틱코미디의 영향을 받았고, 일본영화의 스토리 같기도 한데 결국 잘 쓴 시나리오이고 잘 만들었다는 느낌 때문일 것이다.

■■ 〈만추〉 2010

김태용 각본·감독, 탕웨이, 현빈 출연작이다. 교도소에서 휴가를 나온 여죄수가 남성을 만나 사랑하기까지의 이야기는 이만희 감독의 오리지널 〈만추〉와 같지만, 시애틀을 배경으로 벌어지는 로맨스가 이국적이다. 꼭 촬영지가 시애틀인 것뿐만이 아니라 다국적 제작에서 기인한 것이기 때문이다.

이 영화는 다국적영화이다. 보람영화사 제작으로 되어있지만 중국의 투자를 유치했고 각국의 스태프가 기용되었다. 배우 역시 양국의 스타들이 출연하여 미래 영화 제작의 유형을 2010년도에 보여주었다. 향후 이러한 제작 형태는 늘어갈 것 같은데 아직은 생각처럼 많지는 않다.

▬ 〈시〉 2010

이창동 각본·감독작으로, 윤정희와 김희라가 출연하였고 러닝타임은 139분이다. 세상은 지옥이다. 아수라들의 지옥이다. 그것을 겪으며 평범한 할머니는 시인이되어간다. 라스트신에서 "그곳은 어떤가요?"라고 되묻는 할머니의 마음은 반어법으로 세상에 대한 그리움이며 안타까움이다. 그 마음은 사랑에서 나온다. '시'는 세상을 사랑하는 사람만이 쓸 수 있다. 결국 사랑할 수 있는 사람만이 시인이 될 수 있다.

"시가 어려운 것이 아니라 시를 쓰겠다는 마음을 갖는 게 어렵다"라는 대사처럼 세상을 사랑하기란 쉽지 않다. 영화 〈시〉는 너무 거룩한 소재를 다루고 있다. 사랑은 실천이고 시는 실천하는 사람만이 쓸 수 있다. 시는 고통이 있어야 하고 시를 짓는 마음이라면 모두를 감동시킬 수 있다.

시인은 아니라도 시 한 편을 쓰고픈 할머니는 어떻게 하면 시를 쓸 수 있냐며 혼자 괴로워하고 울음을 삼킨다. 영화의 반전은 형사가 찾아와 손주를 데려가는 장면이다. 결국 할머니는 세상에 대한 우여곡절을 겪으며 시 한 편을 쓸 수 있게 되었고 시 한 편을 남기고 모두의 곁을 떠난다. 그러나 할머니가 살던 세상은 지옥만은 아니었다. 세상에는 따뜻한 사랑이 있기 때문이다. 그러므로 세상살이는 감동적이다.

윤정희 배우가 연기한 할머니는 세상살이에는 어설퍼 보이지만 사랑이 무엇인지를 우리에게 되묻는다. 〈시〉는 요즘 보기 드문 세상에 대한 연민과 사랑이 무엇인가를 묻고 답하는 철학적인 영화다.

▬ 〈엽문 2葉問2〉 2010

엽위신 감독, 견자단, 홍금보, 황효명, 두우항 출연작이다. 이소룡의 영춘권 스승인 엽문을 소재로 한 연대기별 시리즈의 두 번째 편이다. 1편에서 일제에 의해 탄압을 받고 홍콩으로 온 엽문의 홍콩에서 그의 도장을 갖고 정착하기까지의 활동상을 보여주고 있다. 실제인지 상상인지는 중요하지 않고 오로지 서양 무술인 권투로 상징되는 백인에 대한 중국인의 투쟁으로, 일제에 대한 투쟁에서 서양으로 상징되는 지배 계급에 대한 중화민족의 투쟁과 애국심을 고취하는 설정이다.

홍콩으로 온 주인공 엽문이 홍가권 도장의 온갖 방해에도 불구하고 정의롭게 자신의 영춘권을 전파하는데, 홍가권 역의 홍금보가 권투선수에게 패하고 죽자 중국인과 중국 무술의 자존심을 보여주기 위해 그와 맞선다. 이종격투기 형식으로 진행되는 경기에서 엽문이 우세하자 주심은 발차기를 하지 못하도록 하지만, 결국 경기는 엽문의 승리로 끝난다. 그야말로 〈구련환〉의 마영정이나 〈황비홍〉식의 구국영웅이 되는 엽문을 보여준다.

앞으로도 〈엽문〉 시리즈는 계속되고 리메이크될 것이다. 인물만 바뀌었지 영웅담 이야기 구성은 똑같다. 라스트신은 어린 이소룡이 엽문을 찾아오는 것으로 끝나는데, 다음 편에서 어린 이소룡의 무용담을 기대하게 했다.

▬ 〈의형제〉 2010

쇼박스·㈜미디어플렉스 공동 제작, 장훈 감독, 강동원, 송강호 출연작이다. 〈의형제〉는 〈쉬리〉 이후로 잘 만든 남북 소재의 영화다. 송강호가 국정원 팀장으로, 강동원이 남파 간첩으로 설정됐다.

6년 전의 아파트 총격전의 악연으로 만난 두 사람은 그림자라는 북의 암살자에 의해 따돌림당하거나 억울한 피해를 보았는데, 결국 그림자와 만나 생사의 갈림길에서 형제임을 확인하게 된다. '웬 의형제일까?' 하는 의문도 들지만, 남과 북의 상징적인 인물로 대비되고 대치되며 사건은 빠르게 진행되며 풀려져 나간다.

한 집에 동거하면서 벌이는 신경전도 있고 인간적인 면을 중요시하는 강의 대사나 상황도 재미를 준다. 정체를 숨기고 있지만 서로를 잘 아는 두 사람은 추석날 차례를 지내며 서로에 대해 가졌던 의문을 풀게 되고 흉금을 터놓게 된다. 서로 정체를 알면서도 모른 채 이끌어 가는 내용이 흥미롭게 잘 짜여 있고, 서로의 정체를 알고 난 후의 반전도 매끄럽다.

정훈은 신인 감독이었지만 큰 무리 없이 액션신을 만들어 냈다. 무엇보다도 송강호의 연기는 대배우로서 손색이 없다. 〈넘버 3〉에서 보여준 뛰어난 연기력은 무슨 역을 맡아도 훌륭히 소화해 낸다. 그의 다음 작품이 궁금하고 향후 합작영화의 주인공으로서도 활동도 기대해 본다. 강동원은 TV 출연을 거부하며 오직 영화만을 고집하는데, 전작 〈전우치〉에 이어 이 영화로 한국영화의 기대주로 성큼 다가섰다.

▬ 〈파수꾼〉 2010

KAFA 필름 제작, CJ 제작 지원 및 배급, 윤성현 감독, 이제훈, 서준영, 조성하, 정설희 출연작이다.

교내에서 짱으로 통하던 기태가 죽자 그의 아버지는 아들의 죽음에 대해 알기 위해 가장 친했던 학생들을 만나러 다닌다. 그러나 아무런 소득이 없자 다른 학교로 전학 간 학생을 만나러 가며 사건에 대해 어렴풋하게나마 알게 된다. 주인공 세 명은 함께 중·고등학교에 다니며 우정을 쌓아왔지만, 결국 등 돌리고 서로에게 상처를 주며 가해 학생은 어느덧 자괴감으로 자살하고 만 것이다. 우리 사회에 문제가 되고 있는 왕따와 행동 폭력을 소재로 공감이 가는 영화를 만들었다.

학교 내 폭력 문제를 소재로 개봉 후 젊은 관객층의 뜨거운 환호를 받았다. 곽경택 감독의 〈친구〉의 새로운 버전이며, 이문열 원작의 〈우리들의 일그러진 영웅〉의 새 버전이기도 하다. 저예산으로 청소년들의 상처받은 심리를 디테일하게 다뤄낸 성장통영화이다. GV 시간에 젊은 감독은 자신이 보고 싶은 영화를 만들었다고 한다. 어차피 자신이 첫 번째 관객이기 때문이다.

▬ 〈하루와 떠난 여행春との旅〉 2010

고바야시 마사히로 감독의 134분짜리 로드무비이다.

주인공 할아버지 타다오는 자신을 의탁해 줄 형제를 찾아 손녀딸과 여행길에 오른다. 그러나 형이나 누나, 동생 모두 타다오를 외면하는데, 과연 가족은 무엇이며 삶은 무엇인자를 생각하게 한다. 타다오는 사돈 며느리에게서 함께 살자는 제의를 받지만, 마음만으로 족하다며 돌아오는 기차에서 생을 마감한다. 자신의 생을 통해 가족의 의미를 묻는 이 영화는 제15회 부산국제제영화제 출품작으로, 노년의 나카다이 타츠야는 관객들의 심성을 자극하는 명연기를 선보인다.

■■ 〈패는 여자〉 2010

프로젝트A필름 이하영 제작, 김춘식 감독, 장준명, 이동삼 촬영, 김상용 무술 지도, 트리플A 이인섭, 오세영 무술 지원, 고재웅 음악이며, 조주현, 전세홍, 이도현, 서승원, 김태우, 이광일, 박태성, 임지민, 이석구, 김기봉 출연작이다. 김춘식 감독은 무술감독 출신이며 여주인공 조주현의 남편이다. 조주현은 〈킬 빌〉의 우마 셔먼 분위기의 배우다.

여자 경찰관의 마약범 소탕 소재 액션영화로, 두 똘마니가 어느 날 마약 3kg을 들고 뛰며 벌어지는 내용을 그린다. 액션도 좋고 적당한 페이소스도 있고 추천할 만하다. 촬영 중 부상자도 많았을 것으로 짐작되는 액션 가작인데, 흥행은 되지 못했지만 볼만하다. 특히 70분대에 나오는 액션 장면이 좋다. 1년 뒤 개과천선한 두 똘마니와 여형사의 포장마차 장면은 나름 설득력이 있다. 그만큼 공들인 영화라 할 수 있다.

저예산 영화들의 흥행 부진이라는 숙명과 맞섰지만 극복하지는 못했다. 한국 영화의 병폐인 욕설은 리얼리티를 살린다고 들어가지만, 관객 동원에 결정적인 장애 요인이다. 좀 더 고급스러운 설정이 불가능하기도 했지만 어떻게 해야 관객의 발길을 잡을 수 있을지 근본적인 숙제를 해결해야 할 듯하다. 이 시기에 개봉된 영화들도 똑같은 전철을 밟고 있는 악순환의 연속인데, 실전 무술 액션영화에 대한 고질적인 흥행 부진에 대해 머리를 맞대야 할 때이다.

■■ 〈고지전〉 2011

〈공동경비구역 JSA〉의 박상연 각본, 〈의형제〉의 장훈 감독, 신하균, 고수, 이제훈, 류승수, 고창석, 김옥빈, 류승룡 출연작이다. 이 영화는 한국전쟁이 있었던 6월만 되면 TV를 통해 수도 없이 보았지만, 볼 때마다 흥미롭고 공들인 전쟁영화임을 느낀다. 전쟁영화 장르야 과거부터 요즈음까지 와닿는 장르이지만 이 같은 완성도를 보여주기는 쉽지 않다.

미제 사건을 풀기 위해 전투 현장을 찾은 방첩대 장교가 본 전쟁터는 상상 이상이었다. 그것은 말로 다 설명할 수 없는 인간의 본성에 의해 자연스레 흘러가는 삶의 치열한 현장이었다. 그가 지켜본 전쟁터를 따라가다 보면 아군은 공산군과 싸우는 것이 아닌 전쟁과 싸우고 있다는 것을 실감하게 된다.

엔딩에서 휴전협정 발효 12시간 전의 전쟁의 광기를 보여주며 비정미를 보여준다. 흥행에 성공하지는 못했지만 두고두고 음미해 볼 영화이다. 1987년, 스탠리 큐브릭 감독이 베트남전쟁을 다룬 〈풀 메탈 자켓〉과 여성 저격수 설정이 닮았음을 알 수 있다.

▬ 〈도가니〉 2011

삼거리픽쳐스 제작, 황동혁 감독, 공유, 정유미, 장광 출연작이다. '도가니'란 단단한 흙이나 흑연 따위로 우묵하게 만든 쇠붙이를 녹이는 그릇이나, 흥분이나 감격 따위로 들끓는 상태를 비유적으로 이르는 말이다.

공지영 작가의 인터넷 소설을 원작으로 한 이 영화는 실제 광주 인화학교에서 있었던 실화이다. 사건을 재구성했다지만 실제 사실이니 가슴이 먹먹해진다. 다큐멘터리가 진실을 추구하는 장르인데 드라마는 특유의 가공의 진실을 전달함에 있어 선전영화의 성격을 탈피해야 한다. 이 영화는 지나친 메시지를 끊임없이 관객들에게 강요하면서 거부할 수 없는 진실의 힘을 보여주고 있다.

애초에 이 영화는 관객들의 호응을 받을 수밖에 없는 사건의 진실을 추적하는 영화다. 주인공은 현실에서 찾아볼 수 없는 이상형 인간이다. 그래서 그의 어머니조차 놈아처럼 살기를 간곡히 부탁한다.

그러나 주인공이 그래서는 이 영화가 보여주는 사회 정의를 말할 수 없다. 결국 주인공은 이 사회가 어떻게 나아가야 하는지를 몸으로 보여준다. 사회에 급격한 영화의 파급 효과를 보여준 이 영화는 영화의 힘과 위대함을 보여준 실례가 되었다.

▬ 〈마이 웨이〉 2011

강제규 제작·각본·감독, 장동건, 오다기리 죠, 판빙빙, 김인권, 김희원 출연작으로, 러닝타임은 137분이다. 이 영화는 사진 한 장에서 시작되었다. 노르망디 전선에서 포로가 된 동양인 병사 사진을 본 이는 많지만, 이처럼 영화로 만들어 낸 이는 강제규 감독뿐이다. 강제규 감독의 영화를 보면 돌아가신 아버지가 떠오른다. 잊혀진 한국전쟁을 영화로 보며 아버지와의 대화를 이끌어 준 이가 강제규 감독이다. 전쟁을 겪지 않았으면서도 누구보다도 전쟁을 실감 나게 그려내는 강 감독은 전쟁영화의 귀재다.

이 영화는 보통 전쟁영화 세 편의 줄거리를 한 편으로 압축하여 보여주고 있다. 제2차 세계대전을 소재로 만든 이 영화는 관객을 압도하였다. 관객을 압도하는 영상과 음악으로 인한 여백의 미가 아쉬울 뿐이다. 원치 않은 남의 전쟁에 끌려가 파란만장한 삶을 산 주인공과 등장인물의 삶은 일제강점기를 겪거나 들은 이들에게는 남의 이야기로 비춰질 수 없을 것이다.

일제강점기 영화 속에서처럼 징병당하거나 징용, 일본군 위안부와 강제이주 당한 이들이 무려 500여만 명이다. 집단 농장 이농이라는 미명하에 끌려간 이를 포함한 숫자이기는 하지만, 일제강점기에 해외로 나간 이들이 이처럼 많은 나라다 (2004년 EBS 다큐멘터리 〈돌아오지 못하는 사람들〉 참고). 그러나 누구 하나 이런 이야기를 적나라하게 그려낸 이가 없었다. 강제규 감독이 전작 〈태극기 휘날리며〉에서 보여준 스케일과 휴머니티에 비할 바 아니다. 적어도 한국영화사에서 이런 스케일로 이만한 인간의 이야기를 그려낸 작품은 없었다.

장동건의 연기력 문제나 친일영화라는 평가는 영화 전체를 보지 않는 지엽적인 문제로, 영화의 완성도에 큰 영향을 주지는 않는다. 이 영화의 흥행 부진은 완성도와 별개의 문제로 안타까운 일이다.

■■■ 〈어쌔신アサシン〉 2011

〈어쌔신〉은 현대 배경의 영화다. 시대물 제목으로도 들려 시대 배경을 묻는 이가 많은데, 신도 후유키 원작으로 오하라 고小原剛 감독의 2011년 작이다. 아사쿠라 노리유키의 음악은 인상적이다.

이 영화는 킬러의 이야기를 그리는데, 킬러 중에서도 청탁 암살자들의 이야기다. 조금은 평범하면서 고답적인 영화라고 생각할 수 있지만 이 영화는 특별하다. 남자들의 우정을 바탕으로 한 킬러들의 이야기인데, 흡사 장철 감독의 영화를 다시 보는 느낌이다. 오우삼 감독이 연출했던 〈첩혈쌍웅〉 시리즈가 연상된다.

어린 시절 고아들 틈에서 생존 본능을 통해 혹독한 훈련을 받으며 자란 료와 미사키는 단짝이면서 서로를 이해하려고 노력 중인 동료이다. 우정을 나누었다고 하지만, 워낙에 거친 일을 하여 신경이 날카로워지는 경우도 있다. 그들은 부탁받은 살인 의뢰 일을 처리하면서 신뢰를 쌓아 가는데, 어느 날 그들 사이에 여고생이 끼어든다. 살인 의뢰 현장에서 같은 목적으로 칼을 거머쥔 소녀는 리오였다. 료는 리오를 데리고 집으로 왔지만, 그녀를 어떻게 해야 할지 판단이 안 선다. 그녀는 죽기엔 아직 너무도 어리고 착한 소녀이기 때문이다. 킬러에게 이런 감정은 위험하지만 그도 어쩔 수 없다. 미사키는 그런 우유부단한 료가 마음에 들지 않지만, 그도 결국 료의 편에 서서 조직과 힘든 대결을 하게 된다.

다소 암살자에게 어울리지 않는 낭만적인 이야기로 영화는 전개된다. 흡사 오우삼 감독의 〈첩혈쌍웅〉에서 주윤발이 극 중 여가수인 엽청문을 위해 순정을 바치는 것과 상통한다. 영화의 라스트신은 빗속의 총격전이다. 비장하면서도 아름다운 장면이 아닐 수 없다.

━━ 〈완득이〉 2011

이한 감독, 김윤석, 유아인, 박수영, 이자스민, 김상호 출연작이다. 〈완득이〉는 개봉 7주 만에 관객 520여 만 명을 동원하며 2011년 영화 흥행 4위를 기록하여 한국영화로는 〈최종병기 활〉, 〈써니〉에 이어 3위를 기록했다. 바야흐로 저예산 영화가 하반기 흥행의 돌풍을 일으킨 것이다. 〈완득이〉는 원작 소설을 바탕으로 했지만 흥행의 성공 요인은 기획이었다. 다문화 결손 가정의 이야기와 유아인과 김윤석의 리얼한 연기가 빚어내는 감동이 관객들을 불러 모았다. 다문화 소재의 영화는 앞으로도 꾸준히 나올 것이다.

교실을 소재로 한 영화가 그간 한국영화 흥행의 변수였는데, 저예산으로 이만한 흥행 성적이라면 가히 성공작이다. 영화는 배경보다도 어떤 소재를 어떤 시각으로 다루었느냐가 중요하다. 영화 〈친구〉나 〈말죽거리잔혹사〉의 소재로 〈집으로...〉, 〈말아톤〉의 감동을 담아냈으니 일단 흥행의 포석은 적중했다.

다문화 가정이 이슈가 되었지만, 의외로 본격적인 다문화 가정 소재의 영화나 드라마는 적었다. 그 틈새시장에 〈완득이〉가 있다. 주목받지 못하고 버림받은 이웃의 따스한 삶의 이야기는 관객들의 호응과 사랑을 받기에 충분하다. 극 중 고래고래 소리 지르는 이웃 아저씨인 김상호의 캐릭터는 바로 우리 자신이 아닐까? 이 영화는 소외된 이웃과 우리가 해야 할 일들에 대한 경건한 메시지를 준다. 이제라도 영화에서처럼 다문화 가정의 사람들과 외국인 노동자들에게 사랑과 관심을 가져야 할 것이다.

▄▄ 〈조선명탐정: 각시투구꽃의 비밀〉 2011

김탁환 원작, 김석윤 감독, 김명민, 오달수, 한지민 출연작이다. 이 영화는 〈각시투구꽃의 비밀〉이라는 부제로 '감쪽같은 살인은 없다'며 범인을 추격하는 조선 정조 시대를 배경으로 한 영화다. 법의학까지는 아니지만 '조선 시대에도 저런 이가 있을 수 있겠구나' 싶은 설정은 재미있다.

〈올드미스 다이어리〉를 만든 김석윤 감독의 두 번째 영화로, 젊은 패기도 느껴진다. 신인치고는 대단한 제작 지원을 받아 3D까지 마음껏 기량을 선보였다. 영화는 개성 넘치는 배역들이 숨겨진 비밀을 풀어나가는 내용으로 다소 산만하게 전개되어 지루한 점도 없지 않지만, 뚝심 있게 마지막 장면까지 이야기를 끌어가는 매력이 있다.

현실에 없을 큰 개의 설정이나 여주인공의 만화 같은 설정도 상상력의 확장으로 봐줄 만하다. 다소 장난기 있는 대사와 설정이 거슬리긴 하지만, 신세대들에게는 별문제가 되지 않는 듯 재미있다는 평을 받았다. 개연성이나 상식적인 설정을 뛰어넘은 영화라 옛날 같으면 "이게 말이 된다고 생각해?" 하고 따졌을 법한 상황이 많이 나온다. 그만큼 영화 관객들이나 제작자의 관용도가 넓어졌다고 볼 수 있다. 이런 것이 신세대 사극일까 싶은데 설정이 다소 무리가 있어도 재미있게 끌어나가면 된다는 식이다.

▄▄ 〈진짜로 일어날지도 몰라 기적奇跡〉 2011

고레에다 히로카즈 감독, 마에다 코키, 마에다 오시로, 오다기리 조 출연작이다.

가고시마는 화산재가 분출되고 있는 곳이다. 그곳의 외할아버지 집에서 엄마와 함께 사는 소년 주인공은 부모의 별거로 동생과 떨어져 지내는데, 겉으로는 씩씩하게 지내고 있지만 동생과 연락하며 만나기를 희망한다. 그래서 화산이 폭발하길 기다리는데 그렇게 되면 서로 만나 살 수 있을지 모른다는 기대감 때문이다. 친구들 사이에서는 새로운 신칸센이 개통하며 서로 마주쳐 지나갈 때 소원을 빌면 이루어진다는 소문이 돈다. 그들은 친구들을 규합해 중간의 역에서 재회하기로 한다.

결국 기찻삯과 식대 등 돈을 모아 학교를 조퇴하고 신칸센이 마주치는 교차지점으로 간다. 가는 여정의 어려움도 그들이 희망을 꺾을 수는 없다. 그들의 소원은 죽은 강아지가 살아나는 것, 영화배우가 되는 것, 선생님과 결혼하는 것 등인데 과연 소원은 이루어질까? 어린이들의 꿈은 절실한 만큼 순박하기만 하다. 이것은 어른이 되어 잊고 사는 것들, 우리가 잊고 사는 삶의 소중함에 대한 어른들에게 울리는 경종의 메시지이다.

우리나라에 어린이영화가 없었던 것은 아니다. 김수용 감독의 〈저 하늘에도 슬픔이〉, 이원세 감독의 〈엄마 없는 하늘 아래〉, 신상옥 감독의 〈13세 소년〉, 유현목 감독의 〈말미잘〉, 2016년 엄태화 감독의 〈가려진 시간〉 등의 어린이영화가 있긴 하지만, 어린이들의 밝고 희망찬 내용은 없다. 암울한 슬픔을 견뎌내는 의지의 어린이들뿐이다. 우리에게도 밝은 어린이 영화가 있었으면 좋겠다.

■■ 〈한 장의 엽서-枚のハガキ〉 2011

신도 가네토 감독이 100세에 만든 영화로, 이는 세계 기록감이다. 영화의 주제는 신도 감독이 평생을 두고 관심을 가졌던 전쟁 고발과 전후 일본의 재건이다. 내용은 징병으로 사망한 두 형제를 남편으로 맞게 된 여주인공이 꿋꿋이 자신의 삶을 살아가며 운명을 스스로 개척해 나가는 것으로 역경을 닫고 일어서는 전형적인 여인상에 대한 이야기이다.

패전 후 죽은 남편이 보낸 엽서를 들고 그녀를 찾아온 남자와 새로운 삶을 살게 되기까지의 일들이 설득력 있는 전개로 감동을 전해준다. 내용이야 판에 박힌 것일지라도 심혈을 기울여 제작하니 감독의 혼이 배어있는 듯한 느낌이 든다. 산중에 오픈 세트를 세우고 농사를 지어가며 영화를 완성한 노장 감독의 노력은 우리에게 영화 외적으로 많은 교훈을 준다.

■■ 〈당신에게ぁなたへ〉 2012

후루하타 야스오 감독, 다카쿠라 켄, 다나카 유코, 사토 고이치, 구사나기 쓰요시, 기타노 다케시 출연작이다. 다카쿠라 켄의 마지막 출연작인데, 죽음을 소재로 하여 장면 하나하나에 애틋한 감정을 더하고 있다. 장예모 감독의 〈천리주단기〉 출연 이후 6년 만의 복귀작으로 모리사와 아키오의 장편소설이 원작이다.

죽은 아내에게서 받는 엽서란 어떤 느낌일까? 엽서에는 참새 그림과 함께 '잘 있어요'라는 인사가 적혀있다. 주인공 쿠라는 교도관으로 평생을 보낸 전형적인 일본인이며 아내도 교도관 생활을 하며 만난 사이이다. 그런 아내가 젊은 나이에 급성질환으로 먼저 세상을 떠났다. 영화는 아내의 유골과 함께 아내의 고향길을 찾는 로드무비로 인간사의 여러 군상을 보여준다.

성실하고 자기 일에 너무나도 열심인 쿠라는 끝내 지켜주지 못한 아내와의 약속을 지키기 위해 여행길에 나선다. 그는 사직서를 쓰고 아내와의 약속대로 캠핑카를 꾸미 나가사키로 먼 여행길에 나선다. 그 여행길은 아내의 유골과 함께인데 아내의 고향 바닷가에서 산골(유골을 뿌리는 의식)을 하기 위한 1,100km의 먼 길을 떠난 것이다.

여행길에 만난 여러 인간 군상은 또 다른 인생의 단편들을 보여준다. 고등학교 교사 출신이라는 사기꾼은 그에게 우연을 가장하고 만남을 계속하며 친절을 베풀고 진솔한 대화를 나누지만 차량 절도범이다. 여행과 방랑의 차이가 '목적의 유무'이며, 여행은 돌아갈 곳이 있는 것이라며 작가의 말을 전한다. 인생에서 잊고 사는 소중한 것과 행복에 대한 작가의 여행을 빗댄 메시지이다.

또 전국의 슈퍼를 찾아 상품 행사를 하는 상인은 아내의 외도를 알면서도 이혼이 두려워 전국을 떠도는 여행을 계속하고 있다. 이렇듯 인생이란 여행길은 자신의 아픔을 숨기기 위한 여정일 수도 있다. 쿠라는 태풍이 멎기를 기다려 아내의 산골을 마친다. 죽음을 다룬 점과 다카쿠라의 연기 연륜이 빚어내는 명연기가 새삼 그의 관록을 보여준다.

▬ 〈남영동1985〉 2012

정지영 감독, 박원상, 이경영, 동방우, 김의성 출연작이다. 2012년 부산국제영화제 최고의 화제작은 군부독재 시절 실제로 벌어진 사실을 바탕으로 만든 영화다. 1985년 남영동 치안본부 대공분실 515호에서 22일간 벌어졌던 고문 기술자의 잔혹한 고문이 주 내용이다. 당시 공안정국의 실상으로 민주화 운동가 김근태를 국가 내란 및 간첩 행위로 허위 조작하기 위해서 벌어진 희대의 고문극이다.

정지영 감독은 〈부러진 화살〉 이후로 이 같은 장르로 자신의 자리를 굳혔다. 명계남, 이경영, 문성근 등은 당시 공안 경찰의 모습을 잘 보여주었다. 촬영은 고문실과 문밖 복도, 환상으로 보여주는 바닷가 로케이션으로 제작되어 저예산의 전형적인 모범을 보여주는데, 이런 영화가 진작 만들어지지 못한 것은 그동안 우리가 얼마나 자기 검열에 묶여 살아왔는지를 자각하게 한다.

━ 〈늑대소년〉 2012

조성희 감독, 송중기, 박보영, 장영남, 유연석 출연작이다.

영화는 47년 전으로 돌아가 회고되는데 이사 온 소녀(박보영)가 늑대소년(송중기)을 만나면서부터 시작된다. 늑대소년의 이야기는 일본 애니메이션 〈늑대아이〉가 같은 해 상반기에 개봉되었는데 비슷한 맥락의 이야기다. 늑대 이야기가 갖는 동질성은 공포보다는 연민으로, 인간 본연의 개에 대한 친근감과 늑대가 주는 공포감의 연장선으로 해석될 수 있다. 이 영화 역시 늑대인간을 만나 그와 친근해지며 더 나아가 연민으로까지 발전되어 그 긴 세월 주인을 기다리는 충직함에 감복되는 이야기다. 47년 전의 고증이나 사실성에 상관없이 영화는 감독이 하고 싶은 감정선을 따라 전개되고 이미 예상되는 결말을 보여준다.

다소 진부할 수 있는 스토리라인이지만 늙어가는 인간에 비해 본래의 모습을 갖고 자신을 기다리는 늑대인간이 송중기라면 여성들이 감동하지 않을 수 없을 것이다. 저런 〈늑대소년〉 한 명쯤을 기르고 싶다는 여성 관객들의 이야기가 들릴 만하다.

━ 〈도둑들〉 2012

최동훈 감독, 김혜수, 김윤석, 전지현, 이정재, 김해숙, 김수현, 임달화 출연작이다. 오우삼의 〈종횡사해〉가 떠오르는 내용이다. 희대의 도둑들 모여 미술관을 털고 마카오 카지노의 다이아몬드 '태양의 눈물'을 훔치는 줄거리는 홍콩영화의 영향을 받은 듯하다.

아류처럼 보이지만 최 감독은 무엇을 만들어도 흥행작으로 만드는 귀재이다. 이는 그만의 창의력이 있기에 가능할 것이다. 디테일이 살아있는 인물을 재현한 캐스팅이 영화의 성공 요인이다. 개봉 당시 1,298만 명을 동원해 역대 4위의 흥행을 기록했는데, 2015년 〈베테랑〉에 밀려 5위가 되었다.

■■ 〈무서운 이야기〉 2012

정범식·임대웅·홍지영·민규동·김곡·김선 공동 감독, 노현희, 이동규, 김지원, 유연석, 정은채, 남보라, 진태현, 최윤영, 박재웅, 김지영, 조한철, 김예원 출연작이다.

"당신은 아직 진짜 공포를 모른다!"라고 호언장담했던 토니 메이럼 감독의 1981년 〈버닝〉은 공포영화의 전설일 뿐, 지금 만들어지는 공포영화가 훨씬 더 공포스럽다. 공포영화는 그동안 공포의 강도를 높여가며 꾸준히 진화해 왔다. 그것은 영화기술의 발전과 허황된 공포 이야기의 변주로 가능해졌다.

이 영화도 제목처럼 공포영화 장르로 옴니버스 스타일의 무서운 이야기 몇 편을 소개하고 있다. 각 편이 한 편의 장편영화 같은 이야기이지만 엑기스만을 가져왔다. 그러나 그런 형식이 꼭 좋은 것만은 아니다. 여러 공포영화가 제각기 다른 공포를 소재로 만들어졌는데, 이제 그 형식을 탈피해 본 것이다.

오누이 괴담 〈해와 달〉, 기내 살인극 〈공포 비행기〉, 육젓을 소재로 한 〈콩쥐팥쥐〉, 한국 좀비 스토리 〈앰뷸런스〉 등 각 편 별로 감독이 다른데 5~6명이 참여했다. 납치되어 온 여고생이 살아남기 위해 무서운 이야기를 소개하는 설정인데, 여고생이 납치범에게 들려주는 공포담은 천일야화처럼 계속 이어진다. 결국 여고생의 이야기는 끝이 나고 그녀는 납치범이 잠든 사이에 도망을 친다. 그때 갑자기 걸려온 전화 소리에 납치범은 잠을 깨고 영화는 여고생의 죽음으로 끝맺는다.

왜 공포영화에서는 그런 황당하고 갑작스러운 일들만이 벌어지는 것일까? 좀 더 자연스러운 전개는 불가능한 것일까? 왜 주인공에게만 그런 일들이 생기는 것일까? 그것은 두말할 필요 없이 예상치 못한 상황에서 공포가 배가되기 때문이기는 하겠지만 우스워져서는 안 될 것이다. 공포영화는 그 코미디 상황을 넘어서야 진정한 공포영화가 될 것이다. 관객에게 공포만 주려고 해서는 안 된다.

어떻게 보면 '만화 같은 이야기를 얼마나 영화적으로 만들 것인가?'가 공포영화의 관건이다. 〈무서운 이야기〉는 함께 개봉한 〈두개의 달〉보다 무섭기는 하지만 설득력이 떨어져 아쉽다.

■■ 〈미국에서 온 손자孫子從美國來〉 2012

곡강도曲江濤(취장타오) 감독, 루오징인, 딩지아밍, 리우티엔주오 출연작이다. 한국영화 〈집으로...〉의 중국 버전이다. 아들이 데려온 미국인 손자와 피영(그림자극)을 하는 할아버지와의 동거를 다룬 이야기로, 어쩔 수 없는 갈등을 그리고 있다. 〈집으로...〉에서 할머니에게 치킨을 사달라고 하는 손자나 이 영화에서 햄버거 사달라고 조르는 손자는 삶의 방식이 다른 점을 식습관을 통해 보여주고 있고 해피엔딩의 결말 또한 닮았다. 배우가 아닌 〈집으로...〉의 할머니에 비해 이 영화는 배우인 할아버지가 표현한 정이 그런대로 정감 있게 다가온다.

■■ 〈백자의 사람: 조선의 흙이 되다道~白磁の人~〉 2012

타카하시 반메이 감독의 한일 합작영화다. 요시자와 히사시, 배수빈이 출연하였고 러닝타임은 118분이다. 주요 배역은 양국 배우들이 합연하였고 한국인이 촬영 및 조명 등의 주요 스태프로 참여하였다. 일제강점기 한국인을 사랑하고 한국의 삼림과 문화를 사랑했던 특별한 일본인 아사카와 타쿠미의 일대기를 그린다.

일본에서 200만 부가 팔린 초베스트셀러를 영화화하였는데, 위대한 인물의 전기영화라는 한계를 보여준다. 그러나 이처럼 착한 영화가 드문 요즈음, 이런 영화가 사람들의 마음을 순화시켜 준다는 점은 흥행 결과에 상관없이 중요하다. 합작으로 제작될 수밖에 없는 소재도 그렇고 양국의 영화인이 가슴을 열고 진정한 우애를 보여준 가작이다.

■■ 〈범죄소년〉 2012

강이관 감독작으로 신인배우인 이정현, 서영주, 전예진, 강래연, 정석용이 출연했다. 이 영화는 국가인권위원회의 제작 지원으로 만들어졌으며, 동경영화제 심사위원 특별상 수상작이다.

17세의 엄마를 둔 주인공은 고아처럼 외할아버지와 함께 살며 자연스럽게 폭행, 절도 등의 죄를 짓게 된다. 주인공 소년은 주변 친구들과 함께 다시 절도죄를 저질러 감호 10호 처분을 받고 소년원에 가게 되는데, 소년원 교사의 주선으로 집을 나갔던 엄마와 다시 만나게 되고 출원 후 엄마와 함께 살게 된다.

그러나 두 식구가 함께 사는 것도 만만치 않은데, 설상가상으로 소년과 사귀던 소녀 사이에 아기가 생겨났고 이미 다른 데 입양되었다는 사실을 알게 된다. 어린 나이에 아빠가 되어버린 소년은 부랴부랴 소녀를 찾아가 사과하지만, 소녀는 냉랭하고 엄마마저 이 이야기를 듣고 함께 살던 월세 여관을 떠나버린다. 소년은 다시 엄마에게 버림받은 것이다. 소년이 찾아갈 사람은 소녀뿐이다.

쉼터에서 잘 있던 소녀는 소년을 따라 쉼터를 나선다. 함께 살기로 한 소년과 소녀는 주유소에서 일하게 되는데 소년은 폭행 사건으로 다시 소년원에 가고 소년을 다시 찾아온 엄마는 망연자실한다.

▬ 〈심플라이프桃姐〉 2012

허안화 감독, 유덕화, 엽덕한, 왕복려 출연작이다. 유덕화가 투자와 주연을 맡은 가작으로, 영화계에서 작품성 있는 영화 한 편을 더 남기려는 그의 의지가 고스란히 담겨있는 영화이다. 또한, 이 영화는 〈천녀유혼〉, 〈황비홍〉을 제작한 로저 리의 실화를 바탕으로 만들었다.

주인공 로저(유덕화)는 가족이 모두 미국으로 이민을 가서 혼자 살고 있는 영화 기획자이다. 그런 그의 곁에는 60년간 함께 가정부로 일해 온 아타오(엽덕한)가 있기에 미혼인 그가 살아가는 데 큰 불편이 없다. 10대의 어린 나이에 이 집에서 일해 온 그녀도 이제 70세가 넘어 중풍으로 쓰러진다.

평생을 함께해 온 로저는 그녀를 요양병원에 입원시키고 극진히 간호하는데, 아타오는 그런 그의 마음 씀씀이를 거절하다가 결국 그의 진심을 깨닫게 된다. 힘든 요양원에서의 사람 사귀기도 익숙해질 무렵, 그녀의 건강은 점점 악화되며 큰 수술을 받고 결국 죽음에 이른다. 그런 그녀를 지켜보는 로저에게는 친부모 이상의 아픔으로 다가온다. 그녀의 죽음은 로저의 가족 모두에게 절절한 아픔이 아닐 수 없다.

제68회 베니스영화제 여우주연상 등 유수의 영화제에서 연기상을 받은 엽덕한의 연기는 가슴 절절한 아픔을 잘 보여준다. 배우에게는 이보다 더 좋을 수 없는 배역이 아닐 수 없다. 물론 이를 소화해 낼 능력이 있기에 가능한 일이다.

■■■ 〈영화판〉 2012

고려대 교수 출신인 허철 감독, 정지영 감독이 진행하고 윤진서가 리포터로 나선 다큐멘터리다. 김종원 평론가, 임권택 감독, 김지미 배우 등 영화계 원로인사들부터 여성 영화인, 조감독을 찾아가거나 모아놓고 인터뷰하여 이 한 편을 만들었다. 누구라도 기획할 수 있는 영화인데 뒤늦은 감이 없지 않다. 이미 방송에서 본 내용이지만 영화인 스스로 나서 집대성하여 만들었다는 것은 의미가 있다.

이 영화는 스크린쿼터, 영화인 신구 대립, 여배우 벗기기, 촬영 현장의 비화 등 한국영화 현대사의 장면들을 챕터별로 나누어 조명한다. 취중진담을 위한 방법일 수도 있지만 술자리 장면이 너무 많았다. 때로는 한풀이 차원 같은 느낌도 들고 혹은 장선우 감독의 만든 '씻김굿' 영화 같아질 수밖에 없는 한국영화인들의 자화상이다.

■■■ 〈쿵푸 파이터功夫戰鬥機〉 2012

이소룡 오마주 영화만을 고집하는 감독 겸 배우 진천성陳天星(첸티엔싱)이 만든 영화다. 그가 이소룡 오마주 영화를 고집하는 이유는 이소룡의 정신이 중국 정신의 중심이기 때문이라고 한다. 상영 후 GV를 통해서 이 영화를 만들며 당한 부상 이야기와 무술영화 제작의 어려움 등을 들을 수 있었다.

만년 무명배우로 스파링 파트너로 전전하던 주인공은 제작자의 어린 딸을 구해 주어 갑작스럽게 주인공 오디션을 통해 신인스타로 발돋움한다. 그는 언론플레이의 일환으로 최강의 무술가를 차례로 제압하고 절대강자로 추앙된다. 그러나 사실을 제작자가 돈으로 매수한 무술가들이 일부러 져준 경기였다.

절대 무공이라고 착각한 신인스타는 승승장구하여 출연작마다 흥행에 성공하여 톱스타가 된다. 그러나 함께 공연하는 여배우의 유혹으로 조강지처까지 떠나보내고 스스로 최강자라는 자만심에 빠져 산다. 그러던 어느 날 격투기 챔프로부터 도전을 받아 피할 수 없는 기로에 서는데, 그와 대결하여 처절하게 패하며 결국 영화계에서까지 은퇴를 하게 된다.

문득 '이소룡도 저랬던 것인가?' 하는 생각도 드는데 그런 건 아닐 테고 영화의 반전은 주인공이 절치부심하여 영화 〈록키〉의 주인공처럼 재대결에서 승리하며 다시 배우로도 화려하게 부활하는 장면이다.

감독의 전작 〈쌍절곤〉에 비해서 상당히 향상된 완성도를 보인다. 문제는 예산인 것 같다. 그에게 자본만 투자된다면 발군의 능력으로 기대해도 좋을 신작이 나올 것이다.

■── 〈평양에서의 약속平壤之約〉 2012

위그르족인 시얼자티 야허프 감독과 북한 김현철의 공동 감독작으로, 중국 측 스태프가 주도적으로 촬영하였다. 최초의 북한·중국 합작영화로 3년 동안 촬영하였으며 상영시간은 91분이다. 2012년 8월에 중국에서 개봉되었다. 항일연군 시기와 한국전쟁 시기에 함께 참전했던 할머니들의 인연을 토대로 그들의 손녀딸들이 만나 우의를 나누는 이야기다. 60여 년 전부터 있었던 북한과 중국의 오랜 인연을 통해 조중친선 우의를 잊지 말자는 주제를 가진 영화다.

목적성을 갖는 짜 맞춘 시나리오의 어색함은 어쩔 수 없다. 7일간의 북한 방문 중 알게 된 소년이 병 때문에 매스게임(집단으로 하는 맨손 체조 또는 체조 연기)에서 빠지게 되면서 보여주는 장군님에 대한 인민들의 애절한 사랑도 빠지지 않는다. 그동안 서구인들에 의해 희화화된 북한이 아니라 인간적인 모습을 담아내면서 날것의 북한 사회를 보여주려고 노력하고 있으나, 이 역시도 꽃단장한 왜곡된 북한의 모습일 수밖에 없다.

영화는 후반 들어 "어버이 사랑으로 강군을 키우는 대장군을 중심으로 강성대국을 키우자"라는 내용의 아리랑 축전 매스게임을 장황하게 보여준다. 어린이를 비롯한 수천 명이 동원된 집체 무용의 연습 과정을 배경으로 중국 무용수는 한국 춤도 곧잘 추는데, 대사는 각자 자기 나라의 언어를 사용한다. 각기 주체성이 강한 나라들의 합작이기 때문일까? 극 중 인물들의 의사소통이 어떻게 가능한지 궁금한데, 영화는 시종일관 북한의 문화와 풍습을 볼거리로 골고루 소개하여 북한의 문화를 애써 소개하려는 인상이 짙다.

이 영화는 2012년 광주국제영화제에 초청 상영되었는데, 성장한 우리 사회의 모습일 수도 있어 세월의 변화를 실감했다. 상영작은 중국합작제편공사 출품작으로 중국어 버전이며 판권도 중국 측 소유다.

━ 〈26년〉 2012

조근현 감독, 진구, 한혜진, 임슬옹, 배수빈, 이경영, 장광 출연작이다. 애니메이션으로 시작한 이 영화는 관객들의 극 중 몰입을 잘 살려주었다. 실사로 보여줄 수가 없어서가 아니라 주인공들의 어린 시절의 추억을 표현하는 데 애니메이션은 그만큼 효과적이었다. 이후 사건의 전개는 설명이 많아 긴박감을 조성하지 못했고 차분히 전개되다 보니 관객들의 예상을 뛰어넘지 못했다. 그러나 이 영화는 관객들을 끌어들이는 충분한 흡입력을 갖고 있다. 그만큼 첨예한 이슈를 다루고 있기 때문이다. 그것만으로도 이 영화는 칭찬받아 마땅하다. 여러 악조건을 딛고 제작된 용기 또한 이 영화를 보러가게 하는 힘이 될 것이다.

시사회장을 나오는데 인터뷰하던 소녀가 울음을 터뜨렸다. 다소 당황한 촬영팀은 다소 난감해져 소녀가 울음을 그치기를 기다렸다. 영화 속 그 사람이 죽어서 우는 것은 아닐 테고 26년간 벼르고 벼른 사살극에 자신의 목숨을 바친 젊은 청년의 넋을 기리는 울음이 아닐까 싶다.

그만큼 이 영화가 다루고 있는 시대정신은 한국인이라면 당연히 느낄 만한 정서다. 1980년 5·18민주화운동으로부터 26년 후인 2006년의 가상의 사건을 다루고 있는 이 영화는 실재하지 않은 팩션영화다. 후반부 다소 느슨한 편집은 한국적인 정서에 호소하려는 제작진의 과욕이다. 보다 빠른 편집으로 마무리했다면 다소 지루한 느낌이 극복되었을 것이다. 엔딩 장면 역시 사족이다. '오늘 아침'이라며 굳이 변하지 않은 현실을 상징적으로 보여주었지만, 영화가 보여주는 감흥과 박수 받을 기회만 놓치는 결과를 초래했다.

━ 〈들개들〉 2013

하원준 각본·감독, 김정훈, 차지헌, 명계남 출연작이다. 권력의 부재를 통해 벌어지는 잔혹한 복수극으로 액션스릴러 장르다. 외화 〈내 무덤에 침을 뱉어라〉를 떠오르게 한다.

〈들개들〉의 내용은 산골 마을을 배경으로 성폭력을 통해 말살되어 가는 인간성에 대한 준엄한 심판이다. 시나리오는 고발로 시작하여 파격적으로 전개되며 공권력을 배제한 채 스릴러로 전개된다. 그래서 피해 여성과 함께 사실을 목격한 기자는 분연히 그들과 맞선다. 그리고 피해 여성은 과감히 칼질, 총질, 바위로 자신을 해한 나쁜 남자들을 처단한다. 이들에게 경찰은 안중에도 없고 그들은 스스로 나서 악을 소탕한다.

시나리오의 모티브는 무주에서 실제로 있었던 사건이라고 한다. 감독은 현실에서 있을 수 없었던 악에 대한 응징을 영화에서나마 통렬하게 보여주고 싶었다고 한다. 각본을 쓴 하원준 감독의 계산된 의도라지만 현실적으로 설득력은 떨어진다. 이는 시나리오 작법상의 기교로 얼마든지 보완될 수 있다.

오랜만에 스크린에서 본 김정훈 배우는 설원에서 쉼 없이 뛰며 온몸으로 열연한다. 강원도 극지에서 보이는 액션신은 박수 받을 만하다. 그래서 이 영화의 한계가 더욱 안타깝게 느껴진다.

▬ 〈야관문〉 2013

임경수 감독의 저예산 영화로 신성일 배우의 유작이다. 신 배우에게는 20년 만의 주연작이며 507번째 출연작이다. 여주인공 배슬기는 뮤지컬 배우로 연극영화과 출신의 신인이다.

다음은 GV에서 나온 말들이다. 신성일 배우는 감독에게 부담주지 않는 주인공 역을 하며 배슬기의 연기 지도도 감독이 안볼 때 눈치껏 했다고 한다. 또 자살 장면을 너무 욕심내어 촬영하다가 실제로 정신을 잃는 유체이탈을 경험했다고 한다.

신성일 배우는 1993년 신상옥 감독의 〈증발〉 이후 오랜만에 맡은 주연인데, 현장이 디지털 촬영이라 예전과는 달라졌다는 걸 실감했다고 한다. 그의 건강 비결은 꾸준한 운동과 금연, 금주였다고 한다. 그는 임권택 감독의 〈길소뜸〉 때에도 체중 감량을 했는데, 이번에도 노인 역을 위해 근육량을 줄였다. 이 영화는 신성일 배우가 시나리오 여섯 편 중에서 고른 영화로, 기대감과 함께 자신의 캐스팅을 감사해했다.

배슬기 배우는 노출보다는 여주인공 캐릭터에 매료되어 주저 없이 응했다고 한다. 그녀는 첫 작품이 너무 노출영화로 알려져 속상했는데, 영화를 보니 자신감을 갖게 됐다고 했다.

임경수 감독은 이 영화가 노출영화로만 알려져 불만이라고 한다. 그는 19금 등

급은 이미 예상된 일이라고 하며 기존 선입견을 버리고 새로이 봐달라고 말했다. 결국 이 영화는 신성일 배우의 마지막 출연작이 되었다.

■ 〈일대종사—代宗師〉 2013

왕가위 감독, 양조위, 장쯔이, 송혜교 출연작이다. 이소룡의 스승인 영춘권의 엽문(양조위) 사부의 일대기이다.

쿵후는 수평과 수직이라며 영화는 시작된다. 대결에서 지면 땅에 누워 수평이 되고 승자는 땅을 딛고 서 있다는 뜻인데, 무술 철학으로 첫 장면에서 소개된다. 엽문은 영춘권의 대가로 아내 장영성(송혜교)은 전쟁의 소용돌이 속에서 두 딸을 잃는다. 그리고 또 한 여인, 당대 최고의 무인으로 초식의 정수를 전파한 궁가 64수의 유일한 후계자인 궁이(장쯔이)가 엽문과 대결을 하여 이긴다. 그리고 무술 대결에서 아버지를 사망하게 한 동문 사제인 마삼과의 대결에서도 그녀는 승리한다.

이 영화는 엽문이 1950년 홍콩으로 이주하기 전까지 무술의 마지막 시대인 중일전쟁 전후를 배경으로 고수들의 전설 같은 무술의 마지막 시대를 그리고 있다. 궁이와 마삼 역시 홍콩으로 이주하였는데, 궁이는 말년을 마약에 취해 살다가 쓸쓸히 죽음을 맞는다.

왕가위는 그만의 특별한 영상미로 1990년대를 보낸 영상파 감독인데 이 영화 역시 무술의 세계를 그다운 영상미로 보여준다. 따라서 무술의 치열함이 덜할 듯하지만, 이 영화는 두 가지 모두를 잘 보여주고 있다. 한국에서의 흥행을 의식해서인지 송혜교를 캐스팅하였지만, 그녀는 별 대사 없이 스치듯 등장하였다가 라스트신에서도 잠깐 등장한다. 영화는 어린 이소룡이 등장하여 영춘권을 수련하는 것으로 끝난다.

■ 〈천주정天注定〉 2013

〈천주정〉은 중국·일본 합작으로 가장가 감독의 사회고발영화이다. 강무, 왕보강, 나람산, 자오타오 출연으로 러닝타임은 130분이다. 제목의 의미는 '생사천주정生死天注定'으로, '생사는 이미 운명으로 정해져 있다'라는 뜻이다.

일본 투자의 중국영화지만, 정작 중국에서는 상영이 금지되었다. 반체제적인 내용으로 정부의 검열에서 불합격 판정을 받았기 때문이다. 그러나 영화는 이미 칸국제영화제에서 각본상을 받았고, 아부다비영화제에서 최고작품상, 대만의 금마장에서 음악상과 편집상을 받았다. 해외에서의 호평이 정작 중국 상영에 벽이 되었다.

영화는 옴니버스로 네 명의 살인마에 대한 내용이다. 각 에피소드는 중국에서 실제로 일어났던 사건들을 극화한 것이라 더욱 충격적이다. 두 번째 에피소드를 제외하면 그들은 이유 있는 살인이고 사회 정의를 구현하기 위함이었다.

첫 번째 에피소드는 사회주의 시스템에 대한 노골적인 항거이다. 탄광 경영에 관련해 번번이 문제 제기를 해도 관철되지 않자 그가 직접 총을 들고 심판을 한다. 그는 동물 학대를 하는 마부까지도 직접 처벌한다. 사회 시스템이 작동되지 않으므로 그가 직접 나서 사회 정의를 구현한다는 주제가 칸국제영화제 심사위원들의 마음을 흔들었을 것이다. 우리나라 〈인간시장〉의 장총찬을 연상시킨다.

두 번째 에피소드는 자신의 판단으로 살인을 해치우는 킬러의 이야기이다. 고향에 돌아와서 적응하지 못하고 객지로 나가 살인강도 짓을 서슴지 않는 냉혈한의 이야기이다. 실제 사건의 주인공은 사살당했지만 감독은 영화에서 그의 비참한 최후를 보여주지 않는다.

세 번째 에피소드의 주인공은 어쩔 수 없이 살인을 저지르게 되는 안마시술소의 여종업원이다. 싫다는 의사를 밝혀도 매춘을 강요하는 남자들에 대한 응징이다. 정당방위로 인정되었는데 죄는 있지만 면책된 스토리이다.

네 번째 에피소드는 공장근로자로 일하다가 옥상에서 투신한 청년의 이야기이다. 삶의 부대낌에 스스로 삶을 포기하는 내용은 살인 이상으로 강한 충격을 준다.

엔딩에서는 경극 〈옥당춘〉의 "네 죄를 네가 알렸다?你可知罪"라는 대사로 메시지를 대신한다. 아수라 같은 세상에 대한 준엄한 심판과 비극을 통해 감독은 죄의식 없는 살인이 벌어지는 중국 사회에 대한 통렬한 비판을 하고 있다.

▰▰ 〈침묵의 목격자全民目擊〉 2013

〈전민목격全民目擊〉이 원제인 이 영화는 중국영화로서는 보기 드문 법정 미스터리영화다. 비행非行 각본·감독의 곽부성, 등가가, 동려아 출연작으로, 러닝타임은 120분이다.

곽부성이 검사 역을 맡아 전 인민이 관심을 갖는 살인사건을 종결한다. 내용을 보면 사채업자 임태의 첩이 살해되고 동도 검사(곽부성)는 사건을 맡아 고인의 양딸 임맹맹을 범인으로 기소한다. 이에 임태는 최고의 여변호사 주리를 선임해 법정은 신경전이 팽팽하다. 이미 동도는 임태를 세 번이나 기소했었다. 번번이 임태는 풀려났고 동도는 이번에야 말로 임태를 꺾어야 한다고 범인 기소에 전력을 다한다.

비행 감독의 두 번째 영화로 완성도가 높으면서 액션 없는 법정드라마의 한계를 뛰어넘은 흥미로운 영화로, 서스펜스 수작이다.

▬ 〈행복한 사전舟を編む〉 2013

〈행복한 사전〉은 이시이 유야 감독작의 사전을 만드는 젊은이의 이야기다. 사전 제작은 쉽지 않은 일이지만 15년이라는 긴 세월을 사전 만들기에 열중한 한 청년의 이야기는 감동이 아닐 수 없다. 남들은 엄두도 못 낼 상황이지만, 자신의 신념을 갖고 매달릴 수 있는 일이 있어 행복했고 와중에 결혼도 한다. 자신의 청춘을 고스란히 바친 15년이지만 열정을 잃지 않고 그는 사전 만들기를 완성한다.

황금기의 영화

━ 〈군도: 민란의 시대〉 2014

(주)영화사 월광·(주)쇼박스 제작, 공동 윤종빈 감독, 하정우, 강동원, 이경영, 이성민, 조진웅, 마동석, 윤지혜, 주진모 출연작이다. 이 영화는 강동원의 4년 만의 컴백작이기도 하다. 동원 관객 수는 477만 5천여 명이다.

규모로만 보면 사상 최대의 시사회 및 기자 인터뷰였다. 감독을 포함하여 10명의 주요 출연자와 감독이 회견장에 들어섰고 이는 이즈음 내가 본 사상 최대 규모이다. 영화 역시 그만한 규모의 대작이다. 감독이 밝혔듯이 미니시리즈 12부작을 영화화한 방대한 분량이기 때문이다. 그래서 영화에서 잘 사용하지 않는 내레이션을 넣었다. 감독은 방대한 내용을 담으려니 어쩔 수 없었고, 구전동화의 느낌을 주려 했다고 한다.

감독이 언급한 건 아니지만, 이 영화는 『수호지』의 한국 버전이다. 물론 우리도 『홍길동전』이나 『임꺽정』 같은 고전이 있다. 이 영화는 갖가지 사연을 가진 이들이 도적이 되어 지리산 자락 추설에 모여 의적 활동을 하는 내용이다. 즉, 백성들의 세상 바꾸기인데, 서자 캐릭터의 강동원과 백정 역의 하정우를 부각시켜 기존의 유사 이야기와 차별화하였다.

━ 〈노비野火〉 2014

이 영화는 츠카모토 신야塚本晋也 감독이 각본과 촬영, 주연, 편집을 겸했다. 출연은 나카무라 유코, 릴리 프랭키이며, 러닝타임은 87분이다. 원제는 들불을 뜻하는 〈야화野火〉이다. 최악의 전쟁터에서 벌어지는 아비규환의 상황과 이를 통해 인간성의 말살을 고발하는 반전영화이다. 실화 바탕의 원작을 영화화하여 사실감을 더했으며, 2015년 《키네마순보》 베스트 2위에 선정되었다.

태평양전쟁이 끝나갈 무렵, 필리핀의 어느 정글에서 살아남은 일본군들은 죽음의 공포 속에서 살고자 발버둥 친다. 이미 군인이기를 포기한 그들은 오로지 살아남으려는 본능으로 발버둥 치는데, 그곳에서 벌어지는 상황은 상상 이상이다.

고향에서 글을 쓰며 살았던 주인공 타무라 일병은 폐병으로 더는 생존이 불가능해 야전병원으로 쫓겨난다. 그러나 야전병원에서 폐병은 병도 아니라며 식량만 빼앗긴 채 쫓겨나고 그는 망연히 자대와 병원을 오락가락한다.

질병과 부상, 식량 부족의 상황에서 그들은 군인도 아니었고 살아남기 위해 인간이기를 포기한다. 타무라 역시 그런 패잔병들과 함께 삶의 아수라를 목격하며 집결지를 찾아 희망 없는 발걸음을 옮긴다. 그들은 인간으로서 생각할 수 없는 살인극과 더불어 허기에 지쳐 인육을 먹기도 한다.

▬ 〈봉문귀영封門詭影〉 2014

왕맹원 감독, 장탁, 유형, 수영량, 두어정 출연작이다. 대학 심리학 강사가 귀신이 나온다는 폐문 마을로 가서 겪는 이상심리 공포영화다.

초자연적인 사건은 동행한 여섯 명 모두를 죽음에 이르게 하는데, 주인공도 죽음에서 빠져나올 수 없다. 그러나 그 모든 것은 잠재의식 속에 깃든 자기의식의 탈출구로 자기 합리화의 방편이었다. 감독은 원래가 시나리오작가였지만, 이 데뷔작을 통해 감독으로서 자신의 영역을 확장했다.

제작비 300만 위안, 우리 돈으로 5억 원가량인데 무려 9배의 수익을 남겼다. 배우의 출연료는 5만 위안, 한화로 800만 원가량이라고 밝혔는데 사실은 그보다 많을 듯하다.

▬ 〈수상한 그녀〉 2014

황동혁 감독, 심은경, 나문희, 박인환, 성동일 출연작이다. 러닝타임은 124분이다. 〈수상한 그녀〉는 역대 휴먼 코미디 흥행 2위인 〈과속스캔들〉의 822만 명을 넘어 총 동원 관객은 866만 명이다.

이 영화는 할머니가 어느 날 갑자기 과거의 자신으로 바뀌는 설정으로 황당하지만 그것이 흥행의 요인이다. 2013~2014년 인기 드라마 〈별에서 온 그대〉 역시 황당하긴 마찬가지지만, 그것을 뛰어넘는 극적인 매력이 있기 때문에 누구도 그것을 문제시하지 않는다. 문제를 뛰어넘는 감동과 재미가 확실하기 때문이다.

적어도 이 영화는 두 번 정도 확실한 눈물 포인트를 보여준다. 무뚝뚝한 사람들일지라도 눈물을 흘리지 않고는 못 배길 감동을 전해주는 영화이다. 〈수상한 그녀〉는 시나리오의 우수성으로 해외 각국에서 리메이크되었다.

■■ 〈우는 남자〉 2014

다이스필름 제작, 이정범 감독, 장동건, 김민희, 브라이언티, 김희원, 김준성 출연작이다. 600만 관객을 동원했던 〈아저씨〉를 만든 이정범 감독의 후속작이다. 그는 홍콩영화를 많이 보아 온 마니아이거나 천성적으로 타고난 끼가 홍콩 누아르적이거나 둘 중 하나일 듯하다. 그는 〈아저씨〉 이후 무려 4년 만에 이 영화를 선보였다. 감독은 신작으로 먹고사는데 너무 과작이 아닌가 하는 생각도 든다. 그런 점에서 다작을 할 수 있었던 예전 감독들은 행복한 편이다.

〈우는 남자〉는 장동건 주연의 누아르영화인데 보는 내내 오우삼 감독의 〈첩혈쌍웅〉을 연상시켰고, 브루스 윌리스 주연의 〈다이 하드〉 같은 강렬함으로 관객을 압도했다. 장동건은 〈첩혈쌍웅〉에서의 주윤발 느낌이 강한데, 주윤발처럼 좀 빈구석이 있어야 팬들이 더 매력적으로 다가설 수 있을 것이다. 이 영화에서의 장동건은 단지 꽉 쪼여진 냉혈 킬러의 모습일 뿐이라 조금 아쉽다.

영화의 내용은 본의 아니게 어린 소녀를 죽이고 그녀의 엄마를 조직으로부터 보호하게 되는 킬러의 이야기다. 〈첩혈쌍웅〉에서 본의 아니게 여가수를 실명시키고 그녀를 보호하게 되는 설정에서 모티브를 얻은 듯하다. 앞을 못 보는 여가수는 킬러에 의해 보호를 받는데, 이 영화 역시 킬러의 본분을 망각하고 엄마 역을 맡은 김민희를 오히려 보호하고 그녀를 위해 목숨까지 바치며 조직으로부터 그녀를 구해낸다.

엔딩의 엄마에 의해 죽음을 맞는 킬러의 상황은 설득력이 떨어지는데, 한국적인 정서로 이해하려고 해도 영화에 빠져 보다가 문득 영화에서 깨어나는 듯하다. 결국 킬러의 어린 시절 추억인 목욕탕 장면은 사족이 되어버리고 어릴 적 미국으로 간 트라우마는 과잉 소개되는 격이다. 감독으로서 엔딩 처리에 고심했을 대목이다. 〈아저씨〉와 유사성이 거론되며 보다 큰 스케일로 보이는 볼륨감에도 불구하고 관객 동원은 60여 만 명에 그쳤다.

■■■ 〈지룽基隆〉 2014

작가 출신이자 베이징 영화 아카데미에서 공부하고 박사학위까지 받은 교량喬樑 (챠오량) 감독작이다. 지룽은 대만의 수도인 타이베이 옆에 있는 어촌마을이다. 한국으로 치면 인천 정도일 텐데 고층빌딩이 없는 곳으로 한국의 1970년대의 낭만을 갖고 있다. 중국과 가까운 이곳은 중국 어부들이 잠시 피항하여 쉬기도 하는 곳이다.

영화의 주인공인 중국 어부는 이곳에 피항 중 이곳으로 방생 온 여주인공을 만나게 된다. 그녀는 애인에게서 받은 반지를 잃어버리고 주인공에게 화풀이한다. 그렇게 악연으로 만난 두 사람이지만 헤어진 직후 반지를 주운 어부는 하루의 짬을 내어 그녀를 찾아 시내로 외출을 한다. 그리고 그곳에서 음료점을 운영하는 그녀를 만나게 된다. 그녀는 무료한 삶 속에서 만난 애인과 새로운 미래를 기약하였으나, 안타깝게도 그는 병상에서 사경을 헤매고 있었다.

애인의 건강을 기원하며 안타까운 시간을 보내던 차에 어부와 해후하는데, 아침에 있었던 악연으로 서먹했지만 서로의 아픔을 알게 되고 두 사람은 상대에 대해 관심을 갖게 된다. 그렇게 자신과 어울리지 않던 그녀와 급속도로 가까워지며 선주와 약속한 귀항 시간까지 알콩달콩한 사연들을 만들어 간다. 결국 헤어짐의 시간은 다가오고 두 남녀는 미래의 기약도 없이 헤어진다.

흡사 50여 년 전의 이만희 감독이 만든 〈만추〉의 새로운 버전이다. 보는 내내 〈만추〉가 떠올랐다. 영화 상영 후 감독과 대화의 시간을 마련해 〈만추〉 이야기를 나누었다. 그는 김태용 감독, 탕웨이 주연의 〈만추〉를 보기는 했지만, 그 영화에서 힌트를 얻진 않았다고 한다. 하지만 베이징에서 누군가 두 영화가 비슷하다는 이야기를 들었다고 전한다.

■■■ 〈0.5mm0.5ミリ〉 2014

안도 모모코 감독, 안도 사쿠라, 쓰가와 마사히코 출연작으로, 러닝타임은 196분이다.

주인공 사와는 복지학과를 졸업하고 방문 간병인으로 살아가는 특별할 것 없는 20대의 여성이다. 그런 사와는 어느 날 자신의 아버지와 하룻밤 자달라는 의뢰를 받는다. 그녀는 할아버지의 순수한 마음으로 받아들이지만, 현실은 그렇지만은 않다. 할아버지의 집요한 변태 행위에 사와는 완강히 거부하다가 할아버지가 숨을 거두고 설상가상으로 화재까지 일어난다.

그러나 더 엄청난 것은 백치 소녀 같은 딸을 두고 엄마마저 자살한 것이다. 상황은 걷잡을 수 없게 벌어지고 그녀는 보상금 50만 엔마저 전차에 두고 내리게 된다. 무일푼이 되어 직업마저도 잃은 그녀는 할아버지의 세계에 대한 막을 수 없는 관심으로 노인들의 삶에 깊숙하게 관여하고 관찰자에서 참여자로 변한다. 노인들의 일상이란 머지않아 닥칠 모두의 미래이다.

그녀는 그들과 생활하며 그들에게 삶의 권태에 대한 해결과 올바른 상황 대처에 대해 도움을 준다. 하지만 그것은 그들의 삶 자체를 바꿀 수는 없는 일회적인 이벤트일 뿐이다. 그들에게 사와는 일회용 이방인일 뿐이다. 결국 사와는 그들과의 소통을 통해 자신의 삶에 대해 생각해 보게 된다.

영화는 3시간 넘게 관객들을 고문하며 노인 문제를 집요하게 보여준다. 영화의 결론은 사와가 그렇게 노인들의 문제를 해결하려던 이유를 설명하는데, 그녀에게 자궁이 없었다는 모호한 결론으로 끝이 난다. 특별하지 않은 그녀의 행동이 자궁이 없어서만은 아닌데 영화는 자세한 설명 없이 그렇게 결론을 내고 있다. 그래도 노인 문제를 특별한 시각으로 바라본 영화로 평가받을 수 있겠다.

━ 〈검사외전〉 2015

이일형 각본·감독작이다. 황정민, 강동원, 이성민, 박성웅, 신소율이 출연하였다. 황정민의 천만 관객 동원 능력은 이미 입증되었지만, 재기발랄한 연기를 보여주는 강동원의 저력을 확인시켜 주는 영화이다. 다혈질 검사가 살인범의 누명을 벗고자 감옥 안에서 허세 사기꾼을 만나 벌이는 범죄수사 액션드라마로, 할리우드 영화 〈쇼생크의 탈출〉과 비슷한 느낌을 주는 영화다.

이런 부류의 영화인 유아인 주연의 〈베테랑〉이나 이병헌, 조승우 주연의 〈내부자들〉은 이 사회에서 얼마나 부정과 부패가 심한지를 여실히 보여주고 있다. 사회가 깨끗하다면 이런 영화가 황당하게 보이겠지만, 관객들이 공감이 큰 것은 이 사회의 정의에 대한 질문의 반증이다.

그동안 관객들의 선택을 많이 받은 사회 정의를 다루고 있지만, 그보다 더 흥행

성이 엿보이는 유쾌 발랄한 영화이다. 검사가 살인 누명을 쓰고 감옥에 들어간다는 설정부터 감옥에서 사기꾼을 만나 그를 통해 사회 정의를 구현한다는 설정은 로버트 레드포드, 폴 뉴먼 주연 영화 〈스팅〉의 설정만큼이나 상상력을 자극하는 상큼한 반전을 보여주고 있다.

보는 내내 긴장감을 조성하면서 극적인 상황을 조절하며 코미디 영화인 듯 폭소를 유발하는 잘 짜인 구성을 보여준다. 다만 강동원의 코믹 요소를 보여주려는 듯 과도한 설정과 지루한 전개의 절제미가 조금 아쉽다. 그러한 옥에 티에도 불구하고 라스트 법정의 반전은 관객들의 호응을 끌어내는 유쾌한 엔딩이다.

■■■ 〈귀향鬼鄕〉 2015

조정래 각본·감독의 영화이다. 강하나, 최리, 손숙, 서미지, 정무성, 오지혜, 정인기 외 다수가 출연하였다. 이 영화는 전 세계 75,270명의 12억 원 크라우드펀딩으로 제작비 절반을 조성하여 14년 만에 제작되어 359만여 명의 관객을 동원했다.

영화는 1943년이라는 자막으로 시작한다. 일제강점기 말 태평양전쟁이 시작되고 중국 깊숙한 곳까지 전선이 형성되고 일본군들은 사기 진작을 위해 위안소를 만들어 그곳에 강제 연행한 한국인 소녀들을 배치한다. 이런 상황에서 일본군들은 소모품 처리하듯 소녀들을 농락하고 무참히 살해한다. 그렇게 끌려간 소녀가 20여만 명이고, 그중 238명만 귀향했고 이제 46명만이 생존해 있다.

영화는 생존 할머니의 회상과 무녀가 된 소녀의 신내림 현상으로 보인다. 영화를 보는 내내 불편하고 화가 나는데, 이는 영화가 보여주는 처절함과 약소민족, 피지배 민족이 겪는 안타까움 때문이다. 극 중에 나오는 일본군의 만행은 차마 눈 뜨고 볼 수 없는 극악무도한 광경이다. 인간 본연의 폭력성이 가감 없이 보이는데, 새삼 인간에 대한 혐오가 들어 치를 떨게 한다. 인간의 탈을 쓰고 저렇게 악독할 수 있다는 것은 상상 이상이다.

일본군 위안부 문제는 해결되지 않는 이 시대의 숙제이다. 일제가 아니라 하더라도 일본은 선조들의 이러한 만행에 대해 부정으로 일관할 것이 아니라 절대 사과로 문제를 풀어야 할 것이다. 나비의 그래픽으로 귀향의 감동을 표현하고자 한 감독의 마음은 관객에게 그대로 전달되어 울리는 파장은 너무도 크다. 이 영화가 돌아가신 할머니들의 영혼에 다소의 위로가 되고 이 시대가 안고 있는 문제 해결의 역할을 기대해 본다.

━ 〈내부자들: 디 오리지널〉 2015

윤태호 원작, 우민호 감독, 이병헌, 조승우, 백윤식, 이경영, 김홍파, 배성우 출연작이다. 이 영화는 감독판인 3시간 버전인데, 긴 러닝타임이지만 스피디한 전개로 길다는 느낌이 들지 않는다. 대한민국을 움직이는 언론 권력자의 부패를 고발한 내용의 극적 구성도 탄탄하지만, 백윤식, 이병헌, 조승우의 연기 경연이 좋다. 확장판은 무려 50분이 추가되었는데 권력가들의 숨겨진 이야기가 적나라하게 보인다. 우민호 감독의 다음 작품이 기대된다.

━ 〈나쁜놈은 죽는다壞蛋必須死〉 2015

풍소강의 조감독 출신인 손호(순하오) 감독작으로, 손예진, 진백림, 신현준, 박철민, 장광이 출연했다. 영화는 제주도를 배경으로 우연히 사건에 휘말린 네 명의 유커(중국인 관광객)가 겪는 황당한 사건을 그린다. 영화의 배경이 한국이고 출연 배우 역시 한국배우 설정이기에 〈집결호〉 포스트프로덕션 이후 친분을 쌓아온 강제규 감독과 펑샤오강 감독의 합작영화로 제작되었을 것이다. 양국을 대표하는 흥행감독으로서 의기투합되었음은 쉽게 이해된다.

그러나 보다 더 진지한 검토가 필요했던 것이 합작영화는 생각만큼 양국 관객들에게 어필하기 힘들다는 점이다. 이 영화는 코미디 장르이지만 서로 코미디 코드가 달라 적절한 타이밍을 맞추지 못하는 아쉬움이 있다. 중국감독이 예측하는 코미디는 우리와는 다른 코미디이다. 한중 합작의 의도는 좋으나 시나리오나 연출에 있어서 그만큼 세심한 배려가 아쉬운 것이다. 한국 개봉을 염두에 둔 것은 로케이션만으로는 힘들다. 한국의 관객들이 보기에 편하지 않고 스토리가 겉돈다면, 차라리 중국 관객용으로 만들어야 할 것이다.

1970년대 합작영화는 홍콩이 주요 대상국이었는데, 당시는 한국이 홍콩의 제작을 지원해 주는 형태였고 양국이 만족할 만한 형태였기에 많은 합작영화가 제작되었다. 당시 홍콩영화는 항류港流현상으로 관객들의 주목을 받았다. 홍콩영화의 수입 또한 제한적이라 관객의 입장에서는 갈증이 있었을 수밖에 없었다. 그러다 보니 위장합작이라는 초유의 제작 형태까지 생겨났다. 그러나 지금은 상황이 달라 졌다. 우리가 굳이 합작을 하지 않더라도 한국영화 스스로 할리우드 영화와 맞설 수 있는 흥행성과 완성도가 높아져 있다.

이제 어중간한 내용으로 제작의 편이성을 고려한 합작영화로는 양국 관객이라 는 두 마리 토끼를 잡기가 쉽지 않다. 두 나라의 관객을 염두에 둔 영화라면 양국의 관객 모두에게 어필되어야 하는 시나리오부터 시작해야 할 것이다. 양국의 배우가 출연한다거나 양국 로케이션 정도의 안이한 판단을 해서는 안 된다는 것이다. 합 작영화 제작은 상호 이익만을 염두에 둔 막연한 의기투합만으로는 기대하기 힘들 다. 그렇지만 합작영화의 시도는 계속되어야 한다.

▬ 〈눈길〉 2015

KBS 제작, 류보라 각본, 이나정 감독, 김향기, 김새론, 김영옥, 조수향 출연작 이며, 러닝타임은 121분이다.

일본군 위안부로 끌려간 여러 사연의 소녀들이 있다. 그들은 몰라서 혹은 속아 서 혹은 자다가 납치되어 중국의 어느 곳으로 끌려가 일본군들의 노리개로 전락한 다. 한마을에 살던 종분과 영애 역시 일본군 위안부가 되어 기가 막힌 인생을 겪고 영애는 죽음을 맞고 종분은 귀향한다.

그러나 찾아온 집에는 아무도 없었다. 그야말로 일본의 만행으로 가족, 집안, 나라가 결딴난 것이다. 당시 추정되는 23만 명의 일본군 위안부 전체 인원 중에서 한국 정부에 신고된 여성은 239명뿐이었다. 더 많은 여성이 있었겠지만 신고를 하 지 않았거나 돌아가신 게 아닌가 하고 추측해 본다. 그중 현재 생존자는 40명임을 밝히고 영화는 끝난다. 보는 내내 답답하고 가슴 저린 영화이다.

▬ 〈다방의 푸른 꿈〉 2015

김대현 감독의 다큐멘터리이다. 영화의 주인공인 김시스터즈는 이난영과 김해 송의 딸과 조카인 숙자, 애자, 민자로 구성되었다. 그녀들은 10대 초부터 무대에 서 노래를 시작했고 1960년 초에 도미하여 9개월간의 훈련 끝에 미국 무대에 데뷔하게 된다. 한국 최초의 걸 그룹인 셈인데 그녀들은 데뷔 초부터 스타로 등극했다. 캐피틀레코드사에서 발매한 〈아리랑〉으로 그녀들은 빠르게 미국 무대에 자리잡은 것이다. 동양인 소녀들이 갖가지 악기로 무장하고 재능을 보여준 것이 성공의 이유이다. 당시 김치캣이라는 유사 그룹도 생겨났다.

그녀들은 한창 시기에는 3인이 주급 1만 5천 불을 벌었고 세금만 50만 불(5억 원)을 납부했다. 한국이 GNP 85불 때이다. 그러니 당시 그녀들은 자신의 친척들을 모두 미국으로 불러들였고 한국에는 일가친척이 아무도 없다. 투어 때마다 100개나 되는 가방을 들고 다녔다는데, 이는 그들이 1인당 10여 개의 악기를 다루었기 때문이다. 2015년은 그녀들의 데뷔 60주년인데 미국의 메이저 영화사들도 영화화를 꿈꾸는 소재이기도 하다.

숙자는 미 메이저 영화사와 계약이 되어있어 출연할 수가 없었고 애자는 1987년에 별세하였다. 따라서 영화는 민자 혼자서 인터뷰하며 진행된다. 이 다큐멘터리의 제작비는 5천만 원이다. 다큐멘터리 제작에서 힘들었던 것은 자료 화면을 모으는 것이었다고 토로한다. 그리고 정작 속 깊은 이야기는 촬영 종료 후에 나왔는데 본편에는 넣지 못했다고 한다. 그녀들은 세 번 귀국했는데 일주일 정도 머물다가 돌아갔다고 한다. 아는 이 없고 친구도 없으니 고국이 갖는 의미가 없기 때문이다.

영화의 제목인 〈다방의 푸른 꿈〉은 직관적인 제목으로 느낌이 좋아서였다고 한다. 이 다큐멘터리에는 32곡이 소개되었고 고복수, 김정구, 손목인, 송민도, 한명숙 등 가요계의 원로들이 자료 화면으로 출연한다.

김 감독은 독립 다큐멘터리는 주제가 순수한데 자본으로부터 자유롭기 때문이라고 한다. 높은 주제 의식으로 잡으면 놓치지 않는데 따라서 가성비 효율이 높다고 자신의 노하우를 소개했다. 음악 다큐멘터리는 결과와 내용 문제로 모호해 다큐멘터리 제작 공모에서는 불리하다고 한다. 공모에서는 아무래도 사회적 이슈가 상대적으로 유리하다.

▬ 〈대호〉와 〈히말라야〉 2015

한국영화 최전성기이다. 천만 관객 두 편의 기록도 그러하지만 최근 한국영화에 관객몰이 현상을 보면서 이처럼 한국영화가 관객의 사랑을 받은 적도 없기 때문이다. 박훈정 감독의 〈대호〉는 미리 예매했지만 이석훈 감독의 〈히말라야〉는 개봉관 여러 곳을 검색하여 겨우 표를 구했을 정도이다.

두 영화는 영상적인 면에서 뛰어나 우열을 다루기가 쉽지 않은 경쟁작들이다. 그러나 굳이 순위를 매긴다면 특히 〈대호〉의 경우 외국인들에게 더 환영받을 듯한 소재이다. 멸종된 한국호랑이를 소재로 일제강점기의 상황과 대비시킨 스토리텔링은 한국영화사상 처음으로 보여주고 있다. 〈히말라야〉 역시 최초의 히말라야 등정 소재인데 한국영화에서 보여주지 않은 미개지 히말라야 등정을 히말라야 16좌 등정의 산악인 엄홍길의 실화를 그린다.

두 영화 모두 실사로는 촬영하기가 어려운 소재이기 때문에 모두 완성도 높은 CG를 보여주고 있다. 이것은 1970~1980년대 출생자 감독과 제작진에 따라 시도되는 기존의 영화와 다른 상황이다. 게임과 해외 드라마나 영화에 익숙해진 눈높이에서 새로운 스토리텔링이 만들어졌고, 그런 기획을 할 수 있게 된 제작비의 힘이 아닐까 생각해 본다.

관객들의 눈높이야 이미 할리우드 영화에 맞춰져 있기 때문에 흠을 잡는다면 끝이 없겠지만 이 정도 수준이라면 그것이 영화의 감동과는 별개의 사항이다. 그만큼 스토리가 탄탄하다는 뜻이다. 〈히말라야〉도 지나친 감동만을 부각하며 과도한 음악이 내내 거슬리는데, 믹싱 작업을 다시 하여 힘을 뺐으면 하는 생각이 들었다. 그것은 〈대호〉의 경우에서도 마찬가지인데 140분이 너무 긴 느낌이다. 특히 초반 40분까지가 너무 설명 위주이다 보니 극적 긴장감이 이완되는 느낌이다. 다소의 취약한 점이 보이긴 하나 두 영화 모두 한국영화의 저력을 보여준 감동 대작이다.

■■ 〈돌연변이〉 2015

권오광 감독, 이광수, 이천희, 이보영, 장광 출연작이다. 제66회 칸영화제 단편영화 부문 황금종려상 수상작은 한국영화 〈세이프〉였다. 도박환전소에서 아르바이트하는 여대생의 심리를 극한 상황에서 표현한 수작이었다. 〈세이프〉의 각본을 쓴 이가 바로 이 영화의 감독인 권오광이다. 실험실에서 부작용으로 만들어진 생선인간은 누구도 생각지 못한 창의력이 느껴지는 이야기이다. 이 영화는 생선인간을 통해 사회를 풍자하지만, 흥행은 아쉬웠다. 감독의 차기작이 기다려진다.

■ 〈리얼 술래잡기リアル鬼ごっこ〉 2015

소노 시온 감독, 트린들 레이나, 시노다 마리코, 마노 에리나 출연작이다. 같은 시기, 각기 다른 공간에서 살아간다는 초현실적 평행이론을 바탕으로 한 호러영화이다. 야마다 유스케의 원작을 영화화한 것으로 독창적인 내용을 소재로 한 영화이다. 창의력만 있으면 무엇이든 영화화가 가능하다는 것을 보여주고 있다.

미래 세계이며 가공의 세계에 갇힌 주인공 미츠코와 그 친구들이 자신의 정신세계를 장악하고 게임을 하고 있는 노인의 오락 도구에서 자신을 스스로 죽여 그 가공의 세계를 탈출한다. 2034년 봄에 죽은 마츠코의 DNA를 채취하여 박제시켜 놓고 그녀의 정신세계를 게임하듯 즐기고 있는 노인은 150년 전에 못 이룬 꿈을 이루자고 동침을 제안하는데, 더 이상 유린당할 수 없는 마츠코는 스스로 죽음을 택한다.

■ 〈미션: 톱스타를 훔쳐라〉 2015

〈미션: 톱스타를 훔쳐라〉는 신인 감독 노병하의 각본·감독 데뷔작이다. 노 감독은 오랜 기간 소설과 시나리오작가로 활동하며 준비기간을 거쳐 이 영화로 데뷔했다. 영화는 저예산이지만 실감 나는 설정의 좋은 시나리오와 신인답지 않은 깔끔한 연출이 돋보인다.

이 영화의 특별한 점은 오랜만에 보는 여성 액션영화라는 점이다. 그동안 하지원 주연의 액션영화가 없던 것은 아니지만, 무술을 직접 연기한 전문가의 여성 액션영화라는 점은 남다르다고 할 수 있다. 윤빈이라는 톱스타를 납치해 사회악과의 대결과 응징을 그린 이 영화에서 납치범 역을 맡은 윤아민은 연기 경력이 전무한 모델 출신 배우인데도 자연스러운 액션 장면을 실감 나게 보여주고 있다.

■ 〈서울야행〉 2015

권중목 각본·감독, 박상훈 각색, 서혜림, 상훈, 이선화, 조희성 출연의 독립영화이다. 비록 두 주인공 위주의 초저예산 영화로 짧은 일정에 촬영되었지만, 그 내용은 깊이가 있고 전하는 메시지는 여운이 강하다. 서울의 어느 대교, 남자는 여자의 자살 행동을 막다가 핸드폰을 강물에 빠뜨린다. 여자는 변상하겠다지만 현찰이 없고 남자는 그런 여자의 핸드폰을 빼앗아 돌려주지 않는다. 그렇게 두 남녀의 서울야행은 시작되는데, 두 사람은 서로를 확인하며 차츰 가까워진다.

영화는 이러한 실험적인 장면을 보여주며 무엇을 지향하는지를 극명히 보여준다. 그들의 삶이란 치열한 삶의 현장에 내던져진 작은 미물일 뿐이다. 그 삶의 현장에서 허우적대는 것이 우리네 인생살이인 것이다. 이러한 일탈의 행각 끝에 남자는 갈 길을 향해 떠난다. 사랑의 부재 속에 사랑의 확인을 통해 새 삶의 의미를 확인하며 일어서는 남자와 그의 뒤를 여자가 뒤쫓으며 영화는 끝이 난다. 〈서울야행〉은 당대 젊은이들의 좌절과 고통을 그리려 했다는 점에서 긍정적인 청년 정신을 엿볼 수 있다.

━ 〈쎄시봉〉 2015

김현석 감독, 정우, 김윤석, 한효주, 김희애, 진구, 강하늘, 장현성, 조복례 출연작이다. 한국 음악계에 포크 열풍을 일으킨 조영남, 윤형주, 송창식, 이장희를 소재로 한 〈쎄시봉〉은 1970년대의 이야기가 아니라 과거부터 미래까지로 계속될 청춘 이야기이다. 통기타가 유행하기 전 그것을 선도했던 트윈폴리오의 성공 스토리에 명과 암을 그리고 있다. 그룹의 성공자와 실패자 그리고 사랑의 성취자와 실패자가 보여주는 드라마는 러브스토리의 정석을 보여주며 아픈 사랑의 추억을 그리고 있다.

━ 〈스물〉 2015

이병헌 감독, 김우빈, 준호, 강하늘 출연작으로, 젊은이로 상징되는 고등학교 졸업생들의 좌충우돌 성장기 코미디이다.

고등학교 동창인 세 친구는 각기 개성이 강하다. 인기만 많은 치호, 생활력 강한 동우, 공부 잘하는 경재, 세 친구는 고교 졸업 후 사회를 겪으며 만만치 않은 인생살이를 실감한다. 이들의 이야기는 1970년대 하길종 감독의 〈바보들의 행진〉의 2010년대 버전일 수 있는데, 고래 잡으러 떠나는 젊은이들의 고민은 형태만 다를 뿐 내내 같다. 미국영화 〈그로잉 업〉과도 흡사한 에피소드인데 우리식 설정으로 관객들에게 공감을 주었다. 흥행의 요소를 고루 갖추어 흥행 성적도 호조를 보였다.

━ 〈암살〉 2015

최동훈 감독, 전지현, 이정재, 하정우 출연작으로, 러닝타임은 139분이다. 일제강점기 배경의 영화는 1970년대 액션영화의 단골 메뉴였다. 〈쇠사슬을 끊어라〉, 〈용호대련〉, 〈돌아온 외다리〉 시리즈가 그것이다. 이후 〈아나키스트〉, 〈좋은 놈, 나쁜 놈, 이상한 놈〉, 〈라듸오 데이즈〉 등의 영화가 있었지만 흥행 성적은 별로였다. 그러나 최동훈 감독은 이 영화를 10년 전 기획하였고, 결국 완성하여 천만 흥행 기록을 세웠다.

〈암살〉은 흥행의 귀재라고 할 수 있는 최동훈 감독작으로 호화캐스팅과 홍보 전략이 맞물려 더운 여름 흥행에 성공했다. 물론 배우들의 호연과 감독의 공이 크다. 표절 시비가 있지만 항상 흥행작에 따라다니는 일이다.

새로운 소재로 상하이를 배경으로 한 독립군 이야기는 1970년대 많은 액션영화의 시대 배경이다. 그러나 〈암살〉은 규모가 큰 풍광과 암살을 모티브로 하여 그간 보지 못한 이야기와 연출은 물론이거니와 소품의 디테일한 부분까지 신경 쓴 군더더기 없는 영화로 추천할 만하다. 같은 시기에 개봉한 〈미션 임파서블: 로그네이션〉보다 액션에서는 뒤지지만, 우리의 이야기라는 점이 이를 상쇄시켜 주고 있다.

흥행 이유는 사실을 바탕으로 한 탄탄한 시나리오와 캐릭터에 걸맞은 캐스팅, 제작비를 아끼지 않은 세트를 활용한 디테일한 연출과 소품, 설정 등이 새롭게 와닿았기 때문이다. 이 영화 성공 이후 일제강점기를 배경으로 유사 영화들이 우후죽순처럼 제작되었다.

━ 〈연평해전〉 2015

로제타시네마 제작, 김학순 감독, 김무열, 진구, 이현우, 김지훈, 장준학, 이청아 출연작이다. 기획에서 제작까지 7년이 걸린 영화다. 2002년에 일어난 제2연평해전을 소재로 하여 참수리 357호의 대원들의 눈물겨운 전우애와 투혼을 그려내 감동을 주었다. 보수 경향의 영화라는 편견을 딛고 603만여 명의 흥행 기록을 수립했다. 누적 매출액은 454억 5,000만 원이었고, 미국에도 수출되어 10만 불의 수익을 올렸다.

원래 제목은 〈NLL 연평해전〉이었다. 처음에 CJ가 배급을 맡기로 했다가 포기하고 뉴NEW가 배급을 맡아 기사회생하여 제작에 착수했다. 촬영은 3D로 기획되어 촬영되었으나 중단을 거듭하였고, 김학순 감독은 아파트를 담보로 해 대출을 받아 제작비를 보탰다. 아울러 일반인 대상의 크라우드펀딩을 받아 제작할 수 있었다. 우여곡절을 딛고 결국 영화는 완성되어 기대 이상의 흥행 성적을 거두었으니 파란만장한 사연을 가진 영화라고 할 수 있다.

━ 〈전병협煎饼侠〉 2015

동성붕董成鵬(동청평) 감독·주연작이다. 카메오로 중국의 유명스타인 증지위, 정이건, 무술배우 장끌로드 반담도 출연하고 있다. 이 영화는 잘 나가는 중국영화의 현주소를 보여주고 있다.

인기 스타 대평(다평)은 천만 위안을 받고 영화 계약을 했지만, 자축연에서 과음하며 술에 취해 대로상에서 성폭행범이 된다. 그는 정상에서 언론에 의해 매도되며 하룻밤 사이에 몰락하게 된다. 재기를 위해 안간 힘을 다하지만 친구라고 생각했던 모두가 외면하였고, 그는 인기를 만회하려 새 영화 제작에 매달린다. 제목은 〈전병협〉, 위기에 빠진 사람들을 구해주는 슈퍼맨의 이야기이다.

마지막으로 독립영화를 만들어 인기를 만회하려 하지만 모든 것이 순조로울리 없고 촬영 현장은 우여곡절의 코미디 상황이다. 그는 자신의 어린 시절 꿈인 전병 스토리를 통해 스태프와 배우에게 희망을 주며 팀의 결속을 꾀하고 유명 스타를 도둑 촬영하지만 그 또한 쉬운 일은 아니다. 그는 아르바이트로 결혼식 사회며 장례식장의 사회까지 맡으며 제작비를 조달하려 하지만 촬영은 여의치 않다. 결국 좌절을 거듭하던 그에게 인생 역전의 기회가 다시 찾아오며 새 액션영화를 촬영하게 된다.

━ 〈좋아해, 너를知らない, ふたり〉 2015

일본 쇼치쿠 제작, 이마이즈미 리키야 감독, 최민기, 아오야기 후미코, 칸 하나에, 황민현, 김종현 출연작이다.

수제 구둣가게에서 일하는 레온(최민기)은 우연히 공원에서 만난 소나(칸 하나에)에게 마음이 끌린다. 그는 그녀의 구두를 수선하게 되고 그녀의 곁에 상수(황민현)

가 있음을 알지만 그녀를 향한 마음은 막을 길 없다. 그런 그를 좋아하는 가게의 코카제(아오야기 후미코)는 레온의 뒤를 밟아 그가 소나를 좋아한다는 사실을 알게 된다. 어느 날 상수는 코카제에게 연애편지를 건네주는데 코카제로서는 받아들일 수 없다. 소나를 좋아하면서도 지우(김종현)는 학원의 일본어 선생에게 사랑 고백을 하고서도 소나와의 연애 상담을 한다. 보통의 상식을 넘어서 도대체 종잡을 수 없는 젊은 날의 러브스토리는 각기 마음 닿는 대로 지향점이 흩어진다.

이마이즈미 리키야 감독은 이들 청춘 군상의 러브스토리를 시간 순서가 아닌 역순으로 되돌리기도 하면서 그들의 관계를 집요하게 보여준다. 출연진은 2012년 데뷔한 한국의 아이돌 그룹 뉴이스트NU'EST의 멤버들이며, 이들이 재일한국인으로 등장하여 일본어 대사와 한국어가 혼용되어 다소 난해한 젊은이들의 심정을 담아내었다. 이런 스타일의 영화가 나온 것은 시대의 흐름으로 볼 수 있고 이런 제작은 향후 더 다양한 형태로 발전될 것이다. 이 영화는 제28회 도쿄국제영화제 공식 초청된 바 있다.

▬ 〈굿맨〉 2016

문시현 감독, 공형진, 이시현 출연작이다. 영화는 탈북민을 소재로 하였지만 그들의 아픔보다는 자신의 잘못으로 인해 벌어지는 남자의 파멸을 다루고 있다. 원제는 귀향 본능을 뜻하는 〈연어〉였는데, 영어 제목이 그러하질 않아 바깥주인, 가장家長, 남편을 뜻하는 〈굿맨〉으로 바꿨다.

북파공작원 두식은 북한에서 20여 년간 살다가 노인이 되어 남한에 정착하게 된다. 그는 대인기피증으로 숨어 살아가는데 그런 행동에서 남모를 사연이 있다. 그것은 북에서 있었던 사건으로 인한 것인데, 한 가족을 남한으로 탈출시키려다가 자기 때문에 실패하며 남자를 죽게 만들었다. 그렇게 해서 그 부인과 어린 딸을 보살피게 된 것인데, 그들과 가정을 이루었지만 그를 놓아주지 않는 죄의식은 결국 참극을 불러일으킨다. 그는 휴전선이 서해를 건너 다시 북으로 가며 죽음을 맞는다.

■■ 〈매드 월드-念無明〉 2016

황진黃進(웡춘) 감독, 증지위, 여문락余文樂 출연작이다. 홍콩의 상황을 상징적으로도 보여주는 이 소재는 creative HK의 제작 지원을 받은 영화이다. 진목승 감독과 작업했던 신예 작가의 시나리오와 신인 감독 황진의 차분한 연출, 증지위, 여문락 콤비의 연기력이 어울려 가작을 만들어 냈다.

자본주의와 좁은 홍콩을 상징하는 서민들의 쪽방, 인생의 바닥을 치는 사람들이 모여 단칸방에서 여유 없는 삶을 영위하고 있다. 그들을 이어주는 건 서로를 이해하고 감싸주는 이웃의 정이 있어서였다. 그러나 정신병원에서 퇴원한 주인공이 오기 전까지였다. 사소한 일들이 겹치며 주인공의 평화로운 삶을 뒤흔드는 주변의 따가운 시선은 견딜 수 없는 지경에 이른다. "우릴 언제까지 외면할거냐?"라는 증지위의 극 중 대사가 가족과 이웃들의 따뜻한 배려가 필요하다는 메시지를 전해준다.

■■ 〈미인어美人魚〉 2016

주성치 감독, 등초(덩차오), 임윤, 장우기, 나지상, 서극, 문장 출연작이다. 그해 중국영화 흥행 1위에 오르고 역대 중국영화 흥행 기록 1위에 오른 경이적인 흥행을 기록한 영화이다. 한마디로 주성치의 기획이 만들어 낸 쾌거이다. 내용은 친환경적인 스토리이며 바닷속 인어들이 인간들에 의해 생명의 위기를 맞자 그 원흉을 찾아 죽이려는 다소 황당한 스토리인데, 이것을 중국식 풍자와 주성치식 유머로 담아냈다.

어른들이야 '뭐 저런 영화가 다 있어?'라고 생각할 수 있는데, 어린이 관객들이 보기엔 그렇게 신이 난다. 그런 어린이의 마음을 담아 어린이들의 시각에 맞추어 만들어 내니 부모가 동반하여 흥행 기록을 세웠다.

우리나라에서도 인기리에 방송된 드라마 〈푸른 바다의 전설〉의 모티브를 제공했을 것이다. 인어 이야기야 안데르센도 썼고 월트디즈니도 애니메이션을 만들었지만, 이런 풍자를 곁들이니 혁신적인 영화의 소재가 됐다. 어린이도 볼 수 있는 어른들의 동화, 우리도 생각해 보아야 할 것이다. 홍콩의 스티븐 스필버그로 자리 잡은 주성치의 〈희극지왕〉, 〈소림축구〉, 〈쿵푸 허슬〉, 〈CJ7 - 장강7호〉에 이은 행보의 끝이 어디일까 생각해 본다.

━ 〈밤의 해변에서 혼자〉 2016

홍상수 감독, 김형구 촬영, 김민희, 권해효, 정재영, 문성근 출연작이다. 2016년에 제작되었으며 2017년 3월 23일에 개봉하였다. 영화의 시작은 어느 외국, 우연히 놀러 온 여배우의 알 수 없는 시큰둥함을 보여주고 이후는 귀국한 그녀의 일상적인 삶을 추적한다.

그녀는 오랜만에 영화관에서 일하는 선배를 만나고 그를 통해 커피숍을 운영하는 지인과 술자리를 벌이며 사랑의 조건과 자격을 술김에 터뜨린다. 사랑의 자격도 모르며 살아가는 사람들에게 일갈하는 듯하지만, 자신에게 해대는 술주정일 수도 있다. 무슨 자격으로 유부남과 사랑했는지 영화는 이미 소문날 대로 났던 감독과 여배우의 불륜을 연상시킬 뿐이다.

후반에 해변에서 만난 감독은 과거 그녀와 무언가 있었던 설정이다. 그는 여배우의 힐난에 술 취해 울며 소설책을 읽어주면서 횡설수설하는데, 영화는 종래 그러했듯이 어설픈 결말이다. 이런 장면들이 어떤 번역으로 상대국 관객들에게 전달되는지는 내게도 숙제이다. 종래의 스토리텔링을 뛰어넘는 어설픔이 어떻게 전달되어 영화를 미화시키는지는 미지수이다.

이 영화의 개봉 직전 베를린에서 낭보가 들려왔다. 베를린영화제에서 주인공 김민희가 여우주연상을 받은 것으로 알려졌지만, 그런 소식에도 불구하고 관객들의 반응은 냉담했다. 홍 감독과 김민희 배우의 스캔들이 알려지며 외면당한 것인데 수상작이라지만 그간에 보여준 홍 감독 영화와 크게 다르지 않다.

그의 영화에서 주요 액션인 흡연과 음주는 여전하다. 그리고 여관방 대신 등장한 호텔은 별로 중요하지 않지만 호텔이 위치한 해변이 주요 무대가 된다. 의미 없는 줌이 남발되고 패닝으로 일관하는 영화는 요즘 보기 드문 영화이다. 그 해변에서 어떤 추억이 있었는지는 설명되지 않고 끝나는데, 극 중 여배우에게만은 특별한 모양이다.

그런저런 비범함이 저예산 영화에게 여우주연상을 선물했다. 1984년 임권택 감독의 〈길소뜸〉에서 김지미 배우가 보여준 특별한 열연도 이루지 못한 일이다. 그때는 틀리고 지금은 맞기 때문일까? 한국에서는 안 통하는 그의 영화가 외국에서 통하는 이유도 궁금하다.

━ 〈안도 타다오安藤忠雄〉 2016

미즈노 시게노리 감독, 안도 타다오 출연작이다. 1941년생인 유명 건축가 안도 타다오의 실험적인 건축론을 보여주는 다큐멘터리이다.

그는 남다른 창의적인 사고방식으로 자신의 생각을 구체화시켜 유명 건축가가 된다. 그의 건축물의 특징은 자연과의 어울림이고 지하로 숨거나 자연의 일부가 되는 식이다. 그의 대표작이라면 나오시마의 나오시마지중미술관이다. 지하로 숨겨져 만들어진 지중미술관은 자연과의 조화 및 조명으로 유명하다. 그런 그의 건축물들이 해외에서도 하나둘 만들어지며 그는 세계 건축사에 이름을 올리게 된다.

다큐멘터리를 보면 그의 도전정신이 성취됨에 따라 감동이 되고 관객들은 유쾌한 느낌을 받게 된다. 그의 성공담이 설득력이 있기 때문이다. 한국영상자료원 상영 당시 두 회 모두 매진을 기록하며, 다큐멘터리도 이렇게 사랑받을 수 있다는 것을 보여주었다.

━ 〈시칠리아의 햇빛 아래西西里艳阳下〉 2016

대만영화로 임육현 감독, 이준기, 주동우, 원경천, 유선 출연작이다. 시칠리아는 프랜시스 포드 코폴라의 갱영화 〈대부〉로 알려진 시실리아다. 3년간 사랑하던 남자가 어느 날 갑자기 절교를 선언하고 시실리아로 떠나간다면? 말도 안 되는 영화 같은 이야기가 이 영화의 줄거리이다.

이 영화는 왜 남자가 그래야만 했는지를 보여주고 끝난다. 너무나 사랑했기에 그럴 수밖에 없었던 남자의 절절한 사랑 이야기이다. 그래서 여주인공의 이름이 영화 속에서 수도 없이 불린다. 조금은 낯설지만 이 시대 그런 사랑의 이야기가 필요하고 그래서 이 영화가 만들어졌을 것이다.

━ 〈신 고질라新 ゴジラ〉 2016

도호영화사 제작, 히구치 신지·안노 히데아키 공동 감독, 하세가와 히로키, 다케노우치 유타카, 이시하라 사토미 출연으로 일본에서 65년 전에 만들어진 〈고질라〉 시리즈의 신 버전이다. 일본 괴수영화의 원조인 혼다 이로시 감독의 〈고질라〉는 1954년 1탄 〈고질라〉가 만들어져 961만 명이 동원되며 그해 흥행 2위를 차지했다. 이듬해 2탄이 만들어졌는데 〈고질라의 역습〉은 834만 명이 동원됐다.

결국 이 영화는 역대 30여 편 이상의 시리즈가 만들어져 인기 시리즈로 자리매김했다. 공통점은 65년 전의 캐릭터를 지금도 유지하고 있다는 점이다. 버섯구름을 상징하는 고질라의 머리나 핵 광선을 내뿜는 고질라의 장기는 세월이 흘러도 변치 않는 캐릭터이다. 미국에서는 '갓질라'나 '카이주'라고도 불린다.

영화는 일본인들의 핵 공포를 배경으로 방사능에 노출된 거대 괴수인 고질라를 내세워 핵에 대한 공포와 경계심을 그리고 있다. 이 영화에서는 도쿄 만 앞 바다에서 시작된 고질라의 출연으로 도쿄를 쑥대밭이 된다. 자위대의 무기로는 장악이 안되는 천하무적 고질라는 수상 관저로 향하는데, 결국 미국을 비롯한 UN군의 참전이 결정된다. 수상 이하 장관들이 전멸하자 젊은 일본의 수뇌부는 고질라 처치를 위해 발 벗고 나선다. 결국 일본의 자구책으로 고질라를 처치한다는 내용이다.

완성도를 높이려는 제작진의 노고에 비해 다소 어설픈 고질라 캐릭터와 외국인들이 보기에는 설득력이 떨어지는 줄거리는 자국용 영화의 한계를 보여준다.

▬ 〈자백〉 2016

뉴스타파(한국탐사저널리즘센터) 제작, 정재홍 시나리오, 최승호 감독작의 106분 다큐멘터리이다. 유우성, 유가려, 최승호, 김기춘, 원세훈이 출연하였다. 〈자백〉은 안기부와 국정원에 의해 저질러진 간첩조작사건을 파헤친 최 감독의 역작이다.

국정원은 가짜 증언을 유도해 멀쩡한 사람들이 간첩으로 내몰리고 심지어 고문 중에 억울한 죽임을 당하여 무연고자 묘에 묻히기도 한다. 범법자인 그들은 죄의식 없이 일반인들을 회유하고 각종 증거를 조작하는데, 국제 서류까지 위조했다. 그러나 손으로 하늘을 가릴 수는 없는 일이다. 사례자는 수없이 많은데 영화의 첫 사례자는 북한 출신 화교로 서울시 공무원으로 일하던 유우성이다.

국정원은 그를 간첩 혐의로 채포하고 그의 여동생인 유가려를 반년 동안이나 감금하고 거짓 자백을 받아내기에 이른다. 그래서 유우성은 간첩 혐의로 체포되어 억울한 옥살이를 한다. 그가 모친 사망 이후 고향인 북한의 회령으로 들어가 어머니 장례를 치르고 나와 재차 방북하였다는 것이 검사와 국정원의 주장이다. 그러나 그의 재방북 기록은 조작된 것이었다.

최 감독은 중국 현지를 돌며 추적해 증거인 입북 서류가 조작되었음을 밝혀낸다. 이런 간첩조작사건은 이승만 정권 시절부터 군부 시절을 거쳐 MB 정부 시절에 실제로 저질러진 최악의 범죄이다. 간첩으로 몰린 그들은 결국 재심에서 무죄를 선고받았지만, 수개월 혹은 40여 년간에 걸쳐 간첩으로 내몰렸다.

이 사실을 최 감독은 집요하게 추적하여 그들이 무고한 피해자임을 밝혀냈다. 김기춘 전 법무국장이나 원세훈 전 국정원장 그리고 담당 검사들은 이 영화에 본의 아니게 출연하게 되었다. 그들은 최 감독의 추궁에도 모른다거나 아니라고 부정한다. 더욱 무서운 것은 끝까지 외면하며 가려진 우산 속에서 미소를 머금고 있는 뻔뻔스러움이다. 진실을 왜곡하여 평범한 개인의 인생을 파멸시키고도 뉘우칠 줄 모르는 그들의 태도에 지독한 환멸이 느껴진다.

과거 군부독재 시절의 이데올로기 대치 상황에서 시작되어 왜 21세기에 들어서도 이런 일들이 그치질 않는지 의문이 든다. 그것은 정권 유지 차원에서 진행되고 법조인들조차 과거의 관습에서 벗어나지 못하고 구태를 이어가고 있기 때문일 것이다. 언론조차 그들의 보도 자료에 의해 입막음되고 있다. 이러한 적폐에 〈자백〉은 경종을 울리고 사회의 거울로서, 바른 사회로 나아갈 방향을 제시해 주고 있다. 탐사 다큐멘터리의 정수를 보여준 이 다큐멘터리는 2016년 전주국제영화제에서 신설된 다큐멘터리상 수상작으로 선정되었다.

▬ 〈택시운전사〉 2016

더 램프㈜ 제작, 엄유나 각본, 조슬예 각색, 장훈 감독, 윤석진, 오세영 무술감독이며, 송강호, 토마스 그레취만, 류준열, 유해진, 박혁권이 출연하였다.

1980년 5월, 일본에서 광주의 실상을 취재하고자 찾아온 독일 기자 위르겐 힌츠페터는 택시를 임차해 광주로 잠입한다. 택시 임차는 개인택시 김만섭(혹은 김사복, 물론 둘 다 가명이다)이 일당 10만 원을 받는다는 물심에서 시작된 일이다. 광주의 전남 도창 앞에서 벌어진 계엄군의 시민 학살극은 힌츠페터에 의해 촬영되었고 택시는 다시 서울로 향한다. 그러나 차 고장으로 현지 택시 기사의 집에서 하루를 더 묵게 된다.

김만섭은 사우디에서 3년간 일하다가 들어온 중동 파견근로자였다. 서울에 홀로 남겨두고 온 어린 딸을 생각하며 혼자라도 서울로 가겠다며 나서지만, 광주에서 목격한 현실을 그도 외면할 수는 없었다. 순천에서 국수 한 그릇을 비운 그는 다시 광주로 가서 힌츠페터 기자를 만나 도청 앞 현장을 찾는데, 이젠 그도 외지인 서울 기사일 수만은 없어 투쟁의 대오에 나선다.

이젠 서울로 가야할 시간이 되었고 그들은 광주 택시 기사들의 우정 어린 엄호를 받으며 무사히 광주를 벗어나 힌츠페터 기자는 무사히 일본행 비행기에 오른다. 이렇게 해서 그날 광주의 영상은 전 세계에 알려졌고 기록은 영원히 남게 되었다. 2003년 12월, 언론상 수상을 위해 한국을 다시 찾은 힌츠페터 기자는 김사복을 찾을 수 없었다.

이 영화는 영화적 픽션이 가미되어 극적인 완성도를 높였는데, 신군부 계엄군의 잔학한 현실과 광주민주항쟁을 평범한 소시민인 택시운전사의 시각으로 고발하고 있다. 2016년 유래 없이 뜨거운 광주에서 실감 나는 촬영을 마쳤고, 2017년 유일한 천만 관객 영화가 되었다.

■ 〈장강도長江圖〉 2016

양초楊超(양차오) 감독, 신지뢰, 진호, 담개, 오립봉 출연작이다. 장강(양쯔강)은 중국인들에게 특별한 의미가 있는 강이다. 그 장강의 이미지를 영상화시킨 대작이다. 인간사에서 시간과 공간의 흐름은 강의 흐름과 같다. 애정의 러브스토리의 서사 구조 역시 강의 흐름과 같다.

영화는 선원인 칭하오가 미지의 몸 파는 여인을 찾으며 인생의 구원을 찾는 여정을 보여주고 있다. 1989년을 배경으로 선원인 칭하오와 여주인공을 통해 일정 부분 사회적 감성을 대변한다고 연출의 변에서 밝혔다. 장강을 역류하며 촬영을 감행하였는데 배를 타고 가는 장면은 다른 배를 타고 가며 촬영했고 NG가 나도 돌아갈 수 없는 애로사항도 있었다고 한다.

제작 기간 10년이라는데 2008년 시나리오를 시작하여 2011년 완성하였고 투자를 받아 2012년 촬영을 시작하였다. 2012년 재투자를 유치해 영화를 완성하였다고 한다. 편집은 120번째 버전으로 완성하였다고 하니 심혈을 기울인 결과물이다. 20%는 디지털로 촬영하여 일부 장면이 튀는 느낌이 나지만, 그래도 2016년 베를린영화제에서 예술공헌상을 받았다.

▬ 〈천량지전: 새벽이 오기 전에天亮之前〉 2016

이 영화는 오중찬 감독, 곽부성, 양자산, 주우동, 안지걸, 고첩, 학뢰 출연작이다. 홍콩영화의 옛 향수를 자극하는 액션 멜로영화이다. 오중찬 감독은 대만 출신으로 1981년 7월 5일생이며, 2014년 〈대택남〉에 출연했고 〈마흔세 개의 계단〉등을 연출했다. 2014년 제19회 부산국제영화제에서 선재상을 받았다.

도박으로 인생이 망가진 주인공 까오예는 인질이 된 딸을 살리기 위해 누명을 쓰고 감옥살이를 한다. 그가 출옥하며 지난 8년간의 일이 회상되는데 그의 아내를 대신했던 매춘부 모모와의 애틋한 사랑 이야기는 감동을 주기에 충분하다.

이 영화는 태국을 배경으로 온갖 사회악을 보여주며 영화적 긴장감을 높이는데, 아시아인의 정서도 세계시장에서 통할 수 있다는 가능성을 보여준다. 이 정도의 설득력을 주는 시나리오도 드물 것이고 신인답지 않은 연출력을 보여준 오중찬의 다음 영화가 기대된다. 다소 작위적이지만 영화니까 하며 보다 보면 현대사회를 살며 메마른 감성을 달궈주는 감동작이다.

▬ 〈카페, 한 사람을 기다리다等一個人咖啡〉 2016

대만 강금림 감독작으로, 송운화, 브루스, 뢰아연, 주혜민이 출연하였다. 〈그 시절, 우리가 좋아했던 소녀〉의 구파도 감독 원작 소설을 영화화했다. 이 영화 역시 다분히 그런 소녀적 정서가 녹아있다.

두 사람이 만나 창업한 카페, 그녀만을 위한 커피를 만들어 주었던 그가 교통사고로 죽자 그녀는 슬픔에 모든 의욕을 상실한다. 리쓰잉은 죽음을 직면하고 죽은 이를 볼 수 있는 능력을 갖게 되며 두 사람의 사랑의 가교 역을 맡게 된다. 여학생 소설 같은 내용에는 홍콩식 유모와 누아르영화가 섞여 또 다른 재미를 보여준다.

홍콩식 유머라면 할리우드식의 유머와 홍콩식 만담이 어우러진 유머로서, 약간은 과장되며 인간의 웃음을 자극하며 스토리를 강화해 주는 유머이다. 이것을 극명하게 보여준 것이 홍콩영화 흥행 기록을 경신한 초원 감독의 〈72가방객〉이다. 72번가에 사는 세입자들이 쏟아내는 말잔치와 개그가 관객들을 흥분시키는 것이다.

이것을 주성치가 계승하며 홍콩영화 흥행 기록을 경신하고 나아가 〈미인어〉를 감독하며 전 중국영화 흥행 기록마저 경신한다. 조금만 움직여도 자지러지는 팬들의 환호엔 땀 뻘뻘 흘리며 온몸으로 열연하는 성룡도 어쩔 수 없는 일이다. 전통적인 방식을 언제까지 고수할 수는 없을 것이다. 새로운 신인들의 등장으로 언젠가는 장르를 탈피할 수밖에 없는 일이다.

〈카페, 한 사람을 기다리다〉는 어른이 되며 잊고 사는 감성을 일깨워 주는 청춘 로맨스이다. 이런 영화가 많이 만들어진다면 우리가 사는 세상은 더욱 따뜻해질 것이다.

▬ 〈컴, 투게더〉 2016

영화 아카데미 출신의 신동일 감독, 이혜은, 임형국, 채빈 출연작이다. 가족의 해체라 할 만큼 심각한 가족 간의 갈등을 겪는 현대인을 위한 치유영화이다.

실직과 직장에서의 각종 갈등, 또 대학 입시의 스트레스를 극명하게 겪고 있는 가족 구성원을 통해 이 시대를 살아가는 지혜를 알려준다. 해답은 사랑이다. 엄마 이혜은이 동료의 불륜을 목격하고 교통사고를 유발시키고 보여주는 일시적인 정신착란은 부자연스러운 억지 설정일 수 있으나, 노련한 연기로 극복하고 있다. 아빠 임형국도 윤락업소에서 체포되어 경찰서에서 보여주는 자기학대, 극 중 재수생으로 설정된 채빈이 명문대 예비후보자로 가슴 졸이는 상황은 누구나 공감되는 인간적 속성으로 설득력을 갖는다. 소소한 일상과 인간 군상들의 묘사가 이 영화의 설득력을 가지며 공감을 주고 완성도를 높여주고 있다.

▬ 〈훠궈전쟁火锅英雄〉 2016

양경楊慶(양칭) 감독, 출연은 천쿤, 바이바이허, 친하오 출연작이다. 인간의 상상력은 끝이 없고 어떤 상황과 인물을 배치할지는 수만, 수억 가지이기에 콘텐츠는 끝은 없는 무궁무진하다는 것을 실감하게 한 영화다. 영화는 세 명의 고등학교 동창생들이 동굴을 이용한 훠궈식당을 운영하며 펼쳐지는데, 운영난과 개인사정 등이 있지만 어떻게든 식당을 살려보고자 확장 공사하며 우연치 않게 옆 은행의 금고와 연결되며 벌어지는 액션극이다.

이들은 처음부터 금고를 털 생각은 없었지만, 그들의 여동창생이 은행에 근무한다는 사실을 알게 된다. 그래도 범죄자가 되어서는 안 된다고 생각하지만, 일은 꼬여만 가며 급기야 은행 강도가 은행을 털며 이들도 사건에 휘말리게 된다. 결국 사필귀정, 그들은 당당히 은행 강도와 맞서며 용감한 시민이 된다.

감각적인 연출과 이명세 감독의 〈인정사정 볼 것 없다〉와 박찬욱 감독의 〈올드보이〉를 오마주한 촬영(양경 감독의 연출력에 의한 우연의 일치일 수도 있다) 등 공들인 영상들이 인상적이다. 제20회 부천판타스틱영화제 부천초이스 부문에 선보였다.

━━ 〈가족은 괴로워 2家族はつらいよ2〉 2017

쇼치쿠 제작, 야마다 요지 감독, 하시즈메 이사오, 요시유키 카즈코, 니시무라 마사히코 출연작이다.

끊임없이 가족들과 갈등을 빚어오는 나이 든 아버지는 오늘도 운전 중 접촉사고를 낸다. 그런 아버지의 안전을 위해 운전만큼은 막아보겠다고 자녀들이 모인다. 그런데 하필이면 그날, 아버지는 옛 친구와 술에 취해 한 방에서 잤는데 그 친구가 숨을 거두고 만다. 가족들은 아버지를 원망하지만 망자의 장례식장에 모두 참석해 아버지를 위로한다.

〈남자는 괴로워〉 시리즈로 알려진 야마다 요지(1931년생) 감독의 달관한 인생관을 보여주는 홈드라마이다. 소소한 갈등을 딛고 함께 살아가는 가족의 모습을 통해 현대 가정의 단면을 보여주고 있다. 이 가족 구성은 처음 〈동경가족〉을 통해 만난 배우들과 계속 뭉쳐서 만들어 가고 있다. 한국에서 이러한 고령 감독의 작품을 만날 수는 없는 일일까?

━━ 〈강철비〉 2017

김우택의 뉴NEW가 중국과 합작하여 설립한 와이웍스엔터테인먼트가 창립작으로 제작하고 뉴가 공동 투자 배급하였다. 양우석의 웹툰 「스틸 레인」이 원작으로 양우석 감독, 이형덕 촬영, 이강희 편집이다. 정우성, 곽도원, 김갑수, 이경영, 김의성, 조우진이 출연하였으며, 러닝타임은 139분이다.

제목인 '강철비Steel Rain'는 넓은 지역을 일시에 초토화시키는 미군의 다연장 로켓포를 이르는 말이다. 북한의 김광동이 쿠데타를 일으켜 북한 1호가 피격되어 남한으로 급히 이송된다는 설정이 영화적이다. 이 같은 상황은 영화 속에서 얼마든지 가능한 일들이지만, 우연이 반복되며 스토리는 일방적으로 전개된다.

영화는 가상의 이야기이지만 현실감 넘친다. 이것이 이 영화의 강점이다. 논리적으로 풀기보다는 감성에 호소하는 것이 관객들에게 어필될 수 있는 요소이다. 청와대 안보수석인 곽철우는 1호를 피신시킨 곽철우를 우연히 만나 그를 이해하며 남북의 평화를 모색하게 되는데, 박광동은 반군에 의해 사살되고 북한 지휘 통제실은 정찰총국장 리태한에 의해 점거된다. 핵전쟁의 위기 속에서 1호를 빼내기 위해 국군수도병원이 공격당하고 엄철우는 이를 막아낸다.

두 명의 철우는 땅굴 앞에서 이별하고 엄철우는 북으로 돌아가 핵전쟁의 위기를 죽음으로 막아낸다. 이후 남과 북은 핵무기를 반반씩 나눠가지며, 영구 평화를 보장받는다는 다소 황당한 만화적 결말로 끝이 난다. 냉전의 시대에서 남한 입장의 창작력이 만들어 낸 결과물이다. 영화사는 천만 관객을 목표로 했지만 결과는 절반의 성공이다.

▬ 〈공범자들〉 2017

뉴스타파 제작, 정재홍 각본, 최승호 감독, 최형석 촬영, 이명박, 김장겸, 고대영, 김재철, 안광한, 백종문, 박상후, 길환영 등 전현직 사장 및 임원들과 김경래, 김보슬, 이용마, 김연국, 성재호, 김민식 등 전 현직 기자와 PD들 출연작이다. 지난 10여 년간 KBS와 MBC에서 벌어진 낙하산 사장들의 정권과의 결탁을 고발한 영화이다. 2016년 10월에 개봉한 〈자백〉에 이어 최승호 감독이 자료 화면과 치열한 촬영으로 만들어 낸 역작이다.

이명박 정부가 들어서며 정권의 방송 길들이기가 시작되었고, 박근혜 정부까지 하나같이 정권의 하수인을 사장에 앉힌다. 왜들 그렇게 못나고 바보 같은지 최승호 기자의 인터뷰 요청에 하나같이 도망치기 바쁘다. 그중 야단치는 김 모 사장도 놀라 허둥대며 말이 헛나간다. 그래도 해직 당사자로서 사과의 말 한 마디를 듣고 싶은 최 감독은 끝까지 쫓아가는데, 사장은 어디론가 도망쳐 놓치고 만다.

점점 대담해지는 최 감독은 이명박 전 대통령을 기다려 4대강 사업의 실책을 꼬집어 묻는다. 실실 웃으며 피하는 이 전 대통령의 모습 또한 낙하산 사장과 다를 바 없다. 이 전 대통령이 어디 근무하냐고 묻자 "뉴스타파"라고 당당히 답하는 그는 그야말로 지금 방송과 영화계의 영웅이다. 간담회에 참석한 모 PD는 관객 300만 명이 들어 김장겸 사장을 몰아내자며 하소연하였다. 총 관객 수는 26만여 명이다.

■■ 〈남한산성〉 2017

㈜싸이런 픽쳐스 제작, CJ엔터테인먼트 배급, 김지연 기획, 송해성, 황동혁 각본, 황동혁 감독, 김지용 촬영, 조규영 조명, 류이치 사카모토 음악, 김훈 원작의 〈남한산성〉을 영화화했다. 기획자 김지연은 김훈 작가의 딸이다. 이병헌, 김윤석, 박해일, 고수, 박희순, 송영창, 조우진, 이다윗이 출연하였다. 이 영화는 추위와 함께 흩날리는 눈발 속 대 액션의 장엄함을 담아낸 수작이다. 제37회 한국영화평론가협회상에서 작품상 등 4관왕 수상작이다.

정묘호란에서 살아남은 인조 14년인 1636년, 다시 병자호란이 일어났다. 명에 대항해 만주를 본거지로 한 후금의 청은 조선을 수하에 두고자 진군한다. 임금은 청군을 피해 남한산성으로 숨어드는데, 성의 백성들만 죽을 노릇이다. 유난히 추웠던 그해 겨울 47일간 성안에서는 친명척청親明斥淸의 척사파 예조판서 김상헌(김윤석)과 화청주의인 주화파 이조판서 최명길(이병헌)이 첨예하게 맞선다. 성내의 대장장이 서날쇠(고수)를 지원군이 있는 검단산으로 급파한다. 그러나 검단산에 있던 무능한 장수들은 면책하기에 급급해 날쇠를 죽이려 든다. 어처구니없는 일이지만, 평소 그가 말한 "나는 벼슬아치들은 믿지 않는다"가 그대로 맞아떨어진 것이다.

한편 산성의 무능한 왕은 아무런 결정을 못하고 시간만 보내고 있다. 청의 맞서 끝까지 싸우자는 예판의 노력에도 불국하고, 백성과 나라를 살리고자 왕의 서찰을 전하는 이판의 노력으로 결국 무기력한 왕은 삼전도의 치욕을 겪고 조선왕조는 영위된다. 당시 청으로 50만 명이 끌려갔다는데 살아남은 모든 이는 눈에 보이는 대로 붙잡혀 갔을 것이다. 이 영화가 과거의 역사가 아닌 현재의 현실로 비추어지는 건 비단 나뿐만이 아닐 것이다.

■■ 〈너의 췌장을 먹고 싶어君の膵臓をたべたい〉 2017

스미노 요루 원작, 요시다 토모코 각본, 츠키카와 쇼 감독, 하마베 미나미, 키타무라 타쿠미, 키타가와 케이코, 오구리 슌 출연작이다.

첫 사랑의 아련한 추억을 가슴에 담고 사는 고등학교 교사 하루키는 어느 날 도서관 이전으로 장서 목록 정리를 책임지게 된다. 그는 이미 과거 학생일 때에도 이 일을 한 적이 있다. 그때 같이 이 일을 했던 동급생 사쿠라와의 추억은 남다른 것이 었는데 그녀는 1년이라는 시한부 삶을 사는 환자였다.

결국 그녀와 버킷리스트를 함께하며 친한 친구 사이는 점점 깊어만 가는데, 어느 날 그녀는 퇴원을 하고 어이없게 묻지 마 살인을 당한다. 장서 정리 중 그녀가 남긴 유서를 발견한 하루키는 편지의 수신인인 교코를 찾아간다. 망자의 유서를 받은 교코는 결혼을 앞두고 눈물을 감추지 못한다.

"너의 췌장을 먹고 싶어"는 소녀의 마지막 대사이다. 자신의 아픈 부위를 알려주며 사랑한다는 반어법으로 사용하였는데, 영원한 사랑을 기약하는 제목이다. 소녀적 감성과 아저씨의 순정이 가슴 먹먹한 감동을 전해주는데, 캐스팅이 절묘해 리메이크는 힘들 것 같은 영화다. 〈러브 레터〉, 〈세상의 중심에서 사랑을 외치다〉 등 일본 로맨스영화의 맥을 잇고 있다. 원작은 2016년 250만 부가 팔린 일본 베스트셀러 1위의 소설이다.

■■■ 〈도쿄 구울東京喰種〉 2017

쇼치쿠 제작, TV 애니메이션 〈도쿄 구울〉 원작, 하기와라 겐타로 감독, 쿠보타 마사타카, 시미즈 후미카, 아오이 유우, 스즈키 노부유키 출연작이다. 이 영화는 제21회 부천국제판타스틱영화제 월드판타스틱 레드 섹션에 출품되었다.

미국에서 드라큘라가 만들어지고 진화하여 좀비가 생겨났다. 한국에서 미녀 시리즈로 흡혈귀영화가 있더니 여고생 괴담영화가 만들어졌다. 일본에서는 1960년대 〈요괴 인간〉이라는 애니메이션이 있었고, 이후 괴수영화 〈고질라〉가 시리즈로 만들어지는데 〈도쿄 구울〉은 이 모든 것을 괴수화시킨 영화이다. 요괴인간의 괴수화인데 다분히 만화 같은 내용이다. '구울'은 식시귀食屍鬼(아랍어: الغ 구울)로 인간의 육체를 먹는 아랍 신화에 나오는 괴물이다.

동경의 어느 곳에는 구울이 존재하는데 그들은 인육만을 먹을 수 있는 특이한 괴수들이다. 그들은 인간을 잘 알기 위해 커피숍을 차려놓았고, 그들만의 생존을 도모하는 은밀한 공간이다. 어리숙한 대학생 카네키는 사모해 오던 여대생과 드디어 첫 데이트를 하며 저녁을 함께하게 되는데, 알고 보니 그녀는 구울이었다. 그는 그녀의 먹이가 될 뻔하지만 구사일생으로 살아난다. 그러나 그는 이미 구울에게 물리고 또 그녀의 장기를 이식받아 살아나며 반인반수가 된다. 그 역시 생존을 위해 인육을 먹어야 하지만 반쪽짜리 구울이어서 인육 먹기를 거부한다. 인간의 식생활은 입맛에 맞지 않다는 것인데, 이후 그가 어떻게 식욕을 해결하는지에 대한 설명은 없다. 혐오스러운 주인공의 식생활이 공감대 형성에 맞지 않기 때문일 것이다. 이것이 괴수인간 영화의 한계이다.

이야기는 그들을 쫓는 수사팀의 추격전과 반인반수 카네키의 구울화 과정으로 전개된다. 결국 카네키의 무술 수련 과정이 보이며 그는 대결 끝에 수사팀을 물리친다. 구울도 생존의 권리가 있다는 엔딩은 다분히 만화 원작스럽다. CG로 괴수 장면을 보여주며 더욱 만화스러운데, 괴수영화의 대단한 진화가 아닐 수 없다.

━━ 〈매소드〉 2017

모베터 필름 제작, 방은진 각본·감독, 김형석 촬영, 이내경 미술, 김준성 음악이며, 박성웅, 오승훈, 윤승아 출연작이다. '매소드'란 배우가 정신과 육체 등 모든 면에서 극 중 인물에 이입되어 연기하는 것을 말한다. 연극 무대를 소재로 한 이 영화는 지루하거나 딱딱할 수 있다는 편견을 떨치고, 살아있는 배우들의 연기력을 만끽시킨다. 배우 출신 감독에는 선입견이 따라붙는데, 2005년 데뷔한 방 감독은 이제 어엿한 중견 감독으로 자리 잡았다.

사고뭉치 아이돌 스타 영우(오승훈)가 첫 무대에 선다. 중견 배우인 재하(박성웅)는 그를 연기의 세계로 인도하며 그와 극적 상황처럼 묘한 감정을 갖게 되고, 부인 희원(윤승아)과 갈등을 겪으며 무사히 첫 공연을 마친다.

연극배우들이 무대에서 연기에 몰입하면서 타자화되며 자아와 혼동을 일으킨다는 소재는 충분히 공감이 간다. 그리고 이와 같은 진솔한 영화로 탄생되었다. 분명 감독이 연기자 출신이기에 더 설득력 있는 공감대를 주는 면이 느껴진다.

감독과 배우의 열정이 빚어낸 가작으로 연기의 정수를 보여준 박성웅 배우의 재발견이기도 하다. 극 중 연기에 몰입되며 나누는 두 남배우의 키스신은 오래 기억될 것이다. 23일 중 3일간 이동하고 18회차로 영화를 완성한 저예산 영화의 승리이다.

▬ 〈목소리의 형태聲の形〉 2017

쇼치쿠 제작, 야마다 나오코 감독작으로, 129분 길이의 애니메이션이다. 한국어 성우는 엄상현이다.

말더듬이의 장애를 가진 초등학생 소녀 니시미야 쇼코가 전학을 오자 반에서 왕따에 시달린다. 그 주범인 쇼야는 6년이 지나 고등학생이 되어 그녀를 찾아와 사과를 하려 하지만 모든 게 서툴다. 쇼코는 동네에서 불꽃놀이가 시작되자 세상에서 버림받은 자신의 처지를 비관하며 투신자살을 시도하는데, 때마침 심부름 온 쇼야에 의해 구조된다. 그녀를 구하며 대신 강물에 떨어져 부상을 입은 쇼야는 이 과정에서 학교에서 학생들과 시선을 마주치지 못한 핸디캡을 극복하게 되고 쇼코와도 관계를 회복한다. 시선을 마주치지 못하는 쇼와의 입장에서 상대 학생들의 얼굴을 X로 처리한 발상은 귀엽기까지 하다.

이 영화의 특별한 점은 인간의 심성을 아주 편하게 보여준다는 점이다. 베리어프리영화제에서 상영되었는데 아름다운 인간의 심성을 잘 표현하고 있어 선정되었을 것이다. 청각장애인들이 자막만으로 영화를 읽고 듣는다는 점에서 이 영화는 전달력이 뛰어난 애니메이션이라고 할 수 있다.

▬ 〈보안관〉 2017

사나이픽처스 제작, 김형주 각본·감독, 이성민, 조진웅, 김성이 출연작이다. 기존의 형사영화와 다른 버전의 영화가 나왔다.

주인공인 형사 최대호는 마약범을 과잉수사하다가 사고를 치고 부산 기장군으로 낙향한다. 그는 오지랖 넓게 동네일에 나서 온갖 일을 해결해 주며 보안관처럼 살아간다. 그러던 어느 날 비치타운을 건설한다며 종진이 기장에 나타나는데, 그는 과거 최대호에게 붙잡힌 마약사범이었다. 그는 선량한 모습으로 변신했지만 실상은 아시아 최대의 마약범 뽀빠이였다. 대호의 끈질긴 추적 끝에 그는 본색을 드러내고 결국 체포되고 만다. 졸지에 큰 공을 세운 대호는 다시 복직되며 해피엔딩으로 끝이 난다.

이 영화에는 극 중 〈영웅본색〉에 환호하는 장면이라든가 실제로 주제음악을 테마곡으로 사용하는 등 과거 누아르영화에 대한 향수를 보여준다. 감독의 홍콩 누아르에 대한 오마주이지만 이 영화는 과거에만 연연하지 않는 21세기 버전이다. 과거 누아르영화에 뿌리를 둔 것이지 이 영화는 전혀 새로운 형사와 범죄자를 보여주고 있다. 신인 감독의 데뷔작으로 차기작이 기대된다.

■ 〈불한당: 나쁜 놈들의 세상〉 2017

CJ엔터테인먼트 제작, 변성현 각본·감독, 설경구, 임시완, 김희원, 전혜진, 이경영 출연작이다. 이 영화는 칸국제영화제에 출품되었고, 일본에서는 〈이름 없는 들개의 윤무〉라는 제목으로 개봉되었다. 마약 밀수 조직에 잠입한 경찰 현수(임시완)와 조직의 일인자가 된 악당 재호(설경구)와 인정과 의리담이다. 〈검사외전〉 이후 교도소 배경의 영화는 〈슬기로운 감방생활〉 등의 드라마를 비롯하여 대세이다. 이 영화는 감방 생활이 오프닝으로 보이지만 전체 내용은 악당들과 경찰의 수 싸움과 살아남기 스토리이다.

흡사 오우삼 감독의 〈영웅본색〉이나 〈무간도〉 시리즈라도 보는 듯한 느낌인데, 〈신세계〉와 〈무뢰한〉에 익숙한 관객들로서는 각본과 연기, 촬영이 세련되었어도 전체적으로 새롭지 않은 게 흠이다. 그런저런 이유로 이 영화는 흥행에서 실패했다. 그러한 진부함으로 경찰과 악당의 브로맨스는 이제 한물 간 소재가 아닐까 싶은 생각이 든다.

■ 〈블리딩 스틸機器之血〉 2017

성룡 제작, 장립가 감독, 성룡, 칼란 멀베이, 테스 호브리치, 나지상, 구양나나 출연작으로 중국·홍콩·대만·호주 합작영화다. '블리딩'은 '출혈'이라는 뜻으로, '블리딩 스틸'은 '쇠로 만든 인공심장'이라는 의미이다.

SWAT 요원인 린 팀장(성룡)은 시드니를 배경으로 생체병기 괴물과 한판 대결을 벌인다. 딸의 몸에 이식된 생체병기를 공유한 괴물은 인간이 상대하기엔 너무 강력하다. 그래도 딸의 생명을 구하기 위해 린 팀장은 시공간을 초월해 괴물을 추적해 그를 산산조각 낸다.

오랜만에 액션다운 액션을 보여주는 성룡 영화이다. 그러나 〈취권〉에서 보이는 인간적인 체취는 건조해졌고 단지 액션을 소화해 내는 느낌이 강하다. 이와 같은 변화이지만 성룡의 액션이 빛바랜 것은 아니고 나이 들고도 이런 액션을 소화할 수 있다는 것이 그를 한층 더 빛나게 한다.

물론 성가반의 무술팀들이 노련한 노하우로 성룡의 지켜주기에 가능한 일일 것이다. 이소룡이 살아있어 나이가 들어 출연한다고 해도 이와 같은 상황이었을 것이다. 영화는 SF적인 요소를 가미하여 무술액션은 최소화시키고 특수효과의 볼거리를 보강했다. 시드니 오페라 하우스 지붕 위에서 벌어지는 액션은 오랫동안 기억될 이 영화의 하이라이트이다.

▬ 〈산상수훈〉 2017

〈산상수훈〉은 유영의 감독이 제작·각본·감독·편집을 혼자 도맡았다. 유영의 감독은 대한불교조계종국제선원의 원장을 맡고 있는데, 이미 2007년 단편영화 〈색즉시공 공즉시색〉으로 데뷔하였으니 데뷔 10년차의 감독이다.

한국영화 사상 초유의 기독교(성경) 이야기로, 그동안 인물이나 극영화가 제작되지 않은 건 아니지만 120분짜리 장편영화는 초유의 일이다. 단순히 기독교 소재의 영화라는 것이 화제일 수는 없고 정통 영화인이 아닌 스님에 의해 이런 작품이 완성되었다는 것이 놀랍다. 물론 기술 스태프나 후반작업 참여자들은 모두 전문 영화인이다. 1997년에 제작된 배용균 감독의 〈달마가 동쪽으로 간 까닭은?〉이 연상되는 것도 비영화인이 1인 다역으로 제작하였다는 스타일의 유사성 때문일 것이다.

'산상수훈'이란 '산 위에서 내린 교훈'이라는 뜻으로, 신약성서 마태복음 5~7장에 실린 예수의 설교이다. 이런 소재를 감독한 이가 바로 스님이라는 것도 특이하다. 종파를 떠나 그가 만들고자 하는 4대 성인, 즉 소크라테스, 예수, 공자, 석가모니 시리즈 중 소크라테스에 이은 두 번째 편이다. 2012년 작 〈소크라테스의 유언〉은 세계 여러 영화제에서 수상한 영화로, 철학적인 어려운 내용을 모두가 공감할 수 있는 쉬운 내용으로 만들었다.

〈산상수훈〉의 장점은 예수의 말씀을 기록한 성경을 알기 쉽게 대해부하는 것이다. 신학대 학생 여덟 명을 등장시켜 토론을 하며 성경의 내용을 소개하는데, 챕터를 나누어 자연스럽게 진행되어 지루할 수 있는 내용을 이해하기 쉽게 만들었다.

물론 성경에 무관심한 관객들의 외면을 받을 수는 있지만, 신도들이나 관심을 가진 관객들은 흥미롭게 볼 수 있는 영화이다. 2016년 10월에 배우 오디션을 시작으로 장장 8개월에 걸쳐 제작되었다. 필자가 제작 전반의 자문을 맡은 프로덕션 슈퍼바이저로 참여했다.

━ 〈아버지와 이토 씨お父さんと伊藤さん〉 2017

타나다 유키 감독, 우메노 주리, 릴리 프랭키, 후지 타츠야 출연작이다.

오빠와 살던 74세의 아버지가 어느 날 갑자기 34세의 딸 아야의 집으로 찾아온다. 아야는 스무 살이나 차이가 나는 이토와 동거 중이다. 아버지는 짐짓 무관심한 척하나 슬쩍슬쩍 알고 싶은 모든 것을 알아낸다. 그런 아버지는 예절에 관한 본인의 철학을 잔소리처럼 늘어놓아 아야를 곤란하게 만든다. 그러나 아버지의 잔소리가 틀린 건 하나도 없다. "저녁 식사는 가족이 모두 모여 같이 먹는다", "스푼을 빨아먹지 않는다" 등 우리가 잊고 사는 당연한 이야기들이다.

그런 아버지는 큰 상자 하나를 애지중지하며 절대 손대지 못하게 하는데, 모두 궁금해할 뿐이다. 그러던 어느 날 그는 메모 한 장을 남기고 홀연히 사라진다. 남은 사람들은 그를 찾으려 하지만 아버지에 대해 아무것도 아는 것이 없음을 새삼 깨닫는다. 이때 이토가 아버지의 소재지를 찾아오는데, 그곳은 바로 큰아버지가 살던 집이다. 이토가 운전하여 오누이는 아버지의 고향을 찾아가 그곳에서 아버지를 만난다.

아버지는 그곳에서 살겠다며 고집은 꺾지 않다가 이토의 제안에 따라 일단 동경으로 돌아가기로 한다. 그때 갑자기 벼락을 동반한 폭우가 쏟아지며 아버지가 내내 이야기하던 감나무가 벼락을 맞아 불타고 집까지 불타버린다. 아버지는 그 와중에 문제의 박스를 챙겨 나오는데 그 안에 든 것은 바로 스푼들이다. 가족들의 우애를 철칙으로 알았던 아버지의 유품일 수도 있는 스푼 박스는 모두에게 보여주는 의외의 내용물이며 메시지이다. 동경으로 올라온 아버지는 또 한 번 폭탄선언을 하여 아야를 놀라게 한다. 딸에게 부담을 주지 않으려고 요양원으로 간다는 것이다. 누구도 막을 수 없는 아버지의 선언에 모두 망연자실하는데 아야는 멀어져 가는 아버지를 따라 뛴다.

엔딩 5분 전까지도 도대체 결말이 안 보였는데, 감독은 이렇게 끝을 맺는다. 아야의 행동에 아버지는 어떤 결단을 내릴지 열린 결말이다. 눈물을 흘리게 하거나 슬픔과 연민은 없지만 아버지의 사랑과 가족애를 이 영화는 웅변하고 있다. 아버지의 설 자리가 점점 사라지는 요즈음 새삼 아버지의 빈자리를 생각하게 하는 영화이다.

■ 〈악녀〉 2017

정병길 각본·감독·제작, 뉴 배급의 영화이다. 김옥빈, 신하균, 성준, 김서형이 출연하였다. 영화 포스터에 소개된 첫 장면은 한국 액션영화사상 유례없는 과장과 현란의 극치이다. 잔인하다기보다 무자비한 도륙전의 주인공이 여성이라니 관객들은 이 장면이 롱테이크인지 편집된 것인지조차 느끼질 못하며 눈을 떼지 못한다. 몇십 명의 악당들을 상대로 벌어지는 여성의 무지비한 살육전은 죽은 이의 숫자로는 세계영화사상으로도 유례가 없다.

이후의 장면들이라고 예사로운 것은 아니다. 극한 상황들로 설정하여 살인기계로 바뀐 인간을 적나라하게 보여준다. 조선족과 국가정보원이 등장하는 내용은 중요치 않고 오로지 극한상황 연출에 치중한 영화이다. 그런 점이 어필하였을까? 칸국제영화제 미드나잇 스크리닝 섹션에서 호평을 받았다는 소식이다.

■ 〈여배우는 오늘도〉 2017

문소리 감독·각본·주연, 김지현 촬영, 류시문 조명의 71분 영화다. 성병숙, 윤상화, 전여빈, 이승연이 출연하였다. 모처럼 소리 내어 웃으며 본 따뜻한 영화이다. 한물 간(?) 여배우의 일상을 통해 영화에 대한 집념을 그린 코미디이다. 문소리의 자전적인 내용을 다루고 있지만 감독은 창작된 이야기라고 밝히고 있다. 그러나 기자회견에서 얼마쯤은 실화를 바탕으로 했을 수도 있다고 한다.

1~3막으로 옴니버스 형태를 취한 이 영화는 여배우의 솔직한 고백담 형식을 취하고 있다. 이제 섭외도 줄어들고 들어오는 섭외는 대학생 아들을 둔 푸줏간 집 아낙 정도이고 그나마도 특별출연으로 출연료도 없다. 이런 상황에서 며느리, 딸, 엄마, 아내의 역할도 해야 하니 슈퍼우먼이 되어야 하고 버텨내기엔 너무 버겁다.

남들은 돈 많은 여배우라고 착각하고 있는 것도 못 견딜 일이다. 등산 가서조차

맘대로 즐길 수 없고 팬이라는 남자들은 스트레스만 준다. 도대체 어떻게 해야 할까? 예술파 감독이었던 이 감독의 장례식장에서 만난 동료배우와 신인배우 사이에 그녀의 분노는 눈물로 승화된다.

엔딩 장면에서 감독을 해보겠다는 동료 배우의 푸념에 "감독은 아무나 하나, 연기나 잘해"라며 충고한다. 보고 나서 생각할 수 있는 그러면서도 따뜻한 시각의 영화라 누구에게나 추천하고 싶다.

■■ 〈역모, 반란의 시대〉 2017

픽소, (주)월 픽쳐스 공동 제작, 스톰픽쳐스코리아 제공 배급, 김홍선 감독작이다. 정해인, 이원종, 김지훈, 조재윤, 홍수아, 박철민, 박노식이 출연하였다. 1728년 영조 4년, 이인좌의 난을 소재로 이인좌와 그를 따르는 5인방과 김호라는 일개 포졸과의 대결을 그리고 있다. 불안한 정국 속에 반란죄로 투옥된 이인좌가 탈옥하며 벌어지는 하룻밤 사이의 대환란이다. 일개 포졸이 강호의 최고수를 상대로 절대무공을 제압한다는 설정인데, 만화 원작이라 다소 황당한 이야기이지만 볼만한 무술 액션으로 상쇄되어 잘 만들어진 액션영화이다.

제작 기간이 2년 반이라니 제작진의 노력이 상상 이상이다. 같은 소재의 TV드라마가 방송된 바 있지만, 이 영화가 먼저 촬영되고 있었고 긴 제작 기간을 거쳐 관객과 만났다.

무협이라는 소재는 무엇이든 가능한 상상 속의 이야기이다. 창의력이 그만큼 뛰어난 것인데 실사와 더불어 CG 작업으로 현란한 핏빛 대결을 완성하였다. CG외에도 무술팀의 노하우가 잘 녹아들어 한국 무협 액션영화도 상당한 경지에 올랐음을 보여주고 있다. 액션영화가 평단에서 환호 받지 못하는 장르라서 아쉽게도 별 홍보도 없이 개봉되었다.

■■ 〈원죄〉 2017

문신구 감독이 무명의 배우 다섯 명과 저예산으로 촬영한 영화이다. 이 영화는 베를린영화제에 출품되었고, 새롭게 흑백 버전의 영화로 재편집하여 개봉하였다.

소아마비로 인해 깊은 좌절을 느끼며 사는 남자는 열다섯 살의 딸과 함께 산다.

부인은 이미 도망친 지 오래다. 새로 부임한 수녀는 그들 가족이 염려스러운데 남자는 그녀에게 이성적인 호기심으로 접근한다. 결국 딸은 아버지를 죽이고 자살하고 수녀는 파문하여 성당을 떠났다고 할머니가 되어 다시 찾아온다.

▬ 〈유리정원〉 2017

준 필름 제작, 신수원 감독, 임충근 프로듀서, 윤지운 촬영, 정재훈 시각 효과, 강성훈 조명, 류재아 음악, 이영림 편집이다. 문근영, 김태훈, 서태화, 임정운, 수희, 박지수가 출연하였다.

엽록체라는 식물의 혈액을 연구하는 재연(문근영)은 지도교수(서태화)와 후배에게 연구 아이템을 도둑맞고 고향 숲속의 유리정원에 갇혀 인공혈액 연구에 몰입한다. 한편 선배 작가에게 표절 시비로 문단에서 매장된 신인작가 지훈(김태훈)은 재연이 살던 방에서 나무에서 태어난 아이라는 그림과 메모를 보고 그녀를 찾아 유리정원으로 간다. 그곳에서 몽환적인 분위기의 여러 정황은 그로 하여금 실화를 소재로 한 소설 한 편을 쓰게 된다.

다소 난해한 판타지영화인데 CG를 비롯한 미술팀과 감독의 창의력은 높이 살만하고 차기작을 기대하게 한다.

▬ 〈임을 위한 행진곡〉 2017

무당벌레필름 제작, 박기복 감독의 각본·감독 데뷔작이다. 김꽃비, 김부선, 이한위, 전수현, 김채희, 김효명, 한다희가 출연하였다. 다소 생경한 신인들이 대거 출연한 영화로 과거와 현재를 오가며 1980년 5월 광주의 이야기를 담아냈다. 광주문화산업진흥원의 시나리오 공모전 당선작으로 감독이 겪은 5·18민주화운동의 아픔을 생생하게 그려냈다. 영화의 스케일에 비해 저예산인 20억 원으로 어렵게 만들었지만, 영화적인 완성도는 어느 영화보다도 높다. 그날의 아픔을 지닌 채 살아온 주인공 희수의 정신장애 어머니의 삶을 통해 치유되지 않은 광주의 아픔을 생생하게 재현해 내었다. 박근혜 정부 당시에 기획하여 3년 이상의 힘든 촬영 끝에 완성하였다.

■ 〈청년경찰〉 2017

(주)무비락·(주)도서관옆스튜디오·베리굿스튜디오(주) 공동 제작, 김주환 각본·감독, 강하늘, 박서준, 성동일, 박하선 출연작이다. 의욕 충만한 두 명의 경찰대생이 겪는 모험담이다. 예전 할리우드영화 〈폴리스 아카데미〉의 2017년 버전이다. 순제작비 45억 원이 들어갔다는데 〈혹성탈출〉과 동시에 개봉되어 흥행이 좀 부담스러운 상황이었다. 게다가 최승호 감독이 만든 〈공범자들〉도 기다리고 있었다. 홍보 배급을 포함한 총제작비 70억 원에 200만 명의 관객이 들어야 손익분기점을 넘어서는 상황에서 개봉 첫 날 30만 관객 동원을 하여 순조롭게 출발하였고, 총 관객 수 565만 3천여 명으로 기대 이상의 호조를 보였다.

■ 〈파라독스殺破狼·貪狼〉 2017

〈파라독스〉는 엽위신 감독이 2005년에 만든 〈살파랑〉의 연작이다. 러닝타임은 101분이고 출연은 고천락, 오월, 토니쟈, 임가동으로, 실종된 딸을 찾아 태국으로 간 경찰관이 벌이는 부성애 가득한 영화이며 〈테이큰〉의 홍콩 버전이다.

태국 파타야에서 납치된 딸 윙지(한나 찬)를 찾아 그곳으로 간 홍콩 경찰 리(고천락)는 중국계 경찰 초이킷(오월)의 도움을 받아 직접 수사한다. 윙지는 장기매매 조직에 의해 납치되었고 심장마비를 일으킨 방콕 시장 후보에게 이식된다. 사건의 비밀을 풀어가는 리의 수사 끝에 이 사건의 내막과 직면하며 거대 세력과 마주하며 분노를 억누를 수 없게 된다. 리는 사건의 주범인 후보의 보좌관인 정혼수(임가동)를 직접 처단하고 스스로 목숨을 끊는다.

스토리는 〈테이큰〉과 흡사한데 배경을 태국으로 설정하였고 볼거리로 차별화시켰다. 동료 형사로 나온 탁 형사(토니 쟈)의 액션이 탁월하다. 아쉬움에 굳이 흠을 잡는다면 스토리는 잘 짜여있지만, 리의 고뇌가 관객에게 먼저 다가서지 못하는 듯한 느낌이다. 관객의 공감을 끌어내는 데 한 박자 늦다고나 할까? 때에 따라서 스토리와 연출은 지루하고 진부하게 보인다. 그건 순전히 관객의 눈높이가 과거와 다르게 높아져서인데, 유사 장르의 영화들의 완성도가 그만큼 높아졌기 때문일 것이다. 액션연출은 홍금보이며 뛰어난 옥상의 격투 장면을 연출했다. 고천락은 액션과 분노를 잘 연기해 제37회 홍콩 금상장영화제에서 남우주연상을 받았다.

■ 〈푸른 노을〉 2017

마이더스 필름 제작, 박규식 감독, 박인환, 오미희, 남경읍 출연작이다. 이 영화는 밀레의 〈만종〉을 연상시키는 한 폭의 영상시이다. 우리 이웃의 소외된 노인을 소재로 누구나 겪어야 할 우리의 노년과 인생의 이야기를 담담히 그려낸 수작이다. 제작과 흥행이 여의치 않을 노인을 소재로 이처럼 아름다운 영화 한 편을 만들어 내었다.

■ 〈쿵푸 요가功夫瑜伽〉 2017

당계례 감독, 성룡, 증지위, 레이, 리즈팅, 디샤 파타니 출연작이다. 인도로 가서 보물 탐사를 벌이는 잭 교수(성룡)의 보물 추격담은 스티븐 스필버그의 〈레이더스〉를 연상시킨다. 그러나 나이 탓이겠지만 성룡의 출연작치곤 액션은 줄고 대사는 늘었다. 그렇다고 성룡이 보여주는 액션이 약한 것은 아니다. 오히려 그 나이에 맞는 액션 이상을 보여준다. 액션 양의 조정은 어쩔 수 없는 현상이며 성룡에게 맞추어진 것이다. 성룡에 대한 당계례 감독의 배려와 보은일 수도 있다.

이 영화는 다분히 할리우드 스타일로 촬영되어 볼거리를 제공하며 마지막 장면은 전형적인 발리우드영화 같다. 인도, 두바이, 아이슬란드 로케이션 등 스케일이 큰 만큼 흥행에 대한 기대에 부응해, 중국에서 춘절에 개봉되어 역대 성룡 영화 중 흥행 최고 기록을 수립했다. 흥행 수익 2억 5천만 불을 돌파하고 중국 역대 흥행 기록 5위를 기록하였다. 성룡의 이름이 아직도 유효하다는 것을 입증한 영화이며, 당계례 감독의 능력을 보여준 영화이기도 하다.

■ 〈1987〉 2017

CJ엔터테인먼트 제작의 장준환 감독작이다. 출연은 강동원, 하정우, 김윤석, 김태리, 유해진, 여진구, 박희순, 이희준, 오달수, 우현 등이다.

1987년 민주화 운동의 신호탄이 된 박종철 물고문 사건, 이한열 열사의 죽음을 소재로 한 영화이다. 1980년대 정권을 잡은 5공 군부의 개헌을 저지하기 위한 극한의 몸부림으로 그들은 죽음을 맞았다. 남영동 대공분실에서의 참혹한 죽음 후 최루탄에 희생된 이한열 열사의 죽음으로 6·29민주화선언이라는 정권의 항복을 받아내기까지가 주요 줄거리이다. 그들 열사의 죽음에 관련된 여러 사람의 상황이 사실적으로 그려져 흡사 한 편의 다큐멘터리를 보는 듯한 느낌이다. 특히 김윤석의 악역 연기는 전형적인 규범을 보이며 영화의 긴장감을 높였다.

당대를 겪은 누구나가 공감하는 소재이지만, 그동안 누구도 기획하지 못했고 오랜 기획 기간을 거쳐 힘들게 제작되었다. 한국 현실에서 제작이 힘든 정치영화로 촛불 시위와 맞아떨어졌으니 선견지명이 있는 영화이다. 〈지구를 지켜라〉로 7만 관객을 동원했던 장 감독에게는 여한이 없는 영화이다. 부인 문소리 배우가 라스트신의 시청 앞 시위 장면에서 버스 위에 올라 특별 출연하고 있다. 관객 수 723만 명을 기록했다.

▬ 〈버닝〉 2018

파인하우스 필름·나우필름·영화사 봄 공동 제작, 이창동 감독, 홍경표 촬영이다. 유아인, 스티븐 연, 전종서가 출연하였다.

막일을 하던 주인공 종수는 초등학교 동창인 해미를 만나 고양이 먹이 주기를 부탁받는다. 아프리카로 여행을 떠난 그녀는 귀국길에 벤이라는 정체불명의 남자와 함께였다. 약간은 혼란스러운 상황에서 종수는 벤을 경계하는데, 어느 날 다시 만나 그들은 함께 대마초를 피우고 잠시 일탈을 경험한다. 그리고 환각 상태에서 해미는 옷을 벗고 춤을 춘다. 벤은 자신의 베이스(마음?)를 위해 두 달에 한 번씩 타인의 비닐하우스를 태운다는 얘기를 아무렇지도 않게 한다.

종수가 그건 범죄가 아니냐는 반응을 보이자 벤은 부정하지 않고 예의 알 수 없는 미소로 답한다. 종수는 깨어난 해미에게 충고를 하는데 그날 이후 해미는 행방을 알 수 없다. 그녀 역시 벤에 의해 태워진 것이 아닐까? 그날 이후 종수는 강박증에 주변의 비닐 하우스를 둘러보게 된다. 그리고 그녀를 찾기 위해 여러 곳을 찾아다니고 벤의 주변을 맴도는데, 그의 짓이라는 판단이 들어 종수는 결국 치명적인 태움을 결행한다. 그러나 그 어떤 것도 확실한 것은 없다. 단지 종수의 판단이 그를 그렇게 만든 것이다.

상영 후 메시지가 뭐냐고 항변하는 관객도 있을 만큼 다양한 가능성에 대한 열린 결말은 다소 소설적이지만, 이창동 감독이 영화적 기법으로 품격을 유지시키고 있다. 1983년 무라카미 하루키의 단편 『헛간을 태우다』를 원작으로 해 이창동 감독이 각본·감독하였다. 제71회 칸국제영화제 국제비평가협회상 수상 및 여러 영화제에서 이창동 감독과 스티븐 연이 수상하였다.

━ 〈말모이〉 2018

엄유나 각본·감독작이다. 유해진, 윤계상, 우현, 김홍파, 김소영, 김태훈, 조현도, 박예나가 출연하였다. 우리말을 지킨다는 것은 우리 민족의 혼을 지키는 것이다. 총을 들고 무장독립운동을 하는 것과 비견되는 우리말 지키기 운동이다. 실화를 바탕으로 극화시킨 이 영화의 울림은 상당하다.

우리말 사전은커녕 우리말 사용이 금지되었던 시절, 류정환(윤계상, 이극로 선생 역)은 한글 잡지를 발행하는 이다. 그는 우리말 사전이 없음을 안타까워하며 우리말 사전을 기획하고 제작에 착수한다. 글을 모르는 까막눈으로 극장의 지배인 생활을 하던 김판수(유해진)가 합류하며 우리말 사전 제작은 온갖 어려움을 겪으며 결국은 만들어진다.

사전 만들기가 얼마나 어려운지는 일본영화 〈행복한 사전〉을 통해 볼 수 있다. 거기에 더해 민족적 탄압 속에 우리말 사전이 만들어지는 과정은 감동적일 수밖에 없는데, 이 영화가 흥행에 실패하여 안타까운 마음이 든다.

━ 〈주전장主戰場〉 2018

미국의 노맨프로덕션이 제작한 일본계 미국인 미키 데자키 감독의 121분 다큐멘터리이다. 이 영화는 2015년 10월부터 2018년 7월까지의 긴 제작을 마치고 제23회 부산국제영화제에서 선보였다. 일본군 위안부의 역사를 객관적으로 바라보며 서술해 나가는데, 아베 수상이 보지 말라고 했을 만한 영화다.

일본은 언제까지 역사를 부정할 것인가? 하늘을 손으로 가릴 수 없는데 일본의 보수 우익들은 한국을 한없이 깔보고 있다. 우익 인사 한 명은 "한국이 귀엽다. 사고치는 개구쟁이 같지 않냐?"라며 아무렇지도 않게 인터뷰를 한다. 아베 수상과 같은 역사 인식인데 일본 우익은 한결같이 그 모양이다. 뇌 구조가 우리와는 전혀 다른 듯하다. GV에서 취재 열기가 뜨겁더니 저녁 뉴스에 길게 소개되었다.

━ 〈킬링Killing/斬〉 2018

츠카모토 신야 감독작으로, 이케마츠 소스케, 아오이 유우가 출연하였다.

에도 시대, 끊임없는 도적들의 출몰로 농촌은 피폐할 대로 피폐해져 간다. 사랑하는 여인마저 도적들에게 능욕당하지만, 명색이 사무라이인 모쿠노신은 도적들에게 제대로 항거하지 못한다. 태어나서 지금까지 사람을 베어본 일이 없는 그이다. 그때 떠돌이 늙은 사무라이 사와무라는 그에게 도적을 죽이고 살아날 것을 주문한다. 그러나 모쿠노신은 도저히 그럴 수가 없다. 결국 연인마저 겁탈당하고 그도 죽음의 직전까지 가는데 사와무라가 순식간에 적을 모두 물리친다.

모쿠노신은 바보 같은 자신의 처지에 괴로워하는데 사와무라는 대결을 요구하고 그의 검에 죽는다. 사와무라는 모쿠노신의 첫 희생자가 되어준 것이다. 모쿠노신은 과연 사무라이로 성장할 것인가? 영화는 인간 심연의 갈등을 그리며 저예산의 한계를 극복하고자 한다.

━ 〈5.18 힌츠페터 스토리〉 2018

KBS 제작, 장연주 PD 연출작이다. 이미 방송된 다큐멘터리를 힌츠페터 사망 이후 재촬영하여 극장용 영화로 만들었다. 5.18 당시 힌츠페터 기자의 활약은 이미 장훈 감독의 〈택시운전사〉로 소개된 바 있다. 그의 목숨 건 촬영을 통해 세계는 광주의 진실을 처음 접햇고 우리 역시도 광주의 진실을 알게 된 것이다. 이 다큐멘터리는 상상 이상의 진실을 통해 당시의 극적 상황과 진실을 생생하게 보여주고 있다. 이 영화를 통해 다큐멘터리가 극영화의 창의성을 뛰어 넘을 수 있다는 것을 실감한다.

━ 〈기생충〉 2019

봉준호 각본·감독작으로, 송강호, 이선균, 조여정, 최우식, 박소담이 출연하였다. 제목이 특이한데 스토리 또한 특이하여 관객들을 쥐락펴락한다. 칸국제영화제는 창의성을 높이 사는데, 〈기생충〉은 그 창의성을 인정받아 황금종려상을 받고 2020년에는 아카데미상 작품상 등 4개 부문에서 수상했다.

스토리는 김기영 감독이 1960년에 만든 상하구조적인 가부장제에서 벌어지는 치정극 〈하녀〉에서 영감을 얻었다고 한다. 엔딩을 예측할 수 없는 극적 전개가 특이하고 계단 아래 지하의 터널 속으로 상징되는 하층민들의 삶이 가장 창의적이다.

극 중 기우(최우식)의 가족은 모두가 백수인데 어느 날 우연을 가장하여 부잣집에 취업한다. 그들이 그곳에서 막 닥뜨린 일은 우리 사회의 압축된 모습이며 상징적인 단면이다. 봉 감독은 잘 짜여진 시나리오와 디테일한 감정 표현으로 긴장감을 높이며 극 중 현실에 빠져들게 한다. 영화의 모든 장면에는 감독이 설치해 놓은 함정이 있고 관객들은 그 함정에 빠져 영화적 환상을 느끼며 즐거워한다.

영화 속의 여러 장치는 관객들의 상상력을 초월하며 감독은 자신이 말하고자 하는 메시지를 풍자와 은유를 통해 전달하고 있다. 극 중 설정된 여러 곳의 계단이나 장맛비, 살인극은 과장된 것일 수 있으나 이 영화는 설득력이 높다. 굳이 감독의 설명을 듣지 않아도 이해가 되며 그것이 탁월하게 표현된 것이다. 백수 가족의 가장 역인 송강호를 포함하여 가족의 연기도 탁월하다. 송강호 배우는 감독과는 〈살인의 추억〉 이후 환상적인 콤비라 할 수 있다. 시나리오의 캐릭터를 너무도 자연스럽게 연기해 낸다.

〈기생충〉은 어느 것 하나 소홀함이 없는 각 분야의 장인 의식이 빚어낸 완성도 높은 수작이다. 2018년 칸국제영화제 황금종려상 수상작인 고레에다 히로카즈 감독의 〈어느 가족〉이 보여준 가족 의식을 빈부 차이라는 설정으로 한 차원 높게 그려낸 영화이다. 한국영화 100년을 맞는 2019년 칸국제영화제 수상과 2020년 아카데미 4개 부문 수상은 그래서 더욱 의미가 있다.

▬ 〈나랏말싸미〉 2019

영화사 두둥 제작, 조철현 감독, 송강호, 박해일, 전미선 출연작이다. 이 영화는 한글 창제의 기원에 대한 여러 설 중에서 불교설을 창의적으로 해석해 그리고 있다.

한글, 즉 언문은 누구나 글을 쓸 수 있게 하도록 모든 신하들의 반대를 무릅쓰고 만들어 낸 서민을 위한 글이다. 산스크리스트sanskrit어부터 티벳어까지 여러 나라의 말과 글을 연구하고 집대성하여 과학적으로 창의해 낸 글을 만들기까지의 승려와 세종대왕의 노고를 위대하지 않은 인간들의 공동 작품이라는 설정으로 풀어낸다. 충분히 가능성이 있다는 설득력을 전해주는데, 제작진과 출연진의 노고가 충만하다. 소현황후로 출연한 전미선의 유작이며 60세를 맞았다는 조철현 감독의 데뷔작이다.

▬ 〈이월(2월)〉 2019

김중현 감독, 조민경, 이주원, 김성령, 박시완 출연작이다. 이 땅에서 제 집을 갖고 사는 젊은이는 몇이나 될까? 부모 곁을 떠나 살며 제 집 없이 사는 이들에게 겨울나기란 큰 걱정거리가 아닐 수 없다. 그들에게는 취업이나 사회생활 모두가 두려운 일일 뿐이다.

영화의 주인공인 공시생 여성은 결국 아이가 딸린 이혼남과 하루 5만 원씩 돈을 받으며 동거하기로 한다. 하지만 그 삶도 녹록하지는 않다. 남자가 음주운전으로 투옥되자 여자는 매정하게 어린 아이를 두고 아파트를 나온다.

그녀는 아파트를 벗어나 남자가 쓰던 텅 빈 컨테이너에서 잠을 자는데, 아침에 지진이 난 듯 컨테이너가 크레인에 의해 들려진다. 허공에 들려 바라보는 세상은 아름답지만 그녀의 운명은 과연 어떻게 될까? 예측할 수 없는 운명에 예측할 수 없는 행동을 보이는 여주인공의 삶이다. 그런 행동이 관객들에게 어떻게 보일지 감독은 그 답을 오히려 관객에게 던진다.

GV에서 들은 이야기인데 감독은 이 영화가 혹시 마지막 영화가 될지도 모른다고 생각하여 사실적인 이 장면을 판타지로 바꾸어 연출했다고 한다. 아들로 출연한 아역배우가 일곱 살 때 촬영해 이제 열 살이 되었다는데, 이는 한국에서 독립영화라도 한 편 완성하기가 얼마나 어려운 일인지를 보여준다. 서울독립영화제 대상 수상작이다.

▬ 〈#살아있다〉 2020

영화사 집·퍼스펙티브 픽처스 공동 제작, 맷 네일러 각본, 조일형 감독, 유아인, 박신혜 주연작이다.

게임광 유튜버 준우(유아인)는 어느 날 깨어나 보니 세상은 좀비들이 장악한 세상이 되었다. 유일한 소통 창구인 휴대폰과 와이파이, TV가 작동되지 않고 아파트는 온통 좀비들뿐이다. 치안은 물론 식량과 식수까지 끊기고 고립되어 있는 준우도 날이 갈수록 비정상이 된다. 극단적인 선택인 자살을 시도하는 순간 건너편 아파트에 또 한 명의 생존자인 유빈(박신혜)을 알게 된다. 두 사람은 함께 이 지옥 같은 세상을 탈출하기로 한다. 그들의 죽음을 건 탈출극에 그 어떤 구조자도 있을 수 없다. 최후의 순간에 그들은 아파트 옥상에서 구조대에 의해 극적으로 구출된다.

아파트와 단지만을 배경으로 만들었는데 다소 보이는 구성상 허점은 보이지만 대세에 지장을 주지는 않는다. 코로나를 예견이라도 한 듯하지만, 저녁 6시 반 피카디리극장에는 마스크를 쓴 채 일곱 명만이 관람했다. 그래도 총 관객 수는 190만 명이다.

▬ 〈다만 악에서 구하소서〉 2020

홍원찬 감독, 황정민, 이정재, 박정민, 최희서 주연작이다. 이 영화는 코로나 상황에서 개봉 6일 만에 222만 명의 관객을 동원했다. 전체 관객 수는 435만 7천여 명으로 집계되었다.

내용은 킬러인 인남(황정민)이 야쿠자 두목을 살해하며 시작된다. 과거 정보부원으로서 떨어져 살 수밖에 없었던 아내를 잃고, 하나 남은 가족인 어린 딸을 구하기 위한 눈물겨운 분투에 포커스를 맞췄다. 태국에 도착한 인남은 성전환을 위해 이곳에 와 클럽에서 접대부 생활을 하는 유이(박정민)를 만나며 전개된다. 어린 딸을 납치당하고 화가 난 인남을 찾아온 또 다른 무시무시한 야쿠자 킬러 레이(이정재)의 장치는 이 영화의 흥미를 극대화시키는 설정이다.

둘의 치열한 액션은 촬영지인 태국을 배경으로 어우러지는 한 편의 대로망이다. 이유가 무엇인지도 잊어버린 채 두 사람은 죽기 살기로 싸우고 결국은 모두 죽고 만다. 이제 남은 것은 딸의 대모가 된 성전환 미수자 유이와 파나마로 무사히 안착한 어린 딸이다. 아빠의 눈물겨운 부정이 잔잔히 녹아 보이지만 영화는 두 킬러의 거친 대결이 더 기억에 남는다.

우리가 익히 보아온 홍콩 누아르 장르의 미학을 이렇게 잘 보여준 영화도 드물다. 아쉬운 게 없지는 않지만 부족함을 느낄 수 없을 정도의 스피드로 흥미롭게 만들기도 쉽지 않다.

4장

영화감독

영화감독이라는 직업

일제강점기의 인기 스타 김일해 배우가 한참 후배인 신상옥 감독을 만났다. 2002년 즈음의 일이다. 내가 2000년에 김 배우를 인터뷰해 잡지에 근황을 소개했었다. 신 감독은 내게 전화를 해서 김 배우를 만나러 가자고 했고 나는 기꺼이 두 분을 만나게 주선했다. 상계동 아들 집에 살고 있던 김 배우는 신 감독의 방문에 다소 놀란 눈치였다. 두 사람은 특별한 교류도 없었던 터이니 당연한 노릇이다. 신 감독은 이것저것 일제강점기의 궁금한 것을 질문했다.

신 감독은 〈성황당〉의 방한준 감독이나 〈춘풍〉, 〈무정〉의 박기채 감독에게 관심이 많았다. 김일해 배우는 〈춘풍〉, 〈무정〉에 출연했었으나, 안타깝게도 100살을 2년 앞둔 나이라 잘 기억하지 못하고 동문서답만 하고 있었다. 김 배우의 기억에서는 더 이상의 궁금증을 풀 수 없었다.

한 시간여 그런 질문과 동문서답이 오가고 집을 나서는데, 김 배우가 느닷없이 신 감독을 불렀다.

"신 감독!"

신 감독이나 곁에 있던 나나 무슨 말을 하려나 궁금해하며 쳐다보았다.

"감독은 참 좋은 직업이야."

김 배우에게서 나온 말은 처음에 무슨 말인 줄 몰랐다.

"출연시켜 주면 배우들이 고맙다고 하잖아."

그제야 말뜻을 알고는 나나 신 감독은 웃음이 절로 나왔다. 출연 요청이 뚝 그치며 출연작이 없던 그가 신 감독에게 출연 요청을 그렇게 표현한 것이다. 신 감독은 "네…." 하고 말꼬리를 흐렸는데, 사실 김 배우 나이에 맞는 출연작이 마땅치 않으니 딱히 답변이 궁색했으리라.

신 감독의 마지막 영화 〈겨울이야기〉는 치매노인 문제를 다룬 영화이다. 그는 전혀 흥행이 보장되지 않는 영화를 찍었다. 그 영화에서 신구 배우는 더 없이 훌륭한 노역을 해내었다. 노역은 노인이 아니라 비슷한 느낌의 배우가 해내는 것이다. 그러니 원로배우들의 출연 기회는 거의 제로이다. 할 수는 있겠지만 기회가 생기지 않는 것이다.

김일해 배우의 마지막 영화는 이두용 감독이 연출하였다. 태흥영화사에서 제작한 〈장남〉인데 신성일의 아버지 역이었다. 〈장남〉에서 마지막 열정을 보여준 김일해 배우의 연기가 아직도 눈에 선하다. 김칠성 배우의 이야기는 더 가슴에 와닿는다. 촬영장에서 죽게 해달라고 정진우 감독에게 간청했다고 한다. 암 판정을 받고 시한부 삶을 살고 있을 때였다. 결국 정 감독의 영화가 그의 마지막 작품이 되었다.

세상에 부러울 것 없는 인기 배우들도 감독 앞에서는 겸손해질 수밖에 없다. 자신의 인기가 감독이 만들어 낸 영화에 의해 시작되었으니 당연히 그럴 수밖에 없을 것이다. 신성일 배우가 신상옥 감독을 아버지 모시듯 하는 것도 당연한 일이다.

그러나 이런 이야기도 다 지난 이야기이다. 요즘은 감독이 먼저 머리 수그려 인사를 해야 하는 시대이다. 주인공 캐스팅을 앞두고 감독들은 배우들의 스케줄 잡기에 곤혹을 치른다. 감독이라고 대우받던 시절도 다 옛날이야기이다. 예전엔 배우들이 매니저를 두었지만 이제 주요 배우들은 모두 대형회사에 소속되어 있다. 쓸데없는 일에 휘말리면 골치 아픈 정도가 아니라 패가망신 당하기 십상이다.

이쯤이면 감독이란 직업은 골치만 아픈 직업이다. 영화배우도 기회만 되면 직접 메가폰을 잡는다. 쉽지 않은 일이지만 클린트 이스트우드를 보면 오히려 감독으로서의 재능이 더 뛰어난 것을 느낄 수 있다. 그러나 그것은 특이한 경우이고 대부분 몇 차례 연출을 하고는 다시 본업인 연기자로 돌아간다. 결코 쉽지 않은 일이 감독일이다. 감독을 둘러싸고 벌어지는 일은 골치 아픈 일뿐이라면 과언일까? 그러나 신상옥 감독이 신봉승 작가에게 했던 "남자로 태어나 감독은 한번 해봐야지!"라는 말 때문이었을까. 신봉승 작가도 〈해변의 정사〉라는 영화를 감독했다.

한국영화 100년사 10대 감독

———

　　2014년에 한국외대 대학원 한국영화사 수강생들이 선정한 한국영화 100년사
10대 감독이다. 한국영화 100년사(1919~2014)를 통해 지명도, 한국영화 기여도,
연출작 등을 엄정하게 평가하여 선정하였다. 10위권 감독이 세 명이라 총 12명이
선정되었다. 선정은 극히 개인적일 수도 있는 각 개인의 의견이며 가나다순이다.
빠진 분들에게는 미안한 일이지만 순위는 시대에 따라 바뀐다.

•김수용	균일하면서도 높은 완성도 추구
•나운규	한국영화 개척자
•신상옥	한국영화의 기업화 선구자
•봉준호	한국영화의 해외 알리미
•유현목	사색하는 영화철학자
•이규환	한국영화계의 기린아
•이두용	영상파 액션감독
•이만희	<만추>의 영상파 감독
•임권택	한국영화의 예술화 선두주자
•정진우	한국영화의 기술개척자
•정창화	한국 액션영화의 개척자
•하길종	한국영화의 뉴시네마 시도

▬ 가와시마 유조川島雄三

　　가와시마 유조 감독은 1918년생으로 1963년에 별세하였다. 그의 개성은 참
특별하다. 일본판 이장호 감독이라고나 할까? 물론 가와시마 감독이 훨씬 선배이
다. 다양한 주제를 독특하게 그려내며 때로는 실험적인 앵글의 남다른 연출로 주
제를 보여주는 문제의식까지 닮았다. 특히 〈화영〉을 보며 〈별들의 고향〉을 연상한

사람은 나뿐만이 아닐 것이다.

메이지대학에서 영화 수학 후 1938년 쇼치쿠에 입사하여 기노시타 케이스케와 시부야 미노루 감독 아래에서 조감독 생활을 하고 1944년 태평양전쟁 시기에 데뷔하였는데, 주로 코미디를 만들던 그는 1955년 닛카쓰로 이적 후 그만의 개성을 살린 〈사랑의 수하물〉, 〈스자키 파라다이스〉, 〈막말태양전〉 등을 만든다. 이후 다이에이, 토호 등에서 활동하다가 1963년 폐심증으로 45세의 나이로 타계하였고 19년간 51편의 작품을 남겼다.

가와시마 유조 감독은 몸 한 쪽이 마비되어 가는 루게릭병에 걸려 병마와 싸우며 감독 생활을 했다. 그 원인이 근친상간 때문이라는 설도 있다. 그가 만든 〈막말태양전〉은 그런 그의 장애를 극복하고자 하는 정신이 담겨있다.

그의 데뷔작인 〈돌아온 남자〉을 비롯한 그의 영화들은 암울한 현실 속에서 시니컬한 유머로 세상을 바라보았다. 그런 개성은 그만의 영화에서 특별히 주제를 뛰어넘는 작가 정신으로 빛나며 걸작이 되었다. 그가 있으므로 해서 일본영화계는 더욱 다양한 필모그래피를 갖게 되었다. 그의 영화를 보며 김수용, 이만희, 이장호 감독을 떠올렸다.

▬ 가장가贾樟柯(지아장커)

중국 6세대 감독으로 산시성 출신이며 1970년 5월 24일생이다. 미술을 전공하던 중 5세대 영화의 기수인 진개가(첸카이거) 감독의 〈황무지〉를 보고 베이징 영화아카데미에 입학해 단편영화 〈샤오산의 귀향〉으로 홍콩단편영화제 금상을 받고 장편영화 데뷔를 하게 된다. 그 뒤 홍콩 등 해외 자본을 받아 〈소무〉 등을 제작하고 중국의 당면한 문제들을 예리한 시각으로 비판하는 내용을 다루어 해외 평단의 호평을 받았다. 그는 중국에 안주하지 않고 적극적으로 해외 자본의 투자를 받아 다큐멘터리와 극영화 장르를 넘나들며 작품 활동을 하였다. 그리고 칸이나 베니스, 벤쿠버, 낭트 등 유수의 해외영화제에서 수상하거나 주목받으며 중국을 대표하는 감독으로 자리한다.

▬ 계치홍桂治洪

계치홍 감독은 1937년 중국 광주 출생으로, 1999년 미국에서 병을 치료하다가 별세하였다. 그는 홍콩에서 중학교를 다니고 대만국립예전을 졸업했고 무대 연출을 하다가 1964년 영화계에 입문하였다.

그는 장철 감독 영화의 촬영을 도맡아 했던 촬영감독을 거쳐 1970년 〈해외정가〉로 감독 데뷔한다. 장철 감독과 〈분노청년〉을 공동 연출하였으며, 〈여감방〉, 〈사살수〉, 〈대가성〉, 〈항향기안〉 시리즈, 〈사邪〉, 〈노명검〉, 〈만인참〉, 〈고蠱〉, 〈마魔〉 등 괴기영화 시리즈까지 모두 40여 편의 영화를 연출하였다. 장철 감독이 무협 장르에만 심취했다면 그는 괴기, 에로 등 다양한 장르의 여러 영화를 만들었다.

1973년 연말에 우리나라에서는 신상옥 감독의 영화로 알려졌지만, 위장합작 가능성이 농후한 〈여감방(여집중영)〉은 나열과 한국배우 나하영, 진봉진이 출연하였다. 이 영화는 〈여감방〉 시리즈 중 처음 제작되어 이후 신필름에서 〈여수 407호〉 등의 영화가 만들어진다.

1980년 김선경 감독과 공동 연출이라며 한홍 합작으로 소개된 〈노명검(만인참)〉은 장철의 〈철수무정〉의 리메이크작으로, 한국 버전은 오리지널 버전과 많이 다르다. 장철 감독 회고록에 의하면 정소동 감독의 아버지인 정강 감독만큼은 아니지만 계 감독 또한 별난 감독으로 쓰여 있다. 그는 장철 감독과 마찬가지로 선 굵은 연출을 보여주며 거칠지만 강력하면서도 인상적인 영상을 추구한 감독이다.

▬ 고비高飛

고비 감독은 1949년 출생하여 2017년에 향년 68세로 별세하였다. 그는 대만에서 공수도장을 운영 중 1970년 장철 감독의 〈13인의 무사〉로 데뷔하였다. 장철 감독의 여러 영화에 출연하던 중 골든하베스트로 옮겨 활동하며 총 250편의 영화에 출연했고, 액션감독으로 52편, 시나리오작가로 11편, 감독으로 54편, 제작자로 27편을 했다. 배우 데뷔 후 5년 후 액션감독을 거쳐 11년 만에 시나리오작가를 하고 12년 만에 감독 데뷔를 하며 한 계단, 한 계단 밟아 올라왔다. 이 정도 기록이라면 거의 일 중독 수준이다.

1980년, 〈쌍웅(중원출포/응조철포삼)〉 등 한국과의 위장 합작영화나 〈용형호제〉

등의 개봉작을 통해 익히 들어온 이름이다. 그의 후기 감독작은 저예산의 영화임에도 그의 열정으로 완성되어졌다.

■ 곽남굉郭南宏

곽남굉은 감독이며 제작자이고 시나리오작가이기도 하다. 그는 1935년생 대만 고웅 출신으로 본명은 곽청지이다. 그는 어린 시절 일본에서 생활하고 1957년에 대만으로 와서 고웅고급산업학교 건축학과에서 졸업하고 미술디자인 작업을 했다. 그는 아시아영화 연극훈련반에 참가하여 영화 각본과 연출을 배우고 영화계에 입문한다. 1965년 아주영극影劇훈련반에서 영화를 배우고 1958년에 〈귀호鬼湖〉로 데뷔 후, 1966년부터 국연国联 및 연방联邦회사에 가입하여 무협 영화를 찍기 시작한다. 그의 첫 무협영화는 상관영봉, 전봉 주연의 〈일대검왕一代劍王〉이다. 그리고 양군, 장청청 주연의 〈검왕지왕劍王之王〉 감독 후 1970년, 홍콩 쇼브라더스 회사에서 정리, 진홍열 주연의 〈검여유혼〉, 능파, 능운 주연의 〈동자공〉 등을 만들었지만, 흥행에 실패하자 대만으로 돌아왔다. 이소룡 등장 이후 그는 〈단도부회〉, 〈중국철인〉, 〈대차협〉, 〈광동호한〉, 〈흑수금강〉, 〈소림쿵푸〉 등 권격영화들을 감독했다.

장철 감독이 대만에 와서 설립한 장궁영화사張弓公司에서 소림사 영화를 제작하자 그도 〈소림십팔동인少林十八銅人巷〉을 비롯하여 〈일대충량〉, 〈옹정대파십팔동인〉, 〈화소소림사〉를 감독했다. 그렇게 1993년까지 70편을 감독했다. 제작자로서도 1964년부터 38편을 만들었다. 그런가 하면 작가로서도 45편을 집필했다. 물론 자신의 감독작들이다.

한국에 첫 개봉된 그의 영화는 〈일대검왕〉이었고 그의 이름이 알려진 건 〈소림사18동인〉을 통해서이다. 그는 시대의 흐름에 따라 권격 무술영화, 소림사영화로 장르를 확장해 나갔는데, 장철 감독처럼 완성도의 편차가 크다. 말년은 홍콩에서 지내며 후학들을 위한 저서를 집필하고 있다. 대만의 카요슝에는 그의 영화 전시실이 만들어져 있다. 대만의 장철 감독이라고 보면 되고, 호금전 감독과 더불어 가장 많이 알려진 대만 감독이다.

▬ 곽지균

1954년생으로 대전이 고향인 곽지균 감독은 서울예술대학 영화과를 졸업하고, 1979년부터 임권택 감독의 〈우상의 눈물〉과 〈만다라〉 등의 연출부로 참여했다. 이후 배창호 감독의 조감독 생활을 했고 1986년 〈겨울 나그네〉로 영화계에 데뷔했다. 이 영화로 대종상영화제에서 신인감독상을 받기도 했다. 그리고 〈장미의 나날〉, 〈깊은 슬픔〉, 〈청춘〉 등의 여성 취향의 영화를 만들어 왔다. 그는 섬세한 멜로영화에 관심을 가졌고 두각을 보였다. 당시는 5공 시절이라 사회적 화두는 시대의 정신과 아픔을 그리는 것으로 주로 시대의 아픔을 고발하는 것이 신인 감독들의 화두였는데, 그는 그런 사회상과는 좀 동떨어진 경향으로 영화를 만들었다. 그 역시 그만의 개성이라고 할 수 있다.

그는 1990년 이문열 원작의 『젊은 날의 초상』을 영화화하여 젊은이들의 청춘과 방황 심리를 섬세하게 다뤄 호평을 받았다. 이 작품은 1991년 대종상영화제 최우수작품상, 감독상, 조명상, 촬영상, 음악상, 녹음상, 조연여우상을 받았다. 1992년에는 〈걸어서 하늘까지〉로 대종상영화제에서 각색상을 받았고, 2000년에는 제자가 선생을 사랑한다는 파격적인 설정의 〈청춘〉으로 오랜 침묵을 깨고 재기작을 연출했다. 2006년에는 만든 지현우, 임정은 주연의 〈사랑하니까, 괜찮아〉가 그의 유작이 되었다.

곽 감독은 이런 섬세한 멜로영화 연출에 일가견이 있었다. 그가 섬세한 감성의 소유자였기에 가능한 일이다. 당시의 유행이기도 하였지만 그 역시 직접 시나리오를 쓰고 연출하였는데 그는 분명 뛰어난 영화인이었다. 젊은 나이에 대종상영화제 신인감독상부터 감독상까지 거머쥔 그는 오히려 그런 영광이 그로 하여금 더욱 좌절시켰는지도 모른다. 그는 2010년 극단적인 선택을 해, 향년 57세로 세상을 떠났다.

▬ 권일수

권일수 배우 겸 감독은 1949년 7월 10일 대구 출생으로 노량진에 있는 동양공고를 졸업했다. 고등학교를 졸업하던 1969년, 그는 정창화 감독의 〈황혼의 검객〉으로 데뷔한다. 다니던 태권도장의 조태호 관장의 추천 때문이었다. 그가 다닌 도장은 종로3가에 있던 한일체육관으로 태권도 지도관이었다. 이후 〈풍운의 검객〉

등에 출연하였고 독고성 배우가 제작, 감독한 〈영〉, 임권택 감독의 〈원한의 거리에 눈이 내린다〉, 〈비검〉, 〈세종대왕〉, 〈칼맑스의 제자들〉에 출연했다. 그는 1970년대부터 1980년대 초까지 거의 모든 한국 액션영화에 출연하였다. 한때 박노식 배우가 투옥 중에는 동생 박노승이 옆모습으로 출연하였고 풀숏은 그의 차지였다.

1980년대 중반 홍콩에서 몇 편의 영화에 출연하였는데, 당시 환율은 7:1이었고 300만 홍콩달러를 받았으니 편당 2천만 원을 받은 셈이다. 한국 무술감독료가 2~3백만 원하던 때이다. 그는 1984년 KBS로 가서 〈전설의 고향〉, 〈길손〉, 〈태평무〉 등에 출연 및 무술감독을 맡았고, 이어 MBC에서 〈칼과 이슬〉, 〈달빛자르기〉, 〈대도전〉, 〈대검자〉, 〈완장〉 등에 참여했다. 이후 1991년 〈전국구〉로 감독 데뷔하여 2, 3편까지 감독하였다. 그 뒤 〈신혼여행대소동〉, 〈무인도의 남과 여〉 등 7편을 감독했다.

━ 구로사와 아키라黒澤明

구로사와 아키라 감독은 1910년 3월 23일에 태어나 1998년 9월 6일 타계하였다. 구로사와는 일본영화사를 통틀어 가장 뛰어난 감독이다. 세계영화사에서도 열손가락 안에 들어가는 감독으로 그것은 자타가 공인하는 사실이다. 그는 보통 감독으로서는 범접할 수 없는 고유명사이고 인간적으로는 친근한 면모를 느낄 수 있는 우리 시대의 대표 감독이다. 그것은 그의 영화를 통해서 보여준 이미지의 면모들이다.

일본의 TV CF에 그를 모델로 한 양주 광고가 있었다. 내용은 그가 양주를 마시는 장면뿐이다. 거기에 광고 카피가 "구로사와 아키라가 마시는 양주는 ○○이다!"뿐이다. 강렬하기 그지없는 광고였다. 그가 마시는 양주는 무언가 다르다는 걸까? 우선 광고 영상이 그럴 듯하다. 그가 혼자 앉아 양주를 마시며 그 맛을 음미하는 것뿐이다. 양주 마시면서도 그의 트레이드마크인 선글라스를 벗지 않는다. 그것이 일본인들의 자존심이다. 양주는 외국 술이지만 우리 양주를 마시는 구로사와를 내세워 일본 양주를 광고한 것이다. 그 양주가 산토리던가? 외국인인 나도 그 양주가 궁금할 정도였다.

그는 그런 감독이다. 누구나가 되고 싶어 했던 감독, 그러나 누구도 될 수 없는 감독이 구로사와 아키라이다. 그와 같은 시기에 활동했던 미조구치 겐지, 오즈 야스지로, 고바야시 마사키, 기노시타 게이스케, 이치가와 곤 등도 누리지 못한 영예이다. 그의 영화에는 중독성이 있다. 한 번 보면 계속 봐야 하는 흡인력이 있는 것이다. 그래서 고정 팬들이 생겨났고 그들은 광적으로 구로사와에 열광한다. 그의 영화에 열광하는 것이다. 그는 예술영화를 고집하는 이가 아니라 대중영화를 만드는 이다. 그러함에도 그의 영화는 예술적으로 높은 평가를 받고 광적인 팬들이 생겨났다.

그는 무엇보다도 일본영화를 국제적인 반열에 올린 감독이다. 그가 만든 〈라쇼몽〉은 세계영화계가 일본영화에 주목하지 않을 때 베니스국제영화제에 출품하여 그랑프리를 받았다. 그는 어떤 감독보다도 탁월한 면이 많았다. 그가 만든 영화나 그가 보여주고자 했던 메시지는 가장 일본적이면서도 가장 세계적인 주제였다. 전후 세계가 미국문화 위주로 재편되며 정체성의 혼란을 느낄 때 구로사와는 일본문화의 우수성을 세계에 공표한 것이다.

그는 도쿄 출생으로 중학교를 졸업한 후 미술학원에 다니며 서양화를 공부하다가 26세 때인 1936년 도호의 전신인 PCL에 입사하여 영화에 입문한다. 그로선 영화나 미술이나 그림을 통하여 창의력을 표현하는 것이기에 그의 선택은 당연한 것일 수도 있다. 더구나 영화라는 신문물은 그에게 일생을 걸어볼 만한 장르였을 것이다. 야마모도 가지로山本嘉次郎의 조감독으로 연출 수업을 시작했고 조감독 생활 7년만인 1943년 〈스가타 산시로〉라는 유도영화로 데뷔한다.

그리고 50여 년간 영화를 연출해 왔다. 그가 만든 31편의 영화는 일본에서 감독하려는 이들에게는 필견의 영화들이다. 그의 시대는 문학의 시대이기도 했기 때문에 일본문학은 물론 러시아나 영국문학에 심취해 고리키, 도스토예프스키, 셰익스피어 등의 문학을 영화화하기도 했다. 그는 대중영화를 지향했지만 영화의 소재는 비대중적인 내용이 많았다. 그의 이름을 빛내준 것은 그러한 소재일지라도 그의 실험적인 영상과 다이내믹한 연출로 탁월한 영상을 통해 교훈적이면서도 인간적인 면을 집요하게 추구하며 영화의 격을 높였다.

1960년대는 그의 절정기였으나 그라고 인생의 아픔이 없었을 리 없다. 완벽을 추구하는 그의 스타일로 제작비가 과다하게 집행되자 영화사들은 그를 외면했고 그는 1971년 자살을 기도하기도 했다. 1975년 일본에서의 제작이 여의치 않아지자 그는 외국과의 합작을 추진했었고 그 일들도 생각처럼 쉽지만은 않았다. 결국

1975년 소련영화 〈데르수 우잘라〉를 감독했다. 이 영화로 1976년 미국 아카데미 외국어영화상을 받았다. 그리고 1979년 미국과 합작으로 〈카게무샤〉, 1985년 프랑스와 합작으로 〈란〉, 1990년 미국과 합작으로 〈꿈〉을 감독했다.

그의 영화의 각본에도 그의 이름 석 자는 빠지지 않는다. 욕심일 수도 있지만 각본가로서도 능력을 보여주는 것이다. 사실 그의 시나리오나 원안에 의해 만들어진 영화도 〈폭주기관차〉, 〈라스트 맨 스탠딩〉, 〈비 그치다〉 등이 있다. 그는 80세가 넘어서도 작품 활동을 계속한 행복한 감독이다. 그의 대표작인 〈라쇼몽〉이나 〈7인의 사무라이〉는 세계영화사에 주요 작품으로 거론되었고 〈숨은 요새의 세 악인〉, 〈붉은 수염〉, 〈데루스 우잘라〉, 〈카게무샤〉, 〈란〉은 각종 국제영화제에서 수상하였고 미국 아카데미영화제는 그에게 평생공로상을 수여했다.

한국에서 그의 영화가 처음 공개된 것은 1962년에 열린 제12회 아시아영화제 때이다. 〈츠바키 산주로〉외 10여 편이 부민관에서 상영되었다. 이두용 감독에 따르면 그때 많은 영화인이 보았다고 한다. 당시 관람한 많은 감독이 구로사와의 연출에 자극을 받았음은 자명한 사실이다. 조금 일찍 보았을 뿐이지 필자도 일본영화가 개방되며 일본영화제 등에서 그의 영화를 보고 "헉!" 하며 충격을 받았음을 고백한다.

한국에서 그와 비견되는 감독은 단연 신상옥 감독이다. 연출 스타일도 그렇겠지만 만든 영화들의 분위기도 흡사하다. 동 시기에 활동했었기 때문일 수도 있다. 물론 신상옥 감독이 10년쯤 후배이다. 영화는 아니지만 TV 드라마를 연출하는 김재형 PD의 분위기가 구로사와 감독과 흡사하다. 본인이 일부러 만들어 내는 것이 아니라 오랜 현장 경험에서 풍겨지는 것이겠지만, 〈용의 눈물〉 연출 때 경복궁에서 배우들과 함께 걸어오는 것을 보며 순간 구로사와 감독의 화신이 아닌가 하는 생각이 들 정도였다. 고령에도 불구하여 누구보다도 더 열정적으로 일하던 인상이 강렬했기 때문일 수도 있다.

영화 연출적으로는 그의 조감독 출신처럼 영화를 연출하는 이가 바로 〈편지〉의 이정국 감독이다. 그의 대종상영화제 수상작인 〈두 여자의 이야기〉를 보며 구로사와가 연출한 영화가 아닌가 하는 느낌을 받았다. 한 컷 한 컷이 구로사와 영화의 연출 수법과 너무도 닮아 그가 얼마나 구로사와를 연구했는지를 실감했다. 그는 오죽하면 『구로사와 아키라의 영화세계』라는 저서까지 저술했다. 실제로 그의 조감독 출신 중에는 유명 감독이 별로 없다. 크레딧 타이틀에 소개되는 감독 조수에서 유명 감독의 이름을 볼 수가 없다. 직업 조감독들이었기 때문인지 아니면 그의 큰 그늘을 벗어나지 못해서인지는 알 수 없다.

구로사와의 일생은 오로지 영화뿐이었으며, 그는 자신이 만들고자 했던 영화를 만들었던 행운아였다. 그 행운은 자신의 부단한 노력으로 성취했던 것임은 두말할 나위 없다. 그에게 바치는 세계 영화인들의 경의는 우연한 결과물이 아니다.

▬ 기타노 다케시北野武

기타노 다케시는 인기 코미디언으로 출발한 배우이자, 각본가이며 감독이다. 1947년 동경에서 출생하였고 명치대를 중퇴했다. 그는 2인조 콤비 스탠드업 코미디언으로 활약하면서 인기를 끌었는데, 이후 '비트 다케시'라는 예명으로 솔로로 활동하는 한편 라디오, TV, 영화, 작가 등으로 활동 영역을 넓혀 나간다. TV 프로그램 진행자로서 다재다능한 활동을 펼치던 그는 오시마 나기사 감독의 1983년 〈전장의 메리크리스마스〉로 영화배우로 데뷔한다.

이 영화는 한국인을 동성애자로 묘사하여 우리나라에서 문제가 되었는데, 극장 개봉은 안 되었고 비디오를 통해서 볼 수 있었다. 다케시는 폭력적인 일본군 하사관 역을 맡았는데 그의 개성을 살린 배역은 아니었다. 그는 이후 몇몇 영화에 출연하다가 1989년 〈그 남자 흉폭하다〉에서 주연과 감독을 맡아 그만의 개성을 살린다. 대표작으로는 〈그 남자 흉폭하다〉에 이어 야쿠자 3부작인 1995년 〈소나티네〉, 1997년 〈하나비HANA-BIO〉 등에서 그만의 독특한 세상 보기로 인간의 속성을 독특한 영상으로 그려낸다. 그는 〈하나비〉로 1997년 베니스영화제에서 그랑프리를 받았다.

1999년에는 〈기쿠지로의 여름〉를 만들었고 전설적인 남배우 가츠 신타로의 〈맹인검객〉 시리즈를 신세대풍으로 리바이벌한 〈자토이치〉로 2003년 베니스영화제 감독상을 받는다. 그는 일본문화계에 파괴력 있는 영화로 평단의 인정을 받아냈고 흥행에서도 성공한 영화인이다. 코미디언 출신다운 유머를 선보이면서도 허무주의적이면서 우수에 찬 그만의 캐릭터로 자리를 굳힌 그는 대부분의 영화를 각본·감독·주연한다. 재일교포의 일대기를 다룬 영화 최양일 감독의 〈피와 뼈〉에서 아버지 역으로 출연하기도 했는데, 그는 할아버지가 한국인으로 알려져 있다.

━ 김기영

김기영 감독은 1919년 서울 출신이며 평양고등보통학교에 다니고 세브란스 치대 입시에 실패하고 일본으로 간다. 그곳에서 연극에 관심을 갖게 되고 귀국 후 경성의전(현 서울대 의대)을 다니며 연극 운동을 한다. 그는 피난지 부산에서 김유봉과 만나 연애를 하고 결혼에 이른다.

그는 평양고보 시절 선배인 오영진을 만나 그가 제작하던 공보처의 〈전선뉘우스〉에 참여하며 영화 일을 시작했다. 그리고 1952년부터 제작된 〈대한늬우스(대한뉴스)〉를 1호부터 5호까지 감독했다(〈대한뉴스〉는 1994년까지 제작된다). 김 감독은 이들 뉴스영화와 문화영화를 잘 만들었기에 미 공보원의 리버티 뉴스 제작팀에 스카우트되어 다시 뉴스영화를 제작하는데, 의사 월급이 3,500원 하던 시절 5만 원을 받고 당시 최고의 시설을 갖춘 미 공보원에서 일하게 된다. 미 공보원이 진해에서 상남으로 이전한 1952년 이후의 일이다. 그는 미 공보원에서 세 편의 문화영화를 만들고 장편극영화를 기획한다. 미 공보원은 당시 선진영화 시스템을 완비한 유일한 곳으로 외화 8천여 편이 소장되어 있었고, 그는 이곳에서 그 영화들을 보며 자연스럽게 영화를 익혔다.

그는 1955년에 최무룡, 강효실, 노능걸, 최남현을 출연시켜 일제강점기 후 최초의 동시녹음영화 〈죽엄의 상자〉로 극영화 감독으로 데뷔한다. 그리고 〈양산도〉를 만들며 이후 30여 편의 영화를 만들었고 〈하녀〉 등으로 한국영화계에 특이한 존재로 각인된다. 그는 한국영화계에서 신상옥, 유현목 감독과 함께 거론되는 대감독으로 자리한다.

이들 세 명의 감독은 모두 단편영화인 문화영화를 통해 영화를 시작한 감독들이다. 신상옥 감독은 전쟁기에 〈코리아〉를 제작했고 유현목 감독은 학생영화 〈해풍〉을 감독했었다. 김기영 감독은 이들 감독 중에서도 다소 난해한 영화를 만들었는데, 유현목 감독이 철학적인 사색파라면 그는 기이한 주제와 소재로 더 무거운 영화를 만들었다. 기이한 감독으로 불린 김기영 감독은 1998년 2월 5일 향년 78세로 별세하였다.

▬ 김묵

1928년 11월 21일 평안남도 평양 출생으로, 평양 교읍대학에서 국어국문학을 공부했다. 시나리오 작업을 하며 영화계에 입문하여 조감독을 거치지 않고 1958년 〈흐르는 별〉로 감독 데뷔한다. 1959년 〈나는 고발한다〉라는 액션 스릴러를 연출하고 〈전쟁과 사랑〉, 〈싸우는 사자들〉, 〈맹호작전〉, 〈앙케의 영웅들〉, 〈월남 전선 108호(둑코혈전)〉 등 한국전쟁이나 월남전을 소재로 한 전쟁영화를 감독했다. 1960년대 중반에는 전쟁영화 외에 〈대륙의 밀사〉, 〈광야의 호랑이〉, 〈송화강의 삼악당〉 등 만주 배경의 액션영화를 감독하는 등 철저히 남성영화를 추구했다.

1974년 〈사하린의 하늘과 땅〉이 마지막 감독작이고, 1990년 제28회 대종상 영화제의 사무국장직을 수행했으며 62세를 일기로 별세한다. 김묵 감독은 멋진 액션영화를 추구한 당시 몇 안 되는 감독으로 손꼽히며, 1971년 〈흑야비룡도〉라는 홍콩 제일영화사와 신창흥업의 합작영화를 감독했다.

▬ 김순식

김순식 감독은 1939년 경북 상주군 출생으로 (주)서울영상의 대표를 역임했다. 경희대학교 재학 시절 극영화계에 입문하여 이만희, 정창화 감독의 조감독을 거쳤다. 이만희 감독과는 〈주마등〉, 〈불효자〉, 〈살아있는 그날까지〉, 〈돌아보지마라〉, 〈돌아오지 않는 해병〉, 〈검은 머리〉, 〈흑룡강〉, 〈군번 없는 용사〉, 〈만추〉, 〈휴일〉, 〈방콕의 하리마오〉 등의 조감독으로 일하였다. 당시 함께 활동한 조감독으로는 김동학, 양택조 등이 있다.

그는 이만희 감독의 조감독을 하다가 1966년 감독 데뷔를 하였는데, 김승호 주연의 〈김서방〉이다. 그 후 김승호 배우가 제작한 〈돌무지〉에서 정창화 감독의 조감독을 하였는데, 홍콩 쇼브라더스로 간 정창화 감독을 대신하여 1967년 〈나그네 검객 황금 108관〉을 감독하였다.

그 후 극영화계를 떠났는데 생활의 어려움으로 서울문화에 입사해 양종해 사장에게서 다큐멘터리를 배웠고 광고영화 및 문화영화계에서 일했다. 1985년 자신의 영화사 (주)서울영상을 설립하고 다수의 금관상영화제 수상작을 비롯하여 수많은 문화영화를 2009년까지 감독하였다. 그가 만든 문화영화들은 당대를 대표하는 영화들로 금관상영화제에서 수상하였다.

▬ 김재웅

다큐멘터리스트 김재웅 감독은 1941년 8월 3일 진천생으로 중앙대학교 연극영화학과 2기생으로 입학하여 1964년에 졸업했다. 졸업 후 노필 감독, 이강천 감독, 권영순 감독, 이성구 감독의 조감독으로 활동 후 농업진흥청 영화감독, EBS의 PD, 프리랜서 감독 활동을 했다. 1989년부터 서울예술신학대학 연극영화학과 교수로 강의를 했다. 2005년에는 필리핀 마닐라 시립대학교에서 「영상커뮤니케이션의 교육효과에 대한 연구Educational Effects of Image-Communication」로 교육학 박사학위를 취득한다. 그가 꼽은 당시 다큐멘터리스트 'Big 5'에는 본인 외에 김학수, 박승관, 오성환, 정수웅 감독이 꼽힌다. 그 역시 금관상영화제에서 작품상을 받았다. 그는 1986년 제3회 금관상영화제에서 〈씻김굿〉으로 최우수작품상, 감독상을 받았다.

▬ 김호선

김호선 감독은 1941년생으로 함경남도 북청 출신이며, 연극 활동을 하다가 백호빈 감독의 연출부로 영화계에 입문했다. 그 후 김수용, 유현목, 하길종 감독의 조감독으로 활동하다가 1974년 유지인 출연작인 〈환녀〉로 데뷔한다. 〈환녀〉는 유현목 감독이 촬영하던 중에 조감독이었던 그가 바통을 이어받았는데 흥행에서 실패하였다. 그러나 이듬해 36만 명을 동원한 〈영자의 전성시대〉로 흥행 감독이 되었다. 그는 작품성과 흥행성을 가진 영화를 계속 발표하는데, 무명의 장미희를 캐스팅한 1977년의 〈겨울여자〉 역시 58만 6천 명을 동원해 그해 최고의 흥행작이 되었다. 그는 하길종, 이원세, 홍파 감독 등과 영상 시대 활동을 하였다. 그는 동갑인 하길종 감독 별세 후 동 세대 영화인들의 리더였다.

그의 필모그래피는 생각보다 많지 않은데 까다롭게 작품을 골랐기 때문이다. 당연히 높은 완성도를 보여주는데 〈세 번은 짧게 세 번은 길게〉, 〈밤의 찬가〉, 〈죽음보다 깊은 잠〉, 〈서울 무지개〉, 〈미친 사랑의 노래〉, 〈사의 찬미〉, 〈애니깽〉 등 15편의 연출작을 남겼다. 제작자유화가 되자 자신의 이름을 건 김호선프로덕션을 설립해 1986년 〈수렁에서 건진 내딸 2〉를 제작·감독하기도 했다. 1991년에는 장미희 배우와 〈사의 찬미〉를 만들었다. 역시 장미희의 출연작인 1996년 작 〈애니깽〉은 멕시코 이민사를 소재로 한 스케일 큰 영화였다. 〈애니깽〉은 대종상영화제에서 작품상을 받았으나 그에게는 빚만 안긴 빛 좋은 개살구인 셈이었다.

애연가이며 시원시원한 달변가이자 카리스마 넘치는 그는 1997년부터 〈명성황후〉를 남북 공동 제작으로 기획하였는데, 역시나 쉽지 않았다. 1989년부터 1996년까지 한국영화감독협회 회장을 역임하면서 1994년까지 한국영화인협회 부이사장을 역임했다.

▬ 나루세 미키오成瀬巳喜男

나루세 미키오 감독은 1905년 동경에서 출생하여 1969년 7월 2일 별세했다. 일제강점기 한국의 정기탁 감독과 동갑이다. 1920년부터 쇼치쿠영화사에서 일하며 1929년 〈찬바라 부부〉로 데뷔했다. 1935년 〈세 자매〉, 1952년 〈엄마〉, 1953년 〈부부〉, 1956년 〈아내의 마음〉, 1957년 〈야성의 여인〉, 1960년 〈여자가 계단을 오를 때〉, 1960년 〈딸 아내 어머니〉, 1962년 〈방랑기〉, 1966년 〈여자 안의 여인〉, 1964년 〈흐트러지다〉, 1967년 〈흐트러진 구름〉 등의 화제작을 남겼다.

그의 영화들은 그 시대가 요구했던 소재인 격변기 여성의 심리를 잘 보여준다. 같은 시기에 활동했던 1903년 오즈 야스지로가 당시의 소시민상을 그려냈다면, 그는 일본의 여인상을 소재로 영화를 만들었다. 그의 많은 영화가 일본영화사의 수작으로 남아있다.

▬ 나운규

나운규 감독은 1902년 회령에서 태어나 1937년 서울에서 타계했다. 그는 일제강점기 최고의 감독이며 영화 〈아리랑〉으로 우리에게 알려져 있다. 이경손 감독의 시작 노트에서 〈아리랑〉을 착안했다고 하는데, 이 영화는 해방 후 한국전쟁 전까지 시중에서 상영되었다고 한다. 그는 〈심청전〉에서 심봉사 역으로 연기력을 인정받았는데, 영화배우를 하기에는 부족한 외모를 광기의 연기력으로 극복하여 한국 최고의 감독 겸 배우가 되었다. 그는 〈금붕어〉, 〈야서〉, 〈잘 있거라〉, 〈옥녀〉, 〈사랑을 찾아서〉, 〈칠번통 소사건〉 등 수많은 화제작을 만들어 냈고, 이규환 감독의 데뷔작 〈임자 없는 나룻배〉에 출연하기도 했다.

그는 폐결핵으로 위독한 상태에서도 영화 제작을 포기하지 않았는데, 그의 마지막 영화 〈오몽녀〉를 찍고 창신동 숙소에서 마지막 연인인 현방란의 간호를 받으며 운명한다. 그는 친필 유고 〈황무지〉를 남겼는데 시원시원하게 써내려간 필체에서 호방한 북남의 기개를 엿볼 수 있다.

그의 영화를 한 편도 볼 수 없는 현실이지만 그의 영화 세계는 기록으로 많이 접할 수 있다. 그는 젊어서부터 타고난 방랑벽으로 만주와 러시아를 방랑하고 신문물인 영화를 만들기 위해 끊임없이 노력하고 결국 해내고 만 집념가이다. 그렇게 일제강점기 한국영화 초창기 한국영화의 위상을 우뚝 세웠고, 끊임없이 새 영화를 모색했던 그는 타고난 정열가이다.

나운규 감독은 일찍이 카프영화인들과의 마찰로 시끄러웠고 정상의 인기와 나락의 고통을 겪었다. 그는 영화 제작을 못할 때에는 극단을 따라 공연 길에 올랐고 일본 자본가가 세운 원산만프로덕션의 〈금강한〉이라는 터무니없는 영화에 출연하는 등 끊임없는 화제를 몰고 다니며 조용할 날 없던 배우 겸 감독이다. 그의 극단적인 양면에도 불구하고 그의 평가를 약화시킬 수는 없다.

다만 그의 일생에서 어두운 절망의 시대를 산 예술가의 고통을 읽을 수 있다. 그러나 그가 끝까지 놓지 않았던 것은 희망의 끈이었다. 그가 못 이룬 꿈은 이제 후배 영화인들의 몫이다. 그래서 영화인들은 그의 뜻을 기려 춘사영화제를 만들고 그의 정신을 이어받고자 한다. 일찍이 한국영화의 세계화만이 살길이라고 갈파했던 그의 영화 정신은 오늘도 후배 영화인에 의해 전해지고 있는 것이다. 그는 현재 대전 국립묘지에 묻혀있고, 그의 흉상은 양수리 종합촬영소에 세워져 있다.

▬ 나유羅維

나유 감독은 1918년 12월 12일생으로 대만에서 태어났다. 그는 1949년 홍콩에서의 배우 생활을 시작으로 80여 편의 영화를 연출하였다. 정창화 감독의 합작영화에 부인 유량화와 함께 출연하기도 하였다. 그는 쇼브라더스에서 감독 생활을 하던 중 레이몬드 초우와 함께 골든하베스트를 창립한다. 그 후 이소룡이나 성룡과 함께 영화를 만들었다. 그의 영화는 작품성과 흥행성을 고루 갖추었고 홍콩의 영화 흥행 기록을 스스로 경신하기도 했다.

이소룡과는 불화는 잘 알려진 사실이고 이소룡의 사후 왕우나 성룡과 함께 영화를 만들었다. 한국에서 그의 영화 첫 개봉은 〈정무문〉으로, 1973년 7월 27일 피카디리극장에서 처음 개봉되었다. 개봉 일주일 전인 7월 20일 이소룡이 급사했다는 소식이 전해지자 전 세계 언론은 그의 죽음에 애도를 표했다. 한국에서 〈정무문〉은 그해 최고 흥행작이 된다. 이후 〈당산대형〉이 1971년에 개봉하여 홍콩 흥행 기록을 경신하였으며, 성룡이 인기를 끌자 〈사학팔보〉, 〈권정〉, 〈용권〉 등의 영화를 연출하였다.

생전에 트라이어드, 즉 삼합회와 연관이 있다는 이야기가 있었으며 골든하베스트의 자회사를 운영하기도 하였다. 쇼브라더스에 장철 감독이 있었다면 골든하베스트에는 나유 감독이 있다고 비유할 수 있다. 그는 1996년 1월 20일 별세하였고 1997년 제34회 홍콩 금상장영화제에서 평생공로상을 받았다.

■ 나카히라 코우中平康 또는 양수희楊樹希

나카히라 코우 감독은 1926년생으로 1978년 52세의 나이로 별세하였다. 도쿄대를 중퇴하고 쇼치쿠에 입사하였고 스즈키 세이준이 동기이다. 구로사와 아키라가 도호영화사에서 활동을 쉬고 쇼치쿠에서 〈백치〉를 감독할 때 조감독을 했다. 그의 조감독 시절 유능함은 알려진 바이고 〈우유배달부〉에서 주머니가 10개인 옷은 자신의 당시 모습을 패러디한 것이라고 한다.

일본영화는 1930년대 첫 번째 황금기를 맞았고 1950년대 두 번째 황금기, 1960년대 세 번째 황금기를 맞는데, 나키히라 코우는 1960년대의 풍요로운 시대에 젊은이들의 성과 폭력의 시대를 극화하여 보여주었다. 특히 애욕에 찬 이상심리의 인간 군상을 그려내며 그만의 색깔을 분명히 한다.

그는 1956년 닛카쓰에서 〈미친 과실〉로 데뷔하였는데, 초기작부터 실험적인 연출로 눈동자 빅클로즈업으로 상황을 묘사하거나 360도 회전 워킹을 구사했고 알프레드 히치콕이 구사하던 촬영 기법을 활용하였다. 1960년대에는 외국으로 진출하여 홍콩과 한국에서 총 6편의 영화를 셀프리메이크(재제작)하였다. 1970년대에는 TV 드라마를 연출하기도 했다. 이치가와 곤 감독은 그를 모더니즘파로 구분한다.

그는 전후 톱스타였던 이시하라 유지로와 함께 여러 편의 흥행작을 만들었는데, 〈그 녀석과 나〉는 그의 최고 흥행작이 되었다. 그는 비교적 여러 배우와 활동하였다. 그의 영화는 초기작에서 템포를 빠르게 하기 위해 컷이 짧고 대사 또한 상당히 빠른 편이다. 그만의 스타일인데 관객이 이상한 점을 느끼지 못한다면 뛰어난 연출이다. 그래서 러닝타임이 짧아지기도 하여 70분대의 영화가 만들어져 추가 촬영을 해야 할 정도였다. 그의 영화는 르네 클레르 및 프랑스 뉴벨바그 멤버들에게 영향을 끼쳤다.

그는 영화사가 주문한 저예산 영화의 연출도 마다하지 않아서 다양한 장르의 영화가 그의 필모그래피를 장식한다. 그러다 보니 구로사와 아키라나 미조구치 겐지, 오즈 야스지로 등의 대가와 비교하면 2진으로 밀리는 느낌이다. 그래도 그만의 색채로 일본영화사에서 자신의 위치를 갖는 실력파 감독으로 인정받는다.

이후 유망주로 활동하다가 홍콩 쇼브라더스에 초청되어 4편의 영화를 각본·감독한다. 그 4편은 일본에서 자신이 만들었던 영화들을 리메이크한 것이다. 당시 런런쇼는 장일호, 정창화, 김수용, 신상옥 감독 등을 초빙해 연출을 맡겼는데 일본영화인 역시 여럿 초빙되었다. 나카히라는 다른 일본 감독들과 마찬가지로 중국식 예명을 사용했는데 양수희라는 이름을 사용했다. 이는 홍콩에서 활동하던 일본인들이 공통적으로 사용했던 방법인데, 런런쇼 입장에서는 관객들에게 외국인으로서의 거리감을 없애고 또 쇼브라더스에서 활동하는 데 자연스럽게 동화시키려는 방법이 아니었을까 싶다.

나카히라 감독은 쇼브라더스에 온 신상옥 감독의 요청으로 한국에서도 활동하게 된다. 신필름의 후신인 신프로덕션의 초청으로 한국에서 역시 자신의 영화 두 편을 리메이크하는데, 김대희라는 기존 감독의 명의로 〈여자정신대〉와 〈청춘 불시착〉 등 두 편을 감독했다. 즉, 대명한 것인데 본인의 의지와 상관없이 대일 감정을 우려한 신상옥 감독의 편법이었다. 그는 이런 특이한 활동 경력으로 일본에서는 잊혀진 감독이 되었는데, 1999년 시부야에서 있었던 대규모 회고전에서 재조명되며 그의 존재감이 다시 부각되며 그의 진가를 인정받았다.

━ 남석훈

남석훈(홍콩 예명 남궁훈) 감독은 가장 많은 홍콩영화에 출연한 배우로, 장철 감독의 〈13인의 무사〉에서 개성 있는 악역을 선보이며 홍콩영화계에 데뷔한다. 그 후 악역을 도맡아 출연하였는데, 〈철낭자〉, 〈용호풍운〉, 〈14인의 여걸〉, 〈혈부문〉, 〈수호전〉 등 수없이 많다. 특히 정창화 감독의 〈철인(죽음의 다섯 손가락)〉에서 비중 있는 조연을 맡아 출연했던 그는 미국의 대중지 《뉴스위크지》에 그의 출연 장면이 소개되며 국제적인 스타로 떠오른다. 이소룡 출연이라 기념비적인 일인데 홍콩배우로는 물론이고 한국배우로도 처음 있는 일이었다.

그는 한국에서 〈악명〉으로 백상예술대상에서 신인감독상을 받은 바 있다. 그 후 〈속 정무문〉 등을 연출하였는데, 〈속 정무문〉은 유럽에 수출되어 호평을 받았다고 한다. 〈여신탐〉은 포학례 감독작이지만 한국 부분은 남 감독이 맡아 촬영했다. 1983년 후반 감독 컴백을 하게 되는데, 김수희 가수가 실제 제작·주연한 연방영화사의 〈너무합니다〉이다. 그는 그 후 홍콩 생활을 접고 미국으로 갔고 교포 신문에 목회 활동을 한다는 기사가 실렸다. 아무래도 유명세를 탔을 터인데 이후 미국에서도 저예산 영화 〈어메이징 그레이스〉를 연출했다. 그는 그 시대의 운명을 스스로 개척한 멋쟁이임이 분명하다. 그는 한국영화 출연 외에도 홍콩에서만 40여 편에 출연했고 7편의 감독작이 있다.

그는 영화인으로서도 만능이지만 타 예술 분야인 회화, 음악 특히 피아노 연주, 글쓰기, 인테리어 등에서도 다재다능하다. 지금도 시나리오 작업을 하며 감독의 꿈을 접지 않았다. 무려 10여 편의 영화 시나리오가 있다며 쉬지 않는 열정을 토로한다. 그는 타고난 열정가이며 재능과 끼를 겸비한 영화인이다.

━ 노세한

노세한 감독은 1942년 2월 26일 충북 청주 출생이다. 그는 서라벌예대 서양학과에 재학 중이던 1962년에 권영순 감독의 〈정복자〉 연출부로 영화계에 입문하였다. 1964년부터 신필름에서 신상옥, 이규웅 감독의 연출부를 거쳤다. 1970년대에는 임권택 감독의 조감독을 하면서 〈증언〉, 〈아내들의 행진〉, 〈족보〉 등 데뷔 전까지 그는 임권택 감독의 조감독으로 44편의 전쟁영화, 액션영화, 사극영화를 함께했다.

1979년, 영화 〈26X365=0〉로 데뷔한 그는 데뷔작이 그의 일생을 좌우한다는 것을 실감했다. 호스티스를 주인공으로 한 데뷔작이 흥행에 성공하여 18만 명을 기록하여 속편까지 만들게 되었고, 이후 멜로영화 장르의 영화만을 본인의 의지와 상관없이 계속 만들게 되었다.

그가 활동하던 시기 한국영화계는 암담한 시절이었다. 5공 정권 시절, 통금해제와 더불어 한국영화에는 에로티시즘이 만개했고 한국영화는 불황의 긴 터널로 들어선다. 영화로는 먹고 살기 힘든 시절, 그는 멜로영화에 대한 애정으로 한국영화계에 만연한 불황과 싸워나갔다. 유일한 외도라면 국방부 홍보관리소 홍보영화를 만든 것이다.

▰ 당계례唐季禮

당계례 감독은 1960년 4월 7일 중국 출생으로 어린 시절을 캐나다에서 보내고 홍콩으로 이주했다. 1983년부터 배우 및 조감독 활동을 시작하여 1991년 〈마역비룡〉으로 감독 데뷔한다. 스턴트맨 출신으로 시작하여 무술감독이 되어 〈중화영웅〉, 〈예스마담〉 등의 시리즈에서 무술감독을 맡았다. 이후 성룡의 분신 같은 존재로 〈폴리스 스토리〉 시리즈와 〈홍번구〉 등을 감독했다.

그는 위험한 장면의 시연을 하며 배우를 배려하는 감독으로 성룡과 호흡이 맞는 감독이 되었다. 1995년 비록 1주뿐이지만 〈홍번구〉로 미국 주말박스오피스 1위를 기록하기도 했으며, 1997년 〈성룡의 폴리스 스토리 4〉로 제16회 홍콩 금상장영화제에서 작품상 및 무술감독상을 받았고 이후 제작과 무술감독, 배우로 활동하며 2001년 〈차이나 스트라이크 포스〉로 제20회 홍콩 금상장영화제에서 무술감독상을 받았다.

2005년에는 김희선과 최민수가 출연한 〈성룡의 신화〉로 제25회 홍콩 금상장영화제에서 작품상을 받았다. 2017년에는 인도를 배경으로 한 모험극 〈쿵푸 요가〉를 감독하여 성룡 영화 중 최고 흥행 기록을 수립했다. 그는 스턴트맨, 배우, 무술감독, 시나리오작가, 감독, 제작자, 급기야 촬영까지 맡는 전천후 영화인이다.

▬ 도광계屠光啓

도광계 감독은 1914년 8월 26일, 중국 샤오싱 출생으로 〈연앙춘〉으로 감독 데뷔한 1943년부터 1970년까지 겸업으로 영화 편집자로도 활동하였다. 그는 1980년 3월 30일 별세하였다. 그는 한국의 첫 해외 합작영화인 〈이국정원〉(1958)의 공동 감독으로 알려져 있다. 1957년에 촬영기사와 진예 배우를 대동하고 내한 하였다. 한국 측 감독은 전창근 감독이었고 일본 감독도 참여했다.

도광계 감독은 75편을 감독하였고 22편에 출연하였으며 45편의 시나리오를 썼다. 그리고 3편을 제작했다. 그의 영화 일 시작은 1939년 배우부터였고 이듬해 인 1940년 작가로서 데뷔를 하였고 1942년에 감독 데뷔를 하였다. 이후 70편을 감독하였으며 호금전 감독이 〈방랑의 결투(대취협)〉을 만들어 아시아영화제에 출 품한 1967년에 〈제일검〉을 감독했다. 1972년에 한홍 합작영화로 소개된 〈정도 (당수태권도)〉의 감독이며 이후 호금전 감독의 1975년 작 〈충렬도〉 등에서는 배우 로도 출연하였다. 한국으로 치면 1911년생인 〈자유만세〉의 최인규 감독과 비슷 한 또래이며 같은 시기에 활동을 시작했다.

▬ 마키노 마사히로マキノ雅弘

마키노 마사히로 감독은 1908년 2월 29일 일본 교토 출생으로 1993년 10월 29일에 타계하였다. 18세이던 1926년 영화 〈푸른 눈의 인형〉으로 데뷔하였다. 자유롭고, 빠르고 재미있는 영화를 추구하여 260여 편의 많은 영화를 만들 수 있 었다. 그의 아버지는 일본영화의 아버지로 일컬어지는 마키노 쇼조로 아버지의 조 감독을 거쳐 아버지를 대신해 어린 나이에 감독으로 데뷔하게 된 것이다. 영화 초 창기이니 그랬겠지만 그 역시 감독으로 풍부한 재능이 영화와 맞아떨어졌기에 가 능한 일이었을 것이다. 그는 여러 분야의 스태프를 거쳐 감독이 되었기에 영화를 빨리 찍을 수 있었다. 그렇다고 허투루 촬영하여 만들지는 않았다. 대충 만들었다 면 그토록 많은 영화를 감독할 수는 없었을 것이다.

그의 대표작으로는 1937년 〈츠케무리 타카다노바바(타카다노바바 결투)〉, 1939 년 〈원앙새 노래대항전〉, 1940년 〈시미즈항〉, 1945년 〈필승가〉, 1948년 〈육체의 문〉, 1952~1954년 〈지로초삼국지〉, 1955년 〈인생공중제비〉, 1957년 〈낭인가〉,

〈수젠지의 결투仇討崇禪寺馬場〉, 1958년 미조라 히바리 출연의 〈원앙새 상자〉, 1963년 〈인생극장 - 히샤카쿠〉, 〈하슈유협전八州遊侠伝〉, 1964년 〈일본 협객전〉, 1970년 〈낭인가〉, 〈쇼와 잔협전 죽여드리겠습니다〉 등이 있다.

그는 동 시기 일본감독들처럼 대중적으로 호응받는 장르인 일본의 전통문화인 신극이나 사무라이 찬바라극, 야쿠자를 협객으로 다룬 임협영화를 만들었는데, 1963년 〈하슈유협전〉부터 1964년에 만든 〈일본협객전〉이나 〈낭인가〉가 대표작이다. 당시 풍미하던 장르는 로망포르노와 임협영화로 대변되는데 그로부터 임협영화가 시작된 것이다.

그는 자신이 감독한 〈낭인가〉 등의 영화를 몇 번이고 리메이크했던 것은 특이한 점이다. 1928년 〈낭인의 길浪人街〉과 1929년 〈참수대首の座〉가 《키네마순보》의 베스트 10 1위에 올랐다. 그의 조감독 출신으로는 일본 공포영화의 대표작인 〈토카이도 요츠야 괴담〉과 〈지옥〉, 〈여자 흡혈귀〉, 〈망령의 괴묘저택〉을 만든 나카가와 노부오가 있다.

마키노 마사히로에 의해 데뷔하게 된 테라시마 준코寺嶋純子는 1945년생으로 아버지가 근무하는 도에이東映 교토 촬영소에 갔다가 캐스팅되었다. 그녀는 '후지 준코藤純子'라는 예명을 받고 1963년 〈하슈유협전〉으로 데뷔하였다. 그녀는 곧 관객 동원 1위의 도에이의 톱스타가 되었다. 그녀는 한국의 윤정희 배우와 비견되는 배우이다.

▬ 무민웅巫敏雄

무민웅은 1931년생으로 대만의 배우 겸 무술감독이다. 1970년 〈독비공수도 (독벽공수도)〉, 1971년 〈두조호한〉, 〈흑백쌍협〉, 1972년 〈중국인〉, 1973년 〈육안구혼검〉 등을 감독한다. 그는 1968년부터 〈정관〉의 무술감독을 맡고 출연도 하였다. 그런가 하면 한국에서는 4편의 영화에서 감독 혹은 시나리오작가로 그의 이름이 등장한다. 우선 심의 대본을 보면 〈철면객〉에서 이형표와 공동 감독, 각본으로 소개되고 있다. 〈풍사만의 혈투〉에서는 임원직과 공동 감독, 원작자로 소개되어 있다. 위장합작의 정황은 많다. 〈맹녀 천리추적〉에서는 한국감독으로 사병록, 조해원 두 사람과 무민웅이 공동 감독으로 되어있다. 있을 수 없는 일인데 어떻게 된 것일까? 〈흑매〉

에서는 사병록과 무민웅 공동 감독으로 소개된다. 이면 계약서가 사라져서 단정할 수는 없지만 한국적이지 않은 이런 영화들 전부 위장 합작영화로 추정된다.

▬ 미스미 겐지三隅研次

미스미 겐지 감독은 찬바라영화의 귀재다. 그가 만든 〈자토이치〉 시리즈를 비롯하여 한국에 극장 상영된 적이 없지만, NHK를 통해 방송된 허무주의 사무라이 〈네무리 교시로〉 시리즈 그리고 〈아들을 동반한 무사〉 등 고독한 떠돌이 검객의 모습을 잘 그려내 관객들의 주목을 받았다. 미스미 감독이 찬바라영화만 만든 것은 아니다. 그는 미시마 유키오 원작의 〈검〉 시리즈도 만들었고, 〈눈물의 강〉 등의 시대 멜로영화도 만들었다.

1921년생이니 한국의 최인규 감독보다는 10살이 어리고 신상옥 감독보다는 5살이 많은데, 비교적 이른 54세 때인 1975년에 타계했다. 그는 1943년 중국 전선에 참전하여 1947년까지 시베리아에 포로로 억류되었다가 귀국하였다. 이때의 삶이 그의 연출관에 큰 영향을 미쳤을 것이다. 침울하고 우울한 영화 속 주인공의 모습은 그의 사고의 투영이 아닐까?

그가 활동하던 시대는 찬바라영화가 인기였다. 구로사와 아키라, 오카모토 기하치, 고바야시 마사키와 함께 그는 유독 많은 찬바라영화를 만들었다. 그가 좀 더 살았다면 우리는 몇몇 인기 찬바라 시리즈의 영화에서 그의 섬세하면서도 깔끔한 연출의 찬바라영화들을 만날 수 있었을 것이다. 그의 영화의 단골 주역인 이치가와 라이조는 1969년 37세의 나이로 요절하기 전까지 무려 159편의 영화에 출연했다.

▬ 미조구치 겐지溝口健二

미조구치 겐지 감독은 1898년 5월 6일생으로 1956년 8월 24일에 타계하였다. 감독 겸 배우 나운규가 1902년생이고 〈애국혼〉의 정기탁 감독이 1905년생이니 얼마나 오래전 분인지 잘 알 수 있다. 그는 한국영화사가 시작된 즈음인 1923년 〈피와 혼〉으로 영화감독 데뷔하여 1956년 〈적선지대〉를 만들고 타계하였다. 한국영화의 시작은 1919년 작 〈의리적 구토〉나 1922년 작 〈월하의 맹서〉를 기원으로 하고 있다.

미조구치 겐지의 연출작은 다 헤아리기 어려울 정도로 많다. 그는 초기에 활동 사진 범주 내의 영화를 만들며 영화 문법을 완성하였다. 그의 초기 영화는 수려한 숏으로 이루어져 페이드아웃fade-Out이나 디졸브dissolve를 활용하여 장면 전환을 하는 초기 영화 문법에 충실하다. 연극적인 토대 위에 영화라는 신문명의 기술을 잘 살려낸 것이다. 무성영화 출현 이후에는 대사와 음악, 음향효과 등 오디오의 효과를 적절히 살려 극적 긴장감을 더하며 영화적인 완성도를 높였다. 그야말로 영화 발전사의 전 과정을 고스란히 함께해 온 것이다.

이후 그의 재능은 스토리텔링에 의한 뚜렷한 주제 의식으로 대중적인 호응을 받았다. "가장 일본적인 것이 가장 세계적이다"라는 말도 사실은 구로사와 아키라 감독 이전에 그의 영화를 통해 서구에 알려졌다. 물론 구로사와나 오즈 야스지로 감독에 의해서도 일본영화가 서구사회에 큰 반향을 얻었지만 그들의 선배인 미조구치 겐지 감독의 공헌을 빠뜨릴 수 없다.

그가 살았던 시대는 여성들이 핍박받았던 시대이다. 서구사회에서야 일찍이 여성들의 권리가 보호되고 동양에서보다는 우대받았다. 한국의 여성들은 물론이고 일본 여성들은 봉건주의의 남성중심적인 사회구조에 희생을 강요받았던 시대이다. 미조구치 감독 역시 그의 가족들이 절절이 겪고 목격했다. 이런 현실은 그로 하여금 여성들의 권리와 자유에 대해 생각하게 했을 것이다. 초창기 영화들이 영화적인 특성을 살린 활극류인 데 반해, 그의 후기작들은 이런 그의 여성관 내지 인생관이 녹아져 있는 영화들이다. 그의 영화는 다분히 보수적이고 고전적이다. 그렇게 만들어질 수밖에 없는 시절이기도 했지만, 어른으로서의 교훈적인 시각이 녹아져 있기 때문이다.

주로 원작에 의한 각색 작품이 많지만 그의 페미니즘이 잘 살아있는 영화들은 당연히 후대 영화인들에게 큰 영향을 미쳤다. '원 신 원 숏' 같은 그의 연출은 초창기부터 나이가 들어서까지 그가 구사한 연출법인데, 그의 영화가 던져주는 메시지와 맞아떨어졌고 지금까지도 그의 영화 연출의 특징으로 각인되어 있다.

이제 시대가 바뀌어 다소 고전적인 연출법이 되었지만, 그를 흉내 내어 후대의 많은 감독이 모방하였다. 한국에서도 배창호 감독의 〈황진이〉가 그의 영화 〈오하루의 일생西鶴一代女〉에서 많은 영향을 받아 만들어졌다. 그는 베니스영화제 은곰상을 세 차례 연속 수상하였다. 그의 타계로 그가 차지할 영광을 여러 감독이 나눠 가졌다고 하면 너무 극찬일까?

▬ 박철수

박철수 감독은 1948년생으로 성균관대학교 경영학과를 졸업했다. 학교 선생님에서 회사원으로 그리고 영화계에 입문하여 방송PD로까지 변신을 거듭한 그이다. 다시 영화계로 복귀하였지만 재주꾼인 그를 방송사가 놔둘 리 없었고 방송계와 영화계를 오가며 활동하였다. 명동에 있는 사무실 빌딩에 신필름 사무실도 있어 신상옥 감독을 만나 영화계에 입문한 건 유명한 일화이다.

1978년 〈골목대장〉으로 데뷔하였지만 아동영화가 주목받을 리 없었다. 그는 감독 초기에 어려움을 겪었고 1980년 MBC에 특채되어 간다. 그는 다른 PD에 비해 실험적인 영상을 추구했고 영화에서 익힌 연출력의 다재다능함을 보여주었다. 중국과 합작 제작을 하며 동분서주하였고 시행착오를 직접 겪으며 어려움을 토로했었다. 이후 영화 제작으로 다시 바쁜 일정을 보냈고, 2013년 2월 13일 교통사고로 우리 곁을 떠났다. 우리는 아까운 인재를 잃었다.

▬ 방한준

방한준 감독은 1906년 서울 출생이다. 그는 선린상업고등학교를 졸업하고 후에 도쿄로 가서 쇼치쿠영화사의 포전浦田 필름 스튜디오에서 5년간 연출 공부를 하고 귀국하였다. 1935년 작 〈살수차〉는 김일해를 주인공으로 한 그의 데뷔작이다. 1938년 〈한강〉, 1939년 〈성황당〉을 발표하고 그는 후대의 영화사 연구자들에 의해 한국 리얼리즘 영화의 맥을 잇는 감독으로 평가되기도 했지만, 한편으로는 대표적인 친일영화인이기도 했다.

방한준 감독은 1940년에 지원병을 고무 찬양하는 〈승리의 뜰〉 감독 후 1942년에 가뭄에 시달리는 농민들의 애환을 그린 〈풍년가〉, 1944년에 해양대국을 꿈꾸며 어업보국漁業報國을 그린 친일영화 〈거경전〉과 1944년에는 지원병을 찬양하는 선전영화 〈병정님〉을 잇달아 감독한다. 그는 미 군정기에 공보부 영화과장으로 재직하다가 한국전쟁 때 납북되었다. 신상옥 감독은 그의 연출력을 높이 평가했다.

▬ 배용균

배용균 감독은 1951년 11월 20일생으로 이 영화 이전에 영화계에 전혀 알려지지 않은 감독이었다. 그것은 그가 정식 충무로 도제 방식에 의한 감독이 아니라는 말이다. 영화 수업이라고는 유현목 감독에게서 수업한 것뿐이라는 이 괴짜 감독은 한국영화사의 품격을 높이고 국제영화제 최우수상 최초 수상이라는 쾌거를 기록한다. 그는 외국 유학 후 스스로 영화 기자재를 사서 〈달마가 동쪽으로 간 까닭은〉을 제작했다. 심지어 크레인 장비까지 구입했다니 부잣집 아들인가 하고 궁금하기도 했다. 그것은 경제적 사정이 허락하기 때문일 수도 있지만 그만큼 영화에 대한 뜨거운 열정이 있다는 뜻이다.

그의 로카르노영화제 수상 소식을 듣고 그가 영화인이기 이전에 서양화가이며 대학교수라는 말을 듣고 그럴 수도 있겠다는 생각을 했다. 서강대학교 영상대학원에서 잠시 교편을 잡았던 기록이 있어 더욱더 근황이 궁금하다. 그는 6년 후 〈검으나 땅에 희나 백성〉이라는 두 번째 영화를 발표했다. 그러나 대중의 관심을 끌진 못하였고 결국 마지막 영화가 되었다. 그는 아직도 관심이 가는 감독이다.

▬ 변장호

변장호 감독은 1939년생으로 1960년 신필름에 입사하며 영화계 입문하였다. 1967년 〈태양은 내것이다〉로 감독 데뷔하였고 이후 〈눈물의 웨딩드레스〉, 〈비련의 홍살문〉, 〈을화〉 등 화제작을 연출한 감독이다.

이두용 감독이 1942년생이므로 변 감독이 3살 연상이고 정진우 감독은 1937년생이므로 변 감독이 두 살 아래이다. 변 감독은 1981년에 한국영화인협회장을 맡아 영화법 개정에 앞장섰다. 그는 모두 48편을 감독했는데 이석기 촬영감독과 1982년 작 〈무녀의 밤〉과 〈최인호의 야색〉 그리고 1983년 대만 로케이션영화 〈사랑 그리고 이별〉을 함께하였다.

변장호 감독은 1978년 작 〈비련의 홍살문〉으로 백상예술대상 최우수작품상과 감독상 그리고 아시아태평양영화제 감독상을 받았다. 그의 롤 모델은 신상옥 감독일 수밖에 없었을 것이고 신 감독 스타일의 영화 세계를 지향했다. 아울러 뛰어난 흥행 감각으로 충무로에서 성공한 영화인으로 꼽힌다. 극장과 더불어 영화사

대종필름을 운영하였으니 타고난 흥행 감각으로 제작자로도 성공한 영화인이다. 현재 예술원 회원이다.

■ 사병록史秉錄

사병록 감독은 중국 이름 같으나 한국감독이다. 1967년 김희갑, 황정순, 윤정희, 이순재가 출연한 코미디 〈개살구도 살구냐〉로 데뷔했다. 이후 1970년 〈중원제일검〉, 〈용호풍운〉, 1972년 〈흑매〉 등의 무협영화를 만들었다.

■ 서증굉徐增宏

홍콩 쇼브라더스 전속으로 초기 무협영화의 개척자이며 27편을 촬영하고 19편을 감독했다. 1956년 촬영기사로 데뷔하여 1966년까지 촬영기사를 거쳐 왕우를 주인공으로 하여 무협영화 〈강호기협〉으로 감독 데뷔하였다. 얼마나 감독이 하고 싶었으면 〈호협섬구〉의 촬영 겸 조감독을 거쳤다.

동 시기 한국감독 중에 이형표 감독이 떠오른다. 이형표 감독은 1957년 신상옥 감독의 〈동심초〉로 촬영기사 데뷔를 한 후, 1961년 〈성춘향〉을 촬영하였고 1961년 〈서울의 지붕 밑〉으로 감독 데뷔한 다재다능한 감독이다.

역시 다재다능한 서증굉 감독은 1966년 신상옥 감독의 위장 합작영화 〈서유기〉를 감독하였고, 하명중의 쇼브라더스 출연작인 〈십이금전표〉는 각본·감독작으로 헬기까지 동원하여 5대의 카메라를 동원하여 촬영하였다. 이후 촬영은 손 떼고 1979년까지 감독 활동만 하였다.

■ 손중孫仲

손중 감독은 대만에서 백경서, 호금전, 이한상 감독의 조감독을 거쳐 1968년 〈야아두〉로 데뷔한 감독이다. 감독 데뷔 후 바로 쇼브라더스에 스카우트되어 1992년까지 40편의 감독작을 남겼다. 그의 조감독 참여작인 1969년의 〈팽고기공怪俠歐陽德(괴협구양덕)〉도 한양프로덕션에서 비디오로 출시되었다. 그는 쇼브라더스에 전속되어 다시 조감독을 거쳐 1970년 〈행행출장원〉으로 감독 재개하였다. 그의 전성기는 1977년부터이며 괴기영화, 무협영화 등을 주로 만들었다. 1992년 감독 은퇴하였으며 2004년 배우로서 출연작이 있다.

　그의 활동 당시로써는 다작이라고 할 수 없는 39편을 감독하였으나, 깔끔하고 재기 넘치는 연출이 인상적이다. 한국 개봉작은 없으며 대표작으로는 〈결사령〉, 〈냉혈십삼응〉, 〈풍류단검소소도〉, 〈교두〉, 〈인피등롱〉으로 세레스티얼에서 DVD가 출시되어 있다. 1982년의 〈인피등롱〉이 그나마 우리에게 알려진 영화이다. 그렇다고 그가 허투루 영화를 만들지 않았다. 영화는 잘 만들지만 우리에게 알려지지 않았을 뿐이다. 그가 활동하던 시기에 유명 감독 쏠림 현상으로 우리에게 덜 알려진 감독일 뿐이다.

▬ 송해성

　송해성 감독은 1964년 10월 11일생으로, 서울 정릉에서 청소년 시절을 보내고 한양대학교 연극영화학과에 진학했다. 1991년 장길수 감독의 〈수잔브링크의 아리랑〉의 조수로 입문했으니 그의 영화 경력도 벌써 30여 년에 가깝다. 송영수, 장현수 감독의 조감독을 거쳐 1999년 〈카라〉로 데뷔했고 모두 6편의 연출작을 가지고 있다. 2010년에는 오우삼 감독의 〈영웅본색〉을 리메이크한 〈무적자〉를 만들었으나, 영화는 실패작이 되었고 이후 슬럼프에 빠진다. 2013년에 〈고령화 가족〉을 만들었지만 역시 좋은 결과를 보지 못했다. 2017년에는 〈남한산성〉의 각본을 집필했다.

　상복이 많아 〈파이란〉으로 2001년 청룡영화상 감독상, 2002년 도빌아시아영화제에서 감독상을 받은 후, 이 영화와 2005년 〈역도산〉으로 대종상영화제 감독상을 두 차례 받았다.

▬ 시노다 마사히로篠田正浩

　시노다 마사히로 감독은 1960년대 프랑스에서 비롯된 누벨바그 영화의 영향을 받은 세대의 감독으로서, 동 시기에 오시마 나기사大島渚, 요시다 요시시게吉田喜重, 시노다 마사히로 등이 등장한다. 시노다 감독은 1931년생으로 와세다 대학을 나와 쇼치쿠 오후나에 입사하여 1960년 〈사랑의 편도열차표〉로 데뷔하였다.

　같은 시기 활동하였던 실험성이 강한 테라야마 슈지의 각본을 영화화하며 당시 새물결운동을 주도하였다. 염세주의적인 경향으로 당시 젊은이들의 권태와 무기력함을 보여주며 자신만의 스타일리시한 연출을 보여주었다. 〈눈물을 사자의 갈기에〉, 〈동반자살〉이 그러하고, 〈말라버린 꽃〉, 〈히미코〉, 〈무뢰한〉, 〈야차연못〉 등은 실험적인 영상으로 평가받는 영화이다.

그는 자신의 두 번째 영화인 〈메마른 호수〉의 여주인공인 이와시타 시마와 결혼했고, 1977년에는 이와시타 시마에게 일본 아카데미 여우주연상을 안긴 〈오린의 발라드〉를 감독했다. 1964년 탄파 테츠로 주연의 〈암살〉, 1965년 〈사무라이 첩자〉 등의 찬바라영화에서도 뛰어난 재능을 떨친다. 1971년에 만든 에도 시대 선교사들의 이야기인 〈침묵〉은 2016년 마틴 스코세이지 감독에 의해 리메이크되기도 했다. 시노다 감독은 우리에게는 낯설지만, 당대 여러 장르 영화 연구에 있어서 뺄 수 없는 감독이다.

■ 신강申江

1971년 한국에 개봉된 나열 배우의 〈옥중도血灑天牢〉의 감독으로 18편의 시나리오를 쓰고 23편의 영화를 감독했다. 처음부터 무협영화를 감독하진 않았는데 〈강호기협〉의 각본을 쓰고 조감독을 맡아 익힌 후, 1970년 〈강호삼여협〉부터 무협영화를 감독하였다. 1957년에 데뷔했으니 같은 해 〈항구의 일야〉로 데뷔한 김화랑 감독 세대이다.

■ 신상옥

한국을 대표하는 영화감독 신상옥은 1928년 함북 청진 출신이다. 1945년 일본 동경제국미술학원을 중퇴하고 귀국 후 최인규 감독의 연출부로 영화계에 입문하였고 고려영화사 미술부로 일하였다. 한국전쟁 발발 후 영화예술협회라는 제작사를 세우고 자신이 각본을 쓴 1952년 작 〈악야〉로 감독 데뷔한다. 1954년에도 자신이 제작을 겸한 다큐멘터리 〈코리아〉를 연출하며 최은희를 캐스팅하였다.

1955년부터는 변순제 등과 서울영화공사를 설립하여 이광수 원작의 〈꿈〉을 제작했다. 그리고 1957년 〈무영탑〉, 〈지옥화〉, 1958년 〈어느 여대생의 고백〉, 〈그 여자의 죄가 아니다〉, 1959년 〈자매의 화원〉 등을 감독하였다. 모든 영화가 완성도를 보이며 회사는 자리를 잡았고, 그중 〈어느 여대생의 고백〉은 흥행에 성공하여 회사는 안정화된다.

그는 수도영화사의 안양 스튜디오를 인수한 후 〈로맨스빠빠〉, 〈성춘향〉, 〈연산군〉, 〈사랑방 손님과 어머니〉, 〈상록수〉, 〈폭군연산〉, 〈열녀문〉, 〈로맨스 그레이〉, 〈빨간 마후라〉, 〈벙어리 삼룡〉 등을 제작하며 신상옥 감독과 신필름은 전성기를 맞는다. 1970년대에도 부침은 있었지만 그는 여전히 한국영화사의 대부였고 〈이조 여인 잔혹사〉, 〈천년호〉, 〈전쟁과 이간〉, 〈평양폭격대〉, 〈이별〉 등 꾸준히 완성도 높은 흥행작을 만들었다.

그러나 오수미 배우와의 밀애 이후 홍콩에서 촬영한 〈장미와 들개〉 예고편 사건으로 영화사의 허가가 취소된다. 그리고 부인인 최은희의 납북 이후 신상옥 감독마저 홍콩에서 납북되어 북한 교화소에 수감된다. 탈출과 체포로 몇 년을 보낸그는 김정일의 배려로 석방되어 최은희와 해후한다. 두 사람은 김정일의 전폭적인지원 아래 북한에서 신필름영화촬영소를 세우고 〈돌아오지 않은 밀사〉, 〈탈출기〉, 〈사랑 사랑 내 사랑〉, 〈소금〉, 〈심청전〉, 〈불가사리〉 등을 만들었다. 이 영화들은 북한에서 살아남기 위한 신상옥 감독의 눈물겨운 노작들이다.

자유를 갈망하던 그는 1986년 오스트리아 빈을 거쳐 미국으로 망명한다. 미국할리우드에서 신프로덕션Sheen Production을 설립하고 〈닌자 키드〉 시리즈를 제작, 감독하여 흥행에 성공한다. 그러나 감독은 자국어 영화를 만들어야 한다는 신념으로 미국 활동을 접고 귀국을 결심한다. 그는 귀국 후 국가안전기획부의 조사를 받고 납북이 공인되고, 1990년 KAL기 폭파사건을 다룬 〈마유미〉를 만들었으나 흥행에는 실패한다. 1994년 저예산 정치영화 〈증발〉 역시 흥행에 실패했다. 이미 시대가 바뀌었고 지나친 정치 성향의 영화가 대중적으로 맞지 않았던 것이다.

1999년에 최은희와 함께 남한으로 영구 귀국했으며 몇몇 영화의 좌절 후 2004년에 만든 신구 주연의 〈겨울이야기〉는 극장 개봉조차 하지 못했다. 신상옥 감독은 2006년 4월 11일 지병이 악화되어 별세했다. 그의 마지막 영화 〈겨울이야기〉는 SBS를 통해 방송되었고, EBS에서는 그의 추모특집 다큐멘터리로 필자(안태근) 연출의 〈거장 신상옥, 영화를 말하다〉를 방송했다.

■ 스즈키 세이준鈴木清順

스즈키 세이준 감독은 1958년에 데뷔해 반세기에 걸쳐 영화를 만들어 온 감독이다. 1923년 5월 24일에 출생하여 1958년 〈지하세계의 미녀〉로 데뷔했다. 1991년 베니스국제영화제 공로상과 1980년 베니스국제영화제 심사위원 특별상을 받으며 명장 반열에 소개된다. 일본 내에서도 영화계의 아웃사이더로, 반 기성세대의 첨병으로서 자신만의 색깔을 보여주는 영화를 만들어 온 그는 확실한 반골영화인이다. 기존 것을 그대로 답습하지 않는 그의 저항과 독창성은 그만의 탁월한 창의력에 기인한다.

그는 주로 저예산 액션영화를 주로 만들어 B급 액션영화의 대가로만 알려져 있다. 그러나 그의 전작을 보면서 드는 생각은 그가 액션영화의 혁명을 꿈꾸는 감독이었다는 것이다. 독특하면서도 남이 보여주지 않는 숏의 펼침으로 B급으로 일컬어지는 저예산 액션영화의 혁명을 시도했고, 그는 열렬한 지지자를 거느린 감독이 되었다. 이렇듯 일본영화의 중흥기를 이끈 감독이면서 폭력영화에서 자신만의 미학을 창조해 낸 감독이다. 미루어 짐작건대 홍콩의 장철 감독이나 쿠엔틴 타란티노, 오우삼 등의 액션영화 감독에게 영향을 주었다. 그의 영화 장면 중에는 장철 영화에서 보아온 유사한 장면들 때문이다. 〈복수報仇(보구)〉에서 흰옷 입고 우아하면서도 잔인한 피의 살육전을 벌이는 강대위의 모습이나 〈흑객〉에서 트럭 타고 몰려온 야쿠자들을 스즈키 세이준 영화에서 본 장면들이다. 스즈키 세이준이 주로 다루는 소재는 야쿠자이다. 물론 형사나 탐정이 나오기도 하지만 지속적으로 야쿠자들을 소재로 다루었다.

그러나 그들을 미화한다기보다는 그들을 통해 세상의 불합리함과 폭력성을 고발하는 것이다. 그가 이런 소재를 즐겨 다루는 것은 그는 사실 야쿠자를 동경하기 때문이 아닐까 싶기도 한데 그건 알 수 없는 일이다. 그런 오해를 살 만큼 그의 영화 중에는 야쿠자가 등장하는 영화가 너무도 많다. 싫어한다면 굳이 다룰 일이 없을 것이고 다루는 이유는 그만큼의 친밀성이 있기 때문일 것이다. 그러나 그로서는 야쿠자 설정이 그가 전하고자 하는 스토리의 전개와 관련 있는 것으로 영화적 장치라고 할 수도 있다. 권선징악의 정의를 그려내기 위한 것으로 시나리오 구성상 필요했을 수 있다. 그래서 그가 만드는 영화에는 하이틴 소재라 하더라도 그 주변에는 야쿠자가 존재하고 야쿠자들의 일상이 소개된다.

그는 이런 액션 장르 외에도 미스터리영화나 청춘영화, 태평양전쟁 시기 일본군, 위안부를 소재로 한 영화도 만들었는데, 보통의 일본감독이 그러하듯이 피해의식으로 군국주의로 인한 전쟁에 대한 잘못된 의식, 그에 대한 뉘우침에 대한 언급이나 연출은 없는 감독이다. 구로사와 아키라 감독도 마찬가지이지만 가해자로서의 잘못은 언급 없이 피해자로서의 일본인을 그려내고 있다. 그들이 살았던 시대가 그런 시대였고 그들이 받은 교육이 군국주의 교육이었다지만, 별 의식 없이 〈위안부 이야기〉나 〈해협, 피로 물들고〉 등의 영화에서 한복을 입히고 출연자들을 함부로 그려내는 것을 보면 어쩔 수 없는 일본감독이구나 하는 생각뿐이다.

닛카쓰의 스튜디오 메이킹 시대의 열악한 제작 환경에서도 혁신적이라고 할 수는 없지만, 자신만의 메이킹 방법을 터득해 장기간 B급영화를 통해 일본인들에게 환영받았던 스즈키 세이준은 해외 관객에게는 환영받기에 문제가 있지만 일본 내의 오락영화 팬들에게는 오래 기억될 감독이다. 아직도 건재하며 2012년에는 이시바시 요시마사 감독의 〈위대한 밀로크로제Milocrorze〉에서 문신사의 스승 가젠으로 출연하기도 했다.

한국감독 중에서는 액션영화를 즐겨 만든 정창화 감독과 동 시기에 활동하여 비교되며 활기찬 액션영화를 주로 만든 이두용 감독이 그와 흡사한 연출 세계를 보여준다.

■■ 스즈키 주기치鈴木重吉

스즈키 주기치 감독은 일제강점기 일본감독으로 경도京都 신흥新興키네마촬영소에서 활동하였으며, 훗날 〈임자 없는 나룻배〉를 감독한 이규환이 조감독으로 있었다. 즉, 스즈키 주기치 감독은 이규환의 영화 스승이다. 그는 훗날 이규환의 영화 〈나그네旅路〉를 도와 공동 감독이 된다. 당시 이규환은 영화 제작이 쉽지 않자 궁여지책으로 스즈키 주기치를 영입하고 일본에서의 후반작업을 시도한 것이다. 사실상 이런 과정에서 스즈키 주기치가 감독을 하였을 수도 있다. 하지만 젊은 이규환의 열정으로 연출을 양보할 리는 없는 이유는 한국에서 촬영하며 한국인의 모습을 담아내었기 때문이다. 그렇기 때문에 공동 감독이라 하지만 이규환이 연출을 주도

했음을 추정할 수 있다. 이 영화를 둘러싼 제작 과정은 당시 신문기사로도 확인할 수 있다. 〈나그네〉는 일본에서도 상영되어 호평을 받았다.

▬ 악풍岳楓

〈달기〉 감독으로 홍콩 감독 최초로 우리에게 알려진 감독이다. 1933년에 데뷔하였으니 우리로 치면 이규환 감독 세대이며 1974년까지 활동하였다. 악풍 감독의 필모그래피를 보면 대형사극부터 무협영화까지 다양한 60편의 감독작이 있다. 주로 1950년대에서 1960년대까지의 감독작이 많으며 12편의 각본도 집필하였다.

▬ 야마다 요지山田洋次

야마다 요지 감독은 1931년 9월 13일 오사카 출생으로, 동경제대 법학부를 졸업한 후 1961년 영화 〈2층의 타인〉으로 데뷔했으며, 이후 쇼치쿠영화사에 입사해 스타 감독이 되었다. 1969년부터 시작된 아츠미 기요시渥美清 주연의 〈남자는 괴로워男はつらいよ〉 시리즈로 알려진 감독이다. 가족을 소재로 한 홈드라마와 인정 희극 장르로 특성화된 코미디영화를 연출하였으며, 수많은 수상 경력을 갖고 있다.

〈남자는 괴로워〉, 〈낚시 바보 일지〉 시리즈를 계속해 수십 편을 연출했으며, 2002년 〈황혼의 세이베이たそがれ清兵衛〉, 2004년 〈비검 오니노츠메隠し劍 鬼の爪〉, 2006년 〈무사의 체통武士の一分〉이라는 시대극 3부작을 발표했다. 2014년 〈작은 집小さいおうち〉 이후 〈가족은 괴로워 2家族はつらいよ2〉를 발표했다. 그 외 드라마와 연극 연출작도 여러 편 있다. 그에게선 어쩐지 한국의 심우섭 감독 분위기가 풍긴다.

▬ 양만이楊曼怡와 장진원

장진원 감독은 9편의 한국영화와 홍콩영화를 감독하였다. 그는 양만이라는 이름을 쓴 홍콩영화인으로 기록되어 있다. 사실이라면 놀라운 일인데 일단은 잘못된 기록이다. 양만이는 홍콩 기록상 1970년 전후로 69편을 제작한 홍콩영화인이다. 홍콩영화 데이터베이스HKMDB를 검색해 보면 장진원이 홍콩에서 정창화 감독의 조감독을 거쳤던 감독이라는데 연대가 맞지 않다. 당시에 양만이는 이미 홍콩에서 영화제작자로 활동하고 있었다.

양만이 감독은 한국의 장진원 감독과 〈협기〉를 공동 감독했고, 감독작은 세 편 뿐이며 기획자나 제작자로 활동한 영화인이다. 화교인 왕사상 작가에게 물어보니 고향은 싱가포르 쪽 화교이고 홍콩에서 장강현상소를 운영했던 영화제작자이며, 성격이 무골호인이라는 소리를 들을 정도로 얌전했다고 한다.

▬ 엄종선

엄종선 감독은 1946년생으로, 그가 활동하던 1970년대부터 1980년대까지의 한국영화 사정은 너무도 안 좋았다. "누가 한국영화를 돈 주고 보느냐?"라는 말이 나돌 정도였다. 그 정도로 한국영화의 수준이 떨어진 것은 순전히 정부의 잘못된 영화 정책 때문이었다. 군소업자가 난립한다고 20개 영화사로 통폐합시켜 놓고 20개의 영화사만이 연간 4편의 한국영화를 제작하고 그 대가로 외화 쿼터를 주어 외화 수입을 시켰기 때문이다. 그러니 3억 원 이상의 외화 쿼터 수입 중 최소한의 경비를 들여 한국영화를 의무 제작했던 것이다. 수준이 떨어지는 것은 자명한 일이었다. 관객들은 한국영화에 등을 돌리고 한국영화는 외국영화를 수입하기 위한 소모품으로 전락했던 것이다.

엄 감독은 이러한 제작 환경에서 1982년 〈밤을 기다리는 해바라기(일명: 터잡이)〉로 데뷔한다. 청량리 사창가의 매춘부를 주인공으로 한 이 영화는 흥행이나 평론 모두 외면 받았다. 여주인공이 죽어 화장하여 절구에 빻아 유골함에 담는 라스트신은 큰 울림으로 남아있다. 하이틴 스타인 강주희가 모처럼 성인 역을 맡아 열연했지만, 그녀도 이 영화 출연 이후 은막을 떠났다. 엄 감독도 충무로의 찬바람을 실감하며 광고 등으로 생활을 꾸려나갔다. 사실 그 당시 잘 나가던 몇 감독을 빼고는 모두가 같은 상황이었다.

그는 원치 않은 〈변강쇠〉를 연출하며 한국영화계의 반란을 일으키고 싶었을 것이다. 이대근 배우가 소변보는 장면은 소방차 호스를 동원했고, 옹녀인 원미경이 소피보는 장면에서 계곡에 물이 흘러넘치는 발칙한 상상을 필름에 담아냈다. 이렇게 만든 영화가 장안에 화제가 되고 아주머니들이 삼삼오오 극장으로 몰려왔다. "별 이상한 영화야!" 하면서도 꼭 보아야 하는 영화로 소문이 난 것이다. 극장 안은 폭소와 함께 연일 만원이었다. 이렇게 해서 그는 본의 아닌 은퇴의 기로에서 기사회생한다.

그리고 2, 3탄이 만들어졌고 원미경 배우와 〈사노〉라는 영화까지 감독한다.

그리고 몇 년의 공백기 후에 만든 영화가 바로 〈만무방〉이다. 이 영화는 대종상영화제에서 6개 부문을 수상하고, 미국 마이애미 폴라델영화제에서 최우수작품상을 받는다. 한국영화가 위기였던 그 시절 영화감독은 저주받은 직업이었다. 누구도 내일을 기약할 수 없던 그 시절에 온몸으로 광야의 찬바람을 맞았던 엄종선 감독이다.

■ 오우삼吳宇森

오우삼 감독은 1946년생으로 극빈한 가정에서 태어나 어릴 때부터 고생은 이루 말할 수 없었다. 하지만 결국 그는 그가 원하는 감독이 되었고 할리우드에 진출하여 대작영화를 만들었다. 그의 영화 여러 편이 중국 흥행 기록을 경신했다. 기록이란 깨지기 위해 존재하는 것이지만 고생의 보람이 있다. 주윤발 시대를 개막한 〈영웅본색〉의 성공 이후 그는 〈첩혈쌍웅〉 등으로 홍콩 누아르를 주도했다.

그는 정창화 감독의 영향도 받았지만 장철 감독의 조감독으로 〈마영정〉, 〈수호지〉 등에 참여해 〈적벽대전〉 같은 영화를 만들 수 있는 기본을 쌓았다. 오우삼 하면 그 이름만으로도 고정 팬들이 있다. 할리우드로 진출해 〈페이스 오프〉, 〈미션 임파서블 2〉, 〈윈드 토커〉 등을 감독한다. 그리고 그 이름만으로 한국과 홍콩뿐만이 아니라 세계 각국에서 투자를 받으며 대작을 만들고 있다.

■ 오사원吳思遠

오사원 감독은 1944년 5월 14일생이다. 1969년에 영화계에 입문하여 왕우 감독작 〈용호의 결투(용호투)〉의 조감독을 맡았고, 1971년에 〈풍광살수瘋狂殺手〉로 데뷔하여 19편을 감독한다. 1972년부터 시나리오작가를 겸하고 1974년부터는 제작자로 변신한다. 그가 여러 일을 하여 알려진 것은 아니고 그의 감독작이나 제작한 영화가 그야말로 홍콩영화사의 화제작들이기 때문이다. 특히 한국에서 개봉한 〈홍콩에서 온 불사신(향항소교부)〉, 〈남권북퇴〉, 〈이소룡전기〉, 〈사망탑〉을 감독했고 〈용지인자〉 등을 제작했다. 감독작을 제작하며 한국과의 인연도 깊은데, 황정리 배우의 〈용형마교〉도 그의 제작 영화이다. 황정리 배우의 무술 영상 교본도 그가 만들었다. 고 당룡 배우를 미국으로 데려간 것도 그이다.

■ 오시마 나기사 大島渚

오시마 나기사 감독은 1932년생으로 1959년에 데뷔하여 1960년대가 그의 주요 활동 시대이다. 물론 그 후에도 영화를 연출했지만 뚜렷한 수작은 없다. 정치 상황을 빙자해 포르노로 도색을 한 〈감각의 제국〉이라는 영화도 있었고, 도대체 무얼 이야기를 하고자 하는지 의문인 〈전쟁의 메리크리스마스〉 같은 영화도 있었다. 그는 지독한 혐한 감독으로 한국인에 대한 편견이 심했던 감독이다. 그는 재일 동포를 소재로 하거나 이윤복을 소재로 한 영화를 만들기도 했다. 전부 한국에 대한 올바른 시각의 영화는 아니다. 그는 아직도 한국을 일제강점기의 조선으로 생각하고 있다.

그에 대해 처음 알게 된 것은 그의 1960년 〈청춘잔혹이야기〉의 시나리오를 읽고부터이다. 오시마가 각본과 연출을 맡았는데 건달 청년과 연인이 만나 거친 세상과 맞서는 내용이다. 기성세대를 조롱하며 청춘을 구가하던 젊은 감독의 패기만만한 내용이었다. 일본 시나리오 전집에서 이 시나리오를 읽고 각색을 했던 기억도 있다.

오시마는 적당한 것을 거부하고 자신만의 색을 중요시했다. 그러나 방향성은 있었지만 객관성은 결여된 영화들이었다. 그러다보니 지독히 우경화된 감독으로 각인되었다. 그것도 1960년대까지의 일이다. 1970년대 들어 〈열정의 제국〉 이후 〈감각의 제국〉이 검열상 문제가 되자 프랑스영화로 제작을 해 일본으로 역수입하는 우여곡절을 겪기도 한다. 이런 좌충우돌 속에서 그는 영화 제작의 한계에 대한 고뇌를 겪는다.

그는 프로감독으로서보다 독립영화 감독다운 패기와 집념으로 영화를 만들고자 했다. 실험성 넘치는 수작을 만든 일본판 누벨바그 테라야마 슈지 감독의 영화가 그의 영화 스타일과 유사하다. 테라야마의 초현실주의적인 경향과 오시마의 비현실적인 면은 흡사한 점이 있으며 〈전원에 살다〉, 〈상하이 이인창관〉은 오시마 나기사의 영화와 유사하다. 오시마 나기사의 마지막 영화 〈고하토〉까지 세상에 대한 역설과 편견으로 그는 한 시대를 풍미한 괴짜감독으로 남아있다.

■ 오즈 야스지로小津安次郎

오즈 야스지로는 미조구치 겐지와 구로사와 아키라와 함께 일본 3대 거장 중 한 명으로 손꼽히는 감독이다. 그는 1903년 12월 12일 태어나 1963년 12월 12일 만 60세로 타계하였다. 그는 어린 시절부터 영화에 매료되어 1923년부터 쇼치쿠영화사에서 촬영부로 일하다가 1927년 〈참회의 칼懺悔の刀〉로 데뷔했다. 그는 처음 난센스 코미디를 만들었는데, 직장인에 대한 코미디 영화인 1931년 작 〈동경의 합창東京の合唱〉으로 주목을 받았다.

오즈는 가족에 대해 더욱 애착을 갖고 만들게 되었는데, 1932년 작인 〈태어나기는 했지만生まれてはみたけれど〉은 오즈 감독의 초기 대표작으로 꼽힌다. 이후 그는 아버지를 소재로 하여 가족 간의 관계를 다루었다. 홀로 된 아버지와 아버지를 떠나지 않으려는 딸의 이야기를 다룬 1949년 작 〈만춘〉을 시작으로, 1951년 작 〈맥추〉, 1953년 작 〈동경 이야기〉, 1956년 작 〈조춘〉, 1962년 작 〈꽁치의 맛〉 등의 영화를 만들었다. 그는 이 같은 영화에서 가족이나 사람들 간의 애정과 갈등을 그만의 낙관적이며 인생에 순응하는 내용으로 다루어 냈다.

그는 다다미숏이라든지 이미지라인의 파괴 같은 반反할리우드적인 영화 기법을 창조해 영화를 만들었다. 이는 그만의 개인적인 스타일이며 일본적인 표현 방식일 수도 있는데, 인생을 관조하는 시각으로 우리 삶의 기쁨과 고통을 생생하게 보여주었다. 그의 이런 영화와 인생관은 서구의 빔 벤더스나 짐 자무시, 안드레이 타르코프스키 또 대만의 후효현 등의 감독들에게 영향을 주었다. 한국에서는 멜로드라마를 많이 연출했던 김수동 전 KBS PD가 그의 영향을 받았노라며 특강에서 공공연하게 말하기도 했다.

그의 영화는 너무 단조로운 일상을 담담히 보여주기에 요즘 세대들이 보기에는 따분한 영화일 수도 있다. 그러나 우리가 지금은 잊고 사는 이야기들이라 더 소중히 와닿는다. 필자는 《키네마순보》에서 낸 그의 특집호를 헌 책방에서 입수해 보았다. 일본영화를 볼 수 없었던 그 시절 그의 영화 스틸을 보며 '아, 마음이 따뜻한 감독이로구나!' 하고 직감했고, 훗날 보게 된 그의 영화를 통해서 내 생각이 틀리지 않았음을 확인할 수 있었다.

━ 오카모토 기하치岡本喜八

오카모토 기하치 감독은 한국에 전혀 알려지지 않았던 감독 중 한 명이었다. 오카모토 기하치는 1958년에 데뷔해 이마무라 쇼헤이, 사와지마 다다시, 마스무라 야스조, 하니 스스무, 고바야시 마사키와 함께 활동했다. 물론 이 시기에는 그들의 선배인 구로사와 아키라, 기노시타 게이스케, 오즈 야스지로 등 쟁쟁한 감독들이 활동하던 일본영화의 황금기이다.

전후 일본영화의 경향은 철저한 리얼리즘으로 새 일본영화 만들기를 시도하던 때이다. 억세게 끈질기게 행동하는 인간을 지향했다(『일본영화 이야기』 338~341쪽 참조). 이후 일본에는 오시마 나기사, 시노다 마사히로, 데라야마 슈우지 등의 데뷔하며 쇼치쿠 뉴벨바그운동이 펼쳐진다. 이러한 동 시기 감독들 사이에서 자연 영화의 완성도는 탄탄해져 갔다.

그는 야쿠자 영화부터 시대검극인 찬바라영화, 전쟁영화 등 다양한 장르의 영화를 만들었다. 그는 해외영화제 수상 경력이 없어 한국 내에 잘 알려지지 않았지만 틀림없는 거장이다. 특히나 〈사무라이〉, 〈대보살고개〉, 〈킬!〉 등의 찬바라영화는 구로사와 감독의 영화만큼이나 명편이다.

그가 추구한 또 하나의 장르는 전쟁영화이다. 서부극을 따라 만든 〈독립우연대〉 시리즈나 〈피와 모래〉, 〈일본의 가장 긴 하루〉, 〈격동의 쇼와사 오키나와 결전〉 등의 영화는 그에게는 장르 개척의 의미가 있는 영화들이다. 그런 영화가 흥행하므로 일본영화계에는 매년 패전일만 되면 '8·15시리즈'라고 해서 〈야마모토 이소로쿠〉, 〈일본해 대해전〉, 〈군벌〉 등의 전쟁영화가 개봉되었다.

아쉬운 것은 고바야시 마사키 감독의 영화에서도 그렇지만 전쟁의 피해자의 입장에서의 영화를 만들었을 뿐, 정작 피해자에 대한 배려는 전혀 찾아볼 수가 없다는 점이다. 이는 전쟁의 원인이 무엇 때문이었는지 밝히지 않고 있기 때문이다. 비단 오카모토 감독의 영화뿐만은 아니다. 그들의 영화는 호전적이지는 않지만 적어도 과거에 대한 반성의 느낌이 없다는 것은 자명하다.

〈일본의 가장 긴 하루〉를 보면 전쟁을 옹호하는 혁명군들의 우국(?)적인 활동을 극화해 보여준다. 영화에서 우상화나 선전영화임은 감독의 관점이 어디 있는지를 보면 알 수 있다. 혁명파들이 주인공이 되어 결국엔 자결하기까지의 내용인데,

그들이 죽은 이유가 그들이 일으킨 전쟁을 이해하기 위한 것하고는 거리가 있다. 1970년 할복 자결한 미시마 유키오 작가의『우국』을 읽으면 그들의 장렬한 최후를 감동적으로 느끼는 이들이 많을 수밖에 없다. 그것은 바로 문화콘텐츠가 갖는 힘 때문이다. 콘텐츠는 그 한 편에 모든 것이 담겨져 이해되어야 한다. 작가가 하고 싶은 이야기만 보여주는 영화는 목적성 영화일 수밖에 없다.

결국 전쟁은 참혹한 것이지만 그 원인에 대한 설명이 없으니 보는 관객들로선 조국을 위해 용감히 싸우다 전사한 군인이나 민간인들의 희생담으로만 부각되고 있다. 이런 상황이니 대개의 일본인들에게 안중근 의사가 단순 테러리스트로만 치부되고 있다. 이런 아쉬움도 있지만 그는 뛰어난 감독이다. 영화를 힘차게 끌고나가며 자신이 메시지를 박력 있게 혹은 차분히 영상으로 표현하고 있다. 그래서 그가 만든 전쟁영화나 찬바라영화가 보여주는 영상들은 선동성으로 인해 다소 위험해 보이기도 한다.

■ 용강龍剛

1955년부터 배우로 활동하여 2002년까지 59편에 꾸준히 출연하였고 1966년 작가 겸 감독으로 데뷔해 14편을 감독하고 13편의 시나리오를 썼는데 자신의 각본을 감독한 영화가 많다. 감독작 중 1973년 작인 〈홍콩야담〉과 〈응소여랑〉은 사회파 드라마의 정수를 보여주며 그만의 스타일을 확립한다. 어두운 홍콩 사회의 이면을 극적으로 다루어 흥행에 성공한다. 특히 〈응소여랑〉은 〈소녀(콜걸)〉이라는 제목으로 개봉되어 한국에서도 흥행에 성공하였다.

■ 우마牛馬

우마는 1942년 중국 천진에서 출생하여 2014년 2월 4일 별세하였다. 1959년 홍콩으로 이주했으며, 1964년 악풍 감독이 연출한 영화 〈화목란花木蘭〉을 통해 배우로 데뷔했다. 본명이 펑훙위안馮宏源인 우마는 처음 펑우마라는 예명으로 활동하던 중 개명해 우리에게 우마로 알려졌다. 이후 우마는 장철 감독의 〈심야의 결투〉, 〈돌아온 외팔이〉, 홍금보의 〈귀타귀〉, 〈쾌찬차〉, 성룡의 〈프로젝트 A〉, 〈성룡의 미라클〉 등 수많은 액션영화에 출연했다.

그는 홍콩영화계의 감초처럼 많은 영화에 출연하였는데, 한국의 임현식 배우 같은 이미지지만 초창기 영화 속에서는 악역 또는 간사한 배역을 맡았다. 그러나 훗날의 캐릭터는 인자한 노인이나 지혜로운 스승이 많다.

우마의 후반기 출연작인 정소동 감독의 1987년 작 〈천녀유혼〉에서 퇴마사인 연적하燕赤霞로 출연했으며, 2000년대에도 〈초한지: 천하대전〉, 〈금의위: 14검의 비밀〉, 〈묵공〉 등의 영화에 출연하는 등 250여 편의 영화에 배우로 출연해 왔다. 촬영만 마친 중국드라마 〈부용금〉이 그의 유작이 되었다.

그런가 하면 장철 감독과 함께 활동하며 결국 조감독과 공동 감독을 거쳐 감독에 올랐는데, 〈심야의 결투〉, 〈유협아〉 등의 조감독을 거쳐 1970년 〈노검광도怒劍狂刀〉로 감독 데뷔한다. 그 외 〈천녀유혼〉의 속편 격인 〈화중선〉을 비롯해 약 30여 편의 영화를 직접 감독했다.

■ 원화평袁和平

원화평 감독 겸 무술감독은 1945년 1월 1일생으로, 중국 베이징 출신이며 아버지는 배우 원소전이다. 당가, 유가량 무술감독팀에서 스턴트맨으로 시작하여 1960년부터 1970년대까지 쇼브라더스 영화에서 단역으로 출연한 그를 만날 수 있다.

그는 1970년 영화 〈풍광살수〉의 무술감독으로 시작하여 1978년 〈사형도수〉로 감독 데뷔한다. 이후 〈취권〉, 〈남북취권〉, 〈기문둔갑〉, 〈곽원갑〉, 〈영춘〉, 〈태극권〉 등 많은 우수한 무술영화 감독으로 인정받으며 할리우드로 진출하여 앤디 워쇼스키, 래리 워쇼스키 감독의 1999년 작 〈매트릭스〉에서 무술감독을 맡았고 2016년 〈와호장룡: 운명의 검〉을 감독했다.

영국의 영화잡지 《토털필름》이 2011년 6월 6일에 선정한 쿵후영화 베스트 50에 원화평 감독의 〈취권〉이 3위, 〈사형도수〉가 2위에 올라있다. 1위는 유가량 감독의 〈소림36방〉이다. 그는 2005년 제24회 홍콩 금상장영화제 무술감독상을 시작으로 2007년 제26회 홍콩 금상장영화제 무술감독상, 2011년 제13회 도빌아시아영화제 액션아시아상, 2014년 제33회 홍콩 금상장영화제 무술감독상을 받았다.

■■■ 유가량劉家良

유가량 감독은 1934년 7월 28일생으로, 백혈병으로 투병하다가 2013년 6월 25일 75세를 일기로 별세했다. 그는 영국 영화잡지 《토털필름》이 선정한 쿵후영화 베스트 50 중 1위에 오른 〈소림36방〉을 감독하며 화려한 활동을 하였는데, 홍콩과 중국영화의 명편을 감독하거나 무술감독으로 활동했다.

그는 부친인 유참(료셴)은 황비홍의 제자인데, 그도 부친으로부터 홍가권을 배웠다. 그도 홍가권의 대가가 되어 1960년대부터 쇼브라더스에서 무술감독으로 활동했다. 163cm, 55kg의 크지 않은 체격으로 1960년대 스타인 진보주가 주연한 여성 액션영화에서는 그가 대역도 했을 터이다. 그는 60여 년간 60편이 넘는 영화에서 무술감독 및 출연을 하였다. 그와 함께 유가영, 유가휘 등으로 구성된 의형제들이 그와 더불어 무술감독이나 배우로 활동하였다.

그는 장철 감독의 전속 무술감독으로 활동하다시피 하였는데, 장철 감독의 주요 영화에서 당가와 함께 무술감독을 맡았다. 장철 감독이 1974년 대만에 설립한 장궁영화사에서 활동을 마치고 홍콩으로 돌아온 그는 1975년 〈신타〉로 감독 데뷔한다. 이미 장철 감독의 애제자들인 배우 왕우, 강대위, 적룡도 모두 감독으로 데뷔했던 차이다. 그라고 감독하지 말란 법은 없었고 네 번째 연출작인 〈소림36방〉은 공전의 히트를 하였고 시리즈로 제작되었다. 의형제인 유가휘를 기용한 이 영화 시리즈로 그는 무술영화 감독으로서 반석을 다졌다.

이소룡 사후 그의 추모영화들이 난무하던 시절, 그는 중국 무술의 새로운 경향으로 소림사를 택하였다. 장철 감독은 이미 〈소림오조〉, 〈소림자제〉 등의 영화를 감독하며 소림사를 소재로 했는데, 유가량 역시 소림사를 무대로 하여 본격 무술 수련과정을 극화하였고 그런 그의 선택은 탁월했다. 그는 이후 장철 감독이 만들었을 법한 〈황비홍〉, 〈당랑〉, 〈오팔괘곤〉, 〈장문인〉 등을 연출하며 승승장구한다. 1960년대부터 70년대까지의 필모그래피를 보면 장철 감독의 영화가 거의 다이다. 그만큼 사제지간이라고 불러도 좋을 만큼 돈독한 관계였다. 장철이 무술영화의 주전멤버에서 밀려나며 유가량 감독의 전성시대가 시작되었다. 아니면 그의 전성시대가 되며 장철 감독의 뒷전으로 처졌는지도 모른다.

무술감독에서 감독으로 등극한 그는 25편을 감독하며 세계 무술영화사를 다시 썼다. 그 공로로 홍콩금자형장 탁월성취상을 받았는데, 그 역시 사양길을 피할 수 없었다. 동천의 해는 석양으로 지기 마련이다. 배우로만 활동하며 타계하였고 역사의 인물로 기록되었다. 장철 감독의 영화 중에서도 특히 많이 출연한 무술배우 강대위가 그의 영정을 들었다.

■ 유현목

한국영화 중 오랜 기간 베스트 1위에 올랐던 1961년 작 〈오발탄〉의 감독이다. 1925년 황해도 사리원 출생으로 2009년 6월 28일 향년 84세로 별세하였다. 휘문중·고등학교와 동국대학교 국문학과를 졸업했다.

그는 한국전쟁 기간 중에 정창화 감독의 데뷔작 〈최후의 유혹〉의 각본 및 조감독을 거쳤고, 이규환 감독의 〈춘향전〉 조감독 후 1956년 〈교차로〉로 데뷔했다. 이후 〈유전의 애수〉, 〈잉여인간〉, 〈김약국의 딸들〉, 〈아낌없이 주련다〉, 〈순교자〉, 〈막차로 온 손님들〉, 〈카인의 후예〉, 〈수학여행〉, 〈분례기〉, 〈한〉, 〈장마〉, 〈사람의 아들〉 등을 감독했고, 감독으로서 받은 존경심은 신상옥 감독 다음일 것이다. 그는 종교적인 색채의 영화를 여러 편 만들며 코미디나 다른 장르의 영화보다 종교영화 장르의 대가로 알려졌다. 그래서 '한국의 잉그마르 베르히만'이라는 애칭도 들었다.

1976년부터 동국대학교 교수로 오랜 기간 재직하여 동국대학교와 중앙대학교 등에서 강의하였다. 강의 중 흡연은 그만의 전매특허였다. 지금은 상상할 수도 없는 일인데 학생들도 유현목 감독이니까 참고 강의를 들었다고 한다. 그는 한국영화학회 회장을 역임하였고 후배들과 어울리기 좋아했는데, 현장에서도 그렇고 아닌 일에는 핏대를 올려 별명이 '유핏대'였다. 저녁이면 남산 주변의 단골 술집에서 후학들과 어울리기 좋아하였다. 비교적 순탄한 감독 활동 후 후배들이 적극 지원해 준 영화 〈말미잘〉의 연출 이후 은퇴하여 각종 영화제에 초청되거나 심시위원장으로 활동하고 예술원 회원으로 활동하였는데, 김수용 감독에게 밀려 예술원장을 지내지는 못했다.

그는 〈오발탄〉 이후 〈장마〉, 〈사람의 아들〉까지 우수한 영화를 감독하여 한국영화사 발전에 공헌하였고, 동국대 연극영화학과에서 후배들을 양성하여 대학영화 발전에도 지대한 공을 세웠다. 그의 조감독으로는 정진우, 김사겸, 김호선, 석도원 등이 있다.

■ 윤백남

윤백남은 시나리오작가 겸 감독이자 제작자이다. 1888년생이며 1954년 9월 29일 타계하였다. 대중적으로 잘 알려져 있지 않지만 초창기 한국영화를 태동시킨 장본인이다. 본명은 윤교중으로, 백남은 그의 호이다. 당시는 호를 이름 대신으로 사용했다. 일제 조중훈을 조일제로, 석영 안석주를 안석영으로 하는 식이다.

윤백남이 살던 시대는 신문물 도입기였다. 어린 나이인 11세에 경성학당에 입학해 16세에 졸업한 영재다. 특히 어학에 천재로 문필가로서의 소질도 보였다. 그 후 그는 인천항에서 모험에 가까운 일본 밀항을 시도하여 성공해 고쿠라로 가서 고학생이 된다. 그는 현립 반성중학 3학년에 보결로 입학하였다. 무일푼에 밀항으로 일본에 온 그는 우여곡절 끝에 동경에 자리 잡았다.

윤백남은 와세다 실업중학 본과 3학년에 한국인 최초로 입학하였고 졸업한다. 이후 국비생 50명 중 한 명으로 선발되어 와세다 정치과 학생이 된다. 그러나 일본 인들이 정치 과목 수강에 제한을 두자 신전에 있던 동경 관립고등상업학교로 전학하여 면학에 주력한다. 그리고 이인직을 만나는데, 이인직은 훗날 『치악산』, 『설중매』, 『은세계』 등의 신(체)소설을 쓴 소설가이다.

윤백남은 귀국 후 수형조합에 부이사 직급으로 근무하는데 그곳은 조선척식주식회사의 전신이었다. 이곳에서 1년 간 근무하다 퇴사하고 대일신보사 기자로 입사한다. 이곳에서 조일제와 더불어 문수성을 창단하기 전까지 일한다. 그는 문수성에서 연극을 하던 중 안종화의 소개로 조선키네마로 가서 〈운영전〉을 각본·감독한다. 〈운영전〉은 안평대군의 애첩인 운영과 김진사의 사랑을 그린 내용으로, 여주인공으로 김우연을 캐스팅하였다. 그러나 외모도 영화적이지 않았고 윤 감독과의 스캔들이 벌어지고 영화는 큰 적자를 본다.

이후 서울로 와서 이경손, 나운규, 주인규 등을 중심으로 백남프로덕션을 만들어 〈심청전〉을 제작하여 다시 낭패를 보고 그는 수출을 상담한다고 일본으로 간다. 그리고 연락두절이 되었는데 김해 합성학교에서 교편을 잡고 있었다. 결국 영화계를 떠나 시골로 낙향한 셈이다. 백남프로덕션은 해산되고 그들 멤버는 고려키네마사로 가서 이광수 원작의 〈개척자〉에 참여한다.

▬ 이경손

이경손 감독은 1903년(?)생으로 일제강점기 영화감독, 배우, 작가, 동화작가로 활동한 다재다능한 이다. 그는 한국영화사에서 조감독을 거친 최초의 감독이다. 한국 최초의 감독은 윤백남 감독인데 그의 조감독을 지내고 감독으로 데뷔했기 때문이다.

그는 개성이 고향으로 서울에서 보통학교를 졸업했다. 그리고 1919년 경성신학교에 입학하여 1년을 다니고, 1920년 2월 서대문 밖 '예술학원' 연극반에 교수 자격으로 간다. 그러나 이 학원은 곧 문을 닫았고 이경손은 연극반 학생들을 중심으로 '무대극 연구회'를 조직한다. 그리고 연극배우로 활동 중 조선키네마에 입사해 배우 겸 조감독으로 활동하였는데, 〈아리랑〉의 감독 나운규가 이 회사에 입사하여 〈운영전〉이라는 영화에서 가마꾼으로 단역 출연하게 된다.

이경손은 1925년, 백남프로덕션에서 그의 데뷔작 〈심청전〉을 연출하며 나운규를 심봉사로 출연시켜 그의 영화적 재능을 발견하게 된다. 두 번째 연출작은 1925년 작 〈개척자〉이며 이후 1926년 〈장한몽〉, 〈산채왕〉을 연출하지만 대부분 흥행에 실패한다. 1926년 그는 나운규의 일취월장한 기량을 보게 되는데, 당대 화제작이며 흥행작인 〈아리랑〉은 이경손의 시 습작노트를 빌려가 보고 나운규가 착안한 영화다. 나운규가 〈아리랑〉으로 명성을 얻자 나운규의 차기작 〈잘 있거라〉의 시나리오를 집필하기도 한다. 그리고 이경손프로덕션을 차려 〈숙영낭자전〉을 제작·감독한다.

이경손 감독은 한국영화사에서 차지하는 비중에 비해 연구가 부진하다. 그건 그가 1928년 작 〈춘희〉를 감독 후 정기탁 감독의 부름을 받고 1929년 상하이로 이주했고, 그곳에서 〈양자강〉을 만든 후 일제가 상하이를 침공하자 태국 방콕으로 옮겨가 그곳에서 영면할 때까지 살았기 때문이다.

그는 한국인으로 최초의 기록을 갖고 있는데 바리스터로서 안국동 인근에 한국인 최초의 다방을 개점한 것이다. 1927~1928년도의 일로 약간 의외이기도 하지만 그가 일제강점기 모던 보이로서 한 면모이다. 하와이에서 온 여인 미쓰 현과 동업으로 '카카듀'라는 다방을 개점하자 문화예술인들의 아지트가 되었다. 그러나 이 다방은 얼마 못 가서 폐업했다고 하는데, 이는 이경손 감독이 상하이로 가게 되었기 때문이었다.

그는 일제강점기 망명파 영화인의 전형적인 감독이다. 그는 태국의 초대한인 회장을 맡아 활동하기도 하였는데, 그가 타계하기 전 찾아온 유현목 감독을 만나 외로운 타지에 정착하기까지의 서러운 사정을 토로했다. 그때 그가 쓴 수기가 월 간지《신동아》에 실리는데 1964년 12월호에 「무성영화시대의 자전」, 1965년 6월호에 「상해임정시대의 자전」이다. 실린 원고는 전체 분량이 아니며 나머지 원고는 그 후 분실되어 찾을 길이 없다. 그는 1977년 4월 4일 영면하였다.

▬ 이광모

이광모 감독은 미국 유학을 다녀와 모교인 고려대학교에 출강 중이었다. 원래는 영문학을 전공했고 미국에 가서는 영화를 전공하였다. 그는 후에 중앙대 영화과 교수 발령받은 후 영화 〈아름다운 시절〉을 찍게 되었다. 이 영화의 시나리오는 미국에서 이미 상을 받은 시나리오였다. 결국 이 영화는 몇 년간의 준비기간을 거쳐 촬영되었고, 역대 최고로 많은 30여 개의 영화상을 받았다.

그리고 대학로에서 예술영화 전용관을 운영하고 이후 시네큐브 광화문 극장을 거쳐 현재는 이대 아트하우스 모모를 운영하고 있다. 이 극장들은 상업성 있는 영화보다는 예술영화 위주로 상영작을 선정하는데 주로 해외영화제 수상작들이다. 일반인들의 기호에 맞춘 영화들이 아닌 그의 취향에 맞는 영화들만 상영하고 있다.

▬ 이규환

이규환 감독은 1904년 대구에서 출생하였다. 그는 1932년 작 〈임자 없는 나룻배〉를 감독했던 감독으로, 1974년 〈남사당〉으로 은퇴하기까지 40여 년간 활동하였다. 그는 가정불화로 불우한 어린 시절을 보낼 때 데이비드 그리피스 감독의 영화를 보고 영화감독의 꿈을 키우게 되었다. 서울의 휘문의숙徽文義塾으로 유학을 왔지만, 귀향하여 대구 계성중학啓聖中學에 편입하였다. 4학년 때 3·1운동에 참여했고, 영화감독을 꿈꾸며 1923년에 일본으로 가서 동경의 일본영화예술연구소에서 6개월 동안 수학하고 귀국했다.

1927년에는 미국 할리우드로 가기 위하여 부산에서 중국 상하이로 가서 김광주의 소개로 먼저 와있던 전창근을 만난다. 그는 그곳에서 부자간의 갈등을 그린 〈영육난무靈肉亂舞〉라는 시나리오를 김광주의 번역으로 장성영편공사長城影片公社에 제출하였으나, 중국의 생활 감정이 어설프다는 이유로 거절당한다. 그러나 그곳에서 전북 고창 갑부의 아들이었던 강정원을 만나는데, 그는 훗날 이규환의 데뷔작 〈임자 없는 나룻배〉를 제작하게 된다.

그는 미국행을 포기하고 다시 일본으로 가서 경도京都의 신흥新興키네마촬영소 옆에 살던 사촌형을 만난다. 그는 촬영소의 면접 시험에 통과하고 조감독으로 채용된다. 이곳에서 도요다 시로, 미조구치 겐지, 스즈키 주기치 등의 감독 밑에서 체계적인 영화 수업을 받고 1932년 2월에 귀국하였다. 28세의 이규환은 유신키네마 제작으로 자신의 자작 시나리오인 〈임자 없는 나룻배〉로 데뷔하게 된다.

〈임자 없는 나룻배〉의 내용을 보면 농부 춘삼(나운규)이 서울로 와서 인력거꾼으로 일하다가 만삭 아내의 입원비를 마련하기 위해 도둑질을 하다가 옥살이를 하게 되고, 출옥 후 딸을 데리고 고향에 돌아와 뱃사공이 된다. 10여 년 후 나룻배가 오가던 강 위에 철교가 들어서고 건설기사가 딸을 욕보이려고 하자 격분한 춘삼이 도끼를 들고 싸우다가 기차에 치어 죽는다. 딸마저도 넘어진 등잔불이 방안으로 번져 불에 타 죽는데 강가에는 임자 없는 나룻배만이 흔들리고 있다.

개인의 아픔을 통해 시대를 조명한 정기탁 감독의 1932년 작 〈광명지로〉를 연상시키는 이 영화는 당대 최고의 스타였던 나운규에게 춘삼 역을 부탁하였는데, 시나리오를 읽은 나운규는 춘삼 역을 작정하고 머리를 빡빡 깎고 나났다는 일화가 유명하다. 〈임자 없는 나룻배〉는 1932년 9월 14일 단성사에서 개봉하여 대단한 흥행 성공을 거두었고, 당시 나라 잃은 아픔을 상징적으로 그려내 1938년 《조선일보》 선정 무성영화 베스트 2위에 선정된다. 그는 이후 〈밝아가는 인생〉, 〈바다여 말하라〉, 〈그 후의 이도령〉 등을 연출했다.

1936년 이규환은 한국영화 최초의 합작영화인 〈무지개〉를 일본 닛카쓰와 만든다. 영화의 내용은 어촌의 노인을 주인공으로 한 가족사이다. 그리고 1937년 신코키네마와 합작이며 스승인 스즈키 주기치와 공동 감독인 〈나그네〉를 발표한다. 이 영화는 어부 복룡(왕평)이 아버지와 처의 복수를 한다는 〈임자 없는 나룻배〉의 또 다른 버전이다.

이 영화는 일본 측이 촬영, 녹음, 현상 등 기술적인 부분을 담당했는데, 당시로 써는 보기 드문 향토적이고 서정적인 영화로 만들어졌다. 그는 1939년 〈새출발〉, 1941년 〈돌쇠〉 등의 작품을 만들었다. 그의 이력에 오점은 광복 전 최초의 친일영화인 1938년 작 〈군용열차〉의 시나리오를 쓰고 조선영화인협회의 이사, 영화인 기능심사위원회의 심사위원 등을 역임한 것이다.

이후 그 역시 비행장 건설에 징용되어 노역자로 일했다. 광복 후 〈민족의 새벽〉, 〈돌아온 어머니〉 등은 광복의 감격을 그렸고, 1946년 〈똘똘이의 모험〉, 1955년 〈춘향전〉이 흥행에 성공하여 한국영화의 활력소가 되었다. 그는 〈심청전〉, 〈애련의 꽃송이〉, 〈낙화암과 삼천궁녀〉 등의 영화로 한국영화의 전통미를 살리면서도 리얼리즘을 꽃 피웠다는 평가를 받는다. 그의 은퇴작은 1974년 후배들의 헌정작인 〈남사당〉이었다. 그는 1982년 7월 4일 별세하였다.

■ 이노우에 우메츠구井上梅次

이노우에 우메츠구 감독은 1923년 출생의 일본인 감독으로 1967년부터 1971년까지 홍콩에서 활동했다. 〈화월춘야〉, 〈연애도적〉 등 주로 멜로영화 및 뮤지컬 영화를 만들어 일본색 짙은 영화를 홍콩에 선보였다. 한국으로 치면 이형표 감독 또래로 위장합작으로 소개된 여러 한국영화에 관여하여 한국 팬들에게도 익숙한 이름이다. 17편의 감독작이 있으며 전부 자신이 각본을 집필했다. 신상옥 감독이나 김수용 감독과 친분이 있고 그들의 책에도 소개되어 있다. 그는 2010년 별세하였다.

■ 이동승爾冬陞

이동승 감독은 1957년 12월 28일 홍콩 출생으로, 영화배우로 데뷔하여 시나리오작가를 거쳐 감독이 되고자 조감독을 자청하고 이후 홍콩영화계를 대표하는 감독이 되었다. 본인의 노력이 있기에 가능한 일이겠지만 다재다능을 넘어선 활동이다. 알려진 바와 같이 그는 진패, 강대위의 의붓동생이다. 생김새도 강대위와 많이 닮았는데, 신장은 180cm로 훨씬 크다. 그의 아버지 이광, 어머니 홍미, 의붓형 진패, 강대위 등 그의 가족은 모두가 영화인이었다.

1975년 쇼브라더스에 전속되어 1977년 초원 감독의 〈명월도설야섬구明月刀雪夜殲仇〉로 배우 데뷔하였고, 1981년 〈묘두응貓頭鷹〉으로 작가 데뷔를 하였다. 19년간 〈백옥노호〉, 〈삼소여적검〉, 〈다정검객무정검〉, 〈영웅무루〉, 〈신해쌍십〉, 〈마검협정〉, 〈중화전사〉 등 40여 편의 영화의 출연한 후, 1987년 개봉작인 〈중화전사〉의 조감독을 거쳐 1986년 개봉작인 〈전료정전癲佬正傳〉으로 감독 데뷔하였다. 이 영화는 정신병자와 노숙자 등 사회 소외 계층의 문제를 다루어 상영 금지를 당하기도 했으며 여러 번의 시위 끝에 상영하게 되었다. 이 영화는 당시 1,000만 홍콩달러의 흥행을 기록하여, 홍콩영화사상 최고의 흥행 기록을 수립했다. 또한 홍콩 금상장과 대만 금마상을 받았다.

두 번째 연출작인 〈은행풍운人民英雄〉은 대만영화 비평인협회 선정 중국최우수 영화로 선정되었고, 1993년 〈신불료정新不了情〉 역시 흥행에 대성공하며 그는 흥행성과 작품성을 갖춘 손꼽히는 감독에 오른다. 2016년까지 〈열화전차〉, 〈색정남녀〉, 〈망불료〉, 〈천도불취〉, 〈문도〉, 〈신주쿠사건〉, 〈창왕지왕〉, 〈대마술사〉, 〈삼소야적검〉 등 17편의 감독을 맡았다.

흥행 기록 외에도 1994년 제13회 홍콩 금상장영화제에서 〈신불료정〉으로 각본상, 감독상 수상, 2005년 제24회 홍콩 금상장영화제에서 〈몽콕의 하룻밤旺角黑夜(왕각흑야)〉로 각본상과 감독상 수상, 제10회 홍콩금자형장HKGBA 감독상 등 그의 수상 기록은 배우 출신 감독 중에서는 최다를 기록했고 여느 홍콩감독보다도 많을 정도이다.

그의 영화 세계는 입문부터 지금까지 형제들의 영향이 컸을 것으로 생각된다. 진패는 데뷔작에 출연했고 강대위 역시 초원 감독의 1977년 작인 〈삼소야적검〉에서 동생과 공연하였다. 2005년 작인 〈조숙〉에도 출연하였는데 자신(강대위)의 출연작이었던 1973년 장철 감독의 〈반역〉의 새로운 버전이라고 할 수 있다.

그도 형들처럼 배우를 거쳐 감독으로 데뷔하였다. 그러나 감독으로서 활동은 형들보다 뛰어나다. 그의 많은 영화가 각본상과 감독상을 받았는데, 감독으로서의 역량은 배우로서의 경력이 일조하였다. 좋은 배우들과 공연하며 스스로 큰 배우가 되었고 시나리오를 쓰며 감독으로서의 준비를 거쳐 내공을 키웠다. 우리나라에서 〈무간도〉 시리즈로 소개된 2007년 감독작인 〈문도〉에서는 직접 출연까지 하고 있다. 그의 총 출연작은 57편이다.

▬ 이두용

이두용 감독은 1942년생으로 1970년 〈잃어버린 면사포〉로 데뷔했다. 그는 스토리텔링 시대였던 1970년대부터 1980년대 사이 액션영화를 비롯하여 여러 장르의 수많은 영화를 연출했다. 그 시대의 대표작을 보면 〈별들의 고향〉, 〈겨울 여자〉, 〈바보들의 행진〉 등 소설 원작이 많던 시절이다.

이두용 감독은 스토리텔링이 흥행의 큰 요소로 자리했던 시기의 감독이었지만, 그만의 영상 표현과 더불어 박진감 있는 영화의 흐름을 잘 보여주는 탁월한 능력이 있다. 이것은 감독 개인의 능력이기도 하지만 편집의 역할 또한 큰데, 이경자 편집기사의 공이 아닐까 싶다. 어쨌든 편집도 영상이 있어야 가능한 일이고 편집의 흐름까지도 미리 읽을 필요가 있기 때문에 이러한 영화를 만든 것은 감독의 역량이라고 볼 수 있다.

그의 연출은 한 화면이 보여주는 미학이 아닌 동動 화면의 미장센 미학이다. 다분히 음악이나 오디오를 염두에 둔 연출로 음악과 믹싱되며 완성되어질 때 자신의 진면목이 드러나는 연출이다. 그는 이러한 장기를 액션영화를 통해 보여주었는데, 묘한 율동감에 드라마트루기의 이완을 반복하는 스토리텔링과 더불어 영화는 무한한 에너지를 분출한다. 이러한 힘 있는 연출은 타 감독에게서 볼 수 없는 그만의 장기다. 보면서 몰입되고 영화와 함께 감동되기는 쉽지 않건만 그의 영화는 남다르다.

당시 영화들 중에는 어느 부분부터 힘이 빠져 완성도를 떨어뜨리는 경우도 있다. 즉, 앞부분은 손색없는 전개인데 뒷부분이 늘어지는 등의 문제가 있는 영화들이다. 영화란 일관성 있는 안목에 의해 상영시간 내내 관통하는 힘이 골고루 안배되어야 한다. 이는 스토리텔링의 문제로 발생되기 쉬운데 그리고 전부 완벽한 시나리오를 만나지는 않았을 터이지만 그러한 우를 보이지 않는다.

그의 최고작은 아무래도 〈무장해제〉, 〈최후의 증인〉, 〈여인 잔혹사 물레야 물레야〉, 〈뽕〉 등이다. 그는 윤삼육 작가와 콤비였는데 자신의 영상 감각으로 이두용표 영화를 양산했다. 작가 의식보다는 탁월한 테크니션이라는 표현이 걸맞을 듯한데, 그만의 장기는 역시 액션영화에서 빛이 난다. 〈용호대련〉으로 시작된 그의 태권영화는 그 장르에서는 당대 최고였다. 그 후 우리식 문화를 소재로 한 일련의 민속영화는 그의 진면목을 다시 보여준 장르다.

특히 〈피막〉은 촬영이 뛰어난 걸작인데 물론 연출의 힘이다. 바람 부는 어느 날 마을로 오는 무녀의 장면은 일찍이 보지 못한 연출로 압권이었다. 무녀의 복수를 소재로 그녀의 음모와 이상 심리를 자연 풍광과 함께 빚어낸 숨은 걸작이다. 영상의 기본은 인간과 자연과의 어울림이다. 대나무, 비바람, 초가, 상옛집, 고목, 양반가옥 등을 절묘하게 아우르며 그는 극적인 전개를 진행시키며 숨 막힐 듯하게 꽉 짜인 연출력으로 인간의 심리를 표현한다. 이 영화에서 이두용은 그만의 스타일을 완성하였다.

이후 그는 한국전쟁을 소재로 한 〈최후의 증인〉에서 사계절을 통한 열정 어린 연출로 한 가족의 부침을 극명하게 보여주었다. 한국전쟁이 빚어낸 김성종 원작의 뛰어난 구성도 좋았지만, 그가 추구하는 선 굵은 풍성함이 영화의 주제를 돋보이게 했다. 비바람 몰아치는 농로를 걸어가는 오병화 형사의 모습은 그의 앞날을 상징적으로 보여주는데, 라스트신의 자살 장면은 충격적이기까지 하다. 한강변 새떼를 날린 총성의 여운은 관객들의 심장을 파고든다.

그리고 그의 영화 중 가장 뛰어난 영화라고 할 수 있는 〈여인 잔혹사 물레야 물레야〉를 초스피드로 만들어 대종상영화제에서 작품상을 받는다. 피 말리는 여건에서 그의 진가가 나타난 사례다. 이제껏 그가 보여준 영상미학이 이성춘 촬영감독에 의해 구사되었고, 이경자 편집기사는 영화의 숨결을 불어넣었다. 영화과 학생들의 교재 영화로 추천하고 싶은 영화다.

〈뽕〉은 한국을 찾은 외국에게 선물용으로 어울리는 우리네 해학과 정서가 잘 담긴 영화다. 일제강점기에 몸을 팔며 살아가는 여주인공 안협네는 집안 청소만큼은 똑 부러지게 하고 산다. 몸 파는 일과의 극한 대비인데 이두용다운 설정이다. 안협네가 보여주는 해학의 에피소드는 이 영화를 흥행 영화로 만들었고 이두용의 영화적 스토리텔링의 성공이었다. 이후 다소 무거운 소재인 〈내시〉를 만들었지만 흥행에는 실패하였는데, 〈뽕〉에서 보여준 그러한 미학을 놓쳤기 때문이 아닐까 생각한다.

이두용 감독이 활동하던 시기는 검열의 시대다. 그가 더 좋은 환경에서 영화를 만들었다면 또 다른 영화가 나왔을 터이지만, 그는 그 시대를 나름 슬기롭게 살았던 감독이며 액션영화로서는 최고의 감독으로 평가받고 있다.

▬ 이마이 다다시今井正

이마이 다다시 감독은 1912년생으로 1992년 별세한 일본영화사의 대표 감독이다. 1939년에 데뷔한 이마이 감독은 메이저 제작사인 도호영화사를 나와 일본 최초의 독립영화 제작사를 설립해 자신의 만들고 싶은 영화의 세계를 추구한 감독이다. 그는 〈또 만날 날까지〉 등 리얼리즘 계열의 영화를 서정적으로 만들었는데, 뜻밖에도 일제강점기 한국에서 〈망루의 결사대〉와 〈사랑과 맹서〉와 같은 일제의 선전영화를 감독했다.

이 영화들은 일제강점기 한일 합작영화로 제작되었으며, 한국영화 목록에 올라 있다. 〈망루의 결사대〉는 고려영화협회와 일본 도호영화사가 1943년 4월 29일 개봉한 영화로 러닝타임은 95분이다. 한국에서 촬영한 〈망루의 결사대〉의 원안자가 최인규 감독이었다는 설도 있는데, 국경선의 마을 청년이 이곳을 지키는 일경에 감화되어 함께 토벌 활동한다는 내용이다. 한국인의 입장에서 본다면 한국의 독립군을 마적으로 매도하는 일제의 선전영화일 뿐이다. 이 영화 제작에 한국인들이 들러리로 내세워진다. 실제로 김좌진 장군이 승전으로 이끈 청산리 전투가 있었던 시절인 1922년에 이런 내용의 영화인 〈국경〉이 만들어졌다가 관객들이 난동을 일으켜 영화 상영이 중단 적이 있는데, 20여 년이 지나 다시 만들어진 것이다.

이후 그는 한 편의 영화를 더 만드는데 〈사랑과 맹서〉는 조선영화주식회사와 도호영화사 합작으로 1945년 5월 24일 개봉되었다. 이 영화는 최인규가 공동 감독으로 한국배우 문예봉, 김신재, 김유호, 독은기가 일본배우들과 함께 출연한다. 그는 패전 뒤 일본에서 전후 일본 사회의 풍경을 휴머니즘으로 만드는데 〈푸른 산맥〉으로 일류 감독 반열에 올랐고, 1963년 베를린영화제에서도 〈무사도잔혹이야기〉로 그랑프리를 받았다.

그의 대표작으로는 1941년 작 〈결혼의 생태〉와 1950년 작 〈또 만날 때까지〉, 1951년 작 〈순애보 이야기〉, l953년 작 〈니고리에〉, 1956년 작 〈한낮의 암흑〉,

1957년 작 〈쌀〉, 1959년 작 〈기쿠와 이사무〉 등이 있고, 1950년대 구로사와 아키라 감독이 〈라쇼몽羅生門〉으로 베니스영화제에서 대상을 받았음에도 불구하고 일본 영화사의 베스트 1 감독으로 자리한다. 유작으로는 1992년 〈전쟁과 청춘〉이 있다.

■ 이성민(이형)

이성민 감독은 1944년생으로 서라벌예대 63학번이다. 그는 정인엽 감독의 1972년 작 〈사랑하는 아들 딸아〉, 1973년 작 〈요화 배정자(속)〉, 하길종 감독의 〈여자를 찾습니다〉에서 조감독을 맡았다. 이후 첫 번째 연출작인 1974년 작 〈야성의 숲〉은 국도극장에서 4주간 개봉하여 5만 6천여 명을 동원하여 한숨 돌렸다. 이 영화는 달동네를 배경으로 체제 비판 내용을 담고 있다고 해서 문제가 되기도 했는데 현석, 도금봉, 안병경이 출연했다.

이후 〈사랑의 계절(여고 삼년생)〉, 〈둘 빼기 셋〉, 〈소리치는 깃발〉, 〈꼭지 꼭지〉, 〈머저리들의 긴 겨울〉, 〈별리〉, 〈한쪽 날개의 천사〉, 〈텔레파시 여행〉 등 이성민이라는 이름으로 모두 9편의 감독작을 남겼다. 이후 안기부와의 갈등으로 이성민이 아닌 이형이라는 이름으로 활동했다. 그는 1983년 〈내 인생은 나의 것〉, 〈연인들의 이야기〉, 〈잊혀진 계절〉 등의 히트곡을 영화화하며 이형이라는 이름으로 발표하였다.

■ 이신명

이신명 감독은 1929년생으로 본명은 이일성이다. 신필름에서 프로듀서로 일하였고 합동영화사에서 〈열풍〉으로 데뷔했다. 〈열풍〉은 주제가인 〈울어라 열풍아〉가 대히트를 하여 순탄한 감독 생활을 예고했다. 모두 12편의 영화를 연출하였는데 주로 액션영화가 많다. 대표작인 〈밀녀〉는 일본 원작을 영화화하여 뛰어난 영상미로 호평을 받았다. 〈동풍〉은 신일룡 출연작으로 나이지리아에 수출되었다. 1976년 〈춘풍연풍〉은 위장 합작영화로 추정되는데 이후 기획자로 활동하였다. 합동영화사의 1976년 작 〈아메리카 방문객〉을 기획하였으며, 1980년 한국예술인마을복지재단의 이사장으로 있으면서 예술인 마을 건립을 추진했다. 이후 영화 제작 자유화를 위해 영화법 개정에 앞장섰다.

■ 이원세

이원세 감독은 1940년 평양 출생으로 서라벌예대 연극영화과를 졸업했다. 1968년 《동아일보》 신춘문예 당선작인 〈수전노〉가 김수용 감독에 의해 영화화되었고, 김수용 감독의 조감독으로 10년간 활동 후 1971년 〈잃어버린 계절〉로 감독 데뷔한다. 그 후 〈특별수사본부 배태옥 사건〉으로 백상예술대상 감독상을 받았다. 평단의 호평 아래 〈특별수사본부〉 시리즈를 만든 후 1977년 아동영화 〈엄마 없는 하늘 아래〉로 흥행 감독의 반열에 든다.

그는 영상을 효율적으로 활용하며 이야기꾼으로서 관객들의 심리를 읽을 줄 아는 감독이다. 1981년 그의 대표작인 〈난장이가 쏘아올린 작은 공〉 연출로 그는 영상파 감독으로 각인되며 감독으로서 전성기를 맞는 듯하였지만, 이 영화는 원작 소설의 지명도와 영상이 주는 강력한 메시지로 검열에서 문제가 되어 감독으로서 깊은 상처를 입는다.

그는 상복도 많았고 적은 흥행작에 비해 비교적 잘나가는 감독이었지만, 이후 〈여왕벌〉로 다시 검열의 벽에 부딪혀 좌절하며 미국으로 이민 간다. 인간답게 살아보고 싶은 열망이 그를 떠나게 했을 것이다. 그러나 미국이라고 만만하지도 않았을 것이고 중국에서도 사업을 시도했지만 결국 힘든 이민 생활을 끝내고 2016년 영주 귀국하였다.

■ 이한상李翰祥

이한상은 1950년에서 70년대에 홍콩 쇼브라더스와 대만에서 활동한 유명 감독이다. 한국에도 알려진 것은 그의 영화 몇 편이 위장 합작영화로 소개되었기 때문이다. 그는 한국으로 비교하면 홍콩의 신상옥 감독 같은 감독이다. 신상옥 감독과 동갑이고 같은 시기에 활동하였다. 주로 사극영화를 연출하였으며 당대 최고의 대우를 받았다. 1954년 데뷔로 1952년 〈악야〉로 데뷔한 신상옥 감독과 비슷하고 연출 편수 또한 비슷하다. 그는 1926년 중국의 라오닝성遼寧省에서 태어나 1948년 홍콩으로 건너와 배우로 영화계에 입문한다. 그는 미술감독, 시나리오작가, 조감독 등으로 경력을 쌓고 1956년 독립 프로덕션에서 〈설리홍雪裡紅〉으로 감독 데뷔하고 같은 해 쇼브라더스에 입사했다.

그는 데뷔 초 1956년 작인 〈초선貂蟬〉, 1958년 작 〈강산미인江山美人〉, 1959년 작 〈후문後門〉 등으로 두각을 보이고 특히 강대위의 아역 시절 출연작인 〈강산미인江山美人〉이 흥행에 성공하면서 유명해진다. 1960년 작 〈천녀유혼〉도 그가 정소동 감독 이전에 만들었다. 이후에도 〈양산백과 축영태〉(1963), 〈왕서군〉(1964), 〈서시〉(1965) 등으로 한 시대를 풍미하는데, 이 시기에 그는 최고의 감독으로 쇼브라더스를 빛낸다. 그는 사극을 주로 연출했는데 〈방랑의 결투(대취협)〉의 호금전이 그의 조감독이었다.

이 감독은 잠시 대만에서 영화를 감독했으나 1980년대까지 쇼브라더스에서 수십 편의 영화를 만들었다. 1970년대 이후 그의 대표작은 〈대군벌大軍閥〉(1972), 〈경국경성傾國傾城〉(1975), 〈서태후西太后〉(1989) 등이 있다. 특히 1990년 작 〈금병풍월〉에서는 제작·각본·감독·미술을 맡았다.

후반기 그의 필모그래피는 염정영화로 일컬어지는 에로티시즘을 추구하는 영화에 매진한다. 흥행을 염두에 둔 것이지만 그의 능력을 낭비한 느낌이다. 이렇듯 당대의 걸출한 감독인 장철, 호금전과 한 시대를 풍미하며 원 없이 영화를 만든 이한상 감독은 1994년 〈연인의 연인情人的情人〉을 마지막으로 1996년 베이징에서 사망했다.

■ 임권택

임권택 감독은 1936년 전남 장성 출생이다. 지금 그곳에 임권택 영화기념관이 세워져 있다. 한국영화사에서 단 한 명을 꼽으라면 그가 선정될 것이다. 그것은 그가 이룬 칸영화제 감독상 수상이라든가 다른 국제영화제에서 여우주연상을 수상작을 감독했기 때문만은 아니다. 그가 만든 영화들은 한국영화사의 방점을 찍는 기념비적인 영화들이다.

그도 생활인으로서 제작자들의 주문대로 제작하였지만, 하나의 장르에 안주하지 않고 결국 자신이 만들고자 했던 영화들을 만들어 냈다. 그도 제작을 해봤기에 제작자의 고충을 잘 알고 있지만 그는 우수 영화 제도에 걸맞은 영화를 만들며 우수 영화 전문 감독으로 자리했다. 이 과정에서 전쟁영화, 사극영화 등 난이도 높은 영화를 만들며 결국 그 장르에 일인자가 되었다. 그의 주변에 최고의 스태프들이 모일 수밖에 없었다. 그러나 누가 참여하든지 그 영화는 임권택 감독표 영화가 만들어진다. 그가 만든 영화들은 스태프의 기여도에 따라 완성도가 바뀌지 않으며, 편차 없는 균일한 완성도를 보인다.

1979년의 〈짝코〉, 1980년의 〈만다라〉는 당시 최고의 영화였다. 1986년 〈씨받이〉로 베니스영화제에서 강수연이 여우주연상을 받았고, 1989년에 〈아제아제 바라아제〉로 모스크바영화제에서 강수연은 또 여우주연상을 받는다. 이후 한국영화계에는 임권택, 정일성 촬영감독, 이태원 제작자 3인의 시대가 열린다.

임권택 감독은 〈장군의 아들〉 같은 액션영화를 만들기도 하고 대작 〈태백산맥〉을 감독했다. 1993년에는 〈서편제〉을 만들었다. 이후 〈축제〉, 〈춘향뎐〉을 만들었는데 칸국제영화제에서 감독상을 받은 2002년 작 〈취화선〉은 그들 삼총사가 이룬 쾌거였다. 장르에 안주하지 않고 새로움을 추구하며 항상 신인의 열정과 거장의 지혜를 담아낸 그의 영화는 영화인들의 교과서이다. 임 감독의 전성기는 계속되었고 2014년 102번째 영화 〈화장〉 이후 휴지기를 갖고 있다.

■ 임단추林摶秋(린투안츄)

대만영화가 초창기를 벗어나 중흥기에 활동했던 감독이다. 1920년 10월 6일, 대만에서 출생하여 77세를 일기로 1998년에 별세하였다. 그는 도쿄에서 유학했고 도호영화사에서 일했다. 그는 귀국 후 자신의 프로덕션을 만들어 일본영화를 리메이크했고, 1960년대 〈여섯 개의 용의자〉 등 대만의 주요 영화 몇 편을 만들었다. 대만영화연구소는 그의 영화 일부를 복원하여 공개하였다. 한국으로 치면 1917년생인 〈자유부인〉의 한형모 감독, 1921년생인 〈피아골〉의 이강천 감독 또래이다.

■ 임원식

임원식 감독은 1935년 1월 22일, 황해도 평산 태생이다. 그는 말년을 제주도에서 생활하다가 노환으로 인해 향년 86세로 2018년 9월 18일 별세하였다. 임원식 감독은 서라벌예대 연극영화과 출신으로 극단 신협을 거쳐 1957년 신필름에 입사하며 영화계에 입문했고, 1965년 영화 〈청일전쟁과 여걸민비〉로 데뷔하였다. 그는 〈청일전쟁과 여걸민비〉 이후 〈대폭군〉, 〈숙부인〉, 〈영〉, 〈항구 8번가〉,

〈맹수〉, 〈박수무당〉, 〈어머니〉, 〈도시로 간 처녀〉 등을 감독했다. 임 감독의 필모
그래피에는 〈통천노호〉 등 몇 편의 위장 합작영화가 있다.

■ 장일호

장일호 감독은 정창화 감독과 같은 시기에 쇼브라더스에서 활동한 감독이다.
그는 극단 신협에서 활동하다가 1956년 신상옥 감독의 연기 지도 담당 조감독으
로 입문한다. 그는 한국영화계에선 사극영화의 대부로 불리는데, 이는 그가 1961
년 〈의적 일지매〉로 데뷔하고 대형사극 〈석가모니〉, 〈호국 팔만대장경〉, 〈난중일
기〉 등을 연출했기 때문이다.

그는 〈원술랑〉, 〈국제 간첩〉, 〈국제금괴사건〉, 〈그리움은 가슴마다〉, 〈전설따
라 삼천리〉, 〈인왕산 호랑이〉 등을 연출했는데, 신필름의 의뢰로 홍콩으로 촬영팀
을 이끌고 가 1974년 〈흑발〉, 〈검은 야광주〉를 연출한다. 이 영화에는 홍콩의 톱
스타인 진평과 이청이 출연하는데 홍콩에서는 당연히 자국영화이다. 홍콩에서 활
동 후 귀국하여 감독한 〈사랑하는 사람아〉가 흥행에 성공하며 시리즈 3편까지 연
출한다. 평론가나 연구자 누구도 그를 조명하지 않은 상태에서 별세하여 자료가
없는 아쉬움이 크다.

그는 이렇듯 사극, 멜로영화, 무협영화 등 어떤 장르의 영화든 만들어 냈던 영
화 장인이었다. 그는 총 18편의 사극영화를 만들었는데 제작 편수야 신상옥 감독
에 못 미치지만 대형사극을 연출했다.

■ 장지량張之亮

장지량 감독은 1959년 홍콩 출생으로 홍콩TV 방송의 예술학교를 졸업했다.
독립영화 시리즈로 국제영화제에서 호평을 받았고 독립영화 제작사인 UFO에 소
속되어 활동하며 1986년 〈중국의 마지막 내시, 라이시Lai Shi, China's Last Eunuch〉로 데
뷔한다. 이후 〈백발마녀전: 명월천국〉, 〈성탄 장미〉, 〈청풍자〉, 〈묵공〉을 감독했
다. 1993년, 〈케이지맨〉으로 제12회 홍콩 금상장영화제 작품상을 받았다.

■ 장철張徹

장철 감독은 1923년생으로 2002년에 별세하였다. 그는 작가 생활을 접고 1966년에 본격적인 감독 생활을 시작한다. 이미 1948년에 〈아리산풍운〉으로 공동 감독 데뷔는 하였지만, 본격적인 활동은 1966년 왕우와 함께 찍은 각본·감독 작인 〈호협섬구〉, 〈3인의 협객(변성삼협)〉이다.

이후 그의 활동 시기를 모두 5기 정도로 나누어 본다면, 제1기는 왕우와 함께 검술영화를 만들던 시기이다. 이때 〈단장의 검〉, 〈심야의 결투〉, 〈독비도〉, 〈독비도왕〉 등을 만들었다. 이때 나온 영화는 다분히 일본영화의 영향을 받은 것으로, 구로사와 아키라 영화 등의 평론을 썼던 것을 보면 아무래도 그 영향이 크다.

제2기는 1968년 〈철수무정〉, 〈사각〉, 〈보표〉 등을 만들던 시기부터로 보는데, 왕우와 결별하고 그의 파트너 나열과 적룡, 강대위, 진관태 등을 기용해 새로운 무협을 시도하던 때이다. 이때를 그의 감독 생활의 정점이라고 봐도 좋은데, 1970년의 〈복수〉, 〈대결투〉 등은 흥행 및 완성도에 있어 최고작들이다. 이 당시 검술영화에서 탈피하여 단검 내지는 권격영화로의 모색을 시도하던 때이다. 이때 왕우 역시도 구로사와 영화의 영향이 다분한 권격영화 〈용호투〉를 만드는데, 이는 자연스러운 변화로 보아야 하겠다. 디테일한 콘티에 의한 섬세한 연출로 완성도 높은 영화를 선보이며 자연스럽게 자기 스타일을 완성했던 시기이다.

그러나 다작을 하고 롱테이크를 시도하면서 완성도는 급격히 하락하는데, 한국 로케이션 영화인 〈사기사〉 등은 보기에 난처할 정도로 무신경하게 만든 영화이다. 1974년부터는 대만으로 옮겨 장궁영화사를 설립해 〈오호장〉 등의 영화를 찍는다. 이때 이미 정교한 연출 대신에 관습적인 길게 찍기의 영화들이 양산된다. 이미 장철 시대의 폐막을 예고한다.

1978년 즈음부터 전소호와 베놈스라고 불리는 강생, 곽추, 녹봉, 나망, 손건 등을 기용해 만든 〈오독〉 등의 영화를 만들던 때를 제3기로 볼 수 있다. 이때부터 편수만을 늘리며 베놈스와 길고 긴 작업을 하는데, 이미 그의 이름이 무의미한 영화들이다. 〈차수〉도 이때 나온 영화인데 완성도를 논할 수 없는 영화일 뿐이다. 장 감독은 다시 홍콩으로 와 쇼에서 영화를 찍는다. 그렇다고 예전의 명성다운 영화가 나오지는 않았다. 쇼브라더스 영화가 수입이 안 되던 그 시기에 삼성비디오가

〈협객행〉, 〈구련환〉 등의 영화를 출시해 선보였다.

제4기는 1983년 다시 대만으로 가 장하영화사를 만들고 동지화와 함께 영화를 만드는 즈음이다. 이때 〈대상해〉, 〈동귀(희신복구)〉 등의 영화를 만드는데, 완성도가 떨어지기는 마찬가지이다. 1988년 그는 대륙으로 가서 영화를 찍는데 이때를 제5기로 구분할 수 있다. 개봉조차도 안 되는 졸작을 만들었지만, 만년의 그가 연출하였다는 데 의의를 둘 수 있다.

이런 그의 제작기를 회고해 보면 역시 그의 영화는 젊은 날 쇼브라더스라는 스튜디오 시스템 속에서 만들던 때가 최고라고 할 수 있다. 그의 자유분방한 연출과 편집에 의해 세련된 영화로 기억되는 것은 1960년 말부터 1970년대 초이다. 진정 장철 영화의 묘미는 1기에서 2기 때의 영화를 꼽는다. 이는 그의 영화가 보여주는 비장미와 처절한 죽음의 미학을 보여주는 그다운 영화들이기 때문이다.

■ 이소룡李小龍

이소룡은 샌프란시스코에서 1940년 11월 27일 출생하였다. 화극배우인 아버지 이해천의 미국 공연 때문이었는데 홍콩으로 귀국하여 한 살 때부터 영화에 출연하였다. 고등학교 때 미국 유학을 하였고, 대학 생활 중 절권도를 창시하고 〈그린호넷〉 등의 드라마에 출연하였다. 1971년 〈당산대형〉의 출연 후 홍콩영화 흥행 기록을 경신하며 정상에 오른다. 그는 홍콩과 미국의 합작영화인 로버트 클로우즈 감독의 1973년 작 〈용쟁호투〉 촬영 후인 1973년 7월 20일에 급사한다. 예상치 못한 그의 사망으로 팬들은 패닉 상태에 빠졌고 전 세계에 그의 사망 소식이 타전되었다. 이어 그의 영화들이 전 세계에서 상영되며 쿵후영화 붐이 시작되었고, 지금까지 이소룡 문화 현상이 이어지고 있다.

■ 전범성(김용)

전범성 감독은 1929년 1월 20일 충북 옥천 출생으로, 시나리오작가 겸 감독으로 활동했다. 1959년 이봉래 감독의 〈다시 피는 꽃〉으로 작가 데뷔를 하였고, 1965년 〈바보〉로 감독 데뷔를 하였다. 그는 작가로 활발하게 활동하던 중 김용이라는 다른 이름을 사용하여 〈용호투금강〉, 〈흑야비룡도〉 등 두 편의 위장 합작영화 감독이 된다.

1970년대 초반까지 활동하던 그는 영화진흥공사의 전신인 영화진흥조합에서 진흥부장으로 근무하며 『한국영화총서』를 집필했다. 이 책은 한국영화 초창기부터 발행되던 1970년대 초반까지를 조사하여 발간한 한국영화 최초의 자료집이었다. 부실한 점도 많지만 관공서용 자료로만 치부하기에는 대단한 역작이 아닐 수 없다. 그는 퇴직 후 활동은 별다른 활동은 없었고 1995년 5월 5일 별세하였다.

■ 정강程剛

정강 감독은 1950년에 시나리오작가로 데뷔해 1951년에 감독으로 데뷔한다. 35편을 감독하고 97편의 시나리오를 집필하였으며 10편의 출연작도 있다. 정강은 1968년 왕우의 출연작 〈신도〉가 흥행하면서 인기 감독이 되었다. 1973년에 한국에서 개봉하여 흥행한 〈14인의 여걸14女英豪〉도 그의 감독작이다. 당시로는 특수효과와 화려한 캐스팅으로 화제가 되었는데, 장철 감독작인 〈13인의 무사〉의 여성 버전이었다.

정강 감독은 정소동 감독의 부친이기도 하다. 그는 〈14인의 여걸〉, 1974년 〈천망〉에서 아들 정소동에게 무술감독을 맡겼다. 그는 촬영 현장에 아들 정소동을 데리고 다녔는데, 정소동이 좋아서 따라다녔을 수도 있다. 정강 감독은 아들에게 엄격하기로 소문이 나있는데, 정소동은 보고 익힌 게 있어 무술감독부터 시작하여 아버지의 뜻대로 감독으로 대성했다.

■ 정기탁

1905년 평양 출생인 그는 1928년 중국 상하이의 3대 영화사 중 하나인 대중화백합영편공사大中華百合影片公司에서 감독, 주연으로 데뷔하게 된다. 그는 1925년, 이경손 감독의 영화 〈개척자〉에 전창근과 함께 영화배우로 데뷔하였다. 그리고 뒤이어 영화 〈산채왕〉에 출연한다. 1926년, 영화 〈장한몽〉에 출연한 후 나운규와 함께 〈금붕어〉에 출연한다.

국내 영화계에서 자리 잡기에 성공한 그는 이경손을 찾는다. 정기탁은 평양키네마사를 설립하고, 이경손을 끌어들여 〈봉황의 면류관鳳凰의 冕旒冠〉을 신일선을 주연으로 본인이 제작·주연한다. 하지만 결과는 흥행 참패였다. 그리하여 자본주를 끌어들여 제작한 것이 알렉산드르 뒤마 원작의 〈춘희春姬〉였다. 하지만 이 영화 역시 흥행은 신통치 않았고 이때 상하이에 먼저 가있던 전창근으로부터 연락을 받게 된다.

상하이에서 만든 영화 〈애국혼愛國魂〉은 정기탁에게 진정한 영화인으로서의 입지를 확고하게 세워줬다. 안중근 의사의 의거를 다룬 영화 〈애국혼〉은 자신뿐 아니라 암울한 상황에 부닥쳐 있는 우리 민족에게 희망을 심어줬다. 그리고 계속하여 만든 영화 〈화굴강도火窟綱刀〉, 〈삼웅탈미三雄奪美〉에 이어 다음 해인 1929년에만 감독 또는 연기자로 6편의 영화에 참여했는데, 〈여해도〉, 〈진주관〉, 〈정욕보감〉, 〈대파구룡산〉, 〈화효구룡산〉, 〈은막지화〉 등이다.

패기만만한 정기탁은 무술영화의 액션배우로까지 활동 영역을 넓혔다. 그러던 그가 갑자기 상하이의 영화계에서 사라졌다. 소설가이자 영화감독인 심훈의 기록 '조선영화인 언파레드'에 따르면 그는 카메라맨 이창용과 함께 일본 유수의 영화사인 교토의 신흥키네마를 찾아갔다고 한다.

1932년 그는 다시 상하이로 돌아와 영화 〈출로出路〉를 찍는데, 이 작품으로 정기탁 감독은 당당히 명감독의 반열에 오른다. 그리고 다시 그는 1934년 영화 〈상해여 잘 있거라〉를 만들고 그 필름을 갖고 서울로 돌아온다. 가명인 전운파鄭雲波로 정체를 숨기고 영화 흥행을 성공시킨 그는 역사의 무대에서 소리 없이 사라진다. 그는 역사의 무대에서 갑자기 실종된 것이다. 그리고 정기탁 감독은 대동강에 빠져 죽었다는 소문만 떠돌았다. 1937년은 공교롭게도 나운규가 36세의 나이로 요절한 해이기도 하다.

상하이로까지 진출하여 해외 감독 제1호를 기록했던 정기탁 감독과 그가 해외로 나가 만들 수밖에 없었던 영화 〈애국혼〉 그리고 중국과 일본에서 펼친 약 7년의 활동은 일제강점기를 살던 영화인이 겪었던 수난과 극복의 상징이라 할 수 있다.

▬ 정소동程小東

정소동 감독의 본명은 정동아고, 본적은 안휘성 수현이다. 1953년에 홍콩에서 태어났으며 어렸을 때부터 동방연극학원에 들어가서 공부하였고 북파 쿵후를 수련했다. 그의 부친은 정강程剛 감독이며 어려서부터 쇼브라더스의 촬영 현장에서 영화 작업을 보고 익혔다. 영화계 입문은 1966년에 단역 출연한 호금전 감독의 〈방랑의 결투(대취협)〉이며, 일본인들로 구성된 무술감독들의 이들이 그에게 큰 영향을 끼쳤다.

그는 17살부터 스턴트맨을 하기 시작했으며 다수의 영화에 출연한다. 그는 신강 감독의 1971년 작 〈여포쾌〉에서 공동 무술감독을 하였고, 부친의 1976년 작인 옴니버스 영화 〈향항기안〉에서는 조감독을 맡았다. 1972년부터 무술 지도를 맡았고 정소동의 데뷔작 〈생사결〉은 그런 결정체였다. 현란하면서 박력 있는 힘이 느껴지는 영상은 신인 감독의 데뷔작 같지가 않았다. 그 후의 작품이 다를 수가 없었다. 꿈속의 사랑 같은 서생과 귀신과의 사랑 이야기인 1987년 작 〈천녀유혼〉은 판타지 로망의 진수를 보여주었다. 〈천녀유혼〉은 그의 창의적인 연출로 흥행에 성공한 후 왕조현을 스타로 등극시켰고 시리즈로 제작되었다.

그는 그 후 1989년 작 〈진용〉, 1990년 작 〈소오강호〉, 그의 기획작인 1991년 작 〈동방불패〉, 1992년 작 〈녹정기〉를 거쳐 1993년 작 〈동방삼협 2〉를 만들었다. 〈소오강호〉에서는 무술감독으로 참여하여 호금전 감독의 하차로 공동 감독이 되었고 그 후속편인 〈동방불패〉도 감독한다.

17편의 영화를 감독한 그는 오우삼 감독의 〈영웅본색속집〉, 〈첩혈쌍웅〉, 〈심사관〉, 〈녹정기〉, 〈신용문객잔〉, 〈7금강〉, 〈모험왕〉 등의 화제작에서 무술감독으로 활동하며 이름을 알려 무려 78편에서 무술감독으로 참여했다. 그의 무술감독 영화가 보여주는 액션은 화려하다. 2001년 작 〈소림축구〉, 2002년 작 〈영웅〉, 2004년 작 〈연인〉은 그의 저력을 보여주고 있는데, 그는 원화평, 원규와 더불어 무술감독으로서도 세계적인 인정을 받고 있다.

■ 정일택

정일택 감독은 1922년생으로 1997년에 별세하였다. 경남 진해 출생으로 국민대를 졸업했고 이규환 감독의 1955년 작 〈춘향전〉, 김성민 감독의 1955년 작 〈망나니비사〉, 민경식 감독의 1955년 작 〈구원의 애정〉 등에서 조감독을 거쳤다. 1955년에만 각기 다른 세 감독의 영화에서 조감독을 했다는 것은 그가 잘나가던 조감독이라는 사실을 입증하는 것이다. 그가 조감독으로 참여한 〈춘향전〉에서는 유현목 감독도 조감독으로 활동하였다.

1955년은 전쟁 직후로 모두가 힘들게 살던 때이고 영화가 서민들에게는 유일한 오락 수단으로 벗이 되었던 시절이다. 영화계도 어렵기는 매일반이고 그러한 시기에 영화를 한다는 것은 그만큼 어려운 일이었을 것이다. 정 감독은 1957년 〈청실홍실〉로 데뷔하였고 10여 편의 영화를 감독하였으나 크게 주목받지는 못했고, 1973년 〈호랑이 장군〉을 끝으로 은퇴하였다. 제작 여건이 어렵던 시절 평범한 영화감독으로 각인되기 어려웠을 것이다. 정 감독은 이형표 감독과 동갑인데 데뷔는 4년이 빨랐다. 같은 또래로 1924년생인 강범구 감독이 있다.

▬ 정진우

정진우 감독은 1937년 김포 출생으로 1950년대 영화계에 입문하여 반세기 넘게 현역에서 활동했다. 〈초우〉, 〈초연〉, 〈동춘〉, 〈심봤다〉, 〈뻐꾸기도 밤에 우는가〉, 〈자녀목〉, 〈무궁화 꽃이 피었습니다〉 등 60여 편을 감독하고 120편을 제작하였다. 그는 한국영화계에 동시녹음을 정착시키고 기술적인 향상으로 세계화를 이룬 공로자이다.

그는 〈뻐꾸기도 밤에 우는가〉 등 6편의 동시녹음영화를 제작, 한국 동시녹음시대를 정착시킨 개척자로 손꼽히며, 미국에서 구입한 70mm(TODD-AO 방식) 6본 트랙 입체음향영화를 우리나라 최초로 제작한 바 있다. 함께 일했던 기술팀으로서는 손현채 촬영감독, 양후보 녹음감독 등이며 많은 조수가 방송계로 진출하여 드라마 야외 촬영에서 동시녹음 시대를 열었다.

1955년 신상옥 감독의 현장을 견학하고 1957년 유현목 감독의 〈잃어버린 청춘〉의 투자자 겸 연출부로 본격적인 영화 일을 시작했다. 그는 〈섬개구리 만세〉로 베를린영화제 본선 8편에 올랐는데 당시 경쟁작이 인도의 거장 샤트야 지트레이 감독의 〈먼곳에서 들려오는 천둥소리〉였다. 이때 후시녹음 영화로는 경쟁이 안된다는 사실을 느끼고 영화제 후 바로 런던으로 갔고 '시네하우스'라는 영화 기자재 가게로 가 한 달간 동시녹음 연수를 받고 무비오라 및 미첼 카메라를 사서 귀국한다. 그 후로도 그의 영화 기자재 구매는 계속된다. 한국영화의 현대화는 영화 기자재의 개선 없이는 이룰 수 없는 일이기 때문이다.

정진우 감독은 1973년에 한국영화의 진흥과 세계화를 위해 설립된 영화진흥공사의 제작상임이사직을 맡아 우진필름의 제작 활동을 접는다. 그리고 임권택, 이만희, 김시현 감독의 국책영화를 기획하고 제작한다. 그의 필모그래피에 1974년 작이 없는 이유다. 이 당시 만들어진 〈증언〉이나 〈들국화는 피었는데〉, 〈잔류첩자〉 등은 당시 개인 영화사가 만들기 쉽지 않은 전쟁대작이었다. 일본에서 특수촬영팀까지 참여한 이런 영화들의 제작 과정을 통해 우리는 보다 선진화된 촬영경험을 얻을 수 있었다.

그는 영화진흥공사에서 임기를 마치고 동시녹음에 대한 결실을 보기 위해서 다시 제작 및 감독 생활을 계속한다. 그리고 〈율곡과 신사임당〉부터 동시녹음 시대를 열고 이후 〈심봤다〉, 〈뻐꾸기도 밤에 우는가?〉 등의 영화를 감독한다. 그의 영화가 비교적 원작이 아닌 오리지널 시나리오들인데 영상으로 시나리오를 풀어나가는 연출이기 때문이다. 스토리텔링에 의한 연출이 전부였던 시절, 조연출을 하며 느꼈던 것에 대한 반발이었을 것이다. 따라서 그의 콘티는 영상적이다.

■ 정창화

정창화 감독은 한국 액션영화의 개척자라고 불린다. 그만큼 그의 영화는 액션영화가 많았고 끝없는 모색의 결과물이었다. 그는 1928년 11월 1일에 진천에서 태어나 서울에서 자랐다. 〈자유만세〉로 유명한 최인규 감독 문하에서 4년간 영화를 배운 그는 한국전쟁 중인 1953년 〈최후의 유혹〉으로 감독 데뷔를 한다. 그 후 〈장화홍련전〉 같은 고전영화를 만들기도 했지만, 〈햇빛 쏟아지는 벌판〉(1960), 〈지평선〉(1961), 〈수색자〉(1964), 〈사르빈강에 노을이 진다〉(1965), 〈순간은 영원히〉(1966), 〈황혼의 검객〉(1967) 등의 액션영화를 주로 연출하였다.

1966년, 한홍 합작으로 제작된 첩보영화 〈순간은 영원히〉는 그의 인생의 전환점을 마련한다. 그의 영화를 눈여겨본 쇼브라더스의 런런쇼 사장에 의해 5년간 전속 계약을 맺게 된다. 그는 중국 감독들과 차별화된 영화인 첫 영화 〈천면마녀〉의 성공적인 데뷔 이후 〈여협매인두〉(1970), 〈아랑곡〉(1970), 〈육자객〉(1971), 〈래여풍〉(1971), 〈철인〉(1972) 등을 연출한다.

특히 〈철인〉은 〈죽음의 다섯 손가락Five Fingers of Death〉이란 제목으로 미국 개봉 첫 주 흥행 1위를 기록한다. 미국에서 최초로 개봉된 홍콩 무술영화 〈죽음의 다섯 손가락〉은 시대를 앞서간 제작 기법으로 그는 무술영화의 선구자라 불리었다. 그는 늘 사실적인 액션 기법에 주목했다. 정창화 감독은 한국인 감독으로는 처음이자 마지막으로 미국 주말박스오피스 1위라는 기록을 갖게 되었다.

그는 홍콩 골든하베스트로 옮겨 〈흑야괴객〉(1973), 〈염굴신탐〉(1974), 〈파계〉(1977) 등을 연출하고 귀국하여 1979년 영화사 화풍흥업을 설립하여 운영하였다. 그는 1987년 은퇴 후 1997년 이후로 미국에 거주하는 관계로 그동안 연구자들의 주목을 받지 못하고 있었다. 그러나 한국인 감독 중 그만큼 세계적으로 알려진 감독도 드물다. 필자는 2007년 3월 16일, 미국 샌디에이고 그의 자택에서 한국영화사 기록을 위하여 그와 인터뷰를 하였다.

■■ 진지화陳誌華

진지화 감독은 1974년에 데뷔하여 1999년까지 17편을 감독하였고 12편의 영화에 출연하였다. 그는 성룡 주연의 〈사학팔보〉, 〈오룡대협〉 등 성룡의 이름이 알려지기 시작한 초기 영화를 감독했으며, 〈소권괴초〉 같은 성룡 감독작으로 알려진 영화의 실제 감독이다. 〈사제출마〉의 경우는 조감독으로 기록되어 있다.

성룡의 코믹 쿵후영화의 성공과 성룡 캐릭터 창조에 이바지한 그의 공은 지대하다. 그 역시 그런 캐릭터의 소유자였기에 자연스러운 일이었다. 성룡이 그런 캐릭터를 잘 표현하여 가능했겠지만, 진지화 감독의 탁월한 능력은 평가받아 마땅하다. 〈오룡대협〉에서 보여주는 성룡의 캐릭터는 곧이어 제작된 〈사형도수〉에서 진일보하여 완성된다. 그러면서도 성룡과 계속하지 못한 것은 그 말고도 뛰어난 감독이 많았기 때문일 수도 있다.

〈취권〉은 성룡의 이름을 세계에 떨친 영화다. 그 영화로 인해 이소룡 짝퉁영화는 차츰 자취를 감추게 된다. 이유는 간단하다. 성룡의 영화가 더 재미있기 때문이다. 죽은 이소룡을 흉내 내는 것보다 재미있었던 것은 코믹스러운 창의성 때문이기도 하지만, 영화도 유행 타는 생물(살아있는 콘텐츠)이기에 당연한 일이었다.

■ 초원楚原

초원 감독은 1934년생으로 중국 광저우 출신이다. 그는 중산대학교 화학과 출신으로 쇼브라더스에서 무협영화를 연출하였다. 1978년에 개봉된 〈유성호접검〉은 종래의 무협영화에서 진일보한 영화였다. 그는 1956년 〈혈염상사곡〉으로 데뷔하였으며 1970년 〈용목향〉과 〈대살수〉를 발표했고, 1972년 흥행에서 성공한 〈72 가방객〉을 발표한다. 이 영화는 홍콩 소시민들의 삶을 유쾌하게 그려낸 작품으로 속편까지 제작되었다.

또 이해에 무협영화와 염정영화의 새 장르를 개척한 〈애노〉를 발표했는데, 〈애노〉는 하리리의 고혹적인 모습이 매력적인 영화로 지금도 회자되는 영화이다. 초원 감독은 1977년 〈초류향〉과 〈다정검객 무정검〉, 1981년 〈서검은구록〉 같은 무협영화를 만들었다. 〈천애명월도〉에 출연한 적룡은 장철을 소나무라면 초원은 크리스마스트리 같은 감독이라고 비유했다. 그것은 장철 감독이 오리지널리티(독창성)를 중시한다면 초원 감독은 여러 개의 소설을 인용해 자기 것을 만들어 냈기 때문이라고 한다. 그런 비유처럼 초원 감독이 연출한 무협영화들은 장철 감독의 무협영화와 또 다른 스토리텔링과 영상의 미학을 보여주고 있다.

그의 연출작은 1978년 〈소십일랑〉, 1979년 〈절대쌍교〉, 1980년 〈영웅무루〉, 1984년 〈애노신전〉, 1988년 〈대장부일기〉 등 120여 편에 이른다. 그중 많은 영화가 고룡의 무협소설이 원작이다. 1980년 작 〈삽시난비〉는 진우라는 필명으로 초원 감독이 각본·연출한 작품인데, 이처럼 그가 각본만 쓴 영화도 상당수이다. 그는 홍콩에서 왕천림 감독 다음으로 많은 영화를 찍은 감독으로 출연작과 각본만도 연출작과 엇비슷하다.

■ 최인규

최인규 감독은 1911년, 평안북도 영변 출신으로 한국영화사에 뺄 수 없는 명감독이다. 그의 문하생 중 홍성기, 신상옥, 정창화 감독이 배출되었으니 그럴 만도 하다. 그러나 일제강점기 그의 영화 활동 행적을 보면 딱히 마냥 칭송만 할 수 있는 감독은 아니다. 그의 활동 시기가 일제강점기이기 때문에 용서받을 수 있는 것도 아니다.

1939년 액션영화인 〈국경〉으로 데뷔한 그는 〈집 없는 천사〉나 〈수업료〉 등 일련의 영화적인 소재를 다룬 영화도 있지만, 일제의 어용영화인 〈태양의 아이들〉, 〈사랑의 맹서〉, 〈신풍의 아이들〉 등을 만들었다. 〈집 없는 천사〉에서도 의도된 일장기 장면을 넣어 친일 성향을 부각하기도 했다. 동시대 《동아일보》의 '손기정 선수 일장기 말소사건'도 있었던 것에 비견되는 행적이다. 이 영화는 일본인 원작이며 조선총독부상을 받는 한편 일본에서도 좋은 평을 받기도 했다.

그는 조선영화주식회사 제작의 어용영화 〈망루의 결사대〉에서는 일본 감독 이마이 다다시와 함께 공동 감독을 맡기도 한다. 조선의 독립군을 비적으로 설정하고 국방수비대인 일본군의 활동을 미화한 영화이다. 일본의 선진영화 기술을 배우기 좋은 기회였다고 해도 존경받는 영화인의 올바른 태도일 수는 없다. 물론 신상옥 감독은 당시엔 그럴 수밖에 없었다고 자신의 스승을 변호했다. 그는 광복 후 〈자유만세〉, 〈독립전야〉 등을 만들었지만, 그렇다고 그의 친일 행적이 지워진 것은 아니다. 소설가 이광수의 친일 행적이나 서정주의 친일 행적이 지워질 수 없는 것과 동일한 상황이다. 오히려 대중 선동 매체로서 더 강력한 영화에서 그가 만든 영화의 영향력은 더 클 수밖에 없다.

그는 1948년에 있은 국민투표 홍보영화 〈국민투표〉를 감독했다. 이 영화를 의뢰한 미 공보부에서 미첼 카메라를 가져와 분해, 조립하며 카메라를 분석했다는 것은 많이 알려진 이야기이다. 그는 학구파로 각본·감독은 물론 촬영·편집 등을 직접 해내었다. 영화 기술 초창기 영화에 대한 호기심으로 그의 탐구력은 충만했었다. 그는 1948년 〈죄없는 죄인〉, 1949년 〈파시〉 등을 만들며 끝없는 영화 실험을 하였다. 그는 한국영화 초창기에 영화 전반에 걸쳐 뛰어난 테크니션으로 알려져 있다. 훗날 카메라를 직접 만들기도 했던 이창근 감독 같은 이도 있지만, 기술 분야에서 촬영, 편집 그 모든 것을 해낼 수 있다는 것은 드문 일이다.

최인규 감독은 나운규, 정기탁, 이경손 감독 등에 이은 차세대 영화인으로 한국영화계에 뚜렷한 발자취를 남겼다. 그의 대를 이은 홍성기, 신상옥, 정창화 감독은 현세대 영화감독들의 정신적 스승이 되었다. 하지만 친일 행적 파문에서 벗어날 수 없는 그를 생각하면 시대를 잘못 만난 서글픈 운명이라는 생각을 지울 수 없다. 그의 형은 〈자유만세〉를 제작한 고려영화사의 대표 최완규이다. 그는 한국전쟁 당시 납북되어 가다가 탈출 중 사살당한 것으로 알려져 있다. 그의 유가족들은 미국으로 이민을 갔다.

■ 최인현

최인현 감독은 1928년 경상남도 진주 출생으로 진주 농대를 졸업하고 교편을 잡았었다. 김소동 감독의 〈아리랑〉으로 영화계에 입문하여 초창기 신필름에서 활동했다. 1962년 〈눈물 어린 발자국〉으로 감독 데뷔하였고, 1964년 한홍 합작영화 〈달기〉에서 한국 측 감독을 맡았다. 이후 신필름을 떠나 합동영화사, 제일영화사, 대양영화사, 동아수출공사, 우성사 등 여러 회사에서 감독 활동을 하였다.

황소라는 별명처럼 뚝심이 있었던 그는 시대극에서 해박한 지식으로 인정을 받았고 〈태조 이성계〉, 〈태조 왕건〉, 〈집념〉, 〈세종대왕〉 등을 감독하였다. 신필름의 전성기를 함께하며 신상옥 감독의 돈독한 신뢰를 받았고, 신봉승 작가와 나이를 초월한 우정을 나누었다.

그는 어쩌면 신상옥 감독을 능가하고 싶은 열망을 가졌을 것이다. 기획자로 제작자로 활동하였으나 행운이 함께하지는 않았고, 말년에는 병마로 그 꿈을 이루지 못했다. 1960년대 이후 장르를 넘나들며 활동하며 1990년에 전영록 주연의 〈친구야 친구야〉까지 모두 66편을 남기었으니 한국영화사에서 그의 위치를 짐작하게 한다. 그는 더 활동할 수 있는 62세를 일기로 1990년에 별세하였다.

■ 츠카모토 신야塚本晋也

츠카모토 신야つかもとしんや, Tsukamoto Shinya 감독은 1960년 1월 1일 도쿄 출생이다. 그는 14세 때인 1974년에 슈퍼 8mm 카메라로 단편영화 〈겐시씨原始さん, Genshi-san〉를 만들었고, 1979년까지 매해 8mm 영화를 연출하였다. 이른바 슈퍼 8mm 영상 세대인 셈이다. 그는 니혼대학 예술학부를 졸업 후 1990년대 일본 독립영화와 컬트영화계의 기수가 되었다. 그가 보여주는 영화는 기존 영화와 궤를 달리하는데, 도시의 황폐함 속에서 빚어지는 인간 군상들의 이야기이다. 영화는 파격적이며 충분한 설득력이 있지만, 기존 문법에 익숙한 관객들에게는 지루할 수도 있을 것이다.

단편영화를 만들던 그는 1977년에 슈퍼 8mm, 120분의 장편인 〈지옥의 거리 오줌 골목에서 날아가다地獄町小便小僧にて飛んだよ〉을 만든다. 그리고 1986년 슈퍼 8mm 단편 〈보통 사이즈의 괴인〉를 만든 이후 드라마를 비롯하여 많은 영화를 각본·감독하고 배우로도 출연했다.

츠카모토 신야 감독의 대표작으로는 1989년 작 16mm 흑백영화 〈철남: 테츠오〉, 1995년 작 〈동경의 주먹〉, 1999년 작 〈쌍생아〉, 2002년 작 〈6월의 뱀〉, 2004년 작 〈바이탈〉, 2006년 작 〈악몽탐정〉, 2008년 작 〈악몽탐정 2〉, 2010년 작 〈테츠오: 총알사나이〉, 2012년 작 〈코토코〉 그리고 2014년 각본·감독·주연·촬영의 화제작 〈야화〉를 만들어 작품성을 인정받은 바 있다. 그는 각본·감독·촬영·편집은 물론 출연까지 하며 명연기를 보여주는 전천후 영화인으로 유명하다.

2002년 베니스국제영화제 심사위원 특별상, 2011년 제68회 베니스국제영화제 호라이즌상을 받았으며 1997년, 2005년 베니스국제영화제 심사위원을 역임했다. 한국의 국제영화제에도 자주 참석하였으며 최근작으로는 마틴 스코세이지 감독의 2016년 작 〈침묵(사일런스)〉에 출연했다.

■■ 페마체덴萬瑪才旦

페마체덴 감독은 1969년, 칭하이青海성 티베트자치주 꾸이더貴德현에서 태어났다. 시베이西北민족대학 졸업 후 1991년부터 소설을 40여 편 발표했고 여러 문학상을 받았다. 그는 아직 진행 중인 감독이다. 그렇기 때문에 연출작이 몇 편 안되지만, 그 색깔도 차츰 변화 양상을 보인다. 그의 가장 큰 특징은 티베트 출신이라는 것이다. 페마체덴 감독은 고향 티베트를 소재로 하며 중국에서 영화를 만드는 중간적 특성을 보인다. 그래서 그가 만든 〈고향〉 3부작은 아스라한 향수와 아픔이 배어 나온다.

페마체덴 감독은 소설가 출신이다. 그의 소설은 마술적(?) 경향인 개인의 내면 문제를 다루었다. 소설과 영화의 차이를 그는 영화는 현실 소재라며 자신은 티베트의 역사, 문화, 종교를 다루지만 몇 편은 중국의 검열을 통과하지 못했다고 한다. 리얼리즘과 판타지에 대한 이해가 필요하다는 생각이며 그는 2002년 베이징영화아카데미에서 공부를 했다. 졸업 작품인 〈초원〉을 만들고 그 후 단편영화 〈성스러운 돌〉로 아시아나단편영화제 참석했고, 그것을 장편으로 만든 〈성스러운 돌〉로 부산국제영화제에 참석했다.

서울아트시네마 특별전에서 그의 영화 〈나팔바지 휘날리던 1983〉과 〈올드독〉, 〈오색신검〉 등 세 편을 보았는데, 〈나팔바지 휘날리던 1983〉은 복고풍의 영화로 CCTV의 연출 의뢰로 만든 TV 드라마이다. 굳이 자신의 영화 〈고향〉 시리즈에서 제외하였지만, 고향 사람들이 겪는 1980년대의 소박함에서 〈응답하라〉 시리즈의 재미를 보았다. 〈올드독〉은 늙은 개를 둘러싼 부자지간의 갈등을 극명하게 보여주는 문제작이다. 마지막에 스스로 개를 죽이는 아버지의 심정이 이해되지만 설득력은 떨어지는 결말이다.

〈오색신검(오색신전)〉은 티베트의 활쏘기 전통문화를 소재로 했는데, 영화적으로 성찰과 전통으로서의 복귀작이었다. 그에게서 중국 5세대 감독인 장예모나 진개가 감독이 즐겨 다루던 영화의 소재나 흐름의 맥을 느꼈다. 그의 영화가 각기 연출의 색깔이 달라 보이는 것은 신인 감독으로서 현재진행형이기 때문일 수도 있겠지만, 내게는 그 스스로 큰 변화를 겪고 있는 성장통으로 보였다.

한국외대에서 열린 중국영화 포럼에서 만나 그의 연출의 변화는 무엇 때문인지 질문했다. 그는 투자 측 요구에 표현하고자 하는 것과의 절충 때문이라고 답했다. 그는 예민한 내용에 대해 에둘러 답했다. 티베트 관객들의 욕구는 일반 중국 관객들과 다른데 티베트에서의 영화는 새로운 것, 신기한 것이라고 한다.

그는 〈성스러운 돌〉로 최우수 데뷔감독상을 받았는데, 티베트인들에게 첫 영화를 보여줄 수 있어서 보람을 느꼈다고 한다. 기초가 없어 개인 표현의 관철로 재미는 덜하지만, 주요 관객들 때문에 변화 양상이 있었고 자신은 티베트인을 염두에 두고 연출한다고 했다. 그에게서 일제강점기 한국 영화감독의 모습을 느낀 건 나만의 생각일까?

▬ 하지강何志强

홍콩의 다작 감독 하지강(허즈창)은 1970년에 감독 데뷔하여 2000년까지 활동하였다. 한국 팬들에게도 익숙한 이름인데 1981년 작 〈일소일권〉, 〈용권사수〉 등 위장 합작영화에 그의 이름이 들어가 있다. 하지만 한국영화와 인연은 그뿐이고 특별한 흥행작은 없다. 그는 주로 닌자영화를 만들었는데 상당한 편수이다.

▬ 하몽화何夢華

하몽화 감독은 쇼브라더스를 빛낸 감독 중 한 명이다. 1929년 상하이 출신으로 1948년 홍콩으로 건너와서 1953년에 시나리오작가로 활동을 시작한다. 1954년부터 조감독을 거쳐 1958년 〈말괄량이〉로 감독 데뷔를 했다. 이후 쇼브라더스에 영입되었고 58편을 감독했으며 시나리오도 11편을 집필했다.

우리에게는 1967년 작인 이청 주연의 〈스잔나〉로 알려져 있다. 이 영화는 국내에 1971년에 개봉되었고, 홍콩영화 하면 검술영화라는 공식을 깨고 멜로영화 붐을 일으켰다. 이 영화 제목을 빌려 이후에 진추아 주연의 〈사랑의 스잔나〉라는 영화까지 제작된다. 같은 해 〈옥중도〉가 개봉되었는데 신필름과 쇼브라더스의 위장 합작영화이며 사실은 홍콩 신강 감독의 영화다. 하몽화 감독의 명성을 빌어 대명한 것이니 그의 인기를 차용한 것이다. 반대로 1967년 작 〈철두황제〉는 〈철면황제〉로 국내에 개봉되었는데 최경옥 감독으로 되어있다.

하몽화 감독은 장르를 초월하여 만든 다재다능한 감독이었다. 1966년 〈서유기〉, 〈철선공주〉, 1967년 〈철두황제〉, 〈반사동〉, 1968년 〈여아국〉, 〈추혼표〉, 1971년 〈종규낭자〉, 1973년 〈독녀〉, 1975년 〈강두〉, 〈금모사왕〉, 〈혈적자〉, 1976년 〈유귀자〉, 옴니버스 영화 〈향항기안〉, 1977년 〈성성왕〉이라는 킹콩 주인공의 영화가 부천영화제에서 소개되었다. 1978년 〈혈부용〉, 〈협사행〉, 〈매복〉, 〈색욕살인왕〉, 1979년 〈소림영웅방〉, 1980년 〈정협추풍검〉이 있다. 그는 쇼브라더스가 폐업한 후 미국 이민을 갔다가 역이민하였다. 〈성성왕〉 때의 부상으로 고생하였고 2009년 80세를 일기로 타계하였다.

▬ 허영日夏英太郎

허영, 히나츠 에이타로 그리고 후용이라는 세 가지 이름을 사용했던 일제강점기 전형적인 친일파 감독이다. 얼마나 영화를 하고 싶었으면 허영은 〈너와 나〉라는 어용영화를 각본·감독하여 데뷔했다. 1943년의 일이다. 그의 영화는 《키네마순보》에도 대서특필되었다. 일본인이 만들어야 할 선전영화를 그가 자처해 만들었다. 조선보도부라고 하지만 조선총독부의 적극적인 지원으로 만들어진 것이다. 그리고 일본군을 따라 인도네시아로 갔고 패망과 함께 그는 인도네시아에 눌러앉

앉다. 광복을 맞은 한국으로 갈 수 없었기에 택한 차선책이다.

그리고 그는 그곳에서 후융이라는 이름으로 영화를 만들었고 인도네시아의 영화의 아버지로 불린다. 세 가지 이름으로 살다 간 기구한 운명인데 시대를 잘못 만난 탓인가? 아니면 자초한 것인가? 답은 후자이다. 그의 묘는 인도네시아에 있는데 영영 귀국하지 못하고 현지에서 별세한 것이다. 인도네시아영화의 아버지로 불리는 게 그가 원한 삶은 아니었을 것이다.

▬ 호금전胡金銓

호금전 감독은 1931년생으로 1997년에 별세하였다. 호금전 감독은 타 감독에 비해 많지 않은 연출작으로 영화 팬들에게 추앙받는 감독이다. 그는 배우로 활동하였고 이한상 감독의 조감독을 거쳐 1965년 〈대지아녀〉로 감독 데뷔하였는데, 이 영화에 오우삼 감독이 일본군 엑스트라로 출연하고 있다. 그의 타고난 꼼꼼함과 완벽주의로 인해 다작은 기대할 수 없었고 제작자와 불화가 심했을 정도이다. 그는 총 15편을 연출하였고 대부분의 영화가 마니아들에 의해 걸작으로 추앙된다.

그는 한국에 홍콩 무협영화를 처음 알린 감독이다. 〈방랑의 결투(대취협)〉은 일본식 검술영화의 영향 아래 만들어졌지만, 이후 그는 자신만의 미학으로 신무협을 창시한다. 1966년 대만에서 〈용문객잔〉을 만들고 1969년 〈협녀〉를 만들었고 몇 년 후 뒤늦게 칸국제영화제에서 기술상을 받았다.

한국에 와서 〈공산영우〉, 〈산중전기〉를 만들기도 했으며 1982년 미국 캘리포니아로 이주하였다. 그를 추앙하는 많은 감독이 있는데 서극 감독의 경우 은퇴한 그를 〈소오강호〉로 복귀시키기도 했다. 그러나 결국 그와의 불화로 영화를 완성하지는 못했다. 서극 감독은 자신이 나서서 영화를 완성시켰고 크레딧에는 호금전 감독을 포함시켰다.

▬ 홍파

홍파 감독은 1942년생으로 서라벌예대 문예창작학과를 졸업하였고, 시나리오 신춘문예에 당선되고 영화평론 분야에서도 당선되는 특별한 경력을 가졌다. 그는 연출보다 원작을 각색하거나 창작 시나리오로 더 많이 알려져 있다.

당시 한국영화계는 영화적인 제작 능력보다 다른 능력이 더 요구되는 시대였는지도 모른다. 그렇지 않고서야 필력과 영화적인 재능을 두루 겸비한 그의 필모그래피가 이럴 수밖에 없는 게 의아스러울 뿐이다. 그의 영화 〈갑자기 불꽃처럼〉을 본 것이 1980년도이다. 〈갑자기 불꽃처럼〉은 TV 선보기 프로그램에서 만난 연인들의 행태를 통해 당시 오염된 물질만능주의 사회에 보내는 경종의 메시지가 있는 영화였다.

그는 다작 감독이 아니었다. 영상 시대 감독 중 한 명인데 그 동인들이 김호선, 이장호, 변인식 등이다. 영상 시대는 그 명칭에서도 알 수 있듯이 스토리텔링 영화에 대한 대항적 개념이다. 한국의 뉴시네마운동인데 1970년대 당대를 풍미했다.

그는 김수용 감독의 문하에서 조감독을 하였고, 이원세 감독의 〈난장이가 쏘아올린 작은 공〉 등을 각색했다. 그 외 상당한 문제작 등의 시나리오를 담당했는데, 본인에게 돌아온 연출 기회마저 선배 감독에게 양보한 사실을 자신의 저서 『영화 속으로 떠나는 문화여행』(미래사, 1998년)에서 밝혔다. 쉽게 이해하지 못할 이야기인데, 이만희 감독의 〈삼포가는 길〉이라든지 유현목 감독의 〈사람의 아들〉도 처음 그에게 기회가 왔는데 그가 스스로 선배 감독들에게 연출의 기회를 돌렸다고 한다.

그는 한때 소설 작업을 병행하느라 IMF 직전 7년간의 공백기를 가졌다. 그리고 돌아와 〈명성황후〉를 준비하였으나 결국 불발에 그친다. 필력과 능력을 두루 갖춘 그와 같은 이가 마음대로 활동할 수 없던 그 시절이다.

▬ 화극의華克毅

화극의는 와카츠키 미츠오若杉光夫 감독의 중국식 이름이다. 그는 홍콩 쇼브라더스 창립 당시 홍콩으로 와서 〈신비미인神祕美人〉을 감독했다. 여주인공인 이향란이 일본인이고 촬영을 맡은 하란생賀蘭生 역시 일본인 니시모토 타다시西本正이었으므로, 이 영화는 나머지 출연진만 홍콩인들이며 실질적으로는 일본영화인들에 의한 영화이다. 당시 신생회사였던 홍콩 쇼브라더스로서는 궁여지책이었을 것이다. 그는 1957년 한국 최초의 한·홍 합작영화인 〈이국정원〉에 메인 감독을 맡기도 한다.

▬ 후루하타 야스오降旗康男

후루하타 야스오 감독은 1934년 8월 19일생으로 도쿄대 불문학과를 졸업했다. 프랑스 영화에 대한 관심으로 시작하여 23세에 일본 최대의 영화사 도에이에서 조감독을 시작으로 1966년 영화 〈비행소녀 요코〉로 데뷔했으며 이후 당시 유행하던 임협영화를 다카쿠라 켄과 함께했다. 1966년 〈지옥의 정에 내일은 없다〉에서 다카쿠라 켄과 함께하며 1966년부터 2012년까지 46여 년간 〈목숨을 건 무뢰한〉, 〈일본여협전〉, 〈역〉, 〈이자카야 쵸지〉, 〈오응〉, 〈철도원〉, 〈호타루〉, 〈천리주단기〉(공동 연출), 〈당신에게〉 등 총 17편에 이르는 영화를 함께했다.

주로 일본인의 정서를 담아낸 선 굵은 영화를 만들었으며, 특히 엔카에 대한 애정은 그의 영화 곳곳에서 드러난다. 엔카는 배경음악을 넘어서 작품의 주제 전달의 주요 요소로 작용한다. 2000년 〈철도원〉으로 일본 아카데미 감독상, 작품상을 받았으며 2012년 제36회 몬트리올국제영화제 에큐메니컬상(특별언급상)을 받았다.

잠시의 휴식기는 있었지만 꾸준히 영화를 만들어 온 그는 2007년 아시히TV에서 구로사와 아키라의 영화로 유명한 〈천국과 지옥〉을 드라마화하였고, 최근작으로 2013년 작 〈소년H〉가 있다. 임권택 감독과 동갑내기이며 임 감독은 1962년 〈두만강아 잘 있거라〉로 데뷔하였다.

5장

영화배우

한국영화 100년사 영화배우 베스트 10

한국영화 100년사 영화배우 베스트 10은 선정되지 않은 분들의 반발이 예상되어 매우 힘든 일이다. 이는 한·중·일 배우 소개에 앞서 학구적인 차원에서의 선정이다. 인기와도 연관이 있지만 영화사 측면에서의 베스트를 선정하는 작업이다.

한국영화의 기원은 1919년 10월 27일로, 김도산 일파의 연쇄극 〈의리적 구토〉에서 기원한다. 그래서 한국영화의 날이 10월 27일로 제정되어 1963년부터 매년 행사를 개최해 오고 있다.

한국영화100년사연구회에서는 한국영화 100년사를 맞아 베스트 남녀배우 10명을 선정했다. 한국영화사에 기억되는 명작 출연이 가장 큰 점수이고 출연 편수, 한국영화계 기여도, 대중의 인기도, 연기력, 국내외 영화제 수상 기록을 따져 선정했다. 동점자가 있어 14명이 선정되었다.

- 남배우: 나운규, 신영균, 김진규, 최무룡, 신성일, 안성기, 송강호, 이병헌.
- 여배우: 최은희, 김지미, 윤정희, 강수연, 김혜수, 전도연.

▬ 가준웅柯俊雄

가준웅 배우는 1945년생으로 대만에서 태어났다. 우리에게는 1973년 정창화 감독의 〈흑야괴객〉의 주인공으로 알려져 있다. 원래 그가 맡은 역은 이소룡이 맡기로 했던 역이다. 그렇게 합작영화 신고가 되었는데, 결국 이소룡의 출연은 무산되고 그가 주인공을 맡았다. 그런데 그 역시 보통은 아닌 배우이다. 23세에 제14회 아시아영화제에서 〈적막한 열일곱 살寂寞的十七歲〉로 남우주연상을 받았고, 제21회 때에 〈영렬천추英烈千秋〉로도 또 받았다. 당시 한 번만 받아도 영재라고 떠받들어지던 때인데 그는 쌍영재였다. 이 기록은 강대위 배우가 제16회 때 받고 18회 때에도 받아 동률을 이루었다.

1979년에는 〈황포군혼黃埔軍魂〉으로 제16회 금마장金馬獎 남우주연상을 받고,

20년 지난 1999년 〈일대효융 – 조조―代梟雄 · 曹操〉로 두 번째 금마장 남우주연상을 받았다. 이러한 수상에도 불구하고 그의 인기는 따라주지 않았는데, 그가 대만 출신이라 그런 것일 수도 있다. 텃세 속이지만 그의 출연작은 무려 229편에 이른다. 주인공 배우로서 이 정도 편수는 흔치 않다. 그는 2004년에 대만에서 의원에 입후보해 당선되어 의정 생활을 하기도 했다. 말년에는 TV 드라마 〈풍수세가風水世家〉, 〈염정영웅廉政英雄〉에 출연하였다.

그는 감독으로서도 6편을 남겼고 제작 편수도 3편이 있다. 2014년에는 〈최가혐의인〉을 제작하기도 했다. 그런 그에게 투병 소식이 들렸고 70세가 된 2015년, 폐암으로 우리 곁을 떠났다.

▬ 가지 메이코梶芽衣子

가지 메이코는 1947년 3월 24일생으로 1965년 〈슬픈 이별의 노래〉로 데뷔했다. 그녀는 〈여죄수 사소리〉 시리즈나 〈수라설희(슈라유키히메)〉 시리즈, 〈인의 없는 전쟁〉으로 강인한 이미지의 여성 협객으로 자리 잡았다.

감옥이라는 폐쇄 공간에서 벌어지는 잔혹극은 그녀를 위한 무대였다. 누구라고 할 것 없이 모두가 그녀의 제물이다. 한국영화 〈여수 407호〉나 홍콩영화 〈여감방〉 전부 원조가 〈여죄수 사소리〉 시리즈이다. 가지 메이코는 가수를 겸업하였는데 극 중 주제가를 직접 부르기도 했다.

1973년 작 〈수라설희(슈라유키히메)〉 시리즈에서는 엄마의 복수를 위해 무예를 수련하고 복수에 나서는 여협으로 등장해 가장 처절한 복수극을 보여준다. 수많은 남자가 그녀를 향해 달려들지만 그녀는 불사조이다. 원념에 가득 차 그냥 죽을 수 없는 복수귀인 셈이다. 풀숏에서 죽은 듯해서 보면 버스트숏에서는 살아 눈을 번뜩인다. 그래서 시리즈가 이어지는 것이다.

단검을 든 처연한 그녀를 보면 모골이 송연해진다. 그녀가 다가서면 도망갈 엄두도 못 내고 얼어붙는다. 저승사자나 다름없다. 그녀의 이러한 캐릭터를 〈킬 빌Kill Bill〉에서 그대로 차용했다. 영화 속 그녀가 칼을 휘두르면 남자들은 비명 지를 새도 없이 추풍낙엽으로 쓰러져간다. 그러니 세상에서 제일 무서운 여자의 캐릭터이다.

그녀는 나이가 들어도 그녀의 이미지는 그대로이다. 그래서 아직도 독신을 고수하는지도 모르겠다. 1976년에 쿄토영화시민영화 주연여배우상을 받았고, 1978년 매일영화콩쿨 주연여배우상과 시네마순보 주연여배우상, 블루리본상 주연여배우상 등을 받으며 전성기를 맞았다. 1972년 작 〈여자의 원념恕ㅅ節〉의 주제가는 그녀가 직접 불렀는데 〈킬 빌〉의 삽입곡으로 널리 알려졌다.

■ 가츠 신타로勝新太郎

가츠 신타로는 1931년 11월 29일 도쿄 출생으로 1997년 별세하였다. 그는 일본 무협영화 〈자토이치〉 시리즈의 주인공 배우이다. 1960년대부터 1970년대까지 강렬하면서도 특이한 캐릭터를 개발하여 그만의 인기를 누렸다. 배우 집안에서 태어난 그는 1955년 〈여자는 사랑을 할 수 없다〉로 데뷔했다. 1962년 〈자토이치 이야기〉에서 서민적이면서 장애를 가진 사무라이 캐릭터로 일본 국민의 사랑을 받아 최장수 시리즈가 되었고 TV 드라마로도 제작되었다.

가츠 신타로는 연기파 배우였다. 이 시리즈 이전이나 후에 출연한 영화를 보아도 다른 배우를 압도하는 카리스마가 넘친다. 그가 야쿠자로 나오는 영화에서는 선 굵은 연기로 관객들에게 깊은 인상을 남겼다. 적당한 광기의 연기는 우리나라 배우 김승호, 신영균, 박노식을 통해서도 볼 수 있지만 그만의 전매특허다. 그렇다고 그가 미쳐서 설쳐대는 광인의 연기를 보여주는 것은 아니다. 정중동, 즉 조용하면서도 몰입된 내면의 연기력으로 주인공을 연기해 내는 것이다. 그래서 그가 걷는 걸음걸이는 긴장감을 조성하고 울분과 미소, 눈물은 관객들을 울리고 전율시킨다.

그는 그만의 파워풀한 독창적인 연기력을 통해 관객들의 스트레스를 풀어주었다. 단 칼에 수많은 적을 추풍낙엽으로 만드는 검법은 사실감이 더해져 맹협 검법이 선풍적 인기를 끌었을 것이다. 그의 연기력은 비단 찬바라영화에서만 빛나는 건 아니다. 현대물에서도 그의 용솟음치는 연기력은 빛이 난다. 특이한 에너지가 넘치는 연기력이다. 그런 연기력은 〈자토이치〉 시리즈가 아닌 다른 출연작에서도 보인다.

그는 다이에이에서 제작한 두 편의 시리즈에도 출연했는데, 1961년의 〈아쿠미요〉 시리즈는 13년 동안 16편이 만들어졌고 1965년의 〈헤이타이 야쿠자〉 시리즈는 1972년까지 9편이 만들어졌다. 1970년부터 〈자토이치〉 제작자로 활동하였고, 1971년에는 〈카오야쿠〉로 감독 데뷔까지 하였다.

그는 여배우 나카무라 타마오와 결혼하였고, 그는 1997년에 별세하여 그의 신작을 볼 수는 없다. 이소룡 역시 그를 흠모하여 영화 한 편을 기획했으나 제작되지는 않았다.

■■■ 강대위姜大衛

그의 본명은 강위년姜偉年이고 1947년 상하이 근처인 소주 생으로 그의 부모는 배우 출신이다. 아버지는 엄화嚴化(원명 강극기姜克琪)인데 장철 감독이 쓴 시나리오에 출연했던 배우이다. 특히 어머니인 홍미구紅微九는 1940년대 명배우이다. 나중에 강대위가 감독한 영화에서 그 모습을 볼 수 있었는데, 역시 끼는 어쩔 수 없는 모양이다. 아들 셋을 배우로 만들기가 어디 쉬운가.

어린 시절부터 자연스럽게 배우 생활을 시작한 그는 〈가동〉을 만든 이한상 감독의 1959년 작 〈강산미인〉, 도진 감독의 1962년 작 〈여인여소유〉 등의 영화를 찍었다. 그는 고등학교를 졸업하고 쇼브라더스에서 스턴트맨으로 유가량, 당가 등과 함께 촬영 현장에서 일하다가 장철 감독의 눈에 띄어 〈철수무정〉에서 대사 있는 역을 맡아 본격적인 성인 연기자 길로 접어든다.

같은 해 적룡과 함께 출연한 〈사각〉 그리고 사실상 첫 주연작인 〈보표〉 이후 그의 인기는 급상승하게 되는데, 〈유협아〉를 거쳐 그의 대표작 〈복수〉에서 드디어 영화 황제影帝의 자리에 오른다. 그의 데뷔 이전 그의 우상이었던 왕우의 전성시대를 넘어선 것인데, 쇼브라더스로서는 일본영화 〈자토이치〉 시리즈에 출연하며 나간 왕우 대신에 스타로 키워낼 기회에 그가 나타난 것이었다.

이미 왕우는 〈용호투〉로 감독 데뷔를 한 상태이고 장철 감독도 강대위를 위한 영화를 기획했다. 이전에 왕우가 맡을 역할을 강대위가 맡은 것인데, 그의 개성은 왕우와 또 달라 연약한 듯하면서도 강인하며 여성스러우면서도 남성적인 성격을 창조해 냈다. 때로는 그런 중성적인 성격이 남성들에게나 여성들에게나 모두 어필되었다. 그의 대표작은 곧 장철 감독의 대표작이라 할 수 있는데 대의를 따르는 사나이들의 세계, 비장함을 더한 장렬한 죽음은 그 시대의 분위기와 맞아떨어지며 한결 그의 영화를 대중 속에 각인시켰다.

그는 시대물뿐만이 아니라 현대물, 특히 청춘물에도 어울리는 배우였다. 〈소살성〉, 〈권격〉, 〈악객〉, 〈연경인〉, 〈반역〉, 〈붕우〉 등에서 유쾌하고도 발랄한 그의 모습을 볼 수 있다. 영화 후반으로 갈수록 우울하고 처절한 극한 상황으로 전개되어 가지만, 역시나 그만이 보여주는 처절함은 어김없이 관객들을 매료시킨다.

1980년대에는 적룡과 함께 홍콩 누아르영화에서도 모습을 보였다. 그는 전성기를 보내고 아직도 홍콩영화계의 대선배로서 활동하고 있는데, 주로 TVB 드라마와 영화를 같이하고 있다. 2004년 부천국제판타스틱영화제에 참석차 내한하였고 그의 대표작들이 소개되었다. 그의 한국 합작영화 출연작 중 〈철수무정〉, 〈13인의 무사〉, 〈흑객〉 등이 위장 합작영화로 국내에 소개되었고, 2005년 한국과 홍콩이 공동 제작한 〈데이지〉에서 조직의 보스로 출연했다. 그는 감독으로서도 14편의 영화를 만들었다.

▬ 강도江島

강도(창다오)는 1967년 〈대모소이大某小姨〉로 데뷔하여 주로 쇼브라더스 영화에 출연한 무술배우이다. 그는 22편의 영화에서 무술감독을 맡았고 200편이 넘는 출연작이 있다. 정순원이 본명이며 강도라는 예명은 한국어로 어색한데 홍콩 발음은 콩도, 표준어로는 창다오다. 창다오는 1946년 6월 17일생으로 대만성 팡후澎湖에서 태어났다. 다소 우락부락한 인상에 각종 무술들을 수련했기에 장철 감독에 의해 캐스팅되어 〈소림오조〉, 〈홍권소자〉, 〈오호장〉, 〈소림탑붕대사〉, 〈홍권여영춘〉, 〈나타〉, 〈대동왕오〉, 〈흡독자〉, 〈후생〉, 〈강호자제〉 등에 출연했다. 마지막 출연작은 2012년 6월 개봉한 〈팔괘종사〉이다. 그는 배우 활동 후 영화사를 차려 수입, 수출을 하러 해외를 오간다. 한국은 물론 북한도 왕래하고 있다.

▬ 강민호

강민호 배우는 1942년생으로 1996년 지병으로 별세했다. 그는 한양대 연극영화학과 출신으로 1965년 권영순 감독의 〈남아일생〉으로 데뷔하여 같은 해에만 김성화 감독의 〈노을진 들녘〉, 박종호 감독의 〈예기치 못한 사랑〉, 이만희 감독의 〈흑맥〉, 정진우 감독의 〈가을에 온 여인〉에 출연한다. 이렇듯 데뷔 초에 다른 감독과 5편에 출연한다는 것은 외모, 캐릭터, 연기력 등의 능력을 보여주는 것이다. 그러나 영화에서는 당시 톱스타인 신성일, 박노식, 장동휘, 허장강, 바비 킴에 밀려 큰 배역을 맡지는 못했다. 그래도 조연으로서 강렬한 이미지를 남겼다.

그는 대신에 KBS 탤런트로 TV 출연에 주력하는데, 각종 반공드라마와 사극 등 장르에 국한되지 않고 다양한 배역을 소화한다. 특히 〈전우〉에서 보여준 강직한 소대장 역은 시청자들에게 깊은 인상을 남겨주었다. 갑장인 이일웅 배우와는 국군과 인민군으로 극적 대비를 잘 보여주었다. 극 중 소대장인 그가 병마와 싸우다가 별세하는 바람에 〈전우〉 역시 막을 내렸다는 이일웅 배우의 증언이다.

▬ 강수연

강수연 배우는 1966년 8월 18일 서울 태생으로 '당차다!'라는 한마디로 표현되는 여배우다. 강수연은 조용원과 동명여고를 함께 다녔다. 6살 때부터 아역배우로 성장하였고 카메라 메커니즘을 알고 연기하는 몇 안 되는 배우 중 한 명이다.

임권택 감독의 〈씨받이〉로 유명해졌지만 그녀의 끼는 이미 소문나 있었고, 그녀가 제2의 김지미가 될 것이라는 예감이 들었다. KBS 〈TV문학관〉에서 당찬 연기로 상대 연기자를 놀라게 했고, 누구도 그녀의 연기로 이런저런 이야기를 할 수 없는 경지에 다다랐다. 그녀의 물오른 연기력은 상복으로 이어져 베니스, 모스크바국제영화제 등에서 여자주연상을 받았다. 한국에서 일찍이 그 누구도 받아본 적이 없는 상이다. 물론 최은희 배우가 북한에서 찍은 〈소금〉으로 모스크바영화제 여우주연상을 받은 적은 있다.

강수연은 이규형 감독의 〈미미와 철수의 청춘스케치〉로 아이돌 스타가 되었고 임권택 감독의 〈씨받이〉로 진정한 연기자가 되었다. 비구니의 파계를 그린 〈아제아제 바라아제〉에서 당찬 그녀의 연기는 두고두고 기억될 것이다.

▬ 강주희

강주희는 1961년생으로 〈얄개〉 시리즈로 이름을 알린 배우다. 아역배우부터 시작하여 청소년영화의 주인공이었다. 이승현의 상대역으로 새침때기 역할부터 왕언니 노릇까지 다양한 역할을 맡았다. 임예진이 〈진짜 진짜 잊지마〉로 인기를 끌었고 다음은 그녀의 시대였다. 당시 그녀를 보러 영화관을 찾았던 학생 관객이

많았다. 당시 하이틴영화 시나리오의 여주인공 이름은 주희였다. 나중에는 준희로
도 쓰였지만 그녀를 염두에 두고 쓴 시나리오들이다. 준희로 바뀐 것은 그녀가 성
인영화 배우로 변신하여 더는 하이틴영화의 여주인공일 수 없기 때문에 작가가 이
름을 바꾼 것이다. 그래서 캐스팅된 것이 조용원이다.

그녀의 성인 신고식은 엄종선 감독의 〈밤을 기다리는 해바라기〉이다. 심각한
주제로 청량리 588번지의 슬픈 인생을 연기한 영화이지만, 관객들의 반응은 신통
치 않았다. 일명 〈터잡이〉로 소개되었지만 이미 오래된 영화일 뿐이다. 그녀도 그
렇게 대중에게서 잊혀졌다.

▰ 견자단甄子丹

견자단은 1963년 7월 27일 광저우 출생이며, 태극권의 고수인 어머니의 영향으
로 어린 시절부터 무술을 연마하였다. 보스턴으로 이민 가서 살던 중 베이징의 우슈
학교에서 유학했다. 홍콩에서 만난 무술감독 원화평과의 인연으로 영화계에 입문하
였으며 1984년 〈소태극笑太極〉에서 주연으로 데뷔하였다. 이연걸과 동갑내기로 그에
게 가려져 있었지만, 태권도를 수련 후 발차기 기술을 주특기로 개발하였다. 그는 이
종격투기와 영춘권에도 관심을 두고 수련했으며 태권도는 공인 6단이다.

그는 탁월한 무술 실력을 바탕으로 1990년대에 액션배우로 전성기를 맞았으
며 2000년대 이후에는 전성기를 맞는다. 대표작으로 1994년 〈영춘권詠春〉, 2003
년 〈트윈 이펙트千機變〉, 2005년 〈살파랑殺破狼〉, 2007년 〈도화선導火綫〉, 2008년 〈엽
문葉問〉, 2011년 〈무협武俠〉, 2014년 〈일개인적무림一个人的武林〉이 있다. 1997년 〈전
랑전설戰狼傳說〉로 감독 데뷔 후 5편을 감독했다. 그는 〈엽문 3: 최후의 대결〉로 아시
안필름어워즈 남우주연상을 받았고, 금마장 무술감독상을 여러 차례 받았다.

▰ 관산關山

관산(콴산)은 1933년 4월 20일생으로 관지림 배우의 부친이다. 그의 부인 역시
홍콩장성전영공사香港長城電影公司 소속의 유명 여배우였던 장빙천張冰茜이다. 만주족인
그는 심양(셴양)에서 태어나 홍콩으로 이주했다. 그리고 1958년 〈유녀회춘有女懷春〉으
로 데뷔하였다. 1958년 출연작인 〈아Q정전阿Q正傳〉으로 로카르노영화제에서 남우

주연상을 받으며, 홍콩배우 최초로 해외 영화제에서 수상한 배우가 되었다.

그는 1960년대 이후 쇼브라더스에서 로맨틱한 주연배우로 출연했다. 한국에서 히트한 〈스잔나〉에서 이청의 아버지로 출연했던 배우이다. 이전 영화로 〈남과 흑〉은 임대 배우의 유작으로 임대의 상대역이었다.

1971년 쇼브라더스를 나와 대만에서 〈광풍사〉라는 영화에 왕우와 함께 출연했다. 그리고 1972년 〈당인객唐人客〉과 1973년 〈불속지객不速之客〉을 제작, 감독했다. 1974년에 홍콩 골든하베스트의 〈중태권단생사결中泰拳壇生死戰〉에 출연했고 여러 무술영화에 출연한다. 그는 1977년 〈7금강〉 출연 후 액션영화에서 그가 차지할 공간은 없었던 듯 이후 사업가로 변신하였다. 그리고 1987년 〈영웅본색 2〉와 1988년 〈폴리스 스토리 2 - 구룡의 눈〉에 우정 출연했다. 그는 2012년 79세에 폐암으로 사망했다.

▰ 곡봉谷峰

곡봉(쿠펑)은 홍콩배우로 1930년 7월 3일 상하이 출생이며, 본명은 진사문陳思文이다. 홍콩 무협영화의 산증인이며 특히 강대위, 적룡과 함께 장철 감독 영화에 출연했던 악역 전문 배우이다. 배우로 활동하기 전에는 연극배우와 가수로 동남아에서 활동하였다.

1959년 쇼브라더스 제작의 〈교왜嬌娃〉로 데뷔 후 2016년까지 출연작이 무려 374편이다. 1989년부터 TTV와 TVB에도 출연하며 출연작을 늘렸다. 〈복수〉에서 주인공의 상대역인 횡카이샨, 또 한홍 합작영화로 소개된 〈13인의 무사〉에서는 부왕, 그런가 하면 〈권격〉에서는 킥복서 중포로 언제나 변신하는 모습을 보여준다. 그러다 보니 그는 여러 감독의 영화에 출연하게 되며 수많은 영화에서 인상적인 연기력을 보여주었다.

데뷔 초 황매조영화인 〈양산백과 축영대〉에 출연 이후 〈서유기〉, 〈방랑의 결투〉, 〈여협흑호접〉, 〈심야의 결투〉, 〈독비왕〉, 〈독비도왕〉, 〈문소신〉, 〈호협전〉, 〈소림사〉, 〈사조영웅전〉, 〈오독천리〉, 〈철리〉, 〈혈부문〉, 〈옥나찰〉, 〈철기문〉, 〈혈적자〉 등에 출연하여 무협영화 팬들이 좋아하는 영화에는 전부 그가 나온다고 해도 과언이 아니다.

특히 1982년 이한상 감독의 〈무송〉에서 무송의 형인 떡 장사 무대랑으로 명연기를 보여주었다. 그만큼 여러 작품에 출연하며 넓은 연기력을 보여주었다. 2007년 10월 7일, 홍콩에서 77세의 그를 만나 딤섬집에서 식사를 하고 인근 공원에서 인터뷰하였다. 악역 이미지와 달리 유쾌하고 배려심 많은 이웃집 할아버지의 모습 그 자체였다.

━ 구라다 야스아키倉田保昭

구라다 야스아키(창전보소)는 이소룡과 같은 시기에 활동했던 뛰어난 무술배우이다. 홍콩에서 활동한 일본인 배우 중 가장 유명한 배우이며 홍콩을 통틀어 가장 유명한 외국인 배우로 꼽힌다. 1946년 3월 20일 일본 이바라키 현 출생으로 일본대 예술계열 연극학과를 졸업했다. 그는 가라테 5단, 유도 3단, 합기도 2단으로 준비된 무술배우였다.

그는 장철 감독에게 픽업되어 강대위, 적룡 주연의 〈악객〉에서 야마구치 파의 야쿠자 무술인 가츠 배역으로 데뷔한다. 가히 무술의 시대라고 할 수 있는 1970년대에 그는 기라성 같은 배우들 사이에서도 뛰어나 캐릭터와 무술 실력으로 버티기 힘든 홍콩영화계에서 우뚝 자신의 위치를 차지했다. 더구나 유명 스타들과 공연하니 그의 명성은 대중들에게 쉽게 각인되었다. 이후에도 강대위, 적룡과의 공연작은 물론 홍금보, 성룡 등과의 공연작까지 필모그래피를 늘려가며 홍콩영화계의 큰 별이 되었다.

그는 홍콩을 비롯하여 대만, 필리핀 영화계에서도 활동하였으며 대표작으로는 〈악객〉을 비롯하여 1972년 작 〈영웅본색〉, 〈사기사〉, 1973년 작인 〈흑표〉, 〈맹호하산〉, 〈대소유룡〉, 1974년 작 〈홍콩소교부〉, 1977년 작 〈방세옥대파매화춘〉, 1978년 작 〈중화장부〉, 1980년 작인 〈정첩〉, 〈징벌〉, 1981년 작인 〈비도우견비도〉, 1982년 작인 〈곽원갑〉, 1983년 작인 〈최가박당대현신통〉 이후 〈부귀열차〉, 〈정무영웅〉, 〈중화도협〉, 〈암투〉, 〈안나여무림〉 등이 있다. 그의 출연작은 전부 흥행에 성공하였는데, 그의 악역 연기가 확실한 보증수표였기 때문이다.

■ 구양사비歐陽莎菲

구양사비는 1924년 9월 9일 중국 출생으로 2010년 8월 3일 별세하였다. 본명은 전순영錢舜英으로 19세 때인 1943년에 데뷔하였다. 우리나라 배우로 치면 최은희, 황정순 배우와 같은 시기에 활동한 배우이다. 다만 더 오랜 기간 출연하여 출연작이 많다. 참고로 황정순은 1925년생이고 최은희는 1926년생이다.

구양사비는 50여 년 가까이 활동하다가 1991년에 은퇴하였다. 처녀 시절 연인에서 엄마, 할머니로 배역이 바뀌었는데, 출연작이 257편이면 가히 홍콩영화 여배우 최다 출연자이다. 오랜 기간 활동했다는 것은 그만큼 다양한 캐릭터와 원만한 성격이었다는 것을 미루어 짐작하게 한다.

출연작은 무협영화를 비롯하여 멜로 등 다양할 수밖에 없다. 그녀는 1960년대 이후 주로 쇼브라더스에서 활동하였는데 고립, 장철, 호금전, 정강을 비롯한 홍콩 감독 대부분과 함께했으며, 수많은 공연자가 있었다는데 전부 당대 톱스타들이었다. 능파, 악화, 정패패, 나열, 강대위, 적룡, 이청, 하리리, 성룡 등이다. 신상옥 감독의 합작영화 〈대폭군〉에도 출연했다.

■ 권영문

권영문은 1944년 7월 26일에 일본 규슈 오무다라는 곳에서 태어났다. 광복 후 그의 가족은 경주에 정착하여 학교를 졸업하고 태권도 특기생으로 동아대 체육학과 입학한다. 그는 이미 6살 때 당수도에 입문하였고 당시 경주에서 촬영한 〈논개〉, 〈화랑도〉 등의 영화에 아역배우로 출연하였다. 그의 끼는 이미 〈호동왕자와 낙랑공주〉라는 아동연극을 공연할 정도였다.

영화계 정식 데뷔는 남대문국민학교 시절인 1970년 한진흥업에서 제작한 합작영화 〈정도〉이며, 동시에 촬영된 〈협기(전북국)〉에서 무술감독을 맡는다. 〈정도〉는 한국 측 배우로 방수일이 출연했고 홍콩 측에서 백표, 진홍열(첸홍레)이 출연했다.

그 후 이두용 감독의 〈용호대련〉에서 무술지도를 맡았고, 〈돌아온 외다리〉 이후 무술감독 및 악역으로 출연하였다. 〈돌아온 외다리〉의 주연 배우 한용철은 미국 디트로이트에서 살며 미국 태권도 대표선수로 입국하자 그가 주선하여 합동영화사에서 데뷔하게 되었다고 한다. 〈파라문〉에서는 프랑스에서 사범을 하던 이관영의 상대역으로 출연하였다.

이후 홍지운 작가가 쓴 〈죽음의 승부〉에 바비 킴, 황정리와 출연하였는데, 이 영화가 당시 흥행에 성공하였고 〈대적수〉와 〈귀문의 왼발잽이〉 두 편을 영월에서 동시에 촬영하였다고 한다. 그 후 〈대련의 해당화〉, 이혁수 감독의 〈천하의 여권〉, 황풍 감독의 합작영화 〈사대문파〉에 출연하였다.

홍콩에서 성룡의 〈용소야〉, 〈프로젝트 A〉, 유가량 감독의 〈장패〉에 출연하고 황정리와 공연한 〈영웅(영 히로)〉는 외국인 최초로 주인공을 맡은 영화이다. 그리고 왕관총, 고비 감독의 미국, 대만, 한국의 합작영화 〈황색의 피부〉에 출연한다. 당시 미국의 백상기 관장이 미국 영주권을 받아주었다.

포학례 감독의 〈만인참〉에 출연 후인 1983년 그는 LA에 도장을 개업하고 '세계무술영화협회'를 시작한다. 그리고 박우상 감독의 〈차이나타운(닌자 터프)〉에 출연하는데 이 영화는 북미 전역에 개봉된 최초의 한국영화이다. 이때 그가 운영한 선셋웨스턴의 체육관에는 700여 명이 수련생이 있었다. 당시 그는 미 영화사에서 무술감독 제의를 받았으나, 제작·각본·감독·주연의 〈밤의 그림자〉를 촬영하였는데 안타깝게도 예산 문제로 결국 제작 중단되었다.

그는 1984년 블랙댄싱 대회에 찬조 출연하였다가 1위를 하기도 했는데, 그의 타고난 끼는 다방면으로 표출되었다. 1992년에는 미국마술협회원이 되어 1994년에는 SBS의 〈마술과 무술〉 프로그램에 출연하였다. 그런가 하면 송재철 관장의 사부인 최대길 관장에게서 차력을 전수받기도 했다. 그는 한마디로 종합 엔터테이너라고 할 수 있다.

▬ 금보라

금보라는 1961년생으로 강주희와 동갑내기이다. 그녀는 안양예고에 재학 중이던 1979년, 영화진흥공사의 신인배우 공모에 뽑혀 김수용 감독의 〈물보라〉로 데뷔한다. 함께 데뷔한 강석우도 영화배우로 자리를 굳혔다. 금보라의 섬세한 표정 연기가 기억나는데 미인형의 얼굴이 너무 작아서가 아닐까 싶다. 순박한 이미지의 그녀는 김수용 감독의 영화에 꾸준히 출연하였고, 그의 조감독 출신인 이원세 감독의 〈난장이가 쏘아올린 작은 공〉에서 난장이의 딸 역할로도 출연했다.

한때 윤정희 배우의 뒤를 이을 대배우로 성장할 듯했지만, 배역 운이 따라주지 않았다. 너무도 섬세하고 가녀린 인상으로 배역에 한계가 있을 수도 있었다. 하지만 캐스팅되기가 어려울 뿐이지 맡은 배역은 누구보다도 뛰어나게 표현한다. 천부적인 연기 재능을 가지고 있는 것이다. 장르에 구애받지 않고 열연하였지만 화제작이나 대작의 큰 배역 운이 없었던 것이 아쉬울 뿐이다. 그녀의 활동이 조금 더 빨랐다면 또 다른 연기 세계를 보여주었을 것이다.

▬ 김미숙

김미숙은 1959년생으로, 1979년 KBS 6기 공채 탤런트로 데뷔했다. 그녀는 항상 건전한 여인상을 보여주었다. 그녀가 바람난 유부녀 역을 맡았던 영화를 생각해 보면 기억이 나질 않는다. 이두용 감독의 〈우산 속의 세 여자〉에서는 죽은 남편의 숨겨진 과거의 여인으로 출연한다. 청순하면서도 자연 미인인 그녀에게 무슨 연기력을 요구할 것인가? 있는 그대로의 모습만으로도 그녀는 연기자다.

1980년대 초 그녀의 영화배우 데뷔 시절, 현동춘 편집실에서 자신의 영화를 보며 즐거워하던 귀여운 여배우로 기억에 남아있다. 그녀는 연기하는 게 불필요할 정도의 분위기를 갖고 있다. 고즈넉한 분위기로 우수를 머금은 그녀는 있는 그대로 한 편의 시 같은 존재다.

그렇게 청순한 이미지로 자신을 관리하더니 결국 〈말아톤〉에서는 초원이 엄마 역을 맡았다. 자식 사랑에 자신을 희생하는 착한 엄마 역이었다. 그녀는 이제 김혜자, 고두심 배우의 뒤를 이을 한국의 어머니로 낙점받았다. 〈부탁해요 엄마〉 등 TV 드라마에서 여러 가지 배역으로 변신하였지만, 그녀는 천생 착한 여자의 이미지이다. 1993년, MBC의 〈제3공화국〉에서는 육영수 여사로 출연한 바 있다.

▬ 김비金菲

김비(티나 친페이)는 1942년 4월 26일 상하이에서 출생하였다. 대만에서 성장 후 홍콩으로 이주 후 쇼브라더스에서 1965년에 데뷔하여 많은 감독과 57편의 영화에 출연하였다. 그녀와 비슷한 시기에 당대 톱스타들이 함께 데뷔했는데 이청, 이려려가 1964년, 하리리가 1965년이다. 데뷔 초에는 이청, 하리리, 호연니 등이 떠오르던 때라 두각을 보이진 못했고, 그저 주변부에 머무르는 조역 정도를 맡았다. 그러나 그녀는 자신의 개성을 살려 누구도 대신할 수 없는 요염함으로 자리를 굳힌다. 특히 〈소살성〉, 〈괴인괴사〉, 〈소녀(응소여랑)〉, 〈여인면면관(여인의 욕망)〉 등의 영화로 홍등가 여인의 이미지로 각인된다. 당시 활동하던 여배우 중에서도 그녀가 성숙한 이미지의 여인이었기 때문일 것이다.

김비는 요염한 이미지로 으뜸인 홍콩여배우로, 정창화 감독의 〈천면마녀〉에 딱 어울리는 캐릭터이다. 그녀 말고 그 캐릭터를 소화할 배우는 없었다. 〈소녀(콜걸)〉에서는 가난한 집안을 꾸려나가기 위해 콜걸이 된 가정주부 역을 호연하기도 했는데 결혼과 함께 1977년 영화계를 은퇴한다. 그녀의 은퇴작은 오우삼 감독이 장철 감독에게 바치는 헌정작 〈의담군영〉이다.

같은 시기 활동하던 한국여배우 중 선우용녀(1945년생)가 그녀와 흡사한 이미지로 박용준 감독의 〈깊은 산속 옹달샘〉에서 요염한 분위기를 보여주었다. 김비 역시 홍콩 에로티시즘 영화인 〈홍콩야담〉, 〈애욕야담〉, 〈여인면면관〉에 출연했었다.

▬ 김석훈

김석훈 배우의 본명은 김영현이며, 1929년 6월 8일 서울 출생이다. 신영균 배우보다 한 살이 어린데 청주에서 성장하여 청주사범학교를 졸업하고 19살이던 1948년에 연극배우로 활동한다. 그 후 법원 서기로 근무하다가 1957년에 〈잊을 수 없는 사람들〉에서 단역으로 데뷔한다. 그의 마스크는 최무룡과 김진규, 일본의 미후네 도시로와 닮았다. 그만큼 탁월한 마스크이다.

데뷔는 단역이었지만 그는 타고난 수려한 외모에 김진규 배우와 흡사한, 부드러우며 친근한 이미지의 배역을 맡았다. 그는 1960대부터 70년대에 걸쳐 당대에 함께 활동한 주연급 배우들 중에서 출연작 편수가 219편으로 남배우 베스트 10 안에 든다. 참고로 신성일 배우는 525편, 신영균 배우는 323편, 최무룡 배우는 269편, 김승호 배우는 316편, 김진규 배우가 335편, 박노식 배우가 378편, 남궁원 배우가 315편, 장동휘 배우가 262편, 김희라 배우는 209편이다.

김석훈 배우는 왕성한 활동과 명성에 비해 한국영화사에서 전혀 조명되지 않고 있어서 이상할 정도이다. 그건 그의 출연작이 흥행 영화에 국한되었기 때문일 수도 있고 유명감독의 화제작이 없기 때문일 수도 있다. 그러나 분명한 건 그의 필모그래피에서도 볼 수 있듯이 그의 출연작은 매우 다양한 장르에 걸쳐 있기 때문에 화려하다는 것이다.

▀▀ 김승호

김승호 배우는 1918년 강원도 철원 태생으로 1968년에 별세하였다. 그는 1937년 동양극장의 연극 〈임자없는 자식〉으로 데뷔했다. 영화는 1948년 박기채 감독의 〈밤의 태양〉에 조연으로 출연하여 시작했다. 그의 개성이 어필된 것은 1956년 이병일 감독의 〈시집가는 날〉이었다. 맹진사 역을 맡아 코믹 연기로 대중에게 친근감을 주었고 대배우로의 가능성을 보여주었다.

그의 연기 욕심은 다른 배우가 따라올 수 없으며 말년에는 정창화 감독의 〈돌무지〉를 직접 제작하기도 했다. 한국의 신영균 같은 대배우가 있었던 것에는 김승호 같은 대배우가 있었기 때문이며, 연기 경쟁자가 있었기에 성장이 빨랐다. 250여 편의 영화에 출연한 그가 만학도로 한양대 연극영화학과에 다닌 것은 유명한 일화이다.

그는 한국의 전형적인 아버지상을 보여준 1대 국민배우이다. 그의 서민적인 이미지는 당대 스타인 신영균, 신성일, 남궁원의 아버지 역으로 그 외에 다른 배우를 떠올릴 수가 없었다. 비단 아버지 역만을 맡았던 것은 아니지만, 그 하면 역시 한국의 아버지상이다. 광복 후 어렵던 시절, 흔히 보릿고개로 불린 그 시절에 자식을 위해 한평생을 희생하는 아버지 하면 바로 그였다.

김승호 배우는 〈마부〉, 〈로맨스 그레이〉, 〈로맨스 빠빠〉 등에서 보여준 친근하면서도 약간은 허풍스러운 액션에 항상 너털웃음으로 대중들을 울렸다. 그는 〈시집가는 날〉로 제9회 아시아영화제에서 특별희극상을 받았고, 〈로맨스 그레이〉로 제10회 아시아영화제의 남우주연상을 받았다. 또한, 1960년대 홍콩으로 가서 몇 편의 합작영화를 남겼다. 그의 이른 별세로 그의 아들 김희라(1947년생)도 배우의 길로 들어섰다.

■ 김염金焰

일제강점기의 걸출한 스타인 김염(진옌)은 1910년 서울 태생으로, 본명은 김덕 린이다. 그는 어릴 적 중국으로 건너가 그곳에서 배우로 대성했다. 그의 아버지는 한국 최초 면허의사인 김필순이고, 고모부는 독립운동가 김규식이다. 그는 김규식 선생의 영향으로 어릴 적부터 나라 사랑의 정신과 항일 의식이 투철했다. 험난한 이민자의 생활을 겪고 그가 상하이로 온 시기는 상해파 영화인들의 활동기와 같 다. 그는 항일영화의 주인공으로 '영화황제'에까지 오르는데 중국인의 정신을 극 명하게 연기하며 최고의 자리에 올랐다. 한국 출생이지만 당대 많은 중국배우도 누리지 못한 최고의 자리에 우뚝 선 것이다.

김염은 1929년 손유(쑨유) 감독 영화 〈사랑과 의무〉로 데뷔하였고 〈폭풍속의 매〉, 〈장지릉운〉, 〈대로〉, 〈들장미〉, 〈모성지광〉 등 중국영화사의 대표 걸작에 출 연한다. 그리고 후에 상하이 영화제작소 부주임, 상하이 인민대표대회 대표, 중국 영화작가협회 이사를 역임했다. 그는 함께 활동한 중국 최고의 여배우와 결혼하고 문화혁명기간 의 추방기를 제외하고 평안한 삶을 살았다. 두 번째 부인과의 슬하 에 아들이 한 명 있다. 그의 파란만장하면서도 항일 영화배우로서의 소신 있는 일생은 영화 소재감이다.

■ 김일송(정일송)

김일송은 1907년 혹은 1908년생으로 추정되며, 정기탁과 〈춘희〉 등에서 공 연했던 여배우로 그의 연인이기도 하다. 정기탁을 따라 상하이로 가서 〈애국혼〉, 〈삼웅탈미〉, 〈화굴강도〉 등에 출연했는데, 그녀만 혼자 서울로 돌아온다. 정기탁 은 그녀를 떠나보내고 중국의 톱스타인 완령옥과 공연한다.

김일송은 국내로 돌아와 기생으로 남은 생을 보냈는데, 그녀의 죽음이 자살이 라는 말도 있다. 당시로는 불치병인 결핵 때문이었다는데 불행한 시대에 태어나 남자를 잘못 만나 인생을 그르친 여인의 삶이다. 그녀가 정기탁을 만나지 않았다 면 그녀의 삶은 조금은 나았을지도 모른다. 그녀는 중국에서 활동하며 정기탁의 성을 따 정일송이라는 예명을 썼다.

■ 김일해

김일해 배우의 본명은 정석正錫으로 1906년 수원 남양에서 태어났다. 그의 부친은 염전을 운영했었고, 그가 어렸을 적에 재산을 정리해 서울로 이주했다. 성인이 되어 형이 마련해 준 30원(당시 순사 월급이 30원 정도였다)을 가지고 일본으로 간 그는 처음 형의 소개로 당시 첨단 기술인 비행기 정비 공부를 한다.

"내 머리가 나쁘진 않았던 모양이죠?" 눈썰미가 있었던 그는 대담하게도 사장이 없을 때 직접 비행기를 조종하게 되고 그 일이 알려져 그곳을 그만두고는 영국제 세러리 오토바이 조립공장에 취직한다. 이틀에 오토바이 한 대씩을 생산하던 그 시절에 그는 600cc 오토바이를 타게 되고 고베, 나라 등지에서 열리는 경주 대회에 출전해 1200cc급인 하레 오토바이를 제치고 1등을 하기도 한다.

그 때문에 "조선인 가네꼬 마사오가 오토바이로는 오사카에서 최고다"라고 소문이 나면서, 당시 유명 배우인 다가다 미노루의 조수인 조선인의 소개로 데이코쿠키네마에 입사하게 된다. 오토바이 선수이며 권투와 럭비 등을 한 그의 존재는 스턴트맨을 하며 눈에 띄어 1928년 일본영화 〈내일은 승리다〉로 데뷔하게 되었고, 그 영화는 수입되어 을지로 4가에 있었던 황금좌에서 상영되었다.

그리고 일본에서도 인기를 얻게 된 그의 연애담은 꽤나 화려했다. 국내에 돌아와서까지 그에 관한 소문은 뭇 남성의 부러움을 사기에 충분했고, 영화감독 안종화교수가 쓴 『한국영화측면비사』에도 그에 관한 글 전체를 연애담으로 채우고 있을 정도이다. 그는 일본인 여자와 연애 후 결혼까지 하게 되고 이스루 죠지라는 아들까지 얻는다. 그러나 마냥 행복한 시절만 계속되진 않았다. 이후 홀로 된 그는 귀여운 아들이 네 살 되던 해 귀국하는데, 그 아들마저 치염으로 사망했다.

그는 1935년 중앙영화사 작품인 방한준 감독의 〈살수차〉로 국내영화계에 데뷔한다. 일본에서 알게 되어 훗날 영화잡지를 발간했던 박누월의 소개로 〈살수차〉를 제작하며 주연까지 했던 김성춘에게 발탁되어 이 영화에서 물을 뿌리며 거리를 청소하는 청소부로 나온다. 그는 이 영화에서 그의 부모도 화면 속의 아들을 몰라볼 정도의 분장을 하고 열연했다고 한다. 그의 존재가 차츰 알려지며 1937년 대구영화사 작품인 신경균 감독의 〈순정해협〉으로 더욱 빛나기 시작했고, 박기채 감독의 영화시대사 작품 〈춘풍〉, 나운규 감독의 경성촬영소 작품 〈오몽녀〉 등에 출연하게 되는데 나운규와 처음으로 일을 하게 된다.

그가 말하는 나운규에 대한 평가는 조금 독특하다. 그의 말에 의하면 나운규는 20~30분짜리 짧은 영화(즉, 연쇄극용 영화)배우로 나운규에게 12권 분량의 영화는 무리라는 것이다. 나운규가 흥행 배우가 된 것도 한국인을 괴롭히는 마름을 미친 놈이라서 죽이는 것인데, 일본인(검열관)들에게도 무리 없이 통과되었고 관객들에게도 대리만족시키며 흥행한 것으로 평가한다. 이런 평가는 기존의 미화 일색인 나운규론과는 사뭇 다른 시각이다.

당시 나운규는 폐병 말기 환자로 위독 상태였는데, 나운규가 사상범(좌익사상범에 민족주의자)으로 경찰서로 불려가 며칠씩 촬영을 못하게 되자 그가 나서서 형사와 따져 본인이 책임을 지겠다며 나운규를 데려와 촬영을 마쳤다고 한다. 그렇게 찍은 〈오몽녀〉는 다섯 사람의 꿈을 그린 영화이다.

"생선 팔아 아버지를 먹여 살리는 여자 주인공이 생선을 훔치러 다니게 되는데…. 그 여자에게 반한 배 주인(김일해)에게 걸려 그와 함께 멀리 떠나게 되는데 러브가 시작돼… (팔을 들며) 이 팔만 믿어라. 여자를 설득하는데…."

그 대사를 아직도 기억해 내며 하는 진지한 증언에서 당대 명배우로서의 모습을 엿볼 수 있다. 그런데 나운규의 연출이 이것을 잘 살리지 못했단다.

"내 이미지하고는 영 달라요. 자꾸 나운규는… 감독이 나운규니까 내가 참견을 못 했어요…."(이 인터뷰는 모두 녹화되었다.)

그는 1938년에 방한준 감독의 반도영화사 작품 〈한강〉 외 윤봉춘 감독의 천일영화사 〈도생록〉, 1939년에 박기채 감독의 〈무정〉, 이규환 감독의 〈새 출발〉, 신경균 감독의 〈처녀도〉, 1940년에 김유영 감독의 마지막 작품 〈수선화〉, 이익 감독의 〈국기 밑에서 나는 죽으리〉, 1941년에 최인규 감독의 〈집 없는 천사〉, 이병일 감독의 〈반도의 봄〉, 1942년에 안석영 감독의 〈흙에서 산다〉 등에 출연하게 되는데, 일제가 정책적으로 통합한 '조선영화제작주식회사'에 안석영 등과 함께 입사하여 시국협찬 계몽영화에 출연하게 된다.

당시의 월급은 260원이었는데 꽤 많은 금액이었다 한다. 광복 후 그는 〈의사 안중근 사기〉 등에 출연하며 수많은 영화에서 빛나는 조역으로 활동하는데, 이두용 감독의 〈장남〉에서 신성일의 아버지 역할이 마지막 출연이다.

"영화는 관객의 시선으로 만들어야 한다"라고 말한 김일해 배우는 불행한 시대에 많은 영화인이 그러했듯이 한때 일제 어용영화 출연 배우라는 오점을 남기기도 했지만, 춘사 나운규 외 초창기 많은 영화인과 함께 활동했던 최후의 증인이었다(그와의 인터뷰는 그가 90세였던 1997년부터 2000년, 2001년까지 세 차례에 걸쳐 상계동 자택에서 했다).

▬ 김자옥

김자옥은 1951년생으로 2014년 11월 16일, 63세라는 조금은 이른 나이에 암 투병 후 죽음을 맞았다. 주로 탤런트로 알려져 있지만 김기영, 변장호 등 한국 원로감독의 영화에 출연한 영화배우이기도 하다. 1970년에 한양대 연극영화학과에 입학하였고, 영화계에서 활동하던 아버지 김상화 시인의 소개로 어린 나이에 영화계 활동을 시작하였다. 1969년 아역배우로 〈춘원 이광수〉에 데뷔 후 MBC 2기 탤런트로 활동하며 영화와 TV를 오가며 순탄한 연기 생활을 하였던 활동한 당대의 스타이다.

그녀는 유지인, 장미희, 정윤희보다 늦게 주목을 받아 트로이카 여배우로 꼽히지는 않았지만, 그녀만의 특별한 캐릭터로 수많은 흥행작의 히로인이 되었다. 그녀가 보여준 매력과 인기는 트로이카 여배우 못지않은 특별함이 있다. 생글생글 웃음을 던지는 끼 있는 이미지와는 달리 작은 몸에서 보여주는 눈물의 연기는 김지미 배우 이후 가히 카리스마가 있는 무게감을 보여주었다. 특히 변장호 감독의 멜로영화에서 그녀는 눈물의 여왕이라는 전옥 배우 이후 최고의 눈물배우로 관객의 사랑을 받았다.

그녀는 천생 배우였다. TV 데뷔 후 김수현 작가의 드라마 주인공으로 똑 부러지는 캐릭터로 인기를 끌었는데 작가와 가장 닮은 캐릭터로 보였다. 그녀의 매력이라면 작은 몸처럼 남성의 보호 본능을 자극하는 캐릭터였다. 〈보통여자〉 이후 눈물의 여왕으로 주목받으며, 1978년 제24회 아시아영화제에서는 〈O양의 아파트〉로 우수배우상을 받기도 했다.

결혼 후 영화 출연작은 줄어들었지만 그녀는 TV 드라마에서 코믹한 캐릭터로 꾸준히 출연하였고, 태진아프로덕션에서 〈공주는 외로워〉로 가수 데뷔하기도 하며 자신의 재능을 보여주었다. 그녀는 영화 속 지혜로운 이미지처럼 이해와 배려로 행복한 가정생활을 하였는데 암 투병 후 5년 만에 갑작스러운 비보로 많은 팬을 안타깝게 했다.

■ 김정훈

김정훈은 1965년 데뷔했다. 1961년생이니 4살 때 데뷔한 것이다. 〈꼬마 검객〉은 아역배우 김정훈을 위한 영화이다. 그는 〈꼬마〉 시리즈로 한 시대를 풍미했는데, 당시 그의 라이벌로는 이승현이 있다. 개구쟁이 캐릭터의 이승현은 그보다 약간 더 어른스러웠는데, 김정훈이 귀엽고 똘망똘망하여 멜로드라마에는 당연히 김정훈의 인기가 많았다. 그렇게 해서 나온 영화가 〈미워도 다시 한번〉, 〈꼬마 신랑〉 등이다. 그는 당대 톱스타들의 아들 역을 도맡아 했다. 그러다 보니 아이지만 애어른 같았다.

연기하는 것을 보면 틀림없는 신성일의 아역 시절이다. 어깨에 힘을 주고 입가에서 맴도는 대사로 어른스러운 연기를 하는 것을 보면 영락없는 신성일로 주인공 스타조의 연기이다. 누가 그렇게 가르쳐 준 것은 아니지만 그저 어른들과 공연하며 함께 생활하다 보니 그런 투가 자연스럽게 전이된 것이다.

그는 차츰 나이가 들며 자연스럽게 캐스팅에서 빠졌다. 더 이상 어린아이 같지 않았기 때문이다. 극 중에서 원하는 10세 미만의 배역을 하기에는 어른스러워진 것이다. 그의 출연작 중 신상옥 감독의 〈13세 소년〉이 있다. 한국전쟁을 배경으로 동심을 잃어버린 전쟁 소년의 이야기로 반전영화의 성격이 짙다.

이 영화는 베를린영화제에서 출품 요청이 있었으나 여러 정치적인 사건과 맞물려 출품되지 못했다. 그즈음 홍콩의 고보수 감독이 그를 초청한다. 그는 대만으로 가서 그녀의 영화에 출연하고 돌아온다. 그리고 이승현과 함께 고교 얄개에 출연했으나 이미 그의 전성기는 아니다. 그는 대만에서 활동했던 인연으로 대만대학에서 유학을 한다. 그리고 성인이 되어 돌아와 마지막으로 출연한 것이 EBS 드라마 〈명동백작〉이다.

■ 김창숙

김창숙은 1949년생으로 전라남도 완도에서 출생하였다. 그녀는 1968년 경희

대 무용과 1학년 때 CF에 출연하다가 조문진 감독의 〈포옹〉에 출연한다. 이 영화는 윤정희 배우가 주인공이었다. 이후 TBC에 공채로 들어가 〈서울이여 안녕〉, 〈마부〉 등의 드라마에 출연하며 인기를 얻는다. 비교적 이른 나이에 브라운관의 주인공이 된 것이다.

그녀는 1970년대 이후 계속해 영화에 출연하였는데, 개성 있지는 않지만 고운 외모에 풋풋한 미소로 팬들의 인기를 차지하였다. 무엇보다도 그녀의 발랄한 연기는 트레이드마크이다. 사내아이 같은 말괄량이 역은 당시 그녀가 최고였다. 당시는 윤정희, 문희, 남정임 트로이카 시대였는데 그녀 같은 개성은 그 누구에게도 없었다. 그래서 그녀도 만만치 않은 인기와 출연작을 가지고 있다.

특히 활극풍의 영화에도 출연하였는데 이런 연유로 오우삼 감독의 〈여자태권군영회〉에도 출연하게 된다. 이 영화의 국내 촬영을 주선했던 정창화 감독에 의하면 오우삼 감독이 사진만 보고도 낙점하였다는 후문이다.

▬ 김추련

김추련은 1946년생으로 1970년대 한국영화의 남주인공이다. 1974년 이원세 감독의 〈빵간에 산다〉로 데뷔하였고 장르에 구애 없이 여러 작품에 출연하였다.

그의 성공작은 〈겨울여자〉인데 성적으로 분방한 여대생 장미희의 상대역으로 애인 역이었다. 유사한 내용의 〈밤의 찬가〉에서는 원미경과 공연했다. 두 영화 모두 김호선 감독의 영화인데, 다소 시니컬하면서도 투박한 외모가 감독의 눈에 들었던 모양이다. 그가 연기한 것은 통기타와 장발로 상징되는 청년문화 시대의 남주인공으로 당시 풋풋한 청춘상에 걸맞은 배우였다.

그의 출연작은 주로 멜로영화였다. 당대 같이 활동했던 배우로 이덕화와 하재영이 있다. 이덕화는 주로 하이틴영화의 주인공이었고, 하재영은 하길종 감독의 〈바보들의 행진〉에서 고래 잡으러 가는 대학생 역으로 데뷔했다. 그러나 김추련만큼의 투박한 개성은 없었다. 다소 느물느물하면서도 여성에게 다정다감했던 그의 역할을 보면 서구적인 이미지가 강했다.

그가 활동하던 시대는 곱상한 외모의 미남자들이 활동하던 시절은 아니다. 1970년대 들어서며 성性 개방 풍조가 시작되던 때이다. 한국영화계에도 〈꽃순이를 아시나요〉, 〈24x365=0〉 등의 호스티스영화가 범람하며 여대생들의 성 모럴을 주제로 한 영화들도 많이 제작됐다. 다소 터프하면서도 강렬한 그의 개성은 시대의 분위기와 맞아떨어졌고 그런 배역이 그에게 찾아들었다.

사회파 감독으로 분류되는 이원세 감독의 영화에도 계속 출연하였는데 〈매일 죽는 남자〉, 〈난장이가 쏘아올린 작은 공〉 등에서 다양한 역할을 소화했다. 1970년대는 액션영화 전성시대로 〈분노의 왼발〉, 〈각시탈〉이라는 영화에서 액션배우로도 활동하였다. 80년대 들어서며 에로티시즘을 표방하는 영화들이 양산되는데 그의 활동도 활발해진다. 당시 이대근 배우의 전성시대가 시작되었는데, 그도 우직한 남성성으로 활발한 활동을 벌인다. 유장현이라는 신사풍의 배우도 있었지만 김추련이 맡아야 할 배역과는 다른 스타일의 배우다.

1990년대 그는 큰 활동 없이 은막을 떠났다. 한때 지방 도시에서 가요 교실을 한다는 뜻밖의 소식을 전하기도 했는데, 노래에도 일가견이 있었던 모양이다. 그로부터 몇 년 후인 2011년 11월 7일, 뜻밖에도 생활고로 인해 64세를 일기로 유명을 달리했다.

▬ 김혜수

1970년생인 김혜수는 1986년 이황림 감독의 〈깜보〉로 데뷔한다. 불과 16세 때의 일로 벌써 30년을 훌쩍 넘겼다. 이후 그녀는 한국영화사에 여배우를 대표하는 큰 배우로 성장했다. 한국의 감독들이 뽑는 최고의 여배우일 정도로 그녀가 보여주는 연기의 순발력은 대단하다.

1988년 이규형 감독의 〈어른들은 몰라요〉, 1993년 이명세 감독의 〈첫사랑〉, 2004년 김인식 감독의 〈얼굴 없는 미녀〉, 2006년 이대 출신의 정 마담 역할을 맡은 최동훈 감독의 〈타짜〉, 2012년 최동훈 감독의 〈도둑들〉, 2015년 한준희 감독의 〈차이나타운〉, 2016년 김태곤 감독의 〈굿바이 싱글〉, 2017년 이안규 감독의 〈미옥〉까지 그녀의 출연작은 그녀의 출연으로 인해 특별해진다. 이 영화들로 그녀는 각 영화제에서 여우주연상을 받는다. 드라마 출연작인 〈직장의 신〉, 〈시그널〉, 〈낭만 닥터〉에서 보여준 변신 또한 마찬가지이다.

TV 드라마 출연작 역시 상당한데 1986년 〈사모곡〉 이후 꾸준히 활동하며

1991년 〈한 지붕 세 가족〉, 1995년 〈연애의 기초〉, 1996년 단막극 〈곰탕〉, 2002년 〈장희빈〉 등 주요 화제작에 출연하였다. 그 모든 드라마가 그녀의 출연과 더불어 시청률이 올라갔다.

그녀만의 매력에는 다른 배우들이 흉내 낼 수 없는 특별함이 있다. 그녀의 배역을 누가 대신할지 금방 떠오르지 않는 게 그 이유이다. 그녀의 그러한 변신은 그녀의 노력에 의한 것이겠지만 타고난 끼 덕분이라는 생각은 비단 나만의 생각은 아닐 것이다.

▬ 김혜자

영화에는 많은 출연작이 없지만 오랜 기간 브라운관을 통해 국민 엄마의 소리를 들을 만한 연기력을 보여주며 한국 어머니상을 구현했다. 기억나는 드라마는 〈전원일기〉, 〈사랑이 뭐길래〉, 〈엄마의 바다〉, 〈엄마가 뿔났다〉 등이다. 김수용 감독의 〈만추〉에서 마닐라영화제 여우주연상을 받는 상복도 있고, 봉준호 감독의 〈마더〉에 출연하는 감독 복도 있다. 그냥 서 있어도 풍겨지는 걱정, 수심 가득한 엄마의 모습이 그녀만의 전매특허다.

▬ 김혜정

김혜정 배우는 1941년 마산 출생으로 2015년 별세하여 향년 74세이다. 1958년 이만흥 감독의 〈봄은 다시 오려나〉로 데뷔하여 1969년에 은퇴한 그녀는 한국 영화계에서 육체파 여배우라고 불린 첫 여배우이다.

마스무라 야스조増村保造 감독의 1961년 작 〈아내는 고백한다〉를 리메이크한 유현목 감독의 1964년 작 〈아내는 고백한다〉에서는 두 남자 사이에서 갈등하는 요염한 주인공으로 출연하였다. 또 신상옥 감독의 1967년 작 〈꿈〉에서는 신라 시대를 배경으로 승려인 조신을 홀린 태수의 딸로 출연하였다. 그 외 정창화 감독의 대륙 배경의 액션영화에서 타고난 외모를 무기로 글래머러스한 몸매와 미소를 보여주는 당찬 여성상을 연기하였다.

그녀는 타고난 외모가 서구적이며 보기 드문 글래머러스한 몸매를 가져 그런 배역에 출연하였고, 한국 최초의 뇌쇄적인 배우라는 호칭을 들었다. 그런 외모 탓에 영화인을 비롯하여 많은 남성과의 염문설 또한 끊이질 않았다.

그녀는 타고난 재능과 외모에 비해 대표작이 많지 않은데 사회 분위기 탓도 있지만, 그러한 그녀의 개성을 살려줄 감독이나 영화가 부재했기 때문이라고 볼 수 있다. 당시 비견되는 일본의 와카오 아야코 배우도 같은 캐릭터였지만 그녀의 화려한 필모그래피와 비교된다. 당시 국내의 감독이나 관객들은 그녀를 아리따운 정부(?)쯤으로 격하시켜 보았는지도 모른다. 그렇지 않고서야 재능의 일부만이 부각되어 우리 곁을 떠난 배우가 되지는 않았을 것이다.

김혜정은 윤정희, 문희, 남정임 배우의 트로이카 시대 이전에 김지미 배우와 견줄 수 있는 배우로 그녀는 분명 뛰어난 개성과 상업성을 가진 배우였다. 그래서 그녀는 충분히 더 좋은 영화에 출연할 수도 있었지만 그러한 재능에 비해 화제작이 적은 것은 한국영화계의 큰 손실이었다.

그녀의 출연작은 150여 편, 그중 신상옥 감독이 1967년에 만든 〈꿈〉에서의 배역은 인상적이었는데 팜므파탈의 원형이라 할 수 있다. 영화 속 그녀는 언제나 남성을 유혹하거나 남성을 따라오게 하는 매력녀 역이었다. 그건 현실에서도 마찬가지였을 것이다.

김혜정은 배우로서는 정상에 오르지 못한 아쉬움을 남긴 배우, 그러나 그 누구 못지않은 개성으로 뭇 남성을 설레게 했던 영화 속 주인공이다. 공식적인 은퇴작은 1976년 임권택 감독의 〈아내〉이다.

▬ 김희애

김희애는 1967년 4월 23일생이다. 영화 데뷔는 1983년 〈스무 해 첫째 날〉이며, 다음 해에 출연한 영화가 〈돌아온 영웅〉이다. 〈돌아온 영웅〉은 당시 히트한 미국영화 〈백 투 더 퓨처〉의 한국 버전이다. 타임머신을 타고 과거로 간 소녀의 스토리인데 흥행에서는 성공하지 못했다. 1986년 KBS 일일드라마 〈여심〉으로 TV에 데뷔하여 TV가 그녀의 주 활동 무대가 되었는데, MBC에서 〈아들과 딸〉에 출연하였다. 이 드라마는 평균 시청률이 49.1%일 때 61.1%를 기록했다. 그녀의 대모라고 할 수 있는 김수현 작가의 드라마는 2003년 〈완전한 사랑〉이 첫 출연작이며, 두 콤비의 2007년 〈내 남자의 여자〉에서 절정에 이른 연기력을 보여주었다.

그녀의 출연작 선정은 까다로운 편으로 (당연하지만) 다작이 아닌 과작 출연이지만 그때마다 최고의 연기력으로 중년 여성들의 환호를 받고 있다. 유아인과의 공연작인 〈밀회〉를 비롯하여 2014년 〈쎄시봉〉 그리고 2018년 개봉된 〈허스토리〉에서도 호연으로 주목을 받았다. 그녀와 같은 시기 스타로는 동갑인 최진실이 있다.

▬ 나영희

나영희는 1961년생으로 안양예고를 졸업했다. 그녀는 학교 졸업 후 MBC 탤런트로 출발하여 이장호 감독의 〈어둠의 자식들〉에서 매춘부 역을 맡아 데뷔한다. 자연히 매춘부의 이미지가 굳어져 TV 출연이 줄어들었다. 1982년 정진우 감독의 〈백구야 훨훨 날지를 마라〉에서는 섬으로 팔려 온 아가씨 은주 역을 맡아 하재영과 함께 주인공을 맡았다. 흑산도를 탈출하는 나영희는 낡은 배에서 샌드백에 갇혀 탈출하고 개펄에서 하재영과 뒹굴며 혼신을 다해 열연하였다. 그러한 연기 투혼이 오늘의 나영희 배우를 만들었다.

나영희는 데뷔작에서의 배역이 그래서인지는 몰라도 매춘부 역을 가장 많이 연기한 배우다. 아니면 시골에서 무작정 상경한 순이 역 등이다. 류재무 감독의 〈며느리밥풀꽃에 대한 보고서〉에서도 그러한 역을 맡았다. 본인은 원치 않았겠지만 데뷔작에서의 인상이 그녀를 계속해 따라다니며 그녀를 그런 역의 배우로 고착화시킨 것이다. 그러다 보니 유진선 감독의 〈매춘〉은 흥행에 성공하여 시리즈로 제작되었다.

그녀는 결혼과 이혼 등 한동안의 슬럼프를 딛고 그녀는 TV 드라마에서 재기에 성공하였고, 2008년 〈그들이 사는 세상〉, 2009년 〈내조의 여왕〉, 2012년 〈넝쿨째 굴러온 당신〉, 2012년 〈옥탑방 왕세자〉, 2013년 〈굿 닥터〉, 〈별에서 온 그대〉, 2015년 〈프로듀사〉, 2017년 〈황금빛 내 인생〉 등에서의 개성 있는 연기를 보여주었다.

▬ 나열羅烈

나열은 인도네시아 출신의 홍콩 영화배우이다. 1960년대 중반에 왕우와 함께 쇼브라더스에 전속되어 장철 감독의 영화에서 왕우와 함께 무협영화의 주·조연으로 많은 활동을 하였다. 이때의 대표작은 〈3인의 협객〉, 〈심야의 결투(금연자)〉 등이 있다.

나열은 항상 왕우의 인기에 가려 이인자로서 만족해야 했다. 그는 의리를 위해 목숨을 바칠 수 있는 우직한 친구로 각인되었다. 그러다 장철 감독에 의해 주인공으로 캐스팅된 게 〈철수무정〉이다. 악당들을 뿌리 뽑는 포도대장 철무정 역은 그의 성격과 잘 맞아떨어지는 배역이었다. 그는 배역에 관한한 마음을 비운 사람이다. 왕우가 감독·주연한 〈용호투〉에서는 왕유의 상대역인 일본인 악역도 마다하지 않았다. 이미지 관리를 위해 용단을 내렸어야 하는 배역이었지만 그는 그 역도 훌륭히 소화해 내었다.

1970년대 들어와서는 〈옥중도〉를 비롯하여 정창화 감독의 〈아랑곡의 혈투〉와 〈철인〉에서 주인공을 맡았는데, 스케줄이 여유로웠기 때문에 그를 캐스팅했다고 한다.

"나도 처음에야 왕우나 강대위와 작업하고 싶었지. 근데 다른 감독들이 놓아주나? 그래서 이왕 다른 배우를 쓸 거면 좀 서민적인 마스크의 배우를 쓰자 생각했어. 그래야 관객이 친근감도 더 느끼고 자기도 저렇게 될 수 있을 거라 생각할 거 아냐."

〈철인〉은 미국에 수출되어 〈죽음의 다섯 손가락〉이라는 제목으로 주말박스오피스 1위를 하며 크게 히트했지만, 나열은 여전히 부각되지는 못했다. 이는 〈죽음의 다섯 손가락〉 같은 동양 무술을 보여주는 후속작이 이어지지 않았고, 그의 판에 박힌 연기력이 갖는 한계일 수도 있다.

어쨌든 그는 서구에 동양무술을 알린 최초의 배우이다. 이소룡의 〈용쟁호투〉가 만들어지기 2년 전의 일이다. 그는 국제적인 명성을 얻고 〈총잡이와 소림고수〉에서는 〈황야의 무법자〉로 알려진 리반 클립과 공연하기도 한다. 이소룡이 타계한 이후 그의 빈자리를 차지할 수도 있는 기회였지만 그런 행운은 그를 비껴갔다. 유가량 감독의 〈홍희관〉에서 백미도인 역할은 쿠엔틴 타란티노 감독이 〈킬 빌 2〉에서 패러디한 바로 그 인물이다. 고영남 감독의 〈왕룡〉과 〈국제경찰〉에도 바비 킴과 함께 출연했다.

━ 남궁원

남궁원 배우는 1934년 8월 1일 경기도 양평 태생으로 한양대를 졸업했다. 180cm의 큰 키에 굵직한 저음의 미남 배우인 그는 서구적인 마스크로 1960년대부터 신필름을 통해 활동하며 1971년 〈전쟁과 인간〉으로 아시아영화제에서 남우주연상 및 최고인기상까지 받는다.

그의 출연작을 보면 1959년 신상옥 감독의 〈자매의 화원〉으로부터 〈로맨스 파파〉 〈내시〉, 〈빨간 마후라〉, 〈전쟁과 인간〉, 1964년 한홍 합작영화 〈비련의 왕비 달기〉, 신봉승 감독의 〈해변의 정사〉, 최하원 감독의 〈독짓는 늙은이〉, 이만희 감독의 〈청녀〉, 이두용 감독의 〈피막〉, 〈귀화산장〉, 김기영 감독의 〈충녀〉, 〈화녀〉, 박호태 감독의 〈자유부인 81〉, 고영남 감독의 〈빙점 81〉, 임권택 감독의 〈아벤고 공수군단〉 등인데, 중후한 마스크와 선 굵은 연기로 외국배우와의 공연에서 잘 어울렸다.

그가 주로 맡은 역은 권위를 잃은 무력한 왕, 가정불화에서 고민하는 가장, 고뇌하는 예술가 등 정상적이지 못한 어정쩡한 남성상이었는데, 왜 그럴까 하고 생각해 보면 답은 간단하다. 그의 위풍당당하고 남자다움의 이미지와 반대인 모습을 보여줌으로써 관객들로 하여금 대리만족시키자는 것이다. 이는 당시 같이 활동했던 신영균 배우의 모습과는 다른 것이다. 신영균이 작고 다부진 체격으로 다부지게 연기해 의지의 한국인을 표현했다면, 남궁원은 큰 체격에 어울리지 않은 망가진 모습으로 이미지화되었다.

하길종 감독의 데뷔작인 〈화분〉에서는 하명중과 동성애까지 연기한다. 그는 푸른 집의 최고 권력자로 상징화되었으면서도 무력한 기형 권력자의 모습이었다. 그가 연기한 인물들은 대부분 그가 원하지 않는 역할이었다. 그러나 그것도 연기자로서는 기회였다. 신영균과 같은 시기에 활동하며 배역상 라이벌인 그가 더 기억되는 연기자로 남지 않았는가?

그는 한국영화사의 1960년대부터 지속적인 활동을 하며 2000년대까지의 주요 영화에 출연했다. 1999년 이두용 감독의 〈애〉에서 퇴역 군인의 역을 훌륭히 소화해 낸 그를 '한국의 숀 코네리'라고도 한다. 신영균, 신성일, 윤일봉 등 같은 시기의 연기자가 활동을 멈춘 지금 그가 홀로 남아있다고 해도 과언이 아니다.

━ 남석훈

남석훈은 고국에서의 예명이고 남궁훈은 홍콩에서 쓴 예명이다. 홍콩에서는 남공훈, 난공신으로 불렸다. 그는 1939년생으로 1960년대 국내 무대에서 활동했던 가수이자 배우이며, 1970년대 홍콩에서 활동하였기에 기성세대에게도 잊힌 배우 중 한 명이다. 국내에 있을 때는 박구, 심우섭, 김응천, 김효천, 정인엽 감독의 〈그래도 못잊어〉, 〈폭발 1초전〉, 〈즐거운 청춘〉, 〈회심〉, 〈식모의 유산〉, 〈모르는 여인의 편지〉 등에 출연했다.

그는 월남 공연을 다녀온 후 병아리 감별사 자격증을 따서 홍콩으로 건너가 쇼브라더스 전속 배우가 된다. 당시는 해외여행이 자유롭지 못해 이 방법을 택했던 것 같다. 당시 런런쇼와 쇼브라더스 기사가 국내외에 소개되고 국내에서 〈방랑의 결투〉, 〈의리의 사나이 외팔이〉 등이 선풍적인 인기를 끌어 그가 홍콩으로 간 것인데, 그가 갑자기 무술을 배웠다는 기사로 보아 그의 해외 진출이 홍콩을 목표로 했다는 것을 알 수가 있다. 그에게는 그런 개척자적인 저돌적인 면이 있었는데, 외국인 눈에도 개성 있게 보였던 모양이다. 그가 맡은 역은 주로 악역으로 주인공을 곤란에 빠뜨리는 원인 제공자인 악당, 폭력을 일삼는 무뢰한, 심지어 강간범 등이 주요 배역이었다.

1970년 장철 감독의 영화 〈13인의 무사〉에서 동생을 죽이는 비열한 형의 역이 관객들에게 인상적이었다. 그 후 〈철낭자〉, 〈철인〉, 〈비밀객〉, 〈소림통천문〉 등에서 악역으로 인기를 끌며 연기 변신의 기회는 오지 않았다. 능글맞은 미소로 건들거리며 걷는 그의 이미지는 그런대로 관객과 감독 모두를 만족시켰다.

당시 홍콩에 초빙되어 간 배우들이 하명중 배우를 빼고는 거의 모두 악역을 맡았는데, 신사 중의 신사 윤일봉 배우마저도 악역을 했으니 두말할 필요도 없다. 심지어 여배우들도 벌거벗기고 강간당하는 (물론 극 중에서다) 역이니 누가 버틸 것인가? 역시 작은 역이라도 국내에서 우리말을 쓰며 해야겠다고 생각했을 것이다. 그나마 김기주, 진봉진, 홍성중 배우는 좀 길게 활동했지만 모두가 돌아왔다.

그래도 굳건히 자리를 지킨 사람이 남석훈이다. 악역으로 여기저기 얼굴을 비쳤는데, 후에 한국에서 간 정창화, 장일호 감독도 어쩌지 못할 정도로 이미지가 굳혀져 있었다. 정창화 감독의 〈철인〉, 〈흑야괴객〉에 출연하긴 했지만 다른 영화에 출연은 없었다. 남석훈은 악역으로 출연을 계속하며 한국 관광객을 대상으로 쇼핑센터를 운영하기도 했다.

그가 악역을 벗어난 것은 국내에 초빙되어 찍은 이두용 감독의 〈무장해제〉이다. 구한말 군인인 주인공 강대희의 친구 역이었다. 그런대로 어울리는 배역에 무난히 정의로운 역을 소화했다. 강대희 배우와는 〈감방〉에서 다시 같이 공연한다. 그리고 1983년 감독 컴백을 하게 되는데 김수희 가수가 실제 제작·주연한 연방영화사의 〈너무합니다〉이다.

비록 이국에서 본인이 원치 않는 악역으로 남다른 영화 이력을 쌓았지만, 그는 그 시대의 운명을 스스로 개척한 멋쟁이임이 분명하다. 그는 한국영화 출연 외에도 홍콩에서만 40여 편에 출연했고 7편의 감독작이 있다. 그는 영화인으로서도 만능이지만 타 예술 분야인 회화, 음악 특히 피아노 연주, 글쓰기, 인테리어 등 다재다능하다.

■ 남정임

1966년 〈유정〉으로 데뷔하여 무려 300여 편의 영화에 출연한 그녀는 쉴 틈 없이 출연작을 늘렸고 결혼과 이혼, 투병 등 파란 많은 생을 일찍 마감했다. 그녀의 영화는 상당수가 분실되었지만 워낙에 방대한 편수라 언제든 찾아볼 수 있다.

트로이카 여배우 중 그녀는 확실한 캐릭터를 갖고 있다. 명랑하면서도 약간은 되바라지면서 고집쟁이 처녀 역인데, 그래서 그녀가 유독 코미디영화 출연작이 많을 수도 있다. 이성구 감독의 〈일월〉을 보면 신성일을 사이에 두고 문희와 삼각관계로 나오는데, 그들은 각기 자신의 성격을 잘 보여주며 대립각을 보인다. 부잣집 딸인 나미 역으로 출연한 남정임은 자신의 맘에 드는 신성일과 성관계를 가져 차지한다. 이를 안 다혜 역의 문희는 그저 흐느껴 울 뿐이다.

당차면서 야무진 남정임은 똑소리 나고 착한 문희는 대사의 끝말이 길다. 대사에 눈물이 묻어나는 것인데, 남정임이라고 그러한 캐릭터를 맡지 말란 법도 없지만 역시 당차고 똑소리 나는 자신 있는 커리어우먼이 더 어울린다.

또한 홍콩영화의 여협으로 출연하여도 멋진 모습을 보여줄 수 있는 배우가 바로 남정임이다. 〈스잔나〉에 출연한 이청의 한국형 배우로 남정임이 자연스럽게 떠오른다. 그녀는 형부 될 사람을 꼬드겨 언니와 갈라놓고 결국 죽음을 맞아 후회하며 죽어가는 그런 두 얼굴을 보여주는 역에 잘 어울린다. 남정임은 트로이카 배우 중에서도 애절한 슬픔과 장난꾸러기의 양면을 갖고 있는 다양한 캐릭터를 소화할 수 있는 배우라고 할 수 있다.

■ 나카다이 타츠야仲代達矢

나카다이 타츠야는 1932년 12월 13일생으로 구로사와 아키라를 비롯하여 고바야시 마사키, 나루세 미키오, 이치가와 곤, 고바야시 마사히로의 주요 영화에 출연하며 일본을 대표하는 배우가 되었다. 그는 1959년 고바야시 마사키 감독의 〈인간의 조건〉에 출연하기 이전 1954년 구로사와 아키라 감독의 〈7인의 사무라이〉에서는 구로사와 감독에게 걸음걸이에 대해 혼나며 단 4초만 출연하였는데, 훗날 구로사와 감독이 청해 〈천국과 지옥〉에 출연하였고 〈란〉에까지 출연하게 된다.

고바야시 마사키 감독이 연출한 1962년 칸국제영화제 심사위원대상 수상작 〈할복〉(1962)과 〈인간의 조건〉 6부작, 오카모토 기하치 감독의 1966년 작 〈대보살고개〉, 구로사와 아키라 감독의 1961년 작 〈요짐보〉, 1963년 작 〈천국과 지옥〉, 1985년 작 〈란〉 등이 있다. 최무룡 배우가 감독, 제작하는 등 배우 외의 활동과 정치인으로 활동하며, 연기자로서 전념하지 못한 것과 비교해 나카다이 타츠야는 고바야시 마사히로 감독의 2010년 〈하루와 떠난 여행〉까지 출연했다.

배우가 배우로서 인생을 마감하는 것처럼 자랑스러운 일은 없을 것이다. 하루라도 더 연기자로 활동하며 삶을 마감한다는 것처럼 행복한 일은 없을 터인데, 그런 면에서 나카다이 타츠야는 진정 행복한 배우다.

■ 나카야마 미호中山美穂

나카야마 미호는 1970년 3월 1일 나가노 현 출생이다. 길거리 캐스팅된 그녀는 광고모델 및 아이돌 가수로 활동 후 1985년에 영화 〈비밥 하이스쿨〉로 데뷔하고 〈매번 소란스럽게 하겠습니다每度おさわがせします〉로 드라마 데뷔한다. 1987년에 닌텐도의 〈두근두근 하이스쿨〉의 모델로 활동하고 일본의 최정상 배우로 자리한다. 1990년대는 그녀의 최전성기로 〈세상 누구보다 분명世界中の誰よりきっと〉의 음반 판매는 무려 180만 장이었다.

그녀의 존재가 한국에 알려진 건 1995년 작 〈러브 레터〉였다. 일본영화 개방 후 한국에 수입된 이 영화는 시차를 두고 계속해 개봉되지만, 그만큼 일본영화의 전설이 된 영화이다. 미야자와 리에宮沢りえ와 같은 시기에 활동하였고 2002년 결혼 이후 은퇴하여 파리에 거주하던 그녀는 2010년 컴백하여 배우 활동을 계속하고 있다. 그녀를 보면 같은 시기에 활동했던 이영애가 떠오른다. 동생은 여배우인 나카야마 시노부이다.

■■ 나카무라 킨노스케中村錦之助

나카무라 킨노스케의 본명은 요로즈야 킨노스케이며, 그는 1932년에 출생하여 1997년에 타계하였다. 지금부터 60년 전에 당대를 풍미했던 찬바라영화 〈피리 부는 동자笛吹童子〉, 〈붉은 공작紅孔雀〉 등 도에이東映의 시대극에 출연했는데, 이 영화들은 1952년부터 방송된 NHK 라디오 드라마를 영화화한 것이다. 기상천외한 닌자들의 싸움을 그린 1954년 작 〈피리 부는 동자〉에는 아즈마 치요노스케東千代之介가 함께 출연했다. 1955년 같은 콤비에 의한 모험판타지 〈붉은 공작〉도 흥행에 성공했는데, 이 두 영화의 총 흥행수입은 100억 엔이 넘었다고 전해진다.

그는 이후 여러 찬바라영화의 주인공을 맡았으며, 특히 우치다 토무 감독의 〈미야모토 무사시〉 시리즈의 주인공을 맡았다. 이 시리즈는 1961년부터 1965년까지 만들어졌다. 그는 미야모도 무사시 역을 맡아 무도인의 깊은 갈등, 번민 등 내면의 연기력을 보여주어 시리즈가 성공할 수밖에 없었을 것이다. 그의 섬세하면서 연민 가득한 표정 연기는 일품이다. 그 외 여러 찬바라영화가 있는데 워낙 오래된 영화라 구하기가 쉽지 않다. 1971년에는 NHK의 대하드라마 〈봄의 판도春の板道〉에도 출연했다. 가부키 배우로도 활동하였고 부인은 아리마 이네코로 역시 배우이다. 조카인 나카무라 시도우도 가부키 배우로 활동 중이다.

■■ 념니恬妮

념니(탄니 티엔니)는 대만 출생으로 본명은 주은영朱隱英이며 1948년생이다. 그녀의 데뷔작은 1968년 작 〈홍의협녀〉로 그녀와 동시대에 이청, 하리리 등이 활약하고 있었는데 그녀들보다 약간 늦게 데뷔했다. 다른 자료에 의하면 〈모의공주〉가 데뷔작으로 되어있다. 그녀는 1972년에 쇼브라더스에 전속되며 인기를 이어간다.

전 세계의 수많은 여배우를 보아왔지만, 여성스러운 섬세한 연기로 볼 때 아직도 그녀만 한 여배우를 보지 못했다. 여성스러움의 극치인 그녀의 마스크 외에 그녀가 살포시 미소 짓는 표정은 뇌쇄적이다. 그녀를 처음 본 것은 1973년경 국내 개봉명 〈충의객〉이다. 진홍열와 공연한 이 영화는 그녀의 매력을 보여준 영화는 아니다. 그저 액션영화의 눈요기로 설정된 여협이었다. 여협과 그녀가 어울리지 않는 것도 아니지만 그녀는 현대물에서 더 빛이 난다.

그녀가 훗날 괴기영화의 여주인공으로 많이 출연한 것은 아이러니한 일이다. 너무 여성스럽다 보니 그녀를 섭외한 것인지 아니면 도도한 콧대의 이미지 때문일 수도 있다. 그녀의 진면목을 보여준 영화는 〈소녀응랑〉이다. 국내에서는 〈소녀(콜걸)〉이라는 제목으로 개봉되었는데 이 영화에는 당시 톱스타인 4인 여배우가 나온다. 이소룡의 연인이었던 정패를 비롯하여 〈천면마녀〉의 김패가 출연했다.

그녀들 모두 콜걸로 출연했는데 끼가 충만한 여성의 이미지를 갖고 있는 여배우들이었다. 넘나는 연인의 아버지와 밀거래를 하였던 일로 애인과 파경을 맞는 고급 매춘부의 역이었다. 극 중 패션모델로 출연하여 그녀의 매력을 발산하였다. 그녀는 인기절정기에 동료배우인 악화와 결혼을 한다.

결혼 후에는 이한상 감독의 염정영화(에로영화)의 단골 출연자였는데 그만큼 섹시하며 요염하였다. 이후 정창화 감독의 〈염굴신탐〉에 출연하였고 이후의 출연작은 한국에 개봉되지 않았다. 계치홍 감독의 〈사邪〉라는 공포영화에서 주연을 맡았는데 이 영화는 크게 성공해서 계속 〈사투사邪鬪邪〉, 〈사완재사邪完再邪〉 등 속편이 연작으로 발표되었다.

그녀의 필모그래피를 보면 후반기에 유독 괴기영화가 많다. 미인이 등장하는 괴기영화라면 사람들이 모여들 거라는 장삿속일 것이다. 홍콩 세레스티얼에서 출시된 DVD에서 그녀의 출연작을 만날 수 있는데 〈경국경성〉, 〈천애.명월.도〉 등의 시대극영화들이다.

무협 영화배우로 데뷔해 멜로드라마의 주인공으로 스타덤에 오르고 에로영화의 주인공으로, 또 괴기영화까지 두루 장르를 섭렵했던 그녀다. 홍콩 반환 이후 다른 배우들처럼 그녀의 가족들도 캐나다로 이민을 떠났고, 2018년 부군인 악화와 사별하였다.

▄ 능운凌雲

능운은 1941년 5월 11일생이다. 1965년 〈치정루〉로 데뷔했고 78세인 2019년까지 활동을 하고 있으니 그야말로 노익장을 보여주는 배우라고 할 수 있다. 홍콩 무협영화 초기의 배우로 여러 편의 영화에서 그를 만났다.

젊은 시절에는 당연히 주인공이었고 왕우, 악화와 같은 시기 인기의 자웅을 겨루던 스타이다. 서글서글하지만 매서운 눈매가 무협배우로서 어울리는 이미지이다. 따라서 무협영화의 정의로운 주인공 캐릭터를 잘 소화했다. 존재감이 뚜렷했지만 자신의 이미지를 굳건히 해줄 대표작은 조금은 아쉬운 편이다.

현대극에도 어울려 하리리와 공연한 〈연애도적〉도 인상적이었다. 한국에는 개봉되지 않았지만 1972년 김수용 감독의 〈왜왜부인〉에서는 이청과 공연하였다. 한국 감독과는 이래저래 친숙했던 배우이다. 우리에겐 1971년 정창화 감독의 〈7인의 협객〉으로 알려졌고 1972년 장일호 감독의 〈낙엽비도〉 등의 위장 합작영화를 통해 여러 차례 언급되었다.

강대위, 적룡 등장 이후 인기에서 밀리며 출연작도 줄고 배역 비중도 약해졌지만, 초기 무협에서 그의 출연작은 중요하다. 적룡의 〈유성호접검〉에서는 섭상 역을 맡았다. 1981년에는 〈영웅대영웅〉 감독을 맡았다.

▄ 녹촌태상鹿村泰祥(가무라 타이상)

녹촌태상은 일본인으로 구라다 야스아키보다 먼저 홍콩에서 활동했다. 1969년 데뷔작 〈용문금검〉부터 1983년 〈프로젝트 A〉까지 55편의 출연작을 남겼다. 데뷔 초창기에는 주로 장철 감독의 영화에 출연하였고 왕우와는 〈사대천왕〉에서 공연하였다. 그리고 1978년 〈비도권운산〉 이후 1980년 〈사제출마〉, 〈베틀크릭크(살수호)〉 등의 성룡 영화에 출연하였다. 은퇴 직전에는 〈프로젝트 A〉의 무술감독을 맡았다.

■ 능파凌波

능파(아이비 링 포)는 1939년 중국 본토 샨투에서 태어나 황매조(오페라 영화)의 주인공으로 알려졌다. 그녀의 영화계 데뷔는 12세 때인 1951년 〈채봉희雙鳳戲雙龍〉이다. 그녀는 과거에 많은 이름을 사용했는데 군해당君海棠, 소연小娟, 침안沈雁이라는 예명으로 활동했다.

1962년 능파라는 예명으로 홍콩 쇼브라더스 전속 배우로 연기 생활을 시작한다. 그리고 1963년에 개봉한 이한상 감독의 〈양산백과 축영대〉와 〈삼소〉, 〈칠선녀〉 등에 출연하였다. 그녀는 황매조 배우에 머무르지 않고 다양한 장르에서 역할을 맡았다. 능파는 타고난 카리스마로 다소 남성스러운 이미지이며 여장부 역할에 걸맞는 배우였다. 〈14인의 여걸〉에서는 양 장군의 처 모계영 역할을 맡았다. 그녀는 한국의 문정숙 배우 느낌이다.

그녀는 동료 배우인 김한金漢과 결혼 후 은퇴하였고, 훗날 그들의 자녀 필국지는 감독으로 데뷔한다. 1989년 캐나다 토론토로 이민을 갔다. 이후 대만과 홍콩, 동남아, 미국 등지에서 순회 콘서트를 하는 등 활동을 이어갔다.

■ 다카쿠라 켄高倉健

다카쿠라 켄은 1931년 2월 16일 후쿠오카 출생으로, 2014년 11월 10일에 향년 83세로 별세하였다. 그는 관객들에게 신뢰를 주는 믿음직한 이미지로 일본의 국민배우가 되었다. 그는 25세 때인 1956년, 영화 〈전광 공수치기電光空手打ち〉로 데뷔 후 야쿠자 주인공의 임협영화 단골 주인공으로 이름을 알렸다. 해외 합작영화에서도 그는 미후네 도시로와 함께 일본을 대표하는 배우였다. 훤칠한 키에 매서운 눈초리를 가져 의협남의 이미지와 부합되어 임협영화에 어울리는 배우이지만, 연기력 또한 뛰어나 일본영화사의 주요 영화에 출연하였다. 과묵한 협객으로 이미지를 굳혔는데 한국의 장동휘 배우 느낌이다.

그는 200여 편에 출연하였고 주요 작품으로는 〈미야모토 무사시宮本武藏〉, 〈일본협객전日本俠客傳〉, 〈행복의 노란 손수건幸福の黃色いハンカチ〉, 〈팔갑전산八甲田山〉, 〈야성의 증명野性の證明〉, 〈동란動亂〉, 〈역驛〉, 〈당신, 분노의 강을 건너(중국명 追捕)〉, 장이머우 감독의 중일 합작영화 〈천리주단기〉 등이 있다. 미국영화 〈블랙레인〉에서도 과

묵한 형사로 출연했다. 그는 한국에서도 개봉한 1999년 작 〈철도원〉으로 몬트리올영화제 남우주연상을 받았으며, 일본에서는 가수 미소라 히바리와 함께 대표적인 한국계 연예인으로 알려져 있다.

▬ 다케우치 유코竹内結子

다케우치 유코는 1980년 4월 1일생으로 사이타마 출신이다. 1996년 후지TV의 〈신 목요일의 괴담 사이보그〉로 데뷔하여 이후 여러 방송사의 드라마에서 주인공을 맡는다. 영화 데뷔는 2007년 〈사이드카의 개〉이며 유수의 영화제에서 연기상을 받는다. 2003년 〈환생〉으로 일본 아카데미 여우주연상을 맡는 등 상복도 많은 편이며 일본인들이 뽑는 여배우로 꼽힌다. 2004년에는 〈지금 만나러 갑니다〉로 다시 일본 아카데미 여우주연상을 받는 등 연기 인생의 절정기를 맡는데, 2005년 다시 〈봄의 눈〉으로 일본 아카데미 여우주연상을 3연속 수상한다.

죽어서 다시 만나고 싶은 배역의 여배우로 손꼽히는 그녀는 지금도 영화와 드라마, CF 등에서 왕성히 활동하고 있다. 〈지금 만나러 갑니다〉에서 어린 아들과 사랑하는 남편을 두고 떠나야 하는 애절한 연기는 그녀 아니라면 생각할 수 없을 정도이다. 이 영화의 한국 리메이크작에서는 손예진이 출연한다.

▬ 담도량譚道良

담도량은 1947년 부산 출생의 화교이다. 부친은 중국식당을 운영하였고 12살 때 태권도장에 다니기 시작했다. 도복을 눈물로 적실 정도로 모진 고생을 하며 운동을 하였다고 영국의 담도량 사이트에 소개되었다.

17살 때 부산대학교에서 태권도 사범이 되었고 그 당시 최연소였다. 이후 부산경찰청 태권도 사범이 되었고 22세(1969년) 대통령 배 태권도대회에서 화교로는 최초로 우승하였고 국립경찰청 태권도 최고 사범이 되었다. 23살에 대만으로 이주하여 대만의 여러 대학과 대만경찰청에서 태권도 사범을 하였고 국립타이완대학을 졸업했다.

1973년 톱스타 임봉교와 함께 출연한 왕성뢰 감독의 〈조주노한潮州怒漢〉으로 데뷔하였다. 이 영화의 오프닝을 보면 당시 스타로 등극한 이소룡을 방불케 하는 신인의 탄생을 보여준다. 〈당산대형〉식의 오프닝에서 그는 이소룡을 대체할 스타로 각인되며 이후 왕성한 활동을 벌인다.

그는 철의 다리 혹은 고무다리로 불릴 정도로 태권도 발차기가 일품이다. 그러한 그만의 장기로 곡선의 미학을 보여주는 아름다운 발차기는 그를 스타로 급부상 시킨다. 이러한 스타 등극은 하늘을 향해 쭉쭉 뻗어 차는 태권도 발차기가 주효했기 때문이다. 발을 손처럼 자유자재로 사용하는 그는 확실히 눈에 띄는 무술배우였다. 이소룡이 보여준 다양한 무술 내공과는 다른 시원스러움이 스크린을 장식했다.

이후 왕도, 유충량, 양소룡, 황정리, 왕호 등의 발차기 고수들이 데뷔했는데 그는 단연 원조 고수이다. 한국에 소개된 그의 출연작 중에 〈흑도〉, 〈소림백호문〉, 〈천도만리추〉, 〈혈육마방〉, 〈외팔이 여신용〉이 그를 알린 영화들이었다.

한국에서 태어나 태권도를 익힌 그는 확실한 한국형 배우로 이소룡과 함께 세계에 태권도를 알린 장본인이다. 홍콩과 대만에서 영화배우로 활동 후 미국으로 이주해 태권도장을 하며 방송국까지 인수해 성공한 사업가였으며 그 후에는 동남아로 이주했다고 한다(인천 정무문 쿵후총본관 필서신畢庶信 관장 증언). 그는 위장 합작영화에 단골 배우였는데, 이는 한국과의 인연 때문일 수도 있다.

▬ 담영린譚詠麟

가수 겸 배우 담영린(알란 탐)은 1950년 8월 23일생이다. 담영린은 장국영과 같은 시기에 활동하며 홍콩의 팝시장을 뒤흔든 라이벌 겸 동료였다. 그는 1973년 록밴드의 가수로 데뷔하였고, 1975년 〈용애착이인〉에서 배우로 데뷔했다. 그의 인기는 톱이었고 1988년 가요상을 후배에게 양보하겠다고 폭탄선언을 하기도 했다. 자신이 독주하면 더 이상의 홍콩 음악계에 발전이 없다는 우려 때문인데 한국의 조용필로 같은 이유로 가요상 수상을 거부했었다. 조용필과는 동갑내기이기도 하고 비슷한 시기에 활동하며 전성기를 함께했다.

그는 1986년 성룡과 공동 주연한 〈용형호제〉로 〈강호정〉, 〈경천12시〉, 〈용의 가족〉, 〈부귀병단〉, 〈사랑일기〉, 〈지존무상〉, 〈광동오호〉, 〈황비홍 대 황비홍〉, 〈소생파파〉 등 많은 영화에 출연하며 그만의 개성을 보여주어 월드 스타로서의 면모를 보였다. 1988년 이후 영화기획자로도 활동하며 다양한 연예 활동을 이어가고 있다.

■ 당룡唐龍

당룡이라는 이름을 쓰는 배우가 홍콩에만 다섯 명이다. 그중 한국인 김태정은 데뷔순으로 세 번째이다. 그는 이소룡의 대역으로 〈사망유희〉에 출연했다. 그리고 〈사망탑〉에 출연 후 〈아가씨 참으세요〉, 〈쌍배〉를 마지막으로 1981년에 미국으로 갔다. 그리고 1982년 장끌로드 반담의 데뷔작 〈특명 어벤저〉에서 같이 공연했다. 〈사망유희〉때만 해도 "김태정 아니면 못 찍는다"라고 난리였던 그이다. 〈아가씨 참으세요〉 당시 출연료가 50만 원이었다고 한다. 그래서 더 큰 시장인 미국으로 진출한 것이다. 그의 영화 입문 전 과정은 고난의 길이었다.

1956년 부산 출생인 그는 18세 어린 나이인 1973년에 상경하여 호떡장사를 하고 저녁에 충무로로 나와 배우 한다고 여기저기 다녔다고 한다. 국제극장을 운영하던 동아흥행에서도 오디션을 보았는데, 스카라극장 앞에 있는 사진관에서 공짜로 사진을 찍어줘 미국의 워너브라더스와 홍콩의 골든하베스트로 보내 오디션을 받게 되고 대망의 이소룡 대역이 된다. 그러나 그 과정은 파란만장한 것으로 쉽지 않은 길이었다.

〈사망유희〉나 〈사망탑〉 찍을 때 배우가 여럿 죽었는데 아무래도 죽음이라는 단어가 들어가서가 아닌가 싶다고 한다. 촬영 당시에 주인공인 이소룡은 물론이고 딕 영과 그 외 공연배우 몇 명이 죽었다고 한다. 그래서 죽음이라는 말처럼 부정적인 것보다는 긍정적이고 희망적인 사고가 필요하다고 한다.

처음 이소룡의 대역을 맡고 방이나 화장실에까지 이소룡 사진을 도배해 놓고 연습했다고 한다. 이소룡은 꿈에도 나타나 연기 지도를 했다고 한다. 그러다 하와이 거주할 때 다시 나타났는데 〈당산대형〉 때의 얼굴이었다고 한다. 뒤에 누군가가 같이 있었는데 당시는 누군지 잘 몰랐고 3일 후에 아들인 브랜든 리가 촬영 중 사고사로 죽었다고 한다. 이렇듯 그는 자신이 이소룡과 특별한 인연이 있다고 믿고 있다. 그의 한평생이 이소룡 때문에 존재한다고 해도 과언이 아니다.

그는 처음 미국 이주 후에는 LA 할리우드의 유니버설 스튜디오 부설 아카데미에서 4년간 연출 공부를 했다고 한다. 그 후 샌프란시스코를 거쳐 하와이로 와서 감독데뷔를 준비했는데 4개국 공동 제작인 〈죽음의 길〉이란 영화였다. 시나리오도 나와 있는데 미국에서 제작을 하고 일본 측도 참여한다고 했다. 그렇게 한참 의

욕을 보이던 그가 2013년 8월 27일 지병으로 우리 곁을 영원히 떠났다.

▬ 당청唐菁

당청 배우는 1924년생으로 1953년에 데뷔하여 주연급 무협배우로 활동하며 1984년까지 〈노검광도〉, 〈추격〉, 〈호협전〉 등 110편에 출연하였다. 강렬한 이미지와 카리스마로 여러 장르의 영화에 출연하였다. 한국에도 〈흑수도(흑령관)〉 등 위장 합작영화에 주인공으로 출연하였고, 많지 않지만 〈소녀(콜걸)〉 등을 통해 알려진 배우이다.

▬ 도금봉

도금봉(본명 정옥순)은 1930년 인천에서 태어나 2009년 6월 3일 79세로 별세하였다. 악극단 '창공'에서 활동하다가 1957년 조긍하 감독의 〈황진이〉로 데뷔하였다. 이해에는 또 한 명의 스타인 김지미 배우가 김기영 감독의 〈황혼열차〉로 데뷔한다. 두 배우는 이 영화에 같이 출연하였다. 그녀들의 선배로 최은희, 황정순, 이민자가 동시대에 활동하였다.

그녀는 1961년 〈연산군〉에서 장녹수 역을 맡았고 1962년 이형표 감독의 〈대심청전〉에서는 심청 역을 맡았다. 대단한 연기 변신이 아닐 수 없다. 같은 해 〈폭군 연산〉에 출연했고 〈사랑방 손님과 어머니〉에서는 식모로 출연해 김희갑 배우와 능청스러운 코믹연기를 선보인다. 또 임원직 감독의 〈부산댁〉에 출연했다.

1963년에는 제2회 대종상영화제에서 이봉래 감독의 〈새댁〉으로 여우주연상을 받는다. 또 윤봉춘 감독의 〈유관순〉, 박상호 감독의 〈또순이〉 등에서 성격배우로서 주인공을 맡았다.

1972년에는 〈작은 꿈이 꽃필 때〉 1974년에는 〈토지〉로 각각 대종상영화제에서 여우주연상을 받기도 했다. 그녀의 연기력은 타고난 요염함에 능청스러움이 있다. 〈연산군〉에서 보여준 요부 장녹수의 연기는 표정은 물론이거니와 흐트러진 몸짓 연기 또한 일품이었다. 그러한 매력은 그녀를 한국의 팜므파탈로 만들었다. 물론 그녀의 후배인 김혜정 배우도 있지만 그녀는 당대 독보적인 팜므파탈이었다.

그래서 나온 영화가 1963년 이용민 감독의 〈무덤에서 나온 신랑〉이다. 이후로 그녀는 괴기영화의 독보적인 여주인공이었다. 1965년 이용민 감독의 〈살인마〉나 1966년 〈목 없는 미녀〉 등에서 보여준 연기는 당시 관객들에게 공포의 대상 그 자체였다. 그만큼 뛰어난 연기력을 보여준 것이다. 그녀는 이렇게 500여 편의 영화에 출연하여 독특한 그녀만의 개성을 선보이며 한국영화사에서 빼놓을 수 없는 여배우로 기록된다. 그녀의 마지막 출연작은 1997년 박찬욱 감독의 〈삼인조〉로 전당포 노파 역을 맡았다.

한때 삼청동에서 복집을 운영하기도 했는데 말년에 그녀는 연락두절 상태였고 노인복지시설에서 생활한 것으로 알려져 주변을 안타깝게 했으며 갑작스럽게 임종 소식을 전해주었다.

▬ 등광영鄧光榮

2011년 3월 29일, 등광영이 심장질환으로 만 65세를 일기로 타계했다. 그는 1946년생으로 이소룡의 부친인 이해천과 같은 고향인 광둥성 순더 출생이다. 그와 동갑내기 스타로는 적룡이 있고 강대위의 절친으로 알려져 있다.

그의 출연작은 117편이며 제작이 19편에 이른다. 우리에게는 신상옥 감독의 1975년 작인 〈장미와 들개〉로 알려졌다. 등광영은 액션배우이기는 하나 무술배우가 아닌 홍콩 누아르 갱스터영화의 주인공이다. 우리나라 개봉작으로는 〈장미와 들개〉 외에 〈영웅투혼〉, 〈재전강호〉, 〈용등사해〉 등이 있다.

신상옥 감독의 〈장미와 들개〉에서는 화원의 꽃 배달꾼으로 오수미와 사랑하는 연인 관계로 나온다. 오토바이와 보트를 타고 해변을 누비던 그는 청춘의 심벌로 색깔 있는 배역을 맡았다. 이국적인 풍모를 선보였던 그이나 나이가 들어 다소 험상궂은 느낌이다. 그러나 젊어서는 남부럽지 않은 개성 있는 미남 청춘스타였다. 그와 신상옥 감독과의 인연도 그가 〈장미와 들개〉의 제작을 맡았거나 소개해 주었기 때문일 수도 있는 게 이 영화의 제작국은 대만으로 되어있다.

그는 대만의 유력한 재력가로서 알려져 있고 흑사회 조직과도 연관되어 있었다. 이소룡 생존 당시에도 인기 1위를 차지했던 그인데 대만을 중심으로 활동하였던 그에겐 대중적으로 남다른 매력이 있었을 것이다.

■ 락체樂蒂

락체는 1937년 7월 24일 상하이 출생이며 본명은 해중의奚重儀이다. 아명이 '여섯째六弟(루띠)'라서 비슷한 발음의 락체樂蒂(러띠)를 예명으로 했다. 그녀는 1953년 〈절대가인〉으로 데뷔하여 바로 스타덤에 오르며 1950년대부터 1960년대까지의 홍콩 유명 스타가 되었다. 그녀는 한 회사에 전속되지 않고 여러 영화사의 영화에 골고루 출연하며 절정의 인기를 누렸다. 대표작은 1960년 이한상 감독의 〈천녀유혼〉과 1963년 쇼브라더스의 〈양산백과 축영대(양축)〉이다. 남장여인의 러브스토리는 KBS 드라마 〈성균관 스캔들〉로도 소개되었는데 〈양산백과 축영대〉가 원전이다.

〈양산백과 축영대〉는 홍콩보다 대만에서 흥행에 성공하며 락체는 대만 금마장에서 여우주연상을 받는다. 이후 〈옥당춘〉, 〈대지아녀〉 등에 출연하며 전성기를 이어가는데, 1968년 〈풍진객風塵客〉 출연 후 1968년 12월 27일에 이혼으로 인한 과도한 투약으로 자살한다. 당시 나이 31살 때였다.

홍콩여배우들의 자살은 같은 시기 활동하던 1967년의 임대林黛(린다이)부터 시작되었다. 그녀의 활동은 15년으로 짧지만 데뷔부터 전성기였다. 1940년생인 한국의 최지희, 김지미 배우와 활동 시기가 같다.

■ 묘가수苗可秀

묘가수는 노라 미아오라는 이름으로 불린다. 그녀는 1952년 2월 8일 홍콩 출생으로 1968년 홍콩 TV 드라마에 출연하면서 연기 생활을 시작했고 1971년 골든하베스트의 〈도불류인〉에서 주인공을 맡았다. 이소룡이 출연한 작품 중 〈당산대형〉, 〈정무문〉, 〈맹룡과강〉 등에 출연했다. 〈당산대형〉에서는 거리에서 차를 파는 아가씨로 단역 출연하였는데 이후 영화에서 이소룡의 연인 역으로 주연을 맡는다. 그녀의 이미지는 평범하면서도 표현하기 어려운 매력을 가지고 있다. 평범 속의 비범함이라고 할 수 있는데 이소룡 사후 일본 《스크린》 인기투표에서 1위를 하기도 한다.

그녀의 미모나 연기 때문은 아닐 텐데 그녀는 홍콩에서보다 해외에서 더 알려진 배우가 됐다. 그녀의 활동 시기에는 이청, 하리리, 임청하의 전성시기였다.

골든하베스트의 창립은 그녀에게 기회가 되었다. 이소룡이라는 영웅이 지켜줘야 할 여주인공으로 그녀는 제격이었다. 그렇다고 보호 본능을 자극하는 여린 캐릭터도 아니건만 그녀에게 돌아오는 역은 한결같았다. 정창화 감독의 〈흑야괴객〉에서도 쫓기는 주인공의 부인 역을 맡기도 한다.

후에는 액션영화에 출연하기도 하지만, 역시 정창화 감독의 〈파계〉에서 모영같은 여배우가 액션여배우로 자리 잡은 것과는 대조를 이룬다. 아무래도 그녀에게서는 액션배우로서의 모진 면을 발견하기 힘들어서가 아닐까 싶다. 이소룡의 연인으로서 깨끗한 이미지를 간직한 채 그녀는 1980년대 초반 은퇴한 후 캐나다에서 살고 있다.

▬ 미야자와 리에宮沢りえ

미야자와 리에는 1973년 4월 6일 동경 출생이다. 1985년 11살의 나이에 광고 모델로 데뷔했고 영화는 1988년 〈우리들의 7일간의 전쟁〉으로 데뷔했으며 가수활동을 겸한다. 그녀는 1990년대 최고의 히로인이며 수많은 영화제에서 수상하였다. 그녀는 우리에게 1991년에 발매된 미국 산타페에서 촬영한 누드 화보로 알려졌다. 현재도 영화는 물론 드라마와 광고, 가요계에서 활약하고 있다. 그러나 이 화보집의 출간으로 그녀는 스모선수인 다카노하나에게 파혼을 당하고 한동안 슬럼프에 빠진다.

그러나 2001년 모스크바영화제에서 홍콩영화인 양범 감독의 〈유원경몽〉으로 여우주연상을 받고 2002년에는 〈황혼의 세이베이〉로 일본의 주요 영화상을 석권하는 최전성기를 맞는다. 이후 스캔들로 굴곡은 있었지만 드라마와 영화 활동을 겸하며 꾸준히 활동을 하였다.

그녀는 네덜란드 혼혈로 알려진 대로 이국적인 마스크와 분위기로 자신만의 독특한 캐릭터를 보여준다. 중년의 모습은 많이 변해 있고 데뷔 초기의 모습에서는 전성기의 이상아(1972년생)나 홍콩의 왕조현(1967년생)이 떠오른다.

▬ 미후네 도시로三船敏郎

미후네 도시로는 1920년 4월 1일, 중국 칭다오의 사진관 집 아들로 태어나 태평양전쟁 종전 후 일본으로 귀환하여 일본영화계에 데뷔하여 스타로 군림하다가 1997년 12월 24일 타계하였다.

그는 처음 카메라맨을 지망했는데 구로사와 아키라 감독에 의해 캐스팅되어 1948년 〈취한 천사〉로 데뷔하고 이후 구로사와 영화에 주인공으로 계속 출연한다. 1949년 〈야량견〉 1950년 〈추문(스캔들)〉에 출연 후 같은 해 그의 출세작 〈라쇼몽〉에서 떠돌이 도둑 역으로 출연해 실감 나는 연기를 펼친다. 도둑이면서도 밉지 않은 역할과 구로사와의 연출력과 원작의 뛰어난 해석으로 이 영화는 베니스국제영화제에서 그랑프리를 받으며 미후네도 세계영화계에 알려지는데, 이후 일본의 남배우를 상징하며 국제적인 배우들과 공연한다.

그의 매력을 잘 보여준 영화로 〈요짐보〉가 있다. 구로사와 감독이 오락액션극을 표방하며 만들었는데, 이 작품은 '존 포드'식 미국 서부극의 원작을 빌려 그의 방식으로 새로이 창작해 낸 작품이다. 이 영화에서의 대결 장면은 세계영화사에서 남는 장면으로 단 한 번의 칼부림으로 적을 쓰러뜨리는데, 롱숏으로 보여주는 이 장면은 관객을 압도하고도 남는다.

'요짐보'는 '청부업자' 또는 'Body Guard'의 일본어인데 케빈 코스트너가 출연한 〈보디가드〉에 한 장면이 소개되기도 했다. 마니아 사이에선 몇십 번을 보았다는 영화이다. 이런 영화들이 홍콩영화에 끼친 영향은 간과할 수 없다. 장철 감독은 〈요짐보〉 평을 쓰고 발표했는데, 결국 장철 감독이 왕우 주연의 무협을 만드는 계기가 되었을 것이다.

미후네는 1961년에 이 영화로 베니스영화제에서 남우주연상을 받았고, 1965년 〈붉은 수염〉으로 베니스영화제에서 남우주연상을 받으며 할리우드로 진출한다. 내가 본 영화 중 그의 대표작은 〈백치〉로 여주인공을 지고지순하게 사랑하는 헌신적인 남자 역을 잘 연기해 냈다. 한국의 김진규와 신성일을 적당히 섞은 듯한 그의 캐릭터는 선한 역이나 악역이 어느 역이든 훌륭히 소화해 내었다.

그의 연기는 한 마디로 "파워풀하다!"라고 할 수 있다. 외국배우와의 합작에서 일본배우를 대표하여 당당한 일본 사무라이 역을 해내는 것을 보면 '과연 미후네답다'라는 생각이 절로 든다. 〈레드 선Red Sun〉은 국제극장에서 개봉된 영화로 화제의 대배우들이 공연했다. 찰스 브론슨과 알랭 들롱 콤비에 우리에게는 낯선 배우 미후네가 대중 앞에 처음 선보인 것이다.

그 후 일본영화 개방 이전까지 우리가 볼 수 있었던 일본배우로는 그 말고는 가츠 신타로와 다카쿠라 켄 정도가 있다. 그의 필모그래피는 140여 편을 헤아린다. 한국배우 중 그와 연기 스타일이 흡사한 배우로는 신영균을 꼽을 수 있다. 호방하면서도 폭발적인 연기가 닮았고 노호怒號하는 연기는 똑같다. 그런 연기가 최고는 아니지만 언뜻 보아서 다른 배우를 압도하니 멋져 보일 수도 있다. 일면 사나이다운 연기를 보여준다고 할 수도 있다.

■■ 바비 킴甘勝龍

바비 킴은 1941년생으로 본명은 김웅경이며, 서울 마포에서 태어나 우석대 영문과 재학 때부터 동두천에서 미군들에게 태권도를 가르쳤다. 그렇게 태권도 교관을 하던 중 그는 사진과 함께 50여 통의 자기소개서를 미국에 보내 1969년 미국 워싱턴 D.C.로 와서 태권도장을 하게 된다. 당시 미국인들은 한국에서 온 바비 킴에게 매우 호의적이었다고 한다. 그는 미국 여러 곳에서 태권도장을 열었고 현재 거주하는 덴버로 자리를 잡게 된다.

바비 킴은 자신의 형인 김학경 시나리오작가의 지인이 태창영화사에 소개해주어 국기원에서 무술 시범을 보이고 10편의 계약 제의를 받는다. 그러나 10편은 많다고 5편만 계약하고 첫 영화로 박우상 감독의 〈죽음의 승부〉를 찍는다. 이 영화는 1974년 스카라극장에서 개봉되었고 인기를 끈다. 당시 이두용 감독이 챠리쉘(한용철)과 〈용호대련〉, 〈분노의 왼발〉 등을 발표했는데 중후한 이미지의 바비 킴이 등장해 맞불을 놓은 듯 액션영화의 붐은 최고조에 이른다.

〈죽음의 승부〉는 인천부두에서 촬영되었는데 권영문, 황정리(당시는 황태수) 등이 악역으로 출연하였다. 그는 이후로 한국과 미국을 오가며 수많은 태권영화에 출연하는데, 그와 함께한 감독으로는 박우상 외에 고영남 감독이 있다. 고영남 감독과는 〈왕룡〉, 〈국제경찰〉 등의 영화를 찍었는데, 서울과 강원도 등에서 두 편을 한꺼번에 촬영하였다. 이후 남아진흥에서 이상구 감독의 〈흑룡표〉를 안길원과 공연하였고 태창영화사 김태수 사장의 간곡한 부탁으로 〈대적수〉와 〈귀문의 왼발잽이〉를 영월에서 찍게 된다. 그는 인도네시아 영화계에도 진출하는데 〈날으는 호랑이〉에 현지인으로 출연한다.

바비 킴은 형인 김학경 작가가 각본을 쓴 만주인의 서부극 무용담인 〈만주인의 복수(멘츄리안 리벤지)〉라는 미국영화에 공동 제작자로 출연하였고 이 영화는 미 전역 상영 후 미국 방송채널 HBO에서 방영되었다. 그 후 김학경 작가가 각본·감독을 맡은 〈킬 라인〉에 제작자 겸 주연으로 출연하였으며, 이 영화 역시 미국 전역에서 상영되었다. 그는 이후 김효천 감독의 〈블랙벨트 엔젤스〉와 박우상 감독의 〈차이나타운〉 1, 2편, 〈KK훼밀리 리스트〉에 출연하였다. 그는 총 15편 정도에 출연했다.

▬ 반영자潘迎紫

반영자 배우는 장철 감독의 〈의리의 사나이 외팔이(독비도)〉에서 방강(왕우)의 팔을 베는 스승의 딸로 출연해 우리에게 알려진다. 그녀는 대만 출신으로 1963년 〈칠선녀〉로 데뷔해 1966년 호금전 감독의 〈방랑의 결투(대취협)〉, 장철 감독의 〈3인의 협객(변성삼협)〉, 이후 〈옥면협〉 등 여러 편에 출연하였다. 이후 쇼브라더스를 떠나 독자 생존하며 드라마 〈측천무후〉 등으로 이름을 알렸다.

다소 되바라지고 당돌한 캐릭터는 그녀의 필모그래피를 관통하는데, 슬럼프와 공백기 그리고 캐릭터의 한계를 극복한 배우이다. 나유 감독의 〈당산대형〉에서 마리아 이(의의) 캐릭터의 원조이다. 1971년 악역 전문 배우 진홍렬과 결혼하였고 나이 들어서도 동안을 유지하여 화제가 되기도 했다. 진홍렬 배우는 2009년 드라마 녹화 중 별세하였다.

▬ 방면房勉

그는 1916년 5월 4일생으로 쇼브라더스의 무협영화를 비롯하여 많은 출연작을 남겼다. 그는 원래는 감독으로 1957년에 데뷔한다. 그러나 3편만을 남기고 배우로 전향하여 조연으로 수많은 영화를 남겼다. 선량한 이미지였지만 그는 선과 악을 오가는 다양한 캐릭터를 선보였다.

수많은 출연작 중에서 우리에게 인상적인 영화는 〈철수무정〉에서 마위갑 역이다. 한국 버전에서만 나오는 장면인데 제자인 방수일과 오경아의 스승으로 잔인하게 두 제자를 죽이는 장면에서 그의 두 얼굴을 보여준다. 그는 노역으로 적재적소에 출연하며 출연작을 늘려갔다. 75세인 1991년까지 출연작이 있는데, 감독으로서 활동을 계속하지는 못했지만 그 나름 영화인으로 성공한 삶이다.

■ 배수천

배수천 배우는 1938년 부산 태생으로 해병대를 전역하고 영화계에 데뷔하였다. 그는 한국무예영화사에 길이 남을 악역 전문 배우이다. 가느다란 눈을 치켜뜨며 상대를 쏘아보다가 폭소라도 터뜨리면 관객들조차 몸서리친다. 주인공은 마지막까지 그에 맞서 죽을힘으로 싸우는데 만만치는 않다.

그러나 결국 주인공 앞에 무릎을 꿇고 마는데, 그의 최후는 또 나름대로 비장미 넘친다. 그를 위한 감독의 배려일 수도 있고 그렇게 몸부림치던 그다운 멋진 연기로 편집당하지 않은 것일 수도 있다. 그래서 그가 출연한 영화는 재미를 더하고 주인공의 활약은 눈부시다. 그의 캐릭터에는 희극적인 요소가 있어 웃음을 유발한다. 잔인하지만 웃음을 유발한다는 것은 이대근 배우도 가지고 있는 희극성을 겸비한 이중적인 요소로, 악역에서는 누구도 흉내 낼 수 없는 그만의 장기이다.

한태일 배우가 본 배수천 배우는 천하의 악역 전문 배우인 그는 악역에 대해 상당히 불만이 많았다고 한다. 연기자로서 팬들의 기억에 좋게 남았으면 하는 생각을 가질 수는 있겠다 싶지만 그것보다 훨씬 심각하게 자신의 배역에 불만을 가졌다는 이야기이다. 그것은 감독도 미처 모르는 사실일 수도 있다. 연기자라면 한 번쯤은 도전해 보고 싶지만 "너는 타고난 악역배우다"라며 계속해 그런 역을 맡는 것도 그로서는 큰 고역이었을 것이다. 그는 훗날 영화 제작에도 나섰고, 1991년 〈신팔도사나이〉에서 주연을 맡기도 한다.

■ 베놈스 Venoms

'베놈스'라고 불린 이 배우들은 장철 감독이 만들어 낸 다섯 명의 배우이다. 1970년대 후반부터 장철 감독의 영화에 출연하기 시작한 이들이 출연한 12편의 영화를 '베놈스 필름'이라고 한다. 영화적인 전개를 위하여 사건이 벌어지고 갈등을 겪으며 선인과 악인이 구별되는데 다섯 정도의 캐릭터가 필요했을 것이다.

곽추, 강생, 녹봉, 손건, 라망(출연작 및 중요 배역 순서)은 각기 정형화된 배역을 맡아 개인기를 보여준다. 그들은 장철 사단의 선배인 강대위, 적룡, 부성, 구라다 야스아키 그리고 이소룡의 화신이다. 장철 감독의 영화에서 변치 않는 캐릭터로 자신들을 포장했는데 감독의 의도일 수도 있다.

처음에는 곽추와 강생이 장철 영화에 출연하였는데, 후에 나머지 배우들이 합세하며 〈오독〉 이후 자연스럽게 다섯 배우가 고정 출연하며 붙여진 이름이다. 곽추는 어느 영화에서고 중심인물인데, 여전히 불의를 참지 못해 참고 참다가 정의를 위해 분연히 일어선다. 강생은 귀여운 생김새처럼 다정한 이미지이다. 손건은 말없이 뚱한 이미지인데 입을 꽉 다문 의협아 이미지는 적룡을 연상시킨다.

라망은 미남은 아니지만 보기 좋은 몸매로 이소룡의 표정이 은연중에 나온다. 녹봉은 언제나 악역을 도맡는데, 엉큼하게 시침을 떼고 있다가 본색을 드러내는 것이 일본배우 구라다 야스아키와 같다. 왕룡위도 끊임없이 출연하는데 역시 악당이고 두목 배역을 맡는다. 이들은 한결같이 아크로바틱에 일가견이 있다. 곽추는 곡예단에서 익힌 솜씨이고 강생은 곽추와 더불어 무술감독을 겸했다. 베놈스 배우들은 싸우는 기계처럼 여러 가지 무기로 무장하고 기계체조처럼 현란한 액션으로 영화가 한결 경쾌하게 보이는 것이다.

그들에게 서운하게 들리는지는 몰라도 저예산의 비슷한 영화를 공장에서 생산하듯 찍어내는 장철 감독의 후기작들에 그들이 계속 기용된 것은 호흡도 잘 맞기 때문이기도 하지만, 한정된 예산에 맞춘 캐스팅이 아니었을까 싶다. 장철 감독의 복수의 화신으로 유사한 성격의 배역을 바꿔가며 출연하며 장철 감독의 후기 영화에 출연한 그들로 인해 장철의 영화는 좀 더 다양하고 풍요로워졌다. 그들에게도 장철 감독은 스승이며 아버지 같은 존재였을 것이다.

2007년 라망과의 인터뷰에서도 그런 심경이 잘 나타난다. 무술 훈련 때 늦게 나오면 장철 감독이 야단도 쳤지만, 상한 기분을 잘 풀어주기도 했다고 한다. 그 말에서 장철 감독의 부성애를 느낄 수 있었다. 베놈스 배우들의 현재 활동은 장철 감독의 타계 후 이렇다 할 활약이 없으며, 곽추가 아직도 무술감독으로 활동하고 있지만 강생은 이미 타계하였고, 라망도 이혼 후 방황하는 해외기사가 들려 팬들을 안타깝게 하고 있다.

■ 부성傳聲

부성은 1954년 10월 23일생으로 1983년 7월 7일 운명한 홍콩배우이다. 1972년 장철 감독 영화로 데뷔하여 여러 영화에 엑스트라로 얼굴을 선보이고 〈방세옥여홍희관)으로 주인공을 맡았다. 장철 감독의 장궁영화사와 쇼브라더스 무협 영화의 주인공으로 42편에 출연하며 강대위, 적룡 커플 이후 진관태와 함께 새로운 커플로 인기를 구가하였다.

특히 1974년부터 1978년까지 장철 감독의 영화에서 주인공을 도맡았고, 그후 손중, 초원 감독의 영화에도 출연하였다. 장철 감독의 또 다른 스타들인 베놈스 출연 이전 장철 감독의 영화에는 모두 그가 빠지지 않고 출연했다고 할 수 있다. 대표작은 〈붕우〉, 〈홍권소자〉, 〈소림사〉, 〈소림오조〉, 〈나타〉, 〈홍권여영춘〉, 〈소림자제〉, 〈채리불소자〉, 〈당인가공부소자〉, 〈생사문〉, 〈제3류타투〉 등이다.

여배우 견니와 결혼 후 이소룡이 살았던 저택에서 살던 중 오토바이 사고로 인해 29세로 단명하여 팬들의 아쉬움을 더했다. 굳이 이소룡이 살았던 집까지 구입한 것도 그렇고 또 단명하였다는 것도 그렇고 무언가 예사롭지가 않다. 그의 이미지와 활동 시기가 성룡과 같아서 그가 살아있었더라면 홍콩영화사와 인기 배우의 판도가 어쩌면 바뀌었을 수도 있었다. 한국에 개봉된 그의 영화가 한 편도 없어서 홍콩영화 팬들조차도 그의 존재를 몰랐으나 DVD 시대를 맞아 그의 팬이 늘어나고 있다. 그는 한국으로 치면 신일룡의 외모와 황정리의 무술을 겸비한 재원이었다.

그는 분명 장철 감독의 총애를 받았던 행운아였지만, 오히려 그것이 그의 죽음을 재촉했는지도 모른다. 너무 일찍 유명해졌고 인기를 구가하였기에 제명에 살지 못한 것이다. 강대위, 적룡, 진관태 등 장철 감독 사단의 2세대 스타와 함께하면서도 그 속에서 자신의 존재감을 뚜렷이 보여주었던 그이기에 더욱 안타까운 일이다.

▬ 상관영봉上官靈鳳

상관영봉은 호금전 감독의 1967년 작 〈용문객잔〉으로 데뷔하여 1981년까지 총 51편의 영화에 출연하였다. 호금전 감독은 〈방랑의 결투(대취협)〉 이후 쇼브라더스를 탈퇴하여 대만으로 와 〈용문객잔〉을 제작하였다. 〈용문객잔〉의 유일한 여성으로 남장을 하고 남자처럼 싸우는 낭자 상관영봉은 정패패의 이미지로 시작하여 자신만의 여협 이미지를 만들어 냈다. 그녀는 〈일대검왕〉에서는 원수의 딸로 등장하는 비연자 역을 맡았다. 그녀는 홍콩영화 틈새에서 여러 영화가 수입되며 무협영화의 여걸로 각인되었다. 같이 출연했던 김정란 배우에 의하면 상관영봉이 연기하는 여협은 카리스마가 대단했다고 한다.

■■■■ 성룡成龍

성룡은 1954년 4월 7일생으로 아역배우로 활동하며 영화계에 입문했다. 그는 이소룡이란 큰 산을 넘어서고자 자신만의 코믹 캐릭터를 개발하였다. 물론 오사원 제작자나 원화평 감독의 조언이 있었고, 그것을 받아들여 자신만의 고유 캐릭터를 개발하였기에 성공이 가능했다. 한 마디로 성룡은 준비된 글로벌 스타였다.

7살 때부터 우점원의 중국연극학원(무예학교)에서 홍금보, 원화, 원표 등 7소복과 함께 운동하고 생활하며 훈련하였다. 8살 때 첫 영화 〈대소황천패〉에 출연하였으며 수많은 영화에 스턴트맨을 시작으로 단역 출연을 하였다. 그리고 무술감독에 오르고 드디어 나유 감독 영화의 주·조연을 거쳐 주인공으로 발돋움하며 자신만의 캐릭터를 완성하였다. 1978년 〈사학팔보〉, 오사원 제작자와 원화평 감독을 만난 1979년 〈사형도수〉 이후 그의 인기는 절대적으로 바뀌었다.

그렇게 코믹액션 장르가 본격화되는데, 그 과정에서 한국인 상대역들의 공로는 막대하였다. 황정리, 권영문, 황인식 그랜드 마스터는 뛰어난 무술을 선보이며 성룡의 연기를 뒷받침해 주었다. 오늘날 성룡이 글로벌 스타가 된 데에는 이러한 한국인 무술가들의 도움이 있었기에 가능했다. 무엇보다 성룡의 성실함과 꾸준한 노력이 기초가 된 것은 주지의 사실이다.

성룡은 〈취권〉 촬영 당시 황정리의 빠른 발차기에 이가 부러지는 사고를 당했는데, 소품부가 임시 치아를 만들어 촬영을 하였다고 한다. 그래도 장면 중에 임시 치아가 빠져 있는 장면이 더러 보이기도 한다. 배우로서 앞니가 빠지는 것은 치명적인데 무술배우이기에 겪은 일이다. 황정리 역시 성룡에게 당하는 라스트신에서 척추 부상을 입어 고생했다고 한다.

그야말로 산전수전 다 겪으며 정상에 오른 성룡이라고 할 수 있다. 그는 자서전 『성룡: 철들기도 전에 늙었노라』에 자신의 모든 것을 가감 없이 밝혔다. 성룡은 어린 시절부터 스턴트 일을 하며 거친 환경에서 자수성가한 배우이다. 그렇기에 아랫사람들의 애환을 잘 알았고 그들을 배려하며 스타이면서도 소박한 면모를 보여주는 인간미 넘치는 배우라는 평가이다. 그래서 식사도 함께 다녔는데 호텔에서

직원들이 인사를 깍듯이 하는 비결은 팁을 주는 것이라고 본인이 알려주었다는 에피소드도 소개했다.

성룡은 어린 시절부터 무술을 익혀 액션 장면 촬영에 어려움은 없었고, 난이도 높은 액션을 보여주기 위해 자신을 너무 혹사시키며 오로지 관객들에게 즐거움을 주고자 노력했다. 그러한 면모들이 그를 세계적인 무술배우로 만들었다.

▬ 송강호

송강호는 1967년 4월 1일생이다. 그는 1997년 〈넘버 3〉에서 관객들에게 각인되었다. 그리고 〈조용한 가족〉, 〈공동경비구역 JSA〉, 〈살인의 추억〉, 〈우아한 세계〉, 〈괴물〉, 〈놈놈놈〉, 〈박쥐〉, 〈의형제〉, 〈택시운전사〉, 〈기생충〉 등에 출연하며 첫 손꼽히는 배우로 성장했다.

처음 〈넘버 3〉에서 그를 보고 "대어다!"라는 직감이 들어 곧 스타 되겠다고 말했는데 기대대로이다. 은행원이 밤엔 레슬러가 된다는 2000년 김대우 각본의 〈반칙왕〉를 보며 역시나 하는 느낌이었는데 타고난 연기력에 시나리오를 보는 눈까지 갖추고 있음에 틀림없다.

그의 출연작을 보면 어느 것 하나 부족한 점이 없다. 그만큼 재미있게 연기하는 배우도 드물다. 오버하는 것 같기도 하지만 그가 연기하면 공감이 되며 자연스러워진다. 연기의 본능과 몰입이 뛰어나기 때문이다. 또한, 그의 대사법은 독특하다. 사람을 끌어들이는 힘이 있다. 그래서 그와 공연하는 배우들은 잘해야 본전인 셈이니 긴장될 것이다. 연극배우 출신이라서 그런 것만은 아니다. 그것은 타고난 것이며 노력의 결과물이다. 카메라 앞에서의 천연덕스러움은 카메라 뒤에서의 연습으로만이 가능한 일이다.

역대 한국배우 중 김승호가 천연덕스러운 연기로는 으뜸이었다. 연기에 대한 욕심이 컸기에 가능한 일이다. 다부지게 몰아치는 연기는 신영균 배우가 최고였다. 뚝심으로 몰아가는 그의 태풍의 연기에 당당히 맞설 배우도 흔치 않다. 인자하면서도 부드러운 신사의 연기를 보여주었던 김진규, 사기꾼 역의 허장강, 뚝심의 의리파 장동휘, 타고난 활극배우 박노식 등 기라성 같은 수많은 배우가 한국영화사에 명멸하였지만, 그들 모두의 장점을 합쳐놓은 배우가 송강호이다.

어느 역이든 자신의 캐릭터로 만들어 그 누구보다도 가장 뛰어나게 소화하는 그는 틀림없이 전 세계를 통 털어 가장 뛰어난 배우임에 틀림없다. 국제합작영화가 제작된다면 단연 그는 출연 1순위이다. 외국배우에 밀리지 않고 그들을 리드하며 또 다른 배역을 소화하는 그런 날이 곧 올 것이다. 출연작마다 화제를 일으키는 그를 일컬어 연기의 달인이라는 TV 뉴스를 보며 드는 생각이다.

■ 스가와라 분타菅原文太

스가와라 분타는 1933년 8월 16일생으로 2014년 11월 28일 타계하였다. 그의 기록을 한국에서 찾는 것은 매우 힘들다. 그만큼 잘 알려져 있지 않으나 필자에게는 책을 통해 일본 임협영화의 단골 주인공이자 다혈질적인 이미지의 배우로 각인되어 있다. 1958년 도호영화사에서 〈백선비밀지대〉로 데뷔한 그는 바짝 친 상고머리 스타일로 주로 야쿠자 역할을 맡았다. 스가와라 분타는 쇼와 시대인 1960~1970년대의 출연작 대부분이 임협영화이다.

그와 함께 임협영화에서 쌍벽을 이루는 다카쿠라 켄이 과묵한 이미지라면 그는 야랑견(들개)라는 별칭처럼 좀 더 다혈질적이다. 마스크 역시 그런 그의 성격을 보여주고 있으며 맡은 배역 역시도 그런 이미지와 맞아떨어진다. 한국배우로 친다면 장동휘 배우와 박노식 배우를 합친 듯하다. 곽경택 감독의 〈친구〉에서 나온 장동건 캐릭터가 그의 정형화된 캐릭터이다.

그 역시 한국계로 알려져 있는 대표적인 영화인이다. 그의 대표작은 1973년부터 시작된 후쿠사쿠 긴지深作欣二 감독의 〈인의仁義 없는 전쟁〉 시리즈인 〈의리 없는 전쟁〉, 〈히로시마 사투〉, 〈대리전쟁〉, 〈정상작전〉, 〈완결 편〉, 그 외 1975년부터 79년까지 계속된 〈트럭 야로〉 시리즈, 〈폭력가〉, 〈야마구치 조직 외전〉, 〈광견삼형제〉, 〈일본여협전〉, 이치가와 곤 감독의 2000년 작 〈도라 헤이타이とら平太〉 등이다. 스가와라 분타는 임협영화의 주인공으로 출연하며 미후네 도시로, 다카쿠라 켄과 더불어 일본을 대표하는 남자배우로 자리 잡게 되었다.

▬ 신영일

신영일의 본명은 정인식鄭仁植으로 1951년에 태어났으며 경북 영덕 출신이다. 그는 임권택 감독의 〈삼국대협〉, 나훈아와 공연한 〈나 혼잔 못산다〉, 〈맹물로 가는 자동차〉, 〈청바지〉 등 청춘영화의 주인공으로 한 시대를 풍미한 미남배우이다.

그는 영덕고등학교를 졸업하고 스무 살에 신성일에 의해 픽업되어 1971년 나오미와 함께 〈연애교실〉로 데뷔한다. 이후 미국의 흥행작 〈러브스토리〉를 리메이크한 〈어느 사랑의 이야기〉 등으로 인기를 끌었다. 그의 데뷔작 커플인 나오미는 미련 없이 미국으로 시집을 가서 그는 새로운 파트너를 찾아야 했다.

당시 활동하던 여배우 중 김창숙, 윤희, 오경아, 안인숙, 박지영, 여수진, 진도희, 최정민, 오수미, 나하영, 염미리, 지윤성, 서미경, 명희, 정소녀, 정윤희, 선우은숙, 유지인, 장미희, 이영옥, 우연정, 차화연, 방희, 안소영, 원미경, 이혜숙, 샤넬리, 대만 여배우 호인몽까지 당대를 대표하는 여배우들과 공연하였는데 누구와도 잘 어울렸다. 그의 외모가 워낙에 출중했기 때문이었으며 신성일 배우가 나이 차로 어울리지 못하는 배우들까지 그의 차지였다.

그중에서도 김창숙과의 공연작은 〈그 얼굴에 햇살을〉부터 〈청춘극장〉까지 여섯 편이다. 그 외 최은희, 김지미, 문정숙, 윤정희, 고은아와도 공연하였다. 그의 출연작은 멜로영화부터 액션, 역사, 공포 그리고 야한영화까지 장르를 가리지 않았다. 공통점은 대부분이 청춘영화이고, 그가 청춘의 심벌로 출연한다는 점이다.

그는 변장호 감독의 눈에 띄어 그의 연출작에 고정 출연하기도 했다. 임권택 감독의 〈삼국대협〉에서는 김희라와 한판 검술 승부를 벌이기도 했다. 또한 신필름에 초청된 나카히라 코우 감독이 자신의 영화를 한국에서 리메이크한 〈청춘불시착〉에 출연하기도 했다.

그는 그만의 남성적 매력을 보여주었다. 그의 나이는 원조 트로이카 배우보다는 동생 격이고 2대 트로이카인 정윤희, 유지인, 장미희와는 잘 어울리는 나이였으나 돌연 영화계를 떠나므로 해서 많은 공연작을 남기지는 못했다.

배우로 왕성한 활동을 하며 신일룡 배우와 라이벌 관계로 까지 두드러진 활동을 하였다. 두 배우는 김묵 감독의 1973년 작 〈생사의 탈출〉에서 김창숙과 출연하는데 신일룡 배우가 남성적인 매력을 강하게 보여주었다면 신영일은 보다 섬세한 멜로드라마의 주인공으로 신성일의 후계자로 자리했다. 그들은 한 편 더 〈맹물로 가는 자동차〉에서도 공연했다.

그러나 1977년에 동양정밀에 사원으로 입사하였고 창업주의 사위가 되어 대표 이사를 역임하였다. 그가 영화에만 올인하였다면 지금과는 다르게 영화계 거목으로 자리했을 재목이었다. 그러나 영화 외적인 일에 종사하며 출연작을 늘리지 못하며 차츰 영화계에서 멀어졌다. 그래도 그의 출연작은 54편이나 되며 대부분이 주연이었다. 이는 남부럽지 않은 기록이며 영화계에서 그의 위치를 대변해 준다.

■ 신일선

신일선은 〈아리랑〉에서 나운규의 여동생으로 출연하여 알려진 한국영화사 초창기 인기 여배우다. 그녀는 1912년 9월 21일 서울 창신동에서 태어났다. 일제강점기의 가난했던 시절이라 그녀는 조선예술가극단에 테스트를 거쳐 입단하여 무대에 서게 되는데 14세 때였다. 나운규와는 1926년 함흥 공연 때 만나 〈아리랑〉에 출연하게 된다. 그해 4월말께 안암골(지금의 고려대 부근)에서 크랭크인하였고, 9월 1일 단성사에서 개봉하였다.

〈아리랑〉은 기마경찰이 출동할 정도로 대성공이었고, 그녀는 본격적인 배우 활동을 하게 된다. 문수성극단(후에 반도예술단)에서 같이 활동하던 배우 중에는 당시 동갑이었던 전옥 배우도 있었다. 그녀는 이경손 감독의 〈봉황의 면류관〉, 나운규 감독의 〈들쥐〉, 심훈 감독의 〈먼동이 틀 때〉, 안종화 감독의 〈사랑의 십자로〉에 출연하였다. 그녀의 말년은 다른 여배우와 같이 그리 행복하지는 못하였다. 신일선은 자서전을 남긴 최초의 여배우다.

■ 악화岳華

악화(웨이화)는 1942년 7월 13일생으로 1964년에 데뷔하였고 〈서유기〉와 〈철선공주〉에서 손오공 역으로 인기를 끌었다. 왕우와 더불어 홍콩 무협영화계의 맏형 격이며 여러 무협영화의 주인공으로 출연하며 흥행 배우가 되었고, 특히 호금전 감독의 〈방랑의 결투(대취협)〉에서 대취협 역으로 출연하였다. 악화는 당대 일본 사무라이영화의 주인공인 톱스타 나카무라 킨노스케나 한국의 오영일과도 흡사한 이미지인데, 그역시 잘생긴 외모로 의협의 캐릭터를 살린 무협영화의 주인공으로 출연하였다.

자연스럽게 그의 출연작은 홍콩영화사의 뺄 수 없는 영화가 되었다. 1960년대부터 쇼브라더스의 간판스타로 활동하며 장철 감독의 〈수호전〉에서 임충으로 출연하였고, 쇼브라더스의 모든 감독의 영화에서 골고루 주인공으로 출연하였다.

서울에서 열린 제18회 아시아영화제 때 그의 출연작 〈추적〉과 〈도박장〉이 동시에 출품되어 수상을 기대했으나 아쉽게도 수상하지는 못했다. 그는 1971년 〈빙천협녀〉에서 이청과 공연하였고, 1972년 〈임충야분〉, 〈군영회〉, 〈수호전〉, 〈14인의 여걸〉, 1973년 장철 감독의 〈대도왕오〉 그리고 홍콩영화의 흥행 기록을 경신한 〈72가방객〉, 1976년 〈유성호접검〉, 〈향항기안〉, 1977년 〈다정검객무정검〉, 〈초류향〉에 출연하였다.

1980년대 이후 홍콩 누아르영화가 성행하며 그의 단골출연 장르인 무협영화 제작이 줄며 그의 활동도 뜸해진다. 1997년 홍콩 반환 후 캐나다로 이주하였으나 홍콩을 오가며 TVB 드라마에 출연하였다. 그의 부인은 영화배우 념니恬妮다.

▬ 안성기

안성기는 1950년생으로 1957년 김기영 감독의 〈황혼열차〉에 아역배우로 데뷔해 60주년을 맞았다. 그는 팔색조 같은 배우이다. 1967년 〈하얀까마귀〉는 아역배우로서 마지막 영화이다. 1977년 성인배우로 컴백하며 명석한 캐릭터 외에 어벙한 삼류인생, 순수 승려, 차도남, 순정남, 능구렁이 백수, 정신 병력의 제대군인, 사기꾼, 속수무책 경찰 등등 어떤 역이든 완벽하게 극 중 캐릭터를 표현한다. 그만큼 다양한 배역을 소화한 배우도 드물다.

그것은 철저한 준비와 타고난 재능이다. 그것은 곧 관객의 호응으로 이어진다. 그것이 그가 국민배우로 자리 잡은 이유이다. 그만의 매력은 그 누구도 모방할 수 없는 그만의 것이다. 한국배우나 외국배우 중에서 그의 연기를 닮은 배우는 찾아보기 힘들다. 그만큼 개성파이다. 단지 로버트 드 니로나 리처드 기어가 떠오르기는 하다. 나이들며 웃는 모습에서 박중훈의 얼굴이 보이기도 한다. 그것은 나의 사견이다.

안성기는 〈바람불어 좋은 날〉, 〈만다라〉, 〈안개마을〉, 〈남부군〉, 〈하얀 전쟁〉, 〈투캅스〉, 〈깊고 푸른 밤〉, 〈겨울 나그네〉, 〈태백산맥〉, 〈아름다운 시절〉, 〈인정사 정 볼 것 없다〉, 〈묵공〉 등 182 편(다큐멘터리 해설 포함, KMDb 기록)에 출연했으며 한 국영화사에 남을 굵직한 영화에 출연했다. 아직도 그의 필모그래피는 진행형이다. 현재 활동하는 배우 중에서는 가장 원로이기도 하며 국민배우로 한국을 대표하는 배우이다.

■■ 야마구치 모모에山口百惠

야마구치 모모에는 1959년 1월 17일 동경 태생으로, 1972년 말 니혼 TV 오 디션 프로그램 〈스타 탄생!〉에서 준우승하며 1973년 영화 〈시집 갈 무렵としごろ〉로 데뷔한다. 이 영화의 주제가를 불러 가수로도 활동을 하는데, 1974년 〈이즈의 무 희伊豆の踊子〉에 함께 출연하며 콤비가 되어 활동하던 배우 미우라 토모카즈三浦友和와 결혼한다. 그리고 32번째 싱글인 〈이치에一惠〉를 발표하고 연예계에서 은퇴한다. 인기절정에서 결정된 일로 우리나라에서도 흔한 인기 배우 커플 예이다. 다르다면 그녀는 결혼 후 일체 공개석상에 모습을 보이지 않고 있다. 결혼 후 남편의 성을 따 라 현재의 본명은 미우라 모모에三浦百惠이다.

우연히도 한국배우 서미경과 갑장이며 데뷔 연도 또한 같다. 서미경의 데뷔작 은 1973년 〈방년 18세〉이다. 두 사람은 데뷔 연도나 영화 경력 등이 비슷하다. 중 국배우 공리는 그녀를 자신의 우상이라고 공언했다.

■■ 양소룡梁小龍

1948년 4월 8일 홍콩 출생이다. 1970년 배우로 데뷔하여 2014년까지 끊임없 이 활동하고 있다. 무술감독으로도 활동하여 27편의 참여작이 있다. 이소룡 사후 인 1974년에 출연한 〈홍콩서온 불사신〉이라는 영화로 국내에 그 존재를 알렸다. 작은 키지만 다이내믹한 태권도 발차기를 보여준 그는 이준구 배우에 이어 태권도 액션으로 전 세계를 강타했다.

1977년 작 〈이삼각위신지옥문李三脚威震地獄門〉에서 이소룡 역을 맡아 신일룡과 공연했고 정창화 감독의 1977년 작인 〈파계(흑무사)〉, 1978년 작 〈비도권운산〉 등에도 출연했다. 2004년 주성치 감독의 〈쿵후〉에서 머리도 벗겨지고 흉한 몰골이지만 독특한 개성으로 한국 관객을 다시 만났다.

■ 양자경楊紫瓊

양자경은 1962년 8월 6일, 말레이시아에서 화교로 태어났다. 15살 때 런던으로 가서 왕립무용아카데미Royal Academy of Dance에서 발레를 전공했고, 20살 때 미스 말레이시아 1위를 하여 홍콩에 진출하여 1984년 홍금보의 〈범보〉로 데뷔해 두 번째 출연작인 〈예스마담〉으로 스타덤에 오른다. 그녀는 발레로 다져진 유연한 무술 실력으로 여성 액션영화의 시대를 여는데, 시리즈의 여주인공을 계속 맡으면서 나부락 등의 여배우와 극 중에서 실력을 겨룬다. 물론 양자경만 한 여자 액션배우는 없다.

〈예스마담〉의 한국 개봉 당시 방한하여 팬 사인회를 가졌는데, 의외로 호리호리하며 가냘픈 외모에 놀랐던 기억이 새롭다. 162cm, 44kg의 연약한 모습에 실망했다기보다는 놀라웠다. 그 크지 않은 몸매에서 뿜어져 나오는 힘은 눈요기가 아닌 실전의 파워풀함을 가지고 있었다. 사인할 때 그녀는 웃고 있었지만 날카로운 눈매가 무술을 연기하는 여배우임을 보여주고 있었다. 이 영화는 한국에서 다시 한번 여성 액션영화의 붐을 일으키며 그녀는 정소동 감독, 성룡의 영화에서 계속 출연한다. 그녀는 1988년 결혼과 동시에 은퇴를 하였지만 1992년 컴백하였고 할리우드까지 진출해 본드걸까지 해낸다.

그녀가 출연한 이안 감독의 〈와호장룡〉은 매력적인 여협, 수련 역할을 맡아 정상의 연기를 보여준다. 2004년에는 〈실버호크〉에 출연해 슈퍼우먼인 룰루 역으로 전성기의 액션을 보여주었고, 스티븐 스필버그 감독이 기획한 〈게이샤의 추억〉에 게이샤로 출연했다.

■ 양조위梁朝偉

홍콩영화 역사와 영화계를 통틀어 단 한 명의 배우를 뽑는다면 누구일까? 그것은 이소룡일 수밖에 없다. 홍콩영화 역사는 이소룡 전후로 나뉜다고 해도 과언이 아니다. 그럼 '이소룡을 뺀 홍콩영화 역사에서 최고의 배우는?'이라고 다시 묻는다면 과연 누구일까? 셀 수 없을 만큼 많은 영화 속에 임대, 이려화, 능파, 이청, 묘가수, 장만옥, 임청하 등의 여배우와 왕우, 강대위, 적룡, 이소룡, 성룡, 장국영, 주윤발, 주성치, 유덕화 등 많은 배우가 명멸하였기에 단 한 명을 뽑는다는 것은 아주 힘든 일이다.

그래서 단서를 단다면 홍콩영화 역사에서 언급되는 '대표작 100편을 뽑아 그 출연 편수를 본다'면 누구일까? 한국에서는 이 조건으로 본다면 윤정희 배우가 뽑힌다. 수많은 그녀의 출연작 속에 세계적으로도 가장 많은 여우주연상을 받고 인기도 면에서도 가장 앞서있기 때문이다. 홍콩에서 위의 조건으로 본다면 그건 단연 양조위일 것이다. 그만큼 그의 출연작은 작품성과 더불어 흥행성이 높은 영화들이 많다.

그는 1962년생으로 1982년 홍콩 TVB를 통해 데뷔하여 1983년 영화 〈풍광83瘋狂83〉으로 영화 데뷔하였다. 가수 활동을 겸하며 왕가위 감독의 영화에서 장국영과 함께 알려졌고 짧은 시간에 관객들에게 각인되는 배우로 거듭났다. 베니스영화제 수상작인 〈비정성시〉 이후 한국에서는 1990년 오우삼 감독의 〈첩혈가두〉에서 인상적인 연기를 보였고 〈동사서독〉, 〈중경삼림〉, 〈영웅〉, 〈화양연화〉, 〈무간도〉 시리즈와 〈색계〉, 〈적벽〉, 〈일대종사〉 등 작품성을 인정받는 흥행 영화에는 그가 출연했다.

그의 시선은 피할 수밖에 없는 강렬함이 있다. 그러다 보니 그의 캐릭터가 갖는 깊이감은 배가 된다. 그의 출연작은 가장 많은 호평을 받은 영화들로 그의 출연이 아니었더라면 누가 출연했을 것이며 그렇게 까지 호평 받았을까 싶다. 그런 마력(?)이 있는 마스크로 그가 연기한 캐릭터는 자연스럽게 팬심을 자극하였다.

2000년 출연작 〈화양연화〉로 칸국제영화제에서 남우주연상을 받았다. 부인 유가령과는 1984년 〈재판인〉에서 같이 공연을 시작하여 19년간의 긴 연애기간을 거쳐 2008년에 결혼하였다. 아직도 배우로 활동 중인 그는 언제 어떤 작품으로 그만의 매력을 보여줄지 기대가 되는 배우 1순위이다.

▬ 엽령지葉靈芝

엽령지는 1970년대 홍콩에서 주·조연으로 활동하였다. 개성 있는 마스크로 1969년 〈살기엄상殺氣嚴霜〉으로 데뷔하여 10년간 활동하고 1978년에 은퇴하였다.

쇼브라더스의 이청, 하리리, 정리, 이려려, 왕평 등 기라성 같은 스타군 속에서 그녀의 설 자리는 많지 않았을 것이다. 그녀의 초기 출연작 대부분이 액션영화이며, 총 출연작은 24편이다. 한국 개봉작은 〈14인의 여걸〉과 〈노호령여자감옥〉으로 알려진 〈여수407호〉와 〈여수 407호(속)〉, 〈블러드 머니〉뿐이다.

그녀는 밝고 티 없는 캐릭터로 극 중 분위기 메이커였다. 〈여수407호〉 시리즈에서 주인공 탈옥 여죄수를 연기했다. 스타가 되기 위해서는 남과 다른 특별한 매력이 필요했는데 그것을 보여주진 못했다. 대표작으로 〈단혼도〉, 〈악호촌〉, 〈72가방객〉, 〈홍콩73〉, 〈십자쇄후수〉 등의 출연작이 있다. 당시 한국영화 〈영자의 전성시대〉에 출연한 염복순 배우와 흡사한 이미지이다.

■ 오경아

오경아 배우는 1945년 문산 생으로1960년대에 데뷔하여 홍콩으로 가서 활동하였고 2000년대 까지 활동한 원로배우이다. 문산중학교 시절부터 육상 선수로 활동하고 탁구선수를 했던 그녀는 타고난 무예배우였다. 1971년, 무술을 할 수 있는 배우라고 해서 홍콩에 초빙되어 간 그녀는 처음에 적응이 안 되어 따로 무술 교육을 받고 무난히 촬영을 마쳤다고 한다. 수련은 안 되었지만 타고난 운동신경으로 해결한 셈이다. 그래서 당시 최고의 무술배우였던 정패패의 이름을 본 따 우페이페이(오패패)라고도 불렸다고 한다.

그녀는 1년 정도 체류하다가 귀국한다. 귀국하니 새로운 후배들이 영화계에 많이 진출했다고 한다. 당시 그녀는 여배우 중에 유일하게 운전면허가 있었던 활달한 여배우였다. 성격이 급하다고 자신이 먼저 이야기하는데 남자들에게 호령하는 스타일이다. 그런 캐릭터이기에 여두목 역도 맡은 적이 있다.

김효천 감독의 〈우정〉을 촬영할 때 공연하던 나훈아와 모닥불에 화상을 입었지만 나훈아의 일정을 걱정해 3일 후 현장에 나와 촬영을 강행했던 의리녀이기도 했다. 1994년 이후 30여 년 만에 휴식기를 가졌는데 그만 긴 공백기로 이어져 대중에게서 잊혀 갔다. 그녀는 헤어스타일에 따라 홍콩배우 이청, 하리리 혹은 한국의 최은희, 최지희 그리고 여러 후배들과 닮은 얼굴로 변신한다. 천생 배우인 그녀이다.

━ 오수미

서구적인 이미지로 활동한 배우로 신상옥 감독의 여인으로 각인된 비운의 여배우이다. 본명이 윤영희인 그녀는 1950년 제주 출생으로 세기상사의 1970년 작인 박종호 감독의 〈어느 소녀의 고백〉으로 데뷔 후 임원식 감독의 〈벌거벗은 태양〉, 〈민비와 마검〉에 출연했다. 1973년에는 신상옥 감독의 〈이별〉에 출연하며 파리 로케이션하며 신 감독과 연인 관계로 발전했고 이를 알게 된 최은희 여사는 대노하였고 신상옥 감독과 결별하게 된다.

그녀와 신상옥은 실제 사실혼 관계로 발전하였고 1975년 홍콩에서 〈장미와 들개〉를 촬영한다. 이 영화로 인해 신필름의 후신인 안양영화사는 폐사하게 된다. 그것은 검열에서 삭제된 장면이 들어간 예고편 상영 때문이었다. 당시 그냥 넘어갈 수도 있었지만 정권에 밉보이며 눈에 가시가 된 신상옥 감독이 표적이 되며 영화사 허가 취소까지 되는 일로 비화되었다. 이후 신 감독은 최은희 여사 납북사건으로 1978년 홍콩에 체류 중 납북된다.

그녀는 홀로 지내다가 1984년 사진작가 김중만과 재혼하였다. 그런데 죽은 줄 알았던 남편이 살아 돌아와 또 한 번의 충격을 받게 되는데 결국 1992년 하와이에서 지인의 차를 타고 가다가 교통사고로 사망하였다. 대마초 사건으로 국외 거주 중이라 안타까운 일이었는데 최은희 여사가 장례식에 참석하여 사후 화해하였다. 동생 윤영실도 모델 겸 배우로 활동하다가 의문의 실종을 되어 불운한 자매의 운명이라고 할 수 있다. 신상옥 감독과 오수미 사이에는 두 자녀가 있다.

━ 와카야마 토미사부로若山富三郎

와카야마 토미사부로는 1929년 9월 1일 도쿄 출생이다. 부친은 유명 가부키 배우인 키네야 가츠토지이다. 그는 '나가우타'라고 알려진 일본의 전통가창의 대가였다. 형제가 배우의 길을 택한 건 우연이 아닌 가문의 맥을 잇는 필연적인 일이었다.

그는 유도 4단과 검도의 달인이었으니 이미 찬바라영화에 준비된 배우이다. 동생인 가츠 신타로의 권유로 〈아들을 동반한 무사〉 시리즈에 출연하여 인기를 누렸고 28편의 TV 시리즈가 만들어졌다. 영화는 1980년에 〈장군암살자〉, 1981년에 〈청춘의 문〉, 〈마계전생〉 말년인 1991년에는 〈블랙레인〉, 〈외통수〉 등에 출연하였다.

동생인 가츠 신타로와 흡사한 외모이며 극 중 캐릭터 역시 파워풀하며 카리스마가 넘친다. 가츠 신타로가 맹협으로 강렬한 눈빛을 숨기고 있다면, 그는 살기 어린 눈빛으로 관객을 압도한다. 찬바라영화 장르 외에서도 그의 캐릭터는 비슷하다. 출연작의 주제가를 부르는 등 끼가 다분한 배우이다. 1992년 4월 2일 62세에 심장마비로 별세하였다.

■ 와카오 아야코若尾文子

1933년생인 이 여배우는 독특하다. 데뷔 초 빼고는 영화 속에서 절대 웃지 않는데, 평균 한 편에 한 번 웃는 영화에 주로 캐스팅되었다. 그건 그녀의 대표 캐릭터가 되었는데 나직하면서도 단호한 음성은 그녀만의 카리스마다. 마스무라 야스조가 조감독 생활 중 이태리 치네치타 촬영소에 유학을 가 2년간 있으면서 소피아 로렌, 실바노 망가노의 연기를 보고 일본으로 돌아와 기존의 일본여인상과 전혀 다른 여인상을 창조해 냈는데 그녀가 그런 여인상을 연기했다. 그녀는 태평양전쟁 때 센다이 시골로 피난 갔다가 도쿄로 귀향하고 싶어서 그 방책으로 영화계에 입문했다고 한다. 데뷔 초, 평범한 여인상을 연기하며 오즈 야스지로 감독 등에게 야단도 많이 맞았다는 그녀이지만 곧 연기에 개안했을 것이다.

영화 속 캐릭터와 동질감을 느끼기에 그녀는 너무 다양한 캐릭터를 연기한다. 그녀는 순종적인 이미지가 아니라 다소 도발적이며 미스터리한 분위기이다. 다소 쌀쌀맞은 미인형이지만 여러 가지의 성격을 연기할 수 있는 얼굴이다. 그런 그녀가 일본영화의 황금기와 만난 건 행운이다. 마스무라 감독 뿐 아니라 다른 감독의 영화 250편에 출연하였다는데 한국의 여배우 김지미와 언뜻 비견되는 듯도 하다.

당시 한국 여배우 김혜정과도 이미지는 흡사한데 더 강렬하지 않기 때문에 여러 배역이 가능했을 것이다. 탤런트 차화연의 차갑고 냉정한 이미지가 언뜻 흡사한데 나이 들면 와카오 아야코와 닮아 보일 듯하다. 다소 저항적인 이미지의 그녀는 특히 망연자실해서 애매한 상황에서의 연기가 탁월하다. 누구라도 할 수 있는 연기가 아닌 상황에서 그녀의 연기는 돋보인다.

그녀는 영화는 예술이 아니라고 단호하게 말한다. 그만큼 흥행 영화를 만들어 낸다는 자신감의 표현일까? 그런 그녀를 만난다는 것은 즐거운 일이다.

■ 왕우王羽

왕우는 1944년 상하이 출생으로 본명이 왕정권이다. 날카롭고 근엄하며 표정 없는 그는 무사의 이미지 그 자체이다. 그는 상하이체육학원에서 수영을 전공했고 승마, 수영, 싸이클에 조예가 깊다. 1963년 쇼브라더스에 입사해 1965년 〈강호기협〉, 1966년 〈호협섬구〉, 1967년 〈외팔이〉로 신파 무협영화에 출연하며 홍콩 무협의 스타가 되었다.

총 82편에 출연한 그는 이소룡 등장 이전 당대의 톱스타이다. 국내에서는 〈3인의 협객〉, 〈대협객〉, 〈심야의 결투〉, 〈외팔이〉 시리즈로 알려졌고 〈용호의 결투(용호투)〉로 감독 데뷔하였다. 왕우는 1969년 〈용호의 결투〉를 감독 후 모두 11편을 감독했고 12편을 제작했다.

쇼브라더스 탈퇴 이후 강대위, 적룡 두 콤비스타가 등장했지만, 1971년 컴백한 이소룡이 홍콩영화계를 평정했다. 이소룡 사후에는 군웅할거의 시대를 맞는데 왕우는 그 선두주자였다. 그러나 이소룡의 빈자리는 성룡이 차지하였다. 그는 신무협의 시대를 연 스타이며 그로 인해 무협영화는 검에서 권격 액션으로 변화하였다. 2019년 제56회 금마장에서 평생공로상을 받았다.

■ 왕조현王祖賢

왕조현은 대만 출신으로 1967년 1월 31일생이다. 172cm, 53kg로 농구선수로 활동하였고 1984년 〈금년호반회흔랭今年湖畔會很冷(올해에 호반은 추울 것이다)〉으로 데뷔하여 쇼브라더스의 초청으로 홍콩으로 건너와 배우로 활동하였다. 1986년 〈에스케이프 걸(의개운천)〉에서 청순한 이미지의 홍콩 밀입국 여성으로 출연하여 성폭행을 당하는 인상 깊은 연기를 선보였다.

이듬해인 1987년, 정소동 감독의 〈천녀유혼〉으로 톱스타에 올라 주윤발, 장국영 등과 함께 다양한 영화에 출연하였다. 한국에서의 인기는 1970년대 톱스타인 〈스잔나〉의 이청 이후 최고의 인기를 구가하며 각종 CF에 출연을 위해 내한하기도 했다. 1994년 스캔들로 은퇴 후 캐나다 밴쿠버로 이민하여 은둔생활 중이며 파파라치에 의해 사생활 및 외모 등이 노출되기도 했는데, 이는 그녀의 식지 않은 인기를 말해준다.

■ 왕평汪萍

왕평(왕핑)이라는 여배우는 1950년 10월 1일 대만 출생으로, 1964년 〈옥당춘〉으로 데뷔하였다. 그녀는 1970년 장철 감독에게 발탁되어 〈소살성〉, 〈복수〉등에 출연하였다. 〈복수〉에서 사랑하는 남자를 먼저 떠나보내며 슬퍼하는 감정을 삭이는 연기는 긴 여운을 남긴다. 이후 왕우의 감독 데뷔작 〈용호투〉에 출연하였고, 정창화 감독의 〈철인〉으로 국제적인 스타가 되었다. 연기 변신을 보여준 1982년 〈무송〉까지 끊임없이 활동하였고 1997년 은퇴하였다.

다소 큰 얼굴 이미지이나 귀여움과 주인공을 보살피는 모성 가득한 여인상과 당찬 이미지까지 소화해 내는 정감 어린 스타이다. 후에 그녀가 팜므파탈의 캐릭터로 출연하는데 나이가 드니 어쩔 수 없는가 싶다. 1982년 〈무송Tiger Killer〉에서 여주인공인 반금련 역을 맡아 요염한 자태를 연기했는데, 제19회 대만 금마장에서 여우주연상을 받았다.

■ 원미경

원미경은 1960년 강원 춘천 태생으로 서울여고를 졸업했다. 〈청춘의 덫〉, 〈너는 내운명〉, 〈외인들〉, 〈빙점 81〉, 〈사랑의 노예〉, 〈여인 잔혹사 물레야 물레야〉, 〈자녀목〉 등 비련의 여주인공 역이다. 물론 〈변강쇠〉 시리즈에서 옹녀 역은 좀 특별한 케이스였고 어울리는 캐릭터는 아니었다.

초기작인 김호선 감독의 〈밤의 찬가〉에서 설익은 연기를 보였지만, 이후 원숙한 연기력을 갖추었다. 순수했던 초기의 이미지와는 달리 드센 아줌마로 변신한 케이스이다. 그녀는 억척스러운 아줌마 역할 맡아 아이들 과외며 남편을 대신해 살림을 꾸려나가는 한국 아줌마의 힘을 어느 여배우보다 잘 보여준다. 그것은 연기력 때문이기도 하지만 그녀의 가녀린 이미지가 한몫하기 때문이다.

이전의 TBC 드라마 〈아씨〉의 히로인 김희준도 일본여배우 후지 준코를 닮았는데 원미경도 닮았다. 원미경은 주로 TV에서도 활동하며 MBC PD와 결혼 후 한참 만에 드라마 출연을 했지만 영화는 휴지기 상태이다.

■■ 원표元彪

원표는 1957년 7월 26일, 홍콩 출생이다. 8남매 중 다섯 번째로 태어났으며 어린 시절 성룡과 함께 중국 경극학원을 다녔다. 그는 칠소복七小福의 일원이 되었고 그들 중 가장 막내였다. 1966년 호금전 감독의 〈방랑의 결투(대취협)〉으로 데뷔를 하였다. 15세에 학원을 졸업하고 스턴트맨을 하였고 〈사망유희〉에서 주인공 당룡의 대역도 하였다.

성룡의 영제 등극과 더불어 그의 시대도 만개하였다. 1979년 홍금보는 〈잡가소자雜家小子〉에서 주인공으로 원표를 전격 발탁하였다. 1981년 〈패가자敗家仔〉에서도 주연을 맡았다. 1980년 성룡이 제작과 주연을 맡은 〈사제출마師弟出馬〉 출연 후 〈복성고조〉, 〈오복성〉 등의 화제작에 함께 출연하며 그의 인기도 올라갔다.

골든하베스트에서 성룡과 홍금보와 가화삼보嘉禾三寶 트리오 시대를 맞은 것이다. 1983년 〈파우〉로 단독 주연을 맡기도 하며 그의 인기도 높아갔다. 그의 캐릭터는 순진하면서도 선하고 성룡과 같은 고난이도 무술 연기를 보여주며 그들과 경쟁하며 독자적인 주연을 맡아 〈부귀열차〉, 〈칠복성〉, 〈복성고조〉, 〈쾌찬차〉, 〈강시선생 2〉, 〈중화영웅〉 등 80여 편의 작품에 출연하였다. 1986년의 〈사대선봉執法先鋒(집법선봉)〉, 1988년 〈마담킬러亡命鴛鴦(망명원앙)〉, 1989년 〈청옥불急凍奇俠(급동기협)〉, 같은 해 〈공작왕孔雀王子〉은 1980년대 그의 대표작이다.

1990년대의 대표작으로는 〈황비홍〉, 1992년 〈비각칠黃飛鴻之鬼腳七〉, 1994년 〈육지금마六指琴魔〉, 1996년 〈용재소림龍在少林〉 등이 있다. 그리고 1999년 〈중화영웅中華英雄〉을 마지막으로 캐나다로 이민하며 소강기를 갖는다. 2002년 홍콩 일본 합작영화 〈무문제 2無問題 2〉에 출연하였고 2006년 성룡의 〈BB 프로젝트寶貝計劃〉에 카메오로 출연하였다. 그리고 드라마에도 출연하였는데 2005년 〈불산찬사부佛山贊師父〉, 2007년 〈영춘詠春〉, 같은 해에 〈통천간탐通天幹探〉 등에 출연하였다. 이후에도 간간히 드라마 출연을 하고 있다.

그는 성룡과 홍금보의 인기에 가려져 다소 빛이 바랬지만, 그의 스턴트 및 무술 연기는 탁월하다. 그래서 그는 홍콩영화계의 보물 같은 존재이다. 1984년 제3회 홍콩 금상장영화제 무술감독상을 받았다.

■ 유가령劉嘉玲

유가령은 1965년 12월 8일생이다. 그녀는 1990년 〈아비정전〉에서 장국영을 끔찍이 좋아하는 발랄한 캐릭터로 출연하여 우리에게 알려졌다. 이후 〈첨밀밀 2〉, 〈금지옥엽〉, 〈적인걸〉 등에 출연하였다.

그녀는 양조위의 부인이며 두 사람은 1990년 이후 홍콩영화계를 상징하는 톱스타들이다. 그녀는 1984년 TVB 12기 배우로 데뷔하였다. 두 사람은 1984년 TVB 드라마 〈재판인〉에서 같이 공연을 시작하였다. 그들은 1989년부터 연애를 시작하여 19년에 걸친 긴 연애를 통하여 2008년 부탄에서 결혼하였다. 이들의 결혼이 남다른 건 유가령이 1990년에 촬영을 마치고 귀가 중 괴한들에게 납치되어 몹쓸 짓을 당하면서부터이다. 여성으로서 차마 견딜 수 없는 일이었고 그녀는 사랑하는 사람을 마주할 용기조차 잃었다. 그녀는 애인이었던 양조위를 거부하였지만 양조위는 그런 유가령을 감싸 안아 결국 결혼에 골인하였다. 이는 사랑의 위대함을 보여주는 감동 스토리이다. 양조위가 영화 속에서 보여준 차분하고 사려 깊은 캐릭터는 단순한 연기가 아닌 그의 인간적인 깊이가 더했기 때문에 그의 영화가 팬들에게 더 각인될 수 있었다. 2011년 제30회 홍콩금장상영화제 여우주연상을 받았다.

■ 유덕화劉德華

그는 1961년 9월 27일 홍콩 출생으로 174cm, 68kg이다. TVB에서 탤런트로 활동하였고 배우 및 가수로 활동하는 만능엔터테이너이다. 그는 1981년부터 TVB에서 드라마 출연했고 1983년 〈신조협려神雕俠侶〉, 〈녹정기鹿鼎記〉에 출연했다. 1982년 〈채운곡彩雲曲〉으로 영화배우 데뷔를 하였으며, 1983년 쇼브라더스의 〈훼멸호지차毁滅號地車〉에서 첫 주연을 맡았다. 이후 1980년대 후반 홍콩 누아르에 출연하였다. 1988년 출세작인 왕가위 감독의 데뷔작인 〈열혈남아旺角卡門(몽콩가문)〉로 이름을 떨친다. 이후 도박영화, 홍콩 누아르 등 장르를 가리지 않고 출연하며 영화계에서 인기를 굳히고 자신만의 캐릭터를 창조한다. 홍콩 반환을 앞둔 세기말적 암운에 맞서 싸우는 그의 장렬한 캐릭터는 독보적이었으며, 장국영, 양조위와 비견되며 신세대를 대변하는 스타가 된다.

1989년 〈지존무상至尊無上〉, 1990년 진목승 감독의 〈천장지구天若有情〉 역시 그의 출연작 중에서 뺄 수 없는 영화이다. 1990년대에 장학우, 곽부성, 여명과 함께 '4대천왕'이라고 불리며 인기를 끌었다. 그는 1990년 〈아비정전阿飛正傳〉, 2011년 〈심플 라이프桃姐〉, 2013년 〈블라인드 디텍티브盲探〉, 2016년 〈그레이트 월長城〉 그리고 2006년 장지량 감독의 한중일 합작영화 〈묵공〉에도 출연하였다. 1980년대 이후 발표한 그의 앨범만도 100여 장에 이른다. 음반 발매수로는 2004년이 그의 최고 전성기였다. 그해 양조위와 출연한 〈무간도〉는 그의 진가를 보여준 걸작이었다. 이 영화는 시리즈로 제작되며 호평을 받았고 미국에서 리메이크되었다.

■ 유량화劉亮華

유량화는 여배우 출신으로 쇼브라더스 영화에 출연하였다. 그녀는 1953년 복만창 감독의 〈칠자매〉로 데뷔했다. 1964년에는 나유 감독의 의상 및 분장을 담당하였다. 그리고 정창화 감독의 합작영화 및 홍콩 쇼브라더스 제작의 〈천면마녀〉에도 출연하였는데, 큰 인기는 없었지만 긴 기간 활동하였다. 특히 골든하베스트 창립 이후 큰 역할을 해내었는데, 나유 감독의 부인으로서 이소룡을 픽업하기 위해 맨 처음 미국 LA로 가서 이소룡을 만나 두 편의 계약서를 쓴다. 〈서유기〉에서도 보여준 유량화의 매력이 이소룡에게 통하였을 수도 있다.

그래서 만들어진 두 편이 〈당산대형〉과 〈정무문〉이다. 유량화는 두 영화에서 제작 책임자(프로덕션 매니저)로 이름을 올린다. 골든하베스트에서 유량화가 제작 전면에 나선 것이다. 그것은 불같은 이소룡을 구슬릴 수 있는 사람이 필요해서였다. 이소룡은 나유 감독의 연출에 대해 불만이 컸다. 그래도 이 영화들은 이소룡의 새로운 매력으로 홍콩영화의 흥행 기록을 경신하였고, 골든하베스트는 굴지의 영화사로 자리 잡는다.

■ 요시나가 사유리吉永小百合

일본을 대표하는 배우 중 첫손가락 꼽히는 배우이다. 2017년 선정 미인 여배우로도 2위에 올라있다. 1945년 3월 13일생으로 1963년 이시자카 유지로石坂洋次郎의 청춘소설 원작 〈푸른 산맥青い山脈〉으로 데뷔하였고 같은 해에 〈이즈의 무희伊豆の踊り子/伊豆の踊子〉에도 출연하였다.

전후파 세대들이 가장 선호한 여배우이다. 가수로도 활동하였는데 1970년대 휴식기를 빼곤 꾸준히 활동하였다. 한국으로 치면 윤정희나 김혜자와 같은 경력과 분위기이다. 윤정희는 1944년생이고 김혜자는 1941년생으로 모두 연상이다. 귀여운 이미지는 홍콩여배우 이청도 닮았는데 1948년생이다. 요시나가 사유리의 원형이라고 해도 과히 틀린 말은 아니다. 어려서는 깜찍한 이미지로 일본인들의 귀여움을 독차지하였고 영화를 비롯하여 각종 CF에 단골 배우였다. 지금까지도 출연작이 있으며 아직도 연인으로 삼고 싶은 여배우 20위 안에 기록되어 있다.

▬ 윤여정

윤여정 배우는 1947년 6월 19일 개성 출생이다. 그녀는 2021년 한국영화사상 최초로 미국 아카데미상에서 여우조연상을 받았다. 정이삭 감독의 〈미나리〉는 이민 세대의 고난사를 '미나리'라는 상징을 통해 보여주는 감동적인 영화이다. 윤여정이 맡은 극 중 할머니가 사실상 드라마를 끌고 가는 축이다. 이민 가서 고생하는 딸을 위해 고국의 여러 먹거리를 가져오는데 미나리도 그중 하나였다. 어린 손주와 함께 뱀이 나온다는 냇가에 미나리를 심고 삶의 희망을 전해준다. 할머니 캐릭터는 그녀의 단골 캐릭터였지만, 〈미나리〉에서 그녀의 캐릭터는 단연 발군이다.

그녀는 그동안 TV와 스크린을 오가며 억매이지 않은 캐릭터로 자유분방하면서도 개성 있는 여러 캐릭터를 보여주었다. 특히나 심성 고운 할머니 역은 그녀의 단골 배역이었다. 그런가 하면 솔직한 화술로 그녀의 어록을 만들어 내며 우리 시대를 빛낸 국민 배우가 되었다.

그녀는 대학생 때이던 1966년, TBC 탤런트 3기생으로 데뷔했다. 영화는 고김기영 감독의 1971년 작 〈화녀〉로 데뷔하여 새로운 여성 캐릭터를 선보였다. 〈화녀〉는 김기영 감독의 화제작인 〈하녀〉의 연작으로 여주인공인 하녀의 역을 맡아 주목을 받았다.

그녀의 캐릭터를 살린 김기영 감독의 1973년 작 〈충녀〉는 곤충의 몸을 한 그녀의 모습을 크게 포스터로 만들어 광고했다. 영화 역시도 파격적인 내용이었지만 그만큼 파격적인 포스터도 처음이었다. 김기영 감독의 그로테스크한 연출 세계의 중심에 그녀가 있었다. 상업성과는 다소 동떨어진 영화였지만 영화는 흥행에 성공했고, 그녀는 한국영화사에 손꼽히는 개성파 여배우로 자리 잡는다.

그녀는 타고난 성격배우이다. 그녀는 극 중 만만치 않은 캐릭터인데 박철수 감독의 〈에미〉에서 보여주는 처절한 복수극은 그녀의 또 다른 면모이다. 그런가 하면 〈바람난 가족〉, 〈돈의 맛〉, 〈고령화 가족〉, 〈계춘할망〉, 〈죽여주는 여자〉에서 각기 다른 캐릭터를 보여주었다. 명확한 배역 소화는 그녀를 장수 배우로 만들었다. 그녀의 아카데미상 수상은 당연한 결론이다.

▬ 윤일봉

윤일봉 배우는 1934년 3월 1일 충북 괴산 출생이다. 1948년 영화 〈푸른 언덕〉으로 데뷔하였고, 1956년에는 연극배우로 활동하였다. 잠시 KBS 성우로도 활동하였다. 그 후 합작영화 촬영으로 전문화되어 1958년 〈이국정원〉 등 여러 합작영화에 출연하였다. 그리고 쇼브라더스 초청으로 1971년 〈육자객〉 등의 영화에 출연하였다.

귀국 후 그는 무예배우에서 멜로영화의 주인공으로 자리 잡는다. 이미 신영균 배우가 은퇴한 상태라 그의 배역은 폭넓어졌다. 〈별들의 고향〉 이후 〈애수의 샌프란시스코〉, 〈내가 버린 여자〉, 〈내가 버린 남자〉, 〈두 여인〉 등에서 눈물샘을 자극하는 연기를 보이며 한국영화계의 간판스타가 되었다고 해도 과언이 아니다. 이때는 신성일 배우도 반 은퇴 상태라 그의 독주는 눈부실 정도였다.

그는 여세를 몰아 직접 프로덕션을 설립해 〈먼 여행 긴 터널〉을 제작·주연하였으나 흥행에서 참패했다. 그러나 배우로서의 출연은 계속 이어졌고 1996년 엄종선 감독의 〈환희〉가 그의 은퇴작이 되었다. 그는 영화배우로서는 처음으로 영화진흥공사의 사장을 역임하였다. 영화계만큼 말 많은 곳도 드문데, 그는 임기 내 큰 문제없이 여러 사업을 무난하게 처리한 사장으로 평가받는다. 그의 가족은 연예계와 인연이 깊어 유명 연예인들이 사돈 관계이다.

▬ 이려화 李麗華

이려화(리리화) 배우는 1924년 7월 17일생으로 1940년에 영화계에 데뷔해 약 120편의 영화에 출연했으며 이소룡이 타계했던 해인 1973년에 은퇴했다. 동양권의 여배우중 세계적으로 알려진 최초의 여배우다. 한국의 최은희 배우와 비슷한 연배로 두 분이 합작영화 〈대폭군〉에서 공동 주연을 했다.

그녀의 대표작으로는 〈양귀비楊貴妃〉, 〈무측천武則天〉, 〈가봉허황假鳳虛凰〉, 〈소봉선小鳳仙〉, 〈장강1호長江一號〉, 〈영춘각지풍파迎春閣之風波〉 등이 있다. 그녀는 1965년 〈고도춘몽故都春夢〉과 1969년 〈양자강 풍운楊子江風雲〉으로 금마장에서 여우주연상을 받았다. 한국에 개봉된 최초의 영화 〈해당화〉의 주인공이기도 하며 〈야광주〉 등에 출연하기도 했다. 1983년, 미국으로 이민 갔으며 2017년 3월 19일 영면하였다.

▬ 이려려李麗麗

이려려는 1950년 7월 28일생이다. 그녀는 1964년 〈달기〉에 데뷔하여 2006년까지 101편의 영화에 출연하였다. 당차면서도 유약한 이미지로 여러 영화에서 골고루 출연한 다작 배우이다. 같은 시기에 데뷔한 이청 배우에 견줄 대스타는 아니지만 장철 감독의 1970년대 영화에 꾸준히 출연하였다.

그녀의 필모그래피를 보면 1964년 이후 1987년까지 매해 출연작이 있었고 1995년까지 꾸준히 출연하였다. 그녀는 맡았던 역들이 작다고 하더라도 그녀만의 개성을 잘 보여주었다. 큰 키가 장신의 적룡 배우와 어울려 〈사기사〉, 〈백옥노호〉, 〈천애명월도〉에서 공연했다. 장철 감독의 〈유협아〉 이후 강대위의 출연작인 〈13인의 무사〉, 〈사기사〉, 〈분노청년〉, 〈대도강오〉, 〈경찰〉, 〈붕우〉 등에서 주·조연을 맡았다. 그 외 〈문소신〉, 〈육자객〉, 〈벽력십걸〉, 〈살절〉, 〈당랑〉, 〈황비홍〉 등의 히트 출연작이 있다.

▬ 이림림李琳琳

이림림은 1948년 11월 13일 중국 천진 출생으로 본명은 이원령李月玲이다. 1963년에 국태영화사에서 〈교아여하불상야(그녀 때문에)〉로 데뷔하여 1991년 〈호문야연〉까지 58편에 출연하였다. 발랄한 청춘스타의 이미지로 활동하였으며, 톱스타의 그늘에 가려 진가를 발휘하지 못한 미완의 배우이다. 우리나라에는 〈소녀(콜걸)〉의 말괄량이 캐릭터로 알려졌다. 여대생이 나이트클럽에서 남자들에게 납치되어 콜걸 생활을 하는 캐릭터였다. 이후 뚜렷한 한국 개봉작은 없어 한국에서는 미지의 배우이다.

이림림은 1974년에 톱스타인 강대위와 결혼하였다. 1968년부터 1974년까지가 그녀의 전성기로 출연 편수가 매해 4~7편이다. 1974년에는 8편에 출연했는데 이후로는 가사와 병행하며 출연 편수가 줄었다. 그들은 영화상에서 콤비 배우는 아니었는데, 〈괴인괴사〉에서 감독과 배우로서 함께 작업했다. 그녀는 홍콩 반환후 부군을 따라 캐나다로 이주 후 간간이 홍콩 드라마에 출연했다. 둘 사이에 2녀 1남이 있다. 1983년 드라마 〈십삼매13妹〉에 출연했고 1991년 이후 출연작이 뜸한데, 2000년대에는 〈봉신방지무왕벌주封神榜之武王伐村〉 등 무협드라마에 출연하였고 2013년에 중국 후난방송의 〈추어전기追魚傳奇〉에 출연했다.

▬ 이보희

1959년생이면 배우로서는 노역을 맡기에 충분한 나이지만, 아직 그녀 또래들은 아줌마, 귀부인, 사모님 역할만 맡고 있다. 노역은 아직 남의 일이다. 1984년의 〈무릎과 무릎 사이〉와 1985년의 〈어우동〉으로 알려진 이보희는 조진원이라는 본명을 버리고 영화배우로 활동하며 적지 않은 출연작을 남겼지만, 관객들에게는 배우로서 이미지가 탤런트의 이미지보다 깊게 각인되어 있다. 이는 이장호 감독의 영화 7편이 있기 때문이다. 더 많은 감독과 함께하지 못한 아쉬움이 분명할 터인데, 그래도 그녀의 출연작은 한국영화사에서 영원할 것이다. 그녀를 보면서 장예모 감독의 히로인 공리가 떠오르는 건 왜일까?

▬ 이수현李修賢

그는 1952년 8월 6일생으로 1980년대 이후 홍콩 누아르가 성행하며 더욱 주목받은 스타였다. 주윤발과 콤비로 출연한 〈용호풍운〉을 비롯하여 오우삼 감독의 〈첩혈쌍웅〉 이후 그는 홍콩영화계의 대명사였다. 그는 이소룡의 사망에 대해 가장 잘 알고 있는 여배우 정패가 각본을 담당하고 출연한 〈이소룡과 나〉에서 이소룡 역을 맡아 출연했다. 그 후 차세대 스타로 떠올랐으며 장철 감독의 5인방으로 〈수호전〉 이후 강대위, 적룡, 진관태, 부성과 함께 〈오호장〉과 〈팔도루자〉 등에 출연한다.

1971년 〈애정뇌풍우愛情雷風雨〉로 데뷔 때에는 떠오르는 신예로 각광받았으나

기라성 같은 스타들에 묻혀버렸고, 장철 감독의 1971년 〈쌍협〉에 출연 후에도 별다른 주목을 받지 못했다. 그것은 그의 재기발랄한 품성과도 관련이 있어 고분고분하지 않은 자유인의 이미지를 갖고 있다. 그러나 그러한 자유분방함 속에서도 자신만의 개성을 추구하며 한걸음씩 연기자의 길을 성공적으로 걸어왔다. 그도 나이가 들며 형의 이미지나 강직하면서도 온화한 이미지의 형사로 출연한다.

특히 감독과 주연을 하여 제4회 홍콩 금상장영화제에서 남우주연상을 받았던 1983년 작 〈공복〉 이후 오우삼과 함께한 〈흑전사〉, 〈첩혈쌍웅〉은 그의 대표작이 되었다. 홍콩 누아르에서 그의 출연작을 빼고는 언급할 수 없을 정도로 주윤발과 함께 최고의 전성기를 누린다. 1981년에 감독 데뷔하여 10편을 연출, 30여 편의 프로듀서 및 5편의 시나리오, 145편의 출연작을 가지고 있다.

▬ 이연걸 李連杰

이연걸李連杰(리롄제)은 1963년 4월 26일 요녕성 심양瀋陽 출생이다. 본명은 이양중李陽中이고 여덟 살 때부터 우슈를 익혀 품세 대회에서 5년 연속 우승하며 영화계에서 콜을 받는다. 1980년 〈소림사〉로 첫선을 보인 그는 순진하고 티 없는 마스크로 대중의 주목을 받았다. 그리고 그의 완벽한 우슈 품세는 사람들의 주목을 받기에 충분했다. 그는 〈소림사〉 시리즈로 이름을 알리고, 1988년에 미국 샌프란시스코로 가서 서극 감독의 〈용행천하〉에 출연하며 서극 감독과 콤비가 되어 1991년 〈황비홍〉으로 흥행의 아이콘으로 등극한다. 물론 승승장구만 했던 것도 아니고 흥행 저조로 인한 심적 부담의 시기도 있었고 그는 그것을 잘 견뎌냈다.

〈황비홍〉 시리즈는 그의 대표작으로 이후 〈방세옥〉, 〈홍희관〉, 〈무인 곽원갑〉 등 중국 유명 무술가 역을 도맡는다. 그는 임청하와 함께 출연한 1992년 작 〈동방불패〉로 무술계의 영원한 아이콘으로 기억된다. 그는 성룡의 코믹 쿵후영화와 다른 자신만의 매력을 잘 살려 영화로 표현하였다. 그런 차별화된 전략이 있었기에 이소룡이나 성룡의 그늘에 묻히지 않을 수 있었던 것이다. 이연걸은 성룡과 한 시대를 풍미한 무술배우이면서 이소룡, 성룡 등 홍콩 무술배우의 계보를 잇는 대형 배우로 성장했고, 할리우드에서 가장 콜을 많이 받은 중화권 배우로 성장한다.

━ 이영애

이영애는 1971년 1월 31일 서울 출생이다. 그녀는 한국여배우 중에서 세계적으로 가장 많이 알려진 글로벌 스타이다. 남배우는 이견이 있겠지만 역시 이병헌과 성룡 주연의 〈취권〉에 출연했던 황정리 무술배우일 것이다. 그녀는 여중 시절부터 표지모델로 시작하여 1990년부터 '투유 초콜릿'을 시작으로 식품, 화장품, 가전제품 등의 각종 CF에 출연하였다.

드라마는 1993년 SBS 특채 탤런트로 선발되어 〈댁의 남편은 어떠십니까〉로 데뷔하였다. 그 후 〈사랑과 결혼〉, 〈서궁〉, 〈의가형제〉, 〈내가 사는 이유〉, 〈사랑하니까〉, 〈파도〉, 〈불꽃〉 등에 출연하였다. 영화 데뷔는 비교적 늦은 1997년 〈인샬라〉였고, 2000년 박찬욱 감독의 〈공동경비구역 JSA〉가 성공하며 배우로 알려진다. 2001년 〈봄날은 간다〉, 〈선물〉에 출연했다.

그녀는 2003년 MBC 드라마 〈대장금〉 덕분에 세계적으로 유명세를 얻어 한류스타로 발돋움했다. 이 드라마는 전 세계로 수출되어 그녀 자신은 물론 한국과 한식, 한복을 세계에 알렸다. 한 편의 드라마가 그녀는 물론 한국의 문화 위상을 바꿔 놓은 것이다.

2005년에는 박찬욱 감독의 〈친절한 금자씨〉에서 파격적인 연기 변신을 하며 청룡영화제 여우주연상을 받으면서 연기력을 공인받았다. 그녀는 CF의 여왕으로 불리며 수많은 광고의 모델을 하였는데, 영화 출연작이 많지 않은 것이 영화배우로서 다소 핸디캡이다. 2009년에 결혼과 함께 잠정 은퇴하였다가 2017년 SBS 드라마 〈사임당 빛의 일기〉로 복귀하였지만, 예전의 시청률을 올리지는 못했다. 아직은 활동의 시기이므로 그녀의 차기작에 거는 기대가 클 수밖에 없다.

━ 이청李菁

이청(리칭)은 한국에서 가장 많이 알려진 홍콩 스타이다. 1948년 11월 8일생인 이청(본명 리궈잉李國瑛)은 1964년 〈달기〉로 데뷔하지만, 공식 데뷔작은 호금전 감독의 〈옥당춘〉이다. 1967년 허몽화 감독작 〈스잔나〉의 대성공으로 한국에서도 그 이름을 알렸고, 전속사인 쇼브라더스의 여자 간판배우로 자리 잡는다.

당시 〈스잔나姍姍〉의 인기는 중고생들의 폭발적인 인기로 허리우드극장 개관

이래 최고의 흥행작이 되었고 그해 최고 흥행 기록을 세운다. 이후 한국에서 하이틴영화가 본격적으로 만들어지는 계기가 되기도 한다. 그녀는 이후 멜로영화, 뮤지컬영화, 무협영화 등 장르를 초월하여 많은 흥행작을 남겼고, 어떤 감독이라도 그녀와 한 편이라도 촬영하였으면 하는 베스트 배우로 등극한다. 그녀는 정창화 감독의 〈아랑곡(아랑곡의 혈투)〉에도 출연하였으며, 여러 편의 한홍 합작영화에도 출연하게 된다.

1969년 장철 감독의 〈철수무정〉과 1973년 신상옥 감독의 〈반혼녀〉, 1974년 장일호 감독의 〈검은 야광주〉는 위장 합작영화이지만, 1972년 이형표 감독의 〈리칭의 여선생〉은 그녀가 한국에 와서 촬영한 합작영화이다. 1968년 제14회 아시아영화제에서 〈스잔나〉로 여주주연상, 제18회 아시아영화제에서 〈와와부인〉(김수용 감독)으로 인기여배우상을 받았다. 그녀는 1983년 〈풍수이십년〉 출연 후 은퇴하여 활동을 하지 않다가, 1994년 작 〈신동거시대〉에 조연으로 출연하여 은퇴작이 되었다.

▬ 이해룡

이해룡 배우는 1936년 8월 16일 서울 성수동에서 출생하였고 경동초등학교, 성동중학교, 대동고등학교를 졸업했다. 그는 1955년 이강천 감독의 〈피아골〉에서 단역 겸 제작일로 영화계에 입문한다. 1956년 윤봉춘 감독의 〈논개〉에서 장군으로 출연한 최성호 배우의 사동 역을 맡아 정식 데뷔하여 500여 편의 영화에 출연했다. 그리고 〈유관순〉, 〈이름없는 별들〉, 〈백진주〉 등에 출연한다.

그는 홍콩 쇼브라더스사로 가서 출연하며 그곳에서 〈13인의 무사〉에서는 진시황으로 출연했고, 〈철낭자〉에서는 하리리의 아버지로 출연했다. 이 시절 한국인이 10여 명 정도 와있었는데, 본인 외에 정창화 감독, 하명중, 남석훈, 성훈, 윤일봉, 진봉진, 김기주, 홍성중, 한문정, 박지현 배우가 스튜디오 내의 외국인 아파트 5층 전체를 사용했다고 한다. 쇼브라더스에는 일본연기자와 촬영기사 5~6명이 와있었고 이노우에 우메츠구 등 감독 세 명이 와있었다.

1973년에 합작 붐이 일 때 대만으로 가 〈쌍검〉 등을 찍고 여권 내기가 힘들 때라 잔류하며 이지룡 사장의 아세아영화사에서 합작한 진상림 주연작인 〈태양탑〉

에서 성주와 대립하는 반란군의 행동대장 역을 맡는다. 귀국 후 무명 시절의 성룡과 〈금강혈인〉, 〈오룡대협〉 등에서 같이 공연했다.

이해룡은 대만에서 나유 감독의 〈대장군〉, 〈금강혈인〉과 대만의 국영영화사인 중앙전영의 〈5천리 대도망(눈내리는 벌판)〉, 〈순수한 사랑〉 등 유가창 감독의 영화에 출연한다. 그렇게 대만에서 2년 반을 거주하며 개인 프로덕션의 합작품을 포함하여 7편의 영화에 출연한다.

■ 임달화任達華

임달화는 1955년 3월 19일 홍콩 출생이다. 홍콩 누아르에 출연한 배우로 우리에게는 악역 배우로 알려져 있지만, 최근 이미지가 부드러워지며 악역에서 탈피해 코믹, 에로 등 다각화된 연기력을 보여준다. 원래는 180cm의 큰 키로 패션모델 활동을 하였고 1980년 〈욕화분금〉으로 데뷔 후 오우삼 감독의 〈첩혈가두〉에서 청부살인업자 역할인 로크 역으로 주목을 받았다. 그는 처음엔 액션배우로서의 이미지가 강한 영화에 지속적으로 출연을 하다가 〈자유인〉, 〈용등사해〉, 〈협도고비〉, 〈적나고양〉, 〈폭겁경정〉, 〈홍등가 살인사건〉 등에 출연했다.

그는 영화배우였던 기기와 늦은 결혼 후 중학생 딸을 두고 있다. 그는 2010년 제29회 홍콩 금상장영화제 남우주연상을 받으며 대기만성 배우로 승승장구하고 있다. 드라마를 제외하고 약 180여 편의 영화에 출연한 그는 홍콩영화계의 듬직한 대부로 남을 듯하다.

■ 임대林黛

임대(린다이)는 1960년대 홍콩 최고의 인기 스타였다. 신영균 배우의 출연작인 〈달기〉의 히로인이다. 1953년 엄준 감독의 〈취취翠翠〉로 데뷔하여 자살하기 전인 1967년까지 주옥같은 42편의 출연작을 남겼다. 임대는 〈혈흔경〉 촬영 후 홍콩의 자택에서 가스 자살한다. 국내의 주간지들은 신영균과의 염문설을 유포했지만 사실과는 다른 오보였다. 임대의 여성적인 매력이 상당했다는 최경옥 감독의 증언도 있다. 그녀가 사망한 후 홍콩영화계는 이려화의 시대가 되었다.

■ 임봉교 林鳳嬌

임봉교(린펜쟈오/조앤 링Joan Lin)는 1953년 1월 30일 대만 타이베이 출생이다. 가난 때문에 중학교를 중퇴하고 일을 시작했다. 그녀의 데뷔작은 1969년의 〈재견대북〉이다. 초기에는 무협영화의 여주인공을 맡았으나 해맑은 이미지로 멜로영화의 여주인공이 되었다. 그녀는 1979년 제25회 아시아 태평양영화제에서 최우수여우주연상을 받는다. 또 그해의 제16회 금마장에서 최우수여우주연상을 받으면서 최고의 전성기를 맞았다.

남편이 된 성룡과는 1982년 LA에서 극비리에 결혼식을 올렸다. 당대 최고의 배우들은 이처럼 부부가 된 케이스가 많은데 강대위와 이림림, 부성과 견니가 그렇다. 그녀는 아들 방조명房祖名을 출산 후 은퇴하였는데, 성룡의 자서전에 의하면 마음고생이 많았다고 한다. 지금은 성룡의 JC그룹을 실제로 운영하며 성룡의 영화 제작을 하고 있다.

■ 임청하 林青霞

임청하(린칭샤)는 1980년대 홍콩을 대표하는 여배우이다. 1954년 11월 3일, 대만 출생이며 168cm, 50kg이다. 데뷔는 1973년 영화 〈창외〉이며 1998년까지 25년간 활동하며 105편의 영화를 남겼다. 그녀의 활동을 보면 〈촉산〉 이전의 10년간은 멜로영화의 여주인공이었고, 이후 15년은 자신의 캐릭터를 변신하여 무협영화의 여주인공으로 활약하였다.

그녀는 절세미녀라는 평을 들을 정도로 청순하고 가련한 이미지로 진한과 함께 대만 영화계를 이끌었고, 홍콩 진출 후에도 멜로여배우의 정상을 독점했다. 한국으로 치면 유지인과 같은 시기 스타이며 이영애의 느낌도 든다. 1990년 제27회 대만 금마장 여우주연상, 1976년 제21회 아시아 태평양영화제 여우주연상을 받았다. 한국은 물론 동남아, 대만에서 인기 최고의 배우로 군림하였으며, 특히 남장여인의 캐릭터는 예상 밖의 변신이었지만 이후 그녀의 캐릭터로 각인되었다.

■ 장국영張國榮

장국영(장궈룽)은 1956년 9월 12일 출생하여 2003년 4월 1일 우리 곁을 홀연히 떠났다. 배우 겸 가수, 작곡가로 활동하며 전 세계적으로 팬들을 확보하던 그의 갑작스러운 비보는 세계인들을 깜짝 놀라게 했다. 그는 홍콩의 만다린 오리엔탈 호텔 16층 창문에서 투신자살을 하여 46년의 짧은 삶을 마감했다. 종전에 그가 맡은 배역과 흡사한 상황이라 연기인으로서의 견디지 못할 고뇌를 실감할 수 있었다. 독신을 고수하며 자유로운 영혼, 순수한 젊음의 상징이었던 그는 1982년 〈영웅문〉, 1987년 〈영웅본색〉, 1987년 〈천녀유혼〉, 1990년 〈아비정전〉, 1993년 〈패왕별희〉, 2003년 〈이동공간〉으로 영원한 우상으로 남게 되었다.

적룡과 공연한 〈영웅본색〉에서는 성격이 판이한 형제로 출연하며 그의 캐릭터가 더욱 부각되었다. 그가 〈아비정전〉에서 보여주는 자유로운 청춘상은 영원히 기억될 캐릭터이다. 그런가 하면 〈천녀유혼〉에서 나약한 영채신 역도 그만이 해낼 수 있던 배역이 아니었을까 한다. 그의 전성기는 진개가 감독의 〈패왕별희〉 때였다. 그의 캐릭터를 완성시킨 영화이기도하다.

■ 장미희

장미희 배우는 1958년생으로 박태원 감독의 〈성춘향전〉으로 데뷔했고, 김호선 감독의 〈겨울여자〉로 유명해졌다. 그녀와 더불어 유지인, 정윤희가 윤정희, 문희, 남정임의 뒤를 이어 신트로이카로 불리며 1970년대부터 1980년대를 풍미하였다. 1977년도 전국은 김호선 감독의 〈겨울여자〉 선풍이었다. 1974년 〈별들의 고향〉에서 경아가 유명해졌고 〈겨울여자〉에선 이화가 유명해졌다. 〈겨울여자〉는 이른바 성모럴을 주제로 한 자유처녀 역할이었다.

그 뒤 한수산 원작의 〈밤의 찬가〉도 있었지만 그에는 훨씬 못 미쳤다. 그녀는 1970년대 성 개방 풍조를 상징하는 처녀를 잘 표현하며 대중의 연인이 된 것이다. 그녀는 배창호 감독 영화에서 두각을 보였고, 김호선 감독에 의해 배우로서 만개한다. 배창호 감독의 〈황진이〉가 의욕 과잉으로 범작이 되었지만, 〈사의 찬미〉나 〈애니깽〉에서는 배우로서 절정의 연기를 보여주었다.

1981년 KBS 드라마에 출연하던 그녀가 돌연 모습을 감추었다. 그런 그녀를 두고 세간에서는 소문이 무성했다. 인기 정상에서 갑자기 떠난 유학은 그녀를 배우로 서 보다 성숙시킨 기간이었다. 1985년 배창호 감독의 〈깊고 푸른 밤〉은 그해 흥행 1 위를 하며 그녀의 건재함을 보여주었다. 그녀가 나이 들면서 맡을 수 있는 배역의 한 계로 더 이상의 영화 출연작은 끊겼고, TV 드라마에서나 드문드문 볼 수가 있었다.

▬ 장복건張復建

장복건은 대만 배우로 1949년 11월 13일 중국 호북성胡北省 출생이다. 본명은 장건능張建陵이며, 복흥미술공학대학교를 졸업했다. 1977년 〈향야기담〉에서 포청 천 역으로 연기 활동을 시작하며 1978년 이혁수, 장형 감독의 〈칠협팔의〉, 1990 년 홍재균 감독의 〈용의 유혼〉 등 위장 합작영화의 주인공이다. 〈용의 유혼〉에서 는 죽은 이소룡의 역을 맡아 저승에서의 활약을 보여준다. 1980년대는 그의 전성 기로 쉬지 않고 여러 무협영화와 드라마에 출연하였다. 강인한 캐릭터로 한 시기 를 풍미하였고, 2012년 〈회도애개시적지방〉이 은퇴작이 되었다.

▬ 장중문張仲文

장중문은 홍콩의 가수 겸 배우이다. 1955년에 대만영화 〈기로〉로 데뷔하였으 며 초기 대만과 홍콩을 오가며 활동하였다. 1960년 〈욕화분신慾火焚身〉부터 쇼브라 더스 영화에 출연하였으며 1964년 장철 각본, 주시록周詩祿 감독의 〈반금련〉에서 반금련 역을 맡았다. 〈측천무〉, 〈서유기〉 등 작품성보다는 흥행성을 추구하는 영 화에 출연하였는데, 한국여배우 중에서 육체파 여배우로 알려진 김혜정 같은 캐릭 터이다. 두 여배우는 정창화 감독의 1967년 작 〈순간은 영원히〉에 함께 출연하기 도 했다.

우리에게는 그녀의 은퇴작인 1967년 작 〈스잔나〉에서 이청의 엄마로 출연하 여 알려진 여배우이다. 정창화 감독의 1967년 작인 〈순간은 영원히〉에 묘령의 귀 부인으로 출연하였다. 젊어서 요염한 이미지는 중년 들어서는 품위 넘치는 이미지 로 바뀌어 전형적인 중국 귀부인의 역할을 맡았다. 30여 편의 출연작이 그녀의 홍 콩에서의 위상을 말해준다. 1967년 이후 잦은 해외 공연으로 급기야 영화계에서 은퇴하기에 이른다. 그녀는 2019년 2월 15일 미국에서 별세하였다.

■ 장청청張淸淸

장청청(본명 장청수)의 출생지는 대만 타이베이로 1947년생이다. 무협영화가 인기를 끌던 1960년부터 여주인공 역할을 맡았는데, 〈여독비도(여자 외팔이 검객)〉에서도 주인공을 맡았다. 우리나라에서는 왕우의 여러 출연작에 출연하며 이름을 알렸다. 당시 활동하던 정패패와 자웅을 겨루던 여배우로 그녀가 더 여협적인 이미지였다.

그녀는 17세인 1953년에 〈팔묘전〉으로 데뷔 후 10년 후 〈우백백〉으로 컴백하여 〈검왕지왕〉, 〈귀견수〉, 〈천왕권〉 등 무협영화에 출연하여 1973년까지 60편의 필모그래피를 남겼다. 1972년 경 한국과의 합작영화 〈용호표〉, 〈귀문의 독수리〉, 1974년 개봉된 위장 합작영화 〈철면객〉 등에 출연하였다. 〈철면객〉은 장청청이 1970년에 출연했던 〈맹녀환혼검〉의 한국 버전이며 당시 유행하던 위장 합작영화로, 합동영화사가 수입해 한국배우들을 출연시켜 재편집한 전형적인 위장 합작영화이다. 그녀는 1972년 결혼과 함께 은퇴하였다.

■ 적룡狄龍

적룡의 본명은 담부영譚富榮이고 1946년생으로 1968년 왕우 주연 영화 〈심야의 결투〉에서 조연으로 데뷔해 강대위와 콤비가 되어 1970년대를 풍미한 배우이다. 항상 근엄한 표정으로 영화에 무게를 더한다.

그의 단독 주연작은 1969년 작 〈사각〉이었다. 그 후 〈보표〉를 거쳐 강대위와 콤비로 1970년 〈복수〉, 〈13인의 무사〉, 〈소살성〉, 1971년 〈신독비도〉, 〈대결투〉, 〈무명영웅〉, 〈권격〉, 〈쌍협〉, 1972년 〈악객〉, 〈수호전〉, 옴니버스영화인 〈군영회지 백수난〉, 〈연경인〉, 〈사기사〉, 1973년 〈자마〉, 〈반역〉, 〈대해도〉, 〈탕구지〉, 1974년 〈오호장〉, 〈소림오조〉, 1976년 〈팔도루자〉, 〈소림사〉, 1977년 〈해군돌격대〉 후에 1984년 〈상해탄십삼태보〉에 출연한다.

그 사이 1971년 〈응왕〉, 1972년 〈수호전〉 등의 단독 주연작도 있지만, 장철 영화에서는 주로 강대위와 콤비가 되어 활동한다. 강대위가 여성적이고 유약한 느낌의 배우인 탓에 그와의 공연작에서 그는 항상 형이고 의젓하면서도 반듯한 남성상이었다. 그의 배역은 어린 동생을 도와주는 형의 이미지로 위험을 감수하는 형이거나 억울한 죽음을 당하는 형이다. 항상 살인의 동기를 제공하고 죽는 탓에 연민의 정을 불러일으킨다.

그의 단독 주연은 이한상 감독이나 초원 감독과 주로 했는데, 〈경국경성〉, 〈천애명월도〉, 〈서검은구록〉, 〈초류향〉 등의 영화가 있다. 그가 타이완에서 활동하며 한국 팬에게서 멀어졌는데, 화려한 재기작이 오우삼 감독의 〈영웅본색〉 시리즈이다. 장국영의 형 역인 송자호로 나와 예전의 그 비장미를 다시 선보이며 재기하는데, 예전의 수려한 청년의 모습은 간데없는 모습이었지만 그래도 중후한 그만의 매력으로 팬들에게 다가왔다.

그의 영화 활동 후반작은 주로 홍콩 누아르로 채워진다. 한국과의 합작영화 출연은 실제로 없었고 다만 〈13인의 무사〉, 〈흑객〉이 위장 합작영화로 소개되었다. 2006년 한국영화 〈조폭마누라 3〉에 출연하고자 방한하였고, 2010년 KBS 드라마 〈도망자 플랜B〉에도 출연하였다.

▬ 전도연

한국여배우사의 수많은 배우들이 명멸했는데, 전도연만큼 여러 개성을 보여주는 배우도 드물다. 그녀는 1973년 서울 출생으로 1991년 서울예전 방송연예과를 졸업했다. 나이 마흔을 넘어서도 20대의 배역을 맡아 연기한다는 것도 그녀가 가진 장점 중에 하나다. 나이를 뛰어넘어 배역을 맡을 수 있다는 것은 비단 동안童顔을 가졌기 때문만은 아니다. 천성적인 깨끗한 심성을 갖고 있어야 가능한 것이다. 천진난만한 아이 같은 심성을 가진 그녀가 이병헌과 출연한 〈내 마음의 풍금〉은 기억에 남는 영화가 됐다.

이러한 캐릭터는 그녀의 학교 선배인 여배우 최명길이 갖고 있는 카리스마 넘치는 캐릭터와는 정반대이다. 그녀가 이러한 캐릭터와 평범한 외모로 첫 출연하기까지는 쉽지 않은 난관의 연속이었을 것이다. 그녀는 학교를 졸업하고 1992년 MBC에서 〈우리들의 천국〉과 1994년 〈종합병원〉에 출연하였고, KBS의 〈젊은이의 양지〉에 출연한 것이 1995년이다. TV에서 활동하다가 1997년 장윤현 감독의 〈접속〉으로 데뷔하여 단 한 편의 실패작도 없이 2015년 〈남과 여〉까지 왔다.

1998년 김유진 감독의 〈약속〉으로 처음 여우주연상을 받고 〈내 마음의 풍금〉,

2000년 〈나도 아내가 있었으면 좋겠다〉로 백상예술대상 여우주연상을 3년 연속 수상한다. 〈인어공주〉, 〈밀양〉, 〈너는 내 운명〉 등 그녀가 출연하는 영화들은 물찬 배우인 그녀의 모습들을 볼 수 있다. 17살 늦깎이 초등학생 역부터 엄마를 그리워하는 효녀 역까지 팔색조처럼 그 어떤 역을 맡더라도 그녀는 자신의 역으로 승화시킨다. 그녀 안에는 수많은 성격의 캐릭터가 자리를 잡았고, 그녀는 그것을 하나씩 꺼내어 자신의 것으로 표현해 내는 것이다. 실로 풍부한 내면의 세계를 가진 배우가 아닐 수 없다. 또 그것을 카메라 앞에서 표현해 낼 만큼 순백한 여백을 가지고 있을 테니 실로 그녀가 가진 내면의 깊이는 알 수가 없다.

그녀를 두고 이러쿵저러쿵 구설이 없는 것은 아닌데 여배우에게 구설은 피할 수 없는 운명이다. 그녀는 한국영화계가 아껴야 할 여배우이다. 그것은 그녀가 2007년 〈밀양〉으로 칸국제영화제에서 여우주연상을 받아서이기 때문만은 아니다. 현재 활동하는 수많은 배우들이 있지만 실패작 없는 그녀의 연기력을 따라올 배우는 흔치 않다. 그녀의 데뷔 또래의 신인 연기자들을 보면 인형 같은 촌티를 벗기 힘든데 그녀는 항상 여배우의 진면목을 보여주었다. 〈접속〉에서 청순한 것이 내숭이라면 그녀는 뛰어난 연기력을 가진 신인 여배우였다. 〈해피엔드〉에서 바람난 유부녀 역이 누구나 할 수 있는 역일 수도 있겠지만 그녀이기에 더욱 애틋했다. 어떤 배역이든지 모두 자신만의 색깔로 해내는 그녀는 진정 한국영화계의 보배이다. 그녀의 다음 출연작이 기다려진다.

■ 전준田俊

전준은 1942년 5월 28일 광둥성 차오안 출생으로 본명은 진문陳文이다. 그는 1958년 가족과 함께 홍콩으로 이주한다. 그는 대만의 후생 오페라(경극)학교를 졸업했다. 그는 1968년에 한국배우 성훈의 출연작인 〈홍랄초紅辣椒〉에서 엑스트라로 출연하여 1993년까지 80편에 출연하였으며, 홍콩 누아르영화 전성기인 1980년대 후반부터 〈집법선봉〉 등 4편의 영화 조감독을 거쳤지만 감독 데뷔는 못한 듯하다.

전준은 이소룡의 영화에서 동료나 사형 등의 정의로운 캐릭터를 연기했다. 〈당산대형〉이나 〈정무문〉에서 보여준 그의 우정과 정의로움은 이소룡 영화와 함께 영원히 기록될 것이다. 〈사망유희〉에서도 출연하였지만 그의 출연 장면이 통편집되며 아쉽게도 빠졌다. 우직하면서도 다정한 캐릭터는 당시 홍콩에서 활동하던 한국의 홍성중 배우를 닮았다. 1993년 은퇴하였다.

■ 정리井莉

정리 배우는 1946년생으로 적룡과 갑장으로 72세인 2018년 1월 별세 소식을 알렸는데 좀 이른 나이이다. 그녀의 부친은 배우 정삼井淼이다. 그녀는 21세 때인 1967년에 데뷔하여 1987년까지 30여 년에 걸쳐 활동하였다. 그녀는 1970년대 장철 감독의 히로인으로 활동하며 전성기를 맞는다. 여배우의 비중이 없는 영화를 연출했던 장철 감독의 영화에서 그녀만큼은 유독 길게 여러 편에 출연한다. 그것은 그녀의 성격이 장철 감독과 무리 없이 맞았기 때문일 수도 있다.

그녀가 영화 속에서 보여주는 이미지는 다소 처량한 캐릭터이다. 그것은 남성 위주의 액션영화에서 보여줄 수 있는 한계 때문이다. 그나마 쾌활하게 나온 영화가 〈무명영웅〉이고 연기력을 보여줄 수 있었던 영화는 〈자마〉였다. 쇼브라더스에서 17년간 50여 편에 출연한 그녀이다. 같은 시기에 활동했던 이청이나 하리리보다 인기 면에서 밀렸지만, 그녀의 많은 출연 편수가 그녀의 당대 위치를 말해준다.

■ 정영丁瑩

우리에게는 다소 생소한 이름이지만 그녀는 〈방랑의 결투(대취협)〉으로 홍콩영화가 선풍적인 인기를 끌기 전에 가장 많이 한국에 알려진 여배우이다. 이미 홍콩에서도 1950년 후반부터 1960년대까지 액션영화의 주인공으로 활동했었는데 주로 막강시 감독 영화의 히로인이다. 그 시기는 임대의 전성기였다. 이려화, 능파도 데뷔하였고 우소추는 다작을 했었고, 진보주는 탐정영화에 많이 출연하였다. 그녀와 한글 발음이 같은 정영丁瑩도 있었다.

그녀의 주요 출연작은 1961년 작 〈흑야괴담〉, 1962년 작 〈이향정루〉, 〈마등여랑〉, 1963년 작 〈제1호여적〉, 〈일시오명안〉, 1964년 작 〈대장부일기〉, 〈학생왕자〉 등이고, 우리나라와 합작한 막강시 감독의 1962년 홍콩영화 〈화염산〉에도 출연하였으며 〈신비적 홍수〉 같은 탐정영화에도 출연한다.

그 외 박노식과 공연한 〈국제여간첩〉, 신영균과 공연한 〈신용탱크단〉 등에 출연하며 한국에서 촬영하였다. 1967년에는 신상옥 감독의 〈국제여간첩〉과 정창화 감독의 〈장상억〉 두 편에 출연했다. 1968년에는 〈신용탱크단〉에 출연한 것이 한국과의 마지막 인연이다.

그녀의 이미지에는 외모가 주는 화려함에 요염함을 합친 현대미가 가득하다. 한국 여인상에 접근하였지만 중국스러움으로 합작영화의 히로인이 되었을 것이다. 그러나 역시 그녀 데뷔 이후의 첫 합작영화 〈화염산〉으로 한국과의 인연이 계속 이어지지 않았을까 싶다. 한국에 소개된 편수에 비해 잘 알려지지 않은 것은 그녀의 출연작이 그만큼 알려지지 않았다는 반증이다.

■ 정윤희

정윤희는 1954년생으로 유지인보다 1년 늦은 1975년에 이경태 감독의 〈욕망〉으로 데뷔하였다. 그녀는 호스티스영화 붐 시기에 〈나는 77번 아가씨〉, 〈꽃순이를 아시나요〉로 인기를 끌었다. 그녀는 귀엽고 깜찍한 이미지에 마릴린 먼로 같은 육감적인 이미지까지 더해 단숨에 신트로이카에 합류한다. 〈꽃순이를 아시나요?〉에서 깜찍하게 춤을 추는 그녀를 보던 사람들은 누구나 그녀에게 빠져들 수밖에 없었다.

정윤희는 연기력과 다르게 보호 본능을 자극하는 독특한 이미지로 인기를 끌었다. 그러니 작품성 있는 영화와는 거리가 있었다. 1980년 작인 이두용 감독의 〈최후의 증인〉에서는 한국전쟁을 배경으로 희생되어가는 여인상을 연기하기도 했다. 그러나 너무도 고운 얼굴이라 노역은 처음부터 어울리지 않았다.

같은 해, 정진우 감독의 〈뻐꾸기도 밤에 우는가?〉로 대종상영화제에서 여우주연상을 받는다. 이어서 〈앵무새 몸으로 울었다〉에 출연하며 그녀에게는 에로티시즘 배우라는 꼬리표가 따라다녔다.

그녀는 KBS 드라마 〈야, 곰례야〉에도 출연하여 인기를 끌었다. 그녀와 같은 시기에 활동한 유지인이 다소 거만하고 이지적인 역할에 어울렸다면, 그녀는 순박하고 순진한 이미지로 어필했다. 장미희도 비슷한 분위기이지만 청순하면서도 자기주관이 확실한 이미지였다. 신트로이카 여배우 중 정윤희는 결국 가장 보호 본능을 자극하는 여배우였다. 제2의 이소룡인 당룡과 함께 〈아가씨 참으세요〉에 출

연한 그녀는 액션을 보여주기도 했고, 임권택 감독의 영화 〈아벵고공수군단〉과 김
재형 감독의 〈춘희〉에 출연한다. 그리고 1984년 〈사랑의 찬가〉 출연 후 간통 혐의
로 구속되고 결국 영화계 은퇴를 하게 된다. 이후 공식 석상에서 그녀를 볼 수가 없
으며 더 이상 연기 활동을 하지 않고 있다.

■ 정패丁珮

이소룡의 사망 순간을 함께하여 유명세를 치르며 우리에게 알려진 여배우이
다. 정패는 1947년 2월 17일생이다. 그녀는 대만 출신으로 20세이던 1967년에
쇼브라더스 영화에 출연하였다. 그녀는 1974년 홍콩 최고의 흥행작인 〈귀마쌍
성〉에 출연하였고, 1976년에는 이수현이 이소룡으로 분한 〈이소룡과 나李小龍與我〉
의 여주인공으로 출연하여 자신의 영화계 데뷔와 이소룡과의 관계 그리고 이소룡
사후에 겪은 여러 고통과 갈등을 보여주었다. 이 영화가 주관적이긴 하지만 이소
룡의 죽음에 대한 여러 사실을 보여주고 있다.

그녀로서 이소룡의 죽음은 그녀의 배우 생활뿐만 아니라 인간으로서도 큰 타
격이었다. 그녀는 온갖 고통과 수모를 감내해야만 했다. 유부남인 남자와 사귀고
또 그를 죽음에 이르게 했다는 사람들의 원망을 그저 고스란히 받아들일 수밖에
없는 상황이었다.

그녀는 이후 〈소녀(콜걸)〉 등의 영화에 출연하는데, 이소룡과 관련 이미지를 떨
쳐내지는 못했다. 그렇게 은둔의 세월을 보내던 그녀는 참으로 묘한 운명의 여배
우이다. 한평생 이소룡의 멍에를 짊어지고 살아간 비운의 여배우이다.

■ 정패패鄭佩佩

한국에 홍콩 무협영화의 붐을 일으킨 장본인이다. 1946년 상하이 출생으로
1960년 홍콩으로 이주 후 남국배우학교를 졸업하고 쇼브라더스의 전속 배우가 되
었다. 악풍 감독의 1964년 작 〈달기〉로 데뷔 후 호금전 감독의 1966년 작인 〈방
랑의 결투〉의 금연자 역으로 성공 후 무협영후武俠影后로 불리며 무협영화의 여주인
공으로 활동한다. 장철 감독의 1968년 작 〈심야의 결투〉 이후 〈비도수〉, 〈독룡
담〉, 〈종규낭자〉 등 2015년까지 모두 66편의 영화를 남겼다.

원래 발레를 전공했던 날렵한 몸매로 재치 있고 야무진 여협상을 보여주었다. 〈방랑의 결투(대취협)〉 이후 호금전 감독을 향한 존경심에 훗날 〈천하제일〉에도 출연했다. 결혼 후 미국으로 이주하여 1974년대부터 1982년까지 그리고 1988년부터 1993년까지 두 차례의 긴 공백기가 있었지만 2015년까지 꾸준한 출연작이 있다. 〈와호장룡〉에서도 주윤발과 함께 출연하며 홍콩영화계의 지존으로 인정받는다.

▬ 주걸륜

주걸륜은 1979년 1월 18일생으로 대만의 배우 겸 가수이다. 〈황후화〉, 〈말할 수 없는 비밀〉을 비롯하여 이소룡이 출연했던 〈그린호넷〉을 리메이크했던 2011년 〈그린호넷〉에서 이소룡이 맡았던 가토 역을 맡았다. 1997년 가수로 출발해 2000년에 첫 음반을 내고 〈이니셜-D〉, 〈황후화〉 등의 영화에 출연하며 범아시아 스타로 자리매김하고 있다.

언뜻 그의 외모는 탤런트 김주승을 연상시킨다. 그러나 개성은 분명히 다르며 젊은이들이 반할 만한 외모이다. 그러나 그의 인기를 단순히 그의 외모로만 볼 수는 없다. 그는 가수로 출발하여 만능 엔터테이너로서 영역을 확장하고 있는데, 동양적이면서도 깊은 음악성 있는 자작곡으로 빠른 시간에 정상에 오른 가수이다. 때로는 폭발할 듯한 에너지가 그의 노래에 실려 나온다.

그는 출연한 영화에서 보여준 음영 어린 독특한 이미지의 마스크로 신비감을 더하며 스크린의 정상에 올랐다. 주걸륜은 타고난 끼와 재능보다도 부단한 노력으로 지금의 자리에 올랐다.

▬ 주성치周星馳

〈쿵푸 허슬〉에서 그만의 창의력을 보여준 홍콩배우 주성치는 자타가 공인하는 홍콩 최고의 스타이다. 1962년 6월 22일생으로 1988년 〈벽력선봉〉으로 데뷔했다. 그의 2014년 감독작인 〈미인어〉가 중국 흥행 최고 기록을 경신하며 1위에 올랐고 한국에서도 개봉되었다.

〈심사관〉으로 아시아영화제에서 남우주연상을 받을 때만 해도 그도 한때를 풍미하는 배우로 끝날 배우로만 생각했었다. 왜냐하면 당시 그가 돈으로 수상한다는 소문이 돌았기 때문이다. 서울 남산의 국립극장에서 있었던 시상식에서 그는 훤칠한 키와 호리호리한 체격에 씩씩한 걸음걸이로 무대 위로 올랐다. 수상 소감은 기억나지 않지만 나는 그가 강대위와 함께 출연한 그의 초기영화 〈의담군영〉이 떠올랐다. 오우삼 감독이 스승 장철 감독의 영화사에서 만든 그 영화에서 주성치는 그저 그런 연기로 평범했다.

그러나 그의 비약은 대단했다. 성룡이 온갖 부상을 겪으며 관객들의 박수를 받았다면, 그는 아무렇지도 않게 한 몸짓을 보이면 그야말로 관객들은 자지러진다. 성룡으로서는 기가 막힐 노릇이다. 당연 그의 인기는 속수무책으로 치솟았다. 〈희극지왕〉, 〈소림축구〉, 〈쿵푸 허슬〉, 〈장강 7호〉, 〈미인어〉까지 그의 후속작은 모두가 흥행 보증수표이다. 그것은 그만의 창의력과 독창성 때문일 것이다.

■■ 주윤발周潤發

주윤발은 1955년 5월 18일생이다. 홍콩의 작은 섬 라마에서 태어난 그는 가난한 어린 시절을 보내며 수많은 직업을 겪었고, 18세인 1973년 홍콩 TVB 연기반에 들어가 1년간 배우 훈련을 받았다. 그리고 1974년부터 TV 출연을 하였다.

주윤발은 1976년 〈투태인〉으로 영화 데뷔를 했는데, 데뷔 초에는 눈에 띄는 배우는 아니었다. 그 당시에야 무술영화 전성기로 특출난 무술 장기가 없는 한 부각될 수가 없는 상황이었다. TVB에서 그는 멜로나 코미디 등 장르를 가리지 않고 출연작을 늘렸다. 처음부터 지금과 같은 인기 배우는 아니었다. 그는 성실하게 활동하며 결국 대만과 홍콩에서 금마장 연속 수상을 하였고, 1984년 〈등대여명〉으로 아시아태평양영화제에서 남우주연상을 받았다.

1986년 오우삼 감독의 〈영웅본색〉이 홍콩 누아르 붐을 일으키면서 그는 급작스럽게 부상하며 수많은 홍콩 누아르영화의 주인공으로 정상에 등극한다. 이 영화의 출연이 대타 출연이었다는데, 굳이 이 영화가 아니었더라도 그는 인기 스타가 되었을 것이다. 그는 1987년 〈가을날의 동화秋天的童話〉, 1989년 〈우견아랑阿郎的故事〉 같은 멜로영화의 주인공으로서도 팬들에게는 각인되었다.

1984년에 홍콩 반환 협정으로 1997년 홍콩 반환이 확정되고 그러한 사회적 분위기를 반영한 우울한 암흑영화가 대량으로 만들어지기 시작한다. 그는 고인이 된 장국영張國榮(장궈룽), 적룡狄龍(디룽) 등과 함께 한때 홍콩 누아르의 삼인방으로 손꼽히며 최정상의 인기를 누린다. 많은 배우가 누아르영화에서 총잡이로 출연하지만, 그만큼 분위기가 어울리는 배우는 드물다. 특히나 쌍권총과 선글라스, 바바리코트에 성냥을 질겅거리는 모습은 그만의 트레이드마크이다.

오우삼 감독과의 만남이 결정적이었음을 부인할 수는 없다. 그가 자신의 최고작으로 꼽는 〈첩혈쌍웅〉은 오우삼 감독이 조감독을 맡았던 장철 감독의 최고작인 〈복수(보구)〉의 영향이 큰 영화이다. 영향이 큰 정도가 아니라 오마주가 확실한 영화인 것이다. 그리고 그는 홍콩영화의 최전성기의 주인공으로 자리를 굳히고 여러 장르의 영화로 자신의 연기력을 보여준다.

한국에서는 1986년 오우삼 감독의 〈영웅본색〉이 개봉되며 대중의 사랑을 받게 된다. 이어 1987년 〈영웅본색 2〉와 1989년 〈첩혈쌍웅〉, 1991년 〈종횡사해〉, 1992년 〈첩혈쌍웅 2 - 첩혈속집〉이 개봉된다. 1988년에는 가수로 데뷔하기도 했으며 내한해 촬영한 밀키스 CF에서 "싸랑해요~ 밀키스!" 하며 매상고를 올렸다.

이후 그는 도박영화, 감옥영화, 무협영화, 사극의 주인공으로 영역을 확대하였고, 미국으로 진출하여 1998년 작 〈리플레이스먼트 킬러〉, 1999년 작 〈커럽터〉, 〈애나 앤드 킹〉에 출연한다. 그리고 2000년에 〈와호장룡〉, 2003년 〈방탄승〉, 2007년 〈캐리비안의 해적 - 세상의 끝에서〉에 출연하며 세계적인 배우로 등극한다.

그는 이소룡, 성룡의 뒤를 이어 글로벌 스타에 오른다. 물론 이연걸이나 견자단 등의 배우도 할리우드에서 캐스팅되고 있지만, 그와의 위치를 견주기에는 아직은 부족하다. 그는 2014년 두기봉杜琪峰 감독의 〈화려상반족華麗上班族〉, 왕정王晶 감독의 〈도성풍운 2賭城風雲 2〉, 2015년 〈도성풍운 3賭城風雲 3〉에 출연하였다.

주윤발은 2018년 63세를 맞아 자신의 전 재산인 8,100억 원을 기부하여 모든 연예인 및 팬들을 놀라게 했다. 자신의 불우한 어린 시절 때문에 그가 통 큰 기부를 한 것은 아닐 것이다. 사회에 선행은 모두의 바람이지만 선뜻 행하기 어려운 일이다. 성실함과 명연기를 통해 정상에 오른 그다운 일이라 팬들로서는 더욱 그를 사랑할 수밖에 없을 것이다.

▄▄ 증강曾江

초교焦姣의 남편이며 임취林翠의 오빠인 증강은 1935년 9월 2일 주하이 출생이다. 홍콩에서 고등학교를 졸업한 그는 미국 버클리대로 유학해 건축학을 전공했다. 귀국하여 16세 때인 1955년 영화 〈더 페이드同林鳥/THE FEUD〉로 데뷔하였다. 그리고 탐정영화와 무술영화 등에 출연했다. 1986년 〈영웅본색〉 시리즈, 1995년 주윤발의 할리우드 데뷔작〈대체 킬러Replacement Killers〉 등 215편에 출연했고 드라마 출연을 겸하며 지금까지 활동 중이다.

그는 인자한 인상이지만 장르를 넘나들며 배역에 따라 악역이나 비열한 역도 보여주는 타고난 배우임을 보여주었고, 제34회 홍콩 금상장영화제에서 〈절정풍운 3〉로 남우조연상을 받았다.

▄▄ 진봉진

진봉진 배우는 1942년생이며 서울 마포구 아현동 출신이다. 아현초등학교 다니다가 피난 가서 무주초등학교를 졸업하고 대전에서 한밭중고를 졸업한다. 그리고 충남대 건축공학과 60학번으로 입학한다. 학교를 졸업하고 1965년 신필름 연구생 3기로 들어와 1966년 〈대폭군〉의 출연을 시작으로 〈다정불심〉에서 군졸 역, 〈천년호〉에서 비중 있는 역할인 장군 역을 맡았다.

연구생 모집에는 수백 명이 응모했는데 1기생이 신성일, 트위스트 김이고 4기생이 이승일 배우로 끝난다. 이유는 신필름이 문을 닫았기 때문이다. 연기생 때 승마 및 영화연기 및 연기자의 자질을 배웠다. 1968년 10월 홍콩 쇼브라더스에 계약되어 김기주, 홍성중과 함께 작품 당 15만 원짜리 약속 어음을 받고 갔다. 홍콩에 가서 계약했던 합작영화 건 외에 계속 남아줄 것을 권유하는 쇼브라더스의 종용에 6년 반 정도 있었다. 총 10편 정도에 출연하였는데, 〈음양도〉, 〈철낭자〉, 〈13인의 무사〉, 〈철인〉, 〈흑발〉, 〈우중화〉 등이다.

그는 1973년에도 일시 귀국했었는데, 결혼식만 올리고 홍콩으로 가서 〈야광주〉를 찍는다. 그때 김무영, 이승용, 이승일 배우와 함께 촬영을 했는데, 주인공인 이승룡 배우가 다리가 부러지는 사고가 있기도 했었다. 그 후 그는 계속 남아 2~3편을 더 찍는다. 그때는 쿵후영화가 유행하여 극장에 걸리기만 하면 대박이었다고 한다. 당연 멜로영화 배우보다 액션영화 배우들의 주가가 최고였다.

귀국해서 보니 한국은 액션배우에 대한 인식이 안 좋아 장일호 감독의 〈인왕산 호랑이〉 출연 이후로 멜로영화 위주로 출연했다. 그가 기억나는 영화로는 〈전우가 남긴 한 마디〉로 5인의 특공대원(장혁, 진봉진, 독고영재, 이만, 이인철)이 적진에 침투 하는 내용인데 촬영 중 한탄강 절벽 길에서 차량 사고로 기절 후 병원에서 깨어나 계속 촬영을 했다고 한다. 과연 사명감으로 배우 하던 시절의 이야기이다.

〈호국팔만대장경〉 때에는 몽고장군 역을 맡았는데, 500만 원에 남우조연상 수상금을 내라는 거래가 있었지만 거부했다. 당시는 작품상 수상작에 외화 한편의 쿼터를 주던 때이라 공공연히 거래가 이루어진 도덕성이 상실된 시대였다. 그 밖 에 정윤희에게 흑심을 품은 마을 사람역의 〈안개마을〉, 신성일 배우와 역이 뒤바 뀐 〈마유미〉, 전라로 출연했던 〈흑발〉, 촬영 중 타계한 임성민의 대역으로 출연한 〈애니깽〉 등도 기억되는 영화이다.

■ 진성陳星

진성은 1936년생으로 1969년 장철 감독의 〈사각〉으로 데뷔하였다. 초기 장 철 감독의 무협영화에 주로 출연하였지만, 다른 감독의 영화에 출연하며 1992년 까지 143편에 비중 있는 배역으로 출연하였다. 〈독비도〉, 〈독비도왕〉, 〈13인의 무사〉, 〈쌍협〉, 〈복수〉 등이다. 장철 감독의 많은 영화에서 그는 철저히 악역만을 연기했다. 입을 앙다무는 개성 있는 그의 연기가 먼저 떠오르는데, 그 카리스마로 범접하기 힘든 그만의 악당의 캐릭터를 창출했다.

1970년대 중반 진성은 장철을 떠나 오사원과 합작한 〈탕구탄〉, 〈맹호하산〉, 〈아귀호광룡〉, 〈사대천왕〉으로 새로운 무협스타가 되었다. 왕우의 주연 영화에 출 연하며 배역에서 달라진 위상을 보여주었다. 한국과의 합작영화로 소개된 정창화 감독의 〈심판자(귀계쌍웅)〉에서는 신일룡과 공연하였다.

■ 진패秦沛

강대위의 친형인 진패(친페이)는 1945년 5월 17일 상하이 출생으로 4살 때 데 뷔하여 수많은 영화에 출연하였다. 특히 21세 때에 로버트 와이즈 감독, 스티브 맥퀸 주연의 1966년 작 〈산파블로〉에도 출연하였다. 젊을 때보다 나이 들어 중후한 신사의 이미지로 더 알려졌다. 그는 꾸준히 영화에 출연했으나 동생인 강대위나 이동승에 밀렸고, 나이 들어 중년 이후에 자신만의 캐릭터로 전성기를 맞고 있다.

그는 2003년 만천성휘반장전례 남우조연상, 2002년 만천성휘반장전례 인기 TV캐릭터상, 1994년 제13회 홍콩 금장상영화제 남우조연상, 1987년 제6회 홍콩 금장상영화제 남우조연상을 받았다.

■ 진홍열陳鴻烈

진홍열(쳰훙례)은 1943년 6월 7일생으로 상하이에서 태어났다. 홍콩의 주하이 서원을 졸업하고 1964년 쇼브라더스에 가입했다. 출연작은 〈방랑의 결투(대취협)〉, 〈단장의 검(단장검)〉, 〈3인의 협객(변성삼협)〉, 〈대협복구기〉, 〈흑백쌍웅〉, 〈용호표〉 등 100여 편의 영화에 출연했다. 그는 악역 전문 배우로 호리호리한 몸매에서 음흉한 미소로 관객들을 몸서리치게 한다. 극 중에서도 주인공을 괴롭히다가 결국 처참한 죽음을 맞는데 한국으로 치면 독고성 배우 정도이다.

얼굴만 보면 영락없는 순둥이고 미남자이지만, 배역을 맡아 변신하면 그는 천하에 없는 간신배나 흉악하기 이루 말할 수 없는 천하의 악인이다. 어찌나 악역을 잘해내면 실제로도 그럴 것 같은 생각이 든다. 그는 주로 장철 감독의 초기작에 출연하였는데, 호금전 감독의 〈방랑의 결투〉에서 한국 팬들에게 확실히 이름을 알렸다. 그 많은 배우 중에서도 악역 배우로만 본다면 그를 따라갈 사람이 없을 것이다. 후에 〈충렬도〉나 〈철사장과 공수도〉 등에서도 악역을 맡아 한국 관객들에게 확실히 각인되었다.

진홍렬은 악역을 즐기며 연기한다. 라스트신에 죽는 것만 없다면 왕 이상의 배역일 수도 있다. 그러나 악인의 말로는 어느 영화에서나 같다. 영화의 마지막에서는 처참한 최후를 마치지만, 그는 다른 영화에서 다른 배역으로 살아나 또다시 음흉한 미소를 지으며 관객을 즐겁게 해준다. 죽어가면서도 웃는 그이다. 그러니 주인공은 이기고서도 맥이 빠진다.

그는 1974년에 감독으로 데뷔하였고 〈중천포〉, 〈낭흘〉 등을 연출하였다. 합작영화로 신고된 〈여감방〉에서도 악질 일본군으로 출연하는데, 천하의 악인이 미

녀 죄수들을 성적으로 학대하며 괴롭히면서 이 영화의 흥행에 일조했다. 또한, 여
배우 반영자潘迎紫와 1971년 결혼하였으며 TVB에서 연기 생활을 계속하였다. 그
는 2009년 11월 24일 〈화타자기인〉을 녹화 중 심장병으로 쓰러졌고, 서둘러 병
원으로 옮겼으나 별세하였다. 향년 66세였다.

■ 채홍蔡弘

홍콩배우 채홍은 1969년 데뷔하여 1997년까지 활동했다. 1974년 장철 감독
의 〈소림오조〉, 1976년 〈방세옥과 호혜건〉, 1978년 〈사조영웅전〉, 1979년 〈사
조영웅전속집〉에 출연하였다. 그는 쇼브라더스뿐만이 아니라 골든하베스트 영화
에도 출연작이 많다.

합작영화로 소개된 포학례 감독의 1979년 작 〈혈육마방〉에서는 악당의 소굴
인 혈육마방으로 들어가는 3인의 협객 중 한 명으로 강대위, 담도량과 함께 출연
하여 우리에게 알려졌다. 극 중 말 못하는 우직한 캐릭터로 나와 인상적인 연기를
펼치는데 그만이 보여줄 수 있는 캐릭터였다. 〈혈육마방〉은 그의 출연작 중 우리
나라에서 개봉된 유일한 영화이지만, 그 영화 한 편을 통해 그가 가진 개성을 충분
히 보여주었다. 〈소림오조〉에서 공연했던 투박한 이미지의 창다오江島가 그의 이미
지와 흡사하다. 그는 조연으로 비교적 다작인 133편에 출연했으며, 우리나라에는
그의 출연작 개봉이 더 없지만 비디오를 통해 알려져 있다.

■ 초교焦姣

한국에 중국 무협영화가 붐을 이룬 초기의 여배우이다. 정패패鄭佩佩가 〈방랑의
결투〉로 알려졌으나 후속작이 없었고, 초교가 〈외팔이〉 시리즈와 〈대자객〉, 〈단장
의 검〉, 〈여걸 흑나비〉 등으로 더 많이 알려졌다. 이후 상관영봉上官靈鳳, 서풍徐楓, 이
청李菁, 하리리何莉莉, 모영茅瑛 등의 여배우들이 활약했다. 초교는 쇼브라더스의 1963
년 작인 〈흑야도여명〉으로 데뷔하여 지금까지 꾸준히 출연하고 있다. 화려한 외모
가 아닌 수더분한 친근감, 참고 견뎌내는 인내심의 캐릭터로 독보적인데 맞는 배역
이 많지 않았을 것이다.

그녀는 왕우의 히트작인 〈의리의 사나이 외팔이(독비도왕)〉에서 팔이 잘린 주인

공을 건사해 주는 촌의 여인으로 출연하여 우리에게 알려졌다. 이후 왕우 주연작에 계속 출연하면서 왕우의 상대역 하면 으레 그녀가 떠오르는데, 차오차오라는 이름도 중국스러워 외우기 쉬웠다. 1988년 성룡 주연의 〈폴리스 스토리 2 - 구룡의 눈〉에 출연하였고, 1994년 이후 뜸한 출연이기는 하지만 긴 활동을 이어오고 있다. 배우인 증강曾江이 그녀의 남편이다.

━ 최민규

그는 최기풍이라는 이름으로 감독 활동을 했던 배우이다. 같은 시기의 배우 중에 최민규는 많은 출연작에도 불구하고 잘 알려지지 않았다. 오히려 최기풍이라는 예명의 감독의 알려졌다. 최기풍으로 검색하면 1949년 12월 25일생으로 나온다.

그는 1972년, 황풍 감독의 〈흑연비수鐵掌旋風腿(철장선풍퇴)〉로 데뷔하여 1988년까지 39편에 출연하였다. 조감독도 경험했고 1984년 감독 데뷔하여 〈무인〉을 감독 주연했고 이후 여러 편의 감독작이 있다. 그의 출연작 중 조금이라도 알려진 영화는 〈최후의 정무문〉, 〈흑표비객〉, 〈매권〉, 〈용권사수〉, 〈무명객〉, 〈사형사제〉, 〈용문파계제자〉 등이다. 이들 영화가 잘 알려지지 않은 영화들인 까닭도 있고 매 편 독특한 분장하고 출연하니 팬들로선 평범한 그의 맨 얼굴을 기억할 수 없다.

━ 최민수

최민수가 나온 드라마는 남다르다. 아니 그가 남다른 배우라는 말일 수도 있다. 그만큼 뛰어난 개성을 갖고 있는 그이다. 그는 천생 배우이다. 1962년에 태어난 최민수는 선천적으로 배우가 될 수밖에 없는 운명이었다. 최무룡, 강효실 두 부부가 갈라지며 김지미 배우와 함께 어린 시절을 보냈던 최민수이다. 그가 배우 되는 것은 시간 문제였다. 1985년 단편영화 〈눈〉에 출연했고 극영화는 1986년 지영호 감독의 〈신의 아들〉로 데뷔하여 〈먼 여행 긴 터널〉, 〈남부군〉에 출연하였다. TV 드라마는 1992년 〈사랑이 뭐길래?〉, 〈걸어서 하늘까지〉, 1995년 〈모래시계〉 등이고 영화 〈결혼 이야기〉, 〈테러리스트〉, 〈유령〉, 〈리베라메〉, 〈홀리데이〉 등에서 선 굵은 연기를 보여주었다.

코미디에서 액션까지 장르를 초월해 어떤 역이던 소화하는 그를 보면 '역시 최민수다'라는 생각이 든다. 데뷔 초기 다소의 마찰로 말썽도 있었지만, 어머니 강효실의 극진한 보살핌으로 영화계의 별로 우뚝 섰다. 외국과 합작할 때 상대역에게 밀리지 않을 배우가 최민수이다. 그만큼 에너지가 넘치는 기가 센 배우다. 그가 2013년에 세운 기획사인 율엔터테인먼트에 아내 강주은과 아들 최유성이 함께 소속되어 있다.

▬ 최은희

최은희 대배우는 1926년 경기도 광주에서 태어나 왕십리인 신당동에서 살았다. 경성여자기예학교를 졸업하고 극단생활을 시작한 그녀는 〈마음의 고향〉에 출연하였고 촬영기사 김학성과 결혼하고 피난지 부산에서 신상옥과 만난다. 신상옥 감독은 〈코리아〉에서 춘향전의 일부를 소개하고 최은희와 가까워진 것인데 후에 〈지옥화〉로 두 사람은 한국영화계에 중심인물로 부각된다. 그들은 신필름을 세워 한국영화의 기업화에 성공하는데 〈어느 여대생의 고백〉, 〈이 생명 다하도록〉 등에서 그녀는 무보수로 출연하는 것도 모자라 직접 의상을 제작하고 남편 신상옥 과 함께 열정적으로 제작에 참여한다.

1961년에는 최인규 감독의 조감독이었던 홍성기 감독과 그의 아내 김지미 커플이 〈춘향전〉으로 한국에서 처음으로 시네마스코프 컬러영화를 시도한다. 신상옥 감독과 최은희 커플도 〈성춘향〉을 컬러영화로 찍어 맞승부하는데 결과는 신상옥 감독의 승리였다. 〈성춘향〉은 김진규, 최은희 커플의 애련한 사랑 연기가 와닿았고 이예춘, 김희갑 등 조연진의 호연에 힘입어 흥행 기록을 세운다.

이 때의 수익이 신필름 발전의 원동력이 되었다. 그들의 활동은 탄탄대로를 걷는데 남부러울 것 없는 그들의 전성시대를 연 것이다. 최은희는 〈사랑방 손님과 어머니〉, 〈열녀문〉, 〈벙어리 삼룡〉, 〈빨간 마후라〉, 〈청일전쟁과 여걸 민비〉 등 신필름의 주요 영화에 출연하며 최고의 인기를 구가한다.

아시아영화제에서 수상 이후 그녀는 좁은 한국을 벗어나 홍콩합작영화의 여주인공이 되어 1966년 〈관세음(대폭군)〉 등의 영화를 촬영한다. 그리고 국내에서 〈다정불심〉, 〈이조 여인 잔혹사〉 등의 영화로 바쁜 나날을 보내던 중 신 감독이 파리로케로 〈이별〉이란 영화를 찍으며 오수미 여배우와 가까워지며 둘 사이는 남남으로 갈라선다. 그리고 안양예고의 교장으로 재직 중인 1978년 1월 홍콩 영화사와 영화 제작을 협의하기 위해 홍콩을 방문했다가 북한 공작원에 의해 납북되고 이어 7월 신상옥 감독도 납북돼 그곳에 머무르면서 영화 활동을 하다 약 8년만인 86년 3월 오스트리아의 빈에서 미국 대사관을 통해 탈출하게 된다.

이들 부부는 북한에 머무르면서 〈돌아오지 않은 밀사〉, 〈탈출기〉, 〈소금〉 등 20여 편의 영화를 직접 제작하거나 제작을 지도했으며 모스크바영화제 등 여러 영화제에 참가해 상을 타기도 했다. 이들은 탈출 후 미국에서 생활하다 89년 5월 귀국해 국가안전기획부의 조사를 받는다. 이들의 북한생활을 기록한 수기 〈조국은 저 하늘 저 멀리〉, 〈내레 김정일金正日입네다〉, 〈김정일에게 보내는 편지〉 등이 국내에서 출판됐다.

이후 그들은 한국에 정착하여 〈마유미〉, 〈실종〉, 〈겨울이야기〉 등의 영화를 제작했다. 최은희는 한국영화사에 걸출한 영화에서 그 모습을 보이며 파란만장한 삶을 살았던 여배우다. 배우 최은희에게 신상옥 감독은 평생의 반려자이자 영감의 원천이었다. 그녀는 1960년대 최고의 여배우로 꼽힌다.

▬ 최지희

최지희 배우는 1940년생으로 일본의 오사카에서 태어났다. 광복 후 부산에서 학교에 다녔다. 활달한 성격과 외모로 현대 여성상을 보이며 다양한 영화에 출연하였다. 그녀는 초창기 주요 영화의 여주인공이었다. 이강천 감독의 〈아름다운 악녀〉와 김일해 감독의 〈인걸 홍길동〉으로 데뷔 후 1958년 홍콩에서 〈애정무한〉과 또 다른 영화 두 편을 촬영하며 네 달간 체류했다.

1959년 신상옥 감독의 〈자매의 화원〉, 1964년 박영환 감독의 〈해녀〉에 출연했고 특히 1963년 이형표 감독의 〈말띠 여대생〉, 유현목 감독의 〈김약국의 딸들〉 등이 대표작이고 〈남대문출신 용팔이〉, 〈팔도 가시나이〉, 〈서울이 좋다만〉, 〈맨발로 왔다〉 등의 액션 코미디영화에 50여 편 이상 출연한 배우다. 당시 우리나라 배우중에는 없는 말괄량이 캐릭터로 〈아름다운 악녀〉라는 영화는 그녀를 위한 영화였다. '젊음은 아름답지만 늙으면 처량해진다'는 그녀의 말은 그녀가 아름다운 청춘이었기에 더욱 와닿는 말이다.

이후 정창화, 정진우 감독 영화에 출연하며 액션코믹영화의 독보적인 여주인 공이었고 1958년 홍콩에서 〈애정무한〉과 또 다른 영화 두 편을 촬영하며 네 달간 체류했다. 1961년에는 1년간 미국유학을 다녀왔고 1964년 필리핀과의 합작영화 인 〈나아갈 길이 없다〉의 개봉 당시 10편의 예약 작품을 해약하기도 했다는데, 이 일화로 그녀의 인기를 알 수 있다.

그녀는 당시 영어를 할 줄 아는 여배우라 합작영화에 꼭 필요한 배우였다. 이 영화는 영어 동시녹음이었는데 함께 출연한 김승호 배우는 특유의 말투로 '인포메 이션'란 단어를 얼버무리며 대사하여 무려 22번이나 NG를 내었다고 한다.

1971년 합동영화사의 합작영화 〈서울의 여정〉을 촬영했다는데, 제목이 바뀌 어서인지 한국영화 데이터베이스KMDb에는 나와 있지 않다. 같은 해 이탈리아와의 합작영화 〈케이라스의 황금〉에 출연하였고, 당대 '한국의 브리지트 바르도'라는 애칭으로 수많은 영화에 출연했다. 미국 유학을 떠났고 돌아와 박노식 감독의 〈용 팔이〉 시리즈 등에 출연을 하다가 하길종 감독의 〈화분〉을 마지막으로 영화계에 서 은퇴 아닌 은퇴를 하였다.

그녀는 영화배우 외에 사업가로도 알려졌었는데, 일본과 미국에서 사업을 하 고 귀국하였다. 그녀의 사업담은 워낙 많은데 다양한 활동을 한 여장부 스타일이 다. 그녀는 일본으로 가서 도쿄의 아카사카에서 한국 타운을 조성하고 50여 개의 식당촌을 형성했다. 10여 개 정도는 체인으로 운영하고 나머지는 소개해 주어 거 대한 타운을 형성한 것이다.

한남타운을 인수 후 그녀는 KBS와 100만 불씩 투자를 해서 프레올림픽 쇼를 제작하고 일본 아사히TV에 50만 불을 받고 팔았다. 이후 미국에서 자니윤 주인공 의 〈그들은 나를 브루스리라고 불렀다〉의 속편을 제작하고 한국에서 지희네 식당 을 운영하는 한편 여러 사업을 했다. 그녀는 일본에서 23년, 한국에서 10년 동안 식당 운영을 했다. 2012년, 필자는 그녀와 부암동 자택에서 인터뷰했다.

▬ 최진실

최진실은 1968년생으로 2008년에 별세하였다. 1988년 MBC 드라마 〈조선 왕조실록 - 한중록〉으로 드라마 데뷔하여 1990년 〈꼭지단〉으로 영화 데뷔하는데, 이해에만 〈남부군〉, 〈있잖아요 비밀이에요〉, 〈나의 사랑 나의 신부〉에 연속 출연하며 화려한 한 해를 보낸다. 이후 사랑스러운 연인이나 야무진 새댁의 이미지로 캐릭터를 구축하는데 순수 멜로영화나 코믹영화, 드라마에 출연하며 인기를 더하며 1990년대 한국의 대표 여배우로 자리매김하였다.

〈질투〉, 〈별은 내 가슴에〉, 〈장밋빛 인생〉, 〈나쁜 여자, 좋은 여자〉 등 드라마에 출연하며 깍쟁이 연예인으로 강한 생활력의 이미지를 보여준다. 그러던 그녀의 불행은 결혼으로 시작되는데, 결국 그 후유증과 슬럼프를 딛고 일어서지 못하며 KBS 드라마 〈나쁜 여자, 좋은 여자〉을 마지막으로 자살로 인생을 마감한다. 그녀의 삶을 통해 여자 연예인의 우울증이 새삼 주목받았다. 동생인 최진영, 전 남편인 조성민까지 모두 자살하며 최진실을 둘러싼 자살극은 끝을 맺는다. 최진실의 죽음은 그녀만의 문제가 아닌 가족사의 아픔으로 이어진 것이다.

드라마 출연도 마찬가지이지만 작품성 있는 영화보다는 흥행용 영화에 주로 캐스팅된 것은 그녀가 갖고 있는 쾌활하고 명랑한 캐릭터 때문이었다. 〈미스터 맘마〉, 〈마누라 죽이기〉, 〈엄마에게 애인이 생겼어요〉, 〈베이비 세일〉, 〈홀리데이 인 서울〉, 〈마요네즈〉 등의 영화와 최루성 멜로영화 〈편지〉가 그녀의 필모그래피에 남아있다.

그녀를 영화진흥공사 시사실에 본 적이 있다. 정지영 감독의 〈남부군〉에 동생 최진영과 함께 출연하던 때이다. 티 없이 밝은 이미지로 훌쩍 큰 키에 큰 배우가 될 것이라는 예감을 했고, 이명세 감독의 〈나의 사랑 나의 신부〉로 스타가 되었다. 이후 장르나 배역을 가리지 않고 다작을 하며 그녀의 재능을 꽃피웠다. 같은 시기에 강수연(1966년생), 조용원, 김희애, 전인화(1967년생)가 인기 경합을 벌이며 활동하였다.

▬ 패체貝蒂

패체는 1970년대에 활동했던 홍콩여배우로, 여러 장르에서 활동하였지만 주로 에로티시즘을 추구한 에로영화의 주인공으로 각인되어 있다. 이는 그녀가 갖고 있는 요염하면서도 강렬한 악녀적인 이미지 때문일 수도 있다. 그녀에게서 매염방의 분위기를 느낀다면 그것은 나만의 생각일까? 패체는 1972년 〈애노〉로 데뷔하여 1983년 〈추풍여인심〉으로 은퇴할 때까지 36편의 영화에 출연하였다. 우리나라에 공식적으로 수입된 그녀의 출연작은 없다.

▰ 풍쉬범馮淬帆

풍쉬범은 1945년생으로 1967년 〈홍화협도〉에 데뷔하여 장철 감독의 1970년 작 〈소살성〉, 1971년 작 〈쌍협〉, 나유 감독의 1972년 작 〈금선풍〉 등 여러 영화에 출연하며 우리에게 낯익은 얼굴이다. 다소 부정적인 표정으로 과장된 연기를 보여주는데 정의를 구현하려는 이미지로 많은 영화에 출연하였다. 쇼브라더스 영화에도 출연하였지만 특히 골든하베스트의 성룡 영화 〈오복성〉 등 여러 편에서 그의 캐릭터를 고정화시켰다.

1974년부터 2000년까지 10편의 영화를 감독하였으며, 출연작이 134편에 이르고 현재도 꾸준히 출연하고 있는 현재진행형의 배우 겸 감독이다. 극 중에서 시침 뚝 떼는 그를 보면 한국의 코믹한 악당 캐릭터 허장강이나 능구렁이 캐릭터 양택조가 떠오른다. 1986년 이동승 각본·감독 데뷔작인 〈전료정전〉에서 정신병자의 살인소동을 본 사회복지사 서 선생으로 출연해 인상적인 연기를 보여주었다.

▰ 필립 리Phillip Rhee

필립 리(본명 이원영)는 호쾌하면서도 뛰어난 태권도를 선보이며 〈베스트 오브 베스트〉로 미국 주류영화 시장에서 성공한 한국영화인이다. 그는 1960년 서울 출생으로 초등학교 시절 미국으로 이민을 가서 준청 도장에서 태권도를 꾸준히 연마하였다. 1986년 〈닌자 터프〉로 데뷔 후 1989년 이후 〈베스트 오브 베스트〉 시리즈를 제작·주연하며 태권도 영화를 할리우드에서 부각시킨 장본인이다.

필립 리라는 글로벌 태권도 스타를 탄생시킨 〈베스트 오브 베스트〉는 시리즈로 4편까지 제작되었다. 1989년 시리즈 첫 편이 개봉되며 필립 리는 타고난 발군의 태권도 실력으로 화려한 태권도 발차기 기술을 선보이며 새로운 스타로 탄생하였다. 이는 이소룡이 보여준 태권도 발차기에서 진일보하여 다양한 발차기로 더욱 동적인 회전운동으로 보여주었기 때문이다. 그것은 이소룡이 태권도 발차기를 할 때와 달리 여러 발차기 기술이 개발되었기 때문이다. 이로 인해 영화는 더 다이내

믹해졌고 액션은 활기차졌다.

더구나 그가 영화 속에서 보여주는 영웅상은 유색인종으로서의 항거와 그것이 갖는 타당성이 감동을 준다. 시리즈 3편에서 인종 우월주의자들과의 한판 대결은 권선징악의 차원을 넘어 그를 아시아의 영웅으로 부각시키기에 부족함이 없었다. 이소룡 사후에 할리우드 시장에서 동양인 배우는 악역으로 인기를 얻었던 것에 비해 필립 리는 정의의 주인공으로서 다시 인기를 끌었다.

필립 리가 아이디어를 내고 공동 제작하며 아버지 이민희는 물론 친형인 사이먼까지 참여하여 태권도영화로 세계시장을 석권하고자 했던 의지가 미국 시장에서도 먹힌 것이다. 이 시리즈는 결국 미국 주류시장에서 자리 잡게 했다. 4편의 경우 짝퉁 영화까지 나왔으니 이 영화의 인기를 실감하게 한다.

▬ 하리리何莉莉

하리리는 1952년생으로 알려져 있지만 1946년생으로 추정되는 1970년대 초 쇼브라더스의 간판 여배우이다. 1965년에 19세라는 이른 나이에 데뷔하여 40여 편에 출연하며 한 시대를 풍미한 스타 배우이다. 그녀는 대만 출생으로 초원 감독이나 일본의 초빙 감독인 이노우에 우메츠구 감독 영화에서 주연을 맡아 부각되었다. 서구적인 외모이면서도 사극에 출연하여도 잘 어울리는 이중적인 캐릭터이다. 다소 차가운 이미지로 도도하면서도 슬픔을 머금은 야누스적 성격을 보여주며 쇼브라더스의 대표작에 출연했다.

다수의 액션영화, 무술영화 출연작도 있는데 그것은 당시 유행장르이기 때문에 출연한 것이고 현대풍의 멜로영화에 잘 어울리는 배우이다. 그러함에도 그런 영화가 적어 그녀의 재능을 충분히 못 살린 듯한 느낌이다. 또 다른 스타 여배우 녑니(티엔니 탄니)가 그녀와 흡사한 이미지로 〈소녀〉 등에서 도시 여성의 캐릭터로 출연했었다. 그런 역할이 그녀가 출연했어도 어울릴 만한 캐릭터였다. 그녀들은 애매하게도 이한상 감독의 시대극 염정영화에 함께 출연하기도 한다.

같은 시기 배우로는 능파, 이청, 호연니(후예니) 등이 있는데, 차갑고 도도한 캐릭터로 그녀를 따라올 배우는 없었다. 〈길상도방〉의 도박장 여주인공 등의 캐릭터로 굳어진 이미지 때문일 수도 있다. 그녀는 쿨한 뉘앙스, 도회적인 세련된 분위기로 당대 스타 이청과 라이벌이었다. 두 사람은 도회적, 고전적 이미지로 각기 개성을 달리한다. 그녀는 뇌쇄적이며 요염한 분위기로 청순한 이청이 결코 연기할 수 없는 배역이었다. 이노우에 우메지 감독의 1968년 작 〈화월춘야〉에서 두 사람은 공연하며 라이벌 경연을 하였다. 정감 감독의 1973년 작 〈14인의 여걸〉에서도 공연한다.

그녀의 주요 작품은 〈애노〉, 〈철관음〉, 〈보석염도(연애도적)〉, 〈여살수〉, 〈향강화월야(홍콩야상곡)〉, 〈길상도방〉, 〈대도가왕〉, 〈문소신〉, 〈여살수〉, 〈철낭자〉, 〈우중화〉, 〈무의〉, 〈탕구지〉, 〈수호전〉, 〈대군벌〉, 〈14인의 여걸〉 등 40여 편이다. 한국에는 합작영화로 소개된 이노우에 우메지 감독의 1971년 〈처녀수첩〉, 〈연애도적〉 그리고 남석훈과 공연한 무협영화 〈철낭자〉로 알려졌다. 한국의 김수용 감독이 초빙되어 가서 만든 1972년 작 〈우중화〉에도 출연했다.

■ 하명중

하명중은 1947년 부산 출생으로 본명은 하명종이고 하길종 감독의 동생이다. 1965년 KBS 탤런트로 선발되어 연기 활동을 시작한다. 당시 내한한 쇼브라더스의 런런쇼에 의해 픽업되어 서증굉 감독의 〈십이금전표〉에 출연하였다. 하명중은 쇼브라더스가 '남국영화배우학교'를 운영하며 신인배우의 연기와 무술 교육을 시켰다고 증언한다. 그는 "쇼브라더스는 48개의 대형 스튜디오, 야외 스튜디오, 편집, 녹음실, 현상소 등을 갖추고 연간 50여 편의 영화를 제작하여 동남아시아의 365개 직영극장을 통해 배급함으로써 명실상부한 '아시아 최대의 영화제국'"이라고 말한다. 〈십이금전표〉를 촬영할 때 카메라 5대가 동원되고 헬기로 항공 촬영까지 하였다고 한다.

그는 귀국하여 1967년 〈너와 나〉, 하길종 감독이 미국에서 귀국하여 만든 〈화분〉, 임권택의 〈족보〉, 유현목의 〈불꽃〉, 이두용의 〈최후의 증인〉 등인데 화면을 압도하는 에너지를 보여준 그의 연기는 광인의 수준이다. 조용하고 얌전해 보이는 그에게서 잠재한 무한한 능력을 확인할 때면 그는 진정 배우구나 싶다. 그는 이미 홍파 감독의 〈몸 전체로 사랑을〉로 1974년 제 20회 아시아영화제 남우주연상과 〈족보〉와 〈불꽃〉으로 대종상영화제 남우주연상을 받았다.

그런 그가 감독으로 데뷔하였다. 조해일의 원작을 영화화한 〈X〉는 인간 구원의 메시지를 보여주는 영화이다. 이미숙 배우의 전라신을 한 편의 명화처럼 찍어 낸 기억이 새롭다. 그의 두 번째 연출작 〈땡볕〉은 우리에게 해외영화제 수상이라는 낭보를 전해주었는데 부감으로 찍은 강을 건너는 롱숏은 그가 대단한 잠재력을 연출에서도 보이는구나 싶었다. 감독 자신이 출연하며 조용원, 이혜영 배우를 통해 인간의 욕망을 일제강점기의 비참한 서민들의 삶을 통해 보여주었다.

또 외딴 섬에서 벌어지는 인간의 욕망을 그린 〈태〉가 흥행에서 실패하고, 소년 소녀 가장의 수기를 영화로 만든 〈혼자 도는 바람개비〉 후 17년 만인 2007년 〈어머니는 죽지 않는다〉로 컴백해 2009년 〈주문진〉까지 감독했다.

▬ 한용철

한용철 배우는 챠리 쉘이라는 영어 이름을 가진 재미동포이다. 그는 1954년 9월 23일 인천 출생이다. 중학교 시절 서울 북아현동으로 이사해 1971년도에 미국 미시간으로 가족 모두가 이민을 가서 살고 있다. 이두용 감독의 〈용호대련〉으로 데뷔했는데 당시 태권도 3단이었다고 한다.

이두용 감독이 전국의 태권인들을 대상으로 영화배우 선발을 하고도 주인공을 찾지 못했는데, 주인공으로 낙점된 행운아다. 가녀린 몸매에 발차기가 일품이어서 이두용 감독의 눈에 들었고, 이소룡 사후 한국에서 첫 번째로 제작된 1974년 〈용호대련〉으로 화려하게 데뷔하여 〈죽엄의 다리〉, 〈돌아온 외다리〉, 〈분노의 왼발〉 등의 영화에서 주인공으로 한 시대를 풍미하였다.

그는 어린 나이를 감추기 위해 콧수염을 길렀는데, 그것도 꽤나 어울려 그의 신비로운 이미지의 한 요소가 된다. 그가 맡은 배역은 폭력을 행사할 수밖에 없는 젊은이인데 알고 보니 독립군의 비밀요원이었다는 식이다. 그는 이두용 감독에게서 독립해 최영철, 김시현 감독과 영화를 몇 편 더 찍고 미국으로 돌아갔다. 1981년 돌아와 이혁수 감독의 〈용호의 사촌들〉이라는 영화에 출연했으나 더 이상 그의 시대는 아니었다.

영화 데뷔는 호텔 사업을 하는 정갑진과 어머니가 친분이 있었고 그가 합동영화사의 제작 상무인 이창규 씨와 연결시켜 주었다고 한다. 홀로 오디션을 보고 바로 주인공에 캐스팅되어 1973년 한겨울에 한탄강 등지에서 촬영을 하였다. 이 영화는 1974년에 개봉되었고 그는 계속해 이두용 감독의 태권도 영화에 출연하게 된다. 개런티는 처음에는 많지 않았으나 그의 출연작이 지방에서 큰 인기를 끌자 천만 원의 출연료를 받았다는 이두용 감독의 말을 직접 확인할 수 있었다.

1974년 한해에만 무려 9편의 영화가 개봉되었으니 그의 인기를 가름할 수 있다. 그는 계속되는 촬영에 피로가 누적되었을 것이다. 그는 일시 미국으로 돌아갔고 미시건주립대학 근처의 애나벌Ann Arbor에서 태권도장을 오픈하고 10년간 운영했다.

그리고 최영철 감독의 영화에 다시 출연하게 되어 전우열, 김시현, 이혁수 감독의 영화에 출연하게 된다. 그러나 이미 태권도 영화가 무국적영화처럼 만들어지며 이미 관객들의 관심에서 멀어지며 그도 다시 미국으로 들어갔다. 그의 마지막 출연작은 황정리 배우와 함께 촬영한 〈용호의 사촌들〉이다. 현재는 디트로이트에 거주하며 미용용품샵Beauty Supply shop을 운영 중이라고 근황을 전했다.

■ 한태일

한태일 배우는 그는 1941년 일본의 고베에서 태어났고, 광복 후 제주도로 귀향하여 그곳에서 학교를 졸업하고 서울 서라벌예술대학 무용과를 다녔다. 연극영화과 대신 선택했던 과였고 주로 명동에서 지냈다. 당시 명동은 예술인들의 집합소였다. 그는 1962년 김화랑 감독의 〈쥐구멍에도 볕들 날 있다〉로 데뷔했다. 그가 양훈 배우의 로드 매니저를 했던 인연으로 데뷔한 것이다. 그는 심우섭 감독의 코미디 영화에 출연하며 강범구, 설태호, 고영남, 이만희 감독의 영화에 단역으로 출연한다. 문여송 감독의 〈진짜 진짜 잊지마〉에서는 훈육선생님으로 출연했다. 특히 기억나는 영화들은 김효천 감독의 〈명동〉 시리즈이다.

이후 이두용 감독과는 〈돌아온 외다리〉에서 만났는데, 그가 각종 운동을 하며 주인공을 받쳐줄 수 있는 액션이 가능했기 때문이다. 당시 개런티는 모두 어음으로 받아 최고 20%씩 와리깡(할인)해서 썼는데, 합동영화사 곽정환 사장은 특별히 한 편의 개런티를 현찰로 주되 한 번에 두 편씩을 찍게 했다고 한다. 두 편 동시에 찍기는 남기남 감독의 특기인데 이두용 감독도 한때는 그렇게 촬영한 것이다. 이두용 감독의 영화 중 기억나는 것은 〈무장해제〉, 〈초분〉, 〈물도리동〉, 〈피막〉, 〈최후의 증인〉, 〈뽕〉 등이다. 〈최후의 증인〉에서의 배역은 한동수 역이다. 그가 나직이 하는 대사 "묻어라!"가 금방 떠오른다.

이두용 감독이 태권도 영화 연출을 그만두게 된 사연도 그가 들려주었다. 그가 배우협회에 갔다가 선배인 장혁 배우가 '으악새 배우' 비하하는 이야기를 듣고 이두용 감독에게 하소연했던 것이다. 당시 동료 영화인들의 태권도 영화 장르에 대한 조롱과 멸시는 참기 어려운 것이었다. 그의 말 때문일 수도 있고 이 감독 스스로의 선택인지 이 감독은 이후 〈초분〉, 〈물도리동〉 등의 향토영화 연출을 시작한다.

그는 학생영화에 단골 출연하는 배우다. 그만큼 미래 영화인들에 대한 투자며 배려다. 청주대 졸업영화제 상영작인 〈나의 순정씨〉에 출연하여 휠체어 타는 할아버지의 명연기를 보여주었다. 노익장을 보여주는 그의 신작이 기다려진다.

▬ 홍금보洪金寶

1952년생인 홍금보는 1961년 영화 〈애적교육〉으로 데뷔해 아역배우로 이소룡과 같은 시기에 활동하였고, 〈용쟁호투〉에 자랑스럽게 캐스팅되어 공연한 배우로 이젠 홍콩 무술영화의 맏형이다. 어린 시절부터 함께했던 성룡, 원표와 더불어 골든트리오로 불리었다. 어린 시절부터 영화계에서 일하며 배우로서 적합하지 않은 외모를 무기로 무술배우로 성장하였다. 홍콩의 내로라하는 감독과 함께하였고 이소룡, 성룡 등 기라성 같은 스타와 공연하였고 그 또한 그 반열에 올라섰다. 수많은 출연작은 그의 노력과 열정의 결과물들이다. 〈찬선생여조전화〉 이후 〈귀타귀〉를 발표하며 그만의 창의성을 인정받았다.

그는 30편을 감독하고 무술감독 76편, 출연작은 186편에 이르니 그야말로 홍콩 및 중국무술영화의 산증인이다. 또한, 무명시절 한국에서 성룡과 함께 활동하며 많은 합작영화에 관여하였다. 최경옥 감독의 〈비연맹수〉에서도 무술감독으로 활동하여 한국영화계와 오랜 인연을 보여준다.

▬ 황정리

황정리 배우는 1944년 12월 일본 홋카이도 출생이다. 일제강점기에 부모님이 징용을 가서 홋카이도에 살다가 아오모리를 통해 귀국했다. 그는 군 제대 후인

1970년대 초에 안달호 감독의 〈봉도〉에 출연하며 데뷔하였다(다른 원로배우와 비슷한 시기에 데뷔하였다). 1974년 이두용 감독의 태권도 액션배우 1차 선발에서 뽑혀 〈용호대련〉, 〈돌아온 외다리〉 등에 출연하였다. 이후 후 〈무장해제〉에서 1인 2역으로 출연하며 오사원 감독에게 발탁되었고 홍콩으로 진출하여 〈사형도수〉, 〈취권〉에서 성룡의 상대역으로 출연하며 세계적인 스타로 발돋움한다.

이후는 그의 최전성기이다. 가마니로 돈을 쌓을 정도라는 이두용 감독의 말처럼 수없이 많은 홍콩영화에 출연하였다. 한 편당 일주일 씩 시간을 할애하여 촬영하였다는데 본인도 제목을 기억하지 못할 정도이다. 해외에서 실버폭스(은여우)로 알려져 있는 그는 300여 편 출연이라는 경이적인 출연 편수를 기록하고 있다.

1980년대 들어 귀국하여 본인이 감독, 주연하며 한국영화를 제작하였고 이두용 감독의 〈해결사〉에 출연한다. 그리고 〈모래시계〉 등의 TV 드라마에서 무술감독을 맡았고 제주도에서 휴식기를 갖고 영화계 컴백을 위해 귀경한다. 그러나 마땅한 배역이 없어 해외로 다니며 세계종합무술협회 총재로서 시범과 세미나 등 바쁜 나날을 보내고 있다.

■ 허관걸許冠傑

허관걸은 허관무, 허관문, 허관영, 허관걸 4형제 중 막내로 1948년 9월 6일 중국 광저우에서 태어났다. 1967년 연화악단 밴드 활동을 하며 가수 활동을 하였고, 〈반근팔량半斤八兩〉(한국 말로 오십보 백보라는 뜻으로, 거기서 거기라는 의미다)으로 홍콩의 아이돌 스타로 불리었다. 이 곡은 형제들과 함께 출연한 영화의 주제가이며 서민들에게 위로와 용기를 주는 흥겨운 노래이다. 그는 형제들과 함께 영화 활동을 하여 이소룡 사후 코믹영화의 전형을 보여주며 최고 인기를 구가하였다.

■ 허관문許冠文

허관문은 1942년 9월 3일 광둥 출생이며 허관무, 허관문, 허관영, 허관걸 등 허씨 4형제의 둘째이다. 이소룡 사후 홍콩 코미디영화를 부활시킨 장본인으로 1976년 작 〈반근팔량半斤八兩〉은 홍콩영화 흥행 기록을 경신하였다. 〈반근팔량〉은 1979년 일본에서 〈미스터부〉로 개봉되었고, 허관문의 출연 영화는 〈미스터부〉

시리즈로 소개된다. 〈미스터부〉에서 소시지로 쌍절곤을 돌리듯 휘두르는 모습은 주성치 코미디의 원조라고 볼 수도 있다.

■ 형혜邢慧

형혜(마가렛 힝후이)는 1944년 상하이 출생이다. 그녀는 홍콩의 뉴 메서드 대학을 졸업하고 연예계에 입문한다. 18살인 1962년에 쇼브라더스에 입사했다. 그녀는 일본의 도호영화사로 보내져 1년간 배우 훈련을 받고 홍콩으로 돌아와 출연한 첫 번째 영화는 1964년 도진 감독의 〈만화앙춘萬花迎春〉이다. 그녀는 여러 장르에 출연하는데 그녀의 다재다능함 때문이다.

같은 해 악풍 감독의 〈달기〉에도 출연하는데 훗날 스타가 된 이청, 진평 등 스타가 즐비하다. 그들과 경쟁하며 9년간 활동하며 모두 25편의 영화에 출연하였다. 짧은 활동 기간과 편수인데 재능에 비해 아무래도 같은 시기 활동했던 스타들과의 경쟁에서 뒤처진 감이 없지 않다. 한국에 개봉된 영화로는 〈왕우의 혈투〉가 있다. 청순가련한 배역이었는데 부잣집 딸 캐릭터에 딱 맞았던 배우이다. 약간은 김영애와 배종옥 배우의 분위기를 느낄 수 있다. 그 외 정창화 감독의 〈래여풍〉에 출연했다.

■ 호연니胡燕妮

호연니(후옌니)는 1960년대 홍콩 톱스타로 1945년 광저우에서 출생하였다. 중국인 아버지와 독일인 어머니 사이에서 태어나 동양적이면서 이국적인 외모이다. 대만에서 어린 시절을 보내고 독일 가서 청소년기를 보내고 홍콩으로 와서 영화에 데뷔했다. 1963년에 진검 대표(총경리)를 만나 국예전영공사와 5년간 계약했고, 1964년에 진검이 쇼브라더스의 요청을 받아 쇼브라더스에 가입했다. 1966년에 진검을 만나 쇼브라더스에 소개하였는데, 쇼브라더스는 진검 감독을 요구를 받아 그녀와 계약했다.

1966년에 진검 감독의 〈하일군재래〉로 데뷔하였고 1968년에 강위(캉웨이)와 교제를 시작하였다. 그들은 결혼 예정이었으나 톱스타였으므로 쇼브라더스는 두 사람의 교제를 방해하였다. 그래도 그들은 결혼을 감행하였고 이후 강위는 홍콩의 미국 신문방송사 지국에서 프로그램 제작자로 활동했다. 1969년 즈음, 그들은 사내아이 둘을 낳았다는 소문이 났으나 결혼 후 컴백작인 〈욕염광류〉를 촬영하였다. 이 후 뮤지컬 〈청춘연〉에도 출연하며 다시 인기가 상승하였다. 1972년에는 무려 12편에 출연하며 최전성기를 맞는다.

당대 톱스타인 이청이 1964년, 하리리가 1965년, 호연니가 1966년에 데뷔하며 같은 시기에 인기를 누리면서 당대 트로이카 시대를 맞았다. 그러나 쇼브라더스 탈퇴 후 여러 영화사의 작품에 출연하며 드라마에도 출연하였다. 1980년 은퇴후 미국으로 이민가서 대만과 홍콩을 왕래하며 살고 있다. 1990년에는 대만에서 TV에 출연했다.

그녀는 일체의 무협영화 출연을 거부하고 오로지 멜로영화만을 고집하며 활동했다. 물론 1~2편 정도의 액션영화 출연작이 있고 후기로 가면 더 많아지지만, 그녀는 멜로영화의 주인공이고자 했다. 미국 대중잡지 《라이프》가 쇼브라더스를 집중 조명하며 그녀를 표지모델로 선정하기도 했다. 그녀의 아들인 윤자유는 배우로 데뷔해 〈젠 엑스 캅〉, 〈신 경찰고사〉에 출연했다.

■ **후지 준코**藤純子

후지 준코는 1945년 12월 1일생으로 일본 와카야마 출생이며 부친도 영화인이다. 도에이영화사 스튜디오에 놀러갔다가 마사키 마사히로 감독에 의해 캐스팅되었고, 1963년 영화 〈팔주유협전 남자의 잔八州遊侠伝 男の盃〉으로 데뷔해 도에이영화사의 흥행 퀸에 오른다. 1962년 표지모델로 예능계(연예계)에 데뷔해 비교적 이른 나이인 18세에 배우 데뷔를 했다. 1960년대 후반에 도에이 임협영화에서 화려하게 활약하며 가토 타이 감독의 1969년 작 〈붉은 모란〉 등에 출연한다. 등에 붉은 모란을 문신한 오류가 아버지의 복수를 하는 임협영화이다.

일본영화계의 톱스타이며 명화로 불리는 그녀가 주로 활약한 시기는 1960년대부터 1970년대이다. 1959년에 데뷔한 김지미 배우와 같은 시기에 활동했고 여장부스러운 것이 닮았다. 윤정희 배우와는 비슷한 나이에 화려한 미모도 닮았다. 가장 닮은 한국여배우는 TV 드라마 〈아씨〉의 히로인 김희준이다. 그러나 배역이 천양지차라 같은 분위기는 전혀 느낄 수 없고 청순녀 원미경도 분장하면 닮아 보일 것이다.

역시 윤정희 배우와 공통점이 많아 곧잘 비견되는데, 뛰어난 미모와 폭발한 듯한 마력의 연기를 보여준 점과 또 같은 연배이기 때문이다. 윤 배우는 1944년생이고 1967년에 데뷔했으며 후지 준코는 윤 배우에 비해 나이는 한 살 어리지만 데뷔는 4년 빠르다. 그녀는 은퇴 당시까지 후지 준코는 도에이영화사의 최고 흥행 배우였고 윤정희 배우는 당대 한국을 대표하는 배우이다. 야쿠자를 소재로 한 임협영화가 한국에 없는 장르라 두 배우가 비교는 안 되지만 (임협영화에 출연한 윤 배우를) 연상해 보면 두 배우는 분명 닮았다. 둘은 외모는 다르지만 도도하면서 배짱 있는 연기 스타일이 닮아, 두 배우를 비교해 보는 것도 흥미롭습니다.

후지 준코가 임협영화에서 주로 연기한 배역은 여자 야쿠자 역할이었다. 아름답지만 살기 어린 그녀는 매력적이다. 싸늘하게 쳐다보는 그녀의 눈초리는 야멸차고 일순간 휘두른 단검에 남자들은 추풍낙엽이다. 피 묻은 칼로 주변을 돌아보는 그녀의 모습은 정중동의 미학이다. 주변인은 긴장감이 돌며 죽을 순서를 기다리는 표정이 된다. 피 묻은 칼과 미녀는 묘한 앙상블이다. 그녀의 몸이 단검과 일체가 되어 돌아갈 때마다 주변의 남자들은 추풍낙엽처럼 나뒹군다. 그러나 어쩔 것인가? 그녀도 사람이라 사랑에 빠지고 칼을 맞는다.

그녀의 영화를 볼 수 없을 때 그녀를 알았고 사진집만으로 그녀의 영화를 상상했다. 이제 스크린에서 만난 후지 준코는 생각보다 훨씬 화려하고 현란하다. 누구도 따라갈 수 없는 카리스마를 지닌 여배우이다. 누구라도 한 눈에 자신을 흠모하게 만드는 게 그녀만의 매력이다. 결혼과 함께 1972년 영화계를 은퇴하였으나 1980년대 TV 진행자로 컴백하였다. 1989년에 〈아. 운〉으로 배우 활동을 재개했고, 1998년에 〈아, 봄〉, 1999년에 〈오모쟈〉 등에 출연한다. 그녀는 컴백하며 후지 스미코富司純子란 예명으로 개명한다. 초심으로 돌아가기 위함이란 설명이다. 그녀 이름의 발음이 같은 다른 여배우도 있다.

PRODUCTION___

DIRECTOR___

CAMERA___

DATE___   SC

■ 곽일로 작가

곽일로 작가는 1919년생으로 1970년대를 대표하는 시나리오작가로 주로 신필름의 시나리오를 집필하였다. 1959년 강태웅 감독의 〈백의천사와 꼽추〉로 데뷔하여 〈천년호〉, 〈내시〉, 〈천년호〉, 〈평양폭격대〉, 〈대전장〉, 〈전쟁과 인간〉 등이 대표작이다. 방송국으로 옮겨가 KBS의 〈파도〉, MBC의 〈복녀〉, TBC의 〈풍운백년〉 등을 집필하였다.

당시로는 다작 작가였으며 때로는 합작영화의 시나리오도 썼지만 대명작도 눈에 띈다. 수상작으로는 1971년 〈대전장〉으로 대종상영화제에서 각본상, 1972년 〈전쟁과 인간〉으로 아시아영화제와 백상예술대상에서 각본상, 1974년 백상예술대상 TV 부문에서 〈파도〉로 극본상을 받았다.

■ 곽정환 영화제작자

한국의 런런쇼라고 할 수 있는 서울극장의 곽정환 회장은 1930년 12월 4일 평안북도 용강군 출생으로 2013년 11월 8일 향년 83세로 별세했다. 그는 1964년 합동영화사를 설립한 이래 1978년 경영이 부진했던 세기극장을 인수하여 1979년부터 서울극장을 운영하며 2000년대 초반까지 국내 영화 배급계의 큰 손이었다. 미망인은 1960년대 톱스타인 고은아 배우로 부산의 은아극장도 운영하고 있다.

그는 1970년대 〈홍의장군〉으로 대종상영화제에서 작품상을 받았고, 이소룡 사후 태권도 영화인 〈용호대련〉, 〈분노의 왼발〉, 〈무장해제〉, 〈아메리카 방문객〉 등을 제작했으며 1990년대에는 공동 제작했던 〈투캅스 2〉, 〈초록물고기〉, 〈넘버 3〉, 〈편지〉 등이 흥행에 성공했으며 모두 100여 편의 영화를 제작했다. 감독으로서도 〈이중섭〉, 〈가고파〉 등 몇 편의 감독작이 있다. 그는 합작영화의 산 증인이나 일체 함구하여 그가 관련된 위장 합작영화의 봉인은 끝내 열리지 않았다.

■ 광한락鄺漢樂 촬영기사

광한락 촬영기사는 1961년에 데뷔하여 1977년 〈여신탐〉까지 29편을 촬영하였다. 그는 장철 감독의 초기 전성시대의 촬영기사로 활동했다. 〈대협객(대자객)〉, 〈의리의 사나이 외팔이(독비도)〉 등을 촬영하였는데, 장철 감독의 촬영기사로 일본인 미야키 유키오(공막탁龔幕鐸)가 영입된다. 결국 그는 다른 감독들과 활동하지만 역시 대부분이 장철 사단의 멤버들이었다. 광한락 역시 그 멤버 중 한 명이기 때문이다. 그의 앵글도 미야키 유키오 촬영기사에 비해 부족한 건 아니다.

쇼브라더스는 스케줄이 맞으면 다른 촬영기사와 투입되어 공동 작업한 영화가 많다. 세계 어느 나라에서도 볼 수 없는 일인데 부득이하게 일이 겹치면 시간이 비는 누군가가 투입되는 것이다. 이른바 공장 시스템이다. 정창화 감독도 처음 겪고는 놀래 항의했다고 하는데 그건 그곳의 법이었다. 그가 참여한 영화는 많다. 처절한 피의 미학, 죽음의 미학을 적나라하게 보여준 그의 영상미학은 뛰어나다. 그것이 광한락 촬영기사를 주목해야 할 이유이다.

▬ 구강건邱剛健 작가

홍콩의 영화감독이자 시나리오작가이다. 1940년 5월 19일에 태어나 2013년 11월 27일 베이징에서 73세로 별세하였다. 그는 중화인민공화국 성립 후 대만으로 왔고 미국 유학을 거쳐 홍콩에서 활동하였다. 감독작도 3편이 있고 2006년 〈야연〉을 기획했다. 그의 작품 중에서 한국에서 개봉이 된 것은 〈음양도〉, 〈태음지〉, 〈완령옥〉, 〈야연〉 등이 있으나 우리에게는 낯선 이름이기는 하다. 그의 대표작 중에서 시선을 끄는 영화는 1969년 〈사각〉부터 1970년 〈소살성〉, 1971년 〈대결투〉, 1972년 〈애노〉 등 장철 감독과 초원 감독의 대표작들이다.

그의 시나리오로는 장철 감독의 〈대도가왕大盜歌王〉(1969), 〈사각死角〉(1969), 〈소살성小煞星〉(1970), 〈대결투大決鬪〉(1971), 초원 감독의 〈애노愛奴〉(1972), 〈소잡종小雜種〉(1973), 계치홍 감독의 〈혈증血証〉(1973), 하몽화 감독의 〈독녀毒女〉(1973) 등이 있다. 2011년까지 42편의 시나리오가 영화화되었다.

▬ 김상범 편집감독

김상범 편집감독은 1954년생으로 최신작 〈베를린〉에 참여했다. 그는 임권택, 곽지균 감독의 조감독을 거쳐 여러 영화의 각본에 참여했다. 그에게 감독 데뷔의 기회는 있었지만 그가 활동하던 1980년대는 에로티시즘 영화가 성행하던 때이라 데뷔의 기회를 놓쳤다. 그 후 아버지 김희수 편집감독의 뒤를 이어 동생 김재범과 함께 편집일을 시작했다. 그리고 204년 박찬욱 감독의 〈올드보이〉로 제41회 대종상영화제 편집상을 받았고, 2006년 〈사생결단〉으로 같은 영화제에서 같은 상을 받았다. 2010년에는 〈아저씨〉로 같은 영화제, 같은 상과 제8회 대한민국 영화대상 편집상을 받았다. 2011년에는 윤종빈 감독의 〈범죄와의 전쟁: 나쁜놈들 전성시대〉에 참여했다. 그는 편집 일 외에 연출, 각본 등 각 분야에 참여했던 내공으로 감독들의 작품을 더욱 빛내주고 있다.

▬ 김시연 작가

김시연 작가는 1941년생으로 알려져 있으나, 8남매 중 둘째로 동생과 생년이 뒤바뀌어 실제로는 1936년생이다. 살다 보니 재판하고 벌금 내는 번거로움 때문에 그냥 살게 되었다고 한다.

그는 대학 휴학 중에 한국배우학원을 1기생으로 다녔는데, 이웃에 살던 유일수 시나리오작가의 영향이라고 한다. 조긍하 감독의 〈육체의 길〉을 집필한 유일수 작가는 일본어가 가능해 일본의 시나리오 잡지를 정기 구독하며 그것을 번역, 각색해 자신의 시나리오로 발표했다고 한다. 당시 제작된 60~70%가 일본 시나리오 표절작이라고 한다. 대표적인 회사는 차태진 사장의 극동흥업이며 당시 이형표 감독의 영화가 그러하다고 했다. 신필름의 곽일로 작가는 100%였다는데 당시 별다른 문제가 없었기에 너도나도 표절 시나리오를 자신의 시나리오로 발표했다고 한다.

김기덕 감독의 〈맨발의 청춘〉 역시 일본영화 〈진흙탕 속의 순정〉을 표절한 것인데, 김기덕 감독과 조감독이었던 고영남 감독이 일본에서 관람하고 와서 쇼트까지 그대로 베껴서 만들었다고 한다. 〈만추〉의 김지헌 작가는 1978년부터 1980년까지 같은 아파트에 살며 교류가 많았다고 한다. 그는 1965년 〈살인수첩〉으로 작가 데뷔하였다. 이 영화는 1966년에 개봉되었고 이후 10편의 시나리오를 집필하였다. 1968년에는 문화영화 〈직업훈련(내일을 위하여)〉를 감독했다.

▬ 김지헌 작가

김지헌 작가는 1928년(혹은 1930년생) 평남 진남포에서 태어났으며, 2015년 7월 15일 향년 88세로 별세하였다. 일제강점기 시절 경동중학교(훗날 경동고등학교)

에 재학 중에는 화가를 지망했으나, 일본 유학이 좌절되며 시나리오작가 공부를 하였다. 광복 후 중앙일보 문화부 기자로 활동하며 시와 시나리오로 입상하며 등단한다. 1958년에 〈자유결혼〉으로 시나리오작가 데뷔 후 꾸준히 활동하였다. 덕망 있는 인품으로 여러 영화인들과 교류하며 시나리오작가 활동 외에 영화 제작을 하기도 하였다.

그의 대표작은 이만희 감독이 1966년에 연출한 〈만추〉이며, 그 시나리오는 일본의 사이토 코이치齋藤耕一 감독의 〈약속〉(1972), 김기영 감독의 〈육체의 약속〉(1975), 김수용 감독의 〈만추〉(1980), 김태영 감독의 〈만추〉(2010)로 리메이크되기도 했다. 1980년 미국 LA로 이민을 떠나 그곳에서 미주영화인협회 회장을 맡아 활동하였으며 1989년 귀국하였다. 합동영화사 곽정환 사장의 배려로 서울극장의 집필실에서 창작 활동을 계속하였고, 1998년부터 예술원 회원으로 활동하였다.

▬ 노다 코고野田高梧 작가

1950년 일본시나리오작가협회 회장이었던 노다 코고는 1893년 11월 19일, 출생하여 1968년 9월 23일 별세하였다. 그는 1924년 쇼치쿠 가마타 촬영소에 입사하였고 작가활동을 시작하였고 1950년 일본 시나리오작가협회장을 역임했다. 그는 오스 야스지로의 여러 영화의 시나리오를 담당했다.

그는 1927년 〈참회의 칼懺悔の刃〉로 데뷔하여 대표작으로는 1949년 〈만춘〉, 1951년 〈초여름〉, 1952년 〈쌀밥에 얹은 녹차의 맛〉, 1953년 〈동경이야기〉, 1958년 〈피안화〉, 1959년 〈안녕하세요お早よう/오하요〉, 1960년 〈늦가을〉, 1961년 〈꽁치의 맛〉이 있다. 그야말로 일본영화사에 기록된 명작들로 주로 오즈 야스지로 감독의 영화들이다. 저서로는 국내에도 번역된 『시나리오 구조론』이 있다.

▬ 니시모토 타다시西本正 촬영기사

니시모토 타다시(서본정)는 1921년 일본 큐슈 출생의 일본인 촬영감독으로 전쟁 후 일본에서 활동하였다. 1958년부터 홍콩 쇼브라더스의 영화사에 스카우트되어 하란산賀蘭山, 하란생賀蘭生이라는 중국식 이름으로 홍콩에서 활동했다. 그는 1957년 홍콩 쇼브라더스로 와서 수많은 명편을 촬영하였다. 한국영화로 알려진

〈비운의 왕비 달기〉의 촬영감독이며 이소룡의 영화까지 촬영하였다. 그는 이소룡의 출연작 중 〈맹룡과강〉, 〈용쟁호투〉, 〈사망유희〉 등을 촬영감독이다. 전편을 다 촬영한 건 〈맹룡과강〉뿐이고 나머지 두 편은 부분 촬영이었다. 그래도 이소룡과 세 편씩 촬영한 건 뿐이다. 나머지 〈용쟁호투〉는 로버트 크로우즈 감독이 철수하고 홍콩에서 이소룡이 따로 연출한 홍금보와의 대결 장면을 촬영하였고, 〈사망유희〉는 5층탑 내의 대결 장면을 촬영하였다.

그는 부친이 만주철도에서 근무했기에 7살에 중국으로 와서 대련에서 초등학교에 다녔다. 1942년 일본촬영기술학교로 유학을 가서 1943년 만주영화협회(장춘영화촬영소)의 뉴스 촬영팀에서 근무했다. 전쟁이 끝나고 일본으로 돌아가 도호영화사에서 촬영조수로 일했고, 1954년 신동보에서 촬영기사로 데뷔하였다. 이후 30여 편의 영화를 촬영하였고, 1958년 한홍일 합작영화 〈이국정원〉의 촬영에 관여했고 1959년부터 쇼브라더스에서 〈무측천武測天〉, 〈양귀비〉, 〈양산백여축영대〉 등을 촬영하였다. 특히 〈양귀비〉로 1963년 칸국제영화제에서 촬영상을 받았다.

그리고 쇼브라더스와 신필름과의 합작영화인 〈비련의 왕비 달기〉의 촬영을 맡아 처음 한국을 방문하였다. 이후 쇼브라더스의 대표작 및 호금전 감독의 무협영화 〈방랑의 결투〉을 맡아 촬영하였으며, 정창화 감독의 〈아랑곡〉, 〈여협매인두〉의 촬영도 맡았다. 그는 쇼브라더스 영화의 촬영 특히 색채적 발전에 큰 공헌을 한 셈이다. 1970년 골든하베스트로 옮겨서는 팽장귀 감독의 〈북소림(일대영웅)〉, 이소룡의 1972년 작 〈맹룡과강〉, 〈사망유희〉 등을 촬영하였다. 또 동항공사東港公司를 세워 1974년 〈구혼염귀句魂艶鬼〉를 제작하였다.

■■ 런런쇼邵逸夫, Run Run Shaw 제작자

홍콩 쇼브라더스 전 사장인 런런쇼(소일부)는 1907년 10월 4일생이다. 그의 형제들은 1920년대 상하이 시절 '천일영편공사'라는 영화사의 설립자들이다. 그리고 싱가포르에서부터 영화 제작을 하였다. 그들 중 런런쇼는 홍콩에서 홍콩 쇼브라더스를 설립하고 홍콩영화의 중흥을 이룬다. 그는 한국과 일본에서 영화인들을 초빙하여 홍콩영화를 질적으로 향상시켰다. 아낌없는 투자로 거대한 세트장을 만들고 그 속에서 각종 영화를 찍은 쇼브라더스의 영광은 곧 세계 무술영화의 황금기를 일구었다.

그는 무협영화 외에도 현대 액션영화, 멜로영화, 공포영화, 소프트 에로영화 등 장르를 초월해 제작했으며, 그 영화들은 2000년대 말부터 세레스티얼사를 통해 DVD로 출시되었다. 1970년대 중반 골든하베스트와 이소룡의 등장 이전 그들이 만든 영화는 홍콩영화사의 대표작들이었고 흥행작들이었다.

1957년 싱가포르를 떠나 홍콩으로 이주한 홍콩 쇼브라더스는 청수만 일대에 대규모 부지를 마련하고 거대 스튜디오를 건설한다. 그들은 1961년부터 동남아 화교들을 대상으로 베이징어 영화를 제작하여 입지전적인 성공을 거둔다. 쇼브라더스의 성공은 더말 할 필요가 없을 정도였고 적어도 이소룡의 등장 이전에는 상대할 영화사가 없는 무적의 영화사였다. 영화사의 성공에 힘입어 1967년에 민간방송사인 홍콩 TVB를 설립한다. 이 방송사는 명실상부한 홍콩 최대의 민간방송으로 주윤발, 양조위, 장국영, 장학우 등 수많은 스타의 산실이었다.

그리고 2011년 1월, 홍콩 TVB는 홍콩의 투자집단인 진국강에게 양도되었다. 이로써 1967년 11월 19일 창립되어 43년간 런런쇼와 그 가족에 의해 운영되었던 방송사가 타인에게 넘어간 것이다. 그 가격은 80~90억 홍콩달러로 추정되었다. 런런쇼는 막대한 자산을 소유한 재력가답게 수많은 자선을 베풀며 존경을 받았고 2014년 1월 7일에 107세로 별세하였다. 거인의 제국이 양도되고 더 이상 그를 지탱시켜 줄 그 무엇이 없어서였을까? 만들고 싶은 영화를 만들고 게다가 성공한 사업가로 장수를 한 그이기에 더 이상 욕심이 없었을 것이다.

런런쇼는 수많은 스타와 감독과 함께 수많은 명편을 만들어 내어 그의 삶은 여러 영화인에게 귀감이 될 만하다. 촬영기사, 감독을 거쳐 기획, 제작자가 되어 상하이, 싱가포르, 홍콩 및 세계를 누빈 그이다. 한국과도 합작영화를 통해 신상옥 감독 등 많은 사람과 교류를 나누었다. 지금 한국에 런런쇼를 회고할 수 있는 이들은 신영균, 윤일봉, 진봉진, 하명중 배우를 비롯하여 정진우, 정창화, 김수용 감독 등이 있다.

■■■■ 레이몬드 초우鄒文懷, Chow Man Wai, Raymond 제작자

레이몬드 초우(추문회)는 홍콩의 영화기획자 겸 제작자로 1927년 10월 8일생이다. 그는 쇼브라더스사의 기획책임자로, 런런쇼를 도와 쇼브라더스를 아시아 굴지의 영화사로 만든 일등공신이다. 1970년에 그가 설립한 골든하베스트는 레오나드 호何冠昌, 렁펑粱風 등이 공동 설립한 영화제작사이다.

그는 흔히 레이몬드 초우라는 이름으로 우리에게 알려져 있으며, 호리호리한 몸매로 매우 다정다감한 사람이다. 추문회는 1970년도에 런런쇼의 지인인 모나펑이 제작 책임자로 부임해 오자, 쇼브라더스를 나와 골든하베스트嘉禾電影有限公司를 설립한다. 그는 레오나드호何冠昌, 렁펑粱風 등과 골든하베스트를 공동 설립한 후, 정창화 감독이나 나유, 오가양 감독 등을 영입한다. 그들은 스튜디오도 없는 열악한 상황이라 로케이션 영화를 찍을 수밖에 없었다. 배급할 극장도 없는 열악한 상태에서 출발한 그들은 스튜디오 제작의 시대극을 탈피해 저예산의 현대물을 촬영할 수밖에 없는 상황이었다.

그는 일본과의 합작영화인 〈외팔이와 맹협〉을 동남아와 한국에 배급하고 해외 화교자본을 투자받아 영화 제작을 시작하였는데, 이소룡을 발굴하여 두 편을 계약해 태국에서 〈당산대형〉을 촬영한다. 이 영화는 정창화 감독이 맡아 촬영하였고 〈당산대형〉은 오가양 감독에게 맡겼으나, 이소룡과 불화로 나유 감독으로 교체된다.

레이몬드 초우는 1971년부터 〈천룡팔장〉, 〈도불류인〉, 〈당산대형〉, 〈정무문〉, 〈합기도〉, 〈맹룡과강〉, 〈용호금강〉, 〈철와〉, 〈용쟁호투〉 등을 제작하며 신생 영화사였던 골든하베스트를 쇼브라더스와 맞먹는 회사로 안착시킨다. 이는 온갖 악조건에서 일구어 낸 혁명적인 일이라고 할 수 있다.

한편 한국 로케이션으로 우진필름과 합작하여 〈흑야괴객〉을 촬영하였다. 이런 여러 어려운 상황에서 출발하였으나, 뜻밖에 〈당산대형〉이 홍콩 흥행 기록을 경신하는 큰 성공을 거두며 골든하베스트는 영화사로 자리 잡을 수 있었다. 그리고 이소룡의 두 번째 영화인 〈정무문〉이 다시 홍콩 흥행 기록을 경신하여 골든하베스트는 홍콩 굴지의 영화사인 쇼브라더스를 앞서는 대형 영화사로 정착한다.

이소룡이 홍콩에 귀국하였을 때 TV 방송에서 이소룡을 보고 미국에 나유 감독의 부인인 유랑화를 보내 계약하게 한 일화는 그의 뛰어난 안목을 말해준다. 그의 캐스팅이 아니었다면 이소룡의 홍콩영화 컴백은 좀 더 뒤로 미루어졌을 것이다. 일례로 런런쇼는 이소룡이 찾아가자 다른 일반 배우들과 같은 조건을 제시했고, 노예계약서와 다름없는 장기 계약을 제시하여 계약이 무산된 바 있다.

당시 이소룡은 할리우드에서 자리 잡지 못하고 있던 차라 레이몬드 초우의 후한 계약 조건에 만족하고 홍콩영화계에 컴백하게 된 것이다. 그는 이소룡이 대스타로 성공하자 그의 저택을 마련해 주는 한편, 그의 영화사를 골든하베스트 내에 따로 두어 공생하고자 하였다. 그리고 미국의 워너브라더스에서 합작 의뢰가 오자 〈용쟁호투〉를 제작하여 이소룡을 세계적인 스타로 알리고 더불어 그의 회사도 유명 회사가 되었다. 이소룡 사후에 여러 명의 이소룡 후계자가 있었지만, 성룡을 발굴하여 코믹 쿵후영화를 개척한 것도 그이다. 관객들의 취향을 읽고 그가 장르를 개척했던 것이다.

〈취권〉이나 〈사형도수〉, 〈용소야〉 등의 쿵후영화 외에 〈베틀클리크〉, 〈폴리스 스토리〉, 〈홍번구〉 등의 할리우드 합작영화를 통해 성룡은 세계적인 액션스타로 발돋움한다. 그의 뛰어난 안목으로 골든하베스트는 눈부신 성장을 거듭하며 홍콩 영화계를 이끌었다. 그것은 경쟁사인 쇼브라더스의 몰락을 가져와 쇼브라더스는 제작이 눈에 띄게 줄며 급기야 영화 제작에서 손을 떼고 TVB 방송사로서만 주력 하게 된다.

골든하베스트는 이소룡李小龍, 성룡成龍, 홍금보洪金寶, 원표元彪 등 배우를 거느리고 그간 600여 편의 무협액션 영화를 제작했다. 그는 영화사 사장은 좋은 기획자이어 야 하며 자본 없이 기획만으로도 영화사를 성공시킬 수 있다는 것을 입증해 보인 것이다. 한국으로 치면 신상옥 감독이나 황기성 사장 같은 예이다. 그는 이후 홍콩 액션영화계에 거두로 성룡이나 홍금보, 서극, 통콰이라이唐季禮 감독 등의 영화를 제작하며 홍콩영화 전성시대를 펼친다. 그의 활약은 곧 홍콩영화의 전성시대였으 며, 골든하베스트의 몰락은 곧 홍콩영화사의 몰락이었다.

그는 2001년 이후로 영화 제작을 중단하고, 결국 2007년 11월 중국영화사에 골든하베스트를 매각하였다. 중국의 영화사 청톈橙天엔터테인먼트는 골든하베스트 대주주인 레이몬드 초우로부터 지분 25%를 2천만 홍콩달러(약 23억 원)에 인수하는 계약을 체결했다. 1970~1980년대 최전성기의 홍콩영화계를 상징하던 골든하베스트의 매각은 홍콩인들뿐만이 아니라 전 세계 홍콩영화 애호가들의 아쉬움으로 남았다.

골든하베스트는 수많은 홍콩영화인의 출생이며 고향이다. 골든하베스트를 인수한 청롄은 2004년 베이징에 설립된 종합 엔터테인먼트 기업이다. 그 많은 영화의 저작권이며 이소룡의 영화 저작권까지 어마어마한 양의 영화 판권이 동시에 중국 자본에 넘어간 것이다. 더 이상 버티기에는 그는 이미 너무 고령이 되었고, 그의 나이만큼이나 이미 홍콩영화계는 쇠락기에 접어들며 대세는 기울었다. 그래도 찬란했던 홍콩영화 시대를 이끌었던 그의 이름을 들으면 그 시절 찬란한 홍콩영화의 영광을 떠올리게 한다.

그는 이소룡을 비롯하여 왕우, 전준, 묘가수, 성룡, 홍금보, 원표 등 수많은 스타를 육성해 냈고 홍콩 무술영화를 세계에 알린 공로를 인정받아 2011년 제5회 아시안필름어워즈에서 공로상을 받았으며, 2012년 제25회 도쿄국제영화제 공로상을 받았다. 레이몬드 초우는 이후에도 기획자 혹은 우정 출연 등으로 영화 관련 일을 하며 여러 증언을 남겼다. 그는 2018년 11월 2일 향년 90세로 별세하였다.

■ 룬데쇼邵囯人 제작자

룬데쇼는 런런쇼 형제의 맏형이다. 그는 변호사로 활동 중 영화업에 진출하기 위해 형제들과 상하이에서 '천일영편공사'를 설립한다. 이것이 쇼브라더스의 시작이니 그의 위치와 공은 중국영화사에서 뺄 수 없을 정도로 크다. 그는 그들 회사의 첫 영화인 〈읍형인〉의 감독이며 총 23편의 영화를 제작하였다.

■ 룬메쇼邵仁枚 제작자

룬메쇼는 런런쇼의 형으로 쇼브라더스를 함께 일구어 낸 일등공신이며 실질적인 쇼브라더스의 CEO이다. 1901년에 출생하여 1985년 3월 2일에 별세하였다. 싱가포르에서 활동하던 즈음인 1959년 런런쇼가 홍콩으로 진출하자 싱가포르 사장을 맡고 싱가포르에서 영화 제작을 계속하며 홍콩을 오가며 제작을 겸한다. 총 267편의 쇼브라더스 영화를 제작하였다. 싱가포르 쇼센터Shaw Centre 로비에 그의 흉상이 세워져 있다.

■■ 모나퐁方逸華 제작자

모나퐁은 1934년 7월 27일 상하이에서 출생하여 2017년 11월 22일 별세하였다. 어린 나이에 가수로 데뷔하여 연예계에 알려진다. 그녀의 쇼브라더스 입성은 뜻밖인데, 이는 사주인 런런쇼의 연인으로 가능했던 일이다. 27년 터울의 그들은 1997년 5월 6일, 미국 라스베이거스에서 혼인신고를 하며 정식으로 결혼식을 올렸다. 당시 런런쇼는 90세였고 모나퐁은 62세였다.

1970년 쇼브라더스의 레이몬드 초우 기획실장의 뒤를 이어 런런쇼의 전폭적인 조치로 취임한 모나퐁은 배우 겸 가수로서 영화 기획이나 제작에는 문외한이었다. 그래서 많은 감독과 트러블이 없을 수 없었다. 특히나 정창화 감독은 갈등이 불거져 결국 쇼브라더스를 나와 당시 신생 회사였던 레이몬드 초우의 골든하베스트로 이적한다.

이런 일련의 사태를 겪으며 결국 쇼브라더스는 폐업하고 만다. 물론 계열사였던 방송사 홍콩 TVB의 비중이 더 커진 셈이다. 그녀는 이후 TVB의 프로덕션 매니저를 거쳐 TVB 총경리總經理를 맡는데, 런런쇼는 2014년 1월 7일에 별세하였고 모나퐁은 런런쇼에 이어 홍콩 TVB를 맡아 운영한 여장부였다. 가수로 출발하여 방송사 회장을 역임하였으니 누가 보더라도 여걸이다. 그녀는 젊은 시절에 영화 주제가를 많이 불렀는데, 히트곡으로 〈남여흑藍與黑〉, 〈선船〉, 〈불료정不了情〉 등이 있다.

■■ 미야키 요시오奧幕驛 촬영기사

미야키 요시오는 1967년 초빙되어 홍콩 쇼브라더스에서 장철 감독의 전성기 영화를 도맡아 촬영한 일본인 촬영감독이다. 본명은 미야키 유키오宮木幸雄이며 일본에서 촬영감독으로 활동하였다. 1967년 쇼브라더스의 초청으로 호연니(후엔니) 주연의 〈흑응〉을 촬영하고, 1969년 장철 감독과 〈돌아온 외팔이〉으로 콤비가 되었다. 이후 〈철수무정〉에서 최고의 화면을 만들어 낸 후 〈보표〉, 〈사각〉, 〈소살성〉, 〈복수〉, 〈13인의 무사〉 등 장철 감독의 전성기를 함께 만들었다. 〈철수무정〉, 〈복수〉 등에서 유려한 영상미를 보여주었으니 장철 감독이 놔주질 않을 법했다.

이후 베놈스의 출연작인 〈오독〉과 한국에서 개봉된 1979년의 〈생사투〉, 강대위 부부, 부성 부부가 공연한 〈제삼류타투〉가 장철 감독과는 마지막 작품이 되었다. 그는 이후 대만에서 활동하게 된다. 공막탁은 1985년까지 활동하며 총 51편의 촬영작이 있다.

■ 박찬구 연구가

박찬구 선생은 중국 거주 교포 영화사 연구가이다. 필자는 그를 2004년과 2008년 두 차례 만나 그와 정기탁 감독 관련해 인터뷰를 했었다. 당시 그는 옌지 외각 텐위아파트에 살고 있었다. 그는 한국 출생자로 중국 이주 1세대인데, 그를 통해 조선족으로 중국에서의 삶을 돌아볼 수 있다. 그는 1929년 9월 25일 전남 해남군 삼산면 신흥촌 목마을에서 태어났다.

그는 1944년 4월 2일 교하(옌지 가는 길목) 지오허의 매형을 찾아 누나와 함께 16살 때 중국으로 이주한다. 처음에는 공부를 해볼 요량이었지만, 매형도 머슴 생활을 하고 있던 차라 결국 학업을 포기하고 독학으로 공부를 한다. 어린 나이에 인민해방군에 지원했으나 총도 제대로 맬 수 없는 상황이라 지린(길림)일보사에 근무하게 된다. 1946년부터 48년까지 근무를 하고 1949년 동북조선인민일보사 발행부에 들어가 1951년까지 근무했다. 그리고 1957년 말까지 동북조선인민서점 총점에서 문서(행정) 일을 하고 과장으로 승진하게 된다.

윤보순(1934년생)과 결혼 후 1958년 자치주 문화처 예술과장을 역임하고 조선통사 번역실에서 근무했다. 문화혁명의 소용돌이에서 돈화에서 고생하다가 1972년에 올라와 1978년까지 주로 군중예술관에서 일한다. 1979년에는 문화예술연구소장을 맡아 3년간 근무했다. 1982년에는 자치주 선전부 문화신문과장을 역임했고, 1984년에는 영화발행공사 당서기가 되었다. 그리고 1989년 61세로 정년퇴임한다.

저서로는 『황구연이야기』, 『역대중국황제』(번역), 『예술사』(공저) 등이 있다. 상해파 영화인을 도와 함께 영화를 찍었던 최채 선생이 훗날 지린조선신문사 사장으로 있을 때 같이 근무하였는데, 상하이에서 영화 찍은 일이 있다고 들은 기억이 나서 찾아가 인터뷰를 하여 영화 〈애국혼〉, 〈양자강〉 등의 영화들을 통해 상해파 영화인들에 대해 최초로 기록을 남겼다. 〈애국혼〉은 일본인들의 항의가 심했으며 검열에서 많은 부분이 삭제되어 상영되었다고 한다. 〈출로〉는 팔로군 따라 혁명의 길로 나선다는 내용으로 중국영화사에 걸작으로 소개되어 있다. 〈양자강〉은 전쟁에서 부상당하고 돌아온 군인의 이야기로, 최채가 통역 겸 조감독으로서 참여한 영화이다.

■ 송길한 작가

송길한 작가는 1940년 7월 30일 전주 출생이다. 이강천 감독의 1955년 작 〈피아골〉 현장에 놀러가 시나리오라는 것을 처음 읽었다. 그는 소설가를 꿈꾸었는데 서울대 법학과를 다녔고, 군 전역 후 1970년에 시나리오 〈흑조〉로 《동아일보》 신춘문예에 당선되어 영화계에 데뷔하였다. 〈흑조〉는 1973년 이상언 감독에 의해 영화화되었다. 1974년에는 후배 조관수의 감독에 의해 〈마지막 날의 언약〉이 영화화되었다. 이후 동두천 용주골 양색시 이야기를 다룬 1976년 작 〈과거는 왜 물어〉, 1977년 작 〈태권동자 마루치 아라치〉, 1978년 작 위장 합작영화 〈금강혈인〉, 1979년 작 〈독신녀〉, 〈순자야〉 등을 집필했다.

송 작가는 그 외 김응천, 설태호 감독의 영화 시나리오를 썼고, 임권택 감독의 영화 12편의 시나리오를 집필하였다. 천성이 우직하고 올곧아 타협할 줄 모르는 그가 40여 편이 넘는 영화 시나리오를 쓰며 영화계에서 살아남은 건 그가 실력이 있는 작가라는 것을 입증하는 것이다.

오리지널 시나리오도 많지만 그는 1980년 〈짝코〉, 1981년 〈만다라〉로 대종상영화제 각색상을 연이어 받는다. 그 무렵이 그의 전성기의 기점이다. 임권택 감독과 콤비가 되어 그의 대표작이 양산된 것이다. 임권택 감독의 〈우상의 눈물〉, 〈안개마을〉, 〈불의 딸〉, 〈비구니〉, 〈나비 품에서 울었다〉, 〈안개마을〉, 〈길소뜸〉, 〈티켓〉, 〈씨받이〉, 정진우 감독의 〈백구야 훨훨 날지마라〉, 유영진 감독의 〈깜동〉, 노세한 감독의 〈아낌없이 주련다〉, 장길수 감독의 〈아메리카 아메리카〉, 이장호 감독의 〈명자 아키코 쏘냐〉까지 쉼 없이 걸작을 탄생시켰다. 그중 〈길소뜸〉은 백상예술대상, 영화평론가협회상에서 각본상을 받았고, 〈티켓〉으로 대종상영화제 각본상을 받았다. 2010년 임권택 감독의 101번째 영화 〈달빛 길어올리기〉의 각색에 참여했다.

그는 삼영필름 기획실에서 잠시 근무하기도 했지만 오로지 작가로서 외길을 걸어왔다. 북한산 자락의 평창동에서 30년 넘게 집필 활동을 하며 그만의 작가 세계를 펼쳐온 것이다. 그리고 영상원과 서강대에서 오랜 기간 후학들을 지도하고 지금은 시나리오작가협회 이사로 활동 중이다. 전주국제영화제 초대 부집행위원장을 역임하였고 2009년 이후 고문을 맡고 있으며, 2009년 서울시 문화상을 받았다. 〈넘버 3〉를 만든 송능한 감독의 친형이기도 하다.

필자와는 〈비구니〉 제작 때 만나 충무로에서 맥주잔을 기울이며 영화 이야기를 나누었던 오랜 지기이자 시나리오작가협회 선배이다. 2017년 제18회 전주국제영화제는 그를 기려 작가로는 최초로 회고전을 가졌고, 미완성 영화 〈비구니〉를 복원, 상영하였다.

■ 신봉승 작가

신봉승 작가는 1933년 강릉 출생이다. 시인으로 등단하여 국방부 시나리오 공모에 〈두고온 산하〉가 당선되며 영화와 인연을 맺는다. 1960년대 최고의 영화들이 그의 시나리오였다. 작품성과 흥행성 두 가지가 모두 보장되는 그의 시나리오는 모두의 선망의 대상이었고, 그 자체가 시나리오의 교과서인 셈이었다. TV로 자리를 옮긴 신 작가는 타의 추종을 불허하는 최고의 작가 대우를 받았다. 그가 쓴 『TV 드라마 시나리오 작법』은 작가 지망생들의 필독서가 되었다.

데뷔 초창기 〈말띠여대생〉, 〈청춘교실〉, 〈월급봉투〉 등의 사회풍자극부터 〈갯마을〉, 〈저 하늘에도 슬픔이〉, 〈산불〉, 〈봄봄〉, 〈독짓는 늙은이〉, 〈홍살문〉, 〈연화〉, 〈을화〉 등 문예영화와 〈돌아온 왼손잡이〉, 〈인간 사표를 써라〉 등의 액션영화까지 다양하다. 그러나 무엇보다도 시대극이 그의 전문 분야가 되었다. TBC 시절 첫 사극을 쓰며 시작된 사극 장르에 깊이 매료되며 주로 쓰게 된 것이다. TBC 시절 〈별당아씨〉를 비롯하여 MBC에서 장기 방영된 〈조선왕조 오백년사〉 시리즈, KBS의 대하사극 등이 있다.

■ 야마다 사다오山根正男 영화평론가

야마다 사다오는 1939년 오사카 출생으로 오사카 외대를 졸업했다. 1969년부터 영화평론을 시작해 1986년부터 《키네마순보》 베스트 선정 위원으로 활동했다. 그는 나루세 미키오 감독을 서구에 알린 장본인이다.

그는 일본이 패전 후 전환점을 맞았는데, 부자유시대에서 자유시대로 전환되었다고 한다. 물론 전전에 활동하던 감독들의 연속성은 있었지만, 영화는 제국의 군국주의로부터 자유를 되찾았다. 그러나 그도 잠시 1년 후 미군정의 검열이 시작되었는데 군국주의 시대처럼 검열이 부활했다. 찬바라영화는 군국주의를 부활시킬 수 있다는 논리로 금지시켰다. 그러나 일본도 대신에 총질은 허용되었으니 아리송한 검열 기준이었다.

《키네마순보》는 1919년에 창간되어 1924년 외화를 대상으로 베스트 10 선정이 시작되었다. 초기에는 베스트 10에 오락영화가 뽑힐 수 없었고 후에 예술성 부문과 오락성 부문이 나뉘어 선정되었다. 그러나 이러한 구분이 과연 가능한 것인지는 의문이다. 1950년대부터 일본영화계는 황금기에 접어든다. 1956년 스즈키 세이준, 1957년 마스무라 세이조, 1958년 오카모토 기하치, 1959년 오시마 나기사가 데뷔하였고 문제작들이 만들어졌다.

1973년 야쿠자 소재의 영화인 〈의리 없는 전쟁〉이 베스트 2위에 선정된 것은 시대가 바뀌었다는 반증이다. 영화는 시대에 따라 보는 관점이 달라진다. 1972년 프란시스 포드 코폴라 감독의 〈대부〉가 아카데미상을 받은 것도 같은 맥락이다.

▬ 양영길 촬영감독

양영길 촬영감독은 정진우 감독과 갑장으로 1937년 충남 당진 출생으로 예산 농전을 졸업했다. 강찬우 감독작 〈산천도 울었다〉 등의 촬영부로 시작하여 이상언 감독의 1965년 작 〈현금은 내 것이다〉로 촬영기사 데뷔를 했다. 데뷔 초 이규웅, 이상언 감독작을 도맡아 촬영하였고, 후에 조문진, 임권택, 고영남, 최영철, 김기, 김응천 등 여러 감독과 활동한다. 그는 김지미 출연작인 1971년 작 〈못 잊을 당신〉으로 감독 데뷔하였고, 1972년에 문희 주연의 〈밤길〉 등 두 편을 연출하였다.

그 외 10여 편의 영화를 제작하였고 1960년대부터 1970년에 걸쳐 멜로영화와 액션영화 장르에서 주목받았다. 1975년에는 오우삼 감독, 성룡 출연작인 〈용호문〉을 촬영하였다. 박우상 감독의 〈대적수〉, 〈귀문의 왼발잽이〉, 〈내이름은 쌍다리〉, 김정용 감독의 〈사대철인〉, 심우섭 감독의 〈사대독자〉 등 여러 무술영화를 촬영하였는데, 그 당시는 가장 많은 영화를 촬영했던 바쁜 시기였다. 그 외 정소영 감독의 〈내가 버린 남자〉, 〈임금님의 첫사랑〉, 〈겨울로 가는 마차〉, 〈마지막 찻잔〉 등의 멜로영화를 촬영하였다.

1980년대 역시 이형표 감독의 〈소애권〉, 〈아가씨 참으세요〉 등 다양한 장르의 영화를 촬영했으며, 1989년 곽재용 감독의 〈비오는 날 수채화〉로 황금촬영상 금상을 받았다. 영상파로 알려진 곽재용 감독과 〈비오는 날에 수채화〉에서 당시로는 초유의 7만 자를 사용했는데 그의 대표작이 되었다. 곽재용 감독과는 1991년 〈가을여행〉, 1993년 〈비오는 날 수채화 2〉를 더 촬영하였다. 그는 오영석 감독의 1994년 작 〈거꾸로 가는 여자〉까지 총 126편의 영화를 촬영하였다.

■ 예광倪匡 작가

예광(니쾅)은 1935년 5월 3일생으로 〈의리의 사나이 외팔이(독비도)〉, 〈철수무정〉, 〈13인의 무사〉, 〈권격〉, 〈흑객(악객)〉 등 장철 감독의 대표작을 집필한 시나리오작가이다. 1961년부터 스토리작가로 활동하다가 시나리오작가로 데뷔하였고, 1986년 이후에는 배우로도 활동하였다.

219편을 집필한 것은 세계적인 기록이다. 그것은 창작력이 바탕이 된 것이기도 하지만 고전 무협소설을 적당히 각색한 오리지널 시나리오가 많기 때문이다. 1967년 〈의리의 사나이 외팔이(독비도)〉로 데뷔하여 1969년에는 3편, 1970년에 5편, 1971년에 11편 그리고 1972년과 1973년에는 21편, 1974년에는 무려 22편을 발표한다. 쇼브라더스와 장철 감독의 전폭적인 지지의 결과이다. 그리고 1975년에 17편, 1976년에 21편, 1977년에 16편, 1978년에 18편, 1979년에 22편, 1980년에 15편, 1981년에 14편, 1982년에 8편, 1983년, 1984년에 각 2편씩 그리고 1989년에 1편을 발표한다. 한 해 22편 발표라는 것은 정말 세계적인 기록이 아닐 수 없다.

그 많은 시나리오를 쓸 수 있는 원동력은 무엇일까? 이는 중국이 무협의 세계라는 창의력 있는 소재를 갖고 있다는 데에서 기원하지만, 수많은 캐릭터를 형상화시키며 갖가지 스토리라인을 발전시키고 그것을 영상화시켜 주는 감독들이 있었기에 가능했던 일일 것이다. 다작이다 보니 때에 따라서는 함량 부족의 시나리오도 많다. 그중 대표적인 것은 1972년 장철 감독의 한국 로케이션 영화 〈사기사〉

이다. 한국전쟁 후의 한국에 대한 올바른 정보 없이 서술되며 영화는 그저 한국 로케이션 영화라는 데 의미가 있을 뿐이다. 그래도 상당수의 작품은 홍콩영화사에 남을 화제작들이며 수준작들이다. 특히 〈복수〉, 〈13인의 무사〉는 뛰어난 각본을 바탕으로 만들어진 웰메이드 영화이다.

그의 시나리오 중 〈철수무정〉, 〈13인의 무사〉, 〈흑객〉, 〈정도(당수태권도)〉는 한홍 합작영화로 한국에 소개되었지만 모두 위장 합작영화이다. 그와는 아무 상관없이 영화사 차원에서 이루어진 일이다. 그가 인기 작가이기 때문이라고도 설명될 수 있다. 장철 감독에게 바치는 헌정작인 오우삼 감독의 1989년 작 〈의담군영〉이 작가로서의 은퇴작이다. 장철 감독으로서는 예광 작가 같은 순발력과 창의력을 갖춘 작가가 있었기에 다작 연출이 가능했을 것이다.

▬ 유일수 작가

1926년 평양 출생인 유일수 작가는 1961년 한형모 감독의 〈언니는 말괄량이〉로 데뷔하여 장일호, 이규웅, 박상호, 최인현 감독 등과 활동하였다. 김시연 작가의 영화계 입문도 도왔다는데, 일본어가 능통하여 일본 시나리오 잡지를 정기구독하며 표절 시나리오를 많이 썼다고 한다. 당시 보편적인 상황에서 그리고 예외일 수는 없었을 것이라 추정해 본다. 배우로 5편의 출연작이 있는데 끼가 꽤 많았던 작가이다.

▬ 윤삼육 작가

윤봉춘 감독의 장남인 윤삼육(본명 윤태영) 작가는 1937년생으로 1966년 최영철 감독의 〈그늘진 삼남매〉로 데뷔하여 〈독사〉, 〈각시탈 철면객〉, 〈지옥 12관문〉, 〈장군의 아들〉 등의 수많은 액션영화와 〈피막〉, 〈뽕〉 등의 100여 편의 시나리오를 집필했다. 〈최후의 증인〉 등 각색 작품도 22편이 있다.

그는 1980년대 송길한 작가와 쌍벽을 이룰 정도로 작품성 있는 시나리오를 많이 집필하였다. 이후 1983년 백일섭, 차화연 주연의 〈참새와 허수아비〉로 감독 데뷔를 하였고, 그의 감독작 〈살어리랏다〉는 모스크바영화제에 출품되어 이덕화가 남우주연상을 받았다. 그 외 감독작으로 〈이태원 밤하늘엔 미국달이 뜨는가〉, 〈표절〉이 있다. 그는 2020년 7월에 향년 83세로 별세하였다.

■ 이경자 편집감독

이경자 편집감독은 1931년생으로 신필름 연출부 출신이다. 일찍이 편집 일을 시작하였는데, 이경자표 편집의 진면목을 보여주는 것은 액션영화였다 하면 의아할 수도 있는데 그만큼 정교한 편집을 했다는 말이다. 그녀의 단골감독은 꽤 여럿인데 이두용 감독이 우선 떠오른다.

〈여인 잔혹사 물레야 물레야〉, 〈뽕〉이 그녀의 솜씨이고 그의 부드러운 손길을 거쳐 살아 숨 쉬는 화면으로 재창조하였다. 그만큼 그녀는 감독들의 개입을 불허하면서도 깔끔하고 살아 숨 쉬는 영화로 다시 만들어 낸다. 유재원, 김창순, 김희수, 현동춘, 박순덕 등의 쟁쟁한 편집감독들이 할거하던 충무로에서 그녀는 감독들을 끌어모았다.

이경자 편집감독은 1973년 최훈 감독의 〈수선화〉로 첫 대종상을 받았고, 1978년 〈호국팔만대장경〉, 1983년 〈여인 잔혹사 물레야 물레야〉, 1990년 〈청송으로 가는 길〉, 1993년 〈우리들의 일그러진 영웅〉, 1994년 〈만무방〉, 1995년 〈영원한제국〉으로 대종상영화제에서 편집상을 받았다. 그녀의 친형제인 이상언 촬영감독이다. 여성 편집인으로 1963년 신필름에서 제작한 〈열녀문〉의 김영희 기사와 1964년 〈로맨스 그레이〉의 양성란 기사가 있다. 또한, 1997년 〈접속〉, 1999년 〈쉬리〉, 2003년 〈챔피언〉으로 대종상을 거머쥔 박꼭지 편집감독도 있다.

■ 이병삼 촬영기사

이병삼 촬영기사는 1922년생으로 광복 후 촬영감독 1세대이다. 원래는 스틸사진을 하였으며 뒤에 영화 촬영을 하게 되었다. 그는 1959년 〈영광의 침실〉로 데뷔 후 흑백영화 시대를 풍미하였다. 당시에는 가요가 히트를 하면 영화화되기 마련이었는데, 〈이별의 부산정거장〉, 〈굳세어라 금순아〉, 〈낙동강 칠백리〉, 〈황금의 눈〉 등을 촬영하여 총 40편의 촬영작을 남겼다. 이석기 촬영감독의 작은 아버지로 이석기 감독을 영화계로 이끌었다. 문여송 감독의 1989년 작인 액션 멜로영화 〈잡초들의 봄〉이 은퇴작이다.

■ 이우석 제작자

1935년생인 이우석 회장은 1960년대부터 외화 수입을 하며 1970년대 권격 액션영화를 시작으로 한국영화를 제작했다. 동아수출공사는 이소룡 이후 홍콩 골든하베스트 영화를 수입하며 독보적인 홍콩영화 전문 영화사로 자리했다. 그는 그동안 강범구 감독의 〈일대영웅〉, 〈사대영웅〉, 〈풍운의 권객〉 등의 권격영화와 정소영 감독의 〈애수의 샌프란시스코〉, 배창호 감독의 〈깊고 푸른 밤〉 등의 미국 로케이션 영화를 제작했다.

후에 당룡(김태정)의 홍콩 진출을 위해 골든하베스트에 천거하여 〈사망유희〉에 출연시킨다. 그리고 〈사망유희〉를 수입하였다. 그리고 〈사망탑〉의 합작을 추진하여 오사원, 강범구 공동 연출로 국내에 소개한다. 당룡이 귀국하여 그의 유일한 국내작 〈아가씨 참으세요〉를 제작했다. 골든하베스트와는 이런저런 인연으로 신작들을 수입하여 개봉했다.

그는 1935년생으로 1962년부터 영화 일을 시작했으니 벌써 60년이 넘었다. 1973년 김시현 감독의 〈황사진〉부터 제작을 시작했고, 2011년 박희곤 감독의 〈퍼펙트 게임〉까지 총 85편을 제작했다. 제작 편수는 많지 않지만 제작 목록의 영화들은 한국영화사에서 거론되는 완성도 높은 영화들이 많다.

1981년, 그는 영화진흥공사의 홍콩 지사인 홍콩유한공사를 인수하고 골든하베스트와 매년 한 편 이상의 한국영화를 골든하베스트의 배급망을 통해 개봉하고 한 편 이상의 합작영화를 제작하는 내용의 협약을 맺는다. 그는 골든하베스트 레이몬드 초우, 하관창 등과 돈독한 관계를 유지하며 성룡의 모든 출연작을 수입하기도 했다.

■ 장석준 촬영감독

장석준 촬영감독은 1935년생이며, 한국영화계의 독보적인 촬영감독으로 한국영화사에 대표작들을 촬영한 감독으로 알려져 있다. 특히 3D 입체영화 카메라 및 한국형 70mm 카메라, 현상기를 독자적으로 개발한 발명가이기도 한 장석준 감독은 한국영화기술사의 특별한 개척자이기도 하다. 김수용 감독의 〈봄봄〉, 임권택 감독의 〈십년세도〉, 이장호 감독의 〈별들의 고향〉, 김호선 감독의 〈영자의 전성시대〉, 〈겨울여자〉, 하길종 감독의 〈병태와 영자〉 등은 그의 대표작인 동시에 한국영화사의 대표작이기도 하다.

━ 장천호 작가

장천호 작가는 1927년 4월 4일 전라북도 익산에서 태어나 2006년 5월 20일 별세하였다. 본명은 장윤철이며, 그는 1945년 전주사범학교를 졸업 후 교편을 잡았다. 1959년 김영창 감독의 〈끝없이 하염없이〉에서 영화 기획자로 시작으로 1963년 〈망부석〉으로 작가 데뷔하여 작가로 평생 활동하였다.

1963년에 임권택 감독의 〈망부석〉(1963), 1965년 최인현 감독의 〈태조 이성계〉, 같은 해 임원직 감독의 〈함흥차사〉, 1973년 김기 감독의 〈배뱅이〉 등의 사극 시나리오를 집필하였다. 이후 1973년 이소룡의 영화의 흥행으로 같은 해에 김시현 감독의 〈황사진〉, 1974년 〈죽장검〉, 1975년 〈사생결단〉, 1976년 〈밀명객〉, 1978년 〈정무지보〉, 1982년 〈소림사 용팔이〉 등 무예영화의 흥행 조류에 맞추어 시나리오를 집필하였다.

그는 한국시나리오작가협회 부회장을 역임하였고 오리지널 시나리오 40편, 각색작으로도 14편을 집필하였다. 그의 필모그래피에는 합작영화의 시나리오가 여러 편 들어가 있다. 그는 필모그래피를 통해 당시 영화의 경향과 무예영화의 변천사를 읽을 수 있는 상징적인 작가이다. 저서로 번역본인 『시나리오 구조론』이 있고, 1986년에는 영화아카데미에서 강의하였다.

━ 정우택 미술가

정우택은 신필름에서 오랫동안 영화미술가로 활동하였다. 신상옥 감독의 사극 세트 모두가 그의 손끝에서 디자인되었다고 해도 과언이 아니다. 그는 1929년생으로 신상옥 감독의 유작 촬영 당시 진도까지 가서 오픈 세트를 만들었다.

그의 활동 시기는 사극 전성시대로, 그 역시 그의 인생 최고의 순간이었을 것이다. 수많은 연극 세트와 영화 세트가 한국예술사의 격조를 높였으며, 그에 따라 그는 수많은 상을 받았다. 영화계를 은퇴한 말년에도 영화에 대한 집념으로 신상옥 감독과 함께했던 그는 진정한 미술 장인이라고 불릴 만하다.

▬ 정일성 촬영감독

정일성 촬영감독은 1929년생으로 한국촬영 감독은 물론이고 한국영화계의 최고참이다. 그의 대표작은 곧 한국영화사의 대표작이다. 정일성 촬영감독은 60여 년간 무려 140여 편의 영화를 촬영한 한국 최고의 촬영감독이다. 〈만다라〉, 〈최후의 증인〉, 〈서편제〉, 〈장군의 아들〉 시리즈, 〈태백산맥〉, 〈춘향뎐〉, 〈취화선〉 등 그의 대표작은 곧 한국영화의 대표작이었다.

임권택 감독, 이태원 회장, 정일성 감독과의 관계는 모두가 다 아는 바이다. 이들이 의기투합하며 1984년 〈비구니〉 이후 30여 년간 수십 편의 명편이 만들어졌고, 결국 〈취화선〉으로 칸국제영화제에서 감독상을 받기에 이른다. 지금은 디지털 촬영이라 정일성 촬영감독은 일선에서 빠져 있지만 필름으로 촬영한다면 기꺼이 촬영에 나설 것이다.

▬ 정정훈 촬영감독

정정훈 촬영감독은 1970년생으로 동국대 연극영화학과 출신이다. 학창 시절부터 단편영화를 만들며 촬영을 익혔고 1993년 〈초록별을 지켜라〉, 〈초록별의 몰락〉 등 단편영화로 각 영화제에서 수상을 하였다.

그는 27세인 1996년에 학교 선배인 양윤호 감독의 〈유리〉로 데뷔하여 박찬욱 감독의 2003년 작인 〈올드보이〉 촬영으로 인정을 받았다. 비교적 빠른 나이에 촬영감독이 되었음에도 뛰어난 영상으로 인정을 받아 〈남극일기〉, 〈친절한 금자씨〉, 〈박쥐〉, 〈부당거래〉, 〈신세계〉 등 한국영화사의 여러 대표작에 참여하였다.

할리우드로 진출하여 박찬욱 감독의 2013년 작 〈스토커〉 이후 2015년 디토 몬티엘 감독작이며 로빈 윌리엄스의 유작인 〈블러바드〉의 촬영을 맡았다. 할리우드 정착에 성공한 듯 알폰소 고메즈 레존 감독의 〈나와 친구, 그리고 죽어가는 소녀Me and Earl and the Dying Girl〉 등으로 활발히 활동 중이다. 영화란 의사소통에 상관없이 만들어지는 천부적인 것임을 보여주듯 뛰어난 감각으로 수려하게 영상을 포착하여 좋은 그림을 보여준다.

■ 진훈기陳勳奇 영화음악가 및 감독, 제작자, 배우

진훈기는 1951년생으로 1970년 장철 감독의 〈소살성〉에서 영화음악가로 데뷔 후 배우, 제작자, 감독으로 다방면에서 활동하였다. 〈소살성〉은 음악적인 요소가 가미된 액션영화라서 그가 투입이 되었는데, 결과적으로 장철 감독은 한 명의 귀한 영화인을 발굴한 셈이다. 그가 참여한 작품으로는 장철 감독의 〈대결투〉 그리고 정창화 감독의 〈철인〉이 있다. 제작자로 18편, 감독으로 21편, 배우로 24편, 영화음악 374편은 그만이 갖고 있는 기록이다. 2018년 〈미려전쟁〉이 현재까지 그의 마지막 연출작인데 차기작이 기대된다.

■ 완정방阮定邦 촬영 겸 조명기사

완정방은 1967년부터 1995년까지 79편의 조명기사로 활동하였다. 그런데 1971년 포학례 감독의 〈만전천심萬箭穿心〉부터 촬영으로 전업하였다. 그의 14편의 촬영작은 대부분이 장철, 포학례 감독의 영화이다. 〈태음지〉는 포학례와 공동 촬영이고 〈마영정〉이 미야키 유키오, 〈대해도〉 등에서는 광한락, 초원 감독의 〈무의〉는 오작화伍灼華와 공동 촬영을 하였다. 그와 포학례 감독의 관계는 긴밀하다고 말할 수 있다. 그만큼 여러 편에서 함께 활동했다. 그럼에도 불구하고 1978년부터 조명기사로 본업을 찾아갔다. 조명에서 더 희열을 느꼈을 수도 있다. 그는 14편의 촬영작과 79편의 조명작을 남겼다.

■ 왕사상王嗣常 작가

왕사상 작가는 1931년생으로 대만 화교이며, 경남에서 출생하였다. 그는 이소룡기념사업회 대만 지회장으로서 대만 세계화인퇴역군인연합총회의 상무동사이며 영화업 활동을 하였다. 왕 작가는 한글 무협소설과 무협 시나리오를 집필하였고, 1960년대부터 합작영화 제작을 주선하며 제작 활동에 참여하였다.

그는 한국영화 배우들의 해외 진출을 주선하거나 도왔는데, 황정리와 왕호 배우의 홍콩 진출을 도왔고 왕호 배우의 의부이기도 하다. 현재도 중국 영상콘텐츠 수출입업을 하고 있으며 국내와 대만을 오가면서 사업 중이다. 동아수출공사의 고문으로 활동하였으며 2016년 5월 18일 별세하였다. 한국영상자료원은 그가 차지하는 영화사적 비중을 고려하여 그와의 인터뷰 녹취록을 출간했다.

■ 한갑진 제작자

1924년생인 한갑진은 교사 출신으로, 언론계에 종사하다가 1959년 영화 배급 일을 하며 영화계에 입문하였다. 1965년 작 〈이수일과 심순애〉 및 1968년 정소영 감독의 〈미워도 다시 한번〉을 제작하며 제작자로 탄탄한 입지를 다졌고 1972년 한진흥업을 설립하였다. 당시는 한국영화 의무 제작 시기였는데, 그가 기획하고 제작한 영화들은 비교적 우수한 영화들이었으며 흥행작들이었다. 물론 다른 회사들과 마찬가지로 위장합작의 영화가 없던 것은 아니다. 설태호 감독의 〈용팔이〉 시리즈와 설태호·이원세 공동 감독의 〈특별수사본부〉 시리즈를 제작하며 흥행작을 만들었고, 외화 〈록키〉와 〈007 나를 사랑한 스파이〉 등을 수입하여 흥행에 성공하였다. 이들 영화는 그해 최고 흥행작들이다.

그리고 이원세 감독의 〈엄마 없는 하늘 아래〉, 장일호 감독의 〈사랑하는 사람아〉, 그 외 많은 화제작과 태국과의 합작영화 〈악어의 공포〉와 〈산중전기〉, 〈손오공 홍해아 대전〉 등의 합작영화를 제작하였다. 그는 독실한 불교신자로 〈호국팔만대장경〉 등의 대작을 제작하였고, 출판사도 겸하여 영화 관련 서적과 불교 서적을 출판하였다.

그는 영화 사업을 통해 번 돈을 영화인들을 위해 베푸는 삶을 실천하였고, 영화제작자협회장 및 제27회 아시아영화제 단장, 문화예술인법회장 등 한국영화의 발전을 위해 많은 일을 하였다. 그는 많은 이에게 존경받는 영화인으로 손꼽힌다. 1992년 김영빈 감독의 〈김의 전쟁〉이 그의 마지막 제작 영화이다.

■ 한상윤 제작자

(주)유니콘텐츠 한상윤 대표는 한진영화사 한갑진 대표의 아들이다. 한갑진 대표는 1924년 경남 고성 출신이다. 동아대 법학과를 졸업 후 국제신문의 정치부 기자생활을 하였다. 그 후 28세에 영화계에 입문하여 락희영화사를 운영했다. 서울로 올라온 그는 한진영화사를 운영하며 굴지의 영화사로 키웠고 한진출판사 등을 운영했다.

한상윤 대표는 1952년생으로 경남중학교 3학년 때 상경하여 대광고를 거쳐 연대 천문학과를 졸업했다. 그는 대학교 3학년 때부터 한진영화사에서 근무하는데 당시 24살 때였다. 1976년 〈난중일기〉, 〈팔만대장경〉, 〈철인들〉의 제작에 참여했다. 〈철인들〉은 배창호 감독, 이세민 조감독, 한상윤 프로듀서가 참여한 연대 출신 트리오 작품이다.

한진영화사는 한진출판사를 운영해 광고비를 대신했다. 그래도 영화 관련 서적들을 출간하는 좋은 출판사로 기억된다. 한진영화사의 영화는 흥행작도 많은데 〈사랑하는 사람아〉, 〈반노〉, 〈전우가 남긴 한마디〉, 〈난장이가 쏘아올린 작은 공〉 등 120편을 제작했는데 합동영화사 다음으로 다작을 했다. 이는 대명 제작 영화 (제작사 명의를 빌려주어 제작 신고된 영화)가 포함된 편수이다.

▬ 한영걸韓英傑 무술감독

한영걸 무술감독은 1927년생으로 1991년에 별세하였다. 호금전 감독과 활동하던 그는 나유 감독과 〈당산대형〉, 〈정무문〉 등에 참여하며 우리에게 알려졌다. 1950년에 영화계에 입문하여 무술감독으로 57편에 참여했고 배우로도 출연작이 92편에 이른다. 한국에 처음 소개된 영화는 호금전 감독의 〈용문객잔〉이며 이후 이소룡 영화로 대중적으로 알려진다. 골든하베스트 영화에 고정 출연하며 〈밀종성수(소림백호문)〉, 〈충렬도(파계)〉 등이 위장 합작영화로 소개되었고, 〈소오강호〉가 마지막 출연작이다.

▬ 황악태黃岳泰 촬영기사

황악태 촬영기사는 1956년생으로 1977년 〈간마〉부터 2016년까지 〈최가박당〉, 〈용적심〉, 〈쾌찬차〉, 〈부귀열차〉, 〈미리클〉, 〈황비홍〉, 〈천장지구〉 등 86편의 촬영작을 남겼다. 그의 절정기에 그가 촬영한 영화가 홍콩 흥행작의 대다수를 차지한다. 성룡과 함께하며 그의 투혼에 감화되었을 것이 분명하다. "(성룡) 형이 하면 나도 할 수 있어!"가 아니었을까? 그는 영화계 다방면에서 활동하였는데, 12편에 출연했고 2편의 각본과 3편의 감독작이 있으며 6편을 제작했다. 〈쾌찬차〉 이후 성룡과 활동하며 그의 이름은 우리에게도 낯익은 이름이 되었다.

한중일
영화
100년사

참고문헌 ───

1) 국내서적

김수남, 『한국영화의 쟁점과 사유』, 문예마당, 1997.

김수용, 『나의 사랑 씨네마』, 시네21, 2005

나운규, 『아리랑을 만들 때』, 문화부, 1991.

노만, 『한국영화사』, 한국배우전문학원, 1964.

박희성 외, 『중국영화산업백서 I』, 영화진흥위원회, 2001.

북경대학 조선문화연구소, 『중국조선민족문화사대계3 예술사』, 서울대학교 출판부, 1994.

사토 다다오 지음, 유현목 옮김, 『일본영화 이야기』, 다보문화, 1993.

스즈키 스네카스 지음, 이상 옮김, 『상해의 조선인 영화 황제』, 실천문학사, 1996.

안종화, 『한국영화측면비사』, 춘추각, 1962.

안태근, 『한국영화100년사』, 북스토리, 2013.

안태근, 『이소룡 평전』, 차이나하우스, 2014.

안태근, 『한국합작영화100년사』, 스토리하우스, 2017.

안태근, 『한국영화100년사 세미나』, PUB PLE, 2018.

앙마뉘엘 툴레 지금, 김희균 옮김, 『영화의 탄생』, 시공사, 1996.

요모타 이누히코 지음, 박전열 옮김, 『일본영화의 이해』, 현암사, 2001.

유현목·이영일, 『한국예술총집, 연구편 I 연극 영화 무용』, 대한민국예술원, 1989.

이영일, 『한국영화인열전』, 영화진흥공사, 1982.

이영일, 『한국영화전서 개정판』, 소도, 2004.

임대근 외, 『중국영화의 이해』, 동녘, 2008.

전범성, 『한국영화총서』, 한국영화진흥조합, 1972.

제라르 베통 지음, 조병옥 옮김, 『영화사』, 탐구당, 1987.

종보현 지음, 윤영도·이승희 옮김, 『홍콩 영화 100년사』, 그린비, 2014.

주윤탁 외, 『아시아 영화의 이해』, 제3문학사, 1993.

2) 학위논문 및 세미나 자료

김수남, 「나운규의 민족영화제고」, 한국영화학회지, 한국영화학회, 1990.

안태근, 「일제강점기의 상해파 한국영화인 연구」, 한국외대 석사학위논문, 2001.

안태근, 「한국합작영화 연구: 위장합작영화를 중심으로」, 한국외대 박사학위논문, 2012.

임대근, 「초기 한-중 영화교류의 한 면모」, 영상예술연구10호, 영상예술연구회 2007.

「합작영화 문서」, 문공부, 1962~1975.

한국이소룡기념사업회(KBF) 세미나 1~19회 녹취록, 2010. 11. ~ 2012. 6.

3) 신문 및 잡지

《국제영화》, 국제영화사, 1963.

《동아일보》, 동아일보사, 1923.

《매일신보》, 조선총독부, 1919.

《신동아》, 동아일보사, 1964.

《영화》, 영화진흥공사, 1990.

《영화예술》, 월간영화예술사, 1995.

《조선영화》, 조선영화사, 1936.

《한국일보》, 한국일보사, 1923.

《한국일보》, 한국일보사, 1999.

《황성신문》, 황성신문사, 1903.

4) 외국문헌

『邵氏電影初探』, 香港電影資料館, 2003.

『玩玲玉』, 中國電影出版社, 1984.

『張撤 回憶錄·影評集』, 香港電影資料館, 2002.

『電影 100周年記念版 中國影片大典』, 中國電影出版社, 1996.

『中國無聲電影史』, 中國電影出版社, 1996.

『中國無聲電影劇本(下卷)』, 中國電影家協會. 1996.

『中國影片大典』, 中國電影出版社, 1996.

『中國電影發展史 (第一卷)』, 中國電影出版社, 1981.

『中國電影發展史 (第二卷)』, 中國電影出版社, 1981.

『中國電影圖誌』, 中國電影資料館, 中國電影藝術研究中心, 珠海出版社, 1995.

『中國武俠電影史』, 北京中國電影出版社, 2005

『香港影片大全第六卷』, 香港電影資料館, 2007.

『香港影片大全第七卷』, 香港電影資料館, 2010.

『香港影片大全第八卷』, 香港電影資料館, 2014.

『中國早期電影史』, 中國上海出版社, 2010.

『中國無聲電影史』, 中國電影出版社, 1996.

5) 영상 자료

안태근 제작, EBS 다큐멘터리 〈일제강점기의 영화〉, 1997. 8. 15.

유현목 구술, EBS 프로그램 〈역사 속으로의 여행, 한국영화개척자 춘사 나운규〉, 1997. 2. 25.

6) 웹사이트

https://cafe.naver.com/bruceleekorea

https://cafe.naver.com/koreacinema100

https://cafe.naver.com/tgahn2243

https://hkmdb.com/db/search/simple_search_results.mhtml

https://www.kmdb.or.kr/db/search/movieSearch

저자 소개 ─────────────────────────────────

　　서울 출생으로 중앙대 연극영화학과를 졸업하고 1981년부터 조감독으로 활동
후, 1986년 시나리오 〈사방지〈舍方知〉〉와 다큐멘터리 〈살풀이춤〉으로 영화감독 데뷔하
였다. 1991년 EBS 프로듀서를 시작으로 〈돌아오지 못하는 사람들〉 3부작(2004),
〈청사초롱과 홍등〉 5부작(2007), 〈안중근 의사의 유해를 찾아라!〉(2010) 등의 다큐
멘터리 184편을 연출하였다. 그 외 드라마 및 애니메이션 등 천여 편을 제작하였다.
영화 관련 다큐멘터리로는 〈한국영화개척자 나운규〉 외에 〈일제강점기의 영화〉,
〈신상옥 감독 추모 다큐〉 등이 있다. 또한 외주제작부 책임프로듀서로 다큐멘터리
〈글로벌프로젝트 나눔〉, 〈직업의 세계 일인자〉, 〈시네마 천국〉을 기획하였다.

　　한국외국어대학교에서 방송학과 문화콘텐츠학으로 석·박사학위를 취득하였
으며, 한국청소년영화제부터 금관상영화제, EBS 프로그램상, 이 달의 PD상 등을
20여 차례 받았다. 저서로는 『나는 PD다』 시리즈(2010~2015), 『한국영화 100년
사』(2013), 『이소룡평전』(2013), 『안중근 의사의 유해를 찾아라!』(2014), 『문화콘
텐츠 기획과 제작』(2014), 『당신이 알아야 할 한국인 10』(2014), 『돌아오지 못하는
안중근』(2015), 『安重根 硏究』(2016), 『한국합작영화 100년사』(2017), 『한국영화
100년사 세미나』 시리즈(2017~2019), 『홍콩여배우열전』(2020), 『다큐멘터리의
이해와 제작』(2020) 등이 있다.

　　호남대 문화산업경영학과 교수를 역임했고 현재는 서울디지털대학교 객원교
수로 있다. 한중일 영화에 대한 관심으로 2010년 11월부터 매달 '이소룡기념사업
회' 세미나를 개최해 왔고, 2013년 4월부터 '한국영화100년사연구회'를 발족해
영화 세미나를 이어오고 있다.